U0929782

环境监察执法法规政策汇编

生 态 环 境 部 环 境 监 察 局
环境保护部环境工程评估中心
编

中国环境出版集团·北京

图书在版编目（CIP）数据

环境监察执法法规政策汇编 / 生态环境部环境监察局，环境保护部环境工程评估中心编. —北京：中国环境出版集团，2018.8

ISBN 978-7-5111-3551-3

Ⅰ. ①环… Ⅱ. ①生…②环… Ⅲ. ①环境管理—行政执法—汇编—中国 Ⅳ. ①D922.680.9

中国版本图书馆 CIP 数据核字（2018）第 038555 号

出 版 人　武德凯
责任编辑　黄晓燕
责任校对　任　丽
封面设计　宋　瑞

出版发行　中国环境出版集团
（100062　北京东城区广渠门内大街 16 号）
网　　址：http：//www.cesp.com.cn
电子邮箱：bjgl@cesp.com.cn
联系电话：010-67112765（编辑管理部）
010-67112735（第一分社）
发行热线：010-67125803，010-67113405（传真）

印　　刷　北京中科印刷有限公司
经　　销　各地新华书店
版　　次　2018 年 8 月第 1 版
印　　次　2018 年 8 月第 1 次印刷
开　　本　787×1092　1/16
印　　张　61
字　　数　1900 千字
定　　价　195.00 元

前　言

《环境监察执法法规政策汇编》是全国环境监察培训系列教材之一。为满足基层环境监察人员的需求，我们在2012年《环境监察执法手册》基础上进行了修编，更换名称为《环境监察执法法规政策汇编》，增加了国务院、生态环境部近期发布的环境监察执法相关的法律法规等文件，将手册中已经废止和不适用的相关文件进行了删除、已经更新的文件进行了更换，供各级环保部门培训环境监察人员、指导现场执法之用。本书的编辑围绕环境监察工作职责，以实用性为主要原则，兼顾系统性，基本涵盖了环境监察工作所涉及的法律、法规、规章和规范性文件，涉及环境保护部门执法权的文件基本收录齐全，特别是针对环境监察执法的实际工作，较为全面地收录了全国人大、国务院法制办及生态环境部的执法解释，并进行了科学的分类，方便基层执法人员查询。

本书共分为18个部分，包括环境执法的法律、行政法规、部门规章及环境监察管理及现场执法相关的规范性文件251个。本书较2012年《环境监察执法手册》补充了相关文件118个，删除已经废止或适用性不强的文件186个，更新为最新版的文件27个。

生态环境部环境监察局、环境保护部环境工程评估中心的大部分工作人员参与了编辑工作，且大多利用业余时间来收集材料、分类汇总、认真校对，同时邀请相关专家进行了认真审稿，在此表示感谢！由于篇幅有限，一些资料性文件并未收录其中，如果有更多需求或好的意见建议请发邮件至jcjc@12369.gov.cn。

编　者

2018年8月

目　录

第一篇　环境保护基本规定

第二篇　水污染防治

第三篇 大气污染防治

第四篇 噪声污染防治

第五篇　固体废物污染防治

第六篇　放射性污染防治

第七篇　海洋环境管理

第八篇　生态保护

第九篇　环境影响评价与建设项目管理

第十篇 清洁生产

第十一篇 排污许可管理文件

第十二篇 应急管理

第十三篇 化学品管理

第十四篇 自动监控管理

第十五篇 环境监察管理

第十六篇 环境监察执法

第十七篇 环境监察执法纪律相关

第十八篇　行政执法

第一篇　环境保护基本规定

中华人民共和国宪法（摘录）

第一章　总　纲

第九条　矿藏、水流、森林、山岭、草原、荒地、滩涂等自然资源，都属于国家所有，即全民所有；由法律规定属于集体所有的森林和山岭、草原、荒地、滩涂除外。

国家保障自然资源的合理利用，保护珍贵的动物和植物。禁止任何组织或者个人用任何手段侵占或者破坏自然资源。

第十条　城市的土地属于国家所有。

农村和城市郊区的土地，除由法律规定属于国家所有的以外，属于集体所有；宅基地和自留地、自留山，也属于集体所有。

国家为了公共利益的需要，可以依照法律规定对土地实行征收或者征用并给予补偿。

任何组织或者个人不得侵占、买卖、出租或者以其他形式非法转让土地。土地的使用权可以依照法律的规定转让。

一切使用土地的组织和个人必须合理地利用土地。

第二十二条　国家发展为人民服务、为社会主义服务的文学艺术事业、新闻广播电视事业、出版发行事业、图书馆博物馆文化馆和其他文化事业，开展群众性的文化活动。

国家保护名胜古迹、珍贵文物和其他重要历史文化遗产。

第二十六条　国家保护和改善生活环境和生态环境，防治污染和其他公害。

国家组织和鼓励植树造林，保护林木。

中华人民共和国环境保护法

（1989年12月26日第七届全国人民代表大会常务委员会第十一次会议通过　2014年4月24日第十二届全国人民代表大会常务委员会第八次会议修订）

第一章　总则

第一条　为保护和改善环境，防治污染和其他公害，保障公众健康，推进生态文明建设，促进经济社会可持续发展，制定本法。

第二条　本法所称环境，是指影响人类生存和发展的各种天然的和经过人工改造的自然因素的总体，包括大气、水、海洋、土地、矿藏、森林、草原、湿地、野生生物、自然遗迹、人文遗迹、自然保护区、风景名胜区、城市和乡村等。

第三条　本法适用于中华人民共和国领域和中华人民共和国管辖的其他海域。

第四条　保护环境是国家的基本国策。

国家采取有利于节约和循环利用资源、保护和改善环境、促进人与自然和谐的经济、技术政策和措施，使经济社会发展与环境保护相协调。

第五条　环境保护坚持保护优先、预防为主、综合治理、公众参与、损害担责的原则。

第六条　一切单位和个人都有保护环境的义务。

地方各级人民政府应当对本行政区域的环境质量负责。

企业事业单位和其他生产经营者应当防止、减少环境污染和生态破坏，对所造成的损害依法承担责任。

公民应当增强环境保护意识，采取低碳、节俭的生活方式，自觉履行环境保护义务。

第七条　国家支持环境保护科学技术研究、开发和应用，鼓励环境保护产业发展，促进环境保护信息化建设，提高环境保护科学技术水平。

第八条　各级人民政府应当加大保护和改善环境、防治污染和其他公害的财政投入，提高财政资金的使用效益。

第九条　各级人民政府应当加强环境保护宣传和普及工作，鼓励基层群众性自治组织、社会组织、环境保护志愿者开展环境保护法律法规和环境保护知识的宣传，营造保护环境的良好风气。

教育行政部门、学校应当将环境保护知识纳入学校教育内容，培养学生的环境保护意识。

新闻媒体应当开展环境保护法律法规和环境保护知识的宣传，对环境违法行为进行舆论监督。

第十条　国务院环境保护主管部门，对全国环境保护工作实施统一监督管理；县级以上地方人民政府环境保护主管部门，对本行政区域环境保护工作实施统一监督管理。

县级以上人民政府有关部门和军队环境保护部门，依照有关法律的规定对资源保护和污染防治等环境保护工作实施监督管理。

第十一条　对保护和改善环境有显著成绩的单位和个人，由人民政府给予奖励。

第十二条　每年6月5日为环境日。

第二章　监督管理

第十三条　县级以上人民政府应当将环境保护工作纳入国民经济和社会发展规划。

国务院环境保护主管部门会同有关部门，根据国民经济和社会发展规划编制国家环境保护规划，报国务院批准并公布实施。

县级以上地方人民政府环境保护主管部门会同有关部门，根据国家环境保护规划的要求，编制本行政区域的环境保护规划，报同级人民政府批准并公布实施。

环境保护规划的内容应当包括生态保护和污染防治的目标、任务、保障措施等，并与主体功能区规划、土地利用总体规划和城乡规划等相衔接。

第十四条　国务院有关部门和省、自治区、直辖市人民政府组织制定经济、技术政策，应当充分考虑对环境的影响，听取有关方面和专家的意见。

第十五条　国务院环境保护主管部门制定国家环境质量标准。

省、自治区、直辖市人民政府对国家环境质量标准中未作规定的项目，可以制定地方环境质量标准；对国家环境质量标准中已作规定的项目，可以制定严于国家环境质量标准的地方环境质量标准。地方环境质量标准应当报国务院环境保护主管部门备案。

国家鼓励开展环境基准研究。

第十六条　国务院环境保护主管部门根据国家环境质量标准和国家经济、技术条件，制定国家污染物排放标准。

省、自治区、直辖市人民政府对国家污染物排放标准中未作规定的项目，可以制定地方污染物排放标准；对国家污染物排放标准中已作规定的项目，可以制定严于国家污染物排放标准的地方污染物排放标准。地方污染物排放标准应当报国务院环境保护主管部门备案。

第十七条　国家建立、健全环境监测制度。国务院环境保护主管部门制定监测规范，会同有关部门组织监测网络，统一规划国家环境质量监测站（点）的设置，建立监测数据共享机制，加强对环境监测的管理。

有关行业、专业等各类环境质量监测站（点）的设置应当符合法律法规规定和监测规范的要求。

监测机构应当使用符合国家标准的监测设备，遵守监测规范。监测机构及其负责人对监测数据的真实性和准确性负责。

第十八条 省级以上人民政府应当组织有关部门或者委托专业机构，对环境状况进行调查、评价，建立环境资源承载能力监测预警机制。

第十九条 编制有关开发利用规划，建设对环境有影响的项目，应当依法进行环境影响评价。

未依法进行环境影响评价的开发利用规划，不得组织实施；未依法进行环境影响评价的建设项目，不得开工建设。

第二十条 国家建立跨行政区域的重点区域、流域环境污染和生态破坏联合防治协调机制，实行统一规划、统一标准、统一监测、统一的防治措施。

前款规定以外的跨行政区域的环境污染和生态破坏的防治，由上级人民政府协调解决，或者由有关地方人民政府协商解决。

第二十一条 国家采取财政、税收、价格、政府采购等方面的政策和措施，鼓励和支持环境保护技术装备、资源综合利用和环境服务等环境保护产业的发展。

第二十二条 企业事业单位和其他生产经营者，在污染物排放符合法定要求的基础上，进一步减少污染物排放的，人民政府应当依法采取财政、税收、价格、政府采购等方面的政策和措施予以鼓励和支持。

第二十三条 企业事业单位和其他生产经营者，为改善环境，依照有关规定转产、搬迁、关闭的，人民政府应当予以支持。

第二十四条 县级以上人民政府环境保护主管部门及其委托的环境监察机构和其他负有环境保护监督管理职责的部门，有权对排放污染物的企业事业单位和其他生产经营者进行现场检查。被检查者应当如实反映情况，提供必要的资料。实施现场检查的部门、机构及其工作人员应当为被检查者保守商业秘密。

第二十五条 企业事业单位和其他生产经营者违反法律法规规定排放污染物，造成或者可能造成严重污染的，县级以上人民政府环境保护主管部门和其他负有环境保护监督管理职责的部门，可以查封、扣押造成污染物排放的设施、设备。

第二十六条 国家实行环境保护目标责任制和考核评价制度。县级以上人民政府应当将环境保护目标完成情况纳入对本级人民政府负有环境保护监督管理职责的部门及其负责人和下级人民政府及其负责人的考核内容，作为对其考核评价的重要依据。考核结果应当向社会公开。

第二十七条 县级以上人民政府应当每年向本级人民代表大会或者人民代表大会常务委员会报告环境状况和环境保护目标完成情况，对发生的重大环境事件应当及时向本级人民代表大会常务委员会报告，依法接受监督。

第三章 保护和改善环境

第二十八条 地方各级人民政府应当根据环境保护目标和治理任务，采取有效措施，改善环境质量。

未达到国家环境质量标准的重点区域、流域的有关地方人民政府，应当制定限期达标规划，并采取措施按期达标。

第二十九条 国家在重点生态功能区、生态环境敏感区和脆弱区等区域划定生态保护红线，实行严格保护。

各级人民政府对具有代表性的各种类型的自然生态系统区域，珍稀、濒危的野生动植物自然分布区域，重要的水源涵养区域，具有重大科学文化价值的地质构造、著名溶洞和化石分布区、冰川、火山、温泉等自然遗迹，以及人文遗迹、古树名木，应当采取措施予以保护，严禁破坏。

第三十条　开发利用自然资源，应当合理开发，保护生物多样性，保障生态安全，依法制定有关生态保护和恢复治理方案并予以实施。

引进外来物种以及研究、开发和利用生物技术，应当采取措施，防止对生物多样性的破坏。

第三十一条　国家建立、健全生态保护补偿制度。

国家加大对生态保护地区的财政转移支付力度。有关地方人民政府应当落实生态保护补偿资金，确保其用于生态保护补偿。

国家指导受益地区和生态保护地区人民政府通过协商或者按照市场规则进行生态保护补偿。

第三十二条　国家加强对大气、水、土壤等的保护，建立和完善相应的调查、监测、评估和修复制度。

第三十三条　各级人民政府应当加强对农业环境的保护，促进农业环境保护新技术的使用，加强对农业污染源的监测预警，统筹有关部门采取措施，防治土壤污染和土地沙化、盐渍化、贫瘠化、石漠化、地面沉降以及防治植被破坏、水土流失、水体富营养化、水源枯竭、种源灭绝等生态失调现象，推广植物病虫害的综合防治。

县级、乡级人民政府应当提高农村环境保护公共服务水平，推动农村环境综合整治。

第三十四条　国务院和沿海地方各级人民政府应当加强对海洋环境的保护。向海洋排放污染物、倾倒废弃物，进行海岸工程和海洋工程建设，应当符合法律法规规定和有关标准，防止和减少对海洋环境的污染损害。

第三十五条　城乡建设应当结合当地自然环境的特点，保护植被、水域和自然景观，加强城市园林、绿地和风景名胜区的建设与管理。

第三十六条　国家鼓励和引导公民、法人和其他组织使用有利于保护环境的产品和再生产品，减少废弃物的产生。

国家机关和使用财政资金的其他组织应当优先采购和使用节能、节水、节材等有利于保护环境的产品、设备和设施。

第三十七条　地方各级人民政府应当采取措施，组织对生活废弃物的分类处置、回收利用。

第三十八条　公民应当遵守环境保护法律法规，配合实施环境保护措施，按照规定对生活废弃物进行分类放置，减少日常生活对环境造成的损害。

第三十九条　国家建立、健全环境与健康监测、调查和风险评估制度；鼓励和组织开展环境质量对公众健康影响的研究，采取措施预防和控制与环境污染有关的疾病。

第四章　防治污染和其他公害

第四十条　国家促进清洁生产和资源循环利用。

国务院有关部门和地方各级人民政府应当采取措施，推广清洁能源的生产和使用。

企业应当优先使用清洁能源，采用资源利用率高、污染物排放量少的工艺、设备以及废弃物综合利用技术和污染物无害化处理技术，减少污染物的产生。

第四十一条　建设项目中防治污染的设施，应当与主体工程同时设计、同时施工、同时投产使用。防治污染的设施应当符合经批准的环境影响评价文件的要求，不得擅自拆除或者闲置。

第四十二条　排放污染物的企业事业单位和其他生产经营者，应当采取措施，防治在生产建设或者其他活动中产生的废气、废水、废渣、医疗废物、粉尘、恶臭气体、放射性物质以及噪声、振动、光辐射、电磁辐射等对环境的污染和危害。

排放污染物的企业事业单位，应当建立环境保护责任制度，明确单位负责人和相关人员的责任。

重点排污单位应当按照国家有关规定和监测规范安装使用监测设备，保证监测设备正常运行，保存原始监测记录。

严禁通过暗管、渗井、渗坑、灌注或者篡改、伪造监测数据，或者不正常运行防治污染设施等逃避监管的方式违法排放污染物。

第四十三条 排放污染物的企业事业单位和其他生产经营者，应当按照国家有关规定缴纳排污费。排污费应当全部专项用于环境污染防治，任何单位和个人不得截留、挤占或者挪作他用。

依照法律规定征收环境保护税的，不再征收排污费。

第四十四条 国家实行重点污染物排放总量控制制度。重点污染物排放总量控制指标由国务院下达，省、自治区、直辖市人民政府分解落实。企业事业单位在执行国家和地方污染物排放标准的同时，应当遵守分解落实到本单位的重点污染物排放总量控制指标。

对超过国家重点污染物排放总量控制指标或者未完成国家确定的环境质量目标的地区，省级以上人民政府环境保护主管部门应当暂停审批其新增重点污染物排放总量的建设项目环境影响评价文件。

第四十五条 国家依照法律规定实行排污许可管理制度。

实行排污许可管理的企业事业单位和其他生产经营者应当按照排污许可证的要求排放污染物；未取得排污许可证的，不得排放污染物。

第四十六条 国家对严重污染环境的工艺、设备和产品实行淘汰制度。任何单位和个人不得生产、销售或者转移、使用严重污染环境的工艺、设备和产品。

禁止引进不符合我国环境保护规定的技术、设备、材料和产品。

第四十七条 各级人民政府及其有关部门和企业事业单位，应当依照《中华人民共和国突发事件应对法》的规定，做好突发环境事件的风险控制、应急准备、应急处置和事后恢复等工作。

县级以上人民政府应当建立环境污染公共监测预警机制，组织制定预警方案；环境受到污染，可能影响公众健康和环境安全时，依法及时公布预警信息，启动应急措施。

企业事业单位应当按照国家有关规定制定突发环境事件应急预案，报环境保护主管部门和有关部门备案。在发生或者可能发生突发环境事件时，企业事业单位应当立即采取措施处理，及时通报可能受到危害的单位和居民，并向环境保护主管部门和有关部门报告。

突发环境事件应急处置工作结束后，有关人民政府应当立即组织评估事件造成的环境影响和损失，并及时将评估结果向社会公布。

第四十八条 生产、储存、运输、销售、使用、处置化学物品和含有放射性物质的物品，应当遵守国家有关规定，防止污染环境。

第四十九条 各级人民政府及其农业等有关部门和机构应当指导农业生产经营者科学种植和养殖，科学合理施用农药、化肥等农业投入品，科学处置农用薄膜、农作物秸秆等农业废弃物，防止农业面源污染。

禁止将不符合农用标准和环境保护标准的固体废物、废水施入农田。施用农药、化肥等农业投入品及进行灌溉，应当采取措施，防止重金属和其他有毒有害物质污染环境。

畜禽养殖场、养殖小区、定点屠宰企业等的选址、建设和管理应当符合有关法律法规规定。从事畜禽养殖和屠宰的单位和个人应当采取措施，对畜禽粪便、尸体和污水等废弃物进行科学处置，防止污染环境。

县级人民政府负责组织农村生活废弃物的处置工作。

第五十条 各级人民政府应当在财政预算中安排资金，支持农村饮用水水源地保护、生活污水和其他废弃物处理、畜禽养殖和屠宰污染防治、土壤污染防治和农村工矿污染治理等环境保护工作。

第五十一条 各级人民政府应当统筹城乡建设污水处理设施及配套管网，固体废物的收集、运输和处置等环境卫生设施，危险废物集中处置设施、场所以及其他环境保护公共设施，并保障其正常运行。

第五十二条 国家鼓励投保环境污染责任保险。

第五章 信息公开和公众参与

第五十三条 公民、法人和其他组织依法享有获取环境信息、参与和监督环境保护的权利。

各级人民政府环境保护主管部门和其他负有环境保护监督管理职责的部门，应当依法公开环境信息、完善公众参与程序，为公民、法人和其他组织参与和监督环境保护提供便利。

第五十四条　国务院环境保护主管部门统一发布国家环境质量、重点污染源监测信息及其他重大环境信息。省级以上人民政府环境保护主管部门定期发布环境状况公报。

县级以上人民政府环境保护主管部门和其他负有环境保护监督管理职责的部门，应当依法公开环境质量、环境监测、突发环境事件以及环境行政许可、行政处罚、排污费的征收和使用情况等信息。

县级以上地方人民政府环境保护主管部门和其他负有环境保护监督管理职责的部门，应当将企业事业单位和其他生产经营者的环境违法信息记入社会诚信档案，及时向社会公布违法者名单。

第五十五条　重点排污单位应当如实向社会公开其主要污染物的名称、排放方式、排放浓度和总量、超标排放情况，以及防治污染设施的建设和运行情况，接受社会监督。

第五十六条　对依法应当编制环境影响报告书的建设项目，建设单位应当在编制时向可能受影响的公众说明情况，充分征求意见。

负责审批建设项目环境影响评价文件的部门在收到建设项目环境影响报告书后，除涉及国家秘密和商业秘密的事项外，应当全文公开；发现建设项目未充分征求公众意见的，应当责成建设单位征求公众意见。

第五十七条　公民、法人和其他组织发现任何单位和个人有污染环境和破坏生态行为的，有权向环境保护主管部门或者其他负有环境保护监督管理职责的部门举报。

公民、法人和其他组织发现地方各级人民政府、县级以上人民政府环境保护主管部门和其他负有环境保护监督管理职责的部门不依法履行职责的，有权向其上级机关或者监察机关举报。

接受举报的机关应当对举报人的相关信息予以保密，保护举报人的合法权益。

第五十八条　对污染环境、破坏生态，损害社会公共利益的行为，符合下列条件的社会组织可以向人民法院提起诉讼：

（一）依法在设区的市级以上人民政府民政部门登记；

（二）专门从事环境保护公益活动连续五年以上且无违法记录。

符合前款规定的社会组织向人民法院提起诉讼，人民法院应当依法受理。

提起诉讼的社会组织不得通过诉讼牟取经济利益。

第六章　法律责任

第五十九条　企业事业单位和其他生产经营者违法排放污染物，受到罚款处罚，被责令改正，拒不改正的，依法作出处罚决定的行政机关可以自责令改正之日的次日起，按照原处罚数额按日连续处罚。

前款规定的罚款处罚，依照有关法律法规按照防治污染设施的运行成本、违法行为造成的直接损失或者违法所得等因素确定的规定执行。

地方性法规可以根据环境保护的实际需要，增加第一款规定的按日连续处罚的违法行为的种类。

第六十条　企业事业单位和其他生产经营者超过污染物排放标准或者超过重点污染物排放总量控制指标排放污染物的，县级以上人民政府环境保护主管部门可以责令其采取限制生产、停产整治等措施；情节严重的，报经有批准权的人民政府批准，责令停业、关闭。

第六十一条　建设单位未依法提交建设项目环境影响评价文件或者环境影响评价文件未经批准，擅自开工建设的，由负有环境保护监督管理职责的部门责令停止建设，处以罚款，并可以责令恢复原状。

第六十二条　违反本法规定，重点排污单位不公开或者不如实公开环境信息的，由县级以上地方人民政府环境保护主管部门责令公开，处以罚款，并予以公告。

第六十三条　企业事业单位和其他生产经营者有下列行为之一，尚不构成犯罪的，除依照有关法律法规规定予以处罚外，由县级以上人民政府环境保护主管部门或者其他有关部门将案件移送公安机关，对其直接负责的主管人员和其他直接责任人员，处十日以上十五日以下拘留；情节较轻的，处五日以上十日以下拘留：

（一）建设项目未依法进行环境影响评价，被责令停止建设，拒不执行的；

（二）违反法律规定，未取得排污许可证排放污染物，被责令停止排污，拒不执行的；

（三）通过暗管、渗井、渗坑、灌注或者篡改、伪造监测数据，或者不正常运行防治污染设施等逃避监管的方式违法排放污染物的；

（四）生产、使用国家明令禁止生产、使用的农药，被责令改正，拒不改正的。

第六十四条 因污染环境和破坏生态造成损害的，应当依照《中华人民共和国侵权责任法》的有关规定承担侵权责任。

第六十五条 环境影响评价机构、环境监测机构以及从事环境监测设备和防治污染设施维护、运营的机构，在有关环境服务活动中弄虚作假，对造成的环境污染和生态破坏负有责任的，除依照有关法律法规规定予以处罚外，还应当与造成环境污染和生态破坏的其他责任者承担连带责任。

第六十六条 提起环境损害赔偿诉讼的时效期间为三年，从当事人知道或者应当知道其受到损害时起计算。

第六十七条 上级人民政府及其环境保护主管部门应当加强对下级人民政府及其有关部门环境保护工作的监督。发现有关工作人员有违法行为，依法应当给予处分的，应当向其任免机关或者监察机关提出处分建议。

依法应当给予行政处罚，而有关环境保护主管部门不给予行政处罚的，上级人民政府环境保护主管部门可以直接作出行政处罚的决定。

第六十八条 地方各级人民政府、县级以上人民政府环境保护主管部门和其他负有环境保护监督管理职责的部门有下列行为之一的，对直接负责的主管人员和其他直接责任人员给予记过、记大过或者降级处分；造成严重后果的，给予撤职或者开除处分，其主要负责人应当引咎辞职：

（一）不符合行政许可条件准予行政许可的；

（二）对环境违法行为进行包庇的；

（三）依法应当作出责令停业、关闭的决定而未作出的；

（四）对超标排放污染物、采用逃避监管的方式排放污染物、造成环境事故以及不落实生态保护措施造成生态破坏等行为，发现或者接到举报未及时查处的；

（五）违反本法规定，查封、扣押企业事业单位和其他生产经营者的设施、设备的；

（六）篡改、伪造或者指使篡改、伪造监测数据的；

（七）应当依法公开环境信息而未公开的；

（八）将征收的排污费截留、挤占或者挪作他用的；

（九）法律法规规定的其他违法行为。

第六十九条 违反本法规定，构成犯罪的，依法追究刑事责任。

第七章　附则

第七十条 本法自 2015 年 1 月 1 日起施行。

中华人民共和国环境保护税法

（2016年12月25日第十二届全国人民代表大会常务委员会第二十五次会议通过）

第一章　总　则

第一条　为了保护和改善环境，减少污染物排放，推进生态文明建设，制定本法。

第二条　在中华人民共和国领域和中华人民共和国管辖的其他海域，直接向环境排放应税污染物的企业事业单位和其他生产经营者为环境保护税的纳税人，应当依照本法规定缴纳环境保护税。

第三条　本法所称应税污染物，是指本法所附《环境保护税税目税额表》、《应税污染物和当量值表》规定的大气污染物、水污染物、固体废物和噪声。

第四条　有下列情形之一的，不属于直接向环境排放污染物，不缴纳相应污染物的环境保护税：

（一）企业事业单位和其他生产经营者向依法设立的污水集中处理、生活垃圾集中处理场所排放应税污染物的；

（二）企业事业单位和其他生产经营者在符合国家和地方环境保护标准的设施、场所贮存或者处置固体废物的。

第五条　依法设立的城乡污水集中处理、生活垃圾集中处理场所超过国家和地方规定的排放标准向环境排放应税污染物的，应当缴纳环境保护税。

企业事业单位和其他生产经营者贮存或者处置固体废物不符合国家和地方环境保护标准的，应当缴纳环境保护税。

第六条　环境保护税的税目、税额，依照本法所附《环境保护税税目税额表》执行。

应税大气污染物和水污染物的具体适用税额的确定和调整，由省、自治区、直辖市人民政府统筹考虑本地区环境承载能力、污染物排放现状和经济社会生态发展目标要求，在本法所附《环境保护税税目税额表》规定的税额幅度内提出，报同级人民代表大会常务委员会决定，并报全国人民代表大会常务委员会和国务院备案。

第二章　计税依据和应纳税额

第七条　应税污染物的计税依据，按照下列方法确定：

（一）应税大气污染物按照污染物排放量折合的污染当量数确定；

（二）应税水污染物按照污染物排放量折合的污染当量数确定；

（三）应税固体废物按照固体废物的排放量确定；

（四）应税噪声按照超过国家规定标准的分贝数确定。

第八条　应税大气污染物、水污染物的污染当量数，以该污染物的排放量除以该污染物的污染当量值计算。每种应税大气污染物、水污染物的具体污染当量值，依照本法所附《应税污染物和当量值表》执行。

第九条　每一排放口或者没有排放口的应税大气污染物，按照污染当量数从大到小排序，对前三项污染物征收环境保护税。

每一排放口的应税水污染物，按照本法所附《应税污染物和当量值表》，区分第一类水污染物和其他类水污染物，按照污染当量数从大到小排序，对第一类水污染物按照前五项征收环境保护税，对其他类水污染物按照前三项征收环境保护税。

省、自治区、直辖市人民政府根据本地区污染物减排的特殊需要，可以增加同一排放口征收环境保护税的应税污染物项目数，报同级人民代表大会常务委员会决定，并报全国人民代表大会常务委员会和国务院备案。

第十条 应税大气污染物、水污染物、固体废物的排放量和噪声的分贝数，按照下列方法和顺序计算：

（一）纳税人安装使用符合国家规定和监测规范的污染物自动监测设备的，按照污染物自动监测数据计算；

（二）纳税人未安装使用污染物自动监测设备的，按照监测机构出具的符合国家有关规定和监测规范的监测数据计算；

（三）因排放污染物种类多等原因不具备监测条件的，按照国务院环境保护主管部门规定的排污系数、物料衡算方法计算；

（四）不能按照本条第一项至第三项规定的方法计算的，按照省、自治区、直辖市人民政府环境保护主管部门规定的抽样测算的方法核定计算。

第十一条 环境保护税应纳税额按照下列方法计算：

（一）应税大气污染物的应纳税额为污染当量数乘以具体适用税额；

（二）应税水污染物的应纳税额为污染当量数乘以具体适用税额；

（三）应税固体废物的应纳税额为固体废物排放量乘以具体适用税额；

（四）应税噪声的应纳税额为超过国家规定标准的分贝数对应的具体适用税额。

第三章 税收减免

第十二条 下列情形，暂予免征环境保护税：

（一）农业生产（不包括规模化养殖）排放应税污染物的；

（二）机动车、铁路机车、非道路移动机械、船舶和航空器等流动污染源排放应税污染物的；

（三）依法设立的城乡污水集中处理、生活垃圾集中处理场所排放相应应税污染物，不超过国家和地方规定的排放标准的；

（四）纳税人综合利用的固体废物，符合国家和地方环境保护标准的；

（五）国务院批准免税的其他情形。

前款第五项免税规定，由国务院报全国人民代表大会常务委员会备案。

第十三条 纳税人排放应税大气污染物或者水污染物的浓度值低于国家和地方规定的污染物排放标准百分之三十的，减按百分之七十五征收环境保护税。纳税人排放应税大气污染物或者水污染物的浓度值低于国家和地方规定的污染物排放标准百分之五十的，减按百分之五十征收环境保护税。

第四章 征收管理

第十四条 环境保护税由税务机关依照《中华人民共和国税收征收管理法》和本法的有关规定征收管理。

环境保护主管部门依照本法和有关环境保护法律法规的规定负责对污染物的监测管理。

县级以上地方人民政府应当建立税务机关、环境保护主管部门和其他相关单位分工协作工作机制，加强环境保护税征收管理，保障税款及时足额入库。

第十五条 环境保护主管部门和税务机关应当建立涉税信息共享平台和工作配合机制。

环境保护主管部门应当将排污单位的排污许可、污染物排放数据、环境违法和受行政处罚情况等环境保护相关信息，定期交送税务机关。

税务机关应当将纳税人的纳税申报、税款入库、减免税额、欠缴税款以及风险疑点等环境保护税涉税信息，定期交送环境保护主管部门。

第十六条　纳税义务发生时间为纳税人排放应税污染物的当日。

第十七条　纳税人应当向应税污染物排放地的税务机关申报缴纳环境保护税。

第十八条　环境保护税按月计算，按季申报缴纳。不能按固定期限计算缴纳的，可以按次申报缴纳。

纳税人申报缴纳时，应当向税务机关报送所排放应税污染物的种类、数量，大气污染物、水污染物的浓度值，以及税务机关根据实际需要要求纳税人报送的其他纳税资料。

第十九条　纳税人按季申报缴纳的，应当自季度终了之日起十五日内，向税务机关办理纳税申报并缴纳税款。纳税人按次申报缴纳的，应当自纳税义务发生之日起十五日内，向税务机关办理纳税申报并缴纳税款。

纳税人应当依法如实办理纳税申报，对申报的真实性和完整性承担责任。

第二十条　税务机关应当将纳税人的纳税申报数据资料与环境保护主管部门交送的相关数据资料进行比对。

税务机关发现纳税人的纳税申报数据资料异常或者纳税人未按照规定期限办理纳税申报的，可以提请环境保护主管部门进行复核，环境保护主管部门应当自收到税务机关的数据资料之日起十五日内向税务机关出具复核意见。税务机关应当按照环境保护主管部门复核的数据资料调整纳税人的应纳税额。

第二十一条　依照本法第十条第四项的规定核定计算污染物排放量的，由税务机关会同环境保护主管部门核定污染物排放种类、数量和应纳税额。

第二十二条　纳税人从事海洋工程向中华人民共和国管辖海域排放应税大气污染物、水污染物或者固体废物，申报缴纳环境保护税的具体办法，由国务院税务主管部门会同国务院海洋主管部门规定。

第二十三条　纳税人和税务机关、环境保护主管部门及其工作人员违反本法规定的，依照《中华人民共和国税收征收管理法》、《中华人民共和国环境保护法》和有关法律法规的规定追究法律责任。

第二十四条　各级人民政府应当鼓励纳税人加大环境保护建设投入，对纳税人用于污染物自动监测设备的投资予以资金和政策支持。

第五章　附　则

第二十五条　本法下列用语的含义：

（一）污染当量，是指根据污染物或者污染排放活动对环境的有害程度以及处理的技术经济性，衡量不同污染物对环境污染的综合性指标或者计量单位。同一介质相同污染当量的不同污染物，其污染程度基本相当。

（二）排污系数，是指在正常技术经济和管理条件下，生产单位产品所应排放的污染物量的统计平均值。

（三）物料衡算，是指根据物质质量守恒原理对生产过程中使用的原料、生产的产品和产生的废物等进行测算的一种方法。

第二十六条　直接向环境排放应税污染物的企业事业单位和其他生产经营者，除依照本法规定缴纳环境保护税外，应当对所造成的损害依法承担责任。

第二十七条　自本法施行之日起，依照本法规定征收环境保护税，不再征收排污费。

第二十八条　本法自 2018 年 1 月 1 日起施行。

中华人民共和国刑法（摘录）

第二章　危害公共安全罪

第一百一十四条　【放火罪、决水罪、爆炸罪、投放危险物质罪、以危险方法危害公共安全罪之一】放火、决水、爆炸以及投放毒害性、放射性、传染病病原体等物质或者以其他危险方法危害公共安全，尚未造成严重后果的，处三年以上十年以下有期徒刑。

第一百一十五条　【放火罪、决水罪、爆炸罪、投放危险物质罪、以危险方法危害公共安全罪之二】放火、决水、爆炸以及投放毒害性、放射性、传染病病原体等物质或者以其他危险方法致人重伤、死亡或者使公私财产遭受重大损失的，处十年以上有期徒刑、无期徒刑或者死刑。

过失犯前款罪的，处三年以上七年以下有期徒刑；情节较轻的，处三年以下有期徒刑或者拘役。

第三章　破坏社会主义市场经济秩序罪

第一百五十二条　【走私淫秽物品罪；走私废物罪】以牟利或者传播为目的，走私淫秽的影片、录像带、录音带、图片、书刊或者其他淫秽物品的，处三年以上十年以下有期徒刑，并处罚金；情节严重的，处十年以上有期徒刑或者无期徒刑，并处罚金或者没收财产；情节较轻的，处三年以下有期徒刑、拘役或者管制，并处罚金。

逃避海关监管将境外固体废物、液态废物和气态废物运输进境，情节严重的，处五年以下有期徒刑，并处或者单处罚金；情节特别严重的，处五年以上有期徒刑，并处罚金。

单位犯前两款罪的，对单位判处罚金，并对其直接负责的主管人员和其他直接责任人员，依照前两款的规定处罚。

第六章　妨害社会管理秩序罪

第六节　破坏环境资源保护罪

第三百三十八条　【污染环境罪】违反国家规定，排放、倾倒或者处置有放射性的废物、含传染病病原体的废物、有毒物质或者其他有害物质，严重污染环境的，处三年以下有期徒刑或者拘役，并处或者单处罚金；后果特别严重的，处三年以上七年以下有期徒刑，并处罚金。

第三百三十九条　【非法处置进口的固体废物罪；擅自进口固体废物罪；走私固体废物罪】违反国家规定，将境外的固体废物进境倾倒、堆放、处置的，处五年以下有期徒刑或者拘役，并处罚金；造成重大环境污染事故，致使公私财产遭受重大损失或者严重危害人体健康的，处五年以上十年以下有期徒刑，并处罚金；后果特别严重的，处十年以上有期徒刑，并处罚金。

未经国务院有关主管部门许可，擅自进口固体废物用作原料，造成重大环境污染事故，致使公私财产遭受重大损失或者严重危害人体健康的，处五年以下有期徒刑或者拘役，并处罚金；后果特别严重的，处五年以上十年以下有期徒刑，并处罚金。

以原料利用为名，进口不能用作原料的固体废物、液态废物和气态废物的，依照本法第一百五十二条第二款、第三款的规定定罪处罚。

第三百四十条　【非法捕捞水产品罪】违反保护水产资源法规，在禁渔区、禁渔期或者使用禁用的工具、方法捕捞水产品，情节严重的，处三年以下有期徒刑、拘役、管制或者罚金。

第三百四十一条　【非法猎捕、杀害珍贵、濒危野生动物罪；非法收购、运输、出售珍贵濒危野生动物、珍贵、濒危野生动物制品罪】非法猎捕、杀害国家重点保护的珍贵、濒危野生动物的，或者非法收购、运输、出售国家重点保护的珍贵、濒危野生动物及其制品的，处五年以下有期徒刑或者拘役，并处罚金；情节严重的，处五年以上十年以下有期徒刑，并处罚金；情节特别严重的，处十年以上有期徒刑，并处罚金或者没收财产。

违反狩猎法规，在禁猎区、禁猎期或者使用禁用的工具、方法进行狩猎，破坏野生动物资源，情节严重的，处三年以下有期徒刑、拘役、管制或者罚金。

第三百四十二条　【非法占用农用地罪】违反土地管理法规，非法占用耕地、林地等农用地，改变被占用土地用途，数量较大，造成耕地、林地等农用地大量毁坏的，处五年以下有期徒刑或者拘役，并处或者单处罚金。

第三百四十三条　【非法采矿罪；破坏性采矿罪】违反矿产资源法的规定，未取得采矿许可证擅自采矿，擅自进入国家规划矿区、对国民经济具有重要价值的矿区和他人矿区范围采矿，或者擅自开采国家规定实行保护性开采的特定矿种，情节严重的，处三年以下有期徒刑、拘役或者管制，并处或者单处罚金；情节特别严重的，处三年以上七年以下有期徒刑，并处罚金。

违反矿产资源法的规定，采取破坏性的开采方法开采矿产资源，造成矿产资源严重破坏的，处五年以下有期徒刑或者拘役，并处罚金。

第三百四十四条　【非法采伐、毁坏国家重点保护植物罪；非法收购、运输、加工、出售国家重点保护植物、国家重点保护植物制品罪罪】违反国家规定，非法采伐、毁坏珍贵树木或者国家重点保护的其他植物的，或者非法收购、运输、加工、出售珍贵树木或者国家重点保护的其他植物及其制品的，处三年以下有期徒刑、拘役或者管制，并处罚金；情节严重的，处三年以上七年以下有期徒刑，并处罚金。

第三百四十五条　【盗伐林木罪；滥伐林木罪；非法收购、运输盗伐、滥伐的林木罪】盗伐森林或者其他林木，数量较大的，处三年以下有期徒刑、拘役或者管制，并处或者单处罚金；数量巨大的，处三年以上七年以下有期徒刑，并处罚金；数量特别巨大的，处七年以上有期徒刑，并处罚金。

违反森林法的规定，滥伐森林或者其他林木，数量较大的，处三年以下有期徒刑、拘役或者管制，并处或者单处罚金；数量巨大的，处三年以上七年以下有期徒刑，并处罚金。

非法收购、运输明知是盗伐、滥伐的林木，情节严重的，处三年以下有期徒刑、拘役或者管制，并处或者单处罚金；情节特别严重的，处三年以上七年以下有期徒刑，并处罚金。

盗伐、滥伐国家级自然保护区内的森林或者其他林木的，从重处罚。

第三百四十六条　【单位犯破坏环境资源保护罪的处罚规定】单位犯本节第三百三十八条至第三百四十五条规定之罪的，对单位判处罚金，并对其直接负责的主管人员和其他直接责任人员，依照本节各该条的规定处罚。

第九章　渎职罪

第四百零八条　【环境监管失职罪；食品监管渎职罪】负有环境保护监督管理职责的国家机关工作人员严重不负责任，导致发生重大环境污染事故，致使公私财产遭受重大损失或者造成人身伤亡的严重后果的，处三年以下有期徒刑或者拘役。

中华人民共和国侵权责任法（摘录）

第八章 环境污染责任

第六十五条 因污染环境造成损害的，污染者应当承担侵权责任。

第六十六条 因污染环境发生纠纷，污染者应当就法律规定的不承担责任或者减轻责任的情形及其行为与损害之间不存在因果关系承担举证责任。

第六十七条 两个以上污染者污染环境，污染者承担责任的大小，根据污染物的种类、排放量等因素确定。

第六十八条 因第三人的过错污染环境造成损害的，被侵权人可以向污染者请求赔偿，也可以向第三人请求赔偿。污染者赔偿后，有权向第三人追偿。

中华人民共和国治安处罚法（摘录）

第一章 总 则

第一条 为维护社会治安秩序，保障公共安全，保护公民、法人和其他组织的合法权益，规范和保障公安机关及其人民警察依法履行治安管理职责，制定本法。

第二条 扰乱公共秩序，妨害公共安全，侵犯人身权利、财产权利，妨害社会管理，具有社会危害性，依照《中华人民共和国刑法》的规定构成犯罪的，依法追究刑事责任；尚不够刑事处罚的，由公安机关依照本法给予治安管理处罚。

第三条 治安管理处罚的程序，适用本法的规定；本法没有规定的，适用《中华人民共和国行政处罚法》的有关规定。

第三章 违反治安管理的行为和处罚

第二十九条 有下列行为之一的，处五日以下拘留；情节较重的，处五日以上十日以下拘留：

（一）违反国家规定，侵入计算机信息系统，造成危害的；

（二）违反国家规定，对计算机信息系统功能进行删除、修改、增加、干扰，造成计算机信息系统不能正常运行的；

（三）违反国家规定，对计算机信息系统中存储、处理、传输的数据和应用程序进行删除、修改、增加的；

（四）故意制作、传播计算机病毒等破坏性程序，影响计算机信息系统正常运行的。

第三十三条 有下列行为之一的，处十日以上十五日以下拘留：

（一）盗窃、损毁油气管道设施、电力电信设施、广播电视设施、水利防汛工程设施或者水文监测、测量、气象测报、环境监测、地质监测、地震监测等公共设施的；

第五十条 有下列行为之一的，处警告或者二百元以下罚款；情节严重的，处五日以上十日以下拘留，可以并处五百元以下罚款：

（一）拒不执行人民政府在紧急状态情况下依法发布的决定、命令的；

（二）阻碍国家机关工作人员依法执行职务的；

（三）阻碍执行紧急任务的消防车、救护车、工程抢险车、警车等车辆通行的；

（四）强行冲闯公安机关设置的警戒带、警戒区的。

阻碍人民警察依法执行职务的，从重处罚。

第五十二条 有下列行为之一的，处十日以上十五日以下拘留，可以并处一千元以下罚款；情节较轻的，处五日以上十日以下拘留，可以并处五百元以下罚款：

（一）伪造、变造或者买卖国家机关、人民团体、企业、事业单位或者其他组织的公文、证件、证明文件、印章的；

（二）买卖或者使用伪造、变造的国家机关、人民团体、企业、事业单位或者其他组织的公文、证件、证明文件的。

第五十八条 违反关于社会生活噪声污染防治的法律规定，制造噪声干扰他人正常生活的，处警告；警告后不改正的，处二百元以上五百元以下罚款。

中华人民共和国民事诉讼法（摘录）

（1991年4月9日第七届全国人民代表大会第四次会议通过根据2007年10月28日第十届全国人民代表大会常务委员会第三十次会议《关于修改〈中华人民共和国民事诉讼法〉的决定》第一次修正根据2012年8月31日第十一届全国人民代表大会常务委员会第二十八次会议《关于修改〈中华人民共和国民事诉讼法〉的决定》第二次修正

第一编 总 则

第五章 诉讼参加人

第一节 当事人

第四十八条 公民、法人和其他组织可以作为民事诉讼的当事人。

法人由其法定代表人进行诉讼。其他组织由其主要负责人进行诉讼。

第四十九条 当事人有权委托代理人，提出回避申请，收集、提供证据，进行辩论，请求调解，提起上诉，申请执行。

当事人可以查阅本案有关材料，并可以复制本案有关材料和法律文书。查阅、复制本案有关材料的范围和办法由最高人民法院规定。

当事人必须依法行使诉讼权利，遵守诉讼秩序，履行发生法律效力的判决书、裁定书和调解书。

第五十条 双方当事人可以自行和解。

第五十一条 原告可以放弃或者变更诉讼请求。被告可以承认或者反驳诉讼请求，有权提起反诉。

第五十二条 当事人一方或者双方为二人以上，其诉讼标的是共同的，或者诉讼标的是同一种类、人民法院认为可以合并审理并经当事人同意的，为共同诉讼。

共同诉讼的一方当事人对诉讼标的有共同权利义务的，其中一人的诉讼行为经其他共同诉讼人承认，对其他共同诉讼人发生效力；对诉讼标的没有共同权利义务的，其中一人的诉讼行为对其他共同诉讼人不发生效力。

第五十三条 当事人一方人数众多的共同诉讼，可以由当事人推选代表人进行诉讼。代表人的诉讼行为对其所代表的当事人发生效力，但代表人变更、放弃诉讼请求或者承认对方当事人的诉讼请求，进行和解，必须经被代表的当事人同意。

第五十四条 诉讼标的是同一种类、当事人一方人数众多在起诉时人数尚未确定的，人民法院可以发出公告，说明案件情况和诉讼请求，通知权利人在一定期间向人民法院登记。

向人民法院登记的权利人可以推选代表人进行诉讼；推选不出代表人的，人民法院可以与参加登记的权利人商定代表人。

代表人的诉讼行为对其所代表的当事人发生效力，但代表人变更、放弃诉讼请求或者承认对方当事人的诉讼请求，进行和解，必须经被代表的当事人同意。

人民法院作出的判决、裁定，对参加登记的全体权利人发生效力。未参加登记的权利人在诉讼时效期间提起诉讼的，适用该判决、裁定。

第五十五条 对污染环境、侵害众多消费者合法权益等损害社会公共利益的行为，法律规定的机关和有关组织可以向人民法院提起诉讼。

第五十六条 对当事人双方的诉讼标的，第三人认为有独立请求权的，有权提起诉讼。

对当事人双方的诉讼标的，第三人虽然没有独立请求权，但案件处理结果同他有法律上的利害关系的，可以申请参加诉讼，或者由人民法院通知他参加诉讼。人民法院判决承担民事责任的第三人，有当事人的诉讼权利义务。

前两款规定的第三人，因不能归责于本人的事由未参加诉讼，但有证据证明发生法律效力的判决、裁定、调解书的部分或者全部内容错误，损害其民事权益的，可以自知道或者应当知道其民事权益受到损害之日起六个月内，向作出该判决、裁定、调解书的人民法院提起诉讼。人民法院经审理，诉讼请求成立的，应当改变或者撤销原判决、裁定、调解书；诉讼请求不成立的，驳回诉讼请求。

第二节 诉讼代理人

第五十七 条无诉讼行为能力人由他的监护人作为法定代理人代为诉讼。法定代理人之间互相推诿代理责任的，由人民法院指定其中一人代为诉讼。

第五十八条 当事人、法定代理人可以委托一至二人作为诉讼代理人。

下列人员可以被委托为诉讼代理人：

（一）律师、基层法律服务工作者；

（二）当事人的近亲属或者工作人员；

（三）当事人所在社区、单位以及有关社会团体推荐的公民。

第五十九条 委托他人代为诉讼，必须向人民法院提交由委托人签名或者盖章的授权委托书。

授权委托书必须记明委托事项和权限。诉讼代理人代为承认、放弃、变更诉讼请求，进行和解，提起反诉或者上诉，必须有委托人的特别授权。

侨居在国外的中华人民共和国公民从国外寄交或者托交的授权委托书，必须经中华人民共和国驻该国的使领馆证明；没有使领馆的，由与中华人民共和国有外交关系的第三国驻该国的使领馆证明，再转由中华人民共和国驻该第三国使领馆证明，或者由当地的爱国华侨团体证明。

第六十条 诉讼代理人的权限如果变更或者解除，当事人应当书面告知人民法院，并由人民法院通知对方当事人。

第六十一条代 理诉讼的律师和其他诉讼代理人有权调查收集证据，可以查阅本案有关材料。查阅本案有关材料的范围和办法由最高人民法院规定。

第六十二条 离婚案件有诉讼代理人的，本人除不能表达意思的以外，仍应出庭；确因特殊情况无法出庭的，必须向人民法院提交书面意见。

国务院办公厅印发《关于省以下环保机构监测监察执法垂直管理制度改革试点工作的指导意见》

中共中央办公厅

2016-09-23

新华社北京 9 月 22 日电 近日，中共中央办公厅、国务院办公厅印发了《关于省以下环保机构监测监察执法垂直管理制度改革试点工作的指导意见》，并发出通知，要求各地区各部门结合实际认真贯彻落实。

《关于省以下环保机构监测监察执法垂直管理制度改革试点工作的指导意见》全文如下。

为加快解决现行以块为主的地方环保管理体制存在的突出问题，现就省以下环保机构监测监察执法垂直管理制度改革试点工作提出如下意见。

一、总体要求

（一）指导思想。全面贯彻党的十八大和十八届三中、四中、五中全会精神，深入学习贯彻习近平总书记系列重要讲话精神，紧紧围绕统筹推进“五位一体”总体布局和协调推进“四个全面”战略布局，牢固树立新发展理念，认真落实党中央、国务院决策部署，改革环境治理基础制度，建立健全条块结合、各司其职、权责明确、保障有力、权威高效的地方环境保护管理体制，切实落实对地方政府及其相关部门的监督责任，增强环境监测监察执法的独立性、统一性、权威性和有效性，适应统筹解决跨区域、跨流域环境问题的新要求，规范和加强地方环保机构队伍建设，为建设天蓝、地绿、水净的美丽中国提供坚强体制保障。

（二）基本原则

——坚持问题导向。改革试点要有利于推动解决地方环境保护管理体制存在的突出问题，有利于环境保护责任目标任务的明确、分解及落实，有利于调动地方党委和政府及其相关部门的积极性，有利于新老环境保护管理体制平稳过渡。

——强化履职尽责。地方党委和政府对本地区生态环境负总责。建立健全职责明晰、分工合理的环境保护责任体系，加强监督检查，推动落实环境保护党政同责、一岗双责。对失职失责的，严肃追究责任。

——确保顺畅高效。改革完善体制机制，强化省级环保部门对市县两级环境监测监察的管理，协调处理好环保部门统一监督管理与属地主体责任、相关部门分工负责的关系，提升生态环境治理能力。

——搞好统筹协调。做好顶层设计，要与生态文明体制改革各项任务相协调，与生态环境保护制度完善相联动，与事业单位分类改革、行政审批制度改革、综合行政执法改革相衔接，提升改革综合效能。

二、强化地方党委和政府及其相关部门的环境保护责任

（三）落实地方党委和政府对生态环境负总责的要求。试点省份要进一步强化地方各级党委和政府环境保护主体责任、党委和政府主要领导成员主要责任，完善领导干部目标责任考核制度，把生态环境质量状况作为党政领导班子考核评价的重要内容。建立和实行领导干部违法违规干预环境监测执法活动、插手具体环境保护案件查处的责任追究制度，支持环保部门依法依规履职尽责。

（四）强化地方环保部门职责。省级环保部门对全省（自治区、直辖市）环境保护工作实施统一监督管理，在全省（自治区、直辖市）范围内统一规划建设环境监测网络，对省级环境保护许可事项等进行

执法，对市县两级环境执法机构给予指导，对跨市相关纠纷及重大案件进行调查处理。市级环保部门对全市区域范围内环境保护工作实施统一监督管理，负责属地环境执法，强化综合统筹协调。县级环保部门强化现场环境执法，现有环境保护许可等职能上交市级环保部门，在市级环保部门授权范围内承担部分环境保护许可具体工作。

（五）明确相关部门环境保护责任。试点省份要制定负有生态环境监管职责相关部门的环境保护责任清单，明确各相关部门在工业污染防治、农业污染防治、城乡污水垃圾处理、国土资源开发环境保护、机动车船污染防治、自然生态保护等方面的环境保护责任，按职责开展监督管理。管发展必须管环保，管生产必须管环保，形成齐抓共管的工作格局，实现发展与环境保护的内在统一、相互促进。地方各级党委和政府将相关部门环境保护履职尽责情况纳入年度部门绩效考核。

三、调整地方环境保护管理体制

（六）调整市县环保机构管理体制。市级环保局实行以省级环保厅（局）为主的双重管理，仍为市级政府工作部门。省级环保厅（局）党组负责提名市级环保局局长、副局长，会同市级党委组织部门进行考察，征求市级党委意见后，提交市级党委和政府按有关规定程序办理，其中局长提交市级人大任免；市级环保局党组书记、副书记、成员，征求市级党委意见后，由省级环保厅（局）党组审批任免。直辖市所属区县及省直辖县（市、区）环保局参照市级环保局实施改革。计划单列市、副省级城市环保局实行以省级环保厅（局）为主的双重管理；涉及厅级干部任免的，按照相应干部管理权限进行管理。

县级环保局调整为市级环保局的派出分局，由市级环保局直接管理，领导班子成员由市级环保局任免。开发区（高新区）等的环境保护管理体制改革方案由试点省份确定。

地方环境保护管理体制调整后，要注意统筹环保干部的交流使用。

（七）加强环境监察工作。试点省份将市县两级环保部门的环境监察职能上收，由省级环保部门统一行使，通过向市或跨市县区域派驻等形式实施环境监察。经省级政府授权，省级环保部门对本行政区域内各市县两级政府及相关部门环境保护法律法规、标准、政策、规划执行情况，一岗双责落实情况，以及环境质量责任落实情况进行监督检查，及时向省级党委和政府报告。

（八）调整环境监测管理体制。本省（自治区、直辖市）及所辖各市县生态环境质量监测、调查评价和考核工作由省级环保部门统一负责，实行生态环境质量省级监测、考核。现有市级环境监测机构调整为省级环保部门驻市环境监测机构，由省级环保部门直接管理，人员和工作经费由省级承担；领导班子成员由省级环保厅（局）任免；主要负责人任市级环保局党组成员，事先应征求市级环保局意见。省级和驻市环境监测机构主要负责生态环境质量监测工作。直辖市所属区县环境监测机构改革方案由直辖市环保局结合实际确定。

现有县级环境监测机构主要职能调整为执法监测，随县级环保局一并上收到市级，由市级承担人员和工作经费，具体工作接受县级环保分局领导，支持配合属地环境执法，形成环境监测与环境执法有效联动、快速响应，同时按要求做好生态环境质量监测相关工作。

（九）加强市县环境执法工作。环境执法重心向市县下移，加强基层执法队伍建设，强化属地环境执法。市级环保局统一管理、统一指挥本行政区域内县级环境执法力量，由市级承担人员和工作经费。依法赋予环境执法机构实施现场检查、行政处罚、行政强制的条件和手段。将环境执法机构列入政府行政执法部门序列，配备调查取证、移动执法等装备，统一环境执法人员着装，保障一线环境执法用车。

四、规范和加强地方环保机构和队伍建设

（十）加强环保机构规范化建设。试点省份要在不突破地方现有机构限额和编制总额的前提下，统筹解决好体制改革涉及的环保机构编制和人员身份问题，保障环保部门履职需要。目前仍为事业机构、使用事业编制的市县两级环保局，要结合体制改革和事业单位分类改革，逐步转为行政机构，使用行政编制。

强化环境监察职能，建立健全环境监察体系，加强对环境监察工作的组织领导。要配强省级环保厅（局）专职负责环境监察的领导，结合工作需要，加强环境监察内设机构建设，探索建立环境监察专员制度。

规范和加强环境监测机构建设，强化环保部门对社会监测机构和运营维护机构的管理。试点省份结合事业单位分类改革和综合行政执法改革，规范设置环境执法机构。健全执法责任制，严格规范和约束环境监管执法行为。市县两级环保机构精简的人员编制要重点充实一线环境执法力量。

乡镇（街道）要落实环境保护职责，明确承担环境保护责任的机构和人员，确保责有人负、事有人干；有关地方要建立健全农村环境治理体制机制，提高农村环境保护公共服务水平。

（十一）加强环保能力建设。尽快出台环保监测监察执法等方面的规范性文件，全面推进环保监测监察执法能力标准化建设，加强人员培训，提高队伍专业化水平。加强县级环境监测机构的能力建设，妥善解决监测机构改革中监测资质问题。实行行政执法人员持证上岗和资格管理制度。继续强化核与辐射安全监测执法能力建设。

（十二）加强党组织建设。认真落实党建工作责任制，把全面从严治党落到实处。应按照规定，在符合条件的市级环保局设立党组，接受批准其设立的市级党委领导，并向省级环保厅（局）党组请示报告党的工作。市级环保局党组报市级党委组织部门审批后，可在县级环保分局设立分党组。按照属地管理原则，建立健全党的基层组织，市县两级环保部门基层党组织接受所在地方党的机关工作委员会领导和本级环保局（分局）党组指导。省以下环保部门纪检机构的设置，由省级环保厅（局）商省级纪检机关同意后，按程序报批确定。

五、建立健全高效协调的运行机制

（十三）加强跨区域、跨流域环境管理。试点省份要积极探索按流域设置环境监管和行政执法机构、跨地区环保机构，有序整合不同领域、不同部门、不同层次的监管力量。省级环保厅（局）可选择综合能力较强的驻市环境监测机构，承担跨区域、跨流域生态环境质量监测职能。

试点省份环保厅（局）牵头建立健全区域协作机制，推行跨区域、跨流域环境污染联防联控，加强联合监测、联合执法、交叉执法。

鼓励市级党委和政府在全市域范围内按照生态环境系统完整性实施统筹管理，统一规划、统一标准、统一环评、统一监测、统一执法，整合设置跨市辖区的环境执法和环境监测机构。

（十四）建立健全环境保护议事协调机制。试点省份县级以上地方政府要建立健全环境保护议事协调机制，研究解决本地区环境保护重大问题，强化综合决策，形成工作合力。日常工作由同级环保部门承担。

（十五）强化环保部门与相关部门协作。地方各级环保部门应为属地党委和政府履行环境保护责任提供支持，为突发环境事件应急处置提供监测支持。市级环保部门要协助做好县级生态环境保护工作的统筹谋划和科学决策。省级环保部门驻市环境监测机构要主动加强与属地环保部门的协调联动，参加其相关会议，为市县环境管理和执法提供支持。目前未设置环境监测机构的县，其环境监测任务由市级环保部门整合现有县级环境监测机构承担，或由驻市环境监测机构协助承担。加强地方各级环保部门与有关部门和单位的联动执法、应急响应，协同推进环境保护工作。

（十六）实施环境监测执法信息共享。试点省份环保厅（局）要建立健全生态环境监测与环境执法信息共享机制，牵头建立、运行生态环境监测信息传输网络与大数据平台，实现与市级政府及其环保部门、县级政府及县级环保分局互联互通、实时共享、成果共用。环保部门应将环境监测监察执法等情况及时通报属地党委和政府及其相关部门。

六、落实改革相关政策措施

（十七）稳妥开展人员划转。试点省份依据有关规定，结合机构隶属关系调整，相应划转编制和人员，对本行政区域内环保部门的机构和编制进行优化配置，合理调整，实现人事相符。试点省份根据地方实际，研究确定人员划转的数量、条件、程序，公开公平公正开展划转工作。地方各级政府要研究出台政策措施，解决人员划转、转岗、安置等问题，确保环保队伍稳定。改革后，县级环保部门继续按国家规定执行公务员职务与职级并行制度。

（十八）妥善处理资产债务。依据有关规定开展资产清查，做好账务清理和清产核资，确保账实相符，严防国有资产流失。对清查中发现的国有资产损益，按照有关规定，经同级财政部门核实并报经同级政府同意后处理。按照资产随机构走原则，根据国有资产管理相关制度规定的程序和要求，做好资产划转和交接。按照债权债务随资产（机构）走原则，明确债权债务责任人，做好债权债务划转和交接。地方政府承诺需要通过后续年度财政资金或其他资金安排解决的债务问题，待其处理稳妥后再行划转。

（十九）调整经费保障渠道。试点期间，环保部门开展正常工作所需的基本支出和相应的工作经费原则上由原渠道解决，核定划转基数后随机构调整划转。地方财政要充分考虑人员转岗安置经费，做好改革经费保障工作。要按照事权和支出责任相匹配的原则，将环保部门纳入相应级次的财政预算体系给予保障。人员待遇按属地化原则处理。环保部门经费保障标准由各地依法在现有制度框架内结合实际确定。

七、加强组织实施

（二十）加强组织领导。试点省份党委和政府对环保垂直管理制度改革试点工作负总责，成立相关工作领导小组。试点省份党委要把握改革方向，研究解决改革中的重大问题。试点省份政府要制定改革实施方案，明确责任，积极稳妥实施改革试点。试点省份环保、机构编制、组织、发展改革、财政、人力资源社会保障、法制等部门要密切配合，协力推动。市县两级党委和政府要切实解决改革过程中出现的问题，确保改革工作顺利开展、环保工作有序推进。

环境保护部、中央编办要加强对试点工作的分类指导和跟踪分析，做好典型引导和交流培训，加强统筹协调和督促检查，研究出台有关政策措施，重大事项要及时向党中央、国务院请示报告。涉及需要修改法律法规的，按法定程序办理。

（二十一）严明工作纪律。试点期间，严肃政治纪律、组织纪律、财经纪律等各项纪律，扎实做好宣传舆论引导，认真做好干部职工思想稳定工作。

（二十二）有序推进改革。鼓励各省（自治区、直辖市）申请开展试点工作，并积极做好前期准备。环境保护部、中央编办根据不同区域经济社会发展特点和环境问题类型，结合地方改革基础，对申请试点的省份改革实施方案进行研究，统筹确定试点省份。试点省份改革实施方案须经环境保护部、中央编办备案同意后方可组织实施。

试点省份要按照本指导意见要求和改革实施方案，因地制宜创新方式方法，细化举措，落实政策，先行先试，力争在 2017 年 6 月底前完成试点工作，形成自评估报告。环境保护部、中央编办对试点工作进行总结评估，提出配套政策和工作安排建议，报党中央、国务院批准后全面推开改革工作。

未纳入试点的省份要积极做好调查摸底、政策研究等前期工作，组织制定改革实施方案，经环境保护部、中央编办备案同意后组织实施、有序开展，力争在 2018 年 6 月底前完成省以下环境保护管理体制调整工作。在此基础上，各省（自治区、直辖市）要进一步完善配套措施，健全机制，确保“十三五”时期全面完成环保机构监测监察执法垂直管理制度改革任务，到 2020 年全国省以下环保部门按照新制度高效运行。

第二篇　水污染防治

中华人民共和国水污染防治法

（1984 年 5 月 11 日第六届全国人民代表大会常务委员会第五次会议通过，根据 1996 年 5 月 15 日第八届全国人民代表大会常务委员会第十九次会议《关于修改〈中华人民共和国水污染防治法〉的决定》修正，2008 年 2 月 28 日第十届全国人民代表大会常务委员会第三十二次会议修订，2017 年 6 月 27 日第十二届全国人民代表大会常务委员会第二十八次会议修订）

第一章　总则

第一条　为了保护和改善环境，防治水污染，保护水生态，保障饮用水安全，维护公众健康，推进生态文明建设，促进经济社会可持续发展，制定本法。

第二条　本法适用于中华人民共和国领域内的江河、湖泊、运河、渠道、水库等地表水体以及地下水体的污染防治。

海洋污染防治适用《中华人民共和国海洋环境保护法》。

第三条　水污染防治应当坚持预防为主、防治结合、综合治理的原则，优先保护饮用水水源，严格控制工业污染、城镇生活污染，防治农业面源污染，积极推进生态治理工程建设，预防、控制和减少水环境污染和生态破坏。

第四条　县级以上人民政府应当将水环境保护工作纳入国民经济和社会发展规划。

地方各级人民政府对本行政区域的水环境质量负责，应当及时采取措施防治水污染。

第五条　省、市、县、乡建立河长制，分级分段组织领导本行政区域内江河、湖泊的水资源保护、水域岸线管理、水污染防治、水环境治理等工作。

第六条　国家实行水环境保护目标责任制和考核评价制度，将水环境保护目标完成情况作为对地方人民政府及其负责人考核评价的内容。

第七条　国家鼓励、支持水污染防治的科学技术研究和先进适用技术的推广应用，加强水环境保护的宣传教育。

第八条　国家通过财政转移支付等方式，建立健全对位于饮用水水源保护区区域和江河、湖泊、水库上游地区的水环境生态保护补偿机制。

第九条　县级以上人民政府环境保护主管部门对水污染防治实施统一监督管理。

交通主管部门的海事管理机构对船舶污染水域的防治实施监督管理。

县级以上人民政府水行政、国土资源、卫生、建设、农业、渔业等部门以及重要江河、湖泊的流域水资源保护机构，在各自的职责范围内，对有关水污染防治实施监督管理。

第十条　排放水污染物，不得超过国家或者地方规定的水污染物排放标准和重点水污染物排放总量控制指标。

第十一条　任何单位和个人都有义务保护水环境，并有权对污染损害水环境的行为进行检举。

县级以上人民政府及其有关主管部门对在水污染防治工作中做出显著成绩的单位和个人给予表彰和奖励。

第二章　水污染防治的标准和规划

第十二条　国务院环境保护主管部门制定国家水环境质量标准。

省、自治区、直辖市人民政府可以对国家水环境质量标准中未作规定的项目，制定地方标准，并报国务院环境保护主管部门备案。

第十三条　国务院环境保护主管部门会同国务院水行政主管部门和有关省、自治区、直辖市人民政府，可以根据国家确定的重要江河、湖泊流域水体的使用功能以及有关地区的经济、技术条件，确定该重要江河、湖泊流域的省界水体适用的水环境质量标准，报国务院批准后施行。

第十四条　国务院环境保护主管部门根据国家水环境质量标准和国家经济、技术条件，制定国家水污染物排放标准。

省、自治区、直辖市人民政府对国家水污染物排放标准中未作规定的项目，可以制定地方水污染物排放标准；对国家水污染物排放标准中已作规定的项目，可以制定严于国家水污染物排放标准的地方水污染物排放标准。地方水污染物排放标准须报国务院环境保护主管部门备案。

向已有地方水污染物排放标准的水体排放污染物的，应当执行地方水污染物排放标准。

第十五条　国务院环境保护主管部门和省、自治区、直辖市人民政府，应当根据水污染防治的要求和国家或者地方的经济、技术条件，适时修订水环境质量标准和水污染物排放标准。

第十六条　防治水污染应当按流域或者按区域进行统一规划。国家确定的重要江河、湖泊的流域水污染防治规划，由国务院环境保护主管部门会同国务院经济综合宏观调控、水行政等部门和有关省、自治区、直辖市人民政府编制，报国务院批准。

前款规定外的其他跨省、自治区、直辖市江河、湖泊的流域水污染防治规划，根据国家确定的重要江河、湖泊的流域水污染防治规划和本地实际情况，由有关省、自治区、直辖市人民政府环境保护主管部门会同同级水行政等部门和有关市、县人民政府编制，经有关省、自治区、直辖市人民政府审核，报国务院批准。

省、自治区、直辖市内跨县江河、湖泊的流域水污染防治规划，根据国家确定的重要江河、湖泊的流域水污染防治规划和本地实际情况，由省、自治区、直辖市人民政府环境保护主管部门会同同级水行政等部门编制，报省、自治区、直辖市人民政府批准，并报国务院备案。

经批准的水污染防治规划是防治水污染的基本依据，规划的修订须经原批准机关批准。

县级以上地方人民政府应当根据依法批准的江河、湖泊的流域水污染防治规划，组织制定本行政区域的水污染防治规划。

第十七条　有关市、县级人民政府应当按照水污染防治规划确定的水环境质量改善目标的要求，制定限期达标规划，采取措施按期达标。

有关市、县级人民政府应当将限期达标规划报上一级人民政府备案，并向社会公开。

第十八条　市、县级人民政府每年在向本级人民代表大会或者其常务委员会报告环境状况和环境保护目标完成情况时，应当报告水环境质量限期达标规划执行情况，并向社会公开。

第三章 水污染防治的监督管理

第十九条　新建、改建、扩建直接或者间接向水体排放污染物的建设项目和其他水上设施，应当依法进行环境影响评价。

建设单位在江河、湖泊新建、改建、扩建排污口的，应当取得水行政主管部门或者流域管理机构同意；涉及通航、渔业水域的，环境保护主管部门在审批环境影响评价文件时，应当征求交通、渔业主管部门的意见。

建设项目的水污染防治设施，应当与主体工程同时设计、同时施工、同时投入使用。水污染防治设施应当符合经批准或者备案的环境影响评价文件的要求。

第二十条　国家对重点水污染物排放实施总量控制制度。

重点水污染物排放总量控制指标，由国务院环境保护主管部门在征求国务院有关部门和各省、自治区、直辖市人民政府意见后，会同国务院经济综合宏观调控部门报国务院批准并下达实施。

省、自治区、直辖市人民政府应当按照国务院的规定削减和控制本行政区域的重点水污染物排放总量。具体办法由国务院环境保护主管部门会同国务院有关部门规定。

省、自治区、直辖市人民政府可以根据本行政区域水环境质量状况和水污染防治工作的需要，对国家重点水污染物之外的其他水污染物排放实行总量控制。

对超过重点水污染物排放总量控制指标或者未完成水环境质量改善目标的地区，省级以上人民政府环境保护主管部门应当会同有关部门约谈该地区人民政府的主要负责人，并暂停审批新增重点水污染物排放总量的建设项目的环境影响评价文件。约谈情况应当向社会公开。

第二十一条 直接或者间接向水体排放工业废水和医疗污水以及其他按照规定应当取得排污许可证方可排放的废水、污水的企业事业单位和其他生产经营者，应当取得排污许可证；城镇污水集中处理设施的运营单位，也应当取得排污许可证。排污许可证应当明确排放水污染物的种类、浓度、总量和排放去向等要求。排污许可的具体办法由国务院规定。

禁止企业事业单位和其他生产经营者无排污许可证或者违反排污许可证的规定向水体排放前款规定的废水、污水。

第二十二条 向水体排放污染物的企业事业单位和其他生产经营者，应当按照法律、行政法规和国务院环境保护主管部门的规定设置排污口；在江河、湖泊设置排污口的，还应当遵守国务院水行政主管部门的规定。

第二十三条 实行排污许可管理的企业事业单位和其他生产经营者应当按照国家有关规定和监测规范，对所排放的水污染物自行监测，并保存原始监测记录。重点排污单位还应当安装水污染物排放自动监测设备，与环境保护主管部门的监控设备联网，并保证监测设备正常运行。具体办法由国务院环境保护主管部门规定。

应当安装水污染物排放自动监测设备的重点排污单位名录，由设区的市级以上地方人民政府环境保护主管部门根据本行政区域的环境容量、重点水污染物排放总量控制指标的要求以及排污单位排放水污染物的种类、数量和浓度等因素，商同级有关部门确定。

第二十四条 实行排污许可管理的企业事业单位和其他生产经营者应当对监测数据的真实性和准确性负责。

环境保护主管部门发现重点排污单位的水污染物排放自动监测设备传输数据异常，应当及时进行调查。

第二十五条 国家建立水环境质量监测和水污染物排放监测制度。国务院环境保护主管部门负责制定水环境监测规范，统一发布国家水环境状况信息，会同国务院水行政等部门组织监测网络。

第二十六条 国家确定的重要江河、湖泊流域的水资源保护工作机构负责监测其所在流域的省界水体的水环境质量状况，并将监测结果及时报国务院环境保护主管部门和国务院水行政主管部门；有经国务院批准成立的流域水资源保护领导机构的，应当将监测结果及时报告流域水资源保护领导机构。

第二十七条 国务院有关部门和县级以上地方人民政府开发、利用和调节、调度水资源时，应当统筹兼顾，维持江河的合理流量和湖泊、水库以及地下水体的合理水位，保障基本生态用水，维护水体的生态功能。

第二十八条 国务院环境保护主管部门应当会同国务院水行政等部门和有关省、自治区、直辖市人民政府，建立重要江河、湖泊的流域水环境保护联合协调机制，实行统一规划、统一标准、统一监测、统一的防治措施。

第二十九条 国务院环境保护主管部门和省、自治区、直辖市人民政府环境保护主管部门应当会同同级有关部门根据流域生态环境功能需要，明确流域生态环境保护要求，组织开展流域环境资源承载能力监测、评价，实施流域环境资源承载能力预警。

县级以上地方人民政府应当根据流域生态环境功能需要，组织开展江河、湖泊、湿地保护与修复，因地制宜建设人工湿地、水源涵养林、沿河沿湖植被缓冲带和隔离带等生态环境治理与保护工程，整治黑臭水体，提高流域环境资源承载能力。

从事开发建设活动，应当采取有效措施，维护流域生态环境功能，严守生态保护红线。

第三十条　环境保护主管部门和其他依照本法规定行使监督管理权的部门，有权对管辖范围内的排污单位进行现场检查，被检查的单位应当如实反映情况，提供必要的资料。检查机关有义务为被检查的单位保守在检查中获取的商业秘密。

第三十一条　跨行政区域的水污染纠纷，由有关地方人民政府协商解决，或者由其共同的上级人民政府协调解决。

第四章 水污染防治措施

第一节　一般规定

第三十二条　国务院环境保护主管部门应当会同国务院卫生主管部门，根据对公众健康和生态环境的危害和影响程度，公布有毒有害水污染物名录，实行风险管理。

排放前款规定名录中所列有毒有害水污染物的企业事业单位和其他生产经营者，应当对排污口和周边环境进行监测，评估环境风险，排查环境安全隐患，并公开有毒有害水污染物信息，采取有效措施防范环境风险。

第三十三条　禁止向水体排放油类、酸液、碱液或者剧毒废液。

禁止在水体清洗装贮过油类或者有毒污染物的车辆和容器。

第三十四条　禁止向水体排放、倾倒放射性固体废物或者含有高放射性和中放射性物质的废水。

向水体排放含低放射性物质的废水，应当符合国家有关放射性污染防治的规定和标准。

第三十五条　向水体排放含热废水，应当采取措施，保证水体的水温符合水环境质量标准。

第三十六条　含病原体的污水应当经过消毒处理；符合国家有关标准后，方可排放。

第三十七条　禁止向水体排放、倾倒工业废渣、城镇垃圾和其他废弃物。

禁止将含有汞、镉、砷、铬、铅、氰化物、黄磷等的可溶性剧毒废渣向水体排放、倾倒或者直接埋入地下。

存放可溶性剧毒废渣的场所，应当采取防水、防渗漏、防流失的措施。

第三十八条　禁止在江河、湖泊、运河、渠道、水库最高水位线以下的滩地和岸坡堆放、存贮固体废弃物和其他污染物。

第三十九条　禁止利用渗井、渗坑、裂隙、溶洞，私设暗管，篡改、伪造监测数据，或者不正常运行水污染防治设施等逃避监管的方式排放水污染物。

第四十条　化学品生产企业以及工业集聚区、矿山开采区、尾矿库、危险废物处置场、垃圾填埋场等的运营、管理单位，应当采取防渗漏等措施，并建设地下水水质监测井进行监测，防止地下水污染。

加油站等的地下油罐应当使用双层罐或者采取建造防渗池等其他有效措施，并进行防渗漏监测，防止地下水污染。

禁止利用无防渗漏措施的沟渠、坑塘等输送或者存贮含有毒污染物的废水、含病原体的污水和其他废弃物。

第四十一条　多层地下水的含水层水质差异大的，应当分层开采；对已受污染的潜水和承压水，不得混合开采。

第四十二条　兴建地下工程设施或者进行地下勘探、采矿等活动，应当采取防护性措施，防止地下水污染。

报废矿井、钻井或者取水井等，应当实施封井或者回填。

第四十三条　人工回灌补给地下水，不得恶化地下水质。

第二节　工业水污染防治

第四十四条　国务院有关部门和县级以上地方人民政府应当合理规划工业布局，要求造成水污染的企业进行技术改造，采取综合防治措施，提高水的重复利用率，减少废水和污染物排放量。

第四十五条 排放工业废水的企业应当采取有效措施，收集和处理产生的全部废水，防止污染环境。含有毒有害水污染物的工业废水应当分类收集和处理，不得稀释排放。

工业集聚区应当配套建设相应的污水集中处理设施，安装自动监测设备，与环境保护主管部门的监控设备联网，并保证监测设备正常运行。

向污水集中处理设施排放工业废水的，应当按照国家有关规定进行预处理，达到集中处理设施处理工艺要求后方可排放。

第四十六条 国家对严重污染水环境的落后工艺和设备实行淘汰制度。

国务院经济综合宏观调控部门会同国务院有关部门，公布限期禁止采用的严重污染水环境的工艺名录和限期禁止生产、销售、进口、使用的严重污染水环境的设备名录。

生产者、销售者、进口者或者使用者应当在规定的期限内停止生产、销售、进口或者使用列入前款规定的设备名录中的设备。工艺的采用者应当在规定的期限内停止采用列入前款规定的工艺名录中的工艺。

依照本条第二款、第三款规定被淘汰的设备，不得转让给他人使用。

第四十七条 国家禁止新建不符合国家产业政策的小型造纸、制革、印染、染料、炼焦、炼硫、炼砷、炼汞、炼油、电镀、农药、石棉、水泥、玻璃、钢铁、火电以及其他严重污染水环境的生产项目。

第四十八条 企业应当采用原材料利用效率高、污染物排放量少的清洁工艺，并加强管理，减少水污染物的产生。

第三节 城镇水污染防治

第四十九条 城镇污水应当集中处理。

县级以上地方人民政府应当通过财政预算和其他渠道筹集资金，统筹安排建设城镇污水集中处理设施及配套管网，提高本行政区域城镇污水的收集率和处理率。

国务院建设主管部门应当会同国务院经济综合宏观调控、环境保护主管部门，根据城乡规划和水污染防治规划，组织编制全国城镇污水处理设施建设规划。县级以上地方人民政府组织建设、经济综合宏观调控、环境保护、水行政等部门编制本行政区域的城镇污水处理设施建设规划。县级以上地方人民政府建设主管部门应当按照城镇污水处理设施建设规划，组织建设城镇污水集中处理设施及配套管网，并加强对城镇污水集中处理设施运营的监督管理。

城镇污水集中处理设施的运营单位按照国家规定向排污者提供污水处理的有偿服务，收取污水处理费用，保证污水集中处理设施的正常运行。收取的污水处理费用应当用于城镇污水集中处理设施的建设运行和污泥处理处置，不得挪作他用。

城镇污水集中处理设施的污水处理收费、管理以及使用的具体办法，由国务院规定。

第五十条 向城镇污水集中处理设施排放水污染物，应当符合国家或者地方规定的水污染物排放标准。

城镇污水集中处理设施的运营单位，应当对城镇污水集中处理设施的出水水质负责。

环境保护主管部门应当对城镇污水集中处理设施的出水水质和水量进行监督检查。

第五十一条 城镇污水集中处理设施的运营单位或者污泥处理处置单位应当安全处理处置污泥，保证处理处置后的污泥符合国家标准，并对污泥的去向等进行记录。

第四节 农业和农村水污染防治

第五十二条 国家支持农村污水、垃圾处理设施的建设，推进农村污水、垃圾集中处理。

地方各级人民政府应当统筹规划建设农村污水、垃圾处理设施，并保障其正常运行。

第五十三条 制定化肥、农药等产品的质量标准和使用标准，应当适应水环境保护要求。

第五十四条 使用农药，应当符合国家有关农药安全使用的规定和标准。

运输、存贮农药和处置过期失效农药，应当加强管理，防止造成水污染。

第五十五条 县级以上地方人民政府农业主管部门和其他有关部门，应当采取措施，指导农业生产者科学、合理地施用化肥和农药，推广测土配方施肥技术和高效低毒低残留农药，控制化肥和农药的过量使用，防止造成水污染。

第五十六条　国家支持畜禽养殖场、养殖小区建设畜禽粪便、废水的综合利用或者无害化处理设施。

畜禽养殖场、养殖小区应当保证其畜禽粪便、废水的综合利用或者无害化处理设施正常运转，保证污水达标排放，防止污染水环境。

畜禽散养密集区所在地县、乡级人民政府应当组织对畜禽粪便污水进行分户收集、集中处理利用。

第五十七条　从事水产养殖应当保护水域生态环境，科学确定养殖密度，合理投饵和使用药物，防止污染水环境。

第五十八条　农田灌溉用水应当符合相应的水质标准，防止污染土壤、地下水和农产品。

禁止向农田灌溉渠道排放工业废水或者医疗污水。向农田灌溉渠道排放城镇污水以及未综合利用的畜禽养殖废水、农产品加工废水的，应当保证其下游最近的灌溉取水点的水质符合农田灌溉水质标准。

第五节　船舶水污染防治

第五十九条　船舶排放含油污水、生活污水，应当符合船舶污染物排放标准。从事海洋航运的船舶进入内河和港口的，应当遵守内河的船舶污染物排放标准。

船舶的残油、废油应当回收，禁止排入水体。

禁止向水体倾倒船舶垃圾。

船舶装载运输油类或者有毒货物，应当采取防止溢流和渗漏的措施，防止货物落水造成水污染。

进入中华人民共和国内河的国际航线船舶排放压载水的，应当采用压载水处理装置或者采取其他等效措施，对压载水进行灭活等处理。禁止排放不符合规定的船舶压载水。

第六十条　船舶应当按照国家有关规定配置相应的防污设备和器材，并持有合法有效的防止水域环境污染的证书与文书。

船舶进行涉及污染物排放的作业，应当严格遵守操作规程，并在相应的记录簿上如实记载。

第六十一条　港口、码头、装卸站和船舶修造厂所在地市、县级人民政府应当统筹规划建设船舶污染物、废弃物的接收、转运及处理处置设施。

港口、码头、装卸站和船舶修造厂应当备有足够的船舶污染物、废弃物的接收设施。从事船舶污染物、废弃物接收作业，或者从事装载油类、污染危害性货物船舱清洗作业的单位，应当具备与其运营规模相适应的接收处理能力。

第六十二条　船舶及有关作业单位从事有污染风险的作业活动，应当按照有关法律法规和标准，采取有效措施，防止造成水污染。海事管理机构、渔业主管部门应当加强对船舶及有关作业活动的监督管理。

船舶进行散装液体污染危害性货物的过驳作业，应当编制作业方案，采取有效的安全和污染防治措施，并报作业地海事管理机构批准。

禁止采取冲滩方式进行船舶拆解作业。

第五章　饮用水水源和其他特殊水体保护

第六十三条　国家建立饮用水水源保护区制度。饮用水水源保护区分为一级保护区和二级保护区；必要时，可以在饮用水水源保护区外围划定一定的区域作为准保护区。

饮用水水源保护区的划定，由有关市、县人民政府提出划定方案，报省、自治区、直辖市人民政府批准；跨市、县饮用水水源保护区的划定，由有关市、县人民政府协商提出划定方案，报省、自治区、直辖市人民政府批准；协商不成的，由省、自治区、直辖市人民政府环境保护主管部门会同同级水行政、国土资源、卫生、建设等部门提出划定方案，征求同级有关部门的意见后，报省、自治区、直辖市人民政府批准。

跨省、自治区、直辖市的饮用水水源保护区，由有关省、自治区、直辖市人民政府商有关流域管理机构划定；协商不成的，由国务院环境保护主管部门会同同级水行政、国土资源、卫生、建设等部门提出划定方案，征求国务院有关部门的意见后，报国务院批准。

国务院和省、自治区、直辖市人民政府可以根据保护饮用水水源的实际需要，调整饮用水水源保护区的范围，确保饮用水安全。有关地方人民政府应当在饮用水水源保护区的边界设立明确的地理界标和明显的警示标志。

第六十四条 在饮用水水源保护区内，禁止设置排污口。

第六十五条 禁止在饮用水水源一级保护区内新建、改建、扩建与供水设施和保护水源无关的建设项目；已建成的与供水设施和保护水源无关的建设项目，由县级以上人民政府责令拆除或者关闭。

禁止在饮用水水源一级保护区内从事网箱养殖、旅游、游泳、垂钓或者其他可能污染饮用水水体的活动。

第六十六条 禁止在饮用水水源二级保护区内新建、改建、扩建排放污染物的建设项目；已建成的排放污染物的建设项目，由县级以上人民政府责令拆除或者关闭。

在饮用水水源二级保护区内从事网箱养殖、旅游等活动的，应当按照规定采取措施，防止污染饮用水水体。

第六十七条 禁止在饮用水水源准保护区内新建、扩建对水体污染严重的建设项目；改建建设项目，不得增加排污量。

第六十八条 县级以上地方人民政府应当根据保护饮用水水源的实际需要，在准保护区内采取工程措施或者建造湿地、水源涵养林等生态保护措施，防止水污染物直接排入饮用水水体，确保饮用水安全。

第六十九条 县级以上地方人民政府应当组织环境保护等部门，对饮用水水源保护区、地下水型饮用水源的补给区及供水单位周边区域的环境状况和污染风险进行调查评估，筛查可能存在的污染风险因素，并采取相应的风险防范措施。

饮用水水源受到污染可能威胁供水安全的，环境保护主管部门应当责令有关企业事业单位和其他生产经营者采取停止排放水污染物等措施，并通报饮用水供水单位和供水、卫生、水行政等部门；跨行政区域的，还应当通报相关地方人民政府。

第七十条 单一水源供水城市的人民政府应当建设应急水源或者备用水源，有条件的地区可以开展区域联网供水。

县级以上地方人民政府应当合理安排、布局农村饮用水水源，有条件的地区可以采取城镇供水管网延伸或者建设跨村、跨乡镇联片集中供水工程等方式，发展规模集中供水。

第七十一条 饮用水供水单位应当做好取水口和出水口的水质检测工作。发现取水口水质不符合饮用水水源水质标准或者出水口水质不符合饮用水卫生标准的，应当及时采取相应措施，并向所在地市、县级人民政府供水主管部门报告。供水主管部门接到报告后，应当通报环境保护、卫生、水行政等部门。

饮用水供水单位应当对供水水质负责，确保供水设施安全可靠运行，保证供水水质符合国家有关标准。

第七十二条 县级以上地方人民政府应当组织有关部门监测、评估本行政区域内饮用水水源、供水单位供水和用户水龙头出水的水质等饮用水安全状况。

县级以上地方人民政府有关部门应当至少每季度向社会公开一次饮用水安全状况信息。

第七十三条 国务院和省、自治区、直辖市人民政府根据水环境保护的需要，可以规定在饮用水水源保护区内，采取禁止或者限制使用含磷洗涤剂、化肥、农药以及限制种植养殖等措施。

第七十四条 县级以上人民政府可以对风景名胜区水体、重要渔业水体和其他具有特殊经济文化价值的水体划定保护区，并采取措施，保证保护区的水质符合规定用途的水环境质量标准。

第七十五条 在风景名胜区水体、重要渔业水体和其他具有特殊经济文化价值的水体的保护区内，不得新建排污口。在保护区附近新建排污口，应当保证保护区水体不受污染。

第六章 水污染事故处置

第七十六条 各级人民政府及其有关部门，可能发生水污染事故的企业事业单位，应当依照《中华人民共和国突发事件应对法》的规定，做好突发水污染事故的应急准备、应急处置和事后恢复等工作。

第七十七条 可能发生水污染事故的企业事业单位，应当制定有关水污染事故的应急方案，做好应急准备，并定期进行演练。

生产、储存危险化学品的企业事业单位，应当采取措施，防止在处理安全生产事故过程中产生的可能严重污染水体的消防废水、废液直接排入水体。

第七十八条 企业事业单位发生事故或者其他突发性事件，造成或者可能造成水污染事故的，应当立即启动本单位的应急方案，采取隔离等应急措施，防止水污染物进入水体，并向事故发生地的县级以上地方人民政府或者环境保护主管部门报告。环境保护主管部门接到报告后，应当及时向本级人民政府报告，并抄送有关部门。

造成渔业污染事故或者渔业船舶造成水污染事故的，应当向事故发生地的渔业主管部门报告，接受调查处理。其他船舶造成水污染事故的，应当向事故发生地的海事管理机构报告，接受调查处理；给渔业造成损害的，海事管理机构应当通知渔业主管部门参与调查处理。

第七章 法律责任

第七十九条 市、县级人民政府应当组织编制饮用水安全突发事件应急预案。

饮用水供水单位应当根据所在地饮用水安全突发事件应急预案，制定相应的突发事件应急方案，报所在地市、县级人民政府备案，并定期进行演练。

饮用水水源发生水污染事故，或者发生其他可能影响饮用水安全的突发性事件，饮用水供水单位应当采取应急处理措施，向所在地市、县级人民政府报告，并向社会公开。有关人民政府应当根据情况及时启动应急预案，采取有效措施，保障供水安全。

第八十条 环境保护主管部门或者其他依照本法规定行使监督管理权的部门，不依法作出行政许可或者办理批准文件的，发现违法行为或者接到对违法行为的举报后不予查处的，或者有其他未依照本法规定履行职责的行为的，对直接负责的主管人员和其他直接责任人员依法给予处分。

第八十一条 以拖延、围堵、滞留执法人员等方式拒绝、阻挠环境保护主管部门或者其他依照本法规定行使监督管理权的部门的监督检查，或者在接受监督检查时弄虚作假的，由县级以上人民政府环境保护主管部门或者其他依照本法规定行使监督管理权的部门责令改正，处二万元以上二十万元以下的罚款。

第八十二条 违反本法规定，有下列行为之一的，由县级以上人民政府环境保护主管部门责令限期改正，处二万元以上二十万元以下的罚款；逾期不改正的，责令停产整治：

（一）未按照规定对所排放的水污染物自行监测，或者未保存原始监测记录的；

（二）未按照规定安装水污染物排放自动监测设备，未按照规定与环境保护主管部门的监控设备联网，或者未保证监测设备正常运行的；

（三）未按照规定对有毒有害水污染物的排污口和周边环境进行监测，或者未公开有毒有害水污染物信息的。

第八十三条 违反本法规定，有下列行为之一的，由县级以上人民政府环境保护主管部门责令改正或者责令限制生产、停产整治，并处十万元以上一百万元以下的罚款；情节严重的，报经有批准权的人民政府批准，责令停业、关闭：

（一）未依法取得排污许可证排放水污染物的；

（二）超过水污染物排放标准或者超过重点水污染物排放总量控制指标排放水污染物的；

（三）利用渗井、渗坑、裂隙、溶洞，私设暗管，篡改、伪造监测数据，或者不正常运行水污染防治设施等逃避监管的方式排放水污染物的；

（四）未按照规定进行预处理，向污水集中处理设施排放不符合处理工艺要求的工业废水的。

第八十四条 在饮用水水源保护区内设置排污口的，由县级以上地方人民政府责令限期拆除，处十万元以上五十万元以下的罚款；逾期不拆除的，强制拆除，所需费用由违法者承担，处五十万元以上一百万元以下的罚款，并可以责令停产整治。

除前款规定外，违反法律、行政法规和国务院环境保护主管部门的规定设置排污口的，由县级以上地方人民政府环境保护主管部门责令限期拆除，处二万元以上十万元以下的罚款；逾期不拆除的，强制拆除，所需费用由违法者承担，处十万元以上五十万元以下的罚款；情节严重的，可以责令停产整治。

未经水行政主管部门或者流域管理机构同意，在江河、湖泊新建、改建、扩建排污口的，由县级以上人民政府水行政主管部门或者流域管理机构依据职权，依照前款规定采取措施、给予处罚。

第八十五条 有下列行为之一的，由县级以上地方人民政府环境保护主管部门责令停止违法行为，限期采取治理措施，消除污染，处以罚款；逾期不采取治理措施的，环境保护主管部门可以指定有治理能力的单位代为治理，所需费用由违法者承担：

（一）向水体排放油类、酸液、碱液的；

（二）向水体排放剧毒废液，或者将含有汞、镉、砷、铬、铅、氰化物、黄磷等的可溶性剧毒废渣向水体排放、倾倒或者直接埋入地下的；

（三）在水体清洗装贮过油类、有毒污染物的车辆或者容器的；

（四）向水体排放、倾倒工业废渣、城镇垃圾或者其他废弃物，或者在江河、湖泊、运河、渠道、水库最高水位线以下的滩地、岸坡堆放、存贮固体废弃物或者其他污染物的；

（五）向水体排放、倾倒放射性固体废物或者含有高放射性、中放射性物质的废水的；

（六）违反国家有关规定或者标准，向水体排放含低放射性物质的废水、热废水或者含病原体的污水的；

（七）未采取防渗漏等措施，或者未建设地下水水质监测井进行监测的；

（八）加油站等的地下油罐未使用双层罐或者采取建造防渗池等其他有效措施，或者未进行防渗漏监测的；

（九）未按照规定采取防护性措施，或者利用无防渗漏措施的沟渠、坑塘等输送或者存贮含有毒污染物的废水、含病原体的污水或者其他废弃物的。

有前款第三项、第四项、第六项、第七项、第八项行为之一的，处二万元以上二十万元以下的罚款。有前款第一项、第二项、第五项、第九项行为之一的，处十万元以上一百万元以下的罚款；情节严重的，报经有批准权的人民政府批准，责令停业、关闭。

第八十六条 违反本法规定，生产、销售、进口或者使用列入禁止生产、销售、进口、使用的严重污染水环境的设备名录中的设备，或者采用列入禁止采用的严重污染水环境的工艺名录中的工艺的，由县级以上人民政府经济综合宏观调控部门责令改正，处五万元以上二十万元以下的罚款；情节严重的，由县级以上人民政府经济综合宏观调控部门提出意见，报请本级人民政府责令停业、关闭。

第八十七条 违反本法规定，建设不符合国家产业政策的小型造纸、制革、印染、染料、炼焦、炼硫、炼砷、炼汞、炼油、电镀、农药、石棉、水泥、玻璃、钢铁、火电以及其他严重污染水环境的生产项目的，由所在地的市、县人民政府责令关闭。

第八十八条 城镇污水集中处理设施的运营单位或者污泥处理处置单位，处理处置后的污泥不符合国家标准，或者对污泥去向等未进行记录的，由城镇排水主管部门责令限期采取治理措施，给予警告；造成严重后果的，处十万元以上二十万元以下的罚款；逾期不采取治理措施的，城镇排水主管部门可以指定有治理能力的单位代为治理，所需费用由违法者承担。

第八十九条 船舶未配置相应的防污染设备和器材，或者未持有合法有效的防止水域环境污染的证书与文书的，由海事管理机构、渔业主管部门按照职责分工责令限期改正，处二千元以上二万元以下的罚款；逾期不改正的，责令船舶临时停航。

船舶进行涉及污染物排放的作业，未遵守操作规程或者未在相应的记录簿上如实记载的，由海事管理机构、渔业主管部门按照职责分工责令改正，处二千元以上二万元以下的罚款。

第九十条 违反本法规定，有下列行为之一的，由海事管理机构、渔业主管部门按照职责分工责令停止违法行为，处一万元以上十万元以下的罚款；造成水污染的，责令限期采取治理措施，消除污染，处二万元以上二十万元以下的罚款；逾期不采取治理措施的，海事管理机构、渔业主管部门按照职责分工可以指定有治理能力的单位代为治理，所需费用由船舶承担：

（一）向水体倾倒船舶垃圾或者排放船舶的残油、废油的；

（二）未经作业地海事管理机构批准，船舶进行散装液体污染危害性货物的过驳作业的；

（三）船舶及有关作业单位从事有污染风险的作业活动，未按照规定采取污染防治措施的；

（四）以冲滩方式进行船舶拆解的；

（五）进入中华人民共和国内河的国际航线船舶，排放不符合规定的船舶压载水的。

第九十一条 有下列行为之一的，由县级以上地方人民政府环境保护主管部门责令停止违法行为，处十万元以上五十万元以下的罚款；并报经有批准权的人民政府批准，责令拆除或者关闭：

（一）在饮用水水源一级保护区内新建、改建、扩建与供水设施和保护水源无关的建设项目的；

（二）在饮用水水源二级保护区内新建、改建、扩建排放污染物的建设项目的；

（三）在饮用水水源准保护区内新建、扩建对水体污染严重的建设项目，或者改建建设项目增加排污量的。

在饮用水水源一级保护区内从事网箱养殖或者组织进行旅游、垂钓或者其他可能污染饮用水水体的活动的，由县级以上地方人民政府环境保护主管部门责令停止违法行为，处二万元以上十万元以下的罚款。个人在饮用水水源一级保护区内游泳、垂钓或者从事其他可能污染饮用水水体的活动的，由县级以上地方人民政府环境保护主管部门责令停止违法行为，可以处五百元以下的罚款。

第九十二条 饮用水供水单位供水水质不符合国家规定标准的，由所在地市、县级人民政府供水主管部门责令改正，处二万元以上二十万元以下的罚款；情节严重的，报经有批准权的人民政府批准，可以责令停业整顿；对直接负责的主管人员和其他直接责任人员依法给予处分。

第九十三条 企业事业单位有下列行为之一的，由县级以上人民政府环境保护主管部门责令改正；情节严重的，处二万元以上十万元以下的罚款：

（一）不按照规定制定水污染事故的应急方案的；

（二）水污染事故发生后，未及时启动水污染事故的应急方案，采取有关应急措施的。

第九十四条 企业事业单位违反本法规定，造成水污染事故的，除依法承担赔偿责任外，由县级以上人民政府环境保护主管部门依照本条第二款的规定处以罚款，责令限期采取治理措施，消除污染；未按照要求采取治理措施或者不具备治理能力的，由环境保护主管部门指定有治理能力的单位代为治理，所需费用由违法者承担；对造成重大或者特大水污染事故的，还可以报经有批准权的人民政府批准，责令关闭；对直接负责的主管人员和其他直接责任人员可以处上一年度从本单位取得的收入百分之五十以下的罚款；有《中华人民共和国环境保护法》第六十三条规定的违法排放水污染物等行为之一，尚不构成犯罪的，由公安机关对直接负责的主管人员和其他直接责任人员处十日以上十五日以下的拘留；情节较轻的，处五日以上十日以下的拘留。

对造成一般或者较大水污染事故的，按照水污染事故造成的直接损失的百分之二十计算罚款；对造成重大或者特大水污染事故的，按照水污染事故造成的直接损失的百分之三十计算罚款。

造成渔业污染事故或者渔业船舶造成水污染事故的，由渔业主管部门进行处罚；其他船舶造成水污染事故的，由海事管理机构进行处罚。

第九十五条 企业事业单位和其他生产经营者违法排放水污染物，受到罚款处罚，被责令改正的，依法作出处罚决定的行政机关应当组织复查，发现其继续违法排放水污染物或者拒绝、阻挠复查的，依照《中华人民共和国环境保护法》的规定按日连续处罚。

第九十六条 因水污染受到损害的当事人，有权要求排污方排除危害和赔偿损失。

由于不可抗力造成水污染损害的，排污方不承担赔偿责任；法律另有规定的除外。

水污染损害是由受害人故意造成的，排污方不承担赔偿责任。水污染损害是由受害人重大过失造成的，可以减轻排污方的赔偿责任。

水污染损害是由第三人造成的，排污方承担赔偿责任后，有权向第三人追偿。

第九十七条 因水污染引起的损害赔偿责任和赔偿金额的纠纷，可以根据当事人的请求，由环境保护主管部门或者海事管理机构、渔业主管部门按照职责分工调解处理；调解不成的，当事人可以向人民法院提起诉讼。当事人也可以直接向人民法院提起诉讼。

第九十八条 因水污染引起的损害赔偿诉讼，由排污方就法律规定的免责事由及其行为与损害结果之间不存在因果关系承担举证责任。

第九十九条 因水污染受到损害的当事人人数众多的，可以依法由当事人推选代表人进行共同诉讼。

环境保护主管部门和有关社会团体可以依法支持因水污染受到损害的当事人向人民法院提起诉讼。

国家鼓励法律服务机构和律师为水污染损害诉讼中的受害人提供法律援助。

第一百条 因水污染引起的损害赔偿责任和赔偿金额的纠纷，当事人可以委托环境监测机构提供监测数据。环境监测机构应当接受委托，如实提供有关监测数据。

第一百零一条 违反本法规定，构成犯罪的，依法追究刑事责任。

第八章 附则

第一百零二条 本法中下列用语的含义：

（一）水污染，是指水体因某种物质的介入，而导致其化学、物理、生物或者放射性等方面特性的改变，从而影响水的有效利用，危害人体健康或者破坏生态环境，造成水质恶化的现象。

（二）水污染物，是指直接或者间接向水体排放的，能导致水体污染的物质。

（三）有毒污染物，是指那些直接或者间接被生物摄入体内后，可能导致该生物或者其后代发病、行为反常、遗传异变、生理机能失常、机体变形或者死亡的污染物。

（四）污泥，是指污水处理过程中产生的半固态或者固态物质。

（五）渔业水体，是指划定的鱼虾类的产卵场、索饵场、越冬场、洄游通道和鱼虾贝藻类的养殖场的水体。

第一百零三条 本法自2018年1月1日起施行。

城镇排水与污水处理条例

中华人民共和国国务院令第641号

《城镇排水与污水处理条例》已经2013年9月18日国务院第24次常务会议通过，现予公布，自2014年1月1日起施行。

总理　李克强

2013年10月2日

第一章　总　　则

第一条　为了加强对城镇排水与污水处理的管理，保障城镇排水与污水处理设施安全运行，防治城镇水污染和内涝灾害，保障公民生命、财产安全和公共安全，保护环境，制定本条例。

第二条　城镇排水与污水处理的规划，城镇排水与污水处理设施的建设、维护与保护，向城镇排水设施排水与污水处理，以及城镇内涝防治，适用本条例。

第三条　县级以上人民政府应当加强对城镇排水与污水处理工作的领导，并将城镇排水与污水处理工作纳入国民经济和社会发展规划。

第四条　城镇排水与污水处理应当遵循尊重自然、统筹规划、配套建设、保障安全、综合利用的原则。

第五条　国务院住房城乡建设主管部门指导监督全国城镇排水与污水处理工作。

县级以上地方人民政府城镇排水与污水处理主管部门（以下称城镇排水主管部门）负责本行政区域内城镇排水与污水处理的监督管理工作。

县级以上人民政府其他有关部门依照本条例和其他有关法律、法规的规定，在各自的职责范围内负责城镇排水与污水处理监督管理的相关工作。

第六条　国家鼓励采取特许经营、政府购买服务等多种形式，吸引社会资金参与投资、建设和运营城镇排水与污水处理设施。

县级以上人民政府鼓励、支持城镇排水与污水处理科学技术研究，推广应用先进适用的技术、工艺、设备和材料，促进污水的再生利用和污泥、雨水的资源化利用，提高城镇排水与污水处理能力。

第二章　规划与建设

第七条　国务院住房城乡建设主管部门会同国务院有关部门，编制全国的城镇排水与污水处理规划，明确全国城镇排水与污水处理的中长期发展目标、发展战略、布局、任务以及保障措施等。

城镇排水主管部门会同有关部门，根据当地经济社会发展水平以及地理、气候特征，编制本行政区域的城镇排水与污水处理规划，明确排水与污水处理目标与标准，排水量与排水模式，污水处理与再生利用、污泥处理处置要求，排涝措施，城镇排水与污水处理设施的规模、布局、建设时序和建设用地以及保障措施等；易发生内涝的城市、镇，还应当编制城镇内涝防治专项规划，并纳入本行政区域的城镇排水与污水处理规划。

第八条　城镇排水与污水处理规划的编制，应当依据国民经济和社会发展规划、城乡规划、土地利用总体规划、水污染防治规划和防洪规划，并与城镇开发建设、道路、绿地、水系等专项规划相衔接。

城镇内涝防治专项规划的编制，应当根据城镇人口与规模、降雨规律、暴雨内涝风险等因素，合理确定内涝防治目标和要求，充分利用自然生态系统，提高雨水滞渗、调蓄和排放能力。

第九条　城镇排水主管部门应当将编制的城镇排水与污水处理规划报本级人民政府批准后组织实施，并报上一级人民政府城镇排水主管部门备案。

城镇排水与污水处理规划一经批准公布，应当严格执行；因经济社会发展确需修改的，应当按照原审批程序报送审批。

第十条　县级以上地方人民政府应当根据城镇排水与污水处理规划的要求，加大对城镇排水与污水处理设施建设和维护的投入。

第十一条　城乡规划和城镇排水与污水处理规划确定的城镇排水与污水处理设施建设用地，不得擅自改变用途。

第十二条　县级以上地方人民政府应当按照先规划后建设的原则，依据城镇排水与污水处理规划，合理确定城镇排水与污水处理设施建设标准，统筹安排管网、泵站、污水处理厂以及污泥处理处置、再生水利用、雨水调蓄和排放等排水与污水处理设施建设和改造。

城镇新区的开发和建设，应当按照城镇排水与污水处理规划确定的建设时序，优先安排排水与污水处理设施建设；未建或者已建但未达到国家有关标准的，应当按照年度改造计划进行改造，提高城镇排水与污水处理能力。

第十三条 县级以上地方人民政府应当按照城镇排涝要求，结合城镇用地性质和条件，加强雨水管网、泵站以及雨水调蓄、超标雨水径流排放等设施建设和改造。

新建、改建、扩建市政基础设施工程应当配套建设雨水收集利用设施，增加绿地、砂石地面、可渗透路面和自然地面对雨水的滞渗能力，利用建筑物、停车场、广场、道路等建设雨水收集利用设施，削减雨水径流，提高城镇内涝防治能力。

新区建设与旧城区改建，应当按照城镇排水与污水处理规划确定的雨水径流控制要求建设相关设施。

第十四条 城镇排水与污水处理规划范围内的城镇排水与污水处理设施建设项目以及需要与城镇排水与污水处理设施相连接的新建、改建、扩建建设工程，城乡规划主管部门在依法核发建设用地规划许可证时，应当征求城镇排水主管部门的意见。城镇排水主管部门应当就排水设计方案是否符合城镇排水与污水处理规划和相关标准提出意见。

建设单位应当按照排水设计方案建设连接管网等设施；未建设连接管网等设施的，不得投入使用。城镇排水主管部门或者其委托的专门机构应当加强指导和监督。

第十五条 城镇排水与污水处理设施建设工程竣工后，建设单位应当依法组织竣工验收。竣工验收合格的，方可交付使用，并自竣工验收合格之日起15日内，将竣工验收报告及相关资料报城镇排水主管部门备案。

第十六条 城镇排水与污水处理设施竣工验收合格后，由城镇排水主管部门通过招标投标、委托等方式确定符合条件的设施维护运营单位负责管理。特许经营合同、委托运营合同涉及污染物削减和污水处理运营服务费的，城镇排水主管部门应当征求环境保护主管部门、价格主管部门的意见。国家鼓励实施城镇污水处理特许经营制度。具体办法由国务院住房城乡建设主管部门会同国务院有关部门制定。

城镇排水与污水处理设施维护运营单位应当具备下列条件：

（一）有法人资格；

（二）有与从事城镇排水与污水处理设施维护运营活动相适应的资金和设备；

（三）有完善的运行管理和安全管理制度；

（四）技术负责人和关键岗位人员经专业培训并考核合格；

（五）有相应的良好业绩和维护运营经验；

（六）法律、法规规定的其他条件。

第三章 排 水

第十七条 县级以上地方人民政府应当根据当地降雨规律和暴雨内涝风险情况，结合气象、水文资料，建立排水设施地理信息系统，加强雨水排放管理，提高城镇内涝防治水平。

县级以上地方人民政府应当组织有关部门、单位采取相应的预防治理措施，建立城镇内涝防治预警、会商、联动机制，发挥河道行洪能力和水库、洼淀、湖泊调蓄洪水的功能，加强对城镇排水设施的管理和河道防护、整治，因地制宜地采取定期清淤疏浚等措施，确保雨水排放畅通，共同做好城镇内涝防治工作。

第十八条 城镇排水主管部门应当按照城镇内涝防治专项规划的要求，确定雨水收集利用设施建设标准，明确雨水的排水分区和排水出路，合理控制雨水径流。

第十九条 除干旱地区外，新区建设应当实行雨水、污水分流；对实行雨水、污水合流的地区，应当按照城镇排水与污水处理规划要求，进行雨水、污水分流改造。雨水、污水分流改造可以结合旧城区改建和道路建设同时进行。

在雨水、污水分流地区，新区建设和旧城区改建不得将雨水管网、污水管网相互混接。

在有条件的地区，应当逐步推进初期雨水收集与处理，合理确定截流倍数，通过设置初期雨水贮存池、建设截流干管等方式，加强对初期雨水的排放调控和污染防治。

第二十条　城镇排水设施覆盖范围内的排水单位和个人，应当按照国家有关规定将污水排入城镇排水设施。

在雨水、污水分流地区，不得将污水排入雨水管网。

第二十一条　从事工业、建筑、餐饮、医疗等活动的企业事业单位、个体工商户（以下称排水户）向城镇排水设施排放污水的，应当向城镇排水主管部门申请领取污水排入排水管网许可证。城镇排水主管部门应当按照国家有关标准，重点对影响城镇排水与污水处理设施安全运行的事项进行审查。

排水户应当按照污水排入排水管网许可证的要求排放污水。

第二十二条　排水户申请领取污水排入排水管网许可证应当具备下列条件：

（一）排放口的设置符合城镇排水与污水处理规划的要求；

（二）按照国家有关规定建设相应的预处理设施和水质、水量检测设施；

（三）排放的污水符合国家或者地方规定的有关排放标准；

（四）法律、法规规定的其他条件。

符合前款规定条件的，由城镇排水主管部门核发污水排入排水管网许可证；具体办法由国务院住房城乡建设主管部门制定。

第二十三条　城镇排水主管部门应当加强对排放口设置以及预处理设施和水质、水量检测设施建设的指导和监督；对不符合规划要求或者国家有关规定的，应当要求排水户采取措施，限期整改。

第二十四条　城镇排水主管部门委托的排水监测机构，应当对排水户排放污水的水质和水量进行监测，并建立排水监测档案。排水户应当接受监测，如实提供有关资料。

列入重点排污单位名录的排水户安装的水污染物排放自动监测设备，应当与环境保护主管部门的监控设备联网。环境保护主管部门应当将监测数据与城镇排水主管部门共享。

第二十五条　因城镇排水设施维护或者检修可能对排水造成影响的，城镇排水设施维护运营单位应当提前 24 小时通知相关排水户；可能对排水造成严重影响的，应当事先向城镇排水主管部门报告，采取应急处理措施，并向社会公告。

第二十六条　设置于机动车道路上的窨井，应当按照国家有关规定进行建设，保证其承载力和稳定性等符合相关要求。

排水管网窨井盖应当具备防坠落和防盗窃功能，满足结构强度要求。

第二十七条　城镇排水主管部门应当按照国家有关规定建立城镇排涝风险评估制度和灾害后评估制度，在汛前对城镇排水设施进行全面检查，对发现的问题，责成有关单位限期处理，并加强城镇广场、立交桥下、地下构筑物、棚户区等易涝点的治理，强化排涝措施，增加必要的强制排水设施和装备。

城镇排水设施维护运营单位应当按照防汛要求，对城镇排水设施进行全面检查、维护、清疏，确保设施安全运行。

在汛期，有管辖权的人民政府防汛指挥机构应当加强对易涝点的巡查，发现险情，立即采取措施。有关单位和个人在汛期应当服从有管辖权的人民政府防汛指挥机构的统一调度指挥或者监督。

第四章　污水处理

第二十八条　城镇排水主管部门应当与城镇污水处理设施维护运营单位签订维护运营合同，明确双方权利义务。

城镇污水处理设施维护运营单位应当依照法律、法规和有关规定以及维护运营合同进行维护运营，定期向社会公开有关维护运营信息，并接受相关部门和社会公众的监督。

第二十九条　城镇污水处理设施维护运营单位应当保证出水水质符合国家和地方规定的排放标准，不得排放不达标污水。

城镇污水处理设施维护运营单位应当按照国家有关规定检测进出水水质，向城镇排水主管部门、环境保护主管部门报送污水处理水质和水量、主要污染物削减量等信息，并按照有关规定和维护运营合同，向城镇排水主管部门报送生产运营成本等信息。

城镇污水处理设施维护运营单位应当按照国家有关规定向价格主管部门提交相关成本信息。

城镇排水主管部门核定城镇污水处理运营成本，应当考虑主要污染物削减情况。

第三十条 城镇污水处理设施维护运营单位或者污泥处理处置单位应当安全处理处置污泥，保证处理处置后的污泥符合国家有关标准，对产生的污泥以及处理处置后的污泥去向、用途、用量等进行跟踪、记录，并向城镇排水主管部门、环境保护主管部门报告。任何单位和个人不得擅自倾倒、堆放、丢弃、遗撒污泥。

第三十一条 城镇污水处理设施维护运营单位不得擅自停运城镇污水处理设施，因检修等原因需要停运或者部分停运城镇污水处理设施的，应当在 90 个工作日前向城镇排水主管部门、环境保护主管部门报告。

城镇污水处理设施维护运营单位在出现进水水质和水量发生重大变化可能导致出水水质超标，或者发生影响城镇污水处理设施安全运行的突发情况时，应当立即采取应急处理措施，并向城镇排水主管部门、环境保护主管部门报告。

城镇排水主管部门或者环境保护主管部门接到报告后，应当及时核查处理。

第三十二条 排水单位和个人应当按照国家有关规定缴纳污水处理费。

向城镇污水处理设施排放污水、缴纳污水处理费的，不再缴纳排污费。

排水监测机构接受城镇排水主管部门委托从事有关监测活动，不得向城镇污水处理设施维护运营单位和排水户收取任何费用。

第三十三条 污水处理费应当纳入地方财政预算管理，专项用于城镇污水处理设施的建设、运行和污泥处理处置，不得挪作他用。污水处理费的收费标准不应低于城镇污水处理设施正常运营的成本。因特殊原因，收取的污水处理费不足以支付城镇污水处理设施正常运营的成本的，地方人民政府给予补贴。

污水处理费的收取、使用情况应当向社会公开。

第三十四条 县级以上地方人民政府环境保护主管部门应当依法对城镇污水处理设施的出水水质和水量进行监督检查。

城镇排水主管部门应当对城镇污水处理设施运营情况进行监督和考核，并将监督考核情况向社会公布。有关单位和个人应当予以配合。

城镇污水处理设施维护运营单位应当为进出水在线监测系统的安全运行提供保障条件。

第三十五条 城镇排水主管部门应当根据城镇污水处理设施维护运营单位履行维护运营合同的情况以及环境保护主管部门对城镇污水处理设施出水水质和水量的监督检查结果，核定城镇污水处理设施运营服务费。地方人民政府有关部门应当及时、足额拨付城镇污水处理设施运营服务费。

第三十六条 城镇排水主管部门在监督考核中，发现城镇污水处理设施维护运营单位存在未依照法律、法规和有关规定以及维护运营合同进行维护运营，擅自停运或者部分停运城镇污水处理设施，或者其他无法安全运行等情形的，应当要求城镇污水处理设施维护运营单位采取措施，限期整改；逾期不整改的，或者整改后仍无法安全运行的，城镇排水主管部门可以终止维护运营合同。

城镇排水主管部门终止与城镇污水处理设施维护运营单位签订的维护运营合同的，应当采取有效措施保障城镇污水处理设施的安全运行。

第三十七条 国家鼓励城镇污水处理再生利用，工业生产、城市绿化、道路清扫、车辆冲洗、建筑施工以及生态景观等，应当优先使用再生水。

县级以上地方人民政府应当根据当地水资源和水环境状况，合理确定再生水利用的规模，制定促进再生水利用的保障措施。

再生水纳入水资源统一配置，县级以上地方人民政府水行政主管部门应当依法加强指导。

第五章 设施维护与保护

第三十八条 城镇排水与污水处理设施维护运营单位应当建立健全安全生产管理制度，加强对窨井盖等城镇排水与污水处理设施的日常巡查、维修和养护，保障设施安全运行。

从事管网维护、应急排水、井下及有限空间作业的，设施维护运营单位应当安排专门人员进行现场安全管理，设置醒目警示标志，采取有效措施避免人员坠落、车辆陷落，并及时复原窨井盖，确保操作规程的遵守和安全措施的落实。相关特种作业人员，应当按照国家有关规定取得相应的资格证书。

第三十九条 县级以上地方人民政府应当根据实际情况，依法组织编制城镇排水与污水处理应急预案，统筹安排应对突发事件以及城镇排涝所必需的物资。

城镇排水与污水处理设施维护运营单位应当制定本单位的应急预案，配备必要的抢险装备、器材，并定期组织演练。

第四十条 排水户因发生事故或者其他突发事件，排放的污水可能危及城镇排水与污水处理设施安全运行的，应当立即采取措施消除危害，并及时向城镇排水主管部门和环境保护主管部门等有关部门报告。

城镇排水与污水处理安全事故或者突发事件发生后，设施维护运营单位应当立即启动本单位应急预案，采取防护措施、组织抢修，并及时向城镇排水主管部门和有关部门报告。

第四十一条 城镇排水主管部门应当会同有关部门，按照国家有关规定划定城镇排水与污水处理设施保护范围，并向社会公布。

在保护范围内，有关单位从事爆破、钻探、打桩、顶进、挖掘、取土等可能影响城镇排水与污水处理设施安全的活动的，应当与设施维护运营单位等共同制定设施保护方案，并采取相应的安全防护措施。

第四十二条 禁止从事下列危及城镇排水与污水处理设施安全的活动：

（一）损毁、盗窃城镇排水与污水处理设施；

（二）穿凿、堵塞城镇排水与污水处理设施；

（三）向城镇排水与污水处理设施排放、倾倒剧毒、易燃易爆、腐蚀性废液和废渣；

（四）向城镇排水与污水处理设施倾倒垃圾、渣土、施工泥浆等废弃物；

（五）建设占压城镇排水与污水处理设施的建筑物、构筑物或者其他设施；

（六）其他危及城镇排水与污水处理设施安全的活动。

第四十三条 新建、改建、扩建建设工程，不得影响城镇排水与污水处理设施安全。

建设工程开工前，建设单位应当查明工程建设范围内地下城镇排水与污水处理设施的相关情况。城镇排水主管部门及其他相关部门和单位应当及时提供相关资料。

建设工程施工范围内有排水管网等城镇排水与污水处理设施的，建设单位应当与施工单位、设施维护运营单位共同制定设施保护方案，并采取相应的安全保护措施。

因工程建设需要拆除、改动城镇排水与污水处理设施的，建设单位应当制定拆除、改动方案，报城镇排水主管部门审核，并承担重建、改建和采取临时措施的费用。

第四十四条 县级以上人民政府城镇排水主管部门应当会同有关部门，加强对城镇排水与污水处理设施运行维护和保护情况的监督检查，并将检查情况及结果向社会公开。实施监督检查时，有权采取下列措施：

（一）进入现场进行检查、监测；

（二）查阅、复制有关文件和资料；

（三）要求被监督检查的单位和个人就有关问题作出说明。

被监督检查的单位和个人应当予以配合，不得妨碍和阻挠依法进行的监督检查活动。

第四十五条 审计机关应当加强对城镇排水与污水处理设施建设、运营、维护和保护等资金筹集、管理和使用情况的监督，并公布审计结果。

第六章 法律责任

第四十六条 违反本条例规定，县级以上地方人民政府及其城镇排水主管部门和其他有关部门，不依法作出行政许可或者办理批准文件的，发现违法行为或者接到对违法行为的举报不予查处的，或者有其他未依照本条例履行职责的行为的，对直接负责的主管人员和其他直接责任人员依法给予处分；直接负责的主管人员和其他直接责任人员的行为构成犯罪的，依法追究刑事责任。

违反本条例规定，核发污水排入排水管网许可证、排污许可证后不实施监督检查的，对核发许可证的部门及其工作人员依照前款规定处理。

第四十七条 违反本条例规定，城镇排水主管部门对不符合法定条件的排水户核发污水排入排水管网许可证的，或者对符合法定条件的排水户不予核发污水排入排水管网许可证的，对直接负责的主管人员和其他直接责任人员依法给予处分；直接负责的主管人员和其他直接责任人员的行为构成犯罪的，依法追究刑事责任。

第四十八条 违反本条例规定，在雨水、污水分流地区，建设单位、施工单位将雨水管网、污水管网相互混接的，由城镇排水主管部门责令改正，处5万元以上10万元以下的罚款；造成损失的，依法承担赔偿责任。

第四十九条 违反本条例规定，城镇排水与污水处理设施覆盖范围内的排水单位和个人，未按照国家有关规定将污水排入城镇排水设施，或者在雨水、污水分流地区将污水排入雨水管网的，由城镇排水主管部门责令改正，给予警告；逾期不改正或者造成严重后果的，对单位处10万元以上20万元以下罚款，对个人处2万元以上10万元以下罚款；造成损失的，依法承担赔偿责任。

第五十条 违反本条例规定，排水户未取得污水排入排水管网许可证向城镇排水设施排放污水的，由城镇排水主管部门责令停止违法行为，限期采取治理措施，补办污水排入排水管网许可证，可以处50万元以下罚款；造成损失的，依法承担赔偿责任；构成犯罪的，依法追究刑事责任。

违反本条例规定，排水户不按照污水排入排水管网许可证的要求排放污水的，由城镇排水主管部门责令停止违法行为，限期改正，可以处5万元以下罚款；造成严重后果的，吊销污水排入排水管网许可证，并处5万元以上50万元以下罚款，可以向社会予以通报；造成损失的，依法承担赔偿责任；构成犯罪的，依法追究刑事责任。

第五十一条 违反本条例规定，因城镇排水设施维护或者检修可能对排水造成影响或者严重影响，城镇排水设施维护运营单位未提前通知相关排水户的，或者未事先向城镇排水主管部门报告，采取应急处理措施的，或者未按照防汛要求对城镇排水设施进行全面检查、维护、清疏，影响汛期排水畅通的，由城镇排水主管部门责令改正，给予警告；逾期不改正或者造成严重后果的，处10万元以上20万元以下罚款；造成损失的，依法承担赔偿责任。

第五十二条 违反本条例规定，城镇污水处理设施维护运营单位未按照国家有关规定检测进出水水质的，或者未报送污水处理水质和水量、主要污染物削减量等信息和生产运营成本等信息的，由城镇排水主管部门责令改正，可以处5万元以下罚款；造成损失的，依法承担赔偿责任。

违反本条例规定，城镇污水处理设施维护运营单位擅自停运城镇污水处理设施，未按照规定事先报告或者采取应急处理措施的，由城镇排水主管部门责令改正，给予警告；逾期不改正或者造成严重后果的，处10万元以上50万元以下罚款；造成损失的，依法承担赔偿责任。

第五十三条 违反本条例规定，城镇污水处理设施维护运营单位或者污泥处理处置单位对产生的污泥以及处理处置后的污泥的去向、用途、用量等未进行跟踪、记录的，或者处理处置后的污泥不符合国家有关标准的，由城镇排水主管部门责令限期采取治理措施，给予警告；造成严重后果的，处10万元以上20万元以下罚款；逾期不采取治理措施的，城镇排水主管部门可以指定有治理能力的单位代为治理，所需费用由当事人承担；造成损失的，依法承担赔偿责任。

违反本条例规定，擅自倾倒、堆放、丢弃、遗撒污泥的，由城镇排水主管部门责令停止违法行为，限期采取治理措施，给予警告；造成严重后果的，对单位处10万元以上50万元以下罚款，对个人处2万元以上10万元以下罚款；逾期不采取治理措施的，城镇排水主管部门可以指定有治理能力的单位代为治理，所需费用由当事人承担；造成损失的，依法承担赔偿责任。

第五十四条 违反本条例规定，排水单位或者个人不缴纳污水处理费的，由城镇排水主管部门责令限期缴纳，逾期拒不缴纳的，处应缴纳污水处理费数额1倍以上3倍以下罚款。

第五十五条 违反本条例规定，城镇排水与污水处理设施维护运营单位有下列情形之一的，由城镇排水主管部门责令改正，给予警告；逾期不改正或者造成严重后果的，处10万元以上50万元以下罚款；造成损失的，依法承担赔偿责任；构成犯罪的，依法追究刑事责任：

（一）未按照国家有关规定履行日常巡查、维修和养护责任，保障设施安全运行的；

（二）未及时采取防护措施、组织事故抢修的；

（三）因巡查、维护不到位，导致窨井盖丢失、损毁，造成人员伤亡和财产损失的。

第五十六条 违反本条例规定，从事危及城镇排水与污水处理设施安全的活动的，由城镇排水主管部门责令停止违法行为，限期恢复原状或者采取其他补救措施，给予警告；逾期不采取补救措施或者造成严重后果的，对单位处10万元以上30万元以下罚款，对个人处2万元以上10万元以下罚款；造成损失的，依法承担赔偿责任；构成犯罪的，依法追究刑事责任。

第五十七条 违反本条例规定，有关单位未与施工单位、设施维护运营单位等共同制定设施保护方案，并采取相应的安全防护措施的，由城镇排水主管部门责令改正，处2万元以上5万元以下罚款；造成严重后果的，处5万元以上10万元以下罚款；造成损失的，依法承担赔偿责任；构成犯罪的，依法追究刑事责任。

违反本条例规定，擅自拆除、改动城镇排水与污水处理设施的，由城镇排水主管部门责令改正，恢复原状或者采取其他补救措施，处5万元以上10万元以下罚款；造成严重后果的，处10万元以上30万元以下罚款；造成损失的，依法承担赔偿责任；构成犯罪的，依法追究刑事责任。

第七章 附 则

第五十八条 依照《中华人民共和国水污染防治法》的规定，排水户需要取得排污许可证的，由环境保护主管部门核发；违反《中华人民共和国水污染防治法》的规定排放污水的，由环境保护主管部门处罚。

第五十九条 本条例自2014年1月1日起施行。

太湖流域管理条例

中华人民共和国国务院令

第604号

《太湖流域管理条例》已经2011年8月24日国务院第169次常务会议通过，现予公布，自2011年11月1日起施行。

总 理 温家宝

二〇一一年九月七日

第一章 总 则

第一条 为了加强太湖流域水资源保护和水污染防治，保障防汛抗旱以及生活、生产和生态用水安全，改善太湖流域生态环境，制定本条例。

第二条 本条例所称太湖流域，包括江苏省、浙江省、上海市（以下称两省一市）长江以南，钱塘江以北，天目山、茅山流域分水岭以东的区域。

第三条 太湖流域管理应当遵循全面规划、统筹兼顾、保护优先、兴利除害、综合治理、科学发展的原则。

第四条 太湖流域实行流域管理与行政区域管理相结合的管理体制。

国家建立健全太湖流域管理协调机制，统筹协调太湖流域管理中的重大事项。

第五条 国务院水行政、环境保护等部门依照法律、行政法规规定和国务院确定的职责分工，负责太湖流域管理的有关工作。

国务院水行政主管部门设立的太湖流域管理机构（以下简称太湖流域管理机构）在管辖范围内，行使法律、行政法规规定的和国务院水行政主管部门授予的监督管理职责。

太湖流域县级以上地方人民政府有关部门依照法律、法规规定，负责本行政区域内有关的太湖流域管理工作。

第六条 国家对太湖流域水资源保护和水污染防治实行地方人民政府目标责任制与考核评价制度。

太湖流域县级以上地方人民政府应当将水资源保护、水污染防治、防汛抗旱、水域和岸线保护以及生活、生产和生态用水安全等纳入国民经济和社会发展规划，调整经济结构，优化产业布局，严格限制高耗水和高污染的建设项目。

第二章 饮用水安全

第七条 太湖流域县级以上地方人民政府应当合理确定饮用水水源地，并依照《中华人民共和国水法》、《中华人民共和国水污染防治法》的规定划定饮用水水源保护区，保障饮用水供应和水质安全。

第八条 禁止在太湖流域饮用水水源保护区内设置排污口、有毒有害物品仓库以及垃圾场；已经设置的，当地县级人民政府应当责令拆除或者关闭。

第九条 太湖流域县级人民政府应当建立饮用水水源保护区日常巡查制度，并在饮用水水源一级保护区设置水质、水量自动监测设施。

第十条 太湖流域县级以上地方人民政府应当按照水源互补、科学调度的原则，合理规划、建设应急备用水源和跨行政区域的联合供水项目。按照规划供水范围的正常用水量计算，应急备用水源应当具备不少于7天的供水能力。

太湖流域县级以上地方人民政府供水主管部门应当根据生活饮用水国家标准的要求，编制供水设施技术改造规划，报本级人民政府批准后组织实施。

第十一条 太湖流域县级以上地方人民政府应当组织水行政、环境保护、住房和城乡建设等部门制定本行政区域的供水安全应急预案。有关部门应当根据本行政区域的供水安全应急预案制定实施方案。

太湖流域供水单位应当根据本行政区域的供水安全应急预案，制定相应的应急工作方案，并报供水主管部门备案。

第十二条 供水安全应急预案应当包括下列主要内容：

（一）应急备用水源和应急供水设施；

（二）监测、预警、信息报告和处理；

（三）组织指挥体系和应急响应机制；

（四）应急备用水源启用方案或者应急调水方案；

（五）资金、物资、技术等保障措施。

第十三条　太湖流域市、县人民政府应当组织对饮用水水源、供水设施以及居民用水点的水质进行实时监测；在蓝藻暴发等特殊时段，应当增加监测次数和监测点，及时掌握水质状况。

太湖流域市、县人民政府发现饮用水水源、供水设施以及居民用水点的水质异常，可能影响供水安全的，应当立即采取预防、控制措施，并及时向社会发布预警信息。

第十四条　发生供水安全事故，太湖流域县级以上地方人民政府应当立即按照规定程序上报，并根据供水安全事故的严重程度和影响范围，按照职责权限启动相应的供水安全应急预案，优先保障居民生活饮用水。

发生供水安全事故，需要实施跨流域或者跨省、直辖市行政区域水资源应急调度的，由太湖流域管理机构对太湖、太浦河、新孟河、望虞河的水工程下达调度指令。

防汛抗旱期间发生供水安全事故，需要实施水资源应急调度的，由太湖流域防汛抗旱指挥机构、太湖流域县级以上地方人民政府防汛抗旱指挥机构下达调度指令。

第三章　水资源保护

第十五条　太湖流域水资源配置与调度，应当首先满足居民生活用水，兼顾生产、生态用水以及航运等需要，维持太湖合理水位，促进水体循环，提高太湖流域水环境容量。

太湖流域水资源配置与调度，应当遵循统一实施、分级负责的原则，协调总量控制与水位控制的关系。

第十六条　太湖流域管理机构应当商两省一市人民政府水行政主管部门，根据太湖流域综合规划制订水资源调度方案，报国务院水行政主管部门批准后组织两省一市人民政府水行政主管部门统一实施。

水资源调度方案批准前，太湖流域水资源调度按照国务院水行政主管部门批准的引江济太调度方案以及有关年度调度计划执行。

地方人民政府、太湖流域管理机构和水工程管理单位主要负责人应当对水资源调度方案和调度指令的执行负责。

第十七条　太浦河太浦闸、泵站，新孟河江边枢纽、运河立交枢纽，望虞河望亭、常熟水利枢纽，由太湖流域管理机构下达调度指令。

国务院水行政主管部门规定的对流域水资源配置影响较大的水工程，由太湖流域管理机构商当地省、直辖市人民政府水行政主管部门下达调度指令。

太湖流域其他水工程，由县级以上地方人民政府水行政主管部门按照职责权限下达调度指令。

下达调度指令应当以水资源调度方案为基本依据，并综合考虑实时水情、雨情等情况。

第十八条　太湖、太浦河、新孟河、望虞河实行取水总量控制制度。两省一市人民政府水行政主管部门应当于每年 2 月 1 日前将上一年度取水总量控制情况和本年度取水计划建议报太湖流域管理机构。太湖流域管理机构应当根据取水总量控制指标，结合年度预测来水量，于每年 2 月 25 日前向两省一市人民政府水行政主管部门下达年度取水计划。

太湖流域管理机构应当对太湖、太浦河、新孟河、望虞河取水总量控制情况进行实时监控。对取水总量已经达到或者超过取水总量控制指标的，不得批准建设项目新增取水。

第十九条　国务院水行政主管部门应当会同国务院环境保护等部门和两省一市人民政府，按照流域综合规划、水资源保护规划和经济社会发展要求，拟定太湖流域水功能区划，报国务院批准。

太湖流域水功能区划未涉及的太湖流域其他水域的水功能区划，由两省一市人民政府水行政主管部门会同同级环境保护等部门拟定，征求太湖流域管理机构意见后，由本级人民政府批准并报国务院水行政、环境保护主管部门备案。

调整经批准的水功能区划，应当经原批准机关或者其授权的机关批准。

第二十条　太湖流域的养殖、航运、旅游等涉及水资源开发利用的规划，应当遵守经批准的水功能区划。

在太湖流域湖泊、河道从事生产建设和其他开发利用活动的，应当符合水功能区保护要求；其中在太湖从事生产建设和其他开发利用活动的，有关主管部门在办理批准手续前，应当就其是否符合水功能区保护要求征求太湖流域管理机构的意见。

第二十一条 太湖流域县级以上地方人民政府水行政主管部门和太湖流域管理机构应当加强对水功能区保护情况的监督检查，定期公布水资源状况；发现水功能区未达到水质目标的，应当及时报告有关人民政府采取治理措施，并向环境保护主管部门通报。

主要入太湖河道控制断面未达到水质目标的，在不影响防洪安全的前提下，太湖流域管理机构应当通报有关地方人民政府关闭其入湖口门并组织治理。

第二十二条 太湖流域县级以上地方人民政府应当按照太湖流域综合规划和太湖流域水环境综合治理总体方案等要求，组织采取环保型清淤措施，对太湖流域湖泊、河道进行生态疏浚，并对清理的淤泥进行无害化处理。

第二十三条 太湖流域县级以上地方人民政府应当加强用水定额管理，采取有效措施，降低用水消耗，提高用水效率，并鼓励回用再生水和综合利用雨水、海水、微咸水。

需要取水的新建、改建、扩建建设项目，应当在水资源论证报告书中按照行业用水定额要求明确节约用水措施，并配套建设节约用水设施。节约用水设施应当与主体工程同时设计、同时施工、同时投产。

第二十四条 国家将太湖流域承压地下水作为应急和战略储备水源，禁止任何单位和个人开采，但是供水安全事故应急用水除外。

第四章 水污染防治

第二十五条 太湖流域实行重点水污染物排放总量控制制度。

太湖流域管理机构应当组织两省一市人民政府水行政主管部门，根据水功能区对水质的要求和水体的自然净化能力，核定太湖流域湖泊、河道纳污能力，向两省一市人民政府环境保护主管部门提出限制排污总量意见。

两省一市人民政府环境保护主管部门应当按照太湖流域水环境综合治理总体方案、太湖流域水污染防治规划等确定的水质目标和有关要求，充分考虑限制排污总量意见，制订重点水污染物排放总量削减和控制计划，经国务院环境保护主管部门审核同意，报两省一市人民政府批准并公告。

两省一市人民政府应当将重点水污染物排放总量削减和控制计划确定的控制指标分解下达到太湖流域各市、县。市、县人民政府应当将控制指标分解落实到排污单位。

第二十六条 两省一市人民政府环境保护主管部门应当根据水污染防治工作需要，制订本行政区域其他水污染物排放总量控制指标，经国务院环境保护主管部门审核，报本级人民政府批准，并由两省一市人民政府抄送国务院环境保护、水行政主管部门。

第二十七条 国务院环境保护主管部门可以根据太湖流域水污染防治和优化产业结构、调整产业布局的需要，制定水污染物特别排放限值，并商两省一市人民政府确定和公布在太湖流域执行水污染物特别排放限值的具体地域范围和时限。

第二十八条 排污单位排放水污染物，不得超过经核定的水污染物排放总量，并应当按照规定设置便于检查、采样的规范化排污口，悬挂标志牌；不得私设暗管或者采取其他规避监管的方式排放水污染物。

禁止在太湖流域设置不符合国家产业政策和水环境综合治理要求的造纸、制革、酒精、淀粉、冶金、酿造、印染、电镀等排放水污染物的生产项目，现有的生产项目不能实现达标排放的，应当依法关闭。

在太湖流域新设企业应当符合国家规定的清洁生产要求，现有的企业尚未达到清洁生产要求的，应当按照清洁生产规划要求进行技术改造，两省一市人民政府应当加强监督检查。

第二十九条 新孟河、望虞河以外的其他主要入太湖河道，自河口 1 万米上溯至 5 万米河道岸线内及其岸线两侧各 1 000 米范围内，禁止下列行为：

（一）新建、扩建化工、医药生产项目；

（二）新建、扩建污水集中处理设施排污口以外的排污口；

（三）扩大水产养殖规模。

第三十条 太湖岸线内和岸线周边5 000米范围内，淀山湖岸线内和岸线周边2 000米范围内，太浦河、新孟河、望虞河岸线内和岸线两侧各1 000米范围内，其他主要入太湖河道自河口上溯至1万米河道岸线内及其岸线两侧各1 000米范围内，禁止下列行为：

（一）设置剧毒物质、危险化学品的贮存、输送设施和废物回收场、垃圾场；

（二）设置水上餐饮经营设施；

（三）新建、扩建高尔夫球场；

（四）新建、扩建畜禽养殖场；

（五）新建、扩建向水体排放污染物的建设项目；

（六）本条例第二十九条规定的行为。

已经设置前款第一项、第二项规定设施的，当地县级人民政府应当责令拆除或者关闭。

第三十一条 太湖流域县级以上地方人民政府应当推广测土配方施肥、精准施肥、生物防治病虫害等先进适用的农业生产技术，实施农药、化肥减施工程，减少化肥、农药使用量，发展绿色生态农业，开展清洁小流域建设，有效控制农业面源污染。

第三十二条 两省一市人民政府应当加强对太湖流域水产养殖的管理，合理确定水产养殖规模和布局，推广循环水养殖、不投饵料养殖等生态养殖技术，减少水产养殖污染。

国家逐步淘汰太湖围网养殖。江苏省、浙江省人民政府渔业行政主管部门应当按照统一规划、分步实施、合理补偿的原则，组织清理在太湖设置的围网养殖设施。

第三十三条 太湖流域的畜禽养殖场、养殖专业合作社、养殖小区应当对畜禽粪便、废水进行无害化处理，实现污水达标排放；达到两省一市人民政府规定规模的，应当配套建设沼气池、发酵池等畜禽粪便、废水综合利用或者无害化处理设施，并保证其正常运转。

第三十四条 太湖流域县级以上地方人民政府应当合理规划建设公共污水管网和污水集中处理设施，实现雨水、污水分流。自本条例施行之日起 5 年内，太湖流域县级以上地方人民政府所在城镇和重点建制镇的生活污水应当全部纳入公共污水管网并经污水集中处理设施处理。

太湖流域县级人民政府应当为本行政区域内的农村居民点配备污水、垃圾收集设施，并对收集的污水、垃圾进行集中处理。

第三十五条 太湖流域新建污水集中处理设施，应当符合脱氮除磷深度处理要求；现有的污水集中处理设施不符合脱氮除磷深度处理要求的，当地市、县人民政府应当自本条例施行之日起 1 年内组织进行技术改造。

太湖流域市、县人民政府应当统筹规划建设污泥处理设施，并指导污水集中处理单位对处理污水产生的污泥等废弃物进行无害化处理，避免二次污染。

国家鼓励污水集中处理单位配套建设再生水利用设施。

第三十六条 在太湖流域航行的船舶应当按照要求配备污水、废油、垃圾、粪便等污染物、废弃物收集设施。未持有合法有效的防止水域环境污染证书、文书的船舶，不得在太湖流域航行。运输剧毒物质、危险化学品的船舶，不得进入太湖。

太湖流域各港口、码头、装卸站和船舶修造厂应当配备船舶污染物、废弃物接收设施和必要的水污染应急设施，并接受当地港口管理部门和环境保护主管部门的监督。

太湖流域县级以上地方人民政府和有关海事管理机构应当建立健全船舶水污染事故应急制度，在船舶水污染事故发生后立即采取应急处置措施。

第三十七条 太湖流域县级人民政府应当组建专业打捞队伍，负责当地重点水域蓝藻等有害藻类的打捞。打捞的蓝藻等有害藻类应当运送至指定的场所进行无害化处理。

国家鼓励运用技术成熟、安全可靠的方法对蓝藻等有害藻类进行生态防治。

第五章 防汛抗旱与水域、岸线保护

第三十八条 太湖流域防汛抗旱指挥机构在国家防汛抗旱指挥机构的领导下，统一组织、指挥、指导、协调和监督太湖流域防汛抗旱工作，其具体工作由太湖流域管理机构承担。

第三十九条 太湖流域管理机构应当会同两省一市人民政府，制订太湖流域洪水调度方案，报国家防汛抗旱指挥机构批准。太湖流域洪水调度方案是太湖流域防汛调度的基本依据。

太湖流域发生超标准洪水或者特大干旱灾害，由太湖流域防汛抗旱指挥机构组织两省一市人民政府防汛抗旱指挥机构提出处理意见，报国家防汛抗旱指挥机构批准后执行。

第四十条 太浦河太浦闸、泵站，新孟河江边枢纽、运河立交枢纽，望虞河望亭、常熟水利枢纽以及国家防汛抗旱指挥机构规定的对流域防汛抗旱影响较大的水工程的防汛抗旱调度指令，由太湖流域防汛抗旱指挥机构下达。

太湖流域其他水工程的防汛抗旱调度指令，由太湖流域县级以上地方人民政府防汛抗旱指挥机构按照职责权限下达。

第四十一条 太湖水位以及与调度有关的其他水文测验数据，以国家基本水文测站的测验数据为准；未设立国家基本水文测站的，以太湖流域管理机构确认的水文测验数据为准。

第四十二条 太湖流域管理机构应当组织两省一市人民政府水行政主管部门会同同级交通运输主管部门，根据防汛抗旱和水域保护需要制订岸线利用管理规划，经征求两省一市人民政府国土资源、环境保护、城乡规划等部门意见，报国务院水行政主管部门审核并由其报国务院批准。岸线利用管理规划应当明确太湖、太浦河、新孟河、望虞河岸线划定、利用和管理等要求。

太湖流域县级人民政府应当按照岸线利用管理规划，组织划定太湖、太浦河、新孟河、望虞河岸线，设置界标，并报太湖流域管理机构备案。

第四十三条 在太湖、太浦河、新孟河、望虞河岸线内兴建建设项目，应当符合太湖流域综合规划和岸线利用管理规划，不得缩小水域面积，不得降低行洪和调蓄能力，不得擅自改变水域、滩地使用性质；无法避免缩小水域面积、降低行洪和调蓄能力的，应当同时兴建等效替代工程或者采取其他功能补救措施。

第四十四条 需要临时占用太湖、太浦河、新孟河、望虞河岸线内水域、滩地的，应当经太湖流域管理机构同意，并依法办理有关手续。临时占用水域、滩地的期限不得超过2年。

临时占用期限届满，临时占用人应当及时恢复水域、滩地原状；临时占用水域、滩地给当地居民生产等造成损失的，应当依法予以补偿。

第四十五条 太湖流域圩区建设、治理应当符合流域防洪要求，合理控制圩区标准，统筹安排圩区外排水河道规模，严格控制联圩并圩，禁止将湖荡等大面积水域圈入圩内，禁止缩小圩外水域面积。

两省一市人民政府水行政主管部门应当编制圩区建设、治理方案，报本级人民政府批准后组织实施。太湖、太浦河、新孟河、望虞河以及两省一市行政区域边界河道的圩区建设、治理方案在批准前，应当征得太湖流域管理机构同意。

第四十六条 禁止在太湖岸线内圈圩或者围湖造地；已经建成的圈圩不得加高、加宽圩堤，已经围湖所造的土地不得垫高土地地面。

两省一市人民政府水行政主管部门应当会同同级国土资源等部门，自本条例施行之日起2年内编制太湖岸线内已经建成的圈圩和已经围湖所造土地清理工作方案，报国务院水行政主管部门和两省一市人民政府批准后组织实施。

第六章 保障措施

第四十七条 太湖流域县级以上地方人民政府及其有关部门应当采取措施保护和改善太湖生态环

境，在太湖岸线周边 500 米范围内，饮用水水源保护区周边 1 500 米范围内和主要入太湖河道岸线两侧各 200 米范围内，合理建设生态防护林。

第四十八条　太湖流域县级以上地方人民政府林业、水行政、环境保护、农业等部门应当开展综合治理，保护湿地，促进生态恢复。

两省一市人民政府渔业行政主管部门应当根据太湖流域水生生物资源状况、重要渔业资源繁殖规律和水产种质资源保护需要，开展水生生物资源增殖放流，实行禁渔区和禁渔期制度，并划定水产种质资源保护区。

第四十九条　上游地区未完成重点水污染物排放总量削减和控制计划、行政区域边界断面水质未达到阶段水质目标的，应当对下游地区予以补偿；上游地区完成重点水污染物排放总量削减和控制计划、行政区域边界断面水质达到阶段水质目标的，下游地区应当对上游地区予以补偿。补偿通过财政转移支付方式或者有关地方人民政府协商确定的其他方式支付。具体办法由国务院财政、环境保护主管部门会同两省一市人民政府制定。

第五十条　排放污水的单位和个人，应当按照规定缴纳污水处理费。通过公共供水设施供水的，污水处理费和水费一并收取；使用自备水源的，污水处理费和水资源费一并收取。污水处理费应当纳入地方财政预算管理，专项用于污水集中处理设施的建设和运行。污水处理费不能补偿污水集中处理单位正常运营成本的，当地县级人民政府应当给予适当补贴。

第五十一条　对为减少水污染物排放自愿关闭、搬迁、转产以及进行技术改造的企业，两省一市人民政府应当通过财政、信贷、政府采购等措施予以鼓励和扶持。

国家鼓励太湖流域排放水污染物的企业投保环境污染责任保险，具体办法由国务院环境保护主管部门会同国务院保险监督管理机构制定。

第五十二条　对因清理水产养殖、畜禽养殖，实施退田还湖、退渔还湖等导致转产转业的农民，当地县级人民政府应当给予补贴和扶持，并通过劳动技能培训、纳入社会保障体系等方式，保障其基本生活。

对因实施农药、化肥减施工程等导致收入减少或者支出增加的农民，当地县级人民政府应当给予补贴。

第七章　监测与监督

第五十三条　国务院发展改革、环境保护、水行政、住房和城乡建设等部门应当按照国务院有关规定，对两省一市人民政府水资源保护和水污染防治目标责任执行情况进行年度考核，并将考核结果报国务院。

太湖流域县级以上地方人民政府应当对下一级人民政府水资源保护和水污染防治目标责任执行情况进行年度考核。

第五十四条　国家按照统一规划布局、统一标准方法、统一信息发布的要求，建立太湖流域监测体系和信息共享机制。

太湖流域管理机构应当商两省一市人民政府环境保护、水行政主管部门和气象主管机构等，建立统一的太湖流域监测信息共享平台。

两省一市人民政府环境保护主管部门负责本行政区域的水环境质量监测和污染源监督性监测。太湖流域管理机构和两省一市人民政府水行政主管部门负责水文水资源监测；太湖流域管理机构负责两省一市行政区域边界水域和主要入太湖河道控制断面的水环境质量监测，以及太湖流域重点水功能区和引江济太调水的水质监测。

太湖流域水环境质量信息由两省一市人民政府环境保护主管部门按照职责权限发布。太湖流域水文水资源信息由太湖流域管理机构会同两省一市人民政府水行政主管部门统一发布；发布水文水资源信息涉及水环境质量的内容，应当与环境保护主管部门协商一致。太湖流域年度监测报告由国务院环境保护、水行政主管部门共同发布，必要时也可以授权太湖流域管理机构发布。

第五十五条 有下列情形之一的，有关部门应当暂停办理两省一市相关行政区域或者主要入太湖河道沿线区域可能产生污染的建设项目的审批、核准以及环境影响评价、取水许可和排污口设置审查等手续，并通报有关地方人民政府采取治理措施：

（一）未完成重点水污染物排放总量削减和控制计划，行政区域边界断面、主要入太湖河道控制断面未达到阶段水质目标的；

（二）未完成本条例规定的违法设施拆除、关闭任务的；

（三）因违法批准新建、扩建污染水环境的生产项目造成供水安全事故等严重后果的。

第五十六条 太湖流域管理机构和太湖流域县级以上地方人民政府水行政主管部门应当对设置在太湖流域湖泊、河道的排污口进行核查登记，建立监督管理档案，对污染严重和违法设置的排污口，依照《中华人民共和国水法》、《中华人民共和国水污染防治法》的规定处理。

第五十七条 太湖流域县级以上地方人民政府环境保护主管部门应当会同有关部门，加强对重点水污染物排放总量削减和控制计划落实情况的监督检查，并按照职责权限定期向社会公布。

国务院环境保护主管部门应当定期开展太湖流域水污染调查和评估。

第五十八条 太湖流域县级以上地方人民政府水行政、环境保护、渔业、交通运输、住房和城乡建设等部门和太湖流域管理机构，应当依照本条例和相关法律、法规的规定，加强对太湖开发、利用、保护、治理的监督检查，发现违法行为，应当通报有关部门进行查处，必要时可以直接通报有关地方人民政府进行查处。

第八章 法律责任

第五十九条 太湖流域县级以上地方人民政府及其工作人员违反本条例规定，有下列行为之一的，对直接负责的主管人员和其他直接责任人员依法给予处分；构成犯罪的，依法追究刑事责任：

（一）不履行供水安全监测、报告、预警职责，或者发生供水安全事故后不及时采取应急措施的；

（二）不履行水污染物排放总量削减、控制职责，或者不依法责令拆除、关闭违法设施的；

（三）不履行本条例规定的其他职责的。

第六十条 县级以上人民政府水行政、环境保护、住房和城乡建设等部门及其工作人员违反本条例规定，有下列行为之一的，由本级人民政府责令改正，通报批评，对直接负责的主管人员和其他直接责任人员依法给予处分；构成犯罪的，依法追究刑事责任：

（一）不组织实施供水设施技术改造的；

（二）不执行取水总量控制制度的；

（三）不履行监测职责或者发布虚假监测信息的；

（四）不组织清理太湖岸线内的圈圩、围湖造地和太湖围网养殖设施的；

（五）不履行本条例规定的其他职责的。

第六十一条 太湖流域管理机构及其工作人员违反本条例规定，有下列行为之一的，由国务院水行政主管部门责令改正，通报批评，对直接负责的主管人员和其他直接责任人员依法给予处分；构成犯罪的，依法追究刑事责任：

（一）不履行水资源调度职责的；

（二）不履行水功能区、排污口管理职责的；

（三）不组织制订水资源调度方案、岸线利用管理规划的；

（四）不履行监测职责的；

（五）不履行本条例规定的其他职责的。

第六十二条 太湖流域水工程管理单位违反本条例规定，拒不服从调度的，由太湖流域管理机构或者水行政主管部门按照职责权限责令改正，通报批评，对直接负责的主管人员和其他直接责任人员依法给予处分；构成犯罪的，依法追究刑事责任。

第六十三条　排污单位违反本条例规定，排放水污染物超过经核定的水污染物排放总量，或者在已经确定执行太湖流域水污染物特别排放限值的地域范围、时限内排放水污染物超过水污染物特别排放限值的，依照《中华人民共和国水污染防治法》第七十四条的规定处罚。

第六十四条　违反本条例规定，在太湖、淀山湖、太浦河、新孟河、望虞河和其他主要入太湖河道岸线内以及岸线周边、两侧保护范围内新建、扩建化工、医药生产项目，或者设置剧毒物质、危险化学品的贮存、输送设施，或者设置废物回收场、垃圾场、水上餐饮经营设施的，由太湖流域县级以上地方人民政府环境保护主管部门责令改正，处20万元以上50万元以下罚款；拒不改正的，由太湖流域县级以上地方人民政府环境保护主管部门依法强制执行，所需费用由违法行为人承担；构成犯罪的，依法追究刑事责任。

违反本条例规定，在太湖、淀山湖、太浦河、新孟河、望虞河和其他主要入太湖河道岸线内以及岸线周边、两侧保护范围内新建、扩建高尔夫球场的，由太湖流域县级以上地方人民政府责令停止建设或者关闭。

第六十五条　违反本条例规定，运输剧毒物质、危险化学品的船舶进入太湖的，由交通运输主管部门责令改正，处10万元以上20万元以下罚款，有违法所得的，没收违法所得；拒不改正的，责令停产停业整顿；构成犯罪的，依法追究刑事责任。

第六十六条　违反本条例规定，在太湖、太浦河、新孟河、望虞河岸线内兴建不符合岸线利用管理规划的建设项目，或者不依法兴建等效替代工程、采取其他功能补救措施的，由太湖流域管理机构或者县级以上地方人民政府水行政主管部门按照职责权限责令改正，处10万元以上30万元以下罚款；拒不改正的，由太湖流域管理机构或者县级以上地方人民政府水行政主管部门按照职责权限依法强制执行，所需费用由违法行为人承担。

第六十七条　违反本条例规定，有下列行为之一的，由太湖流域管理机构或者县级以上地方人民政府水行政主管部门按照职责权限责令改正，对单位处5万元以上10万元以下罚款，对个人处1万元以上3万元以下罚款；拒不改正的，由太湖流域管理机构或者县级以上地方人民政府水行政主管部门按照职责权限依法强制执行，所需费用由违法行为人承担：

（一）擅自占用太湖、太浦河、新孟河、望虞河岸线内水域、滩地或者临时占用期满不及时恢复原状的；

（二）在太湖岸线内圈圩，加高、加宽已经建成圈圩的圩堤，或者垫高已经围湖所造土地地面的；

（三）在太湖从事不符合水功能区保护要求的开发利用活动的。

违反本条例规定，在太湖岸线内围湖造地的，依照《中华人民共和国水法》第六十六条的规定处罚。

第九章　附　则

第六十八条　本条例所称主要入太湖河道控制断面，包括望虞河、大溪港、梁溪河、直湖港、武进港、太滆运河、漕桥河、殷村港、社渎港、官渎港、洪巷港、陈东港、大浦港、乌溪港、大港河、夹浦港、合溪新港、长兴港、杨家浦港、旄儿港、苕溪、大钱港的入太湖控制断面。

第六十九条　两省一市可以根据水环境综合治理需要，制定严于国家规定的产业准入条件和水污染防治标准。

第七十条　本条例自2011年11月1日起施行。

淮河流域水污染防治暂行条例

中华人民共和国国务院令

第 183 号

现发布《淮河流域水污染防治暂行条例》，自发布之日起施行。

总　理　李　鹏

一九九五年八月八日

第一条　为了加强淮河流域水污染防治，保护和改善水质，保障人体健康和人民生活、生产用水，制定本条例。

第二条　本条例适用于淮河流域的河流、湖泊、水库、渠道等地表水体的污染防治。

第三条　淮河流域水污染防治的目标：1997 年实现全流域工业污染源达标排放；2000 年淮河流域各主要河段、湖泊、水库的水质达到淮河流域水污染防治规划的要求，实现淮河水体变清。

第四条　淮河流域水资源保护领导小组（以下简称领导小组），负责协调、解决有关淮河流域水资源保护和水污染防治的重大问题，监督、检查淮河流域水污染防治工作，并行使国务院授予的其他职权。

领导小组办公室设在淮河流域水资源保护局。

第五条　河南、安徽、江苏、山东四省（以下简称四省）人民政府各对本省淮河流域水环境质量负责，必须采取措施确保本省淮河流域水污染防治目标的实现。

四省人民政府应当将淮河流域水污染治理任务分解到有关市（地）、县，签订目标责任书，限期完成，并将该项工作作为考核有关干部政绩的重要内容。

第六条　淮河流域县级以上地方人民政府，应当定期向本级人民代表大会常务委员会报告本行政区域内淮河流域水污染防治工作进展情况。

第七条　国家对淮河流域水污染防治实行优惠、扶持政策。

第八条　四省人民政府应当妥善做好淮河流域关、停企业的职工安置工作。

第九条　国家对淮河流域实行水污染物排放总量（以下简称排污总量）控制制度。

第十条　国务院环境保护行政主管部门会同国务院计划部门、水行政主管部门商四省人民政府，根据淮河流域水污染防治目标，拟订淮河流域水污染防治规划和排污总量控制计划，经由领导小组报国务院批准后执行。

第十一条　淮河流域县级以上地方人民政府，根据上级人民政府制定的淮河流域水污染防治规划和排污总量控制计划，组织制定本行政区域内淮河流域水污染防治规划和排污总量控制计划，并纳入本行政区域的国民经济和社会发展中长期规划和年度计划。

第十二条　淮河流域排污总量控制计划，应当包括确定的排污总量控制区域、排污总量、排污削减量和削减时限要求，以及应当实行重点排污控制的区域和重点排污控制区域外的重点排污单位名单等内容。

第十三条　向淮河流域水体排污的企业事业单位和个体工商户（以下简称排污单位），凡纳入排污总量控制的，由环境保护行政主管部门商同级有关行业主管部门，根据排污总量控制计划、建设项目环境影响报告书和排污申报量，确定其排污总量控制指标。

排污单位的排污总量控制指标的削减量以及削减时限要求，由下达指标的环境保护行政主管部门根据本级人民政府的规定，商同级有关行业主管部门核定。

超过排污总量控制指标排污的，由有关县级以上地方人民政府责令限期治理。

第十四条　在淮河流域排污总量控制计划确定的重点排污控制区域内的排污单位和重点排污控制区域外的重点排污单位，必须按照国家有关规定申请领取排污许可证，并在排污口安装污水排放计量器具。

第十五条　国务院环境保护行政主管部门商国务院水行政主管部门，根据淮河流域排污总量控制计划以及四省的经济技术条件，制定淮河流域省界水质标准，报国务院批准后施行。

第十六条　淮河流域水资源保护局负责监测四省省界水质，并将监测结果及时报领导小组。

第十七条　淮河流域重点排污单位超标排放水污染物的，责令限期治理。

市、县或者市、县以下人民政府管辖的企业事业单位的限期治理，由有关市、县人民政府决定。中央或者省级人民政府管辖的企业事业单位的限期治理，由省级人民政府决定。

限期治理的重点排污单位名单，由国务院环境保护行政主管部门商四省人民政府拟订，经领导小组审核同意后公布。

第十八条　自1998年1月1日起，禁止一切工业企业向淮河流域水体超标排放水污染物。

第十九条　淮河流域排污单位必须采取措施按期完成污染治理任务，保证水污染物的排放符合国家制定的和地方制定的排放标准；持有排污许可证的单位应当保证其排污总量不超过排污许可证规定的排污总量控制指标。

未按期完成污染治理任务的排污单位，应当集中资金尽快完成治理任务；完成治理任务前，不得建设扩大生产规模的项目。

第二十条　淮河流域县级以上地方人民政府环境保护行政主管部门征收的排污费，必须按照国家有关规定，全部用于污染治理，不得挪作他用。

审计部门应当对排污费的使用情况依法进行审计，并由四省人民政府审计部门将审计结果报领导小组。

第二十一条　在淮河流域河流、湖泊、水库、渠道等管理范围内设置或者扩大排污口的，必须依法报经水行政主管部门同意。

第二十二条　禁止在淮河流域新建化学制浆造纸企业。

禁止在淮河流域新建制革、化工、印染、电镀、酿造等污染严重的小型企业。

严格限制在淮河流域新建前款所列大中型项目或者其他污染严重的项目；建设该类项目的，必须事先征得有关省人民政府环境保护行政主管部门的同意，并报国务院环境保护行政主管部门备案。

禁止和严格限制的产业、产品名录，由国务院环境保护行政主管部门商国务院有关行业主管部门拟订，经领导小组审核同意，报国务院批准后公布施行。

第二十三条　淮河流域县级以上地方人民政府环境保护行政主管部门审批向水体排放污染物的建设项目的环境影响报告书时，不得突破本行政区域排污总量控制指标。

第二十四条　淮河流域县级以上地方人民政府应当按照淮河流域水污染防治规划的要求，建设城镇污水集中处理设施。

第二十五条　淮河流域水闸应当在保证防汛、抗旱的前提下，兼顾上游下游水质，制定防污调控方案，避免闸控河道蓄积的污水集中下泄。

领导小组确定的重要水闸，由淮河水利委员会会同有关省人民政府水行政主管部门制定防污调控方案，报领导小组批准后施行。

第二十六条　领导小组办公室应当组织四省人民政府环境保护行政主管部门、水行政主管部门等采取下列措施，开展枯水期水污染联合防治工作：

（一）加强对主要河道、湖泊、水库的水质、水情的动态监测，并及时通报监测资料；

（二）根据枯水期的水环境最大容量，商四省人民政府环境保护行政主管部门规定各省枯水期污染源限排总量，由四省人民政府环境保护行政主管部门逐级分解到排污单位，使其按照枯水期污染源限排方案限量排污；

（三）根据水闸防污调控方案，调度水闸。

第二十七条 淮河流域发生水污染事故时，必须及时向环境保护行政主管部门报告。环境保护行政主管部门应当在接到事故报告时起24小时内，向本级人民政府、上级环境保护行政主管部门和领导小组办公室报告，并向相邻上游和下游的环境保护行政主管部门、水行政主管部门通报。当地人民政府应当采取应急措施，消除或者减轻污染危害。

第二十八条 淮河流域省际水污染纠纷，由领导小组办公室进行调查、监测，提出解决方案，报领导小组协调处理。

第二十九条 领导小组办公室根据领导小组的授权，可以组织四省人民政府环境保护行政主管部门、水行政主管部门等检查淮河流域水污染防治工作。被检查单位必须如实反映情况，提供必要的资料。

第三十条 排污单位有下列情形之一的，由有关县级以上人民政府责令关闭或者停业：

（一）造成严重污染，又没有治理价值的；

（二）自1998年1月1日起，工业企业仍然超标排污的。

第三十一条 在限期治理期限内，未完成治理任务的，由县级以上地方人民政府环境保护行政主管部门责令限量排污，可以处10万元以下的罚款；情节严重的，由有关县级以上人民政府责令关闭或者停业。

第三十二条 擅自在河流、湖泊、水库、渠道管理范围内设置或者扩大排污口的，由有关县级以上地方人民政府环境保护行政主管部门或者水行政主管部门责令纠正，可以处5万元以下的罚款。

第三十三条 自本条例施行之日起，新建化学制浆造纸企业和制革、化工、印染、电镀、酿造等污染严重的小型企业或者未经批准建设属于严格限制的项目的，由有关县级人民政府责令停止建设或者关闭，环境保护行政主管部门可以处20万元以下的罚款。

第三十四条 环境保护行政主管部门超过本行政区域的排污总量控制指标，批准建设项目环境影响报告书的，对负有直接责任的主管人员和其他直接责任人员依法给予行政处分；构成犯罪的，依法追究刑事责任。

第三十五条 违反枯水期污染源限排方案超量排污的，由有关县级以上地方人民政府环境保护行政主管部门责令纠正，可以处10万元以下的罚款；情节严重的，由有关县级以上人民政府责令关闭或者停业；对负有直接责任的主管人员和其他直接责任人员，依法给予行政处分。

第三十六条 本条例规定的责令企业事业单位停止建设或者停业、关闭，由作出限期治理决定的人民政府决定；责令中央管辖的企业事业单位停止建设或者停业、关闭，须报国务院批准。

第三十七条 县级人民政府环境保护行政主管部门或者水行政主管部门决定的罚款额，以不超过1万元为限；超过1万元的，应当报上一级环境保护行政主管部门或者水行政主管部门批准。

设区的市人民政府环境保护行政主管部门决定的罚款额，以不超过5万元为限；超过5万元的，应当报上一级环境保护行政主管部门批准。

第三十八条 违反水闸防污调控方案调度水闸的，由县级以上人民政府水行政主管部门责令纠正；对负有直接责任的主管人员和其他直接责任人员，依法给予行政处分。

第三十九条 因发生水污染事故，造成重大经济损失或者人员伤亡，负有直接责任的主管人员和其他直接责任人员构成犯罪的，依法追究刑事责任。

第四十条 拒绝、阻碍承担本条例规定职责的国家工作人员依法执行职务，违反治安管理的，依照《中华人民共和国治安管理处罚法》的规定处罚；构成犯罪的，依法追究刑事责任。

第四十一条 承担本条例规定职责的国家工作人员滥用职权、徇私舞弊、玩忽职守，或者拒不履行义务，构成犯罪的，依法追究刑事责任；尚不构成犯罪的，依法给予行政处分。

第四十二条　四省人民政府可以根据本条例分别制定实施办法。

第四十三条　本条例自 1995 年 8 月 8 日起施行。

（注：此条例已经按照《国务院关于废止和修改部分行政法规的决定》（中华人民共和国国务院令 第 588 号）修正）

饮用水水源保护区污染防治管理规定

（1989 年 7 月 10 日中华人民共和国国家环保局、卫生部、建设部、水利部、地矿部颁布实施）

第一章　总　则

第一条　为保障人民身体健康和经济建设发展，必须保护好饮用水水源。根据《中华人民共和国水污染防治法》特制订本规定。

第二条　本规定适用于全国所有集中式供水的饮用水地表水源和地下水源的污染防治管理。

第三条　按照不同的水质标准和防护要求分级划分饮用水水源保护区。饮用水水源保护区一般划分为一级保护区和二级保护区，必要时可增设准保护区。各级保护区应有明确的地理界线。

第四条　饮用水水源各级保护区及准保护区均应规定明确的水质标准并限期达标。

第五条　饮用水水源保护区的设置和污染防治应纳入当地的经济和社会发展规划和水污染防治规划。跨地区的饮用水水源保护区的设置和污染防治应纳入有关流域、区域、城市的经济和社会发展规划和水污染防治规划。

第六条　跨地区的河流、湖泊、水库、输水渠道，其上游地区不得影响下游饮用水水源保护区对水质标准的要求。

第二章　饮用水地表水源保护区的划分和防护

第七条　饮用水地表水源保护区包括一定的水域和陆域，其范围应按照不同水域特点进行水质定量预测并考虑当地具体条件加以确定，保证在规划设计的水文条件和污染负荷下，供应规划水量时，保护区的水质能满足相应的标准。

第八条　在饮用水地表水源取水口附近划定一定的水域和陆域作为饮用水地表水源一级保护区。一级保护区的水质标准不得低于国家规定的《地表水环境质量标准》II类标准，并须符合国家规定的《生活饮用水卫生标准》的要求。

第九条　在饮用水地表水源一级保护区外划定一定的水域和陆域作为饮用水地表水源二级保护区。二级保护区的水质标准不得低于国家规定的《地表水环境质量标准》III类标准，应保证一级保护区的水质能满足规定的标准。

第十条　根据需要可在饮用水地表水源二级保护区外划定一定的水域及陆域作为饮用水地表水源准保护区。准保护区的水质标准应保证二级保护区的水质能满足规定的标准。

第十一条　饮用水地表水源各级保护区及准保护区内均必须遵守下列规定：

一、禁止一切破坏水环境生态平衡的活动以及破坏水源林、护岸林、与水源保护相关植被的活动。

二、禁止向水域倾倒工业废渣、城市垃圾、粪便及其他废弃物。

三、运输有毒有害物质、油类、粪便的船舶和车辆一般不准进入保护区，必须进入者应事先申请并经有关部门批准、登记并设置防渗、防溢、防漏设施。

四、禁止使用剧毒和高残留农药，不得滥用化肥，不得使用炸药、毒品捕杀鱼类。

第十二条 饮用水地表水源各级保护区及准保护区内必须分别遵守下列规定：

一、一级保护区内

禁止新建、扩建与供水设施和保护水源无关的建设项目；

禁止向水域排放污水，已设置的排污口必须拆除；

不得设置与供水需要无关的码头，禁止停靠船舶；

禁止堆置和存放工业废渣、城市垃圾、粪便和其他废弃物；

禁止设置油库；

禁止从事种植、放养禽畜和网箱养殖活动；

禁止可能污染水源的旅游活动和其他活动。

二、二级保护区内

禁止新建、改建、扩建排放污染物的建设项目。改建项目必须削减污染物排放量；

原有排污口依法拆除或者关闭；

禁止设立装卸垃圾、粪便、油类和有毒物品的码头。

三、准保护区内

禁止新建、扩建对水体污染严重的建设项目；改建建设项目，不得增加排污量。

第三章 饮用水地下水源保护区的划分和防护

第十三条 饮用水地下水源保护区应根据饮用水水源地所处的地理位置、水文地质条件、供水的数量、开采方式和污染源的分布划定。

第十四条 饮用水地下水源保护区的水质均应达到国家规定的《GB5749—85 生活饮用水卫生标准》的要求。各级地下水源保护区的范围应根据当地的水文地质条件确定，并保证开采规划水量时能达到所要求的水质标准。

第十五条 饮用水地下水源一级保护区位于开采井的周围，其作用是保证集水有一定滞后时间，以防止一般病原菌的污染。直接影响开采井水质的补给区地段，必要时也可划为一级保护区。

第十六条 饮用水地下水源二级保护区位于饮用水地下水源一级保护区外，其作用是保证集水有足够的滞后时间，以防止病原菌以外的其它污染。

第十七条 饮用水地下水源准保护区位于饮用水地下水源二级保护区外的主要补给区，其作用是保护水源地的补给水源水量和水质。

第十八条 饮用水地下水源各级保护区及准保护区内均必须遵守下列规定：

一、禁止利用渗坑、渗井、裂隙、溶洞等排放污水和其他有害废弃物。

二、禁止利用透水层孔隙、裂隙、溶洞及废弃矿坑储存石油、天然气、放射性物质、有毒有害化工原料、农药等。

三、实行人工回灌地下水时不得污染当地地下水源。

第十九条 饮用水地下水源各级保护区及准保护区内必须遵守下列规定：

一、一级保护区内

禁止建设与取水设施无关的建筑物；

禁止从事农牧业活动；

禁止倾倒、堆放工业废渣及城市垃圾、粪便和其他有害废弃物；

禁止输送污水的渠道、管道及输油管道通过本区；

禁止建设油库；

禁止建立墓地。

二、二级保护区内

（一）对于潜水含水层地下水水源地

禁止建设化工、电镀、皮革、造纸、制浆、冶炼、放射性、印染、染料、炼焦、炼油及其他有严重污染的企业，已建成的要限期治理，转产或搬迁；

禁止设置城市垃圾、粪便和易溶、有毒有害废弃物堆放场和转运站，已有的上述场站要限期搬迁；

禁止利用未经净化的污水灌溉农田，已有的污灌农田要限期改用清水灌溉；

化工原料、矿物油类及有毒有害矿产品的堆放场所必须有防雨、防渗措施。

（二）对于承压含水层地下水水源地

禁止承压水和潜水的混合开采，作好潜水的止水措施。

三、准保护区内

禁止建设城市垃圾、粪便和易溶、有毒有害废弃物的堆放场站，因特殊需要设立转运站的，必须经有关部门批准，并采取防渗漏措施；

当补给源为地表水体时，该地表水体水质不应低于《地表水环境质量标准》Ⅲ类标准；

不得使用不符合《农田灌溉水质标准》的污水进行灌溉，合理使用化肥。

保护水源林，禁止毁林开荒，禁止非更新砍伐水源林。

第四章 饮用水水源保护区污染防治的监督管理

第二十条 各级人民政府的环境保护部门会同有关部门作好饮用水水源保护区的污染防治工作并根据当地人民政府的要求制定和颁布地方饮用水水源保护区污染防治管理规定。

第二十一条 饮用水水源保护区的划定，由有关市、县人民政府提出划定方案，报省、自治区、直辖市人民政府批准；跨市、县饮用水水源保护区的划定，由有关市、县人民政府协商提出划定方案，报省、自治区、直辖市人民政府批准；协商不成的，由省、自治区、直辖市人民政府环境保护主管部门会同同级水行政、国土资源、卫生、建设等部门提出划定方案，征求同级有关部门的意见后，报省、自治区、直辖市人民政府批准。

跨省、自治区、直辖市的饮用水水源保护区，由有关省、自治区、直辖市人民政府商有关流域管理机构划定；协商不成的，由国务院环境保护主管部门会同同级水行政、国土资源、卫生、建设等部门提出划定方案，征求国务院有关部门的意见后，报国务院批准。

国务院和省、自治区、直辖市人民政府可以根据保护饮用水水源的实际需要，调整饮用水水源保护区的范围，确保饮用水安全。

第二十二条 环境保护、水利、地质矿产、卫生、建设等部门应结合各自的职责，对饮用水水源保护区污染防治实施监督管理。

第二十三条 因突发性事故造成或可能造成饮用水水源污染时，事故责任者应立即采取措施消除污染并报告当地城市供水、卫生防疫、环境保护、水利、地质矿产等部门和本单位主管部门。由环境保护部门根据当地人民政府的要求组织有关部门调查处理，必要时经当地人民政府批准后采取强制性措施以减轻损失。

第五章 奖励与惩罚

第二十四条 对执行本规定保护饮用水水源有显著成绩和贡献的单位或个人给予表扬和奖励。其奖励办法由市级以上（含市级）环境保护部门制定，报经当地人民政府批准实施。

第二十五条 对违反本规定的单位或个人，应根据《中华人民共和国水污染防治法》及其实施细则的有关规定进行处罚。

第六章 附 则

第二十六条 本规定由国家环境保护部门负责解释。

第二十七条 本规定自公布之日起实施。

（注：本文已根据《关于废止、修改部分环保部门规章和规范性文件的决定（环境保护部令 16 号）》修改）

国务院关于印发水污染防治行动计划的通知

国发〔2015〕17 号

各省、自治区、直辖市人民政府，国务院各部委、各直属机构：

现将《水污染防治行动计划》印发给你们，请认真贯彻执行。

国务院

2015 年 4 月 2 日

水污染防治行动计划

水环境保护事关人民群众切身利益，事关全面建成小康社会，事关实现中华民族伟大复兴中国梦。当前，我国一些地区水环境质量差、水生态受损重、环境隐患多等问题十分突出，影响和损害群众健康，不利于经济社会持续发展。为切实加大水污染防治力度，保障国家水安全，制定本行动计划。

总体要求：全面贯彻党的十八大和十八届二中、三中、四中全会精神，大力推进生态文明建设，以改善水环境质量为核心，按照“节水优先、空间均衡、系统治理、两手发力”原则，贯彻“安全、清洁、健康”方针，强化源头控制，水陆统筹、河海兼顾，对江河湖海实施分流域、分区域、分阶段科学治理，系统推进水污染防治、水生态保护和水资源管理。坚持政府市场协同，注重改革创新；坚持全面依法推进，实行最严格环保制度；坚持落实各方责任，严格考核问责；坚持全民参与，推动节水洁水人人有责，形成“政府统领、企业施治、市场驱动、公众参与”的水污染防治新机制，实现环境效益、经济效益与社会效益多赢，为建设“蓝天常在、青山常在、绿水常在”的美丽中国而奋斗。

工作目标：到 2020 年，全国水环境质量得到阶段性改善，污染严重水体较大幅度减少，饮用水安全保障水平持续提升，地下水超采得到严格控制，地下水污染加剧趋势得到初步遏制，近岸海域环境质量稳中趋好，京津冀、长三角、珠三角等区域水生态环境状况有所好转。到 2030 年，力争全国水环境质量总体改善，水生态系统功能初步恢复。到本世纪中叶，生态环境质量全面改善，生态系统实现良性循环。

主要指标：到 2020 年，长江、黄河、珠江、松花江、淮河、海河、辽河等七大重点流域水质优良（达到或优于Ⅲ类）比例总体达到 70%以上，地级及以上城市建成区黑臭水体均控制在 10%以内，地级及以上城市集中式饮用水水源水质达到或优于Ⅲ类比例总体高于 93%，全国地下水质量极差的比例控制在 15%左右，近岸海域水质优良（一、二类）比例达到 70%左右。京津冀区域丧失使用功能（劣于Ⅴ类）的水体断面比例下降 15 个百分点左右，长三角、珠三角区域力争消除丧失使用功能的水体。

到 2030 年，全国七大重点流域水质优良比例总体达到 75%以上，城市建成区黑臭水体总体得到消除，城市集中式饮用水水源水质达到或优于Ⅲ类比例总体为 95%左右。

一、全面控制污染物排放

（一）狠抓工业污染防治。取缔“十小”企业。全面排查装备水平低、环保设施差的小型工业企业。2016 年底前，按照水污染防治法律法规要求，全部取缔不符合国家产业政策的小型造纸、制革、印染、染料、炼焦、炼硫、炼砷、炼油、电镀、农药等严重污染水环境的生产项目。（环境保护部牵头，工业和信息化部、国土资源部、能源局等参与，地方各级人民政府负责落实。以下均需地方各级人民政府落

实，不再列出）

专项整治十大重点行业。制定造纸、焦化、氮肥、有色金属、印染、农副食品加工、原料药制造、制革、农药、电镀等行业专项治理方案，实施清洁化改造。新建、改建、扩建上述行业建设项目实行主要污染物排放等量或减量置换。2017 年底前，造纸行业力争完成纸浆无元素氯漂白改造或采取其他低污染制浆技术，钢铁企业焦炉完成干熄焦技术改造，氮肥行业尿素生产完成工艺冷凝液水解解析技术改造，印染行业实施低排水染整工艺改造，制药（抗生素、维生素）行业实施绿色酶法生产技术改造，制革行业实施铬减量化和封闭循环利用技术改造。（环境保护部牵头，工业和信息化部等参与）

集中治理工业集聚区水污染。强化经济技术开发区、高新技术产业开发区、出口加工区等工业集聚区污染治理。集聚区内工业废水必须经预处理达到集中处理要求，方可进入污水集中处理设施。新建、升级工业集聚区应同步规划、建设污水、垃圾集中处理等污染治理设施。2017 年底前，工业集聚区应按规定建成污水集中处理设施，并安装自动在线监控装置，京津冀、长三角、珠三角等区域提前一年完成；逾期未完成的，一律暂停审批和核准其增加水污染物排放的建设项目，并依照有关规定撤销其园区资格。（环境保护部牵头，科技部、工业和信息化部、商务部等参与）

（二）强化城镇生活污染治理。加快城镇污水处理设施建设与改造。现有城镇污水处理设施，要因地制宜进行改造，2020 年底前达到相应排放标准或再生利用要求。敏感区域（重点湖泊、重点水库、近岸海域汇水区域）城镇污水处理设施应于 2017 年底前全面达到一级 A 排放标准。建成区水体水质达不到地表水Ⅳ类标准的城市，新建城镇污水处理设施要执行一级 A 排放标准。按照国家新型城镇化规划要求，到 2020 年，全国所有县城和重点镇具备污水收集处理能力，县城、城市污水处理率分别达到 85%、95%左右。京津冀、长三角、珠三角等区域提前一年完成。（住房城乡建设部牵头，发展改革委、环境保护部等参与）

全面加强配套管网建设。强化城中村、老旧城区和城乡结合部污水截流、收集。现有合流制排水系统应加快实施雨污分流改造，难以改造的，应采取截流、调蓄和治理等措施。新建污水处理设施的配套管网应同步设计、同步建设、同步投运。除干旱地区外，城镇新区建设均实行雨污分流，有条件的地区要推进初期雨水收集、处理和资源化利用。到 2017 年，直辖市、省会城市、计划单列市建成区污水基本实现全收集、全处理，其他地级城市建成区于 2020 年底前基本实现。（住房城乡建设部牵头，发展改革委、环境保护部等参与）

推进污泥处理处置。污水处理设施产生的污泥应进行稳定化、无害化和资源化处理处置，禁止处理处置不达标的污泥进入耕地。非法污泥堆放点一律予以取缔。现有污泥处理处置设施应于 2017 年底前基本完成达标改造，地级及以上城市污泥无害化处理处置率应于 2020 年底前达到 90%以上。（住房城乡建设部牵头，发展改革委、工业和信息化部、环境保护部、农业部等参与）

（三）推进农业农村污染防治。防治畜禽养殖污染。科学划定畜禽养殖禁养区，2017 年底前，依法关闭或搬迁禁养区内的畜禽养殖场（小区）和养殖专业户，京津冀、长三角、珠三角等区域提前一年完成。现有规模化畜禽养殖场（小区）要根据污染防治需要，配套建设粪便污水贮存、处理、利用设施。散养密集区要实行畜禽粪便污水分户收集、集中处理利用。自 2016 年起，新建、改建、扩建规模化畜禽养殖场（小区）要实施雨污分流、粪便污水资源化利用。（农业部牵头，环境保护部参与）

控制农业面源污染。制定实施全国农业面源污染综合防治方案。推广低毒、低残留农药使用补助试点经验，开展农作物病虫害绿色防控和统防统治。实行测土配方施肥，推广精准施肥技术和机具。完善高标准农田建设、土地开发整理等标准规范，明确环保要求，新建高标准农田要达到相关环保要求。敏感区域和大中型灌区，要利用现有沟、塘、窖等，配置水生植物群落、格栅和透水坝，建设生态沟渠、污水净化塘、地表径流集蓄池等设施，净化农田排水及地表径流。到 2020 年，测土配方施肥技术推广覆盖率达到 90%以上，化肥利用率提高到 40%以上，农作物病虫害统防统治覆盖率达到 40%以上；京津冀、长三角、珠三角等区域提前一年完成。（农业部牵头，发展改革委、工业和信息化部、国土资源部、环境保护部、水利部、质检总局等参与）

调整种植业结构与布局。在缺水地区试行退地减水。地下水易受污染地区要优先种植需肥需药量低、环境效益突出的农作物。地表水过度开发和地下水超采问题较严重，且农业用水比重较大的甘肃、新疆（含新疆生产建设兵团）、河北、山东、河南等五省（区），要适当减少用水量较大的农作物种植面积，改种耐旱作物和经济林；2018年底前，对3300万亩灌溉面积实施综合治理，退减水量37亿立方米以上。（农业部、水利部牵头，发展改革委、国土资源部等参与）

加快农村环境综合整治。以县级行政区域为单元，实行农村污水处理统一规划、统一建设、统一管理，有条件的地区积极推进城镇污水处理设施和服务向农村延伸。深化“以奖促治”政策，实施农村清洁工程，开展河道清淤疏浚，推进农村环境连片整治。到2020年，新增完成环境综合整治的建制村13万个。（环境保护部牵头，住房城乡建设部、水利部、农业部等参与）

（四）加强船舶港口污染控制。积极治理船舶污染。依法强制报废超过使用年限的船舶。分类分级修订船舶及其设施、设备的相关环保标准。2018年起投入使用的沿海船舶、2021年起投入使用的内河船舶执行新的标准；其他船舶于2020年底前完成改造，经改造仍不能达到要求的，限期予以淘汰。航行于我国水域的国际航线船舶，要实施压载水交换或安装压载水灭活处理系统。规范拆船行为，禁止冲滩拆解。（交通运输部牵头，工业和信息化部、环境保护部、农业部、质检总局等参与）

增强港口码头污染防治能力。编制实施全国港口、码头、装卸站污染防治方案。加快垃圾接收、转运及处理处置设施建设，提高含油污水、化学品洗舱水等接收处置能力及污染事故应急能力。位于沿海和内河的港口、码头、装卸站及船舶修造厂，分别于2017年底前和2020年底前达到建设要求。港口、码头、装卸站的经营人应制定防治船舶及其有关活动污染水环境的应急计划。（交通运输部牵头，工业和信息化部、住房城乡建设部、农业部等参与）

二、推动经济结构转型升级

（五）调整产业结构。依法淘汰落后产能。自2015年起，各地要依据部分工业行业淘汰落后生产工艺装备和产品指导目录、产业结构调整指导目录及相关行业污染物排放标准，结合水质改善要求及产业发展情况，制定并实施分年度的落后产能淘汰方案，报工业和信息化部、环境保护部备案。未完成淘汰任务的地区，暂停审批和核准其相关行业新建项目。（工业和信息化部牵头，发展改革委、环境保护部等参与）

严格环境准入。根据流域水质目标和主体功能区规划要求，明确区域环境准入条件，细化功能分区，实施差别化环境准入政策。建立水资源、水环境承载能力监测评价体系，实行承载能力监测预警，已超过承载能力的地区要实施水污染物削减方案，加快调整发展规划和产业结构。到2020年，组织完成市、县域水资源、水环境承载能力现状评价。（环境保护部牵头，住房城乡建设部、水利部、海洋局等参与）

（六）优化空间布局。合理确定发展布局、结构和规模。充分考虑水资源、水环境承载能力，以水定城、以水定地、以水定人、以水定产。重大项目原则上布局在优化开发区和重点开发区，并符合城乡规划和土地利用总体规划。鼓励发展节水高效现代农业、低耗水高新技术产业以及生态保护型旅游业，严格控制缺水地区、水污染严重地区和敏感区域高耗水、高污染行业发展，新建、改建、扩建重点行业建设项目实行主要污染物排放减量置换。七大重点流域干流沿岸，要严格控制石油加工、化学原料和化学制品制造、医药制造、化学纤维制造、有色金属冶炼、纺织印染等项目环境风险，合理布局生产装置及危险化学品仓储等设施。（发展改革委、工业和信息化部牵头，国土资源部、环境保护部、住房城乡建设部、水利部等参与）

推动污染企业退出。城市建成区内现有钢铁、有色金属、造纸、印染、原料药制造、化工等污染较重的企业应有序搬迁改造或依法关闭。（工业和信息化部牵头，环境保护部等参与）

积极保护生态空间。严格城市规划蓝线管理，城市规划区范围内应保留一定比例的水域面积。新建项目一律不得违规占用水域。严格水域岸线用途管制，土地开发利用应按照有关法律法规和技术标准要求，留足河道、湖泊和滨海地带的管理和保护范围，非法挤占的应限期退出。（国土资源部、住房城乡

建设部牵头，环境保护部、水利部、海洋局等参与）

（七）推进循环发展。加强工业水循环利用。推进矿井水综合利用，煤炭矿区的补充用水、周边地区生产和生态用水应优先使用矿井水，加强洗煤废水循环利用。鼓励钢铁、纺织印染、造纸、石油石化、化工、制革等高耗水企业废水深度处理回用。（发展改革委、工业和信息化部牵头，水利部、能源局等参与）

促进再生水利用。以缺水及水污染严重地区城市为重点，完善再生水利用设施，工业生产、城市绿化、道路清扫、车辆冲洗、建筑施工以及生态景观等用水，要优先使用再生水。推进高速公路服务区污水处理和利用。具备使用再生水条件但未充分利用的钢铁、火电、化工、制浆造纸、印染等项目，不得批准其新增取水许可。自2018年起，单体建筑面积超过2万平方米的新建公共建筑，北京市2万平方米、天津市5万平方米、河北省10万平方米以上集中新建的保障性住房，应安装建筑中水设施。积极推动其他新建住房安装建筑中水设施。到2020年，缺水城市再生水利用率达到20%以上，京津冀区域达到30%以上。（住房城乡建设部牵头，发展改革委、工业和信息化部、环境保护部、交通运输部、水利部等参与）

推动海水利用。在沿海地区电力、化工、石化等行业，推行直接利用海水作为循环冷却等工业用水。在有条件的城市，加快推进淡化海水作为生活用水补充水源。（发展改革委牵头，工业和信息化部、住房城乡建设部、水利部、海洋局等参与）

三、着力节约保护水资源

（八）控制用水总量。实施最严格水资源管理。健全取用水总量控制指标体系。加强相关规划和项目建设布局水资源论证工作，国民经济和社会发展规划以及城市总体规划的编制、重大建设项目的布局，应充分考虑当地水资源条件和防洪要求。对取用水总量已达到或超过控制指标的地区，暂停审批其建设项目新增取水许可。对纳入取水许可管理的单位和其他用水大户实行计划用水管理。新建、改建、扩建项目用水要达到行业先进水平，节水设施应与主体工程同时设计、同时施工、同时投运。建立重点监控用水单位名录。到2020年，全国用水总量控制在6700亿立方米以内。（水利部牵头，发展改革委、工业和信息化部、住房城乡建设部、农业部等参与）

严控地下水超采。在地面沉降、地裂缝、岩溶塌陷等地质灾害易发区开发利用地下水，应进行地质灾害危险性评估。严格控制开采深层承压水，地热水、矿泉水开发应严格实行取水许可和采矿许可。依法规范机井建设管理，排查登记已建机井，未经批准的和公共供水管网覆盖范围内的自备水井，一律予以关闭。编制地面沉降区、海水入侵区等区域地下水压采方案。开展华北地下水超采区综合治理，超采区内禁止工农业生产及服务业新增取用地下水。京津冀区域实施土地整治、农业开发、扶贫等农业基础设施项目，不得以配套打井为条件。2017年底前，完成地下水禁采区、限采区和地面沉降控制区范围划定工作，京津冀、长三角、珠三角等区域提前一年完成。（水利部、国土资源部牵头，发展改革委、工业和信息化部、财政部、住房城乡建设部、农业部等参与）

（九）提高用水效率。建立万元国内生产总值水耗指标等用水效率评估体系，把节水目标任务完成情况纳入地方政府政绩考核。将再生水、雨水和微咸水等非常规水源纳入水资源统一配置。到2020年，全国万元国内生产总值用水量、万元工业增加值用水量比2013年分别下降35%、30%以上。（水利部牵头，发展改革委、工业和信息化部、住房城乡建设部等参与）

抓好工业节水。制定国家鼓励和淘汰的用水技术、工艺、产品和设备目录，完善高耗水行业取用水定额标准。开展节水诊断、水平衡测试、用水效率评估，严格用水定额管理。到2020年，电力、钢铁、纺织、造纸、石油石化、化工、食品发酵等高耗水行业达到先进定额标准。（工业和信息化部、水利部牵头，发展改革委、住房城乡建设部、质检总局等参与）

加强城镇节水。禁止生产、销售不符合节水标准的产品、设备。公共建筑必须采用节水器具，限期淘汰公共建筑中不符合节水标准的水嘴、便器水箱等生活用水器具。鼓励居民家庭选用节水器具。对使用超过 50 年和材质落后的供水管网进行更新改造，到 2017 年，全国公共供水管网漏损率控制在 12%以内；到 2020 年，控制在 10%以内。积极推行低影响开发建设模式，建设滞、渗、蓄、用、排相结合的雨水收集利用设施。新建城区硬化地面，可渗透面积要达到 40%以上。到 2020 年，地级及以上缺水城市全部达到国家节水型城市标准要求，京津冀、长三角、珠三角等区域提前一年完成。（住房城乡建设部牵头，发展改革委、工业和信息化部、水利部、质检总局等参与）

发展农业节水。推广渠道防渗、管道输水、喷灌、微灌等节水灌溉技术，完善灌溉用水计量设施。在东北、西北、黄淮海等区域，推进规模化高效节水灌溉，推广农作物节水抗旱技术。到 2020 年，大型灌区、重点中型灌区续建配套和节水改造任务基本完成，全国节水灌溉工程面积达到 7 亿亩左右，农田灌溉水有效利用系数达到 0.55 以上。（水利部、农业部牵头，发展改革委、财政部等参与）

（十）科学保护水资源。完善水资源保护考核评价体系。加强水功能区监督管理，从严核定水域纳污能力。（水利部牵头，发展改革委、环境保护部等参与）

加强江河湖库水量调度管理。完善水量调度方案。采取闸坝联合调度、生态补水等措施，合理安排闸坝下泄水量和泄流时段，维持河湖基本生态用水需求，重点保障枯水期生态基流。加大水利工程建设力度，发挥好控制性水利工程在改善水质中的作用。（水利部牵头，环境保护部参与）

科学确定生态流量。在黄河、淮河等流域进行试点，分期分批确定生态流量（水位），作为流域水量调度的重要参考。（水利部牵头，环境保护部参与）

四、强化科技支撑

（十一）推广示范适用技术。加快技术成果推广应用，重点推广饮用水净化、节水、水污染治理及循环利用、城市雨水收集利用、再生水安全回用、水生态修复、畜禽养殖污染防治等适用技术。完善环保技术评价体系，加强国家环保科技成果共享平台建设，推动技术成果共享与转化。发挥企业的技术创新主体作用，推动水处理重点企业与科研院所、高等学校组建产学研技术创新战略联盟，示范推广控源减排和清洁生产先进技术。（科技部牵头，发展改革委、工业和信息化部、环境保护部、住房城乡建设部、水利部、农业部、海洋局等参与）

（十二）攻关研发前瞻技术。整合科技资源，通过相关国家科技计划（专项、基金）等，加快研发重点行业废水深度处理、生活污水低成本高标准处理、海水淡化和工业高盐废水脱盐、饮用水微量有毒污染物处理、地下水污染修复、危险化学品事故和水上溢油应急处置等技术。开展有机物和重金属等水环境基准、水污染对人体健康影响、新型污染物风险评价、水环境损害评估、高品质再生水补充饮用水水源等研究。加强水生态保护、农业面源污染防治、水环境监控预警、水处理工艺技术装备等领域的国际交流合作。（科技部牵头，发展改革委、工业和信息化部、国土资源部、环境保护部、住房城乡建设部、水利部、农业部、卫生计生委等参与）

（十三）大力发展环保产业。规范环保产业市场。对涉及环保市场准入、经营行为规范的法规、规章和规定进行全面梳理，废止妨碍形成全国统一环保市场和公平竞争的规定和做法。健全环保工程设计、建设、运营等领域招投标管理办法和技术标准。推进先进适用的节水、治污、修复技术和装备产业化发展。（发展改革委牵头，科技部、工业和信息化部、财政部、环境保护部、住房城乡建设部、水利部、海洋局等参与）

加快发展环保服务业。明确监管部门、排污企业和环保服务公司的责任和义务，完善风险分担、履约保障等机制。鼓励发展包括系统设计、设备成套、工程施工、调试运行、维护管理的环保服务总承包模式、政府和社会资本合作模式等。以污水、垃圾处理和工业园区为重点，推行环境污染第三方治理。（发展改革委、财政部牵头，科技部、工业和信息化部、环境保护部、住房城乡建设部等参与）

五、充分发挥市场机制作用

（十四）理顺价格税费。加快水价改革。县级及以上城市应于 2015 年底前全面实行居民阶梯水价制度，具备条件的建制镇也要积极推进。2020 年底前，全面实行非居民用水超定额、超计划累进加价制度。深入推进农业水价综合改革。（发展改革委牵头，财政部、住房城乡建设部、水利部、农业部等参与）

完善收费政策。修订城镇污水处理费、排污费、水资源费征收管理办法，合理提高征收标准，做到应收尽收。城镇污水处理收费标准不应低于污水处理和污泥处理处置成本。地下水水资源费征收标准应高于地表水，超采地区地下水水资源费征收标准应高于非超采地区。（发展改革委、财政部牵头，环境保护部、住房城乡建设部、水利部等参与）

健全税收政策。依法落实环境保护、节能节水、资源综合利用等方面税收优惠政策。对国内企业为生产国家支持发展的大型环保设备，必需进口的关键零部件及原材料，免征关税。加快推进环境保护税立法、资源税税费改革等工作。研究将部分高耗能、高污染产品纳入消费税征收范围。（财政部、税务总局牵头，发展改革委、工业和信息化部、商务部、海关总署、质检总局等参与）

（十五）促进多元融资。引导社会资本投入。积极推动设立融资担保基金，推进环保设备融资租赁业务发展。推广股权、项目收益权、特许经营权、排污权等质押融资担保。采取环境绩效合同服务、授予开发经营权益等方式，鼓励社会资本加大水环境保护投入。（人民银行、发展改革委、财政部牵头，环境保护部、住房城乡建设部、银监会、证监会、保监会等参与）

增加政府资金投入。中央财政加大对属于中央事权的水环境保护项目支持力度，合理承担部分属于中央和地方共同事权的水环境保护项目，向欠发达地区和重点地区倾斜；研究采取专项转移支付等方式，实施“以奖代补”。地方各级人民政府要重点支持污水处理、污泥处理处置、河道整治、饮用水水源保护、畜禽养殖污染防治、水生态修复、应急清污等项目和工作。对环境监管能力建设及运行费用分级予以必要保障。（财政部牵头，发展改革委、环境保护部等参与）

（十六）建立激励机制。健全节水环保“领跑者”制度。鼓励节能减排先进企业、工业集聚区用水效率、排污强度等达到更高标准，支持开展清洁生产、节约用水和污染治理等示范。（发展改革委牵头，工业和信息化部、财政部、环境保护部、住房城乡建设部、水利部等参与）

推行绿色信贷。积极发挥政策性银行等金融机构在水环境保护中的作用，重点支持循环经济、污水处理、水资源节约、水生态环境保护、清洁及可再生能源利用等领域。严格限制环境违法企业贷款。加强环境信用体系建设，构建守信激励与失信惩戒机制，环保、银行、证券、保险等方面要加强协作联动，于 2017 年底前分级建立企业环境信用评价体系。鼓励涉重金属、石油化工、危险化学品运输等高环境风险行业投保环境污染责任保险。（人民银行牵头，工业和信息化部、环境保护部、水利部、银监会、证监会、保监会等参与）

实施跨界水环境补偿。探索采取横向资金补助、对口援助、产业转移等方式，建立跨界水环境补偿机制，开展补偿试点。深化排污权有偿使用和交易试点。（财政部牵头，发展改革委、环境保护部、水利部等参与）

六、严格环境执法监管

（十七）完善法规标准。健全法律法规。加快水污染防治、海洋环境保护、排污许可、化学品环境管理等法律法规制修订步伐，研究制定环境质量目标管理、环境功能区划、节水及循环利用、饮用水水源保护、污染责任保险、水功能区监督管理、地下水管理、环境监测、生态流量保障、船舶和陆源污染防治等法律法规。各地可结合实际，研究起草地方性水污染防治法规。（法制办牵头，发展改革委、工业和信息化部、国土资源部、环境保护部、住房城乡建设部、交通运输部、水利部、农业部、卫生计生委、保监会、海洋局等参与）

完善标准体系。制修订地下水、地表水和海洋等环境质量标准，城镇污水处理、污泥处理处置、农田退水等污染物排放标准。健全重点行业水污染物特别排放限值、污染防治技术政策和清洁生产评价指标体系。各地可制定严于国家标准的地方水污染物排放标准。（环境保护部牵头，发展改革委、工业和信息化部、国土资源部、住房城乡建设部、水利部、农业部、质检总局等参与）

（十八）加大执法力度。所有排污单位必须依法实现全面达标排放。逐一排查工业企业排污情况，达标企业应采取措施确保稳定达标；对超标和超总量的企业予以“黄牌”警示，一律限制生产或停产整治；对整治仍不能达到要求且情节严重的企业予以“红牌”处罚，一律停业、关闭。自2016年起，定期公布环保“黄牌”、“红牌”企业名单。定期抽查排污单位达标排放情况，结果向社会公布。（环境保护部负责）

完善国家督查、省级巡查、地市检查的环境监督执法机制，强化环保、公安、监察等部门和单位协作，健全行政执法与刑事司法衔接配合机制，完善案件移送、受理、立案、通报等规定。加强对地方人民政府和有关部门环保工作的监督，研究建立国家环境监察专员制度。（环境保护部牵头，工业和信息化部、公安部、中央编办等参与）

严厉打击环境违法行为。重点打击私设暗管或利用渗井、渗坑、溶洞排放、倾倒含有毒有害污染物废水、含病原体污水，监测数据弄虚作假，不正常使用水污染物处理设施，或者未经批准拆除、闲置水污染物处理设施等环境违法行为。对造成生态损害的责任者严格落实赔偿制度。严肃查处建设项目环境影响评价领域越权审批、未批先建、边批边建、久试不验等违法违规行为。对构成犯罪的，要依法追究刑事责任。（环境保护部牵头，公安部、住房城乡建设部等参与）

（十九）提升监管水平。完善流域协作机制。健全跨部门、区域、流域、海域水环境保护议事协调机制，发挥环境保护区域督查派出机构和流域水资源保护机构作用，探索建立陆海统筹的生态系统保护修复机制。流域上下游各级政府、各部门之间要加强协调配合、定期会商，实施联合监测、联合执法、应急联动、信息共享。京津冀、长三角、珠三角等区域要于2015年底前建立水污染防治联动协作机制。建立严格监管所有污染物排放的水环境保护管理制度。（环境保护部牵头，交通运输部、水利部、农业部、海洋局等参与）

完善水环境监测网络。统一规划设置监测断面（点位）。提升饮用水水源水质全指标监测、水生生物监测、地下水环境监测、化学物质监测及环境风险防控技术支撑能力。2017年底前，京津冀、长三角、珠三角等区域、海域建成统一的水环境监测网。（环境保护部牵头，发展改革委、国土资源部、住房城乡建设部、交通运输部、水利部、农业部、海洋局等参与）

提高环境监管能力。加强环境监测、环境监察、环境应急等专业技术培训，严格落实执法、监测等人员持证上岗制度，加强基层环保执法力量，具备条件的乡镇（街道）及工业园区要配备必要的环境监管力量。各市、县应自2016年起实行环境监管网格化管理。（环境保护部负责）

七、切实加强水环境管理

（二十）强化环境质量目标管理。明确各类水体水质保护目标，逐一排查达标状况。未达到水质目标要求的地区要制定达标方案，将治污任务逐一落实到汇水范围内的排污单位，明确防治措施及达标时限，方案报上一级人民政府备案，自2016年起，定期向社会公布。对水质不达标的区域实施挂牌督办，必要时采取区域限批等措施。（环境保护部牵头，水利部参与）

（二十一）深化污染物排放总量控制。完善污染物统计监测体系，将工业、城镇生活、农业、移动源等各类污染源纳入调查范围。选择对水环境质量有突出影响的总氮、总磷、重金属等污染物，研究纳入流域、区域污染物排放总量控制约束性指标体系。（环境保护部牵头，发展改革委、工业和信息化部、住房城乡建设部、水利部、农业部等参与）

（二十二）严格环境风险控制。防范环境风险。定期评估沿江河湖库工业企业、工业集聚区环境和健康风险，落实防控措施。评估现有化学物质环境和健康风险，2017年底前公布优先控制化学品名录，对高风险化学品生产、使用进行严格限制，并逐步淘汰替代。（环境保护部牵头，工业和信息化部、卫生计生委、安全监管总局等参与）

稳妥处置突发水环境污染事件。地方各级人民政府要制定和完善水污染事故处置应急预案，落实责任主体，明确预警预报与响应程序、应急处置及保障措施等内容，依法及时公布预警信息。（环境保护

部牵头，住房城乡建设部、水利部、农业部、卫生计生委等参与）

（二十三）全面推行排污许可。依法核发排污许可证。2015 年底前，完成国控重点污染源及排污权有偿使用和交易试点地区污染源排污许可证的核发工作，其他污染源于 2017 年底前完成。（环境保护部负责）

加强许可证管理。以改善水质、防范环境风险为目标，将污染物排放种类、浓度、总量、排放去向等纳入许可证管理范围。禁止无证排污或不按许可证规定排污。强化海上排污监管，研究建立海上污染排放许可证制度。2017 年底前，完成全国排污许可证管理信息平台建设。（环境保护部牵头，海洋局参与）

八、全力保障水生态环境安全

（二十四）保障饮用水水源安全。从水源到水龙头全过程监管饮用水安全。地方各级人民政府及供水单位应定期监测、检测和评估本行政区域内饮用水水源、供水厂出水和用户水龙头水质等饮水安全状况，地级及以上城市自 2016 年起每季度向社会公开。自 2018 年起，所有县级及以上城市饮水安全状况信息都要向社会公开。（环境保护部牵头，发展改革委、财政部、住房城乡建设部、水利部、卫生计生委等参与）

强化饮用水水源环境保护。开展饮用水水源规范化建设，依法清理饮用水水源保护区内违法建筑和排污口。单一水源供水的地级及以上城市应于2020 年底前基本完成备用水源或应急水源建设，有条件的地方可以适当提前。加强农村饮用水水源保护和水质检测。（环境保护部牵头，发展改革委、财政部、住房城乡建设部、水利部、卫生计生委等参与）

防治地下水污染。定期调查评估集中式地下水型饮用水水源补给区等区域环境状况。石化生产存贮销售企业和工业园区、矿山开采区、垃圾填埋场等区域应进行必要的防渗处理。加油站地下油罐应于 2017 年底前全部更新为双层罐或完成防渗池设置。报废矿井、钻井、取水井应实施封井回填。公布京津冀等区域内环境风险大、严重影响公众健康的地下水污染场地清单，开展修复试点。（环境保护部牵头，财政部、国土资源部、住房城乡建设部、水利部、商务部等参与）

（二十五）深化重点流域污染防治。编制实施七大重点流域水污染防治规划。研究建立流域水生态环境功能分区管理体系。对化学需氧量、氨氮、总磷、重金属及其他影响人体健康的污染物采取针对性措施，加大整治力度。汇入富营养化湖库的河流应实施总氮排放控制。到 2020 年，长江、珠江总体水质达到优良，松花江、黄河、淮河、辽河在轻度污染基础上进一步改善，海河污染程度得到缓解。三峡库区水质保持良好，南水北调、引滦入津等调水工程确保水质安全。太湖、巢湖、滇池富营养化水平有所好转。白洋淀、乌梁素海、呼伦湖、艾比湖等湖泊污染程度减轻。环境容量较小、生态环境脆弱，环境风险高的地区，应执行水污染物特别排放限值。各地可根据水环境质量改善需要，扩大特别排放限值实施范围。（环境保护部牵头，发展改革委、工业和信息化部、财政部、住房城乡建设部、水利部等参与）

加强良好水体保护。对江河源头及现状水质达到或优于Ⅲ类的江河湖库开展生态环境安全评估，制定实施生态环境保护方案。东江、滦河、千岛湖、南四湖等流域于 2017 年底前完成。浙闽片河流、西南诸河、西北诸河及跨界水体水质保持稳定。（环境保护部牵头，外交部、发展改革委、财政部、水利部、林业局等参与）

（二十六）加强近岸海域环境保护。实施近岸海域污染防治方案。重点整治黄河口、长江口、闽江口、珠江口、辽东湾、渤海湾、胶州湾、杭州湾、北部湾等河口海湾污染。沿海地级及以上城市实施总氮排放总量控制。研究建立重点海域排污总量控制制度。规范入海排污口设置，2017 年底前全面清理非法或设置不合理的入海排污口。到 2020 年，沿海省（区、市）入海河流基本消除劣于Ⅴ类的水体。提高涉海项目准入门槛。（环境保护部、海洋局牵头，发展改革委、工业和信息化部、财政部、住房城乡建设部、交通运输部、农业部等参与）

推进生态健康养殖。在重点河湖及近岸海域划定限制养殖区。实施水产养殖池塘、近海养殖网箱标准化改造，鼓励有条件的渔业企业开展海洋离岸养殖和集约化养殖。积极推广人工配合饲料，逐步减少冰鲜杂鱼饲料使用。加强养殖投入品管理，依法规范、限制使用抗生素等化学药品，开展专项整治。到2015年，海水养殖面积控制在220万公顷左右。（农业部负责）

严格控制环境激素类化学品污染。2017年底前完成环境激素类化学品生产使用情况调查，监控评估水源地、农产品种植区及水产品集中养殖区风险，实施环境激素类化学品淘汰、限制、替代等措施。（环境保护部牵头，工业和信息化部、农业部等参与）

（二十七）整治城市黑臭水体。采取控源截污、垃圾清理、清淤疏浚、生态修复等措施，加大黑臭水体治理力度，每半年向社会公布治理情况。地级及以上城市建成区应于2015年底前完成水体排查，公布黑臭水体名称、责任人及达标期限；于2017年底前实现河面无大面积漂浮物，河岸无垃圾，无违法排污口；于2020年底前完成黑臭水体治理目标。直辖市、省会城市、计划单列市建成区要于2017年底前基本消除黑臭水体。（住房城乡建设部牵头，环境保护部、水利部、农业部等参与）

（二十八）保护水和湿地生态系统。加强河湖水生态保护，科学划定生态保护红线。禁止侵占自然湿地等水源涵养空间，已侵占的要限期予以恢复。强化水源涵养林建设与保护，开展湿地保护与修复，加大退耕还林、还草、还湿力度。加强滨河（湖）带生态建设，在河道两侧建设植被缓冲带和隔离带。加大水生野生动植物类自然保护区和水产种质资源保护区保护力度，开展珍稀濒危水生生物和重要水产种质资源的就地和迁地保护，提高水生生物多样性。2017年底前，制定实施七大重点流域水生生物多样性保护方案。（环境保护部、林业局牵头，财政部、国土资源部、住房城乡建设部、水利部、农业部等参与）

保护海洋生态。加大红树林、珊瑚礁、海草床等滨海湿地、河口和海湾典型生态系统，以及产卵场、索饵场、越冬场、洄游通道等重要渔业水域的保护力度，实施增殖放流，建设人工鱼礁。开展海洋生态补偿及赔偿等研究，实施海洋生态修复。认真执行围填海管制计划，严格围填海管理和监督，重点海湾、海洋自然保护区的核心区及缓冲区、海洋特别保护区的重点保护区及预留区、重点河口区域、重要滨海湿地区域、重要砂质岸线及沙源保护海域、特殊保护海岛及重要渔业海域禁止实施围填海，生态脆弱敏感区、自净能力差的海域严格限制围填海。严肃查处违法围填海行为，追究相关人员责任。将自然海岸线保护纳入沿海地方政府政绩考核。到2020年，全国自然岸线保有率不低于35%（不包括海岛岸线）。（环境保护部、海洋局牵头，发展改革委、财政部、农业部、林业局等参与）

九、明确和落实各方责任

（二十九）强化地方政府水环境保护责任。各级地方人民政府是实施本行动计划的主体，要于2015年底前分别制定并公布水污染防治工作方案，逐年确定分流域、分区域、分行业的重点任务和年度目标。要不断完善政策措施，加大资金投入，统筹城乡水污染治理，强化监管，确保各项任务全面完成。各省（区、市）工作方案报国务院备案。（环境保护部牵头，发展改革委、财政部、住房城乡建设部、水利部等参与）

（三十）加强部门协调联动。建立全国水污染防治工作协作机制，定期研究解决重大问题。各有关部门要认真按照职责分工，切实做好水污染防治相关工作。环境保护部要加强统一指导、协调和监督，工作进展及时向国务院报告。（环境保护部牵头，发展改革委、科技部、工业和信息化部、财政部、住房城乡建设部、水利部、农业部、海洋局等参与）

（三十一）落实排污单位主体责任。各类排污单位要严格执行环保法律法规和制度，加强污染治理设施建设和运行管理，开展自行监测，落实治污减排、环境风险防范等责任。中央企业和国有企业要带头落实，工业集聚区内的企业要探索建立环保自律机制。（环境保护部牵头，国资委参与）

（三十二）严格目标任务考核。国务院与各省（区、市）人民政府签订水污染防治目标责任书，分解落实目标任务，切实落实“一岗双责”。每年分流域、分区域、分海域对行动计划实施情况进行考核，

考核结果向社会公布，并作为对领导班子和领导干部综合考核评价的重要依据。（环境保护部牵头，中央组织部参与）

将考核结果作为水污染防治相关资金分配的参考依据。（财政部、发展改革委牵头，环境保护部参与）

对未通过年度考核的，要约谈省级人民政府及其相关部门有关负责人，提出整改意见，予以督促；对有关地区和企业实施建设项目环评限批。对因工作不力、履职缺位等导致未能有效应对水环境污染事件的，以及干预、伪造数据和没有完成年度目标任务的，要依法依纪追究有关单位和人员责任。对不顾生态环境盲目决策，导致水环境质量恶化，造成严重后果的领导干部，要记录在案，视情节轻重，给予组织处理或党纪政纪处分，已经离任的也要终身追究责任。（环境保护部牵头，监察部参与）

十、强化公众参与和社会监督

（三十三）依法公开环境信息。综合考虑水环境质量及达标情况等因素，国家每年公布最差、最好的 10 个城市名单和各省（区、市）水环境状况。对水环境状况差的城市，经整改后仍达不到要求的，取消其环境保护模范城市、生态文明建设示范区、节水型城市、园林城市、卫生城市等荣誉称号，并向社会公告。（环境保护部牵头，发展改革委、住房城乡建设部、水利部、卫生计生委、海洋局等参与）

各省（区、市）人民政府要定期公布本行政区域内各地级市（州、盟）水环境质量状况。国家确定的重点排污单位应依法向社会公开其产生的主要污染物名称、排放方式、排放浓度和总量、超标排放情况，以及污染防治设施的建设和运行情况，主动接受监督。研究发布工业集聚区环境友好指数、重点行业污染物排放强度、城市环境友好指数等信息。（环境保护部牵头，发展改革委、工业和信息化部等参与）

（三十四）加强社会监督。为公众、社会组织提供水污染防治法规培训和咨询，邀请其全程参与重要环保执法行动和重大水污染事件调查。公开曝光环境违法典型案件。健全举报制度，充分发挥“12369”环保举报热线和网络平台作用。限期办理群众举报投诉的环境问题，一经查实，可给予举报人奖励。通过公开听证、网络征集等形式，充分听取公众对重大决策和建设项目的意见。积极推行环境公益诉讼。（环境保护部负责）

（三十五）构建全民行动格局。树立“节水洁水，人人有责”的行为准则。加强宣传教育，把水资源、水环境保护和水情知识纳入国民教育体系，提高公众对经济社会发展和环境保护客观规律的认识。依托全国中小学节水教育、水土保持教育、环境教育等社会实践基地，开展环保社会实践活动。支持民间环保机构、志愿者开展工作。倡导绿色消费新风尚，开展环保社区、学校、家庭等群众性创建活动，推动节约用水，鼓励购买使用节水产品和环境标志产品。（环境保护部牵头，教育部、住房城乡建设部、水利部等参与）

我国正处于新型工业化、信息化、城镇化和农业现代化快速发展阶段，水污染防治任务繁重艰巨。各地区、各有关部门要切实处理好经济社会发展和生态文明建设的关系，按照“地方履行属地责任、部门强化行业管理”的要求，明确执法主体和责任主体，做到各司其职，恪尽职守，突出重点，综合整治，务求实效，以抓铁有痕、踏石留印的精神，依法依规狠抓贯彻落实，确保全国水环境治理与保护目标如期实现，为实现“两个一百年”奋斗目标和中华民族伟大复兴中国梦作出贡献。

国务院关于实行最严格水资源管理制度的意见

国发〔2012〕3号

各省、自治区、直辖市人民政府，国务院各部委、各直属机构：

水是生命之源、生产之要、生态之基，人多水少、水资源时空分布不均是我国的基本国情和水情。当前我国水资源面临的形势十分严峻，水资源短缺、水污染严重、水生态环境恶化等问题日益突出，已成为制约经济社会可持续发展的主要瓶颈。为贯彻落实好中央水利工作会议和《中共中央 国务院关于加快水利改革发展的决定》（中发〔2011〕1号）的要求，现就实行最严格水资源管理制度提出以下意见：

一、总体要求

（一）指导思想。深入贯彻落实科学发展观，以水资源配置、节约和保护为重点，强化用水需求和用水过程管理，通过健全制度、落实责任、提高能力、强化监管，严格控制用水总量，全面提高用水效率，严格控制入河湖排污总量，加快节水型社会建设，促进水资源可持续利用和经济发展方式转变，推动经济社会发展与水资源水环境承载能力相协调，保障经济社会长期平稳较快发展。

（二）基本原则。坚持以人为本，着力解决人民群众最关心最直接最现实的水资源问题，保障饮水安全、供水安全和生态安全；坚持人水和谐，尊重自然规律和经济社会发展规律，处理好水资源开发与保护关系，以水定需、量水而行、因水制宜；坚持统筹兼顾，协调好生活、生产和生态用水，协调好上下游、左右岸、干支流、地表水和地下水关系；坚持改革创新，完善水资源管理体制和机制，改进管理方式和方法；坚持因地制宜，实行分类指导，注重制度实施的可行性和有效性。

（三）主要目标。

确立水资源开发利用控制红线，到2030年全国用水总量控制在7000亿立方米以内；确立用水效率控制红线，到2030年用水效率达到或接近世界先进水平，万元工业增加值用水量（以2000年不变价计，下同）降低到40立方米以下，农田灌溉水有效利用系数提高到0.6以上；确立水功能区限制纳污红线，到2030年主要污染物入河湖总量控制在水功能区纳污能力范围之内，水功能区水质达标率提高到95%以上。

为实现上述目标，到2015年，全国用水总量力争控制在6350亿立方米以内；万元工业增加值用水量比2010年下降30%以上，农田灌溉水有效利用系数提高到0.53以上；重要江河湖泊水功能区水质达标率提高到60%以上。到2020年，全国用水总量力争控制在6700亿立方米以内；万元工业增加值用水量降低到65立方米以下，农田灌溉水有效利用系数提高到0.55以上；重要江河湖泊水功能区水质达标率提高到80%以上，城镇供水水源地水质全面达标。

二、加强水资源开发利用控制红线管理，严格实行用水总量控制

（四）严格规划管理和水资源论证。开发利用水资源，应当符合主体功能区的要求，按照流域和区域统一制定规划，充分发挥水资源的多种功能和综合效益。建设水工程，必须符合流域综合规划和防洪规划，由有关水行政主管部门或流域管理机构按照管理权限进行审查并签署意见。加强相关规划和项目建设布局水资源论证工作，国民经济和社会发展规划以及城市总体规划的编制、重大建设项目的布局，应当与当地水资源条件和防洪要求相适应。严格执行建设项目水资源论证制度，对未依法完成水资源论证工作的建设项目，审批机关不予批准，建设单位不得擅自开工建设和投产使用，对违反规定的，一律责

令停止。

（五）严格控制流域和区域取用水总量。加快制定主要江河流域水量分配方案，建立覆盖流域和省市县三级行政区域的取用水总量控制指标体系，实施流域和区域取用水总量控制。各省、自治区、直辖市要按照江河流域水量分配方案或取用水总量控制指标，制定年度用水计划，依法对本行政区域内的年度用水实行总量管理。建立健全水权制度，积极培育水市场，鼓励开展水权交易，运用市场机制合理配置水资源。

（六）严格实施取水许可。严格规范取水许可审批管理，对取用水总量已达到或超过控制指标的地区，暂停审批建设项目新增取水；对取用水总量接近控制指标的地区，限制审批建设项目新增取水。对不符合国家产业政策或列入国家产业结构调整指导目录中淘汰类的，产品不符合行业用水定额标准的，在城市公共供水管网能够满足用水需要却通过自备取水设施取用地下水的，以及地下水已严重超采的地区取用地下水的建设项目取水申请，审批机关不予批准。

（七）严格水资源有偿使用。合理调整水资源费征收标准，扩大征收范围，严格水资源费征收、使用和管理。各省、自治区、直辖市要抓紧完善水资源费征收、使用和管理的规章制度，严格按照规定的征收范围、对象、标准和程序征收，确保应收尽收，任何单位和个人不得擅自减免、缓征或停征水资源费。水资源费主要用于水资源节约、保护和管理，严格依法查处挤占挪用水资源费的行为。

（八）严格地下水管理和保护。加强地下水动态监测，实行地下水取用水总量控制和水位控制。各省、自治区、直辖市人民政府要尽快核定并公布地下水禁采和限采范围。在地下水超采区，禁止农业、工业建设项目和服务业新增取用地下水，并逐步削减超采量，实现地下水采补平衡。深层承压地下水原则上只能作为应急和战略储备水源。依法规范机井建设审批管理，限期关闭在城市公共供水管网覆盖范围内的自备水井。抓紧编制并实施全国地下水利用与保护规划以及南水北调东中线受水区、地面沉降区、海水入侵区地下水压采方案，逐步削减开采量。

（九）强化水资源统一调度。流域管理机构和县级以上地方人民政府水行政主管部门要依法制订和完善水资源调度方案、应急调度预案和调度计划，对水资源实行统一调度。区域水资源调度应当服从流域水资源统一调度，水力发电、供水、航运等调度应当服从流域水资源统一调度。水资源调度方案、应急调度预案和调度计划一经批准，有关地方人民政府和部门等必须服从。

三、加强用水效率控制红线管理，全面推进节水型社会建设

（十）全面加强节约用水管理。各级人民政府要切实履行推进节水型社会建设的责任，把节约用水贯穿于经济社会发展和群众生活生产全过程，建立健全有利于节约用水的体制和机制。稳步推进水价改革。各项引水、调水、取水、供用水工程建设必须首先考虑节水要求。水资源短缺、生态脆弱地区要严格控制城市规模过度扩张，限制高耗水工业项目建设和高耗水服务业发展，遏制农业粗放用水。

（十一）强化用水定额管理。加快制定高耗水工业和服务业用水定额国家标准。各省、自治区、直辖市人民政府要根据用水效率控制红线确定的目标，及时组织修订本行政区域内各行业用水定额。对纳入取水许可管理的单位和其他用水大户实行计划用水管理，建立用水单位重点监控名录，强化用水监控管理。新建、扩建和改建建设项目应制订节水措施方案，保证节水设施与主体工程同时设计、同时施工、同时投产（即“三同时”制度），对违反“三同时”制度的，由县级以上地方人民政府有关部门或流域管理机构责令停止取用水并限期整改。

（十二）加快推进节水技术改造。制定节水强制性标准，逐步实行用水产品用水效率标识管理，禁止生产和销售不符合节水强制性标准的产品。加大农业节水力度，完善和落实节水灌溉的产业支持、技术服务、财政补贴等政策措施，大力发展管道输水、喷灌、微灌等高效节水灌溉。加大工业节水技术改造，建设工业节水示范工程。充分考虑不同工业行业和工业企业的用水状况和节水潜力，合理确定节水目标。有关部门要抓紧制定并公布落后的、耗水量高的用水工艺、设备和产品淘汰名录。加大城市生活节水工作力度，开展节水示范工作，逐步淘汰公共建筑中不符合节水标准的用水设备及产品，大力推广使用生

活节水器具，着力降低供水管网漏损率。鼓励并积极发展污水处理回用、雨水和微咸水开发利用、海水淡化和直接利用等非常规水源开发利用。加快城市污水处理回用管网建设，逐步提高城市污水处理回用比例。非常规水源开发利用纳入水资源统一配置。

四、加强水功能区限制纳污红线管理，严格控制入河湖排污总量

（十三）严格水功能区监督管理。完善水功能区监督管理制度，建立水功能区水质达标评价体系，加强水功能区动态监测和科学管理。水功能区布局要服从和服务于所在区域的主体功能定位，符合主体功能区的发展方向和开发原则。从严核定水域纳污容量，严格控制入河湖排污总量。各级人民政府要把限制排污总量作为水污染防治和污染减排工作的重要依据。切实加强水污染防控，加强工业污染源控制，加大主要污染物减排力度，提高城市污水处理率，改善重点流域水环境质量，防治江河湖库富营养化。流域管理机构要加强重要江河湖泊的省界水质水量监测。严格入河湖排污口监督管理，对排污量超出水功能区限排总量的地区，限制审批新增取水和入河湖排污口。

（十四）加强饮用水水源保护。各省、自治区、直辖市人民政府要依法划定饮用水水源保护区，开展重要饮用水水源地安全保障达标建设。禁止在饮用水水源保护区内设置排污口，对已设置的，由县级以上地方人民政府责令限期拆除。县级以上地方人民政府要完善饮用水水源地核准和安全评估制度，公布重要饮用水水源地名录。加快实施全国城市饮用水水源地安全保障规划和农村饮水安全工程规划。加强水土流失治理，防治面源污染，禁止破坏水源涵养林。强化饮用水水源应急管理，完善饮用水水源地突发事件应急预案，建立备用水源。

（十五）推进水生态系统保护与修复。开发利用水资源应维持河流合理流量和湖泊、水库以及地下水的合理水位，充分考虑基本生态用水需求，维护河湖健康生态。编制全国水生态系统保护与修复规划，加强重要生态保护区、水源涵养区、江河源头区和湿地的保护，开展内源污染整治，推进生态脆弱河流和地区水生态修复。研究建立生态用水及河流生态评价指标体系，定期组织开展全国重要河湖健康评估，建立健全水生态补偿机制。

五、保障措施

（十六）建立水资源管理责任和考核制度。要将水资源开发、利用、节约和保护的主要指标纳入地方经济社会发展综合评价体系，县级以上地方人民政府主要负责人对本行政区域水资源管理和保护工作负总责。国务院对各省、自治区、直辖市的主要指标落实情况进行考核，水利部会同有关部门具体组织实施，考核结果交由干部主管部门，作为地方人民政府相关领导干部和相关企业负责人综合考核评价的重要依据。具体考核办法由水利部会同有关部门制订，报国务院批准后实施。有关部门要加强沟通协调，水行政主管部门负责实施水资源的统一监督管理，发展改革、财政、国土资源、环境保护、住房城乡建设、监察、法制等部门按照职责分工，各司其职，密切配合，形成合力，共同做好最严格水资源管理制度的实施工作。

（十七）健全水资源监控体系。抓紧制定水资源监测、用水计量与统计等管理办法，健全相关技术标准体系。加强省界等重要控制断面、水功能区和地下水的水质水量监测能力建设。流域管理机构对省界水量的监测核定数据作为考核有关省、自治区、直辖市用水总量的依据之一，对省界水质的监测核定数据作为考核有关省、自治区、直辖市重点流域水污染防治专项规划实施情况的依据之一。加强取水、排水、入河湖排污口计量监控设施建设，加快建设国家水资源管理系统，逐步建立中央、流域和地方水资源监控管理平台，加快应急机动监测能力建设，全面提高监控、预警和管理能力。及时发布水资源公报等信息。

（十八）完善水资源管理体制。进一步完善流域管理与行政区域管理相结合的水资源管理体制，切实加强流域水资源的统一规划、统一管理和统一调度。强化城乡水资源统一管理，对城乡供水、水资源综合利用、水环境治理和防洪排涝等实行统筹规划、协调实施，促进水资源优化配置。

（十九）完善水资源管理投入机制。各级人民政府要拓宽投资渠道，建立长效、稳定的水资源管理投

入机制，保障水资源节约、保护和管理工作经费，对水资源管理系统建设、节水技术推广与应用、地下水超采区治理、水生态系统保护与修复等给予重点支持。中央财政加大对水资源节约、保护和管理的支持力度。

（二十）健全政策法规和社会监督机制。抓紧完善水资源配置、节约、保护和管理等方面的政策法规体系。广泛深入开展基本水情宣传教育，强化社会舆论监督，进一步增强全社会水忧患意识和水资源节约保护意识，形成节约用水、合理用水的良好风尚。大力推进水资源管理科学决策和民主决策，完善公众参与机制，采取多种方式听取各方面意见，进一步提高决策透明度。对在水资源节约、保护和管理中取得显著成绩的单位和个人给予表彰奖励。

国务院

二〇一二年一月十二日

关于印发《国家排放标准中水污染物监控方案》的通知

（环境保护部司函　环科函〔2009〕52号）

各国家污染物排放标准制修订项目承担单位：

《国家排放标准中水污染物监控方案》已于2009年9月10日经我部部长专题会议（2009年第59期）审议通过，现印发给你们，自即日起施行。

二〇〇九年十月十日

附件：

国家排放标准中水污染物监控方案

为贯彻《中华人民共和国水污染防治法》，完善国家环境保护标准体系，规范水污染物排放行为，适应国家水污染防治工作的需要，现对国家排放标准中的水污染物排放监控方案进行调整，制定新监控方案。

本方案适用于国家行业型和综合型排放标准制修订工作。制修订公共污水处理系统排放标准，应按照本方案的要求设置标准内容。

制修订国家污染物排放标准应符合本方案的要求；本方案未涉及的要求，仍按《国家环境保护标准制修订工作管理办法》（国家环境保护总局公告2006年第41号）、《加强国家污染物排放标准制修订工作的指导意见》（国家环境保护总局公告2007年第17号）、《编写国家污染物排放标准编制说明的暂行要求》（环科函〔2008〕36号）等规范性文件的要求执行。

一、排放标准的适用范围

1. 调整适用于排放标准的间接排污行为的范围，增加企业向工业园区、开发区等工业聚集区域的公共污水处理系统排放废水的情形。将现行标准中“企业向设置污水处理厂的城镇排水系统排放废水时，……”，改为“企业向设置公共污水处理系统的排水系统排放废水时，……”。

2. 将标准中“本标准规定的水污染物排放控制要求适用于企业向环境水体的排放行为”的规定，改为“本标准规定的水污染物排放控制要求适用于企业直接或间接向其法定边界外排放水污染物的行为”。

二、一般污染物间接排放的监控方案

1. 取消由排污企业、排污项目建设单位与公共污水处理系统运营单位（城镇污水处理厂等）商定其间接排放一般污染物排放控制要求的规定。

2. 根据污染源排放污染物的特点和公共污水处理系统的处理能力，比照一般污染物的直接排放限值，按一定比例关系（130%～200%）增设适用于向公共污水处理系统排放水污染物情形的间接排放限值；对于公共污水处理系统难以有效去除的一般污染物，应设置较为严格的间接排放限值，以保证公共污水处理系统稳定达标排放。

三、有毒污染物排放的监控方案

1. 在对行业生产工艺、原材料、污染物控制水平等特点进行全面、深入地分析研究的基础上，对于有可能排放有毒污染物的行业或环境风险较大的行业，在保证环境安全的前提下，本着实事求是的原则，并兼顾监控体系的严密性、监控措施的必要性、监控技术的可行性、监控成本的合理性等要求，在其排放标准中设置体现污染源特征的有毒污染物项目。

2. 对企业直接和间接排放有毒污染物的行为，仍采用现行的监控方案，即执行统一的排放限值，在源头（车间或生产设施废水排放口）监控。

四、废水综合毒性监控方案

为进一步控制排污造成的环境风险，根据环境监测技术科研和管理工作基础，在具备条件的情况下，逐步在排放标准中增设反映排放废水综合毒性的指标，采用适用的综合毒性监测方法（如利用生物、微生物等进行毒性监测的方法）对废水定期进行综合毒性监测和评价。

五、适用于环境敏感区域的特别规定

为适应环境敏感区域开展污染防治工作的特殊需要，在国家水污染物排放标准中设置水污染物特别排放限值。水污染物特别排放限值适用于国土开发密度已经较高、环境承载能力开始减弱，或环境容量较小、生态环境脆弱，容易发生严重环境污染问题而需要采取特别保护措施的地区。其执行的地域范围、时间，由国务院环境保护主管部门或省级人民政府规定。

六、设置公共污水处理系统排放标准监控方案的要求

要通过标准制修订工作建立和完善公共污水处理系统的污染物排放监控体系。制定适用于公共污水处理系统的污染物排放标准，取代《城镇污水处理厂污染物排放标准》（GB 18918—2002）。在公共污水处理系统排放标准的制订工作中，应按照建立严密、完善的污染物排放监控体系的要求，设置标准的相关内容，使标准内容与行业型和综合型排放标准衔接、配合。

七、有关术语的含义

1. 有毒污染物：指《加强国家污染物排放标准制修订工作的指导意见》中规定的有毒污染物。

2. 一般污染物：指《加强国家污染物排放标准制修订工作的指导意见》中规定的有毒污染物以外的污染物。

3. 公共污水处理系统：指通过纳污管道等方式收集废水，为两家以上排污单位提供废水处理服务的企业或机构，包括各种规模和类型的城镇污水处理厂、区域（包括各类工业园区、开发区、工业聚集地等）废水处理厂等。

4. 直接排放：指排污单位直接向环境排放污染物的行为。

5. 间接排放：指排污单位向公共污水处理系统排放污染物的行为。

6. 行业型排放标准：指适用于某一特定行业的污染物排放标准，也称为行业适用型污染物排放标准。

7. 综合型排放标准：指行业型排放标准适用范围以外的所有行业通用的排放标准，也称为行业通用型污染物排放标准。

关于重点流域执行城镇污水处理厂污染物排放标准问题的通知

（环境保护部办公厅函　环办函〔2009〕713 号）

各省、自治区、直辖市环境保护厅（局）：

近来，一些单位向我部反映，个别重点流域污染防治规划中，对于城镇污水处理厂水污染物排放控制要求与原国家环保总局《关于发布〈城镇污水处理厂污染物排放标准〉（GB 18918—2002）修改单的公告》（国家环境保护总局公告 2006 年第 21 号，以下简称《公告》）的内容不完全一致，并询问在实际工作中如何执行排放标准。经研究，现就有关问题通知如下：

一、在已制定并发布流域污染防治规划的重点流域，城镇污水处理厂执行污染物排放标准的要求与《公告》不同的，按流域污染防治规划的规定执行。

二、在未制定流域污染防治规划的重点流域和封闭、半封闭水域的城镇污水处理厂，执行污染物排放标准的要求仍按《公告》执行。

二〇〇九年七月十五日

附件：

《城镇污水处理厂污染物排放标准》（GB 18918—2002）修改单

4.1.2.2 修改为：城镇污水处理厂出水排入国家和省确定的重点流域及湖泊、水库等封闭、半封闭水域时，执行一级标准的 A 标准，排入 GB 3838 地表水Ⅲ类功能水域（划定的饮用水源保护区和游泳区除外）、GB 3097 海水二类功能水域时，执行一级标准的 B 标准。

关于废水纳管经城市污水处理厂排放行为行政处罚法律适用问题的复函

（环办政法函〔2018〕122 号）

宁波市环境保护局：

你局《关于企业废水超标排放但纳管经城市污水处理厂处理后达标排放行政处罚法律适用问题的请

示》（甬环〔2017〕10 号）收悉。对企业事业单位和其他生产经营者向城镇排水设施违法排放污水行为的监管，经商住房城乡建设部，函复如下：

一、对违反《中华人民共和国水污染防治法》的规定排放污水的，由环境保护主管部门处罚；对只违反《城镇排水与污水处理条例》规定，未取得污水排入排水管网许可证或者不按照污水排入排水管网许可证要求向城镇排水设施排放污水的，由城镇排水主管部门根据《城镇排水与污水处理条例》有关规定予以处罚。

二、各级环境保护主管部门和城镇排水主管部门应加强工作联系，完善沟通协调和信息共享机制，共同打击违法排污行为。

特此函复。

环境保护部办公厅

2018 年 1 月 22 日

关于执行石油化学工业污染物排放标准有关问题的复函

（环办大气函〔2018〕100 号）

福建省环境保护厅：

你厅《关于执行石油化学工业污染物排放标准有关问题的请示》（闽环保科〔2017〕107 号）收悉。经研究，函复如下：

《石油化学工业污染物排放标准》《GB 331571—2015）中“3.1 石油化学工业”定义为“以石油馏分、天然气等为原料，生产有机化学品、合成树脂、合成纤维、合成橡胶等的工业”根据上述定义，凡属于《国民经济分类》（GB/T 4754—2017）中 2614 有机化学原料制造、2651 初级形态塑料及合成树脂制造、2652 合成橡胶制造、2653 合成纤维单（聚合）体制造和 282 合成纤维制造的行业，均应执行《石油化学工业污染物排放标准》。

特此函复。

环境保护部办公厅

2018 年 1 月 17 日

关于"现场即时采样"监测数据认定有关问题的复函

（环办政法函〔2017〕1624号）

四川省环境保护厅：

你厅《关于城镇污水处理厂"现场即时采样"应如何认定的请示》（川环〔2017〕49号）收悉。经研究，函复如下：

2007年2月27日，原国家环境保护总局发布《关于环保部门现场检查中排污监测方法问题的解释》（国家环境保护总局公告2007年第16号），规定："排放标准中规定的污染物排放方式、排放限值等是判定排污行为是否超标的技术依据，在任何时间、任何情况下，排污单位的排污行为均不得违反排放标准中的有关规定"。该公告现行有效。城镇污水处理厂"现场即时采样"即为一次性采样，根据该公告的规定，其监测结果可以作为判定排污行为是否超标的依据。

特此函复。

环境保护部办公厅
2017年10月27日

关于向公共污水处理系统排放废水执行标准问题的复函

（环境保护部函　环函〔2011〕195号）

山东省环境保护厅：

你厅《关于向污水处理厂排放废水执行标准有关问题的请示》（鲁环函〔2011〕359号）收悉。经研究，现函复如下：

一、2008年修订的《中华人民共和国水污染防治法》（以下简称《水污染防治法》）规定，采用向城镇污水集中处理设施排污等间接方式排放水污染物的，应当执行国家或地方规定的水污染物排放标准。

在《水污染防治法》出台前，一些国家排放标准中曾规定，控制间接排放可采用由排污企业、排污项目建设单位与公共污水处理系统运营单位（城镇污水处理厂等）商定其间接排放一般污染物控制要求的方式。为落实《水污染防治法》的规定，2009年我部制定并发布了《国家排放标准中水污染物排放监控方案》（以下简称《方案》）。《方案》对国家排放标准制定规则进行了修改，取消了上述做法，并明确规定国家排放标准中要设置间接排放限值。

二、为在充分利用公共污水处理系统处理能力的同时，防范环境风险，《方案》要求根据公共污水处理系统的特点和各种污染物处理的难易程度，设置不同的间接排放限值。对于易降解污染物，其间接排放限值，幅度可以适当宽于相应的直接排放限值。

二〇一一年七月二十二日

关于农村地区生活污水排放执行国家污染物排放标准等问题的复函

（环境保护部办公厅函　环办函〔2010〕844 号）

江苏省环境保护厅：

你厅《关于制订江苏省太湖地区农村生活污水主要污染物排放标准有关问题的请示》（苏环办〔2010〕223 号）收悉。经研究，函复如下：

一、原环保总局《关于发布〈城镇污水处理厂污染物排放标准〉（GB 18918—2002）修改单的公告》（〔2006〕21 号，以下简称《公告》）规定，城镇污水处理厂出水排入国家和省确定的重点流域及湖泊、水库等封闭、半封闭水域时，执行一级标准的 A 标准，排入 GB 3838 地表水 III 类功能水域（划定的饮用水源保护区和游泳区除外）、GB 3097 海水二类功能水域时，执行一级标准的 B 标准。环境保护部《关于重点流域执行城镇污水处理厂污染物排放标准问题的通知》（环办函〔2009〕713 号）要求，在已制定并发布流域污染防治规划的重点流域，城镇污水处理厂执行污染物排放标准的要求与《公告》不同的，按流域污染防治规划的规定执行。在未制定流域污染防治规划的重点流域和封闭、半封闭水域的城镇污水处理厂，执行污染物排放标准的要求仍按《公告》执行。

二、若上述规定不能满足你省对太湖地区农村生活污水排放进行控制的需求，建议根据《中华人民共和国环境保护法》、《地方环境质量标准和污染物排放标准备案管理办法》（环境保护部令第 9 号）规定的程序和要求，制定地方污染物排放标准。

二〇一〇年八月十日

关于执行地表水环境质量标准有关意见的复函

（环境保护部函　环函〔2010〕243 号）

福建省环境保护厅：

你厅《关于地表水环境质量标准中铜项目标准限值问题的请示》（闽环保科〔2010〕29 号）收悉。经研究，函复如下：

《地表水环境质量标准》（GB 3838—2002）适用于各种环境功能的地表水体，其污染物浓度限值是综合各种环境功能的要求确定的，是基本要求。对于具有特定功能的水域，除满足该标准的要求外，还应执行专用的水质标准。

因此，对于《渔业水质标准》（GB 11607—89）规定的、具有特定功能的渔业水体，应同时满足 GB 3838—2002 和 GB 11607—89 的要求。

二〇一〇年八月三日

关于石油天然气管道建设与饮用水源保护区相遇问题有关意见的复函

环境保护部办公厅 环办函〔2009〕531 号

国务院法制办秘书行政司：

你司 2009 年 5 月 15 日传来的要求对《关于请协调石油天然气管道建设与林地、饮用水源保护区相遇问题的请示》（中油法〔2009〕206 号）研究并提出意见的便函收悉。经认真研究，现提出如下意见：

一、在饮用水水源一级保护区内建设石油天然气管道与《中华人民共和国水污染防治法》有关规定不符

《中华人民共和国水污染防治法》第五十八条第一款规定：“禁止在饮用水水源一级保护区内新建、改建、扩建与供水设施和保护水源无关的建设项目；已建成的与供水设施和保护水源无关的建设项目，由县级以上人民政府责令拆除或者关闭。”根据该款规定，凡与供水设施和保护水源无关的建设项目，一律禁止在饮用水水源一级保护区内建设。因此，在饮用水水源一级保护区内建设石油天然气管道，与该法律规定不符。

另外，为了规范饮用水水源保护区的划分方法，原环保总局已于 2007 年 1 月 9 日发布了《饮用水水源保护区划分技术规范》（HJ/T338-2007），明确了地表水饮用水水源保护区、地下水饮用水水源保护区划分的基本方法。

二、石油天然气管道建设应规划环评先行

对该请示中反映的管道避绕饮用水水源一级保护区“存在重大不可行性”的问题，根据《中华人民共和国环境影响评价法》有关规划环评的规定，应由有关规划编制部门组织对“国家油气管网规划”进行环境影响评价，让环境影响评价制度尽早介入规划选线工作，避免选线后发现有关线路不符合环保法律法规而再调整的被动局面。

特此函复。

二〇〇九年五月二十五日

关于执行《水污染防治法》第五十九条有关问题的复函

（环境保护部函　环函〔2009〕33 号）

贵州省环境保护局：

你局《关于如何理解和执行〈水污染防治法〉第五十九条中有关问题的请示》（黔环呈〔2008〕100号）收悉。经研究，函复如下：

一、《水污染防治法》第五十九条规定“禁止在饮用水源二级保护区内新建、改建、扩建排放污染物的建设项目；已建成的排放污染物的建设项目，由县级以上人民政府责令拆除或者关闭。”上述规定中“排放污染物的建设项目”并非特指排放水污染物的建设项目，也应包括排放大气污染物、固体废物等其他污染物的建设项目。

二、根据《水污染防治法》第五十九条第一款规定，在饮用水源二级保护区内禁止存在排放污染物的建设项目。即使建设项目将排放的水污染物经城市排污管网转移至保护区外处理并排放，仍存在事故性排放的危险，威胁饮用水安全，因此，原则上不应审批此类建设项目。

二〇〇九年二月六日

关于饲料级磷酸氢钙生产企业废水排放执行标准的复函

（国家环境保护总局局函　环函〔2007〕174 号）

四川省环境保护局：

你局《关于饲料级磷酸氢钙生产企业排放的生产废水中总磷含量所执行的排放标准的请示》（川环〔2007〕51 号）收悉。经研究，现函复如下：

一、按照现行国家排放标准体系及实施标准的有关规定，有行业型污染物排放标准的行业执行行业型污染物排放标准，不执行综合型污染物排放标准，否则应执行综合型污染物排放标准。目前，国家级污染物排放标准中没有适用于饲料级磷酸氢钙生产企业的排放标准，因此，其工业废水排放控制应适用《污水综合排放标准》（GB 8978—1996），不适用《磷肥工业水污染物排放标准》（GB 15580—95）。

二、国家污染物排放标准是污染源管理的最低要求，如果特定地区由于污染物排放造成环境质量不符合标准要求，省级人民政府可依法、按照环境质量达标的要求，制定地方污染物排放标准。

二〇〇七年五月二十三日

关于排污单位执行水污染物排放标准有关问题的复函

（国家环境保护总局局函　环函〔2006〕329号）

河北省环保局：

你局《关于排污单位执行水污染物排放标准有关问题的请示》（冀环科函〔2006〕130号）收悉，经研究，现函复如下：

一、对城市污水处理厂设计能力小于城镇污水实际排放量的地区，应采取措施，提高城市污水处理厂的处理能力。在设计能力达到城镇污水实际排放量之前，可根据污水物最终排放去向，要求所有排污单位执行相应的行业型国家水污染物排放标准或《污水综合排放标准》（GB 8978—1996）中的有关规定。

二、对城市污水处理厂设计能力达到城镇污水实际排放量、但出水水质不能达标或未通过验收的地区，应要求污水处理厂限期治理，达到出水水质标准要求。

三、对城市污水处理厂设计能力达到城镇污水实际排放量，且出水稳定达标并通过验收的地区，应执行污水处理厂设计进水水质指标要求。

二〇〇六年八月二十五日

关于企业污水排入城镇污水处理厂执行标准问题的复函

国家环境保护总局局函　环函〔2004〕438号

河南省环境保护局：

你局《关于企业污水排入城镇污水处理厂执行标准问题的请示》（豫环法〔2004〕6号）收悉。经研究，现函复如下：

一、南阳市环境保护局应在对排污工业企业污染物排放去向及所排放水域环境功能进行调查核实的基础上，按照城镇污水处理厂规划和建设期间考虑的纳污范围，参照国家有关排污标准对企业进行分类管理。基本原则为：有行业污染物排放标准且行业污染物排放标准中已规定排入城镇污水厂标准的，按照行业污染物排放标准进行管理；没有行业排放标准的，按照国家《污水综合排放标准》（GB 8978—1996）的要求，排放污水进入城镇污水处理厂的工业企业执行三级标准，其它工业企业污水排放执行二级标准。同时，城镇污水处理厂其处理工艺和能力，必须符合有效处理工业企业排入污染物的条件。否则，不能接纳工业污水。

二、南阳市环境保护局应按照《城镇污水处理厂污染物排放标准》（GB 18918—2002）的规定，根据污水处理厂处理能力、接纳工业污染物的类别和水环境质量要求，要求排放污水进入城镇污水处理厂的企业对毒性较大的或对环境有较长期影响的污染物（共43项）进行严格控制。

特此函复。

二〇〇四年十二月三日

第三篇　大气污染防治

中华人民共和国大气污染防治法

中华人民共和国主席令

第三十一号

《中华人民共和国大气污染防治法》已由中华人民共和国第十二届全国人民代表大会常务委员会第十六次会议于2015年8月29日修订通过，现将修订后的《中华人民共和国大气污染防治法》公布，自2016年1月1日起施行。

中华人民共和国主席　习近平

2015年8月29日

（1987年9月5日第六届全国人民代表大会常务委员会第二十二次会议通过　根据1995年8月29日第八届全国人民代表大会常务委员会第十五次会议《关于修改〈中华人民共和国大气污染防治法〉的决定》修正　2000年4月29日第九届全国人民代表大会常务委员会第十五次会议第一次修订　2015年8月29日第十二届全国人民代表大会常务委员会第十六次会议第二次修订）

第一章　总　　则

第一条　为保护和改善环境，防治大气污染，保障公众健康，推进生态文明建设，促进经济社会可持续发展，制定本法。

第二条　防治大气污染，应当以改善大气环境质量为目标，坚持源头治理，规划先行，转变经济发展方式，优化产业结构和布局，调整能源结构。

防治大气污染，应当加强对燃煤、工业、机动车船、扬尘、农业等大气污染的综合防治，推行区域大气污染联合防治，对颗粒物、二氧化硫、氮氧化物、挥发性有机物、氨等大气污染物和温室气体实施协同控制。

第三条　县级以上人民政府应当将大气污染防治工作纳入国民经济和社会发展规划，加大对大气污染防治的财政投入。

地方各级人民政府应当对本行政区域的大气环境质量负责，制定规划，采取措施，控制或者逐步削减大气污染物的排放量，使大气环境质量达到规定标准并逐步改善。

第四条　国务院环境保护主管部门会同国务院有关部门，按照国务院的规定，对省、自治区、直辖市大气环境质量改善目标、大气污染防治重点任务完成情况进行考核。省、自治区、直辖市人民政府制定考核办法，对本行政区域内地方大气环境质量改善目标、大气污染防治重点任务完成情况实施考核。考核结果应当向社会公开。

第五条　县级以上人民政府环境保护主管部门对大气污染防治实施统一监督管理。

县级以上人民政府其他有关部门在各自职责范围内对大气污染防治实施监督管理。

第六条　国家鼓励和支持大气污染防治科学技术研究，开展对大气污染来源及其变化趋势的分析，推广先进适用的大气污染防治技术和装备，促进科技成果转化，发挥科学技术在大气污染防治中的支撑作用。

第七条　企业事业单位和其他生产经营者应当采取有效措施，防止、减少大气污染，对所造成的损害依法承担责任。

公民应当增强大气环境保护意识，采取低碳、节俭的生活方式，自觉履行大气环境保护义务。

第二章　大气污染防治标准和限期达标规划

第八条　国务院环境保护主管部门或者省、自治区、直辖市人民政府制定大气环境质量标准，应当以保障公众健康和保护生态环境为宗旨，与经济社会发展相适应，做到科学合理。

第九条　国务院环境保护主管部门或者省、自治区、直辖市人民政府制定大气污染物排放标准，应当以大气环境质量标准和国家经济、技术条件为依据。

第十条　制定大气环境质量标准、大气污染物排放标准，应当组织专家进行审查和论证，并征求有关部门、行业协会、企业事业单位和公众等方面的意见。

第十一条　省级以上人民政府环境保护主管部门应当在其网站上公布大气环境质量标准、大气污染物排放标准，供公众免费查阅、下载。

第十二条　大气环境质量标准、大气污染物排放标准的执行情况应当定期进行评估，根据评估结果对标准适时进行修订。

第十三条　制定燃煤、石油焦、生物质燃料、涂料等含挥发性有机物的产品、烟花爆竹以及锅炉等产品的质量标准，应当明确大气环境保护要求。

制定燃油质量标准，应当符合国家大气污染物控制要求，并与国家机动车船、非道路移动机械大气污染物排放标准相互衔接，同步实施。

前款所称非道路移动机械，是指装配有发动机的移动机械和可运输工业设备。

第十四条　未达到国家大气环境质量标准城市的人民政府应当及时编制大气环境质量限期达标规划，采取措施，按照国务院或者省级人民政府规定的期限达到大气环境质量标准。

编制城市大气环境质量限期达标规划，应当征求有关行业协会、企业事业单位、专家和公众等方面的意见。

第十五条　城市大气环境质量限期达标规划应当向社会公开。直辖市和设区的市的大气环境质量限期达标规划应当报国务院环境保护主管部门备案。

第十六条　城市人民政府每年在向本级人民代表大会或者其常务委员会报告环境状况和环境保护目标完成情况时，应当报告大气环境质量限期达标规划执行情况，并向社会公开。

第十七条　城市大气环境质量限期达标规划应当根据大气污染防治的要求和经济、技术条件适时进行评估、修订。

第三章　大气污染防治的监督管理

第十八条　企业事业单位和其他生产经营者建设对大气环境有影响的项目，应当依法进行环境影响评价、公开环境影响评价文件；向大气排放污染物的，应当符合大气污染物排放标准，遵守重点大气污染物排放总量控制要求。

第十九条　排放工业废气或者本法第七十八条规定名录中所列有毒有害大气污染物的企业事业单位、集中供热设施的燃煤热源生产运营单位以及其他依法实行排污许可管理的单位，应当取得排污许可证。排污许可的具体办法和实施步骤由国务院规定。

第二十条　企业事业单位和其他生产经营者向大气排放污染物的，应当依照法律法规和国务院环境保护主管部门的规定设置大气污染物排放口。

禁止通过偷排、篡改或者伪造监测数据、以逃避现场检查为目的的临时停产、非紧急情况下开启应急排放通道、不正常运行大气污染防治设施等逃避监管的方式排放大气污染物。

第二十一条　国家对重点大气污染物排放实行总量控制。

重点大气污染物排放总量控制目标，由国务院环境保护主管部门在征求国务院有关部门和各省、自治区、直辖市人民政府意见后，会同国务院经济综合主管部门报国务院批准并下达实施。

省、自治区、直辖市人民政府应当按照国务院下达的总量控制目标，控制或者削减本行政区域的重点大气污染物排放总量。

确定总量控制目标和分解总量控制指标的具体办法，由国务院环境保护主管部门会同国务院有关部门规定。省、自治区、直辖市人民政府可以根据本行政区域大气污染防治的需要，对国家重点大气污染物之外的其他大气污染物排放实行总量控制。

国家逐步推行重点大气污染物排污权交易。

第二十二条 对超过国家重点大气污染物排放总量控制指标或者未完成国家下达的大气环境质量改善目标的地区，省级以上人民政府环境保护主管部门应当会同有关部门约谈该地区人民政府的主要负责人，并暂停审批该地区新增重点大气污染物排放总量的建设项目环境影响评价文件。约谈情况应当向社会公开。

第二十三条 国务院环境保护主管部门负责制定大气环境质量和大气污染源的监测和评价规范，组织建设与管理全国大气环境质量和大气污染源监测网，组织开展大气环境质量和大气污染源监测，统一发布全国大气环境质量状况信息。

县级以上地方人民政府环境保护主管部门负责组织建设与管理本行政区域大气环境质量和大气污染源监测网，开展大气环境质量和大气污染源监测，统一发布本行政区域大气环境质量状况信息。

第二十四条 企业事业单位和其他生产经营者应当按照国家有关规定和监测规范，对其排放的工业废气和本法第七十八条规定名录中所列有毒有害大气污染物进行监测，并保存原始监测记录。其中，重点排污单位应当安装、使用大气污染物排放自动监测设备，与环境保护主管部门的监控设备联网，保证监测设备正常运行并依法公开排放信息。监测的具体办法和重点排污单位的条件由国务院环境保护主管部门规定。

重点排污单位名录由设区的市级以上地方人民政府环境保护主管部门按照国务院环境保护主管部门的规定，根据本行政区域的大气环境承载力、重点大气污染物排放总量控制指标的要求以及排污单位排放大气污染物的种类、数量和浓度等因素，商有关部门确定，并向社会公布。

第二十五条 重点排污单位应当对自动监测数据的真实性和准确性负责。环境保护主管部门发现重点排污单位的大气污染物排放自动监测设备传输数据异常，应当及时进行调查。

第二十六条 禁止侵占、损毁或者擅自移动、改变大气环境质量监测设施和大气污染物排放自动监测设备。

第二十七条 国家对严重污染大气环境的工艺、设备和产品实行淘汰制度。

国务院经济综合主管部门会同国务院有关部门确定严重污染大气环境的工艺、设备和产品淘汰期限，并纳入国家综合性产业政策目录。

生产者、进口者、销售者或者使用者应当在规定期限内停止生产、进口、销售或者使用列入前款规定目录中的设备和产品。工艺的采用者应当在规定期限内停止采用列入前款规定目录中的工艺。

被淘汰的设备和产品，不得转让给他人使用。

第二十八条 国务院环境保护主管部门会同有关部门，建立和完善大气污染损害评估制度。

第二十九条 环境保护主管部门及其委托的环境监察机构和其他负有大气环境保护监督管理职责的部门，有权通过现场检查监测、自动监测、遥感监测、远红外摄像等方式，对排放大气污染物的企业事业单位和其他生产经营者进行监督检查。被检查者应当如实反映情况，提供必要的资料。实施检查的部门、机构及其工作人员应当为被检查者保守商业秘密。

第三十条 企业事业单位和其他生产经营者违反法律法规规定排放大气污染物，造成或者可能造成严重大气污染，或者有关证据可能灭失或者被隐匿的，县级以上人民政府环境保护主管部门和其他负有大气环境保护监督管理职责的部门，可以对有关设施、设备、物品采取查封、扣押等行政强制措施。

第三十一条 环境保护主管部门和其他负有大气环境保护监督管理职责的部门应当公布举报电话、电子邮箱等，方便公众举报。

环境保护主管部门和其他负有大气环境保护监督管理职责的部门接到举报的，应当及时处理并对举报人的相关信息予以保密；对实名举报的，应当反馈处理结果等情况，查证属实的，处理结果依法向社会公开，并对举报人给予奖励。

举报人举报所在单位的，该单位不得以解除、变更劳动合同或者其他方式对举报人进行打击报复。

第四章　大气污染防治措施

第一节　燃煤和其他能源污染防治

第三十二条　国务院有关部门和地方各级人民政府应当采取措施，调整能源结构，推广清洁能源的生产和使用；优化煤炭使用方式，推广煤炭清洁高效利用，逐步降低煤炭在一次能源消费中的比重，减少煤炭生产、使用、转化过程中的大气污染物排放。

第三十三条　国家推行煤炭洗选加工，降低煤炭的硫分和灰分，限制高硫分、高灰分煤炭的开采。新建煤矿应当同步建设配套的煤炭洗选设施，使煤炭的硫分、灰分含量达到规定标准；已建成的煤矿除所采煤炭属于低硫分、低灰分或者根据已达标排放的燃煤电厂要求不需要洗选的以外，应当限期建成配套的煤炭洗选设施。

禁止开采含放射性和砷等有毒有害物质超过规定标准的煤炭。

第三十四条　国家采取有利于煤炭清洁高效利用的经济、技术政策和措施，鼓励和支持洁净煤技术的开发和推广。

国家鼓励煤矿企业等采用合理、可行的技术措施，对煤层气进行开采利用，对煤矸石进行综合利用。从事煤层气开采利用的，煤层气排放应当符合有关标准规范。

第三十五条　国家禁止进口、销售和燃用不符合质量标准的煤炭，鼓励燃用优质煤炭。

单位存放煤炭、煤矸石、煤渣、煤灰等物料，应当采取防燃措施，防止大气污染。

第三十六条　地方各级人民政府应当采取措施，加强民用散煤的管理，禁止销售不符合民用散煤质量标准的煤炭，鼓励居民燃用优质煤炭和洁净型煤，推广节能环保型炉灶。

第三十七条　石油炼制企业应当按照燃油质量标准生产燃油。

禁止进口、销售和燃用不符合质量标准的石油焦。

第三十八条　城市人民政府可以划定并公布高污染燃料禁燃区，并根据大气环境质量改善要求，逐步扩大高污染燃料禁燃区范围。高污染燃料的目录由国务院环境保护主管部门确定。

在禁燃区内，禁止销售、燃用高污染燃料；禁止新建、扩建燃用高污染燃料的设施，已建成的，应当在城市人民政府规定的期限内改用天然气、页岩气、液化石油气、电或者其他清洁能源。

第三十九条　城市建设应当统筹规划，在燃煤供热地区，推进热电联产和集中供热。在集中供热管网覆盖地区，禁止新建、扩建分散燃煤供热锅炉；已建成的不能达标排放的燃煤供热锅炉，应当在城市人民政府规定的期限内拆除。

第四十条　县级以上人民政府质量监督部门应当会同环境保护主管部门对锅炉生产、进口、销售和使用环节执行环境保护标准或者要求的情况进行监督检查；不符合环境保护标准或者要求的，不得生产、进口、销售和使用。

第四十一条　燃煤电厂和其他燃煤单位应当采用清洁生产工艺，配套建设除尘、脱硫、脱硝等装置，或者采取技术改造等其他控制大气污染物排放的措施。

国家鼓励燃煤单位采用先进的除尘、脱硫、脱硝、脱汞等大气污染物协同控制的技术和装置，减少大气污染物的排放。

第四十二条　电力调度应当优先安排清洁能源发电上网。

第二节　工业污染防治

第四十三条　钢铁、建材、有色金属、石油、化工等企业生产过程中排放粉尘、硫化物和氮氧化物的，应当采用清洁生产工艺，配套建设除尘、脱硫、脱硝等装置，或者采取技术改造等其他控制大气污染物排放的措施。

第四十四条 生产、进口、销售和使用含挥发性有机物的原材料和产品的，其挥发性有机物含量应当符合质量标准或者要求。

国家鼓励生产、进口、销售和使用低毒、低挥发性有机溶剂。

第四十五条 产生含挥发性有机物废气的生产和服务活动，应当在密闭空间或者设备中进行，并按照规定安装、使用污染防治设施；无法密闭的，应当采取措施减少废气排放。

第四十六条 工业涂装企业应当使用低挥发性有机物含量的涂料，并建立台账，记录生产原料、辅料的使用量、废弃量、去向以及挥发性有机物含量。台账保存期限不得少于三年。

第四十七条 石油、化工以及其他生产和使用有机溶剂的企业，应当采取措施对管道、设备进行日常维护、维修，减少物料泄漏，对泄漏的物料应当及时收集处理。

储油储气库、加油加气站、原油成品油码头、原油成品油运输船舶和油罐车、气罐车等，应当按照国家有关规定安装油气回收装置并保持正常使用。

第四十八条 钢铁、建材、有色金属、石油、化工、制药、矿产开采等企业，应当加强精细化管理，采取集中收集处理等措施，严格控制粉尘和气态污染物的排放。

工业生产企业应当采取密闭、围挡、遮盖、清扫、洒水等措施，减少内部物料的堆存、传输、装卸等环节产生的粉尘和气态污染物的排放。

第四十九条 工业生产、垃圾填埋或者其他活动产生的可燃性气体应当回收利用，不具备回收利用条件的，应当进行污染防治处理。

可燃性气体回收利用装置不能正常作业的，应当及时修复或者更新。在回收利用装置不能正常作业期间确需排放可燃性气体的，应当将排放的可燃性气体充分燃烧或者采取其他控制大气污染物排放的措施，并向当地环境保护主管部门报告，按照要求限期修复或者更新。

第三节 机动车船等污染防治

第五十条 国家倡导低碳、环保出行，根据城市规划合理控制燃油机动车保有量，大力发展城市公共交通，提高公共交通出行比例。

国家采取财政、税收、政府采购等措施推广应用节能环保型和新能源机动车船、非道路移动机械，限制高油耗、高排放机动车船、非道路移动机械的发展，减少化石能源的消耗。

省、自治区、直辖市人民政府可以在条件具备的地区，提前执行国家机动车大气污染物排放标准中相应阶段排放限值，并报国务院环境保护主管部门备案。

城市人民政府应当加强并改善城市交通管理，优化道路设置，保障人行道和非机动车道的连续、畅通。

第五十一条 机动车船、非道路移动机械不得超过标准排放大气污染物。

禁止生产、进口或者销售大气污染物排放超过标准的机动车船、非道路移动机械。

第五十二条 机动车、非道路移动机械生产企业应当对新生产的机动车和非道路移动机械进行排放检验。经检验合格的，方可出厂销售。检验信息应当向社会公开。

省级以上人民政府环境保护主管部门可以通过现场检查、抽样检测等方式，加强对新生产、销售机动车和非道路移动机械大气污染物排放状况的监督检查。工业、质量监督、工商行政管理等有关部门予以配合。

第五十三条 在用机动车应当按照国家或者地方的有关规定，由机动车排放检验机构定期对其进行排放检验。经检验合格的，方可上道路行驶。未经检验合格的，公安机关交通管理部门不得核发安全技术检验合格标志。

县级以上地方人民政府环境保护主管部门可以在机动车集中停放地、维修地对在用机动车的大气污染物排放状况进行监督抽测；在不影响正常通行的情况下，可以通过遥感监测等技术手段对在道路上行驶的机动车的大气污染物排放状况进行监督抽测，公安机关交通管理部门予以配合。

第五十四条 机动车排放检验机构应当依法通过计量认证，使用经依法检定合格的机动车排放检验设备，按照国务院环境保护主管部门制定的规范，对机动车进行排放检验，并与环境保护主管部门联网，实现检验数据实时共享。机动车排放检验机构及其负责人对检验数据的真实性和准确性负责。

环境保护主管部门和认证认可监督管理部门应当对机动车排放检验机构的排放检验情况进行监督检查。

第五十五条　机动车生产、进口企业应当向社会公布其生产、进口机动车车型的排放检验信息、污染控制技术信息和有关维修技术信息。

机动车维修单位应当按照防治大气污染的要求和国家有关技术规范对在用机动车进行维修，使其达到规定的排放标准。交通运输、环境保护主管部门应当依法加强监督管理。

禁止机动车所有人以临时更换机动车污染控制装置等弄虚作假的方式通过机动车排放检验。禁止机动车维修单位提供该类维修服务。禁止破坏机动车车载排放诊断系统。

第五十六条　环境保护主管部门应当会同交通运输、住房城乡建设、农业行政、水行政等有关部门对非道路移动机械的大气污染物排放状况进行监督检查，排放不合格的，不得使用。

第五十七条　国家倡导环保驾驶，鼓励燃油机动车驾驶人在不影响道路通行且需停车三分钟以上的情况下熄灭发动机，减少大气污染物的排放。

第五十八条　国家建立机动车和非道路移动机械环境保护召回制度。

生产、进口企业获知机动车、非道路移动机械排放大气污染物超过标准，属于设计、生产缺陷或者不符合规定的环境保护耐久性要求的，应当召回；未召回的，由国务院质量监督部门会同国务院环境保护主管部门责令其召回。

第五十九条　在用重型柴油车、非道路移动机械未安装污染控制装置或者污染控制装置不符合要求，不能达标排放的，应当加装或者更换符合要求的污染控制装置。

第六十条　在用机动车排放大气污染物超过标准的，应当进行维修；经维修或者采用污染控制技术后，大气污染物排放仍不符合国家在用机动车排放标准的，应当强制报废。其所有人应当将机动车交售给报废机动车回收拆解企业，由报废机动车回收拆解企业按照国家有关规定进行登记、拆解、销毁等处理。

国家鼓励和支持高排放机动车船、非道路移动机械提前报废。

第六十一条　城市人民政府可以根据大气环境质量状况，划定并公布禁止使用高排放非道路移动机械的区域。

第六十二条　船舶检验机构对船舶发动机及有关设备进行排放检验。经检验符合国家排放标准的，船舶方可运营。

第六十三条　内河和江海直达船舶应当使用符合标准的普通柴油。远洋船舶靠港后应当使用符合大气污染物控制要求的船舶用燃油。

新建码头应当规划、设计和建设岸基供电设施；已建成的码头应当逐步实施岸基供电设施改造。船舶靠港后应当优先使用岸电。

第六十四条　国务院交通运输主管部门可以在沿海海域划定船舶大气污染物排放控制区，进入排放控制区的船舶应当符合船舶相关排放要求。

第六十五条　禁止生产、进口、销售不符合标准的机动车船、非道路移动机械用燃料；禁止向汽车和摩托车销售普通柴油以及其他非机动车用燃料；禁止向非道路移动机械、内河和江海直达船舶销售渣油和重油。

第六十六条　发动机油、氮氧化物还原剂、燃料和润滑油添加剂以及其他添加剂的有害物质含量和其他大气环境保护指标，应当符合有关标准的要求，不得损害机动车船污染控制装置效果和耐久性，不得增加新的大气污染物排放。

第六十七条　国家积极推进民用航空器的大气污染防治，鼓励在设计、生产、使用过程中采取有效措施减少大气污染物排放。

民用航空器应当符合国家规定的适航标准中的有关发动机排出物要求。

第四节 扬尘污染防治

第六十八条 地方各级人民政府应当加强对建设施工和运输的管理，保持道路清洁，控制料堆和渣土堆放，扩大绿地、水面、湿地和地面铺装面积，防治扬尘污染。

住房城乡建设、市容环境卫生、交通运输、国土资源等有关部门，应当根据本级人民政府确定的职责，做好扬尘污染防治工作。

第六十九条 建设单位应当将防治扬尘污染的费用列入工程造价，并在施工承包合同中明确施工单位扬尘污染防治责任。施工单位应当制定具体的施工扬尘污染防治实施方案。

从事房屋建筑、市政基础设施建设、河道整治以及建筑物拆除等施工单位，应当向负责监督管理扬尘污染防治的主管部门备案。

施工单位应当在施工工地设置硬质围挡，并采取覆盖、分段作业、择时施工、洒水抑尘、冲洗地面和车辆等有效防尘降尘措施。建筑土方、工程渣土、建筑垃圾应当及时清运；在场地内堆存的，应当采用密闭式防尘网遮盖。工程渣土、建筑垃圾应当进行资源化处理。

施工单位应当在施工工地公示扬尘污染防治措施、负责人、扬尘监督管理主管部门等信息。

暂时不能开工的建设用地，建设单位应当对裸露地面进行覆盖；超过三个月的，应当进行绿化、铺装或者遮盖。

第七十条 运输煤炭、垃圾、渣土、砂石、土方、灰浆等散装、流体物料的车辆应当采取密闭或者其他措施防止物料遗撒造成扬尘污染，并按照规定路线行驶。

装卸物料应当采取密闭或者喷淋等方式防治扬尘污染。

城市人民政府应当加强道路、广场、停车场和其他公共场所的清扫保洁管理，推行清洁动力机械化清扫等低尘作业方式，防治扬尘污染。

第七十一条 市政河道以及河道沿线、公共用地的裸露地面以及其他城镇裸露地面，有关部门应当按照规划组织实施绿化或者透水铺装。

第七十二条 贮存煤炭、煤矸石、煤渣、煤灰、水泥、石灰、石膏、砂土等易产生扬尘的物料应当密闭；不能密闭的，应当设置不低于堆放物高度的严密围挡，并采取有效覆盖措施防治扬尘污染。

码头、矿山、填埋场和消纳场应当实施分区作业，并采取有效措施防治扬尘污染。

第五节 农业和其他污染防治

第七十三条 地方各级人民政府应当推动转变农业生产方式，发展农业循环经济，加大对废弃物综合处理的支持力度，加强对农业生产经营活动排放大气污染物的控制。

第七十四条 农业生产经营者应当改进施肥方式，科学合理施用化肥并按照国家有关规定使用农药，减少氨、挥发性有机物等大气污染物的排放。

禁止在人口集中地区对树木、花草喷洒剧毒、高毒农药。

第七十五条 畜禽养殖场、养殖小区应当及时对污水、畜禽粪便和尸体等进行收集、贮存、清运和无害化处理，防止排放恶臭气体。

第七十六条 各级人民政府及其农业行政等有关部门应当鼓励和支持采用先进适用技术，对秸秆、落叶等进行肥料化、饲料化、能源化、工业原料化、食用菌基料化等综合利用，加大对秸秆还田、收集一体化农业机械的财政补贴力度。

县级人民政府应当组织建立秸秆收集、贮存、运输和综合利用服务体系，采用财政补贴等措施支持农村集体经济组织、农民专业合作经济组织、企业等开展秸秆收集、贮存、运输和综合利用服务。

第七十七条 省、自治区、直辖市人民政府应当划定区域，禁止露天焚烧秸秆、落叶等产生烟尘污染的物质。

第七十八条 国务院环境保护主管部门应当会同国务院卫生行政部门，根据大气污染物对公众健康和生态环境的危害和影响程度，公布有毒有害大气污染物名录，实行风险管理。

排放前款规定名录中所列有毒有害大气污染物的企业事业单位，应当按照国家有关规定建设环境风险预警体系，对排放口和周边环境进行定期监测，评估环境风险，排查环境安全隐患，并采取有效措施防范环境风险。

第七十九条　向大气排放持久性有机污染物的企业事业单位和其他生产经营者以及废弃物焚烧设施的运营单位，应当按照国家有关规定，采取有利于减少持久性有机污染物排放的技术方法和工艺，配备有效的净化装置，实现达标排放。

第八十条　企业事业单位和其他生产经营者在生产经营活动中产生恶臭气体的，应当科学选址，设置合理的防护距离，并安装净化装置或者采取其他措施，防止排放恶臭气体。

第八十一条　排放油烟的餐饮服务业经营者应当安装油烟净化设施并保持正常使用，或者采取其他油烟净化措施，使油烟达标排放，并防止对附近居民的正常生活环境造成污染。

禁止在居民住宅楼、未配套设立专用烟道的商住综合楼以及商住综合楼内与居住层相邻的商业楼层内新建、改建、扩建产生油烟、异味、废气的餐饮服务项目。

任何单位和个人不得在当地人民政府禁止的区域内露天烧烤食品或者为露天烧烤食品提供场地。

第八十二条　禁止在人口集中地区和其他依法需要特殊保护的区域内焚烧沥青、油毡、橡胶、塑料、皮革、垃圾以及其他产生有毒有害烟尘和恶臭气体的物质。

禁止生产、销售和燃放不符合质量标准的烟花爆竹。任何单位和个人不得在城市人民政府禁止的时段和区域内燃放烟花爆竹。

第八十三条　国家鼓励和倡导文明、绿色祭祀。

火葬场应当设置除尘等污染防治设施并保持正常使用，防止影响周边环境。

第八十四条　从事服装干洗和机动车维修等服务活动的经营者，应当按照国家有关标准或者要求设置异味和废气处理装置等污染防治设施并保持正常使用，防止影响周边环境。

第八十五条　国家鼓励、支持消耗臭氧层物质替代品的生产和使用，逐步减少直至停止消耗臭氧层物质的生产和使用。

国家对消耗臭氧层物质的生产、使用、进出口实行总量控制和配额管理。具体办法由国务院规定。

第五章　重点区域大气污染联合防治

第八十六条　国家建立重点区域大气污染联防联控机制，统筹协调重点区域内大气污染防治工作。国务院环境保护主管部门根据主体功能区划、区域大气环境质量状况和大气污染传输扩散规律，划定国家大气污染防治重点区域，报国务院批准。

重点区域内有关省、自治区、直辖市人民政府应当确定牵头的地方人民政府，定期召开联席会议，按照统一规划、统一标准、统一监测、统一的防治措施的要求，开展大气污染联合防治，落实大气污染防治目标责任。国务院环境保护主管部门应当加强指导、督促。

省、自治区、直辖市可以参照第一款规定划定本行政区域的大气污染防治重点区域。

第八十七条　国务院环境保护主管部门会同国务院有关部门、国家大气污染防治重点区域内有关省、自治区、直辖市人民政府，根据重点区域经济社会发展和大气环境承载力，制定重点区域大气污染联合防治行动计划，明确控制目标，优化区域经济布局，统筹交通管理，发展清洁能源，提出重点防治任务和措施，促进重点区域大气环境质量改善。

第八十八条　国务院经济综合主管部门会同国务院环境保护主管部门，结合国家大气污染防治重点区域产业发展实际和大气环境质量状况，进一步提高环境保护、能耗、安全、质量等要求。

重点区域内有关省、自治区、直辖市人民政府应当实施更严格的机动车大气污染物排放标准，统一在用机动车检验方法和排放限值，并配套供应合格的车用燃油。

第八十九条　编制可能对国家大气污染防治重点区域的大气环境造成严重污染的有关工业园区、开发区、区域产业和发展等规划，应当依法进行环境影响评价。规划编制机关应当与重点区域内有关省、自治区、直辖市人民政府或者有关部门会商。

重点区域内有关省、自治区、直辖市建设可能对相邻省、自治区、直辖市大气环境质量产生重大影响的项目，应当及时通报有关信息，进行会商。

会商意见及其采纳情况作为环境影响评价文件审查或者审批的重要依据。

第九十条 国家大气污染防治重点区域内新建、改建、扩建用煤项目的，应当实行煤炭的等量或者减量替代。

第九十一条 国务院环境保护主管部门应当组织建立国家大气污染防治重点区域的大气环境质量监测、大气污染源监测等相关信息共享机制，利用监测、模拟以及卫星、航测、遥感等新技术分析重点区域内大气污染来源及其变化趋势，并向社会公开。

第九十二条 国务院环境保护主管部门和国家大气污染防治重点区域内有关省、自治区、直辖市人民政府可以组织有关部门开展联合执法、跨区域执法、交叉执法。

第六章 重污染天气应对

第九十三条 国家建立重污染天气监测预警体系。

国务院环境保护主管部门会同国务院气象主管机构等有关部门、国家大气污染防治重点区域内有关省、自治区、直辖市人民政府，建立重点区域重污染天气监测预警机制，统一预警分级标准。可能发生区域重污染天气的，应当及时向重点区域内有关省、自治区、直辖市人民政府通报。

省、自治区、直辖市、设区的市人民政府环境保护主管部门会同气象主管机构等有关部门建立本行政区域重污染天气监测预警机制。

第九十四条 县级以上地方人民政府应当将重污染天气应对纳入突发事件应急管理体系。

省、自治区、直辖市、设区的市人民政府以及可能发生重污染天气的县级人民政府，应当制定重污染天气应急预案，向上一级人民政府环境保护主管部门备案，并向社会公布。

第九十五条 省、自治区、直辖市、设区的市人民政府环境保护主管部门应当会同气象主管机构建立会商机制，进行大气环境质量预报。可能发生重污染天气的，应当及时向本级人民政府报告。省、自治区、直辖市、设区的市人民政府依据重污染天气预报信息，进行综合研判，确定预警等级并及时发出预警。预警等级根据情况变化及时调整。任何单位和个人不得擅自向社会发布重污染天气预报预警信息。

预警信息发布后，人民政府及其有关部门应当通过电视、广播、网络、短信等途径告知公众采取健康防护措施，指导公众出行和调整其他相关社会活动。

第九十六条 县级以上地方人民政府应当依据重污染天气的预警等级，及时启动应急预案，根据应急需要可以采取责令有关企业停产或者限产、限制部分机动车行驶、禁止燃放烟花爆竹、停止工地土石方作业和建筑物拆除施工、停止露天烧烤、停止幼儿园和学校组织的户外活动、组织开展人工影响天气作业等应急措施。

应急响应结束后，人民政府应当及时开展应急预案实施情况的评估，适时修改完善应急预案。

第九十七条 发生造成大气污染的突发环境事件，人民政府及其有关部门和相关企业事业单位，应当依照《中华人民共和国突发事件应对法》、《中华人民共和国环境保护法》的规定，做好应急处置工作。环境保护主管部门应当及时对突发环境事件产生的大气污染物进行监测，并向社会公布监测信息。

第七章 法律责任

第九十八条 违反本法规定，以拒绝进入现场等方式拒不接受环境保护主管部门及其委托的环境监察机构或者其他负有大气环境保护监督管理职责的部门的监督检查，或者在接受监督检查时弄虚作假的，由县级以上人民政府环境保护主管部门或者其他负有大气环境保护监督管理职责的部门责令改正，处二万元以上二十万元以下的罚款；构成违反治安管理行为的，由公安机关依法予以处罚。

第九十九条 违反本法规定，有下列行为之一的，由县级以上人民政府环境保护主管部门责令改正或者限制生产、停产整治，并处十万元以上一百万元以下的罚款；情节严重的，报经有批准权的人民政府批准，责令停业、关闭：

（一）未依法取得排污许可证排放大气污染物的；

（二）超过大气污染物排放标准或者超过重点大气污染物排放总量控制指标排放大气污染物的；

（三）通过逃避监管的方式排放大气污染物的。

第一百条 违反本法规定，有下列行为之一的，由县级以上人民政府环境保护主管部门责令改正，处二万元以上二十万元以下的罚款；拒不改正的，责令停产整治：

（一）侵占、损毁或者擅自移动、改变大气环境质量监测设施或者大气污染物排放自动监测设备的；

（二）未按照规定对所排放的工业废气和有毒有害大气污染物进行监测并保存原始监测记录的；

（三）未按照规定安装、使用大气污染物排放自动监测设备或者未按照规定与环境保护主管部门的监控设备联网，并保证监测设备正常运行的；

（四）重点排污单位不公开或者不如实公开自动监测数据的；

（五）未按照规定设置大气污染物排放口的。

第一百零一条 违反本法规定，生产、进口、销售或者使用国家综合性产业政策目录中禁止的设备和产品，采用国家综合性产业政策目录中禁止的工艺，或者将淘汰的设备和产品转让给他人使用的，由县级以上人民政府经济综合主管部门、出入境检验检疫机构按照职责责令改正，没收违法所得，并处货值金额一倍以上三倍以下的罚款；拒不改正的，报经有批准权的人民政府批准，责令停业、关闭。进口行为构成走私的，由海关依法予以处罚。

第一百零二条 违反本法规定，煤矿未按照规定建设配套煤炭洗选设施的，由县级以上人民政府能源主管部门责令改正，处十万元以上一百万元以下的罚款；拒不改正的，报经有批准权的人民政府批准，责令停业、关闭。

违反本法规定，开采含放射性和砷等有毒有害物质超过规定标准的煤炭的，由县级以上人民政府按照国务院规定的权限责令停业、关闭。

第一百零三条 违反本法规定，有下列行为之一的，由县级以上地方人民政府质量监督、工商行政管理部门按照职责责令改正，没收原材料、产品和违法所得，并处货值金额一倍以上三倍以下的罚款：

（一）销售不符合质量标准的煤炭、石油焦的；

（二）生产、销售挥发性有机物含量不符合质量标准或者要求的原材料和产品的；

（三）生产、销售不符合标准的机动车船和非道路移动机械用燃料、发动机油、氮氧化物还原剂、燃料和润滑油添加剂以及其他添加剂的；

（四）在禁燃区内销售高污染燃料的。

第一百零四条 违反本法规定，有下列行为之一的，由出入境检验检疫机构责令改正，没收原材料、产品和违法所得，并处货值金额一倍以上三倍以下的罚款；构成走私的，由海关依法予以处罚：

（一）进口不符合质量标准的煤炭、石油焦的；

（二）进口挥发性有机物含量不符合质量标准或者要求的原材料和产品的；

（三）进口不符合标准的机动车船和非道路移动机械用燃料、发动机油、氮氧化物还原剂、燃料和润滑油添加剂以及其他添加剂的。

第一百零五条 违反本法规定，单位燃用不符合质量标准的煤炭、石油焦的，由县级以上人民政府环境保护主管部门责令改正，处货值金额一倍以上三倍以下的罚款。

第一百零六条 违反本法规定，使用不符合标准或者要求的船舶用燃油的，由海事管理机构、渔业主管部门按照职责处一万元以上十万元以下的罚款。

第一百零七条 违反本法规定，在禁燃区内新建、扩建燃用高污染燃料的设施，或者未按照规定停止燃用高污染燃料，或者在城市集中供热管网覆盖地区新建、扩建分散燃煤供热锅炉，或者未按照规定拆除已建成的不能达标排放的燃煤供热锅炉的，由县级以上地方人民政府环境保护主管部门没收燃用高污染燃料的设施，组织拆除燃煤供热锅炉，并处二万元以上二十万元以下的罚款。

违反本法规定，生产、进口、销售或者使用不符合规定标准或者要求的锅炉，由县级以上人民政府质量监督、环境保护主管部门责令改正，没收违法所得，并处二万元以上二十万元以下的罚款。

第一百零八条 违反本法规定，有下列行为之一的，由县级以上人民政府环境保护主管部门责令改正，处二万元以上二十万元以下的罚款；拒不改正的，责令停产整治：

（一）产生含挥发性有机物废气的生产和服务活动，未在密闭空间或者设备中进行，未按照规定安装、使用污染防治设施，或者未采取减少废气排放措施的；

（二）工业涂装企业未使用低挥发性有机物含量涂料或者未建立、保存台账的；

（三）石油、化工以及其他生产和使用有机溶剂的企业，未采取措施对管道、设备进行日常维护、维修，减少物料泄漏或者对泄漏的物料未及时收集处理的；

（四）储油储气库、加油加气站和油罐车、气罐车等，未按照国家有关规定安装并正常使用油气回收装置的；

（五）钢铁、建材、有色金属、石油、化工、制药、矿产开采等企业，未采取集中收集处理、密闭、围挡、遮盖、清扫、洒水等措施，控制、减少粉尘和气态污染物排放的；

（六）工业生产、垃圾填埋或者其他活动中产生的可燃性气体未回收利用，不具备回收利用条件未进行防治污染处理，或者可燃性气体回收利用装置不能正常作业，未及时修复或者更新的。

第一百零九条 违反本法规定，生产超过污染物排放标准的机动车、非道路移动机械的，由省级以上人民政府环境保护主管部门责令改正，没收违法所得，并处货值金额一倍以上三倍以下的罚款，没收销毁无法达到污染物排放标准的机动车、非道路移动机械；拒不改正的，责令停产整治，并由国务院机动车生产主管部门责令停止生产该车型。

违反本法规定，机动车、非道路移动机械生产企业对发动机、污染控制装置弄虚作假、以次充好，冒充排放检验合格产品出厂销售的，由省级以上人民政府环境保护主管部门责令停产整治，没收违法所得，并处货值金额一倍以上三倍以下的罚款，没收销毁无法达到污染物排放标准的机动车、非道路移动机械，并由国务院机动车生产主管部门责令停止生产该车型。

第一百一十条 违反本法规定，进口、销售超过污染物排放标准的机动车、非道路移动机械的，由县级以上人民政府工商行政管理部门、出入境检验检疫机构按照职责没收违法所得，并处货值金额一倍以上三倍以下的罚款，没收销毁无法达到污染物排放标准的机动车、非道路移动机械；进口行为构成走私的，由海关依法予以处罚。

违反本法规定，销售的机动车、非道路移动机械不符合污染物排放标准的，销售者应当负责修理、更换、退货；给购买者造成损失的，销售者应当赔偿损失。

第一百一十一条 违反本法规定，机动车生产、进口企业未按照规定向社会公布其生产、进口机动车车型的排放检验信息或者污染控制技术信息的，由省级以上人民政府环境保护主管部门责令改正，处五万元以上五十万元以下的罚款。

违反本法规定，机动车生产、进口企业未按照规定向社会公布其生产、进口机动车车型的有关维修技术信息的，由省级以上人民政府交通运输主管部门责令改正，处五万元以上五十万元以下的罚款。

第一百一十二条 违反本法规定，伪造机动车、非道路移动机械排放检验结果或者出具虚假排放检验报告的，由县级以上人民政府环境保护主管部门没收违法所得，并处十万元以上五十万元以下的罚款；情节严重的，由负责资质认定的部门取消其检验资格。

违反本法规定，伪造船舶排放检验结果或者出具虚假排放检验报告的，由海事管理机构依法予以处罚。

违反本法规定，以临时更换机动车污染控制装置等弄虚作假的方式通过机动车排放检验或者破坏机动车车载排放诊断系统的，由县级以上人民政府环境保护主管部门责令改正，对机动车所有人处五千元的罚款；对机动车维修单位处每辆机动车五千元的罚款。

第一百一十三条　违反本法规定，机动车驾驶人驾驶排放检验不合格的机动车上道路行驶的，由公安机关交通管理部门依法予以处罚。

第一百一十四条　违反本法规定，使用排放不合格的非道路移动机械，或者在用重型柴油车、非道路移动机械未按照规定加装、更换污染控制装置的，由县级以上人民政府环境保护等主管部门按照职责责令改正，处五千元的罚款。

违反本法规定，在禁止使用高排放非道路移动机械的区域使用高排放非道路移动机械的，由城市人民政府环境保护等主管部门依法予以处罚。

第一百一十五条　违反本法规定，施工单位有下列行为之一的，由县级以上人民政府住房城乡建设等主管部门按照职责责令改正，处一万元以上十万元以下的罚款；拒不改正的，责令停工整治：

（一）施工工地未设置硬质密闭围挡，或者未采取覆盖、分段作业、择时施工、洒水抑尘、冲洗地面和车辆等有效防尘降尘措施的；

（二）建筑土方、工程渣土、建筑垃圾未及时清运，或者未采用密闭式防尘网遮盖的。

违反本法规定，建设单位未对暂时不能开工的建设用地的裸露地面进行覆盖，或者未对超过三个月不能开工的建设用地的裸露地面进行绿化、铺装或者遮盖的，由县级以上人民政府住房城乡建设等主管部门依照前款规定予以处罚。

第一百一十六条　违反本法规定，运输煤炭、垃圾、渣土、砂石、土方、灰浆等散装、流体物料的车辆，未采取密闭或者其他措施防止物料遗撒的，由县级以上地方人民政府确定的监督管理部门责令改正，处二千元以上二万元以下的罚款；拒不改正的，车辆不得上道路行驶。

第一百一十七条　违反本法规定，有下列行为之一的，由县级以上人民政府环境保护等主管部门按照职责责令改正，处一万元以上十万元以下的罚款；拒不改正的，责令停工整治或者停业整治：

（一）未密闭煤炭、煤矸石、煤渣、煤灰、水泥、石灰、石膏、砂土等易产生扬尘的物料的；

（二）对不能密闭的易产生扬尘的物料，未设置不低于堆放物高度的严密围挡，或者未采取有效覆盖措施防治扬尘污染的；

（三）装卸物料未采取密闭或者喷淋等方式控制扬尘排放的；

（四）存放煤炭、煤矸石、煤渣、煤灰等物料，未采取防燃措施的；

（五）码头、矿山、填埋场和消纳场未采取有效措施防治扬尘污染的；

（六）排放有毒有害大气污染物名录中所列有毒有害大气污染物的企业事业单位，未按照规定建设环境风险预警体系或者对排放口和周边环境进行定期监测、排查环境安全隐患并采取有效措施防范环境风险的；

（七）向大气排放持久性有机污染物的企业事业单位和其他生产经营者以及废弃物焚烧设施的运营单位，未按照国家有关规定采取有利于减少持久性有机污染物排放的技术方法和工艺，配备净化装置的；

（八）未采取措施防止排放恶臭气体的。

第一百一十八条　违反本法规定，排放油烟的餐饮服务业经营者未安装油烟净化设施、不正常使用油烟净化设施或者未采取其他油烟净化措施，超过排放标准排放油烟的，由县级以上地方人民政府确定的监督管理部门责令改正，处五千元以上五万元以下的罚款；拒不改正的，责令停业整治。

违反本法规定，在居民住宅楼、未配套设立专用烟道的商住综合楼、商住综合楼内与居住层相邻的商业楼层内新建、改建、扩建产生油烟、异味、废气的餐饮服务项目的，由县级以上地方人民政府确定的监督管理部门责令改正；拒不改正的，予以关闭，并处一万元以上十万元以下的罚款。

违反本法规定，在当地人民政府禁止的时段和区域内露天烧烤食品或者为露天烧烤食品提供场地的，由县级以上地方人民政府确定的监督管理部门责令改正，没收烧烤工具和违法所得，并处五百元以上二万元以下的罚款。

第一百一十九条　违反本法规定，在人口集中地区对树木、花草喷洒剧毒、高毒农药，或者露天焚烧秸秆、落叶等产生烟尘污染的物质的，由县级以上地方人民政府确定的监督管理部门责令改正，并可以处五百元以上二千元以下的罚款。

违反本法规定，在人口集中地区和其他依法需要特殊保护的区域内，焚烧沥青、油毡、橡胶、塑料、皮革、垃圾以及其他产生有毒有害烟尘和恶臭气体的物质的，由县级人民政府确定的监督管理部门责令改正，对单位处一万元以上十万元以下的罚款，对个人处五百元以上二千元以下的罚款。

违反本法规定，在城市人民政府禁止的时段和区域内燃放烟花爆竹的，由县级以上地方人民政府确定的监督管理部门依法予以处罚。

第一百二十条 违反本法规定，从事服装干洗和机动车维修等服务活动，未设置异味和废气处理装置等污染防治设施并保持正常使用，影响周边环境的，由县级以上地方人民政府环境保护主管部门责令改正，处二千元以上二万元以下的罚款；拒不改正的，责令停业整治。

第一百二十一条 违反本法规定，擅自向社会发布重污染天气预报预警信息，构成违反治安管理行为的，由公安机关依法予以处罚。

违反本法规定，拒不执行停止工地土石方作业或者建筑物拆除施工等重污染天气应急措施的，由县级以上地方人民政府确定的监督管理部门处一万元以上十万元以下的罚款。

第一百二十二条 违反本法规定，造成大气污染事故的，由县级以上人民政府环境保护主管部门依照本条第二款的规定处以罚款；对直接负责的主管人员和其他直接责任人员可以处上一年度从本企业事业单位取得收入百分之五十以下的罚款。

对造成一般或者较大大气污染事故的，按照污染事故造成直接损失的一倍以上三倍以下计算罚款；对造成重大或者特大大气污染事故的，按照污染事故造成的直接损失的三倍以上五倍以下计算罚款。

第一百二十三条 违反本法规定，企业事业单位和其他生产经营者有下列行为之一，受到罚款处罚，被责令改正，拒不改正的，依法作出处罚决定的行政机关可以自责令改正之日的次日起，按照原处罚数额按日连续处罚：

（一）未依法取得排污许可证排放大气污染物的；

（二）超过大气污染物排放标准或者超过重点大气污染物排放总量控制指标排放大气污染物的；

（三）通过逃避监管的方式排放大气污染物的；

（四）建筑施工或者贮存易产生扬尘的物料未采取有效措施防治扬尘污染的。

第一百二十四条 违反本法规定，对举报人以解除、变更劳动合同或者其他方式打击报复的，应当依照有关法律的规定承担责任。

第一百二十五条 排放大气污染物造成损害的，应当依法承担侵权责任。

第一百二十六条 地方各级人民政府、县级以上人民政府环境保护主管部门和其他负有大气环境保护监督管理职责的部门及其工作人员滥用职权、玩忽职守、徇私舞弊、弄虚作假的，依法给予处分。

第一百二十七条 违反本法规定，构成犯罪的，依法追究刑事责任。

第八章 附 则

第一百二十八条 海洋工程的大气污染防治，依照《中华人民共和国海洋环境保护法》的有关规定执行。

第一百二十九条 本法自 2016 年 1 月 1 日起施行。

消耗臭氧层物质管理条例

中华人民共和国国务院令

第573号

《消耗臭氧层物质管理条例》已经2010年3月24日国务院第104次常务会议通过，现予公布，自2010年6月1日起施行。

总 理 温家宝

二〇一〇年四月八日

第一章 总 则

第一条 为了加强对消耗臭氧层物质的管理，履行《保护臭氧层维也纳公约》和《关于消耗臭氧层物质的蒙特利尔议定书》规定的义务，保护臭氧层和生态环境，保障人体健康，根据《中华人民共和国大气污染防治法》，制定本条例。

第二条 本条例所称消耗臭氧层物质，是指对臭氧层有破坏作用并列入《中国受控消耗臭氧层物质清单》的化学品。

《中国受控消耗臭氧层物质清单》由国务院环境保护主管部门会同国务院有关部门制定、调整和公布。

第三条 在中华人民共和国境内从事消耗臭氧层物质的生产、销售、使用和进出口等活动，适用本条例。

前款所称生产，是指制造消耗臭氧层物质的活动。前款所称使用，是指利用消耗臭氧层物质进行的生产经营等活动，不包括使用含消耗臭氧层物质的产品的活动。

第四条 国务院环境保护主管部门统一负责全国消耗臭氧层物质的监督管理工作。

国务院商务主管部门、海关总署等有关部门依照本条例的规定和各自的职责负责消耗臭氧层物质的有关监督管理工作。

县级以上地方人民政府环境保护主管部门和商务等有关部门依照本条例的规定和各自的职责负责本行政区域消耗臭氧层物质的有关监督管理工作。

第五条 国家逐步削减并最终淘汰作为制冷剂、发泡剂、灭火剂、溶剂、清洗剂、加工助剂、杀虫剂、气雾剂、膨胀剂等用途的消耗臭氧层物质。

国务院环境保护主管部门会同国务院有关部门拟订《中国逐步淘汰消耗臭氧层物质国家方案》（以下简称国家方案），报国务院批准后实施。

第六条 国务院环境保护主管部门根据国家方案和消耗臭氧层物质淘汰进展情况，会同国务院有关部门确定并公布限制或者禁止新建、改建、扩建生产、使用消耗臭氧层物质建设项目的类别，制定并公布限制或者禁止生产、使用、进出口消耗臭氧层物质的名录。

因特殊用途确需生产、使用前款规定禁止生产、使用的消耗臭氧层物质的，按照《关于消耗臭氧层物质的蒙特利尔议定书》有关允许用于特殊用途的规定，由国务院环境保护主管部门会同国务院有关部门批准。

第七条 国家对消耗臭氧层物质的生产、使用、进出口实行总量控制和配额管理。国务院环境保护主管部门根据国家方案和消耗臭氧层物质淘汰进展情况，商国务院有关部门确定国家消耗臭氧层物质的年度生产、使用和进出口配额总量，并予以公告。

第八条 国家鼓励、支持消耗臭氧层物质替代品和替代技术的科学研究、技术开发和推广应用。

国务院环境保护主管部门会同国务院有关部门制定、调整和公布《中国消耗臭氧层物质替代品推荐名录》。

开发、生产、使用消耗臭氧层物质替代品，应当符合国家产业政策，并按照国家有关规定享受优惠政策。国家对在消耗臭氧层物质淘汰工作中做出突出成绩的单位和个人给予奖励。

第九条 任何单位和个人对违反本条例规定的行为，有权向县级以上人民政府环境保护主管部门或者其他有关部门举报。接到举报的部门应当及时调查处理，并为举报人保密；经调查情况属实的，对举报人给予奖励。

第二章 生产、销售和使用

第十条 消耗臭氧层物质的生产、使用单位，应当依照本条例的规定申请领取生产或者使用配额许可证。但是，使用单位有下列情形之一的，不需要申请领取使用配额许可证：

（一）维修单位为了维修制冷设备、制冷系统或者灭火系统使用消耗臭氧层物质的；

（二）实验室为了实验分析少量使用消耗臭氧层物质的；

（三）出入境检验检疫机构为了防止有害生物传入传出使用消耗臭氧层物质实施检疫的；

（四）国务院环境保护主管部门规定的不需要申请领取使用配额许可证的其他情形。

第十一条 消耗臭氧层物质的生产、使用单位除具备法律、行政法规规定的条件外，还应当具备下列条件：

（一）有合法生产或者使用相应消耗臭氧层物质的业绩；

（二）有生产或者使用相应消耗臭氧层物质的场所、设施、设备和专业技术人员；

（三）有经验收合格的环境保护设施；

（四）有健全完善的生产经营管理制度。

将消耗臭氧层物质用于本条例第六条规定的特殊用途的单位，不适用前款第（一）项的规定。

第十二条 消耗臭氧层物质的生产、使用单位应当于每年 10 月 31 日前向国务院环境保护主管部门书面申请下一年度的生产配额或者使用配额，并提交其符合本条例第十一条规定条件的证明材料。

国务院环境保护主管部门根据国家消耗臭氧层物质的年度生产、使用配额总量和申请单位生产、使用相应消耗臭氧层物质的业绩情况，核定申请单位下一年度的生产配额或者使用配额，并于每年 12 月 20 日前完成审查，符合条件的，核发下一年度的生产或者使用配额许可证，予以公告，并抄送国务院有关部门和申请单位所在地省、自治区、直辖市人民政府环境保护主管部门；不符合条件的，书面通知申请单位并说明理由。

第十三条 消耗臭氧层物质的生产或者使用配额许可证应当载明下列内容：

（一）生产或者使用单位的名称、地址、法定代表人或者负责人；

（二）准予生产或者使用的消耗臭氧层物质的品种、用途及其数量；

（三）有效期限；

（四）发证机关、发证日期和证书编号。

第十四条 消耗臭氧层物质的生产、使用单位需要调整其配额的，应当向国务院环境保护主管部门申请办理配额变更手续。

国务院环境保护主管部门应当依照本条例第十一条、第十二条规定的条件和依据进行审查，并在受理申请之日起 20 个工作日内完成审查，符合条件的，对申请单位的配额进行调整，并予以公告；不符合条件的，书面通知申请单位并说明理由。

第十五条 消耗臭氧层物质的生产单位不得超出生产配额许可证规定的品种、数量、期限生产消耗臭氧层物质，不得超出生产配额许可证规定的用途生产、销售消耗臭氧层物质。

禁止无生产配额许可证生产消耗臭氧层物质。

第十六条 依照本条例规定领取使用配额许可证的单位，不得超出使用配额许可证规定的品种、用途、数量、期限使用消耗臭氧层物质。

除本条例第十条规定的不需要申请领取使用配额许可证的情形外，禁止无使用配额许可证使用消耗臭氧层物质。

第十七条 消耗臭氧层物质的销售单位，应当按照国务院环境保护主管部门的规定办理备案手续。

国务院环境保护主管部门应当将备案的消耗臭氧层物质销售单位的名单进行公告。

第十八条 除依照本条例规定进出口外，消耗臭氧层物质的购买和销售行为只能在符合本条例规定的消耗臭氧层物质的生产、销售和使用单位之间进行。

第十九条 从事含消耗臭氧层物质的制冷设备、制冷系统或者灭火系统的维修、报废处理等经营活动的单位，应当向所在地县级人民政府环境保护主管部门备案。

专门从事消耗臭氧层物质回收、再生利用或者销毁等经营活动的单位，应当向所在地省、自治区、直辖市人民政府环境保护主管部门备案。

第二十条 消耗臭氧层物质的生产、使用单位，应当按照国务院环境保护主管部门的规定采取必要的措施，防止或者减少消耗臭氧层物质的泄漏和排放。

从事含消耗臭氧层物质的制冷设备、制冷系统或者灭火系统的维修、报废处理等经营活动的单位，应当按照国务院环境保护主管部门的规定对消耗臭氧层物质进行回收、循环利用或者交由从事消耗臭氧层物质回收、再生利用、销毁等经营活动的单位进行无害化处置。

从事消耗臭氧层物质回收、再生利用、销毁等经营活动的单位，应当按照国务院环境保护主管部门的规定对消耗臭氧层物质进行无害化处置，不得直接排放。

第二十一条 从事消耗臭氧层物质的生产、销售、使用、回收、再生利用、销毁等经营活动的单位，以及从事含消耗臭氧层物质的制冷设备、制冷系统或者灭火系统的维修、报废处理等经营活动的单位，应当完整保存有关生产经营活动的原始资料至少 3 年，并按照国务院环境保护主管部门的规定报送相关数据。

第三章 进出口

第二十二条 国家对进出口消耗臭氧层物质予以控制，并实行名录管理。国务院环境保护主管部门会同国务院商务主管部门、海关总署制定、调整和公布《中国进出口受控消耗臭氧层物质名录》。

进出口列入《中国进出口受控消耗臭氧层物质名录》的消耗臭氧层物质的单位，应当依照本条例的规定向国家消耗臭氧层物质进出口管理机构申请进出口配额，领取进出口审批单，并提交拟进出口的消耗臭氧层物质的品种、数量、来源、用途等情况的材料。

第二十三条 国家消耗臭氧层物质进出口管理机构应当自受理申请之日起 20 个工作日内完成审查，作出是否批准的决定。予以批准的，向申请单位核发进出口审批单；未予批准的，书面通知申请单位并说明理由。

进出口审批单的有效期最长为 90 日，不得超期或者跨年度使用。

第二十四条 取得消耗臭氧层物质进出口审批单的单位，应当按照国务院商务主管部门的规定申请领取进出口许可证，持进出口许可证向海关办理通关手续。列入《出入境检验检疫机构实施检验检疫的进出境商品目录》的消耗臭氧层物质，由出入境检验检疫机构依法实施检验。

消耗臭氧层物质在中华人民共和国境内的海关特殊监管区域、保税监管场所与境外之间进出的，进出口单位应当依照本条例的规定申请领取进出口审批单、进出口许可证；消耗臭氧层物质在中华人民共和国境内的海关特殊监管区域、保税监管场所与境内其他区域之间进出的，或者在上述海关特殊监管区域、保税监管场所之间进出的，不需要申请领取进出口审批单、进出口许可证。

第四章 监督检查

第二十五条 县级以上人民政府环境保护主管部门和其他有关部门，依照本条例的规定和各自的职责对消耗臭氧层物质的生产、销售、使用和进出口等活动进行监督检查。

第二十六条 县级以上人民政府环境保护主管部门和其他有关部门进行监督检查，有权采取下列措施：

（一）要求被检查单位提供有关资料；

（二）要求被检查单位就执行本条例规定的有关情况作出说明；

（三）进入被检查单位的生产、经营、储存场所进行调查和取证；

（四）责令被检查单位停止违反本条例规定的行为，履行法定义务；

（五）扣押、查封违法生产、销售、使用、进出口的消耗臭氧层物质及其生产设备、设施、原料及产品。

被检查单位应当予以配合，如实反映情况，提供必要资料，不得拒绝和阻碍。

第二十七条 县级以上人民政府环境保护主管部门和其他有关部门进行监督检查，监督检查人员不得少于 2 人，并应当出示有效的行政执法证件。

县级以上人民政府环境保护主管部门和其他有关部门的工作人员，对监督检查中知悉的商业秘密负有保密义务。

第二十八条 国务院环境保护主管部门应当建立健全消耗臭氧层物质的数据信息管理系统，收集、汇总和发布消耗臭氧层物质的生产、使用、进出口等数据信息。

县级以上地方人民政府环境保护主管部门应当将监督检查中发现的违反本条例规定的行为及处理情况逐级上报至国务院环境保护主管部门。

县级以上地方人民政府其他有关部门应当将监督检查中发现的违反本条例规定的行为及处理情况逐级上报至国务院有关部门，国务院有关部门应当及时抄送国务院环境保护主管部门。

第二十九条 县级以上地方人民政府环境保护主管部门或者其他有关部门对违反本条例规定的行为不查处的，其上级主管部门有权责令其依法查处或者直接进行查处。

第五章 法律责任

第三十条 负有消耗臭氧层物质监督管理职责的部门及其工作人员有下列行为之一的，对直接负责的主管人员和其他直接责任人员，依法给予处分；直接负责的主管人员和其他直接责任人员构成犯罪的，依法追究刑事责任：

（一）违反本条例规定核发消耗臭氧层物质生产、使用配额许可证的；

（二）违反本条例规定核发消耗臭氧层物质进出口审批单或者进出口许可证的；

（三）对发现的违反本条例的行为不依法查处的；

（四）在办理消耗臭氧层物质生产、使用、进出口等行政许可以及实施监督检查的过程中，索取、收受他人财物或者谋取其他利益的；

（五）有其他徇私舞弊、滥用职权、玩忽职守行为的。

第三十一条 无生产配额许可证生产消耗臭氧层物质的，由所在地县级以上地方人民政府环境保护主管部门责令停止违法行为，没收用于违法生产消耗臭氧层物质的原料、违法生产的消耗臭氧层物质和违法所得，拆除、销毁用于违法生产消耗臭氧层物质的设备、设施，并处 100 万元的罚款。

第三十二条 依照本条例规定应当申请领取使用配额许可证的单位无使用配额许可证使用消耗臭氧层物质的，由所在地县级以上地方人民政府环境保护主管部门责令停止违法行为，没收违法使用的消耗臭氧层物质、违法使用消耗臭氧层物质生产的产品和违法所得，并处 20 万元的罚款；情节严重的，并处 50 万元的罚款，拆除、销毁用于违法使用消耗臭氧层物质的设备、设施。

第三十三条　消耗臭氧层物质的生产、使用单位有下列行为之一的，由所在地省、自治区、直辖市人民政府环境保护主管部门责令停止违法行为，没收违法生产、使用的消耗臭氧层物质、违法使用消耗臭氧层物质生产的产品和违法所得，并处2万元以上10万元以下的罚款，报国务院环境保护主管部门核减其生产、使用配额数量；情节严重的，并处10万元以上20万元以下的罚款，报国务院环境保护主管部门吊销其生产、使用配额许可证：

（一）超出生产配额许可证规定的品种、数量、期限生产消耗臭氧层物质的；

（二）超出生产配额许可证规定的用途生产或者销售消耗臭氧层物质的；

（三）超出使用配额许可证规定的品种、数量、用途、期限使用消耗臭氧层物质的。

第三十四条　消耗臭氧层物质的生产、销售、使用单位向不符合本条例规定的单位销售或者购买消耗臭氧层物质的，由所在地县级以上地方人民政府环境保护主管部门责令改正，没收违法销售或者购买的消耗臭氧层物质和违法所得，处以所销售或者购买的消耗臭氧层物质市场总价3倍的罚款；对取得生产、使用配额许可证的单位，报国务院环境保护主管部门核减其生产、使用配额数量。

第三十五条　消耗臭氧层物质的生产、使用单位，未按照规定采取必要的措施防止或者减少消耗臭氧层物质的泄漏和排放的，由所在地县级以上地方人民政府环境保护主管部门责令限期改正，处5万元的罚款；逾期不改正的，处10万元的罚款，报国务院环境保护主管部门核减其生产、使用配额数量。

第三十六条　从事含消耗臭氧层物质的制冷设备、制冷系统或者灭火系统的维修、报废处理等经营活动的单位，未按照规定对消耗臭氧层物质进行回收、循环利用或者交由从事消耗臭氧层物质回收、再生利用、销毁等经营活动的单位进行无害化处置的，由所在地县级以上地方人民政府环境保护主管部门责令改正，处进行无害化处置所需费用3倍的罚款。

第三十七条　从事消耗臭氧层物质回收、再生利用、销毁等经营活动的单位，未按照规定对消耗臭氧层物质进行无害化处置而直接向大气排放的，由所在地县级以上地方人民政府环境保护主管部门责令改正，处进行无害化处置所需费用3倍的罚款。

第三十八条　从事消耗臭氧层物质生产、销售、使用、进出口、回收、再生利用、销毁等经营活动的单位，以及从事含消耗臭氧层物质的制冷设备、制冷系统或者灭火系统的维修、报废处理等经营活动的单位有下列行为之一的，由所在地县级以上地方人民政府环境保护主管部门责令改正，处5 000元以上2万元以下的罚款：

（一）依照本条例规定应当向环境保护主管部门备案而未备案的；

（二）未按照规定完整保存有关生产经营活动的原始资料的；

（三）未按时申报或者谎报、瞒报有关经营活动的数据资料的；

（四）未按照监督检查人员的要求提供必要的资料的。

第三十九条　拒绝、阻碍环境保护主管部门或者其他有关部门的监督检查，或者在接受监督检查时弄虚作假的，由监督检查部门责令改正，处1万元以上2万元以下的罚款；构成违反治安管理行为的，由公安机关依法给予治安管理处罚；构成犯罪的，依法追究刑事责任。

第四十条　进出口单位无进出口许可证或者超出进出口许可证的规定进出口消耗臭氧层物质的，由海关依照有关法律、行政法规的规定予以处罚；构成犯罪的，依法追究刑事责任。

第六章　附　则

第四十一条　本条例自2010年6月1日起施行。

（注：此条例已经按照《国务院关于修改和废止部分行政法规的决定》（中华人民共和国国务院令第698号）修正）

燃煤发电机组环保电价及环保设施运行监管办法

发改价格〔2014〕536号

第一条 为发挥价格杠杆的激励和约束作用，促进燃煤发电企业建设和运行环保设施，减少二氧化硫、氮氧化物、烟粉尘排放，切实改善大气环境质量，根据《中华人民共和国价格法》、《中华人民共和国环境保护法》、《中华人民共和国大气污染防治法》、《国务院关于印发大气污染防治行动计划的通知》（国发〔2013〕37号）等有关规定，制定本办法。

第二条 本办法适用于符合国家建设管理规定的燃煤发电机组(含循环流化床燃煤发电机组，不含以生物质、垃圾、煤气等燃料为主掺烧部分煤炭的发电机组)脱硫、脱硝、除尘电价（以下简称“环保电价”）及脱硫、脱硝、除尘设施（以下简称“环保设施”）运行管理。

第三条 对燃煤发电机组新建或改造环保设施实行环保电价加价政策。环保电价加价标准由国家发展改革委制定和调整。

第四条 安装环保设施的燃煤发电企业，环保设施验收合格后，由省级环境保护主管部门函告省级价格主管部门，省级价格主管部门通知电网企业自验收合格之日起执行相应的环保电价加价。

新建燃煤发电机组同步建设环保设施的，执行国家发展改革委公布的包含环保电价的燃煤发电机组标杆上网电价。

第五条 新建燃煤发电机组应按环保规定同步建设环保设施，不得设置烟气旁路通道。新建燃煤发电机组的环保设施由审批环境影响报告书的环境保护主管部门进行先期单项验收。先期单项验收结果纳入工程竣工环保总体验收。

现有燃煤发电机组应按照国家和地方政府确定的时间进度完成环保设施建设改造，由发电企业向负责审批的环境保护主管部门申请环保验收。市级环境保护主管部门验收的，验收结果报省级环境保护主管部门。

第六条 环境保护主管部门应在受理发电企业环保设施验收申请材料之日起30个工作日内，对验收合格的环保设施出具验收合格文件。

第七条 燃煤发电机组排放污染物应符合《火电厂大气污染物排放标准》（GB 13223—2011）规定的限值要求。其中，大气污染防治重点控制区按照相关要求执行特别排放限值；地方有更严格排放标准要求的，执行地方排放标准。火电厂大气污染物排放标准调整时，执行环保电价应满足的排放限值相应调整。

第八条 燃煤发电企业应按照国家有关规定安装运行烟气排放连续监测系统（以下简称“CEMS”），并与省级环境保护主管部门和省级电网企业联网，实时传输数据。CEMS发生故障不能正常运行时，发电企业应在12小时内向所在地市级及省级环境保护主管部门报告，限期恢复正常。

第九条 燃煤发电企业应按环境保护主管部门有关要求，自行或委托有资质的机构在全面测试烟气流速、污染物浓度分布基础上确定最具代表性点位；对所有CEMS监测仪表进行日常巡检和维护保养，并确保其正常运行。

第十条 燃煤发电企业应把环保设施作为主体设备纳入企业发电主设备管理系统统一管理，建立相应的管理制度。

第十一条 燃煤发电企业因检修维护、更新改造需暂停环保设施运行的，应在计划停运5个工作日前报省级环境保护主管部门批准并报告省级电网企业；环保设施因事故停运的，应在24小时内向所在地环境保护主管部门报告。

第十二条　燃煤发电企业应建立机组生产运行、环保设施运行台账，按日记录设施运行和维护情况、CEMS 数据、燃料分析报表（硫分、干燥无灰基挥发分、灰分等）、脱硫剂用量、脱硝还原剂消耗量、喷氨系统开关时间、电场电流电压、除尘压差、旁路挡板门启停时间、环保设施运行事故及处理情况等，运行台账应逐月归档管理。

第十三条　燃煤发电企业应按要求于每季度初 5 个工作日内将上一季度的环保分布式控制系统（以下简称“DCS”）历史数据报送省级环境保护主管部门和环境保护部区域环保督查中心。发电企业必须存储保留完整的 DCS 历史数据一年以上。脱硫脱硝除尘 DCS 主要参数应逐步设置于同一集控室内。

第十四条　省级电网企业应建立辖区内发电企业的监控平台，实时监控发电企业的环保设施 DCS 和 CEMS 主要参数，分析污染物排放情况，并将相关数据提供给省级环境保护主管部门等作为确定各企业污染物排放达标情况的参考依据。

第十五条　燃煤发电机组二氧化硫、氮氧化物、烟尘排放浓度小时均值超过限值要求仍执行环保电价的，由政府价格主管部门没收超限值时段的环保电价款。超过限值 1 倍及以上的，并处超限值时段环保电价款 5 倍以下罚款。

因发电机组启机导致脱硫除尘设施退出、机组负荷低导致脱硝设施退出并致污染物浓度超过限值，CEMS 因故障不能及时采集和传输数据，以及其他不可抗拒的客观原因导致环保设施不正常运行等情况，应没收该时段环保电价款，但可免于罚款。

第十六条　燃煤发电企业通过改装 CEMS 或 DCS 软、硬件设备，修改 CEMS 或 DCS 主要参数，篡改 CEMS 或 DCS 历史监测数据或故意损坏丢失数据库等手段，以及其他原因人为导致数据失实的，经环境保护主管部门核实，由政府价格主管部门没收相应时段环保电价款，并从重处以罚款。无法判断燃煤发电企业人为致使监测数据失真起始时间的，自检查发现之日起前一季度时间起计算电量。

第十七条　环保电价按照污染物种类分项考核。单项污染物超过执行标准的，对相应单项环保电价款予以没收和罚款。

污染物排放浓度小时均值以与环境保护主管部门联网的 CEMS 数据为准。超限值时段根据环保设施 DCS 历史数据库数据核定。

第十八条　省级环境保护主管部门根据日常检查结果、CEMS 自动监测数据有效性审核情况和发电企业上报的 DCS 关键参数，每季度核实辖区内各燃煤发电机组环保设施运行情况，确定发电机组分项污染物的小时浓度均值不同超标倍数的时间段、因客观原因致环保设施不正常运行时间累加值以及认定人为数据作假的事实等，于下季度初 20 个工作日内函告省级价格主管部门。省级环境保护主管部门定期向社会公告所辖地区各燃煤发电机组污染物排放情况。

第十九条　省级价格主管部门负责环保电价款的核算、没收和罚款。省级价格主管部门根据省级环境保护主管部门提供的上季度各燃煤发电机组环保设施运行情况，以及电网企业提供的燃煤发电机组电量核算环保电价款，及时下发没收环保电价款和罚款决定，并抄送省级环境保护主管部门。省级价格主管部门应对上年度本省（自治区、直辖市）燃煤发电企业涉及环保电价的典型价格违法案件进行公告。

第二十条　电网企业应严格执行价格主管部门确定的环保电价，以燃煤发电企业实际上网电量按月支付环保电价款，并及时向省级价格和环保主管部门提供燃煤发电机组污染物排放浓度小时均值超限值时段所对应的日均电量。

第二十一条　国务院环保部门会同其他监管部门依法定期组织对燃煤发电企业环保设施运行情况进行核查，并向社会公告核查中存在问题的发电企业。政府价格主管部门根据国家核查结果对没有达到污染物排放要求的发电企业没收相应环保电价款并处相应罚款。

第二十二条　对燃煤发电企业没收的环保电价款及罚款上缴当地省级财政主管部门，专项用于电力企业环保设施运行奖励、在线监控及联网系统建设维护、环境污染防治、补贴环保电价缺口等减排工作。

第二十三条　燃煤发电企业未按规定安装环保设施及 CEMS，或环保设施及 CEMS 没有达到国家规定要求的，由省级环境保护主管部门按照《环境保护法》、《大气污染防治法》、《污染源自动监控管理办法》等规定予以处罚。

第二十四条 燃煤发电企业擅自拆除、闲置或者无故停运环保设施及 CEMS，未按国家环保规定排放污染物的，由环境保护主管部门按照《环境保护法》、《大气污染防治法》、《污染源自动监控管理办法》有关规定予以处罚，并根据《刑法》、《最高人民法院、最高人民检察院关于办理环境污染刑事案件适用法律若干问题的解释》、《环境保护违法违纪行为处分暂行规定》等有关规定，追究有关责任人的责任。

第二十五条 电网企业拒报或谎报燃煤发电机组超限值排放时段所对应的电量，以及拒绝执行或未能及时执行或不按实际上网电量足额执行环保电价的，按照《价格法》、《环境保护法》、《大气污染防治法》和《价格违法行为行政处罚规定》等有关规定，由省级及以上价格主管部门会同环境保护主管部门予以处罚。

第二十六条 省级环境保护主管部门未如实或未在规定时间向价格主管部门函告燃煤发电机组环保设施运行情况，由环境保护部通报批评、责令改正，并按照《环境保护法》和《环境保护违法违纪行为处分暂行规定》等有关规定追究有关责任人责任。

第二十七条 省级价格主管部门未按时下发符合条件的燃煤发电企业执行环保电价通知、未足额没收前述应当没收的环保电价款并处相应罚款的，由国家发展改革委通报批评、责令改正，并按照《价格法》、《价格违法行为行政处罚规定》等有关规定追究有关责任人责任。

第二十八条 各省（区、市）价格主管部门、环境保护主管部门要会同国家能源局派出机构加强对燃煤发电企业环保设施运行情况及环保电价执行情况的跟踪检查。鼓励群众向各级环境保护主管部门举报燃煤发电企业非正常停运环保设施的行为，经查属实的，环境保护主管部门会同价格主管部门给予适当奖励。支持、鼓励新闻舆论对燃煤发电机组环保设施运行情况进行监督。燃煤发电企业应按照《国家重点监控企业自行监测及信息公开办法（试行）》（环发〔2013〕81 号）要求，在省级环境保护主管部门组织的平台上及时发布自行监测信息。

第二十九条 省级价格主管部门可会同环境保护主管部门依据本办法制定实施细则。

第三十条 本办法由国家发展改革委会同环境保护部负责解释。

第三十一条 本办法自 2014 年 5 月 1 日起实施。《燃煤发电机组脱硫电价及脱硫设施运行管理办法（试行）》（发改价格〔2007〕1176 号）同时废止。

国务院关于印发打赢蓝天保卫战三年行动计划的通知

（国发〔2018〕22 号）

各省、自治区、直辖市人民政府，国务院各部委、各直属机构：

现将《打赢蓝天保卫战三年行动计划》印发给你们，请认真贯彻执行。

国务院

2018 年 6 月 27 日

打赢蓝天保卫战三年行动计划

打赢蓝天保卫战，是党的十九大作出的重大决策部署，事关满足人民日益增长的美好生活需要，事关全面建成小康社会，事关经济高质量发展和美丽中国建设。为加快改善环境空气质量，打赢蓝天保卫战，制定本行动计划。

一、总体要求

（一）指导思想。以习近平新时代中国特色社会主义思想为指导，全面贯彻党的十九大和十九届二中、三中全会精神，认真落实党中央、国务院决策部署和全国生态环境保护大会要求，坚持新发展理念，坚持全民共治、源头防治、标本兼治，以京津冀及周边地区、长三角地区、汾渭平原等区域（以下称重点区域）为重点，持续开展大气污染防治行动，综合运用经济、法律、技术和必要的行政手段，大力调整优化产业结构、能源结构、运输结构和用地结构，强化区域联防联控，狠抓秋冬季污染治理，统筹兼顾、系统谋划、精准施策，坚决打赢蓝天保卫战，实现环境效益、经济效益和社会效益多赢。

（二）目标指标。经过3年努力，大幅减少主要大气污染物排放总量，协同减少温室气体排放，进一步明显降低细颗粒物（$PM_{2.5}$）浓度，明显减少重污染天数，明显改善环境空气质量，明显增强人民的蓝天幸福感。

到2020年，二氧化硫、氮氧化物排放总量分别比2015年下降15%以上；$PM_{2.5}$未达标地级及以上城市浓度比2015年下降18%以上，地级及以上城市空气质量优良天数比率达到80%，重度及以上污染天数比率比2015年下降25%以上；提前完成“十三五”目标任务的省份，要保持和巩固改善成果；尚未完成的，要确保全面实现“十三五”约束性目标；北京市环境空气质量改善目标应在“十三五”目标基础上进一步提高。

（三）重点区域范围。京津冀及周边地区，包含北京市，天津市，河北省石家庄、唐山、邯郸、邢台、保定、沧州、廊坊、衡水市以及雄安新区，山西省太原、阳泉、长治、晋城市，山东省济南、淄博、济宁、德州、聊城、滨州、菏泽市，河南省郑州、开封、安阳、鹤壁、新乡、焦作、濮阳市等；长三角地区，包含上海市、江苏省、浙江省、安徽省；汾渭平原，包含山西省晋中、运城、临汾、吕梁市，河南省洛阳、三门峡市，陕西省西安、铜川、宝鸡、咸阳、渭南市以及杨凌示范区等。

二、调整优化产业结构，推进产业绿色发展

（四）优化产业布局。各地完成生态保护红线、环境质量底线、资源利用上线、环境准入清单编制工作，明确禁止和限制发展的行业、生产工艺和产业目录。修订完善高耗能、高污染和资源型行业准入条件，环境空气质量未达标城市应制订更严格的产业准入门槛。积极推行区域、规划环境影响评价，新、改、扩建钢铁、石化、化工、焦化、建材、有色等项目的环境影响评价，应满足区域、规划环评要求。（生态环境部牵头，发展改革委、工业和信息化部、自然资源部参与，地方各级人民政府负责落实。以下均需地方各级人民政府落实，不再列出）

加大区域产业布局调整力度。加快城市建成区重污染企业搬迁改造或关闭退出，推动实施一批水泥、平板玻璃、焦化、化工等重污染企业搬迁工程；重点区域城市钢铁企业要切实采取彻底关停、转型发展、就地改造、域外搬迁等方式，推动转型升级。重点区域禁止新增化工园区，加大现有化工园区整治力度。各地已明确的退城企业，要明确时间表，逾期不退城的予以停产。（工业和信息化部、发展改革委、生态环境部等按职责负责）

（五）严控“两高”行业产能。重点区域严禁新增钢铁、焦化、电解铝、铸造、水泥和平板玻璃等产能；严格执行钢铁、水泥、平板玻璃等行业产能置换实施办法；新、改、扩建涉及大宗物料运输的建设项目，原则上不得采用公路运输。（工业和信息化部、发展改革委牵头，生态环境部等参与）

加大落后产能淘汰和过剩产能压减力度。严格执行质量、环保、能耗、安全等法规标准。修订《产业结构调整指导目录》，提高重点区域过剩产能淘汰标准。重点区域加大独立焦化企业淘汰力度，京津冀及周边地区实施“以钢定焦”，力争2020年炼焦产能与钢铁产能比达到0.4左右。严防“地条钢”死灰复燃。2020年，河北省钢铁产能控制在2亿吨以内；列入去产能计划的钢铁企业，需一并退出配套的烧结、焦炉、高炉等设备。（发展改革委、工业和信息化部牵头，生态环境部、财政部、市场监管总局等参与）

（六）强化“散乱污”企业综合整治。全面开展“散乱污”企业及集群综合整治行动。根据产业政策、产业布局规划，以及土地、环保、质量、安全、能耗等要求，制定“散乱污”企业及集群整治标准。实行拉网式排查，建立管理台账。按照“先停后治”的原则，实施分类处置。列入关停取缔类的，基本做到“两断三清”（切断工业用水、用电，清除原料、产品、生产设备）；列入整合搬迁类的，要按照产业发展规模化、现代化的原则，搬迁至工业园区并实施升级改造；列入升级改造类的，树立行业标杆，实施清洁生产技术改造，全面提升污染治理水平。建立“散乱污”企业动态管理机制，坚决杜绝“散乱污”企业项目建设和已取缔的“散乱污”企业异地转移、死灰复燃。京津冀及周边地区2018年底前全面完成；长三角地区、汾渭平原2019年底前基本完成；全国2020年底前基本完成。（生态环境部、工业和信息化部牵头，发展改革委、市场监管总局、自然资源部等参与）

（七）深化工业污染治理。持续推进工业污染源全面达标排放，将烟气在线监测数据作为执法依据，加大超标处罚和联合惩戒力度，未达标排放的企业一律依法停产整治。建立覆盖所有固定污染源的企业排放许可制度，2020年底前，完成排污许可管理名录规定的行业许可证核发。（生态环境部负责）

推进重点行业污染治理升级改造。重点区域二氧化硫、氮氧化物、颗粒物、挥发性有机物（VOCs）全面执行大气污染物特别排放限值。推动实施钢铁等行业超低排放改造，重点区域城市建成区内焦炉实施炉体加罩封闭，并对废气进行收集处理。强化工业企业无组织排放管控。开展钢铁、建材、有色、火电、焦化、铸造等重点行业及燃煤锅炉无组织排放排查，建立管理台账，对物料（含废渣）运输、装卸、储存、转移和工艺过程等无组织排放实施深度治理，2018年底前京津冀及周边地区基本完成治理任务，长三角地区和汾渭平原2019年底前完成，全国2020年底前基本完成。（生态环境部牵头，发展改革委、工业和信息化部参与）

推进各类园区循环化改造、规范发展和提质增效。大力推进企业清洁生产。对开发区、工业园区、高新区等进行集中整治，限期进行达标改造，减少工业集聚区污染。完善园区集中供热设施，积极推广集中供热。有条件的工业集聚区建设集中喷涂工程中心，配备高效治污设施，替代企业独立喷涂工序。（发展改革委牵头，工业和信息化部、生态环境部、科技部、商务部等参与）

（八）大力培育绿色环保产业。壮大绿色产业规模，发展节能环保产业、清洁生产产业、清洁能源产业，培育发展新动能。积极支持培育一批具有国际竞争力的大型节能环保龙头企业，支持企业技术创新能力建设，加快掌握重大关键核心技术，促进大气治理重点技术装备等产业化发展和推广应用。积极推行节能环保整体解决方案，加快发展合同能源管理、环境污染第三方治理和社会化监测等新业态，培育一批高水平、专业化节能环保服务公司。（发展改革委牵头，工业和信息化部、生态环境部、科技部等参与）

三、加快调整能源结构，构建清洁低碳高效能源体系

（九）有效推进北方地区清洁取暖。坚持从实际出发，宜电则电、宜气则气、宜煤则煤、宜热则热，确保北方地区群众安全取暖过冬。集中资源推进京津冀及周边地区、汾渭平原等区域散煤治理，优先以乡镇或区县为单元整体推进。2020年采暖季前，在保障能源供应的前提下，京津冀及周边地区、汾渭平原的平原地区基本完成生活和冬季取暖散煤替代；对暂不具备清洁能源替代条件的山区，积极推广洁净煤，并加强煤质监管，严厉打击销售使用劣质煤行为。燃气壁挂炉能效不得低于2级水平。（能源局、发展改革委、财政部、生态环境部、住房城乡建设部牵头，市场监管总局等参与）

抓好天然气产供储销体系建设。力争2020年天然气占能源消费总量比重达到10%。新增天然气量优先用于城镇居民和大气污染严重地区的生活和冬季取暖散煤替代，重点支持京津冀及周边地区和汾渭平原，实现“增气减煤”。“煤改气”坚持“以气定改”，确保安全施工、安全使用、安全管理。有序发展天然气调峰电站等可中断用户，原则上不再新建天然气热电联产和天然气化工项目。限时完成天然气管网互联互通，打通“南气北送”输气通道。加快储气设施建设步伐，2020年采暖季前，地方政府、城镇燃气企业和上游供气企业的储备能力达到量化指标要求。建立完善调峰用户清单，采暖季实行“压非保民”。（发展改革委、能源局牵头，生态环境部、财政部、住房城乡建设部等参与）

加快农村“煤改电”电网升级改造。制定实施工作方案。电网企业要统筹推进输变电工程建设，满足居民采暖用电需求。鼓励推进蓄热式等电供暖。地方政府对“煤改电”配套电网工程建设应给予支持，统筹协调“煤改电”、“煤改气”建设用地。（能源局、发展改革委牵头，生态环境部、自然资源部参与）

（十）重点区域继续实施煤炭消费总量控制。到2020年，全国煤炭占能源消费总量比重下降到58%以下；北京、天津、河北、山东、河南五省（直辖市）煤炭消费总量比2015年下降10%，长三角地区下降5%，汾渭平原实现负增长；新建耗煤项目实行煤炭减量替代。按照煤炭集中使用、清洁利用的原则，重点削减非电力用煤，提高电力用煤比例，2020年全国电力用煤占煤炭消费总量比重达到55%以上。继续推进电能替代燃煤和燃油，替代规模达到1000亿度以上。（发展改革委牵头，能源局、生态环境部参与）

制定专项方案，大力淘汰关停环保、能耗、安全等不达标的30万千瓦以下燃煤机组。对于关停机组的装机容量、煤炭消费量和污染物排放量指标，允许进行交易或置换，可统筹安排建设等容量超低排放燃煤机组。重点区域严格控制燃煤机组新增装机规模，新增用电量主要依靠区域内非化石能源发电和外送电满足。限时完成重点输电通道建设，在保障电力系统安全稳定运行的前提下，到2020年，京津冀、长三角地区接受外送电量比例比2017年显著提高。（能源局、发展改革委牵头，生态环境部等参与）

（十一）开展燃煤锅炉综合整治。加大燃煤小锅炉淘汰力度。县级及以上城市建成区基本淘汰每小时10蒸吨及以下燃煤锅炉及茶水炉、经营性炉灶、储粮烘干设备等燃煤设施，原则上不再新建每小时35蒸吨以下的燃煤锅炉，其他地区原则上不再新建每小时10蒸吨以下的燃煤锅炉。环境空气质量未达标城市应进一步加大淘汰力度。重点区域基本淘汰每小时35蒸吨以下燃煤锅炉，每小时65蒸吨及以上燃煤锅炉全部完成节能和超低排放改造；燃气锅炉基本完成低氮改造；城市建成区生物质锅炉实施超低排放改造。（生态环境部、市场监管总局牵头，发展改革委、住房城乡建设部、工业和信息化部、能源局等参与）

加大对纯凝机组和热电联产机组技术改造力度，加快供热管网建设，充分释放和提高供热能力，淘汰管网覆盖范围内的燃煤锅炉和散煤。在不具备热电联产集中供热条件的地区，现有多台燃煤小锅炉的，可按照等容量替代原则建设大容量燃煤锅炉。2020年底前，重点区域30万千瓦及以上热电联产电厂供热半径15公里范围内的燃煤锅炉和落后燃煤小热电全部关停整合。（能源局、发展改革委牵头，生态环境部、住房城乡建设部等参与）

（十二）提高能源利用效率。继续实施能源消耗总量和强度双控行动。健全节能标准体系，大力开发、推广节能高效技术和产品，实现重点用能行业、设备节能标准全覆盖。重点区域新建高耗能项目单位产品（产值）能耗要达到国际先进水平。因地制宜提高建筑节能标准，加大绿色建筑推广力度，引导有条件地区和城市新建建筑全面执行绿色建筑标准。进一步健全能源计量体系，持续推进供热计量改革，推进既有居住建筑节能改造，重点推动北方采暖地区有改造价值的城镇居住建筑节能改造。鼓励开展农村住房节能改造。（发展改革委、住房城乡建设部、市场监管总局牵头，能源局、工业和信息化部等参与）

（十三）加快发展清洁能源和新能源。到2020年，非化石能源占能源消费总量比重达到15%。有序发展水电，安全高效发展核电，优化风能、太阳能开发布局，因地制宜发展生物质能、地热能等。在具备资源条件的地方，鼓励发展县域生物质热电联产、生物质成型燃料锅炉及生物天然气。加大可再生能

源消纳力度，基本解决弃水、弃风、弃光问题。（能源局、发展改革委、财政部负责）

四、积极调整运输结构，发展绿色交通体系

（十四）优化调整货物运输结构。大幅提升铁路货运比例。到2020年，全国铁路货运量比2017年增长30%，京津冀及周边地区增长40%、长三角地区增长10%、汾渭平原增长25%。大力推进海铁联运，全国重点港口集装箱铁水联运量年均增长10%以上。制定实施运输结构调整行动计划。（发展改革委、交通运输部、铁路局、中国铁路总公司牵头，财政部、生态环境部参与）

推动铁路货运重点项目建设。加大货运铁路建设投入，加快完成蒙华、唐曹、水曹等货运铁路建设。大力提升张唐、瓦日等铁路线煤炭运输量。在环渤海地区、山东省、长三角地区，2018年底前，沿海主要港口和唐山港、黄骅港的煤炭集港改由铁路或水路运输；2020年采暖季前，沿海主要港口和唐山港、黄骅港的矿石、焦炭等大宗货物原则上主要改由铁路或水路运输。钢铁、电解铝、电力、焦化等重点企业要加快铁路专用线建设，充分利用已有铁路专用线能力，大幅提高铁路运输比例，2020年重点区域达到50%以上。（发展改革委、交通运输部、铁路局、中国铁路总公司牵头，财政部、生态环境部参与）

大力发展多式联运。依托铁路物流基地、公路港、沿海和内河港口等，推进多式联运型和干支衔接型货运枢纽（物流园区）建设，加快推广集装箱多式联运。建设城市绿色物流体系，支持利用城市现有铁路货场物流货场转型升级为城市配送中心。鼓励发展江海联运、江海直达、滚装运输、甩挂运输等运输组织方式。降低货物运输空载率。（发展改革委、交通运输部牵头，财政部、生态环境部、铁路局、中国铁路总公司参与）

（十五）加快车船结构升级。推广使用新能源汽车。2020年新能源汽车产销量达到200万辆左右。加快推进城市建成区新增和更新的公交、环卫、邮政、出租、通勤、轻型物流配送车辆使用新能源或清洁能源汽车，重点区域使用比例达到80%；重点区域港口、机场、铁路货场等新增或更换作业车辆主要使用新能源或清洁能源汽车。2020年底前，重点区域的直辖市、省会城市、计划单列市建成区公交车全部更换为新能源汽车。在物流园、产业园、工业园、大型商业购物中心、农贸批发市场等物流集散地建设集中式充电桩和快速充电桩。为承担物流配送的新能源车辆在城市通行提供便利。（工业和信息化部、交通运输部牵头，财政部、住房城乡建设部、生态环境部、能源局、铁路局、民航局、中国铁路总公司等参与）

大力淘汰老旧车辆。重点区域采取经济补偿、限制使用、严格超标排放监管等方式，大力推进国三及以下排放标准营运柴油货车提前淘汰更新，加快淘汰采用稀薄燃烧技术和“油改气”的老旧燃气车辆。各地制定营运柴油货车和燃气车辆提前淘汰更新目标及实施计划。2020年底前，京津冀及周边地区、汾渭平原淘汰国三及以下排放标准营运中型和重型柴油货车100万辆以上。2019年7月1日起，重点区域、珠三角地区、成渝地区提前实施国六排放标准。推广使用达到国六排放标准的燃气车辆。（交通运输部、生态环境部牵头，工业和信息化部、公安部、财政部、商务部等参与）

推进船舶更新升级。2018年7月1日起，全面实施新生产船舶发动机第一阶段排放标准。推广使用电、天然气等新能源或清洁能源船舶。长三角地区等重点区域内河应采取禁限行等措施，限制高排放船舶使用，鼓励淘汰使用20年以上的内河航运船舶。（交通运输部牵头，生态环境部、工业和信息化部参与）

（十六）加快油品质量升级。2019年1月1日起，全国全面供应符合国六标准的车用汽柴油，停止销售低于国六标准的汽柴油，实现车用柴油、普通柴油、部分船舶用油“三油并轨”，取消普通柴油标准，重点区域、珠三角地区、成渝地区等提前实施。研究销售前在车用汽柴油中加入符合环保要求的燃油清净增效剂。（能源局、财政部牵头，市场监管总局、商务部、生态环境部等参与）

（十七）强化移动源污染防治。严厉打击新生产销售机动车环保不达标等违法行为。严格新车环保装置检验，在新车销售、检验、登记等场所开展环保装置抽查，保证新车环保装置生产一致性。取消地方环保达标公告和目录审批。构建全国机动车超标排放信息数据库，追溯超标排放机动车生产和进口企业、

注册登记地、排放检验机构、维修单位、运输企业等，实现全链条监管。推进老旧柴油车深度治理，具备条件的安装污染控制装置、配备实时排放监控终端，并与生态环境等有关部门联网，协同控制颗粒物和氮氧化物排放，稳定达标的可免于上线排放检验。有条件的城市定期更换出租车三元催化装置。（生态环境部、交通运输部牵头，公安部、工业和信息化部、市场监管总局等参与）

加强非道路移动机械和船舶污染防治。开展非道路移动机械摸底调查，划定非道路移动机械低排放控制区，严格管控高排放非道路移动机械，重点区域2019年底前完成。推进排放不达标工程机械、港作机械清洁化改造和淘汰，重点区域港口、机场新增和更换的作业机械主要采用清洁能源或新能源。2019年底前，调整扩大船舶排放控制区范围，覆盖沿海重点港口。推动内河船舶改造，加强颗粒物排放控制，开展减少氮氧化物排放试点工作。（生态环境部、交通运输部、农业农村部负责）

推动靠港船舶和飞机使用岸电。加快港口码头和机场岸电设施建设，提高港口码头和机场岸电设施使用率。2020年底前，沿海主要港口50%以上专业化泊位（危险货物泊位除外）具备向船舶供应岸电的能力。新建码头同步规划、设计、建设岸电设施。重点区域沿海港口新增、更换拖船优先使用清洁能源。推广地面电源替代飞机辅助动力装置，重点区域民航机场在飞机停靠期间主要使用岸电。（交通运输部、民航局牵头，发展改革委、财政部、生态环境部、能源局等参与）

五、优化调整用地结构，推进面源污染治理

（十八）实施防风固沙绿化工程。建设北方防沙带生态安全屏障，重点加强三北防护林体系建设、京津风沙源治理、太行山绿化、草原保护和防风固沙。推广保护性耕作、林间覆盖等方式，抑制季节性裸地农田扬尘。在城市功能疏解、更新和调整中，将腾退空间优先用于留白增绿。建设城市绿道绿廊，实施“退工还林还草”。大力提高城市建成区绿化覆盖率。（自然资源部牵头，住房城乡建设部、农业农村部、林草局参与）

（十九）推进露天矿山综合整治。全面完成露天矿山摸底排查。对违反资源环境法律法规、规划，污染环境、破坏生态、乱采滥挖的露天矿山，依法予以关闭；对污染治理不规范的露天矿山，依法责令停产整治，整治完成并经相关部门组织验收合格后方可恢复生产，对拒不停产或擅自恢复生产的依法强制关闭；对责任主体灭失的露天矿山，要加强修复绿化、减尘抑尘。重点区域原则上禁止新建露天矿山建设项目。加强矸石山治理。（自然资源部牵头，生态环境部等参与）

（二十）加强扬尘综合治理。严格施工扬尘监管。2018年底前，各地建立施工工地管理清单。因地制宜稳步发展装配式建筑。将施工工地扬尘污染防治纳入文明施工管理范畴，建立扬尘控制责任制度，扬尘治理费用列入工程造价。重点区域建筑施工工地要做到工地周边围挡、物料堆放覆盖、土方开挖湿法作业、路面硬化、出入车辆清洗、渣土车辆密闭运输“六个百分之百”，安装在线监测和视频监控设备，并与当地有关主管部门联网。将扬尘管理工作不到位的不良信息纳入建筑市场信用管理体系，情节严重的，列入建筑市场主体“黑名单”。加强道路扬尘综合整治。大力推进道路清扫保洁机械化作业，提高道路机械化清扫率，2020年底前，地级及以上城市建成区达到70%以上，县城达到60%以上，重点区域要显著提高。严格渣土运输车辆规范化管理，渣土运输车要密闭。（住房城乡建设部牵头，生态环境部参与）

实施重点区域降尘考核。京津冀及周边地区、汾渭平原各市平均降尘量不得高于9吨/月·平方公里；长三角地区不得高于5吨/月·平方公里，其中苏北、皖北不得高于7吨/月·平方公里。（生态环境部负责）

（二十一）加强秸秆综合利用和氨排放控制。切实加强秸秆禁烧管控，强化地方各级政府秸秆禁烧主体责任。重点区域建立网格化监管制度，在夏收和秋收阶段开展秸秆禁烧专项巡查。东北地区要针对秋冬季秸秆集中焚烧和采暖季初锅炉集中起炉的问题，制定专项工作方案，加强科学有序疏导。严防因秸秆露天焚烧造成区域性重污染天气。坚持堵疏结合，加大政策支持力度，全面加强秸秆综合利用，到2020年，全国秸秆综合利用率达到85%。（生态环境部、农业农村部、发展改革委按职责负责）

控制农业源氨排放。减少化肥农药使用量，增加有机肥使用量，实现化肥农药使用量负增长。提高化肥利用率，到2020年，京津冀及周边地区、长三角地区达到40%以上。强化畜禽粪污资源化利用，改善养殖场通风环境，提高畜禽粪污综合利用率，减少氨挥发排放。（农业农村部牵头，生态环境部等参与）

六、实施重大专项行动，大幅降低污染物排放

（二十二）开展重点区域秋冬季攻坚行动。制定并实施京津冀及周边地区、长三角地区、汾渭平原秋冬季大气污染综合治理攻坚行动方案，以减少重污染天气为着力点，狠抓秋冬季大气污染防治，聚焦重点领域，将攻坚目标、任务措施分解落实到城市。各市要制定具体实施方案，督促企业制定落实措施。京津冀及周边地区要以北京为重中之重，雄安新区环境空气质量要力争达到北京市南部地区同等水平。统筹调配全国环境执法力量，实行异地交叉执法、驻地督办，确保各项措施落实到位。（生态环境部牵头，发展改革委、工业和信息化部、财政部、住房城乡建设部、交通运输部、能源局等参与）

（二十三）打好柴油货车污染治理攻坚战。制定柴油货车污染治理攻坚战行动方案，统筹油、路、车治理，实施清洁柴油车（机）、清洁运输和清洁油品行动，确保柴油货车污染排放总量明显下降。加强柴油货车生产销售、注册使用、检验维修等环节的监督管理，建立天地车人一体化的全方位监控体系，实施在用汽车排放检测与强制维护制度。各地开展多部门联合执法专项行动。（生态环境部、交通运输部、财政部、市场监管总局牵头，工业和信息化部、公安部、商务部、能源局等参与）

（二十四）开展工业炉窑治理专项行动。各地制定工业炉窑综合整治实施方案。开展拉网式排查，建立各类工业炉窑管理清单。制定行业规范，修订完善涉各类工业炉窑的环保、能耗等标准，提高重点区域排放标准。加大不达标工业炉窑淘汰力度，加快淘汰中小型煤气发生炉。鼓励工业炉窑使用电、天然气等清洁能源或由周边热电厂供热。重点区域取缔燃煤热风炉，基本淘汰热电联产供热管网覆盖范围内的燃煤加热、烘干炉（窑）；淘汰炉膛直径3米以下燃料类煤气发生炉，加大化肥行业固定床间歇式煤气化炉整改力度；集中使用煤气发生炉的工业园区，暂不具备改用天然气条件的，原则上应建设统一的清洁煤制气中心；禁止掺烧高硫石油焦。将工业炉窑治理作为环保强化督查重点任务，凡未列入清单的工业炉窑均纳入秋冬季错峰生产方案。（生态环境部牵头，发展改革委、工业和信息化部、市场监管总局等参与）

（二十五）实施VOCs专项整治方案。制定石化、化工、工业涂装、包装印刷等VOCs排放重点行业和油品储运销综合整治方案，出台泄漏检测与修复标准，编制VOCs治理技术指南。重点区域禁止建设生产和使用高VOCs含量的溶剂型涂料、油墨、胶粘剂等项目，加大餐饮油烟治理力度。开展VOCs整治专项执法行动，严厉打击违法排污行为，对治理效果差、技术服务能力弱、运营管理水平低的治理单位，公布名单，实行联合惩戒，扶持培育VOCs治理和服务专业化规模化龙头企业。2020年，VOCs排放总量较2015年下降10%以上。（生态环境部牵头，发展改革委、工业和信息化部、商务部、市场监管总局、能源局等参与）

七、强化区域联防联控，有效应对重污染天气

（二十六）建立完善区域大气污染防治协作机制。将京津冀及周边地区大气污染防治协作小组调整为京津冀及周边地区大气污染防治领导小组；建立汾渭平原大气污染防治协作机制，纳入京津冀及周边地区大气污染防治领导小组统筹领导；继续发挥长三角区域大气污染防治协作小组作用。相关协作机制负责研究审议区域大气污染防治实施方案、年度计划、目标、重大措施，以及区域重点产业发展规划、重大项目建设等事关大气污染防治工作的重要事项，部署区域重污染天气联合应对工作。（生态环境部负责）

（二十七）加强重污染天气应急联动。强化区域环境空气质量预测预报中心能力建设，2019年底前实现7—10天预报能力，省级预报中心实现以城市为单位的7天预报能力。开展环境空气质量中长期趋势

预测工作。完善预警分级标准体系，区分不同区域不同季节应急响应标准，同一区域内要统一应急预警标准。当预测到区域将出现大范围重污染天气时，统一发布预警信息，各相关城市按级别启动应急响应措施，实施区域应急联动。（生态环境部牵头，气象局等参与）

（二十八）夯实应急减排措施。制定完善重污染天气应急预案。提高应急预案中污染物减排比例，黄色、橙色、红色级别减排比例原则上分别不低于10%、20%、30%。细化应急减排措施，落实到企业各工艺环节，实施“一厂一策”清单化管理。在黄色及以上重污染天气预警期间，对钢铁、建材、焦化、有色、化工、矿山等涉及大宗物料运输的重点用车企业，实施应急运输响应。（生态环境部牵头，交通运输部、工业和信息化部参与）

重点区域实施秋冬季重点行业错峰生产。加大秋冬季工业企业生产调控力度，各地针对钢铁、建材、焦化、铸造、有色、化工等高排放行业，制定错峰生产方案，实施差别化管理。要将错峰生产方案细化到企业生产线、工序和设备，载入排污许可证。企业未按期完成治理改造任务的，一并纳入当地错峰生产方案，实施停产。属于《产业结构调整指导目录》限制类的，要提高错峰限产比例或实施停产。（工业和信息化部、生态环境部负责）

八、健全法律法规体系，完善环境经济政策

（二十九）完善法律法规标准体系。研究将VOCs纳入环境保护税征收范围。制定排污许可管理条例、京津冀及周边地区大气污染防治条例。2019年底前，完成涂料、油墨、胶粘剂、清洗剂等产品VOCs含量限值强制性国家标准制定工作，2020年7月1日起在重点区域率先执行。研究制定石油焦质量标准。修改《环境空气质量标准》中关于监测状态的有关规定，实现与国际接轨。加快制修订制药、农药、日用玻璃、铸造、工业涂装类、餐饮油烟等重点行业污染物排放标准，以及VOCs无组织排放控制标准。鼓励各地制定实施更严格的污染物排放标准。研究制定内河大型船舶用燃料油标准和更加严格的汽柴油质量标准，降低烯烃、芳烃和多环芳烃含量。制定更严格的机动车、非道路移动机械和船舶大气污染物排放标准。制定机动车排放检测与强制维修管理办法，修订《报废汽车回收管理办法》。（生态环境部、财政部、工业和信息化部、交通运输部、商务部、市场监管总局牵头，司法部、税务总局等参与）

（三十）拓宽投融资渠道。各级财政支出要向打赢蓝天保卫战倾斜。增加中央大气污染防治专项资金投入，扩大中央财政支持北方地区冬季清洁取暖的试点城市范围，将京津冀及周边地区、汾渭平原全部纳入。环境空气质量未达标地区要加大大气污染防治资金投入。（财政部牵头，生态环境部等参与）

支持依法合规开展大气污染防治领域的政府和社会资本合作（PPP）项目建设。鼓励开展合同环境服务，推广环境污染第三方治理。出台对北方地区清洁取暖的金融支持政策，选择具备条件的地区，开展金融支持清洁取暖试点工作。鼓励政策性、开发性金融机构在业务范围内，对大气污染防治、清洁取暖和产业升级等领域符合条件的项目提供信贷支持，引导社会资本投入。支持符合条件的金融机构、企业发行债券，募集资金用于大气污染治理和节能改造。将“煤改电”超出核价投资的配套电网投资纳入下一轮输配电价核价周期，核算准许成本。（财政部、发展改革委、人民银行牵头，生态环境部、银保监会、证监会等参与）

（三十一）加大经济政策支持力度。建立中央大气污染防治专项资金安排与地方环境空气质量改善绩效联动机制，调动地方政府治理大气污染积极性。健全环保信用评价制度，实施跨部门联合奖惩。研究将致密气纳入中央财政开采利用补贴范围，以鼓励企业增加冬季供应量为目标调整完善非常规天然气补贴政策。研究制定推进储气调峰设施建设的扶持政策。推行上网侧峰谷分时电价政策，延长采暖用电谷段时长至10个小时以上，支持具备条件的地区建立采暖用电的市场化竞价采购机制，采暖用电参加电力市场化交易谷段输配电价减半执行。农村地区利用地热能向居民供暖（制冷）的项目运行电价参照居民用电价格执行。健全供热价格机制，合理制定清洁取暖价格。完善跨省跨区输电价格形成机制，降低促进清洁能源消纳的跨省跨区专项输电工程增送电量的输配电价，优化电力资源配置。落实好燃煤电厂超低排放环保电价。全面清理取消对高耗能行业的优待类电价以及其他各种不合理价格优惠政策。建立高

污染、高耗能、低产出企业执行差别化电价、水价政策的动态调整机制，对限制类、淘汰类企业大幅提高电价，支持各地进一步提高加价幅度。加大对钢铁等行业超低排放改造支持力度。研究制定“散乱污”企业综合治理激励政策。进一步完善货运价格市场化运行机制，科学规范两端费用。大力支持港口和机场岸基供电，降低岸电运营商用电成本。支持车船和作业机械使用清洁能源。研究完善对有机肥生产销售运输等环节的支持政策。利用生物质发电价格政策，支持秸秆等生物质资源消纳处置。（发展改革委、财政部牵头，能源局、生态环境部、交通运输部、农业农村部、铁路局、中国铁路总公司等参与）

加大税收政策支持力度。严格执行环境保护税法，落实购置环境保护专用设备企业所得税抵免优惠政策。研究对从事污染防治的第三方企业给予企业所得税优惠政策。对符合条件的新能源汽车免征车辆购置税，继续落实并完善对节能、新能源车船减免车船税的政策。（财政部、税务总局牵头，交通运输部、生态环境部、工业和信息化部、交通运输部等参与）

九、加强基础能力建设，严格环境执法督察

（三十二）完善环境监测监控网络。加强环境空气质量监测，优化调整扩展国控环境空气质量监测站点。加强区县环境空气质量自动监测网络建设，2020 年底前，东部、中部区县和西部大气污染严重城市的区县实现监测站点全覆盖，并与中国环境监测总站实现数据直联。国家级新区、高新区、重点工业园区及港口设置环境空气质量监测站点。加强降尘量监测，2018 年底前，重点区域各区县布设降尘量监测点位。重点区域各城市和其他臭氧污染严重的城市，开展环境空气 VOCs 监测。重点区域建设国家大气颗粒物组分监测网、大气光化学监测网以及大气环境天地空大型立体综合观测网。研究发射大气环境监测专用卫星。（生态环境部牵头，国防科工局等参与）

强化重点污染源自动监控体系建设。排气口高度超过 45 米的高架源，以及石化、化工、包装印刷、工业涂装等 VOCs 排放重点源，纳入重点排污单位名录，督促企业安装烟气排放自动监控设施，2019 年底前，重点区域基本完成；2020 年底前，全国基本完成。（生态环境部负责）

加强移动源排放监管能力建设。建设完善遥感监测网络、定期排放检验机构国家—省—市三级联网，构建重型柴油车车载诊断系统远程监控系统，强化现场路检路查和停放地监督抽测。2018 年底前，重点区域建成三级联网的遥感监测系统平台，其他区域 2019 年底前建成。推进工程机械安装实时定位和排放监控装置，建设排放监控平台，重点区域 2020 年底前基本完成。研究成立国家机动车污染防治中心，建设区域性国家机动车排放检测实验室。（生态环境部牵头，公安部、交通运输部、科技部等参与）

强化监测数据质量控制。城市和区县各类开发区环境空气质量自动监测站点运维全部上收到省级环境监测部门。加强对环境监测和运维机构的监管，建立质控考核与实验室比对、第三方质控、信誉评级等机制，健全环境监测量值传递溯源体系，加强环境监测相关标准物质研制，建立“谁出数谁负责、谁签字谁负责”的责任追溯制度。开展环境监测数据质量监督检查专项行动，严厉惩处环境监测数据弄虚作假行为。对地方不当干预环境监测行为的，监测机构运行维护不到位及篡改、伪造、干扰监测数据的，排污单位弄虚作假的，依纪依法从严处罚，追究责任。（生态环境部负责）

（三十三）强化科技基础支撑。汇聚跨部门科研资源，组织优秀科研团队，开展重点区域及成渝地区等其他区域大气重污染成因、重污染积累与天气过程双向反馈机制、重点行业与污染物排放管控技术、居民健康防护等科技攻坚。大气污染成因与控制技术研究、大气重污染成因与治理攻关等重点项目，要紧密围绕打赢蓝天保卫战需求，以目标和问题为导向，边研究、边产出、边应用。加强区域性臭氧形成机理与控制路径研究，深化 VOCs 全过程控制及监管技术研发。开展钢铁等行业超低排放改造、污染排放源头控制、货物运输多式联运、内燃机及锅炉清洁燃烧等技术研究。常态化开展重点区域和城市源排放清单编制、源解析等工作，形成污染动态溯源的基础能力。开展氨排放与控制技术研究。（科技部、生态环境部牵头，卫生健康委、气象局、市场监管总局等参与）

（三十四）加大环境执法力度。坚持铁腕治污，综合运用按日连续处罚、查封扣押、限产停产等手段依法从严处罚环境违法行为，强化排污者责任。未依法取得排污许可证、未按证排污的，依法依规从严

处罚。加强区县级环境执法能力建设。创新环境监管方式，推广“双随机、一公开”等监管。严格环境执法检查，开展重点区域大气污染热点网格监管，加强工业炉窑排放、工业无组织排放、VOCs污染治理等环境执法，严厉打击“散乱污”企业。加强生态环境执法与刑事司法衔接。（生态环境部牵头，公安部等参与）

严厉打击生产销售排放不合格机动车和违反信息公开要求的行为，撤销相关企业车辆产品公告、油耗公告和强制性产品认证。开展在用车超标排放联合执法，建立完善环境部门检测、公安交管部门处罚、交通运输部门监督维修的联合监管机制。严厉打击机动车排放检验机构尾气检测弄虚作假、屏蔽和修改车辆环保监控参数等违法行为。加强对油品制售企业的质量监督管理，严厉打击生产、销售、使用不合格油品和车用尿素行为，禁止以化工原料名义出售调和油组分，禁止以化工原料勾兑调和油，严禁运输企业储存使用非标油，坚决取缔黑加油站点。（生态环境部、公安部、交通运输部、工业和信息化部牵头，商务部、市场监管总局等参与）

（三十五）深入开展环境保护督察。将大气污染防治作为中央环境保护督察及其“回头看”的重要内容，并针对重点区域统筹安排专项督察，夯实地方政府及有关部门责任。针对大气污染防治工作不力、重污染天气频发、环境质量改善达不到进度要求甚至恶化的城市，开展机动式、点穴式专项督察，强化督察问责。全面开展省级环境保护督察，实现对地市督察全覆盖。建立完善排查、交办、核查、约谈、专项督察“五步法”监管机制。（生态环境部负责）

十、明确落实各方责任，动员全社会广泛参与

（三十六）加强组织领导。有关部门要根据本行动计划要求，按照管发展的管环保、管生产的管环保、管行业的管环保原则，进一步细化分工任务，制定配套政策措施，落实“一岗双责”。有关地方和部门的落实情况，纳入国务院大督查和相关专项督查，对真抓实干成效明显的强化表扬激励，对庸政懒政怠政的严肃追责问责。地方各级政府要把打赢蓝天保卫战放在重要位置，主要领导是本行政区域第一责任人，切实加强组织领导，制定实施方案，细化分解目标任务，科学安排指标进度，防止脱离实际层层加码，要确保各项工作有力有序完成。完善有关部门和地方各级政府的责任清单，健全责任体系。各地建立完善“网格长”制度，压实各方责任，层层抓落实。生态环境部要加强统筹协调，定期调度，及时向国务院报告。（生态环境部牵头，各有关部门参与）

（三十七）严格考核问责。将打赢蓝天保卫战年度和终期目标任务完成情况作为重要内容，纳入污染防治攻坚战成效考核，做好考核结果应用。考核不合格的地区，由上级生态环境部门会同有关部门公开约谈地方政府主要负责人，实行区域环评限批，取消国家授予的有关生态文明荣誉称号。发现篡改、伪造监测数据的，考核结果直接认定为不合格，并依纪依法追究责任。对工作不力、责任不实、污染严重、问题突出的地区，由生态环境部公开约谈当地政府主要负责人。制定量化问责办法，对重点攻坚任务完成不到位或环境质量改善不到位的实施量化问责。对打赢蓝天保卫战工作中涌现出的先进典型予以表彰奖励。（生态环境部牵头，中央组织部等参与）

（三十八）加强环境信息公开。各地要加强环境空气质量信息公开力度。扩大国家城市环境空气质量排名范围，包含重点区域和珠三角、成渝、长江中游等地区的地级及以上城市，以及其他省会城市、计划单列市等，依据重点因素每月公布环境空气质量、改善幅度最差的20个城市和最好的20个城市名单。各省（自治区、直辖市）要公布本行政区域内地级及以上城市环境空气质量排名，鼓励对区县环境空气质量排名。各地要公开重污染天气应急预案及应急措施清单，及时发布重污染天气预警提示信息。（生态环境部负责）

建立健全环保信息强制性公开制度。重点排污单位应及时公布自行监测和污染排放数据、污染治理措施、重污染天气应对、环保违法处罚及整改等信息。已核发排污许可证的企业应按要求及时公布执行报告。机动车和非道路移动机械生产、进口企业应依法向社会公开排放检验、污染控制技术等环保信息。（生态环境部负责）

（三十九）构建全民行动格局。环境治理，人人有责。倡导全社会“同呼吸共奋斗”，动员社会各方力量，群防群治，打赢蓝天保卫战。鼓励公众通过多种渠道举报环境违法行为。树立绿色消费理念，积极推进绿色采购，倡导绿色低碳生活方式。强化企业治污主体责任，中央企业要起到模范带头作用，引导绿色生产。（生态环境部牵头，各有关部门参与）

积极开展多种形式的宣传教育。普及大气污染防治科学知识，纳入国民教育体系和党政领导干部培训内容。各地建立宣传引导协调机制，发布权威信息，及时回应群众关心的热点、难点问题。新闻媒体要充分发挥监督引导作用，积极宣传大气环境管理法律法规、政策文件、工作动态和经验做法等。（生态环境部牵头，各有关部门参与）

国务院关于印发大气污染防治行动计划的通知

国发〔2013〕37号

各省、自治区、直辖市人民政府，国务院各部委、各直属机构：

现将《大气污染防治行动计划》印发给你们，请认真贯彻执行。

国务院

2013年9月10日

大气污染防治行动计划

大气环境保护事关人民群众根本利益，事关经济持续健康发展，事关全面建成小康社会，事关实现中华民族伟大复兴中国梦。当前，我国大气污染形势严峻，以可吸入颗粒物（PM_{10}）、细颗粒物（$PM_{2.5}$）为特征污染物的区域性大气环境问题日益突出，损害人民群众身体健康，影响社会和谐稳定。随着我国工业化、城镇化的深入推进，能源资源消耗持续增加，大气污染防治压力继续加大。为切实改善空气质量，制定本行动计划。

总体要求：以邓小平理论、“三个代表”重要思想、科学发展观为指导，以保障人民群众身体健康为出发点，大力推进生态文明建设，坚持政府调控与市场调节相结合、全面推进与重点突破相配合、区域协作与属地管理相协调、总量减排与质量改善相同步，形成政府统领、企业施治、市场驱动、公众参与的大气污染防治新机制，实施分区域、分阶段治理，推动产业结构优化、科技创新能力增强、经济增长质量提高，实现环境效益、经济效益与社会效益多赢，为建设美丽中国而奋斗。

奋斗目标：经过五年努力，全国空气质量总体改善，重污染天气较大幅度减少；京津冀、长三角、珠三角等区域空气质量明显好转。力争再用五年或更长时间，逐步消除重污染天气，全国空气质量明显改善。

具体指标：到2017年，全国地级及以上城市可吸入颗粒物浓度比2012年下降10%以上，优良天数逐年提高；京津冀、长三角、珠三角等区域细颗粒物浓度分别下降25%、20%、15%左右，其中北京市细颗粒物年均浓度控制在60微克/立方米左右。

一、加大综合治理力度，减少多污染物排放

（一）加强工业企业大气污染综合治理。全面整治燃煤小锅炉。加快推进集中供热、“煤改气”、“煤改电”工程建设，到2017年，除必要保留的以外，地级及以上城市建成区基本淘汰每小时10蒸吨及以下的燃煤锅炉，禁止新建每小时20蒸吨以下的燃煤锅炉；其他地区原则上不再新建每小时10蒸吨以下的燃煤锅炉。在供热供气管网不能覆盖的地区，改用电、新能源或洁净煤，推广应用高效节能环保型锅炉。在化工、造纸、印染、制革、制药等产业集聚区，通过集中建设热电联产机组逐步淘汰分散燃煤锅炉。

加快重点行业脱硫、脱硝、除尘改造工程建设。所有燃煤电厂、钢铁企业的烧结机和球团生产设备、石油炼制企业的催化裂化装置、有色金属冶炼企业都要安装脱硫设施，每小时20蒸吨及以上的燃煤锅炉要实施脱硫。除循环流化床锅炉以外的燃煤机组均应安装脱硝设施，新型干法水泥窑要实施低氮燃烧技术改造并安装脱硝设施。燃煤锅炉和工业窑炉现有除尘设施要实施升级改造。

推进挥发性有机物污染治理。在石化、有机化工、表面涂装、包装印刷等行业实施挥发性有机物综合整治，在石化行业开展“泄漏检测与修复”技术改造。限时完成加油站、储油库、油罐车的油气回收治理，在原油成品油码头积极开展油气回收治理。完善涂料、胶粘剂等产品挥发性有机物限值标准，推广使用水性涂料，鼓励生产、销售和使用低毒、低挥发性有机溶剂。

京津冀、长三角、珠三角等区域要于2015年底前基本完成燃煤电厂、燃煤锅炉和工业窑炉的污染治理设施建设与改造，完成石化企业有机废气综合治理。

（二）深化面源污染治理。综合整治城市扬尘。加强施工扬尘监管，积极推进绿色施工，建设工程施工现场应全封闭设置围挡墙，严禁敞开式作业，施工现场道路应进行地面硬化。渣土运输车辆应采取密闭措施，并逐步安装卫星定位系统。推行道路机械化清扫等低尘作业方式。大型煤堆、料堆要实现封闭储存或建设防风抑尘设施。推进城市及周边绿化和防风防沙林建设，扩大城市建成区绿地规模。

开展餐饮油烟污染治理。城区餐饮服务经营场所应安装高效油烟净化设施，推广使用高效净化型家用吸油烟机。

（三）强化移动源污染防治。加强城市交通管理。优化城市功能和布局规划，推广智能交通管理，缓解城市交通拥堵。实施公交优先战略，提高公共交通出行比例，加强步行、自行车交通系统建设。根据城市发展规划，合理控制机动车保有量，北京、上海、广州等特大城市要严格限制机动车保有量。通过鼓励绿色出行、增加使用成本等措施，降低机动车使用强度。

提升燃油品质。加快石油炼制企业升级改造，力争在2013年底前，全国供应符合国家第四阶段标准的车用汽油，在2014年底前，全国供应符合国家第四阶段标准的车用柴油，在2015年底前，京津冀、长三角、珠三角等区域内重点城市全面供应符合国家第五阶段标准的车用汽、柴油，在2017年底前，全国供应符合国家第五阶段标准的车用汽、柴油。加强油品质量监督检查，严厉打击非法生产、销售不合格油品行为。

加快淘汰黄标车和老旧车辆。采取划定禁行区域、经济补偿等方式，逐步淘汰黄标车和老旧车辆。到2015年，淘汰2005年底前注册营运的黄标车，基本淘汰京津冀、长三角、珠三角等区域内的500万辆黄标车。到2017年，基本淘汰全国范围的黄标车。

加强机动车环保管理。环保、工业和信息化、质检、工商等部门联合加强新生产车辆环保监管，严厉打击生产、销售环保不达标车辆的违法行为；加强在用机动车年度检验，对不达标车辆不得发放环保合格标志，不得上路行驶。加快柴油车车用尿素供应体系建设。研究缩短公交车、出租车强制报废年限。鼓励出租车每年更换高效尾气净化装置。开展工程机械等非道路移动机械和船舶的污染控制。

加快推进低速汽车升级换代。不断提高低速汽车（三轮汽车、低速货车）节能环保要求，减少污染排放，促进相关产业和产品技术升级换代。自2017年起，新生产的低速货车执行与轻型载货车同等的节能与排放标准。

大力推广新能源汽车。公交、环卫等行业和政府机关要率先使用新能源汽车，采取直接上牌、财政补贴等措施鼓励个人购买。北京、上海、广州等城市每年新增或更新的公交车中新能源和清洁燃料车的比例达到60%以上。

二、调整优化产业结构，推动产业转型升级

（四）严控“两高”行业新增产能。修订高耗能、高污染和资源性行业准入条件，明确资源能源节约和污染物排放等指标。有条件的地区要制定符合当地功能定位、严于国家要求的产业准入目录。严格控制“两高”行业新增产能，新、改、扩建项目要实行产能等量或减量置换。

（五）加快淘汰落后产能。结合产业发展实际和环境质量状况，进一步提高环保、能耗、安全、质量等标准，分区域明确落后产能淘汰任务，倒逼产业转型升级。

按照《部分工业行业淘汰落后生产工艺装备和产品指导目录（2010 年本）》、《产业结构调整指导目录（2011 年本）（修正）》的要求，采取经济、技术、法律和必要的行政手段，提前一年完成钢铁、水泥、电解铝、平板玻璃等 21 个重点行业的“十二五”落后产能淘汰任务。2015 年再淘汰炼铁 1500 万吨、炼钢 1500 万吨、水泥（熟料及粉磨能力）1 亿吨、平板玻璃 2000 万重量箱。对未按期完成淘汰任务的地区，严格控制国家安排的投资项目，暂停对该地区重点行业建设项目办理审批、核准和备案手续。2016 年、2017 年，各地区要制定范围更宽、标准更高的落后产能淘汰政策，再淘汰一批落后产能。

对布局分散、装备水平低、环保设施差的小型工业企业进行全面排查，制定综合整改方案，实施分类治理。

（六）压缩过剩产能。加大环保、能耗、安全执法处罚力度，建立以节能环保标准促进“两高”行业过剩产能退出的机制。制定财政、土地、金融等扶持政策，支持产能过剩“两高”行业企业退出、转型发展。发挥优强企业对行业发展的主导作用，通过跨地区、跨所有制企业兼并重组，推动过剩产能压缩。严禁核准产能严重过剩行业新增产能项目。

（七）坚决停建产能严重过剩行业违规在建项目。认真清理产能严重过剩行业违规在建项目，对未批先建、边批边建、越权核准的违规项目，尚未开工建设的，不准开工；正在建设的，要停止建设。地方人民政府要加强组织领导和监督检查，坚决遏制产能严重过剩行业盲目扩张。

三、加快企业技术改造，提高科技创新能力

（八）强化科技研发和推广。加强灰霾、臭氧的形成机理、来源解析、迁移规律和监测预警等研究，为污染治理提供科学支撑。加强大气污染与人群健康关系的研究。支持企业技术中心、国家重点实验室、国家工程实验室建设，推进大型大气光化学模拟仓、大型气溶胶模拟仓等科技基础设施建设。

加强脱硫、脱硝、高效除尘、挥发性有机物控制、柴油机（车）排放净化、环境监测，以及新能源汽车、智能电网等方面的技术研发，推进技术成果转化应用。加强大气污染治理先进技术、管理经验等方面的国际交流与合作。

（九）全面推行清洁生产。对钢铁、水泥、化工、石化、有色金属冶炼等重点行业进行清洁生产审核，针对节能减排关键领域和薄弱环节，采用先进适用的技术、工艺和装备，实施清洁生产技术改造；到 2017 年，重点行业排污强度比 2012 年下降 30%以上。推进非有机溶剂型涂料和农药等产品创新，减少生产和使用过程中挥发性有机物排放。积极开发缓释肥料新品种，减少化肥施用过程中氨的排放。

（十）大力发展循环经济。鼓励产业集聚发展，实施园区循环化改造，推进能源梯级利用、水资源循环利用、废物交换利用、土地节约集约利用，促进企业循环式生产、园区循环式发展、产业循环式组合，构建循环型工业体系。推动水泥、钢铁等工业窑炉、高炉实施废物协同处置。大力发展机电产品再制造，推进资源再生利用产业发展。到 2017 年，单位工业增加值能耗比 2012 年降低 20%左右，在 50%以上的各类国家级园区和 30%以上的各类省级园区实施循环化改造，主要有色金属品种以及钢铁的循环再生比

重达到40%左右。

（十一）大力培育节能环保产业。着力把大气污染治理的政策要求有效转化为节能环保产业发展的市场需求，促进重大环保技术装备、产品的创新开发与产业化应用。扩大国内消费市场，积极支持新业态、新模式，培育一批具有国际竞争力的大型节能环保企业，大幅增加大气污染治理装备、产品、服务产业产值，有效推动节能环保、新能源等战略性新兴产业发展。鼓励外商投资节能环保产业。

四、加快调整能源结构，增加清洁能源供应

（十二）控制煤炭消费总量。制定国家煤炭消费总量中长期控制目标，实行目标责任管理。到2017年，煤炭占能源消费总量比重降低到65%以下。京津冀、长三角、珠三角等区域力争实现煤炭消费总量负增长，通过逐步提高接受外输电比例、增加天然气供应、加大非化石能源利用强度等措施替代燃煤。

京津冀、长三角、珠三角等区域新建项目禁止配套建设自备燃煤电站。耗煤项目要实行煤炭减量替代。除热电联产外，禁止审批新建燃煤发电项目；现有多台燃煤机组装机容量合计达到30万千瓦以上的，可按照煤炭等量替代的原则建设为大容量燃煤机组。

（十三）加快清洁能源替代利用。加大天然气、煤制天然气、煤层气供应。到2015年，新增天然气干线管输能力1500亿立方米以上，覆盖京津冀、长三角、珠三角等区域。优化天然气使用方式，新增天然气应优先保障居民生活或用于替代燃煤；鼓励发展天然气分布式能源等高效利用项目，限制发展天然气化工项目；有序发展天然气调峰电站，原则上不再新建天然气发电项目。

制定煤制天然气发展规划，在满足最严格的环保要求和保障水资源供应的前提下，加快煤制天然气产业化和规模化步伐。

积极有序发展水电，开发利用地热能、风能、太阳能、生物质能，安全高效发展核电。到2017年，运行核电机组装机容量达到5000万千瓦，非化石能源消费比重提高到13%。

京津冀区域城市建成区、长三角城市群、珠三角区域要加快现有工业企业燃煤设施天然气替代步伐；到2017年，基本完成燃煤锅炉、工业窑炉、自备燃煤电站的天然气替代改造任务。

（十四）推进煤炭清洁利用。提高煤炭洗选比例，新建煤矿应同步建设煤炭洗选设施，现有煤矿要加快建设与改造；到2017年，原煤入选率达到70%以上。禁止进口高灰份、高硫份的劣质煤炭，研究出台煤炭质量管理办法。限制高硫石油焦的进口。

扩大城市高污染燃料禁燃区范围，逐步由城市建成区扩展到近郊。结合城中村、城乡结合部、棚户区改造，通过政策补偿和实施峰谷电价、季节性电价、阶梯电价、调峰电价等措施，逐步推行以天然气或电替代煤炭。鼓励北方农村地区建设洁净煤配送中心，推广使用洁净煤和型煤。

（十五）提高能源使用效率。严格落实节能评估审查制度。新建高耗能项目单位产品（产值）能耗要达到国内先进水平，用能设备达到一级能效标准。京津冀、长三角、珠三角等区域，新建高耗能项目单位产品（产值）能耗要达到国际先进水平。

积极发展绿色建筑，政府投资的公共建筑、保障性住房等要率先执行绿色建筑标准。新建建筑要严格执行强制性节能标准，推广使用太阳能热水系统、地源热泵、空气源热泵、光伏建筑一体化、“热—电—冷”三联供等技术和装备。

推进供热计量改革，加快北方采暖地区既有居住建筑供热计量和节能改造；新建建筑和完成供热计量改造的既有建筑逐步实行供热计量收费。加快热力管网建设与改造。

五、严格节能环保准入，优化产业空间布局

（十六）调整产业布局。按照主体功能区规划要求，合理确定重点产业发展布局、结构和规模，重大项目原则上布局在优化开发区和重点开发区。所有新、改、扩建项目，必须全部进行环境影响评价；未通过环境影响评价审批的，一律不准开工建设；违规建设的，要依法进行处罚。加强产业政策在产业转

移过程中的引导与约束作用，严格限制在生态脆弱或环境敏感地区建设“两高”行业项目。加强对各类产业发展规划的环境影响评价。

在东部、中部和西部地区实施差别化的产业政策，对京津冀、长三角、珠三角等区域提出更高的节能环保要求。强化环境监管，严禁落后产能转移。

（十七）强化节能环保指标约束。提高节能环保准入门槛，健全重点行业准入条件，公布符合准入条件的企业名单并实施动态管理。严格实施污染物排放总量控制，将二氧化硫、氮氧化物、烟粉尘和挥发性有机物排放是否符合总量控制要求作为建设项目环境影响评价审批的前置条件。

京津冀、长三角、珠三角区域以及辽宁中部、山东、武汉及其周边、长株潭、成渝、海峡西岸、山西中北部、陕西关中、甘宁、乌鲁木齐城市群等“三区十群”中的47个城市，新建火电、钢铁、石化、水泥、有色、化工等企业以及燃煤锅炉项目要执行大气污染物特别排放限值。各地区可根据环境质量改善的需要，扩大特别排放限值实施的范围。

对未通过能评、环评审查的项目，有关部门不得审批、核准、备案，不得提供土地，不得批准开工建设，不得发放生产许可证、安全生产许可证、排污许可证，金融机构不得提供任何形式的新增授信支持，有关单位不得供电、供水。

（十八）优化空间格局。科学制定并严格实施城市规划，强化城市空间管制要求和绿地控制要求，规范各类产业园区和城市新城、新区设立和布局，禁止随意调整和修改城市规划，形成有利于大气污染物扩散的城市和区域空间格局。研究开展城市环境总体规划试点工作。

结合化解过剩产能、节能减排和企业兼并重组，有序推进位于城市主城区的钢铁、石化、化工、有色金属冶炼、水泥、平板玻璃等重污染企业环保搬迁、改造，到2017年基本完成。

六、发挥市场机制作用，完善环境经济政策

（十九）发挥市场机制调节作用。本着“谁污染、谁负责，多排放、多负担，节能减排得收益、获补偿”的原则，积极推行激励与约束并举的节能减排新机制。

分行业、分地区对水、电等资源类产品制定企业消耗定额。建立企业“领跑者”制度，对能效、排污强度达到更高标准的先进企业给予鼓励。

全面落实“合同能源管理”的财税优惠政策，完善促进环境服务业发展的扶持政策，推行污染治理设施投资、建设、运行一体化特许经营。完善绿色信贷和绿色证券政策，将企业环境信息纳入征信系统。严格限制环境违法企业贷款和上市融资。推进排污权有偿使用和交易试点。

（二十）完善价格税收政策。根据脱硝成本，结合调整销售电价，完善脱硝电价政策。现有火电机组采用新技术进行除尘设施改造的，要给予价格政策支持。实行阶梯式电价。

推进天然气价格形成机制改革，理顺天然气与可替代能源的比价关系。

按照合理补偿成本、优质优价和污染者付费的原则合理确定成品油价格，完善对部分困难群体和公益性行业成品油价格改革补贴政策。

加大排污费征收力度，做到应收尽收。适时提高排污收费标准，将挥发性有机物纳入排污费征收范围。

研究将部分“两高”行业产品纳入消费税征收范围。完善“两高”行业产品出口退税政策和资源综合利用税收政策。积极推进煤炭等资源税从价计征改革。符合税收法律法规规定，使用专用设备或建设环境保护项目的企业以及高新技术企业，可以享受企业所得税优惠。

（二十一）拓宽投融资渠道。深化节能环保投融资体制改革，鼓励民间资本和社会资本进入大气污染防治领域。引导银行业金融机构加大对大气污染防治项目的信贷支持。探索排污权抵押融资模式，拓展节能环保设施融资、租赁业务。

地方人民政府要对涉及民生的“煤改气”项目、黄标车和老旧车辆淘汰、轻型载货车替代低速货车等加大政策支持力度，对重点行业清洁生产示范工程给予引导性资金支持。要将空气质量监测站点建设及其运行和监管经费纳入各级财政预算予以保障。

在环境执法到位、价格机制理顺的基础上，中央财政统筹整合主要污染物减排等专项，设立大气污染防治专项资金，对重点区域按治理成效实施“以奖代补”；中央基本建设投资也要加大对重点区域大气污染防治的支持力度。

七、健全法律法规体系，严格依法监督管理

（二十二）完善法律法规标准。加快大气污染防治法修订步伐，重点健全总量控制、排污许可、应急预警、法律责任等方面的制度，研究增加对恶意排污、造成重大污染危害的企业及其相关负责人追究刑事责任的内容，加大对违法行为的处罚力度。建立健全环境公益诉讼制度。研究起草环境税法草案，加快修改环境保护法，尽快出台机动车污染防治条例和排污许可证管理条例。各地区可结合实际，出台地方性大气污染防治法规、规章。

加快制（修）订重点行业排放标准以及汽车燃料消耗量标准、油品标准、供热计量标准等，完善行业污染防治技术政策和清洁生产评价指标体系。

（二十三）提高环境监管能力。完善国家监察、地方监管、单位负责的环境监管体制，加强对地方人民政府执行环境法律法规和政策的监督。加大环境监测、信息、应急、监察等能力建设力度，达到标准化建设要求。

建设城市站、背景站、区域站统一布局的国家空气质量监测网络，加强监测数据质量管理，客观反映空气质量状况。加强重点污染源在线监控体系建设，推进环境卫星应用。建设国家、省、市三级机动车排污监管平台。到2015年，地级及以上城市全部建成细颗粒物监测点和国家直管的监测点。

（二十四）加大环保执法力度。推进联合执法、区域执法、交叉执法等执法机制创新，明确重点，加大力度，严厉打击环境违法行为。对偷排偷放、屡查屡犯的违法企业，要依法停产关闭。对涉嫌环境犯罪的，要依法追究刑事责任。落实执法责任，对监督缺位、执法不力、徇私枉法等行为，监察机关要依法追究有关部门和人员的责任。

（二十五）实行环境信息公开。国家每月公布空气质量最差的10个城市和最好的10个城市的名单。各省（区、市）要公布本行政区域内地级及以上城市空气质量排名。地级及以上城市要在当地主要媒体及时发布空气质量监测信息。

各级环保部门和企业要主动公开新建项目环境影响评价、企业污染物排放、治污设施运行情况等环境信息，接受社会监督。涉及群众利益的建设项目，应充分听取公众意见。建立重污染行业企业环境信息强制公开制度。

八、建立区域协作机制，统筹区域环境治理

（二十六）建立区域协作机制。建立京津冀、长三角区域大气污染防治协作机制，由区域内省级人民政府和国务院有关部门参加，协调解决区域突出环境问题，组织实施环评会商、联合执法、信息共享、预警应急等大气污染防治措施，通报区域大气污染防治工作进展，研究确定阶段性工作要求、工作重点和主要任务。

（二十七）分解目标任务。国务院与各省（区、市）人民政府签订大气污染防治目标责任书，将目标任务分解落实到地方人民政府和企业。将重点区域的细颗粒物指标、非重点地区的可吸入颗粒物指标作为经济社会发展的约束性指标，构建以环境质量改善为核心的目标责任考核体系。

国务院制定考核办法，每年初对各省（区、市）上年度治理任务完成情况进行考核；2015年进行中期评估，并依据评估情况调整治理任务；2017年对行动计划实施情况进行终期考核。考核和评估结果经国务院同意后，向社会公布，并交由干部主管部门，按照《关于建立促进科学发展的党政领导班子和领导干部考核评价机制的意见》、《地方党政领导班子和领导干部综合考核评价办法（试行）》、《关于开展政府绩效管理试点工作的意见》等规定，作为对领导班子和领导干部综合考核评价的重要依据。

（二十八）实行严格责任追究。对未通过年度考核的，由环保部门会同组织部门、监察机关等部门约谈省级人民政府及其相关部门有关负责人，提出整改意见，予以督促。

对因工作不力、履职缺位等导致未能有效应对重污染天气的，以及干预、伪造监测数据和没有完成年度目标任务的，监察机关要依法依纪追究有关单位和人员的责任，环保部门要对有关地区和企业实施建设项目环评限批，取消国家授予的环境保护荣誉称号。

九、建立监测预警应急体系，妥善应对重污染天气

（二十九）建立监测预警体系。环保部门要加强与气象部门的合作，建立重污染天气监测预警体系。到2014年，京津冀、长三角、珠三角区域要完成区域、省、市级重污染天气监测预警系统建设；其他省（区、市）、副省级市、省会城市于2015年底前完成。要做好重污染天气过程的趋势分析，完善会商研判机制，提高监测预警的准确度，及时发布监测预警信息。

（三十）制定完善应急预案。空气质量未达到规定标准的城市应制定和完善重污染天气应急预案并向社会公布；要落实责任主体，明确应急组织机构及其职责、预警预报及响应程序、应急处置及保障措施等内容，按不同污染等级确定企业限产停产、机动车和扬尘管控、中小学校停课以及可行的气象干预等应对措施。开展重污染天气应急演练。

京津冀、长三角、珠三角等区域要建立健全区域、省、市联动的重污染天气应急响应体系。区域内各省（区、市）的应急预案，应于2013年底前报环境保护部备案。

（三十一）及时采取应急措施。将重污染天气应急响应纳入地方人民政府突发事件应急管理体系，实行政府主要负责人负责制。要依据重污染天气的预警等级，迅速启动应急预案，引导公众做好卫生防护。

十、明确政府企业和社会的责任，动员全民参与环境保护

（三十二）明确地方政府统领责任。地方各级人民政府对本行政区域内的大气环境质量负总责，要根据国家的总体部署及控制目标，制定本地区的实施细则，确定工作重点任务和年度控制指标，完善政策措施，并向社会公开；要不断加大监管力度，确保任务明确、项目清晰、资金保障。

（三十三）加强部门协调联动。各有关部门要密切配合、协调力量、统一行动，形成大气污染防治的强大合力。环境保护部要加强指导、协调和监督，有关部门要制定有利于大气污染防治的投资、财政、税收、金融、价格、贸易、科技等政策，依法做好各自领域的相关工作。

（三十四）强化企业施治。企业是大气污染治理的责任主体，要按照环保规范要求，加强内部管理，增加资金投入，采用先进的生产工艺和治理技术，确保达标排放，甚至达到“零排放”；要自觉履行环境保护的社会责任，接受社会监督。

（三十五）广泛动员社会参与。环境治理，人人有责。要积极开展多种形式的宣传教育，普及大气污染防治的科学知识。加强大气环境管理专业人才培养。倡导文明、节约、绿色的消费方式和生活习惯，引导公众从自身做起、从点滴做起、从身边的小事做起，在全社会树立起“同呼吸、共奋斗”的行为准则，共同改善空气质量。

我国仍然处于社会主义初级阶段，大气污染防治任务繁重艰巨，要坚定信心、综合治理，突出重点、逐步推进，重在落实、务求实效。各地区、各有关部门和企业要按照本行动计划的要求，紧密结合实际，狠抓贯彻落实，确保空气质量改善目标如期实现。

关于发布《中国受控消耗臭氧层物质清单》的公告

为了履行《保护臭氧层维也纳公约》、《关于消耗臭氧层物质的蒙特利尔议定书》及其修正案规定的义务，根据《消耗臭氧层物质管理条例》（国务院令第 573 号）的有关规定，环境保护部、国家发展改革委、工业和信息化部共同制定了《中国受控消耗臭氧层物质清单》。现予以公告。

附件：中国受控消耗臭氧层物质清单

二〇一〇年九月二十七日

附件：

中国受控消耗臭氧层物质清单

<table>
<tr><th rowspan="2">类 别</th><th colspan="3">物 质</th><th rowspan="2">异构体数目</th><th rowspan="2">ODP 值*</th><th rowspan="2">备 注</th></tr>
<tr><th>代 码</th><th>化学式</th><th>化 学 名 称</th></tr>
<tr><td rowspan="15">第一类
全氯氟烃
（又称氯氟化碳）</td><td>CFC-11</td><td>$CFCl_3$</td><td>三氯一氟甲烷</td><td rowspan="15"></td><td></td><td rowspan="10">主要用途为制冷剂、发泡剂、清洗剂等。按《关于消耗臭氧层物质的蒙特利尔议定书》（以下简称《议定书》）规定，自 2010 年 1 月 1 日起，除特殊用途外，全面禁止生产和使用。</td></tr>
<tr><td>CFC-12</td><td>CF_2Cl_2</td><td>二氯二氟甲烷</td><td>1</td></tr>
<tr><td>CFC-113</td><td>$C_2F_3Cl_3$</td><td>1,1,2-三氯-1,2,2-三氟乙烷</td><td>0.8</td></tr>
<tr><td>CFC-114</td><td>$C_2F_4Cl_2$</td><td>1,2-二氯-1,1,2,2,-四氟乙烷</td><td>1</td></tr>
<tr><td>CFC-115</td><td>C_2F_5Cl</td><td>一氯五氟乙烷</td><td>0.6</td></tr>
<tr><td>CFC-13</td><td>CF_3Cl</td><td>一氯三氟甲烷</td><td>1</td></tr>
<tr><td>CFC-111</td><td>C_2FCl_5</td><td>五氯一氟乙烷</td><td>1</td></tr>
<tr><td>CFC-112</td><td>$C_2F_2Cl_4$</td><td>四氯二氟乙烷</td><td>1</td></tr>
<tr><td>CFC-211</td><td>C_3FCl_7</td><td>七氯一氟丙烷</td><td>1</td></tr>
<tr><td>CFC-212</td><td>$C_3F_2Cl_6$</td><td>六氯二氟丙烷</td><td>1</td></tr>
<tr><td>CFC-213</td><td>$C_3F_3Cl_5$</td><td>五氯三氟丙烷</td><td>1</td><td rowspan="5">主要用途为制冷剂、发泡剂、清洗剂等。按《关于消耗臭氧层物质的蒙特利尔议定书》（以下简称《议定书》）规定，自 2010 年 1 月 1 日起，除特殊用途外，全面禁止生产和使用。</td></tr>
<tr><td>CFC-214</td><td>$C_3F_4Cl_4$</td><td>四氯四氟丙烷</td><td>1</td></tr>
<tr><td>CFC-215</td><td>$C_3F_5Cl_3$</td><td>三氯五氟丙烷</td><td>1</td></tr>
<tr><td>CFC-216</td><td>$C_3F_6Cl_2$</td><td>二氯六氟丙烷</td><td>1</td></tr>
<tr><td>CFC-217</td><td>C_3F_7Cl</td><td>一氯七氟丙烷</td><td>1</td></tr>
<tr><td rowspan="3">第二类
哈龙</td><td>（哈龙-1211）</td><td>CF_2BrCl</td><td>一溴一氯二氟甲烷</td><td rowspan="3"></td><td>3</td><td rowspan="3">主要用途为灭火剂。按《议定书》规定，自 2010 年 1 月 1 日起，除特殊用途外，全面禁止生产和使用。</td></tr>
<tr><td>（哈龙-1301）</td><td>CF_3Br</td><td>一溴三氟甲烷</td><td>10</td></tr>
<tr><td>（哈龙-2402）</td><td>$C_2F_4Br_2$</td><td>二溴四氟乙烷</td><td>6</td></tr>
</table>

类别	物质			异构体数目	ODP值*	备注
	代码	化学式	化学名称			
第三类 四氯化碳		CCl_4	四氯化碳		1.1	主要用途为加工助剂、清洗剂和试剂等。按《议定书》规定，自2010年1月1日起，除特殊用途外，全面禁止生产和使用。
第四类 甲基氯仿		**$C_2H_3Cl_3$	1,1,1-三氯乙烷（非1,1,2- 三氯乙烷）又称甲基氯仿		0.1	主要用途为清洗剂、溶剂。按《议定书》规定，自2010年1月1日起，除特殊用途外，全面禁止生产和使用。
第五类 含氢氯氟烃	（HCFC-21）	$CHFCl_2$	二氯一氟甲烷	1	0.04	主要用途为制冷剂、发泡剂、灭火剂、清洗剂、气雾剂等。按照《议定书》最新的调整案规定，2013年生产和使用分别冻结在2009年和2010年两年平均水平，2015年在冻结水平上削减10%，2020年削减35%，2025年削减67.5%，2030年实现除维修和特殊用途以外的完全淘汰。
	（HCFC-22）	CHF_2Cl	一氯二氟甲烷	1	0.055	
	（HCFC-31）	CH_2FCl	一氯一氟甲烷	1	0.02	
	（HCFC-121）	C_2HFCl_4	四氯一氟乙烷	2	0.01～0.04	
	（HCFC-122）	$C_2HF_2Cl_3$	三氯二氟乙烷	3	0.02～0.08	
	（HCFC-123）	$C_2HF_3Cl_2$	二氯三氟乙烷	3	0.02～0.06	
	（HCFC-123）	$CHCl_2CF_3$	1,1-二氯-2,2,2-三氟乙烷	—	0.02	
	（HCFC-124）	C_2HF_4Cl	一氯四氟乙烷	2	0.02～0.04	
	（HCFC-124）	$CHFClCF_3$	1-氯-1,2,2,2-四氟乙烷	—	0.022	
	（HCFC-131）	$C_2H_2FCl_3$	三氯一氟乙烷	3	0.007～0.05	
	（HCFC-132）	$C_2H_2F_2Cl_2$	二氯二氟乙烷	4	0.008～0.05	
	（HCFC-133）	$C_2H_2F_3Cl$	一氯三氟乙烷	3	0.02～0.06	
	（HCFC-141）	$C_2H_3FCl_2$	二氯一氟乙烷	3	0.005～0.07	
	（HCFC-141b）	CH_3CFCl_2	1,1-二氯-1-氟乙烷	—	0.01	
	（HCFC-142）	$C_2H_3F_2Cl$	一氯二氟乙烷	3	0.008～0.07	
	（HCFC-142b）	CH_3CF_2Cl	1-氯-1,1-二氟乙烷	—	0.065	
	（HCFC-151）	C_2H_4FCl	一氯一氟乙烷	2	0.003～0.005	
	（HCFC-221）	C_3HFCl_6	六氯一氟丙烷	5	0.015～0.07	
	（HCFC-222）	$C_3HF_2Cl_5$	五氯二氟丙烷	9	0.01～0.09	
	（HCFC-223）	$C_3HF_3Cl_4$	四氯三氟丙烷	12	0.01～0.08	
	（HCFC-224）	$C_3HF_4Cl_3$	三氯四氟丙烷	12	0.01～0.09	
	（HCFC-225）	$C_3HF_5Cl_2$	二氯五氟丙烷	9	0.02～0.07	
	（HCFC-225ca）	$CF_3CF_2CHCl_2$	1,1-二氯-2,2,3,3,3-五氟丙烷	—	0.025	
	（HCFC-225cb）	CF_2ClCF_2CHClF	1,3-二氯-1,1,2,2,3-五氟丙烷	—	0.033	
	（HCFC-226）	C_3HF_6Cl	一氯六氟丙烷	5	0.02～0.10	
	（HCFC-231）	$C_3H_2FCl_5$	五氯一氟丙烷	9	0.05～0.09	
	（HCFC-232）	$C_3H_2F_2Cl_4$	四氯二氟丙烷	16	0.008～0.10	
	（HCFC-233）	$C_3H_2F_3Cl_3$	三氯三氟丙烷	18	0.007～0.23	

类别	物质			异构体数目	ODP值*	备注
	代码	化学式	化学名称			
第五类 含氢氯氟烃	(HCFC-234)	$C_3H_2F_4Cl_2$	二氯四氟丙烷	16	0.01～0.28	主要用途为制冷剂、发泡剂、灭火剂、清洗剂、气雾剂等。按照《议定书》最新的调整案规定，2013年生产和使用分别冻结在2009年和2010年两年平均水平，2015年在冻结水平上削减10%，2020年削减35%，2025年削减67.5%，2030年实现除维修和特殊用途以外的完全淘汰。
	(HCFC-235)	$C_3H_2F_5Cl$	一氯五氟丙烷	9	0.03～0.52	
	(HCFC-241)	$C_3H_3FCl_4$	四氯一氟丙烷	12	0.004～0.09	
	(HCFC-242)	$C_3H_3F_2Cl_3$	三氯二氟丙烷	18	0.005～0.13	
	(HCFC-243)	$C_3H_3F_3Cl_2$	二氯三氟丙烷	18	0.007～0.12	
	(HCFC-244)	$C_3H_3F_4Cl$	一氯四氟丙烷	12	0.009～0.14	
	(HCFC-251)	$C_3H_4FCl_3$	三氯一氟丙烷	12	0.001～0.01	
	(HCFC-252)	$C_3H_4F_2Cl_2$	二氯二氟丙烷	16	0.005～0.04	
	(HCFC-253)	$C_3H_4F_3Cl$	一氯三氟丙烷	12	0.003～0.03	
	(HCFC-261)	$C_3H_5FCl_2$	二氯一氟丙烷	9	0.002～0.02	
	(HCFC-262)	$C_3H_5F_2Cl$	一氯二氟丙烷	9	0.002～0.02	
	(HCFC-271)	C_3H_6FCl	一氯一氟丙烷	5	0.001～0.03	
第六类 含氢溴氟烃		$CHFBr_2$	二溴一氟甲烷	1	1	按照《议定书》及相关修正案规定，禁止生产和使用。
		CHF_2Br	一溴二氟甲烷	1	0.74	
		CH_2FBr	一溴一氟甲烷	1	0.73	
		C_2HFBr_4	四溴一氟乙烷	2	0.3～0.8	
		$C_2HF_2Br_3$	三溴二氟乙烷	3	0.5～1.8	
		$C_2HF_3Br_2$	二溴三氟乙烷	3	0.4～1.6	
		C_2HF_4Br	一溴四氟乙烷	2	0.7～1.2	
		$C_2H_2FBr_3$	三溴一氟乙烷	3	0.1～1.1	
		$C_2H_2F_2Br_2$	二溴二氟乙烷	4	0.2～1.5	
		$C_2H_2F_3Br$	一溴三氟乙烷	3	0.7～1.6	
		$C_2H_3FBr_2$	二溴一氟乙烷	3	0.1～1.7	
		$C_2H_3F_2Br$	一溴二氟乙烷	3	0.2～1.1	
		C_2H_4FBr	一溴一氟乙烷	2	0.07～0.1	
		C_3HFBr_6	六溴一氟丙烷	5	0.3～1.5	
		$C_3HF_2Br_5$	五溴二氟丙烷	9	0.2～1.9	
		$C_3HF_3Br_4$	四溴三氟丙烷	12	0.3～1.8	
		$C_3HF_4Br_3$	三溴四氟丙烷	12	0.5～2.2	
		$C_3HF_5Br_2$	二溴五氟丙烷	9	0.9～2.0	
		C_3HF_6Br	一溴六氟丙烷	5	0.7～3.3	
		$C_3H_2FBr_5$	五溴一氟丙烷	9	0.1～1.9	
		$C_3H_2F_2Br_4$	四溴二氟丙烷	16	0.2～2.1	
		$C_3H_2F_3Br_3$	三溴三氟丙烷	18	0.2～5.6	
		$C_3H_2F_4Br_2$	二溴四氟丙烷	16	0.3～7.5	
		$C_3H_2F_5Br$	一溴五氟丙烷	8	0.9～1.4	
		$C_3H_3FBr_4$	四溴一氟丙烷	12	0.08～1.9	
		$C_3H_3F_2Br_3$	三溴二氟丙烷	18	0.1～3.1	
		$C_3H_3F_3Br_2$	二溴三氟丙烷	18	0.1～2.5	
		$C_3H_3F_4Br$	一溴四氟丙烷	12	0.3～4.4	
		$C_3H_4FBr_3$	三溴一氟丙烷	12	0.03～0.3	
		$C_3H_4F_2Br_2$	二溴二氟丙烷	16	0.1～1.0	
		$C_3H_4F_3Br$	一溴三氟丙烷	12	0.07～0.8	
		$C_3H_5FBr_2$	二溴一氟丙烷	9	0.04～0.4	
		$C_3H_5F_2Br$	一溴二氟丙烷	9	0.07～0.8	
		C_3H_6FBr	一溴一氟丙烷	5	0.02～0.7	

类别	物质			异构体数目	ODP 值*	备注
	代码	化学式	化学名称			
第七类 溴氯甲烷		CH_2BrCl	溴氯甲烷	1	0.12	按照《议定书》及相关修正案规定，禁止生产和使用。
第八类 甲基溴		CH_3Br	一溴甲烷		0.6	主要用途为杀虫剂、土壤熏蒸剂等。按《议定书》规定，应在 2015 年前实现除特殊用途外所有甲基溴的生产和使用淘汰。

* 在列出消耗臭氧潜能值的幅度时，为蒙特利尔议定书的目的应使用该幅度的最高值。作为单一数值列出的消耗臭氧潜能值是根据实验室的测量计算得出的。作为幅度列出的潜能值是根据估算得出的，因为较不确定，幅度值涉及一个同质异构群的潜能值，其最高值是具有最大消耗臭氧潜能值的异构体的消耗臭氧潜能值估计数，最低值是具有最少消耗臭氧潜能值的异构体的潜能值估计数。

** 本分子式并不指 1，1，2-三氯乙烷。

关于印发《“十三五”挥发性有机物污染防治工作方案》的通知

环大气〔2017〕121 号

各省、自治区、直辖市、新疆生产建设兵团环境保护厅（局）、发展改革委、财政厅（局）、交通运输厅（局、委）、质量技术监督局（市场监督管理部门）、能源局：

为落实《中华人民共和国国民经济和社会发展第十三个五年规划纲要》《“十三五”生态环境保护规划》《“十三五”节能减排综合工作方案》相关要求，全面加强挥发性有机物（VOCs）污染防治工作，强化重点地区、重点行业、重点污染物的减排，提高管理的科学性、针对性和有效性，遏制臭氧上升势头，促进环境空气质量持续改善，我们制定了《“十三五”挥发性有机物污染防治工作方案》（见附件）。现印发给你们，请认真落实方案要求，扎实推进各项工作，及时报送有关材料，推动 VOCs 污染防治工作取得积极进展。

附件：“十三五”挥发性有机物污染防治工作方案

环境保护部　发展改革委

财政部　交通运输部

质检总局　能源局

2017 年 9 月 13 日

关于认真学习领会贯彻落实《大气污染防治行动计划》的通知

环发〔2013〕103 号

各省、自治区、直辖市环境保护厅（局），副省级城市环境保护局，解放军环境保护局，新疆生产建设兵团环境保护局，辽河保护区管理局，部机关各部门，各派出机构、直属单位：

党中央、国务院高度重视大气污染防治。针对 2013 年 1 月份以来我国出现的长时间大范围重污染雾霾天气，习近平总书记作出重要批示，要求务必高度重视，加强领导，下定决心，坚决治理，出台有力举措，为实现美丽中国的发展目标作出应有贡献。李克强总理明确要求，下更大的决心，以更大的作为，扎实推进大气污染治理工作。张高丽副总理要求采取稳、准、狠的措施坚决治理大气污染。近日，国务院出台《关于印发大气污染防治行动计划的通知》（国发〔2013〕37 号，以下简称《大气十条》），提出大气污染防治的总体要求、奋斗目标和政策举措。全国环保系统必须认真学习领会，深入贯彻落实，扎实推进空气质量逐步改善。现将有关要求通知如下：

一、充分认识贯彻落实《大气十条》的重大意义

大气污染防治关系人民群众身体健康，关系经济持续健康发展，关系各级政府的形象和公信力，出台《大气十条》意义重大。

（一）《大气十条》是推进生态文明建设的重要举措。蓝天白云是广大人民群众对生态文明最质朴的理解。天空没有蓝天白云，全面建成小康社会、建设生态文明的美丽中国、实现中华民族复兴的中国梦就无从谈起。必须通过大气污染综合治理这个突破口，大力推进生态文明建设。

（二）《大气十条》是解决民生环境问题的必然要求。不损害群众健康的、优美宜居的环境质量是各级政府必须提供的公共产品和基本服务。扎实推进大气污染综合防治，大幅减少重污染天气，逐步改善空气质量，让人们看到希望，才能取信于民。

（三）《大气十条》是打造中国经济升级版的有力抓手。我国高投入、高消耗、高污染、低效益的粗放型发展方式尚未得到根本转变，这是造成大气污染严重的根本原因。深化大气污染防治，是转变发展方式和调整经济结构的内在要求，是提高经济增长质量和效益的重要举措。

（四）《大气十条》是树立负责任国家形象的有效途径。深化大气污染综合治理，可以协同控制和减少多污染物的排放量，更好地彰显负责任的大国形象，也有利于我国在处理国际事务中占据主动。

二、全面把握《大气十条》的主要内容

《大气十条》立足推进科学发展、建设生态文明的战略高度，注重改革创新，坚持污染治旧与控新、能源减煤与增气、政策激励与约束并举，着眼于建立健全政府统领、企业施治、市场驱动、公众参与的环境保护新机制，从生产、流通、分配和消费的再生产全过程入手，综合运用经济、科技、法律和必要的行政手段，提出了十条 35 项具体措施，涉及减少污染物排放、推进产业结构优化升级、加快企业技术改造、调整能源结构、严格节能环保准入、完善环境经济政策、健全环境法律法规体系、建立区域协作机制、妥善应对重污染天气、明确政府企业和社会责任等诸多方面。

《大气十条》目标积极稳妥，任务明确具体，措施严密可行，既能回应人民群众改善大气环境质量的

期待，又能让各级政府接受和认可。要深入理解、全面把握、精心实施。我们既要立即行动，有所作为，打好攻坚战，逐步改善空气质量，让人民群众看到希望；又要清醒地认识到大气污染治理的长期性、艰巨性和复杂性，从长计议，清醒应对，打好持久战，实现空气质量根本性好转。

三、狠抓《大气十条》贯彻落实的几点要求

全国环保系统要认真抓好《大气十条》的贯彻落实，用空气质量改善的实际成效，为推进生态文明、建设美丽中国作出应有贡献。

一是在分解目标任务上抓落实。地方各级环保部门要主动当好同级党委和政府的参谋助手，按照国务院授权环境保护部与各省（区、市）人民政府签订的大气污染防治目标责任书要求，层层签订责任书，把目标任务分解落实到地方各级人民政府、各有关部门和企业，构建纵向到底、横向到边的目标任务和责任考核体系。

二是在促进经济转型升级上抓落实。各地要把调整产业结构、增强科技创新能力、提高经济增长质量、保障改善民生紧密结合起来，优化产业空间布局，加快企业技术改造，加快调整能源结构，加快淘汰落后产能。充分利用环境保护的倒逼机制，推进存量结构调整。同时，抓好增量结构调整。严格环境准入，坚决控制高耗能、高污染行业新增产能，认真清理产能严重过剩行业违规在建项目，尚未开工的，一律不准开工建设；正在建设的，一律停止建设。

三是在完成重点工作上抓落实。《大气十条》强调分区施策、分阶段治理的差别化目标任务，确定的重点治理地区是京津冀、长三角、珠三角三大重点区域，控制的主要污染物是细颗粒物（$PM_{2.5}$），其他地区控制的主要污染物是可吸入颗粒物（PM_{10}）。其中，京津冀及周边地区（北京、天津、河北、山西、内蒙古、辽宁、山东）是重中之重，环境目标更高、治理措施更严。地方各级环保部门要结合本地实际，抓紧制定《大气十条》的实施细则，明确重点治理地区和重点任务，以壮士断腕的精神坚决推进，确保治理任务圆满完成。

四是在妥善应对重污染天气上抓落实。加快建设国家空气质量监测网络，到2013年底，环保重点城市和国家环保模范城市全部建成$PM_{2.5}$监测点，到2015年覆盖所有地级以上城市。建立重污染天气监测预警体系，及时发布监测预警信息，做好重污染天气应急处置工作。各地要抓紧制定和完善应急预案并向社会公布。根据预警等级，迅速启动应急预案，采取应对措施，切实保障人民群众身体健康。

五是在强化环境信息公开上抓落实。向社会全文公开大气污染防治目标责任书以及各地大气污染治理的目标、措施，接受监督。以新建项目环境影响评价审批、环境空气质量监测、企业污染物排放、突发环境事件处置为重点，加大环境信息公开力度。国家每月公布空气质量最差的10个城市和最好的10个城市的名单，地级及以上城市要在当地主要媒体及时发布空气质量监测信息。

六是在严格考核问责上抓落实。按照国务院制定的考核办法，每年初对各省（区、市）上年度治理任务完成情况进行考核。考核和评估结果报国务院同意后，向社会公布。对未通过年度考核的，会同组织部门、监察机关等部门约谈相关负责人，督促整改。对工作不力、履职缺位等导致未能有效应对重污染天气，以及干预、伪造监测数据和没有完成年度目标任务的，严格追究有关人员责任。

环境保护部

2013年9月13日

附件

“十三五”挥发性有机物污染防治工作方案

挥发性有机物（VOCs）是指参与大气光化学反应的有机化合物，包括非甲烷烃类（烷烃、烯烃、炔

烃、芳香烃等）、含氧有机物（醛、酮、醇、醚等）、含氯有机物、含氮有机物、含硫有机物等，是形成臭氧（O_3）和细颗粒物（$PM_{2.5}$）污染的重要前体物。为全面加强VOCs污染防治工作，提高管理的科学性、针对性和有效性，促进环境空气质量持续改善，制定本方案。

一、充分认识全面加强VOCs污染防治工作的重要性

当前，我国以$PM_{2.5}$和O_3为特征污染物的大气复合污染形势依然严峻。《大气污染防治行动计划》实施以来，全国环境空气质量持续改善，京津冀、长三角、珠三角等重点区域$PM_{2.5}$浓度下降30%以上，二氧化硫（SO_2）、二氧化氮（NO_2）、可吸入颗粒物（PM_{10}）浓度也大幅下降，但$PM_{2.5}$浓度仍处于高位，京津冀及周边地区远超过国家环境空气质量二级标准（以下简称国家二级标准）；同时，重点区域O_3浓度呈现上升趋势，尤其是在夏秋季已成为部分城市的首要污染物。2013—2016年，第一批实施新环境空气质量标准的74个城市O_3浓度（日最大8小时平均浓度第90百分位数）上升10.8%；2016年338个地级及以上城市中，59个城市O_3浓度超过国家二级标准；京津冀、长三角区域O_3浓度超过或接近国家二级标准。

从$PM_{2.5}$和O_3的前体物控制来看，近年来，全国SO_2、氮氧化物（NO_x）、烟粉尘控制取得明显进展，但VOCs排放量仍呈增长趋势，对大气环境影响日益突出。VOCs排放还会导致大气氧化性增强，且部分VOCs会产生恶臭。为进一步改善环境空气质量，打好蓝天保卫战，迫切需要全面加强VOCs污染防治工作。

二、总体要求与目标

（一）总体要求。以改善环境空气质量为核心，以重点地区为主要着力点，以重点行业和重点污染物为主要控制对象，推进VOCs与NO_x协同减排，强化新增污染物排放控制，实施固定污染源排污许可，全面加强基础能力建设和政策支持保障，因地制宜，突出重点，源头防控，分业施策，建立VOCs污染防治长效机制，促进环境空气质量持续改善和产业绿色发展。

（二）主要目标。到2020年，建立健全以改善环境空气质量为核心的VOCs污染防治管理体系，实施重点地区、重点行业VOCs污染减排，排放总量下降10%以上。通过与NO_x等污染物的协同控制，实现环境空气质量持续改善。

三、治理重点

（一）重点地区。京津冀及周边、长三角、珠三角、成渝、武汉及其周边、辽宁中部、陕西关中、长株潭等区域，涉及北京、天津、河北、辽宁、上海、江苏、浙江、安徽、山东、河南、广东、湖北、湖南、重庆、四川、陕西等16个省（市）。

（二）重点行业。重点推进石化、化工、包装印刷、工业涂装等重点行业以及机动车、油品储运销等交通源VOCs污染防治，实施一批重点工程。各地应结合自身产业结构特征、VOCs排放来源等，确定本地VOCs控制重点行业；充分考虑行业产能利用率、生产工艺特征以及污染物排放情况等，结合环境空气质量季节性变化特征，研究制定行业生产调控措施。

（三）重点污染物。加强活性强的VOCs排放控制，主要为芳香烃、烯烃、炔烃、醛类等。各地应紧密围绕本地环境空气质量改善需求，基于O_3和$PM_{2.5}$来源解析，确定VOCs控制重点。对于控制O_3而言，重点控制污染物主要为间/对-二甲苯、乙烯、丙烯、甲醛、甲苯、乙醛、1,3-丁二烯、1,2,4-三甲基苯、邻-二甲苯、苯乙烯等；对于控制$PM_{2.5}$而言，重点控制污染物主要为甲苯、正十二烷、间/对-二甲苯、苯乙烯、正十一烷、正癸烷、乙苯、邻-二甲苯、1,3-丁二烯、甲基环己烷、正壬烷等。同时，要强化苯乙烯、甲硫醇、甲硫醚等恶臭类VOCs的排放控制。

四、主要任务

（一）加大产业结构调整力度。

1. 加快推进“散乱污”企业综合整治。各地要全面开展涉 VOCs 排放的“散乱污”企业排查工作，建立管理台账，实施分类处置。列入淘汰类的，依法依规予以取缔，做到“两断三清”，即断水、断电，清除原料、清除产品、清除设备；列入搬迁改造、升级改造类的，按照发展规模化、现代化产业的原则，制定改造提升方案，落实时间表和责任人；对“散乱污”企业集群，要制定总体整改方案，统一标准要求，并向社会公开，同步推进区域环境综合整治和企业升级改造。实行网格化管理，建立由乡、镇、街道党政主要领导为“网格长”的监管制度，明确网格督查员，落实排查和整改责任。京津冀大气污染传输通道城市于 2017 年 9 月底前完成“散乱污”企业综合整治工作。重点地区其他城市于 2017 年底前基本完成涉 VOCs“散乱污”企业排查工作，建立管理台账，2018 年底前依法依规完成清理整顿工作。

涉 VOCs 排放的“散乱污”企业主要为涂料、油墨、合成革、橡胶制品、塑料制品、化纤生产等化工企业，使用溶剂型涂料、油墨、胶粘剂和其他有机溶剂的印刷、家具、钢结构、人造板、注塑等制造加工企业，以及露天喷涂汽车维修作业等。

2. 严格建设项目环境准入。提高 VOCs 排放重点行业环保准入门槛，严格控制新增污染物排放量。重点地区要严格限制石化、化工、包装印刷、工业涂装等高 VOCs 排放建设项目。新建涉 VOCs 排放的工业企业要入园区。未纳入《石化产业规划布局方案》的新建炼化项目一律不得建设。严格涉 VOCs 建设项目环境影响评价，实行区域内 VOCs 排放等量或倍量削减替代，并将替代方案落实到企业排污许可证中，纳入环境执法管理。新、改、扩建涉 VOCs 排放项目，应从源头加强控制，使用低（无）VOCs 含量的原辅材料，加强废气收集，安装高效治理设施。

3. 实施工业企业错峰生产。各地应加大工业企业生产季节性调控力度，充分考虑行业产能利用率、生产工艺特点以及污染排放情况等，在夏秋季和冬季，分别针对 O_3 污染和 $PM_{2.5}$ 污染研究提出行业错峰生产要求，引导企业合理安排生产工期，降低对环境空气质量影响。企业要制定错峰生产计划，依法合规落实到企业排污许可证和应急预案中。O_3 污染严重的地区，夏秋季可重点对产生烯烃、炔烃、芳香烃的行业研究制定生产调控方案。$PM_{2.5}$ 污染严重的地区，冬季可重点对产生芳香烃的行业实施生产调控措施。京津冀大气污染传输通道城市，对涉及原料药生产的医药企业 VOCs 排放工序、生产过程中使用有机溶剂的农药企业 VOCs 排放工序，在采暖季实施错峰生产。

（二）加快实施工业源 VOCs 污染防治。

1. 全面实施石化行业达标排放。石油炼制、石油化工、合成树脂等行业应严格按照排放标准要求，全面加强精细化管理，确保稳定达标排放。

全面开展泄漏检测与修复（LDAR），建立健全管理制度，重点加强搅拌器、泵、压缩机等动密封点，以及低点导淋、取样口、高点放空、液位计、仪表连接件等静密封点的泄漏管理。严格控制储存、装卸损失，优先采用压力罐、低温罐、高效密封的浮顶罐，采用固定顶罐的应安装顶空联通置换油气回收装置；有机液体装卸必须采取全密闭底部装载、顶部浸没式装载等方式，汽油、航空汽油、石脑油、煤油等高挥发性有机液体装卸过程采取高效油气回收措施，使用具有油气回收接口的车船。强化废水处理系统等逸散废气收集治理，废水集输、储存、处理处置过程中的集水井（池）、调节池、隔油池、曝气池、气浮池、浓缩池等高浓度 VOCs 逸散环节应采用密闭收集措施，并回收利用，难以利用的应安装高效治理设施。加强有组织工艺废气治理，工艺弛放气、酸性水罐工艺尾气、氧化尾气、重整催化剂再生尾气等工艺废气优先回收利用，难以利用的，应送火炬系统处理，或采用催化焚烧、热力焚烧等销毁措施。

加强非正常工况排放控制。在确保安全前提下，非正常工况排放的有机废气严禁直接排放，有火炬系统的，送入火炬系统处理，禁止熄灭火炬长明灯；无火炬系统的，应采用冷凝、吸收、吸附等处理措施，降低排放。加强操作管理，减少非计划停车及事故工况发生频次；对事故工况，企业应开展事后评估并及时向当地环境保护主管部门报告。

2. 加快推进化工行业 VOCs 综合治理。加大制药、农药、煤化工（含现代煤化工、炼焦、合成氨等）、橡胶制品、涂料、油墨、胶粘剂、染料、化学助剂（塑料助剂和橡胶助剂）、日用化工等化工行业 VOCs 治理力度。京津冀大气污染传输通道城市 2017 年底前基本完成。

推广使用低（无）VOCs 含量、低反应活性的原辅材料和产品。农药行业要加快替代轻芳烃等溶剂，大力推广水基化类制剂；制药行业鼓励使用低（无）VOCs 含量或低反应活性的溶剂；橡胶制品行业推广使用新型偶联剂、粘合剂等产品，推广使用石蜡油等全面替代普通芳烃油、煤焦油等助剂。优化生产工艺方案。农药行业加快水相法合成、生物酶法拆分等技术开发推广；制药行业加快生物酶合成法等技术开发推广；橡胶制品行业推广采用串联法混炼、常压连续脱硫工艺。

参照石化行业 VOCs 治理任务要求，全面推进化工企业设备动静密封点、储存、装卸、废水系统、有组织工艺废气和非正常工况等源项整治。现代煤化工行业全面实施 LDAR，制药、农药、炼焦、涂料、油墨、胶粘剂、染料等行业逐步推广 LDAR 工作。加强无组织废气排放控制，含 VOCs 物料的储存、输送、投料、卸料，涉及 VOCs 物料的生产及含 VOCs 产品分装等过程应密闭操作。反应尾气、蒸馏装置不凝尾气等工艺排气，工艺容器的置换气、吹扫气、抽真空排气等应进行收集治理。

3. 加大工业涂装 VOCs 治理力度。全面推进集装箱、汽车、木质家具、船舶、工程机械、钢结构、卷材等制造行业工业涂装 VOCs 排放控制，在重点地区还应加强其他交通设备、电子、家用电器制造等行业工业涂装 VOCs 排放控制。重点地区力争 2018 年底前完成，京津冀大气污染传输通道城市 2017 年底前基本完成。

（1）集装箱制造行业。钢制集装箱在整箱打砂、箱内涂装、箱外涂装、底架涂装和木地板涂装等工序全面使用水性涂料。对一次打砂工序，推广采用辊涂涂装工艺；加强有机废气收集和处理，并配套建设吸附回收、吸附燃烧等高效治理设施。

（2）汽车制造行业。推进整车制造、改装汽车制造、汽车零部件制造等领域 VOCs 排放控制。推广使用高固体分、水性涂料，配套使用“三涂一烘”“两涂一烘”或免中涂等紧凑型涂装工艺；推广静电喷涂等高效涂装工艺，鼓励企业采用自动化、智能化喷涂设备替代人工喷涂；配置密闭收集系统，整车制造企业有机废气收集率不低于 90%，其他汽车制造企业不低于 80%；对喷漆废气建设吸附燃烧等高效治理设施，对烘干废气建设燃烧治理设施，实现达标排放。

（3）木质家具制造行业。大力推广使用水性、紫外光固化涂料，到 2020 年底前，替代比例达到 60% 以上；全面使用水性胶粘剂，到 2020 年底前，替代比例达到 100%。在平面板式木质家具制造领域，推广使用自动喷涂或辊涂等先进工艺技术。加强废气收集与处理，有机废气收集效率不低于 80%；建设吸附燃烧等高效治理设施，实现达标排放。

（4）船舶制造行业。推广使用高固体分涂料，机舱内部、上建内部推广使用水性涂料。优化涂装工艺，将涂装工序提前至分段涂装阶段，2020 年底前，60%以上的涂装作业实现密闭喷涂施工；推广使用高压无气喷涂、静电喷涂等高效涂装技术。强化车间废气收集与处理，有机废气收集率不低于 80%，建设吸附燃烧等高效治理设施，实现达标排放。

（5）工程机械制造行业。推广使用高固体分、粉末涂料，到 2020 年底前，使用比例达到 30%以上；试点推行水性涂料。积极采用自动喷涂、静电喷涂等先进涂装技术。加强有机废气收集与治理，有机废气收集率不低于 80%，建设吸附燃烧等高效治理设施，实现达标排放。

（6）钢结构制造行业。大力推广使用高固体分涂料，到 2020 年底前，使用比例达到 50%以上；试点推行水性涂料。大力推广高压无气喷涂、空气辅助无气喷涂、热喷涂等涂装技术，限制空气喷涂使用。逐步淘汰钢结构露天喷涂，推进钢结构制造企业在车间内作业，建设废气收集与治理设施。

（7）卷材制造行业。全面推广使用自动辊涂技术；加强烘烤废气收集，有机废气收集率达到 90%以上，配套建设燃烧等治理设施，实现达标排放。

4. 深入推进包装印刷行业 VOCs 综合治理。推广使用低（无）VOCs 含量的绿色原辅材料和先进生产工艺、设备，加强无组织废气收集，优化烘干技术，配套建设末端治理措施，实现包装印刷行业 VOCs

全过程控制。重点地区力争2018年底前完成，京津冀大气污染传输通道城市2017年底前基本完成。加强源头控制。大力推广使用水性、大豆基、能量固化等低（无）VOCs含量的油墨和低（无）VOCs含量的胶粘剂、清洗剂、润版液、洗车水、涂布液，到2019年底前，低（无）VOCs含量绿色原辅材料替代比例不低于60%。对塑料软包装、纸制品包装等，推广使用柔印等低（无）VOCs排放的印刷工艺。在塑料软包装领域，推广应用无溶剂、水性胶等环境友好型复合技术，到2019年底前，替代比例不低于60%。

加强废气收集与处理。对油墨、胶粘剂等有机原辅材料调配和使用等，要采取车间环境负压改造、安装高效集气装置等措施，有机废气收集率达到70%以上。对转运、储存等，要采取密闭措施，减少无组织排放。对烘干过程，要采取循环风烘干技术，减少废气排放。对收集的废气，要建设吸附回收、吸附燃烧等高效治理设施，确保达标排放。

5. 因地制宜推进其他工业行业VOCs综合治理。各地应结合本地产业结构特征和VOCs治理重点，因地制宜选择其他工业行业开展VOCs治理。电子行业应重点加强溶剂清洗、光刻、涂胶、涂装等工序VOCs排放控制；制鞋行业应重点加强鞋面拼接、成型、组底、喷漆、发泡、注塑、印刷、清洗等工序VOCs排放治理；纺织印染行业应重点加强化纤纺丝、热定型、涂层等工序VOCs排放治理；木材加工行业应重点加强干燥、涂胶、热压过程VOCs排放治理。

（三）深入推进交通源VOCs污染防治。

1. 统筹推进机动车VOCs综合治理。以汽油车尾气排放控制和蒸发排放控制为重点，推进机动车VOCs减排。在尾气排放控制方面，提高新车准入标准，改进发动机燃烧技术，提高三元催化转化效率；淘汰老旧汽车和摩托车，加强监督管理。在蒸发排放控制方面，推广燃油蒸发检测，确保在用车储油箱、油路、活性碳罐密闭；降低夏季蒸汽压，控制夏季燃油蒸发。具体任务为：

一是推广新能源和清洁能源汽车，倡导绿色出行和环保驾驶，加强城市路网合理设计，减少机动车使用频率和怠速时间。二是实施更严格的新车排放标准。自2017年1月1日起，全国实施轻型汽油车第五阶段排放标准。自2020年7月1日起，全国实施轻型汽车第六阶段排放标准，引入车载油气回收技术（ORVR）；实施摩托车第四阶段排放标准，并适时将相关标准纳入强制性产品认证实施。鼓励各地提前实施轻型汽车第六阶段排放标准。三是强化在用车排放控制。严格实施机动车强制报废标准，淘汰到期的老旧轻型汽车和摩托车；重点地区推行轻型汽油车燃油蒸发控制系统检验。四是全面提升燃油品质。加快实施国六汽油标准，显著降低烯烃、芳烃含量和夏季蒸汽压。五是加强监督管理。加大新车生产环保一致性、在用车环保符合性、在用车环保检验、油品质量等监管力度，实施机动车排放检验信息全国联网，加快推进机动车遥感监测建设和联网。

2. 全面加强油品储运销油气回收治理。全面加强汽油储运销油气排放控制，重点地区逐步推进港口储存和装卸、油品装船油气回收治理任务。

加强汽油储运销油气排放控制。减少油品周转次数。严格按照排放标准要求，加快完成加油站、储油库、油罐车油气回收治理工作，重点地区全面推进行政区域内所有加油站油气回收治理。建设油气回收自动监测系统平台，储油库和年销售汽油量大于5000吨的加油站加快安装油气回收自动监测设备。制定加油站、储油库油气回收自动监测系统技术规范，企业要加强对油气回收系统外观检测和仪器检测，确保油气回收系统正常运转。

推进港口储存装卸、船舶运输油气回收治理。修订储油库大气污染物排放标准，增加港口储存装卸过程油气回收要求；修订汽油运输大气污染物排放标准，修订船舶法定检验规则，提出船舶油气回收要求。在环渤海、长江干线、长三角、东南沿海等地区遴选原油或成品油码头及船舶作为试点，总结建设和操作经验。试点工程成功后，依据码头回收油品的处置政策方案及修订后的储油库和汽油运输大气污染物排放标准，制订推广计划，完成码头油气回收规划研究，在全国开展码头油气回收工作。新建的原油、汽油、石脑油等装船作业码头应全部安装油气回收设施；已建原油成品油装船码头分区域分阶段实施油气回收系统改造，环渤海、长三角、珠三角等区域率先实施。新造油船逐步具备码头油气回收条件，2020年1月1日起建造的150总吨以上的油船应具备码头油气回收条件，环渤海、长三角、珠三角等区域油船率先具备油气回收条件。

（四）有序开展生活源农业源 VOCs 污染防治。

为切实改善环境空气质量，重点地区除完成重点行业 VOCs 减排任务外，还应加强建筑装饰、汽修、干洗、餐饮等生活源和农业农村源 VOCs 治理。

1. 推进建筑装饰行业 VOCs 综合治理。推广使用符合环保要求的建筑涂料、木器涂料、胶粘剂等产品。按照《室内装饰装修材料有害物质限量》要求，严格控制装饰材料市场准入，逐步淘汰溶剂型涂料和胶粘剂。实施区域统一标准，京津冀区域严格执行《建筑类涂料与胶粘剂挥发性有机化合物含量限值标准》要求，并适时将标准实施范围扩展至京津冀周边地区；长三角、珠三角区域加快制定区域统一的建筑类涂料 VOCs 含量限值标准。完善装修标准合同，增加环保条款，培育扶持绿色装修企业。鼓励开展装修监理和装修后室内空气质量检测验收。

2. 推动汽修行业 VOCs 治理。大力推广使用水性、高固体分涂料，京津冀大气污染传输通道城市、长三角、珠三角等汽修行业要率先推进底色漆使用水性、高固体分涂料。推广采用静电喷涂等高涂着效率的涂装工艺，喷漆、流平和烘干等工艺操作应置于喷烤漆房内，使用溶剂型涂料的喷枪应密闭清洗，产生的 VOCs 废气应集中收集并导入治理设施，实现达标排放。

3. 开展其他生活源 VOCs 治理。推广使用配备溶剂回收制冷系统、不直接外排废气的全封闭式干洗机，到 2020 年底前，京津冀大气污染传输通道城市、长三角、珠三角等基本淘汰开启式干洗机。定期进行干洗机及干洗剂输送管道、阀门的检查，防止干洗剂泄漏。城市建成区餐饮企业应安装高效油烟净化设施，并确保正常使用。开展规模以上餐饮企业污染物排放自动监测试点，推广使用高效净化型家用吸油烟机。

4. 积极推进农业农村源 VOCs 污染防治。大力推进秸秆综合利用，减少秸秆焚烧 VOCs 排放。根据北方地区冬季清洁取暖工作部署，按照“宜气则气，宜电则电”原则加大散煤治理力度，控制散煤燃烧 VOCs 排放。京津冀大气污染传输通道城市积极推进“无煤区”建设。

（五）建立健全 VOCs 管理体系。

1. 加快标准体系建设。环境保护部制修订制药、农药、汽车涂装、集装箱制造、印刷包装、家具制造、人造板、涂料油墨、纺织印染、船舶制造、储油库、汽油运输、干洗、油烟等行业大气污染物排放标准，制订挥发性有机物无组织排放控制标准，修订恶臭污染物排放标准和大气污染物综合排放标准。建立与排放标准相适应的 VOCs 监测分析方法标准、监测仪器技术要求，加快制定固定污染源废气 VOCs 自动监测系统、便携式监测仪技术要求及检测方法。质检总局出台和完善涂料、油墨、胶粘剂、清洗剂等产品 VOCs 含量限值标准。地方结合本地产业特点加快制定地方排放标准。

2. 建立健全监测监控体系。加强环境质量和污染源排放 VOCs 自动监测工作，强化 VOCs 执法能力建设，全面提升 VOCs 环保监管能力。重点地区 O_3 超标城市至少建成一套 VOCs 组分自动监测系统。将石化、化工、包装印刷、工业涂装等 VOCs 排放重点源纳入重点排污单位名录，主要排污口要安装污染物排放自动监测设备，并与环保部门联网，其他企业逐步配备自动监测设备或便携式 VOCs 检测仪。推进 VOCs 重点排放源厂界 VOCs 监测。加快石油炼制、石油化工、制药、农药、化学纤维制造、橡胶和塑料制品制造、纺织、皮革、喷涂、涂料油墨制造、人造板制造等行业自行监测技术指南制定。工业园区应结合园区排放特征，配置 VOCs 连续自动采样体系或符合园区排放特征的 VOCs 监测监控体系。

3. 实施排污许可制度。建立健全涉 VOCs 工业行业排污许可证相关技术规范及监督管理要求。加快石化行业 VOCs 排污许可工作，到 2017 年底前，完成京津冀鲁、长三角、珠三角等重点地区石化行业排污许可证核发。到 2018 年底前，完成制药、农药等行业排污许可证核发。到 2020 年底前，在电子、包装印刷、汽车制造等 VOCs 排放重点行业全面推行排污许可制度。通过排污许可管理，落实企业 VOCs 源头削减、过程控制和末端治理措施要求，逐步规范涉 VOCs 工业企业自行监测、台账记录和定期报告的具体规定，推进企业持证、按证排污，严厉处罚无证和不按证排污行为。制定 VOCs 重点控制行业的污染防治可行技术指南，出台国家先进污染防治技术目录（VOCs 防治领域）。

4. 加强统计与调查。将 VOCs 排放纳入第二次全国污染源普查工作，结合排污许可证实施情况和城市污染源排放清单编制工作，掌握 VOCs 排放与治理情况。加强 VOCs 减排核查核算。出台重点行业环境影响评价源强核算技术指南及排污许可相关技术规范。探索引入第三方核算机制。

5. 加强监督执法。全面提高 VOCs 监管能力和技术水平，加强执法人员装备和能力建设，制定人才培训计划。各地要加强日常督查和执法检查，按照排放标准、排污许可等要求对 VOCs 污染治理设施、台账记录情况进行监督检查，推动企业加强治污设施建设和运行管理。环境保护部会同有关部门针对重点地区 VOCs 治理情况组织开展专项检查。企业应规范内部环保管理制度，制定 VOCs 防治设施运行管理方案，相关台账记录至少保存 3 年以上。加强对第三方运维机构监管，探索实施“黑名单”制度，将技术服务能力差、运营管理水平低、存在弄虚作假行为、综合信用差的运维机构列入“黑名单”，定期向社会公布，接受公众监督。

6. 完善经济政策。研究将 VOCs 排放适时纳入环境保护税征收范畴。加大财政资金对 VOCs 治理的支持力度，有关地方可将符合规定的 VOCs 污染防治项目纳入中央大气污染防治专项资金支持范围，利用专项资金、扩大绿色信贷等方式支持企业实施 VOCs 防治工作。选择石化、化工、工业涂装、包装印刷等 VOCs 治理重点行业，实施环保“领跑者”制度。推进集装箱等实施行业治理自律公约。推进政府绿色采购，要求家具、印刷、汽车维修等政府定点招标采购企业使用低挥发性原辅材料。支持符合条件的企业发行企业债券直接融资，募集资金用于 VOCs 污染治理。落实支持节能减排企业所得税、增值税等优惠政策。推进地方建立基于环境绩效的 VOCs 减排激励机制。

五、保障措施

（一）加强协同配合。

环境保护部、发展改革委、财政部、交通运输部、质检总局、国家能源局共同组织实施本方案，加强部际协调，各司其职、各负其责、密切配合，及时协调解决推进过程中出现的困难和问题。将各地实施情况纳入地方人民政府环境空气质量考核体系。

环境保护部负责统筹协调，会同有关部门对环境空气质量改善目标和 VOCs 减排任务完成情况进行考核，指导督促各地开展 VOCs 治理工作；发展改革委负责指导督促各地加强产业结构与布局调整等相关工作；财政部负责指导各地加大 VOCs 治理财政支持力度；交通运输部负责指导各地港口、船舶运输油气回收工作；质检总局负责制定完善含 VOCs 产品质量标准；国家能源局负责推进油品质量升级工作。

（二）制定实施方案。

各地要成立工作领导小组，根据本地环境空气质量改善需求和 VOCs 来源构成，制定实施方案，确定科学有效的减排措施及配套政策，明确职责分工，强化部门协作，做好分地区、分年度任务分解，确保各项政策措施落到实处。考虑到目前我国重点地区 O_3 生成基本属于 VOCs 控制型，重点地区 VOCs 削减比例原则上不低于 NO_x 减排比例。各地实施方案要上报环境保护部，同时抄送发展改革委、财政部、交通运输部、质检总局、国家能源局。企业是污染治理的责任主体，要切实履行责任，落实项目和资金，确保治理工程按期建成并稳定运行。中央企业要起到模范带头作用。

（三）强化科技支撑。

研究出台 VOCs 优先控制污染物名录。确定重点污染源 VOCs 排放成分谱，识别重点地区 VOCs 控制的重点污染物和重点行业。研发、示范、推广 VOCs 污染防治、监测监控先进技术；开展 VOCs 豁免清单、减排费用效益评估等研究。组织开展各类 VOCs 治理技术经验交流。鼓励 VOCs 排放量大、产业特征明显、治理基础较好的典型城市开展 VOCs 综合治理示范，推动 VOCs 管理模式、监管方式及政策支持等方面制度创新。

（四）加强调度考核。

定期调度各地 VOCs 污染减排政策措施制定与落实、重点工程项目实施进展、环境监管执法检查、企业环境信息公开等情况，纳入年度大气环境管理考核任务中。定期公布各省（区、市）排污许可证申请与核发情况，对应发未发的予以通报。

（五）加强信息公开与公众参与。

督促各地完善信息公开制度，向社会公开 VOCs 排放重点企业名单及 VOCs 排放情况。建立企业环境信息强制公开制度。企业应主动公开污染物排放、治污设施建设及运行情况等环境信息。加大环境宣传力度，鼓励、引导公众主动参与 VOCs 减排。

关于印发《京津冀及周边地区落实大气污染防治行动计划实施细则》的通知

环发〔2013〕104 号

北京市、天津市、河北省、山西省、内蒙古自治区、山东省人民政府：

为贯彻落实《国务院关于印发大气污染防治行动计划的通知》（国发〔2013〕37 号），加大京津冀及周边地区大气污染防治工作力度，切实改善环境空气质量，按照国务院要求，现将《京津冀及周边地区落实大气污染防治行动计划实施细则》印发给你们，请认真贯彻执行。

附件：京津冀及周边地区落实大气污染防治行动计划实施细则

环境保护部
发展改革委
工业和信息化部
财政部
住房城乡建设部
能源局
2013 年 9 月 17 日

附件

京津冀及周边地区落实大气污染防治行动计划实施细则

京津冀及周边地区（包括北京市、天津市、河北省、山西省、内蒙古自治区、山东省）是我国大气污染最严重的区域。为加快京津冀及周边地区大气污染综合治理，依据《大气污染防治行动计划》，制定本实施细则。

一、主要目标

经过五年努力，京津冀及周边地区空气质量明显好转，重污染天气较大幅度减少。力争再用五年或更长时间，逐步消除重污染天气，空气质量全面改善。

具体指标：到 2017 年，北京市、天津市、河北省细颗粒物（$PM_{2.5}$）浓度在 2012 年基础上下降 25% 左右，山西省、山东省下降 20%，内蒙古自治区下降 10%。其中，北京市细颗粒物年均浓度控制在 60 微克/立方米左右。

二、重点任务

（一）实施综合治理，强化污染物协同减排

1. 全面淘汰燃煤小锅炉。加快热力和燃气管网建设，通过集中供热和清洁能源替代，加快淘汰供暖和工业燃煤小锅炉。

到 2015 年年底，京津冀及周边地区地级及以上城市建成区，除必要保留的以外，全部淘汰每小时 10 蒸吨及以下燃煤锅炉、茶浴炉；北京市建成区取消所有燃煤锅炉，改由清洁能源替代。

到 2017 年年底，北京市、天津市、河北省地级及以上城市建成区基本淘汰每小时 35 蒸吨及以下燃煤锅炉，城乡结合部地区和其他远郊区县的城镇地区基本淘汰每小时 10 蒸吨及以下燃煤锅炉。

到 2017 年年底，北京市、天津市、河北省、山西省和山东省所有工业园区以及化工、造纸、印染、制革、制药等产业集聚的地区，逐步取消自备燃煤锅炉，改用天然气等清洁能源或由周边热电厂集中供热。

在供热供气管网覆盖不到的其他地区，改用电、新能源或洁净煤，推广应用高效节能环保型锅炉。北京市、天津市、河北省、山西省和山东省地级及以上城市建成区原则上不得新建燃煤锅炉。

2. 加快重点行业污染治理。京津冀及周边地区大幅度削减二氧化硫、氮氧化物、烟粉尘、挥发性有机物排放总量。

电力、钢铁、水泥、有色等企业以及燃煤锅炉，要加快污染治理设施建设与改造，确保按期达标排放。到 2015 年年底，京津冀及周边地区新建和改造燃煤机组脱硫装机容量 5 970 万千瓦，新建和改造钢铁烧结机脱硫 1.6 万平方米；新建燃煤电厂脱硝装机容量 1.1 亿千瓦，新建或改造脱硝水泥熟料产能 1.1 亿吨；电力、水泥、钢铁等行业完成除尘升级改造的装机容量或产能规模分别不得低于 2 574 万千瓦、3 325 万吨、6 358 万吨。

到 2017 年年底，钢铁、水泥、化工、石化、有色等行业完成清洁生产审核，推进企业清洁生产技术改造。

实施挥发性有机物污染综合治理工程。到 2014 年年底，加油站、储油库、油罐车完成油气回收治理。到 2015 年年底，石化企业全面推行“泄漏检测与修复”技术，完成有机废气综合治理。到 2017 年年底，对有机化工、医药、表面涂装、塑料制品、包装印刷等重点行业的 559 家企业开展挥发性有机物综合治理。

3. 深化面源污染治理。强化施工工地扬尘环境监管，积极推进绿色施工，建设工程施工现场应全封闭设置围挡墙，严禁敞开式作业，施工现场道路应进行地面硬化。将施工扬尘污染控制情况纳入建筑企业信用管理系统，作为招投标的重要依据。

到 2015 年年底，渣土运输车辆全部采取密闭措施，逐步安装卫星定位系统。各种煤堆、料堆实现封闭储存或建设防风抑尘设施。

加强城市环境管理，严格治理餐饮业排污，城区餐饮服务经营场所全部安装高效油烟净化设施，推广使用高效净化型家用吸油烟机。全面禁止秸秆焚烧。

推进城市及周边绿化和防风防沙林建设，扩大城市建成区绿地规模，继续推进道路绿化、居住区绿化、立体空间绿化。山西省、内蒙古自治区要强化生态保护和建设，积极治理水土流失，继续实施退耕还林、还草，压畜减载恢复草原植被，加强沙化土地治理。进一步加强京津冀风沙源治理和“三北”防护林建设。

（二）统筹城市交通管理，防治机动车污染

4. 加强城市交通管理。实施公交优先战略，加强步行、自行车交通系统建设，开展“无车日”活动，提高绿色交通出行比例。到 2017 年年底，北京市、天津市公共交通占机动化出行比例达到 60%以上。优化京津冀及周边地区城际综合交通体系，推进区域性公路网、铁路网建设，合理调配人流、物流及其运输方式；加快建设北京市绕城高速公路，减少重型载货车辆过境穿行主城区。

5. 控制城市机动车保有量。北京市要严格限制机动车保有量，天津、石家庄、太原、济南等城市要严格限制机动车保有量增长速度，通过采取鼓励绿色出行、增加使用成本等措施，降低机动车使用强度。

6. 提升燃油品质。天津市、河北省、山西省、内蒙古自治区和山东省2013年年底前供应符合国家第四阶段标准的车用汽油，2014年年底前供应符合国家第四阶段标准的车用柴油。北京市、天津市、河北省重点城市2015年年底前供应符合国家第五阶段标准的车用汽、柴油，山西省、内蒙古自治区、山东省2017年年底前供应符合国家第五阶段标准的车用汽、柴油。

中石油、中石化、中海油等炼化企业要合理安排生产和改造计划，制定合格油品保障方案，确保按期供应合格油品。

加强油品质量监督检查，严厉打击非法生产、销售不合格油品行为，加油站不得销售不符合标准的车用汽、柴油。

7. 加快淘汰黄标车。到2015年年底，北京市黄标车全部淘汰，天津市基本淘汰，河北省、山西省、内蒙古自治区和山东省淘汰2005年年底前注册营运的黄标车。到2017年年底，京津冀及周边地区黄标车全部淘汰。

到2014年年底，北京市、天津市、河北省、山西省和山东省地级及以上城市建成区全面实施“黄标车”限行。

8. 加强机动车环保管理。到2015年，北京市、天津市、河北省全面实施国家第五阶段机动车排放标准，山西省、内蒙古自治区和山东省于2017年年底前实施。

北京、天津、石家庄、太原、济南等城市实施补贴等激励政策，鼓励出租车每年更换高效尾气净化装置。

9. 大力推广新能源汽车。公交、环卫等行业和政府机关率先推广使用新能源汽车。北京、天津、石家庄、太原、济南等城市每年新增或更新的公交车中新能源和清洁燃料车的比例达到60%左右。采取直接上牌、财政补贴等综合措施鼓励个人购买新能源汽车。在农村地区积极推广电动低速汽车（三轮汽车、低速货车）。

（三）调整产业结构，优化区域经济布局

10. 严格产业和环境准入。京津冀及周边地区不得审批钢铁、水泥、电解铝、平板玻璃、船舶等产能严重过剩行业新增产能项目。北京市、天津市、河北省、山东省不再审批炼焦、有色、电石、铁合金等新增产能项目，山西省、内蒙古自治区（临近京津冀的地区）不再审批炼焦、电石、铁合金等新增产能项目。北京市不再审批劳动密集型一般制造业新增产能项目，现有的逐步向外转移。

北京、天津、石家庄、唐山、保定、廊坊、太原、济南、青岛、淄博、潍坊、日照12个城市建设火电、钢铁、石化、水泥、有色、化工六大行业以及燃煤锅炉项目，要严格执行大气污染物特别排放限值。

11. 加快淘汰落后产能。京津冀及周边地区要提前一年完成国家下达的“十二五”落后产能淘汰任务，对未按期完成淘汰任务的地区，严格控制国家安排的投资项目，暂停对该地区重点行业建设项目办理核准、审批和备案手续。2015—2017年，结合产业发展实际和环境质量状况，进一步提高环保、能耗、安全、质量等标准，加大执法处罚力度，将经整改整顿仍不达标企业列入年度淘汰计划，继续加大落后产能淘汰力度。

北京市，到2017年年底，调整退出高污染企业1 200家。

天津市，到2017年年底，行政辖区内钢铁产能、水泥（熟料）产能、燃煤机组装机容量分别控制在2 000万吨、500万吨、1 400万千瓦以内。

河北省，到2017年年底，钢铁产能压缩淘汰6 000万吨以上，产能控制在国务院批复的《河北省钢铁产业结构调整方案》确定的目标以内；全部淘汰10万千瓦以下非热电联产燃煤机组，启动淘汰20万千瓦以下的非热电联产燃煤机组。“十二五”期间淘汰水泥（熟料及磨机）落后产能6 100万吨以上，淘汰平板玻璃产能3 600万重量箱。

山西省，到2017年年底，淘汰钢铁落后产能670万吨，淘汰压缩焦炭产能1 800万吨。

内蒙古自治区，到2017年年底，淘汰水泥落后产能459万吨。

山东省，到2015年年底，淘汰炼铁产能2 111万吨，炼钢产能2 257万吨，钢铁产能压缩1 000万吨以上，控制在 5 000 万吨以内；到 2017 年年底，焦炭产能控制在 4 000 万吨以内。

（四）控制煤炭消费总量，推动能源利用清洁化

12. 实行煤炭消费总量控制。按照国家要求，完成节能降耗目标。到 2017 年年底，通过淘汰落后产能、清理违规产能、强化节能减排、实施天然气清洁能源替代、安全高效发展核电以及加强新能源利用等综合措施，北京市、天津市、河北省和山东省压减煤炭消费总量 8 300 万吨。

其中，北京市净削减原煤 1 300 万吨，天津市净削减 1 000 万吨，河北省净削减 4 000 万吨，山东省净削减 2 000 万吨。

13. 实施清洁能源替代。加大天然气、液化石油气、煤制天然气、太阳能等清洁能源的供应和推广力度，逐步提高城市清洁能源使用比重。

到 2017 年年底，京津唐电网风电等可再生能源电力占电力消费总量比重提高到 15%，山东电网提高到 10%。北京市煤炭占能源消费比重下降到 10%以下，电力、天然气等优质能源占比提高到 90%以上。

北京市、天津市、河北省和山东省新增天然气优先用于居民用气、分布式能源高效利用项目，以及替代锅炉、工业窑炉及自备电站的燃煤。

到 2017 年年底，北京市、天津市、河北省和山东省现有炼化企业的燃煤设施，全部改用天然气或由周边电厂供汽供电。

14. 全面推进煤炭清洁利用。天津市、河北省、山西省、内蒙古自治区和山东省要将煤炭更多地用于燃烧效率高且污染治理措施到位的燃煤电厂，鼓励工业窑炉和锅炉使用清洁能源。

加强煤炭质量管理，限制销售灰分高于 16%、硫分高于 1%的散煤。

削减农村炊事和采暖用煤，加大罐装液化气和可再生能源炊事采暖用能供应。推进绿色农房建设，大力推广农房太阳能热利用。到 2017 年年底，北京市、天津市和河北省基本建立以县（区）为单位的全密闭配煤中心、覆盖所有乡镇村的洁净煤供应网络，洁净煤使用率达到 90%以上。

15. 扩大高污染燃料禁燃区范围。到 2013 年年底，北京市、天津市、河北省、山西省和山东省完成“高污染燃料禁燃区”划定和调整工作，并向社会公开；各城市禁燃区面积不低于建成区面积的 80%。禁燃区内禁止原煤散烧。

16. 推动高效清洁化供热。京津冀及周边地区实行供热计量收费。到 2017 年年底，京津冀及周边地区 80%的具备改造价值的既有建筑完成节能改造。

新建建筑推广使用太阳能热水系统，推动光伏建筑一体化应用。既有建筑“平改坡”时，鼓励同步安装太阳能光伏和太阳能热水器。

17. 优化空间格局。京津冀及周边地区要严格按照主体功能区规划要求，制定实施符合当地功能定位、更高节能环保要求的产业发展指导目录，优化区域产业布局。科学制定并严格实施城市规划，将资源环境条件、城市人口规模、人均城市道路面积、万人公共汽车保有量等纳入城市总体规划，严格城市控制性详细规划绿地率等审查，规范各类产业园区和城市新城、新区设立和布局，严禁随意调整和修改城市规划，形成有利于大气污染物扩散的城市和区域空间格局。

河北、山西、山东等省要大力推进位于城市主城区的钢铁、石化、化工、有色、水泥、平板玻璃等重污染企业搬迁、改造，到 2017 年年底，基本完成搬迁、改造任务。加快石家庄钢铁、唐山丰南渤海钢铁集团、青岛钢铁厂等企业环保搬迁。

山西省、内蒙古自治区要高起点规划、高标准建设国家能源基地，加快火电、风电等电力外送通道建设。

（五）强化基础能力，健全监测预警和应急体系

18. 加强环境监测能力建设。到 2013 年年底，北京市、天津市、河北省和山东省完成地级及以上城市细颗粒物监测能力全覆盖；到 2015 年年底，北京市、天津市各建设 3 个国家直管监测点，石家庄、太原、呼和浩特、济南、青岛等城市各建设 2 个国家直管监测点，其他地级城市各建设 1 个国家直管监测点，逐步建成统一的国家空气质量监测网。

加强重点污染源在线监测体系建设，建成机动车排污监控平台。将监测能力建设及其运行和监管经费纳入各级财政预算予以保障。

19. 建立重污染天气监测预警体系。环保部门要加强与气象部门的合作，抓紧建立重污染天气监测预警体系。到2013年年底，初步建成京津冀区域以及北京市、天津市、河北省省级重污染天气监测预警系统；到2014年年底，完成山西省、内蒙古自治区、山东省省级和京津冀及周边地区地级及以上城市建设任务。

20. 组织编制应急预案。地方人民政府要制定和完善重污染天气应急预案，明确应急组织机构及其职责，按照预警等级，确定相应的应急措施，2013年年底前编制完成。应急预案报环境保护部备案并向社会公布。定期开展应急演练。

21. 构建区域性重污染天气应急响应机制。将重污染天气应急响应纳入各级人民政府突发事件应急管理体系，实行政府主要负责人负责制。2013年年底前，京津冀及周边地区建立健全区域、省、市联动的应急响应体系，实行联防联控。

22. 及时采取应急措施。在预警信息发布的同时，根据重污染天气的预警等级，迅速启动应急预案，实施重污染企业限产停产、建筑工地停止土方作业、机动车限行、中小学校停课以及可行的气象干预等应对措施，引导公众做好卫生防护。

（六）加强组织领导，强化监督考核

23. 建立健全区域协作机制。成立京津冀及周边地区大气污染防治协作机制，由区域内各省（区、市）人民政府和国务院有关部门参加，研究协调解决区域内突出环境问题，并组织实施环评会商、联合执法、信息共享、预警应急等大气污染防治措施。通报区域大气污染防治工作进展，研究确定阶段性工作要求、工作重点与主要任务。

24. 加强监督考核。国务院与京津冀及周边地区各省（区、市）人民政府签订大气污染防治目标责任书，将目标任务层层分解落实到各级人民政府和企业。

建立以政府考核为主、兼顾第三方评估的综合考核体系，提高考评结果的公正性和准确性。发挥行业协会、公众、专家学者和咨询机构的积极性，采用抽样调查、现场评价、满意度调查等方法，探索开展第三方评估。每年初对上年度任务完成情况进行考核。考核、评估结果向国务院报告，并向社会公告。

25. 广泛动员公众参与。通过典型示范、专题活动、展览展示、岗位创建、合理化建议等多种形式，动员公众践行低碳、绿色、文明的生活方式和消费模式，积极参与环境保护。企业要严格遵守环境保护法律法规和标准，积极治理污染，履行社会责任。

关于印发《重点区域大气污染防治“十二五”规划》的通知

环发〔2012〕130号

北京市、天津市、河北省、山西省、辽宁省、上海市、江苏省、浙江省、福建省、山东省、湖北省、湖南省、广东省、重庆市、四川省、陕西省、甘肃省、宁夏回族自治区、新疆维吾尔自治区人民政府，科学技术部、工业和信息化部、公安部、住房和城乡建设部、交通运输部，国有资产监督管理委员会，国家质量监督检验检疫总局、国家电力监管委员会，国家能源局：

《重点区域大气污染防治“十二五”规划》（以下简称《规划》）已经国务院批复（国函〔2012〕146号），现印发给你们，请认真组织实施，确保实现《规划》目标。

附件一：国务院关于重点区域大气污染防治“十二五”规划的批复（国函〔2012〕146号）

附件二：重点区域大气污染防治“十二五”规划

附件三：重点区域大气污染防治“十二五”规划重点工程项目（略）

环境保护部

发展改革委

财政部

2012年10月29日

附件一：

国务院关于重点区域大气污染防治“十二五”规划的批复

国函〔2012〕146号

环境保护部、发展改革委、财政部：

你们《关于请求批准〈重点区域大气污染防治“十二五”规划〉（报批稿）的请示》（环发〔2012〕112号）收悉。现批复如下：

一、原则同意《重点区域大气污染防治“十二五”规划》（以下简称《规划》），由环境保护部会同有关部门和相关省（区、市）人民政府认真组织实施。

二、当前，我国大气环境形势依然严峻，区域性大气污染问题突出，直接影响经济社会可持续发展和人民群众身体健康。做好京津冀、长三角、珠三角等重点区域的大气污染防治工作要以解决二氧化硫、氮氧化物、细颗粒物（$PM_{2.5}$）等污染问题为重点，严格控制主要污染物排放总量，实施多污染物协同控制，强化多污染源综合管理，着力推进区域大气污染联防联控，切实改善大气环境质量。

三、通过实施《规划》，到2015年，重点区域二氧化硫、氮氧化物、工业烟粉尘排放总量分别下降12%、13%、10%，可吸入颗粒物（PM_{10}）、二氧化硫、二氧化氮、细颗粒物（$PM_{2.5}$）年均浓度分别下降10%、10%、7%、5%，京津冀、长三角、珠三角地区细颗粒物年均浓度下降6%；挥发性有机物污染防治工作全面开展，臭氧污染得到初步控制，酸雨污染有所减轻；建立区域大气污染联防联控机制，区域大气环境管理能力明显提高。

四、重点区域各省（区、市）人民政府是《规划》实施的责任主体，要切实加强组织领导，将《规划》确定的目标、任务和治理项目发解落实到市、县级人民政府和相关企业，纳入年度工作计划，制定具体实施方案，落实工作责任，强化目标责任考核；要不断加大投入力度，充分发挥市场机制作用，逐步建立多元化的投入机制。中央财政采取“以奖代补”、“以奖促防”、“以奖促治”等方式对相关项目予以支持。

五、环境保护部要会同有关部门按照职责分工，加强对《规划》实施的指导、支持和监督；要不断完善工作机制和政策法规，加大环境执法力度，强化科技支撑，加强信息公开和宣传教育，引导公众参与和舆论监督；对《规划》实施情况进行年度考核，确保《规划》目标如期实现。

国务院

2012年9月27日

附件二：

重点区域大气污染防治“十二五”规划（2012年10月）

前 言

当前我国大气环境形势十分严峻，在传统煤烟型污染尚未得到控制的情况下，以臭氧、细颗粒物（$PM_{2.5}$）和酸雨为特征的区域性复合型大气污染日益突出，区域内空气重污染现象大范围同时出现的频次日益增多，严重制约社会经济的可持续发展，威胁人民群众身体健康。区域性复合型的大气环境问题给现行环境管理模式带来了巨大的挑战，仅从行政区划的角度考虑单个城市大气污染防治的管理模式已经难以有效解决当前愈加严重的大气污染问题，亟待探索建立一套全新的区域大气污染防治管理体系。北京奥运会、上海世博会、广州亚运会空气质量保障工作以及国际上区域空气质量管理的成功经验证明，实施统一规划、统一监测、统一监管、统一评估、统一协调的区域大气污染联防联控工作机制，是改善区域空气质量的有效途径。

“十二五”时期，我国工业化和城市化仍将快速发展，资源能源消耗持续增长，大气环境将面临前所未有的压力。为实现2020年全面建设小康社会对大气环境质量的要求，应紧紧抓住“十二五”经济社会发展的转型期和解决重大环境问题的战略机遇期，在重点区域率先推进大气污染联防联控工作。从系统整体角度出发，制定并实施区域大气污染防治对策，以改善大气环境质量为目的，严格环境准入，推进能源清洁利用，加快淘汰落后产能，实施多污染物协同控制，大幅削减污染物排放量，形成环境优化经济发展的“倒逼传导机制”，促进经济发展方式转变，推动区域经济与环境的协调发展。

根据《中华人民共和国大气污染防治法》与《中华人民共和国国民经济和社会发展第十二个五年规划纲要》，制定《重点区域大气污染防治“十二五”规划》。规划范围为京津冀、长江三角洲（以下简称“长三角”）、珠江三角洲（以下简称“珠三角”）地区，以及辽宁中部、山东、武汉及其周边、长株潭、成渝、海峡西岸、山西中北部、陕西关中、甘宁、新疆乌鲁木齐城市群（具体范围详见附表），共涉及19个省、自治区、直辖市，面积约132.56万平方千米，占国土面积的13.81%。

一、大气污染防治形势与挑战

（一）大气污染防治工作取得积极进展

1．主要污染物减排成效显著

国民经济和社会发展“十一五”规划纲要将二氧化硫排放总量减少10%作为约束性指标。为实现减排目标，国家采取了脱硫优惠电价、“上大压小”、限期淘汰、“区域限批”等一系列政策措施，加大环境保护投入，实施工程减排、结构减排、管理减排，取得显著成效。到2010年，全国共建成运行脱硫机组装机容量达5.78亿千瓦，火电机组脱硫比例由2005年的14%提高到2010年的86%；累计关停小火电装机容量7 683万千瓦，淘汰落后炼铁产能1.2亿吨、炼钢产能0.72亿吨、水泥产能3.7亿吨。在“十一五”期间国民经济年均增速高达11.2%、煤炭消费总量增长超过10亿吨的情况下，二氧化硫排放总量较2005年下降了14.29%，超额完成减排目标。

2．城市大气环境综合整治不断深化

“十一五”期间，全国进一步深化城市大气环境综合整治。实行“退二进三”政策，搬迁改造了一大批重污染企业，优化城市产业布局；积极推动城市清洁能源改造，发展热电联产和集中供热，淘汰了一批燃煤小锅炉；京津冀、长三角、珠三角启动了加油站油气回收治理工作，北京、上海、广州、深圳等城市分别完成了1462、500、514、256座加油站油气回收改造工程。全国实施了机动车污染物排放国Ⅲ标准，部分城市实施了国Ⅳ标准，机动车污染物平均排放强度下降了40%以上。综合整治工作取得了积极成效，2010年，全国地级及以上城市二氧化硫和可吸入颗粒物（PM_{10}）的年均浓度分别为35微克/米^3

和 81 微克/米^3，比 2005 年分别下降了 24.0%和 14.8%，二氧化氮浓度基本稳定。

3．积极探索区域大气污染联防联控机制

为保障北京奥运会、上海世博会和广州亚运会的空气质量，华北六省（区、市）、长三角三省（市）和珠三角地区打破行政界限，成立领导小组，签署环境保护合作协议，编制实施空气质量保障方案，实施省际联合、部门联动，齐抓共管、密切配合，全面开展二氧化硫、氮氧化物、颗粒物和挥发性有机物综合控制，统一环境执法监管，统一发布环境信息，形成强大的治污合力，取得积极成效。活动期间，主办城市环境空气质量优良，兑现了绿色奥运、绿色世博和绿色亚运的庄严承诺。同时，为我国进一步开展区域大气污染联防联控工作积累了有益经验。

（二）大气环境形势依然严峻

1．大气污染物排放负荷巨大

我国主要大气污染物排放量巨大，2010 年二氧化硫、氮氧化物排放总量分别为 2 267.8 万吨、2 273.6 万吨，位居世界第一，烟粉尘排放量为 1 446.1 万吨，均远超出环境承载能力。京津冀、长三角、珠三角地区，以及辽宁中部、山东、武汉及其周边、长株潭、成渝、海峡西岸、山西中北部、陕西关中、甘宁、新疆乌鲁木齐城市群等 13 个重点区域，是我国经济活动水平和污染排放高度集中的区域，大气环境问题更加突出。重点区域占全国 14%的国土面积，集中了全国近 48%的人口，产生了 71%的经济总量，消费了 52%的煤炭，排放了 48%的二氧化硫、51%的氮氧化物、42%的烟粉尘和约 50%的挥发性有机物，单位面积污染物排放强度是全国平均水平的 2.9～3.6 倍，严重的大气污染已经成为制约区域社会经济发展的“瓶颈”。

表 1 2010 年重点区域主要污染物排放量 单位：万吨

区 域	省 份	二氧化硫	氮氧化物	工业烟粉尘	重点行业挥发性有机物
京津冀	北京	10.4	19.8	3.96	11.6
	天津	23.8	34.0	7.99	15.6
	河北	143.78	171.29	95.89	15.4
长三角	上海	25.5	44.3	8.9	23.9
	江苏	108.55	147.19	96.18	51.3
	浙江	68.4	85.3	43.33	52.7
珠三角	广东	50.7	88.9	37.7	38.1
辽宁中部	辽宁	62.31	54.71	50.44	24.2
山 东	山东	181.1	174	58.1	79.6
武汉及其周边	湖北	39.27	36.97	24.17	20.7
长株潭	湖南	12.04	14.13	17.05	3.8
成 渝	重庆	56.1	27.21	22.43	15.6
	四川	73.2	52.01	38.36	8.9
海峡西岸	福建	40.91	43.37	27.88	26.5
山西中北部	山西	53.94	46.37	32.43	2.6
陕西关中	陕西	61.34	49.8	21.56	10.2
甘 宁	甘肃	25.69	18.21	7.4	8.6
	宁夏	6.68	9.3	3.04	3.95
新疆乌鲁木齐	新疆	18.3	19.87	7.22	4.0

2．大气环境污染十分严重

2010 年，重点区域城市二氧化硫、可吸入颗粒物年均浓度分别为 40 微克/米^3、86 微克/米^3，为欧美发达国家的 2～4 倍；二氧化氮年均浓度为 33 微克/米^3，卫星数据显示，北京到上海之间的工业密集区为我国对流层二氧化氮污染最严重的区域。按照我国新修订的环境空气质量标准评价，重点区域 82%的城市不达标。严重的大气污染，威胁人民群众身体健康，增加呼吸系统、心脑血管疾病的死亡率及患病风险，腐蚀建筑材料，破坏生态环境，导致粮食减产、森林衰亡，造成巨大的经济损失。

表 2 2010 年重点区域主要空气污染物年均浓度 单位：微克/米^3

区 域	二氧化硫	二氧化氮	可吸入颗粒物
京津冀	45	33	82
长三角	33	38	89
珠三角	26	40	58
辽宁中部	46	33	84
山 东	52	38	96
武汉及其周边	28	28	91
长株潭	51	40	86
成 渝	43	35	76
海峡西岸	29	26	71
山西中北部	44	19	75
陕西关中	37	35	106
甘 宁	46	32	111
新疆乌鲁木齐	43	36	96

3．复合型大气污染日益突出

随着重化工业的快速发展、能源消费和机动车保有量的快速增长，排放的大量二氧化硫、氮氧化物与挥发性有机物导致细颗粒物、臭氧、酸雨等二次污染呈加剧态势。2010 年 7 个城市细颗粒物监测试点的年均值为 40～90 微克/米^3，超过新修订环境空气质量标准限值要求的 14%～157%；臭氧监测试点表明，部分城市臭氧超过国家二级标准的天数达到 20%，有些地区多次出现臭氧最大小时浓度超过欧洲警报水平（240×10^{-9}）的重污染现象。复合型大气污染导致能见度大幅度下降，京津冀、长三角、珠三角等区域每年出现灰霾污染的天数达 100 天以上，个别城市甚至超过 200 天。

4. 城市间污染相互影响显著

随着城市规模的不断扩张，区域内城市连片发展，受大气环流及大气化学的双重作用，城市间大气污染相互影响明显，相邻城市间污染传输影响极为突出。在京津冀、长三角和珠三角等区域，部分城市二氧化硫浓度受外来源的贡献率达 30%～40%，氮氧化物为 12%～20%，可吸入颗粒物为 16%～26%；区域内城市大气污染变化过程呈现明显的同步性，重污染天气一般在一天内先后出现。

专栏 细颗粒物主要来源

研究表明，细颗粒物成因复杂，约 50%来自燃煤、机动车、扬尘、生物质燃烧等直接排放的一次细颗粒物；约 50%是空气中二氧化硫、氮氧化物、挥发性有机物、氨等气态污染物，经过复杂化学反应形成的二次细颗粒物。细颗粒物来源十分广泛，既有火电、钢铁、水泥、燃煤锅炉等工业源的排放，又有机动车、船舶、飞机、工程机械、农机等移动源的排放，还有餐饮油烟、装修装潢等量大面广的面源排放。因此控制细颗粒物污染，必须实施多污染物协同控制政策，强化多污染源综合管理，开展区域联防联控。

5．大气污染防治面临严峻挑战

未来五年，是我国全面建设小康社会的关键时期，工业化、城镇化将继续快速发展。据预测，到2015年重点区域GDP将增长50%以上，煤炭消费总量将增长30%以上，汽车（含低速汽车）保有量将增长50%。按照目前的污染控制力度，将新增二氧化硫、氮氧化物、工业烟粉尘、挥发性有机物排放量分别为160万吨、250万吨、100万吨和220万吨，占2010年排放量的15%、22%、17%和20%。随着二氧化硫减排工作的持续深入，工程减排的空间日益缩减；对细颗粒物贡献较大的挥发性有机物控制尚处于起步阶段，现有污染控制力度难以满足人民群众对改善环境空气质量的迫切要求。为切实改善大气环境质量，必须采取更加严格的污染控制措施，在消化巨大新增量的基础上，大幅削减污染物排放总量，污染防治任务十分艰巨。

（三）大气污染防治工作存在的主要问题

1．大气环境管理模式滞后

现行环境管理方式难以适应区域大气污染防治要求。区域性大气环境问题需要统筹考虑、统一规划，建立地方之间的联动机制。按照我国现行的管理体系和法规，地方政府对当地环境质量负责，采取的措施以改善当地环境质量为目标，各个城市“各自为政”难以解决区域性大气环境问题。

2．污染控制对象相对单一

长期以来，我国未建立围绕空气质量改善的多污染物综合控制体系。从污染控制因子来看，污染控制重点主要为二氧化硫和工业烟粉尘，对细颗粒物和臭氧影响较大的氮氧化物和挥发性有机物控制薄弱。从污染控制范围来看，工作重点主要集中在工业大点源，对扬尘等面源污染和低速汽车等移动源污染控制重视不够。

3．环境监测、统计基础薄弱

环境空气质量监测指标不全，大多数城市没有开展臭氧、细颗粒物的监测，数据质量控制薄弱，无法全面反映当前大气污染状况。挥发性有机物、扬尘等未纳入环境统计管理体系，底数不清，难以满足环境管理的需要。

4．法规标准体系不完善

现行的大气污染防治法律法规在区域大气污染防治、移动源污染控制等方面缺乏有效的措施要求，缺少挥发性有机物排放标准体系，城市扬尘综合管理制度不健全，车用燃油标准远滞后于机动车排放标准。

二、指导思想、原则和目标

（一）指导思想

以邓小平理论和“三个代表”重要思想为指导，深入贯彻落实科学发展观，以保护人民群众身体健康为根本出发点，着力促进经济发展方式转变，提高生态文明水平，增强区域大气污染防治能力，统筹区域环境资源，实施多污染物协同减排，努力解决细颗粒物、臭氧、酸雨等突出大气环境问题，切实改善区域大气环境质量，提高公众对大气环境质量满意率。

（二）基本原则

经济发展与环境保护相协调。采取污染物总量控制和煤炭消费总量控制等措施，用严格的环保手段倒逼传导机制，促进经济发展方式的转变，实现环境保护优化经济发展。通过调整产业结构和能源结构，加快淘汰落后生产能力和工艺，提高企业清洁生产水平，降低污染物排放强度，促进经济社会与资源环境的协调发展。

联防联控与属地管理相结合。建立健全区域大气污染联防联控管理机制，实现区域“统一规划、统一监测、统一监管、统一评估、统一协调”；根据区域内不同城市社会经济发展水平与环境污染状况，划分重点控制区与一般控制区，实施差异性管理，按照属地管理的原则，明确区域内污染减排的责任与主体。

总量减排与质量改善相统一。建立以空气质量改善为核心的控制、评估、考核体系。根据总量减排与质量改善之间的响应关系，构建基于质量改善的区域总量控制体系，实施二氧化硫、氮氧化物、颗粒物、挥发性有机物等多污染物的协同控制和均衡控制，有效解决当前突出的大气污染问题。

先行先试与全面推进相配合。从重点区域、重点行业和重点污染物抓起，以点带面，集中整治，着力解决危害群众身体健康、威胁地区环境安全、影响经济社会可持续发展的突出大气环境问题，为全国大气污染防治工作积累重要经验。

（三）规划目标

到2015年，重点区域二氧化硫、氮氧化物、工业烟粉尘排放量分别下降12%、13%、10%，挥发性有机物污染防治工作全面展开；环境空气质量有所改善，可吸入颗粒物、二氧化硫、二氧化氮、细颗粒物年均浓度分别下降10%、10%、7%、5%，臭氧污染得到初步控制，酸雨污染有所减轻；建立区域大气污染联防联控机制，区域大气环境管理能力明显提高。

京津冀、长三角、珠三角区域将细颗粒物纳入考核指标，细颗粒物年均浓度下降6%；其他城市群将其作为预期性指标。

规划基准年为2010年。具体规划指标如表3所示。

三、统筹区域环境资源，优化产业结构与布局

（一）明确区域控制重点，实施分区分类管理

1．明确区域污染控制类型

京津冀、长三角、珠三角区域与山东城市群为复合型污染严重区，应重点针对细颗粒物和臭氧等大气环境问题进行控制，长三角、珠三角还要加强酸雨的控制，京津冀、江苏省和山东城市群还应加强可吸入颗粒物的控制。

辽宁中部、武汉及其周边、长株潭、成渝、海峡西岸城市群为复合型污染显现区，应重点控制可吸入颗粒物、二氧化硫、二氧化氮，同时注重细颗粒物、臭氧等复合污染的控制，此外，武汉及其周边、长株潭、成渝还应加强酸雨的控制，辽宁中部城市群应加强采暖季燃煤污染控制。

山西中北部、陕西关中、甘宁、新疆乌鲁木齐城市群，以传统煤烟型污染控制为主，重点控制可吸入颗粒物、二氧化硫污染，加强采暖季燃煤污染控制。

2．划分重点控制区

依据地理特征、社会经济发展水平、大气污染程度、城市空间分布以及大气污染物在区域内的输送规律，将规划区域划分为重点控制区和一般控制区，实施差异化的控制要求，制定有针对性的污染防治策略。对重点控制区，实施更严格的环境准入条件，执行重点行业污染物特别排放限值，采取更有力的污染治理措施。重点控制区共47个城市，除重庆为主城区外，其他城市为整个辖区

京津冀地区重点控制区为北京、天津、石家庄、唐山、保定、廊坊6个城市；长三角地区重点控制区为上海、南京、无锡、常州、苏州、南通、扬州、镇江、泰州、杭州、宁波、嘉兴、湖州、绍兴14个城市；珠三角地区重点控制区为辖区内所有9个城市。

辽宁中部城市群重点控制区为沈阳市；山东城市群重点控制区为济南市、青岛市、淄博市、潍坊市、日照市；武汉及其周边城市群重点控制区为武汉市；长株潭城市群重点控制区为长沙市；成渝城市群重点控制区为重庆市主城区、成都市；海峡西岸城市群重点控制区为福州市、三明市；山西中北部城市群重点控制区为太原市；陕西关中城市群重点控制区为西安市、咸阳市；甘宁城市群重点控制区为兰州市、银川市；新疆乌鲁木齐城市群重点控制区为乌鲁木齐市。

（二）严格环境准入，强化源头管理

依据国家产业政策的准入要求，提高“两高一资”行业的环境准入门槛，严格控制新建高耗能、高污染项目，遏制盲目重复建设，严把新建项目准入关。

表3 “十二五”重点区域大气污染防治各省市规划指标

类别	序号	指标	北京	天津	河北	上海	江苏	浙江	珠三角	辽宁中部	山东	武汉及其周边	长株潭	成渝（重庆）	成渝（四川）	海峡西岸	山西中北部	陕西关中	甘宁（甘肃）	甘宁（宁夏）	新疆乌鲁木齐
环境质量指标	1	二氧化硫年均浓度下降比例/%	10	8	11	11	12	11	12	11	14	7	9	6	9	6	10	7	14	10	9
	2	二氧化氮年均浓度下降比例/%	7	9	7	9	10	10	9	9	10	4	5	4	5	5	7	5	8	7	9
	3	可吸入颗粒物年均浓度下降比例/%	15	12	12	10	14	10	8	12	14	10	10	12	10	8	12	14	14	10	12
	4	细颗粒物年均浓度下降比例/%	15	6	6	6	7	5	5	6	7	5	5	6	5	4	4	4	4	5	4
排放控制指标	5	工业烟粉尘减排比例/%	5	8	15	5	15	10	8	10	15	12	12	10	10	8	10	12	15	10	15
	6	重点行业现役源挥发性有机物排放削减比例/%	15	18	15	18	18	18	18	15	15	10	10	15	10	10	10	10	10	10	10

1．严格控制高耗能、高污染项目建设

重点控制区禁止新、改、扩建除“上大压小”和热电联产以外的燃煤电厂，严格限制钢铁、水泥、石化、化工、有色等行业中的高污染项目。城市建成区、地级及以上城市市辖区禁止新建除热电联产以外的煤电、钢铁、建材、焦化、有色、石化、化工等行业中的高污染项目。城市建成区、工业园区禁止新建20蒸吨/时以下的燃煤、重油、渣油锅炉及直接燃用生物质锅炉，其他地区禁止新建10蒸吨/时以下的燃煤、重油、渣油锅炉及直接燃用生物质锅炉。严格控制高污染行业产能，北京、上海、珠三角严格控制石化产能，辽宁、河北、上海、天津、江苏、山东等实施钢铁产能总量控制，上海、江苏、浙江、山东、重庆、四川等严格控制水泥产能扩张，实施等量或减量置换落后产能。

2．严格控制污染物新增排放量

把污染物排放总量作为环评审批的前置条件，以总量定项目。新建排放二氧化硫、氮氧化物、工业烟粉尘、挥发性有机物的项目，实行污染物排放减量替代，实现增产减污；对于重点控制区和大气环境质量超标城市，新建项目实行区域内现役源2倍削减量替代；一般控制区实行1.5倍削减量替代。对未通过环评审查的投资项目，有关部门不得审批、核准、批准开工建设，不得发放生产许可证、安全生产许可证、排污许可证，金融机构不得提供任何形式的新增授信支持，有关单位不得供水、供电。

3．实施特别排放限值

新建项目必须配套建设先进的污染治理设施，火电、钢铁烧结机等项目应同步安装高效除尘、脱硫、脱硝设施，新建水泥生产线必须采取低氮燃烧工艺，安装袋式除尘器及烟气脱硝装置，新建燃煤锅炉必须安装高效除尘、脱硫设施，采用低氮燃烧或脱硝技术，满足排放标准要求。重点控制区内新建火电、钢铁、石化、水泥、有色、化工等重污染项目与工业锅炉必须满足大气污染物排放标准中特别排放限值要求，火电项目实施时间与规划发布时间同步，其他行业实施时间与排放标准发布时间同步。

4．提高挥发性有机物排放类项目建设要求

把挥发性有机物污染控制作为建设项目环境影响评价的重要内容，采取严格的污染控制措施。限制石化行业新建1 000万吨/年以下常减压、150万吨/年以下催化裂化、100万吨/年以下连续重整（含芳烃抽提）、150万吨/年以下加氢裂化生产装置等限制类项目。新建石化项目须将原油加工损失率控制在4‰以内，并配备相应的有机废气治理设施。新、改、扩建项目排放挥发性有机物的车间有机废气的收集率应大于90%，安装废气回收/净化装置。新建储油库、加油站和新配置的油罐车，必须同步配备油气回收装置。新建机动车制造涂装项目，水性涂料等低挥发性有机物含量涂料占总涂料使用量比例不低于80%，小型乘用车单位涂装面积的挥发性有机物排放量不高于35克/米^2；电子、家具等行业新建涂装项目，水性涂料等低挥发性有机物含量涂料占总涂料使用量比例不低于50%，建筑内外墙涂饰应全部使用水性涂料。新建包装印刷项目须使用具有环境标志的油墨。

（三）加大落后产能淘汰，优化工业布局

1．加大落后产能淘汰力度

严格按照国家发布的工业行业淘汰落后生产工艺装备和产品指导目录及《产业结构调整指导目录（2011年本）》，加快落后产能淘汰步伐。完善淘汰落后产能公告制度，对未按期完成淘汰任务的地区，严格控制国家环保投资项目，暂停对该地区火电、钢铁、有色、石化、水泥、化工等重点行业建设项目办理核准、审批和备案手续；对未按期淘汰的企业，依法吊销排污许可证、生产许可证等。

淘汰火电、钢铁、建材等重污染行业落后产能。淘汰大电网覆盖范围内单机容量10万千瓦以下的常规燃煤火电机组和设计寿命期满的单机容量20万千瓦以下的常规燃煤火电机组；淘汰单机容量5万千瓦及以下的常规小火电机组和以发电为主的燃油锅炉及发电机组（5万千瓦及以下）。淘汰钢铁行业土烧结、90米^{2}以下烧结机、化铁炼钢、400米^{3}及以下炼铁高炉（铸造铁企业除外，但需提供有关证明材料）、30吨及以下炼钢转炉（不含铁合金转炉）与电炉（不含机械铸造电炉），以及铸造冲天炉、单段煤气发生炉等污染严重的生产工艺和设备。淘汰全部水泥立窑、干法中空窑（生产高铝水泥、硫铝酸盐水泥等特种水泥除外）以及湿法窑水泥熟料生产线；淘汰砖瓦24门以下轮窑以及立窑、无顶轮窑、马蹄窑等土窑，淘汰100万米^2/年以下的建筑陶瓷砖、20万件/年以下低档卫生陶瓷生产线，淘汰所有平拉工艺平板玻璃生产线（含格法）。淘汰土法炼焦（每炉产能7.5万吨/年以下的）、炭化室高度小于4.3米的焦炉（3.8米及以上捣固焦炉除外）。

淘汰挥发性有机物排放类行业落后产能。淘汰200万吨/年及以下常减压装置，淘汰废旧橡胶和塑料土法炼油工艺。取缔汽车维修等修理行业的露天喷涂作业，淘汰无溶剂回收设施的干洗设备。禁止生产、销售、使用有害物质含量、挥发性有机物含量超过200克/升的室内装修装饰用涂料和超过700克/升的溶剂型木器家具涂料。淘汰300吨/年以下的传统油墨生产装置，取缔含苯类溶剂型油墨生产，淘汰所有无挥发性有机物收集、回收/净化设施的涂料、胶黏剂和油墨等生产装置。淘汰其他挥发性有机物污染严重、开展挥发性有机物削减和控制无经济可行性的工艺和产品。

2．优化工业布局

统筹考虑区域环境承载能力、大气环流特征、资源禀赋，结合主体功能区划要求，加快产业布局调整。加强区域规划环境影响评价，依据区域资源环境承载能力，合理确定重点产业发展的布局、结构与规模。环境保护部要加强对京津冀、长三角、成渝等重点区域规划环境影响评价的指导，各省级环保部门要大力推动辖区内城市群规划的环境影响评价工作。

对环境敏感地区及市区内已建重污染企业要结合产业布局调整实施搬迁改造，明确重点污染企业搬迁改造时间表，加快城市钢铁厂环保搬迁进程，积极推进上海高桥石化基地等安全环保搬迁。继续推动工业项目向园区集中，利用集中供热推进小企业节能减排。提升现有各级各类工业园区的环境管理水平，提高企业准入的环境门槛。建立产业转移环境监管机制，加强产业转入地在承接产业转移过程中的环境监管，防止落后产能向经济欠发达地区转移。

四、加强能源清洁利用，控制区域煤炭消费总量

（一）优化能源结构，控制煤炭使用

1．大力发展清洁能源

优化能源结构，加快发展天然气与可再生能源，实现清洁能源供应和消费多元化。结合“十二五”天然气管网重点项目、天然气区域管网项目、液化天然气接收站重点项目、储气库重点项目、天然气分布式能源项目等，加强重点区域天然气基础设施建设。按照“优先发展城市燃气，积极调整工业燃料结构，适度发展天然气发电”的原则，优化配置使用天然气，积极发展天然气分布式能源。

大力开发利用风能，有序推进东北、华北和西北地区陆上风电基地建设，积极推进中东部地区分散式接入风电，着力推进上海、江苏、浙江、河北、山东、广东、福建沿海地区海上风电发展。加快推广太阳能光热利用，积极推进太阳能发电产业发展。推动生物质成型燃料、液体燃料、发电、气化等多种形式的生物质能梯级综合利用。加快辽中半岛城市群、成渝地区、山西中北部城市群、陕西关中城市群煤层气、页岩气等新能源的资源调查、勘探规划和开发利用，改善能源结构。利用财税扶持与示范补贴政策，在辽宁中部、陕西关中、甘宁等城市群推广使用地热能。在做好生态保护和移民安置的前提下，积极发展水电。

2．实施煤炭消费总量控制

综合考虑各地社会经济发展水平、能源消费特征、大气污染现状等因素，根据国家能源消费总量控制目标，研究制定煤炭消费总量中长期控制目标，严格控制区域煤炭消费总量。各地应制定煤炭消费总量实施方案，把总量控制目标分解落实到各地政府，实行目标责任管理，加大考核和监督力度。建立煤炭消费总量预测预警机制，对煤炭消费总量增长较快的地区及时预警调控。探索在京津冀、长三角、珠三角区域与山东城市群积极开展煤炭消费总量控制试点。

3．扩大高污染燃料禁燃区

加强“高污染燃料禁燃区”划定工作，逐步扩大禁燃区范围。重点控制区高污染燃料禁燃区面积要达到城市建成区面积的80%以上，一般控制区达到城市建成区面积的60%以上。2013年年底前重点控制

区完成高污染燃料禁燃区划定工作；2014 年年底前一般控制区完成划定工作。已划定的高污染燃料禁燃区应根据城市建成区的发展不断调整划定范围。禁燃区内禁止燃烧原（散）煤、洗选煤、蜂窝煤、焦炭、木炭、煤矸石、煤泥、煤焦油、重油、渣油等燃料，禁止燃烧各种可燃废物和直接燃用生物质燃料，以及污染物含量超过国家规定限值的柴油、煤油、人工煤气等高污染燃料；已建成的使用高污染燃料的各类设施限期拆除或改造成使用管道天然气、液化石油气、管道煤气、电或其他清洁能源，对于超出规定期限继续燃用高污染燃料的设施，责令拆除或者没收。

（二）改进用煤方式，推进煤炭清洁化利用

1．加大热电联供，淘汰分散燃煤小锅炉

积极推行“一区一热源”，建设和完善热网工程，积极发展“热—电—冷”三联供。对纯凝汽燃煤发电机组加大技术改造力度，最大限度地抽汽供应热网；按照统一规划、以热定电和适度规模的原则，发展热电联产和集中供热。新建工业园区要以热电联产企业为供热热源，不具备条件的，须根据园区规划面积配备完善的集中供热系统；现有各类工业园区与工业集中区应实施热电联产或集中供热改造，将工业企业纳入集中供热范围。城市建成区要结合大型发电或热电企业，实行集中供热。核准审批新建热电联产项目要求关停的燃煤锅炉必须按期淘汰。

逐步淘汰小型燃煤锅炉。热网覆盖范围内的分散燃煤锅炉全部拆除，城市建成区、地级及以上城市市辖区逐步淘汰 10 蒸吨/时以下燃煤锅炉。到 2015 年，工业园区基本实现集中供热。逐步淘汰农村地区居民散烧供暖煤炉，鼓励使用清洁能源，有条件的地区应实行集中供热。

推进供热计量改革。加快推进北方采暖地区既有居住建筑供热计量和节能改造，加强对新建建筑供热计量工程的监管，全面实行供热计量收费，促进用户行为节能，推进供热节能减排。

2．改善煤炭质量，推进煤炭洁净高效利用

限制高硫分高灰分煤炭的开采与使用，提高煤炭洗选比例，推进配煤中心建设，研究推广煤炭清洁、高效利用技术，实施煤炭的清洁化利用，降低大气污染物排放。重点控制区内没有配套高效脱硫、除尘设施的燃煤锅炉和工业窑炉，禁止燃用含硫量超过 0.6%、灰分超过 15%的煤炭；居民生活燃煤和其他小型燃煤设施优先使用低硫低灰分并添加固硫剂的型煤。

五、深化大气污染治理，实施多污染物协同控制

（一）深化二氧化硫污染治理，全面开展氮氧化物控制

1．全面推进二氧化硫减排

深化火电行业二氧化硫治理。燃煤机组全部安装脱硫设施；对不能稳定达标的脱硫设施进行升级改造；烟气脱硫设施要按照规定取消烟气旁路，强化对脱硫设施的监督管理，确保燃煤电厂综合脱硫效率达到 90%以上。

加强钢铁、石化等非电行业的烟气二氧化硫治理。所有烧结机和位于城市建成区的球团生产设备配套建设脱硫设施，综合脱硫效率达到 70%以上。石油炼制行业催化裂化装置要配套建设烟气脱硫设施，硫黄回收率要达到 99%以上。加快有色金属冶炼行业生产工艺设备更新改造，提高冶炼烟气中硫的回收利用率，对二氧化硫含量大于 3.5%的烟气采取制酸或其他方式回收处理，低浓度烟气和排放超标的制酸尾气进行脱硫处理。实施炼焦炉煤气脱硫，硫化氢脱除效率达到 95%以上。加强大中型燃煤锅炉烟气治理，规模在 20 蒸吨/时及以上的全部实施脱硫，脱硫效率达到 70%以上。积极推进陶瓷、玻璃、砖瓦等建材行业二氧化硫控制。

2．全面开展氮氧化物污染防治

大力推进火电行业氮氧化物控制。加快燃煤机组低氮燃烧技术改造及脱硝设施建设，单机容量 20 万千瓦及以上、投运年限 20 年内的现役燃煤机组全部配套脱硝设施，脱硝效率达到 85%以上，综合脱硝效率达到 70%以上；加强对已建脱硝设施的监督管理，确保脱硝设施高效稳定运行。

加强水泥行业氮氧化物治理。对新型干法水泥窑实施低氮燃烧技术改造，配套建设脱硝设施。新、

改、扩建水泥生产线综合脱硝效率不低于60%。

积极开展燃煤工业锅炉、烧结机等烟气脱硝示范。在京津冀、长三角、珠三角地区选择烧结机单台面积180米^{2}以上的2～3家钢铁企业，开展烟气脱硝示范工程建设。推进燃煤工业锅炉低氮燃烧改造和脱硝示范。

（二）强化工业烟粉尘治理，大力削减颗粒物排放

1．深化火电行业烟尘治理

燃煤机组必须配套高效除尘设施。一般控制区按照30毫克/米^{3}标准，重点控制区按照20毫克/米^{3}标准，对烟尘排放浓度不能稳定达标的燃煤机组进行高效除尘改造。

2．强化水泥行业粉尘治理

水泥窑及窑磨一体机除尘设施应全部改造为袋式除尘器。水泥企业破碎机、磨机、包装机、烘干机、烘干磨、煤磨机、冷却机、水泥仓及其他通风设备需采用高效除尘器，确保颗粒物排放稳定达标。加强水泥厂和粉磨站颗粒物排放综合治理，采取有效措施控制水泥行业颗粒物无组织排放，大力推广散装水泥生产，限制和减少袋装水泥生产，所有原材料、产品必须密闭贮存、输送，车船装、卸料采取有效措施防止起尘。

3．深化钢铁行业颗粒物治理

现役烧结（球团）设备机头烟尘不能稳定达标排放的进行高效除尘技术改造，重点控制区应达到特别排放限值的要求。炼焦工序应配备地面站高效除尘系统，积极推广使用干熄焦技术；炼铁出铁口、撇渣器、铁水沟等位置设置密闭收尘罩，并配置袋式除尘器。

4．全面推进燃煤工业锅炉烟尘治理

燃煤工业锅炉烟尘不能稳定达标排放的，应进行高效除尘改造，重点控制区应达到特别排放限值的要求。沸腾炉和煤粉炉必须安装袋式除尘装置。积极采用天然气等清洁能源替代燃煤；使用生物质成型燃料应符合相关技术规范，使用专用燃烧设备；对无清洁能源替代条件的，推广使用型煤。

5．积极推进工业炉窑颗粒物治理

积极推广工业炉窑使用清洁能源，陶瓷、玻璃等工业炉窑可采用天然气、煤制气等替代燃煤，推广应用黏土砖生产内燃技术。加强工业炉窑除尘工作，安装高效除尘设备，确保达标排放。

（三）开展重点行业治理，完善挥发性有机物污染防治体系

1．开展挥发性有机物摸底调查

针对石化、有机化工、合成材料、化学药品原药制造、塑料产品制造、装备制造涂装、通信设备计算机及其他电子设备制造、包装印刷等重点行业，开展挥发性有机物排放调查工作，制定分行业挥发性有机物排放系数，编制重点行业排放清单，摸清挥发性有机物行业和地区分布特征，筛选重点排放源，建立挥发性有机物重点监管企业名录。在复合型大气污染严重地区，开展大气环境挥发性有机物调查性监测，掌握大气环境中挥发性有机物浓度水平、季节变化、区域分布特征。

2．完善重点行业挥发性有机物排放控制要求和政策体系

尽快制定相关行业挥发性有机物排放标准、清洁生产评价指标体系和环境工程技术规范；加快制定完善环境空气和固定污染源挥发性有机物测定方法标准、监测技术规范以及监测仪器标准；加强挥发性有机物面源污染控制，研究制定涂料、油墨、胶黏剂、建筑板材、家具、干洗液等含有机溶剂产品的环境标志产品认证标准；建立含有机溶剂产品销售使用准入制度，实施挥发性有机化合物含量限值管理。建立有机溶剂使用申报制度。在挥发性有机物污染典型企业集中度较高的工业园区，开展挥发性有机物污染综合防治试点工作，探索挥发性有机物的监测、治理技术和监督管理机制。

3．全面开展加油站、储油库和油罐车油气回收治理

加大加油站、储油库和油罐车油气回收治理改造力度，2013年底前重点控制区全面完成油气回收治理工作，2014年底前一般控制区完成油气回收治理工作。建设油气回收在线监控系统平台试点，实现对重点储油库和加油站油气回收远程集中监测、管理和控制。

4. 大力削减石化行业挥发性有机物排放

石化企业应全面推行 LDAR（泄漏检测与修复）技术，加强石化生产、输送和储存过程挥发性有机物泄漏的监测和监管，对泄漏率超过标准的要进行设备改造；严格控制储存、运输环节的呼吸损耗，原料、中间产品、成品储存设施应全部采用高效密封的浮顶罐，或安装顶空连通置换油气回收装置。将原油加工损失率控制在 6‰以内。炼油与石油化工生产工艺单元排放的有机工艺尾气，应回收利用，不能（或不能完全）回收利用的，应采用锅炉、工艺加热炉、焚烧炉、火炬予以焚烧，或采用吸收、吸附、冷凝等非焚烧方式予以处理；废水收集系统液面与环境空气之间应采取隔离措施，曝气池、气浮池等应加盖密闭，并收集废气净化处理。加强回收装置与有机废气治理设施的监管，确保挥发性有机物排放稳定达标，重点控制区执行特别排放限值。石化企业有组织废气排放逐步安装在线连续监测系统，厂界安装挥发性有机物环境监测设施。

5. 积极推进有机化工等行业挥发性有机物控制

提升有机化工（含有机化学原料、合成材料、日用化工、涂料、油墨、胶黏剂、染料、化学溶剂、试剂生产等）、医药化工、塑料制品企业装备水平，严格控制跑冒滴漏。原料、中间产品与成品应密闭储存，对于实际蒸汽压大于 2.8 千帕、容积大于 100 米^{3}的有机液体储罐，采用高效密封方式的浮顶罐或安装密闭排气系统进行净化处理。排放挥发性有机物的生产工序要在密闭空间或设备中实施，产生的含挥发性有机物废气需进行净化处理，净化效率应不低于 90%。逐步开展排放有毒、恶臭等挥发性有机物的有机化工企业在线连续监测系统的建设，并与环境保护主管部门联网。

6. 加强表面涂装工艺挥发性有机物排放控制

积极推进汽车制造与维修、船舶制造、集装箱、电子产品、家用电器、家具制造、装备制造、电线电缆等行业表面涂装工艺挥发性有机物的污染控制。全面提高水性、高固份、粉末、紫外光固化涂料等低挥发性有机物含量涂料的使用比例，汽车制造企业达到 50%以上，家具制造企业达到 30%以上，电子产品、电器产品制造企业达到 50%以上。推广汽车行业先进涂装工艺技术的使用，优化喷漆工艺与设备，小型乘用车单位涂装面积的挥发性有机物排放量控制在 40 克/米^{2}以下。使用溶剂型涂料的表面涂装工序必须密闭作业，配备有机废气收集系统，安装高效回收净化设施，有机废气净化率达到 90%以上。

7. 推进溶剂使用工艺挥发性有机物治理

包装印刷业必须使用符合环保要求的油墨，烘干车间需安装活性炭等吸附设备回收有机溶剂，对车间有机废气进行净化处理，净化效率达到 90%以上。在纺织印染、皮革加工、制鞋、人造板生产、日化等行业，积极推动使用低毒、低挥发性溶剂，食品加工行业必须使用低挥发性溶剂，制鞋行业胶黏剂应符合国家强制性标准《鞋和箱包胶黏剂》的要求；同时开展挥发性有机物收集与净化处理。

（四）加强有毒废气污染控制，切实履行国际公约

1. 加强有毒废气污染控制

编制发布国家有毒空气污染物优先控制名录，推进排放有毒废气企业的环境监管，对重点排放企业实施强制性清洁生产审核；把有毒空气污染物排放控制作为环境影响评价审批的重要内容，明确控制措施和应急对策。开展重点地区铅、汞、镉、苯并[*a*]芘、二噁英等有毒空气污染物调查性监测。完善有毒空气污染物的排放标准与防治技术规范。

2. 积极推进大气汞污染控制工作

深入开展燃煤电厂大气汞排放控制试点工作，积极推进汞排放协同控制；实施有色金属行业烟气除汞技术示范工程；开发水泥生产和废物焚烧等行业大气汞排放控制技术；编制燃煤、有色金属、水泥、废物焚烧、钢铁、石油天然气工业、汞矿开采等重点行业大气汞排放清单，研究制定控制对策。

3. 积极开展消耗臭氧层物质淘汰工作

完善消耗臭氧层物质生产、使用和进出口的审批、监管制度。按照《蒙特利尔议定书》的要求，完成含氢氯氟烃、医用气雾剂全氯氟烃、甲基溴等约束性指标的淘汰任务，严格控制含氢氯氟烃、甲烷氯化物生产装置能力的过快增长，加强相关行业替代品和替代技术的开发和应用，强化国家、地方及行业

履约能力建设。

（五）强化机动车污染防治，有效控制移动源排放

1．促进交通可持续发展

大力发展城市公交系统和城际间轨道交通系统，城市交通发展实施公交优先战略，改善居民步行、自行车出行条件，鼓励选择绿色出行方式；加大和优化城区路网结构建设力度，通过错峰上下班、调整停车费等手段，提高机动车通行效率；推广城市智能交通管理和节能驾驶技术；鼓励选用节能环保车型，推广使用天然气汽车和新能源汽车，并逐步完善相关基础配套设施；积极推广电动公交车和出租车。开展城市机动车保有量（重点是出行量）调控政策研究，探索调控特大型或大型城市机动车保有总量。

2．推动油品配套升级

加快车用燃油低硫化步伐，颁布实施第四、第五阶段车用燃油国家标准。2013 年底前，全面供应国Ⅳ车用汽油（硫含量不大于 50×10^{-6}），2014 年底前全面供应国Ⅳ车用柴油，京津冀、长三角、珠三角区域优先实施；2013 年 7 月 1 日前，将普通柴油硫含量降低至 350×10^{-6} 以下；逐步将远洋船舶用燃料硫含量降低至 $2\,000\times10^{-6}$ 以下。

加强油品质量的监督检查，严厉打击非法生产、销售不符合国家和地方标准要求车用油品的行为，建立健全炼化企业油品质量控制制度，全面保障油品质量。高速公路及城市市区加油站销售的车用燃油必须达到《车用汽油》、《车用柴油》标准。推进配套尿素加注站建设，2015 年底前全面建成尿素加注网络，确保柴油车 SCR 装置正常运转。

3．加快新车排放标准实施进程

实施国家第Ⅳ阶段机动车排放标准，适时颁布实施国家第Ⅴ阶段机动车排放标准，鼓励有条件地区提前实施下一阶段机动车排放标准。2015 年起低速汽车（三轮汽车、低速货车）执行与轻型载货车同等的节能与排放标准。完善机动车环保型式核准和强制认证制度，不断扩大环保监督检查覆盖范围，确保企业批量生产的车辆达到排放标准要求。未达到国家机动车排放标准的车辆不得生产、销售。严格外地转入车辆环境监管。

4．加强车辆环保管理

全面推进机动车环保标志核发工作，到 2015 年，汽车环保标志发放率达到 85%以上。开展环保标志电子化、智能化管理。全面推进机动车环保检验委托工作，加快环保检验在线监控设备安装进程，加强检测设备的质量管理，提高环保检测机构监测数据的质量控制水平，强化检测技术监管与数据审核，推进环保检验机构规范化运营。加快推行简易工况尾气检测法。完善机动车环保检验与维修（I/M）制度。

5．加速黄标车淘汰

严格执行老旧机动车强制报废制度，强化营运车辆强制报废的有效管理和监控。通过制定完善地方性法规规章，推行黄标车限行措施，加速黄标车淘汰进程。2013 年底前实现重点控制区地级及以上城市主城区黄标车禁行，2015 年底前实现其他地级及以上城市主城区黄标车禁行。大力推进城市公交车、出租车、客运车、运输车（含低速车）集中治理或更新淘汰，杜绝车辆“冒黑烟”现象。力争到 2015 年，淘汰 2005 年底前注册运营的黄标车，京津冀、长三角、珠三角基本淘汰辖区内黄标车。

6．开展非道路移动源污染防治

开展非道路移动源排放调查，掌握工程机械、火车机车、船舶、农业机械、工业机械和飞机等非道路移动源的污染状况，建立移动源大气污染控制管理台账。推进非道路移动机械和船舶的排放控制。2013 年，实施国家第Ⅲ阶段非道路移动机械排放标准和国家第Ⅰ阶段船用发动机排放标准。积极开展施工机械环保治理，推进安装大气污染物后处理装置。加快天津、上海、南京、宁波、广州、青岛等地区的“绿色港口”建设。在重点港口建设码头岸电设施示范工程，加快港口内拖车、装卸设备等“油改气”或“油改电”进程，降低污染物排放。

（六）加强扬尘控制，深化面源污染管理

1．加强城市扬尘污染综合管理

各地应将扬尘控制作为城市环境综合整治的重要内容，建立由住房城乡建设、环保、市政、园林、城管等部门组成的协调机构，开展城市扬尘综合整治，加强监督管理。积极创建扬尘污染控制区，控制施工扬尘和渣土遗撒，开展裸露地面治理，提高绿化覆盖率，加强道路清扫保洁，不断扩大扬尘污染控制区面积。到 2015 年，重点控制区内城市建成区降尘强度在 2010 年基础上下降 15%以上，一般控制区内城市建成区降尘强度下降 10%以上。

2．强化施工扬尘监管

加强施工扬尘环境监理和执法检查。在项目开工前，建设单位与施工单位应向建设、环保等部门分别提交扬尘污染防治方案与具体实施方案，并将扬尘污染防治纳入工程监理范围，扬尘污染防治费用纳入工程预算。将施工企业扬尘污染控制情况纳入建筑企业信用管理系统，定期公布，作为招投标的重要依据。加强现场执法检查，强化土方作业时段监督管理，增加检查频次，加大处罚力度。

推进建筑工地绿色施工。建设工程施工现场必须全封闭设置围挡墙，严禁敞开式作业；施工现场道路、作业区、生活区必须进行地面硬化；积极推广使用散装水泥，市区施工工地全部使用预拌混凝土和预拌砂浆，杜绝现场搅拌混凝土和砂浆；对因堆放、装卸、运输、搅拌等易产生扬尘的污染源，应采取遮盖、洒水、封闭等控制措施；施工现场的垃圾、渣土、沙石等要及时清运，建筑施工场地出口设置冲洗平台。建设城市扬尘视频监控平台，在城市市区内，主要施工工地出口、起重机、料堆等易起尘的位置安装视频监控设施，新增建筑工地在开工建设前要安装视频监控设施，实现施工工地重点环节和部位的精细化管理。

3．控制道路扬尘污染

积极推行城市道路机械化清扫，提高机械化清扫率，到 2015 年一般控制区城市建成区主要车行道机扫率达到 70%以上，重点控制区达到 90%以上。增加城市道路冲洗保洁频次，切实降低道路积尘负荷。减少道路开挖面积，缩短裸露时间，开挖道路应分段封闭施工，及时修复破损道路路面。加强道路两侧绿化，减少裸露地面。加强渣土运输车辆监督管理，所有城市渣土运输车辆实施密闭运输，实施资质管理与备案制度，安装 GPS 定位系统，对重点地区、重点路段的渣土运输车辆实施全面监控。

4．推进堆场扬尘综合治理

强化煤堆、料堆的监督管理。大型煤堆、料堆场应建立密闭料仓与传送装置，露天堆放的应加以覆盖或建设自动喷淋装置。电厂、港口的大型煤堆、料堆应安装视频监控设施，并与城市扬尘视频监控平台联网。对长期堆放的废弃物，应采取覆绿、铺装、硬化、定期喷洒抑尘剂或稳定剂等措施。积极推进粉煤灰、炉渣、矿渣的综合利用，减少堆放量。

5．加强城市绿化建设

结合城市发展和工业布局，加强城市绿化建设，努力提高城市绿化水平，增强环境自净能力。打造绿色生态保护屏障，构建防风固沙体系。实施生态修复，加强对各类废弃矿区的治理，恢复生态植被和景观，抑制扬尘产生。

6．加强秸秆焚烧环境监管

禁止农作物秸秆、城市清扫废物、园林废物、建筑废弃物等生物质的违规露天焚烧。全面推广秸秆还田、秸秆制肥、秸秆饲料化、秸秆能源化利用等综合利用措施，制定实施秸秆综合利用实施方案，建立秸秆综合利用示范工程，促进秸秆资源化利用，加强秸秆焚烧监管。进一步加强重点区域秸秆焚烧和火点监测信息发布工作，建立和完善市、县（区）、镇、村四级秸秆焚烧责任体系，完善目标责任追究制度。

7．推进餐饮业油烟污染治理

严格新建饮食服务经营场所的环保审批；推广使用管道煤气、天然气、电等清洁能源；饮食服务经营场所要安装高效油烟净化设施，并强化运行监管；强化无油烟净化设施露天烧烤的环境监管。

六、创新区域管理机制，提升联防联控管理能力

（一）建立区域大气污染联防联控机制

1．建立统一协调的区域联防联控工作机制

在全国环境保护部联席会议制度下，定期召开区域大气污染联防联控联席会议，统筹协调区域内大气污染防治工作。京津冀、长三角、成渝、甘宁等跨省区域，成立由环境保护部牵头、相关部门与区域内各省级政府参加的大气污染联防联控工作领导小组；其他城市群成立由主管省级领导为组长的领导小组。区域内各地区轮值召开年度联席工作会议，通报上年区域大气污染联防联控工作进展，交流和总结工作经验，研究制定下一阶段工作目标、工作重点与主要任务。

2．建立区域大气环境联合执法监管机制

加强区域环境执法监管，确定并公布区域重点企业名单，开展区域大气环境联合执法检查，集中整治违法排污企业。经过限期治理仍达不到排放要求的重污染企业予以关停。切实发挥国家各区域环境督查派出机构的职能，加强对区域和重点城市大气污染防治工作的监督检查和考核，定期开展重点行业、企业大气污染专项检查，组织查处重大大气环境污染案件，协调处理跨省区域重大污染纠纷，打击行政区边界大气污染违法行为。强化区域内工业项目搬迁的环境监管，搬迁项目要严格执行国家和区域对新建项目的环境保护要求。

3．建立重大项目环境影响评价会商机制

对区域大气环境有重大影响的火电、石化、钢铁、水泥、有色、化工等项目，要以区域规划环境影响评价、区域重点产业环境影响评价为依据，综合评价其对区域大气环境质量的影响，评价结果向社会公开，并征求项目影响范围内公众和相关城市环保部门意见，作为环评审批的重要依据。

4．建立环境信息共享机制

围绕区域大气环境管理要求，依托已有网站设施，促进区域环境信息共享，集成区域内各地环境空气质量监测、重点源大气污染排放、重点建设项目、机动车环保标志等信息，建立区域环境信息共享机制，促进区域内各地市之间的环境信息交流。

5．建立区域大气污染预警应急机制

加强极端不利气象条件下大气污染预警体系建设，加强区域大气环境质量预报，实现风险信息研判和预警。建立区域重污染天气应急预案，构建区域、省、市联动一体的应急响应体系，将保障任务层层分解。当出现极端不利气象条件时，所在区域及时启动应急预案，实行重点大气污染物排放源限产、建筑工地停止土方作业、机动车限行等紧急控制措施。

（二）创新环境管理政策措施

1．完善财税补贴激励政策

加大落后产能淘汰的财政支持力度，加快火电、钢铁、水泥等落后产能及小锅炉、挥发性有机物排放类行业落后工艺的淘汰步伐，对符合奖励条件的项目，积极给予支持。加大大气污染防治技术示范工程资金支持力度。实施老旧汽车报废更新补贴政策，采取经济激励政策加速“黄标车”淘汰。对生产符合下一阶段标准车用燃油的企业，在消费税政策上予以优惠。认真落实鼓励秸秆等综合利用的税收优惠政策。推行政府绿色采购，完善强制采购和优先采购制度，逐步提高节能环保产品比重。

2．深入推进价格与金融贸易政策

全面落实脱硫电价政策，继续执行差别电价和惩罚性电价政策，分步推进火电厂烟气脱硝加价政策。对高耗能、高污染产业，金融机构实施更为严格的贷款发放标准。将企业环境违法信息纳入人民银行企业征信系统和银监会信息披露系统，与企业信用等级评定、贷款及证券融资联动。将大气污染排放强度大的重污染产品列入国家“高污染、高环境风险”产品名录，调整进出口税收政策，限制高耗能、高排放产品出口。开展高环境风险企业环境污染强制责任保险试点。

3．完善挥发性有机物等排污收费政策

建立完善挥发性有机物排放当量核算方法，研究征收挥发性有机物排污费。研究制定扬尘排污收费政策。

4．全面推行排污许可证制度

全面推行大气排污许可证制度，排放二氧化硫、氮氧化物、工业烟粉尘、挥发性有机物的重点企业，应在2014年底前向环保部门申领排污许可证。排污许可证应明确允许排放污染物的名称、种类、数量、排放方式、治理措施及监测要求，作为总量控制、排污收费、环境执法的重要依据。未取得排污许可证的企业，不得排放污染物。继续推动排污权交易试点，针对电力、钢铁、石化、建材、有色等重点行业，探索建立区域主要大气污染物排放指标有偿使用和交易制度。

5．实施重点行业环保核查制度

对火电、钢铁、有色、水泥、石化、化工等污染物排放量大的行业实施环保核查制度。对核查中发现的环保违法企业，实施限期改正、挂牌督办、限期治理、停产整治或关停。对未提交核查申请、未通过核查以及弄虚作假的企业，暂停审批其新、改、扩建项目环境影响评价文件，不予提供各类环保专项资金支持，不予出具任何方面的环保合格、达标或守法证明文件。环境保护部门向社会公告企业通过环保核查的情况，作为企业信贷、产品生产、进出口审批的重要依据。

6．推行污染治理设施建设运行特许经营

完善火电厂脱硫设施特许经营制度，探索在脱硝、除尘、挥发性有机物治理等方面开展治理设施社会化运营，提高治污设施的建设质量与运行效果。实行环保设施运营资质许可制度，推进环保设施的专业化、社会化运营服务。完善大气污染治理及机动车检测的市场准入机制，规范市场行为，打破地方保护，为企业创造公平竞争的市场环境。

7．实施环境信息公开制度

各地要实时发布城市环境空气质量信息，定期开展空气质量评估，并向社会公开。对新建项目要公示环境影响评价情况并广泛征求公众意见，重点企业要公开污染物排放状况、治理设施运行情况等环境信息，定期发布大气污染物排放监测结果，接受社会监督。建立重污染行业企业、涉及有毒废气排放企业环境信息强制披露制度。广泛动员全社会参与大气环境保护，通过采取有奖举报等措施，鼓励公众监督车辆“冒黑烟”、渣土运输车辆遗撒、秸秆露天焚烧等环保违法行为。

8．推进城市环境空气质量达标管理

根据《大气污染防治法》第十七条规定，环境空气质量未达标城市人民政府应制定限期达标规划，按照国务院或者环境保护部划定的期限，分别在5年、10年、15年、20年内限期达标。直辖市的限期达标规划，报国务院批准；其他国家环境保护重点城市的限期达标规划经城市所在地省级人民政府审查同意后，经国务院授权由环境保护部批准；其他城市的限期达标规划由省级人民政府批准，并报环境保护部备案。所有城市的限期达标规划要向社会公开。国家和省级环保部门对限期达标规划执行情况进行检查和考核，并将考核结果向社会公布。

（三）全面加强联防联控的能力建设

1．建立统一的区域空气质量监测体系

强化区域环境空气质量监测体系建设，各省（区、市）按照“十二五”国家空气监测网设置方案的要求逐步开展城市空气质量监测点位的能力建设，同时在位于城市建成区以外地区或区域输送通道上均匀布设一定数量的区域站。所有城市监测点位新增细颗粒物、臭氧、一氧化碳等监测因子和数字环境摄影记录系统，开展全指标监测；区域站还应增加能见度、气象五参数等监测能力。京津冀、长三角和珠三角在2012年底前完成区域环境空气质量监测体系建设，其他城市群在2015年底前完成区域环境空气质量监测体系建设。加强大气环境超级站建设。开展移动源对路边环境影响的监测。

全面加强监测数据质量控制，强化监测技术监管与数据审核。区域内所有监测点位与中国环境监测总站进行直连，实现环境空气质量数据实时传输。省级环境监测管理部门负责对城市空气质量监测点质控工作进行督查，环境保护部组织开展不定期检查、飞行检查及交叉质控。重点区域中所有 631 个市区监测点位和 61 个区域站均作为本规划空气质量目标监督、考核、评估的重要依据。

2．加强重点污染源监控能力建设

全面加强国控、省控重点污染源二氧化硫、氮氧化物、颗粒物在线监测能力建设，2014 年底前重点污染源全部建成在线监控装置，并与环保部门联网，积极推进挥发性有机物在线监测工作。加强各地监测站对挥发性有机物、汞监督性监测能力建设。进一步加强市级大气污染源监控能力建设，依托已有网络设施，完善国家、省、市三级自动监控体系，提升大气污染源数据的收集处理、分析评估与应用能力。全面推进重点污染源自动监测系统数据有效性审核，将自动监控设施的稳定运行情况及其监测数据的有效性水平，纳入企业环保信用等级。

表 4 “十二五”重点区域城市点位数量及空气质量目标考核依据

区域	省份	城市	“十二五”城市点位数量/个	2010 年城市点位数量/个	2010 年城市二氧化硫年均浓度/(微克/米^3)	2010 年城市二氧化氮年均浓度/(微克/米^3)	2010 年城市可吸入颗粒物年均浓度/(微克/米^3)
京津冀	北京	北京	12	12	32	57	121
	天津	天津	15	13	54	45	96
	河北	石家庄	8	7	54	41	98
		唐山	6	6	57	29	85
		秦皇岛	5	5	41	25	64
		邯郸	4	4	44	29	90
		保定	6	6	41	31	84
		承德	5	5	46	39	53
		沧州	3	3	33	24	78
		衡水	3	4	40	26	79
		邢台	4	4	44	24	82
		张家口	5	5	51	23	60
		廊坊	4	3	43	30	78
长三角	上海	上海	10	10	29	50	79
	江苏	南京	9	6	36	46	114
		无锡	8	7	47	46	88
		徐州	7	6	44	26	88
		常州	6	4	34	28	97
		苏州	8	8	33	54	90
		南通	5	5	33	29	97
		连云港	4	4	38	25	90
		淮安	5	3	31	33	95
		盐城	4	3	39	23	122
		扬州	4	4	33	23	96
		镇江	4	4	24	36	97
		泰州	4	3	39	32	87
		宿迁	4	3	31	22	99
	浙江	杭州	11	10	34	56	98
		宁波	8	5	31	53	96

区域	省份	城市	“十二五”城市点位数量/个	2010 年城市点位数量/个	2010 年城市二氧化硫年均浓度/(微克/米^3)	2010 年城市二氧化氮年均浓度/(微克/米^3)	2010 年城市可吸入颗粒物年均浓度/(微克/米^3)
长三角	浙江	温州	4	4	28	58	85
		嘉兴	3	3	42	45	93
		湖州	3	3	18	46	86
		绍兴	3	2	55	42	95
		金华	3	3	36	48	67
		衢州	3	3	20	28	65
		舟山	3	2	15	24	61
		台州	3	3	29	38	80
		丽水	3	3	22	28	71
珠三角	广东	广州	11	11	33	53	69
		深圳	11	8	11	45	57
		珠海	4	4	15	33	49
		佛山	8	8	37	51	64
		江门	4	4	27	24	57
		肇庆	4	4	36	41	58
		惠州	5	5	18	25	51
		东莞	5	5	30	47	63
		中山	4	4	27	40	51
辽宁中部	辽宁	沈阳	11	11	58	35	101
		鞍山	7	7	46	39	105
		抚顺	6	5	38	36	94
		本溪	6	6	57	34	69
		营口	4	4	30	26	73
		辽阳	4	4	53	35	66
		铁岭	4	3	41	23	78
山东	山东	济南	8	8	45	27	117
		青岛	9	8	52	48	99
		淄博	6	6	89	33	110
		枣庄	5	5	57	33	99
		东营	4	4	56	40	89
		烟台	6	6	41	39	81
		潍坊	5	5	58	42	99
		济宁	3	3	64	44	116
		泰安	3	3	49	42	97
		威海	3	3	24	33	67
		日照	3	3	39	44	89
		莱芜	3	3	54	32	107
		临沂	4	4	56	40	97
		德州	3	3	47	36	89

区域	省份	城市	“十二五”城市点位数量/个	2010年城市点位数量/个	2010年城市二氧化硫年均浓度/(微克/米^3)	2010年城市二氧化氮年均浓度/(微克/米^3)	2010年城市可吸入颗粒物年均浓度/(微克/米^3)
山东	山东	聊城	3	3	53	30	93
		滨州	3	3	55	49	97
		菏泽	3	3	50	27	93
武汉及其周边	湖北	武汉	10	10	41	57	108
		黄石	5	5	38	23	91
		鄂州	3	2	33	22	83
		孝感	2	1	21	28	101
		黄冈	2	1	9	14	71
		咸宁	4	2	27	23	94
长株潭	湖南	长沙	10	9	40	46	83
		株洲	7	6	58	33	81
		湘潭	7	5	55	40	95
成渝	重庆	重庆	17	20	48	39	102
	四川	成都	8	8	31	51	104
		自贡	4	4	63	40	81
		绵阳	4	4	35	29	82
		宜宾	6	6	55	35	78
		泸州	4	4	51	49	86
		德阳	4	4	46	36	65
		南充	6	6	42	30	61
		遂宁	4	4	29	25	71
		内江	4	4	51	37	52
		乐山	4	4	27	28	79
		眉山	4	4	41	44	83
		广安	5	5	46	29	59
		达州	5	5	27	23	69
		资阳	5	5	46	33	62
海峡西岸	福建	福州	6	4	9	32	73
		厦门	4	4	21	46	65
		泉州	4	4	19	21	68
		莆田	5	4	28	13	64
		三明	4	4	54	14	91
		漳州	3	3	23	44	72
		南平	4	3	55	29	72
		龙岩	4	4	38	16	83
		宁德	3	3	18	18	53
山西中北部	山西	太原	9	9	68	20	89
		大同	6	6	36	28	75
		朔州	5	5	36	11	75
		忻州	3	3	35	17	61
陕西关中	陕西	西安	13	11	43	45	126
		咸阳	4	3	32	24	94
		铜川	4	3	48	38	99

区域	省份	城市	“十二五”城市点位数量/个	2010 年城市点位数量/个	2010 年城市二氧化硫年均浓度/（微克/米^3）	2010 年城市二氧化氮年均浓度/（微克/米^3）	2010 年城市可吸入颗粒物年均浓度/（微克/米^3）
陕西关中	陕西	宝鸡	8	6	24	27	98
		渭南	4	4	39	41	112
甘宁	甘肃	兰州	5	5	57	48	155
		白银	2	2	46	29	99
	宁夏	银川	5	5	39	26	94
新疆乌鲁木齐	新疆	乌鲁木齐	7	6	89	67	133
		昌吉	3	2	25	29	82
		五家渠	1	1	14	13	73

注：城市监测点位中的对照点不参与城市空气质量评价。

3．推进机动车排污监控能力建设

加快机动车污染监控机构标准化建设进程，推进省级和市级机动车排污监控机构建设，省级与重点控制区 2013 年年底前建成，一般控制区 2014 年年底前建成。提高机动车污染监控能力，促进新车、在用车环保信息共享，提高机动车污染监控水平。

4．强化污染排放统计与环境质量管理能力建设

逐步将挥发性有机物与移动源排放纳入环境统计体系。制定分行业挥发性有机物排放系数，建立挥发性有机物排放统计方法，开展摸底调查。组织开展非道路移动源排放状况调查，摸清非道路移动源排放系数及活动水平。研究开展颗粒物无组织排放调查。细颗粒物污染严重城市要进行源解析工作。针对危害群众健康和影响空气质量改善的区域性特征污染物，定期开展空气质量调查性监测。建设基于环境质量的区域大气环境管理平台，编制多尺度、高分辨率大气排放清单，提高跨界污染来源识别、成因分析、控制方案定量化评估的综合能力。

七、重点工程项目与投资效益评估

（一）重点工程项目

重点工程项目分为二氧化硫治理、氮氧化物治理、工业烟粉尘治理、工业挥发性有机物治理、油气回收、黄标车淘汰、扬尘综合整治、能力建设八类。其中能力建设重点包括区域空气质量监测能力建设、企业污染排放监控能力建设、机动车排污监控能力建设、污染排放与环境质量调查等项目。重点项目投资需求约 3 500 亿元，其中二氧化硫治理项目投资需求约 730 亿元，氮氧化物治理项目投资需求约 530 亿元，工业烟粉尘治理项目投资需求约 470 亿元，工业挥发性有机物治理项目投资需求约 400 亿元，油气回收项目投资需求约 215 亿元，黄标车淘汰项目投资需求约 940 亿元，扬尘综合整治项目投资需求约 100 亿元，能力建设项目投资需求约 115 亿元。

（二）效益分析

重点工程项目的实施将新增二氧化硫减排能力约 228 万吨/年、氮氧化物减排能力约 359 万吨/年、颗粒物减排能力约 148 万吨/年、挥发性有机物减排能力约 152.5 万吨/年，环境空气质量有所改善，光化学烟雾、灰霾、酸雨污染有所减轻，共计减少社会经济损失约 20 000 亿元。

八、保障措施

（一）加强组织领导

地方人民政府是重点区域大气污染防治规划实施的责任主体，要切实加强组织领导，按照规划要求，制定本地区大气污染防治实施方案，并将规划目标和各项任务分解落实到城市和企业，制订年度工作计

划，动态更新重点工程项目，明确年度工作任务和部门职责分工，确保任务到位、项目到位、资金到位、责任到位。各有关部门应加强协调配合，按照职责分工开展相应工作，制定相关配套措施，保证规划任务的落实。

（二）严格考核评估

环境保护部会同国务院有关部门制定考核办法，每年对重点区域大气污染防治规划实施情况进行评估考核；在规划期末，组织开展规划终期评估。规划年度考核与终期评估结果向国务院报告，作为地方各级人民政府领导班子和领导干部综合考核评价的重要依据，实行问责制，并向社会公开。对规划完成情况好、大气环境质量改善明显的省（区、市），环境保护部会同财政、发展改革等部门加大对该地区污染治理和环保能力建设的支持力度，并予以表彰；对考核结果未通过的省（区、市）进行通报；对项目进展缓慢、大气环境污染严重的城市，实施阶段性建设项目环评限批，取消国家授予该地区的环境保护方面的荣誉称号。

（三）加大资金投入

建立政府、企业、社会多元化投资机制，拓宽融资渠道。污染治理资金以企业自筹为主，政府投入资金优先支持列入规划的污染治理项目。中央财政加大大气污染防治资金投入，重点用于工业污染治理、交通污染治理、面源污染治理，以及区域大气污染防治能力建设，采取“以奖代补”、“以奖促防”、“以奖促治”等方式，加快地方各级政府与企业大气污染防治的进程。地方人民政府根据规划确定的大气污染控制任务，将治污经费列入财政预算，加大资金投入力度。

（四）完善法规标准

加快环境保护法、大气污染防治法等法律法规的修订工作，研究制定机动车污染防治条例。加快制（修）订石油炼制与石油化工、化学原料及化学品制造、装备制造涂装、电子工业、包装印刷以及钢铁、水泥、燃煤工业锅炉等重点行业大气污染物排放标准。加快重点行业污染防治技术政策与挥发性有机物、有毒废气、饮食业油烟净化工程技术规范的制定。环境空气质量超标的地区，应实施污染物特别排放限值或制定严于国家标准的地方大气污染物排放标准。

（五）强化科技支撑

在国家、地方相关科技计划（专项）中，加大对区域大气污染防治科技研发的支持力度。加快推进大气污染综合防治重大科技专项，开展光化学烟雾、灰霾的污染机理与控制对策研究，开展区域大气复合污染控制对策体系和氨的大气环境影响研究。加快工业挥发性有机物污染防治技术、燃煤工业锅炉高效脱硫脱硝除尘技术、水泥行业脱硝技术、燃煤电厂除汞技术等的研发与示范，积极推广先进实用技术。开展重点行业多污染物协同控制技术研究。

（六）加强宣传教育

开展广泛的环境宣传教育活动，充分利用世界环境日、地球日等重大环境纪念日宣传平台，普及大气环境保护知识，全面提升全民环境意识，不断增强公众参与环境保护的能力；加强人员培训，提高各级领导干部对大气污染防治工作重要性的认识，提升环保人员业务能力水平；充分发挥新闻媒体在大气环境保护中的作用，积极宣传区域大气污染联防联控的重要性、紧迫性及采取的政策措施和取得的成效，宣传先进典型，加强舆论监督，为改善大气环境质量营造良好的氛围。

附表：

规 划 范 围

区 域	省 份	城 市	面积/万千米^2
京津冀	北京市、天津市、河北省	北京市、天津市、石家庄市、唐山市、秦皇岛市、邯郸市、邢台市、保定市、张家口市、承德市、沧州市、廊坊市、衡水市，共 13 个地级及以上城市	21.9
长三角	上海市、江苏省、浙江省	上海市、南京市、无锡市、徐州市、常州市、苏州市、南通市、连云港市、淮安市、盐城市、扬州市、镇江市、泰州市、宿迁市、杭州市、宁波市、温州市、嘉兴市、湖州市、绍兴市、金华市、衢州市、舟山市、台州市、丽水市，共 25 个地级及以上城市	21.07
珠三角	广东省	广州市、深圳市、珠海市、佛山市、江门市、肇庆市、惠州市、东莞市、中山市，共 9 个地级及以上城市	5.47
辽宁中部城市群	辽宁省	沈阳市、鞍山市、抚顺市、本溪市、营口市、辽阳市、铁岭市，共 7 个地级及以上城市	6.5
山东城市群	山东省	济南市、青岛市、淄博市、枣庄市、东营市、烟台市、潍坊市、济宁市、泰安市、威海市、日照市、莱芜市、临沂市、德州市、聊城市、滨州市、菏泽市，共 17 个地级及以上城市	15.67
武汉及其周边城市群	湖北省	武汉市、黄石市、鄂州市、孝感市、黄冈市、咸宁市、仙桃市、潜江市、天门市，共 6 个地级及以上城市、3 个县级城市	5.94
长株潭城市群	湖南省	长沙市、株洲市、湘潭市，共 3 个地级城市	2.8
成渝城市群	四川省、重庆市	重庆市、成都市、自贡市、泸州市、德阳市、绵阳市、遂宁市、内江市、乐山市、南充市、眉山市、宜宾市、广安市、达州市、资阳市，共 15 个地级及以上城市	22.14
海峡西岸城市群	福建省	福州市、厦门市、莆田市、三明市、泉州市、漳州市、南平市、龙岩市、宁德市、平潭综合实验区，共 9 个地级及以上城市、1 个正厅级实验区	12.4
山西中北部城市群	山西省	太原市、大同市、朔州市、忻州市，共 4 个地级城市	5.69
陕西关中城市群	陕西省	西安市、铜川市、宝鸡市、咸阳市、渭南市、杨凌国家农业高新技术产业示范区，共 5 个地级及以上城市、1 个副省级开发区	5.5
甘宁城市群	甘肃省、宁夏回族自治区	兰州市、白银市、银川市，共 3 个地级城市	4.33
新疆乌鲁木齐城市群	新疆维吾尔自治区	乌鲁木齐市、昌吉市、阜康市、五家渠市，共 1 个地级城市、3 个县级城市	3.15

关于发布《高污染燃料目录》的通知

国环规大气〔2017〕2 号

各省、自治区、直辖市环境保护厅（局），新疆生产建设兵团环境保护局：

为改善城市大气环境质量，根据全国人大常委会 2015 年 8 月 29 日修订通过的《中华人民共和国大气污染防治法》第三十八条规定，我部组织编制了《高污染燃料目录》（见附件），现予发布。本目录自发布之日起实施。原国家环境保护总局2001年发布的《关于划分高污染燃料的规定》（环发〔2001〕37号）同时废止。

附件：高污染燃料目录

环境保护部

2017年3月27日

附件

高污染燃料目录

一、为改善城市大气环境质量，根据全国人大常委会 2015 年 8 月 29 日修订通过的《中华人民共和国大气污染防治法》第三十八条规定，制定本目录。

二、本目录所指燃料是根据产品品质、燃用方式、环境影响等 因素确定的需要强化管理的燃料，仅适用于城市人民政府依法划定 的高污染燃料禁燃区（以下简称禁燃区）的管理，不作为禁燃区外 燃料的禁燃管理依据。

三、按照控制严格程度，将禁燃区内禁止燃用的燃料组合分为Ⅰ类（一般）、Ⅱ类（较严）和Ⅲ类（严格）。城市人民政府根据 大气环境质量改善要求、能源消费结构、经济承受能力，在禁燃区 管理中，因地制宜选择其中一类（见表 1）。

表 1　禁燃区内禁止燃用的燃料组合类别

<table>
<tr><th>类别</th><th colspan="3">燃料种类</th></tr>
<tr><td>Ⅰ类</td><td>单台出力小于 20 蒸吨/小时的锅炉和民 用燃煤设备燃用的含硫量大于 0.5%、灰 分大于 10%的煤炭及其制品（其中，型煤、焦炭、兰炭的组分含量大于表 2 中规定 的限值）</td><td rowspan="2">石油焦、油页 岩、原油、重 油、渣油、煤 焦油</td><td rowspan="2">—</td></tr>
<tr><td>Ⅱ类</td><td>除单台出力大于等于 20 蒸吨/小时锅炉 以外燃用的煤炭及其制品</td></tr>
<tr><td>Ⅲ类</td><td>煤炭及其制品</td><td>—</td><td>非专用锅炉或未配置高效除 尘设施的专用锅炉燃用的生 物质成型燃料</td></tr>
</table>

表 2　部分煤炭制品的组分含量限值

燃料种类	含硫量（St，d）	灰分（Ad）	挥发分（Vdaf）
型 煤	0.5%	—	12.0%
焦 炭	0.5%	10.0%	5.0%
兰 炭	0.5%	10.0%	10.0%

（一）Ⅰ类

1．单台出力小于 20 蒸吨/小时的锅炉和民用燃煤设备燃用的含 硫量大于 0.5%、灰分大于 10%的煤炭及其制品（其中，型煤、焦炭、兰炭的组分含量大于表 2 中规定的限值）。

2．石油焦、油页岩、原油、重油、渣油、煤焦油。

（二）Ⅱ类

1．除单台出力大于等于 20 蒸吨/小时锅炉以外燃用的煤炭及其制品。

2.石油焦、油页岩、原油、重油、渣油、煤焦油。

（三）Ⅲ类

1．煤炭及其制品。

2．石油焦、油页岩、原油、重油、渣油、煤焦油。

3．非专用锅炉或未配置高效除尘设施的专用锅炉燃用的生物质 成型燃料。

四、本目录规定的是生产和生活使用的煤炭及其制品（包括原煤、散煤、煤矸石、煤泥、煤粉、水煤浆、型煤、焦炭、兰炭等）、油类等常规燃料。

五、本目录由环境保护部负责解释。

六、本目录自发布之日起实施，原国家环境保护总局2001年发布的《关于划分高污染燃料的规定》（环发〔2001〕37号）同时废止。

关于木材加工及人造板行业有关环保政策的复函

环办大气函〔2018〕136号

林业局办公室：

你办《关于商请明确木材加工及人造板行业有关环保政策的函》（办函规字〔2017〕332号）收悉。经研究，函复如下：

一、关于木材加工和人造板企业污染物排放执行标准

干燥尾气是利用锅炉、热风炉产生的热烟气，掺混一定量的新鲜空气，对木材纤维、刨花、板材等进行干燥过程中产生的废气，主要污染物包括燃料燃烧产物（烟尘、二氧化硫、氮氮化物等）、木粉尘、木材自身释放的一些有机物等，若施胶后干燥，则干燥尾气中还含有胶粘剂挥发产生的大量有机成分，如甲醇、酚类等。在木材加工和人造板生产过程中，应根据废气产生来源和性质的不同，执行不同的排放控制要求。

对于热力中心动力锅炉直接排放环境的废气，应执行《锅炉大气污染物排放标准》（GB 13271—2014）。对于将锅炉产生的热烟气引入干燥工序的，干燥尾气应执行《大气污染物综合排放标准》（GB 16297—1996）。我部正在制订《人造板工业污染物排放标准》，该标准发布后，按其要求执行。地方有更严格排放控制要求的，按地方要求执行。

二、关于木材加工剩余物作为燃料的管控要求

我部鼓励对木材加工和人造板生产废渣进行综合利用。对位于城市人民政府依法划定的高污染燃料禁燃区内的企业，燃用生物质燃料（包括树木、秸秆、锯末等）应根据《高污染燃料目录》要求进行管控，必须使用配置高效除尘设施的专用锅炉。燃用废料产生有毒有害烟尘和恶臭气体物质的，依照《中华人民共和国大气污染防治法》第八十二条和第一百一十九条规定进行管理和处罚。

三、关于环保设施升级改造项目的提升标准

为推动人造板和木材加工行业绿色健康发展，避免短期内二次改选风险，建议你局在实施人造板工

业环保设施升级改造专项项目过程中，结合国内外先进环保技术、装备及标准控制要求，从严把握，参照目前正在制订的《人造板工业污染物排放标准》相关要求进行改造。我部将加快相关标准制订，配合你局大力推进人造板和木材加工行业环保设施升级改造，推动打造一批标杆企业，促进行业绿色转型。

特此函复。

环境保护部办公厅

2018年1月25日

关于海关拍卖罚没走私车辆执行大气污染物排放标准有关问题的复函

环办大气函〔2017〕902号

广东省环境保护厅：

你厅《关于海关拍卖罚没走私车辆执行大气污染物排放标准有关问题的请示》（粤环报〔2017〕57号）收悉。经研究，现函复如下：

一、按照《环境保护部 工业和信息化部关于实施第五阶段机动车排放标准的公告》（2016年第4号）的规定，你省自2016年4月1日起，所有进口、销售和注册登记的轻型汽油车、轻型柴油车、重型柴油车（仅公交、环卫、邮政用途），须符合国五标准要求。因此，海关部门拍卖的罚没走私车辆，在注册登记时应达到所在地现行的机动车污染物排放标准。

二、建议你厅协调相关部门，在拍卖走私罚没车辆前，应委托有资质的单位检测，以确保拍卖车辆达到现行的机动车污染物排放标准。

环境保护部办公厅

2017年6月9日

关于明确执行高污染燃料目录有关问题的复函

环境保护部办公厅函 环办大气函〔2017〕749号

湖北省环境保护厅：

你厅《关于恳请明确执行高污染燃料目录有关问题的请示》（鄂环保文〔2017〕69号）收悉。经研究，函复如下：

2015年修订的《中华人民共和国大气污染防治法》第三十八条规定：“城市人民政府可以划定并公

布高污染燃料禁燃区，并根据大气环境质量改善要求，逐步扩大高污染燃料禁燃区范围。高污染燃料的目录由国务院环境保护主管部门确定”。

我部于2017年3月28日印发《关于发布〈高污染燃料目录〉的通知》（国环规大气〔2017〕2号）。城市人民政府根据大气环境质量改善要求、能源消费结构、经济承受能力，可因地制宜选择《高污染燃料目录》中不同燃料组合类别（Ⅰ类、Ⅱ类和Ⅲ类），分区域合理划定不同类别的高污染燃料禁燃区。

特此函复。

环境保护部办公厅

2017年5月11日

关于《中华人民共和国大气污染防治法》第一百一十八条第一款适用问题的复函

环办政法函〔2017〕303号

北京市环境保护局：

你局《关于〈中华人民共和国大气污染防治法〉第一百一十八条第一款适用问题的请示》（京环文〔2017〕14号）收悉。经研究，现函复如下：

按照《大气污染防治法》第一百一十八条第一款规定，排放油烟的餐饮服务业经营者存在“未安装油烟净化设施、不正常使用油烟净化设施或者未采取其他油烟净化措施”的情形，且“超过排放标准排放油烟的”，由县级以上地方政府确定的监管部门依法予以处罚。

特此函复。

环境保护部办公厅

2017年3月7日

关于水泥窑协同处置固体废物窑尾烟气处理工艺的复函

环办科技函〔2017〕178号

安徽省环境保护厅：

你厅《关于水泥窑协同处置固体废物窑尾烟气处理工艺的请示》（皖环〔2017〕5号）收悉。经研究，现函复如下：

由环境保护部发布，并于 2014 年 3 月 1 日实施的《水泥窑协同处置固体废物污染控制标准》（GB 30485-2013，以下简称《标准》）明确规定："用于协同处置固体废物的水泥窑及窑尾余热利用系统，应采用高效袋式除尘器作为烟气除尘设施。"2016 年，环境保护部发布了《水泥窑协同处置固体废物污染防治技术政策》（2016 年第 72 号公告，以下简称《技术政策》），明确提出："水泥窑协同处置固体废物设施，窑尾烟气除尘应采用高效袋式除尘器；2014 年 3 月 1 日前已建成投产或环境影响评价文件已通过审批的协同处置固体废物设施，如窑尾采用电除尘器应持续提升其运行的稳定性，提高除尘效率，确保污染物连续稳定达标排放，鼓励将电除尘器改造为高效袋式除尘器。"

《技术政策》与《标准》对协同处置固体废物设施的水泥窑窑尾烟气除尘要求是一致的，建议你厅按照《标准》有关规定执行。

特此函复。

环境保护部办公厅

2017 年 2 月 10 日

关于锅炉大气污染物排放标准有关解释的复函

环办大气函〔2016〕2329 号

重庆市环境保护局：

你局《关于锅炉大气污染物排放标准有关解释的请求》（渝环文〔2016〕130 号）收悉。经研究，现函复如下：

《锅炉大气污染物排放标准》（GB 13271—2014）中"适用范围"明确规定"本标准适用于法律允许的污染物排放行为"；"在用锅炉"的定义为"本标准实施之日前，已建成投产或环境影响评价文件已通过审批的锅炉"。执行"在用锅炉"标准的锅炉应该同时满足以上两个条件。

因此，"已建成投产"应以锅炉取得环保合法手续为前提；"未批先建"的锅炉，应以其补办环评手续的时间来确定适用的排放标准。

特此函复。

环境保护部办公厅

2016 年 12 月 24 日

关于执行《石油炼制工业污染物排放标准》有关问题的复函

环办大气函〔2016〕1742号

广东省环境保护厅：

你厅《对执行〈石油炼制工业污染物排放标准〉（GB 3570—2015）有关问题的请示》（粤环报〔2016〕47号）收悉。经研究，现函复如下：

考虑到石油炼制企业煅后焦工艺与铝用碳素厂等石油焦煅烧工艺相同，其排放的颗粒物、二氧化硫、氮氧化物等大气污染物排放限值执行《铝工业污染物排放标准》（GB 25465—2010）中“石油焦煅烧炉（窑）的控制要求”。

特此函复。

环境保护部办公厅

2016年9月29日

关于焦化企业控制大气污染物排放措施有关问题的复函

环办大气函〔2016〕1681号

山东省环境保护厅：

你厅《关于焦化企业控制大气污染物排放措施有关问题的请示》（鲁环发〔2016〕141号）收悉。经研究，现函复如下：

2015年修订的《大气污染防治法》第四十三条规定：“钢铁、建材、有色金属、石油、化工等企业生产过程中排放粉尘、硫化物和氮氧化物的，应当采取清洁生产工艺，配套建设除尘、脱硫、脱硝等装置，或者采取技术改造等其他控制大气污染物排放的措施。”

企业为实现稳定达标排放，在污染治理技术选择方面，本条规定的措施是“或者”，即企业究竟是采取清洁生产工艺，配套建设除尘、脱硫、脱硝等装置，还是采取技术改造等其他控制大气污染物排放的措施，可以视自身情况进行选择。

特此函复。

环境保护部办公厅

2016年9月21日

关于《中华人民共和国大气污染防治法》第八十条适用问题的复函

环办政法函〔2016〕1591号

黑龙江省环境保护厅：

你厅《关于〈中华人民共和国大气污染防治法〉第八十条适用问题的请示》（黑环发〔2016〕179号，以下简称《请示》）收悉。经研究，现函复如下：

《环境保护法》第四十九条第三款规定，从事畜禽养殖和屠宰的单位和个人应当采取措施，对畜禽粪便、尸体和污水等废弃物进行科学处置，防止污染环境。2015年修订的《大气污染防治法》第八十条规定，企业事业单位和其他生产经营者在生产经营活动中产生恶臭气体的，应当科学选址，设置合理的防护距离，并安装净化装置或者采取其他措施，防止排放恶臭气体。

从事畜禽养殖的个人应当依法履行环境污染防治义务。《请示》中提及的农村村民利用宅基地院落进行小规模畜禽养殖的行为，适用2015年修订的《大气污染防治法》第八十条规定。

特此函复。

环境保护部办公厅

2016年9月2日

关于执行《锅炉大气污染物排放标准》（GB 13271—2014）有关问题的复函

环大气函〔2016〕172号

广东省环境保护厅：

你厅《对执行〈锅炉大气污染物排放标准〉（GB 13271—2014）有关问题的请示》（粤环报〔2016〕38号）收悉。经研究，现函复如下：

一、对于新建锅炉，必须满足《锅炉大气污染物排放标准》（GB 13271—2014）中烟囱最低允许高度限值要求。

二、对于在用锅炉，考虑到《锅炉大气污染物排放标准》（GB 13271—2014）污染物排放限值较过去已明显加严，且随着燃煤锅炉淘汰工作的深入开展，燃煤小锅炉的数量将大规模压减。因此，对于在用锅炉烟囱高度达不到规定的情形，仍应按照锅炉大气污染物排放标准》（GB 13271—2014）规定的污染物排放限值执行。地方有更严格要求的，按地方标准执行。

特此函复。

环境保护部
2016 年 8 月 22 日

关于执行大气污染物特别排放限值有关问题的复函

环办大气函〔2016〕1087 号

四川省环境保护厅:

你厅《关于执行大气污染物特别排放限值有关问题的请示》（川环函〔2016〕610 号）收悉。经研究，现函复如下：

按照环境保护部《关于执行大气污染物特别排放限值的公告》（2013 年第 14 号）中关于“现有企业‘十三五’期间将特别排放限值的要求扩展到重点控制区的市域范围”的规定，“十三五”期间位于重点控制区市域范围内的燃煤机组、钢铁烧结（球团）设备、石化行业（现有企业 2017 年 7 月 1 日起执行）、燃煤锅炉（10 t/h 及以下在用蒸汽锅炉和 7MW 及以下在用热水锅炉自 2016 年 7 月 1 日起执行）排放的大气污染物均应执行特虽排放限值。

特此函复。

环境保护部办公厅
2016 年 6 月 13 日

关于印发《全面实施燃煤电厂超低排放和节能改造工作方案》的通知

环发〔2015〕164 号

各省、自治区、直辖市环境保护厅（局）、发展改革委（经信委、经委、工信厅）、能源局，新疆生产建设兵团环境保护局、发展改革委、能源局，国家电网公司，南方电网公司，华能、大唐、华电、国电、国电投、神华集团公司：

为贯彻落实第 114 次国务院常务会议精神，我们制定了《全面实施燃煤电厂超低排放和节能改造工作方案》，现印发给你们，请认真贯彻执行，并将有关事项通知如下：

一、全面实施燃煤电厂超低排放和节能改造是一项重要的国家专项行动，既有利于节能减排、促进绿色发展、增添民生福祉，也有利于扩大投资、促进煤电产业转型升级、相关装备制造业走出去。各有关部门、地方及企业应高度重视此项工作，尽快制定专项实施计划，做好与本方案的衔接。

二、各相关部门要加大扶持力度，完善政策措施，充分调动地方和企业积极性，同时强化对项目改造和运行的监督管理。

三、煤电企业是实施主体，应主动承担社会责任，积极采用环境污染第三方治理和合同能源管理模式，加快超低排放和节能改造项目实施，确保改造工程按期建成并稳定运行。

四、装备制造企业、电网公司、节能服务公司和环保专业公司应努力保障并优先满足超低排放和节能改造项目的需求。通过各方共同努力，确保超低排放和节能改造目标按期完成。

特此通知。

附件：全面实施燃煤电厂超低排放和节能改造工作方案

环境保护部

发展改革委

能源局

2015年12月11日

附件

全面实施燃煤电厂超低排放和节能改造工作方案

全面实施燃煤电厂超低排放和节能改造，是推进煤炭清洁化利用、改善大气环境质量、缓解资源约束的重要举措。《煤电节能减排升级与改造行动计划（2014—2020年）》（以下简称《行动计划》）实施以来，各地大力实施超低排放和节能改造重点工程，取得了积极成效。根据国务院第114次常务会议精神，为加快能源技术创新，建设清洁低碳、安全高效的现代能源体系，实现稳增长、调结构、促减排、惠民生，推动《行动计划》“提速扩围”，特制订本方案。

一、指导思想与目标

（一）指导思想

全面贯彻党的十八届五中全会精神，牢固树立绿色发展理念，全面实施煤电行业节能减排升级改造，在全国范围内推广燃煤电厂超低排放要求和新的能耗标准，建成世界上最大的清洁高效煤电体系。

（二）主要目标

到2020年，全国所有具备改造条件的燃煤电厂力争实现超低排放（即在基准氧含量6%条件下，烟尘、二氧化硫、氮氧化物排放浓度分别不高于10、35、50毫克/立方米）。全国有条件的新建燃煤发电机组达到超低排放水平。加快现役燃煤发电机组超低排放改造步伐，将东部地区原计划2020年前完成的超低排放改造任务提前至2017年前总体完成；将对东部地区的要求逐步扩展至全国有条件地区，其中，中部地区力争在2018年前基本完成，西部地区在2020年前完成。

全国新建燃煤发电项目原则上要采用60万千瓦及以上超超临界机组，平均供电煤耗低于300克标准煤/千瓦时（以下简称克/千瓦时），到2020年，现役燃煤发电机组改造后平均供电煤耗低于310克/千瓦时。

二、重点任务

（一）具备条件的燃煤机组要实施超低排放改造。在确保供电安全前提下，将东部地区（北京、天津、河北、辽宁、上海、江苏、浙江、福建、山东、广东、海南等11省市）原计划2020年前完成的超低排放改造任务提前至 2017 年前总体完成，要求 30 万千瓦及以上公用燃煤发电机组、10 万千瓦及以上自备燃煤发电机组（暂不含 W 型火焰锅炉和循环流化床锅炉）实施超低排放改造。

将对东部地区的要求逐步扩展至全国有条件地区，要求 30 万千瓦及以上燃煤发电机组（暂不含 W 型火焰锅炉和循环流化床锅炉）实施超低排放改造。其中，中部地区（山西、吉林、黑龙江、安徽、江西、河南、湖北、湖南等 8 省）力争在 2018 年前基本完成；西部地区（内蒙古、广西、重庆、四川、贵州、云南、西藏、陕西、甘肃、青海、宁夏、新疆等 12 省区市及新疆生产建设兵团）在 2020 年前完成。力争 2020 年前完成改造 5.8 亿千瓦。

（二）不具备改造条件的机组要实施达标排放治理。燃煤机组必须安装高效脱硫脱硝除尘设施，推动实施烟气脱硝全工况运行。各地要加大执法监管力度，推动企业进行限期治理，一厂一策，逐一明确时间表和路线图，做到稳定达标，改造机组容量约 1.1 亿千瓦。

（三）落后产能和不符合相关强制性标准要求的机组要实施淘汰。进一步提高小火电机组淘汰标准，对经整改仍不符合能耗、环保、质量、安全等要求的，由地方政府予以淘汰关停。优先淘汰改造后仍不符合能效、环保等标准的 30 万千瓦以下机组，特别是运行满 20 年的纯凝机组和运行满 25 年的抽凝热电机组。列入淘汰方案的机组不再要求实施改造。力争“十三五”期间淘汰落后火电机组规模超过 2000 万千瓦。

（四）要统筹节能与超低排放改造。在推进超低排放改造同时，协同安排节能改造，东部、中部地区现役煤电机组平均供电煤耗力争在 2017 年、2018 年实现达标，西部地区现役煤电机组平均供电煤耗到 2020 年前达标。企业尽可能安排在同一检修期内同步实施超低排放和节能改造，降低改造成本和对电网的影响。2016—2020 年全国实施节能改造 3.4 亿千瓦。

三、政策措施

（一）落实电价补贴政策

对达到超低排放水平的燃煤发电机组，按照《关于实行燃煤电厂超低排放电价支持政策有关问题的通知》（发改价格〔2015〕2835 号）要求，给予电价补贴。2016 年 1 月 1 日前已经并网运行的现役机组，对其统购上网电量每千瓦时加价 1 分钱；2016 年 1 月 1 日后并网运行的新建机组，对其统购上网电量每千瓦时加价 0.5 分钱。2016 年 6 月底前，发展改革委、环境保护部等制定燃煤发电机组超低排放环保电价及环保设施运行监管办法。

（二）给予发电量奖励

综合考虑煤电机组排放和能效水平，适当增加超低排放机组发电利用小时数，原则上奖励 200 小时左右，具体数量由各地确定。落实电力体制改革配套文件《关于有序放开发用电计划的实施意见》要求，将达到超低排放的燃煤机组列为二类优先发电机组予以保障。2016 年，发展改革委、国家能源局研究制定推行节能低碳调度工作方案，提高高效清洁煤电机组负荷率。

（三）落实排污费激励政策

督促各地在提高排污费征收标准（二氧化硫、氮氧化物不低于每当量 1.2 元）同时，对污染物排放浓度低于国家或地方规定的污染物排放限值 50%以上的，切实落实减半征收排污费政策，激励企业加大超低排放改造力度。

（四）给予财政支持

中央财政已有的大气污染防治专项资金，向节能减排效果好的省（区、市）适度倾斜。

（五）信贷融资支持

开发银行对燃煤电厂超低排放和节能改造项目落实已有政策，继续给予优惠信贷；鼓励其他金融机构给予优惠信贷支持。支持符合条件的燃煤电力企业发行企业债券直接融资，募集资金用于超低排放和节能改造。

（六）推行排污权交易

对企业通过超低排放改造产生的富余排污权，地方政府可予以收购；企业也可用于新建项目建设或自行上市交易。

（七）推广应用先进技术

制定燃煤电厂超低排放环境监测评估技术规范，修订煤电机组能效标准和能效最低限值标准，指导各地和各发电企业开展改造工作。再授予一批煤电节能减排示范电站，搭建煤电节能减排交流平台，促进成熟先进技术推广应用。

四、组织保障

（一）加强组织领导

环境保护部、发展改革委、国家能源局会同有关部门共同组织实施本方案，加强部际协调，各司其职、各负其责、密切配合。国家能源局、环境保护部、发展改革委确定年度燃煤电厂节能和超低排放改造重点项目，并按照职责分工，分别建立节能改造和能效水平、机组淘汰、超低排放改造、达标排放治理管理台账，及时协调解决推进过程中出现的困难和问题。

各地和电力集团公司是燃煤电厂超低排放和节能改造的责任主体，要充分考虑电力区域分布、电网调度等因素编制改造计划方案，于2016年3月底前完成，报国家能源局、环境保护部和发展改革委。发电企业要按照《行动计划》相关要求，切实履行责任，落实项目和资金，积极采用环境污染第三方治理和合同能源管理模式，确保改造工程按期建成并稳定运行。中央企业要起到模范带动作用。地方政府和电网公司要统筹协调区域电力调度，有序安排机组停机检修，制定并落实有序用电方案，保障电力企业按期完成环保和节能改造。

（二）强化监督管理

各地要加强日常督查和执法检查，防止企业弄虚作假，对不达标企业依法严肃处理；对已享受超低排放优惠政策但实际运行效果未稳定达到的，向社会通报，视情节取消相关优惠政策，并予以处罚。省级节能主管部门会同国家能源局派出机构，对各地区、各企业节能改造工作实施监管。

（三）严格评价考核

环境保护部、发展改革委、国家能源局会同有关部门，严格按照各省（区、市）、中央电力集团公司燃煤电厂超低排放改造计划方案，每年对上年度燃煤电厂超低排放和节能改造情况进行评价考核。

关于火电厂SCR脱硝系统在锅炉低负荷运行情况下NO_x排放超标有关问题的复函

环函〔2015〕143号

福建省环境保护厅：

你厅《关于火电厂SCR脱硝系统在锅炉低负荷运行情况下NO_x排放超标问题的请示》（闽环保法〔2015〕2号）收悉。经研究，函复如下：

《火电厂大气污染物排放标准》是国家强制标准，火电厂在任何运行负荷时，都必须达标排放。脱硝系统无法运行导致的氮氧化物排放浓度高于排放限值要求的，应认定为超标排放，并依法予以处罚。

目前全工况脱硝技术已经成熟，火电厂现有脱硝系统与运行负荷变化不匹配、不能正常运行、造成超标排放的，应进行改造，提高投运率和脱硝效率。

特此函复。

环境保护部

2015 年 6 月 19 日

关于执行《恶臭污染物排放标准》问题的复函

（国家环境保护总局局函　环函〔2007〕281 号）

湖北省环境保护局：

你局《转报襄樊市环保局关于博拉经纬纤维有限公司排放恶臭污染物（二硫化碳、硫化氢）执行排放标准值的请示》（鄂环保文〔2007〕58 号）收悉。经研究，现函复如下：

一、恶臭污染物排放控制应执行《恶臭污染物排放标准》（GB 14554—93）。《大气污染物综合排放标准》（GB 16297—1996）中确定污染物最高允许排放速率的方法不适用于执行《恶臭污染物排放标准》的情况。

二、在执行《恶臭污染物排放标准》时，如企业排气筒高度超过标准中所列排气筒最高高度，执行标准中排气筒最高高度对应的污染物排放量。

二〇〇七年八月三日

关于烟厂原烟储存仓库磷化氢无组织排放适用标准的复函

（国家环境保护总局局函　环函〔2007〕219 号）

湖南省环境保护局：

你局《关于磷化氢适用标准的请示》（湘环报〔2007〕32 号）收悉。经研究，现函复如下：

烟厂原烟储存仓库磷化氢气体无组织排放可参照执行《恶臭污染物排放标准》（GB 14554—93）中的臭气浓度厂界标准值。

二〇〇七年六月十八日

关于烟气黑度监测方法标准问题的复函

（国家环境保护总局局函 环函〔2002〕65号）

江苏省环境保护厅：

你厅《关于烟气黑度监测方法标准问题的请示》（苏环法〔2001〕49号）收悉。经研究，现函复如下：

《锅炉烟尘测试方法》（GB 5468—91）中规定，锅炉排放烟气黑度监测应用林格曼烟气浓度图观测，观测要求、方法应符合该图的用法说明书。工业炉窑排放烟气黑度监测可参照GB 5468—91的规定。

照相机计时测烟望远镜测烟度方法虽与GB 5468—91规定的方法有可比性，但未列入国家方法标准，只能作为监测辅助手段，其监测数据不能作为执法的依据。

二〇〇二年二月二十六日

第四篇　噪声污染防治

中华人民共和国环境噪声污染防治法

中华人民共和国主席令

第 77 号

《中华人民共和国环境噪声污染防治法》已由中华人民共和国第八届全国人民代表大会常务委员会第二十次会议于 1996 年 10 月 29 日通过，现予公布，自 1997 年 3 月 1 日起施行。

中华人民共和国主席　江泽民

一九九六年十月二十九日

第一章　总　则

第一条　为防治环境噪声污染，保护和改善生活环境，保障人体健康，促进经济和社会发展，制定本法。

第二条　本法所称环境噪声，是指在工业生产、建筑施工、交通运输和社会生活中所产生的干扰周围生活环境的声音。

本法所称环境噪声污染，是指所产生的环境噪声超过国家规定的环境噪声排放标准，并干扰他人正常生活、工作和学习的现象。

第三条　本法适用于中华人民共和国领域内环境噪声污染的防治。

因从事本职生产、经营工作受到噪声危害的防治，不适用本法。

第四条　国务院和地方各级人民政府应当将环境噪声污染防治工作纳入环境保护规划，并采取有利于声环境保护的经济、技术政策和措施。

第五条　地方各级人民政府在制定城乡建设规划时，应当充分考虑建设项目和区域开发、改造所产生的噪声对周围生活环境的影响，统筹规划，合理安排功能区和建设布局，防止或者减轻环境噪声污染。

第六条　国务院环境保护行政主管部门对全国环境噪声污染防治实施统一监督管理。

县级以上地方人民政府环境保护行政主管部门对本行政区域内的环境噪声污染防治实施统一监督管理。

各级公安、交通、铁路、民航等主管部门和港务监督机构，根据各自的职责，对交通运输和社会生活噪声污染防治实施监督管理。

第七条　任何单位和个人都有保护声环境的义务，并有权对造成环境噪声污染的单位和个人进行检举和控告。

第八条　国家鼓励、支持环境噪声污染防治的科学研究、技术开发，推广先进的防治技术和普及防治环境噪声污染的科学知识。

第九条　对在环境噪声污染防治方面成绩显著的单位和个人，由人民政府给予奖励。

第二章　环境噪声污染防治的监督管理

第十条　国务院环境保护行政主管部门分别不同的功能区制定国家声环境质量标准。

县级以上地方人民政府根据国家声环境质量标准，划定本行政区域内各类声环境质量标准的适用区域，并进行管理。

第十一条　国务院环境保护行政主管部门根据国家声环境质量标准和国家经济、技术条件，制定国家环境噪声排放标准。

第十二条　城市规划部门在确定建设布局时，应当依据国家声环境质量标准和民用建筑隔声设计规范，合理划定建筑物与交通干线的防噪声距离，并提出相应的规划设计要求。

第十三条　新建、改建、扩建的建设项目，必须遵守国家有关建设项目环境保护管理的规定。

建设项目可能产生环境噪声污染的，建设单位必须提出环境影响报告书，规定环境噪声污染的防治措施，并按照国家规定的程序报环境保护行政主管部门批准。

环境影响报告书中，应当有该建设项目所在地单位和居民的意见。

第十四条　建设项目的环境噪声污染防治设施必须与主体工程同时设计、同时施工、同时投产使用。

建设项目在投入生产或者使用之前，其环境噪声污染防治设施必须经原审批环境影响报告书的环境保护行政主管部门验收；达不到国家规定要求的，该建设项目不得投入生产或者使用。

第十五条　产生环境噪声污染的企业事业单位，必须保持防治环境噪声污染的设施的正常使用；拆除或者闲置环境噪声污染防治设施的，必须事先报经所在地的县级以上地方人民政府环境保护行政主管部门批准。

第十六条　产生环境噪声污染的单位，应当采取措施进行治理，并按照国家规定缴纳超标准排污费。

征收的超标准排污费必须用于污染的防治，不得挪作他用。

第十七条　对于在噪声敏感建筑物集中区域内造成严重环境噪声污染的企业事业单位，限期治理。

被限期治理的单位必须按期完成治理任务。限期治理由县级以上人民政府按照国务院规定的权限决定。

对小型企业事业单位的限期治理，可以由县级以上人民政府在国务院规定的权限内授权其环境保护行政主管部门决定。

第十八条　国家对环境噪声污染严重的落后设备实行淘汰制度。

国务院经济综合主管部门应当会同国务院有关部门公布限期禁止生产、禁止销售、禁止进口的环境噪声污染严重的设备名录。

生产者、销售者或者进口者必须在国务院经济综合主管部门会同国务院有关部门规定的期限内分别停止生产、销售或者进口列入前款规定的名录中的设备。

第十九条　在城市范围内从事生产活动确需排放偶发性强烈噪声的，必须事先向当地公安机关提出申请，经批准后方可进行。当地公安机关应当向社会公告。

第二十条　国务院环境保护行政主管部门应当建立环境噪声监测制度，制定监测规范，并会同有关部门组织监测网络。

环境噪声监测机构应当按照国务院环境保护行政主管部门的规定报送环境噪声监测结果。

第二十一条　县级以上人民政府环境保护行政主管部门和其他环境噪声污染防治工作的监督管理部门、机构，有权依据各自的职责对管辖范围内排放环境噪声的单位进行现场检查。被检查的单位必须如实反映情况，并提供必要的资料。检查部门、机构应当为被检查的单位保守技术秘密和业务秘密。

检查人员进行现场检查，应当出示证件。

第三章　工业噪声污染防治

第二十二条　本法所称工业噪声，是指在工业生产活动中使用固定的设备时产生的干扰周围生活环境的声音。

第二十三条　在城市范围内向周围生活环境排放工业噪声的，应当符合国家规定的工业企业厂界环境噪声排放标准。

第二十四条　在工业生产中因使用固定的设备造成环境噪声污染的工业企业，必须按照国务院环境保护行政主管部门的规定，向所在地的县级以上地方人民政府环境保护行政主管部门申报拥有的造成环境噪声污染的设备的种类、数量以及在正常作业条件下所发出的噪声值和防治环境噪声污染的设施情况，并提供防治噪声污染的技术资料。

造成环境噪声污染的设备的种类、数量、噪声值和防治设施有重大改变的，必须及时申报，并采取应有的防治措施。

第二十五条 产生环境噪声污染的工业企业，应当采取有效措施，减轻噪声对周围生活环境的影响。

第二十六条 国务院有关主管部门对可能产生环境噪声污染的工业设备，应当根据声环境保护的要求和国家的经济、技术条件，逐步在依法制定的产品的国家标准、行业标准中规定噪声限值。

前款规定的工业设备运行时发出的噪声值，应当在有关技术文件中予以注明。

第四章 建筑施工噪声污染防治

第二十七条 本法所称建筑施工噪声，是指在建筑施工过程中产生的干扰周围生活环境的声音。

第二十八条 在城市市区范围内向周围生活环境排放建筑施工噪声的，应当符合国家规定的建筑施工场界环境噪声排放标准。

第二十九条 在城市市区范围内，建筑施工过程中使用机械设备，可能产生环境噪声污染的，施工单位必须在工程开工十五日以前向工程所在地县级以上地方人民政府环境保护行政主管部门申报该工程的项目名称、施工场所和期限、可能产生的环境噪声值以及所采取的环境噪声污染防治措施的情况。

第三十条 在城市市区噪声敏感建筑物集中区域内，禁止夜间进行产生环境噪声污染的建筑施工作业，但抢修、抢险作业和因生产工艺上要求或者特殊需要必须连续作业的除外。

因特殊需要必须连续作业的，必须有县级以上人民政府或者其有关主管部门的证明。

前款规定的夜间作业，必须公告附近居民。

第五章 交通运输噪声污染防治

第三十一条 本法所称交通运输噪声，是指机动车辆、铁路机车、机动船舶、航空器等交通运输工具在运行时所产生的干扰周围生活环境的声音。

第三十二条 禁止制造、销售或者进口超过规定的噪声限值的汽车。

第三十三条 在城市市区范围内行使的机动车辆的消声器和喇叭必须符合国家规定的要求。机动车辆必须加强维修和保养，保持技术性能良好，防治环境噪声污染。

第三十四条 机动车辆在城市市区范围内行驶，机动船舶在城市市区的内河航道航行，铁路机车驶经或者进入城市市区、疗养区时，必须按照规定使用声响装置。

警车、消防车、工程抢险车、救护车等机动车辆安装、使用警报器，必须符合国务院公安部门的规定；在执行非紧急任务时，禁止使用警报器。

第三十五条 城市人民政府公安机关可以根据本地城市市区区域声环境保护的需要，划定禁止机动车辆行驶和禁止其使用声响装置的路段和时间，并向社会公告。

第三十六条 建设经过已有的噪声敏感建筑物集中区域的高速公路和城市高架、轻轨道路，有可能造成环境噪声污染的，应当设置声屏障或者采取其他有效的控制环境噪声污染的措施。

第三十七条 在已有的城市交通干线的两侧建设噪声敏感建筑物的，建设单位应当按照国家规定间隔一定距离，并采取减轻、避免交通噪声影响的措施。

第三十八条 在车站、铁路编组站、港口、码头、航空港等地指挥作业时使用广播喇叭的，应当控制音量，减轻噪声对周围生活环境的影响。

第三十九条 穿越城市居民区、文教区的铁路，因铁路机车运行造成环境噪声污染的，当地城市人民政府应当组织铁路部门和其他有关部门，制定减轻环境噪声污染的规划。铁路部门和其他有关部门应当按照规划的要求，采取有效措施，减轻环境噪声污染。

第四十条 除起飞、降落或者依法规定的情形以外，民用航空器不得飞越城市市区上空。城市人民政府应当在航空器起飞、降落的净空周围划定限制建设噪声敏感建筑物的区域；在该区域内建设噪声敏感建筑物的，建设单位应当采取减轻、避免航空器运行时产生的噪声影响的措施。民航部门应当采取有效措施，减轻环境噪声污染。

第六章　社会生活噪声污染防治

第四十一条　本法所称社会生活噪声，是指人为活动所产生的除工业噪声、建筑施工噪声和交通运输噪声之外的干扰周围生活环境的声音。

第四十二条　在城市市区噪声敏感建筑物集中区域内，因商业经营活动中使用固定设备造成环境噪声污染的商业企业，必须按照国务院环境保护行政主管部门的规定，向所在地的县级以上地方人民政府环境保护行政主管部门申报拥有的造成环境噪声污染的设备的状况和防治环境噪声污染的设施的情况。

第四十三条　新建营业性文化娱乐场所的边界噪声必须符合国家规定的环境噪声排放标准；不符合国家规定的环境噪声排放标准的，文化行政主管部门不得核发文化经营许可证，工商行政管理部门不得核发营业执照。

经营中的文化娱乐场所，其经营管理者必须采取有效措施，使其边界噪声不超过国家规定的环境噪声排放标准。

第四十四条　禁止在商业经营活动中使用高音广播喇叭或者采用其他发出高噪声的方法招揽顾客。

在商业经营活动中使用空调器、冷却塔等可能产生环境噪声污染的设备、设施的，其经营管理者应当采取措施，使其边界噪声不超过国家规定的环境噪声排放标准。

第四十五条　禁止任何单位、个人在城市市区噪声敏感建设物集中区域内使用高音广播喇叭。

在城市市区街道、广场、公园等公共场所组织娱乐、集会等活动，使用音响器材可能产生干扰周围生活环境的过大音量的，必须遵守当地公安机关的规定。

第四十六条　使用家用电器、乐器或者进行其他家庭室内娱乐活动时，应当控制音量或者采取其他有效措施，避免对周围居民造成环境噪声污染。

第四十七条　在已竣工交付使用的住宅楼进行室内装修活动，应当限制作业时间，并采取其他有效措施，以减轻、避免对周围居民造成环境噪声污染。

第七章　法律责任

第四十八条　违反本法第十四条的规定，建设项目中需要配套建设的环境噪声污染防治设施没有建成或者没有达到国家规定的要求，擅自投入生产或者使用的，由批准该建设项目的环境影响报告书的环境保护行政主管部门责令停止生产或者使用，可以并处罚款。

第四十九条　违反本法规定，拒报或者谎报规定的环境噪声排放申报事项的，县级以上地方人民政府环境保护行政主管部门可以根据不同情节，给予警告或者处以罚款。

第五十条　违反本法第十五条的规定，未经环境保护行政主管部门批准，擅自拆除或者闲置环境噪声污染防治设施，致使环境噪声排放超过规定标准的，由县级以上地方人民政府环境保护行政主管部门责令改正，并处罚款。

第五十一条　违反本法第十六条的规定，不按照国家规定缴纳超标准排污费的，县级以上地方人民政府环境保护行政主管部门可以根据不同情节，给予警告或者处以罚款。

第五十二条　违反本法第十七条的规定，对经限期治理逾期未完成治理任务的企业事业单位，除依照国家规定加收超标准排污费外，可以根据所造成的危害后果处以罚款，或者责令停业、搬迁、关闭。

前款规定的罚款由环境保护行政主管部门决定。责令停业、搬迁、关闭由县级以上人民政府按照国务院规定的权限决定。

第五十三条　违反本法第十八条的规定，生产、销售、进口禁止生产、销售、进口的设备的，由县级以上人民政府经济综合主管部门责令改正；情节严重的，由县级以上人民政府经济综合主管部门提出意见，报请同级人民政府按照国务院规定的权限责令停业、关闭。

第五十四条 违反本法第十九条的规定，未经当地公安机关批准，进行产生偶发性强烈噪声活动的，由公安机关根据不同情节给予警告或者处以罚款。

第五十五条 排放环境噪声的单位违反本法第二十一条的规定，拒绝环境保护行政主管部门或者其他依照本法规定行使环境噪声监督管理权的部门、机构现场检查或者在被检查时弄虚作假的，环境保护行政主管部门或者其他依照本法规定行使环境噪声监督管理权的监督管理部门、机构可以根据不同情节，给予警告或者处以罚款。

第五十六条 建筑施工单位违反本法第三十条第一款的规定，在城市市区噪声敏感建筑的集中区域内，夜间进行禁止进行的产生环境噪声污染的建筑施工作业的，由工程所在地县级以上地方人民政府环境保护行政主管部门责令改正，可以并处罚款。

第五十七条 违反本法第三十四条的规定，机动车辆不按照规定使用声响装置的，由当地公安机关根据不同情节给予警告或者处以罚款。

机动船舶有前款违法行为的，由港务监督机构根据不同情节给予警告或者处以罚款。

铁路机车有第一款违法行为的，由铁路主管部门对有关责任人员给予行政处分。

第五十八条 违反本法规定，有下列行为之一的，由公安机关给予警告，可以并处罚款：

（一）在城市市区噪声敏感建筑物集中区域内使用高音广播喇叭；

（二）违反当地公安机关的规定，在城市市区街道、广场、公园等公共场所组织娱乐、集会等活动，使用音响器材，产生干扰周围生活环境的过大音量的；

（三）未按本法第四十六条和第四十七条规定采取措施，从家庭室内发出严重干扰周围居民生活的环境噪声的。

第五十九条 违反本法第四十三条第二款、第四十四条第二款的规定，造成环境噪声污染的，由县级以上地方人民政府环境保护行政主管部门责令改正，可以并处罚款。

第六十条 违反本法第四十四条第一款的规定，造成环境噪声污染的，由公安机关责令改正，可以并处罚款。

省级以上人民政府依法决定由县级以上地方人民政府环境保护行政主管部门行使前款规定的行政处罚权的，从其决定。

第六十一条 受到环境噪声污染危害的单位和个人，有权要求加害人排除危害；造成损失的，依法赔偿损失。

赔偿责任和赔偿金额的纠纷，可以根据当事人的请求，由环境保护行政主管部门或者其他环境噪声污染防治工作的监督管理部门、机构调解处理；调解不成的，当事人可以向人民法院起诉。当事人也可以直接向人民法院起诉。

第六十二条 环境噪声污染防治监督管理人员滥用职权、玩忽职守、徇私舞弊的，由其所在单位或者上级主管机关给予行政处分；构成犯罪的，依法追究刑事责任。

第八章 附 则

第六十三条 本法中下列用语的含义是：

（一）“噪声排放”是指噪声源向周围生活环境辐射噪声。

（二）“噪声敏感建筑物”是指医院、学校、机关、科研单位、住宅等需要保持安静的建筑物。

（三）“噪声敏感建筑物集中区域”是指医疗区、文教科研区和以机关或者居民住宅为主的区域。

（四）“夜间”是指晚二十二点至晨六点之间的期间。

（五）“机动车辆”是指汽车和摩托车。

第六十四条 本法自 1997 年 3 月 1 日起施行。1989 年 9 月 26 日国务院发布的《中华人民共和国环境噪声污染防治条例》同时废止。

关于违反《中华人民共和国环境噪声污染防治法》行为如何确定罚款额度问题的复函

环办政法函〔2017〕1732号

浙江省环境保护厅：

你厅《关于对违反〈中华人民共和国环境噪声污染防治法〉行为确定罚款幅度的请示》（浙环〔2017〕17号）收悉。经研究，函复如下：

一、《中华人民共和国环境噪声污染防治法》对违反“三同时”制度、不按规定缴纳超标准排污费等违法行为规定了相应的行政处罚，但没有明确罚款的幅度范围。原国家环境保护局于1997年10月22日作出的《关于如何确定〈环境噪声污染防治法〉规定的罚款数额问题的复函》（环发〔1997〕639号），确立了“比照适用”的基本原则。该复函随着《中华人民共和国固体废物污染环境防治法》《中华人民共和国水污染防治法》《中华人民共和国大气污染防治法》的相继修订（《中华人民共和国大气污染防治法实施细则》已废止），已不宜再继续实施。

二、根据《中华人民共和国立法法》和《中华人民共和国行政处罚法》的有关规定，地方性法规和地方政府规章可以在法律规定的给予行政处罚的行为、种类和幅度范围内作出具体规定。具有行政处罚权的行政机关应当根据违法行为的性质、危害后果以及具体情节，在其法定职权范围内确定相应的罚款数额。

三、《关于如何确定〈环境噪声污染防治法〉规定的罚款数额问题的复函》（环发〔1997〕639号）自本复函印发之日起废止。

特此复函。

环境保护部办公厅
2017年11月15日

关于汽车修理企业检测机动车产生的噪声适用环境标准问题的复函

环办大气函〔2017〕1518号

上海市环境保护局：

你局《关于汽车修理企业检测机动车产生的噪声适用环境标准问题的请示》（沪环保科〔2017〕316号）收悉。经研究，函复如下：

一、《工业企业厂界环境噪声排放标准》（GB 12348—2008）适用于汽车修理企业。

二、《工业企业厂界环境噪声排放标准》（GB 12348—2008）中 3.1 条“工业企业厂界环境噪声指在工业生产活动中使用固定设备等产生的、在厂界处进行测量和控制的干扰周围生活环境的声音”，包含了使用固定设备时设备自身发出的声音和其他声音。在企业厂界内汽车检测时车辆怠速产生的噪声属于使用固定设备产生的干扰周围生活环境的声音。

特此函复。

环境保护部办公厅
2017 年 9 月 27 日

关于铁路列车适用环境噪声国家环境保护标准问题的复函

环办便函〔2017〕15 号

天津铁路运输法院：

你院《关于铁路列车“噪声污染责任纠纷”案件如何适用环境噪声国家环境保护标准问题的咨询函》收悉。经研究，现函复如下：

一、根据《环境噪声污染防治法》的规定，评价铁路附近列车运行噪声对居民的影响，应适用相应的国家环境噪声排放标准。

《铁路边界噪声限值及其测量方法》（GB 12525—90）及其修改方案，规定了铁路边界处噪声限值及测量方法，适用于铁路边界噪声评价，属于国家环境噪声排放标准。

《声环境质量标准》（GB3096—2008）规定了不同声环境功能区的环境噪声限值及测量方法，适用于县级以上人民政府环境保护主管部门按照《声环境功能区划分技术规范》（GB/T 15190）依法划定的五类声环境功能区的声环境质量评价与管理，属于国家声环境质量标准。

GB 12525—90 和 GB3096—2008 两个标准的管理对象和适用范围均不相同。

二、乡村铁路边界噪声的评价可以参照执行 GB 12525—90。在铁路边界处有噪声敏感建筑物的情况下，按 GB 12525—90 监测，若铁路边界处噪声水平能够达到规定的铁路边界噪声限值，则可以判定监测点处边界列车运行排放噪声符合国家环境噪声排放标准要求，铁路运行未造成环境噪声污染；若边界处噪声水平超过规定的铁路边界噪声限值，应判定存在环境噪声污染。

三、《铁路沿线环境噪声测量技术规定》（TB/T3050—2002）由原铁道部制定，根据规定，由制定部门负责解释。

四、根据 GB 12525—90 和 GB3096—2008，夜间铁路列车运行噪声不属于夜间突发噪声，铁路列车运行排放噪声的评价量为等效声级，不评价最大声级。

特此函复。

环境保护部办公厅
2017 年 1 月 23 日

关于企业排放环境噪声监管问题的复函

（环境保护部函　环函〔2009〕124号）

河南省环境保护厅：

原河南省环境保护局《关于对军工企业偶发噪声环境监管有关问题的请示》（豫环文〔2009〕45号）收悉。经研究，函复如下。

一、对于非城市区域从事生产活动排放偶发性强烈噪声行为的监管问题，《中华人民共和国环境噪声污染防治法》没有明确规定。处理因该类环境噪声问题引发的投诉，地方性法规、地方政府规章有规定的，适用地方规定；地方没有明确作出规定的，环境保护行政主管部门可根据当事人的请求，依据《民法通则》的规定予以调解。调解不成或相关方不同意调解的，环境保护行政主管部门应告知投诉人依法提起民事诉讼。

二、《工业企业厂界环境噪声排放标准》（GB 12348—2008）仅对工业企业夜间偶发噪声的最大声级管理提出了排放控制要求和监测方法。该标准不适用于昼间工业企业偶发噪声排放的环境监管。

二〇〇九年五月三十一日

关于机场周围区域噪声环境标准有关条目解释的复函

（国家环境保护总局局函　环函〔2004〕463号）

北京市环境保护局：

你局《关于机场周围飞机噪声环境标准有关条目解释的请示》（京环保固字〔2004〕531号）收悉。经研究，函复如下：

一、应按照当地政府对该二类区域内城市规划的要求确定可否新建住宅、学校等建筑。如允许新建住宅、学校等建筑，除满足LWECPN小于75 dB的声环境质量要求外，还需使室内声环境质量达到《住宅设计规范》（GB 50096—1999）5.3的要求，室内环境噪声昼间≤50 dB（A），夜间≤40 dB（A）。

二、现有住宅、学校、幼儿园教室及医院病房等建筑达不到生活功能声环境质量要求的，应采取相应隔声措施达到要求。

三、飞机噪声大于75 dB（WECPNL）的机场周围区域，不得规划新建住宅、学校及幼儿园、医院等噪声敏感建筑物。

二〇〇四年十二月十四日

关于限制营业性饮食服务单位和娱乐场所夜间工作时间的复函

（国家环境保护总局局函　环函〔2004〕243号）

湖北省环境保护局：

你局《关于限制营业性饮食服务单位和娱乐场所夜间工作时间的请示》（鄂环保文〔2004〕94号）收悉。经研究，函复如下：

一、法律及相关规章对营业性饮食服务单位和娱乐场所管理的有关规定

《环境噪声污染防治法》第43条规定：经营性文化娱乐场所，其经营管理者必须采取有效措施，使边界噪声不超过国家规定的环境噪声排放标准。

国家环保总局、公安部、国家工商局1999年6月25日联合发布的《关于加强社会生活噪声污染管理的通知》规定：已建成的位于城镇人口集中区的营业性饮食服务单位和娱乐场所的边界噪声必须符合国家环境噪声排放标准；居民区内有噪声排放的单位，必须采取相应的隔离措施，不得超过国家规定的噪声排放标准，并严格限制夜间工作时间。

二、对营业性饮食服务单位和娱乐场所夜间工作时间的限定

根据上述国家有关噪声污染防治的规定，营业性饮食服务单位和娱乐场所位于居民区内的，不得超过国家规定的噪声排放标准。如果此类服务单位和娱乐场所与居民住房紧密相连，虽然其边界噪声达到标准，但仍然引起噪声扰民纠纷的，我局同意你局意见，即在噪声敏感集中区域，限制其夜间工作的时间范围，并可以比照《环境噪声污染防治法》关于建筑施工夜间作业噪声污染防治的相关规定执行。

二〇〇四年七月二十七日

关于产生环境噪声的工业企业申报登记有关问题的复函

（国家环境保护总局局函　环函〔2002〕155号）

湖北省环境保护局：

你局《关于产生环境噪声的工业企业是否只有超标才必须向环保部门申报登记的请示》（鄂环办〔2002〕5号）收悉。经研究，函复如下：

《噪声污染防治法》第二条第二款规定："本法所称环境噪声污染，是指所产生的环境噪声超过国家规定的环境噪声排放标准，并干扰他人正常生活、工作和学习的现象。"另第二十四条规定：在工业生产中因使用固定设备造成环境噪声污染的工业企业，必须按照国务院环境保护行政主管部门的规定，向所在地的县级以上人民政府环境保护行政主管部门申报。

根据以上规定，你局请示中所指产生噪声的工业企业，应按照国家监测规范和标准进行厂界噪声监测，环境保护行政主管部门也可对其进行监督性的监测。如果监测企业排放的噪声超过国家规定的排放标准造成环境噪声污染，该企业必须向环保行政主管部门申报登记。

二〇〇二年六月五日

关于工业企业厂界噪声监测中背景噪声有关问题的复函

（国家环境保护总局局函　环函〔2001〕319号）

四川省环境保护局：

你局《转报成都市环保局关于工业企业厂界噪声监测中背景噪声有关问题的请示》（川环发〔2001〕534号）收悉。经研究，函复如下：

一、原则上应在噪声源停机的情况下测量背景噪声值，当噪声源需要连续长期运行无法停止时，可根据噪声源附近其他主要声源的情况，制订合理的监测方案，根据监测方案进行测试。

二、当测量值与背景值差值小于3dB（A）时，表明背景噪声的影响带来的测试误差较大，应将背景噪声适当隔离后再测，当无法隔离时，也可根据能量叠加原理，采取计算的方法估算出噪声源的噪声值。

二〇〇一年十二月十九日

第五篇　固体废物污染防治

中华人民共和国固体废物污染环境防治法

（1995年10月30日第八届全国人民代表大会常务委员会第十六次会议通过 2004年12月29日第十届全国人民代表大会常务委员会第十三次会议修订 根据2013年6月29日第十二届全国人民代表大会常务委员会第三次会议《关于修改〈中华人民共和国文物保护法〉等十二部法律的决定》第一次修正 根据2015年4月24日第十二届全国人民代表大会常务委员会第十四次会议《关于修改〈中华人民共和国港口法〉等七部法律的决定》第二次修正）全国人民代表大会常务委员会关于修改《中华人民共和国对外贸易法》等十二部法律的决定（2016年11月7日第十二届全国人民代表大会常务委员会第二十四次会议通过）

第一章 总 则

第一条 为了防治固体废物污染环境，保障人体健康，维护生态安全，促进经济社会可持续发展，制定本法。

第二条 本法适用于中华人民共和国境内固体废物污染环境的防治。

固体废物污染海洋环境的防治和放射性固体废物污染环境的防治不适用本法。

第三条 国家对固体废物污染环境的防治，实行减少固体废物的产生量和危害性、充分合理利用固体废物和无害化处置固体废物的原则，促进清洁生产和循环经济发展。

国家采取有利于固体废物综合利用活动的经济、技术政策和措施，对固体废物实行充分回收和合理利用。

国家鼓励、支持采取有利于保护环境的集中处置固体废物的措施，促进固体废物污染环境防治产业发展。

第四条 县级以上人民政府应当将固体废物污染环境防治工作纳入国民经济和社会发展计划，并采取有利于固体废物污染环境防治的经济、技术政策和措施。

国务院有关部门、县级以上地方人民政府及其有关部门组织编制城乡建设、土地利用、区域开发、产业发展等规划，应当统筹考虑减少固体废物的产生量和危害性、促进固体废物的综合利用和无害化处置。

第五条 国家对固体废物污染环境防治实行污染者依法负责的原则。

产品的生产者、销售者、进口者、使用者对其产生的固体废物依法承担污染防治责任。

第六条 国家鼓励、支持固体废物污染环境防治的科学研究、技术开发、推广先进的防治技术和普及固体废物污染环境防治的科学知识。

各级人民政府应当加强防治固体废物污染环境的宣传教育，倡导有利于环境保护的生产方式和生活方式。

第七条 国家鼓励单位和个人购买、使用再生产品和可重复利用产品。

第八条 各级人民政府对在固体废物污染环境防治工作以及相关的综合利用活动中作出显著成绩的单位和个人给予奖励。

第九条 任何单位和个人都有保护环境的义务，并有权对造成固体废物污染环境的单位和个人进行检举和控告。

第十条 国务院环境保护行政主管部门对全国固体废物污染环境的防治工作实施统一监督管理。国务院有关部门在各自的职责范围内负责固体废物污染环境防治的监督管理工作。

县级以上地方人民政府环境保护行政主管部门对本行政区域内固体废物污染环境的防治工作实施统一监督管理。县级以上地方人民政府有关部门在各自的职责范围内负责固体废物污染环境防治的监督管理工作。

国务院建设行政主管部门和县级以上地方人民政府环境卫生行政主管部门负责生活垃圾清扫、收集、贮存、运输和处置的监督管理工作。

第二章　固体废物污染环境防治的监督管理

第十一条　国务院环境保护行政主管部门会同国务院有关行政主管部门根据国家环境质量标准和国家经济、技术条件，制定国家固体废物污染环境防治技术标准。

第十二条　国务院环境保护行政主管部门建立固体废物污染环境监测制度，制定统一的监测规范，并会同有关部门组织监测网络。大、中城市人民政府环境保护行政主管部门应当定期发布固体废物的种类、产生量、处置状况等信息。

第十三条　建设产生固体废物的项目以及建设贮存、利用、处置固体废物的项目，必须依法进行环境影响评价，并遵守国家有关建设项目环境保护管理的规定。

第十四条　建设项目的环境影响评价文件确定需要配套建设的固体废物污染环境防治设施，必须与主体工程同时设计、同时施工、同时投入使用。固体废物污染环境防治设施必须经原审批环境影响评价文件的环境保护行政主管部门验收合格后，该建设项目方可投入生产或者使用。对固体废物污染环境防治设施的验收应当与对主体工程的验收同时进行。

第十五条　县级以上人民政府环境保护行政主管部门和其他固体废物污染环境防治工作的监督管理部门，有权依据各自的职责对管辖范围内与固体废物污染环境防治有关的单位进行现场检查。被检查的单位应当如实反映情况，提供必要的资料。检查机关应当为被检查的单位保守技术秘密和业务秘密。

检查机关进行现场检查时，可以采取现场监测、采集样品、查阅或者复制与固体废物污染环境防治相关的资料等措施。检查人员进行现场检查，应当出示证件。

第三章　固体废物污染环境的防治

第一节　一般规定

第十六条　产生固体废物的单位和个人，应当采取措施，防止或者减少固体废物对环境的污染。

第十七条　收集、贮存、运输、利用、处置固体废物的单位和个人，必须采取防扬散、防流失、防渗漏或者其他防止污染环境的措施；不得擅自倾倒、堆放、丢弃、遗撒固体废物。

禁止任何单位或者个人向江河、湖泊、运河、渠道、水库及其最高水位线以下的滩地和岸坡等法律、法规规定禁止倾倒、堆放废弃物的地点倾倒、堆放固体废物。

第十八条　产品和包装物的设计、制造，应当遵守国家有关清洁生产的规定。国务院标准化行政主管部门应当根据国家经济和技术条件、固体废物污染环境防治状况以及产品的技术要求，组织制定有关标准，防止过度包装造成环境污染。

生产、销售、进口依法被列入强制回收目录的产品和包装物的企业，必须按照国家有关规定对该产品和包装物进行回收。

第十九条　国家鼓励科研、生产单位研究、生产易回收利用、易处置或者在环境中可降解的薄膜覆盖物和商品包装物。

使用农用薄膜的单位和个人，应当采取回收利用等措施，防止或者减少农用薄膜对环境的污染。

第二十条　从事畜禽规模养殖应当按照国家有关规定收集、贮存、利用或者处置养殖过程中产生的畜禽粪便，防止污染环境。

禁止在人口集中地区、机场周围、交通干线附近以及当地人民政府划定的区域露天焚烧秸秆。

第二十一条　对收集、贮存、运输、处置固体废物的设施、设备和场所，应当加强管理和维护，保证其正常运行和使用。

第二十二条 在国务院和国务院有关主管部门及省、自治区、直辖市人民政府划定的自然保护区、风景名胜区、饮用水水源保护区、基本农田保护区和其他需要特别保护的区域内，禁止建设工业固体废物集中贮存、处置的设施、场所和生活垃圾填埋场。

第二十三条 转移固体废物出省、自治区、直辖市行政区域贮存、处置的，应当向固体废物移出地的省、自治区、直辖市人民政府环境保护行政主管部门提出申请。移出地的省、自治区、直辖市人民政府环境保护行政主管部门应当商经接受地的省、自治区、直辖市人民政府环境保护行政主管部门同意后，方可批准转移该固体废物出省、自治区、直辖市行政区域。未经批准的，不得转移。

第二十四条 禁止中华人民共和国境外的固体废物进境倾倒、堆放、处置。

第二十五条 禁止进口不能用作原料或者不能以无害化方式利用的固体废物；对可以用作原料的固体废物实行限制进口和非限制进口分类管理。

国务院环境保护行政主管部门会同国务院对外贸易主管部门、国务院经济综合宏观调控部门、海关总署、国务院质量监督检验检疫部门制定、调整并公布禁止进口、限制进口和非限制进口的固体废物目录。

禁止进口列入禁止进口目录的固体废物。进口列入限制进口目录的固体废物，应当经国务院环境保护行政主管部门会同国务院对外贸易主管部门审查许可。

进口的固体废物必须符合国家环境保护标准，并经质量监督检验检疫部门检验合格。

进口固体废物的具体管理办法，由国务院环境保护行政主管部门会同国务院对外贸易主管部门、国务院经济综合宏观调控部门、海关总署、国务院质量监督检验检疫部门制定。

（相关资料：修订沿革）

第二十六条 进口者对海关将其所进口的货物纳入固体废物管理范围不服的，可以依法申请行政复议，也可以向人民法院提起行政诉讼。

第二节 工业固体废物污染环境的防治

第二十七条 国务院环境保护行政主管部门应当会同国务院经济综合宏观调控部门和其他有关部门对工业固体废物对环境的污染作出界定，制定防治工业固体废物污染环境的技术政策，组织推广先进的防治工业固体废物污染环境的生产工艺和设备。

第二十八条 国务院经济综合宏观调控部门应当会同国务院有关部门组织研究、开发和推广减少工业固体废物产生量和危害性的生产工艺和设备，公布限期淘汰产生严重污染环境的工业固体废物的落后生产工艺、落后设备的名录。

生产者、销售者、进口者、使用者必须在国务院经济综合宏观调控部门会同国务院有关部门规定的期限内分别停止生产、销售、进口或者使用列入前款规定的名录中的设备。生产工艺的采用者必须在国务院经济综合宏观调控部门会同国务院有关部门规定的期限内停止采用列入前款规定的名录中的工艺。

列入限期淘汰名录被淘汰的设备，不得转让给他人使用。

第二十九条 县级以上人民政府有关部门应当制定工业固体废物污染环境防治工作规划，推广能够减少工业固体废物产生量和危害性的先进生产工艺和设备，推动工业固体废物污染环境防治工作。

第三十条 产生工业固体废物的单位应当建立、健全污染环境防治责任制度，采取防治工业固体废物污染环境的措施。

第三十一条 企业事业单位应当合理选择和利用原材料、能源和其他资源，采用先进的生产工艺和设备，减少工业固体废物产生量，降低工业固体废物的危害性。

第三十二条 国家实行工业固体废物申报登记制度。

产生工业固体废物的单位必须按照国务院环境保护行政主管部门的规定，向所在地县级以上地方人民政府环境保护行政主管部门提供工业固体废物的种类、产生量、流向、贮存、处置等有关资料。

前款规定的申报事项有重大改变的，应当及时申报。

第三十三条　企业事业单位应当根据经济、技术条件对其产生的工业固体废物加以利用；对暂时不利用或者不能利用的，必须按照国务院环境保护行政主管部门的规定建设贮存设施、场所，安全分类存放，或者采取无害化处置措施。

建设工业固体废物贮存、处置的设施、场所，必须符合国家环境保护标准。

第三十四条　禁止擅自关闭、闲置或者拆除工业固体废物污染环境防治设施、场所；确有必要关闭、闲置或者拆除的，必须经所在地县级以上地方人民政府环境保护行政主管部门核准，并采取措施，防止污染环境。

第三十五条　产生工业固体废物的单位需要终止的，应当事先对工业固体废物的贮存、处置的设施、场所采取污染防治措施，并对未处置的工业固体废物作出妥善处置，防止污染环境。

产生工业固体废物的单位发生变更的，变更后的单位应当按照国家有关环境保护的规定对未处置的工业固体废物及其贮存、处置的设施、场所进行安全处置或者采取措施保证该设施、场所安全运行。变更前当事人对工业固体废物及其贮存、处置的设施、场所的污染防治责任另有约定的，从其约定；但是，不得免除当事人的污染防治义务。

对本法施行前已经终止的单位未处置的工业固体废物及其贮存、处置的设施、场所进行安全处置的费用，由有关人民政府承担；但是，该单位享有的土地使用权依法转让的，应当由土地使用权受让人承担处置费用。当事人另有约定的，从其约定；但是，不得免除当事人的污染防治义务。

第三十六条　矿山企业应当采取科学的开采方法和选矿工艺，减少尾矿、矸石、废石等矿业固体废物的产生量和贮存量。

尾矿、矸石、废石等矿业固体废物贮存设施停止使用后，矿山企业应当按照国家有关环境保护规定进行封场，防止造成环境污染和生态破坏。

第三十七条　拆解、利用、处置废弃电器产品和废弃机动车船，应当遵守有关法律、法规的规定，采取措施，防止污染环境。

第三节　生活垃圾污染环境的防治

第三十八条　县级以上人民政府应当统筹安排建设城乡生活垃圾收集、运输、处置设施，提高生活垃圾的利用率和无害化处置率，促进生活垃圾收集、处置的产业化发展，逐步建立和完善生活垃圾污染环境防治的社会服务体系。

第三十九条　县级以上地方人民政府环境卫生行政主管部门应当组织对城市生活垃圾进行清扫、收集、运输和处置，可以通过招标等方式选择具备条件的单位从事生活垃圾的清扫、收集、运输和处置。

第四十条　对城市生活垃圾应当按照环境卫生行政主管部门的规定，在指定的地点放置，不得随意倾倒、抛撒或者堆放。

第四十一条　清扫、收集、运输、处置城市生活垃圾，应当遵守国家有关环境保护和环境卫生管理的规定，防止污染环境。

第四十二条　对城市生活垃圾应当及时清运，逐步做到分类收集和运输，并积极开展合理利用和实施无害化处置。

第四十三条　城市人民政府应当有计划地改进燃料结构，发展城市煤气、天然气、液化气和其他清洁能源。

城市人民政府有关部门应当组织净菜进城，减少城市生活垃圾。

城市人民政府有关部门应当统筹规划，合理安排收购网点，促进生活垃圾的回收利用工作。

第四十四条　建设生活垃圾处置的设施、场所，必须符合国务院环境保护行政主管部门和国务院建设行政主管部门规定的环境保护和环境卫生标准。

禁止擅自关闭、闲置或者拆除生活垃圾处置的设施、场所；确有必要关闭、闲置或者拆除的，必须经所在地的市、县级人民政府环境卫生行政主管部门商所在地环境保护行政主管部门同意后核准，并采取措施，防止污染环境。

第四十五条 从生活垃圾中回收的物质必须按照国家规定的用途或者标准使用，不得用于生产可能危害人体健康的产品。

第四十六条 工程施工单位应当及时清运工程施工过程中产生的固体废物，并按照环境卫生行政主管部门的规定进行利用或者处置。

第四十七条 从事公共交通运输的经营单位，应当按照国家有关规定，清扫、收集运输过程中产生的生活垃圾。

第四十八条 从事城市新区开发、旧区改建和住宅小区开发建设的单位，以及机场、码头、车站、公园、商店等公共设施、场所的经营管理单位，应当按照国家有关环境卫生的规定，配套建设生活垃圾收集设施。

第四十九条 农村生活垃圾污染环境防治的具体办法，由地方性法规规定。

第四章 危险废物污染环境防治的特别规定

第五十条 危险废物污染环境的防治，适用本章规定；本章未作规定的，适用本法其他有关规定。

第五十一条 国务院环境保护行政主管部门应当会同国务院有关部门制定国家危险废物名录，规定统一的危险废物鉴别标准、鉴别方法和识别标志。

第五十二条 对危险废物的容器和包装物以及收集、贮存、运输、处置危险废物的设施、场所，必须设置危险废物识别标志。

第五十三条 产生危险废物的单位，必须按照国家有关规定制定危险废物管理计划，并向所在地县级以上地方人民政府环境保护行政主管部门申报危险废物的种类、产生量、流向、贮存、处置等有关资料。

前款所称危险废物管理计划应当包括减少危险废物产生量和危害性的措施以及危险废物贮存、利用、处置措施。危险废物管理计划应当报产生危险废物的单位所在地县级以上地方人民政府环境保护行政主管部门备案。

本条规定的申报事项或者危险废物管理计划内容有重大改变的，应当及时申报。

第五十四条 国务院环境保护行政主管部门会同国务院经济综合宏观调控部门组织编制危险废物集中处置设施、场所的建设规划，报国务院批准后实施。

县级以上地方人民政府应当依据危险废物集中处置设施、场所的建设规划组织建设危险废物集中处置设施、场所。

第五十五条 产生危险废物的单位，必须按照国家有关规定处置危险废物，不得擅自倾倒、堆放；不处置的，由所在地县级以上地方人民政府环境保护行政主管部门责令限期改正；逾期不处置或者处置不符合国家有关规定的，由所在地县级以上地方人民政府环境保护行政主管部门指定单位按照国家有关规定代为处置，处置费用由产生危险废物的单位承担。

第五十六条 以填埋方式处置危险废物不符合国务院环境保护行政主管部门规定的，应当缴纳危险废物排污费。危险废物排污费征收的具体办法由国务院规定。

危险废物排污费用于污染环境的防治，不得挪作他用。

第五十七条 从事收集、贮存、处置危险废物经营活动的单位，必须向县级以上人民政府环境保护行政主管部门申请领取经营许可证；从事利用危险废物经营活动的单位，必须向国务院环境保护行政主管部门或者省、自治区、直辖市人民政府环境保护行政主管部门申请领取经营许可证。具体管理办法由国务院规定。

禁止无经营许可证或者不按照经营许可证规定从事危险废物收集、贮存、利用、处置的经营活动。

禁止将危险废物提供或者委托给无经营许可证的单位从事收集、贮存、利用、处置的经营活动。

第五十八条 收集、贮存危险废物，必须按照危险废物特性分类进行。禁止混合收集、贮存、运输、处置性质不相容而未经安全性处置的危险废物。

贮存危险废物必须采取符合国家环境保护标准的防护措施，并不得超过一年；确需延长期限的，必须报经原批准经营许可证的环境保护行政主管部门批准；法律、行政法规另有规定的除外。

禁止将危险废物混入非危险废物中贮存。

第五十九条　转移危险废物的，必须按照国家有关规定填写危险废物转移联单。跨省、自治区、直辖市转移危险废物的，应当向危险废物移出地省、自治区、直辖市人民政府环境保护行政主管部门申请。移出地省、自治区、直辖市人民政府环境保护行政主管部门应当商经接受地省、自治区、直辖市人民政府环境保护行政主管部门同意后，方可批准转移该危险废物。未经批准的，不得转移。

转移危险废物途经移出地、接受地以外行政区域的，危险废物移出地设区的市级以上地方人民政府环境保护行政主管部门应当及时通知沿途经过的设区的市级以上地方人民政府环境保护行政主管部门。

第六十条　运输危险废物，必须采取防止污染环境的措施，并遵守国家有关危险货物运输管理的规定。

禁止将危险废物与旅客在同一运输工具上载运。

第六十一条　收集、贮存、运输、处置危险废物的场所、设施、设备和容器、包装物及其他物品转作他用时，必须经过消除污染的处理，方可使用。

第六十二条　产生、收集、贮存、运输、利用、处置危险废物的单位，应当制定意外事故的防范措施和应急预案，并向所在地县级以上地方人民政府环境保护行政主管部门备案；环境保护行政主管部门应当进行检查。

第六十三条　因发生事故或者其他突发性事件，造成危险废物严重污染环境的单位，必须立即采取措施消除或者减轻对环境的污染危害，及时通报可能受到污染危害的单位和居民，并向所在地县级以上地方人民政府环境保护行政主管部门和有关部门报告，接受调查处理。

第六十四条　在发生或者有证据证明可能发生危险废物严重污染环境、威胁居民生命财产安全时，县级以上地方人民政府环境保护行政主管部门或者其他固体废物污染环境防治工作的监督管理部门必须立即向本级人民政府和上一级人民政府有关行政主管部门报告，由人民政府采取防止或者减轻危害的有效措施。有关人民政府可以根据需要责令停止导致或者可能导致环境污染事故的作业。

第六十五条　重点危险废物集中处置设施、场所的退役费用应当预提，列入投资概算或者经营成本。具体提取和管理办法，由国务院财政部门、价格主管部门会同国务院环境保护行政主管部门规定。

第六十六条　禁止经中华人民共和国过境转移危险废物。

第五章　法律责任

第六十七条　县级以上人民政府环境保护行政主管部门或者其他固体废物污染环境防治工作的监督管理部门违反本法规定，有下列行为之一的，由本级人民政府或者上级人民政府有关行政主管部门责令改正，对负有责任的主管人员和其他直接责任人员依法给予行政处分；构成犯罪的，依法追究刑事责任：

（一）不依法作出行政许可或者办理批准文件的；

（二）发现违法行为或者接到对违法行为的举报后不予查处的；

（三）有不依法履行监督管理职责的其他行为的。

第六十八条　违反本法规定，有下列行为之一的，由县级以上人民政府环境保护行政主管部门责令停止违法行为，限期改正，处以罚款：

（一）不按照国家规定申报登记工业固体废物，或者在申报登记时弄虚作假的；

（二）对暂时不利用或者不能利用的工业固体废物未建设贮存的设施、场所安全分类存放，或者未采取无害化处置措施的；

（三）将列入限期淘汰名录被淘汰的设备转让给他人使用的；

（四）擅自关闭、闲置或者拆除工业固体废物污染环境防治设施、场所的；

（五）在自然保护区、风景名胜区、饮用水水源保护区、基本农田保护区和其他需要特别保护的区域内，建设工业固体废物集中贮存、处置的设施、场所和生活垃圾填埋场的；

（六）擅自转移固体废物出省、自治区、直辖市行政区域贮存、处置的；

（七）未采取相应防范措施，造成工业固体废物扬散、流失、渗漏或者造成其他环境污染的；

（八）在运输过程中沿途丢弃、遗撒工业固体废物的。

有前款第一项、第八项行为之一的，处五千元以上五万元以下的罚款；有前款第二项、第三项、第四项、第五项、第六项、第七项行为之一的，处一万元以上十万元以下的罚款。

第六十九条 违反本法规定，建设项目需要配套建设的固体废物污染环境防治设施未建成、未经验收或者验收不合格，主体工程即投入生产或者使用的，由审批该建设项目环境影响评价文件的环境保护行政主管部门责令停止生产或者使用，可以并处十万元以下的罚款。

第七十条 违反本法规定，拒绝县级以上人民政府环境保护行政主管部门或者其他固体废物污染环境防治工作的监督管理部门现场检查的，由执行现场检查的部门责令限期改正；拒不改正或者在检查时弄虚作假的，处二千元以上二万元以下的罚款。

第七十一条 从事畜禽规模养殖未按照国家有关规定收集、贮存、处置畜禽粪便，造成环境污染的，由县级以上地方人民政府环境保护行政主管部门责令限期改正，可以处五万元以下的罚款。

第七十二条 违反本法规定，生产、销售、进口或者使用淘汰的设备，或者采用淘汰的生产工艺的，由县级以上人民政府经济综合宏观调控部门责令改正；情节严重的，由县级以上人民政府经济综合宏观调控部门提出意见，报请同级人民政府按照国务院规定的权限决定停业或者关闭。

第七十三条 尾矿、矸石、废石等矿业固体废物贮存设施停止使用后，未按照国家有关环境保护规定进行封场的，由县级以上地方人民政府环境保护行政主管部门责令限期改正，可以处五万元以上二十万元以下的罚款。

第七十四条 违反本法有关城市生活垃圾污染环境防治的规定，有下列行为之一的，由县级以上地方人民政府环境卫生行政主管部门责令停止违法行为，限期改正，处以罚款：

（一）随意倾倒、抛撒或者堆放生活垃圾的；

（二）擅自关闭、闲置或者拆除生活垃圾处置设施、场所的；

（三）工程施工单位不及时清运施工过程中产生的固体废物，造成环境污染的；

（四）工程施工单位不按照环境卫生行政主管部门的规定对施工过程中产生的固体废物进行利用或者处置的；

（五）在运输过程中沿途丢弃、遗撒生活垃圾的。

单位有前款第一项、第三项、第五项行为之一的，处五千元以上五万元以下的罚款；有前款第二项、第四项行为之一的，处一万元以上十万元以下的罚款。个人有前款第一项、第五项行为之一的，处二百元以下的罚款。

第七十五条 违反本法有关危险废物污染环境防治的规定，有下列行为之一的，由县级以上人民政府环境保护行政主管部门责令停止违法行为，限期改正，处以罚款：

（一）不设置危险废物识别标志的；

（二）不按照国家规定申报登记危险废物，或者在申报登记时弄虚作假的；

（三）擅自关闭、闲置或者拆除危险废物集中处置设施、场所的；

（四）不按照国家规定缴纳危险废物排污费的；

（五）将危险废物提供或者委托给无经营许可证的单位从事经营活动的；

（六）不按照国家规定填写危险废物转移联单或者未经批准擅自转移危险废物的；

（七）将危险废物混入非危险废物中贮存的；

（八）未经安全性处置，混合收集、贮存、运输、处置具有不相容性质的危险废物的；

（九）将危险废物与旅客在同一运输工具上载运的；

（十）未经消除污染的处理将收集、贮存、运输、处置危险废物的场所、设施、设备和容器、包装物及其他物品转作他用的；

（十一）未采取相应防范措施，造成危险废物扬散、流失、渗漏或者造成其他环境污染的；

（十二）在运输过程中沿途丢弃、遗撒危险废物的；

（十三）未制定危险废物意外事故防范措施和应急预案的。

有前款第一项、第二项、第七项、第八项、第九项、第十项、第十一项、第十二项、第十三项行为之一的，处一万元以上十万元以下的罚款；有前款第三项、第五项、第六项行为之一的，处二万元以上二十万元以下的罚款；有前款第四项行为的，限期缴纳，逾期不缴纳的，处应缴纳危险废物排污费金额一倍以上三倍以下的罚款。

第七十六条 违反本法规定，危险废物产生者不处置其产生的危险废物又不承担依法应当承担的处置费用的，由县级以上地方人民政府环境保护行政主管部门责令限期改正，处代为处置费用一倍以上三倍以下的罚款。

第七十七条 无经营许可证或者不按照经营许可证规定从事收集、贮存、利用、处置危险废物经营活动的，由县级以上人民政府环境保护行政主管部门责令停止违法行为，没收违法所得，可以并处违法所得三倍以下的罚款。

不按照经营许可证规定从事前款活动的，还可以由发证机关吊销经营许可证。

第七十八条 违反本法规定，将中华人民共和国境外的固体废物进境倾倒、堆放、处置的，进口属于禁止进口的固体废物或者未经许可擅自进口属于限制进口的固体废物用作原料的，由海关责令退运该固体废物，可以并处十万元以上一百万元以下的罚款；构成犯罪的，依法追究刑事责任。进口者不明的，由承运人承担退运该固体废物的责任，或者承担该固体废物的处置费用。

逃避海关监管将中华人民共和国境外的固体废物运输进境，构成犯罪的，依法追究刑事责任。

第七十九条 违反本法规定，经中华人民共和国过境转移危险废物的，由海关责令退运该危险废物，可以并处五万元以上五十万元以下的罚款。

第八十条 对已经非法入境的固体废物，由省级以上人民政府环境保护行政主管部门依法向海关提出处理意见，海关应当依照本法第七十八条的规定作出处罚决定；已经造成环境污染的，由省级以上人民政府环境保护行政主管部门责令进口者消除污染。

第八十一条 违反本法规定，造成固体废物严重污染环境的，由县级以上人民政府环境保护行政主管部门按照国务院规定的权限决定限期治理；逾期未完成治理任务的，由本级人民政府决定停业或者关闭。

第八十二条 违反本法规定，造成固体废物污染环境事故的，由县级以上人民政府环境保护行政主管部门处二万元以上二十万元以下的罚款；造成重大损失的，按照直接损失的百分之三十计算罚款，但是最高不超过一百万元，对负有责任的主管人员和其他直接责任人员，依法给予行政处分；造成固体废物污染环境重大事故的，并由县级以上人民政府按照国务院规定的权限决定停业或者关闭。

第八十三条 违反本法规定，收集、贮存、利用、处置危险废物，造成重大环境污染事故，构成犯罪的，依法追究刑事责任。

第八十四条 受到固体废物污染损害的单位和个人，有权要求依法赔偿损失。

赔偿责任和赔偿金额的纠纷，可以根据当事人的请求，由环境保护行政主管部门或者其他固体废物污染环境防治工作的监督管理部门调解处理；调解不成的，当事人可以向人民法院提起诉讼。当事人也可以直接向人民法院提起诉讼。

国家鼓励法律服务机构对固体废物污染环境诉讼中的受害人提供法律援助。

第八十五条 造成固体废物污染环境的，应当排除危害，依法赔偿损失，并采取措施恢复环境原状。

第八十六条 因固体废物污染环境引起的损害赔偿诉讼，由加害人就法律规定的免责事由及其行为与损害结果之间不存在因果关系承担举证责任。

第八十七条 固体废物污染环境的损害赔偿责任和赔偿金额的纠纷，当事人可以委托环境监测机构提供监测数据。环境监测机构应当接受委托，如实提供有关监测数据。

第六章 附则

第八十八条 本法下列用语的含义：

（一）固体废物，是指在生产、生活和其他活动中产生的丧失原有利用价值或者虽未丧失利用价值但被抛弃或者放弃的固态、半固态和置于容器中的气态的物品、物质以及法律、行政法规规定纳入固体废物管理的物品、物质。

（二）工业固体废物，是指在工业生产活动中产生的固体废物。

（三）生活垃圾，是指在日常生活中或者为日常生活提供服务的活动中产生的固体废物以及法律、行政法规规定视为生活垃圾的固体废物。

（四）危险废物，是指列入国家危险废物名录或者根据国家规定的危险废物鉴别标准和鉴别方法认定的具有危险特性的固体废物。

（五）贮存，是指将固体废物临时置于特定设施或者场所中的活动。

（六）处置，是指将固体废物焚烧和用其他改变固体废物的物理、化学、生物特性的方法，达到减少已产生的固体废物数量、缩小固体废物体积、减少或者消除其危险成份的活动，或者将固体废物最终置于符合环境保护规定要求的填埋场的活动。

（七）利用，是指从固体废物中提取物质作为原材料或者燃料的活动。

第八十九条 液态废物的污染防治，适用本法；但是，排入水体的废水的污染防治适用有关法律，不适用本法。

第九十条 中华人民共和国缔结或者参加的与固体废物污染环境防治有关的国际条约与本法有不同规定的，适用国际条约的规定；但是，中华人民共和国声明保留的条款除外。

第九十一条 本法自2005年4月1日起施行。

医疗废物管理条例

中华人民共和国国务院令

第380号

《医疗废物管理条例》已经2003年6月4日国务院第十次常务会议通过，现予公布，自公布之日起施行。

总　理　温家宝

二〇〇三年六月十六日

第一章　总　则

第一条 为了加强医疗废物的安全管理，防止疾病传播，保护环境，保障人体健康，根据《中华人民共和国传染病防治法》和《中华人民共和国固体废物污染环境防治法》，制定本条例。

第二条 本条例所称医疗废物，是指医疗卫生机构在医疗、预防、保健以及其他相关活动中产生的具有直接或者间接感染性、毒性以及其他危害性的废物。

医疗废物分类目录，由国务院卫生行政主管部门和环境保护行政主管部门共同制定、公布。

第三条 本条例适用于医疗废物的收集、运送、贮存、处置以及监督管理等活动。

医疗卫生机构收治的传染病病人或者疑似传染病病人产生的生活垃圾，按照医疗废物进行管理和处置。

医疗卫生机构废弃的麻醉、精神、放射性、毒性等药品及其相关的废物的管理，依照有关法律、行政法规和国家有关规定、标准执行。

第四条　国家推行医疗废物集中无害化处置，鼓励有关医疗废物安全处置技术的研究与开发。

县级以上地方人民政府负责组织建设医疗废物集中处置设施。

国家对边远贫困地区建设医疗废物集中处置设施给予适当的支持。

第五条　县级以上各级人民政府卫生行政主管部门，对医疗废物收集、运送、贮存、处置活动中的疾病防治工作实施统一监督管理；环境保护行政主管部门，对医疗废物收集、运送、贮存、处置活动中的环境污染防治工作实施统一监督管理。

县级以上各级人民政府其他有关部门在各自的职责范围内负责与医疗废物处置有关的监督管理工作。

第六条　任何单位和个人有权对医疗卫生机构、医疗废物集中处置单位和监督管理部门及其工作人员的违法行为进行举报、投诉、检举和控告。

第二章　医疗废物管理的一般规定

第七条　医疗卫生机构和医疗废物集中处置单位，应当建立、健全医疗废物管理责任制，其法定代表人为第一责任人，切实履行职责，防止因医疗废物导致传染病传播和环境污染事故。

第八条　医疗卫生机构和医疗废物集中处置单位，应当制定与医疗废物安全处置有关的规章制度和在发生意外事故时的应急方案；设置监控部门或者专（兼）职人员，负责检查、督促、落实本单位医疗废物的管理工作，防止违反本条例的行为发生。

第九条　医疗卫生机构和医疗废物集中处置单位，应当对本单位从事医疗废物收集、运送、贮存、处置等工作的人员和管理人员，进行相关法律和专业技术、安全防护以及紧急处理等知识的培训。

第十条　医疗卫生机构和医疗废物集中处置单位，应当采取有效的职业卫生防护措施，为从事医疗废物收集、运送、贮存、处置等工作的人员和管理人员，配备必要的防护用品，定期进行健康检查；必要时，对有关人员进行免疫接种，防止其受到健康损害。

第十一条　医疗卫生机构和医疗废物集中处置单位，应当依照《中华人民共和国固体废物污染环境防治法》的规定，执行危险废物转移联单管理制度。

第十二条　医疗卫生机构和医疗废物集中处置单位，应当对医疗废物进行登记，登记内容应当包括医疗废物的来源、种类、重量或者数量、交接时间、处置方法、最终去向以及经办人签名等项目。登记资料至少保存 3 年。

第十三条　医疗卫生机构和医疗废物集中处置单位，应当采取有效措施，防止医疗废物流失、泄漏、扩散。

发生医疗废物流失、泄漏、扩散时，医疗卫生机构和医疗废物集中处置单位应当采取减少危害的紧急处理措施，对致病人员提供医疗救护和现场救援；同时向所在地的县级人民政府卫生行政主管部门、环境保护行政主管部门报告，并向可能受到危害的单位和居民通报。

第十四条　禁止任何单位和个人转让、买卖医疗废物。

禁止在运送过程中丢弃医疗废物；禁止在非贮存地点倾倒、堆放医疗废物或者将医疗废物混入其他废物和生活垃圾。

第十五条　禁止邮寄医疗废物。

禁止通过铁路、航空运输医疗废物。

有陆路通道的，禁止通过水路运输医疗废物；没有陆路通道必须经水路运输医疗废物的，应当经设区的市级以上人民政府环境保护行政主管部门批准，并采取严格的环境保护措施后，方可通过水路运输。

禁止将医疗废物与旅客在同一运输工具上载运。

禁止在饮用水水源保护区的水体上运输医疗废物。

第三章 医疗卫生机构对医疗废物的管理

第十六条 医疗卫生机构应当及时收集本单位产生的医疗废物，并按照类别分置于防渗漏、防锐器穿透的专用包装物或者密闭的容器内。

医疗废物专用包装物、容器，应当有明显的警示标识和警示说明。

医疗废物专用包装物、容器的标准和警示标识的规定，由国务院卫生行政主管部门和环境保护行政主管部门共同制定。

第十七条 医疗卫生机构应当建立医疗废物的暂时贮存设施、设备，不得露天存放医疗废物；医疗废物暂时贮存的时间不得超过 2 天。

医疗废物的暂时贮存设施、设备，应当远离医疗区、食品加工区和人员活动区以及生活垃圾存放场所，并设置明显的警示标识和防渗漏、防鼠、防蚊蝇、防蟑螂、防盗以及预防儿童接触等安全措施。

医疗废物的暂时贮存设施、设备应当定期消毒和清洁。

第十八条 医疗卫生机构应当使用防渗漏、防遗撒的专用运送工具，按照本单位确定的内部医疗废物运送时间、路线，将医疗废物收集、运送至暂时贮存地点。

运送工具使用后应当在医疗卫生机构内指定的地点及时消毒和清洁。

第十九条 医疗卫生机构应当根据就近集中处置的原则，及时将医疗废物交由医疗废物集中处置单位处置。

医疗废物中病原体的培养基、标本和菌种、毒种保存液等高危险废物，在交医疗废物集中处置单位处置前应当就地消毒。

第二十条 医疗卫生机构产生的污水、传染病病人或者疑似传染病病人的排泄物，应当按照国家规定严格消毒；达到国家规定的排放标准后，方可排入污水处理系统。

第二十一条 不具备集中处置医疗废物条件的农村，医疗卫生机构应当按照县级人民政府卫生行政主管部门、环境保护行政主管部门的要求，自行就地处置其产生的医疗废物。自行处置医疗废物的，应当符合下列基本要求：

（一）使用后的一次性医疗器具和容易致人损伤的医疗废物，应当消毒并作毁形处理；

（二）能够焚烧的，应当及时焚烧；

（三）不能焚烧的，消毒后集中填埋。

第四章 医疗废物的集中处置

第二十二条 从事医疗废物集中处置活动的单位，应当向县级以上人民政府环境保护行政主管部门申请领取经营许可证；未取得经营许可证的单位，不得从事有关医疗废物集中处置的活动。

第二十三条 医疗废物集中处置单位，应当符合下列条件：

（一）具有符合环境保护和卫生要求的医疗废物贮存、处置设施或者设备；

（二）具有经过培训的技术人员以及相应的技术工人；

（三）具有负责医疗废物处置效果检测、评价工作的机构和人员；

（四）具有保证医疗废物安全处置的规章制度。

第二十四条 医疗废物集中处置单位的贮存、处置设施，应当远离居（村）民居住区、水源保护区和交通干道，与工厂、企业等工作场所有适当的安全防护距离，并符合国务院环境保护行政主管部门的规定。

第二十五条 医疗废物集中处置单位应当至少每 2 天到医疗卫生机构收集、运送一次医疗废物，并负责医疗废物的贮存、处置。

第二十六条　医疗废物集中处置单位运送医疗废物，应当遵守国家有关危险货物运输管理的规定，使用有明显医疗废物标识的专用车辆。医疗废物专用车辆应当达到防渗漏、防遗撒以及其他环境保护和卫生要求。

运送医疗废物的专用车辆使用后，应当在医疗废物集中处置场所内及时进行消毒和清洁。

运送医疗废物的专用车辆不得运送其他物品。

第二十七条　医疗废物集中处置单位在运送医疗废物过程中应当确保安全，不得丢弃、遗撒医疗废物。

第二十八条　医疗废物集中处置单位应当安装污染物排放在线监控装置，并确保监控装置处于正常运行状态。

第二十九条　医疗废物集中处置单位处置医疗废物，应当符合国家规定的环境保护、卫生标准、规范。

第三十条　医疗废物集中处置单位应当按照环境保护行政主管部门和卫生行政主管部门的规定，定期对医疗废物处置设施的环境污染防治和卫生学效果进行检测、评价。检测、评价结果存入医疗废物集中处置单位档案，每半年向所在地环境保护行政主管部门和卫生行政主管部门报告一次。

第三十一条　医疗废物集中处置单位处置医疗废物，按照国家有关规定向医疗卫生机构收取医疗废物处置费用。

医疗卫生机构按照规定支付的医疗废物处置费用，可以纳入医疗成本。

第三十二条　各地区应当利用和改造现有固体废物处置设施和其他设施，对医疗废物集中处置，并达到基本的环境保护和卫生要求。

第三十三条　尚无集中处置设施或者处置能力不足的城市，自本条例施行之日起，设区的市级以上城市应当在1年内建成医疗废物集中处置设施；县级市应当在2年内建成医疗废物集中处置设施。县（旗）医疗废物集中处置设施的建设，由省、自治区、直辖市人民政府规定。

在尚未建成医疗废物集中处置设施期间，有关地方人民政府应当组织制定符合环境保护和卫生要求的医疗废物过渡性处置方案，确定医疗废物收集、运送、处置方式和处置单位。

第五章　监督管理

第三十四条　县级以上地方人民政府卫生行政主管部门、环境保护行政主管部门，应当依照本条例的规定，按照职责分工，对医疗卫生机构和医疗废物集中处置单位进行监督检查。

第三十五条　县级以上地方人民政府卫生行政主管部门，应当对医疗卫生机构和医疗废物集中处置单位从事医疗废物的收集、运送、贮存、处置中的疾病防治工作，以及工作人员的卫生防护等情况进行定期监督检查或者不定期的抽查。

第三十六条　县级以上地方人民政府环境保护行政主管部门，应当对医疗卫生机构和医疗废物集中处置单位从事医疗废物收集、运送、贮存、处置中的环境污染防治工作进行定期监督检查或者不定期的抽查。

第三十七条　卫生行政主管部门、环境保护行政主管部门应当定期交换监督检查和抽查结果。在监督检查或者抽查中发现医疗卫生机构和医疗废物集中处置单位存在隐患时，应当责令立即消除隐患。

第三十八条　卫生行政主管部门、环境保护行政主管部门接到对医疗卫生机构、医疗废物集中处置单位和监督管理部门及其工作人员违反本条例行为的举报、投诉、检举和控告后，应当及时核实，依法作出处理，并将处理结果予以公布。

第三十九条　卫生行政主管部门、环境保护行政主管部门履行监督检查职责时，有权采取下列措施：

（一）对有关单位进行实地检查，了解情况，现场监测，调查取证；

（二）查阅或者复制医疗废物管理的有关资料，采集样品；

（三）责令违反本条例规定的单位和个人停止违法行为；

（四）查封或者暂扣涉嫌违反本条例规定的场所、设备、运输工具和物品；

（五）对违反本条例规定的行为进行查处。

第四十条 发生因医疗废物管理不当导致传染病传播或者环境污染事故，或者有证据证明传染病传播或者环境污染的事故有可能发生时，卫生行政主管部门、环境保护行政主管部门应当采取临时控制措施，疏散人员，控制现场，并根据需要责令暂停导致或者可能导致传染病传播或者环境污染事故的作业。

第四十一条 医疗卫生机构和医疗废物集中处置单位，对有关部门的检查、监测、调查取证，应当予以配合，不得拒绝和阻碍，不得提供虚假材料。

第六章 法律责任

第四十二条 县级以上地方人民政府未依照本条例的规定，组织建设医疗废物集中处置设施或者组织制定医疗废物过渡性处置方案的，由上级人民政府通报批评，责令限期建成医疗废物集中处置设施或者组织制定医疗废物过渡性处置方案；并可以对政府主要领导人、负有责任的主管人员，依法给予行政处分。

第四十三条 县级以上各级人民政府卫生行政主管部门、环境保护行政主管部门或者其他有关部门，未按照本条例的规定履行监督检查职责，发现医疗卫生机构和医疗废物集中处置单位的违法行为不及时处理，发生或者可能发生传染病传播或者环境污染事故时未及时采取减少危害措施，以及有其他玩忽职守、失职、渎职行为的，由本级人民政府或者上级人民政府有关部门责令改正，通报批评；造成传染病传播或者环境污染事故的，对主要负责人、负有责任的主管人员和其他直接责任人员依法给予降级、撤职、开除的行政处分；构成犯罪的，依法追究刑事责任。

第四十四条 县级以上人民政府环境保护行政主管部门，违反本条例的规定发给医疗废物集中处置单位经营许可证的，由本级人民政府或者上级人民政府环境保护行政主管部门通报批评，责令收回违法发给的证书；并可以对主要负责人、负有责任的主管人员和其他直接责任人员依法给予行政处分。

第四十五条 医疗卫生机构、医疗废物集中处置单位违反本条例规定，有下列情形之一的，由县级以上地方人民政府卫生行政主管部门或者环境保护行政主管部门按照各自的职责责令限期改正，给予警告；逾期不改正的，处 2 000 元以上 5 000 元以下的罚款：

（一）未建立、健全医疗废物管理制度，或者未设置监控部门或者专（兼）职人员的；

（二）未对有关人员进行相关法律和专业技术、安全防护以及紧急处理等知识培训的；

（三）未对从事医疗废物收集、运送、贮存、处置等工作的人员和管理人员采取职业卫生防护措施的；

（四）未对医疗废物进行登记或者未保存登记资料的；

（五）对使用后的医疗废物运送工具或者运送车辆未在指定地点及时进行消毒和清洁的；

（六）未及时收集、运送医疗废物的；

（七）未定期对医疗废物处置设施的环境污染防治和卫生学效果进行检测、评价，或者未将检测、评价效果存档、报告的。

第四十六条 医疗卫生机构、医疗废物集中处置单位违反本条例规定，有下列情形之一的，由县级以上地方人民政府卫生行政主管部门或者环境保护行政主管部门按照各自的职责责令限期改正，给予警告，可以并处 5 000 元以下的罚款；逾期不改正的，处 5 000 元以上 3 万元以下的罚款：

（一）贮存设施或者设备不符合环境保护、卫生要求的；

（二）未将医疗废物按照类别分置于专用包装物或者容器的；

（三）未使用符合标准的专用车辆运送医疗废物或者使用运送医疗废物的车辆运送其他物品的；

（四）未安装污染物排放在线监控装置或者监控装置未处于正常运行状态的。

第四十七条 医疗卫生机构、医疗废物集中处置单位有下列情形之一的，由县级以上地方人民政府卫生行政主管部门或者环境保护行政主管部门按照各自的职责责令限期改正，给予警告，并处 5 000 元以上 1 万元以下的罚款；逾期不改正的，处 1 万元以上 3 万元以下的罚款；造成传染病传播或者环境污染事故的，由原发证部门暂扣或者吊销执业许可证件或者经营许可证件；构成犯罪的，依法追究刑事责任：

（一）在运送过程中丢弃医疗废物，在非贮存地点倾倒、堆放医疗废物或者将医疗废物混入其他废物和生活垃圾的；

（二）未执行危险废物转移联单管理制度的；

（三）将医疗废物交给未取得经营许可证的单位或者个人收集、运送、贮存、处置的；

（四）对医疗废物的处置不符合国家规定的环境保护、卫生标准、规范的；

（五）未按照本条例的规定对污水、传染病病人或者疑似传染病病人的排泄物，进行严格消毒，或者未达到国家规定的排放标准，排入污水处理系统的；

（六）对收治的传染病病人或者疑似传染病病人产生的生活垃圾，未按照医疗废物进行管理和处置的。

第四十八条　医疗卫生机构违反本条例规定，将未达到国家规定标准的污水、传染病病人或者疑似传染病病人的排泄物排入城市排水管网的，由县级以上地方人民政府建设行政主管部门责令限期改正，给予警告，并处5 000元以上1万元以下的罚款；逾期不改正的，处1万元以上3万元以下的罚款；造成传染病传播或者环境污染事故的，由原发证部门暂扣或者吊销执业许可证件；构成犯罪的，依法追究刑事责任。

第四十九条　医疗卫生机构、医疗废物集中处置单位发生医疗废物流失、泄漏、扩散时，未采取紧急处理措施，或者未及时向卫生行政主管部门和环境保护行政主管部门报告的，由县级以上地方人民政府卫生行政主管部门或者环境保护行政主管部门按照各自的职责责令改正，给予警告，并处1万元以上3万元以下的罚款；造成传染病传播或者环境污染事故的，由原发证部门暂扣或者吊销执业许可证件或者经营许可证件；构成犯罪的，依法追究刑事责任。

第五十条　医疗卫生机构、医疗废物集中处置单位，无正当理由，阻碍卫生行政主管部门或者环境保护行政主管部门执法人员执行公务，拒绝执法人员进入现场，或者不配合执法部门的检查、监测、调查取证的，由县级以上地方人民政府卫生行政主管部门或者环境保护行政主管部门按照各自的职责责令改正，给予警告；拒不改正的，由原发证部门暂扣或者吊销执业许可证件或者经营许可证件；触犯《中华人民共和国治安管理处罚法》，构成违反治安管理行为的，由公安机关依法予以处罚；构成犯罪的，依法追究刑事责任。

第五十一条　不具备集中处置医疗废物条件的农村，医疗卫生机构未按照本条例的要求处置医疗废物的，由县级人民政府卫生行政主管部门或者环境保护行政主管部门按照各自的职责责令限期改正，给予警告；逾期不改正的，处1 000元以上5 000元以下的罚款；造成传染病传播或者环境污染事故的，由原发证部门暂扣或者吊销执业许可证件；构成犯罪的，依法追究刑事责任。

第五十二条　未取得经营许可证从事医疗废物的收集、运送、贮存、处置等活动的，由县级以上地方人民政府环境保护行政主管部门责令立即停止违法行为，没收违法所得，可以并处违法所得1倍以下的罚款。

第五十三条　转让、买卖医疗废物，邮寄或者通过铁路、航空运输医疗废物，或者违反本条例规定通过水路运输医疗废物的，由县级以上地方人民政府环境保护行政主管部门责令转让、买卖双方、邮寄人、托运人立即停止违法行为，给予警告，没收违法所得；违法所得5 000元以上的，并处违法所得2倍以上5倍以下的罚款；没有违法所得或者违法所得不足5 000元的，并处5 000元以上2万元以下的罚款。

承运人明知托运人违反本条例的规定运输医疗废物，仍予以运输的，或者承运人将医疗废物与旅客在同一工具上载运的，按照前款的规定予以处罚。

第五十四条　医疗卫生机构、医疗废物集中处置单位违反本条例规定，导致传染病传播或者发生环境污染事故，给他人造成损害的，依法承担民事赔偿责任。

第七章 附 则

第五十五条 计划生育技术服务、医学科研、教学、尸体检查和其他相关活动中产生的具有直接或者间接感染性、毒性以及其他危害性废物的管理，依照本条例执行。

第五十六条 军队医疗卫生机构医疗废物的管理由中国人民解放军卫生主管部门参照本条例制定管理办法。

第五十七条 本条例自公布之日起施行。

（注：此条例已经按照《国务院关于废止和修改部分行政法规的决定》（中华人民共和国国务院令第588号）修正）

固体废物进口管理办法

（环境保护部 商务部 国家发展和改革委员会 海关总署 国家质量监督检验检疫总局令 第12号）

第一章 总 则

第一条 为了规范固体废物进口环境管理，防止进口固体废物污染环境，根据《中华人民共和国固体废物污染环境防治法》和有关法律、行政法规，制定本办法。

第二条 本办法所称固体废物，是指在生产、生活和其他活动中产生的丧失原有利用价值或者虽未丧失利用价值但被抛弃或者放弃的固态、半固态、液态和置于容器中的气态的物品、物质以及法律、行政法规规定纳入固体废物管理的物品、物质。

本办法所称固体废物进口，是指将中华人民共和国境外的固体废物运入中华人民共和国境内的活动。

第三条 本办法适用于以任何方式进口固体废物的活动。

通过赠送、出口退运进境、提供样品等方式将固体废物运入中华人民共和国境内的，进境修理产生的未复运出境固体废物以及出境修理或者出料加工中产生的复运进境固体废物的，除另有规定外，也适用本办法。

第四条 禁止转让固体废物进口相关许可证。

本办法所称转让固体废物进口相关许可证，是指：

（一）出售或者出租、出借固体废物进口相关许可证；

（二）使用购买或者租用、借用的固体废物进口相关许可证进口固体废物；

（三）将进口的固体废物全部或者部分转让给固体废物进口相关许可证载明的利用企业以外的单位或者个人。

第五条 禁止中华人民共和国境外的固体废物进境倾倒、堆放、处置。

禁止固体废物转口贸易。

未取得固体废物进口相关许可证的进口固体废物不得存入海关监管场所，包括保税区、出口加工区、保税物流园区、保税港区等海关特殊监管区域和保税物流中心（A/B 型）、保税仓库等海关保税监管场所（以下简称“海关特殊监管区域和场所”）。

除另有规定外，进口固体废物不得办理转关手续（废纸除外）。

第六条 国务院环境保护行政主管部门对全国固体废物进口环境管理工作实施统一监督管理。国务院商务主管部门、国务院经济综合宏观调控部门、海关总署和国务院质量监督检验检疫部门在各自的职责范围内负责固体废物进口相关管理工作。

县级以上地方环境保护行政主管部门对本行政区域内固体废物进口环境管理工作实施监督管理。各级商务主管部门、经济综合宏观调控部门、海关、出入境检验检疫部门在各自职责范围内对固体废物进口实施相关监督管理。

国务院环境保护行政主管部门会同国务院商务主管部门、国务院经济综合宏观调控部门、海关总署、国务院质量监督检验检疫部门建立固体废物进口管理工作协调机制，实行固体废物进口管理信息共享，协调处理固体废物进口及经营活动监督管理工作的重要事务。

第七条 任何单位和个人有权向各级环境保护行政主管部门、商务主管部门、经济综合宏观调控部门、海关和出入境检验检疫部门，检举违反固体废物进口监管程序和进口固体废物造成污染的行为。

第二章 一般规定

第八条 禁止进口危险废物。禁止经中华人民共和国过境转移危险废物。

禁止以热能回收为目的进口固体废物。

禁止进口不能用作原料或者不能以无害化方式利用的固体废物。

禁止进口境内产生量或者堆存量大且尚未得到充分利用的固体废物。

禁止进口尚无适用国家环境保护控制标准或者相关技术规范等强制性要求的固体废物。

禁止以凭指示交货（TO ORDER）方式承运固体废物入境。

第九条 对可以弥补境内资源短缺，且根据国家经济、技术条件能够以无害化方式利用的可用作原料的固体废物，按照其加工利用过程的污染排放强度，实行限制进口和自动许可进口分类管理。

第十条 国务院环境保护行政主管部门会同国务院商务主管部门、国务院经济综合宏观调控部门、海关总署、国务院质量监督检验检疫部门制定、调整并公布禁止进口、限制进口和自动许可进口的固体废物目录。

第十一条 禁止进口列入禁止进口目录的固体废物。

进口列入限制进口或者自动许可进口目录的固体废物，必须取得固体废物进口相关许可证。

第十二条 进口固体废物应当采取防扬散、防流失、防渗漏或者其他防止污染环境的措施。

第十三条 进口固体废物的装运、申报应当符合海关规定，有关规定由海关总署另行制定。

第十四条 进口固体废物必须符合进口可用作原料的固体废物环境保护控制标准或者相关技术规范等强制性要求。经检验检疫，不符合进口可用作原料的固体废物环境保护控制标准或者相关技术规范等强制性要求的固体废物，不得进口。

第十五条 申请和审批进口固体废物，按照风险最小化原则，实行“就近口岸”报关。

第十六条 国家对进口可用作原料的固体废物的国外供货商实行注册登记制度。向中国出口可用作原料的固体废物的国外供货商，应当取得国务院质量监督检验检疫部门颁发的注册登记证书。

国家对进口可用作原料的固体废物的国内收货人实行注册登记制度。进口可用作原料的固体废物的国内收货人在签订对外贸易合同前，应当取得国务院质量监督检验检疫部门颁发的注册登记证书。

第十七条 国务院环境保护行政主管部门对加工利用进口废五金电器、废电线电缆、废电机等环境风险较大的固体废物的企业，实行定点企业资质认定管理。管理办法由国务院环境保护行政主管部门制定。

第十八条 国家鼓励限制进口的固体废物在设定的进口废物“圈区管理”园区内加工利用。

进口废物“圈区管理”应当符合法律、法规和国家标准要求。进口废物“圈区管理”园区的建设规范和要求由国务院环境保护行政主管部门会同国务院商务主管部门、国务院经济综合宏观调控部门、海关总署、国务院质量监督检验检疫部门制定。

第十九条 出口加工区内的进口固体废物利用企业以加工贸易方式进口固体废物的，必须持有固体废物进口相关许可证。

出口加工区以外的进口固体废物利用企业以加工贸易方式进口固体废物的，必须持有商务主管部门签发的有效的《加工贸易业务批准证》、海关核发的有效的加工贸易手册（账册）和固体废物进口相关许可证。

以加工贸易方式进口的固体废物或者加工成品因故无法出口需内销的，加工贸易企业无须再次申领固体废物进口相关许可证；未经加工的原进口固体废物仅限留作本企业自用。

第三章 固体废物进口许可管理

第二十条 进口列入限制进口目录的固体废物，应当经国务院环境保护行政主管部门会同国务院对外贸易主管部门审查许可。进口列入自动许可进口目录的固体废物，应当依法办理自动许可手续。

第二十一条 固体废物进口相关许可证当年有效。

固体废物进口相关许可证应当在有效期内使用，无论是否使用完毕逾期均自行失效。

固体废物进口相关许可证因故在有效期内未使用完的，利用企业应当在有效期届满30日前向发证机关提出延期申请。发证机关扣除已使用的数量后，重新签发固体废物进口相关许可证，并在备注栏中注明“延期使用”和原证证号。

固体废物进口相关许可证只能延期一次，延期最长不超过60日。

第二十二条 固体废物进口相关许可证实行“一证一关”管理。一般情况下固体废物进口相关许可证为“非一批一证”制，如要实行“一批一证”，应当同时在固体废物进口相关许可证备注栏内打印“一批一证”字样。

“一证一关”指固体废物进口相关许可证只能在一个海关报关；“一批一证”指固体废物进口相关许可证在有效期内一次报关使用；“非一批一证”指固体废物进口相关许可证在有效期内可以多次报关使用，由海关逐批签注核减进口数量，最后一批进口时，允许溢装上限为固体废物进口相关许可证实际余额的3%，且不论是否仍有余额，海关将在签注后留存正本存档。

第二十三条 固体废物进口相关许可证上载明的事项发生变化的，利用企业应当按照申请程序重新申请领取固体废物进口相关许可证。

发证机关受理申请后，注销原证，并公告注销的证书编号。

第二十四条 进口固体废物审批管理所需费用，按照国家有关规定执行。

第四章 检验检疫与海关手续

第二十五条 进口固体废物的承运人在受理承运业务时，应当要求货运委托人提供下列证明材料：

（一）固体废物进口相关许可证；

（二）进口可用作原料的固体废物国内收货人注册登记证书；

（三）进口可用作原料的固体废物国外供货商注册登记证书；

（四）进口可用作原料的固体废物装运前检验证书。

第二十六条 对进口固体废物，由国务院质量监督检验检疫部门指定的装运前检验机构实施装运前检验；检验合格的，出具装运前检验证书。

进口的固体废物运抵固体废物进口相关许可证列明的口岸后，国内收货人应当持固体废物进口相关许可证报检验检疫联、装运前检验证书以及其他必要单证，向口岸出入境检验检疫机构报检。

出入境检验检疫机构经检验检疫，对符合国家环境保护控制标准或者相关技术规范等强制性要求的，出具《入境货物通关单》，并备注“经初步检验检疫，未发现不符合国家环境保护控制标准要求的物质”；对不符合国家环境保护控制标准或者相关技术规范等强制性要求的，出具检验检疫处理通知书，并及时通知口岸海关和口岸所在地省、自治区、直辖市环境保护行政主管部门。

口岸所在地省、自治区、直辖市环境保护行政主管部门收到进口固体废物检验检疫不合格的通知后，应当及时通知利用企业所在地省、自治区、直辖市环境保护行政主管部门和国务院环境保护行政主管部门。

对于检验结果不服的，申请人应当根据进出口商品复验工作的有关规定申请复验。国务院质量监督检验检疫部门或者出入境检验检疫机构可以根据检验工作的实际情况，会同同级环境保护行政主管部门共同实施复验工作。

第二十七条 除另有规定外，对限制进口类或者自动许可进口类可用作原料的固体废物，应当持固体废物进口相关许可证和出入境检验检疫机构出具的《入境货物通关单》等有关单证向海关办理进口验放手续。

第二十八条 进口者对海关将其所进口的货物纳入固体废物管理范围不服的，可以依法申请行政复议，也可以向人民法院提起行政诉讼。

海关怀疑进口货物的收货人申报的进口货物为固体废物的，可以要求收货人送口岸检验检疫部门进行固体废物属性检验，必要时，海关可以直接送口岸检验检疫部门进行固体废物属性检验，并按照检验结果处理。

口岸检验检疫部门应当出具检验结果，并注明是否属于固体废物。

海关或者收货人对口岸所在地检验检疫部门的检验结论有异议的，国务院环境保护行政主管部门会同海关总署、国务院质量监督检验检疫部门指定专门鉴别机构对进口的货物、物品是否属于固体废物和固体废物类别进行鉴别。

《固体废物鉴别导则》及有关鉴别程序和办法由国务院环境保护行政主管部门会同海关总署、国务院质量监督检验检疫部门制定。

检验或者鉴别期间，海关不接受企业担保放行的申请。对货物在检验或者鉴别期间产生的相关费用以及损失，由进口货物的收货人自行承担。

本条所涉进口固体废物的鉴别，应当以《固体废物鉴别导则》为依据。

第二十九条 将境外的固体废物进境倾倒、堆放、处置的，进口属于禁止进口的固体废物或者未经许可擅自进口固体废物的，以及检验不合格的进口固体废物，由口岸海关依法责令进口者或者承运人在规定的期限内将有关固体废物原状退运至原出口国，进口者或者承运人承担相应责任和费用，并不免除其办理海关手续的义务，进口者或者承运人不得放弃有关固体废物。

收货人无法确认的进境固体废物，由承运人向海关提出退运申请或者可以由海关依法责令承运人退运。承运人承担相应责任和费用，并不免除其办理海关手续的义务。

第三十条 对当事人拒不退运或者超过 3 个月不退运出境的固体废物，口岸海关会同口岸出入境检验检疫机构和口岸所在地环境保护行政主管部门对进口者或者承运人采取强制措施予以退运。

第三十一条 对确属无法退运出境或者海关决定不予退运的固体废物，经进口者向口岸海关申请（进口者不明时由承运人或者负有连带责任的第三人申请），参考就近原则，由海关以拍卖或者委托方式移交省、自治区、直辖市环境保护行政主管部门认定的具有无害化利用或者处置能力的单位进行综合利用或者无害化处置，相关滞港费用和处置费用由进口者承担，进口者不明的由承运人承担。

对委托综合利用或者无害化处置扣除处理费用后产生的收益，应当由具有无害化利用或者处置能力的单位交由海关上缴国库。各级海关未经批准，不得拍卖国家禁止进口的固体废物。具体管理办法由海关总署会同国务院环境保护行政主管部门另行制定。

第三十二条 海关应当将退运等后续处理情况通报出入境检验检疫机构和口岸所在地省、自治区、直辖市环境保护行政主管部门。

口岸所在地省、自治区、直辖市环境保护行政主管部门应当通知进口固体废物利用企业所在地省、自治区、直辖市环境保护行政主管部门和国务院环境保护行政主管部门。

出入境检验检疫机构和环境保护行政主管部门应当根据具体情况对有关单位做出处理。

第五章 监督管理

第三十三条 进口的固体废物必须全部由固体废物进口相关许可证载明的利用企业作为原料利用。

第三十四条 进口固体废物利用企业应当以环境无害化方式对进口的固体废物进行加工利用。

由海关以拍卖或者委托方式移交处理的进口固体废物的利用或者处置单位，必须对所承担的进口固体废物全部进行综合利用或者无害化处置。

第三十五条 进口固体废物利用企业应当建立经营情况记录簿，如实记载每批进口固体废物的来源、种类、重量或者数量、去向，接收、拆解、利用、贮存的时间，运输者的名称和联系方式，进口固体废物加工利用后的残余物种类、重量或者数量、去向等情况。经营记录簿及相关单据、影像资料等原始凭证应当至少保存5年。

进口固体废物利用企业应当对污染物排放进行日常定期监测。监测报告应当至少保存5年。

进口固体废物利用企业应当按照国务院环境保护行政主管部门的规定，定期向所在地省、自治区、直辖市环境保护行政主管部门报告进口固体废物经营情况和环境监测情况。省、自治区、直辖市环境保护行政主管部门汇总后报国务院环境保护行政主管部门。

固体废物的进口者、代理商、承运人等其他经营单位，应当记录所代理的进口固体废物的来源、种类、重量或者数量、去向等情况，并接受有关部门的监督检查。记录资料及相关单据、影像资料等原始凭证应当至少保存3年。

第三十六条 省、自治区、直辖市环境保护行政主管部门应当组织对进口固体废物利用企业进行实地检查和监督性监测，发现有下列情形之一的，应当在5个工作日内报知国务院环境保护行政主管部门：

（一）隐瞒有关情况或者提供虚假材料申请固体废物进口相关许可证或者转让固体废物进口相关许可证；

（二）超过国家或者地方规定的污染物排放标准，或者超过总量控制指标排放污染物；

（三）对进口固体废物加工利用后的残余物未进行无害化利用或者处置；

（四）未按规定报告进口固体废物经营情况和环境监测情况，或者在报告时弄虚作假。

国务院环境保护行政主管部门和省、自治区、直辖市环境保护行政主管部门应当将有关情况记录存档，作为审批固体废物进口相关许可证的依据。

各级环境保护行政主管部门、商务主管部门、经济综合宏观调控部门、海关、出入境检验检疫部门，有权依据各自的职责对与进口固体废物有关的单位进行监督检查。

被检查的单位应当如实反映情况，提供必要的材料。检查机关应当为被检查的单位保守技术秘密和业务秘密。

检查机关进行现场检查时，可以采取现场监测、采集样品、查阅或者复制相关资料等措施。

检查人员进行现场检查，应当出示证件。

第六章 海关特殊监管区域和场所的特别规定

第三十七条 固体废物从境外进入海关特殊监管区域和场所时，有关单位应当申领固体废物进口相关许可证，并申请检验检疫。固体废物从海关特殊监管区域和场所进口到境内区外或者在海关特殊监管区域和场所之间进出的，无需办理固体废物进口相关许可证。

第三十八条 海关特殊监管区域和场所内单位不得以转口货物为名存放进口固体废物。

第三十九条 海关特殊监管区域和场所内单位产生的未复运出境的残次品、废品、边角料、受灾货物等，如属于限制进口或者自动许可进口的固体废物，其在境内与海关特殊监管区域和场所之间进出，或者在海关特殊监管区域和场所之间进出，免于提交固体废物进口相关许可证。出入境检验检疫机构不实施检验。

第四十条 海关特殊监管区域和场所内单位产生的未复运出境的残次品、废品、边角料、受灾货物等，如属于禁止进口的固体废物，需出区进行利用或者处置的，应当由产生单位或者收集单位向海关特殊监管区域和场所行政管理部门和所在地设区的市级环境保护行政主管部门提出申请，并提交如下申请材料：

（一）转移固体废物出区申请书；

（二）申请单位和接收单位签订的合同；

（三）接收单位的经年检合格的营业执照；

（四）拟转移的区内固体废物的产生过程及工艺、成分分析报告、物理化学性质登记表；

（五）接收单位利用或者处置废物方式的说明，包括废物利用或者处置设施的地点、类型、处理能力及利用或者处置过程中产生的废气、废水、废渣的处理方法等的介绍资料；

（六）证明接收单位能对区内固体废物以环境无害化方式进行利用或者处置的材料；出区废物是危险废物的，须提供接收单位所持的《危险废物经营许可证》复印件，并加盖接收单位章。

第四十一条 海关特殊监管区域和场所行政管理部门和所在地设区的市级环境保护行政主管部门受理出区申请后，作出准予或者不准予出区的决定，批准文件有效期1年。

出入境检验检疫机构凭海关特殊监管区域和场所行政管理部门和所在地设区的市级环境保护行政主管部门批准文件办理通关单，并对固体废物免于实施检验。海关凭海关特殊监管区域和场所行政管理部门和所在地设区的市级环境保护行政主管部门批准文件按规定办理有关手续。

第四十二条 海关特殊监管区域和场所内单位产生的固体废物，出区跨省转移、贮存、处置的，须按照《中华人民共和国固体废物污染环境防治法》第二十三条的规定向有关省、自治区、直辖市环境保护行政主管部门提出申请。

海关特殊监管区域和场所内单位产生的固体废物属于危险废物或者废弃电器电子产品的，出区时须依法执行危险废物管理或者废弃电器电子产品管理的有关制度。

第七章 罚 则

第四十三条 违反本办法规定，将中华人民共和国境外的固体废物进境倾倒、堆放、处置，进口属于禁止进口的固体废物或者未经许可擅自进口限制进口的固体废物，或者以原料利用为名进口不能用作原料的固体废物的，由海关依据《中华人民共和国固体废物污染环境防治法》第七十八条的规定追究法律责任，并可以由发证机关撤销其固体废物进口相关许可证。

违反本办法规定，以进口固体废物名义经中华人民共和国过境转移危险废物的，由海关依据《中华人民共和国固体废物污染环境防治法》第七十九条的规定追究法律责任，并可以由发证机关撤销其固体废物进口相关许可证。

违反本办法规定，走私进口固体废物的，由海关按照有关法律、行政法规的规定进行处罚；构成犯罪的，依法追究刑事责任。

第四十四条 对已经非法入境的固体废物，按照《中华人民共和国固体废物污染环境防治法》第八十条的规定进行处理。

第四十五条 违反本办法规定，转让固体废物进口相关许可证的，由发证机关撤销其固体废物进口相关许可证；构成犯罪的，依法追究刑事责任。

第四十六条 以欺骗、贿赂等不正当手段取得固体废物进口相关许可证的，依据《中华人民共和国行政许可法》的规定，由发证机关撤销其固体废物进口相关许可证；构成犯罪的，依法追究刑事责任。

第四十七条 违反本办法规定，对进口固体废物加工利用后的残余物未进行无害化利用或者处置的，由所在地县级以上环境保护行政主管部门根据《中华人民共和国固体废物污染环境防治法》第六十八条第（二）项的规定责令停止违法行为，限期改正，并处1万元以上10万元以下的罚款；逾期拒不改正的，可以由发证机关撤销其固体废物进口相关许可证。造成污染环境事故的，按照《固体废物污染环境防治法》第八十二条的规定办理。

第四十八条 违反本办法规定，未执行经营情况记录簿制度、未履行日常环境监测或者未按规定报告进口固体废物经营情况和环境监测情况的，由所在地县级以上环境保护行政主管部门责令限期改正，可以并处3万元以下罚款；逾期拒不改正的，可以由发证机关撤销其固体废物进口相关许可证。

第四十九条 违反检验检疫有关规定进口固体废物的，按照《中华人民共和国进出口商品检验法》、《中华人民共和国进出口商品检验法实施条例》等规定进行处罚。

违反海关有关规定进口固体废物的，按照《中华人民共和国海关法》和《中华人民共和国海关行政处罚实施条例》等规定进行处罚。

擅自进口禁止进口、不符合国家环境保护控制标准或者相关技术规范强制性要求的固体废物，经海关责令退运，超过 3 个月怠于履行退运义务的，由海关依照《中华人民共和国海关行政处罚实施条例》的规定进行处罚。

第五十条 进口固体废物监督管理人员贪污受贿、玩忽职守、徇私舞弊或者滥用职权，依法给予行政处分；构成犯罪的，依法追究刑事责任。

第八章 附 则

第五十一条 本办法中由设区的市级环境保护行政主管部门行使的监管职责，在直辖市行政区域以及省、自治区直辖的县级行政区域内，由省、自治区、直辖市环境保护行政主管部门行使。

第五十二条 固体废物运抵关境即视为进口行为发生。

第五十三条 进口固体废物利用企业是指实际从事进口固体废物拆解、加工利用活动的企业。

第五十四条 来自中国香港、澳门特别行政区和中国台湾地区固体废物的进口管理依照本办法执行。

第五十五条 本办法自 2011 年 8 月 1 日起施行。

国务院环境保护行政主管部门、国务院商务主管部门、国务院经济综合宏观调控部门、海关总署、国务院质量监督检验检疫部门在本办法实施前根据各自职责发布的进口固体废物管理有关规定、通知与本办法不一致的，以本办法为准。

危险废物出口核准管理办法

（国家环境保护总局令 第 47 号）

第一章 总 则

第一条 为了规范危险废物出口管理，防止环境污染，根据《控制危险废物越境转移及其处置巴塞尔公约》（以下简称《巴塞尔公约》）和有关法律、行政法规，制定本办法。

第二条 在中华人民共和国境内产生的危险废物应当尽量在境内进行无害化处置，减少出口量，降低危险废物出口转移的环境风险。

禁止向《巴塞尔公约》非缔约方出口危险废物。

第三条 产生、收集、贮存、处置、利用危险废物的单位，向中华人民共和国境外《巴塞尔公约》缔约方出口危险废物，必须取得危险废物出口核准。

本办法所称危险废物，是指列入国家危险废物名录或者根据国家规定的危险废物鉴别标准和鉴别方法认定的具有危险特性的固体废物。

《巴塞尔公约》规定的“危险废物”和“其他废物”，以及进口缔约方或者过境缔约方立法确定的“危险废物”，其出口核准管理也适用本办法。

第四条 国务院环境保护行政主管部门负责核准危险废物出口申请，并进行监督管理。

县级以上地方人民政府环境保护行政主管部门依据本办法的规定，对本行政区域内危险废物出口活动进行监督管理。

第二章　出口申请与核准

第五条　申请出口危险废物，应当向国务院环境保护行政主管部门提交下列材料：

（一）申请书。

（二）越境转移通知书（中、英文）。

（三）出口者与进口国（地区）的处置者或者利用者签订的书面协议。

（四）危险废物的基本情况数据表、物质安全技术说明书（MSDS）或者化学品安全技术说明书（CSDS）。

（五）危险废物产生情况的说明文件，主要包括危险废物的产生过程、地点、工艺和设备的说明。

（六）危险废物在进口国（地区）处置或者利用情况的说明文件，主要包括危险废物处置或者利用设施的地点、类型、处理能力以及处置或者利用中产生的废水、废气、废渣的处理方法等。

（七）处置者或者利用者在进口国（地区）获得的有关危险废物处置或者利用的授权或者许可的有效凭证。

（八）危险废物运输突发环境污染事件应急预案。

（九）危险废物运输的路线说明文件，主要包括境内运输路线（包括途经的省、市、县）、离境地点、过境国（地区）过境地点、进口国（地区）入境地点以及进口国（地区）和过境国（地区）主管部门的联系方式及通讯地址等。

（十）出口者的书面承诺文件或者有效的保险文件。出具书面承诺文件的，应当承诺在因故未完成出口活动或者由于意外事故引发环境污染时，承担危险废物退运、处置、污染消除和损失赔偿等有关费用。

（十一）出口者的营业执照。出口者为危险废物收集者、贮存者、处置者或者利用者的，还需提交危险废物经营许可证。

（十二）危险废物国内运输单位危险货物运输资质证书及承运合同。

前款所列申请材料的复印件应当加盖申请单位印章。

第六条　国务院环境保护行政主管部门根据下列情况分别作出处理：

（一）申请材料齐全、符合要求的，予以受理；

（二）申请材料不齐全或者不符合要求的，应当当场或者在5个工作日内一次告知申请单位需要补正的全部内容。

第七条　国务院环境保护行政主管部门对符合下列条件之一的，应当自受理之日起15个工作日内，作出初步核准出口决定：

（一）进口国（地区）的利用者需要将该危险废物作为再循环或者回收工业的原材料，且有相应的技术能力、必要设施、设备和场所，能以环境无害化方式利用该危险废物；

（二）中华人民共和国没有以环境无害化方式处置该危险废物所需的足够的技术能力和必要的设施、设备或者适当的处置场所，且进口国（地区）的处置者有相应的技术能力、必要设施、设备和场所，并能以环境无害化方式处置该危险废物。

国务院环境保护行政主管部门对不符合前款所列条件的，应当自受理之日起15个工作日内，作出不予核准出口决定，并书面通知申请单位。

国务院环境保护行政主管部门对受理的申请进行书面审查。需要现场核查的，应当指派两名以上工作人员进行核查。

第八条　对已作出初步核准决定的危险废物出口申请，国务院环境保护行政主管部门应当向进口国（地区）和过境国（地区）主管部门发出书面征求意见的函，并自收到同意进口和同意过境的书面意见之日起5个工作日内，作出核准出口决定。

对进口国（地区）主管部门或者过境国（地区）主管部门不同意危险废物出口或者过境的，不予核准出口申请，并书面通知申请单位。

第九条 国务院环境保护行政主管部门应当自作出核准决定之日起10个工作日内，向申请单位签发危险废物出口核准通知单。

国务院环境保护行政主管部门根据危险废物出口者提供的境内运输路线说明文件，将核准结果通知危险废物所在地和境内运输途经地区的省级人民政府环境保护行政主管部门。

省级人民政府环境保护行政主管部门应当将核准结果通知本行政区域内有关设区的市级和县级人民政府环境保护行政主管部门。

第十条 有下列情形之一的，应当重新提出申请：

（一）改变或者增加出口危险废物类别或者数量的；

（二）改变出口者、进口国（地区）的处置者或者利用者的；

（三）改变进口国（地区）、过境国（地区）的；

（四）改变出口目的的；

（五）改变出口时限的。

第十一条 危险废物出口核准通知单的有效期限不超过1年。

第三章　监督管理

第十二条 危险废物出口者应当对每一批出口的危险废物，填写《危险废物越境转移—转移单据》，一式二份。

转移单据应当随出口的危险废物从转移起点直至处置或者利用地点，并由危险废物出口者、承运人和进口国（地区）的进口者、处置者或者利用者及有关国家（地区）海关部门填写相关信息。

危险废物出口者应当将信息填写完整的转移单据，一份报国务院环境保护行政主管部门，一份自留存档。

危险废物出口者应当妥善保存自留存档的转移单据，不得擅自损毁。转移单据的保存期应不少于5年。国务院环境保护行政主管部门要求延长转移单据保存期限的，有关单位应当按照要求延长转移单据的保存期限。

第十三条 国务院环境保护行政主管部门有权检查转移单据的运行情况，也可以委托县级以上地方人民政府环境保护行政主管部门检查转移单据的运行情况。被检查单位应当接受检查，如实汇报情况。

第十四条 在危险废物运输开始10个工作日之前，危险废物出口者应当填写《运输前信息报告单》，并将其连同填写的转移单据复印件，一并报送国务院环境保护行政主管部门，并抄送危险废物移出地和境内运输途经地区的省级、设区的市级和县级人民政府环境保护行政主管部门。

第十五条 自危险废物离境之日起10个工作日内，危险废物出口者应当填写《离境信息报告单》，并将其连同危险废物出口者和相关承运人填写的转移单据复印件和危险废物出口报关单复印件，报送国务院环境保护行政主管部门。

第十六条 自危险废物进口者接收危险废物之日起10个工作日内，危险废物出口者应当填写《抵达进口国（地区）信息报告单》，并将其连同危险废物出口者、相关承运人、危险废物进口者及过境国（地区）海关、进口国（地区）海关填写完毕的转移单据复印件，一并报送国务院环境保护行政主管部门。

第十七条 自危险废物处置或者利用完毕之日起40个工作日内，危险废物出口者应当填写《处置或者利用完毕信息报告单》，并将其连同危险废物出口者、相关承运人、危险废物进口者、进口国（地区）的危险废物处置者或者利用者及过境国（地区）海关、进口国（地区）海关填写完毕的转移单据原件，一并报送国务院环境保护行政主管部门。

第十八条 自危险废物出口核准通知单有效期届满之日起20个工作日内，危险废物出口者应当填写《危险废物出口总结信息报告单》，并报送国务院环境保护行政主管部门。

第十九条 危险废物出口者应当将按照第十五条、第十六条、第十七条和第十八条的规定向国务院环境保护行政主管部门报送的有关材料，同时抄送危险废物移出地省级、设区的市级和县级人民政府环境保护行政主管部门。

第二十条 禁止伪造、变造或者买卖危险废物出口核准通知单。

第四章 罚 则

第二十一条 违反本办法规定，无危险废物出口核准通知单或者不按照危险废物出口核准通知单出口危险废物的，由县级以上人民政府环境保护行政主管部门责令改正，并处3万元以下的罚款。

不按照危险废物出口核准通知单出口危险废物，情节严重的，还可以由国务院环境保护行政主管部门撤销危险废物出口核准通知单。

第二十二条 违反本办法规定，申请危险废物出口核准的单位隐瞒有关情况或者提供虚假材料的，国务院环境保护行政主管部门不予受理其申请或者不予核准其申请，给予警告，并记载其不良记录。

第二十三条 违反本办法规定，有下列行为之一的，由县级以上人民政府环境保护行政主管部门责令改正，并处以罚款：

（一）未按规定填写转移单据的；

（二）未按规定运行转移单据的；

（三）未按规定的存档期限保管转移单据的；

（四）拒绝接受环境保护行政主管部门对转移单据执行情况进行检查的。

有前款第（一）项、第（二）项、第（三）项行为的，处3万元以下罚款；有前款第（四）项行为的，依据《固体废物污染环境防治法》第七十条的规定，予以处罚。

有前款第（一）项、第（二）项、第（四）项行为，情节严重的，由国务院环境保护行政主管部门撤销危险废物出口核准通知单。

第二十四条 违反本办法规定，未将有关信息报送国务院环境保护行政主管部门，或者未抄报有关地方人民政府环境保护行政主管部门的，由县级以上人民政府环境保护行政主管部门责令限期改正；逾期不改正的，由县级以上人民政府环境保护行政主管部门处3万元以下罚款，并记载危险废物出口者的不良记录。

第二十五条 违反本办法规定，伪造、变造或者买卖危险废物出口核准通知单的，由公安机关依据《中华人民共和国治安管理处罚法》进行处罚。

第二十六条 以欺骗、贿赂等不正当手段取得危险废物出口核准通知单的，依据《中华人民共和国行政许可法》的规定，由国务院环境保护行政主管部门撤销危险废物出口核准通知单，并处3万元以下罚款。

第二十七条 危险废物出口未能按照书面协议的规定完成时，如果在进口国通知国务院环境保护行政主管部门和《巴塞尔公约》秘书处之后90日内或者在有关国家同意的另一期限内不能作出环境上无害的处置替代安排，出口者应当负责将废物退运回国，并承担该废物的运输与处置或者利用等相关费用。

第二十八条 负责危险废物出口核准管理工作的人员玩忽职守、徇私舞弊或者滥用职权的，依法给予行政处分；构成犯罪的，依法追究刑事责任。

第五章 附 则

第二十九条 从中华人民共和国台湾地区向其他《巴塞尔公约》缔约方出口危险废物的核准，参照本办法执行。

第三十条 本办法自2008年3月1日起施行。

附：

《中华人民共和国治安管理处罚法》第五十二条有下列行为之一的，处十日以上十五日以下拘留，可以并处一千元以下罚款；情节较轻的，处五日以上十日以下拘留，可以并处五百元以下罚款：

（一）伪造、变造或者买卖国家机关、人民团体、企业、事业单位或者其他组织的公文、证件、证明文件、印章的；……

危险废物经营许可证管理办法

（2004年5月30日中华人民共和国国务院令第408号发布根据2013年12月7日《国务院关于修改部分行政法规的决定》第一次修订根据2016年2月6日《国务院关于修改部分行政法规的决定》修正第二次修订）

第一章　总则

第一条　为了加强对危险废物收集、贮存和处置经营活动的监督管理，防治危险废物污染环境，根据《中华人民共和国固体废物污染环境防治法》，制定本办法。

第二条　在中华人民共和国境内从事危险废物收集、贮存、处置经营活动的单位，应当依照本办法的规定，领取危险废物经营许可证。

第三条　危险废物经营许可证按照经营方式，分为危险废物收集、贮存、处置综合经营许可证和危险废物收集经营许可证。

领取危险废物综合经营许可证的单位，可以从事各类别危险废物的收集、贮存、处置经营活动；领取危险废物收集经营许可证的单位，只能从事机动车维修活动中产生的废矿物油和居民日常生活中产生的废镉镍电池的危险废物收集经营活动。

第四条　县级以上人民政府环境保护主管部门依照本办法的规定，负责危险废物经营许可证的审批颁发与监督管理工作。

第二章 申请领取危险废物经营许可证的条件

第五条　申请领取危险废物收集、贮存、处置综合经营许可证，应当具备下列条件：

（一）有3名以上环境工程专业或者相关专业中级以上职称，并有3年以上固体废物污染治理经历的技术人员；

（二）有符合国务院交通主管部门有关危险货物运输安全要求的运输工具；

（三）有符合国家或者地方环境保护标准和安全要求的包装工具，中转和临时存放设施、设备以及经验收合格的贮存设施、设备；

（四）有符合国家或者省、自治区、直辖市危险废物处置设施建设规划，符合国家或者地方环境保护标准和安全要求的处置设施、设备和配套的污染防治设施；其中，医疗废物集中处置设施，还应当符合国家有关医疗废物处置的卫生标准和要求；

（五）有与所经营的危险废物类别相适应的处置技术和工艺；

（六）有保证危险废物经营安全的规章制度、污染防治措施和事故应急救援措施；

（七）以填埋方式处置危险废物的，应当依法取得填埋场所的土地使用权。

第六条　申请领取危险废物收集经营许可证，应当具备下列条件：

（一）有防雨、防渗的运输工具；

（二）有符合国家或者地方环境保护标准和安全要求的包装工具，中转和临时存放设施、设备；

（三）有保证危险废物经营安全的规章制度、污染防治措施和事故应急救援措施。

第三章　申请领取危险废物经营许可证的程序

第七条　国家对危险废物经营许可证实行分级审批颁发。

医疗废物集中处置单位的危险废物经营许可证，由医疗废物集中处置设施所在地设区的市级人民政府环境保护主管部门审批颁发。

危险废物收集经营许可证，由县级人民政府环境保护主管部门审批颁发。

本条第二款、第三款规定之外的危险废物经营许可证，由省、自治区、直辖市人民政府环境保护主管部门审批颁发。

第八条　申请领取危险废物经营许可证的单位，应当在从事危险废物经营活动前向发证机关提出申请，并附具本办法第五条或者第六条规定条件的证明材料。

第九条　发证机关应当自受理申请之日起20个工作日内，对申请单位提交的证明材料进行审查，并对申请单位的经营设施进行现场核查。符合条件的，颁发危险废物经营许可证，并予以公告；不符合条件的，书面通知申请单位并说明理由。

发证机关在颁发危险废物经营许可证前，可以根据实际需要征求卫生、城乡规划等有关主管部门和专家的意见。

第十条　危险废物经营许可证包括下列主要内容：

（一）法人名称、法定代表人、住所；

（二）危险废物经营方式；

（三）危险废物类别；

（四）年经营规模；

（五）有效期限；

（六）发证日期和证书编号。

危险废物综合经营许可证的内容，还应当包括贮存、处置设施的地址。

第十一条　危险废物经营单位变更法人名称、法定代表人和住所的，应当自工商变更登记之日起15个工作日内，向原发证机关申请办理危险废物经营许可证变更手续。

第十二条　有下列情形之一的，危险废物经营单位应当按照原申请程序，重新申请领取危险废物经营许可证：

（一）改变危险废物经营方式的；

（二）增加危险废物类别的；

（三）新建或者改建、扩建原有危险废物经营设施的；

（四）经营危险废物超过原批准年经营规模20%以上的。

第十三条　危险废物综合经营许可证有效期为5年；危险废物收集经营许可证有效期为3年。

危险废物经营许可证有效期届满，危险废物经营单位继续从事危险废物经营活动的，应当于危险废物经营许可证有效期届满30个工作日前向原发证机关提出换证申请。原发证机关应当自受理换证申请之日起20个工作日内进行审查，符合条件的，予以换证；不符合条件的，书面通知申请单位并说明理由。

第十四条　危险废物经营单位终止从事收集、贮存、处置危险废物经营活动的，应当对经营设施、场所采取污染防治措施，并对未处置的危险废物作出妥善处理。

危险废物经营单位应当在采取前款规定措施之日起20个工作日内向原发证机关提出注销申请，由原发证机关进行现场核查合格后注销危险废物经营许可证。

第十五条　禁止无经营许可证或者不按照经营许可证规定从事危险废物收集、贮存、处置经营活动。

禁止从中华人民共和国境外进口或者经中华人民共和国过境转移电子类危险废物。

禁止将危险废物提供或者委托给无经营许可证的单位从事收集、贮存、处置经营活动。

禁止伪造、变造、转让危险废物经营许可证。

第四章 监督管理

第十六条 县级以上地方人民政府环境保护主管部门应当于每年3月31日前将上一年度危险废物经营许可证颁发情况报上一级人民政府环境保护主管部门备案。

上级环境保护主管部门应当加强对下级环境保护主管部门审批颁发危险废物经营许可证情况的监督检查，及时纠正下级环境保护主管部门审批颁发危险废物经营许可证过程中的违法行为。

第十七条 县级以上人民政府环境保护主管部门应当通过书面核查和实地检查等方式，加强对危险废物经营单位的监督检查，并将监督检查情况和处理结果予以记录，由监督检查人员签字后归档。

公众有权查阅县级以上人民政府环境保护主管部门的监督检查记录。

县级以上人民政府环境保护主管部门发现危险废物经营单位在经营活动中有不符合原发证条件的情形的，应当责令其限期整改。

第十八条 县级以上人民政府环境保护主管部门有权要求危险废物经营单位定期报告危险废物经营活动情况。危险废物经营单位应当建立危险废物经营情况记录簿，如实记载收集、贮存、处置危险废物的类别、来源、去向和有无事故等事项。

危险废物经营单位应当将危险废物经营情况记录簿保存10年以上，以填埋方式处置危险废物的经营情况记录簿应当永久保存。终止经营活动的，应当将危险废物经营情况记录簿移交所在地县级以上地方人民政府环境保护主管部门存档管理。

第十九条 县级以上人民政府环境保护主管部门应当建立、健全危险废物经营许可证的档案管理制度，并定期向社会公布审批颁发危险废物经营许可证的情况。

第二十条 领取危险废物收集经营许可证的单位，应当与处置单位签订接收合同，并将收集的废矿物油和废镉镍电池在90个工作日内提供或者委托给处置单位进行处置。

第二十一条 危险废物的经营设施在废弃或者改作其他用途前，应当进行无害化处理。

填埋危险废物的经营设施服役期届满后，危险废物经营单位应当按照有关规定对填埋过危险废物的土地采取封闭措施，并在划定的封闭区域设置永久性标记。

第五章 法律责任

第二十二条 违反本办法第十一条规定的，由县级以上地方人民政府环境保护主管部门责令限期改正，给予警告；逾期不改正的，由原发证机关暂扣危险废物经营许可证。

第二十三条 违反本办法第十二条、第十三条第二款规定的，由县级以上地方人民政府环境保护主管部门责令停止违法行为；有违法所得的，没收违法所得；违法所得超过10万元的，并处违法所得1倍以上2倍以下的罚款；没有违法所得或者违法所得不足10万元的，处5万元以上10万元以下的罚款。

第二十四条 违反本办法第十四条第一款、第二十一条规定的，由县级以上地方人民政府环境保护主管部门责令限期改正；逾期不改正的，处5万元以上10万元以下的罚款；造成污染事故，构成犯罪的，依法追究刑事责任。

第二十五条 违反本办法第十五条第一款、第二款、第三款规定的，依照《中华人民共和国固体废物污染环境防治法》的规定予以处罚。

违反本办法第十五条第四款规定的，由县级以上地方人民政府环境保护主管部门收缴危险废物经营许可证或者由原发证机关吊销危险废物经营许可证，并处5万元以上10万元以下的罚款；构成犯罪的，依法追究刑事责任。

第二十六条 违反本办法第十八条规定的，由县级以上地方人民政府环境保护主管部门责令限期改正，给予警告；逾期不改正的，由原发证机关暂扣或者吊销危险废物经营许可证。

第二十七条 违反本办法第二十条规定的，由县级以上地方人民政府环境保护主管部门责令限期改正，给予警告；逾期不改正的，处1万元以上5万元以下的罚款，并可以由原发证机关暂扣或者吊销危险废物经营许可证。

第二十八条 危险废物经营单位被责令限期整改，逾期不整改或者经整改仍不符合原发证条件的，由原发证机关暂扣或者吊销危险废物经营许可证。

第二十九条 被依法吊销或者收缴危险废物经营许可证的单位，5 年内不得再申请领取危险废物经营许可证。

第三十条 县级以上人民政府环境保护主管部门的工作人员，有下列行为之一的，依法给予行政处分；构成犯罪的，依法追究刑事责任：

（一）向不符合本办法规定条件的单位颁发危险废物经营许可证的；

（二）发现未依法取得危险废物经营许可证的单位和个人擅自从事危险废物经营活动不予查处或者接到举报后不依法处理的；

（三）对依法取得危险废物经营许可证的单位不履行监督管理职责或者发现违反本办法规定的行为不予查处的；

（四）在危险废物经营许可证管理工作中有其他渎职行为的。

第六章 附则

第三十一条 本办法下列用语的含义：

（一）危险废物，是指列入国家危险废物名录或者根据国家规定的危险废物鉴别标准和鉴别方法认定的具有危险性的废物。

（二）收集，是指危险废物经营单位将分散的危险废物进行集中的活动。

（三）贮存，是指危险废物经营单位在危险废物处置前，将其放置在符合环境保护标准的场所或者设施中，以及为了将分散的危险废物进行集中，在自备的临时设施或者场所每批置放重量超过 5000 千克或者置放时间超过 90 个工作日的活动。

（四）处置，是指危险废物经营单位将危险废物焚烧、煅烧、熔融、烧结、裂解、中和、消毒、蒸馏、萃取、沉淀、过滤、拆解以及用其他改变危险废物物理、化学、生物特性的方法，达到减少危险废物数量、缩小危险废物体积、减少或者消除其危险成分的活动，或者将危险废物最终置于符合环境保护规定要求的场所或者设施并不再回取的活动。

第三十二条 本办法施行前，依照地方性法规、规章或者其他文件的规定已经取得危险废物经营许可证的单位，应当在原危险废物经营许可证有效期届满 30 个工作日前，依照本办法的规定重新申请领取危险废物经营许可证。逾期不办理的，不得继续从事危险废物经营活动。

第三十三条 本办法自 2004 年 7 月 1 日起施行。

电子废物污染环境防治管理办法

（国家环境保护总局令 第 40 号）

第一章 总 则

第一条 为了防治电子废物污染环境，加强对电子废物的环境管理，根据《固体废物污染环境防治法》，制定本办法。

第二条 本办法适用于中华人民共和国境内拆解、利用、处置电子废物污染环境的防治。

产生、贮存电子废物污染环境的防治，也适用本办法；有关法律、行政法规另有规定的，从其规定。

电子类危险废物相关活动污染环境的防治，适用《固体废物污染环境防治法》有关危险废物管理的规定。

第三条 国家环境保护总局对全国电子废物污染环境防治工作实施监督管理。

县级以上地方人民政府环境保护行政主管部门对本行政区域内电子废物污染环境防治工作实施监督管理。

第四条 任何单位和个人都有保护环境的义务，并有权对造成电子废物污染环境的单位和个人进行控告和检举。

第二章 拆解利用处置的监督管理

第五条 新建、改建、扩建拆解、利用、处置电子废物的项目，建设单位（包括个体工商户）应当依据国家有关规定，向所在地设区的市级以上地方人民政府环境保护行政主管部门报批环境影响报告书或者环境影响报告表（以下统称环境影响评价文件）。

前款规定的环境影响评价文件，应当包括下列内容：

（一）建设项目概况；

（二）建设项目是否纳入地方电子废物拆解利用处置设施建设规划；

（三）选择的技术和工艺路线是否符合国家产业政策和电子废物拆解利用处置环境保护技术规范和管理要求，是否与所拆解利用处置的电子废物类别相适应；

（四）建设项目对环境可能造成影响的分析和预测；

（五）环境保护措施及其经济、技术论证；

（六）对建设项目实施环境监测的方案；

（七）对本项目不能完全拆解、利用或者处置的电子废物以及其他固体废物或者液态废物的妥善利用或者处置方案；

（八）环境影响评价结论。

第六条 建设项目竣工后，建设单位（包括个体工商户）应当向审批该建设项目环境影响评价文件的环境保护行政主管部门申请该建设项目需要采取的环境保护措施验收。

前款规定的环境保护措施验收，应当包括下列内容：

（一）配套建设的环境保护设施是否竣工；

（二）是否配备具有相关专业资质的技术人员，建立管理人员和操作人员培训制度和计划；

（三）是否建立电子废物经营情况记录簿制度；

（四）是否建立日常环境监测制度；

（五）是否落实不能完全拆解、利用或者处置的电子废物以及其他固体废物或者液态废物的妥善利用或者处置方案；

（六）是否具有与所处理的电子废物相适应的分类、包装、车辆以及其他收集设备；

（七）是否建立防范因火灾、爆炸、化学品泄漏等引发的突发环境污染事件的应急机制。

第七条 负责审批环境影响评价文件的县级以上人民政府环境保护行政主管部门应当及时将具备下列条件的单位（包括个体工商户），列入电子废物拆解利用处置单位（包括个体工商户）临时名录，并予以公布：

（一）已依法办理工商登记手续，取得营业执照；

（二）建设项目的环境保护措施经环境保护行政主管部门验收合格。

负责审批环境影响评价文件的县级以上人民政府环境保护行政主管部门，对近三年内没有两次以上（含两次）违反环境保护法律、法规和没有本办法规定的下列违法行为的列入临时名录的单位（包括个体工商户），列入电子废物拆解利用处置单位（包括个体工商户）名录，予以公布并定期调整：

（一）超过国家或者地方规定的污染物排放标准排放污染物的；

（二）随意倾倒、堆放所产生的固体废物或液态废物的；

（三）将未完全拆解、利用或者处置的电子废物提供或者委托给列入名录且具有相应经营范围的拆解利用处置单位（包括个体工商户）以外的单位或者个人从事拆解、利用、处置活动的；

（四）环境监测数据、经营情况记录弄虚作假的。

近三年内有两次以上（含两次）违反环境保护法律、法规和本办法规定的本条第二款所列违法行为记录的，其单位法定代表人或者个体工商户经营者新设拆解、利用、处置电子废物的经营企业或者个体工商户的，不得列入名录。

名录（包括临时名录）应当载明单位（包括个体工商户）名称、单位法定代表人或者个体工商户经营者、住所、经营范围。

禁止任何个人和未列入名录（包括临时名录）的单位（包括个体工商户）从事拆解、利用、处置电子废物的活动。

第八条　建设电子废物集中拆解利用处置区的，应当严格规划，符合国家环境保护总局制定的有关技术规范的要求。

第九条　从事拆解、利用、处置电子废物活动的单位（包括个体工商户）应当按照环境保护措施验收的要求对污染物排放进行日常定期监测。

从事拆解、利用、处置电子废物活动的单位（包括个体工商户）应当按照电子废物经营情况记录簿制度的规定，如实记载每批电子废物的来源、类型、重量或者数量、收集（接收）、拆解、利用、贮存、处置的时间；运输者的名称和地址；未完全拆解、利用或者处置的电子废物以及固体废物或液态废物的种类、重量或者数量及去向等。

监测报告及经营情况记录簿应当保存三年。

第十条　从事拆解、利用、处置电子废物活动的单位（包括个体工商户），应当按照经验收合格的培训制度和计划进行培训。

第十一条　拆解、利用和处置电子废物，应当符合国家环境保护总局制定的有关电子废物污染防治的相关标准、技术规范和技术政策的要求。

禁止使用落后的技术、工艺和设备拆解、利用和处置电子废物。

禁止露天焚烧电子废物。

禁止使用冲天炉、简易反射炉等设备和简易酸浸工艺利用、处置电子废物。

禁止以直接填埋的方式处置电子废物。

拆解、利用、处置电子废物应当在专门作业场所进行。作业场所应当采取防雨、防地面渗漏的措施，并有收集泄漏液体的设施。拆解电子废物，应当首先将铅酸电池、镉镍电池、汞开关、阴极射线管、多氯联苯电容器、制冷剂等去除并分类收集、贮存、利用、处置。

贮存电子废物，应当采取防止因破碎或者其他原因导致电子废物中有毒有害物质泄漏的措施。破碎的阴极射线管应当贮存在有盖的容器内。电子废物贮存期限不得超过一年。

第十二条　县级以上人民政府环境保护行政主管部门有权要求拆解、利用、处置电子废物的单位定期报告电子废物经营活动情况。

县级以上人民政府环境保护行政主管部门应当通过书面核查和实地检查等方式进行监督检查，并将监督检查情况和处理结果予以记录，由监督检查人员签字后归档。监督抽查和监测一年不得少于一次。

县级以上人民政府环境保护行政主管部门发现有不符合环境保护措施验收合格时条件、情节轻微的，可以责令限期整改；经及时整改并未造成危害后果的，可以不予处罚。

第十三条　本办法施行前已经从事拆解、利用、处置电子废物活动的单位（包括个体工商户），具备下列条件的，可以自本办法施行之日起 120 日内，按照本办法的规定，向所在地设区的市级以上地方人民政府环境保护行政主管部门申请核准列入临时名录，并提供下列相关证明文件：

（一）已依法办理工商登记手续，取得营业执照；

（二）环境保护设施已经环境保护行政主管部门竣工验收合格；

（三）已经符合或者经过整改符合本办法规定的环境保护措施验收条件，能够达到电子废物拆解利用处置环境保护技术规范和管理要求；

（四）污染物排放及所产生固体废物或者液态废物的利用或者处置符合环境保护设施竣工验收时的要求。

设区的市级以上地方人民政府环境保护行政主管部门应当自受理申请之日起20个工作日内，对申请单位提交的证明材料进行审查，并对申请单位的经营设施进行现场核查，符合条件的，列入临时名录，并予以公告；不符合条件的，书面通知申请单位并说明理由。

列入临时名录经营期限满三年，并符合本办法第七条第二款所列条件的，列入名录。

第三章　相关方责任

第十四条　电子电器产品、电子电气设备的生产者应当依据国家有关法律、行政法规或者规章的规定，限制或者淘汰有毒有害物质在产品或者设备中的使用。

电子电器产品、电子电气设备的生产者、进口者和销售者，应当依据国家有关规定公开产品或者设备所含铅、汞、镉、六价铬、多溴联苯（PBB）、多溴二苯醚（PBDE）等有毒有害物质，以及不当利用或者处置可能对环境和人类健康影响的信息，产品或者设备废弃后以环境无害化方式利用或者处置的方法提示。

电子电器产品、电子电气设备的生产者、进口者和销售者，应当依据国家有关规定建立回收系统，回收废弃产品或者设备，并负责以环境无害化方式贮存、利用或者处置。

第十五条　有下列情形之一的，应当将电子废物提供或者委托给列入名录（包括临时名录）的具有相应经营范围的拆解利用处置单位（包括个体工商户）进行拆解、利用或者处置：

（一）产生工业电子废物的单位，未自行以环境无害化方式拆解、利用或者处置的；

（二）电子电器产品、电子电气设备生产者、销售者、进口者、使用者、翻新或者维修者、再制造者，废弃电子电器产品、电子电气设备的；

（三）拆解利用处置单位（包括个体工商户），不能完全拆解、利用或者处置电子废物的；

（四）有关行政主管部门在行政管理活动中，依法收缴的非法生产或者进口的电子电器产品、电子电气设备需要拆解、利用或者处置的。

第十六条　产生工业电子废物的单位，应当记录所产生工业电子废物的种类、重量或者数量、自行或者委托第三方贮存、拆解、利用、处置情况等；并依法向所在地县级以上地方人民政府环境保护行政主管部门提供电子废物的种类、产生量、流向、拆解、利用、贮存、处置等有关资料。

记录资料应当保存三年。

第十七条　以整机形式转移含铅酸电池、镉镍电池、汞开关、阴极射线管和多氯联苯电容器的废弃电子电器产品或者电子电气设备等电子类危险废物的，适用《固体废物污染环境防治法》第二十三条的规定。

转移过程中应当采取防止废弃电子电器产品或者电子电气设备破碎的措施。

第四章　罚　则

第十八条　县级以上人民政府环境保护行政主管部门违反本办法规定，不依法履行监督管理职责的，由本级人民政府或者上级环境保护行政主管部门依法责令改正；对负有责任的主管人员和其他直接责任人员，依据国家有关规定给予行政处分；构成犯罪的，依法追究刑事责任。

第十九条　违反本办法规定，拒绝现场检查的，由县级以上人民政府环境保护行政主管部门依据《固体废物污染环境防治法》责令限期改正；拒不改正或者在检查时弄虚作假的，处2 000元以上2万元以下的罚款；情节严重，但尚构不成刑事处罚的，并由公安机关依据《治安管理处罚法》处5日以上10日以下拘留；构成犯罪的，依法追究刑事责任。

第二十条　违反本办法规定，任何个人或者未列入名录（包括临时名录）的单位（包括个体工商户）从事拆解、利用、处置电子废物活动的，按照下列规定予以处罚：

（一）未获得环境保护措施验收合格的，由审批该建设项目环境影响评价文件的人民政府环境保护行政主管部门依据《建设项目环境保护管理条例》责令停止拆解、利用、处置电子废物活动，可以处10万元以下罚款；

（二）未取得营业执照的，由工商行政管理部门依据《无照经营查处取缔办法》依法予以取缔，没收专门用于从事无照经营的工具、设备、原材料、产品等财物，并处5万元以上50万元以下的罚款。

第二十一条　违反本办法规定，有下列行为之一的，由所在地县级以上人民政府环境保护行政主管部门责令限期整改，并处3万元以下罚款：

（一）将未完全拆解、利用或者处置的电子废物提供或者委托给列入名录（包括临时名录）且具有相应经营范围的拆解利用处置单位（包括个体工商户）以外的单位或者个人从事拆解、利用、处置活动的；

（二）拆解、利用和处置电子废物不符合有关电子废物污染防治的相关标准、技术规范和技术政策的要求，或者违反本办法规定的禁止性技术、工艺、设备要求的；

（三）贮存、拆解、利用、处置电子废物的作业场所不符合要求的；

（四）未按规定记录经营情况、日常环境监测数据、所产生工业电子废物的有关情况等，或者环境监测数据、经营情况记录弄虚作假的；

（五）未按培训制度和计划进行培训的；

（六）贮存电子废物超过一年的。

第二十二条　列入名录（包括临时名录）的单位（包括个体工商户）违反《固体废物污染环境防治法》等有关法律、行政法规规定，有下列行为之一的，依据有关法律、行政法规予以处罚：

（一）擅自关闭、闲置或者拆除污染防治设施、场所的；

（二）未采取无害化处置措施，随意倾倒、堆放所产生的固体废物或液态废物的；

（三）造成固体废物或液态废物扬散、流失、渗漏或者其他环境污染等环境违法行为的；

（四）不正常使用污染防治设施的。

有前款第一项、第二项、第三项行为的，分别依据《固体废物污染环境防治法》第六十八条规定，处以1万元以上10万元以下罚款；有前款第四项行为的，依据《水污染防治法》、《大气污染防治法》有关规定予以处罚。

第二十三条　列入名录（包括临时名录）的单位（包括个体工商户）违反《固体废物污染环境防治法》等有关法律、行政法规规定，有造成固体废物或液态废物严重污染环境的下列情形之一的，由所在地县级以上人民政府环境保护行政主管部门依据《固体废物污染环境防治法》和《国务院关于落实科学发展观　加强环境保护的决定》的规定，责令限其在三个月内进行治理，限产限排，并不得建设增加污染物排放总量的项目；逾期未完成治理任务的，责令其在三个月内停产整治；逾期仍未完成治理任务的，报经本级人民政府批准关闭：

（一）危害生活饮用水水源的；

（二）造成地下水或者土壤重金属环境污染的；

（三）因危险废物扬散、流失、渗漏造成环境污染的；

（四）造成环境功能丧失无法恢复环境原状的；

（五）其他造成固体废物或者液态废物严重污染环境的情形。

第二十四条　县级以上人民政府环境保护行政主管部门发现有违反本办法的行为，依据有关法律、法规和本办法的规定应当由工商行政管理部门或者公安机关行使行政处罚权的，应当及时移送有关主管部门依法予以处罚。

第五章　附　则

第二十五条　本办法中下列用语的含义：

（一）电子废物，是指废弃的电子电器产品、电子电气设备（以下简称产品或者设备）及其废弃零部件、元器件和国家环境保护总局会同有关部门规定纳入电子废物管理的物品、物质。包括工业生产活动中产生的报废产品或者设备、报废的半成品和下脚料，产品或者设备维修、翻新、再制造过程产生的报废品，日常生活或者为日常生活提供服务的活动中废弃的产品或者设备，以及法律法规禁止生产或者进口的产品或者设备。

（二）工业电子废物，是指在工业生产活动中产生的电子废物，包括维修、翻新和再制造工业单位以及拆解利用处置电子废物的单位（包括个体工商户），在生产活动及相关活动中产生的电子废物。

（三）电子类危险废物，是指列入国家危险废物名录或者根据国家规定的危险废物鉴别标准和鉴别方法认定的具有危险特性的电子废物。包括含铅酸电池、镉镍电池、汞开关、阴极射线管和多氯联苯电容器等的产品或者设备等。

（四）拆解，是指以利用、贮存或者处置为目的，通过人工或者机械的方式将电子废物进行拆卸、解体活动；不包括产品或者设备维修、翻新、再制造过程中的拆卸活动。

（五）利用，是指从电子废物中提取物质作为原材料或者燃料的活动，不包括对产品或者设备的维修、翻新和再制造。

第二十六条　本办法自2008年2月1日起施行。

医疗废物管理行政处罚办法

（国家环境保护总局令　第21号）

第一条　根据《中华人民共和国传染病防治法》、《中华人民共和国固体废物污染环境防治法》和《医疗废物管理条例》（以下简称《条例》），县级以上人民政府卫生行政主管部门和环境保护行政主管部门按照各自职责，对违反医疗废物管理规定的行为实施的行政处罚，适用本办法。

第二条　医疗卫生机构有《条例》第四十五条规定的下列情形之一的，由县级以上地方人民政府卫生行政主管部门责令限期改正，给予警告；逾期不改正的，处2 000元以上5 000元以下的罚款：

（一）未建立、健全医疗废物管理制度，或者未设置监控部门或者专（兼）职人员的；

（二）未对有关人员进行相关法律和专业技术、安全防护以及紧急处理等知识培训的；

（三）未对医疗废物进行登记或者未保存登记资料的；

（四）对使用后的医疗废物运送工具或者运送车辆未在指定地点及时进行消毒和清洁的；

（五）依照《条例》自行建有医疗废物处置设施的医疗卫生机构未定期对医疗废物处置设施的污染防治和卫生学效果进行检测、评价，或者未将检测、评价效果存档、报告的。

第三条　医疗废物集中处置单位有《条例》第四十五条规定的下列情形之一的，由县级以上地方人民政府环境保护行政主管部门责令限期改正，给予警告；逾期不改正的，处2 000元以上5 000元以下的罚款：

（一）未建立、健全医疗废物管理制度，或者未设置监控部门或者专（兼）职人员的；

（二）未对有关人员进行相关法律和专业技术、安全防护以及紧急处理等知识培训的；

（三）未对医疗废物进行登记或者未保存登记资料的；

（四）对使用后的医疗废物运送车辆未在指定地点及时进行消毒和清洁的；

（五）未及时收集、运送医疗废物的；

（六）未定期对医疗废物处置设施的污染防治和卫生学效果进行检测、评价，或者未将检测、评价效果存档、报告的。

第四条　医疗卫生机构、医疗废物集中处置单位有《条例》第四十五条规定的情形，未对从事医疗废物收集、运送、贮存、处置等工作的人员和管理人员采取职业卫生防护措施的，由县级以上地方人民政府卫生行政主管部门责令限期改正，给予警告；逾期不改正的，处 2 000 元以上 5 000 元以下的罚款。

第五条　医疗卫生机构有《条例》第四十六条规定的下列情形之一的，由县级以上地方人民政府卫生行政主管部门责令限期改正，给予警告，可以并处 5 000 元以下的罚款，逾期不改正的，处 5 000 元以上 3 万元以下的罚款：

（一）贮存设施或者设备不符合环境保护、卫生要求的；

（二）未将医疗废物按照类别分置于专用包装物或者容器的；

（三）未使用符合标准的运送工具运送医疗废物的。

第六条　医疗废物集中处置单位有《条例》第四十六条规定的下列情形之一的，由县级以上地方人民政府环境保护行政主管部门责令限期改正，给予警告，可以并处 5 000 元以下的罚款，逾期不改正的，处 5000 元以上 3 万元以下的罚款：

（一）贮存设施或者设备不符合环境保护、卫生要求的；

（二）未将医疗废物按照类别分置于专用包装物或者容器的；

（三）未使用符合标准的专用车辆运送医疗废物的；

（四）未安装污染物排放在线监控装置或者监控装置未经常处于正常运行状态的。

第七条　医疗卫生机构有《条例》第四十七条规定的下列情形之一的，由县级以上地方人民政府卫生行政主管部门责令限期改正，给予警告，并处 5 000 元以上 1 万元以下的罚款；逾期不改正的，处 1 万元以上 3 万元以下的罚款：

（一）在医疗卫生机构内运送过程中丢弃医疗废物，在非贮存地点倾倒、堆放医疗废物或者将医疗废物混入其他废物和生活垃圾的；

（二）医疗卫生机构在医疗卫生机构外运送过程中丢弃医疗废物，在非贮存地点倾倒、堆放医疗废物或者将医疗废物混入其他废物和生活垃圾的，由县级以上地方人民政府环境保护行政主管部门依照《中华人民共和国固体废物污染环境防治法》第七十五条规定责令停止违法行为，限期改正，处一万元以上十万元以下的罚款。

（三）对收治的传染病病人或者疑似传染病病人产生的生活垃圾，未按照医疗废物进行管理和处置的。

医疗卫生机构在医疗卫生机构外运送过程中丢弃医疗废物，在非贮存地点倾倒、堆放医疗废物或者将医疗废物混入其他废物和生活垃圾的，由县级以上地方人民政府环境保护行政主管部门责令限期改正，给予警告，并处 5 000 元以上 1 万元以下的罚款；逾期不改正的，处 1 万元以上 3 万元以下的罚款。

第八条　医疗废物集中处置单位有《条例》第四十七条规定的情形，在运送过程中丢弃医疗废物，在非贮存地点倾倒、堆放医疗废物或者将医疗废物混入其他废物和生活垃圾的，由县级以上地方人民政府环境保护行政主管部门依照《中华人民共和国固体废物污染环境防治法》第七十五条规定责令停止违法行为，限期改正，处一万元以上十万元以下的罚款。

第九条　医疗废物集中处置单位和依照《条例》自行建有医疗废物处置设施的医疗卫生机构，有《条例》第四十七条规定的情形，对医疗废物的处置不符合国家规定的环境保护、卫生标准、规范的，由县级以上地方人民政府环境保护行政主管部门责令限期改正，给予警告，并处 5 000 元以上 1 万元以下的罚款；逾期不改正的，处 1 万元以上 3 万元以下的罚款。

第十条　医疗卫生机构、医疗废物集中处置单位有《条例》第四十七条规定的下列情形之一的，由县级以上人民政府环境保护行政主管部门依照《中华人民共和国固体废物污染环境防治法》第七十五条规定责令停止违法行为，限期改正，处二万元以上二十万元以下的罚款：

（一）未执行危险废物转移联单管理制度的；

（二）将医疗废物交给或委托给未取得经营许可证的单位或者个人收集、运送、贮存、处置的。

第十一条 有《条例》第四十九条规定的情形，医疗卫生机构发生医疗废物流失、泄露、扩散时，未采取紧急处理措施，或者未及时向卫生行政主管部门报告的，由县级以上地方人民政府卫生行政主管部门责令改正，给予警告，并处1万元以上3万元以下的罚款。

医疗废物集中处置单位发生医疗废物流失、泄露、扩散时，未采取紧急处理措施，或者未及时向环境保护行政主管部门报告的，由县级以上地方人民政府环境保护行政主管部门责令改正，给予警告，并处1万元以上3万元以下的罚款。

第十二条 有《条例》第五十条规定的情形，医疗卫生机构、医疗废物集中处置单位阻碍卫生行政主管部门执法人员执行职务，拒绝执法人员进入现场，或者不配合执法部门的检查、监测、调查取证的，由县级以上地方人民政府卫生行政主管部门责令改正，给予警告；拒不改正的，由原发证的卫生行政主管部门暂扣或者吊销医疗卫生机构的执业许可证件。

医疗卫生机构、医疗废物集中处置单位阻碍环境保护行政主管部门执法人员执行职务，拒绝执法人员进入现场，或者不配合执法部门的检查、监测、调查取证的，由县级以上地方人民政府环境保护行政主管部门依照《中华人民共和国固体废物污染环境防治法》第七十条规定责令限期改正；拒不改正或者在检查时弄虚作假的，处二千元以上二万元以下的罚款。

第十三条 有《条例》第五十一条规定的情形，不具备集中处置医疗废物条件的农村，医疗卫生机构未按照卫生行政主管部门有关疾病防治的要求处置医疗废物的，由县级人民政府卫生行政主管部门责令限期改正，给予警告；逾期不改正的，处1 000元以上5 000元以下的罚款；未按照环境保护行政主管部门有关环境污染防治的要求处置医疗废物的，由县级人民政府环境保护行政主管部门责令限期改正，给予警告；逾期不改正的，处1 000元以上5 000元以下的罚款。

第十四条 有《条例》第五十二条规定的情形，未取得经营许可证从事医疗废物的收集、运送、贮存、处置等活动的，由县级以上人民政府环境保护行政主管部门依照《中华人民共和国固体废物污染环境防治法》第七十七条规定责令停止违法行为，没收违法所得，可以并处违法所得三倍以下的罚款。

第十五条 有《条例》第四十七条、第四十八条、第四十九条、第五十一条规定的情形，医疗卫生机构造成传染病传播的，由县级以上地方人民政府卫生行政主管部门依法处罚，并由原发证的卫生行政主管部门暂扣或者吊销执业许可证件；造成环境污染事故的，由县级以上地方人民政府环境保护行政主管部门依照《中华人民共和国固体废物污染环境防治法》有关规定予以处罚，并由原发证的卫生行政主管部门暂扣或者吊销执业许可证件。

医疗废物集中处置单位造成传染病传播的，由县级以上地方人民政府卫生行政主管部门依法处罚，并由原发证的环境保护行政主管部门暂扣或者吊销经营许可证件；造成环境污染事故的，由县级以上地方人民政府环境保护行政主管部门依照《中华人民共和国固体废物污染环境防治法》有关规定予以处罚，并由原发证的环境保护行政主管部门暂扣或者吊销经营许可证件。

第十六条 有《条例》第五十三条规定的情形，转让、买卖医疗废物，邮寄或者通过铁路、航空运输医疗废物，或者违反《条例》规定通过水路运输医疗废物的，由县级以上地方人民政府环境保护行政主管部门责令转让、买卖双方、邮寄人、托运人立即停止违法行为，给予警告，没收违法所得；违法所得5 000元以上的，并处违法所得2倍以上5倍以下的罚款；没有违法所得或者违法所得不足5 000元的，并处5 000元以上2万元以下的罚款。

承运人明知托运人违反《条例》的规定运输医疗废物，仍予以运输的，按照前款的规定予以处罚；承运人将医疗废物与旅客在同一工具上载运的，由县级以上人民政府环境保护行政主管部门依照《中华人民共和国固体废物污染环境防治法》第七十五条规定责令停止违法行为，限期改正，处一万元以上十万元以下的罚款。

第十七条　本办法自2004年6月1日起施行。

（注：本办法已按照《关于废止、修改部分环保部门规章和规范性文件的决定（部令第16号）》修正）

危险废物转移联单管理办法

（国家环境保护总局令　第5号）

第一条　为加强对危险废物转移的有效监督，实施危险废物转移联单制度，根据《中华人民共和国固体废物污染环境防治法》有关规定，制定本办法。

第二条　本办法适用于在中华人民共和国境内从事危险废物转移活动的单位。

第三条　国务院环境保护行政主管部门对全国危险废物转移联单（以下简称联单）实施统一监督管理。

各省、自治区人民政府环境保护行政主管部门对本行政区域内的联单实施监督管理。

省辖市级人民政府环境保护行政主管部门对本行政区域内联单具体实施监督管理；在直辖市行政区域和设有地区行政公署的行政区域，由直辖市人民政府和地区行政公署环境保护行政主管部门具体实施监督管理。

前款规定的省辖市级人民政府、直辖市人民政府和地区行政公署环境保护行政主管部门，本办法以下统一简称为“环境保护行政主管部门”。

第四条　危险废物产生单位在转移危险废物前，须按照国家有关规定报批危险废物转移计划；经批准后，产生单位应当向移出地环境保护行政主管部门申请领取联单。

产生单位应当在危险废物转移前三日内报告移出地环境保护行政主管部门，并同时将预期到达时间报告接受地环境保护行政主管部门。

第五条　危险废物产生单位每转移一车、船（次）同类危险废物，应当填写一份联单。每车、船（次）有多类危险废物的，应当按每一类危险废物填写一份联单。

第六条　危险废物产生单位应当如实填写联单中产生单位栏目，并加盖公章，经交付危险废物运输单位核实验收签字后，将联单第一联副联自留存档，将联单第二联交移出地环境保护行政主管部门，联单第一联正联及其余各联交付运输单位随危险废物转移运行。

第七条　危险废物运输单位应当如实填写联单的运输单位栏目，按照国家有关危险物品运输的规定，将危险废物安全运抵联单载明的接受地点，并将联单第一联、第二联副联、第三联、第四联、第五联随转移的危险废物交付危险废物接受单位。

第八条　危险废物接受单位应当按照联单填写的内容对危险废物核实验收，如实填写联单中接受单位栏目并加盖公章。

接受单位应当将联单第一联、第二联副联自接受危险废物之日起十日内交付产生单位，联单第一联由产生单位自留存档，联单第二联副联由产生单位在二日内报送移出地环境保护行政主管部门；接受单位将联单第三联交付运输单位存档；将联单第四联自留存档；将联单第五联自接受危险废物之日起二日内报送接受地环境保护行政主管部门。

第九条　危险废物接受单位验收发现危险废物的名称、数量、特性、形态、包装方式与联单填写内容不符的，应当及时向接受地环境保护行政主管部门报告，并通知产生单位。

第十条　联单保存期限为五年；贮存危险废物的，其联单保存期限与危险废物贮存期限相同。

环境保护行政主管部门认为有必要延长联单保存期限的，产生单位、运输单位和接受单位应当按照要求延期保存联单。

第十一条 省辖市级以上人民政府环境保护行政主管部门有权检查联单运行的情况，也可以委托县级人民政府环境保护行政主管部门检查联单运行的情况。

被检查单位应当接受检查，如实汇报情况。

第十二条 转移危险废物采用联运方式的，前一运输单位须将联单各联交付后一运输单位随危险废物转移运行，后一运输单位必须按照联单的要求核对联单产生单位栏目事项和前一运输单位填写的运输单位栏目事项，经核对无误后填写联单的运输单位栏目并签字。经后一运输单位签字的联单第三联的复印件由前一运输单位自留存档，经接受单位签字的联单第三联由最后一运输单位自留存档。

第十三条 违反本办法有下列行为之一的，由省辖市级以上地方人民政府环境保护行政主管部门责令限期改正，并处以罚款：

（一）未按规定申领、填写联单的；

（二）未按规定运行联单的；

（三）未按规定期限向环境保护行政主管部门报送联单的；

（四）未在规定的存档期限保管联单的；

（五）拒绝接受有管辖权的环境保护行政主管部门对联单运行情况进行检查的。

有前款第（一）项、第（三）项行为之一的，依据《中华人民共和国固体废物污染环境防治法》有关规定，处五万元以下罚款；有前款第（二）项、第（四）项行为之一的，处三万元以下罚款；有前款第（五）项行为的，依据《中华人民共和国固体废物污染环境防治法》有关规定，处一万元以下罚款。

第十四条 联单由国务院环境保护行政主管部门统一制定，由省、自治区、直辖市人民政府环境保护行政主管部门印制。

联单共分五联，颜色分别为：第一联，白色；第二联，红色；第三联，黄色；第四联，蓝色；第五联，绿色。

联单编号由十位阿拉伯数字组成。第一位、第二位数字为省级行政区划代码，第三位、第四位数字为省辖市级行政区划代码，第五位、第六位数字为危险废物类别代码，其余四位数字由发放空白联单的危险废物移出地省辖市级人民政府环境保护行政主管部门按照危险废物转移流水号依次编制。联单由直辖市人民政府环境保护行政主管部门发放的，其编号第三位、第四位数字为零。

第十五条 本办法由国务院环境保护行政主管部门负责解释。

第十六条 本办法自一九九九年十月一日起施行。

防治尾矿污染环境管理规定

（国家环境保护总局令 第11号）

（1992年8月17日国家环境保护局令第11号颁布，1992年10月01日实施，1999年7月12日经国家环境保护总局令第6号修订 2010年12月22日依据《关于废止、修改部分环保部门规章和规范性文件的决定》（环境保护部令第16号）修订）

第一条 为保护环境，防治尾矿污染，根据《中华人民共和国环境保护法》及有关法律、法规制定本规定。

第二条　本规定中所称尾矿是指选矿和湿法冶炼过程中产生的废物。

第三条　本规定适用于中华人民共和国领域内企业所产生尾矿的污染防治及监督管理。氧化铝厂的赤泥和燃煤电厂水力清除的粉煤灰渣的污染防治也适用本规定。放射性尾矿、伴有放射性尾矿的非放射性尾矿的污染防治，依照国家有关放射性废物的防护规定执行。

第四条　县级以上人民政府环境保护行政主管部门对本辖区内的尾矿污染防治实施统一监督管理。

第五条　县级以上人民政府环境保护行政主管部门对在尾矿污染防治工作中有显著成绩的单位和个人给予表彰。对综合利用尾矿的，按国家有关规定给予优惠。

第六条　县级以上人民政府环境保护行政主管部门有权对管辖范围内产生尾矿的企业进行现场检查。被检查的企业应当如实反映情况，提供必要的资料。检查机关应为被检查的单位保守技术秘密和业务秘密。

第七条　产生尾矿的企业必须制定尾矿污染防治计划，建立污染防治责任制度，并采取有效措施，防治尾矿对环境的污染和危害。

第八条　产生尾矿的企业必须按规定向当地环境保护行政主管部门进行排污申报登记。

第九条　产生尾矿的新建、改建或扩建项目，必须遵守国家有关建设项目环境保护管理的规定。

第十条　企业产生的尾矿必须排入尾矿设施，不得随意排放。无尾矿设施，或尾矿设施不完善并严重污染环境的企业，由于环境保护行政主管部门依照法律规定报同级人民政府批准，限期建成或完善。

第十一条　贮存含属于有害废物的尾矿，其尾矿库必须采取防渗漏措施。

第十二条　在国务院、国务院有关主管部门和省、自治区、直辖市人民政府划定的风景名胜区、自然保护区和其他需要特殊保护的区域内不得建设产生尾矿的企业；已建的企业所排放的尾矿水必须符合国家或地方规定的污染排放标准。向上述区域内排放尾矿水超过国家或地方规定的污染物排放标准的，限期治理。

第十三条　尾矿贮存设施必须有防止尾矿流失和尾矿尘土飞扬的措施。

第十四条　产生尾矿的企业应加强尾矿设施的管理和检查，采取预防措施，消除事故隐患。

第十五条　因发生事故或其他突然事件，造成或者可能造成尾矿污染事故的企业，必须立即采取应急措施处理，及时通报可能受到危害的单位和居民，并向当地环境保护行政主管部门和企业主管部门报告，接受调查处理。当地环境保护行政主管部门接到尾矿污染事故报告后，应立即向当地人民政府和上一级环境保护行政主管部门报告。对于特大的尾矿污染事故，由地、市环境保护行政主管部门报告国家环境保护局。任何单位和个人不得干扰对事故的抢救和处理工作。可能发生重大污染事故的企业，应当采取措施，加强防范。

第十六条　禁止任何单位和个人在尾矿设施上任意挖掘、垦殖、放牧、建筑及其他妨碍尾矿设施正常使用和可能造成污染危害的行为。

第十七条　尾矿贮存设施停止使用后必须进行处置，保证坝体安全，不污染环境，消除污染事故隐患。关闭尾矿设施必须经企业主管部门报当地省环境保护行政主管部门验收，批准。经验收移交后的尾矿设施其污染防治由接收单位负责。利用处置过的尾矿或其设施，需经地、市环境保护行政主管部门批准，并报省环境保护行政主管部门备案。

第十八条　对违反本规定，有下列行为之一的，由环境保护行政主管部门依法给予行政处罚：

（一）产生尾矿的企业未向当地人民政府环境保护行政主管部门申报登记的，依照《中华人民共和国固体废物污染环境防治法》第六十八条规定处以五千元以上五万元以下罚款，并限期补办排污申报登记手续；

（二）违反本规定第十条规定，逾期未建成或者完善尾矿设施，或者违反本规定第十二条规定，在风景名胜区、自然保护区和其他需要特殊保护的区域内建设产生尾矿的企业的，依照《中华人民共和国固体废物污染环境防治法》第六十八条规定责令停止违法行为，限期改正，处一万元以上十万元以下的罚款；造成严重污染的，依照《中华人民共和国固体废物污染环境防治法》第八十一条规定决定限期治理；逾期未完成治理任务的，由本级人民政府决定停业或者关闭。

（三）拒绝环境保护行政主管部门现场检查的，依照《中华人民共和国固体废物污染环境防治法》第七十条规定，责令限期改正；拒不改正或者在检查时弄虚作假的，处二千元以上二万元以下的罚款。

第十九条 本规定所称尾矿设施是指尾矿的贮存设施（尾矿库、赤泥库、灰渣库等）、浆体输送系统、澄清水回收系统、渗透水截流及回收系统、排洪工程、尾矿综合利用及其他污染防治设施。

第二十条 本规定自 1992 年 10 月 1 日起施行。

国家危险废物名录

（环境保护部令 第 39 号）

《国家危险废物名录》已于 2016 年 3 月 30 日由环境保护部部务会议修订通过，现予公布，自 2016 年 8 月 1 日起施行。原环境保护部、国家发展和改革委员会发布的《国家危险废物名录》（环境保护部、国家发展和改革委员会令第 1 号）同时废止。

环境保护部部长 陈吉宁
发展改革委主任 徐绍史
公安部部长 郭声琨
2016 年 6 月 14 日

附件

国家危险废物名录

第一条 根据《中华人民共和国固体废物污染环境防治法》的有关规定，制定本名录。

第二条 具有下列情形之一的固体废物（包括液态废物），列入本名录：

（一）具有腐蚀性、毒性、易燃性、反应性或者感染性等一种或者几种危险特性的；

（二）不排除具有危险特性，可能对环境或者人体健康造成有害影响，需要按照危险废物进行管理的。

第三条医疗废物属于危险废物。医疗废物分类按照《医疗废物分类目录》执行。

第四条列入《危险化学品目录》的化学品废弃后属于危险废物。

第五条 列入本名录附录《危险废物豁免管理清单》中的危险废物，在所列的豁免环节，且满足相应的豁免条件时，可以按照豁免内容的规定实行豁免管理。

第六条 危险废物与其他固体废物的混合物，以及危险废物处理后的废物的属性判定，按照国家规定的危险废物鉴别标准执行。

第七条 本名录中有关术语的含义如下：

（一）废物类别，是在《控制危险废物越境转移及其处置巴塞尔公约》划定的类别基础上，结合我国实际情况对危险废物进行的分类。

（二）行业来源，是指危险废物的产生行业。

（三）废物代码，是指危险废物的唯一代码，为 8 位数字。其中，第 1-3 位为危险废物产生行业代码（依据《国民经济行业分类（GB/T 4754-2011）》确定），第 4-6 位为危险废物顺序代码，第 7-8 位为危险废物类别代码。

（四）危险特性，包括腐蚀性（Corrosivity，C）、毒性（Toxicity，T）、易燃性（Ignitability，I）、反应性（Reactivity，R）和感染性（Infectivity，In）。

第八条　对不明确是否具有危险特性的固体废物，应当按照国家规定的危险废物鉴别标准和鉴别方法予以认定。经鉴别具有危险特性的，属于危险废物，应当根据其主要有害成分和危险特性确定所属废物类别，并按代码“900-000-××”（××为危险废物类别代码）进行归类管理。经鉴别不具有危险特性的，不属于危险废物。

第九条　本名录自2016年8月1日起施行。2008年6月6日环境保护部、国家发展和改革委员会发布的《国家危险废物名录》（环境保护部、国家发展和改革委员会令第1号）同时废止。

附表

国家危险废物名录

废物类别	行业来源	废物代码	危险废物	危险特性
HW01 医疗废物	卫生	831-001-01	感染性废物	In
		831-002-01	损伤性废物	In
		831-003-01	病理性废物	In
		831-004-01	化学性废物	T
		831-005-01	药物性废物	T
	非特定行业	900-001-01	为防治动物传染病而需要收集和处置的废物	In
HW02 医药废物	化学药品 原料药制造	271-001-02	化学合成原料药生产过程中产生的蒸馏及反应残余物	T
		271-002-02	化学合成原料药生产过程中产生的废母液及反应基废物	T
		271-003-02	化学合成原料药生产过程中产生的废脱色过滤介质	T
		271-004-02	化学合成原料药生产过程中产生的废吸附剂	T
		271-005-02	化学合成原料药生产过程中的废弃产品及中间体	T
	化学药品 制剂制造	272-001-02	化学药品制剂生产过程中的原料药提纯精制、再加工产生的蒸馏及反应残余物	T
	化学药品 制剂制造	272-002-02	化学药品制剂生产过程中的原料药提纯精制、再加工产生的废母液及反应基废物	T
		272-003-02	化学药品制剂生产过程中产生的废脱色过滤介质	T
		272-004-02	化学药品制剂生产过程中产生的废吸附剂	T
	兽用药品制造	272-005-02	化学药品制剂生产过程中产生的废弃产品及原料药	T
		275-001-02	使用砷或有机砷化合物生产兽药过程中产生的废水处理污泥	T
		275-002-02	使用砷或有机砷化合物生产兽药过程中蒸馏工艺产生的蒸馏残余物	T
		275-003-02	使用砷或有机砷化合物生产兽药过程中产生的废脱色过滤介质及吸附剂	T
		275-004-02	其他兽药生产过程中产生的蒸馏及反应残余物	T
		275-005-02	其他兽药生产过程中产生的废脱色过滤介质及吸附剂	T
		275-006-02	兽药生产过程中产生的废母液、反应基和培养基废物	T
		275-007-02	兽药生产过程中产生的废吸附剂	T
		275-008-02	兽药生产过程中产生的废弃产品及原料药	T
	生物药品制造	276-001-02	利用生物技术生产生物化学药品、基因工程药物过程中产生的蒸馏及反应残余物	T
		276-002-02	利用生物技术生产生物化学药品、基因工程药物过程中产生的废母液、反应基和培养基废物（不包括利用生物技术合成氨基酸、维生素过程中产生的培养基废物）	T
		276-003-02	利用生物技术生产生物化学药品、基因工程药物过程中产生的废脱色过滤介质（不包括利用生物技术合成氨基酸、维生素过程中产生的废脱色过滤介质）	T

废物类别	行业来源	废物代码	危险废物	危险特性
HW02 医药废物	生物药品制造	276-004-02	利用生物技术生产生物化学药品、基因工程药物过程中产生的废吸附剂	T
		276-005-02	利用生物技术生产生物化学药品、基因工程药物过程中产生的废弃产品、原料药和中间体	T
HW03 废药物、药品	非特定行业	900-002-03	生产、销售及使用过程中产生的失效、变质、不合格、淘汰、伪劣的药物和药品（不包括HW01、HW02、900-999-49类）	T
HW04 农药废物	农药制造	263-001-04	氯丹生产过程中六氯环戊二烯过滤产生的残余物；氯丹氯化反应器的真空汽提产生的废物	T
		263-002-04	乙拌磷生产过程中甲苯回收工艺产生的蒸馏残渣	T
		263-003-04	甲拌磷生产过程中二乙基二硫代磷酸过滤产生的残余物	T
		263-004-04	2,4,5-三氯苯氧乙酸生产过程中四氯苯蒸馏产生的重馏分及蒸馏残余物	T
		263-005-04	2,4-二氯苯氧乙酸生产过程中产生的含2,6-二氯苯酚残余物	T
		263-006-04	乙烯基双二硫代氨基甲酸及其盐类生产过程中产生的过滤、蒸发和离心分离残余物及废水处理污泥；产品研磨和包装工序集（除）尘装置收集的粉尘和地面清扫废物	T
		263-007-04	溴甲烷生产过程中反应器产生的废水和酸干燥器产生的废硫酸；生产过程中产生的废吸附剂和废水分离器产生的废物	T
		263-008-04	其他农药生产过程中产生的蒸馏及反应残余物	T
		263-009-04	农药生产过程中产生的废母液与反应罐及容器清洗废液	T
		263-010-04	农药生产过程中产生的废滤料和吸附剂	T
		263-011-04	农药生产过程中产生的废水处理污泥	T
		263-012-04	农药生产、配制过程中产生的过期原料及废弃产品	T
	非特定行业	900-003-04	销售及使用过程中产生的失效、变质、不合格、淘汰、伪劣的农药产品	T
HW05 木材防腐剂废物	木材加工	201-001-05	使用五氯酚进行木材防腐过程中产生的废水处理污泥，以及木材防腐处理过程中产生的沾染该防腐剂的废弃木材残片	T
		201-002-05	使用杂酚油进行木材防腐过程中产生的废水处理污泥，以及木材防腐处理过程中产生的沾染该防腐剂的废弃木材残片	T
		201-003-05	使用含砷、铬等无机防腐剂进行木材防腐过程中产生的废水处理污泥，以及木材防腐处理过程中产生的沾染该防腐剂的废弃木材残片	T
	专用化学产品制造	266-001-05	木材防腐化学品生产过程中产生的反应残余物、废弃滤料及吸附剂	T
		266-002-05	木材防腐化学品生产过程中产生的废水处理污泥	T
		266-003-05	木材防腐化学品生产、配制过程中产生的废弃产品及过期原料	T
	非特定行业	900-004-05	销售及使用过程中产生的失效、变质、不合格、淘汰、伪劣的木材防腐化学品	T
HW06 废有机溶剂与含有机溶剂废物	非特定行业	900-401-06	工业生产中作为清洗剂或萃取剂使用后废弃的含卤素有机溶剂，包括四氯化碳、二氯甲烷、1,1-二氯乙烷、1,2-二氯乙烷、1,1,1-三氯乙烷、1,1,2-三氯乙烷、三氯乙烯、四氯乙烯	T，I
		900-402-06	工业生产中作为清洗剂或萃取剂使用后废弃的有毒有机溶剂，包括苯、苯乙烯、丁醇、丙酮	T，I

废物类别	行业来源	废物代码	危险废物	危险特性
HW06 废有机溶剂与含有机溶剂废物	非特定行业	900-403-06	工业生产中作为清洗剂或萃取剂使用后废弃的易燃易爆有机溶剂，包括正己烷、甲苯、邻二甲苯、间二甲苯、对二甲苯、1,2,4-三甲苯、乙苯、乙醇、异丙醇、乙醚、丙醚、乙酸甲酯、乙酸乙酯、乙酸丁酯、丙酸丁酯、苯酚	I
		900-404-06	工业生产中作为清洗剂或萃取剂使用后废弃的其他列入《危险化学品目录》的有机溶剂	T/I
		900-405-06	900-401-06 中所列废物再生处理过程中产生的废活性炭及其他过滤吸附介质	T
		900-406-06	900-402-06 和 900-404-06 中所列废物再生处理过程中产生的废活性炭及其他过滤吸附介质	T
		900-407-06	900-401-06 中所列废物分馏再生过程中产生的高沸物和釜底残渣	T
		900-408-06	900-402-06 和 900-404-06 中所列废物分馏再生过程中产生的釜底残渣	T
		900-409-06	900-401-06 中所列废物再生处理过程中产生的废水处理浮渣和污泥（不包括废水生化处理污泥）	T
		900-410-06	900-402-06 和 900-404-06 中所列废物再生处理过程中产生的废水处理浮渣和污泥（不包括废水生化处理污泥）	T
HW07 热处理含氰废物	金属表面处理及热处理加工	336-001-07	使用氰化物进行金属热处理产生的淬火池残渣	T
		336-002-07	使用氰化物进行金属热处理产生的淬火废水处理污泥	T
		336-003-07	含氰热处理炉维修过程中产生的废内衬	T
		336-004-07	热处理渗碳炉产生的热处理渗碳氰渣	T
		336-005-07	金属热处理工艺盐浴槽釜清洗产生的含氰残渣和含氰废液	R，T
		336-049-07	氰化物热处理和退火作业过程中产生的残渣	T
HW08 废矿物油与含矿物油废物	石油开采	071-001-08	石油开采和炼制产生的油泥和油脚	T，I
		071-002-08	以矿物油为连续相配制钻井泥浆用于石油开采所产生的废弃钻井泥浆	T
	天然气开采	072-001-08	以矿物油为连续相配制钻井泥浆用于天然气开采所产生的废弃钻井泥浆	T
	精炼石油产品制造	251-001-08	清洗矿物油储存、输送设施过程中产生的油/水和烃/水混合物	T
		251-002-08	石油初炼过程中储存设施、油-水-固态物质分离器、积水槽、沟渠及其他输送管道、污水池、雨水收集管道产生的含油污泥	T，I
		251-003-08	石油炼制过程中隔油池产生的含油污泥，以及汽油提炼工艺废水和冷却废水处理污泥（不包括废水生化处理污泥）	T
		251-004-08	石油炼制过程中溶气浮选工艺产生的浮渣	T，I
		251-005-08	石油炼制过程中产生的溢出废油或乳剂	T，I
		251-006-08	石油炼制换热器管束清洗过程中产生的含油污泥	T
		251-010-08	石油炼制过程中澄清油浆槽底沉积物	T，I
		251-011-08	石油炼制过程中进油管路过滤或分离装置产生的残渣	T，I
		251-012-08	石油炼制过程中产生的废过滤介质	T
	非特定行业	900-199-08	内燃机、汽车、轮船等集中拆解过程产生的废矿物油及油泥	T，I
		900-200-08	珩磨、研磨、打磨过程产生的废矿物油及油泥	T，I
		900-201-08	清洗金属零部件过程中产生的废弃煤油、柴油、汽油及其他由石油和煤炼制生产的溶剂油	T，I

废物类别	行业来源	废物代码	危险废物	危险特性
HW08 废矿物油与含矿物油废物	非特定行业	900-203-08	使用淬火油进行表面硬化处理产生的废矿物油	T
		900-204-08	使用轧制油、冷却剂及酸进行金属轧制产生的废矿物油	T
		900-205-08	镀锡及焊锡回收工艺产生的废矿物油	T
		900-209-08	金属、塑料的定型和物理机械表面处理过程中产生的废石蜡和润滑油	T，I
		900-210-08	油/水分离设施产生的废油、油泥及废水处理产生的浮渣和污泥（不包括废水生化处理污泥）	T，I
		900-211-08	橡胶生产过程中产生的废溶剂油	T，I
		900-212-08	锂电池隔膜生产过程中产生的废白油	T
		900-213-08	废矿物油再生净化过程中产生的沉淀残渣、过滤残渣、废过滤吸附介质	T，I
		900-214-08	车辆、机械维修和拆解过程中产生的废发动机油、制动器油、自动变速器油、齿轮油等废润滑油	T，I
		900-215-08	废矿物油裂解再生过程中产生的裂解残渣	T，I
		900-216-08	使用防锈油进行铸件表面防锈处理过程中产生的废防锈油	T，I
		900-217-08	使用工业齿轮油进行机械设备润滑过程中产生的废润滑油	T，I
		900-218-08	液压设备维护、更换和拆解过程中产生的废液压油	T，I
		900-219-08	冷冻压缩设备维护、更换和拆解过程中产生的废冷冻机油	T，I
		900-220-08	变压器维护、更换和拆解过程中产生的废变压器油	T，I
		900-221-08	废燃料油及燃料油储存过程中产生的油泥	T，I
		900-222-08	石油炼制废水气浮、隔油、絮凝沉淀等处理过程中产生的浮油和污泥	T
		900-249-08	其他生产、销售、使用过程中产生的废矿物油及含矿物油废物	T，I
HW09 油/水、烃/水混合物或乳化液	非特定行业	900-005-09	水压机维护、更换和拆解过程中产生的油/水、烃/水混合物或乳化液	T
		900-006-09	使用切削油和切削液进行机械加工过程中产生的油/水、烃/水混合物或乳化液	T
		900-007-09	其他工艺过程中产生的油/水、烃/水混合物或乳化液	T
HW10 多氯（溴）联苯类废物	非特定行业	900-008-10	含多氯联苯（PCBs）、多氯三联苯（PCTs）、多溴联苯（PBBs）的电容器、变压器	T
		900-009-10	含有 PCBs、PCTs 和 PBBs 的电力设备的清洗液	T
		900-010-10	含有 PCBs、PCTs 和 PBBs 的电力设备中废弃的介质油、绝缘油、冷却油及导热油	T
		900-011-10	含有或沾染 PCBs、PCTs 和 PBBs 的废弃包装物及容器	T
HW11 精（蒸）馏残渣	精炼石油产品制造	251-013-11	石油精炼过程中产生的酸焦油和其他焦油	T
	炼焦	252-001-11	炼焦过程中蒸氨塔产生的残渣	T
		252-002-11	炼焦过程中澄清设施底部的焦油渣	T
		252-003-11	炼焦副产品回收过程中萘、粗苯精制产生的残渣	T
		252-004-11	炼焦和炼焦副产品回收过程中焦油储存设施中的焦油渣	T
		252-005-11	煤焦油精炼过程中焦油储存设施中的焦油渣	T
		252-006-11	煤焦油分馏、精制过程中产生的焦油渣	T
		252-007-11	炼焦副产品回收过程中产生的废水池残渣	T
		252-008-11	轻油回收过程中蒸馏、澄清、洗涤工序产生的残渣	T
		252-009-11	轻油精炼过程中的废水池残渣	T
		252-010-11	炼焦及煤焦油加工利用过程中产生的废水处理污泥（不包括废水生化处理污泥）	T
		252-011-11	焦炭生产过程中产生的酸焦油和其他焦油	T

废物类别	行业来源	废物代码	危险废物	危险特性
HW11 精（蒸） 馏残渣	炼焦	252-012-11	焦炭生产过程中粗苯精制产生的残渣	T
		252-013-11	焦炭生产过程中产生的脱硫废液	T
		252-014-11	焦炭生产过程中煤气净化产生的残渣和焦油	T
		252-015-11	焦炭生产过程中熄焦废水沉淀产生的焦粉及筛焦过程中产生的粉尘	T
		252-016-11	煤沥青改质过程中产生的闪蒸油	T
	燃气生产和供应业	450-001-11	煤气生产行业煤气净化过程中产生的煤焦油渣	T
		450-002-11	煤气生产过程中产生的废水处理污泥（不包括废水生化处理污泥）	T
		450-003-11	煤气生产过程中煤气冷凝产生的煤焦油	T
	基础化学原料制造	261-007-11	乙烯法制乙醛生产过程中产生的蒸馏残渣	T
		261-008-11	乙烯法制乙醛生产过程中产生的蒸馏次要馏分	T
		261-009-11	苄基氯生产过程中苄基氯蒸馏产生的蒸馏残渣	T
		261-010-11	四氯化碳生产过程中产生的蒸馏残渣和重馏分	T
		261-011-11	表氯醇生产过程中精制塔产生的蒸馏残渣	T
		261-012-11	异丙苯法生产苯酚和丙酮过程中产生的蒸馏残渣	T
		261-013-11	萘法生产邻苯二甲酸酐过程中产生的蒸馏残渣和轻馏分	T
		261-014-11	邻二甲苯法生产邻苯二甲酸酐过程中产生的蒸馏残渣和轻馏分	T
		261-015-11	苯硝化法生产硝基苯过程中产生的蒸馏残渣	T
	基础化学原料制造	261-016-11	甲苯二异氰酸酯生产过程中产生的蒸馏残渣和离心分离残渣	T
		261-017-11	1,1,1-三氯乙烷生产过程中产生的蒸馏残渣	T
		261-018-11	三氯乙烯和四氯乙烯联合生产过程中产生的蒸馏残渣	T
		261-019-11	苯胺生产过程中产生的蒸馏残渣	T
		261-020-11	苯胺生产过程中苯胺萃取工序产生的蒸馏残渣	T
		261-021-11	二硝基甲苯加氢法生产甲苯二胺过程中干燥塔产生的反应残余物	T
		261-022-11	二硝基甲苯加氢法生产甲苯二胺过程中产品精制产生的轻馏分	T
		261-023-11	二硝基甲苯加氢法生产甲苯二胺过程中产品精制产生的废液	T
		261-024-11	二硝基甲苯加氢法生产甲苯二胺过程中产品精制产生的重馏分	T
		261-025-11	甲苯二胺光气化法生产甲苯二异氰酸酯过程中溶剂回收塔产生的有机冷凝物	T
		261-026-11	氯苯生产过程中的蒸馏及分馏残渣	T
		261-027-11	使用羧酸肼生产 1,1-二甲基肼过程中产品分离产生的残渣	T
		261-028-11	乙烯溴化法生产二溴乙烯过程中产品精制产生的蒸馏残渣	T
		261-029-11	α-氯甲苯、苯甲酰氯和含此类官能团的化学品生产过程中产生的蒸馏残渣	T
		261-030-11	四氯化碳生产过程中的重馏分	T
		261-031-11	二氯乙烯单体生产过程中蒸馏产生的重馏分	T
		261-032-11	氯乙烯单体生产过程中蒸馏产生的重馏分	T
		261-033-11	1,1,1-三氯乙烷生产过程中蒸汽汽提塔产生的残余物	T
		261-034-11	1,1,1-三氯乙烷生产过程中蒸馏产生的重馏分	T
		261-035-11	三氯乙烯和四氯乙烯联合生产过程中产生的重馏分	T
		261-100-11	苯和丙烯生产苯酚和丙酮过程中产生的重馏分	T

废物类别	行业来源	废物代码	危险废物	危险特性
HW11 精（蒸）馏残渣	基础化学原料制造	261-101-11	苯泵式消化生产硝基苯过程中产生的重馏分	T
		261-102-11	铁粉还原硝基苯生产苯胺过程中产生的重馏分	T
		261-103-11	苯胺、乙酸酐或乙酰苯胺为原料生产对硝基苯胺过程中产生的重馏分	T
		261-104-11	对氯苯胺氨解生产对硝基苯胺过程中产生的重馏分	T
		261-105-11	氨化法、还原法生产邻苯二胺过程中产生的重馏分	T
		261-106-11	苯和乙烯直接催化、乙苯和丙烯共氧化、乙苯催化脱氢生产苯乙烯过程中产生的重馏分	T
		261-107-11	二硝基甲苯还原催化生产甲苯二胺过程中产生的重馏分	T
		261-108-11	对苯二酚氧化生产二甲氧基苯胺过程中产生的重馏分	T
		261-109-11	萘磺化生产萘酚过程中产生的重馏分	T
		261-110-11	苯酚、三甲苯水解生产 4,4′-二羟基二苯砜过程中产生的重馏分	T
		261-111-11	甲苯硝基化合物羰基化法、甲苯碳酸二甲酯法生产甲苯二异氰酸酯过程中产生的重馏分	T
		261-112-11	苯直接氯化生产氯苯过程中产生的重馏分	T
		261-113-11	乙烯直接氯化生产二氯乙烷过程中产生的重馏分	T
		261-114-11	甲烷氯化生产甲烷氯化物过程中产生的重馏分	T
		261-115-11	甲醇氯化生产甲烷氯化物过程中产生的釜底残液	T
		261-116-11	乙烯氯醇法、氧化法生产环氧乙烷过程中产生的重馏分	T
		261-117-11	乙炔气相合成、氧氯化生产氯乙烯过程中产生的重馏分	T
		261-118-11	乙烯直接氯化生产三氯乙烯、四氯乙烯过程中产生的重馏分	T
		261-119-11	乙烯氧氯化法生产三氯乙烯、四氯乙烯过程中产生的重馏分	T
		261-120-11	甲苯光气法生产苯甲酰氯产品精制过程中产生的重馏分	T
		261-121-11	甲苯苯甲酸法生产苯甲酰氯产品精制过程中产生的重馏分	T
		261-122-11	甲苯连续光氯化法、无光热氯化法生产氯化苄过程中产生的重馏分	T
		261-123-11	偏二氯乙烯氢氯化法生产 1,1,1-三氯乙烷过程中产生的重馏分	T
		261-124-11	醋酸丙烯酯法生产环氧氯丙烷过程中产生的重馏分	T
		261-125-11	异戊烷（异戊烯）脱氢法生产异戊二烯过程中产生的重馏分	T
		261-126-11	化学合成法生产异戊二烯过程中产生的重馏分	T
		261-127-11	碳五馏分分离生产异戊二烯过程中产生的重馏分	T
		261-128-11	合成气加压催化生产甲醇过程中产生的重馏分	T
		261-129-11	水合法、发酵法生产乙醇过程中产生的重馏分	T
		261-130-11	环氧乙烷直接水合生产乙二醇过程中产生的重馏分	T
		261-131-11	乙醛缩合加氢生产丁二醇过程中产生的重馏分	T
		261-132-11	乙醛氧化生产醋酸蒸馏过程中产生的重馏分	T
		261-133-11	丁烷液相氧化生产醋酸过程中产生的重馏分	T
		261-134-11	电石乙炔法生产醋酸乙烯酯过程中产生的重馏分	T
		261-135-11	氢氰酸法生产原甲酸三甲酯过程中产生的重馏分	T
		261-136-11	β-苯胺乙醇法生产靛蓝过程中产生的重馏分	T
	常用有色金属冶炼	321-001-11	有色金属火法冶炼过程中产生的焦油状残余物	T
	环境治理	772-001-11	废矿物油再生过程中产生的酸焦油	T
	非特定行业	900-013-11	其他精炼、蒸馏和热解处理过程中产生的焦油状残余物	T

废物类别	行业来源	废物代码	危险废物	危险特性
HW12 染料、涂料废物	涂料、油墨、颜料及类似产品制造	264-002-12	铬黄和铬橙颜料生产过程中产生的废水处理污泥	T
		264-003-12	钼酸橙颜料生产过程中产生的废水处理污泥	T
		264-004-12	锌黄颜料生产过程中产生的废水处理污泥	T
		264-005-12	铬绿颜料生产过程中产生的废水处理污泥	T
		264-006-12	氧化铬绿颜料生产过程中产生的废水处理污泥	T
		264-007-12	氧化铬绿颜料生产过程中烘干产生的残渣	T
		264-008-12	铁蓝颜料生产过程中产生的废水处理污泥	T
		264-009-12	使用含铬、铅的稳定剂配制油墨过程中，设备清洗产生的洗涤废液和废水处理污泥	T
		264-010-12	油墨的生产、配制过程中产生的废蚀刻液	T
		264-011-12	其他油墨、染料、颜料、油漆（不包括水性漆）生产过程中产生的废母液、残渣、中间体废物	T
		264-012-12	其他油墨、染料、颜料、油漆（不包括水性漆）生产过程中产生的废水处理污泥、废吸附剂	T
		264-013-12	油漆、油墨生产、配制和使用过程中产生的含颜料、油墨的有机溶剂废物	T
	纸浆制造	221-001-12	废纸回收利用处理过程中产生的脱墨渣	T
	非特定行业	900-250-12	使用有机溶剂、光漆进行光漆涂布、喷漆工艺过程中产生的废物	T，I
		900-251-12	使用油漆（不包括水性漆）、有机溶剂进行阻挡层涂敷过程中产生的废物	T，I
		900-252-12	使用油漆（不包括水性漆）、有机溶剂进行喷漆、上漆过程中产生的废物	T，I
		900-253-12	使用油墨和有机溶剂进行丝网印刷过程中产生的废物	T，I
		900-254-12	使用遮盖油、有机溶剂进行遮盖油的涂敷过程中产生的废物	T，I
		900-255-12	使用各种颜料进行着色过程中产生的废颜料	T
		900-256-12	使用酸、碱或有机溶剂清洗容器设备过程中剥离下的废油漆、染料、涂料	T
		900-299-12	生产、销售及使用过程中产生的失效、变质、不合格、淘汰、伪劣的油墨、染料、颜料、油漆	T
HW13 有机树脂类废物	合成材料制造	265-101-13	树脂、乳胶、增塑剂、胶水/胶合剂生产过程中产生的不合格产品	T
		265-102-13	树脂、乳胶、增塑剂、胶水/胶合剂生产过程中合成、酯化、缩合等工序产生的废母液	T
		265-103-13	树脂、乳胶、增塑剂、胶水/胶合剂生产过程中精馏、分离、精制等工序产生的釜底残液、废过滤介质和残渣	T
		265-104-13	树脂、乳胶、增塑剂、胶水/胶合剂生产过程中产生的废水处理污泥（不包括废水生化处理污泥）	T
	非特定行业	900-014-13	废弃的黏合剂和密封剂	T
		900-015-13	废弃的离子交换树脂	T
		900-016-13	使用酸、碱或有机溶剂清洗容器设备剥离下的树脂状、黏稠杂物	T
		900-451-13	废覆铜板、印刷线路板、电路板破碎分选回收金属后产生的废树脂粉	T
HW14 新化学物质废物	非特定行业	900-017-14	研究、开发和教学活动中产生的对人类或环境影响不明的化学物质废物	T/C/I/R

废物类别	行业来源	废物代码	危险废物	危险特性
HW15 爆炸性废物	炸药、火工及焰火产品制造	267-001-15	炸药生产和加工过程中产生的废水处理污泥	R
		267-002-15	含爆炸品废水处理过程中产生的废活性炭	R
		267-003-15	生产、配制和装填铅基起爆药剂过程中产生的废水处理污泥	T，R
		267-004-15	三硝基甲苯生产过程中产生的粉红水、红水，以及废水处理污泥	R
	非特定行业	900-018-15	报废机动车拆解后收集的未引爆的安全气囊	R
HW16 感光材料废物	专用化学产品制造	266-009-16	显（定）影剂、正负胶片、像纸、感光材料生产过程中产生的不合格产品和过期产品	T
		266-010-16	显（定）影剂、正负胶片、像纸、感光材料生产过程中产生的残渣及废水处理污泥	T
	印刷	231-001-16	使用显影剂进行胶卷显影，定影剂进行胶卷定影，以及使用铁氰化钾、硫代硫酸盐进行影像减薄（漂白）产生的废显（定）影剂、胶片及废像纸	T
		231-002-16	使用显影剂进行印刷显影、抗蚀图形显影，以及凸版印刷产生的废显（定）影剂、胶片及废像纸	T
	电子元件制造	397-001-16	使用显影剂、氢氧化物、偏亚硫酸氢盐、醋酸进行胶卷显影产生的废显（定）影剂、胶片及废像纸	T
	电影	863-001-16	电影厂产生的废显（定）影剂、胶片及废像纸	T
	其他专业技术服务业	749-001-16	摄影扩印服务行业产生的废显（定）影剂、胶片及废像纸	T
	非特定行业	900-019-16	其他行业产生的废显（定）影剂、胶片及废像纸	T
HW17 表面处理废物	金属表面处理及热处理加工	336-050-17	使用氯化亚锡进行敏化处理产生的废渣和废水处理污泥	T
		336-051-17	使用氯化锌、氯化铵进行敏化处理产生的废渣和废水处理污泥	T
		336-052-17	使用锌和电镀化学品进行镀锌产生的废槽液、槽渣和废水处理污泥	T
		336-053-17	使用镉和电镀化学品进行镀镉产生的废槽液、槽渣和废水处理污泥	T
		336-054-17	使用镍和电镀化学品进行镀镍产生的废槽液、槽渣和废水处理污泥	T
		336-055-17	使用镀镍液进行镀镍产生的废槽液、槽渣和废水处理污泥	T
		336-056-17	使用硝酸银、碱、甲醛进行敷金属法镀银产生的废槽液、槽渣和废水处理污泥	T
		336-057-17	使用金和电镀化学品进行镀金产生的废槽液、槽渣和废水处理污泥	T
		336-058-17	使用镀铜液进行化学镀铜产生的废槽液、槽渣和废水处理污泥	T
		336-059-17	使用钯和锡盐进行活化处理产生的废渣和废水处理污泥	T
		336-060-17	使用铬和电镀化学品进行镀黑铬产生的废槽液、槽渣和废水处理污泥	T
		336-061-17	使用高锰酸钾进行钻孔除胶处理产生的废渣和废水处理污泥	T
		336-062-17	使用铜和电镀化学品进行镀铜产生的废槽液、槽渣和废水处理污泥	T
		336-063-17	其他电镀工艺产生的废槽液、槽渣和废水处理污泥	T
		336-064-17	金属和塑料表面酸（碱）洗、除油、除锈、洗涤、磷化、出光、化抛工艺产生的废腐蚀液、废洗涤液、废槽液、槽渣和废水处理污泥	T/C

<table>
<tr><th>废物类别</th><th>行业来源</th><th>废物代码</th><th>危险废物</th><th>危险特性</th></tr>
<tr><td rowspan="5">HW17
表面处理废物</td><td rowspan="5">金属表面处理及热处理加工</td><td>336-066-17</td><td>镀层剥除过程中产生的废液、槽渣及废水处理污泥</td><td>T</td></tr>
<tr><td>336-067-17</td><td>使用含重铬酸盐的胶体、有机溶剂、黏合剂进行漩流式抗蚀涂布产生的废渣及废水处理污泥</td><td>T</td></tr>
<tr><td>336-068-17</td><td>使用铬化合物进行抗蚀层化学硬化产生的废渣及废水处理污泥</td><td>T</td></tr>
<tr><td>336-069-17</td><td>使用铬酸镀铬产生的废槽液、槽渣和废水处理污泥</td><td>T</td></tr>
<tr><td>336-101-17</td><td>使用铬酸进行塑料表面粗化产生的废槽液、槽渣和废水处理污泥</td><td>T</td></tr>
<tr><td rowspan="4">HW18
焚烧处置残渣</td><td rowspan="4">环境治理业</td><td>772-002-18</td><td>生活垃圾焚烧飞灰</td><td>T</td></tr>
<tr><td>772-003-18</td><td>危险废物焚烧、热解等处置过程产生
的底渣、飞灰和废水处理污泥（医疗废物焚烧处置产生的底渣除外）</td><td>T</td></tr>
<tr><td>772-004-18</td><td>危险废物等离子体、高温熔融等处置过程产生的非玻璃态物质和飞灰</td><td>T</td></tr>
<tr><td>772-005-18</td><td>固体废物焚烧过程中废气处理产生的废活性炭</td><td>T</td></tr>
<tr><td>HW19
含金属羰基化合物废物</td><td>非特定行业</td><td>900-020-19</td><td>金属羰基化合物生产、使用过程中产生的含有羰基化合物成分的废物</td><td>T</td></tr>
<tr><td>HW20
含铍废物</td><td>基础化学原料制造</td><td>261-040-20</td><td>铍及其化合物生产过程中产生的熔渣、集（除）尘装置收集的粉尘和废水处理污泥</td><td>T</td></tr>
<tr><td rowspan="14">HW21
含铬废物</td><td rowspan="2">毛皮鞣制及制品加工</td><td>193-001-21</td><td>使用铬鞣剂进行铬鞣、复鞣工艺产生的废水处理污泥</td><td>T</td></tr>
<tr><td>193-002-21</td><td>皮革切削工艺产生的含铬皮革废碎料</td><td>T</td></tr>
<tr><td rowspan="6">基础化学原料制造</td><td>261-041-21</td><td>铬铁矿生产铬盐过程中产生的铬渣</td><td>T</td></tr>
<tr><td>261-042-21</td><td>铬铁矿生产铬盐过程中产生的铝泥</td><td>T</td></tr>
<tr><td>261-043-21</td><td>铬铁矿生产铬盐过程中产生的芒硝</td><td>T</td></tr>
<tr><td>261-044-21</td><td>铬铁矿生产铬盐过程中产生的废水处理污泥</td><td>T</td></tr>
<tr><td>261-137-21</td><td>铬铁矿生产铬盐过程中产生的其他废物</td><td>T</td></tr>
<tr><td>261-138-21</td><td>以重铬酸钠和浓硫酸为原料生产铬酸酐过程中产生的含铬废液</td><td>T</td></tr>
<tr><td rowspan="3">铁合金冶炼</td><td>315-001-21</td><td>铬铁硅合金生产过程中集（除）尘装置收集的粉尘</td><td>T</td></tr>
<tr><td>315-002-21</td><td>铁铬合金生产过程中集（除）尘装置收集的粉尘</td><td>T</td></tr>
<tr><td>315-003-21</td><td>铁铬合金生产过程中金属铬冶炼产生的铬浸出渣</td><td>T</td></tr>
<tr><td>金属表面处理及热处理加工</td><td>336-100-21</td><td>使用铬酸进行阳极氧化产生的废槽液、槽渣及废水处理污泥</td><td>T</td></tr>
<tr><td>电子元件制造</td><td>397-002-21</td><td>使用铬酸进行钻孔除胶处理产生的废渣和废水处理污泥</td><td>T</td></tr>
<tr><td rowspan="6">HW22
含铜废物</td><td>玻璃制造</td><td>304-001-22</td><td>使用硫酸铜进行敷金属法镀铜产生的废槽液、槽渣及废水处理污泥</td><td>T</td></tr>
<tr><td rowspan="2">常用有色金属冶炼</td><td>321-101-22</td><td>铜火法冶炼烟气净化产生的收尘渣、压滤渣</td><td>T</td></tr>
<tr><td>321-102-22</td><td>铜火法冶炼电除雾除尘产生的废水处理污泥</td><td>T</td></tr>
<tr><td rowspan="3">电子元件制造</td><td>397-004-22</td><td>线路板生产过程中产生的废蚀铜液</td><td>T</td></tr>
<tr><td>397-005-22</td><td>使用酸进行铜氧化处理产生的废液及废水处理污泥</td><td>T</td></tr>
<tr><td>397-051-22</td><td>铜板蚀刻过程中产生的废蚀刻液及废水处理污泥</td><td>T</td></tr>
<tr><td rowspan="3">HW23
含锌废物</td><td>金属表面处理及热处理加工</td><td>336-103-23</td><td>热镀锌过程中产生的废熔剂、助熔剂和集（除）尘装置收集的粉尘</td><td>T</td></tr>
<tr><td>电池制造</td><td>384-001-23</td><td>碱性锌锰电池、锌氧化银电池、锌空气电池生产过程中产生的废锌浆</td><td>T</td></tr>
<tr><td>非特定行业</td><td>900-021-23</td><td>使用氢氧化钠、锌粉进行贵金属沉淀过程中产生的废液及废水处理污泥</td><td>T</td></tr>
</table>

废物类别	行业来源	废物代码	危险废物	危险特性
HW24 含砷废物	基础化学原料制造	261-139-24	硫铁矿制酸过程中烟气净化产生的酸泥	T
HW25 含硒废物	基础化学原料制造	261-045-25	硒及其化合物生产过程中产生的熔渣、集（除）尘装置收集的粉尘和废水处理污泥	T
HW26 含镉废物	电池制造	384-002-26	镍镉电池生产过程中产生的废渣和废水处理污泥	T
HW27 含锑废物	基础化学原料制造	261-046-27	锑金属及粗氧化锑生产过程中产生的熔渣和集（除）尘装置收集的粉尘	T
		261-048-27	氧化锑生产过程中产生的熔渣	T
HW28 含碲废物	基础化学原料制造	261-050-28	碲及其化合物生产过程中产生的熔渣、集（除）尘装置收集的粉尘和废水处理污泥	T
HW29 含汞废物	天然气开采	072-002-29	天然气除汞净化过程中产生的含汞废物	T
	常用有色金属矿采选	091-003-29	汞矿采选过程中产生的尾砂和集（除）尘装置收集的粉尘	T
	贵金属矿采选	092-002-29	混汞法提金工艺产生的含汞粉尘、残渣	T
	印刷	231-007-29	使用显影剂、汞化合物进行影像加厚 （物理沉淀）以及使用显影剂、氨氯化汞进行影像加厚（氧化）产生的废液及残渣	T
	基础化学原料制造	261-051-29	水银电解槽法生产氯气过程中盐水精制产生的盐水提纯污泥	T
		261-052-29	水银电解槽法生产氯气过程中产生的废水处理污泥	T
		261-053-29	水银电解槽法生产氯气过程中产生的废活性炭	T
		261-054-29	卤素和卤素化学品生产过程中产生的含汞硫酸钡污泥	T
	合成材料制造	265-001-29	氯乙烯生产过程中含汞废水处理产生的废活性炭	T，C
		265-002-29	氯乙烯生产过程中吸附汞产生的废活性炭	T，C
		265-003-29	电石乙炔法聚氯乙烯生产过程中产生的废酸	T，C
		265-004-29	电石乙炔法生产氯乙烯单体过程中产生的废水处理污泥	T
	常用有色金属冶炼	321-103-29	铜、锌、铅冶炼过程中烟气制酸产生的废甘汞，烟气净化产生的废酸及废酸处理污泥	T
	电池制造	384-003-29	含汞电池生产过程中产生的含汞废浆层纸、含汞废锌膏、含汞废活性炭和废水处理污泥	T
	照明器具制造	387-001-29	含汞电光源生产过程中产生的废荧光粉和废活性炭	T
	通用仪器仪表制造	401-001-29	含汞温度计生产过程中产生的废渣	T
	非特定行业	900-022-29	废弃的含汞催化剂	T
	非特定行业	900-023-29	生产、销售及使用过程中产生的废含汞荧光灯管及其他废含汞电光源	T
		900-024-29	生产、销售及使用过程中产生的废含汞温度计、废含汞血压计、废含汞真空表和废含汞压力计	T
		900-452-29	含汞废水处理过程中产生的废树脂、废活性炭和污泥	T
HW30 含铊废物	基础化学原料制造	261-055-30	铊及其化合物生产过程中产生的熔渣、集（除）尘装置收集的粉尘和废水处理污泥	T
HW31 含铅废物	玻璃制造	304-002-31	使用铅盐和铅氧化物进行显像管玻璃熔炼过程中产生的废渣	T
	电子元件制造	397-052-31	线路板制造过程中电镀铅锡合金产生的废液	T
	炼钢	312-001-31	电炉炼钢过程中集（除）尘装置收集的粉尘和废水处理污泥	T
	电池制造	384-004-31	铅蓄电池生产过程中产生的废渣、集 （除）尘装置收集的粉尘和废水处理污泥	T

废物类别	行业来源	废物代码	危险废物	危险特性
HW31 含铅废物	工艺美术品制造	243-001-31	使用铅箔进行烤钵试金法工艺产生的废烤钵	T
	废弃资源综合利用	421-001-31	废铅蓄电池拆解过程中产生的废铅板、废铅膏和酸液	T
	非特定行业	900-025-31	使用硬脂酸铅进行抗黏涂层过程中产生的废物	T
HW32 无机氟化物废物	非特定行业	900-026-32	使用氢氟酸进行蚀刻产生的废蚀刻液	T，C
HW33 无机氰化物废物	贵金属矿采选	092-003-33	采用氰化物进行黄金选矿过程中产生的氰化尾渣和含氰废水处理污泥	T
	金属表面处理及热处理加工	336-104-33	使用氰化物进行浸洗过程中产生的废液	R，T
	非特定行业	900-027-33	使用氰化物进行表面硬化、碱性除油、电解除油产生的废物	R，T
		900-028-33	使用氰化物剥落金属镀层产生的废物	R，T
		900-029-33	使用氰化物和双氧水进行化学抛光产生的废物	R，T
HW34 废酸	精炼石油产品制造	251-014-34	石油炼制过程产生的废酸及酸泥	C
	涂料、油墨、颜料及类似产品制造	264-013-34	硫酸法生产钛白粉（二氧化钛）过程中产生的废酸	C
	基础化学原料制造	261-057-34	硫酸和亚硫酸、盐酸、氢氟酸、磷酸和亚磷酸、硝酸和亚硝酸等的生产、配制过程中产生的废酸及酸渣	C
		261-058-34	卤素和卤素化学品生产过程中产生的废酸	C
	钢压延加工	314-001-34	钢的精加工过程中产生的废酸性洗液	C，T
	金属表面处理及热处理加工	336-105-34	青铜生产过程中浸酸工序产生的废酸液	C
	电子元件制造	397-005-34	使用酸进行电解除油、酸蚀、活化前表面敏化、催化、浸亮产生的废酸液	C
		397-006-34	使用硝酸进行钻孔蚀胶处理产生的废酸液	C
		397-007-34	液晶显示板或集成电路板的生产过程中使用酸浸蚀剂进行氧化物浸蚀产生的废酸液	C
	非特定行业	900-300-34	使用酸进行清洗产生的废酸液	C
		900-301-34	使用硫酸进行酸性碳化产生的废酸液	C
		900-302-34	使用硫酸进行酸蚀产生的废酸液	C
		900-303-34	使用磷酸进行磷化产生的废酸液	C
		900-304-34	使用酸进行电解除油、金属表面敏化产生的废酸液	C
		900-305-34	使用硝酸剥落不合格镀层及挂架金属镀层产生的废酸液	C
	非特定行业	900-306-34	使用硝酸进行钝化产生的废酸液	C
		900-307-34	使用酸进行电解抛光处理产生的废酸液	C
		900-308-34	使用酸进行催化（化学镀）产生的废酸液	C
		900-349-34	生产、销售及使用过程中产生的失效、变质、不合格、淘汰、伪劣的强酸性擦洗粉、清洁剂、污迹去除剂以及其他废酸液及酸渣	C
HW35 废碱	精炼石油产品制造	251-015-35	石油炼制过程产生的废碱液及碱渣	C，T
	基础化学原料制造	261-059-35	氢氧化钙、氨水、氢氧化钠、氢氧化钾等的生产、配制中产生的废碱液、固态碱及碱渣	C
	毛皮鞣制及制品加工	193-003-35	使用氢氧化钙、硫化钠进行浸灰产生的废碱液	C

废物类别	行业来源	废物代码	危险废物	危险特性
HW35 废碱	纸浆制造	221-002-35	碱法制浆过程中蒸煮制浆产生的废碱液	C，T
	非特定行业	900-350-35	使用氢氧化钠进行煮炼过程中产生的废碱液	C
		900-351-35	使用氢氧化钠进行丝光处理过程中产生的废碱液	C
		900-352-35	使用碱进行清洗产生的废碱液	C
		900-353-35	使用碱进行清洗除蜡、碱性除油、电解除油产生的废碱液	C
		900-354-35	使用碱进行电镀阻挡层或抗蚀层的脱除产生的废碱液	C
		900-355-35	使用碱进行氧化膜浸蚀产生的废碱液	C
		900-356-35	使用碱溶液进行碱性清洗、图形显影产生的废碱液	C
		900-399-35	生产、销售及使用过程中产生的失效、变质、不合格、淘汰、伪劣的强碱性擦洗粉、清洁剂、污迹去除剂以及其他废碱液、固态碱及碱渣	C
HW36 石棉废物	石棉及其他非金属矿采选	109-001-36	石棉矿选矿过程中产生的废渣	T
	基础化学原料制造	261-060-36	卤素和卤素化学品生产过程中电解装置拆换产生的含石棉废物	T
	石膏、水泥制品及类似制品制造	302-001-36	石棉建材生产过程中产生的石棉尘、废石棉	T
	耐火材料制品制造	308-001-36	石棉制品生产过程中产生的石棉尘、废石棉	T
	汽车零部件及配件制造	366-001-36	车辆制动器衬片生产过程中产生的石棉废物	T
	船舶及相关装置制造	373-002-36	拆船过程中产生的石棉废物	T
	非特定行业	900-030-36	其他生产过程中产生的石棉废物	T
		900-031-36	含有石棉的废绝缘材料、建筑废物	T
		900-032-36	含有隔膜、热绝缘体等石棉材料的设施保养拆换及车辆制动器衬片的更换产生的石棉废物	T
HW37 有机磷化合物废物	基础化学原料制造	261-061-37	除农药以外其他有机磷化合物生产、配制过程中产生的反应残余物	T
		261-062-37	除农药以外其他有机磷化合物生产、配制过程中产生的废过滤吸附介质	T
		261-063-37	除农药以外其他有机磷化合物生产过程中产生的废水处理污泥	T
	非特定行业	900-033-37	生产、销售及使用过程中产生的废弃磷酸酯抗燃油	T
HW38 有机氰化物废物	基础化学原料制造	261-064-38	丙烯腈生产过程中废水汽提器塔底的残余物	R，T
		261-065-38	丙烯腈生产过程中乙腈蒸馏塔底的残余物	R，T
		261-066-38	丙烯腈生产过程中乙腈精制塔底的残余物	T
		261-067-38	有机氰化物生产过程中产生的废母液及反应残余物	T
		261-068-38	有机氰化物生产过程中催化、精馏和过滤工序产生的废催化剂、釜底残余物和过滤介质	T
		261-069-38	有机氰化物生产过程中产生的废水处理污泥	T
		261-140-38	废腈纶高温高压水解生产聚丙烯腈-铵盐过程中产生的过滤残渣	T
HW39 含酚废物	基础化学原料制造	261-070-39	酚及酚类化合物生产过程中产生的废母液和反应残余物	T
		261-071-39	酚及酚类化合物生产过程中产生的废过滤吸附介质、废催化剂、精馏残余物	T
HW40 含醚废物	基础化学原料制造	261-072-40	醚及醚类化合物生产过程中产生的醚类残液、反应残余物、废水处理污泥（不包括废水生化处理污泥）	T

废物类别	行业来源	废物代码	危险废物	危险特性
HW45 含有机卤化物废物	基础化学原料制造	261-078-45	乙烯溴化法生产二溴乙烯过程中废气净化产生的废液	T
		261-079-45	乙烯溴化法生产二溴乙烯过程中产品精制产生的废吸附剂	T
		261-080-45	芳烃及其衍生物氯代反应过程中氯气和盐酸回收工艺产生的废液和废吸附剂	T
		261-081-45	芳烃及其衍生物氯代反应过程中产生的废水处理污泥	T
		261-082-45	氯乙烷生产过程中的塔底残余物	T
		261-084-45	其他有机卤化物的生产过程中产生的残液、废过滤吸附介质、反应残余物、废水处理污泥、废催化剂（不包括上述HW06、HW39类别的废物）	T
		261-085-45	其他有机卤化物的生产过程中产生的不合格、淘汰、废弃的产品（不包括上述HW06、HW39类别的废物）	T
		261-086-45	石墨作阳极隔膜法生产氯气和烧碱过程中产生的废水处理污泥	T
	非特定行业	900-036-45	其他生产、销售及使用过程中产生的含有机卤化物废物（不包括HW06类）	T
HW46 含镍废物	基础化学原料制造	261-087-46	镍化合物生产过程中产生的反应残余物及不合格、淘汰、废弃的产品	T
	电池制造	394-005-46	镍氢电池生产过程中产生的废渣和废水处理污泥	T
	非特定行业	900-037-46	废弃的镍催化剂	T
HW47 含钡废物	基础化学原料制造	261-088-47	钡化合物(不包括硫酸钡)生产过程中产生的熔渣、集(除)尘装置收集的粉尘、反应残余物、废水处理污泥	T
	金属表面处理及热处理加工	336-106-47	热处理工艺中产生的含钡盐浴渣	T
HW48 有色金属冶炼废物	常用有色金属矿采选	091-001-48	硫化铜矿、氧化铜矿等铜矿物采选过程中集（除）尘装置收集的粉尘	T
		091-002-48	硫砷化合物（雌黄、雄黄及硫砷铁矿）或其他含砷化合物的金属矿石采选过程中集（除）尘装置收集的粉尘	T
	常用有色金属冶炼	321-002-48	铜火法冶炼过程中集（除）尘装置收集的粉尘和废水处理污泥	T
		321-003-48	粗锌精炼加工过程中产生的废水处理污泥	T
		321-004-48	铅锌冶炼过程中，锌焙烧矿常规浸出法产生的浸出渣	T
		321-005-48	铅锌冶炼过程中，锌焙烧矿热酸浸出黄钾铁矾法产生的铁矾渣	T
		321-006-48	硫化锌矿常压氧浸或加压氧浸产生的硫渣（浸出渣）	T
		321-007-48	铅锌冶炼过程中，锌焙烧矿热酸浸出针铁矿法产生的针铁矿渣	T
		321-008-48	铅锌冶炼过程中，锌浸出液净化产生的净化渣，包括锌粉-黄药法、砷盐法、反向锑盐法、铅锑合金锌粉法等工艺除铜、锑、镉、钴、镍等杂质过程中产生的废渣	T
		321-009-48	铅锌冶炼过程中，阴极锌熔铸产生的熔铸浮渣	T
		321-010-48	铅锌冶炼过程中，氧化锌浸出处理产生的氧化锌浸出渣	T
		321-011-48	铅锌冶炼过程中，鼓风炉炼锌锌蒸气冷凝分离系统产生的鼓风炉浮渣	T
		321-012-48	铅锌冶炼过程中，锌精馏炉产生的锌渣	T
		321-013-48	铅锌冶炼过程中，提取金、银、铋、镉、钴、铟、锗、铊、碲等金属过程中产生的废渣	T
		321-014-48	铅锌冶炼过程中，集（除）尘装置收集的粉尘	T
		321-016-48	粗铅精炼过程中产生的浮渣和底渣	T

废物类别	行业来源	废物代码	危险废物	危险特性
HW48 有色金属冶炼废物	常用有色金属冶炼	321-017-48	铅锌冶炼过程中，炼铅鼓风炉产生的黄渣	T
		321-018-48	铅锌冶炼过程中，粗铅火法精炼产生的精炼渣	T
		321-019-48	铅锌冶炼过程中，铅电解产生的阳极泥及阳极泥处理后产生的含铅废渣和废水处理污泥	T
		321-020-48	铅锌冶炼过程中，阴极铅精炼产生的氧化铅渣及碱渣	T
		321-021-48	铅锌冶炼过程中，锌焙烧矿热酸浸出黄钾铁矾法、热酸浸出针铁矿法产生的铅银渣	T
		321-022-48	铅锌冶炼过程中产生的废水处理污泥	T
		321-023-48	电解铝过程中电解槽维修及废弃产生的废渣	T
		321-024-48	铝火法冶炼过程中产生的初炼炉渣	T
		321-025-48	电解铝过程中产生的盐渣、浮渣	T
		321-026-48	铝火法冶炼过程中产生的易燃性撇渣	I
		321-027-48	铜再生过程中集（除）尘装置收集的粉尘和废水处理污泥	T
		321-028-48	锌再生过程中集（除）尘装置收集的粉尘和废水处理污泥	T
		321-029-48	铅再生过程中集（除）尘装置收集的粉尘和废水处理污泥	T
		321-030-48	汞再生过程中集（除）尘装置收集的粉尘和废水处理污泥	T
	稀有稀土金属冶炼	323-001-48	仲钨酸铵生产过程中碱分解产生的碱煮渣（钨渣）、除钼过程中产生的除钼渣和废水处理污泥	T
HW49 其他废物	石墨及其他非金属矿物制品制造	309-001-49	多晶硅生产过程中废弃的三氯化硅和四氯化硅	R/C
	非特定行业	900-039-49	化工行业生产过程中产生的废活性炭	T
		900-040-49	无机化工行业生产过程中集（除）尘装置收集的粉尘	T
		900-041-49	含有或沾染毒性、感染性危险废物的废弃包装物、容器、过滤吸附介质	T/In
		900-042-49	由危险化学品、危险废物造成的突发环境事件及其处理过程中产生的废物	T/C/I/R/In
		900-044-49	废弃的铅蓄电池、镉镍电池、氧化汞电池、汞开关、荧光粉和阴极射线管	T
		900-045-49	废电路板（包括废电路板上附带的元器件、芯片、插件、贴脚等）	T
		900-046-49	离子交换装置再生过程中产生的废水处理污泥	T
		900-047-49	研究、开发和教学活动中，化学和生物实验室产生的废物（不包括 HW03、900-999-49）	T/C/I/R
		900-999-49	未经使用而被所有人抛弃或者放弃的；淘汰、伪劣、过期、失效的；有关部门依法收缴以及接收的公众上交的危险化学品	T
HW50 废催化剂	精炼石油产品制造	251-016-50	石油产品加氢精制过程中产生的废催化剂	T
		251-017-50	石油产品催化裂化过程中产生的废催化剂	T
		251-018-50	石油产品加氢裂化过程中产生的废催化剂	T
		251-019-50	石油产品催化重整过程中产生的废催化剂	T
		261-151-50	树脂、乳胶、增塑剂、胶水/胶合剂生产过程中合成、酯化、缩合等工序产生的废催化剂	T
		261-152-50	有机溶剂生产过程中产生的废催化剂	T
		261-153-50	丙烯腈合成过程中产生的废催化剂	T
		261-154-50	聚乙烯合成过程中产生的废催化剂	T
		261-155-50	聚丙烯合成过程中产生的废催化剂	T
		261-156-50	烷烃脱氢过程中产生的废催化剂	T
		261-157-50	乙苯脱氢生产苯乙烯过程中产生的废催化剂	T

废物类别	行业来源	废物代码	危险废物	危险特性
HW50 废催化剂	基础化学原料制造	261-158-50	采用烷基化反应（歧化）生产苯、二甲苯过程中产生的废催化剂	T
		261-159-50	二甲苯临氢异构化反应过程中产生的废催化剂	T
		261-160-50	乙烯氧化生产环氧乙烷过程中产生的废催化剂	T
		261-161-50	硝基苯催化加氢法制备苯胺过程中产生的废催化剂	T
		261-162-50	乙烯和丙烯为原料，采用茂金属催化体系生产乙丙橡胶过程中产生的废催化剂	T
		261-163-50	乙炔法生产醋酸乙烯酯过程中产生的废催化剂	T
		261-164-50	甲醇和氨气催化合成、蒸馏制备甲胺过程中产生的废催化剂	T
		261-165-50	催化重整生产高辛烷值汽油和轻芳烃过程中产生的废催化剂	T
		261-166-50	采用碳酸二甲酯法生产甲苯二异氰酸酯过程中产生的废催化剂	T
		261-167-50	合成气合成、甲烷氧化和液化石油气氧化生产甲醇过程中产生的废催化剂	T
		261-168-50	甲苯氯化水解生产邻甲酚过程中产生的废催化剂	T
		261-169-50	异丙苯催化脱氢生产α-甲基苯乙烯过程中产生的废催化剂	T
		261-170-50	异丁烯和甲醇催化生产甲基叔丁基醚过程中产生的废催化剂	T
		261-171-50	甲醇空气氧化法生产甲醛过程中产生的废催化剂	T
		261-172-50	邻二甲苯氧化法生产邻苯二甲酸酐过程中产生的废催化剂	T
		261-173-50	二氧化硫氧化生产硫酸过程中产生的废催化剂	T
		261-174-50	四氯乙烷催化脱氯化氢生产三氯乙烯过程中产生的废催化剂	T
		261-175-50	苯氧化法生产顺丁烯二酸酐过程中产生的废催化剂	T
		261-176-50	甲苯空气氧化生产苯甲酸过程中产生的废催化剂	T
		261-177-50	羟丙腈氨化、加氢生产 3-氨基-1-丙醇过程中产生的废催化剂	T
		261-178-50	β-羟基丙腈催化加氢生产 3-氨基-1-丙醇过程中产生的废催化剂	T
		261-179-50	甲乙酮与氨催化加氢生产 2-氨基丁烷过程中产生的废催化剂	T
		261-180-50	苯酚和甲醇合成 2,6-二甲基苯酚过程中产生的废催化剂	T
		261-181-50	糠醛脱羰制备呋喃过程中产生的废催化剂	T
		261-182-50	过氧化法生产环氧丙烷过程中产生的废催化剂	T
		261-183-50	除农药以外其他有机磷化合物生产过程中产生的废催化剂	T
	农药制造	263-013-50	农药生产过程中产生的废催化剂	T
	化学药品原料药制造	271-006-50	化学合成原料药生产过程中产生的废催化剂	T
	兽用药品制造	275-009-50	兽药生产过程中产生的废催化剂	T
	生物药品制造	276-006-50	生物药品生产过程中产生的废催化剂	T
	环境治理	772-007-50	烟气脱硝过程中产生的废钒钛系催化剂	T
	非特定行业	900-048-50	废液体催化剂	T
		900-049-50	废汽车尾气净化催化剂	T

附录

危险废物豁免管理清单

本目录各栏目说明：

1.“序号”指列入本目录危险废物的顺序编号；

2. “废物类别/代码”指列入本目录危险废物的类别或代码；

3. “危险废物”指列入本目录危险废物的名称；

4. “豁免环节”指可不按危险废物管理的环节；

5. “豁免条件”指可不按危险废物管理应具备的条件；

6. “豁免内容”指可不按危险废物管理的内容。

序号	废物类别/代码	危险废物	豁免环节	豁免条件	豁免内容
1	家庭源危险废物	家庭日常生活中产生的废药品及其包装物、废杀虫剂和消毒剂及其包装物、废油漆和溶剂及其包装物、废矿物油及其包装物、废胶片及废像纸、废荧光灯管、废温度计、废血压计、废镍镉电池和氧化汞电池以及电子类危险废物等	全部环节	未分类收集	全过程不按危险废物管理
			收集	分类收集	收集过程不按危险废物管理
2	193-002-21	含铬皮革废碎料	利用	用于生产皮件、再生革或静电植绒	利用过程不按危险废物管理
3	252-014-11	煤气净化产生的煤焦油	利用	满足《煤焦油标准》（YB/T 5075—2010），且作为原料深加工制取萘、洗油、蒽油等	利用过程不按危险废物管理
4	772-002-18	生活垃圾焚烧飞灰	处置	满足《生活垃圾填埋场污染控制标准》（GB 16889—2008）中6.3条要求，进入生活垃圾填埋场填埋	填埋过程不按危险废物管理
4	772-002-18	生活垃圾焚烧飞灰	处置	满足《水泥窑协同处置固体废物污染控制标准》（GB 30485—2013），进入水泥窑协同处置	水泥窑协同处置过程不按危险废物管理
5	772-003-18	医疗废物焚烧飞灰	处置	满足《生活垃圾填埋场污染控制标准》（GB 16889—2008）中6.3条要求，进入生活垃圾填埋场填埋	填埋过程不按危险废物管理
6	772-003-18	危险废物焚烧产生的废金属	利用	用于金属冶炼	利用过程不按危险废物管理
7	900-451-13	采用破碎分选回收废覆铜板、印刷线路板、电路板中金属后的废树脂粉	运输	运输工具满足防雨、防渗漏、防遗撒要求	不按危险废物进行运输
			处置	进入生活垃圾填埋场填埋	处置过程不按危险废物管理
8	900-041-49	农药废弃包装物	收集	村、镇农户分散产生的农药废弃包装物的收集活动	收集过程不按危险废物管理
9	900-041-49	废弃的含油抹布、劳保用品	全部环节	混入生活垃圾	全过程不按危险废物管理

序号	废物类别/代码	危险废物	豁免环节	豁免条件	豁免内容
10	900-042-49	由危险化学品、危险废物造成的突发环境事件及其处理过程中产生的废物	转移	经接受地县级以上环境保护主管部门同意，按事发地县级以上地方环境保护主管部门提出的应急处置方案进行转移	转移过程不按危险废物管理
			处置	按事发地县级以上地方环境保护主管部门提出的应急处置方案进行处置或利用	处置或利用过程可不按危险废物进行管理
11	900-044-49	阴极射线管含铅玻璃	运输	运输工具满足防雨、防渗漏、防遗撒要求	不按危险废物进行运输
12	900-045-49	废弃电路板	运输	运输工具满足防雨、防渗漏、防遗撒要求	不按危险废物进行运输
13	HW01	医疗废物	收集	从事床位总数在 19 张以下（含 19 张）的医疗机构产生的医疗废物的收集活动	收集过程不按危险废物管理
14	831-001-01	感染性废物	处置	按照《医疗废物高温蒸汽集中处理工程技术规范》（HJ/T 276—2006）或《医疗废物化学消毒集中处理工程技术规范》（HJ/T 228—2006）或《医疗废物微波消毒集中处理工程技术规范》（HJ/T 229—2006）进行处理后	进入生活垃圾填埋场填埋处置或进入生活垃圾焚烧厂焚烧处置，处置过程不按危险废物管理
15	831-002-01	损伤性废物	处置	按照《医疗废物高温蒸汽集中处理工程技术规范》（HJ/T 276—2006）或《医疗废物化学消毒集中处理工程技术规范》（HJ/T 228—2006）或《医疗废物微波消毒集中处理工程技术规范》（HJ/T 229—2006）进行处理后	进入生活垃圾填埋场填埋处置或进入生活垃圾焚烧厂焚烧处置，处置过程不按危险废物管理
16	831-003-01	病理性废物（人体器官和传染性的动物尸体等除外）	处置	按照《医疗废物化学消毒集中处理工程技术规范》（HJ/T 228—2006）或《医疗废物微波消毒集中处理工程技术规范》（HJ/T 229—2006）进行处理后	进入生活垃圾焚烧厂焚烧处置，处置过程不按危险废物管理

关于发布《进口废物管理目录》（2017 年）的公告

公告 2017 年 第 39 号

根据《中华人民共和国固体废物污染环境防治法》《控制危险废物越境转移及其处置巴塞尔公约》《固体废物进口管理办法》和有关法律法规，环境保护部、商务部、发展改革委、海关总署、质检总局对现行的《禁止进口固体废物目录》《限制进口类可用作原料的固体废物目录》和《非限制进口类可用作原料的固体废物目录》进行了调整和修订：

将来自生活源的废塑料（8 个品种）、未经分拣的废纸（1 个品种）、废纺织原料（11 个品种）、钒渣（4 个品种）等 4 类 24 种固体废物，从《限制进口类可用作原料的固体废物目录》调整列入《禁止进口固体废物目录》。

本公告自 2017 年 12 月 31 日起执行。环境保护部、商务部、发展改革委、海关总署、质检总局 2014 年第 80 号公告，环境保护部、商务部、发展改革委、海关总署、质检总局 2017 年第 3 号公告同时废止。

特此公告。

附件：1. 禁止进口固体废物目录

2. 限制进口类可用作原料的固体废物目录

3. 非限制进口类可用作原料的固体废物目录

环境保护部　商务部

发展改革委　海关总署

质检总局

2017 年 8 月 10 日

附件：

禁止进口固体废物目录

序号	海关商品编号	废物名称	简称	其他要求或注释
一、废动植物产品				
1	0501000000	未经加工的人发（不论是否洗涤）；废人发	废人发	—
2	0502103000	猪鬃或猪毛的废料	猪毛废料	—
3	0502902090	其他獾毛及其他制刷用兽毛的废料	兽毛废料	—
4	0505901000	羽毛或不完整羽毛的粉末及废料	羽毛废料	—
5	0506901110	含牛羊成分的骨废料（未经加工或仅经脱脂等加工的）	含牛羊成分的骨废料	—
6	0506901910	其他骨废料（未经加工或仅经脱脂等加工的）	其他骨废料	—
7	0507100090	其他兽牙粉末及废料	兽牙废料	—
8	0511994010	废马毛（不论是否制成有或无衬垫的毛片）	废马毛	—
9	1522000000	油鞣回收脂（包括加工处理油脂物质及动、植物蜡所剩的残渣）	油鞣回收脂	—
10	1703100000	甘蔗糖蜜	甘蔗糖蜜	—
11	1703900000	其他糖蜜	其他糖蜜	—
二、矿渣、矿灰及残渣				
12	2517200000	矿渣，浮渣及类似的工业残渣（不论是否混有25171000 所列的材料）	矿渣，浮渣及类似的工业残渣	—
13	2517300000	沥青碎石	沥青碎石	—
14	2525300000	云母废料	云母废料	—
15	2530909910	废镁砖	废镁砖	—
16	2618001090	其他主要含锰的冶炼钢铁产生的粒状熔渣	其他主要含锰的冶炼钢铁产生的粒状熔渣	—
17	2618009000	其他的冶炼钢铁产生的粒状熔渣（包括熔渣砂）	其他的冶炼钢铁产生的粒状熔渣	—
18	2619000021	冶炼钢铁所产生的含钒浮渣、熔渣，五氧化二钒含量＞20%（冶炼钢铁所产生的粒状熔渣除外）	含五氧化二钒＞20%的冶炼钢铁产生的钒渣	—
19	2619000029	其他冶炼钢铁所产生的含钒浮渣、熔渣（冶炼钢铁所产生的粒状熔渣除外）	其他冶炼钢铁产生的钒渣	—

序号	海关商品编号	废物名称	简称	其他要求或注释
20	2619000090	冶炼钢铁所产生的其他熔渣、浮渣及其他废料（冶炼钢铁产生的粒状熔渣除外）	冶炼钢铁所产生的其他熔渣、浮渣及其他废料	包括冶炼钢铁产生的除尘灰、除尘泥、污泥等
21	2620110000	含硬锌的矿渣、矿灰及残渣（冶炼钢铁所产生灰、渣的除外）	含硬锌的矿渣、矿灰及残渣	—
22	2620190000	含其他锌的矿渣、矿灰及残渣（冶炼钢铁所产生灰、渣的除外）	含其他锌的矿渣、矿灰及残渣	—
23	2620210000	含铅汽油淤渣及含铅抗震化合物的淤渣	含铅淤渣	—
24	2620290000	其他主要含铅的矿渣、矿灰及残渣（冶炼钢铁所产生灰、渣的除外	其他主要含铅的矿渣、矿灰及）残渣	—
25	2620300000	主要含铜的矿渣、矿灰及残渣（冶炼钢铁所产生灰、渣的除外）	主要含铜的矿渣、矿灰及残渣	—
26	2620400000	主要含铝的矿渣、矿灰及残渣（冶炼钢铁所产生灰、渣的除外）	主要含铝的矿渣、矿灰及残渣	包括来自铝冶炼、废铝熔炼中产生的扒渣、铝灰
27	2620600000	含砷、汞、铊及混合物矿渣、矿灰及残渣（用于提取或生产砷、汞、铊及其化合物）	含砷、汞、铊及混合物矿渣、矿灰及残渣	—
28	2620910000	含锑、铍、镉、铬及混合物的矿渣、矿灰及残渣	含有锑、铍、镉、铬及混合物的矿渣、矿灰及残渣	—
29	2620991000	其他主要含钨的矿渣、矿灰及残渣	其他主要含钨的矿渣、矿灰及残渣	—
30	2620999011	含其他金属及其化合物的矿渣、矿灰及残渣，五氧化二钒＞20%（冶炼钢铁所产生的除外）	含五氧化二钒大于20%矿渣、矿灰及残渣	—
31	2620999019	含其他金属及其化合物的矿渣、矿灰及残渣，10%＜五氧化二钒≤20%的（冶炼钢铁所产生的除外）	含五氧化二钒大于10%但不大于20%的矿渣、矿灰及残渣	—
32	2620999020	含铜大于10%的铜冶炼转炉渣、其他铜冶炼渣	含铜大于10%的铜冶炼转炉渣、其他铜冶炼渣	—
33	2620999090	含其他金属及化合物的矿渣、矿灰及残渣（冶炼钢铁所产生灰、渣的除外）	含其他金属及化合物的矿渣、矿灰及残渣	—
34	2621100000	焚化城市垃圾所产生的灰、渣	焚化城市垃圾所产生的灰、渣	—
35	2621900010	海藻灰及其他植物灰（包括稻壳灰）	海藻灰及其他植物灰	—
36	2621900090	其他矿渣及矿灰	其他矿渣及矿灰	包括粉煤灰、燃油灰等燃烧集尘灰（除尘灰）或污染治理设施产生的焚烧飞灰，以及含上述灰的混合物
37	2710910000	含多氯联苯、多溴联苯的废油（包括含多氯三联苯的废油）	含多氯联苯、多溴联苯的废油	—
38	2710990000	其他废油	其他废油	包括不符合YB/T5075标准的煤焦油

序号	海关商品编号	废物名称	简称	其他要求或注释
39	2713900000	其他石油等矿物油类的残渣	其他石油等矿物油类的残渣	—
三、硅废碎料				
40	2804619011	含硅量＞99.9999999%的多晶硅废碎料	含硅量＞99.9999999%的多晶硅废碎料	—
41	2804619091	其他含硅量不少于99.99%的硅废碎料	其他含硅量不少于99.99%的硅废碎料	—
四、废药物				
42	3006920000	废药物（超过有效保存期等原因而不适于原用途的药品）	废药物	—
五、杂项化学品废物				
43	3804000010	未经浓缩、脱糖或化学处理的木浆残余碱液	木浆残余碱液	—
44	3825100000	城市垃圾	城市垃圾	包括未经分拣的混合生活垃圾
45	3825200000	下水道淤泥	污泥	包括污水处理厂等污染治理设施产生的污泥、除尘泥等
46	3825300000	医疗废物	医疗废物	—
47	3825410000	废卤化物的有机溶剂	废有机溶剂	—
48	3825490000	其他废有机溶剂	其他废有机溶剂	—
49	3825500000	废的金属酸洗液，液压油及制动油（还包括废的防冻液）	废酸洗液、废油	—
50	3825610000	主要含有有机成分的化工废物（其他化学工业及相关工业的废物）	主要含有有机成分的化工废物	包括含对苯二甲酸的废料和污泥
51	3825690000	其他化工废物（其他化学工业及相关工业的废物）	其他化工废物	—
52	3825900090	其他商品编号未列明化工副产品及废物	其他编号未列明化工废物	—
六、塑料废碎料及下脚料				
53	3915100000	乙烯聚合物的废碎料及下脚料	乙烯聚合物的废碎料及下脚料，不包括铝塑复合膜	非工业来源废塑料（包括生活来源废塑料）
54			铝塑复合膜	
55	3915200000	苯乙烯聚合物的废碎料及下脚料	苯乙烯聚合物的废碎料及下脚料	
56	3915300000	氯乙烯聚合物的废碎料及下脚料	氯乙烯聚合物的废碎料及下脚料	
57	3915901000	聚对苯二甲酸乙二酯废料及下脚料	PET的废碎料及下脚料，不包括废PET饮料瓶（砖）	非工业来源废塑料（包括生活来源废塑料）
58			废PET饮料瓶（砖）	
59	3915909000	其他塑料的废碎料及下脚料	其他塑料的废碎料及下脚料，不包括废光盘破碎料	
60			废光盘破碎料	
七、废橡胶、皮革				

序号	海关商品编号	废物名称	简称	其他要求或注释
61	4004000010	废轮胎及其切块	废轮胎及其切块	—
62	4004000020	硫化橡胶废碎料及下脚料及其粉粒（硬质橡胶的除外）	废硫化橡胶	不包括符合GB/T19208标准的硫化橡胶粉产品
63	4004000090	未硫化橡胶废碎料、下脚料及其粉、粒	未硫化橡胶废碎料及下脚料	—
64	4017001010	各种形状的硬质橡胶废碎料	废硬质橡胶	—
65	4115200010	皮革废渣、灰渣、淤渣及粉末	皮革废渣、灰渣、淤渣及粉末	
66	4115200090	成品皮革、皮革制品或再生皮革的边角料	皮革边角料	—
八、回收（废碎）纸及纸板，包括废特种纸				
67	4707900010	回收（废碎）墙（壁）纸、涂蜡纸、浸蜡纸、复写纸（包括未分选的废碎品）	废墙（壁）纸、涂蜡纸、浸蜡纸、复写纸	包括废无碳复写纸、热敏纸、沥青防潮纸、不干胶纸、浸油纸、使用过的液体包装纸（利乐包）
68	4707900090	其他回收纸或纸板（包括未分选的废碎品）	其他废纸	不包括废墙（壁）纸、涂蜡纸、浸蜡纸、复写纸无碳复写纸、热敏纸、沥青防潮纸、不干胶纸、浸油纸、使用过的液体包装纸（利乐包）
九、废纺织原料及制品				
69	5103109090	其他动物细毛的落毛	其他动物细毛的落毛	—
70	5103209090	其他动物细毛废料（包括废纱线，不包括回收纤维）	其他动物细毛废料	—
71	5103300090	其他动物粗毛废料（包括废纱线，不包括回收纤维）	其他动物粗毛废料	—
72	5104009090	其他动物细毛或粗毛的回收纤维	其他动物细毛或粗毛的回收纤维	—
73	5202100000	废棉纱线（包括废棉线）	废棉纱线	—
74	5202910000	棉的回收纤维	棉的回收纤维	—
75	5202990000	其他废棉	其他废棉	—
76	5505100000	合成纤维废料（包括落绵、废纱及回收纤维）	合成纤维废料	—
77	5505200000	人造纤维废料（包括落绵、废纱及回收纤维）	人造纤维废料	—
78	6309000000	旧衣物	旧衣物	—
79	6310100010	新的或未使用过的纺织材料制经分拣的碎织物等（新的或未使用过的，包括废线、绳、索、缆及其制品）	纺织材料制碎织物	—
80	6310100090	其他纺织材料制经分拣的碎织物等（包括废线、绳、索、缆及其制品）	其他废织物	—
81	6310900010	新的或未使用过的纺织材料制其他碎织物等（新的或未使用过的，包括废线、绳、索、缆及其制品）	纺织材料制其他碎织物	—
82	6310900090	其他纺织材料制碎织物等（包括废线、绳、索、缆及其制品）	其他废织物	—

序号	海关商品编号	废物名称	简称	其他要求或注释
十、废玻璃				
83	7001000010	废碎玻璃	废碎玻璃	包括阴极射线管的废玻璃和具有放射性的废玻璃
十一、金属和金属化合物的废物				
84	7112301000	含有银或银化合物的灰（主要用于回收银）	含有银或银化合物的灰	—
85	7112309000	含其他贵金属或贵金属化合物的灰（主要用于回收贵金属）	含其他贵金属或贵金属化合物的灰	—
86	7112912000	含有金及金化合物的废碎料（但含有其他贵金属除外，主要用于回收金）	含有金及金化合物的废碎料	—
87	7112991000	含有银及银化合物的废碎料（但含有其他贵金属除外，主要用于回收银）	含有银及银化合物的废碎料	—
88	7112992000	含其他贵金属或贵金属化合物废碎料（主要用于回收贵金属）	含其他贵金属或贵金属化合物废碎料	—
89	7401000010	沉积铜（泥铜）	沉积铜（泥铜）	—
90	7802000000	铅废碎料	铅废碎料	—
91	8102970000	钼废碎料	钼废碎料	—
92	8105300000	钴锍废碎料	钴锍废碎料	—
93	8107300000	镉废碎料	镉废碎料	—
94	8110200000	锑废碎料	锑废碎料	—
95	8111001010	锰废碎料	锰废碎料	—
96	8112130000	铍废碎料	铍废碎料	—
97	8112220000	铬废碎料	铬废碎料	—
98	8112520000	铊废碎料	铊废碎料	—
99	8112923090	未锻轧铟废碎料	铟废碎料	—
十二、废电池				
100	8548100000	电池废碎料及废电池［指原电池（组）和蓄电池的废碎料，废原电池（组）及废蓄电池］	电池废碎料及废电池	—
十三、废弃机电产品和设备及其未经分拣处理的零部件、拆散件、破碎件、砸碎件，国家另有规定的除外（海关通关系统参数库暂不予提示）				
101	8469-8473	废打印机，复印机，传真机，打字机，计算机器，计算机等废自动数据处理设备及其他办公室用电器电子产品	废弃计算机类设备和办公用电器电子产品	不包括已清除电器电子元器件及铅、汞、镉、六价铬、多溴联苯（PBB）多溴二苯醚（PBDE）等有毒有害物质，经分拣处理且未被污染的，仅由金属或合金组成的可列入限制进口的废五金电器类废物的零部件、拆散件破碎件、砸碎件（例如冰
102	8415，8418， 8450， 8508-8510， 8516	废空调，冰箱及其他制冷设备，洗衣机，洗盘机，微波炉，电饭锅，真空吸尘器，电热水器，地毯清扫器，电动刀，理发、吹发刷牙、剃须、按摩器具和其他身体护理器具等废家用电器电子产品和身体护理器具	废弃家用电器电子产品	
103	8517，8518	废电话机，网络通信设备，传声器，扬声器等废通讯设备	废弃通讯设备	
104	8519-8531	废录音机，录像机、放像机及激光视盘机，摄像机、摄录一体机及数字相机，收音机，电视机，监视器、显示器，信号装置等废视听产品及广播电视设备和信号装置	废弃视听产品及广播电视设备和信号装置	

序号	海关商品编号	废物名称	简称	其他要求或注释
105	9504	废游戏机	废弃游戏机	箱外壳、空调散热片及管、游戏机支架等）
106	8539	废荧光灯管，放电管，包括压钠管和金属卤化管及其他照明或用于发射或者控制灯光的设备	废弃照明设备	—
107	8532-8534，8540-8542	废电容器，印刷电路，热电子管、显像管、阴极射线管或光阴极管，二极管、晶体管等废半导体器件，集成电路等废电器电子元器件	废弃电器电子元器件	—
108	9018-9022	废医疗器械和射线应用设备	废弃医疗器械和射线应用设备	—
109	84、85、90 章	其他废弃机电产品和设备（指海关《商品综合分类表》第 84、8590 章下完整的废弃机电产品和设备，及以其他商品名义进口本项下废物的）	、其他废弃机电产品和设备	不包括已清除电器电子元器件及铅、汞、镉、六价铬、多溴联苯（PBB）多溴二苯醚（PBDE）等有毒有害物质的，经分拣处理且未被污染的，可列入限制进口的废五金电器类废物的整机及其零部件、拆散件、破碎件、砸碎件
十四、其他				
110	2520	废石膏	废石膏	包括烟气脱硫石膏、磷石膏、硼石膏等
111	2524	废石棉（灰尘和纤维）	废石棉（灰尘和纤维）	—
112	6806	废矿物纤维、矿渣棉、岩石棉及类似矿质棉、陶瓷质纤维等	与石棉物理化学性质相类似的废陶瓷质纤维等	—
113		从居民家收集的或从生活垃圾中分拣出的已使用过的塑料袋、膜网，以及已使用过的农用塑料膜和已使用过的农用塑料软管	从居民家收集的或从生活垃圾中分拣出的已使用过的塑、料袋、膜、网，以及已使用过的农用塑料膜和已使用过的农用塑料软管	—
114		废渔网	废渔网	—
115		废编织袋和废麻袋	废编织袋和废麻袋	不包括满足 GB16487.12 标准要求的废塑料编制袋
116		过期和废弃涂料、油漆	废涂料及废油漆	包括固态的
117		竹纤维废料、下脚料	竹纤维废料、下脚料	—
118		成品型废硅片（即高纯硅表面已经过扩散、氧化、外延、涂层、光刻、封装等处理的表面不是裸硅的报废片或者碎硅片）	成品型废硅片	—
119		绒毛浆废物	绒毛浆废物	—

序号	海关商品编号	废物名称	简称	其他要求或注释
120		含硫淤泥（单质硫＜80%，含水率≥10%）	含硫淤泥	—
121		电子产品拆解产生的回收废荧光粉	废荧光粉	—
122		含镍的矿渣、矿灰、残渣	含镍的矿渣、矿灰、残渣	包括含镍废催化剂及其提取钒、钼之后的镍渣铜、镍电解废液处理（如蒸发）后的残渣
123		含钒废催化剂	含钒废催化剂	—
124		废枕木	废枕木	—
125		其他未列名固体废物	其他未列名固体废物	指未明确列入《进口废物管理目录》的固体废物

备注：海关商品编号栏仅供参考。

附件 2

限制进口类可用作原料的固体废物目录

序号	海关商品编号	废物名称	证书名称	适用环境保护控制标准	其他要求或注释
一、金属熔化、熔炼和精炼产生的含金属废物					
1	2618001001	主要含锰的冶炼钢铁产生的粒状熔渣，含锰量＞25%（包括熔渣砂）	含锰大于25%的冶炼钢铁产生的粒状熔渣	GB 16487.2	Mn＞25%
2	2619000010	轧钢产生的氧化皮	轧钢产生的氧化皮	GB 16487.2	Fe＞68%，CaO 和 SiO_2 总量＜3%
3	2619000030	含铁量大于80%的冶炼钢铁产生的渣钢铁	含铁量大于80%的冶炼钢铁产生的渣钢铁	GB 16487.2	指钢铁冶炼渣中经过冷却破碎、磁选出的含有少量冶金渣的废钢铁，含铁量＞80%，S 和 P 总量＜0.7%用作钢铁冶炼的原料
二、塑料废碎料及下脚料					
4	3915100000	乙烯聚合物的废碎料及下脚料	乙烯聚合物的废碎料及下脚料，不包括铝塑复合膜	GB 16487.12	工业来源废塑料（指在塑料生产及塑料制品加工过程中产生的热塑性下脚料、边角料和残次品）
5			铝塑复合膜	GB 16487.12	
6	3915200000	苯乙烯聚合物的废碎料及下脚料	苯乙烯聚合物的废碎料及下脚料	GB 16487.12	

序号	海关商品编号	废物名称	证书名称	适用环境保护控制标准	其他要求或注释
7	3915300000	氯乙烯聚合物的废碎料及下脚料	氯乙烯聚合物的废碎料及下脚料	GB 16487.12	工业来源废塑料（指在塑料生产及塑料制品加工过程中产生的热塑性下脚料、边角料和残次品）
8	3915901000	聚对苯二甲酸乙二酯废碎料及下脚料	PET 的废碎料及下脚料，不包括废 PET 饮料瓶（砖）	GB 16487.12	
9			废 PET 饮料瓶（砖）	GB 16487.12	
10	3915909000	其他塑料的废碎料及下脚料	其他塑料的废碎料及下脚料，不包括废光盘破碎料	GB 16487.12	
11			废光盘破碎料	GB 16487.12	
三、回收（废碎）纸及纸板					
12	4707100000	回收（废碎）的未漂白牛皮、瓦楞纸或纸板	废纸	GB 16487.4	—
13	4707200000	回收（废碎）的漂白化学木浆制的纸和纸板（未经本体染色）	废纸	GB 16487.4	—
14	4707300000	回收（废碎）的机械木浆制的纸或纸板（例如废报纸、杂志及类似印刷品）	，废纸	GB 16487.4	—
四、金属和合金废碎料（金属态且非松散形式的，非松散形式指不包括属粉状、淤渣状、尘状或含有危险液体的固体状废物）					
15	7204210000	不锈钢废碎料	不锈钢废碎料	GB 16487.6	—
16	8101970000	钨废碎料	钨废碎料	GB 16487.7	—
17	8104200000	镁废碎料	镁废碎料	GB 16487.7	—
18	8106001092	其他未锻轧铋废碎料	铋废碎料	GB 16487.7	—
19	8108300000	钛废碎料	钛废碎料	GB 16487.7	—
20	8109300000	锆废碎料	锆废碎料	GB 16487.7	—
21	8112921010	未锻轧锗废碎料	锗废碎料	GB 16487.7	—
22	8112922010	未锻轧的钒废碎料	钒废碎料	GB 16487.7	—
23	8112924010	铌废碎料	铌废碎料	GB 16487.7	—
24	8112929011	未锻轧的铪废碎料	铪废碎料	GB 16487.7	—
25	8112929091	未锻轧的镓、铼废碎料	镓、铼废碎料	GB 16487.7	—
26	8113001010	颗粒或粉末状碳化钨废碎料	颗粒或粉末状碳化钨废碎料	GB 16487.7	—
27	8113009010	其他碳化钨废碎料，颗粒或粉末除外	其他碳化钨废碎料，颗粒或粉末除外	GB 16487.7	—
五、混合金属废物，包括废汽车压件和废船					
28	7204490010	废汽车压件	废汽车压件	GB 16487.13	—
29	7204490020	以回收钢铁为主的废五金电器	以回收钢铁为主的废五金电器	GB 16487.10	—
30	7404000010	以回收铜为主的废电机等（包括废电机、电线电缆、五金电器）	、以回收铜为主的废电机等	GB 16487.8 GB 16487.9 GB 16487.10	—
31	7602000010	以回收铝为主的废电线等（包括废电线、电缆五金电器）	、以回收铝为主的废电线等	GB 16487.9 GB 16487.10	—
32	8908000000	供拆卸的船舶及其他浮动结构体	废船，不包括航空母舰	GB 16487.11	不包括航空母舰

备注：海关商品编号栏仅供参考。

附件 3

非限制进口类可用作原料的固体废物目录

序号	海关商品编号	废物名称	证书名称	适用环境保护控制标准	其他要求或注释
一、木及软木废料					
1	4401310000	木屑棒	木废料	GB 16487.3	—
2	4401390000	其他锯末、木废料及碎片			—
3	4501901000	软木废料	软木废料	GB 16487.3	—
二、金属和金属合金废碎料					
4	7112911010	金的废碎料	金的废碎料	GB 16487.7	—
5	7112911090	包金的废碎料（但含有其他贵金属除外）	包金的废碎料	GB 16487.7	—
6	7112921000	铂及包铂的废碎料（但含有其他贵金属除外、主要用于回收铂）	铂及包铂的废碎料	GB 16487.7	—
7	7204100000	铸铁废碎料	废钢铁	GB 16487.6	—
8	7204290000	其他合金钢废碎料	废钢铁	GB 16487.6	—
9	7204300000	镀锡钢铁废碎料	废钢铁	GB 16487.6	—
10	7204410000	机械加工中产生的钢铁废料（机械加工指车、刨、铣、磨、锯、锉、剪、冲加工）	废钢铁	GB 16487.6	—
11	7204490090	未列明钢铁废碎料	废钢铁	GB 16487.6	—
12	7204500000	供再熔的碎料钢铁锭	废钢铁	GB 16487.6	—
13	7404000090	其他铜废碎料	铜废碎料	GB 16487.7	—
14	7503000000	镍废碎料	镍废碎料	GB 16487.7	—
15	7602000090	其他铝废碎料	铝废碎料	GB 16487.7	—
16	7902000000	锌废碎料	锌废碎料	GB 16487.7	—
17	8002000000	锡废碎料	锡废碎料	GB 16487.7	—
18	8103300000	钽废碎料	钽废碎料	GB 16487.7	—

备注：海关商品编号栏仅供参考。

关于发布《限制进口类可用作原料的固体废物环境保护管理规定》的公告

国环规土壤〔2017〕6 号

为贯彻落实《禁止洋垃圾入境推进固体废物进口管理制度改革实施方案》（国办发〔2017〕70 号），进一步加强限制进口类可用作原料的固体废物进口管理，依据《中华人民共和国固体废物污染环境防治法》《固体废物进口管理办法》，我部修订完成《限制进口类可用作原料的固体废物环境保护管理规定》，现予公布，自公布之日起施行。

《限制进口类可用作原料的固体废物环境保护管理规定》（环境保护部公告 2015 年第 70 号）同时废止。

附件：限制进口类可用作原料的固体废物环境保护管理规定（略）

环境保护部

2017 年 12 月 14 日

附件

限制进口类可用作原料的固体废物环境保护管理规定

一、适用范围

本规定适用于列入《限制进口类可用作原料的固体废物目录》中固体废物（以下简称限制进口类固体废物）进口的环境保护管理。进口特定类别固体废物环境保护有专门规定的，从其规定。

二、申请进口限制进口类固体废物许可应当具备的条件

（一）申请进口限制进口类固体废物的企业应当为实际从事加工利用的企业（以下简称加工利用企业），且属于依法成立的具有固体废物加工利用经营范围的企业法人。

（二）具有加工利用所申请进口固体废物的场地、设施、设备及配套的污染防治设施和措施（不包括租赁、承包等项目开展生产经营的情况），并符合国家或者地方环境保护标准规范的要求。

（三）符合建设项目环境保护管理有关规定。

（四）依法依规应当取得排污许可证的，应在规定时限内申领排污许可证，并严格按证排放污染物。

（五）具有防止进口固体废物污染环境的相关制度和措施，包括建立了进口固体废物加工利用的经营情况记录制度、日常环境监测制度；设置专门部门或专人负责检查、督促、落实本单位进口固体废物的相关环境保护和污染防治工作，相关工作人员和管理人员应当掌握国家相关政策法规、标准规范的规定；依法开展了清洁生产审核等。

（六）不得委托其他企业代理进口。

（七）申请进口限制进口类固体废物数量与加工利用能力和污染防治能力相适应；进口口岸符合就近原则和国家有关口岸管理规定。

（八）近两年内没有因以下违法行为受到行政处罚：

1．进口属于禁止进口的固体废物；

2．隐瞒有关情况或者提供虚假材料申请固体废物进口许可证；

3．以欺骗或者其他不正当手段获取固体废物进口许可证；

4．转让固体废物进口许可证。

（九）近一年内没有因以下违法行为受到行政处罚：

1．依法依规应当取得但未取得排污许可证或未按排污许可证规定排放污染物；

2．超过污染物排放标准或者重点污染物排放总量控制指标排放污染物；

3．所加工利用的进口固体废物不符合进口可用作原料的固体废物环境保护控制标准；

4．生产过程产生的固体废物以及进口固体废物中的夹杂物未进行无害化利用或者处置；

5．环境监测或者进口固体废物经营情况未按规定向环境保护部门报告，或者在报告时弄虚作假；

6．存在未批先建等建设项目环境违法行为；

7．其他违反环境保护法律、法规的行为。

三、申请、审批和监督管理

根据《中华人民共和国固体废物污染环境防治法》《固体废物进口管理办法》，进口列入《限制进口类可用作原料的固体废物目录》的固体废物实行许可管理。

（一）申请

1. 申请单位应当通过全国固体废物管理信息系统（以下简称信息系统）向环境保护部提出申请，提交电子申请材料的同时需提交相同内容的纸质申请材料。申请材料包括：

（1）申请报告。申请报告应包括：拟进口固体废物的名称、数量、来源国（地区）及进口口岸，上年度及本年度已申请许可证的使用情况等。

（2）申请表（见附 1）。申请表通过信息系统在线填写并打印，纸质申请表与电子申请表内容必须一致。

（3）环境保护报告（见附 2）。

（4）符合环境保护要求的证明材料（见附 3），包括省级环境保护主管部门根据县级以上地方环境保护主管部门的监督管理情况，出具的对加工利用企业监督管理情况表（见附 4）。

2.固体废物加工利用企业向环境保护部提出申请，由省级环境保护主管部门代收。省级环境保护主管部门在 10 个工作日内，将监督管理情况表和申请材料报送至环境保护部。监督管理情况表的纸质材料应加盖公章，监督管理情况表加盖公章的电子件应通过信息系统报送。

每年 12 月 1 日起，受理下一年度固体废物进口申请，同时，不再受理当年固体废物进口申请。

（二）技术审查

环境保护部委托环境保护部固体废物与化学品管理技术中心（以下简称固管中心）受理申请材料并进行技术审查。固管中心收到电子申请材料与纸质申请材料后，应在 5 个工作日内开展受理工作。在 10 个工作日内，对受理的申请通过书面审查或实地核查等方式进行技术审查，并将技术审查情况予以公示，征求公众意见，公示期为 3 个工作日。对公众意见，由环境保护部组织进行核实。技术审查工作原则上以电子申请材料为准。

公示期满，固管中心将技术审查情况和公示情况报送环境保护部。

（三）审批

环境保护部根据固管中心的技术审查意见，在 10 个工作日内对进口固体废物的申请进行审定。

（四）许可证的颁发

环境保护部委托固管中心将固体废物进口许可证邮寄至省级环境保护主管部门，由省级环境保护主管部门代为发放。

（五）监督管理

省级环境保护主管部门应当组织对辖区内申请进口限制进口类固体废物的加工利用企业进行现场监督检查。对检查合格的企业，省级环境保护主管部门及时出具监督管理情况表，作为审查申请单位是否有违法行为的重要依据。

省级环境保护主管部门应当组织对辖区内进口限制进口类固体废物的加工利用企业，每季度至少开展一次日常现场监督检查，严控环境风险。对检查中发现企业存在环境违法行为且受到行政处罚的，应逐级上报至环境保护部，并抄送固管中心。

（六）资料保存

进口固体废物申请材料的保存期限为三年。

四、变更、遗失处理

（一）变更

固体废物进口许可证上载明的事项发生变化的，加工利用企业应当按照原申请程序和要求重新申请领取固体废物进口许可证，并交回原证。

（二）遗失

加工利用企业遗失所申领的固体废物进口许可证，应当在全国性的综合或环境类报纸上刊登作废声明，并向环境保护部、所在地省级环境保护主管部门及许可证注明的进口口岸地海关书面报告挂失作废。

在有效期内需要重新办理固体废物进口许可证的，加工利用企业应按原申请程序和要求重新申请固体废物进口许可证。环境保护部根据加工利用企业的遗失报告、声明作废的报样等材料，扣除已使用的数量后，注销原证并换发新证，并在新证备注栏注明原证证号和“遗失换证”字样。

五、经营情况和年度环境保护报告备案

进口限制进口类固体废物的加工利用企业应当于每季度第一个月 15 日之前将上季度进口固体废物经营情况，通过信息系统向所在地省级环境保护主管部门报告并附报表（报表样式见附 5）。

进口限制进口类固体废物的加工利用企业应当于每年 1 月 15 日之前将上年度企业环境保护报告（并附上年度限制进口类固体废物加工利用经营情况报表，见附 6），通过信息系统向所在地省级环境保护主管部门报告。省级环境保护主管部门应当将有关情况汇总后于每年 3 月 31 日前通过信息系统报环境保护部。报告样式见附 7。

附 1：限制进口类可用作原料的固体废物进口许可证申请表

附 2：限制进口类可用作原料的固体废物加工利用企业环境保护报告

附 3：有关证明材料的说明

附 4：关于对申请进口限制进口类可用作原料的固体废物的监督管理情况表

附 5：限制进口类可用作原料的固体废物加工利用经营情况记录簿参考样式

附 6：限制进口类可用作原料的固体废物加工利用经营情况报表

附 7：________省（区、市）__________年限制进口类可用作原料的固体废物经营情况汇总表

附 1

限制进口类可用作原料的固体废物进口许可证申请表

加工利用企业 ____________________________（章）

海关代码 ____________________________

申请的进口固体废物名称 ____________________________

进口固体废物海关商品编号 ____________________________

申请进口数量（吨） ____________________________

申请________年度许可证　申领许可证分证份数____________

贸易方式　一般贸易□　加工贸易□

报关口岸 ____________________________

申请类型　年度首次申请□　年度非首次申请□

变更□　遗失换证□

加工利用企业联系人　姓名____________固定电话____________

手机____________传真：____________

受理机关受理人 ____________________________

受理日期 ____________________________

受理意见　受理□　不受理□

中华人民共和国环境保护部制

1．基本情况

<table>
<tr><td rowspan="6">加工利用企业</td><td colspan="3">法人名称（中文）：

（章）</td></tr>
<tr><td colspan="3">法人名称（英文）：</td></tr>
<tr><td colspan="3">工商营业执照号（或统一社会信用代码）：</td></tr>
<tr><td colspan="3">住所：
__________省（区、市）__________市（地、州、盟）__________县（区、市、旗）__________邮编：</td></tr>
<tr><td colspan="3">法定代表人：
电话：
手机：
传真：
Email：</td></tr>
<tr><td>是否应当实施强制性清洁生产审核
是否开展了清洁生产审核</td><td>□是
□是</td><td>□否
□否</td></tr>
<tr><td colspan="4">加工利用企业对所申请的进口固体废物的总加工利用能力（吨/年）：
说明：废纸、废塑料、废五金的加工利用能力可按照大类填写，其他品种的加工利用能力按照具体品种填写。</td></tr>
<tr><td rowspan="2">变更/遗失换证申请</td><td colspan="3">原许可证号</td></tr>
<tr><td colspan="3">申请内容和理由</td></tr>
<tr><td colspan="4">备注：</td></tr>
</table>

2. 生产场地、设施、设备情况表

<table>
<tr><td colspan="6">加工利用场地地址：
__________省（区、市）__________市（地、州、盟）__________县（区、市、旗）
__________________邮编：</td></tr>
<tr><td colspan="2">总面积（平方米）</td><td colspan="2"></td><td>生产加工区面积（平方米）</td><td></td></tr>
<tr><td colspan="6">备注：
1. 总面积：指加工利用设施所在厂区的总面积，包括办公、道路、生产加工区、仓储等区域的面积。
2. 生产加工区面积：指加工利用所申请的进口固体废物的直接操作区域（包括贮存区域）的面积，不包括行政办公场所、道路、绿地以及其他与直接加工利用进口固体废物活动无关区域的面积。</td></tr>
<tr><td colspan="6">本加工利用场地设施对所申请的进口固体废物的加工利用能力（吨/年）：</td></tr>
<tr><td colspan="6">对所申请的进口固体废物的主要加工利用设施、设备</td></tr>
<tr><td>名　称</td><td>规格型号</td><td>数量</td><td>处理的废物名称和类别</td><td>设计能力</td><td>备　注</td></tr>
<tr><td></td><td></td><td></td><td></td><td></td><td></td></tr>
<tr><td></td><td></td><td></td><td></td><td></td><td></td></tr>
<tr><td></td><td></td><td></td><td></td><td></td><td></td></tr>
<tr><td></td><td></td><td></td><td></td><td></td><td></td></tr>
<tr><td></td><td></td><td></td><td></td><td></td><td></td></tr>
<tr><td></td><td></td><td></td><td></td><td></td><td></td></tr>
<tr><td></td><td></td><td></td><td></td><td></td><td></td></tr>
<tr><td></td><td></td><td></td><td></td><td></td><td></td></tr>
<tr><td colspan="6">备注：</td></tr>
</table>

注：1.本表可增加附页；2.加工利用场地地址按照企业加工利用进口固体废物的设施所在的实际地址填写，有多个加工利用设施且地址不同的，要每个地址填写一张表。

3. 污染防治设施和措施情况表

废水、废气、噪声治理设施情况   固体废物（包括对进口固体废物中夹杂物）的贮存设施情况及处理处置方案   其他污染防治措施及需要说明的问题
备注：

注：1. 本页可增加附页；2. 有多个加工利用设施且地址不同的，要对每个地址的污染防治设施和措施填写一张表；3. 委托其他单位对污水、进口固体废物加工利用后所产生的残余废物及其他污染物进行利用处置的，应当提供委托合同和所委托单位相关资质证明的复印件。

4．所申请进口固体废物的加工利用情况

废物名称	典型组成成分及其比例	可能夹杂物、危害物质及其比例
所申请进口的固体废物在所在国（地区）的产生过程及来源		
加工利用流程和最终产品名称（按照每类进口固体废物分别填写，生产流程末端必须注明加工利用固体废物所得的原料或者产品的种类或者名称）		

注：本页可增加附页。

5. 守法情况

1. 近两年内没有因以下违法行为受到行政处罚：	
进口属于禁止进口的固体废物	□是□否
隐瞒有关情况或者提供虚假材料申请固体废物进口许可证	□是□否
以欺骗或者其他不正当手段获取固体废物进口许可证	□是□否
转让固体废物进口许可证	□是□否
2. 近一年内没有因以下违法行为受到行政处罚：	
依法依规应当取得但未取得排污许可证或未按排污许可证规定排放污染物	□是□否
超过污染物排放标准或者重点污染物排放总量控制指标排放污染物	□是□否
所加工利用的进口固体废物不符合进口可用作原料的固体废物环境保护控制标准	□是□否
生产过程产生的固体废物以及进口固体废物中的夹杂物未进行无害化利用或者处置	□是□否
环境监测或者进口固体废物经营情况未按规定向环境保护部门报告或者在报告时弄虚作假	□是□否
存在未批先建等建设项目环境违法行为	□是□否
其他违反环境保护法律、法规的行为	□是□否

6. 申请单位声明

我声明，本申请表及有关附带资料是完整的、真实的和正确的。本单位保证遵守中华人民共和国环境保护法律法规、固体废物进口管理的各项规定和相关环境保护控制标准及要求，将进口的固体废物全部在本单位以环境无害化方式加工利用，对无法加工利用的固体废物进行无害化处理处置，并如实记录加工利用进口固体废物的情况，接受有关部门的监督检查。

加工利用企业法定代表人签名：

（单位公章）

年　　月　　日

填写说明

1. 申请单位填写申请表前应认真学习相关法律法规。相关法律法规可参见环境保护部、商务部、发展改革委、海关总署、国家质量监督检验检疫总局的网站。

2. 电子申请表应依据《限制进口类可用作原料的固体废物目录》，通过信息系统在线填写、提交。纸质申请表应通过信息系统打印，其内容必须与电子申请表内容完全一致；申请单位应在提示处加盖公章，单位名称必须与单位公章完全一致。

除编号为4707100000、4707200000、4707300000的废纸外，一份申请表只能申请一种固体废物，一份申请表同时申请多种或多类固体废物的无效。

3. 申请表及附带的有关证明材料必须是完整的、真实的和正确的。申请单位对全部申请材料的真实性负责。纸质申请表必须提供原件，手写、涂改、复制件均无效。

4. 申请表必须填写申请许可证分证份数。加工利用企业联系人应当为加工利用企业专门负责废物进口管理工作的人员；联系电话应为联系人的常用固定电话及手机。

5. 贸易方式分为加工贸易和一般贸易两种。

6. 申请单位在不同的设区的市级行政区域具有多处进口固体废物加工利用场地的，需就各处场地分别提出申请。

附 2

________________省/自治区/直辖市

________________市

限制进口类可用作原料的固体废物
加工利用企业环境保护报告

单　　位：　　　　　　　　　（公章）

报 告 人：

职　　务：

电话/传真：

报告日期：

目　录

一、单位基本情况。

二、生产场地、设施、设备和工艺情况。

三、上年度生产经营情况，包括可用作原料的固体废物进口、加工利用情况。

四、环境保护及污染防治情况，包括企业环境保护的管理规章制度，污染物排放达标情况，污染防治设施及其运行情况，固体废物利用处置情况，排污许可证执行情况，环境保护税情况，排污申报情况。

五、守法情况。

六、存在问题和改进措施。

七、其他相关情况。

附 3

有关证明材料的说明

所有证明材料均通过信息系统在线提交。信息系统提交的证明材料格式应为使用 Adobe 编制的或者扫描的 PDF（PortableDocumentFormat）电子件，PDF 电子件应保证有足够清晰的分辨率。在线提交电子证明材料的同时，需提交内容相同的纸质证明材料，并加盖企业公章。有关证明材料说明如下：

一、固体废物加工利用经营范围的企业法人。

如：加工利用企业有效的法人营业执照副本。

二、具有加工利用所申请进口固体废物的场地、设施、设备及配套的污染防治设施和措施（不包括租赁、承包等项目开展生产经营的情况），并符合国家或者地方环境保护标准规范的要求。

如：申请表填报的场地（包括厂区入口及厂牌、厂区概览、原料和成品贮存场地、加工利用场地）、设施、设备、污染防治设施设备（不包括租赁、承包等项目开展生产经营的情况）的彩色照片及文字说明。

三、符合建设项目环境保护管理有关规定。

如：加工利用企业建设项目环境影响评价文件及其批准文件和项目竣工环境保护验收批准文件（或者项目竣工环境保护验收报告）。

四、具有防止进口固体废物污染环境的相关制度和措施，包括建立了进口固体废物加工利用的经营情况记录制度、日常环境监测制度；设置专门部门或专人负责检查、督促、落实本单位进口固体废物的相关环境保护和污染防治工作，相关工作人员和管理人员应当掌握国家相关政策法规、标准规范的规定；依法开展了清洁生产审核等。

如：有关经营情况记录簿样本、环境监测等环境管理制度文本，以及相关防止进口不符合国家环境保护控制标准的固体废物的管理制度和措施。

加工利用企业经营情况记录簿，应如实记载每批进口固体废物所使用的许可证号、报关日期、进口金额、进口口岸、进口数量，到厂日期和数量，运输单位的名称和联系方式；加工处理或者利用进口固体废物量、时间、产品产量和流向；进口固体废物中夹杂物（定义见《进口可用作原料的固体废物环境保护控制标准》）以及生产过程中产生的固体废物的名称、数量及利用和处置情况；进口固体废物中夹杂物和生产过程中产生的固体废物的记录应当分别填写，确实难以区分的，应当说明理由；上述记录应当由经办人签字。有关固体废物进口、运输，产品销售，进口固体废物中的夹杂物和生产过程中产生的固体废物利用处置等环节的原始凭证，如合同、付款单据、发票、纳税申报表、税收缴款书（完税凭证）等，应作为经营情况记录簿的附件保存备查，保存期为 5 年。经营情况记录簿参考样式见附 5，企业可根据实际情况予以修改或调整，但应满足上述基本原则和要求。

环境监测方案应确定监测指标和频率，以及应急监测预案，其中特征污染物应当每季度至少监测一次；实行“圈区管理”的区内加工利用企业，特征污染物应当每六个月至少监测一次。进口固体废物加工利用企业应当自行监测或委托监测；自行监测的，应当依法取得检验检测机构资质认定，制定监测仪器的维护和标定方案，定期维护，标定并记录结果；委托监测的，应当提供委托合同和委托检验检测机构资质认定证明文件。

本单位有关环境保护岗位职责与考核标准的规章制度；相关工作人员和管理人员的环保培训材料等。

依据《中华人民共和国清洁生产促进法》第二十七条和《清洁生产审核办法》（发展改革委、环境保护部令第 38 号）第八条，应当实施强制性清洁生产审核的企业，根据清洁生产审核开展阶段提供相应证明文件。

五、省级环境保护主管部门出具的对加工利用企业监督管理情况表。

提供加工利用场地所在地省级环境保护主管部门根据县级以上地方环境保护主管部门的监督管理情况，出具的对加工利用企业监督管理情况表（见附4）。

六、其他证明符合本规定的文件和材料。

附 4

关于对________（填写企业名称）________申请进口限制进口类可用作原料的固体废物的监督管理情况表

填报部门：________________省（区、市）环境保护厅（局）（章）

<table>
<tr><td colspan="5">1 利用设施地址</td></tr>
<tr><td>2 项目环评文件审批号</td><td></td><td>3 项目环境保护设施验收情况</td><td colspan="2">□已验收　□未验收</td></tr>
<tr><td>4 所在地空气质量功能区划类别</td><td></td><td>5 废水排水去向</td><td colspan="2"></td></tr>
<tr><td>6 受纳水体名称</td><td></td><td>7 受纳水体规划功能类别</td><td colspan="2"></td></tr>
<tr><td rowspan="2">8 污染治理设施运行情况</td><td>废水治理设施</td><td>□正常　□不正常　□其他</td><td>废气治理设施</td><td>□正常　□不正常　□其他</td></tr>
<tr><td>噪声治理设施</td><td>□正常　□不正常　□其他</td><td>固体废物贮存设施</td><td>□正常　□不正常　□其他</td></tr>
<tr><td colspan="3">9 一般工业固体废物利用或者处置情况</td><td colspan="2">□合格　□不合格　□其他</td></tr>
<tr><td colspan="2">10 危险废物利用或者处置情况</td><td>□合格□不合格□其他</td><td colspan="2">接受危险废物单位的名称及经营许可证号：</td></tr>
<tr><td colspan="2">11 污染物排放达标情况</td><td colspan="2">废水：□合格□不合格□其他</td><td>废气：□合格□不合格□其他</td></tr>
<tr><td rowspan="6">12 污染物排放总量控制情况</td><td>控制项目</td><td>控制要求</td><td>企业污染物排放总量</td><td>是否符合总量控制要求</td></tr>
<tr><td>COD</td><td></td><td></td><td></td></tr>
<tr><td>SO_2</td><td></td><td></td><td></td></tr>
<tr><td>NO_x</td><td></td><td></td><td></td></tr>
<tr><td>NH_3-N</td><td></td><td></td><td></td></tr>
<tr><td>其他</td><td></td><td></td><td></td></tr>
<tr><td rowspan="3">13 守法情况</td><td colspan="4">13.1 近两年内没有因以下违法行为受到行政处罚：
进口属于禁止进口的固体废物　□是□否
隐瞒有关情况或者提供虚假材料申请固体废物进口许可证　□是□否
以欺骗或者其他不正当手段获取固体废物进口许可证　□是□否
转让固体废物进口许可证　□是□否</td></tr>
<tr><td colspan="4">13.2 近一年内没有因以下违法行为受到行政处罚：
依法依规应当取得但未取得排污许可证或未按排污许可证规定排放污染物　□是□否
超过污染物排放标准或者重点污染物排放总量控制指标排放污染物　□是□否
所加工利用的进口固体废物不符合进口可用作原料的固体废物环境保护控制标准　□是□否
生产过程产生的固体废物以及进口固体废物中的夹杂物未进行无害化利用或者处置　□是□否
环境监测或者进口固体废物经营情况未按规定向环境保护部门报告，或者在报告时弄虚作假　□是□否
存在未批先建等建设项目环境违法行为　□是□否
其他违反环境保护法律、法规的行为　□是□否</td></tr>
<tr><td colspan="4">13.3 清洁生产审核情况：
是否应当实施强制性清洁生产审核　□是□否
是否开展了清洁生产审核　□是□否</td></tr>
</table>

填报人：　　　　审核人：　　　　联系电话：　　　　日期：　　年　　月　　日

填写说明

1. 企业名称按照经工商行政管理部门核准进行法人登记的名称填写。利用设施地址按照企业加工利用进口固体废物的设施的实际地址填写，有多个利用设施且地址不同的，要每个地址填写一张表。

2. 根据《环境空气质量标准》（GB3095），环境空气质量功能区分为二类：一类区为自然保护区、风景名胜区和其他需要特殊保护的地区；二类区为居住区、商业交通居民混合区、文化区、工业区和农村地区。企业所在地环境空气功能区范围由企业所在地县级以上（含县级）环境保护主管部门划分，报本级人民政府批准实施。请按上述规定分别填写一类或者二类。

3. 废水排水去向分为：不外排、直接进入海域、直接入河、排入污水处理厂或者市政管网、进入其他单位。

4. 根据排水去向，直接入河填写河流名称；排入污水处理厂填写污水处理厂名称；排入市政管网的填写市政排污口名称。

5. 受纳水体属于地表水的，根据《地表水环境质量标准》（GB3838）中相关规定划分，填写地表水水域功能类别Ⅰ～Ⅴ类；受纳水体属于海域的，根据《海水水质标准》（GB3097）中相关规定划分，填写海水水质类别一～四类；或根据地方近岸海域环境功能区水质保护目标划分，填写一～四类近岸海域环境功能区；排入污水处理厂及城市市政管网不用填写。请按上述规定分别填写地表水Ⅰ～Ⅴ类或海水一～四类。

6. 根据企业实际情况填写各环境保护污染治理设施是否正常运行。有多个设施的，要分别考核。

以下条件均满足者为合格。有按环境影响评价要求建设并经验收合格的废水、废气、噪声治理设施及固体废物贮存设施；排污口达到国家或者地方规范化整治要求；建立污染治理设施的运行管理制度、操作规程，并有专职管理人员；污染治理设施运行正常，申请之前 1 年内未发现有擅自停运、闲置污染治理设施的现象；申请之前 1 年内未有因污染导致的纠纷和群众投诉，或者污染纠纷与投诉已得到妥善解决。

7. 填写企业一般工业固体废物是否进行环境无害化处置或利用。

以下条件均满足者为合格：一般工业固体废物以填埋方式处置的，必须符合《一般工业固体废物贮存、处置场污染控制标准》（GB18599）；自行处置或者利用的，其处置或者利用设施必须符合《中华人民共和国固体废物污染环境防治法》第十四条的规定；不自行处置或者利用的，所委托的利用处置单位必须符合建设项目环境保护有关规定，并能够提供交接记录及相关原始凭证。

8. 填写企业危险废物是否进行环境无害化处置或利用。以下条件均满足者为合格：危险废物贮存、处置必须符合《危险废物贮存污染控制标准》（GB18597）、《危险废物焚烧污染控制标准》（GB18484）和《危险废物填埋污染控制标准》（GB18598）；自行处置或者利用危险废物的，其处置或者利用必须符合《中华人民共和国固体废物污染环境防治法》第十四条的规定；不自行处置或者利用的，必须依法提供或者委托给有相应危险废物经营许可证的企业处置或者利用，并能够提供危险废物转移联单及相关原始凭证。

9. 污染物排放达标情况要附监测报告。监测报告的时间距省级环境保护主管部门出具监督管理情况表的时间超过 6 个月的无效。有多个排污口的，要分别考核。

以下情况为不合格：污染物监测值超过相应执行标准限值的，该污染物排放不达标；有一个监测项目超标，该类型（废水、废气）污染物排放不达标。

10. 守法情况由省级环境保护主管部门根据企业加工利用场地所在地县级以上地方环境保护主管部门的监督管理情况记录填写。监督管理情况自出具之日起 6 个月内有效。

11. 加工利用场地所在地省级环境保护主管部门填写，核对进口固体废物加工利用企业是否符合《限制进口类可用作原料的固体废物环境保护管理规定》中规定的各项加工利用企业环境保护要求。

附 5

限制进口类可用作原料的固体废物加工利用经营情况记录簿参考样式

表 1　固体废物进口许可证的基本情况表

许可证号	加工利用企业	海关商品编号	废物名称	批准数量（吨）	进口口岸	有效期	备注

注：本表中的“废物名称”指固体废物进口许可证打印的废物名称。

表 2　固体废物进口许可证的使用情况登记表（每份许可证的分证填写一张表，按日填写）

许可证分证号：							进口口岸：			
序号	废物名称	海关报关日期	海关计量数量（吨）	进口金额（万美元）	到厂日期	实际到厂数量（吨）	运输单位名称及联系方式	交货人签字	收货人签字	备注
小计	—				—		—	—	—	

注：本表中的“废物名称”应当填写进口固体废物的具体品种名称，以实际到厂的废物为准，与报关单填报的名称不一致的，应当查找并记录原因和处理结果。

表 3　进口固体废物的加工利用情况（每类废物填写一张表，按日填写）

废物种类：					
序号	日期	加工利用数量（吨）	产　品　名　称	产品生产数量（吨）	记录人签字
小计	-		-		-

注：本表中的“产品名称”应当填写以进口固体废物为原料直接生产的原材料或者产品的名称。例如，加工利用废纸所得的产品可以是“废纸浆”。

表 4　以进口固体废物为原料的产品销售情况（每类废物填写一张表，按日填写）

废物种类：					
序号	日期	产品名称	自用或者销售去向	自用或者销售数量（吨）	记录人签字
小计	-	-	-		-

注：本表中的“产品名称”应当填写以进口固体废物为原料直接生产的原材料或者产品的名称。去向为企业内部下一工序自用的，在“自用或者销售去向”栏中填写自用的去向，并在“自用或者销售数量”栏中填写相应的自用数量。

表5 进口固体废物中的夹杂物利用及处置情况（按日填写）

序号	日期	夹杂物名称	数量（吨）	利用情况		处置情况		记录人签字
				利用数量（吨）	去向	处置数量（吨）	去向	
小计	-	-						-

注：1.处置包括填埋、焚烧等方式；2.去向指自行或委托外单位利用或处置；3.自行利用或处置的，应当填写利用或处置设施；4.委托外单位利用或处置的，应当填写外单位的名称及其联系人和联系方式。

表6 生产过程产生的固体废物利用及处置情况（按日填写）

序号	日期	固体废物名称	数量（吨）	利用情况		处置情况		记录人签字
				利用数量（吨）	去向	处置数量（吨）	去向	
小计	-	-						-

注：1.处置包括填埋、焚烧等方式；2.去向指自行或委托外单位利用或处置；3.自行利用或处置的，应当填写利用或处置设施；4.委托外单位利用或处置的，应当填写外单位的名称及其联系人和联系方式。

表7 有关原始凭证的汇总清单（按月汇总）

废物种类						
序号	进口固体废物付款付汇证明					备注
	收款收汇单位名称	付款付汇单位名称	总金额（万美元）	付款付汇日期	单据名称及号段	
小计	-					
序号						备注
小计	-					
序号	进口固体废物加工利用产品销售证明					备注
	收货单位名称	发货单位名称	总金额（万元）	日期	增值税发票号段	
小计		-				
序号	税收缴款书（完税凭证）					备注
	银行名称		总金额（万元）	日期	缴款书号段	
小计		-				

附 6

限制进口类可用作原料的固体废物加工利用经营情况报表

加工利用企业名称：____（章）

加工利用企业法定代表人签字： 日期： 年 月 日

报告起止日期： 年 月 日至 年 月 日

（一季报□ 二季报□ 三季报□ 四季报□ 年报□）

表 1 固体废物进口许可证的基本情况

序号	许可证号码	加工利用企业	海关商品编号	废物名称	批准数量（吨）	报告期内进口数量（吨）	报告期内进口总金额（万美元）	备注

表 2 进口固体废物的加工利用情况（单位：吨）

<table>
<tr><td>废物种类</td><td colspan="4"></td></tr>
<tr><td>报告期内进口数量：</td><td colspan="4">报告期内加工利用数量：</td></tr>
<tr><td rowspan="4">报告期内的产品生产和销售情况</td><td>名称</td><td>生产数量</td><td colspan="2">自用或者销售数量</td></tr>
<tr><td></td><td></td><td colspan="2"></td></tr>
<tr><td></td><td></td><td colspan="2"></td></tr>
<tr><td>小计</td><td></td><td colspan="2"></td></tr>
<tr><td rowspan="5">进口固体废物中的夹杂物利用处置情况</td><td rowspan="2">名称</td><td rowspan="2">产生数量</td><td colspan="2">利用处置数量</td></tr>
<tr><td>总数量</td><td>委托处理处置数量</td></tr>
<tr><td></td><td></td><td></td><td></td></tr>
<tr><td></td><td></td><td></td><td></td></tr>
<tr><td>小计</td><td></td><td></td><td></td></tr>
<tr><td rowspan="5">生产过程中产生的固体废物利用处置情况</td><td rowspan="2">名称</td><td rowspan="2">产生数量</td><td colspan="2">利用处置数量</td></tr>
<tr><td>总数量</td><td>委托处理处置数量</td></tr>
<tr><td></td><td></td><td></td><td></td></tr>
<tr><td></td><td></td><td></td><td></td></tr>
<tr><td>小计</td><td></td><td></td><td></td></tr>
</table>

制表人： 审核人： 填写日期： 年 月 日

附 7

______省（区、市）______年限制进口类可用作原料的固体废物经营情况汇总表

填报部门：______________省（区、市）环境保护厅（局）（章）

序号	废物名称	加工利用企业数	批准量（吨）	实际进口量（吨）	进口总金额（万美元）	加工利用情况				现场检查次数	处罚情况	备注
						加工利用量（吨）	进口固体废物中的夹杂物（吨）					
							数量	利用处置量	委托利用处置量			
1	废纸											
2	废塑料											
3	废五金											
4	轧钢产生的氧化皮											
5	含锰大于 25%的冶炼钢铁产生的粒状熔渣											
6	含铁大于 80%的冶炼钢铁产生的渣钢											
7	不锈钢废碎料											
8	钨废碎料											
9	镁废碎料											
10	铋废碎料											
11	钛废碎料											
12	锆废碎料											
13	锗废碎料											
14	钒废碎料											
15	铌废碎料											
16	铪废碎料											
17	镓、铼废碎料											
18	碳化钨废碎料											
19	废汽车压件											
20	废船											

填报人： 审核人： 联系电话： 日期： 年 月 日

附件 2

限制进口类可用作原料的固体废物目录

序号	海关商品编号	废物名称	证书名称	适用环境保护控制标准	其他要求或注释
一、金属熔化、熔炼和精炼产生的含金属废物					
1	2618001001	主要含锰的冶炼钢铁产生的粒状熔渣，含锰量＞25%（包括熔渣砂）	含锰大于 25%的冶炼钢铁产生的粒状熔渣	GB16487.2	Mn＞25%
2	2619000010	轧钢产生的氧化皮	轧钢产生的氧化皮	GB16487.2	Fe＞68%，CaO 和 SiO2 总量<3%
3	2619000030	含铁量大于 80%的冶炼钢铁产生的渣钢铁	含铁量大于 80%的冶炼钢铁产生的渣钢铁	GB16487.2	指钢铁冶炼渣中经过冷却破碎、磁选出的含有少量冶金渣的废钢铁，含铁量＞80%，S 和 P 总量＜0.7%用作钢铁冶炼的原料
二、塑料废碎料及下脚料					
4	3915100000	乙烯聚合物的废碎料及下脚料	乙烯聚合物的废碎料及下脚料，不包括铝塑复合膜	GB16487.12	工业来源废塑料（指在塑料生产及塑料制品加工过程中产生的热塑性下脚料、边角料和残次品）
5			铝塑复合膜	GB16487.12	
6	3915200000	苯乙烯聚合物的废碎料及下脚料	苯乙烯聚合物的废碎料及下脚料	GB16487.12	
7	3915300000	氯乙烯聚合物的废碎料及下脚料	氯乙烯聚合物的废碎料及下脚料	GB16487.12	工业来源废塑料（指在塑料生产及塑料制品加工过程中产生的热塑性下脚料、边角料和残次品）
8	3915901000	聚对苯二甲酸乙二酯废碎料及下脚料	PET 的废碎料及下脚料，不包括废 PET 饮料瓶（砖）	GB16487.12	
9			废 PET 饮料瓶（砖）	GB16487.12	
10	3915909000	其他塑料的废碎料及下脚料	其他塑料的废碎料及下脚料，不包括废光盘破碎料	GB16487.12	
11			废光盘破碎料	GB16487.12	
三、回收（废碎）纸及纸板					
12	4707100000	回收（废碎）的未漂白牛皮、瓦楞纸或纸板	废纸	GB16487.4	—
13	4707200000	回收（废碎）的漂白化学木浆制的纸和纸板（未经本体染色）	废纸	GB16487.4	—
14	4707300000	回收（废碎）的机械木浆制的纸或纸板（例如废报纸、杂志及类似印刷品）	废纸	GB16487.4	—
四、金属和合金废碎料（金属态且非松散形式的，非松散形式指不包括属粉状、淤渣状、尘状或含有危险液体的固体状废物）					
15	7204210000	不锈钢废碎料	不锈钢废碎料	GB16487.6	—
16	8101970000	钨废碎料	钨废碎料	GB16487.7	—

序号	海关商品编号	废物名称	证书名称	适用环境保护控制标准	其他要求或注释
17	8104200000	镁废碎料	镁废碎料	GB16487.7	—
18	8106001092	其他未锻轧铋废碎料	铋废碎料	GB16487.7	—
19	8108300000	钛废碎料	钛废碎料	GB16487.7	—
20	8109300000	锆废碎料	锆废碎料	GB16487.7	—
21	8112921010	未锻轧锗废碎料	锗废碎料	GB16487.7	—
22	8112922010	未锻轧的钒废碎料	钒废碎料	GB16487.7	—
23	8112924010	铌废碎料	铌废碎料	GB16487.7	—
24	8112929011	未锻轧的铪废碎料	铪废碎料	GB16487.7	—
25	8112929091	未锻轧的镓、铼废碎料	镓、铼废碎料	GB16487.7	—
26	8113001010	颗粒或粉末状碳化钨废碎料	颗粒或粉末状碳化钨废碎料	GB16487.7	—
27	8113009010	其他碳化钨废碎料，颗粒或粉末除外	其他碳化钨废碎料，颗粒或粉末除外	GB16487.7	—
五、混合金属废物，包括废汽车压件和废船					
28	7204490010	废汽车压件	废汽车压件	GB16487.13	—
29	7204490020	以回收钢铁为主的废五金电器	以回收钢铁为主的废五金电器	GB16487.10	—
30	7404000010	以回收铜为主的废电机等（包括废电机、电线电缆、五金电器）	以回收铜为主的废电机等	GB16487.8 GB16487.9 GB16487.10	—
31	7602000010	以回收铝为主的废电线等（包括废电线、电缆五金电器）	以回收铝为主的废电线等	GB16487.9 GB16487.10	—
32	8908000000	供拆卸的船舶及其他浮动结构体	废船，不包括航空母舰	GB16487.11	不包括航空母舰

备注：海关商品编号栏仅供参考。

关于转发《关于如何适用固体废物跨省转移行政许可办理时限的答复》的通知

（国家环境保护总局局函　环函〔2007〕179号）

各省、自治区、直辖市环境保护局（厅），各直属单位，各派出机构，计划单列市环境保护局，副省级城市环境保护局：

在《固体废物污染环境防治法》执行过程中，地方环保部门普遍反映：移出地环保部门发出商请函到接受地环保部门审查后复函所需时间一般都在20个工作日以上，环保部门难以在《行政许可法》第四十二条第一款所规定的时限（20个工作日）内完成固体废物跨省转移许可工作。

为保证环境执法行为的合法和高效，2007年3月28日，我局商请全国人大常委会法制工作委员会对“固体废物跨省转移许可”的办理时限是否适用《行政许可法》第四十二条第二款的规定进行解释。

2007年5月21日，全国人大常委会法制工作委员会回复了意见：“固体废物污染环境防治法第二十三条规定的转移固体废物出省、自治区、直辖市行政区域贮存、处置申请办理行政许可的时限，适用行政许可法第四十二条第二款的规定，但函件邮递的时间应当计算在行政许可的时限内。”

现将《关于如何适用固体废物跨省转移行政许可办理时限的答复》（法工委发〔2007〕25号）转发给你们，请遵照执行。

附件：《关于如何适用固体废物跨省转移行政许可办理时限的答复》（法工委发〔2007〕25号）（略）

二〇〇七年五月二十五日

关于用于原始用途的含有或直接沾染危险废物的包装物、容器属性认定有关问题的复函

（环办政法函〔2017〕573号）

浙江省环境保护厅：

你厅《关于环函〔2014〕126号文中原所有者是否包括供应商、经销商等有关问题的请示》（浙环〔2017〕4号）收悉。经研究，函复如下：

《关于用于原始用途的含有或直接沾染危险废物的包装物、容器是否属于危险废物问题的复函》（环函〔2014〕126号）第二条规定：“用于原始用途的含有或直接沾染危险废物的包装物、容器，是指由原所有者回收并重新用于包装或盛装该危险废物的包装物、容器。”

前述“原所有者”，是指原生产该包装物、容器的企业事业单位或其他生产经营者。供应商、经销商具有危险废物经营许可证，且将回收的含有或直接沾染危险废物的包装物、容器交给原生产该包装物、容器的企业事业单位或其他生产经营者重新用于原始用途的，可视为原所有者。

特此函复。

环境保护部办公厅

2017年4月17日

关于废矿物油综合利用行业危险废物经营许可证核发有关问题的复函

（环境保护部办公厅函　环办土壤函〔2017〕559号）

山西省环境保护厅：

你厅《关于废矿物油综合利用行业危险废物经营许可证核发有关问题的请示》（晋环〔2017〕30号）收悉。经研究，函复如下：

《国务院关于环境保护若干问题的决定》（国发〔1996〕31号）要求：在1996年9月30日以前，对土法炼砷、炼汞、炼铅锌、炼油、选金和农药、漂染、电镀以及生产石棉制品、放射性制品等企业，由县级以上地方人民政府责令其关闭或停产。《国家环境保护局关于贯彻〈国务院关于环境保护若干问题的决定〉有关问题的通知》（环法〔1996〕734号）明确：生产过程不是在密闭系统的炼油装置中或属于釜式蒸馏的炼油企业为土法炼油企业。

经商发展改革委、工业和信息化部等部委进一步明确，釜式蒸馏工艺因存在加工设备落后、加工过程二次污染严重、加工产品质量难以保证等问题，属于“土法炼油”范畴，不符合产业政策。

根据《危险废物经营许可证管理办法》（国务院令第408号）第五条第五项要求：申请领取危险废物收集、贮存、处置综合经营许可证，应有与所经营的危险废物类别相适应的处置技术和工艺。鉴此，采用釜式蒸馏工艺的废矿物油综合利用企业不符合申请领取危险废物经营许可证的条件，不能颁发危险废物经营许可证。

特此函复。

环境保护部办公厅

2017年4月14日

关于进口废光盘破碎料固体废物界定问题的复函

（环境保护部办公厅函　环办土壤函〔2016〕1183号）

天津市环境保护局：

你局《关于协助确认进口废光盘破碎料固体废物界定问题的请示》（津环保固报〔2016〕33号）收悉。经商海关总署和质检总局，现函复如下：

一、破碎的光盘（打孔、磨损划痕处理的CD和DVD裸盘且经破碎、清洗干净的光盘破碎料）可按塑料废碎料及下脚料归入《限制进口类可用作原料的固体废物目录》中“其他塑料的废碎料及下脚料”的“废光盘破碎料”，归入税号39159090项下，适用《进口可用作原料的固体废物环境保护控制标准—废塑料》（GB 16487.12—2005）。

二、带盒、带商标纸的CD和DVD整盘光盘，不应按“塑料废碎料及下脚料”归入《限制进口类可用作原料的固体废物目录》中“其他塑料的废碎料及下脚料”的“废光盘破碎料”，应按海关部门相关规定进行归类。

三、若不能确定CD和DVD裸盘是否全部经过打孔、磨损划痕处理且经破碎、清洗干净，应进行固体废物属性鉴别，对其是否属于限制进口类可用作原料的固体废物予以研判。

特此函复。

环境保护部办公厅

2016年6月27日

关于危险废物监督管理中法律适用问题的复函

（环境保护部办公厅函 环办函〔2014〕104号）

贵州省环境保护厅：

你厅《关于危险废物监督管理中法律适用问题的请示》（黔环呈〔2013〕158号）收悉。经研究，现函复如下：

一、《中华人民共和国固体废物污染环境防治法》中明确规定，危险废物是指列入《国家危险废物名录》或者根据危险废物鉴别标准和鉴别方法认定的具有危险特性的固体废物。因此，《建设项目竣工环境保护验收技术规范 电解铝》（HJ/T 254—2006）不具备认定某种废物是否属于危险废物的法律依据。

二、在根据危险废物鉴别标准和鉴别方法认定固体废物是否具有危险特性时，应依据《危险废物鉴别技术规范》（HJ/T 298—2007）中确定采样的份样数、份样量和采样方法。因此，建议按照《危险废物鉴别技术规范》（HJ/T 298—2007）对电解铝行业阳极残极碳渣进行危险废物的危险特性鉴别，确定其危险废物管理属性。

特此函复。

环境保护部办公厅

2014年1月27日

关于执行《危险废物集中焚烧处置工程建设技术规范》（HJ/T 176—2005）问题的复函

（环境保护部函 环函〔2012〕114号）

湖南省环境保护厅：

你厅《关于危险废物集中焚烧处置工程安全防护距离的请示》（湘环报〔2012〕28号）收悉。经研究，现函复如下：

一、危险废物处置设施建设和运行过程中的环境保护工作，应遵守相关法律法规和依法强制执行的环保标准的规定。

二、国家污染物排放标准是管制污染源排放行为的重要依据。2007年，原国家环保总局发布的《加强国家污染物排放标准制修订工作的指导意见》（2007年第17号公告，以下简称《指导意见》）中要求，排放标准中原则上不规定污染源与敏感区域之间的合理距离（防护距离），污染源与敏感区域之间的合理距离应根据污染源的性质和当地的自然、气象条件等因素，通过环境影响评价确定。在污染源监督管理工作中，应因地制宜，按照上述原则妥善处理污染源与敏感区域之间的合理距离问题。

三、《危险废物集中焚烧处置工程建设技术规范》（HJ/T 176—2005）为非强制执行的指导性文件，主要用于指导危险废物处置工程建设活动，可作为工作中的参考依据。目前，我部正在按照《指导意见》确定的原则，对该标准中相关内容进行修改。

二〇一二年五月十五日

关于实施《铬渣污染治理环境保护技术规范》有关问题的复函

（环境保护部函　环函〔2011〕149号）

重庆市环境保护局：

你局《关于实施铬渣污染治理环境保护技术规范相关问题的函》（渝环函〔2011〕243号）收悉。经研究，现函复如下：

一、《铬渣污染治理环境保护技术规范（暂行）》（HJ/T 301—2007）的有关规定基于原《复合硅酸盐水泥》（GB 12958—1999）制定。《复合硅酸盐水泥》（GB 12958—1999）随后被《通用硅酸盐水泥》（GB 175—2007）代替。2007年修订后公布的《通用硅酸盐水泥》（GB 175—2007）已经明文规定，“取消了复合硅酸盐水泥中允许掺加精炼铬铁渣”的规定。根据HJ/T 301—2007中11.3.3条规定，应按GB 175—2007的相关规定执行，即不应将铬渣（无论解毒与否）用作水泥混合材料。

二、全国水泥标准化技术委员会的《对〈关于水泥中六价铬含量超标问题判定的技术咨询函〉的回复》（水标准委便字〔2011〕002号）中“HJ/T 301—2007中11.3.2、11.3.3条款描述情况并不合法”的表述不当，11.3.2和11.3.3条实质是铬渣用作水泥混合材料时，参照水泥的相关国家或行业标准执行，并非规定允许解毒后的铬渣用作水泥混合材料。

三、铬渣可以其他方式（如制备水泥生料）用于水泥生产。这些情况下生产的水泥产品，其危害成分应按《铬渣污染治理环境保护技术规范（暂行）》（HJ/T 301—2007）的规定进行检测和判定。

二〇一一年六月三日

关于废弃钻井液经分离筛分离是否属于《国家危险废物名录》中“废弃钻井液处理”的复函

（环境保护部函　环函〔2010〕253号）

四川省环境保护厅：

你厅《关于复议案件涉及法规解释问题的请示》（川环〔2010〕96号）收悉。经研究，函复如下：

《国家危险废物名录》（环境保护部令第 1 号）中来源于“天然原油和天然气开采”行业的“废弃钻井液处理产生的污泥”（废物代码 071-002-08）中的“处理”，包括对废弃钻井液进行的经分离筛分离、絮凝、沉降等技术处理。

二○一○年八月十九日

关于在设区的市内转移危险废物有关问题的复函

（环境保护部办公厅函　环办函〔2009〕1338 号）

广东省环境保护厅：

你厅《关于危险废物转移有关问题的请示》（粤环报〔2009〕54 号）收悉。经研究，现函复如下：

根据《中华人民共和国固体废物污染环境防治法》第五十九条规定，转移危险废物的，包括在设区的市内转移危险废物的，均应填写和运行转移联单。但是，在设区的市级行政区域内转移危险废物的，不需报批。

二○○九年十二月十八日

关于执行《铬渣污染治理环境保护技术规范（暂行）》有关问题的复函

（国家环境保护总局局函　环函〔2007〕214 号）

湖南省环境保护局：

你局《关于对〈铬渣污染治理环境保护技术规范〉个别条款进行解释的请示》（湘环报〔2007〕41 号）收悉。现就实施《铬渣污染治理环境保护技术规范（暂行）》（HJ/T 301—2007）有关问题，函复如下：

一、在选择解毒工艺路线时，应保证所添加的物质在铬渣处理、最终处置和综合利用过程中不会对环境造成污染，处理过程污染物排放、最终处置产物和综合利用产品符合 HJ/T 301—2007 中规定的相关污染控制要求。

二、铬渣经过处理后，按照《固体废物　浸出毒性浸出方法　硫酸硝酸法》（HJ/T 299—2007）制备的浸出液中各危害成分浓度均低于 HJ/T 301—2007 中表 3 规定的限值时，可以直接作为路基材料和混凝土骨料使用。

二○○七年六月十五日

关于涂有金属层塑料制品废物进口意见的复函

（国家环境保护总局司函　环控函〔2007〕18号）

国家质量监督检验检疫总局检验监管司：

你司《关于征求进口整批覆盖金属层废塑料检验工作意见的函》（质检检函〔2007〕26号）收悉。经研究，函复如下：

根据对部分利用单位现场调查的情况和专家意见，我司认为，涂有金属层的塑料制品废物种类繁杂，其含有的其他成分及其加工利用的工艺过程均无法笼统概括，潜在环境风险较大。例如，废光盘是一种涂有电镀金属层的塑料制品废物，需经过破碎-碱煮-清洗工艺或者人工打磨-清洗工艺等特殊加工后，才能分离出可再利用的塑料（聚碳酸酯），此过程产生表面活性剂、氟化物和含钠、铅的碱性废水以及粉尘等污染，需要专门的污染治理设施，无害化利用的环保要求较高。因此，涂有金属层的塑料制品废物在管理上应同单一成分的废塑料有所区分。

鉴于以上情况，经商有关部门，我局将在进口废物管理目录正式调整公布之前，对废光盘等涂有金属层的塑料制品废物采取过渡性的严格管理措施，即对进口涂有金属层的塑料制品废物的加工利用单位实行定点、限量的限制性管理：

一、进口涂有金属层的塑料制品废物的加工利用单位须向当地环保部门如实申报拟进口废物的名称、加工利用的工艺设备和能力、污染防治设施与条件等必要情况。

二、经环保部门对此类进口废物的加工利用单位情况逐一调查核实后，我局将对其中确实具备无害化利用涂有金属层塑料制品废物的能力的单位签发注明废物具体名称的固体废物进口许可证。例如，进口废光盘许可证的商品名称项将在海关通用商品名称后以括号注明“废光盘”字样，即“其他塑料的废碎料及下脚料（废光盘）”，商品编码仍为3915909000。

三、为确保由具备无害化利用能力的单位进口涂有金属层的塑料制品废物，请你局各检验检疫机构对涂有金属层的塑料制品废物实施检验时，查验固体废物进口许可证商品名称项下在海关通用商品名称后是否以括号注明塑料制品废物的具体名称，对未注明具体名称的许可证，不予受理整批涂有金属层的塑料制品废物的报检。

四、我局将要求地方环保部门对进口此类废物的加工利用单位开展定期监测，督促建立健全经营台账管理制度，实行严格的后期监管，防止进口废物无序流散造成环境污染。

二〇〇七年四月六日

关于明确固体废物鉴别结论用语的复函

（国家环境保护总局办公厅函　环办函〔2007〕33号）

深圳市环保局：

你局《关于明确固体废物鉴别结论用语的函》（深环函〔2006〕1054号）收悉。经研究，现函复如下：

《固体废物污染环境防治法》关于"固体废物"、"危险废物"的用语与最高人民法院《关于审理走私刑事案件具体应用法律若干问题的解释》（法释〔2006〕9号）关于"危险性固体废物、液态废物"的用语没有本质差异。

对于固体废物鉴别结论的用语，可表述为"危险废物（危险性固体废物）"或"危险废物（危险性液态废物）"。

二〇〇七年一月十六日

关于餐饮行业产生的废弃食用油脂是否属于生活垃圾的复函

（国家环境保护总局局函 环函〔2006〕395号）

天津市环保局：

你局《关于餐饮行业产生的废弃食用油脂是否属于生活垃圾的请示》（津环保固〔2006〕196号）收悉。经研究，现函复如下：

根据《中华人民共和国固体废物污染环境防治法》第八十八条第三项关于"生活垃圾，是指在日常生活中或者为日常生活提供服务的活动中产生的固体废物以及法律、行政法规规定视为生活垃圾的固体废物"的规定，宾馆、饭店、企（事）业单位食堂等餐饮行业的活动属于为日常生活提供服务的活动，其产生的餐厨垃圾，包括废弃食用油脂属于生活垃圾范畴；其处理处置必须符合环境保护有关要求，防止对环境的污染。

二〇〇六年十月十三日

关于界定含氧化铜废物是否属于危险废物的复函

（国家环境保护总局局函 环函〔2006〕344号）

山东省环保局：

你局《关于界定含氧化铜废物是否属于危险废物的请示》（鲁环函〔2006〕262号）收悉。经研究，现函复如下：

根据该企业含水量65%的氧化铜污泥的产生过程，可以认定该氧化铜污泥属于固体废物范畴。

《中华人民共和国固体废物污染环境防治法》规定，"危险废物是指列入国家危险废物名录或是根据国家规定的危险废物鉴别标准和鉴别方法认定的具有危险特性的固体废物"。

鉴于该氧化铜污泥未列入《国家危险废物名录》，请你局按照《危险废物鉴别标准》对其进行鉴定。如果具有危险特性，则属于危险废物。

二〇〇六年九月八日

关于利用废旧轮胎炼油有关问题的复函

（国家环境保护总局办公厅函　环办函〔2005〕735 号）

河南省环保局：

你局《关于利用废旧轮胎炼油有关问题的请示》（豫环〔2005〕31 号）收悉。经研究，现函复如下：

《国家环境保护局关于贯彻〈国务院关于环境保护若干问题的决定〉有关问题的通知》（环法〔1996〕734 号）规定：符合下列情况之一者为土法炼油企业：（1）自《国务院关于严格限制发展小炼油厂和取缔小土炼油炉的通令》（国发〔1981〕177 号）颁布以来，未经国务院批准，盲目建设的小炼油厂和土法炼油设施；（2）未经国家正式批准，不具备炼油设计资格的设计单位设计的非法炼油装置；（3）无合法资源配置，通过非法手段获得原油资源，造成石油资源浪费，产品质量低劣且污染环境，扰乱油品市场的炼油企业；（4）生产过程不是在密闭系统的炼油装置中或属于釜式蒸馏的炼油企业；（5）无任何环境保护设施和污染治理手段的炼油企业；（6）不符合国家职业安全卫生标准的炼油企业。据此，废旧轮胎炼油，如果符合上述情况之一，即属于土法炼油，根据《国务院关于环境保护若干问题的决定》，应责令关闭或停产。

二〇〇五年十一月二十三日

关于解释城市污水处理厂污泥是否属于工业固体废物的复函

（国家环境保护总局局函　环函〔2005〕286 号）

安徽省环境保护局：

你局《关于城市污水集中处理设施产生的污泥是否属于工业固体废物的请示》（环法〔2005〕55 号）收悉。经研究，现函复如下：

按照《中华人民共和国固体废物污染环境防治法》的规定，工业固体废物是指在工业生产活动中产生的固体废物。城市污水处理设施产生的污泥属于环保设施运营产生的固体废物，属于工业固体废物范畴，应按照工业固体废物进行管理。

目前，我国许多城市污水处理厂在处理城市生活污水的同时还接收部分工业废水，处理过程中产生的污泥成分较为复杂，应在对其成分进行分析鉴别的基础上，确定科学的处理处置方法。

请你局对王小郢污水处理厂产生的污泥进行危险废物特性鉴别，若属于危险废物，则按照危险废物管理。

二〇〇五年七月二十一日

关于解释危险废物焚烧厂选址有关问题的复函

（国家环境保护总局局函 环函〔2005〕255号）

广西壮族自治区环境保护局：

你局《关于请求解释危险废物焚烧厂厂界敏感目标及距离要求的函》（桂环管函〔2005〕94号）收悉。经研究，现函复如下：

一、2005年5月24日我局发布了《危险废物集中焚烧处置工程建设技术规范》（HJ/T 176—2005）和《医疗废物集中焚烧处置工程建设技术规范》（HJ/T 177—2005）。

《危险废物集中焚烧处置工程建设技术规范》（HJ/T 176—2005）规定，危险废物焚烧厂内危险废物处理设施距离主要居民区以及学校、医院等公共设施的距离应不小于800米。

《医疗废物集中焚烧处置工程建设技术规范》（HJ/T 177—2005）规定，医疗废物焚烧厂厂址选择应符合《医疗废物集中处置技术规范》（试行）中的选址要求，即处置厂选址应远离居（村）民区、交通干道，处置厂厂界与上述区域和类似区域边界的距离应大于800米。

根据上述两个技术规范，危险废物及医疗废物焚烧厂厂界距离居民区应执行800米的选址标准。

二、《医疗废物集中处置技术规范》（试行）中的“交通干道”除指城市交通干道外，也包括非城市高等级的交通（公路）干线。

二〇〇五年六月二十八日

关于企业回收利用自身产生的危险废物是否属于危险废物经营活动的复函

（国家环境保护总局局函 环函〔2005〕203号）

吉林省环境保护局：

你局《关于企业对其产生的危险废物进行回收利用是否属于从事危险废物经营活动的请示》（吉环文〔2005〕21号）收悉。经研究，现函复如下：

《中华人民共和国固体废物污染环境防治法》（以下简称《固体法》）第五十七条规定：“从事利用危险废物经营活动的单位，必须向国务院环境保护行政主管部门或者省、自治区、直辖市人民政府环境保护行政主管部门申请领取经营许可证。”

我们认为，回收利用企业内部产生的危险废物，不属于利用危险废物的经营活动。因此，对于回收利用内部产生的危险废物的企业，不要求领取危险废物经营许可证，但必须遵照危险废物申报登记、转移联单制度，将危险废物的产生、转移、利用及处置情况向环保主管部门进行申报和登记，并保证危险废物回收利用符合相应的环保标准，得到妥善无害化处置。

二〇〇五年五月三十一日

关于经固化处理的含铬污泥是否属危险废物有关问题的复函

（国家环境保护总局局函 环函〔2003〕8号）

福建省环境保护局：

你局《关于经固化处理的含铬污泥是否属危险废物的请示》（闽环保控〔2002〕105号）收悉。经研究，现函复如下：

经固化处理的含铬污泥不能按一般工业固体废物处置。根据《危险废物填埋污染控制标准》的规定，对含铬污泥进行固化是进入危险废物填埋场安全填埋前预处理方法，是危险废物处置过程的一个中间环节。含铬污泥被固化后，仍应按照有关标准进行最终处置。

二〇〇三年一月十三日

关于“废油”是否属于“固体废物”的复函

（国家环境保护总局司函 环法函〔2002〕3号）

海关总署走私犯罪侦查局：

你局《关于请求明确“废油”是否属于“固体废物”的函》（侦查函〔2002〕255号）收悉。经研究，函复如下：

《中华人民共和国固体废物污染环境防治法》第七十五条规定，“液态废物”的污染防治，适用固体废物污染防治的法律规定。“废油”作为一种液态废物，其污染防治应当适用固体废物环境污染防治的法律规定。

固体废物根据其是否具有危险特性，可分为危险废物和不具有危险特性的固体废物。根据《中华人民共和国固体废物污染环境防治法》第七十四条第（四）项的规定，列入国家危险废物名录的废物属于危险废物。你局来函中所指走私案件中所涉物品，经鉴定已被认定为废矿物油，而“废油”已被明确列入《国家危险废物名录》第8类，属于“HW08 废矿物油”。

根据以上规定，对“废油”依法应当认定为固体废物。

二〇〇二年四月三十日

第六篇　放射性污染防治

中华人民共和国放射性污染防治法

中华人民共和国主席令

第6号

《中华人民共和国放射性污染防治法》已由中华人民共和国第十届全国人民代表大会常务委员会第三次会议于2003年6月28日通过，现予公布，自2003年10月1日起施行。

中华人民共和国主席　胡锦涛

二〇〇三年六月二十八日

第一章　总　则

第一条　为了防治放射性污染，保护环境，保障人体健康，促进核能、核技术的开发与和平利用，制定本法。

第二条　本法适用于中华人民共和国领域和管辖的其他海域在核设施选址、建造、运行、退役和核技术、铀（钍）矿、伴生放射性矿开发利用过程中发生的放射性污染的防治活动。

第三条　国家对放射性污染的防治，实行预防为主、防治结合、严格管理、安全第一的方针。

第四条　国家鼓励、支持放射性污染防治的科学研究和技术开发利用，推广先进的放射性污染防治技术。

国家支持开展放射性污染防治的国际交流与合作。

第五条　县级以上人民政府应当将放射性污染防治工作纳入环境保护规划。

县级以上人民政府应当组织开展有针对性的放射性污染防治宣传教育，使公众了解放射性污染防治的有关情况和科学知识。

第六条　任何单位和个人有权对造成放射性污染的行为提出检举和控告。

第七条　在放射性污染防治工作中作出显著成绩的单位和个人，由县级以上人民政府给予奖励。

第八条　国务院环境保护行政主管部门对全国放射性污染防治工作依法实施统一监督管理。

国务院卫生行政部门和其他有关部门依据国务院规定的职责，对有关的放射性污染防治工作依法实施监督管理。

第二章　放射性污染防治的监督管理

第九条　国家放射性污染防治标准由国务院环境保护行政主管部门根据环境安全要求、国家经济技术条件制定。国家放射性污染防治标准由国务院环境保护行政主管部门和国务院标准化行政主管部门联合发布。

第十条　国家建立放射性污染监测制度。国务院环境保护行政主管部门会同国务院其他有关部门组织环境监测网络，对放射性污染实施监测管理。

第十一条　国务院环境保护行政主管部门和国务院其他有关部门，按照职责分工，各负其责，互通信息，密切配合，对核设施、铀（钍）矿开发利用中的放射性污染防治进行监督检查。

县级以上地方人民政府环境保护行政主管部门和同级其他有关部门，按照职责分工，各负其责，互通信息，密切配合，对本行政区域内核技术利用、伴生放射性矿开发利用中的放射性污染防治进行监督检查。

监督检查人员进行现场检查时，应当出示证件。被检查的单位必须如实反映情况，提供必要的资料。监督检查人员应当为被检查单位保守技术秘密和业务秘密。对涉及国家秘密的单位和部位进行检查时，应当遵守国家有关保守国家秘密的规定，依法办理有关审批手续。

第十二条　核设施营运单位、核技术利用单位、铀（钍）矿和伴生放射性矿开发利用单位，负责本单位放射性污染的防治，接受环境保护行政主管部门和其他有关部门的监督管理，并依法对其造成的放射性污染承担责任。

第十三条　核设施营运单位、核技术利用单位、铀（钍）矿和伴生放射性矿开发利用单位，必须采取安全与防护措施，预防发生可能导致放射性污染的各类事故，避免放射性污染危害。

核设施营运单位、核技术利用单位、铀（钍）矿和伴生放射性矿开发利用单位，应当对其工作人员进行放射性安全教育、培训，采取有效的防护安全措施。

第十四条　国家对从事放射性污染防治的专业人员实行资格管理制度；对从事放射性污染监测工作的机构实行资质管理制度。

第十五条　运输放射性物质和含放射源的射线装置，应当采取有效措施，防止放射性污染。具体办法由国务院规定。

第十六条　放射性物质和射线装置应当设置明显的放射性标识和中文警示说明。生产、销售、使用、贮存、处置放射性物质和射线装置的场所，以及运输放射性物质和含放射源的射线装置的工具，应当设置明显的放射性标志。

第十七条　含有放射性物质的产品，应当符合国家放射性污染防治标准；不符合国家放射性污染防治标准的，不得出厂和销售。

使用伴生放射性矿渣和含有天然放射性物质的石材做建筑和装修材料，应当符合国家建筑材料放射性核素控制标准。

第三章　核设施的放射性污染防治

第十八条　核设施选址，应当进行科学论证，并按照国家有关规定办理审批手续。在办理核设施选址审批手续前，应当编制环境影响报告书，报国务院环境保护行政主管部门审查批准；未经批准，有关部门不得办理核设施选址批准文件。

第十九条　核设施营运单位在进行核设施建造、装料、运行、退役等活动前，必须按照国务院有关核设施安全监督管理的规定，申请领取核设施建造、运行许可证和办理装料、退役等审批手续。

核设施营运单位领取有关许可证或者批准文件后，方可进行相应的建造、装料、运行、退役等活动。

第二十条　核设施营运单位应当在申请领取核设施建造、运行许可证和办理退役审批手续前编制环境影响报告书，报国务院环境保护行政主管部门审查批准；未经批准，有关部门不得颁发许可证和办理批准文件。

第二十一条　与核设施相配套的放射性污染防治设施，应当与主体工程同时设计、同时施工、同时投入使用。

放射性污染防治设施应当与主体工程同时验收；验收合格的，主体工程方可投入生产或者使用。

第二十二条　进口核设施，应当符合国家放射性污染防治标准；没有相应的国家放射性污染防治标准的，采用国务院环境保护行政主管部门指定的国外有关标准。

第二十三条　核动力厂等重要核设施外围地区应当划定规划限制区。规划限制区的划定和管理办法，由国务院规定。

第二十四条　核设施营运单位应当对核设施周围环境中所含的放射性核素的种类、浓度以及核设施流出物中的放射性核素总量实施监测，并定期向国务院环境保护行政主管部门和所在地省、自治区、直辖市人民政府环境保护行政主管部门报告监测结果。

国务院环境保护行政主管部门负责对核动力厂等重要核设施实施监督性监测，并根据需要对其他核设施的流出物实施监测。监督性监测系统的建设、运行和维护费用由财政预算安排。

第二十五条 核设施营运单位应当建立健全安全保卫制度，加强安全保卫工作，并接受公安部门的监督指导。

核设施营运单位应当按照核设施的规模和性质制定核事故场内应急计划，做好应急准备。

出现核事故应急状态时，核设施营运单位必须立即采取有效的应急措施控制事故，并向核设施主管部门和环境保护行政主管部门、卫生行政部门、公安部门以及其他有关部门报告。

第二十六条 国家建立健全核事故应急制度。

核设施主管部门、环境保护行政主管部门、卫生行政部门、公安部门以及其他有关部门，在本级人民政府的组织领导下，按照各自的职责依法做好核事故应急工作。

中国人民解放军和中国人民武装警察部队按照国务院、中央军事委员会的有关规定在核事故应急中实施有效的支援。

第二十七条 核设施营运单位应当制定核设施退役计划。

核设施的退役费用和放射性废物处置费用应当预提，列入投资概算或者生产成本。核设施的退役费用和放射性废物处置费用的提取和管理办法，由国务院财政部门、价格主管部门会同国务院环境保护行政主管部门、核设施主管部门规定。

第四章 核技术利用的放射性污染防治

第二十八条 生产、销售、使用放射性同位素和射线装置的单位，应当按照国务院有关放射性同位素与射线装置放射防护的规定申请领取许可证，办理登记手续。

转让、进口放射性同位素和射线装置的单位以及装备有放射性同位素的仪表的单位，应当按照国务院有关放射性同位素与射线装置放射防护的规定办理有关手续。

第二十九条 生产、销售、使用放射性同位素和加速器、中子发生器以及含放射源的射线装置的单位，应当在申请领取许可证前编制环境影响评价文件，报省、自治区、直辖市人民政府环境保护行政主管部门审查批准；未经批准，有关部门不得颁发许可证。

国家建立放射性同位素备案制度。具体办法由国务院规定。

第三十条 新建、改建、扩建放射工作场所的放射防护设施，应当与主体工程同时设计、同时施工、同时投入使用。

放射防护设施应当与主体工程同时验收；验收合格的，主体工程方可投入生产或者使用。

第三十一条 放射性同位素应当单独存放，不得与易燃、易爆、腐蚀性物品等一起存放，其贮存场所应当采取有效的防火、防盗、防射线泄漏的安全防护措施，并指定专人负责保管。贮存、领取、使用、归还放射性同位素时，应当进行登记、检查，做到账物相符。

第三十二条 生产、使用放射性同位素和射线装置的单位，应当按照国务院环境保护行政主管部门的规定对其产生的放射性废物进行收集、包装、贮存。

生产放射源的单位，应当按照国务院环境保护行政主管部门的规定回收和利用废旧放射源；使用放射源的单位，应当按照国务院环境保护行政主管部门的规定将废旧放射源交回生产放射源的单位或者送交专门从事放射性固体废物贮存、处置的单位。

第三十三条 生产、销售、使用、贮存放射源的单位，应当建立健全安全保卫制度，指定专人负责，落实安全责任制，制定必要的事故应急措施。发生放射源丢失、被盗和放射性污染事故时，有关单位和个人必须立即采取应急措施，并向公安部门、卫生行政部门和环境保护行政主管部门报告。

公安部门、卫生行政部门和环境保护行政主管部门接到放射源丢失、被盗和放射性污染事故报告后，应当报告本级人民政府，并按照各自的职责立即组织采取有效措施，防止放射性污染蔓延，减少事故损失。当地人民政府应当及时将有关情况告知公众，并做好事故的调查、处理工作。

第五章　铀（钍）矿和伴生放射性矿开发利用的放射性污染防治

第三十四条　开发利用或者关闭铀（钍）矿的单位，应当在申请领取采矿许可证或者办理退役审批手续前编制环境影响报告书，报国务院环境保护行政主管部门审查批准。

开发利用伴生放射性矿的单位，应当在申请领取采矿许可证前编制环境影响报告书，报省级以上人民政府环境保护行政主管部门审查批准。

第三十五条　与铀（钍）矿和伴生放射性矿开发利用建设项目相配套的放射性污染防治设施，应当与主体工程同时设计、同时施工、同时投入使用。

放射性污染防治设施应当与主体工程同时验收；验收合格的，主体工程方可投入生产或者使用。

第三十六条　铀（钍）矿开发利用单位应当对铀（钍）矿的流出物和周围的环境实施监测，并定期向国务院环境保护行政主管部门和所在地省、自治区、直辖市人民政府环境保护行政主管部门报告监测结果。

第三十七条　对铀（钍）矿和伴生放射性矿开发利用过程中产生的尾矿，应当建造尾矿库进行贮存、处置；建造的尾矿库应当符合放射性污染防治的要求。

第三十八条　铀（钍）矿开发利用单位应当制定铀（钍）矿退役计划。铀矿退役费用由国家财政预算安排。

第六章　放射性废物管理

第三十九条　核设施营运单位、核技术利用单位、铀（钍）矿和伴生放射性矿开发利用单位，应当合理选择和利用原材料，采用先进的生产工艺和设备，尽量减少放射性废物的产生量。

第四十条　向环境排放放射性废气、废液，必须符合国家放射性污染防治标准。

第四十一条　产生放射性废气、废液的单位向环境排放符合国家放射性污染防治标准的放射性废气、废液，应当向审批环境影响评价文件的环境保护行政主管部门申请放射性核素排放量，并定期报告排放计量结果。

第四十二条　产生放射性废液的单位，必须按照国家放射性污染防治标准的要求，对不得向环境排放的放射性废液进行处理或者贮存。

产生放射性废液的单位，向环境排放符合国家放射性污染防治标准的放射性废液，必须采用符合国务院环境保护行政主管部门规定的排放方式。

禁止利用渗井、渗坑、天然裂隙、溶洞或者国家禁止的其他方式排放放射性废液。

第四十三条　低、中水平放射性固体废物在符合国家规定的区域实行近地表处置。

高水平放射性固体废物实行集中的深地质处置。

α放射性固体废物依照前款规定处置。

禁止在内河水域和海洋上处置放射性固体废物。

第四十四条　国务院核设施主管部门会同国务院环境保护行政主管部门根据地质条件和放射性固体废物处置的需要，在环境影响评价的基础上编制放射性固体废物处置场所选址规划，报国务院批准后实施。

有关地方人民政府应当根据放射性固体废物处置场所选址规划，提供放射性固体废物处置场所的建设用地，并采取有效措施支持放射性固体废物的处置。

第四十五条　产生放射性固体废物的单位，应当按照国务院环境保护行政主管部门的规定，对其产生的放射性固体废物进行处理后，送交放射性固体废物处置单位处置，并承担处置费用。

放射性固体废物处置费用收取和使用管理办法，由国务院财政部门、价格主管部门会同国务院环境保护行政主管部门规定。

第四十六条　设立专门从事放射性固体废物贮存、处置的单位，必须经国务院环境保护行政主管部门审查批准，取得许可证。具体办法由国务院规定。

禁止未经许可或者不按照许可的有关规定从事贮存和处置放射性固体废物的活动。

禁止将放射性固体废物提供或者委托给无许可证的单位贮存和处置。

第四十七条 禁止将放射性废物和被放射性污染的物品输入中华人民共和国境内或者经中华人民共和国境内转移。

第七章 法律责任

第四十八条 放射性污染防治监督管理人员违反法律规定，利用职务上的便利收受他人财物、谋取其他利益，或者玩忽职守，有下列行为之一的，依法给予行政处分；构成犯罪的，依法追究刑事责任：

（一）对不符合法定条件的单位颁发许可证和办理批准文件的；

（二）不依法履行监督管理职责的；

（三）发现违法行为不予查处的。

第四十九条 违反本法规定，有下列行为之一的，由县级以上人民政府环境保护行政主管部门或者其他有关部门依据职权责令限期改正，可以处二万元以下罚款：

（一）不按照规定报告有关环境监测结果的；

（二）拒绝环境保护行政主管部门和其他有关部门进行现场检查，或者被检查时不如实反映情况和提供必要资料的。

第五十条 违反本法规定，未编制环境影响评价文件，或者环境影响评价文件未经环境保护行政主管部门批准，擅自进行建造、运行、生产和使用等活动的，由审批环境影响评价文件的环境保护行政主管部门责令停止违法行为，限期补办手续或者恢复原状，并处一万元以上二十万元以下罚款。

第五十一条 违反本法规定，未建造放射性污染防治设施、放射防护设施，或者防治防护设施未经验收合格，主体工程即投入生产或者使用的，由审批环境影响评价文件的环境保护行政主管部门责令停止违法行为，限期改正，并处五万元以上二十万元以下罚款。

第五十二条 违反本法规定，未经许可或者批准，核设施营运单位擅自进行核设施的建造、装料、运行、退役等活动的，由国务院环境保护行政主管部门责令停止违法行为，限期改正，并处二十万元以上五十万元以下罚款；构成犯罪的，依法追究刑事责任。

第五十三条 违反本法规定，生产、销售、使用、转让、进口、贮存放射性同位素和射线装置以及装备有放射性同位素的仪表的，由县级以上人民政府环境保护行政主管部门或者其他有关部门依据职权责令停止违法行为，限期改正；逾期不改正的，责令停产停业或者吊销许可证；有违法所得的，没收违法所得；违法所得十万元以上的，并处违法所得一倍以上五倍以下罚款；没有违法所得或者违法所得不足十万元的，并处一万元以上十万元以下罚款；构成犯罪的，依法追究刑事责任。

第五十四条 违反本法规定，有下列行为之一的，由县级以上人民政府环境保护行政主管部门责令停止违法行为，限期改正，处以罚款；构成犯罪的，依法追究刑事责任：

（一）未建造尾矿库或者不按照放射性污染防治的要求建造尾矿库，贮存、处置铀（钍）矿和伴生放射性矿的尾矿的；

（二）向环境排放不得排放的放射性废气、废液的；

（三）不按照规定的方式排放放射性废液，利用渗井、渗坑、天然裂隙、溶洞或者国家禁止的其他方式排放放射性废液的；

（四）不按照规定处理或者贮存不得向环境排放的放射性废液的；

（五）将放射性固体废物提供或者委托给无许可证的单位贮存和处置的。

有前款第（一）项、第（二）项、第（三）项、第（五）项行为之一的，处十万元以上二十万元以下罚款；有前款第（四）项行为的，处一万元以上十万元以下罚款。

第五十五条 违反本法规定，有下列行为之一的，由县级以上人民政府环境保护行政主管部门或者其他有关部门依据职权责令限期改正；逾期不改正的，责令停产停业，并处二万元以上十万元以下罚款；构成犯罪的，依法追究刑事责任：

（一）不按照规定设置放射性标识、标志、中文警示说明的；

（二）不按照规定建立健全安全保卫制度和制定事故应急计划或者应急措施的；

（三）不按照规定报告放射源丢失、被盗情况或者放射性污染事故的。

第五十六条　产生放射性固体废物的单位，不按照本法第四十五条的规定对其产生的放射性固体废物进行处置的，由审批该单位立项环境影响评价文件的环境保护行政主管部门责令停止违法行为，限期改正；逾期不改正的，指定有处置能力的单位代为处置，所需费用由产生放射性固体废物的单位承担，可以并处二十万元以下罚款；构成犯罪的，依法追究刑事责任。

第五十七条　违反本法规定，有下列行为之一的，由省级以上人民政府环境保护行政主管部门责令停产停业或者吊销许可证；有违法所得的，没收违法所得；违法所得十万元以上的，并处违法所得一倍以上五倍以下罚款；没有违法所得或者违法所得不足十万元的，并处五万元以上十万元以下罚款；构成犯罪的，依法追究刑事责任：

（一）未经许可，擅自从事贮存和处置放射性固体废物活动的；

（二）不按照许可的有关规定从事贮存和处置放射性固体废物活动的。

第五十八条　向中华人民共和国境内输入放射性废物和被放射性污染的物品，或者经中华人民共和国境内转移放射性废物和被放射性污染的物品的，由海关责令退运该放射性废物和被放射性污染的物品，并处五十万元以上一百万元以下罚款；构成犯罪的，依法追究刑事责任。

第五十九条　因放射性污染造成他人损害的，应当依法承担民事责任。

第八章　附　则

第六十条　军用设施、装备的放射性污染防治，由国务院和军队的有关主管部门依照本法规定的原则和国务院、中央军事委员会规定的职责实施监督管理。

第六十一条　劳动者在职业活动中接触放射性物质造成的职业病的防治，依照《中华人民共和国职业病防治法》的规定执行。

第六十二条　本法中下列用语的含义：

（一）放射性污染，是指由于人类活动造成物料、人体、场所、环境介质表面或者内部出现超过国家标准的放射性物质或者射线。

（二）核设施，是指核动力厂（核电厂、核热电厂、核供汽供热厂等）和其他反应堆（研究堆、实验堆、临界装置等）；核燃料生产、加工、贮存和后处理设施；放射性废物的处理和处置设施等。

（三）核技术利用，是指密封放射源、非密封放射源和射线装置在医疗、工业、农业、地质调查、科学研究和教学等领域中的使用。

（四）放射性同位素，是指某种发生放射性衰变的元素中具有相同原子序数但质量不同的核素。

（五）放射源，是指除研究堆和动力堆核燃料循环范畴的材料以外，永久密封在容器中或者有严密包层并呈固态的放射性材料。

（六）射线装置，是指X线机、加速器、中子发生器以及含放射源的装置。

（七）伴生放射性矿，是指含有较高水平天然放射性核素浓度的非铀矿（如稀土矿和磷酸盐矿等）。

（八）放射性废物，是指含有放射性核素或者被放射性核素污染，其浓度或者比活度大于国家确定的清洁解控水平，预期不再使用的废弃物。

第六十三条　本法自2003年10月1日起施行。

放射性废物安全管理条例

中华人民共和国国务院令

第612号

《放射性废物安全管理条例》已经2011年11月30日国务院第183次常务会议通过，现予公布，自2012年3月1日起施行。

总　理　温家宝

二〇一一年十二月二十日

第一章　总　则

第一条　为了加强对放射性废物的安全管理，保护环境，保障人体健康，根据《中华人民共和国放射性污染防治法》，制定本条例。

第二条　本条例所称放射性废物，是指含有放射性核素或者被放射性核素污染，其放射性核素浓度或者比活度大于国家确定的清洁解控水平，预期不再使用的废弃物。

第三条　放射性废物的处理、贮存和处置及其监督管理等活动，适用本条例。

本条例所称处理，是指为了能够安全和经济地运输、贮存、处置放射性废物，通过净化、浓缩、固化、压缩和包装等手段，改变放射性废物的属性、形态和体积的活动。

本条例所称贮存，是指将废旧放射源和其他放射性固体废物临时放置于专门建造的设施内进行保管的活动。

本条例所称处置，是指将废旧放射源和其他放射性固体废物最终放置于专门建造的设施内并不再回取的活动。

第四条　放射性废物的安全管理，应当坚持减量化、无害化和妥善处置、永久安全的原则。

第五条　国务院环境保护主管部门统一负责全国放射性废物的安全监督管理工作。

国务院核工业行业主管部门和其他有关部门，依照本条例的规定和各自的职责负责放射性废物的有关管理工作。

县级以上地方人民政府环境保护主管部门和其他有关部门依照本条例的规定和各自的职责负责本行政区域放射性废物的有关管理工作。

第六条　国家对放射性废物实行分类管理。

根据放射性废物的特性及其对人体健康和环境的潜在危害程度，将放射性废物分为高水平放射性废物、中水平放射性废物和低水平放射性废物。

第七条　放射性废物的处理、贮存和处置活动，应当遵守国家有关放射性污染防治标准和国务院环境保护主管部门的规定。

第八条　国务院环境保护主管部门会同国务院核工业行业主管部门和其他有关部门建立全国放射性废物管理信息系统，实现信息共享。

国家鼓励、支持放射性废物安全管理的科学研究和技术开发利用，推广先进的放射性废物安全管理技术。

第九条　任何单位和个人对违反本条例规定的行为，有权向县级以上人民政府环境保护主管部门或者其他有关部门举报。接到举报的部门应当及时调查处理，并为举报人保密；经调查情况属实的，对举报人给予奖励。

第二章　放射性废物的处理和贮存

第十条　核设施营运单位应当将其产生的不能回收利用并不能返回原生产单位或者出口方的废旧放射源（以下简称废旧放射源），送交取得相应许可证的放射性固体废物贮存单位集中贮存，或者直接送交取得相应许可证的放射性固体废物处置单位处置。

核设施营运单位应当对其产生的除废旧放射源以外的放射性固体废物和不能经净化排放的放射性废液进行处理，使其转变为稳定的、标准化的固体废物后自行贮存，并及时送交取得相应许可证的放射性固体废物处置单位处置。

第十一条　核技术利用单位应当对其产生的不能经净化排放的放射性废液进行处理，转变为放射性固体废物。

核技术利用单位应当及时将其产生的废旧放射源和其他放射性固体废物，送交取得相应许可证的放射性固体废物贮存单位集中贮存，或者直接送交取得相应许可证的放射性固体废物处置单位处置。

第十二条　专门从事放射性固体废物贮存活动的单位，应当符合下列条件，并依照本条例的规定申请领取放射性固体废物贮存许可证：

（一）有法人资格；

（二）有能保证贮存设施安全运行的组织机构和 3 名以上放射性废物管理、辐射防护、环境监测方面的专业技术人员，其中至少有 1 名注册核安全工程师；

（三）有符合国家有关放射性污染防治标准和国务院环境保护主管部门规定的放射性固体废物接收、贮存设施和场所，以及放射性检测、辐射防护与环境监测设备；

（四）有健全的管理制度以及符合核安全监督管理要求的质量保证体系，包括质量保证大纲、贮存设施运行监测计划、辐射环境监测计划和应急方案等。

核设施营运单位利用与核设施配套建设的贮存设施，贮存本单位产生的放射性固体废物的，不需要申请领取贮存许可证；贮存其他单位产生的放射性固体废物的，应当依照本条例的规定申请领取贮存许可证。

第十三条　申请领取放射性固体废物贮存许可证的单位，应当向国务院环境保护主管部门提出书面申请，并提交其符合本条例第十二条规定条件的证明材料。

国务院环境保护主管部门应当自受理申请之日起20个工作日内完成审查，对符合条件的颁发许可证，予以公告；对不符合条件的，书面通知申请单位并说明理由。

国务院环境保护主管部门在审查过程中，应当组织专家进行技术评审，并征求国务院其他有关部门的意见。技术评审所需时间应当书面告知申请单位。

第十四条　放射性固体废物贮存许可证应当载明下列内容：

（一）单位的名称、地址和法定代表人；

（二）准予从事的活动种类、范围和规模；

（三）有效期限；

（四）发证机关、发证日期和证书编号。

第十五条　放射性固体废物贮存单位变更单位名称、地址、法定代表人的，应当自变更登记之日起 20 日内，向国务院环境保护主管部门申请办理许可证变更手续。

放射性固体废物贮存单位需要变更许可证规定的活动种类、范围和规模的，应当按照原申请程序向国务院环境保护主管部门重新申请领取许可证。

第十六条　放射性固体废物贮存许可证的有效期为 10 年。

许可证有效期届满，放射性固体废物贮存单位需要继续从事贮存活动的，应当于许可证有效期届满 90 日前，向国务院环境保护主管部门提出延续申请。

国务院环境保护主管部门应当在许可证有效期届满前完成审查，对符合条件的准予延续；对不符合条件的，书面通知申请单位并说明理由。

第十七条 放射性固体废物贮存单位应当按照国家有关放射性污染防治标准和国务院环境保护主管部门的规定，对其接收的废旧放射源和其他放射性固体废物进行分类存放和清理，及时予以清洁解控或者送交取得相应许可证的放射性固体废物处置单位处置。

放射性固体废物贮存单位应当建立放射性固体废物贮存情况记录档案，如实完整地记录贮存的放射性固体废物的来源、数量、特征、贮存位置、清洁解控、送交处置等与贮存活动有关的事项。

放射性固体废物贮存单位应当根据贮存设施的自然环境和放射性固体废物特性采取必要的防护措施，保证在规定的贮存期限内贮存设施、容器的完好和放射性固体废物的安全，并确保放射性固体废物能够安全回取。

第十八条 放射性固体废物贮存单位应当根据贮存设施运行监测计划和辐射环境监测计划，对贮存设施进行安全性检查，并对贮存设施周围的地下水、地表水、土壤和空气进行放射性监测。

放射性固体废物贮存单位应当如实记录监测数据，发现安全隐患或者周围环境中放射性核素超过国家规定的标准的，应当立即查找原因，采取相应的防范措施，并向所在地省、自治区、直辖市人民政府环境保护主管部门报告。构成辐射事故的，应当立即启动本单位的应急方案，并依照《中华人民共和国放射性污染防治法》、《放射性同位素与射线装置安全和防护条例》的规定进行报告，开展有关事故应急工作。

第十九条 将废旧放射源和其他放射性固体废物送交放射性固体废物贮存、处置单位贮存、处置时，送交方应当一并提供放射性固体废物的种类、数量、活度等资料和废旧放射源的原始档案，并按照规定承担贮存、处置的费用。

第三章 放射性废物的处置

第二十条 国务院核工业行业主管部门会同国务院环境保护主管部门根据地质、环境、社会经济条件和放射性固体废物处置的需要，在征求国务院有关部门意见并进行环境影响评价的基础上编制放射性固体废物处置场所选址规划，报国务院批准后实施。

有关地方人民政府应当根据放射性固体废物处置场所选址规划，提供放射性固体废物处置场所的建设用地，并采取有效措施支持放射性固体废物的处置。

第二十一条 建造放射性固体废物处置设施，应当按照放射性固体废物处置场所选址技术导则和标准的要求，与居住区、水源保护区、交通干道、工厂和企业等场所保持严格的安全防护距离，并对场址的地质构造、水文地质等自然条件以及社会经济条件进行充分研究论证。

第二十二条 建造放射性固体废物处置设施，应当符合放射性固体废物处置场所选址规划，并依法办理选址批准手续和建造许可证。不符合选址规划或者选址技术导则、标准的，不得批准选址或者建造。

高水平放射性固体废物和 α 放射性固体废物深地质处置设施的工程和安全技术研究、地下实验、选址和建造，由国务院核工业行业主管部门组织实施。

第二十三条 专门从事放射性固体废物处置活动的单位，应当符合下列条件，并依照本条例的规定申请领取放射性固体废物处置许可证：

（一）有国有或者国有控股的企业法人资格。

（二）有能保证处置设施安全运行的组织机构和专业技术人员。低、中水平放射性固体废物处置单位应当具有 10 名以上放射性废物管理、辐射防护、环境监测方面的专业技术人员，其中至少有 3 名注册核安全工程师；高水平放射性固体废物和 α 放射性固体废物处置单位应当具有 20 名以上放射性废物管理、辐射防护、环境监测方面的专业技术人员，其中至少有 5 名注册核安全工程师。

（三）有符合国家有关放射性污染防治标准和国务院环境保护主管部门规定的放射性固体废物接收、处置设施和场所，以及放射性检测、辐射防护与环境监测设备。低、中水平放射性固体废物处置设施关闭后应满足 300 年以上的安全隔离要求；高水平放射性固体废物和 α 放射性固体废物深地质处置设施关闭后应满足 1 万年以上的安全隔离要求。

（四）有相应数额的注册资金。低、中水平放射性固体废物处置单位的注册资金应不少于 3 000 万元；高水平放射性固体废物和 α 放射性固体废物处置单位的注册资金应不少于 1 亿元。

（五）有能保证其处置活动持续进行直至安全监护期满的财务担保。

（六）有健全的管理制度以及符合核安全监督管理要求的质量保证体系，包括质量保证大纲、处置设施运行监测计划、辐射环境监测计划和应急方案等。

第二十四条　放射性固体废物处置许可证的申请、变更、延续的审批权限和程序，以及许可证的内容、有效期限，依照本条例第十三条至第十六条的规定执行。

第二十五条　放射性固体废物处置单位应当按照国家有关放射性污染防治标准和国务院环境保护主管部门的规定，对其接收的放射性固体废物进行处置。

放射性固体废物处置单位应当建立放射性固体废物处置情况记录档案，如实记录处置的放射性固体废物的来源、数量、特征、存放位置等与处置活动有关的事项。放射性固体废物处置情况记录档案应当永久保存。

第二十六条　放射性固体废物处置单位应当根据处置设施运行监测计划和辐射环境监测计划，对处置设施进行安全性检查，并对处置设施周围的地下水、地表水、土壤和空气进行放射性监测。

放射性固体废物处置单位应当如实记录监测数据，发现安全隐患或者周围环境中放射性核素超过国家规定的标准的，应当立即查找原因，采取相应的防范措施，并向国务院环境保护主管部门和核工业行业主管部门报告。构成辐射事故的，应当立即启动本单位的应急方案，并依照《中华人民共和国放射性污染防治法》、《放射性同位素与射线装置安全和防护条例》的规定进行报告，开展有关事故应急工作。

第二十七条　放射性固体废物处置设施设计服役期届满，或者处置的放射性固体废物已达到该设施的设计容量，或者所在地区的地质构造或者水文地质等条件发生重大变化导致处置设施不适宜继续处置放射性固体废物的，应当依法办理关闭手续，并在划定的区域设置永久性标记。

关闭放射性固体废物处置设施的，处置单位应当编制处置设施安全监护计划，报国务院环境保护主管部门批准。

放射性固体废物处置设施依法关闭后，处置单位应当按照经批准的安全监护计划，对关闭后的处置设施进行安全监护。放射性固体废物处置单位因破产、吊销许可证等原因终止的，处置设施关闭和安全监护所需费用由提供财务担保的单位承担。

第四章　监督管理

第二十八条　县级以上人民政府环境保护主管部门和其他有关部门，依照《中华人民共和国放射性污染防治法》和本条例的规定，对放射性废物处理、贮存和处置等活动的安全性进行监督检查。

第二十九条　县级以上人民政府环境保护主管部门和其他有关部门进行监督检查时，有权采取下列措施：

（一）向被检查单位的法定代表人和其他有关人员调查、了解情况；

（二）进入被检查单位进行现场监测、检查或者核查；

（三）查阅、复制相关文件、记录以及其他有关资料；

（四）要求被检查单位提交有关情况说明或者后续处理报告。

被检查单位应当予以配合，如实反映情况，提供必要的资料，不得拒绝和阻碍。

县级以上人民政府环境保护主管部门和其他有关部门的监督检查人员依法进行监督检查时，应当出示证件，并为被检查单位保守技术秘密和业务秘密。

第三十条　核设施营运单位、核技术利用单位和放射性固体废物贮存、处置单位，应当按照放射性废物危害的大小，建立健全相应级别的安全保卫制度，采取相应的技术防范措施和人员防范措施，并适时开展放射性废物污染事故应急演练。

第三十一条　核设施营运单位、核技术利用单位和放射性固体废物贮存、处置单位，应当对其直接从事放射性废物处理、贮存和处置活动的工作人员进行核与辐射安全知识以及专业操作技术的培训，并进行考核；考核合格的，方可从事该项工作。

第三十二条 核设施营运单位、核技术利用单位和放射性固体废物贮存单位应当按照国务院环境保护主管部门的规定定期如实报告放射性废物产生、排放、处理、贮存、清洁解控和送交处置等情况。

放射性固体废物处置单位应当于每年 3 月 31 日前，向国务院环境保护主管部门和核工业行业主管部门如实报告上一年度放射性固体废物接收、处置和设施运行等情况。

第三十三条 禁止将废旧放射源和其他放射性固体废物送交无相应许可证的单位贮存、处置或者擅自处置。

禁止无许可证或者不按照许可证规定的活动种类、范围、规模和期限从事放射性固体废物贮存、处置活动。

第三十四条 禁止将放射性废物和被放射性污染的物品输入中华人民共和国境内或者经中华人民共和国境内转移。具体办法由国务院环境保护主管部门会同国务院商务主管部门、海关总署、国家出入境检验检疫主管部门制定。

第五章 法律责任

第三十五条 负有放射性废物安全监督管理职责的部门及其工作人员违反本条例规定，有下列行为之一的，对直接负责的主管人员和其他直接责任人员，依法给予处分；直接负责的主管人员和其他直接责任人员构成犯罪的，依法追究刑事责任：

（一）违反本条例规定核发放射性固体废物贮存、处置许可证的；

（二）违反本条例规定批准不符合选址规划或者选址技术导则、标准的处置设施选址或者建造的；

（三）对发现的违反本条例的行为不依法查处的；

（四）在办理放射性固体废物贮存、处置许可证以及实施监督检查过程中，索取、收受他人财物或者谋取其他利益的；

（五）其他徇私舞弊、滥用职权、玩忽职守行为。

第三十六条 违反本条例规定，核设施营运单位、核技术利用单位有下列行为之一的，由审批该单位立项环境影响评价文件的环境保护主管部门责令停止违法行为，限期改正；逾期不改正的，指定有相应许可证的单位代为贮存或者处置，所需费用由核设施营运单位、核技术利用单位承担，可以处 20 万元以下的罚款；构成犯罪的，依法追究刑事责任：

（一）核设施营运单位未按照规定，将其产生的废旧放射源送交贮存、处置，或者将其产生的其他放射性固体废物送交处置的；

（二）核技术利用单位未按照规定，将其产生的废旧放射源或者其他放射性固体废物送交贮存、处置的。

第三十七条 违反本条例规定，有下列行为之一的，由县级以上人民政府环境保护主管部门责令停止违法行为，限期改正，处 10 万元以上 20 万元以下的罚款；造成环境污染的，责令限期采取治理措施消除污染，逾期不采取治理措施，经催告仍不治理的，可以指定有治理能力的单位代为治理，所需费用由违法者承担；构成犯罪的，依法追究刑事责任：

（一）核设施营运单位将废旧放射源送交无相应许可证的单位贮存、处置，或者将其他放射性固体废物送交无相应许可证的单位处置，或者擅自处置的；

（二）核技术利用单位将废旧放射源或者其他放射性固体废物送交无相应许可证的单位贮存、处置，或者擅自处置的；

（三）放射性固体废物贮存单位将废旧放射源或者其他放射性固体废物送交无相应许可证的单位处置，或者擅自处置的。

第三十八条 违反本条例规定，有下列行为之一的，由省级以上人民政府环境保护主管部门责令停产停业或者吊销许可证；有违法所得的，没收违法所得；违法所得 10 万元以上的，并处违法所得 1 倍以上5倍以下的罚款；没有违法所得或者违法所得不足10万元的，并处5万元以上10万元以下的罚款；造成环境污染的，责令限期采取治理措施消除污染，逾期不采取治理措施，经催告仍不治理的，可以指定有治理能力的单位代为治理，所需费用由违法者承担；构成犯罪的，依法追究刑事责任：

（一）未经许可，擅自从事废旧放射源或者其他放射性固体废物的贮存、处置活动的；

（二）放射性固体废物贮存、处置单位未按照许可证规定的活动种类、范围、规模、期限从事废旧放射源或者其他放射性固体废物的贮存、处置活动的；

（三）放射性固体废物贮存、处置单位未按照国家有关放射性污染防治标准和国务院环境保护主管部门的规定贮存、处置废旧放射源或者其他放射性固体废物的。

第三十九条　放射性固体废物贮存、处置单位未按照规定建立情况记录档案，或者未按照规定进行如实记录的，由省级以上人民政府环境保护主管部门责令限期改正，处1万元以上5万元以下的罚款；逾期不改正的，处5万元以上10万元以下的罚款。

第四十条　核设施营运单位、核技术利用单位或者放射性固体废物贮存、处置单位未按照本条例第三十二条的规定如实报告有关情况的，由县级以上人民政府环境保护主管部门责令限期改正，处1万元以上5万元以下的罚款；逾期不改正的，处5万元以上10万元以下的罚款。

第四十一条　违反本条例规定，拒绝、阻碍环境保护主管部门或者其他有关部门的监督检查，或者在接受监督检查时弄虚作假的，由监督检查部门责令改正，处2万元以下的罚款；构成违反治安管理行为的，由公安机关依法给予治安管理处罚；构成犯罪的，依法追究刑事责任。

第四十二条　核设施营运单位、核技术利用单位或者放射性固体废物贮存、处置单位未按照规定对有关工作人员进行技术培训和考核的，由县级以上人民政府环境保护主管部门责令限期改正，处1万元以上5万元以下的罚款；逾期不改正的，处5万元以上10万元以下的罚款。

第四十三条　违反本条例规定，向中华人民共和国境内输入放射性废物或者被放射性污染的物品，或者经中华人民共和国境内转移放射性废物或者被放射性污染的物品的，由海关责令退运该放射性废物或者被放射性污染的物品，并处50万元以上100万元以下的罚款；构成犯罪的，依法追究刑事责任。

第六章　附　则

第四十四条　军用设施、装备所产生的放射性废物的安全管理，依照《中华人民共和国放射性污染防治法》第六十条的规定执行。

第四十五条　放射性废物运输的安全管理、放射性废物造成污染事故的应急处理，以及劳动者在职业活动中接触放射性废物造成的职业病防治，依照有关法律、行政法规的规定执行。

第四十六条　本条例自2012年3月1日起施行。

放射性同位素与射线装置安全和防护条例

中华人民共和国国务院令

第　449　号

《放射性同位素与射线装置安全和防护条例》已经2005年8月31日国务院第104次常务会议通过，现予公布，自2005年12月1日起施行。

总　理　　温家宝

二〇〇五年九月十四日

根据《2014年7月9日国务院第54次常务会议中华人民共和国国务院令第653号（国务院关于修改部分行政法规的决定）》修订

第一章 总 则

第一条 为了加强对放射性同位素、射线装置安全和防护的监督管理，促进放射性同位素、射线装置的安全应用，保障人体健康，保护环境，制定本条例。

第二条 在中华人民共和国境内生产、销售、使用放射性同位素和射线装置，以及转让、进出口放射性同位素的，应当遵守本条例。

本条例所称放射性同位素包括放射源和非密封放射性物质。

第三条 国务院环境保护主管部门对全国放射性同位素、射线装置的安全和防护工作实施统一监督管理。

国务院公安、卫生等部门按照职责分工和本条例的规定，对有关放射性同位素、射线装置的安全和防护工作实施监督管理。

县级以上地方人民政府环境保护主管部门和其他有关部门，按照职责分工和本条例的规定，对本行政区域内放射性同位素、射线装置的安全和防护工作实施监督管理。

第四条 国家对放射源和射线装置实行分类管理。根据放射源、射线装置对人体健康和环境的潜在危害程度，从高到低将放射源分为Ⅰ类、Ⅱ类、Ⅲ类、Ⅳ类、Ⅴ类，具体分类办法由国务院环境保护主管部门制定；将射线装置分为Ⅰ类、Ⅱ类、Ⅲ类，具体分类办法由国务院环境保护主管部门商国务院卫生主管部门制定。

第二章 许可和备案

第五条 生产、销售、使用放射性同位素和射线装置的单位，应当依照本章规定取得许可证。

第六条 除医疗使用Ⅰ类放射源、制备正电子发射计算机断层扫描用放射性药物自用的单位外，生产放射性同位素、销售和使用Ⅰ类放射源、销售和使用Ⅰ类射线装置的单位的许可证，由国务院环境保护主管部门审批颁发。

除国务院环境保护主管部门审批颁发的许可证外，其他单位的许可证，由省、自治区、直辖市人民政府环境保护主管部门审批颁发。

国务院环境保护主管部门向生产放射性同位素的单位颁发许可证前，应当将申请材料印送其行业主管部门征求意见。

环境保护主管部门应当将审批颁发许可证的情况通报同级公安部门、卫生主管部门。

第七条 生产、销售、使用放射性同位素和射线装置的单位申请领取许可证，应当具备下列条件：

（一）有与所从事的生产、销售、使用活动规模相适应的，具备相应专业知识和防护知识及健康条件的专业技术人员；

（二）有符合国家环境保护标准、职业卫生标准和安全防护要求的场所、设施和设备；

（三）有专门的安全和防护管理机构或者专职、兼职安全和防护管理人员，并配备必要的防护用品和监测仪器；

（四）有健全的安全和防护管理规章制度、辐射事故应急措施；

（五）产生放射性废气、废液、固体废物的，具有确保放射性废气、废液、固体废物达标排放的处理能力或者可行的处理方案。

第八条 生产、销售、使用放射性同位素和射线装置的单位，应当事先向有审批权的环境保护主管部门提出许可申请，并提交符合本条例第七条规定条件的证明材料。

使用放射性同位素和射线装置进行放射诊疗的医疗卫生机构，还应当获得放射源诊疗技术和医用辐射机构许可。

第九条　环境保护主管部门应当自受理申请之日起 20 个工作日内完成审查，符合条件的，颁发许可证，并予以公告；不符合条件的，书面通知申请单位并说明理由。

第十条　许可证包括下列主要内容：

（一）单位的名称、地址、法定代表人；

（二）所从事活动的种类和范围；

（三）有效期限；

（四）发证日期和证书编号。

第十一条　持证单位变更单位名称、地址、法定代表人的，应当自变更登记之日起 20 日内，向原发证机关申请办理许可证变更手续。

第十二条　有下列情形之一的，持证单位应当按照原申请程序，重新申请领取许可证：

（一）改变所从事活动的种类或者范围的；

（二）新建或者改建、扩建生产、销售、使用设施或者场所的。

第十三条　许可证有效期为 5 年。有效期届满，需要延续的，持证单位应当于许可证有效期届满 30 日前，向原发证机关提出延续申请。原发证机关应当自受理延续申请之日起，在许可证有效期届满前完成审查，符合条件的，予以延续；不符合条件的，书面通知申请单位并说明理由。

第十四条　持证单位部分终止或者全部终止生产、销售、使用放射性同位素和射线装置活动的，应当向原发证机关提出部分变更或者注销许可证申请，由原发证机关核查合格后，予以变更或者注销许可证。

第十五条　禁止无许可证或者不按照许可证规定的种类和范围从事放射性同位素和射线装置的生产、销售、使用活动。

禁止伪造、变造、转让许可证。

第十六条　国务院对外贸易主管部门会同国务院环境保护主管部门、海关总署、国务院质量监督检验检疫部门和生产放射性同位素的单位的行业主管部门制定并公布限制进出口放射性同位素目录和禁止进出口放射性同位素目录。

进口列入限制进出口目录的放射性同位素，应当在国务院环境保护主管部门审查批准后，由国务院对外贸易主管部门依据国家对外贸易的有关规定签发进口许可证。进口限制进出口目录和禁止进出口目录之外的放射性同位素，依据国家对外贸易的有关规定办理进口手续。

第十七条　申请进口列入限制进出口目录的放射性同位素，应当符合下列要求：

（一）进口单位已经取得与所从事活动相符的许可证；

（二）进口单位具有进口放射性同位素使用期满后的处理方案，其中，进口Ⅰ类、Ⅱ类、Ⅲ类放射源的，应当具有原出口方负责回收的承诺文件；

（三）进口的放射源应当有明确标号和必要说明文件，其中，Ⅰ类、Ⅱ类、Ⅲ类放射源的标号应当刻制在放射源本体或者密封包壳体上，Ⅳ类、Ⅴ类放射源的标号应当记录在相应说明文件中；

（四）将进口的放射性同位素销售给其他单位使用的，还应当具有与使用单位签订的书面协议以及使用单位取得的许可证复印件。

第十八条　进口列入限制进出口目录的放射性同位素的单位，应当向国务院环境保护主管部门提出进口申请，并提交符合本条例第十七条规定要求的证明材料。

国务院环境保护主管部门应当自受理申请之日起 10 个工作日内完成审查，符合条件的，予以批准；不符合条件的，书面通知申请单位并说明理由。

海关验凭放射性同位素进口许可证办理有关进口手续。进口放射性同位素的包装材料依法需要实施检疫的，依照国家有关检疫法律、法规的规定执行。

对进口的放射源，国务院环境保护主管部门还应当同时确定与其标号相对应的放射源编码。

第十九条　申请转让放射性同位素，应当符合下列要求：

（一）转出、转入单位持有与所从事活动相符的许可证；

（二）转入单位具有放射性同位素使用期满后的处理方案；

（三）转让双方已经签订书面转让协议。

第二十条 转让放射性同位素，由转入单位向其所在地省、自治区、直辖市人民政府环境保护主管部门提出申请，并提交符合本条例第十九条规定要求的证明材料。

省、自治区、直辖市人民政府环境保护主管部门应当自受理申请之日起15个工作日内完成审查，符合条件的，予以批准；不符合条件的，书面通知申请单位并说明理由。

第二十一条 放射性同位素的转出、转入单位应当在转让活动完成之日起20日内，分别向其所在地省、自治区、直辖市人民政府环境保护主管部门备案。

第二十二条 生产放射性同位素的单位，应当建立放射性同位素产品台账，并按照国务院环境保护主管部门制定的编码规则，对生产的放射源统一编码。放射性同位素产品台账和放射源编码清单应当报国务院环境保护主管部门备案。

生产的放射源应当有明确标号和必要说明文件。其中，Ⅰ类、Ⅱ类、Ⅲ类放射源的标号应当刻制在放射源本体或者密封包壳体上，Ⅳ类、Ⅴ类放射源的标号应当记录在相应说明文件中。

国务院环境保护主管部门负责建立放射性同位素备案信息管理系统，与有关部门实行信息共享。

未列入产品台账的放射性同位素和未编码的放射源，不得出厂和销售。

第二十三条 持有放射源的单位将废旧放射源交回生产单位、返回原出口方或者送交放射性废物集中贮存单位贮存的，应当在该活动完成之日起20日内向其所在地省、自治区、直辖市人民政府环境保护主管部门备案。

第二十四条 本条例施行前生产和进口的放射性同位素，由放射性同位素持有单位在本条例施行之日起6个月内，到其所在地省、自治区、直辖市人民政府环境保护主管部门办理备案手续，省、自治区、直辖市人民政府环境保护主管部门应当对放射源进行统一编码。

第二十五条 使用放射性同位素的单位需要将放射性同位素转移到外省、自治区、直辖市使用的，应当持许可证复印件向使用地省、自治区、直辖市人民政府环境保护主管部门备案，并接受当地环境保护主管部门的监督管理。

第二十六条 出口列入限制进出口目录的放射性同位素，应当提供进口方可以合法持有放射性同位素的证明材料，并由国务院环境保护主管部门依照有关法律和我国缔结或者参加的国际条约、协定的规定，办理有关手续。

出口放射性同位素应当遵守国家对外贸易的有关规定。

第三章 安全和防肆护

第二十七条 生产、销售、使用放射性同位素和射线装置的单位，应当对本单位的放射性同位素、射线装置的安全和防护工作负责，并依法对其造成的放射性危害承担责任。

生产放射性同位素的单位的行业主管部门，应当加强对生产单位安全和防护工作的管理，并定期对其执行法律、法规和国家标准的情况进行监督检查。

第二十八条 生产、销售、使用放射性同位素和射线装置的单位，应当对直接从事生产、销售、使用活动的工作人员进行安全和防护知识教育培训，并进行考核；考核不合格的，不得上岗。

辐射安全关键岗位应当由注册核安全工程师担任。辐射安全关键岗位名录由国务院环境保护主管部门商国务院有关部门制定并公布。

第二十九条 生产、销售、使用放射性同位素和射线装置的单位，应当严格按照国家关于个人剂量监测和健康管理的规定，对直接从事生产、销售、使用活动的工作人员进行个人剂量监测和职业健康检查，建立个人剂量档案和职业健康监护档案。

第三十条 生产、销售、使用放射性同位素和射线装置的单位，应当对本单位的放射性同位素、射线装置的安全和防护状况进行年度评估。发现安全隐患的，应当立即进行整改。

第三十一条　生产、销售、使用放射性同位素和射线装置的单位需要终止的，应当事先对本单位的放射性同位素和放射性废物进行清理登记，作出妥善处理，不得留有安全隐患。生产、销售、使用放射性同位素和射线装置的单位发生变更的，由变更后的单位承担处理责任。变更前当事人对此另有约定的，从其约定；但是，约定中不得免除当事人的处理义务。

在本条例施行前已经终止的生产、销售、使用放射性同位素和射线装置的单位，其未安全处理的废旧放射源和放射性废物，由所在地省、自治区、直辖市人民政府环境保护主管部门提出处理方案，及时进行处理。所需经费由省级以上人民政府承担。

第三十二条　生产、进口放射源的单位销售Ⅰ类、Ⅱ类、Ⅲ类放射源给其他单位使用的，应当与使用放射源的单位签订废旧放射源返回协议；使用放射源的单位应当按照废旧放射源返回协议规定将废旧放射源交回生产单位或者返回原出口方。确实无法交回生产单位或者返回原出口方的，送交有相应资质的放射性废物集中贮存单位贮存。

使用放射源的单位应当按照国务院环境保护主管部门的规定，将Ⅳ类、Ⅴ类废旧放射源进行包装整备后送交有相应资质的放射性废物集中贮存单位贮存。

第三十三条　使用Ⅰ类、Ⅱ类、Ⅲ类放射源的场所和生产放射性同位素的场所，以及终结运行后产生放射性污染的射线装置，应当依法实施退役。

第三十四条　生产、销售、使用、贮存放射性同位素和射线装置的场所，应当按照国家有关规定设置明显的放射性标志，其入口处应当按照国家有关安全和防护标准的要求，设置安全和防护设施以及必要的防护安全联锁、报警装置或者工作信号。射线装置的生产调试和使用场所，应当具有防止误操作、防止工作人员和公众受到意外照射的安全措施。

放射性同位素的包装容器、含放射性同位素的设备和射线装置，应当设置明显的放射性标识和中文警示说明；放射源上能够设置放射性标识的，应当一并设置。运输放射性同位素和含放射源的射线装置的工具，应当按照国家有关规定设置明显的放射性标志或者显示危险信号。

第三十五条　放射性同位素应当单独存放，不得与易燃、易爆、腐蚀性物品等一起存放，并指定专人负责保管。贮存、领取、使用、归还放射性同位素时，应当进行登记、检查，做到账物相符。对放射性同位素贮存场所应当采取防火、防水、防盗、防丢失、防破坏、防射线泄漏的安全措施。

对放射源还应当根据其潜在危害的大小，建立相应的多层防护和安全措施，并对可移动的放射源定期进行盘存，确保其处于指定位置，具有可靠的安全保障。

第三十六条　在室外、野外使用放射性同位素和射线装置的，应当按照国家安全和防护标准的要求划出安全防护区域，设置明显的放射性标志，必要时设专人警戒。

在野外进行放射性同位素示踪试验的，应当经省级以上人民政府环境保护主管部门商同级有关部门批准方可进行。

第三十七条　辐射防护器材、含放射性同位素的设备和射线装置，以及含有放射性物质的产品和伴有产生X射线的电器产品，应当符合辐射防护要求。不合格的产品不得出厂和销售。

第三十八条　使用放射性同位素和射线装置进行放射诊疗的医疗卫生机构，应当依据国务院卫生主管部门有关规定和国家标准，制定与本单位从事的诊疗项目相适应的质量保证方案，遵守质量保证监测规范，按照医疗照射正当化和辐射防护最优化的原则，避免一切不必要的照射，并事先告知患者和受检者辐射对健康的潜在影响。

第三十九条　金属冶炼厂回收冶炼废旧金属时，应当采取必要的监测措施，防止放射性物质熔入产品中。监测中发现问题的，应当及时通知所在地设区的市级以上人民政府环境保护主管部门。

第四章　辐射事故应急处理

第四十条　根据辐射事故的性质、严重程度、可控性和影响范围等因素，从重到轻将辐射事故分为特别重大辐射事故、重大辐射事故、较大辐射事故和一般辐射事故四个等级。

特别重大辐射事故，是指Ⅰ类、Ⅱ类放射源丢失、被盗、失控造成大范围严重辐射污染后果，或者放射性同位素和射线装置失控导致3人以上（含3人）急性死亡。

重大辐射事故，是指Ⅰ类、Ⅱ类放射源丢失、被盗、失控，或者放射性同位素和射线装置失控导致2人以下（含2人）急性死亡或者10人以上（含10人）急性重度放射病、局部器官残疾。

较大辐射事故，是指Ⅲ类放射源丢失、被盗、失控，或者放射性同位素和射线装置失控导致9人以下（含9人）急性重度放射病、局部器官残疾。

一般辐射事故，是指Ⅳ类、Ⅴ类放射源丢失、被盗、失控，或者放射性同位素和射线装置失控导致人员受到超过年剂量限值的照射。

第四十一条 县级以上人民政府环境保护主管部门应当会同同级公安、卫生、财政等部门编制辐射事故应急预案，报本级人民政府批准。辐射事故应急预案应当包括下列内容：

（一）应急机构和职责分工；

（二）应急人员的组织、培训以及应急和救助的装备、资金、物资准备；

（三）辐射事故分级与应急响应措施；

（四）辐射事故调查、报告和处理程序。

生产、销售、使用放射性同位素和射线装置的单位，应当根据可能发生的辐射事故的风险，制定本单位的应急方案，做好应急准备。

第四十二条 发生辐射事故时，生产、销售、使用放射性同位素和射线装置的单位应当立即启动本单位的应急方案，采取应急措施，并立即向当地环境保护主管部门、公安部门、卫生主管部门报告。

环境保护主管部门、公安部门、卫生主管部门接到辐射事故报告后，应当立即派人赶赴现场，进行现场调查，采取有效措施，控制并消除事故影响，同时将辐射事故信息报告本级人民政府和上级人民政府环境保护主管部门、公安部门、卫生主管部门。

县级以上地方人民政府及其有关部门接到辐射事故报告后，应当按照事故分级报告的规定及时将辐射事故信息报告上级人民政府及其有关部门。发生特别重大辐射事故和重大辐射事故后，事故发生地省、自治区、直辖市人民政府和国务院有关部门应当在4小时内报告国务院；特殊情况下，事故发生地人民政府及其有关部门可以直接向国务院报告，并同时报告上级人民政府及其有关部门。

禁止缓报、瞒报、谎报或者漏报辐射事故。

第四十三条 在发生辐射事故或者有证据证明辐射事故可能发生时，县级以上人民政府环境保护主管部门有权采取下列临时控制措施：

（一）责令停止导致或者可能导致辐射事故的作业；

（二）组织控制事故现场。

第四十四条 辐射事故发生后，有关县级以上人民政府应当按照辐射事故的等级，启动并组织实施相应的应急预案。

县级以上人民政府环境保护主管部门、公安部门、卫生主管部门，按照职责分工做好相应的辐射事故应急工作：

（一）环境保护主管部门负责辐射事故的应急响应、调查处理和定性定级工作，协助公安部门监控追缴丢失、被盗的放射源；

（二）公安部门负责丢失、被盗放射源的立案侦查和追缴；

（三）卫生主管部门负责辐射事故的医疗应急。

环境保护主管部门、公安部门、卫生主管部门应当及时相互通报辐射事故应急响应、调查处理、定性定级、立案侦查和医疗应急情况。国务院指定的部门根据环境保护主管部门确定的辐射事故的性质和级别，负责有关国际信息通报工作。

第四十五条 发生辐射事故的单位应当立即将可能受到辐射伤害的人员送至当地卫生主管部门指定

的医院或者有条件救治辐射损伤病人的医院，进行检查和治疗，或者请求医院立即派人赶赴事故现场，采取救治措施。

第五章 监督检查

第四十六条 县级以上人民政府环境保护主管部门和其他有关部门应当按照各自职责对生产、销售、使用放射性同位素和射线装置的单位进行监督检查。

被检查单位应当予以配合，如实反映情况，提供必要的资料，不得拒绝和阻碍。

第四十七条 县级以上人民政府环境保护主管部门应当配备辐射防护安全监督员。辐射防护安全监督员由从事辐射防护工作，具有辐射防护安全知识并经省级以上人民政府环境保护主管部门认可的专业人员担任。辐射防护安全监督员应当定期接受专业知识培训和考核。

第四十八条 县级以上人民政府环境保护主管部门在监督检查中发现生产、销售、使用放射性同位素和射线装置的单位有不符合原发证条件的情形的，应当责令其限期整改。

监督检查人员依法进行监督检查时，应当出示证件，并为被检查单位保守技术秘密和业务秘密。

第四十九条 任何单位和个人对违反本条例的行为，有权向环境保护主管部门和其他有关部门检举；对环境保护主管部门和其他有关部门未依法履行监督管理职责的行为，有权向本级人民政府、上级人民政府有关部门检举。接到举报的有关人民政府、环境保护主管部门和其他有关部门对有关举报应当及时核实、处理。

第六章 法律责任

第五十条 违反本条例规定，县级以上人民政府环境保护主管部门有下列行为之一的，对直接负责的主管人员和其他直接责任人员，依法给予行政处分；构成犯罪的，依法追究刑事责任：

（一）向不符合本条例规定条件的单位颁发许可证或者批准不符合本条例规定条件的单位进口、转让放射性同位素的；

（二）发现未依法取得许可证的单位擅自生产、销售、使用放射性同位素和射线装置，不予查处或者接到举报后不依法处理的；

（三）发现未经依法批准擅自进口、转让放射性同位素，不予查处或者接到举报后不依法处理的；

（四）对依法取得许可证的单位不履行监督管理职责或者发现违反本条例规定的行为不予查处的；

（五）在放射性同位素、射线装置安全和防护监督管理工作中有其他渎职行为的。

第五十一条 违反本条例规定，县级以上人民政府环境保护主管部门和其他有关部门有下列行为之一的，对直接负责的主管人员和其他直接责任人员，依法给予行政处分；构成犯罪的，依法追究刑事责任：

（一）缓报、瞒报、谎报或者漏报辐射事故的；

（二）未按照规定编制辐射事故应急预案或者不依法履行辐射事故应急职责的。

第五十二条 违反本条例规定，生产、销售、使用放射性同位素和射线装置的单位有下列行为之一的，由县级以上人民政府环境保护主管部门责令停止违法行为，限期改正；逾期不改正的，责令停产停业或者由原发证机关吊销许可证；有违法所得的，没收违法所得；违法所得10万元以上的，并处违法所得1倍以上5倍以下的罚款；没有违法所得或者违法所得不足10万元的，并处1万元以上10万元以下的罚款：

（一）无许可证从事放射性同位素和射线装置生产、销售、使用活动的；

（二）未按照许可证的规定从事放射性同位素和射线装置生产、销售、使用活动的；

（三）改变所从事活动的种类或者范围以及新建、改建或者扩建生产、销售、使用设施或者场所，未按照规定重新申请领取许可证的；

（四）许可证有效期届满，需要延续而未按照规定办理延续手续的；

（五）未经批准，擅自进口或者转让放射性同位素的。

第五十三条 违反本条例规定，生产、销售、使用放射性同位素和射线装置的单位变更单位名称、地址、法定代表人，未依法办理许可证变更手续的，由县级以上人民政府环境保护主管部门责令限期改正，给予警告；逾期不改正的，由原发证机关暂扣或者吊销许可证。

第五十四条 违反本条例规定，生产、销售、使用放射性同位素和射线装置的单位部分终止或者全部终止生产、销售、使用活动，未按照规定办理许可证变更或者注销手续的，由县级以上人民政府环境保护主管部门责令停止违法行为，限期改正；逾期不改正的，处1万元以上10万元以下的罚款；造成辐射事故，构成犯罪的，依法追究刑事责任。

第五十五条 违反本条例规定，伪造、变造、转让许可证的，由县级以上人民政府环境保护主管部门收缴伪造、变造的许可证或者由原发证机关吊销许可证，并处5万元以上10万元以下的罚款；构成犯罪的，依法追究刑事责任。

违反本条例规定，伪造、变造、转让放射性同位素进口和转让批准文件的，由县级以上人民政府环境保护主管部门收缴伪造、变造的批准文件或者由原批准机关撤销批准文件，并处5万元以上10万元以下的罚款；情节严重的，可以由原发证机关吊销许可证；构成犯罪的，依法追究刑事责任。

第五十六条 违反本条例规定，生产、销售、使用放射性同位素的单位有下列行为之一的，由县级以上人民政府环境保护主管部门责令限期改正，给予警告；逾期不改正的，由原发证机关暂扣或者吊销许可证：

（一）转入、转出放射性同位素未按照规定备案的；

（二）将放射性同位素转移到外省、自治区、直辖市使用，未按照规定备案的；

（三）将废旧放射源交回生产单位、返回原出口方或者送交放射性废物集中贮存单位贮存，未按照规定备案的。

第五十七条 违反本条例规定，生产、销售、使用放射性同位素和射线装置的单位有下列行为之一的，由县级以上人民政府环境保护主管部门责令停止违法行为，限期改正；逾期不改正的，处1万元以上10万元以下的罚款：

（一）在室外、野外使用放射性同位素和射线装置，未按照国家有关安全和防护标准的要求划出安全防护区域和设置明显的放射性标志的；

（二）未经批准擅自在野外进行放射性同位素示踪试验的。

第五十八条 违反本条例规定，生产放射性同位素的单位有下列行为之一的，由县级以上人民政府环境保护主管部门责令限期改正，给予警告；逾期不改正的，依法收缴其未备案的放射性同位素和未编码的放射源，处5万元以上10万元以下的罚款，并可以由原发证机关暂扣或者吊销许可证：

（一）未建立放射性同位素产品台账的；

（二）未按照国务院环境保护主管部门制定的编码规则，对生产的放射源进行统一编码的；

（三）未将放射性同位素产品台账和放射源编码清单报国务院环境保护主管部门备案的；

（四）出厂或者销售未列入产品台账的放射性同位素和未编码的放射源的。

第五十九条 违反本条例规定，生产、销售、使用放射性同位素和射线装置的单位有下列行为之一的，由县级以上人民政府环境保护主管部门责令停止违法行为，限期改正；逾期不改正的，由原发证机关指定有处理能力的单位代为处理或者实施退役，费用由生产、销售、使用放射性同位素和射线装置的单位承担，并处1万元以上10万元以下的罚款：

（一）未按照规定对废旧放射源进行处理的；

（二）未按照规定对使用Ⅰ类、Ⅱ类、Ⅲ类放射源的场所和生产放射性同位素的场所，以及终结运行后产生放射性污染的射线装置实施退役的。

第六十条　违反本条例规定，生产、销售、使用放射性同位素和射线装置的单位有下列行为之一的，由县级以上人民政府环境保护主管部门责令停止违法行为，限期改正；逾期不改正的，责令停产停业，并处2万元以上20万元以下的罚款；构成犯罪的，依法追究刑事责任：

（一）未按照规定对本单位的放射性同位素、射线装置安全和防护状况进行评估或者发现安全隐患不及时整改的；

（二）生产、销售、使用、贮存放射性同位素和射线装置的场所未按照规定设置安全和防护设施以及放射性标志的。

第六十一条　违反本条例规定，造成辐射事故的，由原发证机关责令限期改正，并处5万元以上20万元以下的罚款；情节严重的，由原发证机关吊销许可证；构成违反治安管理行为的，由公安机关依法予以治安处罚；构成犯罪的，依法追究刑事责任。

因辐射事故造成他人损害的，依法承担民事责任。

第六十二条　生产、销售、使用放射性同位素和射线装置的单位被责令限期整改，逾期不整改或者经整改仍不符合原发证条件的，由原发证机关暂扣或者吊销许可证。

第六十三条　违反本条例规定，被依法吊销许可证的单位或者伪造、变造许可证的单位，5年内不得申请领取许可证。

第六十四条　县级以上地方人民政府环境保护主管部门的行政处罚权限的划分，由省、自治区、直辖市人民政府确定。

第七章　附　　则

第六十五条　军用放射性同位素、射线装置安全和防护的监督管理，依照《中华人民共和国放射性污染防治法》第六十条的规定执行。

第六十六条　劳动者在职业活动中接触放射性同位素和射线装置造成的职业病的防治，依照《中华人民共和国职业病防治法》和国务院有关规定执行。

第六十七条　放射性同位素的运输，放射性同位素和射线装置生产、销售、使用过程中产生的放射性废物的处置，依照国务院有关规定执行。

第六十八条　本条例中下列用语的含义：

放射性同位素，是指某种发生放射性衰变的元素中具有相同原子序数但质量不同的核素。

放射源，是指除研究堆和动力堆核燃料循环范畴的材料以外，永久密封在容器中或者有严密包层并呈固态的放射性材料。

射线装置，是指X线机、加速器、中子发生器以及含放射源的装置。

非密封放射性物质，是指非永久密封在包壳里或者紧密地固结在覆盖层里的放射性物质。

转让，是指除进出口、回收活动之外，放射性同位素所有权或者使用权在不同持有者之间的转移。

伴有产生X射线的电器产品，是指不以产生X射线为目的，但在生产或者使用过程中产生X射线的电器产品。

辐射事故，是指放射源丢失、被盗、失控，或者放射性同位素和射线装置失控导致人员受到意外的异常照射。

第六十九条　本条例自2005年12月1日起施行。1989年10月24日国务院发布的《放射性同位素与射线装置放射防护条例》同时废止。

放射性物品运输安全管理条例

中华人民共和国国务院令

第 562 号

《放射性物品运输安全管理条例》已经 2009 年 9 月 7 日国务院第 80 次常务会议通过，现予公布，自 2010 年 1 月 1 日起施行。

总理　温家宝

二〇〇九年九月十四日

第一章　总　则

第一条　为了加强对放射性物品运输的安全管理，保障人体健康，保护环境，促进核能、核技术的开发与和平利用，根据《中华人民共和国放射性污染防治法》，制定本条例。

第二条　放射性物品的运输和放射性物品运输容器的设计、制造等活动，适用本条例。

本条例所称放射性物品，是指含有放射性核素，并且其活度和比活度均高于国家规定的豁免值的物品。

第三条　根据放射性物品的特性及其对人体健康和环境的潜在危害程度，将放射性物品分为一类、二类和三类。

一类放射性物品，是指Ⅰ类放射源、高水平放射性废物、乏燃料等释放到环境后对人体健康和环境产生重大辐射影响的放射性物品。

二类放射性物品，是指Ⅱ类和Ⅲ类放射源、中等水平放射性废物等释放到环境后对人体健康和环境产生一般辐射影响的放射性物品。

三类放射性物品，是指Ⅳ类和Ⅴ类放射源、低水平放射性废物、放射性药品等释放到环境后对人体健康和环境产生较小辐射影响的放射性物品。

放射性物品的具体分类和名录，由国务院核安全监管部门会同国务院公安、卫生、海关、交通运输、铁路、民航、核工业行业主管部门制定。

第四条　国务院核安全监管部门对放射性物品运输的核与辐射安全实施监督管理。

国务院公安、交通运输、铁路、民航等有关主管部门依照本条例规定和各自的职责，负责放射性物品运输安全的有关监督管理工作。

县级以上地方人民政府环境保护主管部门和公安、交通运输等有关主管部门，依照本条例规定和各自的职责，负责本行政区域放射性物品运输安全的有关监督管理工作。

第五条　运输放射性物品，应当使用专用的放射性物品运输包装容器（以下简称运输容器）。

放射性物品的运输和放射性物品运输容器的设计、制造，应当符合国家放射性物品运输安全标准。

国家放射性物品运输安全标准，由国务院核安全监管部门制定，由国务院核安全监管部门和国务院标准化主管部门联合发布。国务院核安全监管部门制定国家放射性物品运输安全标准，应当征求国务院公安、卫生、交通运输、铁路、民航、核工业行业主管部门的意见。

第六条　放射性物品运输容器的设计、制造单位应当建立健全责任制度，加强质量管理，并对所从事的放射性物品运输容器的设计、制造活动负责。

放射性物品的托运人（以下简称托运人）应当制定核与辐射事故应急方案，在放射性物品运输中采取有效的辐射防护和安全保卫措施，并对放射性物品运输中的核与辐射安全负责。

第七条　任何单位和个人对违反本条例规定的行为，有权向国务院核安全监管部门或者其他依法履行放射性物品运输安全监督管理职责的部门举报。

接到举报的部门应当依法调查处理，并为举报人保密。

第二章　放射性物品运输容器的设计

第八条　放射性物品运输容器设计单位应当建立健全和有效实施质量保证体系，按照国家放射性物品运输安全标准进行设计，并通过试验验证或者分析论证等方式，对设计的放射性物品运输容器的安全性能进行评价。

第九条　放射性物品运输容器设计单位应当建立健全档案制度，按照质量保证体系的要求，如实记录放射性物品运输容器的设计和安全性能评价过程。

进行一类放射性物品运输容器设计，应当编制设计安全评价报告书；进行二类放射性物品运输容器设计，应当编制设计安全评价报告表。

第十条　一类放射性物品运输容器的设计，应当在首次用于制造前报国务院核安全监管部门审查批准。

申请批准一类放射性物品运输容器的设计，设计单位应当向国务院核安全监管部门提出书面申请，并提交下列材料：

（一）设计总图及其设计说明书；

（二）设计安全评价报告书；

（三）质量保证大纲。

第十一条　国务院核安全监管部门应当自受理申请之日起 45 个工作日内完成审查，对符合国家放射性物品运输安全标准的，颁发一类放射性物品运输容器设计批准书，并公告批准文号；对不符合国家放射性物品运输安全标准的，书面通知申请单位并说明理由。

第十二条　设计单位修改已批准的一类放射性物品运输容器设计中有关安全内容的，应当按照原申请程序向国务院核安全监管部门重新申请领取一类放射性物品运输容器设计批准书。

第十三条　二类放射性物品运输容器的设计，设计单位应当在首次用于制造前，将设计总图及其设计说明书、设计安全评价报告表报国务院核安全监管部门备案。

第十四条　三类放射性物品运输容器的设计，设计单位应当编制设计符合国家放射性物品运输安全标准的证明文件并存档备查。

第三章　放射性物品运输容器的制造与使用

第十五条　放射性物品运输容器制造单位，应当按照设计要求和国家放射性物品运输安全标准，对制造的放射性物品运输容器进行质量检验，编制质量检验报告。

未经质量检验或者经检验不合格的放射性物品运输容器，不得交付使用。

第十六条　从事一类放射性物品运输容器制造活动的单位，应当具备下列条件：

（一）有与所从事的制造活动相适应的专业技术人员；

（二）有与所从事的制造活动相适应的生产条件和检测手段；

（三）有健全的管理制度和完善的质量保证体系。

第十七条　从事一类放射性物品运输容器制造活动的单位，应当申请领取一类放射性物品运输容器制造许可证（以下简称制造许可证）。

申请领取制造许可证的单位，应当向国务院核安全监管部门提出书面申请，并提交其符合本条例第十六条规定条件的证明材料和申请制造的运输容器型号。

禁止无制造许可证或者超出制造许可证规定的范围从事一类放射性物品运输容器的制造活动。

第十八条　国务院核安全监管部门应当自受理申请之日起 45 个工作日内完成审查，对符合条件的，颁发制造许可证，并予以公告；对不符合条件的，书面通知申请单位并说明理由。

第十九条 制造许可证应当载明下列内容：

（一）制造单位名称、住所和法定代表人；

（二）许可制造的运输容器的型号；

（三）有效期限；

（四）发证机关、发证日期和证书编号。

第二十条 一类放射性物品运输容器制造单位变更单位名称、住所或者法定代表人的，应当自工商变更登记之日起20日内，向国务院核安全监管部门办理制造许可证变更手续。

一类放射性物品运输容器制造单位变更制造的运输容器型号的，应当按照原申请程序向国务院核安全监管部门重新申请领取制造许可证。

第二十一条 制造许可证有效期为5年。

制造许可证有效期届满，需要延续的，一类放射性物品运输容器制造单位应当于制造许可证有效期届满6个月前，向国务院核安全监管部门提出延续申请。

国务院核安全监管部门应当在制造许可证有效期届满前作出是否准予延续的决定。

第二十二条 从事二类放射性物品运输容器制造活动的单位，应当在首次制造活动开始30日前，将其具备与所从事的制造活动相适应的专业技术人员、生产条件、检测手段，以及具有健全的管理制度和完善的质量保证体系的证明材料，报国务院核安全监管部门备案。

第二十三条 一类、二类放射性物品运输容器制造单位，应当按照国务院核安全监管部门制定的编码规则，对其制造的一类、二类放射性物品运输容器统一编码，并于每年1月31日前将上一年度的运输容器编码清单报国务院核安全监管部门备案。

第二十四条 从事三类放射性物品运输容器制造活动的单位，应当于每年1月31日前将上一年度制造的运输容器的型号和数量报国务院核安全监管部门备案。

第二十五条 放射性物品运输容器使用单位应当对其使用的放射性物品运输容器定期进行保养和维护，并建立保养和维护档案；放射性物品运输容器达到设计使用年限，或者发现放射性物品运输容器存在安全隐患的，应当停止使用，进行处理。

一类放射性物品运输容器使用单位还应当对其使用的一类放射性物品运输容器每两年进行一次安全性能评价，并将评价结果报国务院核安全监管部门备案。

第二十六条 使用境外单位制造的一类放射性物品运输容器的，应当在首次使用前报国务院核安全监管部门审查批准。

申请使用境外单位制造的一类放射性物品运输容器的单位，应当向国务院核安全监管部门提出书面申请，并提交下列材料：

（一）设计单位所在国核安全监管部门颁发的设计批准文件的复印件；

（二）设计安全评价报告书；

（三）制造单位相关业绩的证明材料；

（四）质量合格证明；

（五）符合中华人民共和国法律、行政法规规定，以及国家放射性物品运输安全标准或者经国务院核安全监管部门认可的标准的说明材料。

国务院核安全监管部门应当自受理申请之日起45个工作日内完成审查，对符合国家放射性物品运输安全标准的，颁发使用批准书；对不符合国家放射性物品运输安全标准的，书面通知申请单位并说明理由。

第二十七条 使用境外单位制造的二类放射性物品运输容器的，应当在首次使用前将运输容器质量合格证明和符合中华人民共和国法律、行政法规规定，以及国家放射性物品运输安全标准或者经国务院核安全监管部门认可的标准的说明材料，报国务院核安全监管部门备案。

第二十八条 国务院核安全监管部门办理使用境外单位制造的一类、二类放射性物品运输容器审查批准和备案手续，应当同时为运输容器确定编码。

第四章　放射性物品的运输

第二十九条　托运放射性物品的，托运人应当持有生产、销售、使用或者处置放射性物品的有效证明，使用与所托运的放射性物品类别相适应的运输容器进行包装，配备必要的辐射监测设备、防护用品和防盗、防破坏设备，并编制运输说明书、核与辐射事故应急响应指南、装卸作业方法、安全防护指南。

运输说明书应当包括放射性物品的品名、数量、物理化学形态、危害风险等内容。

第三十条　托运一类放射性物品的，托运人应当委托有资质的辐射监测机构对其表面污染和辐射水平实施监测，辐射监测机构应当出具辐射监测报告。

托运二类、三类放射性物品的，托运人应当对其表面污染和辐射水平实施监测，并编制辐射监测报告。

监测结果不符合国家放射性物品运输安全标准的，不得托运。

第三十一条　承运放射性物品应当取得国家规定的运输资质。承运人的资质管理，依照有关法律、行政法规和国务院交通运输、铁路、民航、邮政主管部门的规定执行。

第三十二条　托运人和承运人应当对直接从事放射性物品运输的工作人员进行运输安全和应急响应知识的培训，并进行考核；考核不合格的，不得从事相关工作。

托运人和承运人应当按照国家放射性物品运输安全标准和国家有关规定，在放射性物品运输容器和运输工具上设置警示标志。

国家利用卫星定位系统对一类、二类放射性物品运输工具的运输过程实行在线监控。具体办法由国务院核安全监管部门会同国务院有关部门制定。

第三十三条　托运人和承运人应当按照国家职业病防治的有关规定，对直接从事放射性物品运输的工作人员进行个人剂量监测，建立个人剂量档案和职业健康监护档案。

第三十四条　托运人应当向承运人提交运输说明书、辐射监测报告、核与辐射事故应急响应指南、装卸作业方法、安全防护指南，承运人应当查验、收存。托运人提交文件不齐全的，承运人不得承运。

第三十五条　托运一类放射性物品的，托运人应当编制放射性物品运输的核与辐射安全分析报告书，报国务院核安全监管部门审查批准。

放射性物品运输的核与辐射安全分析报告书应当包括放射性物品的品名、数量、运输容器型号、运输方式、辐射防护措施、应急措施等内容。

国务院核安全监管部门应当自受理申请之日起45个工作日内完成审查，对符合国家放射性物品运输安全标准的，颁发核与辐射安全分析报告批准书；对不符合国家放射性物品运输安全标准的，书面通知申请单位并说明理由。

第三十六条　放射性物品运输的核与辐射安全分析报告批准书应当载明下列主要内容：

（一）托运人的名称、地址、法定代表人；

（二）运输放射性物品的品名、数量；

（三）运输放射性物品的运输容器型号和运输方式；

（四）批准日期和有效期限。

第三十七条　一类放射性物品启运前，托运人应当将放射性物品运输的核与辐射安全分析报告批准书、辐射监测报告，报启运地的省、自治区、直辖市人民政府环境保护主管部门备案。

收到备案材料的环境保护主管部门应当及时将有关情况通报放射性物品运输的途经地和抵达地的省、自治区、直辖市人民政府环境保护主管部门。

第三十八条　通过道路运输放射性物品的，应当经公安机关批准，按照指定的时间、路线、速度行驶，并悬挂警示标志，配备押运人员，使放射性物品处于押运人员的监管之下。

通过道路运输核反应堆乏燃料的，托运人应当报国务院公安部门批准。通过道路运输其他放射性物品的，托运人应当报启运地县级以上人民政府公安机关批准。具体办法由国务院公安部门商国务院核安全监管部门制定。

第三十九条 通过水路运输放射性物品的，按照水路危险货物运输的法律、行政法规和规章的有关规定执行。

通过铁路、航空运输放射性物品的，按照国务院铁路、民航主管部门的有关规定执行。

禁止邮寄一类、二类放射性物品。邮寄三类放射性物品的，按照国务院邮政管理部门的有关规定执行。

第四十条 生产、销售、使用或者处置放射性物品的单位，可以依照《中华人民共和国道路运输条例》的规定，向设区的市级人民政府道路运输管理机构申请非营业性道路危险货物运输资质，运输本单位的放射性物品，并承担本条例规定的托运人和承运人的义务。

申请放射性物品非营业性道路危险货物运输资质的单位，应当具备下列条件：

（一）持有生产、销售、使用或者处置放射性物品的有效证明；

（二）有符合本条例规定要求的放射性物品运输容器；

（三）有具备辐射防护与安全防护知识的专业技术人员和经考试合格的驾驶人员；

（四）有符合放射性物品运输安全防护要求，并经检测合格的运输工具、设施和设备；

（五）配备必要的防护用品和依法经定期检定合格的监测仪器；

（六）有运输安全和辐射防护管理规章制度以及核与辐射事故应急措施。

放射性物品非营业性道路危险货物运输资质的具体条件，由国务院交通运输主管部门会同国务院核安全监管部门制定。

第四十一条 一类放射性物品从境外运抵中华人民共和国境内，或者途经中华人民共和国境内运输的，托运人应当编制放射性物品运输的核与辐射安全分析报告书，报国务院核安全监管部门审查批准。审查批准程序依照本条例第三十五条第三款的规定执行。

二类、三类放射性物品从境外运抵中华人民共和国境内，或者途经中华人民共和国境内运输的，托运人应当编制放射性物品运输的辐射监测报告，报国务院核安全监管部门备案。

托运人、承运人或者其代理人向海关办理有关手续，应当提交国务院核安全监管部门颁发的放射性物品运输的核与辐射安全分析报告批准书或者放射性物品运输的辐射监测报告备案证明。

第四十二条 县级以上人民政府组织编制的突发环境事件应急预案，应当包括放射性物品运输中可能发生的核与辐射事故应急响应的内容。

第四十三条 放射性物品运输中发生核与辐射事故的，承运人、托运人应当按照核与辐射事故应急响应指南的要求，做好事故应急工作，并立即报告事故发生地的县级以上人民政府环境保护主管部门。接到报告的环境保护主管部门应当立即派人赶赴现场，进行现场调查，采取有效措施控制事故影响，并及时向本级人民政府报告，通报同级公安、卫生、交通运输等有关主管部门。

接到报告的县级以上人民政府及其有关主管部门应当按照应急预案做好应急工作，并按照国家突发事件分级报告的规定及时上报核与辐射事故信息。

核反应堆乏燃料运输的核事故应急准备与响应，还应当遵守国家核应急的有关规定。

第五章 监督检查

第四十四条 国务院核安全监管部门和其他依法履行放射性物品运输安全监督管理职责的部门，应当依据各自职责对放射性物品运输安全实施监督检查。

国务院核安全监管部门应当将其已批准或者备案的一类、二类、三类放射性物品运输容器的设计、制造情况和放射性物品运输情况通报设计、制造单位所在地和运输途经地的省、自治区、直辖市人民政府环境保护主管部门。省、自治区、直辖市人民政府环境保护主管部门应当加强对本行政区域放射性物品运输安全的监督检查和监督性监测。

被检查单位应当予以配合，如实反映情况，提供必要的资料，不得拒绝和阻碍。

第四十五条　国务院核安全监管部门和省、自治区、直辖市人民政府环境保护主管部门以及其他依法履行放射性物品运输安全监督管理职责的部门进行监督检查，监督检查人员不得少于 2 人，并应当出示有效的行政执法证件。

国务院核安全监管部门和省、自治区、直辖市人民政府环境保护主管部门以及其他依法履行放射性物品运输安全监督管理职责的部门的工作人员，对监督检查中知悉的商业秘密负有保密义务。

第四十六条　监督检查中发现经批准的一类放射性物品运输容器设计确有重大设计安全缺陷的，由国务院核安全监管部门责令停止该型号运输容器的制造或者使用，撤销一类放射性物品运输容器设计批准书。

第四十七条　监督检查中发现放射性物品运输活动有不符合国家放射性物品运输安全标准情形的，或者一类放射性物品运输容器制造单位有不符合制造许可证规定条件情形的，应当责令限期整改；发现放射性物品运输活动可能对人体健康和环境造成核与辐射危害的，应当责令停止运输。

第四十八条　国务院核安全监管部门和省、自治区、直辖市人民政府环境保护主管部门以及其他依法履行放射性物品运输安全监督管理职责的部门，对放射性物品运输活动实施监测，不得收取监测费用。

国务院核安全监管部门和省、自治区、直辖市人民政府环境保护主管部门以及其他依法履行放射性物品运输安全监督管理职责的部门，应当加强对监督管理人员辐射防护与安全防护知识的培训。

第六章　法律责任

第四十九条　国务院核安全监管部门和省、自治区、直辖市人民政府环境保护主管部门或者其他依法履行放射性物品运输安全监督管理职责的部门有下列行为之一的，对直接负责的主管人员和其他直接责任人员依法给予处分；直接负责的主管人员和其他直接责任人员构成犯罪的，依法追究刑事责任：

（一）未依照本条例规定作出行政许可或者办理批准文件的；

（二）发现违反本条例规定的行为不予查处，或者接到举报不依法处理的；

（三）未依法履行放射性物品运输核与辐射事故应急职责的；

（四）对放射性物品运输活动实施监测收取监测费用的；

（五）其他不依法履行监督管理职责的行为。

第五十条　放射性物品运输容器设计、制造单位有下列行为之一的，由国务院核安全监管部门责令停止违法行为，处 50 万元以上 100 万元以下的罚款；有违法所得的，没收违法所得：

（一）将未取得设计批准书的一类放射性物品运输容器设计用于制造的；

（二）修改已批准的一类放射性物品运输容器设计中有关安全内容，未重新取得设计批准书即用于制造的。

第五十一条　放射性物品运输容器设计、制造单位有下列行为之一的，由国务院核安全监管部门责令停止违法行为，处 5 万元以上 10 万元以下的罚款；有违法所得的，没收违法所得：

（一）将不符合国家放射性物品运输安全标准的二类、三类放射性物品运输容器设计用于制造的；

（二）将未备案的二类放射性物品运输容器设计用于制造的。

第五十二条　放射性物品运输容器设计单位有下列行为之一的，由国务院核安全监管部门责令限期改正；逾期不改正的，处 1 万元以上 5 万元以下的罚款：

（一）未对二类、三类放射性物品运输容器的设计进行安全性能评价的；

（二）未如实记录二类、三类放射性物品运输容器设计和安全性能评价过程的；

（三）未编制三类放射性物品运输容器设计符合国家放射性物品运输安全标准的证明文件并存档备查的。

第五十三条　放射性物品运输容器制造单位有下列行为之一的，由国务院核安全监管部门责令停止违法行为，处 50 万元以上 100 万元以下的罚款；有违法所得的，没收违法所得：

（一）未取得制造许可证从事一类放射性物品运输容器制造活动的；

（二）制造许可证有效期届满，未按照规定办理延续手续，继续从事一类放射性物品运输容器制造活动的；

（三）超出制造许可证规定的范围从事一类放射性物品运输容器制造活动的；

（四）变更制造的一类放射性物品运输容器型号，未按照规定重新领取制造许可证的；

（五）将未经质量检验或者经检验不合格的一类放射性物品运输容器交付使用的。

有前款第（三）项、第（四）项和第（五）项行为之一，情节严重的，吊销制造许可证。

第五十四条 一类放射性物品运输容器制造单位变更单位名称、住所或者法定代表人，未依法办理制造许可证变更手续的，由国务院核安全监管部门责令限期改正；逾期不改正的，处2万元的罚款。

第五十五条 放射性物品运输容器制造单位有下列行为之一的，由国务院核安全监管部门责令停止违法行为，处5万元以上10万元以下的罚款；有违法所得的，没收违法所得：

（一）在二类放射性物品运输容器首次制造活动开始前，未按照规定将有关证明材料报国务院核安全监管部门备案的；

（二）将未经质量检验或者经检验不合格的二类、三类放射性物品运输容器交付使用的。

第五十六条 放射性物品运输容器制造单位有下列行为之一的，由国务院核安全监管部门责令限期改正；逾期不改正的，处1万元以上5万元以下的罚款：

（一）未按照规定对制造的一类、二类放射性物品运输容器统一编码的；

（二）未按照规定将制造的一类、二类放射性物品运输容器编码清单报国务院核安全监管部门备案的；

（三）未按照规定将制造的三类放射性物品运输容器的型号和数量报国务院核安全监管部门备案的。

第五十七条 放射性物品运输容器使用单位未按照规定对使用的一类放射性物品运输容器进行安全性能评价，或者未将评价结果报国务院核安全监管部门备案的，由国务院核安全监管部门责令限期改正；逾期不改正的，处1万元以上5万元以下的罚款。

第五十八条 未按照规定取得使用批准书使用境外单位制造的一类放射性物品运输容器的，由国务院核安全监管部门责令停止违法行为，处50万元以上100万元以下的罚款。

未按照规定办理备案手续使用境外单位制造的二类放射性物品运输容器的，由国务院核安全监管部门责令停止违法行为，处5万元以上10万元以下的罚款。

第五十九条 托运人未按照规定编制放射性物品运输说明书、核与辐射事故应急响应指南、装卸作业方法、安全防护指南的，由国务院核安全监管部门责令限期改正；逾期不改正的，处1万元以上5万元以下的罚款。

托运人未按照规定将放射性物品运输的核与辐射安全分析报告批准书、辐射监测报告备案的，由启运地的省、自治区、直辖市人民政府环境保护主管部门责令限期改正；逾期不改正的，处1万元以上5万元以下的罚款。

第六十条 托运人或者承运人在放射性物品运输活动中，有违反有关法律、行政法规关于危险货物运输管理规定行为的，由交通运输、铁路、民航等有关主管部门依法予以处罚。

违反有关法律、行政法规规定邮寄放射性物品的，由公安机关和邮政管理部门依法予以处罚。在邮寄进境物品中发现放射性物品的，由海关依照有关法律、行政法规的规定处理。

第六十一条 托运人未取得放射性物品运输的核与辐射安全分析报告批准书托运一类放射性物品的，由国务院核安全监管部门责令停止违法行为，处50万元以上100万元以下的罚款。

第六十二条 通过道路运输放射性物品，有下列行为之一的，由公安机关责令限期改正，处2万元以上10万元以下的罚款；构成犯罪的，依法追究刑事责任：

（一）未经公安机关批准通过道路运输放射性物品的；

（二）运输车辆未按照指定的时间、路线、速度行驶或者未悬挂警示标志的；

（三）未配备押运人员或者放射性物品脱离押运人员监管的。

第六十三条　托运人有下列行为之一的，由启运地的省、自治区、直辖市人民政府环境保护主管部门责令停止违法行为，处5万元以上20万元以下的罚款：

（一）未按照规定对托运的放射性物品表面污染和辐射水平实施监测的；

（二）将经监测不符合国家放射性物品运输安全标准的放射性物品交付托运的；

（三）出具虚假辐射监测报告的。

第六十四条　未取得放射性物品运输的核与辐射安全分析报告批准书或者放射性物品运输的辐射监测报告备案证明，将境外的放射性物品运抵中华人民共和国境内，或者途经中华人民共和国境内运输的，由海关责令托运人退运该放射性物品，并依照海关法律、行政法规给予处罚；构成犯罪的，依法追究刑事责任。托运人不明的，由承运人承担退运该放射性物品的责任，或者承担该放射性物品的处置费用。

第六十五条　违反本条例规定，在放射性物品运输中造成核与辐射事故的，由县级以上地方人民政府环境保护主管部门处以罚款，罚款数额按照核与辐射事故造成的直接损失的20%计算；构成犯罪的，依法追究刑事责任。

托运人、承运人未按照核与辐射事故应急响应指南的要求，做好事故应急工作并报告事故的，由县级以上地方人民政府环境保护主管部门处5万元以上20万元以下的罚款。

因核与辐射事故造成他人损害的，依法承担民事责任。

第六十六条　拒绝、阻碍国务院核安全监管部门或者其他依法履行放射性物品运输安全监督管理职责的部门进行监督检查，或者在接受监督检查时弄虚作假的，由监督检查部门责令改正，处1万元以上2万元以下的罚款；构成违反治安管理行为的，由公安机关依法给予治安管理处罚；构成犯罪的，依法追究刑事责任。

第七章　附　则

第六十七条　军用放射性物品运输安全的监督管理，依照《中华人民共和国放射性污染防治法》第六十条的规定执行。

第六十八条　本条例自2010年1月1日起施行。

放射性物品运输安全许可管理办法

环境保护部令

部令　第11号

《放射性物品运输安全许可管理办法》已经环境保护部2010年第一次部务会议审议通过。现予公布，自2010年11月1日起施行。

环境保护部部长　周生贤

二〇一〇年九月二十五日

第一章　总　则

第一条　[立法目的]　为了加强对放射性物品运输的安全管理，实施《放射性物品运输安全管理条例》规定的运输安全许可制度，制定本办法。

第二条　[适用范围]　从事放射性物品运输和放射性物品运输容器设计、制造等活动，应当按照本办法的规定，办理有关许可和备案手续。

第三条 [分类管理] 国家对放射性物品运输实施分类管理，根据放射性物品的特性及其对人体健康和环境的潜在危害程度，将放射性物品分为一类、二类和三类。

放射性物品的具体分类和名录，由国务院核安全监管部门按照《放射性物品运输安全管理条例》的规定，会同国务院公安、卫生、海关、交通运输、铁路、民航、核工业行业主管部门制定。

第二章 运输容器设计的批准与备案

第四条 [设计基本要求] 一类放射性物品运输容器的设计，应当在首次用于制造前报国务院核安全监管部门审查批准。

二类放射性物品运输容器的设计，应当在首次用于制造前报国务院核安全监管部门备案。

第五条 [设计记录] 放射性物品运输容器设计单位应当建立健全质量保证体系并有效实施，加强档案管理，如实记录放射性物品运输容器的设计和安全性能评价过程。

第六条 [安全性能评价] 放射性物品运输容器的设计应当满足国家放射性物品运输安全标准。

设计单位应当通过试验验证，采用可靠、保守的分析论证，或者采取两者相结合的方式，对设计的放射性物品运输容器的安全性能进行评价。

第七条 [设计单位条件] 申请领取一类放射性物品运输容器设计批准书的单位，应当符合下列条件：

（一）具有法人资格；

（二）具有与所从事设计活动相关或者相近的工作业绩；

（三）具有与所从事设计活动相适应并经考核合格的专业技术人员；

（四）具有健全的管理制度和完善的质量保证体系，以及符合国家有关核安全监督管理规定的质量保证大纲。

第八条 [设计申请] 申请批准一类放射性物品运输容器的设计，设计单位应当向国务院核安全监管部门提出书面申请，并提交下列材料：

（一）设计总图及其设计说明书；

（二）设计安全评价报告书；

（三）符合国家有关核安全监督管理规定的质量保证大纲。

放射性物品运输容器设计安全评价报告书的标准格式和内容，由国务院核安全监管部门另行规定。

第九条 [设计审查] 国务院核安全监管部门应当自受理一类放射性物品运输容器的设计批准申请之日起45个工作日内完成审查。对符合国家放射性物品运输安全标准的，颁发一类放射性物品运输容器设计批准书，并公告设计批准编号；对不符合国家放射性物品运输安全标准的，书面通知申请单位并说明理由。

国务院核安全监管部门在审查过程中，应当组织专家进行技术评审。技术评审方式包括文件审查、审评对话、现场见证等。

技术评审所需时间，不计算在本条第一款规定的期限内。

第十条 [设计批准书] 一类放射性物品运输容器设计批准书应当包括下列主要内容：

（一）设计单位名称、住所和法定代表人；

（二）运输容器类型和设计批准编号；

（三）放射性内容物特性；

（四）运输容器设计说明及适用的相关技术标准等；

（五）操作要求、运输方式、使用环境温度；

（六）有效期限；

（七）批准日期和批准书编号。

第十一条 [设计批准延续] 一类放射性物品运输容器设计批准书有效期为5年。

设计批准书有效期届满，需要延续的，持证单位应当于设计批准书有效期届满 6 个月前，向国务院核安全监管部门提出书面延续申请，并提交下列材料：

（一）原设计批准书复印件；

（二）质量保证大纲实施效果的说明；

（三）设计依据标准如有变化，是否符合新标准的说明。

对于设计单位提出的批准书延续申请，国务院核安全监管部门应当在设计批准书有效期届满前作出是否准予延续的决定。

第十二条　[设计变更]　设计单位修改已批准的一类放射性物品运输容器设计中有关安全内容的，应当按照原申请程序向国务院核安全监管部门重新申请领取设计批准书。

一类放射性物品运输容器设计单位变更单位名称、住所或者法定代表人的，应当自工商变更登记之日起 20 日内，向国务院核安全监管部门办理设计批准书变更手续，并提交变更申请、工商注册登记文件以及其他证明材料。

第十三条　[特殊形式批准]　为了控制放射性物品在运输过程中可能产生的弥散，放射性物品设计成特殊形式或者低弥散形式的，其防弥散的形式可视为放射性物品运输容器包容系统的组成部分。

特殊形式放射性物品和低弥散放射性物品的设计方案，应当符合国家放射性物品运输安全标准的有关要求，并报国务院核安全监管部门审查批准。

特殊形式放射性物品和低弥散放射性物品的设计单位，应当向国务院核安全监管部门提交其设计方案符合国家放射性物品运输安全标准有关要求的证明材料。

国务院核安全监管部门对符合国家放射性物品运输安全标准有关要求的，颁发相应的设计批准书，并公告设计批准编号；对不符合国家放射性物品运输安全标准有关要求的，书面通知申请单位并说明理由。

对于特殊形式放射性物品和低弥散放射性物品设计的延续、变更依据本办法第十一条和第十二条规定进行。

第十四条　[设计备案要求]　二类放射性物品运输容器的设计单位应当按照国家放射性物品运输安全标准进行设计，并在首次用于制造 30 日前，将下列文件报国务院核安全监管部门备案：

（一）设计总图及其设计说明书；

（二）设计安全评价报告表。

国务院核安全监管部门应当定期公布已备案的二类放射性物品运输容器的设计备案编号。

第三章　运输容器制造的许可与备案

第十五条　[制造基本要求]　从事一类放射性物品运输容器制造活动的单位，应当向国务院核安全监管部门申请领取制造许可证。

从事二类放射性物品运输容器制造活动的单位，应当报国务院核安全监管部门备案。

第十六条　[制造单位条件]　申请领取制造许可证的单位，应当具备下列条件：

（一）具有法人资格；

（二）有与所从事制造活动相关或者相近的工作业绩；

（三）有与所从事制造活动相适应的机械、焊接、材料和热处理、铸造和锻造等相关专业技术人员，以及取得焊工、焊接操作工或者无损检验资格证书的专业技术人员；

（四）有与所从事的制造活动相适应的生产条件和检测手段；

（五）有健全的管理制度、完善的质量保证体系和符合国家有关核安全监督管理规定的质量保证大纲。

第十七条　[制造申请]　申请领取放射性物品运输容器制造许可证的单位，应当向国务院核安全监管部门提交申请书，并提交符合规定条件的证明文件。

第十八条　[制造审查]　国务院核安全监管部门应当自受理申请之日起 45 个工作日内完成审查，对符合条件的，颁发制造许可证，并予以公告；对不符合条件的，书面通知申请单位并说明理由。

国务院核安全监管部门在审查过程中，应当组织专家进行技术评审。技术评审可以采取文件审查、审评对话和现场检查等方式。

技术评审所需时间，不计算在本条第一款规定的期限内。

第十九条 ［制造许可证］ 一类放射性物品运输容器制造许可证应当载明下列内容：

（一）制造单位名称、住所和法定代表人；

（二）许可制造的运输容器设计批准编号；

（三）有效期限；

（四）发证机关、发证日期和证书编号。

第二十条 ［制造许可延续］ 一类放射性物品运输容器制造许可证有效期为5年。

制造许可证有效期届满，需要延续的，制造单位应当于制造许可证有效期届满6个月前，向国务院核安全监管部门提出书面延续申请，并提交下列材料：

（一）原制造许可证复印件；

（二）原制造许可证有效期内的制造活动情况；

（三）原制造许可证有效期内所制造运输容器的质量情况；

（四）原制造许可证有效期内变更情况的说明。

国务院核安全监管部门应当在制造许可证有效期届满前作出是否准予延续的决定。

第二十一条 ［制造许可变更］ 一类放射性物品运输容器制造单位制造与原许可制造的设计批准编号不同的运输容器的，应当按照原申请程序向国务院核安全监管部门重新申请领取制造许可证。

一类放射性物品运输容器制造单位变更单位名称、住所或者法定代表人的，应当自工商变更登记之日起20日内，向国务院核安全监管部门办理制造许可证变更手续，并提交变更申请、工商注册登记文件以及其他证明材料。

第二十二条 ［制造禁止事项］ 禁止无制造许可证或者超出制造许可证规定范围从事一类放射性物品运输容器制造活动。

禁止委托未取得相应制造许可证的单位进行一类放射性物品运输容器制造活动。

禁止伪造、变造、转让制造许可证。

第二十三条 ［制造单位备案］ 从事二类放射性物品运输容器制造活动的单位，应当在首次制造活动开始30日前，将下列材料报国务院核安全监管部门备案：

（一）所制造运输容器的设计备案编号；

（二）具备与从事制造活动相适应的专业技术人员、生产条件、检测手段的证明材料；

（三）具有健全管理制度的证明材料；

（四）质量保证大纲。

国务院核安全监管部门应当定期公布已备案的二类放射性物品运输容器制造单位。

第二十四条 ［使用基本要求］ 使用境外单位制造的一类放射性物品运输容器的，应当在首次使用前报国务院核安全监管部门审查批准。

使用境外单位制造的二类放射性物品运输容器的，应当在首次使用前报国务院核安全监管部门备案。

第二十五条 ［使用申请］ 申请使用境外单位制造的一类放射性物品运输容器的单位，应当向国务院核安全监管部门提出书面申请，并提交下列材料：

（一）设计单位所在国核安全监管部门颁发的设计批准文件的复印件；

（二）设计单位出具的设计安全评价报告书；

（三）制造单位相关业绩的证明材料；

（四）制造单位出具的质量合格证明；

（五）符合中华人民共和国法律、行政法规规定，以及国家放射性物品运输安全标准或者经国务院核安全监管部门认可的标准的说明材料。

第二十六条 [使用审查] 国务院核安全监管部门应当自受理申请之日起 45 个工作日内完成审查，对符合国家放射性物品运输安全标准的，颁发使用批准书；对不符合国家放射性物品运输安全标准的，书面通知申请单位并说明理由。

在审查过程中，国务院核安全监管部门可以组织专家进行技术评审。技术评审所需时间不计算在前款规定的期限内。

第二十七条 [使用批准书] 境外单位制造的一类放射性物品运输容器使用批准书应当载明下列内容：

（一）使用单位名称、住所和法定代表人；

（二）设计单位名称、制造单位名称；

（三）原设计批准编号；

（四）操作要求、运输方式、使用环境温度；

（五）运输容器编码；

（六）有效期限；

（七）批准日期和批准书编号。

第二十八条 [使用批准延续] 境外单位制造的一类放射性物品运输容器使用批准书有效期为 5 年。

使用批准书有效期届满，需要延续的，使用单位应当于使用批准书有效期届满 6 个月前，向国务院核安全监管部门提出书面延续申请，并提交下列材料：

（一）原使用批准书复印件；

（二）原使用批准书有效期内运输容器使用情况报告；

（三）原使用批准书有效期内质量保证大纲实施效果的说明；

（四）原使用批准书有效期内运输容器维护、维修和安全性能评价情况说明。

对于使用单位提出的批准书延续申请，国务院核安全监管部门应当在使用批准书有效期届满前作出是否准予延续的决定。

第二十九条 [使用批准变更] 持有境外单位制造的一类放射性物品运输容器使用批准书的使用单位，变更单位名称、住所或者法定代表人的，应当自工商登记之日起 20 日内，向国务院核安全监管部门办理使用批准书变更手续，并提交变更申请、工商注册登记文件以及其他证明材料。

第三十条 [使用备案] 使用境外单位制造的二类放射性物品运输容器的，应当在首次使用前将下列文件报国务院核安全监管部门备案：

（一）制造单位出具的质量合格证明；

（二）设计单位出具的设计安全评价报告表；

（三）符合中华人民共和国法律、行政法规规定，以及国家放射性物品运输安全标准或者经国务院核安全监管部门认可的标准的说明材料。

国务院核安全监管部门办理使用境外单位制造的二类放射性物品运输容器备案手续，应当同时为运输容器确定编码。

第四章 放射性物品运输批准与备案

第三十一条 [运输基本要求] 托运一类放射性物品的，托运人应当编制放射性物品运输的核与辐射安全分析报告书，报国务院核安全监管部门审查批准。

一类放射性物品从境外运抵中华人民共和国境内，或者途经中华人民共和国境内运输的，托运人应当编制放射性物品运输的核与辐射安全分析报告书，报国务院核安全监管部门审查批准。

二类、三类放射性物品从境外运抵中华人民共和国境内，或者途经中华人民共和国境内运输的，托运人应当编制放射性物品运输的辐射监测报告，报国务院核安全监管部门备案。

第三十二条 [报告书编制] 托运人应当委托持有甲级环境影响评价资格证书的单位编制放射性物品运输的核与辐射安全分析报告书。

放射性物品运输的核与辐射安全分析报告书的格式和内容，由国务院核安全监管部门规定。

第三十三条 [运输审查] 国务院核安全监管部门应当自受理放射性物品运输的核与辐射安全分析报告书之日起45个工作日内完成审查，对符合国家放射性物品运输安全标准的，颁发核与辐射安全分析报告批准书；对不符合国家放射性物品运输安全标准的，书面通知申请单位并说明理由。

在审查过程中，国务院核安全监管部门可以组织专家进行技术评审。技术评审所需时间不计算在前款规定的期限内。

第三十四条 [运输批准书] 放射性物品运输的核与辐射安全分析报告批准书应当载明下列主要内容：

（一）托运人的名称、地址、法定代表人；

（二）运输放射性物品的品名、数量；

（三）运输容器设计批准编号、运输方式和运输方案；

（四）操作管理附加措施和规定；

（五）有效期限；

（六）批准日期和批准书编号。

第三十五条 [运输批准延续] 一类放射性物品运输的核与辐射安全分析报告批准书有效期为5年。

核与辐射安全分析报告批准书有效期届满，需要延续的，托运人应当于核与辐射安全分析报告批准书有效期届满6个月前，向国务院核安全监管部门提出书面延续申请，并提交下列材料：

（一）原核与辐射安全分析报告批准书复印件；

（二）原核与辐射安全分析报告批准书有效期内运输容器使用情况报告，包括维护、维修和安全性能评价情况说明；

（三）运输活动情况报告，包括运输方案、辐射防护措施和应急措施执行情况说明。

对于托运人提出的批准书延续申请，国务院核安全监管部门应当在核与辐射安全分析报告批准书有效期届满前作出是否准予延续的决定。

第三十六条 [运输批准变更] 持有核与辐射安全分析报告批准书的单位，变更单位名称、地址或者法定代表人的，应当自工商变更登记之日起20日内，向国务院核安全监管部门办理核与辐射安全分析报告批准书变更手续，并提交变更申请、工商注册登记文件以及其他证明材料。

第三十七条 [启运备案] 一类放射性物品启运前，托运人应当将下列材料报启运地的省、自治区、直辖市人民政府环境保护主管部门备案：

（一）一类放射性物品运输辐射监测备案表；

（二）一类放射性物品运输的核与辐射安全分析报告批准书复印件；

（三）辐射监测报告。

前款规定的辐射监测报告，在托运人委托有资质的辐射监测机构对拟托运一类放射性物品的表面污染和辐射水平实施监测后，由辐射监测机构出具。

收到备案材料的省、自治区、直辖市人民政府环境保护主管部门，应当在启运前将备案表通报放射性物品运输的途经地和抵达地的省、自治区、直辖市人民政府环境保护主管部门。

第三十八条 [特殊安排] 有下列情形之一，放射性物品运输容器无法完全符合国家放射性物品运输安全标准，需要通过特殊安排来提高运输安全水平的，托运人应当编制放射性物品运输的核与辐射安全分析报告书，在运输前报经国务院核安全监管部门审查同意：

（一）因形状特异不适宜专门设计和制造运输容器的；

（二）只是一次性运输，专门设计和制造符合国家放射性物品运输安全标准的运输容器经济上明显不合理的。

第三十九条　[过境运输审批]　一类放射性物品从境外运抵中华人民共和国境内，或者途经中华人民共和国境内运输的，托运人或者其委托代理人应当编制放射性物品运输的核与辐射安全分析报告书，报国务院核安全监管部门审查批准。审查批准程序依照本办法第三十三条的规定执行。

托运人获得国务院核安全监管部门颁发的核与辐射安全分析报告批准书后，方可将一类放射性物品运抵中华人民共和国境内或者途经中华人民共和国境内运输。

第四十条　[过境运输备案]　二类、三类放射性物品从境外运抵中华人民共和国境内，或者途经中华人民共和国境内运输的，托运人应当委托有资质的单位监测，编制放射性物品运输的辐射监测报告，报国务院核安全监管部门备案。国务院核安全监管部门应当出具相应的放射性物品运输的辐射监测报告备案证明。

对于运输容器相同，放射性内容物相同，且半衰期小于60天的放射性物品，进口单位可以每半年办理一次辐射监测报告备案手续。

第四十一条　[过境海关手续]　放射性物品从境外运抵中华人民共和国境内，或者途经中华人民共和国境内运输的，托运人、承运人或者其代理人向海关办理有关手续时，应当提交相关许可证件和国务院核安全监管部门颁发的放射性物品运输的核与辐射安全分析报告批准书或者放射性物品运输的辐射监测报告备案证明。

第四十二条　[运输资质]　托运人应当委托具有放射性物品运输资质的承运人承运放射性物品。

自行运输本单位放射性物品的单位和在放射性废物收贮过程中的从事放射性物品运输的省、自治区、直辖市城市放射性废物库运营单位，应当取得非营业性道路危险货物运输资质。

第五章　附　则

第四十三条　[术语]　本办法下列用语的含义：

（一）特殊形式放射性物品：不弥散的固体放射性物品或者装有放射性物品的密封件。

（二）低弥散放射性物品：固体放射性物品，或者装在密封件里的固体放射性物品，其弥散性已受到限制且不呈粉末状。

（三）托运人：将托运货物提交运输的单位或者个人。

（四）承运人：使用任何运输手段承担放射性物质运输的单位或者个人。

第四十四条　[生效日期]　本办法自2010年11月1日起施行。

附一：

一类放射性物品运输容器设计和核与辐射安全分析报告批准编号规则

其中：

第1－2位：国家或地区代码，CN代表中国。

第3位：“/”，隔离符。

第4－6位：主管部门为该设计指定的设计批准编号或核与辐射安全分析报告批准编号，一类放射性物品运输容器设计批准编号范围为001－500。

第7位：“/”，隔离符。

第8位：批准书类型：

AF：易裂变A型运输容器设计批准书

B（U）：B（U）型运输容器设计批准书

B（U）F：易裂变材料B（U）型运输容器设计批准书

B（M）：B（M）型运输容器设计批准书

B（M）F：易裂变材料 B（M）型运输容器设计批准书

C：C 型运输容器设计批准书

CF：易裂变材料 C 型运输容器设计批准书

IF：易裂变材料工业运输容器设计批准书

S：特殊形式放射性物品设计批准书

LD：低弥散放射性物品设计批准书

T：核与辐射安全分析报告批准书

X：特殊安排批准书

H：非易裂变物质或除六氟化铀以外的易裂变物质运输容器的设计批准书。

第 9 位：“-”。

第 10－11 位：依据 IAEA 标准的版本，用年份后 2 位数字表示。如 1996 年版本，则填写 96。

第 12 位：“-”。

第 13 位：（NNSA－I）代表国务院核安全监管部门批准的一类放射性物品运输容器。

附二：

二类放射性物品运输容器设计备案编号规则

其中：

第 1－2 位：国家或地区代码，CN 代表中国。

第 3 位：“/”，隔离符。

第 4－6 位：主管部门为该设计指定的备案编号，备案编号>500

第 7 位：“/”，隔离符。

第 8 位：运输容器类型，二类放射性物品运输容器类型有 A，IP3 等。

第 9 位：“-”。

第 10－11 位：依据 IAEA 标准的版本，用年份后 2 位数字表示。如 1996 年版本，则填写 96。

第 12 位：“-”。

第 13 位：（NNSA－II）代表国务院核安全监管部门备案的二类放射性物品运输容器。

附三：

一类放射性物品运输辐射监测备案表

申请文号：　　　　　　　　　　　　　　　　备案号：

托运人名称	（盖章）			
法定代表人	（签字）			
单位详细地址			邮编	
托运人联系人		联系电话/传真		
承运人名称				
承运人联系人		联系电话/传真		
运输车队联系人		联系电话		
放射性物品品名、数量		运输容器编码		
运输线路				
运输方案	至少应包括：车队编组、运输车辆的说明			

辐射监测结果	说明是否满足标准要求
核与辐射安全分析报告批准书编号	

附件：□ 1. 放射性物品运输的核与辐射安全分析报告批准书复印件；
□ 2. 辐射监测报告。

省、自治区、直辖市人民政府环境保护主管部门：

经办人：

（盖章）

处领导：

日期：

厅/局领导：

说明：1.一类放射性物品启运前，托运人报启运地的省、自治区、直辖市人民政府环境保护主管部门备案。

2.除备案号由省、自治区、直辖市人民政府环境保护主管部门填写外，其余由申请单位填写。

3. 本表一式两份，备案后返回申请单位一份。

电磁辐射环境保护管理办法

国家环境保护总局令 局令 第18号

第一章　总 则

第一条　为加强电磁辐射环境保护工作的管理，有效地保护环境，保障公众健康，根据《中华人民共和国环境保护法》及有关规定，制定本办法。

第二条　本办法所称电磁辐射是指以电磁波形式通过空间传播的能量流，且限于非电离辐射，包括信息传递中的电磁波发射，工业、科学、医疗应用中的电磁辐射，高压送变电中产生的电磁辐射。

任何从事前款所列电磁辐射的活动，或进行伴有该电磁辐射的活动的单位和个人，都必须遵守本办法的规定。

第三条　县级以上人民政府环境保护行政主管部门对本辖区电磁辐射环境保护工作实施统一监督管理。

第四条　从事电磁辐射活动的单位主管部门负责本系统、本行业电磁辐射环境保护工作的监督管理工作。

第五条　任何单位和个人对违反本管理办法的行为有权检举和控告。

第二章　监督管理

第六条　国务院环境保护行政主管部门负责下列建设项目环境保护申报登记和环境影响报告书的审批，负责对该类项目执行环境保护设施与主体工程同时设计、同时施工、同时投产使用（以下简称“三同时”制度）的情况进行检查并负责该类项目的竣工验收：

（一）总功率在200千瓦以上的电视发射塔；

（二）总功率在1000千瓦以上的广播台、站；

（三）跨省级行政区电磁辐射建设项目；

（四）国家规定的限额以上电磁辐射建设项目。

第七条 省、自治区、直辖市（以下简称“省级”） 环境保护行政主管部门负责除第六条规定所列项目以外、豁免水平以上的电磁辐射建设项目和设备的环境保护申报登记和环境影响报告书的审批；负责对该类项目和设备执行环境保护设施“三同时”制度的情况进行检查并负责竣工验收；参与辖区内由国务院环境保护行政主管部门负责的环境影响报告书的审批、环境保护设施“三同时”制度执行情况的检查和项目竣工验收以及项目建成后对环境影响的监督检查；负责辖区内电磁辐射环境保护管理队伍的建设；负责对辖区内因电磁辐射活动造成的环境影响实施监督管理和监督性监测。

第八条 市级环境保护行政主管部门根据省级环境保护行政主管部门的委托，可承担第七条所列全部或部分任务及本辖区内电磁辐射项目和设备的监督性监测和日常监督管理。

第九条 从事电磁辐射活动的单位主管部门应督促其下属单位遵守国家环境保护规定和标准，加强对所属各单位的电磁辐射环境保护工作的领导，负责电磁辐射建设项目和设备环境影响报告书（表）的预审。

第十条 任何单位和个人在从事电磁辐射的活动时，都应当遵守并执行国家环境保护的方针政策、法规、制度和标准，接受环境保护部门对其电磁辐射环境保护工作的监督管理和检查；做好电磁辐射活动污染环境的防治工作。

第十一条 从事电磁辐射活动的单位和个人建设或者使用《电磁辐射建设项目和设备名录》（见附件）中所列的电磁辐射建设项目或者设备，必须在建设项目申请立项前或者在购置设备前，按本办法的规定，向有环境影响报告书（表）审批权的环境保护行政主管部门办理环境保护申报登记手续。

有审批权的环境保护行政主管部门受理环境保护申报登记后，应当将受理的书面意见在30日内通知从事电磁辐射活动的单位或个人，并将受理意见抄送有关主管部门和项目所在地环境保护行政主管部门。

第十二条 有审批权的环境保护行政主管部门应根据申报的电磁辐射建设项目所在地城市发展规划、电磁辐射建设项目和设备的规模及所在区域环境保护要求，对环境保护申报登记作出以下处理意见：

（一）对污染严重、工艺设备落后、资源浪费和生态破坏严重的电磁辐射建设项目与设备，禁止建设或者购置；

（二）对符合城市发展规划要求、豁免水平以上的电磁辐射建设项目，要求从事电磁辐射活动的单位或个人履行环境影响报告书审批手续；

（三）对有关工业、科学、医疗应用中的电磁辐射设备，要求从事电磁辐射活动的单位或个人履行环境影响报告表审批手续。

第十三条 省级环境保护行政主管部门根据国家有关电磁辐射防护标准的规定，负责确认电磁辐射建设项目和设备豁免水平。

第十四条 本办法施行前，已建成或在建的尚未履行环境保护申报登记手续的电磁辐射建设项目，或者已购置但尚未履行环境保护申报登记手续的电磁辐射设备，凡列入《电磁辐射建设项目和设备名录》中的，都必须补办环境保护申报登记手续。对不符合环境保护标准，污染严重的，要采取补救措施，难以补救的要依法关闭或搬迁。

第十五条 按规定必须编制环境影响报告书（表）的，从事电磁辐射活动的单位或个人，必须对电磁辐射活动可能造成的环境影响进行评价，编制环境影响报告书（表），并按规定的程序报相应环境保护行政主管部门审批。

电磁辐射环境影响报告书分两个阶段编制。第一阶段编制《可行性阶段环境影响报告书》，必须在建设项目立项前完成。第二阶段编制《实际运行阶段环境影响报告书》，必须在环境保护设施竣工验收前完成。

工业、科学、医疗应用中的电磁辐射设备，必须在使用前完成环境影响报告表的编写。

第十六条 从事电磁辐射活动的单位主管部门应当对环境影响报告书（表） 提出预审意见；有审批权的环境保护行政主管部门在收到环境影响报告书（表） 和主管部门的预审意见之日起180日内，对环境影响报告书（表）提出审批意见或要求，逾期不提出审批意见或要求的，视该环境影响报告书（表）

已被批准。

凡是已通过环境影响报告书（表）审批的电磁辐射设备，不得擅自改变经批准的功率。确需改变经批准的功率的，应重新编制电磁辐射环境影响报告书（表），并按规定程序报原审批部门重新审批。

第十七条 从事电磁辐射环境影响评价的单位，必须持有相应的专业评价资格证书。

第十八条 电磁辐射建设项目和设备环境影响报告书（表）确定需要配套建设的防治电磁辐射污染环境的保护设施，必须严格执行环境保护设施“三同时”制度。

第十九条 从事电磁辐射活动的单位和个人必须遵守国家有关环境保护设施竣工验收管理的规定，在电磁辐射建设项目和设备正式投入生产和使用前，向原审批环境影响报告书（表）的环境保护行政主管部门提出环境保护设施竣工验收申请，并按规定提交验收申请报告及第十五条要求的两个阶段的环境影响报告书等有关资料。验收合格的，由环境保护行政主管部门批准验收申请报告，并颁发《电磁辐射环境验收合格证》。

第二十条 从事电磁辐射活动的单位和个人必须定期检查电磁辐射设备及其环境保护设施的性能，及时发现隐患并及时采取补救措施。

在集中使用大型电磁辐射发射设施或高频设备的周围，按环境保护和城市规划要求划定的规划限制区内，不得修建居民住房和幼儿园等敏感建筑。

第二十一条 电磁辐射环境监测的主要任务是：

（一）对环境中电磁辐射水平进行监测；

（二）对污染源进行监督性监测；

（三）对环境保护设施竣工验收的各环境保护设施进行监测；

（四）为编制电磁辐射环境影响报告书（表）和编写环境质量报告书提供有关监测资料；

（五）为征收排污费或处理电磁辐射污染环境案件提供监测数据，进行其他有关电磁辐射环境保护的监测。

第二十二条 电磁辐射建设项目的发射设备必须严格按照国家无线电管理委员会批准的频率范围和额定功率运行。

工业、科学和医疗中应用的电磁辐射设备，必须满足国家及有关部门颁布的“无线电干扰限值”的要求。

第三章 污染事件处理

第二十三条 因发生事故或其他突然性事件，造成或者可能造成电磁辐射污染事故的单位，必须立即采取措施，及时通报可能受到电磁辐射污染危害的单位和居民，并向当地环境保护行政主管部门和有关部门报告，接受调查处理。

环保部门收到电磁辐射污染环境的报告后，应当进行调查，依法责令产生电磁辐射的单位采取措施，消除影响。

第二十四条 发生电磁辐射污染事件，影响公众的生产或生活质量或对公众健康造成不利影响时，环境保护部门应会同有关部门调查处理。

第四章 奖励与惩罚

第二十五条 对有下列情况之一的单位和个人，由环境保护行政主管部门给予表扬和奖励：

（一）在电磁辐射环境保护管理工作中有突出贡献的；

（二）对严格遵守本管理办法，减少电磁辐射对环境污染有突出贡献的；

（三）对研究、开发和推广电磁辐射污染防治技术有突出贡献的。

对举报严重违反本管理办法的，经查属实，给予举报者奖励。

第二十六条 对违反本办法，有下列行为之一的，由环境保护行政主管部门依照国家有关建设项目环境保护管理的规定，责令其限期改正，并处罚款：

（一）不按规定办理环境保护申报登记手续，或在申报登记时弄虚作假的；

（二）不按规定进行环境影响评价、编制环境影响报告书（表）的；

（三）拒绝环保部门现场检查或在被检查时弄虚作假的。

第二十七条 违反本办法规定擅自改变环境影响报告书（表）中所批准的电磁辐射设备的功率的，由审批环境影响报告书（表）的环境保护行政主管部门依法处以 1 万元以下的罚款，有违法所得的，处违法所得 3 倍以下的罚款，但最高不超过 3 万元。

第二十八条 违反本办法的规定，电磁辐射建设项目和设备的环境保护设施未建成，或者未经验收合格即投入生产使用的，由批准该建设项目环境影响报告书（表）的环境保护行政主管部门依法责令停止生产或者使用，并处罚款。

第二十九条 承担环境影响评价工作的单位，违反国家有关环境影响评价的规定或在评价工作中弄虚作假的，由核发环境影响评价证书的环境保护行政主管部门依照国家有关建设项目环境保护管理的规定，对评价单位没收评价费用或取消其评价资格，并处罚款。

第三十条 违反本办法规定，造成电磁辐射污染环境事故的，由省级环境保护行政主管部门处以罚款。有违法所得的，处违法所得 3 倍以下的罚款，但最高不超过 3 万元；没有违法所得的，处 1 万元以下的罚款。

造成环境污染危害的，必须依法对直接受到损害的单位或个人赔偿损失。

第三十一条 环境保护监督管理人员滥用职权、玩忽职守、徇私舞弊或泄漏从事电磁辐射活动的单位和个人的技术和业务秘密的，由其所在单位或上级机关给予行政处分；构成犯罪的，依法追究刑事责任。

第五章 附　则

第三十二条 电磁辐射环境影响报告书（表）的编制、审评，污染源监测和项目的环保设施峻工验收的费用，按国家有关规定执行。

第三十三条 本管理办法中豁免水平是指，国务院环境保护行政主管部门对伴有电磁辐射活动规定的免于管理的限值。

第三十四条 本管理办法自颁布之日起施行。

附件：

电磁辐射建设项目和设备名录

一、发射系统

1.电视（调频）发射台及豁免水平以上的差转台

2.广播（调频）发射台及豁免水平以上的干扰台

3.豁免水平以上的无线电台

4.雷达系统

5.豁免水平以上的移动通信系统

二、工频强辐射系统

1.电压在 100 千伏以上送、变电系统

2.电流在 100 安培以上的工频设备

3.轻轨和干线电气化铁道

三、工业、科学、医疗设备的电磁能应用

1.介质加热设备

2.感应加热设备

3.豁免水平以上的电疗设备

4.工业微波加热设备

5.射频溅射设备

建设上列电磁辐射建设项目应在建设项目立项前办理环境保护申报登记手续，使用上列电磁辐射设备应在购置设备前办理环境保护申报登记手续。

豁免水平的确认由省级环境保护行政主管部门依据《电磁辐射防护规定》GB8702-88有关标准执行。

放射性药品管理办法

（1989年1月13日中华人民共和国国务院令第25号发布 根据2011年1月8日国务院令第588号《国务院关于废止和修改部分行政法规的决定》修订；根据2017年3月1日国务院令第676号《国务院关于修改和废止部分行政法规的决定》修订）

第一章 总 则

第一条 为了加强放射性药品的管理，根据《中华人民共和国药品管理法》（以下称《药品管理法》）的规定，制定本办法。

第二条 放射性药品是指用于临床诊断或者治疗的放射性核素制剂或者其标记药物。

第三条 凡在中华人民共和国领域内进行放射性药品的研究、生产、经营、运输、使用、检验、监督管理的单位和个人都必须遵守本办法。

第四条 国务院药品监督管理部门负责全国放射性药品监督管理工作。国务院国防科技工业主管部门依据职责负责与放射性药品有关的管理工作。国务院环境保护主管部门负责与放射性药品有关的辐射安全与防护的监督管理工作。

第二章 放射性新药的研制、临床研究和审批

第五条 放射性新药的研制内容，包括工艺路线、质量标准、临床前药理及临床研究。研制单位在制订新药工艺路线的同时，必须研究该药的理化性能、纯度（包括核素纯度）及检验方法、药理、毒理、动物药代动力学、放射性比活度、剂量、剂型、稳定性等。

研制单位对放射免疫分析药盒必须进行可测限度、范围、特异性、准确度、精密度、稳定性等方法学的研究。

放射性新药的分类，按国务院药品监督管理部门有关药品注册的规定办理。

第六条 研制单位研制的放射性新药，在进行临床试验或者验证前，应当向国务院药品监督管理部门提出申请，按规定报送资料及样品，经国务院药品监督管理部门审批同意后，在国务院药品监督管理部门指定的药物临床试验机构进行临床研究。

第七条 研制单位在放射性新药临床研究结束后，向国务院药品监督管理部门提出申请，经国务院药品监督管理部门审核批准，发给新药证书。国务院药品监督管理部门在审核批准时，应当征求国务院国防科技工业主管部门的意见。

第八条 放射性新药投入生产，需由生产单位或者取得放射性药品生产许可证的研制单位，凭新药证书（副本）向国务院药品监督管理部门提出生产该药的申请，并提供样品，由国务院药品监督管理部门审核发给批准文号。

第三章　放射性药品的生产、经营和进出口

第九条　国家根据需要，对放射性药品的生产企业实行合理布局。

第十条　开办放射性药品生产、经营企业，必须具备《药品管理法》规定的条件，符合国家有关放射性同位素安全和防护的规定与标准，并履行环境影响评价文件的审批手续；开办放射性药品生产企业，经国务院国防科技工业主管部门审查同意，国务院药品监督管理部门审核批准后，由所在省、自治区、直辖市药品监督管理部门发给《放射性药品生产企业许可证》；开办放射性药品经营企业，经国务院药品监督管理部门审核并征求国务院国防科技工业主管部门意见后批准的，由所在省、自治区、直辖市药品监督管理部门发给《放射性药品经营企业许可证》。无许可证的生产、经营企业，一律不准生产、销售放射性药品。

第十一条　《放射性药品生产企业许可证》、《放射性药品经营企业许可证》的有效期为 5 年，期满前 6 个月，放射性药品生产、经营企业应当分别向原发证的药品监督管理部门重新提出申请，按第十条审批程序批准后，换发新证。

第十二条　放射性药品生产企业生产已有国家标准的放射性药品，必须经国务院药品监督管理部门征求国务院国防科技工业主管部门意见后审核批准，并发给批准文号。凡是改变国务院药品监督管理部门已批准的生产工艺路线和药品标准的，生产单位必须按原报批程序提出补充申请，经国务院药品监督管理部门批准后方能生产。

第十三条　放射性药品生产、经营企业，必须配备与生产、经营放射性药品相适应的专业技术人员，具有安全、防护和废气、废物、废水处理等设施，并建立严格的质量管理制度。

第十四条　放射性药品生产、经营企业，必须建立质量检验机构，严格实行生产全过程的质量控制和检验。产品出厂前，须经质量检验。符合国家药品标准的产品方可出厂，不符合标准的产品一律不准出厂。

经国务院药品监督管理部门审核批准的含有短半衰期放射性核素的药品，可以边检验边出厂，但发现质量不符合国家药品标准时，该药品的生产企业应当立即停止生产、销售，并立即通知使用单位停止使用，同时报告国务院药品监督管理、卫生行政、国防科技工业主管部门。

第十五条　放射性药品的生产、经营单位和医疗单位凭省、自治区、直辖市药品监督管理部门发给的《放射性药品生产企业许可证》、《放射性药品经营企业许可证》，医疗单位凭省、自治区、直辖市药品监督管理部门发给的《放射性药品使用许可证》，开展放射性药品的购销活动。

第十六条　进口的放射性药品品种，必须符合我国的药品标准或者其他药用要求，并依照《药品管理法》的规定取得进口药品注册证书。

进出口放射性药品，应当按照国家有关对外贸易、放射性同位素安全和防护的规定，办理进出口手续。

第十七条　进口放射性药品，必须经国务院药品监督管理部门指定的药品检验机构抽样检验；检验合格的，方准进口。

对于经国务院药品监督管理部门审核批准的含有短半衰期放射性核素的药品，在保证安全使用的情况下，可以采取边进口检验，边投入使用的办法。进口检验单位发现药品质量不符合要求时，应当立即通知使用单位停止使用，并报告国务院药品监督管理、卫生行政、国防科技工业主管部门。

第四章　放射性药品的包装和运输

第十八条　放射性药品的包装必须安全实用，符合放射性药品质量要求，具有与放射性剂量相适应的防护装置。包装必须分内包装和外包装两部分，外包装必须贴有商标、标签、说明书和放射性药品标志，内包装必须贴有标签。

标签必须注明药品品名、放射性比活度、装量。

说明书除注明前款内容外，还须注明生产单位、批准文号、批号、主要成份、出厂日期、放射性核素半衰期、适应症、用法、用量、禁忌症、有效期和注意事项等。

第十九条　放射性药品的运输，按国家运输、邮政等部门制订的有关规定执行。

严禁任何单位和个人随身携带放射性药品乘坐公共交通运输工具。

第五章　放射性药品的使用

第二十条　医疗单位设置核医学科、室（同位素室），必须配备与其医疗任务相适应的并经核医学技术培训的技术人员。非核医学专业技术人员未经培训，不得从事放射性药品使用工作。

第二十一条　医疗单位使用放射性药品，必须符合国家有关放射性同位素安全和防护的规定。所在地的省、自治区、直辖市药品监督管理部门，应当根据医疗单位核医疗技术人员的水平、设备条件，核发相应等级的《放射性药品使用许可证》，无许可证的医疗单位不得临床使用放射性药品。

《放射性药品使用许可证》有效期为 5 年，期满前 6 个月，医疗单位应当向原发证的行政部门重新提出申请，经审核批准后，换发新证。

第二十二条　医疗单位配制、使用放射性制剂，应当符合《药品管理法》及其实施条例的相关规定。

第二十三条　持有《放射性药品使用许可证》的医疗单位，必须负责对使用的放射性药品进行临床质量检验，收集药品不良反应等项工作，并定期向所在地药品监督管理、卫生行政部门报告。由省、自治区、直辖市药品监督管理、卫生行政部门汇总后分别报国务院药品监督管理、卫生行政部门。

第二十四条　放射性药品使用后的废物（包括患者排出物），必须按国家有关规定妥善处置。

第六章　放射性药品标准和检验

第二十五条　放射性药品的国家标准，由国务院药品监督管理部门药典委员会负责制定和修订，报国务院药品监督管理部门审批颁发。

第二十六条　放射性药品的检验由国务院药品监督管理部门公布的药品检验机构承担。

第七章　附则

第二十七条　对违反本办法规定的单位或者个人，由县以上药品监督管理、卫生行政部门，按照《药品管理法》和有关法规的规定处罚。

第二十八条　本办法自发布之日起施行。

第七篇　海洋环境管理

中华人民共和国海洋环境保护法

中华人民共和国主席令

第五十六号

《全国人民代表大会常务委员会关于修改〈中华人民共和国海洋环境保护法〉的决定》已由中华人民共和国第十二届全国人民代表大会常务委员会第二十四次会议于2016年11月7日通过，现予公布，自公布之日起施行。

中华人民共和国主席　习近平

2016年11月7日

（1982年8月23日第五届全国人民代表大会常务委员会第二十四次会议通过；1999年12月25日第九届全国人民代表大会常务委员会第十三次会议修订；根据2013年12月28日第十二届全国人民代表大会常务委员会第六次会议《关于修改〈中华人民共和国海洋环境保护法〉等七部法律的决定》修正；依据2016年11月7日第十二届全国人民代表大会常务委员会第二十四次会议通过的《全国人民代表大会常务委员会关于修改〈中华人民共和国海洋环境保护法〉的决定》修正）

第一章　总　则

第一条　为了保护和改善海洋环境，保护海洋资源，防治污染损害，维护生态平衡，保障人体健康，促进经济和社会的可持续发展，制定本法。

第二条　本法适用于中华人民共和国内水、领海、毗连区、专属经济区、大陆架以及中华人民共和国管辖的其他海域。

在中华人民共和国管辖海域内从事航行、勘探、开发、生产、旅游、科学研究及其他活动，或者在沿海陆域内从事影响海洋环境活动的任何单位和个人，都必须遵守本法。

在中华人民共和国管辖海域以外，造成中华人民共和国管辖海域污染的，也适用本法。

第三条　国家在重点海洋生态功能区、生态环境敏感区和脆弱区等海域划定生态保护红线，实行严格保护。

国家建立并实施重点海域排污总量控制制度，确定主要污染物排海总量控制指标，并对主要污染源分配排放控制数量。具体办法由国务院制定。

第四条　一切单位和个人都有保护海洋环境的义务，并有权对污染损害海洋环境的单位和个人，以及海洋环境监督管理人员的违法失职行为进行监督和检举。

第五条　国务院环境保护行政主管部门作为对全国环境保护工作统一监督管理的部门，对全国海洋环境保护工作实施指导、协调和监督，并负责全国防治陆源污染物和海岸工程建设项目对海洋污染损害的环境保护工作。

国家海洋行政主管部门负责海洋环境的监督管理，组织海洋环境的调查、监测、监视、评价和科学研究，负责全国防治海洋工程建设项目和海洋倾倒废弃物对海洋污染损害的环境保护工作。

国家海事行政主管部门负责所辖港区水域内非军事船舶和港区水域外非渔业、非军事船舶污染海洋环境的监督管理，并负责污染事故的调查处理；对在中华人民共和国管辖海域航行、停泊和作业的外国籍船舶造成的污染事故登轮检查处理。船舶污染事故给渔业造成损害的，应当吸收渔业行政主管部门参与调查处理。

国家渔业行政主管部门负责渔港水域内非军事船舶和渔港水域外渔业船舶污染海洋环境的监督管理，负责保护渔业水域生态环境工作，并调查处理前款规定的污染事故以外的渔业污染事故。

军队环境保护部门负责军事船舶污染海洋环境的监督管理及污染事故的调查处理。

沿海县级以上地方人民政府行使海洋环境监督管理权的部门的职责，由省、自治区、直辖市人民政府根据本法及国务院有关规定确定。

第六条 环境保护行政主管部门、海洋行政主管部门和其他行使海洋环境监督管理权的部门，根据职责分工依法公开海洋环境相关信息；相关排污单位应当依法公开排污信息。

第二章 海洋环境监督管理

第七条 国家海洋行政主管部门会同国务院有关部门和沿海省、自治区、直辖市人民政府根据全国海洋主体功能区规划，拟定全国海洋功能区划，报国务院批准。

沿海地方各级人民政府应当根据全国和地方海洋功能区划，保护和科学合理地使用海域。

第八条 国家根据海洋功能区划制定全国海洋环境保护规划和重点海域区域性海洋环境保护规划。

毗邻重点海域的有关沿海省、自治区、直辖市人民政府及行使海洋环境监督管理权的部门，可以建立海洋环境保护区域合作组织，负责实施重点海域区域性海洋环境保护规划、海洋环境污染的防治和海洋生态保护工作。

第九条 跨区域的海洋环境保护工作，由有关沿海地方人民政府协商解决，或者由上级人民政府协调解决。

跨部门的重大海洋环境保护工作，由国务院环境保护行政主管部门协调；协调未能解决的，由国务院作出决定。

第十条 国家根据海洋环境质量状况和国家经济、技术条 件，制定国家海洋环境质量标准。

沿海省、自治区、直辖市人民政府对国家海洋环境质量标准中未作规定的项目，可以制定地方海洋环境质量标准。

沿海地方各级人民政府根据国家和地方海洋环境质量标准的规定和本行政区近岸海域环境质量状况，确定海洋环境保护的目标和任务，并纳入人民政府工作计划，按相应的海洋环境质量标准实施管理。

第十一条 国家和地方水污染物排放标准的制定，应当将国家和地方海洋环境质量标准作为重要依据之一。在国家建立并实施排污总量控制制度的重点海域，水污染物排放标准的制定，还应当将主要污染物排海总量控制指标作为重要依据。

排污单位在执行国家和地方水污染物排放标准的同时，应当遵守分解落实到本单位的主要污染物排海总量控制指标。

对超过主要污染物排海总量控制指标的重点海域和未完成海洋环境保护目标、任务的海域，省级以上人民政府环境保护行政主管部门、海洋行政主管部门，根据职责分工暂停审批新增相应种类污染物排放总量的建设项目环境影响报告书（表）。

第十二条 直接向海洋排放污染物的单位和个人，必须按照国家规定缴纳排污费。依照法律规定缴纳环境保护税的，不再缴纳排污费

向海洋倾倒废弃物，必须按照国家规定缴纳倾倒费。

根据本法规定征收的排污费、倾倒费，必须用于海洋环境污染的整治，不得挪作他用。具体办法由国务院规定。

第十三条 国家加强防治海洋环境污染损害的科学技术的研究和开发，对严重污染海洋环境的落后生产工艺和落后设备，实行淘汰制度。

企业应当优先使用清洁能源，采用资源利用率高、污染物排放量少的清洁生产工艺，防止对海洋环

境的污染。

第十四条 国家海洋行政主管部门按照国家环境监测、监视规范和标准，管理全国海洋环境的调查、监测、监视，制定具体的实施办法，会同有关部门组织全国海洋环境监测、监视网络，定期评价海洋环境质量，发布海洋巡航监视通报。

依照本法规定行使海洋环境监督管理权的部门分别负责各自所辖水域的监测、监视。

其他有关部门根据全国海洋环境监测网的分工，分别负责对入海河口、主要排污口的监测。

第十五条 国务院有关部门应当向国务院环境保护行政主管部门提供编制全国环境质量公报所必需的海洋环境监测资料。

环境保护行政主管部门应当向有关部门提供与海洋环境监督管理有关的资料。

第十六条 国家海洋行政主管部门按照国家制定的环境监测、监视信息管理制度，负责管理海洋综合信息系统，为海洋环境保护监督管理提供服务。

第十七条 因发生事故或者其他突发性事件，造成或者可能造成海洋环境污染事故的单位和个人，必须立即采取有效措施，及时向可能受到危害者通报，并向依照本法规定行使海洋环境监督管理权的部门报告，接受调查处理。

沿海县级以上地方人民政府在本行政区域近岸海域的环境受到严重污染时，必须采取有效措施，解除或者减轻危害。

第十八条 国家根据防止海洋环境污染的需要，制定国家重大海上污染事故应急计划。

国家海洋行政主管部门负责制定全国海洋石油勘探开发重大海上溢油应急计划，报国务院环境保护行政主管部门备案。

国家海事行政主管部门负责制定全国船舶重大海上溢油污染事故应急计划，报国务院环境保护行政主管部门备案。

沿海可能发生重大海洋环境污染事故的单位，应当依照国家的规定，制定污染事故应急计划，并向当地环境保护行政主管部门、海洋行政主管部门备案。

沿海县级以上地方人民政府及其有关部门在发生重大海上污染事故时，必须按照应急计划解除或者减轻危害。

第十九条 依照本法规定行使海洋环境监督管理权的部门可以在海上实行联合执法，在巡航监视中发现海上污染事故或者违反本法规定的行为时，应当予以制止并调查取证，必要时有权采取有效措施，防止污染事态的扩大，并报告有关主管部门处理。

依照本法规定行使海洋环境监督管理权的部门，有权对管辖范围内排放污染物的单位和个人进行现场检查。被检查者应当如实反映情况，提供必要的资料。

检查机关应当为被检查者保守技术秘密和业务秘密。

第三章 海洋生态保护

第二十条 国务院和沿海地方各级人民政府应当采取有效措施，保护红树林、珊瑚礁、滨海湿地、海岛、海湾、入海河口、重要渔业水域等具有典型性、代表性的海洋生态系统，珍稀、濒危海洋生物的天然集中分布区，具有重要经济价值的海洋生物生存区域及有重大科学文化价值的海洋自然历史遗迹和自然景观。

对具有重要经济、社会价值的已遭到破坏的海洋生态，应当进行整治和恢复。

第二十一条 国务院有关部门和沿海省级人民政府应当根据保护海洋生态的需要，选划、建立海洋自然保护区。

国家级海洋自然保护区的建立，须经国务院批准。

第二十二条 凡具有下列条 件之一的，应当建立海洋自然保护区：

（一）典型的海洋自然地理区域、有代表性的自然生态区域，以及遭受破坏但经保护能恢复的海洋自然生态区域；

（二）海洋生物物种高度丰富的区域，或者珍稀、濒危海洋生物物种的天然集中分布区域；

（三）具有特殊保护价值的海域、海岸、岛屿、滨海湿地、入海河口和海湾等；

（四）具有重大科学文化价值的海洋自然遗迹所在区域；

（五）其他需要予以特殊保护的区域。

第二十三条　凡具有特殊地理条 件、生态系统、生物与非生物资源及海洋开发利用特殊需要的区域，可以建立海洋特别保护区，采取有效的保护措施和科学的开发方式进行特殊管理。

第二十四条　国家建立健全海洋生态保护补偿制度。

开发利用海洋资源，应当根据海洋功能区划合理布局，严格遵守生态保护红线，不得造成海洋生态环境破坏。

第二十五条　引进海洋动植物物种，应当进行科学论证，避免对海洋生态系统造成危害。

第二十六条　开发海岛及周围海域的资源，应当采取严格的生态保护措施，不得造成海岛地形、岸滩、植被以及海岛周围海域生态环境的破坏。

第二十七条　沿海地方各级人民政府应当结合当地自然环境的特点，建设海岸防护设施、沿海防护林、沿海城镇园林和绿地，对海岸侵蚀和海水入侵地区进行综合治理。

禁止毁坏海岸防护设施、沿海防护林、沿海城镇园林和绿地。

第二十八条　国家鼓励发展生态渔业建设，推广多种生态渔业生产方式，改善海洋生态状况。

新建、改建、扩建海水养殖场，应当进行环境影响评价。

海水养殖应当科学确定养殖密度，并应当合理投饵、施肥，正确使用药物，防止造成海洋环境的污染。

第四章 防治陆源污染物对海洋环境的污染损害

第二十九条　向海域排放陆源污染物，必须严格执行国家或者地方规定的标准和有关规定。

第三十条　入海排污口位置的选择，应当根据海洋功能区划、海水动力条 件和有关规定，经科学论证后，报设区的市级以上人民政府环境保护行政主管部门审查批准。

环境保护行政主管部门在批准设置入海排污口之前，必须征求海洋、海事、渔业行政主管部门和军队环境保护部门的意见。

在海洋自然保护区、重要渔业水域、海滨风景名胜区和其他需要特别保护的区域，不得新建排污口。

在有条件的地区，应当将排污口深海设置，实行离岸排放。设置陆源污染物深海离岸排放排污口，应当根据海洋功能区划、海水动力条 件和海底工程设施的有关情况确定，具体办法由国务院规定。

第三十一条　省、自治区、直辖市人民政府环境保护行政主管部门和水行政主管部门应当按照水污染防治有关法律的规定，加强入海河流管理，防治污染，使入海河口的水质处于良好状态。

第三十二条　排放陆源污染物的单位，必须向环境保护行政主管部门申报拥有的陆源污染物排放设施、处理设施和在正常作业条 件下排放陆源污染物的种类、数量和浓度，并提供防治海洋环境污染方面的有关技术和资料。

排放陆源污染物的种类、数量和浓度有重大改变的，必须及时申报。

第三十三条　禁止向海域排放油类、酸液、碱液、剧毒废液和高、中水平放射性废水。

严格限制向海域排放低水平放射性废水；确需排放的，必须严格执行国家辐射防护规定。

严格控制向海域排放含有不易降解的有机物和重金属的废水。

第三十四条　含病原体的医疗污水、生活污水和工业废水必须经过处理，符合国家有关排放标准后，方能排入海域。

第三十五条　含有机物和营养物质的工业废水、生活污水，应当严格控制向海湾、半封闭海及其他自净能力较差的海域排放。

第三十六条　向海域排放含热废水，必须采取有效措施，保证邻近渔业水域的水温符合国家海洋环境质量标准，避免热污染对水产资源的危害。

第三十七条 沿海农田、林场施用化学农药，必须执行国家农药安全使用的规定和标准。

沿海农田、林场应当合理使用化肥和植物生长调节剂。

第三十八条 在岸滩弃置、堆放和处理尾矿、矿渣、煤灰渣、垃圾和其他固体废物的，依照《中华人民共和国固体废物污染环境防治法》的有关规定执行。

第三十九条 禁止经中华人民共和国内水、领海转移危险废物。

经中华人民共和国管辖的其他海域转移危险废物的，必须事先取得国务院环境保护行政主管部门的书面同意。

第四十条 沿海城市人民政府应当建设和完善城市排水管网，有计划地建设城市污水处理厂或者其他污水集中处理设施，加强城市污水的综合整治。

建设污水海洋处置工程，必须符合国家有关规定。

第四十一条 国家采取必要措施，防止、减少和控制来自大气层或者通过大气层造成的海洋环境污染损害。

第五章 防治海岸工程建设项目对海洋环境的污染损害

第四十二条 新建、改建、扩建海岸工程建设项目，必须遵守国家有关建设项目环境保护管理的规定，并把防治污染所需资金纳入建设项目投资计划。

在依法划定的海洋自然保护区、海滨风景名胜区、重要渔业水域及其他需要特别保护的区域，不得从事污染环境、破坏景观的海岸工程项目建设或者其他活动。

第四十三条 海岸工程建设项目单位，必须对海洋环境进行科学调查，根据自然条件和社会条件，合理选址，编制环境影响报告书（表）。在建设项目开工前，将环境影响报告书（表）报环境保护行政主管部门审查批准。

环境保护行政主管部门在批准环境影响报告书（表）之前，必须征求海洋、海事、渔业行政主管部门和军队环境保护部门的意见。

第四十四条 海岸工程建设项目的环境保护设施，必须与主体工程同时设计、同时施工、同时投产使用。环境保护设施应当符合经批准的环境影响评价报告书（表）的要求。

第四十五条 禁止在沿海陆域内新建不具备有效治理措施的化学制浆造纸、化工、印染、制革、电镀、酿造、炼油、岸边冲滩拆船以及其他严重污染海洋环境的工业生产项目。

第四十六条 兴建海岸工程建设项目，必须采取有效措施，保护国家和地方重点保护的野生动植物及其生存环境和海洋水产资源。

严格限制在海岸采挖砂石。露天开采海滨砂矿和从岸上打井开采海底矿产资源，必须采取有效措施，防止污染海洋环境。

第六章 防治海洋工程建设项目对海洋环境的污染损害

第四十七条 海洋工程建设项目必须符合全国海洋主体功能区规划、海洋功能区划、海洋环境保护规划和国家有关环境保护标准。海洋工程建设项目单位应当对海洋环境进行科学调查，编制海洋环境影响报告书（表），并在建设项目开工前，报海洋行政主管部门审查批准。

海洋行政主管部门在批准海洋环境影响报告书（表）之前，必须征求海事、渔业行政主管部门和军队环境保护部门的意见。

第四十八条 海洋工程建设项目的环境保护设施，必须与主体工程同时设计、同时施工、同时投产使用。环境保护设施未经海洋行政主管部门验收，或者经验收不合格的，建设项目不得投入生产或者使用。

拆除或者闲置环境保护设施，必须事先征得海洋行政主管部门的同意。

第四十九条 海洋工程建设项目，不得使用含超标准放射性物质或者易溶出有毒有害物质的材料。

第五十条　海洋工程建设项目需要爆破作业时，必须采取有效措施，保护海洋资源。

海洋石油勘探开发及输油过程中，必须采取有效措施，避免溢油事故的发生。

第五十一条　海洋石油钻井船、钻井平台和采油平台的含油污水和油性混合物，必须经过处理达标后排放；残油、废油必须予以回收，不得排放入海。经回收处理后排放的，其含油量不得超过国家规定的标准。

钻井所使用的油基泥浆和其他有毒复合泥浆不得排放入海。水基泥浆和无毒复合泥浆及钻屑的排放，必须符合国家有关规定。

第五十二条　海洋石油钻井船、钻井平台和采油平台及其有关海上设施，不得向海域处置含油的工业垃圾。处置其他工业垃圾，不得造成海洋环境污染。

第五十三条　海上试油时，应当确保油气充分燃烧，油和油性混合物不得排放入海。

第五十四条　勘探开发海洋石油，必须按有关规定编制溢油应急计划，报国家海洋行政主管部门的海区派出机构备案。

第七章 防治倾倒废弃物对海洋环境的污染损害

第五十五条　任何单位未经国家海洋行政主管部门批准，不得向中华人民共和国管辖海域倾倒任何废弃物。

需要倾倒废弃物的单位，必须向国家海洋行政主管部门提出书面申请，经国家海洋行政主管部门审查批准，发给许可证后，方可倾倒。

禁止中华人民共和国境外的废弃物在中华人民共和国管辖海域倾倒。

第五十六条　国家海洋行政主管部门根据废弃物的毒性、有毒物质含量和对海洋环境影响程度，制定海洋倾倒废弃物评价程序和标准。

向海洋倾倒废弃物，应当按照废弃物的类别和数量实行分级管理。

可以向海洋倾倒的废弃物名录，由国家海洋行政主管部门拟定，经国务院环境保护行政主管部门提出审核意见后，报国务院批准。

第五十七条　国家海洋行政主管部门按照科学、合理、经济、安全的原则选划海洋倾倒区，经国务院环境保护行政主管部门提出审核意见后，报国务院批准。

临时性海洋倾倒区由国家海洋行政主管部门批准，并报国务院环境保护行政主管部门备案。

国家海洋行政主管部门在选划海洋倾倒区和批准临时性海洋倾倒区之前，必须征求国家海事、渔业行政主管部门的意见。

第五十八条　国家海洋行政主管部门监督管理倾倒区的使用，组织倾倒区的环境监测，对经确认不宜继续使用的倾倒区，国家海洋行政主管部门应当予以封闭，终止在该倾倒区的一切倾倒活动，并报国务院备案。

第五十九条　获准倾倒废弃物的单位，必须按照许可证注明的期限及条 件，到指定的区域进行倾倒。废弃物装载之后，批准部门应当予以核实。

第六十条　获准倾倒废弃物的单位，应当详细记录倾倒的情况，并在倾倒后向批准部门作出书面报告。倾倒废弃物的船舶必须向驶出港的海事行政主管部门作出书面报告。

第六十一条　禁止在海上焚烧废弃物。

禁止在海上处置放射性废弃物或者其他放射性物质。废弃物中的放射性物质的豁免浓度由国务院制定。

第八章　防治船舶及有关作业活动对海洋环境的污染损害

第六十二条　在中华人民共和国管辖海域，任何船舶及相关作业不得违反本法规定向海洋排放污染物、废弃物和压载水、船舶垃圾及其他有害物质。

从事船舶污染物、废弃物、船舶垃圾接收、船舶清舱、洗舱作业活动的，必须具备相应的接收处理能力。

第六十三条 船舶必须按照有关规定持有防止海洋环境污染的证书与文书，在进行涉及污染物排放及操作时，应当如实记录。

第六十四条 船舶必须配置相应的防污设备和器材。

载运具有污染危害性货物的船舶，其结构与设备应当能够防止或者减轻所载货物对海洋环境的污染。

第六十五条 船舶应当遵守海上交通安全法律、法规的规定，防止因碰撞、触礁、搁浅、火灾或者爆炸等引起的海难事故，造成海洋环境的污染。

第六十六条 国家完善并实施船舶油污损害民事赔偿责任制度；按照船舶油污损害赔偿责任由船东和货主共同承担风险的原则，建立船舶油污保险、油污损害赔偿基金制度。

实施船舶油污保险、油污损害赔偿基金制度的具体办法由国务院规定。

第六十七条 载运具有污染危害性货物进出港口的船舶，其承运人、货物所有人或者代理人，必须事先向海事行政主管部门申报。经批准后，方可进出港口、过境停留或者装卸作业。

第六十八条 交付船舶装运污染危害性货物的单证、包装、标志、数量限制等，必须符合对所装货物的有关规定。

需要船舶装运污染危害性不明的货物，应当按照有关规定事先进行评估。

装卸油类及有毒有害货物的作业，船岸双方必须遵守安全防污操作规程。

第六十九条 港口、码头、装卸站和船舶修造厂必须按照有关规定备有足够的用于处理船舶污染物、废弃物的接收设施，并使该设施处于良好状态。

装卸油类的港口、码头、装卸站和船舶必须编制溢油污染应急计划，并配备相应的溢油污染应急设备和器材。

第七十条 船舶及有关作业活动应当遵守有关法律法规和标准，采取有效措施，防止造成海洋环境污染。海事行政主管部门等有关部门应当加强对船舶及有关作业活动的监督管理。

船舶进行散装液体污染危害性货物的过驳作业，应当事先按照有关规定报经海事行政主管部门批准。

第七十一条 船舶发生海难事故，造成或者可能造成海洋环境重大污染损害的，国家海事行政主管部门有权强制采取避免或者减少污染损害的措施。

对在公海上因发生海难事故，造成中华人民共和国管辖海域重大污染损害后果或者具有污染威胁的船舶、海上设施，国家海事行政主管部门有权采取与实际的或者可能发生的损害相称的必要措施。

第七十二条 所有船舶均有监视海上污染的义务，在发现海上污染事故或者违反本法规定的行为时，必须立即向就近的依照本法规定行使海洋环境监督管理权的部门报告。

民用航空器发现海上排污或者污染事件，必须及时向就近的民用航空空中交通管制单位报告。接到报告的单位，应当立即向依照本法规定行使海洋环境监督管理权的部门通报。

第九章 法律责任

第七十三条 违反本法有关规定，有下列行为之一的，由依照本法规定行使海洋环境监督管理权的部门责令停止违法行为、限期改正或者责令采取限制生产、停产整治等措施，并处以罚款；拒不改正的，依法作出处罚决定的部门可以自责令改正之日的次日起，按照原罚款数额按日连续处罚；情节严重的，报经有批准权的人民政府批准，责令停业、关闭：

（一）向海域排放本法禁止排放的污染物或者其他物质的；

（二）不按照本法规定向海洋排放污染物，或者超过标准、总量控制指标排放污染物的；

（三）未取得海洋倾倒许可证，向海洋倾倒废弃物的；

（四）因发生事故或者其他突发性事件，造成海洋环境污染事故，不立即采取处理措施的。”

有前款第（一）、（三）项行为之一的，处三万元以上二十万元以下的罚款；有前款第（二）、（四）项行为之一的，处二万元以上十万元以下的罚款。

第七十四条　违反本法有关规定，有下列行为之一的，由依照本法规定行使海洋环境监督管理权的部门予以警告，或者处以罚款：

（一）不按照规定申报，甚至拒报污染物排放有关事项，或者在申报时弄虚作假的；

（二）发生事故或者其他突发性事件不按照规定报告的；

（三）不按照规定记录倾倒情况，或者不按照规定提交倾倒报告的；

（四）拒报或者谎报船舶载运污染危害性货物申报事项的。

有前款第（一）、（三）项行为之一的，处二万元以下的罚款；有前款第（二）、（四）项行为之一的，处五万元以下的罚款。

第七十五条　违反本法第十九条第二款的规定，拒绝现场检查，或者在被检查时弄虚作假的，由依照本法规定行使海洋环境监督管理权的部门予以警告，并处二万元以下的罚款。

第七十六条　违反本法规定，造成珊瑚礁、红树林等海洋生态系统及海洋水产资源、海洋保护区破坏的，由依照本法规定行使海洋环境监督管理权的部门责令限期改正和采取补救措施，并处一万元以上十万元以下的罚款；有违法所得的，没收其违法所得。

第七十七条　违反本法**第三十条**　第一款、第三款规定设置入海排污口的，由县级以上地方人民政府环境保护行政主管部门责令其关闭，并处二万元以上十万元以下的罚款。

第七十八条　违反本法**第三十九条**　第二款的规定，经中华人民共和国管辖海域，转移危险废物的，由国家海事行政主管部门责令非法运输该危险废物的船舶退出中华人民共和国管辖海域，并处五万元以上五十万元以下的罚款。

第七十九条　海岸工程建设项目未依法进行环境影响评价的，依照《中华人民共和国环境影响评价法》的规定处理。

第八十条　违反本法**第四十四条**　的规定，海岸工程建设项目未建成环境保护设施，或者环境保护设施未达到规定要求即投入生产、使用的，由环境保护行政主管部门责令其停止生产或者使用，并处二万元以上十万元以下的罚款。

第八十一条　违反本法**第四十五条**　的规定，新建严重污染海洋环境的工业生产建设项目的，按照管理权限，由县级以上人民政府责令关闭。

第八十二条　违反本法第四十七条第一款的规定，进行海洋工程建设项目的，由海洋行政主管部门责令其停止施工，根据违法情节和危害后果，处建设项目总投资额百分之一以上百分之五以下的罚款，并可以责令恢复原状。

违反本法第四十八条的规定，海洋工程建设项目未建成环境保护设施、环境保护设施未达到规定要求即投入生产、使用的，由海洋行政主管部门责令其停止生产、使用，并处五万元以上二十万元以下的罚款。

第八十三条　违反本法**第四十九条**　的规定，使用含超标准放射性物质或者易溶出有毒有害物质材料的，由海洋行政主管部门处五万元以下的罚款，并责令其停止该建设项目的运行，直到消除污染危害。

第八十四条　违反本法规定进行海洋石油勘探开发活动，造成海洋环境污染的，由国家海洋行政主管部门予以警告，并处二万元以上二十万元以下的罚款。

第八十五条　违反本法规定，不按照许可证的规定倾倒，或者向已经封闭的倾倒区倾倒废弃物的，由海洋行政主管部门予以警告，并处三万元以上二十万元以下的罚款；对情节严重的，可以暂扣或者吊销许可证。

第八十六条　违反本法**第五十五条**　第三款的规定，将中华人民共和国境外废弃物运进中华人民共和国管辖海域倾倒的，由国家海洋行政主管部门予以警告，并根据造成或者可能造成的危害后果，处十万元以上一百万元以下的罚款。

第八十七条　违反本法规定，有下列行为之一的，由依照本法规定行使海洋环境监督管理权的部门予以警告，或者处以罚款：

（一）港口、码头、装卸站及船舶未配备防污设施、器材的；

（二）船舶未持有防污证书、防污文书，或者不按照规定记载排污记录的；

（三）从事水上和港区水域拆船、旧船改装、打捞和其他水上、水下施工作业，造成海洋环境污染损害的；

（四）船舶载运的货物不具备防污适运条 件的。

有前款第（一）、（四）项行为之一的，处二万元以上十万元以下的罚款；有前款第（二）项行为的，处二万元以下的罚款；有前款第（三）项行为的，处五万元以上二十万元以下的罚款。

第八十八条 违反本法规定，船舶、石油平台和装卸油类的港口、码头、装卸站不编制溢油应急计划的，由依照本法规定行使海洋环境监督管理权的部门予以警告，或者责令限期改正。

第八十九条 造成海洋环境污染损害的责任者，应当排除危害，并赔偿损失；完全由于第三者的故意或者过失，造成海洋环境污染损害的，由第三者排除危害，并承担赔偿责任。

对破坏海洋生态、海洋水产资源、海洋保护区，给国家造成重大损失的，由依照本法规定行使海洋环境监督管理权的部门代表国家对责任者提出损害赔偿要求。

第九十条 对违反本法规定，造成海洋环境污染事故的单位，除依法承担赔偿责任外，由依照本法规定行使海洋环境监督管理权的部门依照本条第二款的规定处以罚款；对直接负责的主管人员和其他直接责任人员可以处上一年度从本单位取得收入百分之五十以下的罚款；直接负责的主管人员和其他直接责任人员属于国家工作人员的，依法给予处分。

对造成一般或者较大海洋环境污染事故的，按照直接损失的百分之二十计算罚款；对造成重大或者特大海洋环境污染事故的，按照直接损失的百分之三十计算罚款。

对严重污染海洋环境、破坏海洋生态，构成犯罪的，依法追究刑事责任。”

第九十一条 完全属于下列情形之一，经过及时采取合理措施，仍然不能避免对海洋环境造成污染损害的，造成污染损害的有关责任者免予承担责任：

（一）战争；

（二）不可抗拒的自然灾害；

（三）负责灯塔或者其他助航设备的主管部门，在执行职责时的疏忽，或者其他过失行为。

第九十二条 对违反本法第十二条有关缴纳排污费、倾倒费规定的行政处罚，由国务院规定。

第九十三条 海洋环境监督管理人员滥用职权、玩忽职守、徇私舞弊，造成海洋环境污染损害的，依法给予行政处分；构成犯罪的，依法追究刑事责任。

第十章 附则

第九十四条 本法中下列用语的含义是：

（一）海洋环境污染损害，是指直接或者间接地把物质或者能量引入海洋环境，产生损害海洋生物资源、危害人体健康、妨害渔业和海上其他合法活动、损害海水使用素质和减损环境质量等有害影响。

（二）内水，是指我国领海基线向内陆一侧的所有海域。

（三）滨海湿地，是指低潮时水深浅于六米的水域及其沿岸浸湿地带，包括水深不超过六米的永久性水域、潮间带（或洪泛地带）和沿海低地等。

（四）海洋功能区划，是指依据海洋自然属性和社会属性，以及自然资源和环境特定条 件，界定海洋利用的主导功能和使用范畴。

（五）渔业水域，是指鱼虾类的产卵场、索饵场、越冬场、洄游通道和鱼虾贝藻类的养殖场。

（六）油类，是指任何类型的油及其炼制品。

（七）油性混合物，是指任何含有油份的混合物。

（八）排放，是指把污染物排入海洋的行为，包括泵出、溢出、泄出、喷出和倒出。

（九）陆地污染源（简称陆源），是指从陆地向海域排放污染物，造成或者可能造成海洋环境污染的场所、设施等。

（十）陆源污染物，是指由陆地污染源排放的污染物。

（十一）倾倒，是指通过船舶、航空器、平台或者其他载运工具，向海洋处置废弃物和其他有害物质的行为，包括弃置船舶、航空器、平台及其辅助设施和其他浮动工具的行为。

（十二）沿海陆域，是指与海岸相连，或者通过管道、沟渠、设施，直接或者间接向海洋排放污染物及其相关活动的一带区域。

（十三）海上焚烧，是指以热摧毁为目的，在海上焚烧设施上，故意焚烧废弃物或者其他物质的行为，但船舶、平台或者其他人工构造物正常操作中，所附带发生的行为除外。

第九十五条　涉及海洋环境监督管理的有关部门的具体职权划分，本法未作规定的，由国务院规定。

第九十六条　中华人民共和国缔结或者参加的与海洋环境保护有关的国际条 约与本法有不同规定的，适用国际条 约的规定；但是，中华人民共和国声明保留的条 款除外。

第九十七条　本法自2000年4月1日起施行。

中华人民共和国防治陆源污染物污染损害海洋环境管理条例

中华人民共和国国务院令

第61号

《中华人民共和国防治陆源污染物污染损害海洋环境管理条例》已经1990年5月25日国务院第六十一次常务会议讨论通过，现予以发布，自1990年8月1日起施行。

总　理　李　鹏

一九九〇年六月二十二日

第　条　为加强对陆地污染源的监督管理，防治陆源污染物污染损害海洋环境，根据《中华人民共和国海洋环境保护法》，制定本条例。

第二条　本条例所称陆地污染源（简称陆源），是指从陆地向海域排放污染物，造成或者可能造成海洋环境污染损害的场所、设施等。

本条例所称陆源污染物是指由前款陆源排放的污染物。

第三条　本条例适用于在中华人民共和国境内向海域排放陆源污染物的一切单位和个人。

防止拆船污染损害海洋环境，依照《防止拆船污染环境管理条例》执行。

第四条　国务院环境保护行政主管部门，主管全国防治陆源污染物污染损害海洋环境工作。

沿海县级以上地方人民政府环境保护行政主管部门，主管本行政区域内防治陆源污染物污染损害海洋环境工作。

第五条　任何单位和个人向海域排放陆源污染物，必须执行国家和地方发布的污染物排放标准和有关规定。

第六条　任何单位和个人向海域排放陆源污染物，必须向其所在地环境保护行政主管部门申报登记拥有的污染物排放设施、处理设施和在正常作业条件下排放污染物的种类、数量和浓度，提供防治陆源污染物污染损害海洋环境的资料，并将上述事项和资料抄送海洋行政主管部门。

排放污染物的种类、数量和浓度有重大改变或者拆除、闲置污染物处理设施的，应当征得所在地环境保护行政主管部门同意并经原审批部门批准。

第七条 任何单位和个人向海域排放陆源污染物，超过国家和地方污染物排放标准的，必须缴纳超标准排污费，并负责治理。

第八条 任何单位和个人，不得在海洋特别保护区、海上自然保护区、海滨风景游览区、盐场保护区、海水浴场、重要渔业水域和其他需要特殊保护的区域内兴建排污口。

对在前款区域内已建的排污口，排放污染物超过国家和地方排放标准的，限期治理。

第九条 对向海域排放陆源污染物造成海洋环境严重污染损害的企业事业单位，限期治理。

第十条 国务院各部门或者省、自治区、直辖市人民政府直接管辖的企业事业单位的限期治理，由省、自治区、直辖市人民政府的环境保护行政主管部门提出意见，报同级人民政府决定。市、县或者市、县以下人民政府管辖的企业事业单位的限期治理，由市、县人民政府环境保护行政主管部门提出意见，报同级人民政府决定。被限期治理的企业事业单位必须如期完成治理任务。

第十一条 禁止在岸滩擅自堆放、弃置和处理固体废弃物。确需临时堆放、处理固体废弃物的，必须按照沿海省、自治区、直辖市人民政府环境保护行政主管部门规定的审批程序，提出书面申请。其主要内容包括：

（一）申请单位的名称、地址；

（二）堆放、处理的地点和占地面积；

（三）固体废弃物的种类、成分，年堆放量、处理量，积存堆放、处理的总量和堆放高度；

（四）固体废弃物堆放、处理的期限，最终处置方式；

（五）堆放、处理固体废弃物可能对海洋环境造成的污染损害；

（六）防止堆放、处理固体废弃物污染损害海洋环境的技术和措施；

（七）审批机关认为需要说明的其他事项。

现有的固体废弃物临时堆放、处理场地，未经县级以上地方人民政府环境保护行政主管部门批准的，由县级以上地方人民政府环境保护行政主管部门责令限期补办审批手续。

第十二条 被批准设置废弃物堆放场、处理场的单位和个人，必须建造防护堤和防渗漏、防扬尘等设施，经批准设置废弃物堆放场、处理场的环境保护行政主管部门验收合格后方可使用。

在批准使用的废弃物堆放场、处理场内，不得擅自堆放、弃置未经批准的其他种类的废弃物。不得露天堆放含剧毒、放射性、易溶解和易挥发性物质的废弃物；非露天堆放上述废弃物，不得作为最终处置方式。

第十三条 禁止在岸滩采用不正当的稀释、渗透方式排放有毒、有害废水。

第十四条 禁止向海域排放含高、中放射性物质的废水。

向海域排放含低放射性物质的废水，必须执行国家有关放射防护的规定和标准。

第十五条 禁止向海域排放油类、酸液、碱液和毒液。

向海域排放含油废水、含有害重金属废水和其他工业废水，必须经过处理，符合国家和地方规定的排放标准和有关规定。处理后的残渣不得弃置入海。

第十六条 向海域排放含病原体的废水，必须经过处理，符合国家和地方规定的排放标准和有关规定。

第十七条 向海域排放含热废水的水温应当符合国家有关规定。

第十八条 向自净能力较差的海域排放含有机物和营养物质的工业废水和生活废水，应当控制排放量；排污口应当设置在海水交换良好处，并采用合理的排放方式，防止海水富营养化。

第十九条 禁止将失效或者禁用的药物及药具弃置岸滩。

第二十条 入海河口处发生陆源污染物污染损害海洋环境事故，确有证据证明是由河流携带污染物造成的，由入海河口处所在地的省、自治区、直辖市人民政府环境保护行政主管部门调查处理；河流跨越省、自治区、直辖市的，由入海河口处所在省、自治区、直辖市人民政府环境保护行政主管部门和水利部门会同有关省、自治区、直辖市人民政府环境保护行政主管部门、水利部门和流域管理机构调查处理。

第二十一条　沿海相邻或者相向地区向同一海域排放陆源污染物的，由有关地方人民政府协商制定共同防治陆源污染物污染损害海洋环境的措施。

第二十二条　一切单位和个人造成陆源污染物污染损害海洋环境事故时，必须立即采取措施处理，并在事故发生后四十八小时内，向当地人民政府环境保护行政主管部门作出事故发生的时间、地点、类型和排放污染物的数量、经济损失、人员受害等情况的初步报告，并抄送有关部门。事故查清后，应当向当地人民政府环境保护行政主管部门作出书面报告，并附有关证明文件。

各级人民政府环境保护行政主管部门接到陆源污染物污染损害海洋环境事故的初步报告后，应当立即会同有关部门采取措施，消除或者减轻污染，并由县级以上人民政府环境保护行政主管部门会同有关部门或者由县级以上人民政府环境保护行政主管部门授权的部门对事故进行调查处理。

第二十三条　县级以上人民政府环境保护行政主管部门，按照项目管理权限，可以会同项目主管部门对排放陆源污染物的单位和个人进行现场检查，被检查者必须如实反映情况、提供资料。检查者有责任为被检查者保守技术秘密和业务秘密。法律法规另有规定的除外。

第二十四条　违反本条例规定，具有下列情形之一的，由县级以上人民政府环境保护行政主管部门责令改正，并可处以三百元以上三千元以下的罚款：

（一）拒报或者谎报排污申报登记事项的；

（二）拒绝、阻挠环境保护行政主管部门现场检查，或者在被检查中弄虚作假的。

第二十五条　废弃物堆放场、处理场的防污染设施未经环境保护行政主管部门验收或者验收不合格而强行使用的，由环境保护行政主管部门责令改正，并可处以五千元以上二万元以下的罚款。

第二十六条　违反本条例规定，具有下列情形之一的，由县级以上人民政府环境保护行政主管部门责令改正，并可处以五千元以上十万元以下的罚款：

（一）未经所在地环境保护行政主管部门同意和原批准部门批准，擅自改变污染物排放的种类、增加污染物排放的数量、浓度或者拆除、闲置污染物处理设施的；

（二）在本条例第八条第一款规定的区域内兴建排污口的。

第二十七条　违反本条例规定，具有下列情形之一的，由县级以上人民政府环境保护行政主管部门责令改正，并可处以一千元以上二万元以下的罚款；情节严重的，可处以二万元以上十万元以下的罚款：

（一）在岸滩采用不正当的稀释、渗透方式排放有毒、有害废水的；

（二）向海域排放含高、中放射性物质的废水的；

（三）向海域排放油类、酸液、碱液和毒液的；

（四）向岸滩弃置失效或者禁用的药物和药具的；

（五）向海域排放含油废水、含病原体废水、含热废水、含低放射性物质废水、含有害重金属废水和其他工业废水超过国家和地方规定的排放标准和有关规定或者将处理后的残渣弃置入海的；

（六）未经县级以上地方人民政府环境保护行政主管部门批准，擅自在岸滩堆放、弃置和处理废弃物或者在废弃物堆放场、处理场内，擅自堆放、处理未经批准的其他种类的废弃物或者露天堆放含剧毒、放射性、易溶解和易挥发性物质的废弃物的。

第二十八条　对逾期未完成限期治理任务的企业事业单位，征收两倍的超标准排污费，并可根据危害和损害后果，处以一万元以上十万元以下的罚款，或者责令停业、关闭。

罚款由环境保护行政主管部门决定。责令停业、关闭，由作出限期治理决定的人民政府决定；责令国务院各部门直接管辖的企业事业单位停业、关闭，须报国务院批准。

第二十九条　不按规定缴纳超标准排污费的，除追缴超标准排污费及滞纳金外，并可由县级以上人民政府环境保护行政主管部门处以一千元以上一万元以下的罚款。

第三十条 对造成陆源污染物污染损害海洋环境事故，导致重大经济损失的，由县级以上人民政府环境保护行政主管部门按照直接损失百分之三十计算罚款，但最高不得超过二十万元。

第三十一条 县级人民政府环境保护行政主管部门可处以一万元以下的罚款，超过一万元的罚款，报上级环境保护行政主管部门批准。

省辖市级人民政府环境保护行政主管部门可处以五万元以下的罚款，超过五万元的罚款，报上级环境保护行政主管部门批准。

省、自治区、直辖市人民政府环境保护行政主管部门可处以二十万元以下的罚款。

罚款全部上交国库，任何单位和个人不得截留、分成。

第三十二条 缴纳超标准排污费或者被处以罚款的单位、个人，并不免除消除污染、排除危害和赔偿损失的责任。

第三十三条 当事人对行政处罚决定不服的，可以在接到处罚通知之日起十五日内，依法申请复议；对复议决定不服的，可以在接到复议决定之日起十五日内，向人民法院起诉。当事人也可以在接到处罚通知之日起十五日内，直接向人民法院起诉。当事人逾期不申请复议、也不向人民法院起诉、又不履行处罚决定的，由作出处罚决定的机关申请人民法院强制执行。

第三十四条 环境保护行政主管部门工作人员滥用职权、玩忽职守、徇私舞弊的，由其所在单位或者上级主管机关给予行政处分；构成犯罪的，依法追究刑事责任。

第三十五条 沿海省、自治区、直辖市人民政府，可以根据本条例制定实施办法。

第三十六条 本条例由国务院环境保护行政主管部门负责解释。

第三十七条 本条例自1990年8月1日起施行。

中华人民共和国防治海岸工程建设项目污染损害海洋环境管理条例

（1990年6月25日中华人民共和国国务院令第62号公布　根据2007年9月25日《中华人民共和国国务院令第507号关于修改<中华人民共和国防治海岸工程建设项目污染损害海洋环境管理条例>的决定》修订　根据2017年3月1日中华人民共和国国务院令第676号《国务院关于修改和废止部分行政法规的决定》修订　根据2018年3月19日《国务院关于修改和废止部分行政法规的决定》修订）

第一条 为加强海岸工程建设项目的环境保护管理，严格控制新的污染，保护和改善海洋环境，根据《中华人民共和国海洋环境保护法》，制定本条例。

第二条 本条例所称海岸工程建设项目，是指位于海岸或者与海岸连接，工程主体位于海岸线向陆一侧，对海洋环境产生影响的新建、改建、扩建工程项目。具体包括：

（一）港口、码头、航道、滨海机场工程项目；

（二）造船厂、修船厂；

（三）滨海火电站、核电站、风电站；

（四）滨海物资存储设施工程项目；

（五）滨海矿山、化工、轻工、冶金等工业工程项目；

（六）固体废弃物、污水等污染物处理处置排海工程项目；

（七）滨海大型养殖场；

（八）海岸防护工程、砂石场和入海河口处的水利设施；

（九）滨海石油勘探开发工程项目；

（十）国务院环境保护主管部门会同国家海洋主管部门规定的其他海岸工程项目。

第三条 本条例适用于在中华人民共和国境内兴建海岸工程建设项目的一切单位和个人。

拆船厂建设项目的环境保护管理，依照《防止拆船污染环境管理条例》执行。

第四条 建设海岸工程建设项目，应当符合所在经济区的区域环境保护规划的要求。

第五条 国务院环境保护主管部门，主管全国海岸工程建设项目的环境保护工作。

沿海县级以上地方人民政府环境保护主管部门，主管本行政区域内的海岸工程建设项目的环境保护工作。

第六条 新建、改建、扩建海岸工程建设项目，应当遵守国家有关建设项目环境保护管理的规定。

第七条 海岸工程建设项目的建设单位，应当依法编制环境影响报告书（表），报环境保护主管部门审批。

环境保护主管部门在批准海岸工程建设项目的环境影响报告书（表）之前，应当征求海洋、海事、渔业主管部门和军队环境保护部门的意见。

禁止在天然港湾有航运价值的区域、重要苗种基地和养殖场所及水面、滩涂中的鱼、虾、蟹、贝、藻类的自然产卵场、繁殖场、索饵场及重要的洄游通道围海造地。

第八条 海岸工程建设项目环境影响报告书的内容，除按有关规定编制外，还应当包括：

（一）所在地及其附近海域的环境状况；

（二）建设过程中和建成后可能对海洋环境造成的影响；

（三）海洋环境保护措施及其技术、经济可行性论证结论；

（四）建设项目海洋环境影响评价结论。

海岸工程建设项目环境影响报告表，应当参照前款规定填报。

第九条 禁止兴建向中华人民共和国海域及海岸转嫁污染的中外合资经营企业、中外合作经营企业和外资企业；海岸工程建设项目引进技术和设备，应当有相应的防治污染措施，防止转嫁污染。

第十条 在海洋特别保护区、海上自然保护区、海滨风景游览区、盐场保护区、海水浴场、重要渔业水域和其他需要特殊保护的区域内不得建设污染环境、破坏景观的海岸工程建设项目；在其区域外建设海岸工程建设项目的，不得损害上述区域的环境质量。法律法规另有规定的除外。

第十一条 海岸工程建设项目竣工验收时，建设项目的环境保护设施经验收合格后，该建设项目方可正式投入生产或者使用。

第十二条 县级以上人民政府环境保护主管部门，按照项目管理权限，可以会同有关部门对海岸工程建设项目进行现场检查，被检查者应当如实反映情况、提供资料。检查者有责任为被检查者保守技术秘密和业务秘密。法律法规另有规定的除外。

第十三条 设置向海域排放废水设施的，应当合理利用海水自净能力，选择好排污口的位置。采用暗沟或者管道方式排放的，出水管口位置应当在低潮线以下。

第十四条 建设港口、码头，应当设置与其吞吐能力和货物种类相适应的防污设施。

港口、油码头、化学危险品码头，应当配备海上重大污染损害事故应急设备和器材。

现有港口、码头未达到前两款规定要求的，由环境保护主管部门会同港口、码头主管部门责令其限期设置或者配备。

第十五条 建设岸边造船厂、修船厂，应当设置与其性质、规模相适应的残油、废油接收处理设施，含油废水接收处理设施，拦油、收油、消油设施，工业废水接收处理设施，工业和船舶垃圾接收处理设施等。

第十六条 建设滨海核电站和其他核设施，应当严格遵守国家有关核环境保护和放射防护的规定及标准。

第十七条 建设岸边油库，应当设置含油废水接收处理设施，库场地面冲刷废水的集接、处理设施和事故应急设施；输油管线和储油设施应当符合国家关于防渗漏、防腐蚀的规定。

第十八条 建设滨海矿山，在开采、选矿、运输、贮存、冶炼和尾矿处理等过程中，应当按照有关规定采取防止污染损害海洋环境的措施。

第十九条 建设滨海垃圾场或者工业废渣填埋场，应当建造防护堤坝和场底封闭层，设置渗液收集、导出、处理系统和可燃性气体防爆装置。

第二十条 修筑海岸防护工程，在入海河口处兴建水利设施、航道或者综合整治工程，应当采取措施，不得损害生态环境及水产资源。

第二十一条 兴建海岸工程建设项目，不得改变、破坏国家和地方重点保护的野生动植物的生存环境。不得兴建可能导致重点保护的野生动植物生存环境污染和破坏的海岸工程建设项目；确需兴建的，应当征得野生动植物行政主管部门同意，并由建设单位负责组织采取易地繁育等措施，保证物种延续。

在鱼、虾、蟹、贝类的洄游通道建闸、筑坝，对渔业资源有严重影响的，建设单位应当建造过鱼设施或者采取其他补救措施。

第二十二条 集体所有制单位或者个人在全民所有的水域、海涂，建设构不成基本建设项目的养殖工程的，应当在县级以上地方人民政府规划的区域内进行。

集体所有制单位或者个人零星经营性采挖砂石，应当在县级以上地方人民政府指定的区域内采挖。

第二十三条 禁止在红树林和珊瑚礁生长的地区，建设毁坏红树林和珊瑚礁生态系统的海岸工程建设项目。

第二十四条 兴建海岸工程建设项目，应当防止导致海岸非正常侵蚀。

禁止在海岸保护设施管理部门规定的海岸保护设施的保护范围内从事爆破、采挖砂石、取土等危害海岸保护设施安全的活动。非经国务院授权的有关主管部门批准，不得占用或者拆除海岸保护设施。

第二十五条 未持有经审核和批准的环境影响报告书（表），兴建海岸工程建设项目的，依照《中华人民共和国海洋环境保护法》第八十条的规定予以处罚。

第二十六条 拒绝、阻挠环境保护主管部门进行现场检查，或者在被检查时弄虚作假的，由县级以上人民政府环境保护主管部门依照《中华人民共和国海洋环境保护法》第七十五条的规定予以处罚。

第二十七条 海岸工程建设项目的环境保护设施未建成或者未达到规定要求，该项目即投入生产、使用的，依照《中华人民共和国海洋环境保护法》第八十一条的规定予以处罚。

第二十八条 环境保护主管部门工作人员滥用职权、玩忽职守、徇私舞弊的，由其所在单位或者上级主管机关给予行政处分；构成犯罪的，依法追究刑事责任。

第二十九条 本条例自1990年8月1日起施行。

中华人民共和国防止拆船污染环境管理条例

（1988年5月18日国务院公布 2016年2月6日国务院第666号令修改）

第一条 为防止拆船污染环境，保护生态平衡，保障人体健康，促进拆船事业的发展，制定本条例。

第二条 本条例适用于在中华人民共和国管辖水域从事岸边和水上拆船活动的单位和个人。

第三条 本条例所称岸边拆船，指废船停靠拆船码头拆解；废船在船坞拆解；废船冲滩（不包括海难事故中的船舶冲滩）拆解。

本条例所称水上拆船，指对完全处于水上的废船进行拆解。

第四条 县级以上人民政府环境保护部门负责组织协调、监督检查拆船业的环境保护工作，并主管港区水域外的岸边拆船环境保护工作。

中华人民共和国港务监督（含港航监督，下同）主管水上拆船和综合港港区水域拆船的环境保护工作，并协助环境保护部门监督港区水域外的岸边拆船防止污染工作。

国家渔政渔港监督管理部门主管渔港水域拆船的环境保护工作，负责监督拆船活动对沿岸渔业水域的影响，发现污染损害事故后，会同环境保护部门调查处理。

军队环境保护部门主管军港水域拆船的环境保护工作。

国家海洋管理部门和重要江河的水资源保护机构，依据《中华人民共和国海洋环境保护法》和《中华人民共和国水污染防治法》确定的职责，协助以上各款所指主管部门监督拆船的防止污染工作。

县级以上人民政府的环境保护部门、中华人民共和国港务监督、国家渔政渔港监督管理部门和军队环境保护部门，在主管本条第一、第二、第三、第四款所确定水域的拆船环境保护工作时，简称"监督拆船污染的主管部门"。

第五条 地方人民政府应当根据需要和可能，结合本地区的特点、环境状况和技术条件，统筹规划、合理设置拆船厂。

在饮用水源地、海水淡化取水点、盐场、重要的渔业水域、海水浴场、风景名胜区以及其他需要特殊保护的区域，不得设置拆船厂。

第六条 ：设置拆船厂，必须编制环境影响报告书（表）。其内容包括：拆船厂的地理位置、周围环境状况、拆船规模和条件、拆船工艺、防污措施、预期防治效果等。未依法进行环境影响评价的拆船厂，不得开工建设。

环境保护部门在批准环境影响报告书（表）前，应当征求各有关部门的意见。

第七条 监督拆船污染的主管部门有权对拆船单位的拆船活动进行检查，被检查单位必须如实反映情况，提供必要的资料。

监督拆船污染的主管部门有义务为被检查单位保守技术和业务秘密。

第八条 对严重污染环境的拆船单位，限期治理。

对拆船单位的限期治理，由监督拆船污染的主管部门提出意见，通过批准环境影响报告书（表）的环境保护部门，报同级人民政府决定。

第九条 拆船单位应当健全环境保护规章制度，认真组织实施。

第十条 拆船单位必须配备或者设置防止拆船污染必需的拦油装置、废油接收设备、含油污水接收处理设施或者设备、废弃物回收处置场等，并经批准环境影响报告书（表）的环境保护部门验收合格，发给验收合格证后，方可进船拆解。

第十一条 拆船单位在废船拆解前，必须清除易燃、易爆和有毒物质；关闭海底阀和封闭可能引起油污水外溢的管道。垃圾、残油、废油、油泥、含油污水和易燃易爆物品等废弃物必须送到岸上集中处理，并不得采用渗坑、渗井的处理方式。

废油船在拆解前，必须进行洗舱、排污、清舱、测爆等工作，经港务监督检查核准后，方可拆解。

第十二条 在水上进行拆船作业的拆船单位和个人，必须事先采取有效措施，严格防止溢出、散落水中的油类和其他漂浮物扩散。

在水上进行拆船作业，一旦出现溢出、散落水中的油类和其他漂浮物，必须及时收集处理。

第十三条 排放洗舱水、压舱水和舱底水，必须符合国家和地方规定的排放标准；排放未经处理的洗舱水、压舱水和舱底水，还必须经过监督拆船污染的主管部门批准。

监督拆船污染的主管部门接到拆船单位申请排放未经处理的洗舱水、压舱水和舱底水的报告后，应当抓紧办理，及时审批。

第十四条 拆下的船舶部件或者废弃物，不得投弃或者存放水中；带有污染物的船舶部件或者废弃物，严禁进入水体。未清洗干净的船底和油柜必须拖到岸上拆解。

拆船作业产生的电石渣及其废水，必须收集处理，不得流入水中。

船舶拆解完毕，拆船单位和个人应当及时清理拆船现场。

第十五条 发生拆船污染损害事故时，拆船单位或者个人必须立即采取消除或者控制污染的措施，并迅速报告监督拆船污染的主管部门。

污染损害事故发生后，拆船单位必须向监督拆船污染的主管部门提交《污染事故报告书》，报告污染发生的原因、经过、排污数量、采取的抢救措施、已造成和可能造成的污染损害后果等，并接受调查处理。

第十六条 拆船单位关闭或者搬迁后，必须及时清理原厂址遗留的污染物，并由监督拆船污染的主管部门检查验收。

第十七条 违反本条例规定，有下列情形之一的，监督拆船污染的主管部门除责令其限期纠正外，还可以根据不同情节，处以一万元以上十万元以下的罚款：

（一）发生污染损害事故，不向监督拆船污染的主管部门报告也不采取消除或者控制污染措施的；

（二）废油船未经洗舱、排污、清舱和测爆即行拆解的；

（三）任意排放或者丢弃污染物造成严重污染的。

违反本条例规定，擅自在第五条第二款所指的区域设置拆船厂并进行拆船的，按照分级管理的原则，由县级以上人民政府责令限期关闭或者搬迁。

拆船厂未依法进行环境影响评价擅自开工建设的，依照《中华人民共和国环境保护法》的规定处罚

第十八条 违反本条例规定，有下列情形之一的，监督拆船污染的主管部门除责令其限期纠正外，还可以根据不同情节，给予警告或者处以一万元以下的罚款：

（一）拒绝或者阻挠监督拆船污染的主管部门进行现场检查或者在被检查时弄虚作假的；

（二）未按规定要求配备和使用防污设施、设备和器材，造成环境污染的；

（三）发生污染损害事故，虽采取消除或者控制污染措施，但不向监督拆船污染的主管部门报告的；

（四）拆船单位关闭、搬迁后，原厂址的现场清理不合格的。

第十九条 罚款全部上缴国库。

拆船单位和个人在受到罚款后，并不免除其对本条例规定义务的履行，已造成污染危害的，必须及时排除危害。

第二十条 对经限期治理逾期未完成治理任务的拆船单位，可以根据其造成的危害后果，责令停业整顿或者关闭。

前款所指拆船单位的停业整顿或者关闭，由作出限期治理决定的人民政府决定。责令国务院有关部门直属的拆船单位停业整顿或者关闭，由国务院环境保护部门会同有关部门批准。

第二十一条 对造成污染损害后果负有责任的或者有第十八条第（一）项所指行为的拆船单位负责人和直接责任者，可以根据不同情节，由其所在单位或者上级主管机关给予行政处分。

第二十二条 当事人对行政处罚决定不服的，可以在收到处罚决定通知之日起十五日内，向人民法院起诉；期满不起诉又不履行的，由作出处罚决定的主管部门申请人民法院强制执行。

第二十三条 因拆船污染直接遭受损害的单位或者个人，有权要求造成污染损害方赔偿损失。造成污染损害方有责任对直接遭受危害的单位或者个人赔偿损失。

赔偿责任和赔偿金额的纠纷，可以根据当事人的请求，由监督拆船污染的主管部门处理；当事人对处理决定不服的，可以向人民法院起诉。

当事人也可以直接向人民法院起诉。

第二十四条 凡直接遭受拆船污染损害，要求赔偿损失的单位和个人，应当提交《污染索赔报告书》。报告书应当包括以下内容：

（一）受拆船污染损害的时间、地点、范围、对象，以及当时的气象、水文条件；

（二）受拆船污染损害的损失清单，包括品名、数量、单价、计算方法等；

（三）有关监测部门的鉴定。

第二十五条　因不可抗拒的自然灾害，并经及时采取防范和抢救措施，仍然不能避免造成污染损害的，免予承担赔偿责任。

第二十六条　对检举、揭发拆船单位隐瞒不报或者谎报污染损害事故，以及积极采取措施制止或者减轻污染损害的单位和个人，给予表扬和奖励。

第二十七条　监督拆船污染的主管部门的工作人员玩忽职守、滥用职权、徇私舞弊的，由其所在单位或者上级主管机关给予行政处分；对国家和人民利益造成重大损失、构成犯罪的，依法追究刑事责任。

第二十八条　本条例自 1988 年 6 月 1 日起施行。

防治船舶污染海洋环境管理条例

中华人民共和国国务院令　第 561 号

（2009 年 9 月 9 日中华人民共和国国务院令第 561 号公布　根据 2013 年 7 月 18 日《国务院关于废止和修改部分行政法规的决定》第一次修订　根据 2013 年 12 月 7 日《国务院关于修改部分行政法规的决定》第二次修订　根据 2014 年 7 月 29 日《国务院关于修改部分行政法规的决定》第三次修订　根据 2016 年 2 月 6 日国务院令第 666 号《国务院关于修改部分行政法规的决定》第四次修订　根据 2017 年 3 月 1 日国务院令第 676 号《国务院关于修改和废止部分行政法规的决定》第五次修订　根据 2018 年 3 月 19 日国务院令第 698 号《国务院关于修改和废止部分行政法规的决定》第六次修订）

第一章　总　则

第一条　为了防治船舶及其有关作业活动污染海洋环境，根据《中华人民共和国海洋环境保护法》，制定本条例。

第二条　防治船舶及其有关作业活动污染中华人民共和国管辖海域适用本条例。

第三条　防治船舶及其有关作业活动污染海洋环境，实行预防为主、防治结合的原则。

第四条　国务院交通运输主管部门主管所辖港区水域内非军事船舶和港区水域外非渔业、非军事船舶污染海洋环境的防治工作。

海事管理机构依照本条例规定具体负责防治船舶及其有关作业活动污染海洋环境的监督管理。

第五条　国务院交通运输主管部门应当根据防治船舶及其有关作业活动污染海洋环境的需要，组织编制防治船舶及其有关作业活动污染海洋环境应急能力建设规划，报国务院批准后公布实施。

沿海设区的市级以上地方人民政府应当按照国务院批准的防治船舶及其有关作业活动污染海洋环境应急能力建设规划，并根据本地区的实际情况，组织编制相应的防治船舶及其有关作业活动污染海洋环境应急能力建设规划。

第六条　国务院交通运输主管部门、沿海设区的市级以上地方人民政府应当建立健全防治船舶及其有关作业活动污染海洋环境应急反应机制，并制定防治船舶及其有关作业活动污染海洋环境应急预案。

第七条　海事管理机构应当根据防治船舶及其有关作业活动污染海洋环境的需要，会同海洋主管部门建立健全船舶及其有关作业活动污染海洋环境的监测、监视机制，加强对船舶及其有关作业活动污染海洋环境的监测、监视。

第八条　国务院交通运输主管部门、沿海设区的市级以上地方人民政府应当按照防治船舶及其有关作业活动污染海洋环境应急能力建设规划，建立专业应急队伍和应急设备库，配备专用的设施、设备和器材。

第九条 任何单位和个人发现船舶及其有关作业活动造成或者可能造成海洋环境污染的，应当立即就近向海事管理机构报告。

第二章 防治船舶及其有关作业活动污染 海洋环境的一般规定

第十条 船舶的结构、设备、器材应当符合国家有关防治船舶污染海洋环境的技术规范以及中华人民共和国缔结或者参加的国际条约的要求。

船舶应当依照法律、行政法规、国务院交通运输主管部门的规定以及中华人民共和国缔结或者参加的国际条约的要求，取得并随船携带相应的防治船舶污染海洋环境的证书、文书。

第十一条 中国籍船舶的所有人、经营人或者管理人应当按照国务院交通运输主管部门的规定，建立健全安全营运和防治船舶污染管理体系。

海事管理机构应当对安全营运和防治船舶污染管理体系进行审核，审核合格的，发给符合证明和相应的船舶安全管理证书。

第十二条 港口、码头、装卸站以及从事船舶修造的单位应当配备与其装卸货物种类和吞吐能力或者修造船舶能力相适应的污染监视设施和污染物接收设施，并使其处于良好状态。

第十三条 港口、码头、装卸站以及从事船舶修造、打捞、拆解等作业活动的单位应当制定有关安全营运和防治污染的管理制度，按照国家有关防治船舶及其有关作业活动污染海洋环境的规范和标准，配备相应的防治污染设备和器材。

港口、码头、装卸站以及从事船舶修造、打捞、拆解等作业活动的单位，应当定期检查、维护配备的防治污染设备和器材，确保防治污染设备和器材符合防治船舶及其有关作业活动污染海洋环境的要求。

第十四条 船舶所有人、经营人或者管理人应当制定防治船舶及其有关作业活动污染海洋环境的应急预案，并报海事管理机构备案。

港口、码头、装卸站的经营人以及有关作业单位应当制定防治船舶及其有关作业活动污染海洋环境的应急预案，并报海事管理机构和环境保护主管部门备案。

船舶、港口、码头、装卸站以及其他有关作业单位应当按照应急预案，定期组织演练，并做好相应记录。

第三章 船舶污染物的排放和接收

第十五条 船舶在中华人民共和国管辖海域向海洋排放的船舶垃圾、生活污水、含油污水、含有毒有害物质污水、废气等污染物以及压载水，应当符合法律、行政法规、中华人民共和国缔结或者参加的国际条约以及相关标准的要求。

船舶应当将不符合前款规定的排放要求的污染物排入港口接收设施或者由船舶污染物接收单位接收。

船舶不得向依法划定的海洋自然保护区、海滨风景名胜区、重要渔业水域以及其他需要特别保护的海域排放船舶污染物。

第十六条 船舶处置污染物，应当在相应的记录簿内如实记录。

船舶应当将使用完毕的船舶垃圾记录簿在船舶上保留 2 年；将使用完毕的含油污水、含有毒有害物质污水记录簿在船舶上保留 3 年。

第十七条 船舶污染物接收单位从事船舶垃圾、残油、含油污水、含有毒有害物质污水接收作业，应当编制作业方案，遵守相关操作规程，并采取必要的防污染措施。船舶污染物接收单位应当将船舶污染物接收情况按照规定向海事管理机构报告。

第十八条 船舶污染物接收单位接收船舶污染物，应当向船舶出具污染物接收单证，经双方签字确认并留存至少 2 年。污染物接收单证应当注明作业双方名称，作业开始和结束的时间、地点，以及污染物种类、数量等内容。船舶应当将污染物接收单证保存在相应的记录簿中。

第十九条 船舶污染物接收单位应当按照国家有关污染物处理的规定处理接收的船舶污染物，并每月将船舶污染物的接收和处理情况报海事管理机构备案。

第四章 船舶有关作业活动的污染防治

第二十条 从事船舶清舱、洗舱、油料供受、装卸、过驳、修造、打捞、拆解，污染危害性货物装箱、充罐，污染清除作业以及利用船舶进行水上水下施工等作业活动的，应当遵守相关操作规程，并采取必要的安全和防治污染的措施。

从事前款规定的作业活动的人员，应当具备相关安全和防治污染的专业知识和技能。

第二十一条 船舶不符合污染危害性货物适载要求的，不得载运污染危害性货物，码头、装卸站不得为其进行装载作业。

污染危害性货物的名录由国家海事管理机构公布。

第二十二条 载运污染危害性货物进出港口的船舶，其承运人、货物所有人或者代理人，应当向海事管理机构提出申请，经批准方可进出港口或者过境停留。

第二十三条 载运污染危害性货物的船舶，应当在海事管理机构公布的具有相应安全装卸和污染物处理能力的码头、装卸站进行装卸作业。

第二十四条 货物所有人或者代理人交付船舶载运污染危害性货物，应当确保货物的包装与标志等符合有关安全和防治污染的规定，并在运输单证上准确注明货物的技术名称、编号、类别（性质）、数量、注意事项和应急措施等内容。

货物所有人或者代理人交付船舶载运污染危害性不明的货物，应当委托有关技术机构进行危害性评估，明确货物的危害性质以及有关安全和防治污染要求，方可交付船舶载运。

第二十五条 海事管理机构认为交付船舶载运的污染危害性货物应当申报而未申报，或者申报的内容不符合实际情况的，可以按照国务院交通运输主管部门的规定采取开箱等方式查验。

海事管理机构查验污染危害性货物，货物所有人或者代理人应当到场，并负责搬移货物，开拆和重封货物的包装。海事管理机构认为必要的，可以径行查验、复验或者提取货样，有关单位和个人应当配合。

第二十六条 进行散装液体污染危害性货物过驳作业的船舶，其承运人、货物所有人或者代理人应当向海事管理机构提出申请，告知作业地点，并附送过驳作业方案、作业程序、防治污染措施等材料。

海事管理机构应当自受理申请之日起2个工作日内作出许可或者不予许可的决定。2个工作日内无法作出决定的，经海事管理机构负责人批准，可以延长5个工作日。

第二十七条 依法获得船舶油料供受作业资质的单位，应当向海事管理机构备案。海事管理机构应当对船舶油料供受作业进行监督检查，发现不符合安全和防治污染要求的，应当予以制止。

第二十八条 船舶燃油供给单位应当如实填写燃油供受单证，并向船舶提供船舶燃油供受单证和燃油样品。

船舶和船舶燃油供给单位应当将燃油供受单证保存3年，并将燃油样品妥善保存1年。

第二十九条 船舶修造、水上拆解的地点应当符合环境功能区划和海洋功能区划。

第三十条 从事船舶拆解的单位在船舶拆解作业前，应当对船舶上的残余物和废弃物进行处置，将油舱（柜）中的存油驳出，进行船舶清舱、洗舱、测爆等工作。

从事船舶拆解的单位应当及时清理船舶拆解现场，并按照国家有关规定处理船舶拆解产生的污染物。

禁止采取冲滩方式进行船舶拆解作业。

第三十一条 禁止船舶经过中华人民共和国内水、领海转移危险废物。

经过中华人民共和国管辖的其他海域转移危险废物的，应当事先取得国务院环境保护主管部门的书面同意，并按照海事管理机构指定的航线航行，定时报告船舶所处的位置。

第三十二条 船舶向海洋倾倒废弃物，应当如实记录倾倒情况。返港后，应当向驶出港所在地的海事管理机构提交书面报告。

第三十三条 载运散装液体污染危害性货物的船舶和 1 万总吨以上的其他船舶，其经营人应当在作业前或者进出港口前与符合国家有关技术规范的污染清除作业单位签订污染清除作业协议，明确双方在发生船舶污染事故后污染清除的权利和义务。

与船舶经营人签订污染清除作业协议的污染清除作业单位应当在发生船舶污染事故后，按照污染清除作业协议及时进行污染清除作业。

第五章 船舶污染事故应急处置

第三十四条 本条例所称船舶污染事故，是指船舶及其有关作业活动发生油类、油性混合物和其他有毒有害物质泄漏造成的海洋环境污染事故。

第三十五条 船舶污染事故分为以下等级：

（一）特别重大船舶污染事故，是指船舶溢油 1000 吨以上，或者造成直接经济损失 2 亿元以上的船舶污染事故；

（二）重大船舶污染事故，是指船舶溢油 500 吨以上不足 1000 吨，或者造成直接经济损失 1 亿元以上不足 2 亿元的船舶污染事故；

（三）较大船舶污染事故，是指船舶溢油 100 吨以上不足 500 吨，或者造成直接经济损失 5000 万元以上不足 1 亿元的船舶污染事故；

（四）一般船舶污染事故，是指船舶溢油不足 100 吨，或者造成直接经济损失不足 5000 万元的船舶污染事故。

第三十六条 船舶在中华人民共和国管辖海域发生污染事故，或者在中华人民共和国管辖海域外发生污染事故造成或者可能造成中华人民共和国管辖海域污染的，应当立即启动相应的应急预案，采取措施控制和消除污染，并就近向有关海事管理机构报告。

发现船舶及其有关作业活动可能对海洋环境造成污染的，船舶、码头、装卸站应当立即采取相应的应急处置措施，并就近向有关海事管理机构报告。

接到报告的海事管理机构应当立即核实有关情况，并向上级海事管理机构或者国务院交通运输主管部门报告，同时报告有关沿海设区的市级以上地方人民政府。

第三十七条 船舶污染事故报告应当包括下列内容：

（一）船舶的名称、国籍、呼号或者编号；

（二）船舶所有人、经营人或者管理人的名称、地址；

（三）发生事故的时间、地点以及相关气象和水文情况；

（四）事故原因或者事故原因的初步判断；

（五）船舶上污染物的种类、数量、装载位置等概况；

（六）污染程度；

（七）已经采取或者准备采取的污染控制、清除措施和污染控制情况以及救助要求；

（八）国务院交通运输主管部门规定应当报告的其他事项。

作出船舶污染事故报告后出现新情况的，船舶、有关单位应当及时补报。

第三十八条 发生特别重大船舶污染事故，国务院或者国务院授权国务院交通运输主管部门成立事故应急指挥机构。

发生重大船舶污染事故，有关省、自治区、直辖市人民政府应当会同海事管理机构成立事故应急指挥机构。

发生较大船舶污染事故和一般船舶污染事故，有关设区的市级人民政府应当会同海事管理机构成立事故应急指挥机构。

有关部门、单位应当在事故应急指挥机构统一组织和指挥下，按照应急预案的分工，开展相应的应急处置工作。

第三十九条 船舶发生事故有沉没危险，船员离船前，应当尽可能关闭所有货舱（柜）、油舱（柜）管系的阀门，堵塞货舱（柜）、油舱（柜）通气孔。

船舶沉没的，船舶所有人、经营人或者管理人应当及时向海事管理机构报告船舶燃油、污染危害性货物以及其他污染物的性质、数量、种类、装载位置等情况，并及时采取措施予以清除。

第四十条 发生船舶污染事故或者船舶沉没，可能造成中华人民共和国管辖海域污染的，有关沿海设区的市级以上地方人民政府、海事管理机构根据应急处置的需要，可以征用有关单位或者个人的船舶和防治污染设施、设备、器材以及其他物资，有关单位和个人应当予以配合。

被征用的船舶和防治污染设施、设备、器材以及其他物资使用完毕或者应急处置工作结束，应当及时返还。船舶和防治污染设施、设备、器材以及其他物资被征用或者征用后毁损、灭失的，应当给予补偿。

第四十一条 发生船舶污染事故，海事管理机构可以采取清除、打捞、拖航、引航、过驳等必要措施，减轻污染损害。相关费用由造成海洋环境污染的船舶、有关作业单位承担。

需要承担前款规定费用的船舶，应当在开航前缴清相关费用或者提供相应的财务担保。

第四十二条 处置船舶污染事故使用的消油剂，应当符合国家有关标准。

第六章 船舶污染事故调查处理

第四十三条 船舶污染事故的调查处理依照下列规定进行：

（一）特别重大船舶污染事故由国务院或者国务院授权国务院交通运输主管部门等部门组织事故调查处理；

（二）重大船舶污染事故由国家海事管理机构组织事故调查处理；

（三）较大船舶污染事故和一般船舶污染事故由事故发生地的海事管理机构组织事故调查处理。

船舶污染事故给渔业造成损害的，应当吸收渔业主管部门参与调查处理；给军事港口水域造成损害的，应当吸收军队有关主管部门参与调查处理。

第四丨四条 发生船舶污染事故，组织事故调查处理的机关或者海事管理机构应当及时、客观、公正地开展事故调查，勘验事故现场，检查相关船舶，询问相关人员，收集证据，查明事故原因。

第四十五条 组织事故调查处理的机关或者海事管理机构根据事故调查处理的需要，可以暂扣相应的证书、文书、资料；必要时，可以禁止船舶驶离港口或者责令停航、改航、停止作业直至暂扣船舶。

第四十六条 组织事故调查处理的机关或者海事管理机构开展事故调查时，船舶污染事故的当事人和其他有关人员应当如实反映情况和提供资料，不得伪造、隐匿、毁灭证据或者以其他方式妨碍调查取证。

第四十七条 组织事故调查处理的机关或者海事管理机构应当自事故调查结束之日起20个工作日内制作事故认定书，并送达当事人。

事故认定书应当载明事故基本情况、事故原因和事故责任。

第七章 船舶污染事故损害赔偿

第四十八条 造成海洋环境污染损害的责任者，应当排除危害，并赔偿损失；完全由于第三者的故意或者过失，造成海洋环境污染损害的，由第三者排除危害，并承担赔偿责任。

第四十九条 完全属于下列情形之一，经过及时采取合理措施，仍然不能避免对海洋环境造成污染损害的，免予承担责任：

（一）战争；

（二）不可抗拒的自然灾害；

（三）负责灯塔或者其他助航设备的主管部门，在执行职责时的疏忽，或者其他过失行为。

第五十条 船舶污染事故的赔偿限额依照《中华人民共和国海商法》关于海事赔偿责任限制的规定执行。但是，船舶载运的散装持久性油类物质造成中华人民共和国管辖海域污染的，赔偿限额依照中华人民共和国缔结或者参加的有关国际条约的规定执行。

前款所称持久性油类物质，是指任何持久性烃类矿物油。

第五十一条 在中华人民共和国管辖海域内航行的船舶，其所有人应当按照国务院交通运输主管部门的规定，投保船舶油污损害民事责任保险或者取得相应的财务担保。但是，1000 总吨以下载运非油类物质的船舶除外。

船舶所有人投保船舶油污损害民事责任保险或者取得的财务担保的额度应当不低于《中华人民共和国海商法》、中华人民共和国缔结或者参加的有关国际条约规定的油污赔偿限额。

第五十二条 已依照本条例第五十一条的规定投保船舶油污损害民事责任保险或者取得财务担保的中国籍船舶，其所有人应当持船舶国籍证书、船舶油污损害民事责任保险合同或者财务担保证明，向船籍港的海事管理机构申请办理船舶油污损害民事责任保险证书或者财务保证证书。

第五十三条 发生船舶油污事故，国家组织有关单位进行应急处置、清除污染所发生的必要费用，应当在船舶油污损害赔偿中优先受偿。

第五十四条 在中华人民共和国管辖水域接收海上运输的持久性油类物质货物的货物所有人或者代理人应当缴纳船舶油污损害赔偿基金。

船舶油污损害赔偿基金征收、使用和管理的具体办法由国务院财政部门会同国务院交通运输主管部门制定。

国家设立船舶油污损害赔偿基金管理委员会，负责处理船舶油污损害赔偿基金的赔偿等事务。船舶油污损害赔偿基金管理委员会由有关行政机关和缴纳船舶油污损害赔偿基金的主要货主组成。

第五十五条 对船舶污染事故损害赔偿的争议，当事人可以请求海事管理机构调解，也可以向仲裁机构申请仲裁或者向人民法院提起民事诉讼。

第八章 法律责任

第五十六条 船舶、有关作业单位违反本条例规定的，海事管理机构应当责令改正；拒不改正的，海事管理机构可以责令停止作业、强制卸载，禁止船舶进出港口、靠泊、过境停留，或者责令停航、改航、离境、驶向指定地点。

第五十七条 违反本条例的规定，船舶的结构不符合国家有关防治船舶污染海洋环境的技术规范或者有关国际条约要求的，由海事管理机构处 10 万元以上 30 万元以下的罚款。

第五十八条 违反本条例的规定，有下列情形之一的，由海事管理机构依照《中华人民共和国海洋环境保护法》有关规定予以处罚：

（一）船舶未取得并随船携带防治船舶污染海洋环境的证书、文书的；

（二）船舶、港口、码头、装卸站未配备防治污染设备、器材的；

（三）船舶向海域排放本条例禁止排放的污染物的；

（四）船舶未如实记录污染物处置情况的；

（五）船舶超过标准向海域排放污染物的；

（六）从事船舶水上拆解作业，造成海洋环境污染损害的。

第五十九条 违反本条例的规定，船舶未按照规定在船舶上留存船舶污染物处置记录，或者船舶污染物处置记录与船舶运行过程中产生的污染物数量不符合的，由海事管理机构处 2 万元以上 10 万元以下的罚款。

第六十条　违反本条例的规定，船舶污染物接收单位从事船舶垃圾、残油、含油污水、含有毒有害物质污水接收作业，未编制作业方案、遵守相关操作规程、采取必要的防污染措施的，由海事管理机构处1万元以上5万元以下的罚款；造成海洋环境污染的，处5万元以上25万元以下的罚款。

第六十一条　违反本条例的规定，船舶污染物接收单位未按照规定向海事管理机构报告船舶污染物接收情况，或者未按照规定向船舶出具污染物接收单证，或者未按照规定将船舶污染物的接收和处理情况报海事管理机构备案的，由海事管理机构处2万元以下的罚款。

第六十二条　违反本条例的规定，有下列情形之一的，由海事管理机构处2000元以上1万元以下的罚款：

（一）船舶未按照规定保存污染物接收单证的；

（二）船舶燃油供给单位未如实填写燃油供受单证的；

（三）船舶燃油供给单位未按照规定向船舶提供燃油供受单证和燃油样品的；

（四）船舶和船舶燃油供给单位未按照规定保存燃油供受单证和燃油样品的。

第六十三条　违反本条例的规定，有下列情形之一的，由海事管理机构处2万元以上10万元以下的罚款：

（一）载运污染危害性货物的船舶不符合污染危害性货物适载要求的；

（二）载运污染危害性货物的船舶未在具有相应安全装卸和污染物处理能力的码头、装卸站进行装卸作业的；

（三）货物所有人或者代理人未按照规定对污染危害性不明的货物进行危害性评估的。

第六十四条　违反本条例的规定，未经海事管理机构批准，船舶载运污染危害性货物进出港口、过境停留或者过驳作业的，由海事管理机构处1万元以上5万元以下的罚款。

第六十五条　违反本条例的规定，有下列情形之一的，由海事管理机构处2万元以上10万元以下的罚款：

（一）船舶发生事故沉没，船舶所有人或者经营人未及时向海事管理机构报告船舶燃油、污染危害性货物以及其他污染物的性质、数量、种类、装载位置等情况的；

（二）船舶发生事故沉没，船舶所有人或者经营人未及时采取措施清除船舶燃油、污染危害性货物以及其他污染物的。

第六十六条　违反本条例的规定，有下列情形之一的，由海事管理机构处1万元以上5万元以下的罚款：

（一）载运散装液体污染危害性货物的船舶和1万总吨以上的其他船舶，其经营人未按照规定签订污染清除作业协议的；

（二）污染清除作业单位不符合国家有关技术规范从事污染清除作业的。

第六十七条　违反本条例的规定，发生船舶污染事故，船舶、有关作业单位未立即启动应急预案的，对船舶、有关作业单位，由海事管理机构处2万元以上10万元以下的罚款；对直接负责的主管人员和其他直接责任人员，由海事管理机构处1万元以上2万元以下的罚款。直接负责的主管人员和其他直接责任人员属于船员的，并处给予暂扣适任证书或者其他有关证件1个月至3个月的处罚。

第六十八条　违反本条例的规定，发生船舶污染事故，船舶、有关作业单位迟报、漏报事故的，对船舶、有关作业单位，由海事管理机构处5万元以上25万元以下的罚款；对直接负责的主管人员和其他直接责任人员，由海事管理机构处1万元以上5万元以下的罚款。直接负责的主管人员和其他直接责任人员属于船员的，并处给予暂扣适任证书或者其他有关证件3个月至6个月的处罚。瞒报、谎报事故的，对船舶、有关作业单位，由海事管理机构处25万元以上50万元以下的罚款；对直接负责的主管人员和其他直接责任人员，由海事管理机构处5万元以上10万元以下的罚款。直接负责的主管人员和其他直接责任人员属于船员的，并处给予吊销适任证书或者其他有关证件的处罚。

第六十九条　违反本条例的规定，未按照国家规定的标准使用消油剂的，由海事管理机构对船舶或者使用单位处1万元以上5万元以下的罚款。

第七十条 违反本条例的规定，船舶污染事故的当事人和其他有关人员，未如实向组织事故调查处理的机关或者海事管理机构反映情况和提供资料，伪造、隐匿、毁灭证据或者以其他方式妨碍调查取证的，由海事管理机构处1万元以上5万元以下的罚款。

第七十一条 违反本条例的规定，船舶所有人有下列情形之一的，由海事管理机构责令改正，可以处5万元以下的罚款；拒不改正的，处5万元以上25万元以下的罚款：

（一）在中华人民共和国管辖海域内航行的船舶，其所有人未按照规定投保船舶油污损害民事责任保险或者取得相应的财务担保的；

（二）船舶所有人投保船舶油污损害民事责任保险或者取得的财务担保的额度低于《中华人民共和国海商法》、中华人民共和国缔结或者参加的有关国际条约规定的油污赔偿限额的。

第七十二条 违反本条例的规定，在中华人民共和国管辖水域接收海上运输的持久性油类物质货物的货物所有人或者代理人，未按照规定缴纳船舶油污损害赔偿基金的，由海事管理机构责令改正；拒不改正的，可以停止其接收的持久性油类物质货物在中华人民共和国管辖水域进行装卸、过驳作业。

货物所有人或者代理人逾期未缴纳船舶油污损害赔偿基金的，应当自应缴之日起按日加缴未缴额的万分之五的滞纳金。

第九章 附 则

第七十三条 中华人民共和国缔结或者参加的国际条约对防治船舶及其有关作业活动污染海洋环境有规定的，适用国际条约的规定。但是，中华人民共和国声明保留的条款除外。

第七十四条 县级以上人民政府渔业主管部门负责渔港水域内非军事船舶和渔港水域外渔业船舶污染海洋环境的监督管理，负责保护渔业水域生态环境工作，负责调查处理《中华人民共和国海洋环境保护法》第五条第四款规定的渔业污染事故。

第七十五条 军队环境保护部门负责军事船舶污染海洋环境的监督管理及污染事故的调查处理。

第七十六条 本条例自2010年3月1日起施行。1983年12月29日国务院发布的《中华人民共和国防止船舶污染海域管理条例》同时废止。

第八篇　生态保护

中华人民共和国自然保护区条例

（1994 年 10 月 9 日中华人民共和国国务院令第 167 号发布；根据 2011 年 1 月 8 日国务院令第 588 号《国务院关于废止和修改部分行政法规的决定》修订；根据 2017 年 10 月 7 日《国务院关于修改部分行政法规的决定》（国务院令第 687 号）修订）

第一章　总则

第一条　为了加强自然保护区的建设和管理，保护自然环境和自然资源，制定本条例。

第二条　本条例所称自然保护区，是指对有代表性的自然生态系统、珍稀濒危野生动植物物种的天然集中分布区、有特殊意义的自然遗迹等保护对象所在的陆地、陆地水体或者海域，依法划出一定面积予以特殊保护和管理的区域。

第三条　凡在中华人民共和国领域和中华人民共和国管辖的其他海域内建设和管理自然保护区，必须遵守本条例。

第四条　国家采取有利于发展自然保护区的经济、技术政策和措施，将自然保护区的发展规划纳入国民经济和社会发展计划。

第五条　建设和管理自然保护区，应当妥善处理与当地经济建设和居民生产、生活的关系。

第六条　自然保护区管理机构或者其行政主管部门可以接受国内外组织和个人的捐赠，用于自然保护区的建设和管理。

第七条　县级以上人民政府应当加强对自然保护区工作的领导。

一切单位和个人都有保护自然保护区内自然环境和自然资源的义务，并有权对破坏、侵占自然保护区的单位和个人进行检举、控告。

第八条　国家对自然保护区实行综合管理与分部门管理相结合的管理体制。

国务院环境保护行政主管部门负责全国自然保护区的综合管理。

国务院林业、农业、地质矿产、水利、海洋等有关行政主管部门在各自的职责范围内，主管有关的自然保护区。

县级以上地方人民政府负责自然保护区管理的部门的设置和职责，由省、自治区、直辖市人民政府根据当地具体情况确定。

第九条　对建设、管理自然保护区以及在有关的科学研究中做出显著成绩的单位和个人，由人民政府给予奖励。

第二章　自然保护区的建设

第十条　凡具有下列条件之一的，应当建立自然保护区：

（一）典型的自然地理区域、有代表性的自然生态系统区域以及已经遭受破坏但经保护能够恢复的同类自然生态系统区域；

（二）珍稀、濒危野生动植物物种的天然集中分布区域；

（三）具有特殊保护价值的海域、海岸、岛屿、湿地、内陆水域、森林、草原和荒漠；

（四）具有重大科学文化价值的地质构造、著名溶洞、化石分布区、冰川、火山、温泉等自然遗迹；

（五）经国务院或者省、自治区、直辖市人民政府批准，需要予以特殊保护的其他自然区域。

第十一条　自然保护区分为国家级自然保护区和地方级自然保护区。

在国内外有典型意义、在科学上有重大国际影响或者有特殊科学研究价值的自然保护区，列为国家级自然保护区。

除列为国家级自然保护区的外，其他具有典型意义或者重要科学研究价值的自然保护区列为地方级自然保护区。地方级自然保护区可以分级管理，具体办法由国务院有关自然保护区行政主管部门或者省、自治区、直辖市人民政府根据实际情况规定，报国务院环境保护行政主管部门备案。

第十二条　国家级自然保护区的建立，由自然保护区所在的省、自治区、直辖市人民政府或者国务院有关自然保护区行政主管部门提出申请，经国家级自然保护区评审委员会评审后，由国务院环境保护行政主管部门进行协调并提出审批建议，报国务院批准。

地方级自然保护区的建立，由自然保护区所在的县、自治县、市、自治州人民政府或者省、自治区、直辖市人民政府有关自然保护区行政主管部门提出申请，经地方级自然保护区评审委员会评审后，由省、自治区、直辖市人民政府环境保护行政主管部门进行协调并提出审批建议，报省、自治区、直辖市人民政府批准，并报国务院环境保护行政主管部门和国务院有关自然保护区行政主管部门备案。

跨两个以上行政区域的自然保护区的建立，由有关行政区域的人民政府协商一致后提出申请，并按照前两款规定的程序审批。

建立海上自然保护区，须经国务院批准。

第十三条　申请建立自然保护区，应当按照国家有关规定填报建立自然保护区申报书。

第十四条　自然保护区的范围和界线由批准建立自然保护区的人民政府确定，并标明区界，予以公告。

确定自然保护区的范围和界线，应当兼顾保护对象的完整性和适度性，以及当地经济建设和居民生产、生活的需要。

第十五条　自然保护区的撤销及其性质、范围、界线的调整或者改变，应当经原批准建立自然保护区的人民政府批准。

任何单位和个人，不得擅自移动自然保护区的界标。

第十六条　自然保护区按照下列方法命名：

国家级自然保护区：自然保护区所在地地名加“国家级自然保护区”。

地方级自然保护区：自然保护区所在地地名加“地方级自然保护区”。

有特殊保护对象的自然保护区，可以在自然保护区所在地地名后加特殊保护对象的名称。

第十七条　国务院环境保护行政主管部门应当会同国务院有关自然保护区行政主管部门，在对全国自然环境和自然资源状况进行调查和评价的基础上，拟订国家自然保护区发展规划，经国务院计划部门综合平衡后，报国务院批准实施。

自然保护区管理机构或者该自然保护区行政主管部门应当组织编制自然保护区的建设规划，按照规定的程序纳入国家的、地方的或者部门的投资计划，并组织实施。

第十八条　自然保护区可以分为核心区、缓冲区和实验区。

自然保护区内保存完好的天然状态的生态系统以及珍稀、濒危动植物的集中分布地，应当划为核心区，禁止任何单位和个人进入；除依照本条例第二十七条的规定经批准外，也不允许进入从事科学研究活动。

核心区外围可以划定一定面积的缓冲区，只准进入从事科学研究观测活动。

缓冲区外围划为实验区，可以进入从事科学试验、教学实习、参观考察、旅游以及驯化、繁殖珍稀、濒危野生动植物等活动。

原批准建立自然保护区的人民政府认为必要时，可以在自然保护区的外围划定一定面积的外围保护地带。

第三章 自然保护区的管理

第十九条 全国自然保护区管理的技术规范和标准，由国务院环境保护行政主管部门组织国务院有关自然保护区行政主管部门制定。

国务院有关自然保护区行政主管部门可以按照职责分工，制定有关类型自然保护区管理的技术规范，报国务院环境保护行政主管部门备案。

第二十条 县级以上人民政府环境保护行政主管部门有权对本行政区域内各类自然保护区的管理进行监督检查；县级以上人民政府有关自然保护区行政主管部门有权对其主管的自然保护区的管理进行监督检查。被检查的单位应当如实反映情况，提供必要的资料。检查者应当为被检查的单位保守技术秘密和业务秘密。

第二十一条 国家级自然保护区，由其所在地的省、自治区、直辖市人民政府有关自然保护区行政主管部门或者国务院有关自然保护区行政主管部门管理。地方级自然保护区，由其所在地的县级以上地方人民政府有关自然保护区行政主管部门管理。

有关自然保护区行政主管部门应当在自然保护区内设立专门的管理机构，配备专业技术人员，负责自然保护区的具体管理工作。

第二十二条 自然保护区管理机构的主要职责是：

（一）贯彻执行国家有关自然保护的法律、法规和方针、政策；

（二）制定自然保护区的各项管理制度，统一管理自然保护区；

（三）调查自然资源并建立档案，组织环境监测，保护自然保护区内的自然环境和自然资源；

（四）组织或者协助有关部门开展自然保护区的科学研究工作；

（五）进行自然保护的宣传教育；

（六）在不影响保护自然保护区的自然环境和自然资源的前提下，组织开展参观、旅游等活动。

第二十三条 管理自然保护区所需经费，由自然保护区所在地的县级以上地方人民政府安排。国家对国家级自然保护区的管理，给予适当的资金补助。

第二十四条 自然保护区所在地的公安机关，可以根据需要在自然保护区设置公安派出机构，维护自然保护区内的治安秩序。

第二十五条 在自然保护区内的单位、居民和经批准进入自然保护区的人员，必须遵守自然保护区的各项管理制度，接受自然保护区管理机构的管理。

第二十六条 禁止在自然保护区内进行砍伐、放牧、狩猎、捕捞、采药、开垦、烧荒、开矿、采石、挖沙等活动；但是，法律、行政法规另有规定的除外。

第二十七条 禁止任何人进入自然保护区的核心区。因科学研究的需要，必须进入核心区从事科学研究观测、调查活动的，应当事先向自然保护区管理机构提交申请和活动计划，并经自然保护区管理机构批准；其中，进入国家级自然保护区核心区的，应当经省、自治区、直辖市人民政府有关自然保护区行政主管部门批准。

自然保护区核心区内原有居民确有必要迁出的，由自然保护区所在地的地方人民政府予以妥善安置。

第二十八条 禁止在自然保护区的缓冲区开展旅游和生产经营活动。因教学科研的目的，需要进入自然保护区的缓冲区从事非破坏性的科学研究、教学实习和标本采集活动的，应当事先向自然保护区管理机构提交申请和活动计划，经自然保护区管理机构批准。

从事前款活动的单位和个人，应当将其活动成果的副本提交自然保护区管理机构。

第二十九条 在自然保护区的实验区内开展参观、旅游活动的，由自然保护区管理机构编制方案，方案应当符合自然保护区管理目标。”

在自然保护区组织参观、旅游活动的，应当严格按照前款规定的方案进行，并加强管理；进入自然保护区参观、旅游的单位和个人，应当服从自然保护区管理机构的管理。

严禁开设与自然保护区保护方向不一致的参观、旅游项目。

第三十条　自然保护区的内部未分区的，依照本条例有关核心区和缓冲区的规定管理。

第三十一条　外国人进入自然保护区，应当事先向自然保护区管理机构提交活动计划，并经自然保护区管理机构批准；其中，进入国家级自然保护区的，应当经省、自治区、直辖市环境保护、海洋、渔业等有关自然保护区行政主管部门按照各自职责批准。

进入自然保护区的外国人，应当遵守有关自然保护区的法律、法规和规定，未经批准，不得在自然保护区内从事采集标本等活动。

第三十二条　在自然保护区的核心区和缓冲区内，不得建设任何生产设施。在自然保护区的实验区内，不得建设污染环境、破坏资源或者景观的生产设施；建设其他项目，其污染物排放不得超过国家和地方规定的污染物排放标准。在自然保护区的实验区内已经建成的设施，其污染物排放超过国家和地方规定的排放标准的，应当限期治理；造成损害的，必须采取补救措施。

在自然保护区的外围保护地带建设的项目，不得损害自然保护区内的环境质量；已造成损害的，应当限期治理。

限期治理决定由法律、法规规定的机关作出，被限期治理的企业事业单位必须按期完成治理任务。

第三十三条　因发生事故或者其他突然性事件，造成或者可能造成自然保护区污染或者破坏的单位和个人，必须立即采取措施处理，及时通报可能受到危害的单位和居民，并向自然保护区管理机构、当地环境保护行政主管部门和自然保护区行政主管部门报告，接受调查处理。

第四章　法律责任

第三十四条　违反本条例规定，有下列行为之一的单位和个人，由自然保护区管理机构责令其改正，并可以根据不同情节处以100元以上5000元以下的罚款：

（一）擅自移动或者破坏自然保护区界标的；

（二）未经批准进入自然保护区或者在自然保护区内不服从管理机构管理的；

（三）经批准在自然保护区的缓冲区内从事科学研究、教学实习和标本采集的单位和个人，不向自然保护区管理机构提交活动成果副本的。

第三十五条　违反本条例规定，在自然保护区进行砍伐、放牧、狩猎、捕捞、采药、开垦、烧荒、开矿、采石、挖沙等活动的单位和个人，除可以依照有关法律、行政法规规定给予处罚的以外，由县级以上人民政府有关自然保护区行政主管部门或者其授权的自然保护区管理机构没收违法所得，责令停止违法行为，限期恢复原状或者采取其他补救措施；对自然保护区造成破坏的，可以处以300元以上1万元以下的罚款。

第三十六条　自然保护区管理机构违反本条例规定，拒绝环境保护行政主管部门或者有关自然保护区行政主管部门监督检查，或者在被检查时弄虚作假的，由县级以上人民政府环境保护行政主管部门或者有关自然保护区行政主管部门给予300元以上3000元以下的罚款。

第三十七条　自然保护区管理机构违反本条例规定，有下列行为之一的，由县级以上人民政府有关自然保护区行政主管部门责令限期改正；对直接责任人员，由其所在单位或者上级机关给予行政处分：

（一）开展参观、旅游活动未编制方案或者编制的方案不符合自然保护区管理目标的；

（二）开设与自然保护区保护方向不一致的参观、旅游项目的；

（三）不按照编制的方案开展参观、旅游活动的；

（四）违法批准人员进入自然保护区的核心区，或者违法批准外国人进入自然保护区的；

（五）有其他滥用职权、玩忽职守、徇私舞弊行为的。

第三十八条　违反本条例规定，给自然保护区造成损失的，由县级以上人民政府有关自然保护区行政主管部门责令赔偿损失。

第三十九条　妨碍自然保护区管理人员执行公务的，由公安机关依照《中华人民共和国治安管理处罚法》的规定给予处罚；情节严重，构成犯罪的，依法追究刑事责任。

第四十条 违反本条例规定，造成自然保护区重大污染或者破坏事故，导致公私财产重大损失或者人身伤亡的严重后果，构成犯罪的，对直接负责的主管人员和其他直接责任人员依法追究刑事责任。

第四十一条 自然保护区管理人员滥用职权、玩忽职守、徇私舞弊，构成犯罪的，依法追究刑事责任；情节轻微，尚不构成犯罪的，由其所在单位或者上级机关给予行政处分。

第五章　附则

第四十二条 国务院有关自然保护区行政主管部门可以根据本条例，制定有关类型自然保护区的管理办法。

第四十三条 各省、自治区、直辖市人民政府可以根据本条例，制定实施办法。

第四十四条 本条例自 1994 年 12 月 1 日起施行。

国家级自然保护区监督检查办法

（国家环境保护总局令　第 36 号）

第一条 为加强对国家级自然保护区的监督管理，提高国家级自然保护区的建设和管理水平，根据《中华人民共和国环境保护法》、《中华人民共和国自然保护区条例》以及其他有关规定，制定本办法。

第二条 本办法适用于国务院环境保护行政主管部门组织的对全国各类国家级自然保护区的监督检查。

第三条 国务院环境保护行政主管部门在依照法律法规和本办法的规定履行监督检查职责时，有权采取下列措施：

（一）进入国家级自然保护区进行实地检查；

（二）要求国家级自然保护区管理机构汇报建设和管理情况；

（三）查阅或者复制有关资料、凭证；

（四）向有关单位和人员调查了解相关情况；

（五）法律、法规规定有权采取的其他措施。

监督检查人员在履行监督检查职责时，应当严格遵守国家有关法律法规规定的程序，出示证件，并为被检查单位保守技术和业务秘密。

第四条 有关单位或者人员对依法进行的监督检查应当给予支持与配合，如实反映情况，提供有关资料，不得拒绝或者妨碍监督检查工作。

第五条 任何单位和个人都有权对污染或者破坏国家级自然保护区的单位、个人以及不履行或者不依法履行国家级自然保护区监督管理职责的机构进行检举或者控告。

第六条 国务院环境保护行政主管部门应当向社会公开国家级自然保护区监督检查的有关情况，接受社会监督。

第七条 国务院环境保护行政主管部门组织对国家级自然保护区的建设和管理状况进行定期评估。

国务院环境保护行政主管部门组织成立国家级自然保护区评估委员会，对国家级自然保护区的建设和管理状况进行定期评估，并根据评估结果提出整改建议。

对每个国家级自然保护区的建设和管理状况的定期评估，每五年不少于一次。

第八条 国家级自然保护区定期评估的内容应当包括：

（一）管理机构的设置和人员编制情况；

（二）管护设施状况；

（三）面积和功能分区适宜性、范围、界线和土地权属；

（四）管理规章、规划的制定及其实施情况；

（五）资源本底、保护及利用情况；

（六）科研、监测、档案和标本情况；

（七）自然保护区内建设项目管理情况；

（八）旅游和其他人类活动情况；

（九）与周边社区的关系状况；

（十）宣传教育、培训、交流与合作情况；

（十一）管理经费情况；

（十二）其他应当评估的内容。

国家级自然保护区定期评估标准由国务院环境保护行政主管部门另行制定。

第九条 国务院环境保护行政主管部门组织国家级自然保护区定期评估时，应当在评估开始20个工作日前通知拟被评估的国家级自然保护区管理机构及其行政主管部门。

第十条 国家级自然保护区评估结果分为优、良、中和差四个等级。

国务院环境保护行政主管部门应当及时将评估结果和整改建议向被评估的国家级自然保护区管理机构反馈，并抄送该自然保护区行政主管部门及所在地省级人民政府。

被评估的国家级自然保护区管理机构对评估结果有异议的，可以向国务院环境保护行政主管部门申请复核；国务院环境保护行政主管部门应当及时进行审查核实。

第十一条 国家级自然保护区定期评估结果由国务院环境保护行政主管部门统一发布。

第十二条 国务院环境保护行政主管部门对国家级自然保护区进行执法检查。

执法检查分为定期检查、专项检查、抽查和专案调查等。

第十三条 国家级自然保护区执法检查的内容应当包括：

（一）国家级自然保护区的设立、范围和功能区的调整以及名称的更改是否符合有关规定；

（二）国家级自然保护区内是否存在违法砍伐、放牧、狩猎、捕捞、采药、开垦、烧荒、开矿、采石、挖沙、影视拍摄以及其他法律法规禁止的活动；

（三）国家级自然保护区内是否存在违法的建设项目，排污单位的污染物排放是否符合环境保护法律、法规及自然保护区管理的有关规定，超标排污单位限期治理的情况；

（四）涉及国家级自然保护区且其环境影响评价文件依法由地方环境保护行政主管部门审批的建设项目在审批前，其环境影响评价文件中的生态影响专题报告是否征得省级环境保护行政主管部门的同意；

（五）国家级自然保护区内是否存在破坏、侵占、非法转让自然保护区的土地或者其他自然资源的行为；

（六）在国家级自然保护区的实验区开展参观、旅游活动的自然保护区管理机构是否编制方案，编制的方案是否符合自然保护区管理目标；国家自然保护区的参观、旅游活动是否按照编制的方案进行；

（七）国家级自然保护区建设是否符合建设规划（总体规划）要求，相关基础设施、设备是否符合国家有关标准和技术规范；

（八）国家级自然保护区管理机构是否依法履行职责；

（九）国家级自然保护区的建设和管理经费的使用是否符合国家有关规定；

（十）法律法规规定的应当实施监督检查的其他内容。

第十四条 对在定期评估或者执法检查中发现的违反国家级自然保护区建设和管理规定的国家级自然保护区管理机构，除依照本办法第十九条的规定处理外，国务院环境保护行政主管部门应当责令限期整改，并可酌情予以通报。

对于整改不合格且保护对象受到严重破坏，不再符合国家级自然保护区条件的国家级自然保护区，国务院环境保护行政主管部门应当向国家级自然保护区评审委员会提出对该国家级自然保护区予以降级的建议，经评审通过并报国务院批准后，给予降级处理。

第十五条 因有关行政机关或者国家级自然保护区管理机构滥用职权、玩忽职守、徇私舞弊，导致该国家级自然保护区被降级的，对其直接负责的主管人员和其他直接责任人员，国务院环境保护行政主管部门可以向其上级机关或者有关监察机关提出行政处分建议。

第十六条 被降级的国家级自然保护区，五年之内不得再次申报设立国家级自然保护区。

第十七条 国务院环境保护行政主管部门应当及时向社会公布对国家级自然保护区执法检查的结果、被责令整改的国家级自然保护区名单及其整改情况和被降级的国家级自然保护区名单。

第十八条 县级以上地方人民政府及其有关行政主管部门，违反有关规定，有下列行为之一的，对直接负责的主管人员和其他直接责任人员，国务院环境保护行政主管部门可以向其上级机关或者有关监察机关提出行政处分建议：

（一）未经批准，擅自撤销国家级自然保护区或者擅自调整、改变国家级自然保护区的范围、界限、功能区划的；

（二）违法批准在国家级自然保护区内建设污染或者破坏生态环境的项目的；

（三）违法批准在国家级自然保护区内开展旅游或者开采矿产资源的；

（四）对本辖区内发生的违反环境保护法律法规中有关国家级自然保护区管理规定的行为，不予制止或者不予查处的；

（五）制定或者采取与环境保护法律法规中有关国家级自然保护区管理规定相抵触的规定或者措施，经指出仍不改正的；

（六）干预或者限制环境保护行政主管部门依法对国家级自然保护区实施监督检查的；

（七）其他违反国家级自然保护区管理规定的行为。

第十九条 国家级自然保护区管理机构违反有关规定，有下列行为之一的，国务院环境保护行政主管部门应当责令限期改正；对直接负责的主管人员和其他直接责任人员，可以向设立该管理机构的自然保护区行政主管部门或者有关监察机关提出行政处分建议：

（一）擅自调整、改变自然保护区的范围、界限和功能区划的；

（二）开展参观、旅游活动未编制方案或者编制的方案不符合自然保护区管理目标的；

（三）开设与自然保护区保护方向不一致的参观、旅游项目的；

（四）不按照编制的方案开展参观、旅游活动的；

（五）对国家级自然保护区内发生的违反环境保护法律法规中有关国家级自然保护区管理规定的行为，不予制止或者不予查处的；

（六）阻挠或者妨碍监督检查人员依法履行职责的；

（七）挪用、滥用国家级自然保护区建设和管理经费的；

（八）对监督检查人员、检举和控告人员进行打击报复的；

（九）其他不依法履行自然保护区建设和管理职责的行为。

第二十条 国家级自然保护区管理机构拒绝国务院环境保护行政主管部门对国家级自然保护区的监督检查，或者在监督检查中弄虚作假的，由国务院环境保护行政主管部门依照《自然保护区条例》的有关规定给予处罚。

第二十一条 省级人民政府环境保护行政主管部门对本行政区域内地方级自然保护区的监督检查，可以参照本办法执行。

县级以上地方人民政府环境保护行政主管部门对本行政区域内的国家级自然保护区的执法检查内容，可以参照本办法执行；在执法检查中发现国家级自然保护区管理机构有违反国家级自然保护区建设和管理规定行为的，可以将有关情况逐级上报国务院环境保护行政主管部门，由国务院环境保护行政主管部门经核实后依照本办法的有关规定处理。

第二十二条　本办法自2006年12月1日起施行。

（注：此办法已经按照《环境保护部关于修改部分规章的决定》（中华人民共和国环境保护部令第47号）修正）

畜禽规模养殖污染防治条例

中华人民共和国国务院令

第643号

《畜禽规模养殖污染防治条例》已经2013年10月8日国务院第26次常务会议通过，现予公布，自2014年1月1日起施行。

总理　李克强

2013年11月11日

第一章　总　则

第一条　为了防治畜禽养殖污染，推进畜禽养殖废弃物的综合利用和无害化处理，保护和改善环境，保障公众身体健康，促进畜牧业持续健康发展，制定本条例。

第二条　本条例适用于畜禽养殖场、养殖小区的养殖污染防治。

畜禽养殖场、养殖小区的规模标准根据畜牧业发展状况和畜禽养殖污染防治要求确定。

牧区放牧养殖污染防治，不适用本条例。

第三条　畜禽养殖污染防治，应当统筹考虑保护环境与促进畜牧业发展的需要，坚持预防为主、防治结合的原则，实行统筹规划、合理布局、综合利用、激励引导。

第四条　各级人民政府应当加强对畜禽养殖污染防治工作的组织领导，采取有效措施，加大资金投入，扶持畜禽养殖污染防治以及畜禽养殖废弃物综合利用。

第五条　县级以上人民政府环境保护主管部门负责畜禽养殖污染防治的统一监督管理。

县级以上人民政府农牧主管部门负责畜禽养殖废弃物综合利用的指导和服务。

县级以上人民政府循环经济发展综合管理部门负责畜禽养殖循环经济工作的组织协调。

县级以上人民政府其他有关部门依照本条例规定和各自职责，负责畜禽养殖污染防治相关工作。

乡镇人民政府应当协助有关部门做好本行政区域的畜禽养殖污染防治工作。

第六条　从事畜禽养殖以及畜禽养殖废弃物综合利用和无害化处理活动，应当符合国家有关畜禽养殖污染防治的要求，并依法接受有关主管部门的监督检查。

第七条　国家鼓励和支持畜禽养殖污染防治以及畜禽养殖废弃物综合利用和无害化处理的科学技术研究和装备研发。各级人民政府应当支持先进适用技术的推广，促进畜禽养殖污染防治水平的提高。

第八条　任何单位和个人对违反本条例规定的行为，有权向县级以上人民政府环境保护等有关部门举报。接到举报的部门应当及时调查处理。

对在畜禽养殖污染防治中作出突出贡献的单位和个人，按照国家有关规定给予表彰和奖励。

第二章　预　防

第九条　县级以上人民政府农牧主管部门编制畜牧业发展规划，报本级人民政府或者其授权的部门批准实施。畜牧业发展规划应当统筹考虑环境承载能力以及畜禽养殖污染防治要求，合理布局，科学确定畜禽养殖的品种、规模、总量。

第十条 县级以上人民政府环境保护主管部门会同农牧主管部门编制畜禽养殖污染防治规划，报本级人民政府或者其授权的部门批准实施。畜禽养殖污染防治规划应当与畜牧业发展规划相衔接，统筹考虑畜禽养殖生产布局，明确畜禽养殖污染防治目标、任务、重点区域，明确污染治理重点设施建设，以及废弃物综合利用等污染防治措施。

第十一条 禁止在下列区域内建设畜禽养殖场、养殖小区：

（一）饮用水水源保护区，风景名胜区；

（二）自然保护区的核心区和缓冲区；

（三）城镇居民区、文化教育科学研究区等人口集中区域；

（四）法律、法规规定的其他禁止养殖区域。

第十二条 新建、改建、扩建畜禽养殖场、养殖小区，应当符合畜牧业发展规划、畜禽养殖污染防治规划，满足动物防疫条件，并进行环境影响评价。对环境可能造成重大影响的大型畜禽养殖场、养殖小区，应当编制环境影响报告书；其他畜禽养殖场、养殖小区应当填报环境影响登记表。大型畜禽养殖场、养殖小区的管理目录，由国务院环境保护主管部门商国务院农牧主管部门确定。

环境影响评价的重点应当包括：畜禽养殖产生的废弃物种类和数量，废弃物综合利用和无害化处理方案和措施，废弃物的消纳和处理情况以及向环境直接排放的情况，最终可能对水体、土壤等环境和人体健康产生的影响以及控制和减少影响的方案和措施等。

第十三条 畜禽养殖场、养殖小区应当根据养殖规模和污染防治需要，建设相应的畜禽粪便、污水与雨水分流设施，畜禽粪便、污水的贮存设施，粪污厌氧消化和堆沤、有机肥加工、制取沼气、沼渣沼液分离和输送、污水处理、畜禽尸体处理等综合利用和无害化处理设施。已经委托他人对畜禽养殖废弃物代为综合利用和无害化处理的，可以不自行建设综合利用和无害化处理设施。

未建设污染防治配套设施、自行建设的配套设施不合格，或者未委托他人对畜禽养殖废弃物进行综合利用和无害化处理的，畜禽养殖场、养殖小区不得投入生产或者使用。

畜禽养殖场、养殖小区自行建设污染防治配套设施的，应当确保其正常运行。

第十四条 从事畜禽养殖活动，应当采取科学的饲养方式和废弃物处理工艺等有效措施，减少畜禽养殖废弃物的产生量和向环境的排放量。

第三章 综合利用与治理

第十五条 国家鼓励和支持采取粪肥还田、制取沼气、制造有机肥等方法，对畜禽养殖废弃物进行综合利用。

第十六条 国家鼓励和支持采取种植和养殖相结合的方式消纳利用畜禽养殖废弃物，促进畜禽粪便、污水等废弃物就地就近利用。

第十七条 国家鼓励和支持沼气制取、有机肥生产等废弃物综合利用以及沼渣沼液输送和施用、沼气发电等相关配套设施建设。

第十八条 将畜禽粪便、污水、沼渣、沼液等用作肥料的，应当与土地的消纳能力相适应，并采取有效措施，消除可能引起传染病的微生物，防止污染环境和传播疫病。

第十九条 从事畜禽养殖活动和畜禽养殖废弃物处理活动，应当及时对畜禽粪便、畜禽尸体、污水等进行收集、贮存、清运，防止恶臭和畜禽养殖废弃物渗出、泄漏。

第二十条 向环境排放经过处理的畜禽养殖废弃物，应当符合国家和地方规定的污染物排放标准和总量控制指标。畜禽养殖废弃物未经处理，不得直接向环境排放。

第二十一条 染疫畜禽以及染疫畜禽排泄物、染疫畜禽产品、病死或者死因不明的畜禽尸体等病害畜禽养殖废弃物，应当按照有关法律、法规和国务院农牧主管部门的规定，进行深埋、化制、焚烧等无害化处理，不得随意处置。

第二十二条 畜禽养殖场、养殖小区应当定期将畜禽养殖品种、规模以及畜禽养殖废弃物的产生、排放和综合利用等情况，报县级人民政府环境保护主管部门备案。环境保护主管部门应当定期将备案情况抄送同级农牧主管部门。

第二十三条 县级以上人民政府环境保护主管部门应当依据职责对畜禽养殖污染防治情况进行监督检查，并加强对畜禽养殖环境污染的监测。

乡镇人民政府、基层群众自治组织发现畜禽养殖环境污染行为的，应当及时制止和报告。

第二十四条 对污染严重的畜禽养殖密集区域，市、县人民政府应当制定综合整治方案，采取组织建设畜禽养殖废弃物综合利用和无害化处理设施、有计划搬迁或者关闭畜禽养殖场所等措施，对畜禽养殖污染进行治理。

第二十五条 因畜牧业发展规划、土地利用总体规划、城乡规划调整以及划定禁止养殖区域，或者因对污染严重的畜禽养殖密集区域进行综合整治，确需关闭或者搬迁现有畜禽养殖场所，致使畜禽养殖者遭受经济损失的，由县级以上地方人民政府依法予以补偿。

第四章 激励措施

第二十六条 县级以上人民政府应当采取示范奖励等措施，扶持规模化、标准化畜禽养殖，支持畜禽养殖场、养殖小区进行标准化改造和污染防治设施建设与改造，鼓励分散饲养向集约饲养方式转变。

第二十七条 县级以上地方人民政府在组织编制土地利用总体规划过程中，应当统筹安排，将规模化畜禽养殖用地纳入规划，落实养殖用地。

国家鼓励利用废弃地和荒山、荒沟、荒丘、荒滩等未利用地开展规模化、标准化畜禽养殖。

畜禽养殖用地按农用地管理，并按照国家有关规定确定生产设施用地和必要的污染防治等附属设施用地。

第二十八条 建设和改造畜禽养殖污染防治设施，可以按照国家规定申请包括污染治理贷款贴息补助在内的环境保护等相关资金支持。

第二十九条 进行畜禽养殖污染防治，从事利用畜禽养殖废弃物进行有机肥产品生产经营等畜禽养殖废弃物综合利用活动的，享受国家规定的相关税收优惠政策。

第三十条 利用畜禽养殖废弃物生产有机肥产品的，享受国家关于化肥运力安排等支持政策；购买使用有机肥产品的，享受不低于国家关于化肥的使用补贴等优惠政策。

畜禽养殖场、养殖小区的畜禽养殖污染防治设施运行用电执行农业用电价格。

第三十一条 国家鼓励和支持利用畜禽养殖废弃物进行沼气发电，自发自用、多余电量接入电网。电网企业应当依照法律和国家有关规定为沼气发电提供无歧视的电网接入服务，并全额收购其电网覆盖范围内符合并网技术标准的多余电量。

利用畜禽养殖废弃物进行沼气发电的，依法享受国家规定的上网电价优惠政策。利用畜禽养殖废弃物制取沼气或进而制取天然气的，依法享受新能源优惠政策。

第三十二条 地方各级人民政府可以根据本地区实际，对畜禽养殖场、养殖小区支出的建设项目环境影响咨询费用给予补助。

第三十三条 国家鼓励和支持对染疫畜禽、病死或者死因不明畜禽尸体进行集中无害化处理，并按照国家有关规定对处理费用、养殖损失给予适当补助。

第三十四条 畜禽养殖场、养殖小区排放污染物符合国家和地方规定的污染物排放标准和总量控制指标，自愿与环境保护主管部门签订进一步削减污染物排放量协议的，由县级人民政府按照国家有关规定给予奖励，并优先列入县级以上人民政府安排的环境保护和畜禽养殖发展相关财政资金扶持范围。

第三十五条 畜禽养殖户自愿建设综合利用和无害化处理设施、采取措施减少污染物排放的，可以依照本条例规定享受相关激励和扶持政策。

第五章 法律责任

第三十六条 各级人民政府环境保护主管部门、农牧主管部门以及其他有关部门未依照本条例规定履行职责的，对直接负责的主管人员和其他直接责任人员依法给予处分；直接负责的主管人员和其他直接责任人员构成犯罪的，依法追究刑事责任。

第三十七条 违反本条例规定，在禁止养殖区域内建设畜禽养殖场、养殖小区的，由县级以上地方人民政府环境保护主管部门责令停止违法行为；拒不停止违法行为的，处3万元以上10万元以下的罚款，并报县级以上人民政府责令拆除或者关闭。在饮用水水源保护区建设畜禽养殖场、养殖小区的，由县级以上地方人民政府环境保护主管部门责令停止违法行为，处10万元以上50万元以下的罚款，并报经有批准权的人民政府批准，责令拆除或者关闭。

第三十八条 违反本条例规定，畜禽养殖场、养殖小区依法应当进行环境影响评价而未进行的，由有权审批该项目环境影响评价文件的环境保护主管部门责令停止建设，限期补办手续；逾期不补办手续的，处5万元以上20万元以下的罚款。

第三十九条 违反本条例规定，未建设污染防治配套设施或者自行建设的配套设施不合格，也未委托他人对畜禽养殖废弃物进行综合利用和无害化处理，畜禽养殖场、养殖小区即投入生产、使用，或者建设的污染防治配套设施未正常运行的，由县级以上人民政府环境保护主管部门责令停止生产或者使用，可以处10万元以下的罚款。

第四十条 违反本条例规定，有下列行为之一的，由县级以上地方人民政府环境保护主管部门责令停止违法行为，限期采取治理措施消除污染，依照《中华人民共和国水污染防治法》、《中华人民共和国固体废物污染环境防治法》的有关规定予以处罚：

（一）将畜禽养殖废弃物用作肥料，超出土地消纳能力，造成环境污染的；

（二）从事畜禽养殖活动或者畜禽养殖废弃物处理活动，未采取有效措施，导致畜禽养殖废弃物渗出、泄漏的。

第四十一条 排放畜禽养殖废弃物不符合国家或者地方规定的污染物排放标准或者总量控制指标，或者未经无害化处理直接向环境排放畜禽养殖废弃物的，由县级以上地方人民政府环境保护主管部门责令限期治理，可以处5万元以下的罚款。县级以上地方人民政府环境保护主管部门作出限期治理决定后，应当会同同级人民政府农牧等有关部门对整改措施的落实情况及时进行核查，并向社会公布核查结果。

第四十二条 未按照规定对染疫畜禽和病害畜禽养殖废弃物进行无害化处理的，由动物卫生监督机构责令无害化处理，所需处理费用由违法行为人承担，可以处3000元以下的罚款。

第六章 附 则

第四十三条 畜禽养殖场、养殖小区的具体规模标准由省级人民政府确定，并报国务院环境保护主管部门和国务院农牧主管部门备案。

第四十四条 本条例自2014年1月1日起施行。

中共中央 国务院印发《生态文明体制改革总体方案》

为加快建立系统完整的生态文明制度体系，加快推进生态文明建设，增强生态文明体制改革的系统性、整体性、协同性，制定本方案。

一、生态文明体制改革的总体要求

（一）生态文明体制改革的指导思想。全面贯彻党的十八大和十八届二中、三中、四中全会精神，以邓小平理论、“三个代表”重要思想、科学发展观为指导，深入贯彻落实习近平总书记系列重要讲话精神，按照党中央、国务院决策部署，坚持节约资源和保护环境基本国策，坚持节约优先、保护优先、自然恢复为主方针，立足我国社会主义初级阶段的基本国情和新的阶段性特征，以建设美丽中国为目标，以正确处理人与自然关系为核心，以解决生态环境领域突出问题为导向，保障国家生态安全，改善环境质量，提高资源利用效率，推动形成人与自然和谐发展的现代化建设新格局。

（二）生态文明体制改革的理念。树立尊重自然、顺应自然、保护自然的理念，生态文明建设不仅影响经济持续健康发展，也关系政治和社会建设，必须放在突出地位，融入经济建设、政治建设、文化建设、社会建设各方面和全过程。

树立发展和保护相统一的理念，坚持发展是硬道理的战略思想，发展必须是绿色发展、循环发展、低碳发展，平衡好发展和保护的关系，按照主体功能定位控制开发强度，调整空间结构，给子孙后代留下天蓝、地绿、水净的美好家园，实现发展与保护的内在统一、相互促进。

树立绿水青山就是金山银山的理念，清新空气、清洁水源、美丽山川、肥沃土地、生物多样性是人类生存必需的生态环境，坚持发展是第一要务，必须保护森林、草原、河流、湖泊、湿地、海洋等自然生态。

树立自然价值和自然资本的理念，自然生态是有价值的，保护自然就是增值自然价值和自然资本的过程，就是保护和发展生产力，就应得到合理回报和经济补偿。

树立空间均衡的理念，把握人口、经济、资源环境的平衡点推动发展，人口规模、产业结构、增长速度不能超出当地水土资源承载能力和环境容量。

树立山水林田湖是一个生命共同体的理念，按照生态系统的整体性、系统性及其内在规律，统筹考虑自然生态各要素、山上山下、地上地下、陆地海洋以及流域上下游，进行整体保护、系统修复、综合治理，增强生态系统循环能力，维护生态平衡。

（三）生态文明体制改革的原则。坚持正确改革方向，健全市场机制，更好发挥政府的主导和监管作用，发挥企业的积极性和自我约束作用，发挥社会组织和公众的参与和监督作用。

坚持自然资源资产的公有性质，创新产权制度，落实所有权，区分自然资源资产所有者权利和管理者权力，合理划分中央地方事权和监管职责，保障全体人民分享全民所有自然资源资产收益。

坚持城乡环境治理体系统一，继续加强城市环境保护和工业污染防治，加大生态环境保护工作对农村地区的覆盖，建立健全农村环境治理体制机制，加大对农村污染防治设施建设和资金投入力度。

坚持激励和约束并举，既要形成支持绿色发展、循环发展、低碳发展的利益导向机制，又要坚持源头严防、过程严管、损害严惩、责任追究，形成对各类市场主体的有效约束，逐步实现市场化、法治化、制度化。

坚持主动作为和国际合作相结合，加强生态环境保护是我们的自觉行为，同时要深化国际交流和务实合作，充分借鉴国际上的先进技术和体制机制建设有益经验，积极参与全球环境治理，承担并履行好同发展中大国相适应的国际责任。

坚持鼓励试点先行和整体协调推进相结合，在党中央、国务院统一部署下，先易后难、分步推进，成熟一项推出一项。支持各地区根据本方案确定的基本方向，因地制宜，大胆探索、大胆试验。

（四）生态文明体制改革的目标。到 2020 年，构建起由自然资源资产产权制度、国土空间开发保护制度、空间规划体系、资源总量管理和全面节约制度、资源有偿使用和生态补偿制度、环境治理体系、环境治理和生态保护市场体系、生态文明绩效评价考核和责任追究制度等八项制度构成的产权清晰、多元参与、激励约束并重、系统完整的生态文明制度体系，推进生态文明领域国家治理体系和治理能力现代化，努力走向社会主义生态文明新时代。

构建归属清晰、权责明确、监管有效的自然资源资产产权制度，着力解决自然资源所有者不到位、所有权边界模糊等问题。

构建以空间规划为基础、以用途管制为主要手段的国土空间开发保护制度，着力解决因无序开发、过度开发、分散开发导致的优质耕地和生态空间占用过多、生态破坏、环境污染等问题。

构建以空间治理和空间结构优化为主要内容，全国统一、相互衔接、分级管理的空间规划体系，着力解决空间性规划重叠冲突、部门职责交叉重复、地方规划朝令夕改等问题。

构建覆盖全面、科学规范、管理严格的资源总量管理和全面节约制度，着力解决资源使用浪费严重、利用效率不高等问题。

构建反映市场供求和资源稀缺程度、体现自然价值和代际补偿的资源有偿使用和生态补偿制度，着力解决自然资源及其产品价格偏低、生产开发成本低于社会成本、保护生态得不到合理回报等问题。

构建以改善环境质量为导向，监管统一、执法严明、多方参与的环境治理体系，着力解决污染防治能力弱、监管职能交叉、权责不一致、违法成本过低等问题。

构建更多运用经济杠杆进行环境治理和生态保护的市场体系，着力解决市场主体和市场体系发育滞后、社会参与度不高等问题。

构建充分反映资源消耗、环境损害和生态效益的生态文明绩效评价考核和责任追究制度，着力解决发展绩效评价不全面、责任落实不到位、损害责任追究缺失等问题。

二、健全自然资源资产产权制度

（五）建立统一的确权登记系统。坚持资源公有、物权法定，清晰界定全部国土空间各类自然资源资产的产权主体。对水流、森林、山岭、草原、荒地、滩涂等所有自然生态空间统一进行确权登记，逐步划清全民所有和集体所有之间的边界，划清全民所有、不同层级政府行使所有权的边界，划清不同集体所有者的边界。推进确权登记法治化。

（六）建立权责明确的自然资源产权体系。制定权利清单，明确各类自然资源产权主体权利。处理好所有权与使用权的关系，创新自然资源全民所有权和集体所有权的实现形式，除生态功能重要的外，可推动所有权和使用权相分离，明确占有、使用、收益、处分等权利归属关系和权责，适度扩大使用权的出让、转让、出租、抵押、担保、入股等权能。明确国有农场、林场和牧场土地所有者与使用者权能。全面建立覆盖各类全民所有自然资源资产的有偿出让制度，严禁无偿或低价出让。统筹规划，加强自然资源资产交易平台建设。

（七）健全国家自然资源资产管理体制。按照所有者和监管者分开和一件事情由一个部门负责的原则，整合分散的全民所有自然资源资产所有者职责，组建对全民所有的矿藏、水流、森林、山岭、草原、荒地、海域、滩涂等各类自然资源统一行使所有权的机构，负责全民所有自然资源的出让等。

（八）探索建立分级行使所有权的体制。对全民所有的自然资源资产，按照不同资源种类和在生态、经济、国防等方面的重要程度，研究实行中央和地方政府分级代理行使所有权职责的体制，实现效率和公平相统一。分清全民所有中央政府直接行使所有权、全民所有地方政府行使所有权的资源清单和空间范围。中央政府主要对石油天然气、贵重稀有矿产资源、重点国有林区、大江大河大湖和跨境河流、生态功能重要的湿地草原、海域滩涂、珍稀野生动植物种和部分国家公园等直接行使所有权。

（九）开展水流和湿地产权确权试点。探索建立水权制度，开展水域、岸线等水生态空间确权试点，遵循水生态系统性、整体性原则，分清水资源所有权、使用权及使用量。在甘肃、宁夏等地开展湿地产权确权试点。

三、建立国土空间开发保护制度

（十）完善主体功能区制度。统筹国家和省级主体功能区规划，健全基于主体功能区的区域政策，根据城市化地区、农产品主产区、重点生态功能区的不同定位，加快调整完善财政、产业、投资、人口流动、建设用地、资源开发、环境保护等政策。

（十一）健全国土空间用途管制制度。简化自上而下的用地指标控制体系，调整按行政区和用地基数分配指标的做法。将开发强度指标分解到各县级行政区，作为约束性指标，控制建设用地总量。将用途管制扩大到所有自然生态空间，划定并严守生态红线，严禁任意改变用途，防止不合理开发建设活动对生态红线的破坏。完善覆盖全部国土空间的监测系统，动态监测国土空间变化。

（十二）建立国家公园体制。加强对重要生态系统的保护和永续利用，改革各部门分头设置自然保护区、风景名胜区、文化自然遗产、地质公园、森林公园等的体制，对上述保护地进行功能重组，合理界定国家公园范围。国家公园实行更严格保护，除不损害生态系统的原住民生活生产设施改造和自然观光科研教育旅游外，禁止其他开发建设，保护自然生态和自然文化遗产原真性、完整性。加强对国家公园试点的指导，在试点基础上研究制定建立国家公园体制总体方案。构建保护珍稀野生动植物的长效机制。

（十三）完善自然资源监管体制。将分散在各部门的有关用途管制职责，逐步统一到一个部门，统一行使所有国土空间的用途管制职责。

四、建立空间规划体系

（十四）编制空间规划。整合目前各部门分头编制的各类空间性规划，编制统一的空间规划，实现规划全覆盖。空间规划是国家空间发展的指南、可持续发展的空间蓝图，是各类开发建设活动的基本依据。空间规划分为国家、省、市县（设区的市空间规划范围为市辖区）三级。研究建立统一规范的空间规划编制机制。鼓励开展省级空间规划试点。编制京津冀空间规划。

（十五）推进市县“多规合一”。支持市县推进“多规合一”，统一编制市县空间规划，逐步形成一个市县一个规划、一张蓝图。市县空间规划要统一土地分类标准，根据主体功能定位和省级空间规划要求，划定生产空间、生活空间、生态空间，明确城镇建设区、工业区、农村居民点等的开发边界，以及耕地、林地、草原、河流、湖泊、湿地等的保护边界，加强对城市地下空间的统筹规划。加强对市县“多规合一”试点的指导，研究制定市县空间规划编制指引和技术规范，形成可复制、能推广的经验。

（十六）创新市县空间规划编制方法。探索规范化的市县空间规划编制程序，扩大社会参与，增强规划的科学性和透明度。鼓励试点地区进行规划编制部门整合，由一个部门负责市县空间规划的编制，可成立由专业人员和有关方面代表组成的规划评议委员会。规划编制前应当进行资源环境承载能力评价，以评价结果作为规划的基本依据。规划编制过程中应当广泛征求各方面意见，全文公布规划草案，充分听取当地居民意见。规划经评议委员会论证通过后，由当地人民代表大会审议通过，并报上级政府部门备案。规划成果应当包括规划文本和较高精度的规划图，并在网络和其他本地媒体公布。鼓励当地居民对规划执行进行监督，对违反规划的开发建设行为进行举报。当地人民代表大会及其常务委员会定期听取空间规划执行情况报告，对当地政府违反规划行为进行问责。

五、完善资源总量管理和全面节约制度

（十七）完善最严格的耕地保护制度和土地节约集约利用制度。完善基本农田保护制度，划定永久基本农田红线，按照面积不减少、质量不下降、用途不改变的要求，将基本农田落地到户、上图入库，实行严格保护，除法律规定的国家重点建设项目选址确实无法避让外，其他任何建设不得占用。加强耕地质量等级评定与监测，强化耕地质量保护与提升建设。完善耕地占补平衡制度，对新增建设用地占用耕地规模实行总量控制，严格实行耕地占一补一、先补后占、占优补优。实施建设用地总量控制和减量化管理，建立节约集约用地激励和约束机制，调整结构，盘活存量，合理安排土地利用年度计划。

（十八）完善最严格的水资源管理制度。按照节水优先、空间均衡、系统治理、两手发力的方针，健全用水总量控制制度，保障水安全。加快制定主要江河流域水量分配方案，加强省级统筹，完善省市县三级取用水总量控制指标体系。建立健全节约集约用水机制，促进水资源使用结构调整和优化配置。完善规划和建设项目水资源论证制度。主要运用价格和税收手段，逐步建立农业灌溉用水量控制和定额管

理、高耗水工业企业计划用水和定额管理制度。在严重缺水地区建立用水定额准入门槛，严格控制高耗水项目建设。加强水产品产地保护和环境修复，控制水产养殖，构建水生动植物保护机制。完善水功能区监督管理，建立促进非常规水源利用制度。

（十九）建立能源消费总量管理和节约制度。坚持节约优先，强化能耗强度控制，健全节能目标责任制和奖励制。进一步完善能源统计制度。健全重点用能单位节能管理制度，探索实行节能自愿承诺机制。完善节能标准体系，及时更新用能产品能效、高耗能行业能耗限额、建筑物能效等标准。合理确定全国能源消费总量目标，并分解落实到省级行政区和重点用能单位。健全节能低碳产品和技术装备推广机制，定期发布技术目录。强化节能评估审查和节能监察。加强对可再生能源发展的扶持，逐步取消对化石能源的普遍性补贴。逐步建立全国碳排放总量控制制度和分解落实机制，建立增加森林、草原、湿地、海洋碳汇的有效机制，加强应对气候变化国际合作。

（二十）建立天然林保护制度。将所有天然林纳入保护范围。建立国家用材林储备制度。逐步推进国有林区政企分开，完善以购买服务为主的国有林场公益林管护机制。完善集体林权制度，稳定承包权，拓展经营权能，健全林权抵押贷款和流转制度。

（二十一）建立草原保护制度。稳定和完善草原承包经营制度，实现草原承包地块、面积、合同、证书“四到户”，规范草原经营权流转。实行基本草原保护制度，确保基本草原面积不减少、质量不下降、用途不改变。健全草原生态保护补奖机制，实施禁牧休牧、划区轮牧和草畜平衡等制度。加强对草原征用使用审核审批的监管，严格控制草原非牧使用。

（二十二）建立湿地保护制度。将所有湿地纳入保护范围，禁止擅自征用占用国际重要湿地、国家重要湿地和湿地自然保护区。确定各类湿地功能，规范保护利用行为，建立湿地生态修复机制。

（二十三）建立沙化土地封禁保护制度。将暂不具备治理条件的连片沙化土地划为沙化土地封禁保护区。建立严格保护制度，加强封禁和管护基础设施建设，加强沙化土地治理，增加植被，合理发展沙产业，完善以购买服务为主的管护机制，探索开发与治理结合新机制。

（二十四）健全海洋资源开发保护制度。实施海洋主体功能区制度，确定近海海域海岛主体功能，引导、控制和规范各类用海用岛行为。实行围填海总量控制制度，对围填海面积实行约束性指标管理。建立自然岸线保有率控制制度。完善海洋渔业资源总量管理制度，严格执行休渔禁渔制度，推行近海捕捞限额管理，控制近海和滩涂养殖规模。健全海洋督察制度。

（二十五）健全矿产资源开发利用管理制度。建立矿产资源开发利用水平调查评估制度，加强矿产资源查明登记和有偿计时占用登记管理。建立矿产资源集约开发机制，提高矿区企业集中度，鼓励规模化开发。完善重要矿产资源开采回采率、选矿回收率、综合利用率等国家标准。健全鼓励提高矿产资源利用水平的经济政策。建立矿山企业高效和综合利用信息公示制度，建立矿业权人“黑名单”制度。完善重要矿产资源回收利用的产业化扶持机制。完善矿山地质环境保护和土地复垦制度。

（二十六）完善资源循环利用制度。建立健全资源产出率统计体系。实行生产者责任延伸制度，推动生产者落实废弃产品回收处理等责任。建立种养业废弃物资源化利用制度，实现种养业有机结合、循环发展。加快建立垃圾强制分类制度。制定再生资源回收目录，对复合包装物、电池、农膜等低值废弃物实行强制回收。加快制定资源分类回收利用标准。建立资源再生产品和原料推广使用制度，相关原材料消耗企业要使用一定比例的资源再生产品。完善限制一次性用品使用制度。落实并完善资源综合利用和促进循环经济发展的税收政策。制定循环经济技术目录，实行政府优先采购、贷款贴息等政策。

六、健全资源有偿使用和生态补偿制度

（二十七）加快自然资源及其产品价格改革。按照成本、收益相统一的原则，充分考虑社会可承受能力，建立自然资源开发使用成本评估机制，将资源所有者权益和生态环境损害等纳入自然资源及其产品价格形成机制。加强对自然垄断环节的价格监管，建立定价成本监审制度和价格调整机制，完善价格决策程序和信息公开制度。推进农业水价综合改革，全面实行非居民用水超计划、超定额累进加价制度，

全面推行城镇居民用水阶梯价格制度。

（二十八）完善土地有偿使用制度。扩大国有土地有偿使用范围，扩大招拍挂出让比例，减少非公益性用地划拨，国有土地出让收支纳入预算管理。改革完善工业用地供应方式，探索实行弹性出让年限以及长期租赁、先租后让、租让结合供应。完善地价形成机制和评估制度，健全土地等级价体系，理顺与土地相关的出让金、租金和税费关系。建立有效调节工业用地和居住用地合理比价机制，提高工业用地出让地价水平，降低工业用地比例。探索通过土地承包经营、出租等方式，健全国有农用地有偿使用制度。

（二十九）完善矿产资源有偿使用制度。完善矿业权出让制度，建立符合市场经济要求和矿业规律的探矿权采矿权出让方式，原则上实行市场化出让，国有矿产资源出让收支纳入预算管理。理清有偿取得、占用和开采中所有者、投资者、使用者的产权关系，研究建立矿产资源国家权益金制度。调整探矿权采矿权使用费标准、矿产资源最低勘查投入标准。推进实现全国统一的矿业权交易平台建设，加大矿业权出让转让信息公开力度。

（三十）完善海域海岛有偿使用制度。建立海域、无居民海岛使用金征收标准调整机制。建立健全海域、无居民海岛使用权招拍挂出让制度。

（三十一）加快资源环境税费改革。理顺自然资源及其产品税费关系，明确各自功能，合理确定税收调控范围。加快推进资源税从价计征改革，逐步将资源税扩展到占用各种自然生态空间，在华北部分地区开展地下水征收资源税改革试点。加快推进环境保护税立法。

（三十二）完善生态补偿机制。探索建立多元化补偿机制，逐步增加对重点生态功能区转移支付，完善生态保护成效与资金分配挂钩的激励约束机制。制定横向生态补偿机制办法，以地方补偿为主，中央财政给予支持。鼓励各地区开展生态补偿试点，继续推进新安江水环境补偿试点，推动在京津冀水源涵养区、广西广东九洲江、福建广东汀江－韩江等开展跨地区生态补偿试点，在长江流域水环境敏感地区探索开展流域生态补偿试点。

（三十三）完善生态保护修复资金使用机制。按照山水林田湖系统治理的要求，完善相关资金使用管理办法，整合现有政策和渠道，在深入推进国土江河综合整治的同时，更多用于青藏高原生态屏障、黄土高原－川滇生态屏障、东北森林带、北方防沙带、南方丘陵山地带等国家生态安全屏障的保护修复。

（三十四）建立耕地草原河湖休养生息制度。编制耕地、草原、河湖休养生息规划，调整严重污染和地下水严重超采地区的耕地用途，逐步将25度以上不适宜耕种且有损生态的陡坡地退出基本农田。建立巩固退耕还林还草、退牧还草成果长效机制。开展退田还湖还湿试点，推进长株潭地区土壤重金属污染修复试点、华北地区地下水超采综合治理试点。

七、建立健全环境治理体系

（三十五）完善污染物排放许可制。尽快在全国范围建立统一公平、覆盖所有固定污染源的企业排放许可制，依法核发排污许可证，排污者必须持证排污，禁止无证排污或不按许可证规定排污。

（三十六）建立污染防治区域联动机制。完善京津冀、长三角、珠三角等重点区域大气污染防治联防联控协作机制，其他地方要结合地理特征、污染程度、城市空间分布以及污染物输送规律，建立区域协作机制。在部分地区开展环境保护管理体制创新试点，统一规划、统一标准、统一环评、统一监测、统一执法。开展按流域设置环境监管和行政执法机构试点，构建各流域内相关省级涉水部门参加、多形式的流域水环境保护协作机制和风险预警防控体系。建立陆海统筹的污染防治机制和重点海域污染物排海总量控制制度。完善突发环境事件应急机制，提高与环境风险程度、污染物种类等相匹配的突发环境事件应急处置能力。

（三十七）建立农村环境治理体制机制。建立以绿色生态为导向的农业补贴制度，加快制定和完善相关技术标准和规范，加快推进化肥、农药、农膜减量化以及畜禽养殖废弃物资源化和无害化，鼓励生产使用可降解农膜。完善农作物秸秆综合利用制度。健全化肥农药包装物、农膜回收贮运加工网络。采取财政和村集体补贴、住户付费、社会资本参与的投入运营机制，加强农村污水和垃圾处理等环保设施建设。采取政府购买服务等多种扶持措施，培育发展各种形式的农业面源污染治理、农村污水垃圾处理市场主体。强化县乡两级政府的环境保护职责，加强环境监管能力建设。财政支农资金的使用要统筹考虑增强农业综合生产能力和防治农村污染。

（三十八）健全环境信息公开制度。全面推进大气和水等环境信息公开、排污单位环境信息公开、监管部门环境信息公开，健全建设项目环境影响评价信息公开机制。健全环境新闻发言人制度。引导人民群众树立环保意识，完善公众参与制度，保障人民群众依法有序行使环境监督权。建立环境保护网络举报平台和举报制度，健全举报、听证、舆论监督等制度。

（三十九）严格实行生态环境损害赔偿制度。强化生产者环境保护法律责任，大幅度提高违法成本。健全环境损害赔偿方面的法律制度、评估方法和实施机制，对违反环保法律法规的，依法严惩重罚；对造成生态环境损害的，以损害程度等因素依法确定赔偿额度；对造成严重后果的，依法追究刑事责任。

（四十）完善环境保护管理制度。建立和完善严格监管所有污染物排放的环境保护管理制度，将分散在各部门的环境保护职责调整到一个部门，逐步实行城乡环境保护工作由一个部门进行统一监管和行政执法的体制。有序整合不同领域、不同部门、不同层次的监管力量，建立权威统一的环境执法体制，充实执法队伍，赋予环境执法强制执行的必要条件和手段。完善行政执法和环境司法的衔接机制。

八、健全环境治理和生态保护市场体系

（四十一）培育环境治理和生态保护市场主体。采取鼓励发展节能环保产业的体制机制和政策措施。废止妨碍形成全国统一市场和公平竞争的规定和做法，鼓励各类投资进入环保市场。能由政府和社会资本合作开展的环境治理和生态保护事务，都可以吸引社会资本参与建设和运营。通过政府购买服务等方式，加大对环境污染第三方治理的支持力度。加快推进污水垃圾处理设施运营管理单位向独立核算、自主经营的企业转变。组建或改组设立国有资本投资运营公司，推动国有资本加大对环境治理和生态保护等方面的投入。支持生态环境保护领域国有企业实行混合所有制改革。

（四十二）推行用能权和碳排放权交易制度。结合重点用能单位节能行动和新建项目能评审查，开展项目节能量交易，并逐步改为基于能源消费总量管理下的用能权交易。建立用能权交易系统、测量与核准体系。推广合同能源管理。深化碳排放权交易试点，逐步建立全国碳排放权交易市场，研究制定全国碳排放权交易总量设定与配额分配方案。完善碳交易注册登记系统，建立碳排放权交易市场监管体系。

（四十三）推行排污权交易制度。在企业排污总量控制制度基础上，尽快完善初始排污权核定，扩大涵盖的污染物覆盖面。在现行以行政区为单元层层分解机制基础上，根据行业先进排污水平，逐步强化以企业为单元进行总量控制、通过排污权交易获得减排收益的机制。在重点流域和大气污染重点区域，合理推进跨行政区排污权交易。扩大排污权有偿使用和交易试点，将更多条件成熟地区纳入试点。加强排污权交易平台建设。制定排污权核定、使用费收取使用和交易价格等规定。

（四十四）推行水权交易制度。结合水生态补偿机制的建立健全，合理界定和分配水权，探索地区间、流域间、流域上下游、行业间、用水户间等水权交易方式。研究制定水权交易管理办法，明确可交易水权的范围和类型、交易主体和期限、交易价格形成机制、交易平台运作规则等。开展水权交易平台建设。

（四十五）建立绿色金融体系。推广绿色信贷，研究采取财政贴息等方式加大扶持力度，鼓励各类金融机构加大绿色信贷的发放力度，明确贷款人的尽职免责要求和环境保护法律责任。加强资本市场相关制度建设，研究设立绿色股票指数和发展相关投资产品，研究银行和企业发行绿色债券，鼓励对绿色信贷资产实行证券化。支持设立各类绿色发展基金，实行市场化运作。建立上市公司环保信息强制性披露机制。完善对节能低碳、生态环保项目的各类担保机制，加大风险补偿力度。在环境高风险领域建立环境污染强制责任保险制度。建立绿色评级体系以及公益性的环境成本核算和影响评估体系。积极推动绿色金融领域各类国际合作。

（四十六）建立统一的绿色产品体系。将目前分头设立的环保、节能、节水、循环、低碳、再生、有

机等产品统一整合为绿色产品，建立统一的绿色产品标准、认证、标识等体系。完善对绿色产品研发生产、运输配送、购买使用的财税金融支持和政府采购等政策。

九、完善生态文明绩效评价考核和责任追究制度

（四十七）建立生态文明目标体系。研究制定可操作、可视化的绿色发展指标体系。制定生态文明建设目标评价考核办法，把资源消耗、环境损害、生态效益纳入经济社会发展评价体系。根据不同区域主体功能定位，实行差异化绩效评价考核。

（四十八）建立资源环境承载能力监测预警机制。研究制定资源环境承载能力监测预警指标体系和技术方法，建立资源环境监测预警数据库和信息技术平台，定期编制资源环境承载能力监测预警报告，对资源消耗和环境容量超过或接近承载能力的地区，实行预警提醒和限制性措施。

（四十九）探索编制自然资源资产负债表。制定自然资源资产负债表编制指南，构建水资源、土地资源、森林资源等的资产和负债核算方法，建立实物量核算账户，明确分类标准和统计规范，定期评估自然资源资产变化状况。在市县层面开展自然资源资产负债表编制试点，核算主要自然资源实物量账户并公布核算结果。

（五十）对领导干部实行自然资源资产离任审计。在编制自然资源资产负债表和合理考虑客观自然因素基础上，积极探索领导干部自然资源资产离任审计的目标、内容、方法和评价指标体系。以领导干部任期内辖区自然资源资产变化状况为基础，通过审计，客观评价领导干部履行自然资源资产管理责任情况，依法界定领导干部应当承担的责任，加强审计结果运用。在内蒙古呼伦贝尔市、浙江湖州市、湖南娄底市、贵州赤水市、陕西延安市开展自然资源资产负债表编制试点和领导干部自然资源资产离任审计试点。

（五十一）建立生态环境损害责任终身追究制。实行地方党委和政府领导成员生态文明建设一岗双责制。以自然资源资产离任审计结果和生态环境损害情况为依据，明确对地方党委和政府领导班子主要负责人、有关领导人员、部门负责人的追责情形和认定程序。区分情节轻重，对造成生态环境损害的，予以诫勉、责令公开道歉、组织处理或党纪政纪处分，对构成犯罪的依法追究刑事责任。对领导干部离任后出现重大生态环境损害并认定其需要承担责任的，实行终身追责。建立国家环境保护督察制度。

十、生态文明体制改革的实施保障

（五十二）加强对生态文明体制改革的领导。各地区各部门要认真学习领会中央关于生态文明建设和体制改革的精神，深刻认识生态文明体制改革的重大意义，增强责任感、使命感、紧迫感，认真贯彻党中央、国务院决策部署，确保本方案确定的各项改革任务加快落实。各有关部门要按照本方案要求抓紧制定单项改革方案，明确责任主体和时间进度，密切协调配合，形成改革合力。

（五十三）积极开展试点试验。充分发挥中央和地方两个积极性，鼓励各地区按照本方案的改革方向，从本地实际出发，以解决突出生态环境问题为重点，发挥主动性，积极探索和推动生态文明体制改革，其中需要法律授权的按法定程序办理。将各部门自行开展的综合性生态文明试点统一为国家试点试验，各部门要根据各自职责予以指导和推动。

（五十四）完善法律法规。制定完善自然资源资产产权、国土空间开发保护、国家公园、空间规划、海洋、应对气候变化、耕地质量保护、节水和地下水管理、草原保护、湿地保护、排污许可、生态环境损害赔偿等方面的法律法规，为生态文明体制改革提供法治保障。

（五十五）加强舆论引导。面向国内外，加大生态文明建设和体制改革宣传力度，统筹安排、正确解读生态文明各项制度的内涵和改革方向，培育普及生态文化，提高生态文明意识，倡导绿色生活方式，形成崇尚生态文明、推进生态文明建设和体制改革的良好氛围。

（五十六）加强督促落实。中央全面深化改革领导小组办公室、经济体制和生态文明体制改革专项小组要加强统筹协调，对本方案落实情况进行跟踪分析和督促检查，正确解读和及时解决实施中遇到的问题，重大问题要及时向党中央、国务院请示报告。

中办国办印发《关于划定并严守生态保护红线的若干意见》

2017-02-08

新华社北京2月7日电 近日，中共中央办公厅、国务院办公厅印发了《关于划定并严守生态保护红线的若干意见》，并发出通知，要求各地区各部门结合实际认真贯彻落实。

《关于划定并严守生态保护红线的若干意见》全文如下。

生态空间是指具有自然属性、以提供生态服务或生态产品为主体功能的国土空间，包括森林、草原、湿地、河流、湖泊、滩涂、岸线、海洋、荒地、荒漠、戈壁、冰川、高山冻原、无居民海岛等。生态保护红线是指在生态空间范围内具有特殊重要生态功能、必须强制性严格保护的区域，是保障和维护国家生态安全的底线和生命线，通常包括具有重要水源涵养、生物多样性维护、水土保持、防风固沙、海岸生态稳定等功能的生态功能重要区域，以及水土流失、土地沙化、石漠化、盐渍化等生态环境敏感脆弱区域。党中央、国务院高度重视生态环境保护，作出一系列重大决策部署，推动生态环境保护工作取得明显进展。但是，我国生态环境总体仍比较脆弱，生态安全形势十分严峻。划定并严守生态保护红线，是贯彻落实主体功能区制度、实施生态空间用途管制的重要举措，是提高生态产品供给能力和生态系统服务功能、构建国家生态安全格局的有效手段，是健全生态文明制度体系、推动绿色发展的有力保障。现就划定并严守生态保护红线提出以下意见。

一、总体要求

（一）指导思想。全面贯彻党的十八大和十八届三中、四中、五中、六中全会精神，深入贯彻习近平总书记系列重要讲话精神和治国理政新理念新思想新战略，紧紧围绕统筹推进“五位一体”总体布局和协调推进“四个全面”战略布局，牢固树立新发展理念，认真落实党中央、国务院决策部署，以改善生态环境质量为核心，以保障和维护生态功能为主线，按照山水林田湖系统保护的要求，划定并严守生态保护红线，实现一条红线管控重要生态空间，确保生态功能不降低、面积不减少、性质不改变，维护国家生态安全，促进经济社会可持续发展。

（二）基本原则

——科学划定，切实落地。落实环境保护法等相关法律法规，统筹考虑自然生态整体性和系统性，开展科学评估，按生态功能重要性、生态环境敏感性与脆弱性划定生态保护红线，并落实到国土空间，系统构建国家生态安全格局。

——坚守底线，严格保护。牢固树立底线意识，将生态保护红线作为编制空间规划的基础。强化用途管制，严禁任意改变用途，杜绝不合理开发建设活动对生态保护红线的破坏。

——部门协调，上下联动。加强部门间沟通协调，国家层面做好顶层设计，出台技术规范和政策措施，地方党委和政府落实划定并严守生态保护红线的主体责任，上下联动、形成合力，确保划得实、守得住。

（三）总体目标。2017年年底前，京津冀区域、长江经济带沿线各省（直辖市）划定生态保护红线；2018年年底前，其他省（自治区、直辖市）划定生态保护红线；2020年年底前，全面完成全国生态保护红线划定，勘界定标，基本建立生态保护红线制度，国土生态空间得到优化和有效保护，生态功能保持稳定，国家生态安全格局更加完善。到2030年，生态保护红线布局进一步优化，生态保护红线制度有效实施，生态功能显著提升，国家生态安全得到全面保障。

二、划定生态保护红线

依托“两屏三带”为主体的陆地生态安全格局和“一带一链多点”的海洋生态安全格局，采取国家指导、地方组织，自上而下和自下而上相结合，科学划定生态保护红线。

（四）明确划定范围。环境保护部、国家发展改革委会同有关部门，于2017年6月底前制定并发布生态保护红线划定技术规范，明确水源涵养、生物多样性维护、水土保持、防风固沙等生态功能重要区域，以及水土流失、土地沙化、石漠化、盐渍化等生态环境敏感脆弱区域的评价方法，识别生态功能重要区域和生态环境敏感脆弱区域的空间分布。将上述两类区域进行空间叠加，划入生态保护红线，涵盖所有国家级、省级禁止开发区域，以及有必要严格保护的其他各类保护地等。

（五）落实生态保护红线边界。按照保护需要和开发利用现状，主要结合以下几类界线将生态保护红线边界落地：自然边界，主要是依据地形地貌或生态系统完整性确定的边界，如林线、雪线、流域分界线，以及生态系统分布界线等；自然保护区、风景名胜区等各类保护地边界；江河、湖库，以及海岸等向陆域（或向海）延伸一定距离的边界；全国土地调查、地理国情普查等明确的地块边界。将生态保护红线落实到地块，明确生态系统类型、主要生态功能，通过自然资源统一确权登记明确用地性质与土地权属，形成生态保护红线全国“一张图”。在勘界基础上设立统一规范的标识标牌，确保生态保护红线落地准确、边界清晰。

（六）有序推进划定工作。环境保护部、国家发展改革委会同有关部门提出各省（自治区、直辖市）生态保护红线空间格局和分布意见，做好跨省域的衔接与协调，指导各地划定生态保护红线；明确生态保护红线可保护的湿地、草原、森林等生态系统数量，并与生态安全预警监测体系做好衔接。各省（自治区、直辖市）要按照相关要求，建立划定生态保护红线责任制和协调机制，明确责任部门，组织专门力量，制定工作方案，全面论证、广泛征求意见，有序推进划定工作，形成生态保护红线。环境保护部、国家发展改革委会同有关部门组织对各省（自治区、直辖市）生态保护红线进行技术审核并提出意见，报国务院批准后由各省（自治区、直辖市）政府发布实施。在各省（自治区、直辖市）生态保护红线基础上，环境保护部、国家发展改革委会同有关部门进行衔接、汇总，形成全国生态保护红线，并向社会发布。鉴于海洋国土空间的特殊性，国家海洋局根据本意见制定相关技术规范，组织划定并审核海洋国土空间的生态保护红线，纳入全国生态保护红线。

三、严守生态保护红线

落实地方各级党委和政府主体责任，强化生态保护红线刚性约束，形成一整套生态保护红线管控和激励措施。

（七）明确属地管理责任。地方各级党委和政府是严守生态保护红线的责任主体，要将生态保护红线作为相关综合决策的重要依据和前提条件，履行好保护责任。各有关部门要按照职责分工，加强监督管理，做好指导协调、日常巡护和执法监督，共守生态保护红线。建立目标责任制，把保护目标、任务和要求层层分解，落到实处。创新激励约束机制，对生态保护红线保护成效突出的单位和个人予以奖励；对造成破坏的，依法依规予以严肃处理。根据需要设置生态保护红线管护岗位，提高居民参与生态保护积极性。

（八）确立生态保护红线优先地位。生态保护红线划定后，相关规划要符合生态保护红线空间管控要求，不符合的要及时进行调整。空间规划编制要将生态保护红线作为重要基础，发挥生态保护红线对于国土空间开发的底线作用。

（九）实行严格管控。生态保护红线原则上按禁止开发区域的要求进行管理。严禁不符合主体功能定位的各类开发活动，严禁任意改变用途。生态保护红线划定后，只能增加、不能减少，因国家重大基础设施、重大民生保障项目建设等需要调整的，由省级政府组织论证，提出调整方案，经环境保护部、国家发展改革委会同有关部门提出审核意见后，报国务院批准。因国家重大战略资源勘查需要，在不影响主体功能定位的前提下，经依法批准后予以安排勘查项目。

（十）加大生态保护补偿力度。财政部会同有关部门加大对生态保护红线的支持力度，加快健全生态保护补偿制度，完善国家重点生态功能区转移支付政策。推动生态保护红线所在地区和受益地区探索建立横向生态保护补偿机制，共同分担生态保护任务。

（十一）加强生态保护与修复。实施生态保护红线保护与修复，作为山水林田湖生态保护和修复工程的重要内容。以县级行政区为基本单元建立生态保护红线台账系统，制定实施生态系统保护与修复方案。优先保护良好生态系统和重要物种栖息地，建立和完善生态廊道，提高生态系统完整性和连通性。分区分类开展受损生态系统修复，采取以封禁为主的自然恢复措施，辅以人工修复，改善和提升生态功能。选择水源涵养和生物多样性维护为主导生态功能的生态保护红线，开展保护与修复示范。有条件的地区，可逐步推进生态移民，有序推动人口适度集中安置，降低人类活动强度，减小生态压力。按照陆海统筹、综合治理的原则，开展海洋国土空间生态保护红线的生态整治修复，切实强化生态保护红线及周边区域污染联防联治，重点加强生态保护红线内入海河流综合整治。

（十二）建立监测网络和监管平台。环境保护部、国家发展改革委、国土资源部会同有关部门建设和完善生态保护红线综合监测网络体系，充分发挥地面生态系统、环境、气象、水文水资源、水土保持、海洋等监测站点和卫星的生态监测能力，布设相对固定的生态保护红线监控点位，及时获取生态保护红线监测数据。建立国家生态保护红线监管平台。依托国务院有关部门生态环境监管平台和大数据，运用云计算、物联网等信息化手段，加强监测数据集成分析和综合应用，强化生态气象灾害监测预警能力建设，全面掌握生态系统构成、分布与动态变化，及时评估和预警生态风险，提高生态保护红线管理决策科学化水平。实时监控人类干扰活动，及时发现破坏生态保护红线的行为，对监控发现的问题，通报当地政府，由有关部门依据各自职能组织开展现场核查，依法依规进行处理。2017 年年底前完成国家生态保护红线监管平台试运行。各省（自治区、直辖市）应依托国家生态保护红线监管平台，加强能力建设，建立本行政区监管体系，实施分层级监管，及时接收和反馈信息，核查和处理违法行为。

（十三）开展定期评价。环境保护部、国家发展改革委会同有关部门建立生态保护红线评价机制。从生态系统格局、质量和功能等方面，建立生态保护红线生态功能评价指标体系和方法。定期组织开展评价，及时掌握全国、重点区域、县域生态保护红线生态功能状况及动态变化，评价结果作为优化生态保护红线布局、安排县域生态保护补偿资金和实行领导干部生态环境损害责任追究的依据，并向社会公布。

（十四）强化执法监督。各级环境保护部门和有关部门要按照职责分工加强生态保护红线执法监督。建立生态保护红线常态化执法机制，定期开展执法督查，不断提高执法规范化水平。及时发现和依法处罚破坏生态保护红线的违法行为，切实做到有案必查、违法必究。有关部门要加强与司法机关的沟通协调，健全行政执法与刑事司法联动机制。

（十五）建立考核机制。环境保护部、国家发展改革委会同有关部门，根据评价结果和目标任务完成情况，对各省（自治区、直辖市）党委和政府开展生态保护红线保护成效考核，并将考核结果纳入生态文明建设目标评价考核体系，作为党政领导班子和领导干部综合评价及责任追究、离任审计的重要参考。

（十六）严格责任追究。对违反生态保护红线管控要求、造成生态破坏的部门、地方、单位和有关责任人员，按照有关法律法规和《党政领导干部生态环境损害责任追究办法（试行）》等规定实行责任追究。对推动生态保护红线工作不力的，区分情节轻重，予以诫勉、责令公开道歉、组织处理或党纪政纪处分，构成犯罪的依法追究刑事责任。对造成生态环境和资源严重破坏的，要实行终身追责，责任人不论是否已调离、提拔或者退休，都必须严格追责。

四、强化组织保障

（十七）加强组织协调。建立由环境保护部、国家发展改革委牵头的生态保护红线管理协调机制，明确地方和部门责任。各地要加强组织协调，强化监督执行，形成加快划定并严守生态保护红线的工作格局。

（十八）完善政策机制。加快制定有利于提升和保障生态功能的土地、产业、投资等配套政策。推动生态保护红线有关立法，各地要因地制宜，出台相应的生态保护红线管理地方性法规。研究市场化、社会化投融资机制，多渠道筹集保护资金，发挥资金合力。

（十九）促进共同保护。环境保护部、国家发展改革委会同有关部门定期发布生态保护红线监控、评价、处罚和考核信息，各地及时准确发布生态保护红线分布、调整、保护状况等信息，保障公众知情权、参与权和监督权。加大政策宣传力度，发挥媒体、公益组织和志愿者作用，畅通监督举报渠道。

本意见实施后，其他有关生态保护红线的政策规定要按照本意见要求进行调整或废止。各地要抓紧制定实施方案，明确目标任务、责任分工和时间要求，确保各项要求落到实处。

关于印发《全国生态保护“十三五”规划纲要》的通知

环境保护部文件 环生态〔2016〕151 号

各省、自治区、直辖市环境保护厅（局），新疆生产建设兵团环境保护局，各派出机构，各直属单位：

为贯彻落实《国民经济和社会发展第十三个五年规划纲要》，大力推进生态文明建设，按照山水林田湖系统保护的要求，通过强化生态监管、完善制度体系，促使生态空间得到保障、生态质量稳中有升、生态功能逐步改善，从而维护国家生态安全，我部组织编制了《全国生态保护“十三五”规划纲要》（见附件）。现印发给你们，请参照执行。

附件：全国生态保护“十三五”规划纲要

环境保护部

2016 年 10 月 27 日

附件

全国生态保护“十三五”规划纲要

为贯彻落实《国民经济和社会发展第十三个五年规划纲要》，现制定《全国生态保护“十三五”规划纲要》（以下简称《规划纲要》）。《规划纲要》依据环保部门生态保护的职能定位，提出“十三五”时期全国生态保护工作的指导思想和主要目标，明确重点工作和任务措施，指导各级环保部门开展自然生态保护工作。

一、全国生态保护基本形势

“十二五”时期，各级环保部门积极贯彻落实党中央、国务院关于生态保护工作的一系列重大决策部署，加大生态保护力度，在示范引领、系统保护、综合监管等方面取得积极进展，部分重点保护物种种群数量稳中有升。但总体上，我国生态恶化趋势尚未得到根本扭转，生态保护与开发建设活动的矛盾依然突出，生态安全形势依然严峻。

（一）工作进展

一是生态文明示范建设带动效应明显。全国16个省份开展了生态省建设，92个市、县（区）获得国家生态建设示范区命名，126个地区开展了生态文明建设试点工作，示范带动效果明显。编制《全国生态文明建设目标体系》，积极推动生态示范建设提档升级，制定《国家生态文明建设示范区管理规程（试行）》和《国家生态文明建设示范县、市指标（试行）》。组织开展首届中国生态文明奖的评选，建立奖励机制，带动社会共建。

二是生态功能保护基础进一步夯实。完成全国生态环境变化调查与评估（2000—2010年），印发实施《全国生态功能区划（修编版）》。制定实施《生态保护红线划定技术指南》，在江苏、海南、湖北、江西、重庆、沈阳等地开展划定和管控试点，天津、江苏发布实施生态保护红线。开展县域生态环境质量评估考核，在重庆、海南、陕西、宁夏等地开展重点生态功能区环境保护全过程管理试点，推动优化国家重点生态功能区转移支付政策。在全国25个省份开展45个流域生态健康评估试点。联合国家旅游局组织开展国家生态旅游示范区建设，确定了北京市南宫旅游景区等72个国家生态旅游示范区。指导浙江省仙居县、开化县开展国家公园建设试点，配合发展改革委指导北京、青海等9个省（市）开展试点工作。强化矿产资源开发生态保护与监管，开展部分典型地区遥感调查和评估。

三是自然保护区综合监管得到加强。全国已建立各类自然保护区2740个（国家级自然保护区428个），约占陆地国土面积的14.8%，超过90%的陆地自然生态系统类型、89%的国家重点保护野生动植物种类得到保护。规范和完善自然保护区晋升和调整的评审制度，联合九部门印发《关于进一步加强涉及自然保护区开发建设活动监督管理的通知》。完成400多处国家级自然保护区卫星遥感监测，查处一批涉及自然保护区的违法活动。推动中俄自然保护区的跨界合作。

四是生物多样性保护决策与推进机制进一步完善。成立中国生物多样性保护国家委员会，发布实施《中国生物多样性保护战略与行动计划（2011—2030年）》（以下简称《战略与行动计划》），启动“联合国生物多样性十年中国行动（2011—2020）”（以下简称十年中国行动），启动生物多样性保护重大工程。完成32个陆地生物多样性保护优先区域边界核定，发布“中国生物多样性红色名录——高等植物卷和脊椎动物卷”。积极推进生物遗传资源获取与惠益分享立法和生物安全管理工作。不断深化国际交流与合作，积极履行《生物多样性公约》及其《卡塔赫纳生物安全议定书》等国际公约。多数省份建立了生物多样性保护协调机制，编制发布了省级生物多样性保护战略与行动计划。

（二）主要问题

现阶段，我国面临的主要生态问题有：

一是生态空间遭受持续威胁。城镇化、工业化、基础设施建设、农业开垦等开发建设活动占用生态空间；生态空间破碎化加剧，交通基础设施建设、河流水电水资源开发和工矿开发建设，直接割裂生物生境的整体性和连通性；生态破坏事件时有发生。

二是生态系统质量和服务功能低。低质量生态系统分布广，森林、灌丛、草地生态系统质量为低差等级的面积比例分别高达43.7%、60.3%、68.2%。全国土壤侵蚀、土地沙化等问题突出，城镇地区生态产品供给不足，绿地面积小而散，水系人工化严重，生态系统缓解城市热岛效应、净化空气的作用十分有限。

三是生物多样性加速下降的总体趋势尚未得到有效遏制。资源过度利用、工程建设以及气候变化影响物种生存和生物资源可持续利用。我国高等植物的受威胁比例达11%，特有高等植物受威胁比例高达65.4%，脊椎动物受威胁比例达21.4%；遗传资源丧失和流失严重，60%～70%的野生稻分布点已经消失；外来入侵物种危害严重，常年大面积发生危害的超过100种。

同时，环保部门在履行指导、协调、监督生态保护工作职责时，还存在以下体制机制和管理上的突出问题：

一是统一监管的管理体制不健全。目前仍按生态要素分别设置生态保护管理机构，难以对生态系统实施整体性保护。由于权责一致的统一管理体制和协调联动机制尚未建立，未能实现所有者和监管者分离以及一件事情由一个部门负责，直接影响生态保护效果。

二是全社会共同监督的机制尚未建立。部分地方领导干部保护生态环境的意识较为薄弱，还未牢固树立尊重自然、顺应自然、保护自然的理念。社会公众参与生态保护和监管的机制有待健全，企业生态保护和监管责任还不明确，部分地方环保部门履行生态监管职能时只能单打独斗、被动应对。

三是监督管理的基础能力薄弱。尚未建立统一的生态监测监控网络，难以准确监测我国重要生态区域生态状况，不能及时主动发现重大生态破坏行为。大部分县级环保部门没有设置独立的生态保护科室，难以开展常态化监管。市县环保部门生态保护人员队伍和装备严重不足，导致执法力量薄弱。生态保护科技支撑不够，生态大数据集成应用尚待发挥作用，生态保护法律法规和标准体系尚需完善。

（三）机遇与挑战

“十三五”期间，我国生态保护面临重大机遇：一是党的十八大以来，习近平总书记对建设生态文明和加强环境保护提出一系列新理念新思想新战略，为生态保护提供了科学理论指导和行动指南。二是党中央、国务院对生态文明建设做出一系列重大战略决策和部署，把推动绿色发展、提供更多优质生态产品作为重要任务，明确要求加大生态环境保护力度，为生态保护工作指明方向。三是生态文明体制改革各项任务和措施陆续出台并加快推进，生态保护和监管体制将进一步理顺，生态空间用途管制将全面实施，生态环境监测网络将加快建立，生态统一监管能力将明显提高，为我国生态保护工作夯实基础。四是各地生态环境保护意识不断增强，“绿水青山就是金山银山”已成为各级党政领导干部的共识，全社会保护生态环境的合力正在形成。

同时，我国生态保护也面临挑战：一是经济发展与生态保护之间的矛盾依然存在，传统发展方式带来的资源环境约束日益趋紧，生态环境风险逐步凸显。二是人民群众对优质生态产品需求不断增加与现有供给能力不足之间的矛盾日益明显。三是生物多样性丧失速度短期内难以根本遏制，国际履约压力不断加大。

二、指导思想和主要目标

（一）指导思想

全面贯彻落实党中央、国务院关于生态文明建设总体部署和要求，深入贯彻习近平总书记系列重要讲话精神，牢固树立和贯彻落实创新、协调、绿色、开放、共享的发展理念，按照山水林田湖系统保护的要求，以改善环境质量为核心，以维护国家生态安全为目标，以保障生态空间、提升生态质量、改善生态功能为主线，大力推进生态文明建设，强化生态监管，完善制度体系，推动补齐生态产品供给不足短板，为全面建成小康社会、建设美丽中国做出更大贡献。

（二）基本原则

基于环保部门生态保护的职责定位，“十三五”时期，自然生态保护必须遵循以下原则：

——把生态系统整体保护作为基本理念。按照山水林田湖系统保护的要求，陆海统筹、上下联动，打破要素、区域界限，对各类生态系统实施统一保护和监管，增强生态保护的系统性、协同性。

——把保障国家生态安全作为根本目标。严格落实生态空间管控，划定并严守生态保护红线，加强自然保护区监督管理，保护最重要的生态空间，推动形成以“两屏三带”为主体的生态安全格局，建设生态安全屏障。

——把加强生物多样性保护作为工作主线。保护和可持续利用生物多样性，推动生物遗传资源惠益分享，以生物多样性保护优先区域为重点，完善保护网络，强化生物物种和遗传资源保护能力，构建生物多样性保护体系。

——把加强生态统一监管作为主要手段。建立全面、严格、及时、有效的监管体系，是加强生态保护统一监管的重要基础。建设“天地一体化”的监测体系和综合监管平台，及时发现和查处生态破坏行为，由被动核查变为主动发现，提高生态保护的精细化和信息化水平。

——把生态文明示范建设作为主要载体。积极参与生态文明体制改革，推动体制机制向有利于统一监管的方向改变。发挥生态文明建设示范区和环境保护模范城创建工作的平台作用，有机融合生态保护的主要任务和重点工作，创新保护模式，提高示范效应，激发保护活力。

（三）主要目标

到2020年，生态空间得到保障，生态质量有所提升，生态功能有所增强，生物多样性下降速度得到遏制，生态保护统一监管水平明显提高，生态文明建设示范取得成效，国家生态安全得到保障，与全面建成小康社会相适应。

具体工作目标：全面划定生态保护红线，管控要求得到落实，国家生态安全格局总体形成；自然保护区布局更加合理，管护能力和保护水平持续提升，新建30～50个国家级自然保护区，完成200个国家级自然保护区规范化建设，全国自然保护区面积占陆地国土面积的比例维持在14.8%左右（包括列入国家公园试点的区域）；完成生物多样性保护优先区域本底调查与评估，建立生物多样性观测网络，加大保护力度，国家重点保护物种和典型生态系统类型保护率达到95%；生态监测数据库和监管平台基本建成；体现生态文明要求的体制机制得到健全；推动60～100个生态文明建设示范区和一批环境保护模范城创建，生态文明建设示范效应明显。

三、主要任务

“十三五”时期，紧紧围绕保障国家生态安全的根本目标，优先保护自然生态空间，实施生物多样性保护重大工程，建立监管预警体系，加大生态文明示范建设力度，推动提升生态系统稳定性和生态服务功能，筑牢生态安全屏障。

（一）建立生态空间保障体系

1. 加快划定生态保护红线。制定发布《关于划定并严守生态保护红线的若干意见》。按照自上而下和自下而上相结合的原则，各省（区、市）在科学评估的基础上划定生态保护红线，并落实到水流、森林、山岭、草原、湿地、滩涂、海洋、荒漠、冰川等生态空间。2017年底前，京津冀区域、长江经济带沿线各省（区、市）划定生态保护红线；2018年底前，各省（区、市）全面划定生态保护红线；2020年底前，各省（区、市）完成勘界定标。在各省（区、市）生态保护红线的基础上，环境保护部会同相关部门汇总形成全国生态保护红线，向国务院报告，并向社会公开发布。

2. 推动建立和完善生态保护红线管控措施。到2020年，基本建立生态保护红线制度。推动将生态保护红线作为建立国土空间规划体系的基础。各地组织开展现状调查，建立生态保护红线台账系统，识别受损生态系统类型和分布。制定实施生态系统保护与修复方案，选择水源涵养和生物多样性保护为主导功能的生态保护红线，开展一批保护与修复示范。定期组织开展生态保护红线评价，及时掌握全国、重点区域、县域生态保护红线生态功能状况及动态变化。推动建立和完善生态保护红线补偿机制。

3. 加强自然保护区监督管理。制定《全国自然保护区发展规划（2016—2025年）》。开展自然保护区人类活动遥感监测，国家级自然保护区每年遥感监测2次，省级自然保护区每年遥感监测1次，重点区域加大监测频次，定期发布监测报告。开展自然保护区生态环境保护状况评估。强化监督执法，定期组织自然保护区专项执法检查，严肃查处违法违规活动，加强问责监督。优化自然保护区布局，以重要河湖、海洋、草原生态系统及水生生物、小种群物种的保护空缺作为重点，推进新建一批自然保护区，加强生态廊道、保护小区和自然保护区群建设，到2020年，全国自然保护区面积占陆地国土面积的比例维持在14.8%左右（包括列入国家公园试点的区域）。提高自然保护区管理水平，强化自然保护区管护能力建设，完善自然保护区范围和功能区界限核准以及勘界立标工作，推进自然保护区开展综合科考和本底调查。2020年前完成200个国家级自然保护区规范化建设。推动自然保护区土地确权和用途管制。推动建立自然保护区公共监督员制度。有步骤地对居住在自然保护区核心区与缓冲区的居民实施生态移民。

4. 加强重点生态功能区保护与管理。重点生态功能区是我国生态空间的集中分布地区，要积极协调相关部门推动重大生态保护与修复工程优先在重点生态功能区布局，不断扩大生态空间。加强重点生态功能区县域生态功能状况评价，推动制定实施重点生态功能区产业准入负面清单，强化生态空间用途管制。推动协调相关部门和地区针对目前人为活动影响较小、生态良好的重点生态功能区，特别是大江大河源头及上游地区，加大自然植被保护力度，科学开展生态退化区恢复与治理，继续实施防沙治沙和水土流失综合治理。以主要的山脉、江河、海岸带等防护林体系为脉络，构建形成大尺度国家生态廊道，提高生态保护区域的连通性。加快推动易灾地区生态系统保护与修复。

（二）强化生态质量及生物多样性提升体系

1．实施生物多样性保护重大工程。以生物多样性保护优先区域为重点，开展生物多样性调查和评估，彻底摸清我国生物多样性家底。加强就地保护和迁地保护，完善保护网络体系，确保国家战略性生物资源得到较好保存。恢复生物多样性受破坏的区域，开展生物多样性保护与减贫示范，促进西部生物多样性丰富地区传统产业转型升级和脱贫。加强生物多样性监管基础能力建设，全面提升各级政府生物多样性保护与管理水平。协调有关部门落实工程所需资金，组织有关部门实施好重大工程，推进实施《战略与行动计划》和“十年中国行动”。

2．加强生物遗传资源保护与生物安全管理。加强生物遗传资源保护与管理，建立生物遗传资源及相关传统知识获取与惠益分享制度；规范生物遗传资源采集、保存、交换、合作研究和开发利用活动，加强出境监管，防止生物遗传资源流失。强化生物安全管理，开展转基因生物环境释放风险评估、跟踪监测和环境影响研究；加强环保用微生物菌剂环境安全监管。积极防治外来物种入侵，开展外来入侵物种调查和生态影响评价，加强入侵机理、扩散途径、应对措施和开发利用途径研究，建立监测预警及风险管理机制，探索推进生物安全和外来入侵物种管理制度化进程。

3．推进生物多样性国际合作与履约。组织协调相关部门，共同履行好《生物多样性公约》及其《卡塔赫纳生物安全议定书》《名古屋遗传资源议定书》等国际公约，以国内工作支撑完成履约责任。积极参与“生物多样性与生态系统服务政府间科学-政策平台（IPBES）”的相关工作。做好 2020 年《生物多样性公约》第 15 次缔约方大会（COP15）的申办和筹备工作。

4．扩大生态产品供给。丰富生态产品，优化生态服务空间配置，提升生态公共服务供给能力。加大城市生态保护力度，推动城市生态建设与空间布局优化，提升城市生态服务能力。推动加大风景名胜区、森林公园、湿地公园等保护力度，适度开发公众休闲、旅游观光、生态康养服务和产品，加快城乡绿道、郊野公园等城乡生态基础设施建设。

（三）建设生态安全监测预警及评估体系

1．建立“天地一体化”的生态监测体系。加强卫星和无人机航空遥感技术应用，提高生态遥感监测能力。建立生物多样性地面观测体系，到 2020 年新建、改建或扩建 50 个陆地生物多样性综合观测站，建成 800 个以上生物多样性观测样区。建设一批相对固定的生态保护红线监控点。优先在长江经济带、京津冀地区建立观测站和观测样区。

2．定期开展生态状况评估。加强年度重点区域生态环境质量状况评价和五年生态环境状况调查评价。2016 年启动 2010—2015 全国生态状况调查与评估，2020 年完成“十三五”时期全国生态状况调查与评估，形成全国生态状况定期评估机制。全面开展生态保护红线、重点生态功能区、重点流域及城市生态评估，系统掌握生态系统质量和功能变化状况。

研究建立生态系统和生物多样性预警体系，开发预警模型和技术，对生态系统变化、物种灭绝风险、人类干扰等进行预警。推动建立统一的监测预警评估信息发布机制。

开展县域生态资源资产评估试点。推动将生态状况评估结果应用于产业布局、土地利用、生态环境保护、城乡建设等规划编制，并作为生态补偿、领导干部政绩考核、生态环境损害责任追究、自然资源资产离任审计等生态监管制度的重要参考。

3．建立全国生态保护监控平台。建立生态保护综合监控平台，对生态保护红线、自然保护区、重点生态功能区、生物多样性保护优先区域等的开发建设活动实施常态化和业务化监控，实现由被动监管转为主动监管、应急监管转为日常监管、分散监管转为系统监管。2016 年，启动以自然保护区为重点的监管平台建设，作为全国生态保护监控平台一期工程；各省（区、市）应依托全国生态保护监控平台，加强能力建设，建立本行政区监管体系，实施分层级监管。2018 年，完成生态保护红线监管平台建设，作为全国生态保护监控平台二期工程。加强生态监管信息化建设，充分运用大数据、互联网、遥感、物联网等技术手段，集成建立国家生态保护和生物多样性数据库，并纳入生态环境大数据系统。

4．加强开发建设活动生态保护监管。以“生态保护红线、环境质量底线、资源利用上线和环境准入负面清单”为手段，强化空间、总量、准入环境管理。发挥战略环评和规划环评事前预防作用，减少开发建设活动对生态空间的挤占，合理避让生态环境敏感和脆弱区域。强化矿产资源开发规划环评，优化矿产资源开发布局，推动历史遗留矿山生态修复。合理确定和布局大坝建设，加强调度监管，有效保障最低生态需水量；加强生态设施建设，科学合理开展水生生物增殖放流。合理布局旅游基础设施建设，基于生态承载力确定游客数量。推动交通设施建设合理避让生态环境敏感区域，加强生物廊道建设，减少生态阻隔；加强交通设施建成后的生态恢复和运营期的管理。

（四）完善生态文明示范建设体系

1．创建一批生态文明建设示范区和环境保护模范城。深入实施生态省战略，以市、县为重点，分类指导，梯次推进，广泛开展生态文明建设示范区创建，提高示范区建设的规范化和制度化水平，到 2020 年，创建 60～100 个生态文明建设示范区。修订《国家环境保护模范城市创建与管理工作办法》和《国家环境保护模范城市考核指标》，加强创建计划性和区域平衡性，强化分级管理和过程监管，加快审议命名 2016 年前通过考核验收的城市。生态文明建设示范区和环境保护模范城创建要加强统筹整合，并全面对接国家生态文明试验区建设标准，打造成国家生态文明试验区制度成果的转化载体。

2．持续提升生态文明示范建设水平。编制生态文明建设示范区和环保模范城创建指南，指导各地生态文明建设实践。加强创建与环保重点工作的协调联动，改革完善创建评估验收机制。强化后续监督与管理，开展成效评估和经验总结，宣传推广现有的可复制、可借鉴的创建模式。充实专家队伍，建立专家委员会。继续开展中国生态文明奖评选表彰，充分发挥典型示范引领作用，广泛凝聚全社会力量。开展生态文明建设理论及实践研究，协助推动建立生态文明建设目标评价考核机制。

四、保障措施

（一）完善法律法规

加快推动出台《生物遗传资源获取与惠益分享管理条例》，开展《自然保护区条例》后评估，推进制定自然保护区法，研究生态保护红线立法。加强相关立法协调，在自然资源法律法规修订时，推动将生态保护要求纳入相关条文。抓紧出台实施《自然保护区人类活动遥感监测与核查规定》，加快完善生态保护相关的评估、监管、执法的标准规范体系。

（二）健全体制机制

充分发挥中国生物多样性保护国家委员会、国家级自然保护区评审委员会、生物物种资源保护部际联席会等已有机制平台的协调作用，推动制定和实施跨部门生态保护政策措施，协调相关部门加大生态保护投入。加快建立上下联动、沟通顺畅的各级环保部门联系机制。积极参与国家相关的体制机制改革，推动理顺相应机构与职责设置。开展国家公园体制研究及试点示范，探索建立国家公园行政管理体制。推动建立健全国土空间开发与保护制度，以及生态环境损害评估和赔偿、生态保护补偿等制度。支持各地建立生态保护补偿机制。

（三）强化科技支撑

加强生态保护基础研究和科技攻关，完善生态调查评估、监测预警、风险防范等管理技术体系。重点开展生物多样性科学规律与生物安全支撑技术、生态修复技术、生态系统监测评价等关键技术的研究，推动加大生态保护科技相关专项支持力度。加强国际科技合作与交流，积极引进国外先进生态保护理念、管理经验及技术手段，健全完善国内协调机制。

（四）推动共同保护

依托生物多样性日、环境日等活动平台，加大生态保护宣传教育力度，加强政策解读，扩大保护共识，调动全社会参与生态保护的积极性和主动性。加强政府、企业、公众生态保护培训，建设中小学环境教育社会实践基地，提高全社会特别是领导干部的生态保护责任意识。依托环境保护新闻发布制度，充分利用“12369”环保举报热线等平台，加大生态环境信息公开力度，定期发布生态保护信息，保障公众生态保护知情权和监督权。发挥社会组织的引导、监督作用，强化企业保护生态的主体责任，形成全社会共同参与生态保护的合力。

关于以改善环境质量为核心加强环境影响评价管理的通知

环境保护部文件　环环评〔2016〕150号

各省、自治区、直辖市环境保护厅（局），新疆生产建设兵团环境保护局：

为适应以改善环境质量为核心的环境管理要求，切实加强环境影响评价（以下简称环评）管理，落实“生态保护红线、环境质量底线、资源利用上线和环境准入负面清单”（以下简称“三线一单”）约束，建立项目环评审批与规划环评、现有项目环境管理、区域环境质量联动机制（以下简称“三挂钩”机制），更好地发挥环评制度从源头防范环境污染和生态破坏的作用，加快推进改善环境质量，现就有关事项通知如下：

一、强化“三线一单”约束作用

（一）生态保护红线是生态空间范围内具有特殊重要生态功能必须实行强制性严格保护的区域。相关规划环评应将生态空间管控作为重要内容，规划区域涉及生态保护红线的，在规划环评结论和审查意见中应落实生态保护红线的管理要求，提出相应对策措施。除受自然条件限制、确实无法避让的铁路、公路、航道、防洪、管道、干渠、通讯、输变电等重要基础设施项目外，在生态保护红线范围内，严控各类开发建设活动，依法不予审批新建工业项目和矿产开发项目的环评文件。

（二）环境质量底线是国家和地方设置的大气、水和土壤环境质量目标，也是改善环境质量的基准线。有关规划环评应落实区域环境质量目标管理要求，提出区域或者行业污染物排放总量管控建议以及优化区域或行业发展布局、结构和规模的对策措施。项目环评应对照区域环境质量目标，深入分析预测项目建设对环境质量的影响，强化污染防治措施和污染物排放控制要求。

（三）资源是环境的载体，资源利用上线是各地区能源、水、土地等资源消耗不得突破的“天花板”。相关规划环评应依据有关资源利用上线，对规划实施以及规划内项目的资源开发利用，区分不同行业，从能源资源开发等量或减量替代、开采方式和规模控制、利用效率和保护措施等方面提出建议，为规划编制和审批决策提供重要依据。

（四）环境准入负面清单是基于生态保护红线、环境质量底线和资源利用上线，以清单方式列出的禁止、限制等差别化环境准入条件和要求。要在规划环评清单式管理试点的基础上，从布局选址、资源利用效率、资源配置方式等方面入手，制定环境准入负面清单，充分发挥负面清单对产业发展和项目准入的指导和约束作用。

二、建立“三挂钩”机制

（五）加强规划环评与建设项目环评联动。规划环评要探索清单式管理，在结论和审查意见中明确“三线一单”相关管控要求，并推动将管控要求纳入规划。规划环评要作为规划所包含项目环评的重要依据，对于不符合规划环评结论及审查意见的项目环评，依法不予审批。规划所包含项目的环评内容，应当根据规划环评结论和审查意见予以简化。

（六）建立项目环评审批与现有项目环境管理联动机制。对于现有同类型项目环境污染或生态破坏严重、环境违法违规现象多发，致使环境容量接近或超过承载能力的地区，在现有问题整改到位前，依法暂停审批该地区同类行业的项目环评文件。改建、扩建和技术改造项目，应对现有工程的环境保护措施及效果进行全面梳理；如现有工程已经造成明显环境问题，应提出有效的整改方案和“以新带老”措施。

（七）建立项目环评审批与区域环境质量联动机制。对环境质量现状超标的地区，项目拟采取的措施不能满足区域环境质量改善目标管理要求的，依法不予审批其环评文件。对未达到环境质量目标考核要求的地区，除民生项目与节能减排项目外，依法暂停审批该地区新增排放相应重点污染物的项目环评文件。严格控制在优先保护类耕地集中区域新建有色金属冶炼、石油加工、化工、焦化、电镀、制革等项目。

三、多措并举清理和查处环保违法违规项目

（八）各省级环保部门要落实“三个一批”（淘汰关闭一批、整顿规范一批、完善备案一批）的要求，加大“未批先建”项目清理工作的力度。要定期开展督查检查，确保 2016 年 12 月 31 日前全部完成清理工作。从 2017 年 1 月 1 日起，对“未批先建”项目，要严格依法予以处罚。对“久拖不验”的项目，要研究制定措施予以解决，对造成严重环境污染或生态破坏的项目，要依法予以查处；对拒不执行的要依法实施“按日计罚”。

四、“三管齐下”切实维护群众的环境权益

（九）严格建设项目全过程管理。加强对在建和已建重点项目的事中事后监管，严格依法查处和纠正建设项目违法违规行为，督促建设单位认真执行环保“三同时”制度。对建设项目环境保护监督管理信息和处罚信息要及时公开，强化对环保严重失信企业的惩戒机制，建立健全建设单位环保诚信档案和黑名单制度。

（十）深化信息公开和公众参与。推动地方政府及有关部门依法公开相关规划和项目选址等信息，在项目前期工作阶段充分听取公众意见。督促建设单位认真履行信息公开主体责任，完整客观地公开建设项目环评和验收信息，依法开展公众参与，建立公众意见收集、采纳和反馈机制。对建设单位在项目环评中未依法公开征求公众意见，或者对意见采纳情况未依法予以说明的，应当责成建设单位改正。

（十一）加强建设项目环境保护相关科普宣传。推动地方政府及有关部门、建设单位创新宣传方式，让建设项目环境保护知识进学校、进社区、进家庭。鼓励建设单位用“请进来、走出去”的方式，让广大人民群众切身感受建设项目环境保护的成功范例，增进了解和信任。对本地区出现的建设项目相关环境敏感突发事件，要协同有关部门主动发声，及时回应社会关切。

以改善环境质量为核心加强环评管理，是深化环评制度改革的重要举措，是今后相当一段时期环评领域的重点任务。各级环保部门要切实提高认识，高度重视，加强领导，明确责任，强化能力建设，抓好落实，创新管理的方式方法，不断把环评工作推向新的阶段。

环境保护部

2016 年 10 月 26 日

《关于加强资源环境生态红线管控的指导意见》的通知

发改环资〔2016〕1162号

各省、自治区、直辖市及计划单列市、新疆生产建设兵团发展改革委、财政厅（局）、国土资源厅（局）、环境保护厅（局）、水利（水务）厅（局）、农业厅（局、委）、林业厅（局）、能源局（办）、海洋厅（局）：

根据《中共中央、国务院关于加快推进生态文明建设的意见》中关于严守资源环境生态红线的部署要求，我们制定了《关于加强资源环境生态红线管控的指导意见》，现印发给你们，请结合实际贯彻执行。

附件：关于加强资源环境生态红线管控的指导意见

附件

关于加强资源环境生态红线管控的指导意见

为贯彻落实《中共中央、国务院关于加快推进生态文明建设的意见》中严守资源环境生态红线的有关要求，指导红线划定工作，推动建立红线管控制度，加快建设生态文明，提出本意见。

一、总体要求和基本原则

（一）总体要求

统筹考虑资源禀赋、环境容量、生态状况等基本国情，根据我国发展的阶段性特征及全面建成小康社会目标的需要，合理设置红线管控指标，构建红线管控体系，健全红线管控制度，保障国家能源资源和生态环境安全，倒逼发展质量和效益提升，构建人与自然和谐发展的现代化建设新格局。

（二）基本原则

——严格管控、保障发展。树立底线思维和红线意识，设定并严守资源环境生态红线，并与空间开发保护管理相衔接，实行最严格的管控和保护措施。推动资源环境生态红线管控与经济社会发展相适应，预留必要的发展空间。

——分类管理、因地制宜。根据红线管控不同类型和要素特征，制定科学合理的红线管控政策措施。结合不同地区经济社会发展情况、资源环境现状和主体功能定位等因素，提出差别化、针对性强的管控要求。

——部门协调、上下联动。有关主管部门在红线管控目标设置、政策制定、制度建设等方面，要加强与相关部门的沟通协调，做好与有关法规标准、战略规划、政策措施的衔接。明确部门和地方责任，上下联动、形成合力。

——立足当前、着眼长远。把对当前经济社会发展制约性强的要素优先纳入红线管控，尽快遏制资源无节制消耗、生态环境退化的趋势。根据经济社会发展长远目标，超前研究其他相关红线管控要素，适时纳入管控范围。

二、管控内涵及指标设置

资源环境生态红线管控是指划定并严守资源消耗上限、环境质量底线、生态保护红线，强化资源环境生态红线指标约束，将各类经济社会活动限定在红线管控范围以内。

（一）设定资源消耗上限。合理设定全国及各地区资源消耗“天花板”，对能源、水、土地等战略性资源消耗总量实施管控，强化资源消耗总量管控与消耗强度管理的协同。

1.能源消耗。依据经济社会发展水平、产业结构和布局、资源禀赋、环境容量、总量减排和环境质量改善要求等因素，确定能源消费总量控制目标。京津冀、长三角、珠三角和山东省等大气污染治理重点地区及城市，要明确煤炭占能源消费比重、煤炭消费减量控制等指标要求。

2.水资源消耗。依据水资源禀赋、生态用水需求、经济社会发展合理需要等因素，确定用水总量控制目标。严重缺水以及地下水超采地区，要严格设定地下水开采总量指标。

3.土地资源消耗。依据粮食和生态安全、主体功能定位、开发强度、城乡人口规模、人均建设用地标准等因素，划定永久基本农田，严格实施永久保护，对新增建设用地占用耕地规模实行总量控制，落实耕地占补平衡，确保耕地数量不下降、质量不降低。用地供需矛盾特别突出地区，要严格设定城乡建设用地总量控制目标。

（二）严守环境质量底线。以改善环境质量为核心，以保障人民群众身体健康为根本，综合考虑环境质量现状、经济社会发展需要、污染预防和治理技术等因素，与地方限期达标规划充分衔接，分阶段、分区域设置大气、水和土壤环境质量目标，强化区域、行业污染物排放总量控制，严防突发环境事件。环境质量达标地区要努力实现环境质量向更高水平迈进，不达标地区要尽快制定达标规划，实现环境质量达标。

1.大气环境质量。以达到《环境空气质量标准》（GB 3095—2012）为主要目标，与《大气污染防治行动计划》相衔接，地区和区域大气环境质量不低于现状，向更好转变。

2.水环境质量。以水环境质量持续改善为目标，与《水污染防治行动计划》、《国务院关于实行最严格水资源管理制度的意见》相衔接，各地区、各流域水质优良比例不低于现状，向更好转变。

3.土壤环境质量。以农用地土壤镉（Cd）、汞（Hg）、砷（As）、铅（Pb）、铬（Cr）等重金属和多环芳烃、石油烃等有机污染物含量为主要指标，设置农用地土壤环境质量底线指标，与国家有关土壤污染防治计划规划相衔接，各地区农用地土壤环境质量达标率不低于现状，向更好转变。条件成熟地区，应将城市、工矿等污染地块环境质量纳入底线管理。

（三）划定生态保护红线。根据涵养水源、保持水土、防风固沙、调蓄洪水、保护生物多样性，以及保持自然本底、保障生态系统完整和稳定性等要求，兼顾经济社会发展需要，划定并严守生态保护红线。

依法在重点生态功能区、生态环境敏感区和脆弱区等区域划定生态保护红线，实行严格保护，确保生态功能不降低、面积不减少、性质不改变；科学划定森林、草原、湿地、海洋等领域生态红线，严格自然生态空间征（占）用管理，有效遏制生态系统退化的趋势。

三、管控制度

加快建立体现资源环境生态红线管控要求的政策机制，形成源头严防、过程严管、责任追究的红线管控制度体系。

（一）建立红线管控目标确定及分解落实机制。根据部门职责和地方实际，国务院主管部门要会同相关部门和地方，在摸清全国资源环境生态现状的基础上，分别确定资源环境生态红线管控目标、分解方案，报经国务院批准后实施。资源环境生态红线确定后原则上不得调整，根据实际情况确需进行调整的，要按程序报批。

（二）完善与红线管控相适应的准入制度。有关部门和各地区要把资源环境生态红线管控要求纳入经济社会发展规划及相关专项规划，鼓励地方出台严于国家要求的红线管控办法。在环境影响评价、排污许可、节能评估审查、用地预审、水土保持方案、入河（湖、海）排污口设置、水资源论证和取水许可等制度完善和实施过程中，强化细化红线管控要求。

（三）加强资源环境生态红线实施监管。加强环评、排污许可、能评、用地许可、水土保持方案审批、入河（湖、海）排污口设置、水资源论证和取水许可等后评估和监督检查，加大违法违规行为的查处力度。强化规划实施期中、期末评估和环境影响跟踪评价，严格落实红线管控要求和规划环境影响评价结论及审查意见。建立资源环境生态红线管控落实情况日常巡查、现场核查等制度，强化红线管控落实情况的执法监督。在节能减排目标责任考核、土地和环保督察、最严格水资源管理制度考核、水资源督察等考核监督中，强化红线管控要求。

（四）加强统计监测能力建设。加快推进资源消耗、环境质量、生态保护红线管控的统计监测核算制度建设，确保国家与地方核算方法、标准、点位等衔接统一，提高数据的准确性、科学性、一致性，加强部门间数据共享。利用信息化、大数据、卫星遥感与无人机等技术手段，建立红线监测网络体系，覆盖管控重点领域。研究建立红线管控第三方评估机制。

（五）建立资源环境承载能力监测预警机制。在资源环境承载能力监测预警机制中充分考虑资源环境生态红线因素，对水土资源、环境容量和海洋资源超载区域，研究提出具有针对性的限制性措施。完善能源消耗晴雨表发布等制度。红线管控事项涉及多个地区的，相关地区要建立区域、流域红线管控预警和联动机制。

（六）建立红线管控责任制。将资源环境生态红线管控纳入地方政府和领导干部政绩考核体系，并作为党政领导干部生态环境损害责任追究的重要内容，对任期内突破红线管控要求并造成资源浪费和生态环境破坏的，按照情节轻重，从决策、实施、监管等环节追究有关人员的责任。

四、组织实施

（一）加强组织领导。国务院有关主管部门要根据工作职责，会同相关部门研究制定具体要素的红线管控实施方案，明确红线管控的主要目标、重点任务、制度机制等，加强对各地区的工作指导和监督，重大问题及时向国务院报告。地方有关部门要严格目标管理，明确任务分工，建立协调机制，切实将红线管控要求落到实处。

（二）明确部门工作重点。发展改革部门牵头负责管控能源消耗上限，划定森林、草原、湿地、海洋等领域生态红线；国土资源部门牵头负责管控土地资源消耗上限、划定永久基本农田、自然生态空间征（占）用管理工作；环境保护部门牵头负责管控环境质量底线，依法在重点生态功能区、生态环境敏感区和脆弱区等区域划定生态保护红线；水利部门牵头负责管控水资源消耗上限；海洋部门负责划定海洋生态红线。其他相关部门根据工作职责，参与资源环境生态红线管控方面的政策制定、制度设计、监督管理、考核问责、信息公开等工作。

（三）鼓励公众参与。各部门、各地区要及时准确发布资源环境生态红线有关信息，有效保障公众知情权和参与权。健全公众举报、听证和监督等制度，发挥好民间组织和志愿者的积极作用，形成政府、企业、社会齐抓共管的良好工作局面。

关于深化落实水电开发生态环境保护措施的通知

环发〔2014〕65号

各省、自治区、直辖市、新疆生产建设兵团环境保护厅（局）、发展改革委、能源局（办），辽河保护区管理局，解放军环境保护局：

为贯彻落实党的十八大及十八届三中全会提出的坚持节约优先、保护优先、自然恢复为主的方针，建立河流水电开发与环境保护统筹协调机制，深化落实水电开发生态环境保护措施，切实做好水电开发环境保护工作，现就有关要求通知如下：

一、河流水电规划应统筹水电开发与生态环境保护

河流水电规划及环境影响评价应按照“全面规划、综合利用、保护环境、讲求效益、统筹兼顾”的规划原则，以及“生态优先、统筹考虑、适度开发、确保底线”的环境保护要求，协调水电建设与生态环境保护关系，统筹流域环境保护工作。

（一）科学分析确定流域生态环境敏感保护对象。应对流域有关区域生态环境进行全面调查、科学评价，充分研究相关生态环境敏感问题，科学分析保护的必要性、可行性和合理性，确定生态环境敏感保护对象。

（二）合理确定重要敏感生态环境保护范围。应高度重视流域重要生态环境敏感保护对象的保护，避让自然保护区、珍稀物种集中分布地等生态敏感区域，减小流域生物多样性和重要生态功能的损失。优化水电开发和生态保护空间格局，在做好生态保护和移民安置的前提下积极发展水电，水电规划环境影响评价应设立物种栖息地保护专章，统筹干支流、上下游水电开发与重要物种栖息地保护，合理拟定栖息地保护范围。

（三）统筹规划主要生态环境保护措施。应结合流域生态保护要求、河流开发规划、梯级开发时序、开发主体以及生态环境敏感保护对象情况，统筹梯级电站生态调度、过鱼设施、鱼类增殖放流和栖息地保护等工程补偿措施的布局和功能定位。应根据规划河段生态用水需求，初拟相关电站生态流量泄放要求；结合梯级电站特点和鱼类保护需要，初拟过鱼方式；统筹考虑梯级电站的增殖放流，增殖放流应与栖息地保护结合，保障增殖放流效果。依据河流水域生境特点，总体明确各河段放流对象。对涉及生态环境敏感保护对象的梯级，应根据规划开发时序研究提出保护措施。

（四）强化水电规划及规划环评的指导约束作用。水电规划和规划环境影响评价是河流水电开发的依据，各级发展改革委（能源局）在审批流域水电规划时应充分采纳环境保护部门审查的规划环评意见。项目建设时，应与流域规划环境保护措施相协调，已明确作为栖息地保护的河流、区域不得再进行水电开发；建设项目落实环境保护措施应依据规划环评报告及审查意见，确保实现规划的环境保护总体目标。

二、水电项目建设应严格落实生态环境保护措施

应统筹安排各阶段环境保护措施的设计、建设和运行，保证各项环境保护措施设计符合规范要求，及时建设落实并发挥作用，确保安全。

对环评已批复、项目已核准（审批）的水电工程，经回顾性研究或环境影响后评价确定须补设或优化生态流量泄放、水温恢复、过鱼等重要环境保护措施的，应按水电工程设计有关变更管理的要求，履行相关程序后实施。设计变更工作应开展专题研究，必要时进行模型试验，以保障工程安全和稳定运行。

（一）合理确定生态流量，认真落实生态流量泄放措施。应根据电站坝址下游河道水生生态、水环境、景观等生态用水需求，结合水力学、水文学等方法，按生态流量设计技术规范及有关导则规定，编制生态流量泄放方案。方案中应明确电站最小下泄生态流量和下泄生态流量过程。此外，还需确定蓄水期及运行期生态流量泄放设施及保障措施。在国家和地方重点保护、珍稀濒危或开发区域河段特有水生生物栖息地的鱼类产卵季节，经论证确有需要，应进一步加大下泄生态流量；当天然来流量小于规定下泄最小生态流量时，电站下泄生态流量按坝址处天然实际来流量进行下放。电网调度中应参照电站最小下泄生态流量进行生态调度。生态流量泄放应优先考虑专用泄放设施，与主体工程同步开展设计、施工和运行，确保设施安全可靠、运行灵活。

（二）充分论证水库下泄低温水影响，落实下泄低温水减缓措施。对具有多年调节、年调节的水库和水温分层现象明显的季调节性能水库，若坝下河段存在对水温变化敏感的重要生态保护目标时，工程应采取分层取水减缓措施；对具有季调节性能以下的水库，应根据水库水温垂向分布和下游水温变化敏感目标，充分论证下泄水温变化对敏感目标的影响，如存在重大影响，应采取分层取水减缓措施。

（三）科学确定水生生态敏感保护对象，严格落实栖息地保护措施。水电工程应结合栖息地生境本底、替代生境相似度和种群相似度，编制栖息地保护方案，明确栖息地保护目标、具体范围及采取的工程措施，并在水电开发同时落实栖息地保护措施，保护受影响物种的替代生境。项目环评审批前，应配合地方政府相关部门制订栖息地保护规划方案，并请相关地方政府出具承诺性文件。

（四）充分论证过鱼方式，认真落实过鱼措施。水电工程应结合保护鱼类的重要性、受影响程度和过鱼效果等，综合分析论证采取过鱼措施的必要性和过鱼方式。水电工程采取过鱼措施应深入研究有关鱼类生态习性和种群分布，综合考虑地形地质、水文、泥沙、气候以及水工建筑物型式等因素，与栖息地、增殖放流站等鱼类保护措施进行统筹协调，按过鱼设计技术规范要求，经过技术经济、过鱼效果等综合比较后确定过鱼设施型式。现阶段对水头较低的水电建设项目，原则上应重点研究采取仿自然通道措施；对水头中等的水电建设项目，原则上应重点研究采取鱼道或鱼道与仿自然通道组合方式；对水头较高的水电建设项目，应结合场地条件和枢纽布置特性，研究采取鱼道、升鱼机、集运鱼系统或不同组合方式的过鱼措施。应深入开展过鱼设施的技术方案研究，做好鱼道水工模型试验和鱼类生物学试验，落实过鱼设施建设，保证过鱼设施按设计方案正常运行。加强电站运行期过鱼效果观测，优化过鱼设施的运行管理。

（五）论证鱼类增殖放流目标和规模，落实鱼类增殖放流措施。应根据规划环评初拟确定的增殖放流方案，结合电站开发时序和建设管理体制，依据放流水域生境适宜性和现有栖息空间的环境容量，明确各增殖站选址、放流目标、规模和规格，做好鱼类增殖放流措施设计、建设和运行工作。放流对象和规模应根据逐年放流跟踪监测结果进行调整。为便于管理和明确责任，鱼类增殖放流站选址原则上应在业主管理用地范围内。要根据场地布置条件，合理进行增殖站布局和工艺选择，保证鱼类增殖放流站在工程蓄水前建成并完成运行能力建设。

（六）科学确定陆生生态敏感保护对象，落实陆生生态保护措施。对受项目建设影响的珍稀特有植物或古树名木，通过异地移栽、苗木繁育、种质资源保存等方式进行保护。在生长条件满足情况下，业主管理用地应优先作为重要移栽场地之一。对受阻隔或栖息地淹没影响的珍稀动物，通过修建动物廊道、构建类似生境等方式予以保护。要加强施工期环境管理，优化施工用地范围和施工布局，合理选择渣、料场和其他施工场地，重视表土剥离、堆存和合理利用。要明确提出施工用地范围景观规划和建设要求，大坝、公路、厂房等永久建筑物的设计和建设要与周围景观相协调，施工迹地恢复应根据不同立地条件，提出相应恢复措施和景观建设要求。

三、切实做好移民安置环境保护工作

（一）加强移民安置环境保护建设。应根据当地自然资源、生态环境和社会环境特点，结合城镇化规划和要求，分析移民安置方式环境适宜性。对农村移民集中安置点、城（集）镇、工矿企业以及专项设施的迁建和复建，应按要求开展环境影响评价工作并报有审批权的环境保护行政主管部门审批，开展移民安置环境保护措施设计并报行业技术审查单位审查，落实设施建设。对涉及重大移民安置的环保工程，应开展与主体工程同等深度的方案比选，并开展相关专题研究工作。移民安置环保工作应作为电站竣工环境保护验收的重要内容。

（二）注重电站库底清理环保工作。在水库初期蓄水前，应提出库底清理方案，并按照有关要求做好库底清理环保工作。对工业固体废物、危险废物、废放射源以及固体废物清理后原址被污染的土壤等按有关规定采取处理措施，在专项设计基础上进行无害化处置，防止二次污染。库底清理工作须作为电站下闸蓄水阶段环保检查的重要内容。

四、建立健全生态环境保护措施实施保障机制

（一）建立水电开发与环境保护协调机制。加强部门沟通，协商研究有关水电工程建设和环境保护问题，研究建立环境保护行政主管部门、能源主管部门之间的水电开发与环境保护工作协调机制，在可研

阶段对重大事项进行会商。对于特别重要的河流，研究成立流域水电开发环境保护协调领导机构，建立并完善相应的环境保护管理制度，协商水电开发环境保护政策性问题，协调水电规划及项目开发与环境保护的重大问题，商议解决梯级调度与生态调度等重要问题。

（二）建立流域水电开发环境保护管理机制。流域水电开发企业原则上应成立统一的流域环境保护管理机构。对多企业进行水电开发的流域，应由主要水电开发企业牵头，联合其他企业成立流域环境保护管理机构，制定行之有效的环境保护管理制度和办法，组织落实并协调流域环境保护措施和相关规划设计及专题研究任务。

（三）建立河流生态环境保护资金保障机制。水电开发应坚持开发与保护并重，落实“谁开发、谁保护，谁破坏、谁治理”的原则。应强化工程补偿，坚持动植物栖息地保护、生态修复、水温恢复、过鱼设施、鱼类增殖放流、水土保护等工程性补偿措施到位。水电开发主体单位应落实环保设施建设资金、保障需要，并纳入工程概算；应确保运行期间的环保投入，保障工程环保设施的长期有效运行，促进库区生态建设。探索建立流域水电环境保护可持续管理制度，促进水电开发环境保护实施效果。

（四）建立工程技术保障机制。水电工程环境保护措施是工程建设的重要组成部分，各类环境保护措施应遵照相应的技术标准开展设计，确保工程安全和环保措施运行稳定。应逐步完善水电工程环境保护设计规范和技术标准体系，及时修订相关标准。对于与主体工程相关的环境保护措施建筑物应与主体工程同步开展试验研究和设计，考虑工程安全、环保要求、技术经济等多方面因素，综合分析比较确定环境保护措施方案。

积极开展水电工程环境保护关键技术研究。从流域、项目两个层面开展模拟生态水文过程调度、生态流量保障、水温恢复、过鱼设施、珍稀特有鱼类人工驯养繁殖、河流与水库生境修复、栖息地建设等关键技术研究，为水电工程环境保护工作的深入开展提供技术支撑。

五、加强水电开发生态环境保护措施落实的监督管理

（一）加强环境保护措施落实的监督。加强环境保护措施“三同时”监督管理工作，建立动态跟踪管理系统，建设单位应定期向环评审批部门报告工程重要进度节点及环境保护措施落实情况，环评审批部门不定期进行检查或巡视。依据规划环评及项目环评要求，严格按照建设项目管理程序分预可研、可研、招投标和技术施工阶段开展重要环境保护措施设计工作，报行业技术审查单位审查并抄送环评文件审批部门。建设单位应在环境保护措施建设前确定环境监理单位，环境监理单位应将环境保护设施的建设进度、质量和运行情况作为监理工作重点，及时上报建设单位，并与地方环境保护行政主管部门形成联动。环境保护行政主管部门应采用定期检查和不定期巡视等方式对水电建设过程中主要生态环境保护措施的“三同时”落实情况进行检查，发现问题及时要求整改落实，并报上一级主管部门，对情节严重的依法惩处。

（二）加强环境保护措施验收管理。水电建设项目建设过程中应及时开展项目环境保护工作阶段性检查和验收工作，工程总体验收前应及时开展竣工环境保护验收工作，并把环境保护措施的落实情况作为检查和验收重点。其中栖息地保护、生态流量泄放、水温恢复、过鱼设施、鱼类增殖放流等主要环境保护措施的落实情况应作为竣工环境保护验收的重要内容，确保环境保护措施按要求建成并投入运行。环境保护措施落实不到位的应及时进行整改，蓄水后会严重影响环境保护措施实施的工程，必须在整改落实后才能进行蓄水。水电建设项目的主要环境保护工程，应纳入能源主管部门组织的水电工程安全鉴定和验收范围，确保主要环境保护工程的设计、施工及运行安全满足工程要求。

（三）加强环境保护措施运行监督管理。项目开发主体应确保各项环境保护措施的正常运行，并达到项目审批要求的功能和效果。应做好生态环境监测工作，按照环评要求构建生态环境监测体系，长期跟踪观测库区和坝下水温、水文情势变化以及鱼类关键栖息地的生境条件变化，动态开展鱼类增殖放流、过鱼导鱼、生态修复等措施实施效果监测。建立项目环境保护设施运行监测成果报告制度，项目开发主体应每半年编制电站环境保护设施运行简报，总结分析各项设施的运行及效果情况，提出存在的问题和

改善运行效果的措施计划。简报应报送环境保护行政主管部门和能源主管部门。环境保护行政主管部门应加强对环境保护设施运行的监督抽查，及时提出整改意见。

（四）适时开展水电开发环境影响回顾性评价和后评价。对水电规划较早，未开展规划环评的主要河流，河流开发主体应编制水电开发环境影响回顾性评价，环境保护行政主管部门会同能源主管部门审查并联合印发审查意见；省级环境保护行政主管部门组织环境影响回顾性评价审查的审查意见应报环境保护部备案。河流水电开发环境影响回顾性评价应将已建电站主要环境影响复核和环境保护措施效果分析作为重要研究内容。水电建设项目运行满 5 年，应按要求开展环境影响后评价工作，重点关注工程运行对环境敏感目标的影响，及时调整补充相应环保措施。

环境保护部 国家能源局

2014 年 5 月 10 日

第九篇　环境影响评价与建设项目管理

中华人民共和国环境影响评价法

中华人民共和国主席令

第四十八号

《全国人民代表大会常务委员会关于修改〈中华人民共和国节约能源法〉等六部法律的决定》已由中华人民共和国第十二届全国人民代表大会常务委员会第二十一次会议于2016年7月2日通过，现予公布。

《全国人民代表大会常务委员会关于修改〈中华人民共和国节约能源法〉等六部法律的决定》对《中华人民共和国节约能源法》、《中华人民共和国水法》、《中华人民共和国防洪法》、《中华人民共和国职业病防治法》、《中华人民共和国航道法》所作的修改，自公布之日起施行；对《中华人民共和国环境影响评价法》所作的修改，自2016年9月1日起施行。

中华人民共和国主席　习近平

2016年7月2日

（2002年10月28日第九届全国人民代表大会常务委员会第三十次会议通过；根据2016年7月2日第十二届全国人民代表大会常务委员会第二十一次会议《关于修改〈中华人民共和国节约能源法〉等六部法律的决定》修正）

第一章　总　　则

第一条　为了实施可持续发展战略，预防因规划和建设项目实施后对环境造成不良影响，促进经济、社会和环境的协调发展，制定本法。

第二条　本法所称环境影响评价，是指对规划和建设项目实施后可能造成的环境影响进行分析、预测和评估，提出预防或者减轻不良环境影响的对策和措施，进行跟踪监测的方法与制度。

第三条　编制本法第九条所规定的范围内的规划，在中华人民共和国领域和中华人民共和国管辖的其他海域内建设对环境有影响的项目，应当依照本法进行环境影响评价。

第四条　环境影响评价必须客观、公开、公正，综合考虑规划或者建设项目实施后对各种环境因素及其所构成的生态系统可能造成的影响，为决策提供科学依据。

第五条　国家鼓励有关单位、专家和公众以适当方式参与环境影响评价。

第六条　国家加强环境影响评价的基础数据库和评价指标体系建设，鼓励和支持对环境影响评价的方法、技术规范进行科学研究，建立必要的环境影响评价信息共享制度，提高环境影响评价的科学性。

国务院环境保护行政主管部门应当会同国务院有关部门，组织建立和完善环境影响评价的基础数据库和评价指标体系。

第二章　规划的环境影响评价

第七条　国务院有关部门、设区的市级以上地方人民政府及其有关部门，对其组织编制的土地利用的有关规划，区域、流域、海域的建设、开发利用规划，应当在规划编制过程中组织进行环境影响评价，编写该规划有关环境影响的篇章或者说明。

规划有关环境影响的篇章或者说明，应当对规划实施后可能造成的环境影响作出分析、预测和评估，提出预防或者减轻不良环境影响的对策和措施，作为规划草案的组成部分一并报送规划审批机关。

未编写有关环境影响的篇章或者说明的规划草案，审批机关不予审批。

第八条　国务院有关部门、设区的市级以上地方人民政府及其有关部门，对其组织编制的工业、农业、畜牧业、林业、能源、水利、交通、城市建设、旅游、自然资源开发的有关专项规划（以下简称专项规划），应当在该专项规划草案上报审批前，组织进行环境影响评价，并向审批该专项规划的机关提出环境影响报告书。

前款所列专项规划中的指导性规划，按照本法第七条的规定进行环境影响评价。

第九条　依照本法第七条、第八条的规定进行环境影响评价的规划的具体范围，由国务院环境保护行政主管部门会同国务院有关部门规定，报国务院批准。

第十条　专项规划的环境影响报告书应当包括下列内容：

（一）实施该规划对环境可能造成影响的分析、预测和评估；

（二）预防或者减轻不良环境影响的对策和措施；

（三）环境影响评价的结论。

第十一条　专项规划的编制机关对可能造成不良环境影响并直接涉及公众环境权益的规划，应当在该规划草案报送审批前，举行论证会、听证会，或者采取其他形式，征求有关单位、专家和公众对环境影响报告书草案的意见。但是，国家规定需要保密的情形除外。

编制机关应当认真考虑有关单位、专家和公众对环境影响报告书草案的意见，并应当在报送审查的环境影响报告书中附具对意见采纳或者不采纳的说明。

第十二条　专项规划的编制机关在报批规划草案时，应当将环境影响报告书一并附送审批机关审查；未附送环境影响报告书的，审批机关不予审批。

第十三条　设区的市级以上人民政府在审批专项规划草案，作出决策前，应当先由人民政府指定的环境保护行政主管部门或者其他部门召集有关部门代表和专家组成审查小组，对环境影响报告书进行审查。审查小组应当提出书面审查意见。

参加前款规定的审查小组的专家，应当从按照国务院环境保护行政主管部门的规定设立的专家库内的相关专业的专家名单中，以随机抽取的方式确定。

由省级以上人民政府有关部门负责审批的专项规划，其环境影响报告书的审查办法，由国务院环境保护行政主管部门会同国务院有关部门制定。

第十四条　审查小组提出修改意见的，专项规划的编制机关应当根据环境影响报告书结论和审查意见对规划草案进行修改完善，并对环境影响报告书结论和审查意见的采纳情况作出说明；不采纳的，应当说明理由。设区的市级以上人民政府或者省级以上人民政府有关部门在审批专项规划草案时，应当将环境影响报告书结论以及审查意见作为决策的重要依据。

在审批中未采纳环境影响报告书结论以及审查意见的，应当作出说明，并存档备查。

第十五条　对环境有重大影响的规划实施后，编制机关应当及时组织环境影响的跟踪评价，并将评价结果报告审批机关；发现有明显不良环境影响的，应当及时提出改进措施。

第三章　建设项目的环境影响评价

第十六条　国家根据建设项目对环境的影响程度，对建设项目的环境影响评价实行分类管理。建设单位应当按照下列规定组织编制环境影响报告书、环境影响报告表或者填报环境影响登记表（以下统称环境影响评价文件）：

（一）可能造成重大环境影响的，应当编制环境影响报告书，对产生的环境影响进行全面评价；

（二）可能造成轻度环境影响的，应当编制环境影响报告表，对产生的环境影响进行分析或者专项评价；

（三）对环境影响很小、不需要进行环境影响评价的，应当填报环境影响登记表。

建设项目的环境影响评价分类管理名录，由国务院环境保护行政主管部门制定并公布。

第十七条 建设项目的环境影响报告书应当包括下列内容：

（一）建设项目概况；

（二）建设项目周围环境现状；

（三）建设项目对环境可能造成影响的分析、预测和评估；

（四）建设项目环境保护措施及其技术、经济论证；

（五）建设项目对环境影响的经济损益分析；

（六）对建设项目实施环境监测的建议；

（七）环境影响评价的结论。

环境影响报告表和环境影响登记表的内容和格式，由国务院环境保护行政主管部门制定。

第十八条 建设项目的环境影响评价，应当避免与规划的环境影响评价相重复。作为一项整体建设项目的规划，按照建设项目进行环境影响评价，不进行规划的环境影响评价。已经进行了环境影响评价的规划包含具体建设项目的，规划的环境影响评价结论应当作为建设项目环境影响评价的重要依据，建设项目环境影响评价的内容应当根据规划的环境影响评价审查意见予以简化。

第十九条 接受委托为建设项目环境影响评价提供技术服务的机构，应当经国务院环境保护行政主管部门考核审查合格后，颁发资质证书，按照资质证书规定的等级和评价范围，从事环境影响评价服务，并对评价结论负责。为建设项目环境影响评价提供技术服务的机构的资质条件和管理办法，由国务院环境保护行政主管部门制定。

国务院环境保护行政主管部门对已取得资质证书的为建设项目环境影响评价提供技术服务的机构的名单，应当予以公布。

为建设项目环境影响评价提供技术服务的机构，不得与负责审批建设项目环境影响评价文件的环境保护行政主管部门或者其他有关审批部门存在任何利益关系。

第二十条 环境影响评价文件中的环境影响报告书或者环境影响报告表，应当由具有相应环境影响评价资质的机构编制。

任何单位和个人不得为建设单位指定对其建设项目进行环境影响评价的机构。

第二十一条 除国家规定需要保密的情形外，对环境可能造成重大影响、应当编制环境影响报告书的建设项目，建设单位应当在报批建设项目环境影响报告书前，举行论证会、听证会，或者采取其他形式，征求有关单位、专家和公众的意见。

建设单位报批的环境影响报告书应当附具对有关单位、专家和公众的意见采纳或者不采纳的说明。

第二十二条 建设项目的环境影响报告书、报告表，由建设单位按照国务院的规定报有审批权的环境保护行政主管部门审批。

海洋工程建设项目的海洋环境影响报告书的审批，依照《中华人民共和国海洋环境保护法》的规定办理。

审批部门应当自收到环境影响报告书之日起六十日内，收到环境影响报告表之日起三十日内，分别作出审批决定并书面通知建设单位。

国家对环境影响登记表实行备案管理。

审核、审批建设项目环境影响报告书、报告表以及备案环境影响登记表，不得收取任何费用。

第二十三条 国务院环境保护行政主管部门负责审批下列建设项目的环境影响评价文件：

（一）核设施、绝密工程等特殊性质的建设项目；

（二）跨省、自治区、直辖市行政区域的建设项目；

（三）由国务院审批的或者由国务院授权有关部门审批的建设项目。

前款规定以外的建设项目的环境影响评价文件的审批权限，由省、自治区、直辖市人民政府规定。

建设项目可能造成跨行政区域的不良环境影响，有关环境保护行政主管部门对该项目的环境影响评价结论有争议的，其环境影响评价文件由共同的上一级环境保护行政主管部门审批。

第二十四条　建设项目的环境影响评价文件经批准后，建设项目的性质、规模、地点、采用的生产工艺或者防治污染、防止生态破坏的措施发生重大变动的，建设单位应当重新报批建设项目的环境影响评价文件。

建设项目的环境影响评价文件自批准之日起超过五年，方决定该项目开工建设的，其环境影响评价文件应当报原审批部门重新审核；原审批部门应当自收到建设项目环境影响评价文件之日起十日内，将审核意见书面通知建设单位。

第二十五条　建设项目的环境影响评价文件未依法经审批部门审查或者审查后未予批准的，建设单位不得开工建设。

第二十六条　建设项目建设过程中，建设单位应当同时实施环境影响报告书、环境影响报告表以及环境影响评价文件审批部门审批意见中提出的环境保护对策措施。

第二十七条　在项目建设、运行过程中产生不符合经审批的环境影响评价文件的情形的，建设单位应当组织环境影响的后评价，采取改进措施，并报原环境影响评价文件审批部门和建设项目审批部门备案；原环境影响评价文件审批部门也可以责成建设单位进行环境影响的后评价，采取改进措施。

第二十八条　环境保护行政主管部门应当对建设项目投入生产或者使用后所产生的环境影响进行跟踪检查，对造成严重环境污染或者生态破坏的，应当查清原因、查明责任。对属于为建设项目环境影响评价提供技术服务的机构编制不实的环境影响评价文件的，依照本法第三十二条的规定追究其法律责任；属于审批部门工作人员失职、渎职，对依法不应批准的建设项目环境影响评价文件予以批准的，依照本法第三十四条的规定追究其法律责任。

第四章　法律责任

第二十九条　规划编制机关违反本法规定，未组织环境影响评价，或者组织环境影响评价时弄虚作假或者有失职行为，造成环境影响评价严重失实的，对直接负责的主管人员和其他直接责任人员，由上级机关或者监察机关依法给予行政处分。

第三十条　规划审批机关对依法应当编写有关环境影响的篇章或者说明而未编写的规划草案，依法应当附送环境影响报告书而未附送的专项规划草案，违法予以批准的，对直接负责的主管人员和其他直接责任人员，由上级机关或者监察机关依法给予行政处分。

第三十一条　建设单位未依法报批建设项目环境影响报告书、报告表，或者未依照本法第二十四条的规定重新报批或者报请重新审核环境影响报告书、报告表，擅自开工建设的，由县级以上环境保护行政主管部门责令停止建设，根据违法情节和危害后果，处建设项目总投资额百分之一以上百分之五以下的罚款，并可以责令恢复原状；对建设单位直接负责的主管人员和其他直接责任人员，依法给予行政处分。

建设项目环境影响报告书、报告表未经批准或者未经原审批部门重新审核同意，建设单位擅自开工建设的，依照前款的规定处罚、处分。

建设单位未依法备案建设项目环境影响登记表的，由县级以上环境保护行政主管部门责令备案，处五万元以下的罚款。

海洋工程建设项目的建设单位有本条所列违法行为的，依照《中华人民共和国海洋环境保护法》的规定处罚。

第三十二条　接受委托为建设项目环境影响评价提供技术服务的机构在环境影响评价工作中不负责任或者弄虚作假，致使环境影响评价文件失实的，由授予环境影响评价资质的环境保护行政主管部门降低其资质等级或者吊销其资质证书，并处所收费用一倍以上三倍以下的罚款；构成犯罪的，依法追究刑事责任。

第三十三条 负责审核、审批、备案建设项目环境影响评价文件的部门在审批、备案中收取费用的，由其上级机关或者监察机关责令退还；情节严重的，对直接负责的主管人员和其他直接责任人员依法给予行政处分。

第三十四条 环境保护行政主管部门或者其他部门的工作人员徇私舞弊，滥用职权，玩忽职守，违法批准建设项目环境影响评价文件的，依法给予行政处分；构成犯罪的，依法追究刑事责任。

第五章 附 则

第三十五条 省、自治区、直辖市人民政府可以根据本地的实际情况，要求对本辖区的县级人民政府编制的规划进行环境影响评价。具体办法由省、自治区、直辖市参照本法第二章的规定制定。

第三十六条 军事设施建设项目的环境影响评价办法，由中央军事委员会依照本法的原则制定。

第三十七条 本法自2003年9月1日起施行。

规划环境影响评价条例

中华人民共和国国务院令

第559号

《规划环境影响评价条例》已经2009年8月12日国务院第76次常务会议通过，现予公布，自2009年10月1日起施行。

总 理 温家宝

二〇〇九年八月十七日

第一章 总 则

第一条 为了加强对规划的环境影响评价工作，提高规划的科学性，从源头预防环境污染和生态破坏，促进经济、社会和环境的全面协调可持续发展，根据《中华人民共和国环境影响评价法》，制定本条例。

第二条 国务院有关部门、设区的市级以上地方人民政府及其有关部门，对其组织编制的土地利用的有关规划和区域、流域、海域的建设、开发利用规划（以下称综合性规划），以及工业、农业、畜牧业、林业、能源、水利、交通、城市建设、旅游、自然资源开发的有关专项规划（以下称专项规划），应当进行环境影响评价。

依照本条第一款规定应当进行环境影响评价的规划的具体范围，由国务院环境保护主管部门会同国务院有关部门拟订，报国务院批准后执行。

第三条 对规划进行环境影响评价，应当遵循客观、公开、公正的原则。

第四条 国家建立规划环境影响评价信息共享制度。

县级以上人民政府及其有关部门应当对规划环境影响评价所需资料实行信息共享。

第五条 规划环境影响评价所需的费用应当按照预算管理的规定纳入财政预算，严格支出管理，接受审计监督。

第六条 任何单位和个人对违反本条例规定的行为或者对规划实施过程中产生的重大不良环境影响，有权向规划审批机关、规划编制机关或者环境保护主管部门举报。有关部门接到举报后，应当依法调查处理。

第二章　评　价

第七条　规划编制机关应当在规划编制过程中对规划组织进行环境影响评价。

第八条　对规划进行环境影响评价，应当分析、预测和评估以下内容：

（一）规划实施可能对相关区域、流域、海域生态系统产生的整体影响；

（二）规划实施可能对环境和人群健康产生的长远影响；

（三）规划实施的经济效益、社会效益与环境效益之间以及当前利益与长远利益之间的关系。

第九条　对规划进行环境影响评价，应当遵守有关环境保护标准以及环境影响评价技术导则和技术规范。

规划环境影响评价技术导则由国务院环境保护主管部门会同国务院有关部门制定；规划环境影响评价技术规范由国务院有关部门根据规划环境影响评价技术导则制定，并抄送国务院环境保护主管部门备案。

第十条　编制综合性规划，应当根据规划实施后可能对环境造成的影响，编写环境影响篇章或者说明。

编制专项规划，应当在规划草案报送审批前编制环境影响报告书。编制专项规划中的指导性规划，应当依照本条第一款规定编写环境影响篇章或者说明。

本条第二款所称指导性规划是指以发展战略为主要内容的专项规划。

第十一条　环境影响篇章或者说明应当包括下列内容：

（一）规划实施对环境可能造成影响的分析、预测和评估。主要包括资源环境承载能力分析、不良环境影响的分析和预测以及与相关规划的环境协调性分析。

（二）预防或者减轻不良环境影响的对策和措施。主要包括预防或者减轻不良环境影响的政策、管理或者技术等措施。

环境影响报告书除包括上述内容外，还应当包括环境影响评价结论。主要包括规划草案的环境合理性和可行性，预防或者减轻不良环境影响的对策和措施的合理性和有效性，以及规划草案的调整建议。

第十二条　环境影响篇章或者说明、环境影响报告书（以下称环境影响评价文件），由规划编制机关编制或者组织规划环境影响评价技术机构编制。规划编制机关应当对环境影响评价文件的质量负责。

第十三条　规划编制机关对可能造成不良环境影响并直接涉及公众环境权益的专项规划，应当在规划草案报送审批前，采取调查问卷、座谈会、论证会、听证会等形式，公开征求有关单位、专家和公众对环境影响报告书的意见。但是，依法需要保密的除外。

有关单位、专家和公众的意见与环境影响评价结论有重大分歧的，规划编制机关应当采取论证会、听证会等形式进一步论证。

规划编制机关应当在报送审查的环境影响报告书中附具对公众意见采纳与不采纳情况及其理由的说明。

第十四条　对已经批准的规划在实施范围、适用期限、规模、结构和布局等方面进行重大调整或者修订的，规划编制机关应当依照本条例的规定重新或者补充进行环境影响评价。

第三章　审　查

第十五条　规划编制机关在报送审批综合性规划草案和专项规划中的指导性规划草案时，应当将环境影响篇章或者说明作为规划草案的组成部分一并报送规划审批机关。未编写环境影响篇章或者说明的，规划审批机关应当要求其补充；未补充的，规划审批机关不予审批。

第十六条　规划编制机关在报送审批专项规划草案时，应当将环境影响报告书一并附送规划审批机关审查；未附送环境影响报告书的，规划审批机关应当要求其补充；未补充的，规划审批机关不予审批。

第十七条　设区的市级以上人民政府审批的专项规划，在审批前由其环境保护主管部门召集有关部门代表和专家组成审查小组，对环境影响报告书进行审查。审查小组应当提交书面审查意见。

省级以上人民政府有关部门审批的专项规划，其环境影响报告书的审查办法，由国务院环境保护主管部门会同国务院有关部门制定。

第十八条 审查小组的专家应当从依法设立的专家库内相关专业的专家名单中随机抽取。但是，参与环境影响报告书编制的专家，不得作为该环境影响报告书审查小组的成员。

审查小组中专家人数不得少于审查小组总人数的二分之一；少于二分之一的，审查小组的审查意见无效。

第十九条 审查小组的成员应当客观、公正、独立地对环境影响报告书提出书面审查意见，规划审批机关、规划编制机关、审查小组的召集部门不得干预。

审查意见应当包括下列内容：

（一）基础资料、数据的真实性；

（二）评价方法的适当性；

（三）环境影响分析、预测和评估的可靠性；

（四）预防或者减轻不良环境影响的对策和措施的合理性和有效性；

（五）公众意见采纳与不采纳情况及其理由的说明的合理性；

（六）环境影响评价结论的科学性。

审查意见应当经审查小组四分之三以上成员签字同意。审查小组成员有不同意见的，应当如实记录和反映。

第二十条 有下列情形之一的，审查小组应当提出对环境影响报告书进行修改并重新审查的意见：

（一）基础资料、数据失实的；

（二）评价方法选择不当的；

（三）对不良环境影响的分析、预测和评估不准确、不深入，需要进一步论证的；

（四）预防或者减轻不良环境影响的对策和措施存在严重缺陷的；

（五）环境影响评价结论不明确、不合理或者错误的；

（六）未附具对公众意见采纳与不采纳情况及其理由的说明，或者不采纳公众意见的理由明显不合理的；

（七）内容存在其他重大缺陷或者遗漏的。

第二十一条 有下列情形之一的，审查小组应当提出不予通过环境影响报告书的意见：

（一）依据现有知识水平和技术条件，对规划实施可能产生的不良环境影响的程度或者范围不能作出科学判断的；

（二）规划实施可能造成重大不良环境影响，并且无法提出切实可行的预防或者减轻对策和措施的。

第二十二条 规划审批机关在审批专项规划草案时，应当将环境影响报告书结论以及审查意见作为决策的重要依据。

规划审批机关对环境影响报告书结论以及审查意见不予采纳的，应当逐项就不予采纳的理由作出书面说明，并存档备查。有关单位、专家和公众可以申请查阅；但是，依法需要保密的除外。

第二十三条 已经进行环境影响评价的规划包含具体建设项目的，规划的环境影响评价结论应当作为建设项目环境影响评价的重要依据，建设项目环境影响评价的内容可以根据规划环境影响评价的分析论证情况予以简化。

第四章　跟踪评价

第二十四条 对环境有重大影响的规划实施后，规划编制机关应当及时组织规划环境影响的跟踪评价，将评价结果报告规划审批机关，并通报环境保护等有关部门。

第二十五条 规划环境影响的跟踪评价应当包括下列内容：

（一）规划实施后实际产生的环境影响与环境影响评价文件预测可能产生的环境影响之间的比较分析和评估；

（二）规划实施中所采取的预防或者减轻不良环境影响的对策和措施有效性的分析和评估；

（三）公众对规划实施所产生的环境影响的意见；

（四）跟踪评价的结论。

第二十六条　规划编制机关对规划环境影响进行跟踪评价，应当采取调查问卷、现场走访、座谈会等形式征求有关单位、专家和公众的意见。

第二十七条　规划实施过程中产生重大不良环境影响的，规划编制机关应当及时提出改进措施，向规划审批机关报告，并通报环境保护等有关部门。

第二十八条　环境保护主管部门发现规划实施过程中产生重大不良环境影响的，应当及时进行核查。经核查属实的，向规划审批机关提出采取改进措施或者修订规划的建议。

第二十九条　规划审批机关在接到规划编制机关的报告或者环境保护主管部门的建议后，应当及时组织论证，并根据论证结果采取改进措施或者对规划进行修订。

第三十条　规划实施区域的重点污染物排放总量超过国家或者地方规定的总量控制指标的，应当暂停审批该规划实施区域内新增该重点污染物排放总量的建设项目的环境影响评价文件。

第五章　法律责任

第三十一条　规划编制机关在组织环境影响评价时弄虚作假或者有失职行为，造成环境影响评价严重失实的，对直接负责的主管人员和其他直接责任人员，依法给予处分。

第三十二条　规划审批机关有下列行为之一的，对直接负责的主管人员和其他直接责任人员，依法给予处分：

（一）对依法应当编写而未编写环境影响篇章或者说明的综合性规划草案和专项规划中的指导性规划草案，予以批准的；

（二）对依法应当附送而未附送环境影响报告书的专项规划草案，或者对环境影响报告书未经审查小组审查的专项规划草案，予以批准的。

第三十三条　审查小组的召集部门在组织环境影响报告书审查时弄虚作假或者滥用职权，造成环境影响评价严重失实的，对直接负责的主管人员和其他直接责任人员，依法给予处分。

审查小组的专家在环境影响报告书审查中弄虚作假或者有失职行为，造成环境影响评价严重失实的，由设立专家库的环境保护主管部门取消其入选专家库的资格并予以公告；审查小组的部门代表有上述行为的，依法给予处分。

第三十四条　规划环境影响评价技术机构弄虚作假或者有失职行为，造成环境影响评价文件严重失实的，由国务院环境保护主管部门予以通报，处所收费用 1 倍以上 3 倍以下的罚款；构成犯罪的，依法追究刑事责任。

第六章　附　则

第三十五条　省、自治区、直辖市人民政府可以根据本地的实际情况，要求本行政区域内的县级人民政府对其组织编制的规划进行环境影响评价。具体办法由省、自治区、直辖市参照《中华人民共和国环境影响评价法》和本条例的规定制定。

第三十六条　本条例自 2009 年 10 月 1 日起施行。

建设项目环境保护管理条例

中华人民共和国国务院令

第 682 号

《国务院关于修改〈建设项目环境保护管理条例〉的决定》已经 2017 年 6 月 21 日国务院第 177 次常务会议通过，现予公布，自 2017 年 10月 1 日起施行。

总　理　李克强

2017 年 7 月 16 日

（1998 年 11 月 29 日中华人民共和国国务院令第 253 号发布，根据 2017 年 7 月 16 日《国务院关于修改〈建设项目环境保护管理条例〉的决定》修订）

第一章　总　　则

第一条　为了防止建设项目产生新的污染、破坏生态环境，制定本条例。

第二条　在中华人民共和国领域和中华人民共和国管辖的其他海域内建设对环境有影响的建设项目，适用本条例。

第三条　建设产生污染的建设项目，必须遵守污染物排放的国家标准和地方标准；在实施重点污染物排放总量控制的区域内，还必须符合重点污染物排放总量控制的要求。

第四条　工业建设项目应当采用能耗物耗小、污染物产生量少的清洁生产工艺，合理利用自然资源，防止环境污染和生态破坏。

第五条　改建、扩建项目和技术改造项目必须采取措施，治理与该项目有关的原有环境污染和生态破坏。

第二章　环境影响评价

第六条　国家实行建设项目环境影响评价制度。

第七条　国家根据建设项目对环境的影响程度，按照下列规定对建设项目的环境保护实行分类管理：

（一）建设项目对环境可能造成重大影响的，应当编制环境影响报告书，对建设项目产生的污染和对环境的影响进行全面、详细的评价；

（二）建设项目对环境可能造成轻度影响的，应当编制环境影响报告表，对建设项目产生的污染和对环境的影响进行分析或者专项评价；

（三）建设项目对环境影响很小，不需要进行环境影响评价的，应当填报环境影响登记表。

建设项目环境影响评价分类管理名录，由国务院环境保护行政主管部门在组织专家进行论证和征求有关部门、行业协会、企事业单位、公众等意见的基础上制定并公布。

第八条　建设项目环境影响报告书，应当包括下列内容：

（一）建设项目概况；

（二）建设项目周围环境现状；

（三）建设项目对环境可能造成影响的分析和预测；

（四）环境保护措施及其经济、技术论证；

（五）环境影响经济损益分析；

（六）对建设项目实施环境监测的建议；

（七）环境影响评价结论。

建设项目环境影响报告表、环境影响登记表的内容和格式，由国务院环境保护行政主管部门规定。

第九条　依法应当编制环境影响报告书、环境影响报告表的建设项目，建设单位应当在开工建设前将环境影响报告书、环境影响报告表报有审批权的环境保护行政主管部门审批；建设项目的环境影响评价文件未依法经审批部门审查或者审查后未予批准的，建设单位不得开工建设。

环境保护行政主管部门审批环境影响报告书、环境影响报告表，应当重点审查建设项目的环境可行性、环境影响分析预测评估的可靠性、环境保护措施的有效性、环境影响评价结论的科学性等，并分别自收到环境影响报告书之日起 60 日内、收到环境影响报告表之日起 30 日内，作出审批决定并书面通知建设单位。

环境保护行政主管部门可以组织技术机构对建设项目环境影响报告书、环境影响报告表进行技术评估，并承担相应费用；技术机构应当对其提出的技术评估意见负责，不得向建设单位、从事环境影响评价工作的单位收取任何费用。

依法应当填报环境影响登记表的建设项目，建设单位应当按照国务院环境保护行政主管部门的规定将环境影响登记表报建设项目所在地县级环境保护行政主管部门备案。

环境保护行政主管部门应当开展环境影响评价文件网上审批、备案和信息公开。

第十条　国务院环境保护行政主管部门负责审批下列建设项目环境影响报告书、环境影响报告表：

（一）核设施、绝密工程等特殊性质的建设项目；

（二）跨省、自治区、直辖市行政区域的建设项目；

（三）国务院审批的或者国务院授权有关部门审批的建设项目。

前款规定以外的建设项目环境影响报告书、环境影响报告表的审批权限，由省、自治区、直辖市人民政府规定。

建设项目造成跨行政区域环境影响，有关环境保护行政主管部门对环境影响评价结论有争议的，其环境影响报告书或者环境影响报告表由共同上一级环境保护行政主管部门审批。

第十一条　建设项目有下列情形之一的，环境保护行政主管部门应当对环境影响报告书、环境影响报告表作出不予批准的决定：

（一）建设项目类型及其选址、布局、规模等不符合环境保护法律法规和相关法定规划；

（二）所在区域环境质量未达到国家或者地方环境质量标准，且建设项目拟采取的措施不能满足区域环境质量改善目标管理要求；

（三）建设项目采取的污染防治措施无法确保污染物排放达到国家和地方排放标准，或者未采取必要措施预防和控制生态破坏；

（四）改建、扩建和技术改造项目，未针对项目原有环境污染和生态破坏提出有效防治措施；

（五）建设项目的环境影响报告书、环境影响报告表的基础资料数据明显不实，内容存在重大缺陷、遗漏，或者环境影响评价结论不明确、不合理。

第十二条　建设项目环境影响报告书、环境影响报告表经批准后，建设项目的性质、规模、地点、采用的生产工艺或者防治污染、防止生态破坏的措施发生重大变动的，建设单位应当重新报批建设项目环境影响报告书、环境影响报告表。

建设项目环境影响报告书、环境影响报告表自批准之日起满 5 年，建设项目方开工建设的，其环境影响报告书、环境影响报告表应当报原审批部门重新审核。原审批部门应当自收到建设项目环境影响报告书、环境影响报告表之日起 10 日内，将审核意见书面通知建设单位；逾期未通知的，视为审核同意。

审核、审批建设项目环境影响报告书、环境影响报告表及备案环境影响登记表，不得收取任何费用。

第十三条　建设单位可以采取公开招标的方式，选择从事环境影响评价工作的单位，对建设项目进行环境影响评价。

任何行政机关不得为建设单位指定从事环境影响评价工作的单位，进行环境影响评价。

第十四条 建设单位编制环境影响报告书，应当依照有关法律规定，征求建设项目所在地有关单位和居民的意见。

第三章 环境保护设施建设

第十五条 建设项目需要配套建设的环境保护设施，必须与主体工程同时设计、同时施工、同时投产使用。

第十六条 建设项目的初步设计，应当按照环境保护设计规范的要求，编制环境保护篇章，落实防治环境污染和生态破坏的措施以及环境保护设施投资概算。

建设单位应当将环境保护设施建设纳入施工合同，保证环境保护设施建设进度和资金，并在项目建设过程中同时组织实施环境影响报告书、环境影响报告表及其审批部门审批决定中提出的环境保护对策措施。

第十七条 编制环境影响报告书、环境影响报告表的建设项目竣工后，建设单位应当按照国务院环境保护行政主管部门规定的标准和程序，对配套建设的环境保护设施进行验收，编制验收报告。

建设单位在环境保护设施验收过程中，应当如实查验、监测、记载建设项目环境保护设施的建设和调试情况，不得弄虚作假。

除按照国家规定需要保密的情形外，建设单位应当依法向社会公开验收报告。

第十八条 分期建设、分期投入生产或者使用的建设项目，其相应的环境保护设施应当分期验收。

第十九条 编制环境影响报告书、环境影响报告表的建设项目，其配套建设的环境保护设施经验收合格，方可投入生产或者使用；未经验收或者验收不合格的，不得投入生产或者使用。

前款规定的建设项目投入生产或者使用后，应当按照国务院环境保护行政主管部门的规定开展环境影响后评价。

第二十条 环境保护行政主管部门应当对建设项目环境保护设施设计、施工、验收、投入生产或者使用情况，以及有关环境影响评价文件确定的其他环境保护措施的落实情况，进行监督检查。

境保护行政主管部门应当将建设项目有关环境违法信息记入社会诚信档案，及时向社会公开违法者名单。

第四章 法律责任

第二十一条 建设单位有下列行为之一的，依照《中华人民共和国环境影响评价法》的规定处罚：

（一）建设项目环境影响报告书、环境影响报告表未依法报批或者报请重新审核，擅自开工建设；

（二）建设项目环境影响报告书、环境影响报告表未经批准或者重新审核同意，擅自开工建设；

（三）建设项目环境影响登记表未依法备案。

第二十二条 违反本条例规定，建设单位编制建设项目初步设计未落实防治环境污染和生态破坏的措施以及环境保护设施投资概算，未将环境保护设施建设纳入施工合同，或者未依法开展环境影响后评价的，由建设项目所在地县级以上环境保护行政主管部门责令限期改正，处5万元以上20万元以下的罚款；逾期不改正的，处20万元以上100万元以下的罚款。

违反本条例规定，建设单位在项目建设过程中未同时组织实施环境影响报告书、环境影响报告表及其审批部门审批决定中提出的环境保护对策措施的，由建设项目所在地县级以上环境保护行政主管部门责令限期改正，处20万元以上100万元以下的罚款；逾期不改正的，责令停止建设。

第二十三条 违反本条例规定，需要配套建设的环境保护设施未建成、未经验收或者验收不合格，建设项目即投入生产或者使用，或者在环境保护设施验收中弄虚作假的，由县级以上环境保护行政主管部门责令限期改正，处20万元以上100万元以下的罚款；逾期不改正的，处100万元以上200万元以下的罚款；对直接负责的主管人员和其他责任人员，处5万元以上20万元以下的罚款；造成重大环境污染或者生态破坏的，责令停止生产或者使用，或者报经有批准权的人民政府批准，责令关闭。

违反本条例规定，建设单位未依法向社会公开环境保护设施验收报告的，由县级以上环境保护行政主管部门责令公开，处5万元以上20万元以下的罚款，并予以公告。

第二十四条　违反本条例规定，技术机构向建设单位、从事环境影响评价工作的单位收取费用的，由县级以上环境保护行政主管部门责令退还所收费用，处所收费用1倍以上3倍以下的罚款。

第二十五条　从事建设项目环境影响评价工作的单位，在环境影响评价工作中弄虚作假的，由县级以上环境保护行政主管部门处所收费用1倍以上3倍以下的罚款。

第二十六条　环境保护行政主管部门的工作人员徇私舞弊、滥用职权、玩忽职守，构成犯罪的，依法追究刑事责任；尚不构成犯罪的，依法给予行政处分。

第五章　附　　则

第二十七条　流域开发、开发区建设、城市新区建设和旧区改建等区域性开发，编制建设规划时，应当进行环境影响评价。具体办法由国务院环境保护行政主管部门会同国务院有关部门另行规定。

第二十八条　海洋工程建设项目的环境保护管理，按照国务院关于海洋工程环境保护管理的规定执行。

第二十九条　军事设施建设项目的环境保护管理，按照中央军事委员会的有关规定执行。

第三十条　本条例自发布之日起施行。

注：《建设项目环境保护管理条例》1998年11月29日中华人民共和国国务院令第253号发布，自发布之日起施行。《国务院关于修改〈建设项目环境保护管理条例〉的决定》已经2017年6月21日国务院第177次常务会议通过，自2017年10月1日起施行。所以，本条例的施行时间仍然是发布之日，即1998年11月29日；经过修改的条文生效日期则为2017年10月1日。

建设项目环境影响登记表备案管理办法

环境保护部令 第41号

《建设项目环境影响登记表备案管理办法》已于2016年11月2日由环境保护部部务会议审议通过，现予公布，自2017年1月1日起施行。

附件：建设项目环境影响登记表备案管理办法

环境保护部部长　陈吉宁

2016年11月16日

附件

建设项目环境影响登记表备案管理办法

第一条　为规范建设项目环境影响登记表备案，依据《环境影响评价法》和《建设项目环境保护管理条例》，制定本办法。

第二条 本办法适用于按照《建设项目环境影响评价分类管理名录》规定应当填报环境影响登记表的建设项目。

第三条 填报环境影响登记表的建设项目，建设单位应当依照本办法规定，办理环境影响登记表备案手续。

第四条 填报环境影响登记表的建设项目应当符合法律法规、政策、标准等要求。

建设单位对其填报的建设项目环境影响登记表内容的真实性、准确性和完整性负责。

第五条 县级环境保护主管部门负责本行政区域内的建设项目环境影响登记表备案管理。

按照国家有关规定，县级环境保护主管部门被调整为市级环境保护主管部门派出分局的，由市级环境保护主管部门组织所属派出分局开展备案管理。

第六条 建设项目的建设地点涉及多个县级行政区域的，建设单位应当分别向各建设地点所在地的县级环境保护主管部门备案。

第七条 建设项目环境影响登记表备案采用网上备案方式。

对国家规定需要保密的建设项目，建设项目环境影响登记表备案采用纸质备案方式。

第八条 环境保护部统一布设建设项目环境影响登记表网上备案系统（以下简称网上备案系统）。

省级环境保护主管部门在本行政区域内组织应用网上备案系统，通过提供地址链接方式，向县级环境保护主管部门分配网上备案系统使用权限。

县级环境保护主管部门应当向社会公告网上备案系统地址链接信息。

各级环境保护主管部门应当将环境保护法律、法规、规章以及规范性文件中与建设项目环境影响登记表备案相关的管理要求，及时在其网站的网上备案系统中公开，为建设单位办理备案手续提供便利。

第九条 建设单位应当在建设项目建成并投入生产运营前，登录网上备案系统，在网上备案系统注册真实信息，在线填报并提交建设项目环境影响登记表。

第十条 建设单位在办理建设项目环境影响登记表备案手续时，应当认真查阅、核对《建设项目环境影响评价分类管理名录》，确认其备案的建设项目属于按照《建设项目环境影响评价分类管理名录》规定应当填报环境影响登记表的建设项目。

对按照《建设项目环境影响评价分类管理名录》规定应当编制环境影响报告书或者报告表的建设项目，建设单位不得擅自降低环境影响评价等级，填报环境影响登记表并办理备案手续。

第十一条 建设单位填报建设项目环境影响登记表时，应当同时就其填报的环境影响登记表内容的真实、准确、完整作出承诺，并在登记表中的相应栏目由该建设单位的法定代表人或者主要负责人签署姓名。

第十二条 建设单位在线提交环境影响登记表后，网上备案系统自动生成备案编号和回执，该建设项目环境影响登记表备案即为完成。

建设单位可以自行打印留存其填报的建设项目环境影响登记表及建设项目环境影响登记表备案回执。

建设项目环境影响登记表备案回执是环境保护主管部门确认收到建设单位环境影响登记表的证明。

第十三条 建设项目环境影响登记表备案完成后，建设单位或者其法定代表人或者主要负责人在建设项目建成并投入生产运营前发生变更的，建设单位应当依照本办法规定再次办理备案手续。

第十四条 建设项目环境影响登记表备案完成后，建设单位应当严格执行相应污染物排放标准及相关环境管理规定，落实建设项目环境影响登记表中填报的环境保护措施，有效防治环境污染和生态破坏。

第十五条 建设项目环境影响登记表备案完成后，县级环境保护主管部门通过其网站的网上备案系统同步向社会公开备案信息，接受公众监督。对国家规定需要保密的建设项目，县级环境保护主管部门严格执行国家有关保密规定，备案信息不公开。

县级环境保护主管部门应当根据国务院关于加强环境监管执法的有关规定，将其完成备案的建设项目纳入有关环境监管网格管理范围。

第十六条 公民、法人和其他组织发现建设单位有以下行为的，有权向环境保护主管部门或者其他负有环境保护监督管理职责的部门举报：

（一）环境影响登记表存在弄虚作假的；

（二）有污染环境和破坏生态行为的；

（三）对按照《建设项目环境影响评价分类管理名录》规定应当编制环境影响报告书或者报告表的建设项目，建设单位擅自降低环境影响评价等级，填报环境影响登记表并办理备案手续的。

举报应当采取书面形式，有明确的被举报人，并提供相关事实和证据。

第十七条　环境保护主管部门或者其他负有环境保护监督管理职责的部门可以采取抽查、根据举报进行检查等方式，对建设单位遵守本办法规定的情况开展监督检查，并根据监督检查认定的事实，按照以下情形处理：

（一）构成行政违法的，依照有关环境保护法律法规和规定，予以行政处罚；

（二）构成环境侵权的，依法承担环境侵权责任；

（三）涉嫌构成犯罪的，依法移送司法机关。

第十八条　建设单位未依法备案建设项目环境影响登记表的，由县级环境保护主管部门根据《环境影响评价法》第三十一条第三款的规定，责令备案，处五万元以下的罚款。

第十九条　违反本办法规定，建设单位违反承诺，在填报建设项目环境影响登记表时弄虚作假，致使备案内容失实的，由县级环境保护主管部门将该建设单位违反承诺情况记入其环境信用记录，向社会公布。

第二十条　违反本办法规定，对按照《建设项目环境影响评价分类管理名录》应当编制环境影响报告书或者报告表的建设项目，建设单位擅自降低环境影响评价等级，填报环境影响登记表并办理备案手续，经查证属实的，县级环境保护主管部门认定建设单位已经取得的备案无效，向社会公布，并按照以下规定处理：

（一）未依法报批环境影响报告书或者报告表，擅自开工建设的，依照《环境保护法》第六十一条和《环境影响评价法》第三十一条第一款的规定予以处罚、处分。

（二）未依法报批环境影响报告书或者报告表，擅自投入生产或者经营的，分别依照《环境影响评价法》第三十一条第一款和《建设项目环境保护管理条例》的有关规定作出相应处罚。

第二十一条　对依照本办法第十八条、第二十条规定处理的建设单位，由县级环境保护主管部门将该建设单位违法失信信息记入其环境信用记录，向社会公布。

第二十二条　本办法自2017年1月1日起施行。

附

建设项目环境影响登记表

填报日期：

项目名称			
建设地点		占地（建筑、营业）面积（m^2）	
建设单位		法定代表人或者主要负责人	
联系人		联系电话	
项目投资（万元）		环保投资（万元）	
拟投入生产运营日期			
项目性质	□新建　　□改建　　□扩建		

<table>
<tr><td>备案依据</td><td colspan="3">该项目属于《建设项目环境影响评价分类管理名录》中应当填报环境影响登记表的建设项目，属于第XX类XX项中XX。</td></tr>
<tr><td>建设内容及规模</td><td colspan="3">□工业生产类项目□生态影响类项目□餐饮类项目□畜禽养殖类项目□核工业类项目（核设施的非放射性和非安全重要建设项目）□核技术利用类项目□电磁辐射类项目</td></tr>
<tr><td>主要环境影响</td><td>□废气
□废水：
□生活污水
□生产废水
□固废
□噪声
□生态影响
□辐射环境影响</td><td>采取的环保措施及排放去向</td><td>□无环保措施：
直接通过　排放至　。
□有环保措施：
□　采取　措施后通过　排放至　。
□其他措施：　。</td></tr>
<tr><td colspan="4">承诺：XX（建设单位名称及法定代表人或者主要负责人姓名）承诺所填写各项内容真实、准确、完整，建设项目符合《建设项目环境影响登记表备案管理办法》的规定。如存在弄虚作假、隐瞒欺骗等情况及由此导致的一切后果由XX（建设单位名称及法定代表人或者主要负责人姓名）承担全部责任。

法定代表人或者主要负责人签字：</td></tr>
<tr><td colspan="4">备案回执
该项目环境影响登记表已经完成备案，备案号：XXXXXX。</td></tr>
</table>

填表说明

1.填表人应当仔细阅读《建设项目环境影响登记表备案管理办法》，知晓相关的权利和义务。

2.建设项目符合《建设项目环境影响登记表备案管理办法》的规定。

3.建设单位自觉接受环境保护主管部门或者其他负有环境保护监督管理职责的部门的日常监督管理。

建设项目环境影响评价资质管理办法

（环境保护部令　第36号）

《建设项目环境影响评价资质管理办法》已于2015年4月2日由环境保护部部务会议修订通过，现予公布，自2015年11月1日起施行。原国家环境保护总局发布的《建设项目环境影响评价资质管理办法》（国家环境保护总局令第26号）同时废止。

部长　陈吉宁

2015年9月28日

附件

建设项目环境影响评价资质管理办法

目　录

第一章　总　则

第一条　为加强建设项目环境影响评价管理，提高环境影响评价工作质量，维护环境影响评价行业秩序，根据《中华人民共和国环境保护法》《中华人民共和国环境影响评价法》和《中华人民共和国行政许可法》等有关法律法规，制定本办法。

第二条　为建设项目环境影响评价提供技术服务的机构，应当按照本办法的规定，向环境保护部申请建设项目环境影响评价资质（以下简称资质），经审查合格，取得《建设项目环境影响评价资质证书》（以下简称资质证书）后，方可在资质证书规定的资质等级和评价范围内接受建设单位委托，编制建设项目环境影响报告书或者环境影响报告表（以下简称环境影响报告书（表））。

环境影响报告书（表）应当由具有相应资质的机构（以下简称环评机构）编制。

第三条　资质等级分为甲级和乙级。评价范围包括环境影响报告书的十一个类别和环境影响报告表的二个类别（具体类别见附件），其中环境影响报告书类别分设甲、乙两个等级。

资质等级为甲级的环评机构（以下简称甲级机构），其评价范围应当至少包含一个环境影响报告书甲级类别；资质等级为乙级的环评机构（以下简称乙级机构），其评价范围只包含环境影响报告书乙级类别和环境影响报告表类别。

应当由具有相应环境影响报告书甲级类别评价范围的环评机构主持编制环境影响报告书的建设项目目录，由环境保护部另行制定。

第四条　资质证书在全国范围内通用，有效期为四年，由环境保护部统一印制、颁发。

资质证书包括正本和副本，记载环评机构的名称、资质等级、评价范围、证书编号、有效期，以及环评机构的住所、法定代表人等信息。

第五条　国家鼓励环评机构专业化、规模化发展，积极开展环境影响评价技术研究，提升技术优势，增强技术实力，形成一批区域性和专业性技术中心。

第六条　国家支持成立环境影响评价行业组织，加强行业自律，维护行业秩序，组织开展环评机构及其环境影响评价工程师和相关专业技术人员的水平评价，建立健全行业内奖惩机制。

第二章　环评机构的资质条件

第七条　环评机构应当为依法经登记的企业法人或者核工业、航空和航天行业的事业单位法人。

下列机构不得申请资质：

（一）由负责审批或者核准环境影响报告书（表）的主管部门设立的事业单位出资的企业法人；

（二）由负责审批或者核准环境影响报告书（表）的主管部门作为业务主管单位或者挂靠单位的社会组织出资的企业法人；

（三）受负责审批或者核准环境影响报告书（表）的主管部门委托，开展环境影响报告书（表）技术评估的企业法人；

（四）前三项中的企业法人出资的企业法人。

第八条 环评机构应当有固定的工作场所，具备环境影响评价工作质量保证体系，建立并实施环境影响评价业务承接、质量控制、档案管理、资质证书管理等制度。

第九条 甲级机构除具备本办法第七条、第八条规定的条件外，还应当具备下列条件：

（一）近四年连续具备资质且主持编制过至少八项主管部门审批或者核准的环境影响报告书。

（二）至少配备十五名环境影响评价工程师。

（三）评价范围中的每个环境影响报告书甲级类别至少配备六名相应专业类别的环境影响评价工程师，其中至少三人主持编制过主管部门近四年内审批或者核准的相应类别环境影响报告书各二项。核工业环境影响报告书甲级类别配备的相应类别环境影响评价工程师中还应当至少三人为注册核安全工程师。

（四）评价范围中的环境影响报告书乙级类别以及核与辐射项目环境影响报告表类别配备的环境影响评价工程师条件应当符合本办法第十条第（二）项的规定。

（五）近四年内至少完成过一项环境保护相关科研课题，或者至少编制过一项国家或者地方环境保护标准。

第十条 乙级机构除具备本办法第七条、第八条规定的条件外，还应当具备下列条件：

（一）至少配备九名环境影响评价工程师。

（二）评价范围中的每个环境影响报告书乙级类别至少配备四名相应专业类别的环境影响评价工程师，其中至少二人主持编制过主管部门近四年内审批或者核准的环境影响报告书（表）各四项。核工业环境影响报告书乙级类别配备的相应类别环境影响评价工程师中还应当至少一人为注册核安全工程师。核与辐射项目环境影响报告表类别应当至少配备一名相应专业类别的环境影响评价工程师。

第十一条 乙级机构在资质证书有效期内应当主持编制至少八项主管部门审批或者核准的环境影响报告书（表）。

第三章 资质的申请与审查

第十二条 环境保护部负责受理资质申请。资质申请包括首次申请、变更、延续以及评价范围调整、资质等级晋级。

环评机构近一年内违反本办法相关规定被责令限期整改或者受到行政处罚的，不得申请评价范围调整和资质等级晋级。

第十三条 申请资质的机构应当如实提交相关申请材料，并对申请材料的真实性和准确性负责。申请材料的具体要求由环境保护部另行制定。

第十四条 环评机构有下列情形之一的，应当在变更登记或者变更发生之日起六十个工作日内申请变更资质证书中的相关内容：

（一）工商行政管理部门或者事业单位登记管理部门登记的机构名称、住所或者法定代表人变更的；

（二）因改制、分立或者合并等原因，编制环境影响报告书（表）的机构名称变更的。

第十五条 资质证书有效期届满，环评机构需要继续从事环境影响报告书（表）编制工作的，应当在有效期届满九十个工作日前申请资质延续。

第十六条 申请资质的机构应当通过环境保护部政府网站提交资质申请，并将书面申请材料一式三份报送环境保护部。

环境保护部对申请材料齐全、符合规定形式的资质申请，予以受理，并出具书面受理回执；对申请材料不齐全或者不符合规定形式的，在五个工作日内一次性告知申请资质的机构需要补正的内容；对不予受理的，书面说明理由。

环境保护部对已受理的资质申请信息在其政府网站予以公示。

第十七条　环境保护部组织对申请资质的机构提交的申请材料进行审查，并根据情况开展核查。

环境保护部自受理申请之日起二十个工作日内，依照本办法规定和申请资质的机构实际达到的资质条件作出是否准予资质的决定。必要时，环境保护部可以组织专家进行评审或者征求国务院有关部门和省级环境保护主管部门的意见，专家评审时间不计算在二十个工作日内。

环境保护部应当对是否准予资质的决定和申请机构资质条件等情况在其政府网站进行公示。公示期间无异议的，向准予资质的申请机构颁发资质证书；向不予批准资质的申请机构书面说明理由。

第十八条　因改制、分立或者合并等原因申请变更环评机构名称的，环境保护部应当根据改制、分立或者合并后机构实际达到的资质条件，重新核定其资质等级和评价范围。

甲级机构申请资质延续，符合本办法第七条、第八条规定和下列条件，但资质证书有效期内主持编制主管部门审批或者核准的环境影响报告书（表）少于八项的，按乙级资质延续，并按该机构实际达到的资质条件重新核定其评价范围：

（一）近四年连续具备资质。

（二）至少配备十五名环境影响评价工程师。评价范围中至少一个原有环境影响报告书甲级类别配备六名以上相应专业类别的环境影响评价工程师。

（三）近四年内至少完成过一项环境保护相关科研课题，或者至少编制过一项国家或者地方环境保护标准。

第十九条　申请资质的机构隐瞒有关情况或者提供虚假材料的，环境保护部不予受理资质申请或者不予批准资质。该机构在一年内不得再次申请资质。

申请资质的机构以欺骗、贿赂等不正当手段取得资质的，由环境保护部撤销其资质。该机构在三年内不得再次申请资质。

前两款中涉及隐瞒环境影响评价工程师真实情况的，相关环境影响评价工程师三年内不得作为资质申请时配备的环境影响评价工程师、环境影响报告书（表）的编制主持人或者主要编制人员。

第二十条　环评机构有下列情形之一的，环境保护部应当办理资质注销手续：

（一）资质有效期届满未申请延续或者未准予延续的；

（二）法人资格终止的；

（三）因不再从事环境影响报告书（表）编制工作，申请资质注销的；

（四）资质被撤回、撤销或者资质证书被吊销的。

第二十一条　环境保护部在其政府网站设置资质管理专栏，公开资质审查程序、审查内容、受理情况、审查结果等信息，并及时公布环评机构及其环境影响评价工程师基本信息。

第四章　环评机构的管理

第二十二条　环评机构应当坚持公正、科学、诚信的原则，遵守职业道德，执行国家法律、法规及有关管理要求，确保环境影响报告书（表）内容真实、客观、全面和规范。

环评机构应当积极履行社会责任和普遍服务的义务，不得无正当理由拒绝承担公益性建设项目环境影响评价工作。

第二十三条　环境影响报告书（表）应当由一个环评机构主持编制，并由该机构中相应专业类别的环境影响评价工程师作为编制主持人。环境影响报告书各章节和环境影响报告表的主要内容应当由主持编制机构中的环境影响评价工程师作为主要编制人员。

核工业类别环境影响报告书的编制主持人还应当为注册核安全工程师，各章节的主要编制人员还应当为核工业类别环境影响评价工程师。

主持编制机构对环境影响报告书（表）编制质量和环境影响评价结论负责，环境影响报告书（表）编制主持人和主要编制人员承担相应责任。

第二十四条 环评机构接受委托编制环境影响报告书（表），应当与建设单位签订书面委托合同。委托合同不得由环评机构的内设机构、分支机构代签。

禁止涂改、出租、出借资质证书。

第二十五条 环境影响报告书（表）应当附主持编制的环评机构资质证书正本缩印件。缩印件页上应当注明建设项目名称等内容，并加盖主持编制机构印章和法定代表人名章。

环境影响报告书（表）中应当附编制人员名单表，列出编制主持人和主要编制人员的姓名及其环境影响评价工程师职业资格证书编号、专业类别和登记编号以及注册核安全工程师执业资格证书编号和注册证编号。编制主持人和主要编制人员应当在名单表中签字。

资质证书缩印件页和环境影响报告书（表）编制人员名单表格式由环境保护部另行制定。

第二十六条 环评机构应当建立其主持编制的环境影响报告书（表）完整档案。档案中应当包括环境影响报告书（表）及其编制委托合同、审批或者核准批复文件和相关的环境质量现状监测报告原件、公众参与材料等。

第二十七条 环评机构出资人、环境影响评价工程师等基本情况发生变化的，应当在发生变化后六十个工作日内向环境保护部备案。

第二十八条 环评机构在领取新的资质证书时，应当将原资质证书交回环境保护部。

环评机构遗失资质证书的，应当书面申请补发，并在公共媒体上刊登遗失声明。

第二十九条 环评机构中的环境影响评价工程师和参与环境影响报告书（表）编制的其他相关专业技术人员应当定期参加环境影响评价相关业务培训，更新和补充业务知识。

第五章 环评机构的监督检查

第三十条 环境保护主管部门应当加强对环评机构的监督检查。监督检查时可以查阅或者要求环评机构报送有关情况和材料，环评机构应当如实提供。

监督检查包括抽查、年度检查以及在环境影响报告书（表）受理和审批过程中对环评机构的审查。

第三十一条 环境保护部组织对环评机构的抽查。省级环境保护主管部门组织对住所在本行政区域内的环评机构的年度检查。

环境保护主管部门组织的抽查和年度检查，应当对环评机构的资质条件和环境影响评价工作情况进行全面检查。

第三十二条 环境保护主管部门在环境影响报告书（表）受理和审批过程中，应当对环境影响报告书（表）编制质量、主持编制机构的资质以及编制人员等情况进行审查。

对主持编制机构不具备相应资质等级和评价范围以及不符合本办法第二十三条和第二十五条有关规定的环境影响报告书（表），环境保护主管部门不予受理环境影响报告书（表）审批申请；对环境影响报告书（表）有本办法第三十六条或者第四十五条规定情形的，环境保护主管部门不予批准。

第三十三条 环评机构有下列情形之一的，由实施监督检查的环境保护主管部门对该机构给予通报批评：

（一）未与建设单位签订书面委托合同接受建设项目环境影响报告书（表）编制委托的，或者由环评机构的内设机构、分支机构代签书面委托合同的；

（二）主持编制的环境影响报告书（表）不符合本办法第二十五条规定格式的；

（三）未建立主持编制的环境影响报告书（表）完整档案的。

第三十四条 环评机构有下列情形之一的，由环境保护部责令改正；拒不改正的，责令其限期整改一至三个月：

（一）逾期未按本办法第十四条规定申请资质变更的；

（二）逾期未按本办法第二十七条规定报请备案环评机构出资人和环境影响评价工程师变化情况的。

第三十五条　环评机构主持编制的环境影响报告书（表）有下列情形之一的，由实施监督检查的环境保护主管部门责令该机构以及编制主持人和主要编制人员限期整改三至六个月：

（一）环境影响报告书（表）未由相应的环境影响评价工程师作为编制主持人的；

（二）环境影响报告书的各章节和环境影响报告表的主要内容未由相应的环境影响评价工程师作为主要编制人员的。

第三十六条　环评机构主持编制的环境影响报告书（表）有下列情形之一的，由实施监督检查的环境保护主管部门责令该机构以及编制主持人和主要编制人员限期整改六至十二个月：

（一）建设项目工程分析或者引用的现状监测数据错误的；

（二）主要环境保护目标或者主要评价因子遗漏的；

（三）环境影响评价工作等级或者环境标准适用错误的；

（四）环境影响预测与评价方法错误的；

（五）主要环境保护措施缺失的。

有前款规定情形，致使建设项目选址、选线不当或者环境影响评价结论错误的，依照本办法第四十五条的规定予以处罚。

第三十七条　环评机构因违反本办法规定被责令限期整改的，限期整改期间，作出限期整改决定的环境保护主管部门及其以下各级环境保护主管部门不再受理该机构编制的环境影响报告书（表）审批申请。

环境影响评价工程师被责令限期整改的，限期整改期间，作出限期整改决定的环境保护主管部门及其以下各级环境保护主管部门不再受理其作为编制主持人和主要编制人员编制的环境影响报告书（表）审批申请。

第三十八条　环评机构不符合相应资质条件的，由环境保护部根据其实际达到的资质条件，重新核定资质等级和评价范围或者撤销资质。

环评机构经重新核定的资质等级降低或者评价范围缩减的，在重新核定前，按原资质等级和缩减的评价范围接受委托编制的环境影响报告书（表）需要继续完成的，应当报经环境保护部审核同意。

第三十九条　环境保护主管部门应当建立环评机构及其环境影响评价工程师诚信档案。

县级以上地方环境保护主管部门应当建立住所在本行政区域、编制本级环境保护主管部门审批的环境影响报告书（表）的环评机构及其环境影响评价工程师的诚信档案，记录本部门对环评机构及其环境影响评价工程师采取的通报批评、限期整改和行政处罚等情况，并向社会公开。通报批评、限期整改和行政处罚等情况应当及时抄报环境保护部。

环境保护部应当将环境保护主管部门对环评机构及其环境影响评价工程师采取的行政处理和行政处罚等情况，记入全国环评机构和环境影响评价工程师诚信档案，并向社会公开。

第四十条　环境保护部在国家环境影响评价基础数据库中建立环评机构工作质量监督管理数据信息系统，采集环境影响报告书（表）内容、编制机构、编制人员、编制时间、审批情况等信息，实现对环评机构及其环境影响评价工程师工作质量的动态监控。

第四十一条　县级以上地方环境保护主管部门不得设置条件限制环评机构承接本行政区域内建设项目的环境影响报告书（表）编制工作。

第四十二条　县级以上地方环境保护主管部门在监督检查中发现环评机构有本办法第三十四条、第三十八条、第四十四条第二款、第四十五条规定情形的，应当及时向环境保护部报告并提出处理建议。

第四十三条　任何单位和个人有权向环境保护主管部门举报环评机构及其环境影响评价工程师违反本办法规定的行为。接受举报的环境保护主管部门应当及时调查，并依法作出处理决定。

第六章　法律责任

第四十四条　环评机构拒绝接受监督检查或者在接受监督检查时弄虚作假的，由实施监督检查的环境保护主管部门处三万元以下的罚款，并责令限期整改六至十二个月。

环评机构涂改、出租、出借资质证书或者超越资质等级、评价范围接受委托和主持编制环境影响报告书（表）的，由环境保护部处三万元以下的罚款，并责令限期整改一至三年。

第四十五条 环评机构不负责任或者弄虚作假，致使主持编制的环境影响报告书（表）失实的，依照《中华人民共和国环境影响评价法》的规定，由环境保护部降低其资质等级或者吊销其资质证书，并处所收费用一倍以上三倍以下的罚款，同时责令编制主持人和主要编制人员限期整改一至三年。

第四十六条 环境保护主管部门工作人员在环评机构资质管理工作中徇私舞弊、滥用职权、玩忽职守的，依法给予处分；构成犯罪的，依法追究刑事责任。

第七章 附 则

第四十七条 环评机构资质被吊销、撤销或者注销的，环境保护主管部门可继续完成已受理的该机构主持编制的环境影响报告书（表）审批工作。

第四十八条 本办法所称负责审批或者核准环境影响报告书（表）的主管部门包括环境保护主管部门和海洋主管部门；所称主管部门审批或者核准的环境影响报告书（表），是指经环境保护主管部门审批或者经海洋主管部门核准完成的环境影响报告书（表），不包括因有本办法第三十六条和第四十五条所列情形不予批准或者核准的环境影响报告书（表）。

第四十九条 本办法所称环境影响评价工程师，是指已申报所从业的环评机构和专业类别，在申报的环评机构中全日制专职工作且具有相应职业资格的专业技术人员。环境影响评价工程师从业情况申报的相关管理规定由环境保护部另行制定。

本办法所称注册核安全工程师，是指在注册的环评机构中全日制专职工作且具有相应执业资格的专业技术人员。

第五十条 本办法由环境保护部负责解释。

第五十一条 本办法自 2015 年 11 月 1 日起施行。原国家环境保护总局发布的《建设项目环境影响评价资质管理办法》（国家环境保护总局令第 26 号）同时废止。

附

建设项目环境影响评价资质中的评价范围类别划分

评价范围类别		资质条件中和作为编制主持人的环境影响评价工程师相应的专业类别
环境影响报告书类别	轻工纺织化纤	轻工纺织化纤
	化工石化医药	化工石化医药
	冶金机电	冶金机电
	建材火电	建材火电
	农林水利	农林水利
	采掘	采掘
	交通运输	交通运输
	社会服务	社会服务
	海洋工程	海洋工程
	输变电及广电通讯	输变电及广电通讯
	核工业	核工业
环境影响报告表类别	一般项目	任一类别
	核与辐射项目	输变电及广电通讯或者核工业

建设项目环境影响后评价管理办法（试行）

《建设项目环境影响后评价管理办法（试行）》已于2015年4月2日由环境保护部部务会议审议通过，现予公布，自2016年1月1日起施行。

附件：建设项目环境影响后评价管理办法（试行）

部长　陈吉宁

2015年12月10日

附件

建设项目环境影响后评价管理办法（试行）

第一条　为规范建设项目环境影响后评价工作，根据《中华人民共和国环境影响评价法》，制定本办法。

第二条　本办法所称环境影响后评价，是指编制环境影响报告书的建设项目在通过环境保护设施竣工验收且稳定运行一定时期后，对其实际产生的环境影响以及污染防治、生态保护和风险防范措施的有效性进行跟踪监测和验证评价，并提出补救方案或者改进措施，提高环境影响评价有效性的方法与制度。

第三条　下列建设项目运行过程中产生不符合经审批的环境影响报告书情形的，应当开展环境影响后评价：

（一）水利、水电、采掘、港口、铁路行业中实际环境影响程度和范围较大，且主要环境影响在项目建成运行一定时期后逐步显现的建设项目，以及其他行业中穿越重要生态环境敏感区的建设项目；

（二）冶金、石化和化工行业中有重大环境风险，建设地点敏感，且持续排放重金属或者持久性有机污染物的建设项目；

（三）审批环境影响报告书的环境保护主管部门认为应当开展环境影响后评价的其他建设项目。

第四条　环境影响后评价应当遵循科学、客观、公正的原则，全面反映建设项目的实际环境影响，客观评估各项环境保护措施的实施效果。

第五条　建设项目环境影响后评价的管理，由审批该建设项目环境影响报告书的环境保护主管部门负责。

环境保护部组织制定环境影响后评价技术规范，指导跨行政区域、跨流域和重大敏感项目的环境影响后评价工作。

第六条　建设单位或者生产经营单位负责组织开展环境影响后评价工作，编制环境影响后评价文件，并对环境影响后评价结论负责。

建设单位或者生产经营单位可以委托环境影响评价机构、工程设计单位、大专院校和相关评估机构等编制环境影响后评价文件。编制建设项目环境影响报告书的环境影响评价机构，原则上不得承担该建设项目环境影响后评价文件的编制工作。

建设单位或者生产经营单位应当将环境影响后评价文件报原审批环境影响报告书的环境保护主管部门备案，并接受环境保护主管部门的监督检查。

第七条　建设项目环境影响后评价文件应当包括以下内容：

（一）建设项目过程回顾。包括环境影响评价、环境保护措施落实、环境保护设施竣工验收、环境监测情况，以及公众意见收集调查情况等；

（二）建设项目工程评价。包括项目地点、规模、生产工艺或者运行调度方式，环境污染或者生态影响的来源、影响方式、程度和范围等；

（三）区域环境变化评价。包括建设项目周围区域环境敏感目标变化、污染源或者其他影响源变化、环境质量现状和变化趋势分析等；

（四）环境保护措施有效性评估。包括环境影响报告书规定的污染防治、生态保护和风险防范措施是否适用、有效，能否达到国家或者地方相关法律、法规、标准的要求等；

（五）环境影响预测验证。包括主要环境要素的预测影响与实际影响差异，原环境影响报告书内容和结论有无重大漏项或者明显错误，持久性、累积性和不确定性环境影响的表现等；

（六）环境保护补救方案和改进措施；

（七）环境影响后评价结论。

第八条 建设项目环境影响后评价应当在建设项目正式投入生产或者运营后三至五年内开展。原审批环境影响报告书的环境保护主管部门也可以根据建设项目的环境影响和环境要素变化特征，确定开展环境影响后评价的时限。

第九条 建设单位或者生产经营单位可以对单个建设项目进行环境影响后评价，也可以对在同一行政区域、流域内存在叠加、累积环境影响的多个建设项目开展环境影响后评价。

第十条 建设单位或者生产经营单位完成环境影响后评价后，应当依法公开环境影响评价文件，接受社会监督。

第十一条 对未按规定要求开展环境影响后评价，或者不落实补救方案、改进措施的建设单位或者生产经营单位，审批该建设项目环境影响报告书的环境保护主管部门应当责令其限期改正，并向社会公开。

第十二条 环境保护主管部门可以依据环境影响后评价文件，对建设项目环境保护提出改进要求，并将其作为后续建设项目环境影响评价管理的依据。

第十三条 建设项目环境影响报告书经批准后，其性质、规模、地点、工艺或者环境保护措施发生重大变动的，依照《中华人民共和国环境影响评价法》第二十四条的规定执行，不适用本办法。

第十四条 本办法由环境保护部负责解释。

第十五条 本办法自 2016 年 1 月 1 日起施行。

建设项目环境影响评价分类管理名录

《建设项目环境影响评价分类管理名录》已于 2016 年 12 月 27 日由环境保护部部务会议审议通过，现予公布，自 2017 年 9 月 1 日起施行。2015 年 4 月 9 日公布的原《建设项目环境影响评价分类管理名录》（环境保护部令第 33 号）同时废止。

环境保护部部长 李干杰

2017 年 6 月 29 日

附件

建设项目环境影响评价分类管理名录

第一条 为了实施建设项目环境影响评价分类管理，根据《中华人民共和国环境影响评价法》第十六条的规定，制定本名录。

第二条 根据建设项目特征和所在区域的环境敏感程度，综合考虑建设项目可能对环境产生的影响，对建设项目的环境影响评价 实行分类管理。

建设单位应当按照本名录的规定，分别组织编制建设项目环境影响报告书、环境影响报告表或者填报环境影响登记表。

第三条　本名录所称环境敏感区是指依法设立的各级各类保护区域和对建设项目产生的环境影响特别敏感的区域，主要包括生态 保护红线范围内或者其外的下列区域：

（一）自然保护区、风景名胜区、世界文化和自然遗产地、海洋特别保护区、饮用水水源保护区；

（二）基本农田保护区、基本草原、森林公园、地质公园、重要湿地、天然林、野生动物重要栖息地、重点保护野生植物生长繁殖地、重要水生生物的自然产卵场、索饵场、越冬场和洄游通道、天然渔场、水土流失重点防治区、沙化土地封禁保护区、封闭及半封闭海域；

（三）以居住、医疗卫生、文化教育、科研、行政办公等为主要功能的区域，以及文物保护单位。

第四条　建设单位应当严格按照本名录确定建设项目环境影响评价类别，不得擅自改变环境影响评价类别。

环境影响评价文件应当就建设项目对环境敏感区的影响作重点分析。

第五条　跨行业、复合型建设项目，其环境影响评价类别按其中单项等级最高的确定。

第六条　本名录未作规定的建设项目，其环境影响评价类别由省级环境保护主管部门根据建设项目的污染因子、生态影响因子特征及其所处环境的敏感性质和敏感程度提出建议，报环境保护部认定。

第七条　本名录由环境保护部负责解释，并适时修订公布。

第八条　本名录自 2017 年 9 月 1 日起施行。2015 年 4 月 9 日公布的原《建设项目环境影响评价分类管理名录》（环境保护部令第 33 号）同时废止。

项目类别 \ 环评类别		报告书	报告表	登记表	本栏目环境敏感区含义
一、畜牧业					
1	畜禽养殖场、养殖小区	年出栏生猪 5 000 头（其他畜禽种类折合猪的养殖规模）及以上；涉及环境敏感区的	—	其他	第三条(一)中的全部区域；第三条（三）中的全部区域
二、农副食品加工业					
2	粮食及饲料加工	有发酵工艺的	其他	—	—
3	植物油加工	—	除单纯分装和调和外的	单纯分装或调和的	—
4	制糖、糖制品加工	原糖生产	其他	—	—
5	屠宰	年屠宰生猪 10 万头、肉牛 1 万头、肉羊 15 万只、禽类 1 000 万只及以上	其他	—	—
6	肉禽类加工	—	年加工 2 万吨及以上	其他	—
7	水产品加工	—	鱼油提取及制品制造；年加工 10 万吨及以上的；涉及环境敏感区的	其他	第三条(一)中的全部区域；第三条（二）中的全部区域
8	淀粉、淀粉糖	含发酵工艺的	其他（单纯分装除外）	单纯分装的	—
9	豆制品制造	—	除手工制作和单纯分装外的	手工制作或单纯分装的	—
10	蛋品加工	—	—	全部	—
三、食品制造业					
11	方便食品制造	有提炼工艺的	其他（手工制作和	手工制作或单	—

项目类别 \ 环评类别		报告书	报告表	登记表	本栏目环境敏感区含义
			单纯分装除外）	纯分装的	
12	乳制品制造	年加工 20 万吨及以上	其他	—	—
13	调味品、发酵制品制造	含发酵工艺的味精、柠檬酸、赖氨酸、酱油、醋等制造	其他（单纯分装除外）	单纯分装的	—
14	盐加工	—	全部	—	—
15	饲料添加剂、食品添加剂制造	除单纯混合和分装外的	单纯混合或分装的	—	—
16	营养食品、保健食品、冷冻饮品、食用冰制造及其他食品制造	有提炼工艺的	其他（手工制作和单纯分装除外）	手工制作或单纯分装的	—
四、酒、饮料制造业					
17	酒精饮料及酒类制造	有发酵工艺的（以鲜葡萄或葡萄汁为原料年生产能力 1 000 千升以下的除外）	其他	—	—
18	果菜汁类及其他软饮料制造	原汁生产	其他	—	—
五、烟草制品业					
19	卷烟	年产 30 万箱及以上	其他	—	—
六、纺织业					
20	纺织品制造	有洗毛、染整、脱胶工段的；产生缫丝废水、精炼废水的	其他（编织物及其制品制造除外）	编织物及其制品制造	—
七、纺织服装、服饰业					
21	服装制造	有湿法印花、染色、水洗工艺的	新建年加工 100 万件及以上	其他	—
八、皮革、毛皮、羽毛及其制品和制鞋业					
22	皮革、毛皮、羽毛（绒）制品	制革、毛皮鞣制	其他	—	—
23	制鞋业	—	使用有机溶剂的	其他	—
九、木材加工和木、竹、藤、棕、草制品业					
24	锯材、木片加工、木制品制造	有电镀或喷漆工艺且年用油性漆量（含稀释剂）10 吨及以上的	其他	—	—
25	人造板制造	年产 20 万立方米及以上	其他	—	—
26	竹、藤、棕、草制品制造	有喷漆工艺且年用油性漆量（含稀释剂）10 吨及以上的	有化学处理工艺的；有喷漆工艺且年用油性漆量（含稀释剂）10 吨以下的，或使用水性漆的	其他	—
十、家具制造业					
27	家具制造	有电镀或喷漆工艺且年用油性漆量（含稀释剂）10 吨及以上的	其他	—	—
十一、造纸和纸制品业					

项目类别（环评类别）		报告书	报告表	登记表	本栏目环境敏感区含义
28	纸浆、溶解浆、纤维浆等制造；造纸（含废纸造纸）	全部	—	—	—
29	纸制品制造	—	有化学处理工艺的	其他	—
十二、印刷和记录媒介复制业					
30	印刷厂；磁材料制品	—	全部	—	—
十三、文教、工美、体育和娱乐用品制造业					
31	文教、体育、娱乐用品制造	—	全部	—	—
32	工艺品制造	有电镀或喷漆工艺且年用油性漆量（含稀释剂）10 吨及以上的	有喷漆工艺且年用油性漆量（含稀释剂）10 吨以下的，或使用水性漆的；有机加工的	其他	—
十四、石油加工、炼焦业					
33	原油加工、天然气加工、油母页岩等提炼原油、煤制油、生物制油及其他石油制品	全部	—	—	—
34	煤化工（含煤炭液化、气化）	全部	—	—	—
35	炼焦、煤炭热解、电石	全部	—	—	—
十五、化学原料和化学制品制造业					
36	基本化学原料制造；农药制造；涂料、染料、颜料、油墨及其类似产品制造；合成材料制造；专用化学品制造；炸药、火工及焰火产品制造；水处理剂等制造	除单纯混合和分装外的	单纯混合或分装的	—	—
37	肥料制造	化学肥料（单纯混合和分装的除外）	其他	—	—
38	半导体材料	全部	—	—	—
39	日用化学品制造	除单纯混合和分装外的	单纯混合或分装的	—	—
十六、医药制造业					
40	化学药品制造；生物、生化制品制造	全部	—	—	—
41	单纯药品分装、复配	—	全部	—	—
42	中成药制造、中药饮片加工	有提炼工艺的	其他	—	—
43	卫生材料及医药用品制造	—	全部	—	—

项目类别 \ 环评类别		报告书	报告表	登记表	本栏目环境敏感区含义
十七、化学纤维制造业					
44	化学纤维制造	除单纯纺丝外的	单纯纺丝	—	—
45	生物质纤维素乙醇生产	全部	—	—	—
十八、橡胶和塑料制品业					
46	轮胎制造、再生橡胶制造、橡胶加工、橡胶制品制造及翻新	轮胎制造；有炼化及硫化工艺的	其他	—	—
47	塑料制品制造	人造革、发泡胶等涉及有毒原材料的；以再生塑料为原料的；有电镀或喷漆工艺且年用油性漆量（含稀释剂）10吨及以上的	其他	—	—
十九、非金属矿物制品业					
48	水泥制造	全部	—	—	—
49	水泥粉磨站	—	全部	—	—
50	砼结构构件制造、商品混凝土加工	—	全部	—	—
51	石灰和石膏制造、石材加工、人造石制造、砖瓦制造	—	全部	—	—
52	玻璃及玻璃制品	平板玻璃制造	其他玻璃制造；以煤、油、天然气为燃料加热的玻璃制品制造	—	—
53	玻璃纤维及玻璃纤维增强塑料制品	—	全部	—	—
54	陶瓷制品	年产建筑陶瓷100万平方米及以上；年产卫生陶瓷150万件及以上；年产日用陶瓷250万件及以上	其他	—	—
55	耐火材料及其制品	石棉制品	其他	—	—
56	石墨及其他非金属矿物制品	含焙烧的石墨、碳素制品	其他	—	—
57	防水建筑材料制造、沥青搅拌站、干粉砂浆搅拌站	—	全部	—	—
二十、黑色金属冶炼和压延加工业					
58	炼铁、球团、烧结	全部	—	—	—
59	炼钢	全部	—	—	—
60	黑色金属铸造	年产10万吨及以上	其他	—	—
61	压延加工	黑色金属年产50万吨及以上的冷轧	其他	—	—
62	铁合金制造；锰、铬冶炼	全部	—	—	—

项目类别 \ 环评类别		报告书	报告表	登记表	本栏目环境敏感区含义
二十一、有色金属冶炼和压延加工业					
63	有色金属冶炼(含再生有色金属冶炼)	全部	—	—	—
64	有色金属合金制造	全部	—	—	—
65	有色金属铸造	年产 10 万吨及以上	其他	—	—
66	压延加工	—	全部	—	—
二十二、金属制品业					
67	金属制品加工制造	有电镀或喷漆工艺且年用油性漆量（含稀释剂）10 吨及以上的	其他（仅切割组装除外）	仅切割组装的	—
68	金属制品表面处理及热处理加工	有电镀工艺的；使用有机涂层的（喷粉、喷塑和电泳除外）；有钝化工艺的热镀锌	其他	—	—
二十三、通用设备制造业					
69	通用设备制造及维修	有电镀或喷漆工艺且年用油性漆量（含稀释剂）10 吨及以上的	其他（仅组装的除外）	仅组装的	—
二十四、专用设备制造业					
70	专用设备制造及维修	有电镀或喷漆工艺且年用油性漆量（含稀释剂）10 吨及以上的	其他（仅组装的除外）	仅组装的	—
二十五、汽车制造业					
71	汽车制造	整车制造（仅组装的除外）；发动机生产；有电镀或喷漆工艺且年用油性漆量（含稀释剂）10 吨及以上的零部件生产	其他	—	—
二十六、铁路、船舶、航空航天和其他运输设备制造业					
72	铁路运输设备制造及修理	机车、车辆、动车组制造；发动机生产；有电镀或喷漆工艺且年用油性漆量（含稀释剂）10 吨及以上的零部件生产	其他	—	—
73	船舶和相关装置制造及维修	有电镀或喷漆工艺且年用油性漆量（含稀释剂）10 吨及以上的；拆船、修船厂	其他	—	—
74	航空航天器制造	有电镀或喷漆工艺且年用油性漆量（含稀释剂）10 吨及以上的	其他	—	—
75	摩托车制造	整车制造（仅组装的除外）；发动机生产；有电镀或喷漆工艺且年用油性漆量（含稀释剂）10 吨及以上的零部件生产	其他	—	—
76	自行车制造	有电镀或喷漆工艺且年用油性漆量（含稀释剂）10 吨及以上的	其他	—	—
77	交通器材及其他交通运输设备制造	有电镀或喷漆工艺且年用油性漆量（含稀释剂）10 吨及以上的	其他（仅组装的除外）	仅组装的	—
二十七、电气机械和器材制造业					
78	电气机械及器材制造	有电镀或喷漆工艺且年用油性漆量（含稀释剂）10 吨及以上的；铅蓄电池制造	其他（仅组装的除外）	仅组装的	—

项目类别 \ 环评类别		报告书	报告表	登记表	本栏目环境敏感区含义
79	太阳能电池片	太阳能电池片生产	其他	—	—
二十八、计算机、通信和其他电子设备制造业					
80	计算机制造	显示器件；含前工序的集成电路	有分割、焊接、酸洗或有机溶剂清洗工艺的	其他	—
81	电子真空器件、集成电路、半导体分立器件制造、光电子器件、其他电子器件制造等	显示器件；含前工序的集成电路	有分割、焊接、酸洗或有机溶剂清洗工艺的	其他	—
82	印刷电路板、电子元件及组件制造	印刷电路板	有分割、焊接、酸洗或有机溶剂清洗工艺的	其他	—
83	电子陶瓷、有机薄膜、荧光粉、贵金属粉等电子专用材料	全部	—	—	—
84	电子配件组装	—	有分割、焊接（手工焊接除外）、酸洗或有机溶剂清洗工艺的	其他	—
二十九、仪器仪表制造业					
85	仪器仪表制造	有电镀或喷漆工艺且年用油性漆量（含稀释剂）10吨及以上的	其他（仅组装的除外）	仅组装的	—
三十、废弃资源综合利用业					
86	废旧资源（含生物质）加工、再生利用	废电子电器产品、废电池、废汽车、废电机、废五金、废塑料（除分拣清洗工艺的）、废油、废船、废轮胎等加工、再生利用	其他	—	—
三十一、电力、热力生产和供应业					
87	火力发电（含热电）	除燃气发电工程外的	燃气发电	—	—
88	综合利用发电	利用矸石、油页岩、石油焦等发电	单纯利用余热、余压、余气（含煤层气）发电	—	—
89	水力发电	总装机1 000千瓦及以上；抽水蓄能电站；涉及环境敏感区的	其他	—	第三条(一)中的全部区域；第三条（二）中的重要水生生物的自然产卵场、索饵场、越冬场和洄游通道
90	生物质发电	生活垃圾、污泥发电	利用农林生物质、沼气发电、垃圾填埋气发电	—	—
91	其他能源发电	海上潮汐电站、波浪电站、温差电站等；涉及环境敏感区的总装机容量5万千瓦及以上的风力发电	利用地热、太阳能热等发电；地面集中光伏电站（总容量大于6 000千瓦，且接入电压等级不小于10千伏）；其他风力发电	其他光伏发电	第三条(一)中的全部区域；第三条（二）中的重要水生生物的自然产卵场、索饵场、天然渔场；第三条（三）中的全部区域

项目类别 \ 环评类别		报告书	报告表	登记表	本栏目环境敏感区含义
92	热力生产和供应工程	燃煤、燃油锅炉总容量65吨/时（不含）以上	其他（电热锅炉除外）	—	—
三十二、燃气生产和供应业					
93	煤气生产和供应工程	煤气生产	煤气供应	—	—
94	城市天然气供应工程	—	全部	—	—
三十三、水的生产和供应业					
95	自来水生产和供应工程	—	全部	—	—
96	生活污水集中处理	新建、扩建日处理10万吨及以上	其他	—	—
97	工业废水处理	新建、扩建集中处理的	其他	—	—
98	海水淡化、其他水处理和利用	—	全部	—	—
三十四、环境治理业					
99	脱硫、脱硝、除尘等工程	—	脱硫、脱硝	除尘	—
100	危险废物（含医疗废物）利用及处置	利用及处置的（单独收集、病死动物化尸窖（井）除外）	其他	—	—
101	一般工业固体废物（含污泥）处置及综合利用	采取填埋和焚烧方式的	其他	—	—
102	污染场地治理修复	—	全部	—	—
三十五、公共设施管理业					
103	城镇生活垃圾转运站	—	全部	—	—
104	城镇生活垃圾（含餐厨废弃物）集中处置	全部	—	—	—
105	城镇粪便处置工程	—	日处理50吨及以上	其他	—
三十六、房地产					
106	房地产开发、宾馆、酒店、办公用房等	—	建筑面积5万平方米及以上；涉及环境敏感区的	其他	第三条（一）中的全部区域
三十七、研究和试验发展					
107	专业实验室	P3、P4生物安全实验室；转基因实验室	其他	—	—
108	研发基地	含医药、化工类等专业中试内容的	其他	—	—
三十八、专业技术服务业					
109	矿产资源地质勘查（含勘探活动和油气资源勘探）	—	除海洋油气勘探工程外的	海洋油气勘探工程	—
110	动物医院	—	全部	—	—
三十九、卫生					

环评类别 项目类别		报告书	报告表	登记表	本栏目环境敏感区含义
111	医院、专科防治院（所、站）、社区医疗、卫生院（所、站）、血站、急救中心、疗养院等其他卫生机构	新建、扩建床位100张及以上的	其他（20张床位以下的、中医门诊除外）	20张床位以下的、中医门诊	—
112	疾病预防控制中心	新建	其他	—	—
四十、社会事业与服务业					
113	学校、幼儿园、托儿所、福利院、养老院	—	建筑面积5万平方米及以上；有实验室的学校（P3、P4生物安全实验室除外）	其他（建筑面积5 000平方米以下的除外）	—
114	批发、零售市场	—	营业面积5 000平方米及以上	其他	—
115	餐饮、娱乐、洗浴场所	—	—	全部	—
116	体育场、体育馆	—	占地面积2.2万平方米及以上	其他	—
117	高尔夫球场、滑雪场、狩猎场、赛车场、跑马场、射击场、水上运动中心	高尔夫球场	其他	—	—
118	展览馆、博物馆、美术馆、影剧院、音乐厅、文化馆、图书馆、档案馆、纪念馆	—	占地面积3万平方米及以上	其他	—
119	公园（含动物园、植物园、主题公园）	特大型、大型主题公园	其他	—	—
120	旅游开发	缆车、索道建设；海上娱乐及运动、海上景观开发	其他	—	—
121	影视基地建设	涉及环境敏感区的	其他	—	第三条(一)中的全部区域；第三条(二)中的基本草原、森林公园、地质公园、重要湿地、天然林、野生动物重要栖息地、重点保护野生植物生长繁殖地；第三条(三)中的全部区域
122	胶片洗印厂	—	全部	—	—
123	驾驶员训练基地、公交枢纽、大型停车场	—	涉及环境敏感区的	其他	第三条(一)中的全部区域；第三条（三）中的全部区域
124	加油、加气站	—	新建、扩建	其他	—
125	洗车场	—	营业面积1 000平方米及以上；涉及环境敏感区的	其他	第三条(一)中的全部区域；第三条（二）中的基本农田保护区
126	汽车、摩托车维修场所	—	营业面积5 000平方米及以上；涉及环境敏感区的	其他	第三条(一)中的全部区域；第三条（二）中的基本农田保护区

项目类别 \ 环评类别		报告书	报告表	登记表	本栏目环境敏感区含义
127	殡仪馆、陵园、公墓	—	殡仪馆；涉及环境敏感区的	其他	第三条(一)中的全部区域；第三条（二）中的基本农田保护区；第三条（三）中的全部区域
四十一、煤炭开采和洗选业					
128	煤炭开采	全部	—	—	—
129	洗选、配煤	—	全部	—	—
130	煤炭储存、集运	—	全部	—	—
131	型煤、水煤浆生产	—	全部	—	—
四十二、石油和天然气开采业					
132	石油、页岩油开采	石油开采新区块开发；页岩油开采	其他	—	—
133	天然气、页岩气、砂岩气开采（含净化、液化）	新区块开发	其他	—	—
134	煤层气开采（含净化、液化）	年生产能力1亿立方米及以上；涉及环境敏感区的	其他	—	第三条(一)中的全部区域；第三条(二)中的基本草原、水土流失重点防治区、沙化土地封禁保护区；第三条（三）中的全部区域
四十三、黑色金属矿采选业					
135	黑色金属矿采选（含单独尾矿库）	全部	—	—	—
四十四、有色金属矿采选业					
136	有色金属矿采选（含单独尾矿库）	全部	—	—	—
四十五、非金属矿采选业					
137	土砂石、石材开采加工	涉及环境敏感区的	其他	—	第三条(一)中的全部区域；第三条(二)中的基本草原、重要水生生物的自然产卵场、索饵场、越冬场和洄游通道、沙化土地封禁保护区、水土流失重点防治区
138	化学矿采选	全部	—	—	—
139	采盐	井盐	湖盐、海盐	—	—
140	石棉及其他非金属矿采选	全部	—	—	—
四十六、水利					
141	水库	库容1 000万立方米及以上；涉及环境敏感区的	其他	—	第三条(一)中的全部区域；第三条（二）中的重要水生生物的自然产卵场、索饵场、越冬场和洄游通道
142	灌区工程	新建5万亩及以上；改造30万亩及以上	其他	—	—
143	引水工程	跨流域调水；大中型河流引水；小型河流年总引水量占天然年径流量1/4及以上；涉及环境敏感区的	其他	—	第三条(一)中的全部区域；第三条（二）中的重要水生生物的自然产卵场、索饵场、越冬场和洄游通道

项目类别 \ 环评类别		报告书	报告表	登记表	本栏目环境敏感区含义
144	防洪治涝工程	新建大中型	其他（小型沟渠的护坡除外）	—	—
145	河湖整治	涉及环境敏感区的	其他	—	第三条(一)中的全部区域；第三条(二)中的重要湿地、野生动物重要栖息地、重点保护野生植物生长繁殖地、重要水生生物的自然产卵场、索饵场、越冬场和洄游通道；第三条（三）中的文物保护单位
146	地下水开采	日取水量1万立方米及以上；涉及环境敏感区的	其他	—	第三条(一)中的全部区域；第三条（二）中的重要湿地
四十七、农业、林业、渔业					
147	农业垦殖	—	涉及环境敏感区的	其他	第三条(一)中的全部区域；第三条(二)中的基本草原、重要湿地、水土流失重点防治区
148	农产品基地项目（含药材基地）	—	涉及环境敏感区的	其他	第三条(一)中的全部区域；第三条(二)中的基本草原、重要湿地、水土流失重点防治区
149	经济林基地项目	—	原料林基地	其他	—
150	淡水养殖	—	网箱、围网等投饵养殖；涉及环境敏感区的	其他	第三条（一）中的全部区域
151	海水养殖	—	用海面积300亩及以上；涉及环境敏感区的	其他	第三条（一）中的自然保护区、海洋特别保护区；第三条（二）中的重要湿地、野生动物重要栖息地、重点保护野生植物生长繁殖地、重要水生生物的自然产卵场、索饵场、天然渔场、封闭及半封闭海域
四十八、海洋工程					
152	海洋人工鱼礁工程	—	固体物质投放量5 000立方米及以上；涉及环境敏感区的	其他	第三条（一）中的自然保护区、海洋特别保护区；第三条（二）中的野生动物重要栖息地、重点保护野生植物生长繁殖地、重要水生生物的自然产卵场、索饵场、天然渔场、封闭及半封闭海域
153	围填海工程及海上堤坝工程	围填海工程；长度0.5公里及以上的海上堤坝工程；涉及环境敏感区的	其他	—	第三条（一）中的自然保护区、海洋特别保护区；第三条（二）中的重要湿地、野生动物重要栖息地、重点保护野生植物生长繁殖地、重要水生生物的自然产卵场、索饵场、天然渔场、封闭及半封闭海域

项目类别 \ 环评类别		报告书	报告表	登记表	本栏目环境敏感区含义
154	海上和海底物资储藏设施工程	全部	—	—	—
155	跨海桥梁工程	全部	—	—	—
156	海底隧道、管道、电（光）缆工程	长度 1.0 公里及以上的	其他	—	—
四十九、交通运输业、管道运输业和仓储业					
157	等级公路	新建 30 公里以上的三级及以上等级公路；新建涉及环境敏感区的 1 公里及以上的独立隧道；新建涉及环境敏感区的主桥长度 1 公里及以上的独立桥梁	其他（配套设施、公路维护、四级以下公路除外）	配套设施、公路维护、新建四级公路	第三条（一）中的全部区域；第三条（二）中的全部区域；第三条（三）中的全部区域
158	新建、增建铁路	新建、增建铁路（30 公里及以下铁路联络线和 30 公里及以下铁路专用线除外）；涉及环境敏感区的	30 公里及以下铁路联络线和 30 公里及以下铁路专用线	—	第三条（一）中的全部区域；第三条（二）中的全部区域；第三条（三）中的全部区域
159	改建铁路	200 公里及以上的电气化改造（线路和站场不发生调整的除外）	其他	—	—
160	铁路枢纽	大型枢纽	其他	—	—
161	机场	新建；迁建；飞行区扩建	其他	—	—
162	导航台站、供油工程、维修保障等配套工程	—	供油工程；涉及环境敏感区的	其他	第三条（三）中的以居住、医疗卫生、文化教育、科研、行政办公等为主要功能的区域
163	油气、液体化工码头	新建；扩建	其他	—	—
164	干散货（含煤炭、矿石）、件杂、多用途、通用码头	单个泊位 1 000 吨级及以上的内河港口；单个泊位 1 万吨级及以上的沿海港口；涉及环境敏感区的	其他	—	第三条（一）中的全部区域；第三条（二）中的重要水生生物的自然产卵场、索饵场、越冬场和洄游通道、天然渔场
165	集装箱专用码头	单个泊位 3 000 吨级及以上的内河港口；单个泊位 3 万吨级及以上的海港；涉及危险品、化学品的；涉及环境敏感区的	其他	—	第三条（一）中的全部区域；第三条（二）中的重要水生生物的自然产卵场、索饵场、越冬场和洄游通道、天然渔场
166	滚装、客运、工作船、游艇码头	涉及环境敏感区的	其他	—	第三条（一）中的全部区域；第三条（二）中的重要水生生物的自然产卵场、索饵场、越冬场和洄游通道、天然渔场
167	铁路轮渡码头	涉及环境敏感区的	其他	—	第三条（一）中的全部区域；第三条（二）中的重要水生生物的自然产卵场、索饵场、越冬场和洄游通道、天然渔场
168	航道工程、水运辅助工程	航道工程；涉及环境敏感区的防波堤、船闸、通航建筑物	其他	—	第三条（一）中的全部区域；第三条（二）中的重要水生生物的自然产卵场、索饵场、越冬场和洄游通道、天然渔场
169	航电枢纽工程	全部	—	—	—
170	中心渔港码头	涉及环境敏感区的	其他	—	第三条（一）中的全部区域；第三条（二）中的重要水生生物的自然产卵场、索饵场、越冬场和洄游通道、天然渔场
171	城市轨道交通	全部	—	—	—

项目类别 \ 环评类别		报告书	报告表	登记表	本栏目环境敏感区含义
172	城市道路	—	全部（新建、扩建支路除外）	新建、扩建支路	—
173	城市桥梁、隧道	—	全部（新建人行天桥或人行地道除外）	新建人行天桥或人行地道	—
174	长途客运站	—	新建	其他	—
175	城镇管网及管廊建设（不含1.6兆帕及以下的天然气管道）	—	新建	其他	—
176	石油、天然气、页岩气、成品油管线（不含城市天然气管线）	200公里及以上；涉及环境敏感区的	其他	—	第三条（一）中的全部区域；第三条（二）中的基本农田保护区、地质公园、重要湿地、天然林；第三条（三）中的全部区域
177	化学品输送管线	全部	—	—	—
178	油库（不含加油站的油库）	总容量20万立方米及以上；地下洞库	其他	—	—
179	气库（含LNG库，不含加气站的气库）	地下气库	其他	—	—
180	仓储（不含油库、气库、煤炭储存）	—	有毒、有害及危险品的仓储、物流配送项目	其他	—
五十、核与辐射					
181	输变电工程	500千伏及以上；涉及环境敏感区的330千伏及以上	其他（100千伏以下除外）	—	第三条（一）中的全部区域；第三条（三）中的以居住、医疗卫生、文化教育、科研、行政办公等为主要功能的区域
182	广播电台、差转台	中波50千瓦及以上；短波100千瓦及以上；涉及环境敏感区的	其他	—	第三条（三）中的以居住、医疗卫生、文化教育、科研、行政办公等为主要功能的区域
183	电视塔台	100千瓦及以上	其他	—	—
184	卫星地球上行站	一站多台	一站单台	—	—
185	雷达	多台雷达探测系统	单台雷达探测系统	—	—
186	无线通讯	—	—	全部	—
187	核动力厂（核电厂、核热电厂、核供汽供热厂等）；反应堆（研究堆、实验堆、临界装置等）；核燃料生产、加工、贮存、后处理；放射性废物贮存、处理或处置；上述项目的退役	新建、扩建	主生产工艺或安全重要构筑物的重大变更，但源项不显著增加	核设施控制区范围内不带放射性的实验室、试验装置、维修车间、仓库、办公设施等	—
188	铀矿开采、冶炼	新建、扩建及退役	其他	—	—
189	铀矿地质勘探、退役治理	—	全部	—	—
190	伴生放射性矿产资源的采选、冶炼及废渣再利用	新建、扩建	其他	—	—

项目类别 \ 环评类别		报告书	报告表	登记表	本栏目环境敏感区含义
191	核技术利用建设项目（不含在已许可场所增加不超出已许可活动种类和不高于已许可范围等级的核素或射线装置）	生产放射性同位素的（制备PET用放射性药物的除外）；使用Ⅰ类放射源的（医疗使用的除外）；销售（含建造）、使用Ⅰ类射线装置的；甲级非密封放射性物质工作场所	制备PET用放射性药物的；医疗使用Ⅰ类放射源的；使用Ⅱ类、Ⅲ类放射源的；生产、使用Ⅱ类射线装置的；乙、丙级非密封放射性物质工作场所；在野外进行放射性同位素示踪试验的	销售Ⅰ类、Ⅱ类、Ⅲ类、Ⅳ类、Ⅴ类放射源的；使用Ⅳ类、Ⅴ类放射源的；销售非密封放射性物质的；销售Ⅱ类射线装置的；生产、销售、使用Ⅲ类射线装置的	—
192	核技术利用项目退役	生产放射性同位素的（制备PET用放射性药物的除外）；甲级非密封放射性物质工作场所	制备PET用放射性药物的；乙级非密封放射性物质工作场所；水井式γ辐照装置；除水井式γ辐照装置外其他使用Ⅰ类、Ⅱ类、Ⅲ类放射源场所存在污染的；使用Ⅰ类、Ⅱ类射线装置存在污染的	丙级非密封放射性物质工作场所；除水井式γ辐照装置外其他使用Ⅰ类、Ⅱ类、Ⅲ类放射源场所不存在污染的	—

关于修改《建设项目环境影响评价分类管理名录》部分内容的决定

生态环境部令　第1号

《关于修改〈建设项目环境影响评价分类管理名录〉部分内容的决定》已于2018年4月28日经生态环境部第3次部务会议通过，现予公布，自公布之日起施行。

生态环境部部长　李干杰

2018年4月28日

关于修改《建设项目环境影响评价分类管理名录》部分内容的决定

为贯彻落实党中央、国务院关于“简政放权、放管结合、优化服务”改革要求，依据《中华人民共和国环境影响评价法》《建设项目环境保护管理条例》有关规定，现决定对《建设项目环境影响评价分类管理名录》（环境保护部令第44号）的部分内容作以下修改：

一、将第六条和第七条中的“环境保护部”修改为“生态环境部”。将第六条中的“省级环境保护主管部门”修改为“省级生态环境主管部门”。

二、对项目类别、环评类别部分内容予以修改。修改内容见附件。

本决定自公布之日起施行。

《建设项目环境影响评价分类管理名录》（环境保护部令第44号）根据本决定作相应修改，重新公布。

附件：《建设项目环境影响评价分类管理名录》修改单

《建设项目环境影响评价分类管理名录》修改单

项目类别＼环评类别		报告书	报告表	登记表	本栏目环境敏感区含义
二、农副食品加工业					
2	粮食及饲料加工	含发酵工艺的	年加工1万吨及以上的	其他	—
4	制糖、糖制品加工	原糖生产	其他（单纯分装的除外）	单纯分装的	—
三、食品制造业					
11	方便食品制造	—	除手工制作和单纯分装外的	手工制作或单纯分装的	—
12	乳制品制造	—	除单纯分装外的	单纯分装的	—
13	调味品、发酵制品制造	含发酵工艺的味精、柠檬酸、赖氨酸等制造	其他（单纯分装的除外）	单纯分装的	—
15	饲料添加剂、食品添加剂制造	—	除单纯混合和分装外的	单纯混合或分装的	—
16	营养食品、保健食品、冷冻饮品、食用冰制造及其他食品制造	—	除手工制作和单纯分装外的	手工制作或单纯分装的	—
四、酒、饮料制造业					
17	酒精饮料及酒类制造	有发酵工艺的(以水果或水果汁为原料年生产能力1000千升以下的除外)	其他（单纯勾兑的除外）	单纯勾兑的	—
18	果菜汁类及其他软饮料制造	—	除单纯调制外的	单纯调制的	—
五、烟草制品业					
19	卷烟	—	全部	—	—
二十八、计算机、通信和其他电子设备制造业					
80	计算机制造	—	显示器件；集成电路；有分割、焊接、酸洗或有机溶剂清洗工艺的	其他	—
81	智能消费设备制造	—	全部	—	—
82	电子器件制造	—	显示器件；集成电路；有分割、焊接、酸洗或有机溶剂清洗工艺的	其他	—
83	电子元件及电子专用材料制造	—	印刷电路板；电子专用材料；有分割、焊接、酸洗或有机溶剂清洗工艺的	—	—
84	通信设备制造、广播电视设备制造、雷达及配套设备制造、非专业视听设备制造及其他电子设备制造	—	全部	—	—
三十四、环境治理业					
99	脱硫、脱硝、除尘、VOCs治理等工程	—	新建脱硫、脱硝、除尘	其他	—

项目类别 \ 环评类别		报告书	报告表	登记表	本栏目环境敏感区含义
三十六、房地产					
106	房地产开发、宾馆、酒店、办公用房、标准厂房等	—	涉及环境敏感区的；需自建配套污水处理设施的	其他	第三条（一）中的全部区域；第三条（二）中的基本农田保护区、基本草原、森林公园、地质公园、重要湿地、天然林、野生动物重要栖息地、重点保护野生植物生长繁殖地；第三条（三）中的文物保护单位，针对标准厂房增加第三条（三）中的以居住、医疗卫生、文化教育、科研、行政办公等为主要功能的区域
三十九、卫生					
111	医院、专科防治院（所、站）、社区医疗、卫生院（所、站）、血站、急救中心、妇幼保健院、疗养院等卫生机构	新建、扩建床位500张及以上的	其他（20张床位以下的除外）	20张床位以下的	—
四十、社会事业与服务业					
113	学校、幼儿园、托儿所、福利院、养老院	—	涉及环境敏感区的；有化学、生物等实验室的学校	其他（建筑面积5000平方米以下的除外）	第三条（一）中的全部区域；第三条（二）中的基本农田保护区、基本草原、森林公园、地质公园、重要湿地、天然林、野生动物重要栖息地、重点保护野生植物生长繁殖地
114	批发、零售市场	—	涉及环境敏感区的	其他	第三条（一）中的全部区域；第三条（二）中的基本农田保护区、基本草原、森林公园、地质公园、重要湿地、天然林、野生动物重要栖息地、重点保护野生植物生长繁殖地；第三条（三）中的文物保护单位
116	宾馆饭店及医疗机构衣物集中洗涤、餐具集中清洗消毒	—	需自建配套污水处理设施的	其他	—
118	展览馆、博物馆、美术馆、影剧院、音乐厅、文化馆、图书馆、档案馆、纪念馆、体育场、体育馆等	—	涉及环境敏感区的	其他	第三条（一）中的全部区域；第三条（二）中的基本农田保护区、基本草原、森林公园、地质公园、重要湿地、天然林、野生动物重要栖息地、重点保护野生植物生长繁殖地；第三条（三）中的文物保护单位

项目类别＼环评类别		报告书	报告表	登记表	本栏目环境敏感区含义
119	公园（含动物园、植物园、主题公园）	特大型、大型主题公园	其他（城市公园和植物园除外）	城市公园、植物园	—
120	旅游开发	涉及环境敏感区的缆车、索道建设；海上娱乐及运动、海上景观开发	其他	—	第三条（一）中的全部区域；第三条（二）中的森林公园、地质公园、重要湿地、天然林、野生动物重要栖息地、重点保护野生植物生长繁殖地、重要水生生物的自然产卵场、索饵场、越冬场和洄游通道、封闭及半封闭海域；第三条（三）中的文物保护单位
123	驾驶员训练基地、公交枢纽、大型停车场、机动车检测场	—	涉及环境敏感区的	其他	第三条（一）中的全部区域；第三条（二）中的基本农田保护区、基本草原、森林公园、地质公园、重要湿地、天然林、野生动物重要栖息地、重点保护野生植物生长繁殖地；第三条(三)中的文物保护单位
125	洗车场	—	涉及环境敏感区的；危险化学品运输车辆清洗场	其他	第三条（一）中的全部区域；第三条（二）中的基本农田保护区、基本草原、森林公园、地质公园、重要湿地、天然林、野生动物重要栖息地、重点保护野生植物生长繁殖地；第三条（三）中的全部区域
126	汽车、摩托车维修场所	—	涉及环境敏感区的；有喷漆工艺的	其他	第三条（一）中的全部区域；第三条（三）中的全部区域
四十九、交通运输业、管道运输业和仓储业					
157	等级公路（不含维护，不含改扩建四级公路）	新建30公里以上的三级及以上等级公路；新建涉及环境敏感区的1公里及以上的隧道；新建涉及环境敏感区的主桥长度1公里及以上的桥梁	其他（配套设施、不涉及环境敏感区的四级公路除外）	配套设施、不涉及环境敏感区的四级公路	第三条（一）中的全部区域；第三条（二）中的全部区域；第三条（三）中的全部区域
172	城市道路（不含维护，不含支路）	—	新建快速路、干道	其他	—
173	城市桥梁、隧道（不含人行天桥、人行地道）	—	全部	—	—
五十、核与辐射					
183	电视塔台	涉及环境敏感区的100千瓦及以上的	其他	—	第三条（三）中的以居住、医疗卫生、文化教育、科研、行政办公等为主要功能的区域
184	卫星地球上行站	涉及环境敏感区的	其他	—	第三条（三）中的以居住、医疗卫生、文化教育、科研、行政办公等为主要功能的区域

项目类别 \ 环评类别		报告书	报告表	登记表	本栏目环境敏感区含义
185	雷达	涉及环境敏感区的	其他	—	第三条（三）中的以居住、医疗卫生、文化教育、科研、行政办公等为主要功能的区域
187	核动力厂（核电厂、核热电厂、核供汽供热厂等）；反应堆（研究堆、实验堆、临界装置等）；核燃料生产、加工、贮存、后处理；放射性废物贮存、处理或处置；上述项目的退役。放射性污染治理项目	新建、扩建（独立的放射性废物贮存设施除外）	主生产工艺或安全重要构筑物的重大变更，但源项不显著增加；次临界装置的新建、扩建；独立的放射性废物贮存设施	核设施控制区范围内新增的不带放射性的实验室、试验装置、维修车间、仓库、办公设施等	—
191	核技术利用建设项目（不含在已许可场所增加不超出已许可活动种类和不高于已许可范围等级的核素或射线装置）	生产放射性同位素的（制备PET用放射性药物的除外）；使用Ⅰ类放射源的（医疗使用的除外）；销售（含建造）、使用Ⅰ类射线装置的；甲级非密封放射性物质工作场所	制备PET用放射性药物的；医疗使用Ⅰ类放射源的；使用Ⅱ类、Ⅲ类放射源的；生产、使用Ⅱ类射线装置的；乙、丙级非密封放射性物质工作场所（医疗机构使用植入治疗用放射性粒子源的除外）；在野外进行放射性同位素示踪试验的	销售Ⅰ类、Ⅱ类、Ⅲ类、Ⅳ类、Ⅴ类放射源的；使用Ⅳ类、Ⅴ类放射源的；医疗机构使用植入治疗用放射性粒子源的；销售非密封放射性物质的；销售Ⅱ类射线装置的；生产、销售、使用Ⅲ类射线装置的	—

建设项目环境影响评价文件分级审批规定

（环境保护部令　第5号）

第一条　为进一步加强和规范建设项目环境影响评价文件审批，提高审批效率，明确审批权责，根据《环境影响评价法》等有关规定，制定本规定。

第二条　建设对环境有影响的项目，不论投资主体、资金来源、项目性质和投资规模，其环境影响评价文件均应按照本规定确定分级审批权限。

有关海洋工程和军事设施建设项目的环境影响评价文件的分级审批，依据有关法律和行政法规执行。

第三条　各级环境保护部门负责建设项目环境影响评价文件的审批工作。

第四条　建设项目环境影响评价文件的分级审批权限，原则上按照建设项目的审批、核准和备案权限及建设项目对环境的影响性质和程度确定。

第五条　环境保护部负责审批下列类型的建设项目环境影响评价文件：

（一）核设施、绝密工程等特殊性质的建设项目；

（二）跨省、自治区、直辖市行政区域的建设项目；

（三）由国务院审批或核准的建设项目，由国务院授权有关部门审批或核准的建设项目，由国务院有关部门备案的对环境可能造成重大影响的特殊性质的建设项目。

第六条　环境保护部可以将法定由其负责审批的部分建设项目环境影响评价文件的审批权限，委托给该项目所在地的省级环境保护部门，并应当向社会公告。

受委托的省级环境保护部门，应当在委托范围内，以环境保护部的名义审批环境影响评价文件。

受委托的省级环境保护部门不得再委托其他组织或者个人。

环境保护部应当对省级环境保护部门根据委托审批环境影响评价文件的行为负责监督，并对该审批行为的后果承担法律责任。

第七条 环境保护部直接审批环境影响评价文件的建设项目的目录、环境保护部委托省级环境保护部门审批环境影响评价文件的建设项目的目录，由环境保护部制定、调整并发布。

第八条 第五条规定以外的建设项目环境影响评价文件的审批权限，由省级环境保护部门参照第四条及下述原则提出分级审批建议，报省级人民政府批准后实施，并抄报环境保护部。

（一）有色金属冶炼及矿山开发、钢铁加工、电石、铁合金、焦炭、垃圾焚烧及发电、制浆等对环境可能造成重大影响的建设项目环境影响评价文件由省级环境保护部门负责审批。

（二）化工、造纸、电镀、印染、酿造、味精、柠檬酸、酶制剂、酵母等污染较重的建设项目环境影响评价文件由省级或地级市环境保护部门负责审批。

（三）法律和法规关于建设项目环境影响评价文件分级审批管理另有规定的，按照有关规定执行。

第九条 建设项目可能造成跨行政区域的不良环境影响，有关环境保护部门对该项目的环境影响评价结论有争议的，其环境影响评价文件由共同的上一级环境保护部门审批。

第十条 下级环境保护部门超越法定职权、违反法定程序或者条件做出环境影响评价文件审批决定的，上级环境保护部门可以按照下列规定处理：

（一）依法撤销或者责令其撤销超越法定职权、违反法定程序或者条件做出的环境影响评价文件审批决定。

（二）对超越法定职权、违反法定程序或者条件做出环境影响评价文件审批决定的直接责任人员，建议由任免机关或者监察机关依照《环境保护违法违纪行为处分暂行规定》的规定，对直接责任人员，给予警告、记过或者记大过处分；情节较重的，给予降级处分；情节严重的，给予撤职处分。

第十一条 本规定自 2009 年 3 月 1 日起施行。2002 年 11 月 1 日原国家环境保护总局发布的《建设项目环境影响评价文件分级审批规定》（原国家环境保护总局令第 15 号）同时废止。

关于发布《环境保护部审批环境影响评价文件的建设项目目录（2015 年本）》的公告

环境保护部公告 2015 年 第 17 号

根据《中华人民共和国环境影响评价法》和国务院《政府核准的投资项目目录（2014 年本）》，我部对环境保护部审批环境影响评价文件的建设项目目录进行了调整，现将《环境保护部审批环境影响评价文件的建设项目目录（2015 年本）》予以公告。

省级环境保护部门应根据本公告，及时调整公告目录以外的建设项目环境影响评价文件审批权限，报省级人民政府批准并公告实施。其中，火电站、热电站、炼铁炼钢、有色冶炼、国家高速公路、汽车、大型主题公园等项目的环境影响评价文件由省级环境保护部门审批。

各级环境保护部门应当以改善环境质量、优化经济发展为目标，切实发挥规划环境影响评价的调控约束作用，落实污染物排放总量控制前置要求，严格建设项目环境影响评价管理。

建设项目竣工环境保护验收依照本公告目录执行，目录以外已由我部审批环境影响评价文件的建设项目，委托项目所在地省级环境保护部门办理竣工环境保护验收。

本公告自发布之日起实施，环境保护部公告2009年第7号及与本公告不一致的其他相关文件内容即行废止。

附件：环境保护部审批环境影响评价文件的建设项目目录（2015年本）

环境保护部

2015年3月13日

附件

环境保护部审批环境影响评价文件的建设项目目录（2015年本）

一、水利

水库：在跨界河流、跨省（区、市）河流上建设的项目。其他水事工程：涉及跨界河流、跨省（区、市）水资源配置调整的项目。

二、能源

水电站：在跨界河流、跨省（区、市）河流上建设的单站总装机容量50万千瓦及以上项目。

核电厂：全部（包括核电厂范围内的有关配套设施）。

电网工程：跨境、跨省（区、市）±500千伏及以上直流项目；跨境、跨省（区、市）500千伏、750千伏、1000千伏交流项目。

煤矿：国家规划矿区内新增年生产能力120万吨及以上煤炭开发项目。

输油管网（不含油田集输管网）：跨境、跨省（区、市）干线管网项目。

输气管网（不含油气田集输管网）：跨境、跨省（区、市）干线管网项目。

三、交通运输

新建（含增建）铁路：跨省（区、市）项目和国家铁路网中的干线项目。

煤炭、矿石、油气专用泊位：在沿海（含长江南京及以下）新建年吞吐能力1000万吨及以上项目。

集装箱专用码头：在沿海（含长江南京及以下）建设的年吞吐能力100万标准箱及以上项目。

内河航运：跨省（区、市）高等级航道的千吨级及以上航电枢纽项目。

民航：新建运输机场项目。

四、原材料

稀土、铁矿、有色矿山开发：稀土矿山开发项目。

石化：新建炼油及扩建一次炼油项目（不包括列入国务院批准的国家能源发展规划、石化产业规划布局方案的扩建项目）。

化工：年产超过20亿立方米的煤制天然气项目；年产超过100万吨的煤制油项目；年产超过100万吨的煤制甲醇项目；年产超过50万吨的煤经甲醇制烯烃项目。

五、社会事业

主题公园：特大型项目。

六、核与辐射

除核电厂外的核设施：全部（包括核设施范围内的有关科研实验室）。

放射性：铀（钍）矿及由国务院或国务院有关部门审批的伴生放射性矿开发利用项目。

电磁辐射设施：由国务院或国务院有关部门审批的电磁辐射设施及工程。

七、绝密工程

全部项目。

八、由国务院或国务院授权有关部门审批的其他编制环境影响报告书的项目。

关于发布《建设项目竣工环境保护验收暂行办法》的公告

国环规环评〔2017〕4号

为贯彻落实新修改的《建设项目环境保护管理条例》，规范建设项目竣工后建设单位自主开展环境保护验收的程序和标准，我部制定了《建设项目竣工环境保护验收暂行办法》（以下简称《暂行办法》，见附件），现予公布。

建设项目需要配套建设水、噪声或者固体废物污染防治设施的，新修改的《中华人民共和国水污染防治法》生效实施前或者《中华人民共和国固体废物污染环境防治法》《中华人民共和国环境噪声污染防治法》修改完成前，应依法由环境保护部门对建设项目水、噪声或者固体废物污染防治设施进行验收。

《暂行办法》中涉及的《建设项目竣工环境保护验收技术指南污染影响类》，环境保护部将另行发布。“全国建设项目竣工环境保护验收信息平台”将于2017年12月1日上线试运行，网址为http://47.94.79.251。可以登录环境保护部网站查询建设项目竣工环境保护验收相关技术规范（kjs.mep.gov.cn/hjbhbz/bzwb/other）。

本公告自发布之日起施行。

特此公告。

附件：建设项目竣工环境保护验收暂行办法

环境保护部

2017年11月20日

附件

建设项目竣工环境保护验收暂行办法

第一章 总 则

第一条 为规范建设项目环境保护设施竣工验收的程序和标准，强化建设单位环境保护主体责任，根据《建设项目环境保护管理条例》，制定本办法。

第二条 本办法适用于编制环境影响报告书（表）并根据环保法律法规的规定由建设单位实施环境保护设施竣工验收的建设项目以及相关监督管理。

第三条 建设项目竣工环境保护验收的主要依据包括：

（一）建设项目环境保护相关法律、法规、规章、标准和规范性文件；

（二）建设项目竣工环境保护验收技术规范；

（三）建设项目环境影响报告书（表）及审批部门审批决定。

第四条 建设单位是建设项目竣工环境保护验收的责任主体，应当按照本办法规定的程序和标准，组织对配套建设的环境保护设施进行验收，编制验收报告，公开相关信息，接受社会监督，确保建设项目需要配套建设的环境保护设施与主体工程同时投产或者使用，并对验收内容、结论和所公开信息的真实性、准确性和完整性负责，不得在验收过程中弄虚作假。

环境保护设施是指防治环境污染和生态破坏以及开展环境监测所需的装置、设备和工程设施等。

验收报告分为验收监测（调查）报告、验收意见和其他需要说明的事项三项内容。

第二章　验收的程序和内容

第五条　建设项目竣工后，建设单位应当如实查验、监测、记载建设项目环境保护设施的建设和调试情况，编制验收监测（调查）报告。

以排放污染物为主的建设项目，参照《建设项目竣工环境保护验收技术指南 污染影响类》编制验收监测报告；主要对生态造成影响的建设项目，按照《建设项目竣工环境保护验收技术规范 生态影响类》编制验收调查报告；火力发电、石油炼制、水利水电、核与辐射等已发布行业验收技术规范的建设项目，按照该行业验收技术规范编制验收监测报告或者验收调查报告。

建设单位不具备编制验收监测（调查）报告能力的，可以委托有能力的技术机构编制。建设单位对受委托的技术机构编制的验收监测（调查）报告结论负责。建设单位与受委托的技术机构之间的权利义务关系，以及受委托的技术机构应当承担的责任，可以通过合同形式约定。

第六条　需要对建设项目配套建设的环境保护设施进行调试的，建设单位应当确保调试期间污染物排放符合国家和地方有关污染物排放标准和排污许可等相关管理规定。

环境保护设施未与主体工程同时建成的，或者应当取得排污许可证但未取得的，建设单位不得对该建设项目环境保护设施进行调试。

调试期间，建设单位应当对环境保护设施运行情况和建设项目对环境的影响进行监测。验收监测应当在确保主体工程调试工况稳定、环境保护设施运行正常的情况下进行，并如实记录监测时的实际工况。国家和地方有关污染物排放标准或者行业验收技术规范对工况和生产负荷另有规定的，按其规定执行。建设单位开展验收监测活动，可根据自身条件和能力，利用自有人员、场所和设备自行监测；也可以委托其他有能力的监测机构开展监测。

第七条　验收监测（调查）报告编制完成后，建设单位应当根据验收监测（调查）报告结论，逐一检查是否存在本办法第八条所列验收不合格的情形，提出验收意见。存在问题的，建设单位应当进行整改，整改完成后方可提出验收意见。

验收意见包括工程建设基本情况、工程变动情况、环境保护设施落实情况、环境保护设施调试效果、工程建设对环境的影响、验收结论和后续要求等内容，验收结论应当明确该建设项目环境保护设施是否验收合格。

建设项目配套建设的环境保护设施经验收合格后，其主体工程方可投入生产或者使用；未经验收或者验收不合格的，不得投入生产或者使用。

第八条　建设项目环境保护设施存在下列情形之一的，建设单位不得提出验收合格的意见：

（一）未按环境影响报告书（表）及其审批部门审批决定要求建成环境保护设施，或者环境保护设施不能与主体工程同时投产或者使用的；

（二）污染物排放不符合国家和地方相关标准、环境影响报告书（表）及其审批部门审批决定或者重点污染物排放总量控制指标要求的；

（三）环境影响报告书（表）经批准后，该建设项目的性质、规模、地点、采用的生产工艺或者防治污染、防止生态破坏的措施发生重大变动，建设单位未重新报批环境影响报告书（表）或者环境影响报告书（表）未经批准的；

（四）建设过程中造成重大环境污染未治理完成，或者造成重大生态破坏未恢复的；

（五）纳入排污许可管理的建设项目，无证排污或者不按证排污的；

（六）分期建设、分期投入生产或者使用依法应当分期验收的建设项目，其分期建设、分期投入生产或者使用的环境保护设施防治环境污染和生态破坏的能力不能满足其相应主体工程需要的；

（七）建设单位因该建设项目违反国家和地方环境保护法律法规受到处罚，被责令改正，尚未改正完成的；

（八）验收报告的基础资料数据明显不实，内容存在重大缺项、遗漏，或者验收结论不明确、不合理的；

（九）其他环境保护法律法规规章等规定不得通过环境保护验收的。

第九条 为提高验收的有效性，在提出验收意见的过程中，建设单位可以组织成立验收工作组，采取现场检查、资料查阅、召开验收会议等方式，协助开展验收工作。验收工作组可以由设计单位、施工单位、环境影响报告书（表）编制机构、验收监测（调查）报告编制机构等单位代表以及专业技术专家等组成，代表范围和人数自定。

第十条 建设单位在"其他需要说明的事项"中应当如实记载环境保护设施设计、施工和验收过程简况、环境影响报告书（表）及其审批部门审批决定中提出的除环境保护设施外的其他环境保护对策措施的实施情况，以及整改工作情况等。

相关地方政府或者政府部门承诺负责实施与项目建设配套的防护距离内居民搬迁、功能置换、栖息地保护等环境保护对策措施的，建设单位应当积极配合地方政府或部门在所承诺的时限内完成，并在"其他需要说明的事项"中如实记载前述环境保护对策措施的实施情况。

第十一条 除按照国家需要保密的情形外，建设单位应当通过其网站或其他便于公众知晓的方式，向社会公开下列信息：

（一）建设项目配套建设的环境保护设施竣工后，公开竣工日期；

（二）对建设项目配套建设的环境保护设施进行调试前，公开调试的起止日期；

（三）验收报告编制完成后5个工作日内，公开验收报告，公示的期限不得少于20个工作日。

建设单位公开上述信息的同时，应当向所在地县级以上环境保护主管部门报送相关信息，并接受监督检查。

第十二条 除需要取得排污许可证的水和大气污染防治设施外，其他环境保护设施的验收期限一般不超过3个月；需要对该类环境保护设施进行调试或者整改的，验收期限可以适当延期，但最长不超过12个月。

验收期限是指自建设项目环境保护设施竣工之日起至建设单位向社会公开验收报告之日止的时间。

第十三条 验收报告公示期满后5个工作日内，建设单位应当登录全国建设项目竣工环境保护验收信息平台，填报建设项目基本信息、环境保护设施验收情况等相关信息，环境保护主管部门对上述信息予以公开。

建设单位应当将验收报告以及其他档案资料存档备查。

第十四条 纳入排污许可管理的建设项目，排污单位应当在项目产生实际污染物排放之前，按照国家排污许可有关管理规定要求，申请排污许可证，不得无证排污或不按证排污。建设项目验收报告中与污染物排放相关的主要内容应当纳入该项目验收完成当年排污许可证执行年报。

第三章 监督检查

第十五条 各级环境保护主管部门应当按照《建设项目环境保护事中事后监督管理办法（试行）》等规定，通过"双随机一公开"抽查制度，强化建设项目环境保护事中事后监督管理。要充分依托建设项目竣工环境保护验收信息平台，采取随机抽取检查对象和随机选派执法检查人员的方式，同时结合重点建设项目定点检查，对建设项目环境保护设施"三同时"落实情况、竣工验收等情况进行监督性检查，监督结果向社会公开。

第十六条 需要配套建设的环境保护设施未建成、未经验收或者经验收不合格，建设项目已投入生产或者使用的，或者在验收中弄虚作假的，或者建设单位未依法向社会公开验收报告的，县级以上环境保护主管部门应当依照《建设项目环境保护管理条例》的规定予以处罚，并将建设项目有关环境违法信息及时记入诚信档案，及时向社会公开违法者名单。

第十七条 相关地方政府或者政府部门承诺负责实施的环境保护对策措施未按时完成的，环境保护主管部门可以依照法律法规和有关规定采取约谈、综合督查等方式督促相关政府或者政府部门抓紧实施。

第四章　附　则

第十八条　本办法自发布之日起施行。

第十九条　本办法由环境保护部负责解释。

关于建设项目环境保护管理条例第二十三条适用问题的复函

（环政法函〔2018〕33 号）

河南省环境保护厅：

你厅《关于〈建设项目环境保护管理条例〉第二十三条适用问题的请示》（豫环〔2018〕9 号）收悉。经研究，函复如下：

2017 年修改后的《建设项目环境保护管理条例》第二十三条第一款规定："违反本条例规定，需要配套建设的环境保护设施未建成、未经验收或者验收不合格，建设项目即投入生产或者使用，或者在环境保护设施验收中弄虚作假的，由县级以上环境保护行政主管部门责令限期改正，处 20 万元以上 100 万元以下的罚款；逾期不改正的，处 100 万元以上 200 万元以下的罚款；对直接负责的主管人员和其他责任人员，处 5 万元以上 20 万元以下的罚款；造成重大环境污染或者生态破坏的，责令停止生产或者使用，或者报经有批准权的人民政府批准，责令关闭。"其中"对直接负责的主管人员和其他责任人员，处 5 万元以上 20 万元以下的罚款"规定的适用，不以环保部门责令建设单位限期改正而其逾期不改正为前提。环保部门在发现建设单位存在第二十三条第一款规定的违法行为时，即可以根据违法情节、危害后果等因素，在责令建设单位限期改正的同时一并适用。此外，对"造成重大环境污染或者生态破坏的，责令停止生产或者使用，或者报经有批准权的人民政府批准，责令关闭"规定的适用，也不以环保部门责令建设单位限期改正而其逾期不改正为前提。

特此函复。

环境保护部

2018 年 2 月 24 日

关于做好环境影响评价制度与排污许可制衔接相关工作的通知

环办环评〔2017〕84 号

各省、自治区、直辖市环境保护厅（局），新疆生产建设兵团环境保护局：

为贯彻落实《国务院办公厅关于印发控制污染物排放许可制实施方案的通知》（国办发〔2016〕81 号）

和《环境保护部关于印发〈“十三五”环境影响评价改革实施方案〉的通知》（环环评〔2016〕95 号），推进环境质量改善，现就做好建设项目环境影响评价制度与排污许可制有机衔接相关工作通知如下：

一、环境影响评价制度是建设项目的环境准入门槛，是申请排污许可证的前提和重要依据。排污许可制是企事业单位生产运营期排污的法律依据，是确保环境影响评价提出的污染防治设施和措施落实落地的重要保障。各级环保部门要切实做好两项制度的衔接，在环境影响评价管理中，不断完善管理内容，推动环境影响评价更加科学，严格污染物排放要求；在排污许可管理中，严格按照环境影响报告书（表）以及审批文件要求核发排污许可证，维护环境影响评价的有效性。

二、做好《建设项目环境影响评价分类管理名录》和《固定污染源排污许可分类管理名录》的衔接，按照建设项目对环境的影响程度、污染物产生量和排放量，实行统一分类管理。纳入排污许可管理的建设项目，可能造成重大环境影响、应当编制环境影响报告书的，原则上实行排污许可重点管理；可能造成轻度环境影响、应当编制环境影响报告表的，原则上实行排污许可简化管理。

三、环境影响评价审批部门要做好建设项目环境影响报告书（表）的审查，结合排污许可证申请与核发技术规范，核定建设项目的产排污环节、污染物种类及污染防治设施和措施等基本信息；依据国家或地方污染物排放标准、环境质量标准和总量控制要求等管理规定，按照污染源源强核算技术指南、环境影响评价要素导则等技术文件，严格核定排放口数量、位置以及每个排放口的污染物种类、允许排放浓度和允许排放量、排放方式、排放去向、自行监测计划等与污染物排放相关的主要内容。

四、分期建设的项目，环境影响报告书（表）以及审批文件应当列明分期建设内容，明确分期实施后排放口数量、位置以及每个排放口的污染物种类、允许排放浓度和允许排放量、排放方式、排放去向、自行监测计划等与污染物排放相关的主要内容，建设单位应据此分期申请排污许可证。分期实施的允许排放量之和不得高于建设项目的总允许排放量。

五、改扩建项目的环境影响评价，应当将排污许可证执行情况作为现有工程回顾评价的主要依据。现有工程应按照相关法律、法规、规章关于排污许可实施范围和步骤的规定，按时申请并获取排污许可证，并在申请改扩建项目环境影响报告书（表）时，依法提交相关排污许可证执行报告。

六、建设项目发生实际排污行为之前，排污单位应当按照国家环境保护相关法律法规以及排污许可证申请与核发技术规范要求申请排污许可证，不得无证排污或不按证排污。环境影响报告书（表）2015 年 1 月 1 日（含）后获得批准的建设项目，其环境影响报告书（表）以及审批文件中与污染物排放相关的主要内容应当纳入排污许可证。建设项目无证排污或不按证排污的，建设单位不得出具该项目验收合格的意见，验收报告中与污染物排放相关的主要内容应当纳入该项目验收完成当年排污许可证执行年报。排污许可证执行报告、台账记录以及自行监测执行情况等应作为开展建设项目环境影响后评价的重要依据。

七、国家将分行业制定建设项目重大变动清单。建设项目的环境影响报告书（表）经批准后，建设项目的性质、规模、地点、采用的生产工艺或者防治污染、防止生态破坏的措施发生重大变动的，建设单位应当依法重新报批环境影响评价文件，并在申请排污许可时提交重新报批的环评批复（文号）。发生变动但不属于重大变动情形的建设项目，环境影响报告书（表）2015 年 1 月 1 日（含）后获得批准的，排污许可证核发部门按照污染物排放标准、总量控制要求、环境影响报告书（表）以及审批文件从严核发，其他建设项目由排污许可证核发部门按照排污许可证申请与核发技术规范要求核发。

八、建设项目涉及“上大压小”“区域（总量）替代”等措施的，环境影响评价审批部门应当审查总量指标来源，依法依规应当取得排污许可证的被替代或关停企业，须明确其排污许可证编码及污染物替代量。排污许可证核发部门应按照环境影响报告书（表）审批文件要求，变更或注销被替代或关停企业的排污许可证。应当取得排污许可证但未取得的企业，不予计算其污染物替代量。

九、环境保护部负责统一建设建设项目环评审批信息申报系统，并与全国排污许可证管理信息平台充分衔接。建设单位在报批建设项目环境影响报告书（表）时，应当登陆建设项目环评审批信息申报系统，在线填报相关信息并对信息的真实性、准确性和完整性负责。

十、本通知自印发之日起执行。做好环境影响评价制度与排污许可制衔接是落实固定污染源类建设项目全过程管理的重要保障，各级环境保护主管部门要严格贯彻执行，切实做好相关工作。执行中遇到的困难和问题，请及时向我部反映。

环境保护部办公厅
2017 年 11 月 14 日

关于专业从事宾馆饭店及医疗机构衣物洗涤行业建设项目环境影响评价分类管理意见的复函

（环境保护部办公厅函　环办环评函〔2017〕1596 号）

安徽省环境保护厅：

你厅《关于专业从事宾馆饭店及医疗机构衣物洗涤行业建设项目环评分类的请示》（皖环〔2017〕92 号）收悉。经研究，现函复如下：

近年来，部分地区专业从事宾馆饭店及医疗机构衣物等洗涤的服务行业发展较快。来函所述的此类项目具备一定规模，兴建生产厂房或租用工业用房，配备专业洗涤烘干整理车间，用水量和废水排放量较大，主要污染因子涉及 COD、BOD_5、SS 等。根据《建设项目环境影响评价分类管理名录》（环境保护部令第 44 号，以下简称《名录》）第六条的规定，同意将宾馆饭店及医疗机构衣物等洗涤项目纳入环境影响登记表管理。此类项目中涉及医疗废物利用及处置、工业废水处理等其他内容的，其环境影响评价类别按照《名录》的相关规定执行。

特此函复。

环境保护部办公厅
2017 年 10 月 20 日

关于铁合金重熔类项目环境影响评价类别的复函

（环境保护部办公厅函　环办环评函〔2017〕1549 号）

河南省环境保护厅：

你厅《关于铁合金重熔类项目环境影响评价类别的请示》（豫环〔2017〕80 号）收悉。经研究，现函复如下：

铁合金重熔类项目与以矿石为原料的铁合金制造项目后续工序的工艺及污染物排放类似，同时考虑其行业分类和产品性质，应属于《建设项目环境影响评价分类管理名录》（环境保护部令第 44 号）第 62

类“铁合金制造；锰、铬冶炼”，需编制环境影响报告书。

特此函复。

环境保护部办公厅

2017年10月10日

关于《建设项目环境影响评价分类管理名录》有关适用问题的复函

（环办政法函〔2016〕2167号）

江苏省苏州市姑苏区人民法院：

你院《关于适用〈建设项目环境影响评价分类管理名录〉相关问题征询函》〔（2016）苏0508行初63号〕收悉。经研究，现函复如下：

我部2008年发布实施的《建设项目环境影响评价分类管理名录》规定，“电池制造（无汞干电池除外）”应当编制环境影响报告书，其他“电气机械及器材制造”建设项目应当编制环境影响报告表。该规定中的“电池制造”不包括电池组装。

我部曾于2015年12月22日在向江苏省苏州市中级人民法院作出的《关于适用〈建设项目环境影响评价分类管理名录〉有关问题的复函》（环办函〔2015〕2168号）中明确：“‘电池制造’项目和‘组装’项目，两者的区别在于，电池制造项目包含有化学反应的生产过程，组装项目不包含有化学反应的生产过程，仅是单纯物理组装。”电池内部的电化学反应不属于上述电池制造项目所指生产过程中的化学反应。

根据你院所提供材料，力神电池（苏州）有限公司年产3亿Ah锂离子动力电池新建项目的生产工艺，包含电芯生产的部分过程及电芯组装过程，其生产工艺包含电池内部的电化学反应，未包含电芯生产中污染最为严重的正、负极极片制造工序，对环境造成的影响相对较轻，可以编制环境影响报告表。

特此函复。

环境保护部办公厅

2016年12月1日

关于废油脂生产生物柴油项目环境影响评价类别的复函

（环评函〔2016〕99号）

中国石化股份公司炼油事业部：

你部《关于明确废油脂生产生物柴油项目所属项目类别的请求》（中国石化炼办函〔2016〕93号）

收悉。经研究，现函复如下：

根据《柴油机燃料调和用生物柴油（BD100）》（GB/T 20828—2015），生物柴油指由动植物油脂或废弃油脂与醇（例如甲醇或乙醇）反应制得的脂肪酸单烷基脂。因此，废油脂为生产生物柴油的原料之一，以废油脂为原料生产生物柴油属于废油加工、再生利用。根据《建设项目环境影响评价分类管理名录》（部令第33号），废油加工、再生利用项目应编制环境影响报告书。

特此函复。

环境保护部环境影响评价司

2016年9月6日

关于印发《输变电建设项目重大变动清单（试行）》的通知

（环办辐射〔2016〕84号）

各省、自治区、直辖市环境保护厅（局）：

为进一步规范输变电建设项目环境管理，根据《环境影响评价法》和《建设项目环境保护管理条例》有关规定，我部制订了《输变电建设项目重大变动清单（试行）》（以下简称清单）。输变电建设项目发生清单中一项或一项以上，且可能导致不利环境影响显著加重的，界定为重大变动，其他变更界定为一般变动。

一、建设单位在项目开工建设前应当对工程最终设计方案与环评方案进行梳理对比，构成重大变动的应当对变动内容进行环境影响评价并重新报批，一般变动只需备案。

二、项目建设过程中如发生重大变动，应当在实施前对变动内容进行环境影响评价并重新报批。

三、建设单位应对照清单对在建且尚未通过竣工环保验收的输变电建设项目及时梳理，并按现行分级审批规定，于2016年12月31日前将变动情况报有审批权的环境保护主管部门。

四、环评阶段，环境影响评价范围内明确属于工程拆迁的建筑物不列为环境敏感目标，不进行环境影响评价。竣工环保验收阶段，验收调查范围内有公众居住、工作或学习的建筑物都应列为环境敏感目标，确保满足有关环境标准要求。

五、各级环境保护主管部门在清单试行过程中如发现新问题、新情况，请以书面形式反馈意见和建议，我部将根据实际情况进一步补充、调整和完善清单。

附件：输变电建设项目重大变动清单（试行）

环境保护部办公厅

2016年8月8日

附件

输变电建设项目重大变动清单（试行）

1．电压等级升高。

2．主变压器、换流变压器、高压电抗器等主要设备总数量增加超过原数量的30%。

3．输电线路路径长度增加超过原路径长度的30%。

4．变电站、换流站、开关站、串补站站址位移超过500米。

5．输电线路横向位移超出500米的累计长度超过原路径长度的30%。

6．因输变电工程路径、站址等发生变化，导致进入新的自然保护区、风景名胜区、饮用水水源保护区等生态敏感区。

7．因输变电工程路径、站址等发生变化，导致新增的电磁和声环境敏感目标超过原数量的30%。

8．变电站由户内布置变为户外布置。

9．输电线路由地下电缆改为架空线路。

10．输电线路同塔多回架设改为多条线路架设累计长度超过原路径长度的30%。

关于印发环评管理中部分行业建设项目重大变动清单的通知

（环办〔2015〕52号）

各省、自治区、直辖市环境保护厅（局），新疆生产建设兵团环境保护局，解放军环境保护局：

根据《环境影响评价法》和《建设项目环境保护管理条例》有关规定，建设项目的性质、规模、地点、生产工艺和环境保护措施五个因素中的一项或一项以上发生重大变动，且可能导致环境影响显著变化（特别是不利环境影响加重）的，界定为重大变动。属于重大变动的应当重新报批环境影响评价文件，不属于重大变动的纳入竣工环境保护验收管理。

根据上述原则，结合不同行业的环境影响特点，我部制定了水电等部分行业建设项目重大变动清单（试行）。各地在试行过程中如发现新问题、新情况，请以书面形式反馈意见和建议，我部将根据情况进一步补充、调整、完善。各省级环保部门可结合本地区实际，制定本行政区特殊行业重大变动清单，报我部备案。

其他与本通知不一致的相关文件或文件相关内容即行废止。

附件：水电等九个行业建设项目重大变动清单（试行）

环境保护部办公厅

2015年6月4日

附件

水电建设项目重大变动清单（试行）

性质：

1．开发任务中新增供水、灌溉、航运等功能。

规模：

2．单台机组装机容量不变，增加机组数量；或单台机组装机容量加大20%及以上（单独立项扩机项目除外）。

3．水库特征水位如正常蓄水位、死水位、汛限水位等发生变化；水库调节性能发生变化。

地点：

4．坝址重新选址，或坝轴线调整导致新增重大生态保护目标。

生产工艺：

5．枢纽坝型变化；堤坝式、引水式、混合式等开发方式变化。

6．施工方案发生变化直接涉及自然保护区、风景名胜区、集中饮用水水源保护区等环境敏感区。

环境保护措施：

7．枢纽布置取消生态流量下泄保障设施、过鱼措施、分层取水水温减缓措施等主要环保措施。

水利建设项目（枢纽类和引调水工程）重大变动清单（试行）

性质：

1．主要开发任务发生变化。

2．引调水供水水源、供水对象、供水结构等发生较大变化。

规模：

3．供水量、引调水量增加20%及以上。

4．引调水线路长度增加30%及以上。

5．水库特征水位如正常蓄水位、死水位、汛限水位等发生变化；水库调节性能发生变化。

地点：

6．坝址重新选址，或坝轴线调整导致新增重大生态保护目标。

7．引调水线路重新选线。

生产工艺：

8．枢纽坝型变化；输水方式由封闭式变为明渠导致环境风险增加。

9．施工方案发生变化直接涉及自然保护区、风景名胜区、集中饮用水水源保护区等环境敏感区。

环境保护措施：

10．枢纽布置取消生态流量下泄保障设施、过鱼措施、分层取水水温减缓措施等主要环保措施。

火电建设项目重大变动清单（试行）

性质：

1．由热电联产机组、矸石综合利用机组变为普通发电机组，或由普通发电机组变为矸石综合利用机组。

2．热电联产机组供热替代量减少10%及以上。

规模：

3．单机装机规模变化后超越同等级规模。

4．锅炉容量变化后超越同等级规模。

地点：

5．电厂（含配套灰场）重新选址；在原厂址（含配套灰场）或附近调整（包括总平面布置发生变化）导致不利环境影响加重。

生产工艺：

6．锅炉类型变化后污染物排放量增加。

7．冷却方式变化。

8．排烟形式变化（包括排烟方式变化、排烟冷却塔直径变大等）或排烟高度降低。

环境保护措施：

9．烟气处理措施变化导致废气排放浓度（排放量）增加或环境风险增大。

10．降噪措施发生变化，导致厂界噪声排放增加（声环境评价范围内无环境敏感点的项目除外）。

煤炭建设项目重大变动清单（试行）

规模：

1．设计生产能力增加30%及以上。

2．井（矿）田采煤面积增加10%及以上。

3．增加开采煤层。

地点：

4．新增主（副）井工业场地、风井场地等各类场地（包括排矸场、外排土场），或各类场地位置变化。

5．首采区发生变化。

生产工艺：

6．开采方式变化：如井工变露天、露天变井工、单一井工或露天变井工露天联合开采等。

7．采煤方法变化：如由采用充填开采、分层开采、条带开采等保护性开采方法变为采用非保护性开采方法。

环境保护措施：

8．生态保护、污染防治或综合利用等措施弱化或降低；特殊敏感目标（自然保护区、饮用水水源保护区等）保护措施变化。

油气管道建设项目重大变动清单（试行）

规模：

1．线路或伴行道路增加长度达到原线路总长度的30%及以上。

2．输油或输气管道设计输量或设计管径增大。

地点：

3．管道穿越新的环境敏感区；环境敏感区内新增除里程桩、转角桩、阴极保护测试桩和警示牌外的永久占地；在现有环境敏感区内路由发生变动；管道敷设方式或穿跨越环境敏感目标施工方案发生变化。

4．具有油品储存功能的站场或压气站的建设地点或数量发生变化。

生产工艺：

5. 输送物料的种类由输送其他种类介质变为输送原油或成品油；输送物料的物理化学性质发生变化。

环境保护措施：

6．主要环境保护措施或环境风险防范措施弱化或降低。

铁路建设项目重大变动清单（试行）

性质：

1．客货共线改客运专线或货运专线；客运专线或货运专线改客货共线。

规模：

2．正线数目增加（如单线改双线）。

3．车站数量增加30%及以上；新增具有煤炭（或其他散货）集疏运功能的车站；城市建成区内新增车站。

4．正线或单双线长度增加累计达到原线路长度的30%及以上。

5．路基改桥梁或桥梁改路基长度累计达到线路长度的30%及以上。

地点：

6．线路横向位移超出200米的长度累计达到原线路长度的30%及以上。

7．工程线路、车站等发生变化，导致评价范围内出现新的自然保护区、风景名胜区、饮用水水源保护区等生态敏感区，或导致出现新的城市规划区和建成区。

8．城市建成区内客运站、货运站和客货运站等车站选址发生变化。

9．项目变动导致新增声环境敏感点数量累计达到原敏感点数量的 30%及以上。

生产工艺：

10．有砟轨道改无砟轨道或无砟轨道改有砟轨道，涉及环境敏感点数量累计达到全线环境敏感点数量的 30%及以上。

11．最高运行速度增加 50 公里/小时及以上；列车对数增加 30 对及以上；最大牵引质量增加 1000 吨及以上；货运铁路车辆轴重增加 5 吨及以上。

12．城市建成区内客运站、货运站和客货运站等车站类型发生变化。

13．项目在自然保护区、风景名胜区、饮用水水源保护区等生态敏感区内的线位走向和长度，车站等主要工程内容，或施工方案等发生变化；经过噪声敏感建筑物集中区域的路段，其线路敷设方式由地下线改地上线。

环境保护措施：

14．取消具有野生动物迁徙通道功能和水源涵养功能的桥梁，噪声污染防治措施等主要环境保护措施弱化或降低。

高速公路建设项目重大变动清单（试行）

规模：

1．车道数或设计车速增加。

2．线路长度增加 30%及以上。

地点：

3．线路横向位移超出 200 米的长度累计达到原线路长度的 30%及以上。

4．工程线路、服务区等附属设施或特大桥、特长隧道等发生变化，导致评价范围内出现新的自然保护区、风景名胜区、饮用水水源保护区等生态敏感区，或导致出现新的城市规划区和建成区。

5．项目变动导致新增声环境敏感点数量累计达到原敏感点数量的 30%及以上。

生产工艺：

6．项目在自然保护区、风景名胜区、饮用水水源保护区等生态敏感区内的线位走向和长度、服务区等主要工程内容，以及施工方案等发生变化。

环境保护措施：

7．取消具有野生动物迁徙通道功能和水源涵养功能的桥梁，噪声污染防治措施等主要环境保护措施弱化或降低。

港口建设项目重大变动清单（试行）

性质：

1．码头性质发生变动，如干散货、液体散货、集装箱、多用途、件杂货、通用码头等各类码头之间的转化。

规模：

2．码头工程泊位数量增加、等级提高、新增罐区（堆场）等工程内容。

3．码头设计通过能力增加 30%及以上。

4．工程占地和用海总面积（含陆域面积、水域面积、疏浚面积）增加 30%及以上。

5．危险品储罐数量增加 30%及以上。

地点：

6．工程组成中码头岸线、航道、防波堤位置调整使得评价范围内出现新的自然保护区、风景名胜区、饮用水水源保护区等环境敏感区和要求更高的环境功能区。

7．集装箱危险品堆场位置发生变化导致环境风险增加。

生产工艺：

8．干散货码头装卸方式、堆场堆存方式发生变化，导致大气污染源强增大。

9．集装箱码头增加危险品箱装卸作业、洗箱作业或堆场。

10．集装箱危险品装卸、堆场、液化码头新增危险品货类（国际危险品分类：9 类），或新增同一货类中毒性、腐蚀性、爆炸性更大的货种。

环境保护措施：

11．矿石码头堆场防尘、液化码头油气回收、集装箱码头压载水灭活等主要环境保护措施或环境风险防范措施弱化或降低。

石油炼制与石油化工建设项目重大变动清单（试行）

规模：

1．一次炼油加工能力、乙烯裂解加工能力增大 30%及以上；储罐总数量或总容积增大 30%及以上。

2．新增以下重点生产装置或其规模增大 50%及以上，包括：石油炼制工业的催化连续重整、催化裂化、延迟焦化、溶剂脱沥青、对二甲苯（PX）等，石油化工工业的丙烯腈、精对苯二甲酸（PTA）、环氧丙烷（PO）、氯乙烯（VCM）等。

3．新增重点生产装置外的其他装置或其规模增大 50%及以上，并导致新增污染因子或污染物排放量增加。

地点：

4．项目重新选址，或在原厂址附近调整（包括总平面布置或生产装置发生变化）导致不利环境影响显著加重或防护距离边界发生变化并新增了需搬迁的敏感点。

5．厂外油品、化学品、污水管线路由调整，穿越新的环境敏感区；防护距离边界发生变化并新增了需搬迁的敏感点；在现有环境敏感区内路由发生变动且环境影响或环境风险增大。

生产工艺：

6．原料方案、产品方案等工程方案发生变化。

7．生产装置工艺调整或原辅材料、燃料调整，导致新增污染因子或污染物排放量增加。

环境保护措施：

8．污染防治措施的工艺、规模、处置去向、排放形式等调整，导致新增污染因子或污染物排放量、范围或强度增加；地下水污染防治分区调整，降低地下水污染防渗等级；其他可能导致环境影响或环境风险增大的环保措施变动。

关于拆迁活动是否纳入建设项目环境影响评价管理问题的复函

（环境保护部函　环函〔2010〕250 号）

浙江省环境保护厅：

你厅《关于拆迁活动是否纳入建设项目环境影响评价管理问题的请示》（浙环〔2010〕23 号）收悉。经研究，函复如下：

按照《中华人民共和国环境影响评价法》第十六条和《建设项目环境保护管理条例》第七条的规定，国家根据建设项目对环境的影响程度，对建设项目的环境影响评价实行分类管理；建设项目的环境影响评价分类管理名录，由国务院环境保护行政主管部门制定并公布。目前，《建设项目环境影响评价分类管理名录》（环境保护部令第 2 号）项目类别中尚不包括拆迁活动。据此，拆迁活动不应纳入建设项目环境影响评价管理。

在实践中，对于拆迁过程中可能发生的粉尘、噪声等环境污染情况，有管辖权的环境保护行政主管部门应依据《中华人民共和国固体废物污染环境防治法》、《中华人民共和国环境噪声污染防治法》等法律法规的规定，加强日常监管，依法进行处理。对于拆迁活动完成后实施的建设项目列入《建设项目环境影响评价分类管理名录》项目类别的，应当依法进行环境影响评价。

二〇一〇年八月十三日

关于废铅蓄电池铅回收项目审批权限的复函

（环境保护部办公厅函　环办函〔2010〕504 号）

湖南省环境保护厅：

你厅《关于明确废铅蓄电池铅回收项目审批权限的请示》（湘环报〔2010〕30 号）收悉。经研究，函复如下：

该项目以废铅酸蓄电池为主要原料，拟采用合金炉—密闭式熔炼炉的联合流程生产铅合金及副产品，属于废物综合利用类项目。按照《建设项目环境影响评价文件分级审批规定》（环境保护部第 5 号令）的审批权限要求，该类建设项目的环境影响评价文件由你厅负责审批。

二〇一〇年五月十八日

关于利用铜钴合金年产 1 600 吨钴新材料项目环评审批权限意见的复函

（环境保护部办公厅函　环办函〔2009〕1226 号）

湖南省环境保护厅：

你厅《关于明确利用铜钴合金年产 1 600 吨钴新材料项目属性的请示》（湘环报〔2009〕33 号）收悉。经研究，函复如下：

该项目原料为铜钴合金，采用的生产工艺为“生物溶浸-萃取-电积铜-沉淀碳酸钴+浓缩结晶绿化钴”。主要产品为年产 1 600 吨钴新材料（工业级碳酸钴、绿化钴各 700 吨、900 吨），副产品为电积铜 500 吨。

鉴于该项目电积铜生产属工艺过程中的副产品回收，因此，不属于铜冶炼项目。请你厅按照《建设项目环境影响评价文件分级审批规定》（中华人民共和国环境保护部第 5 号令）要求的审批权限执行。

二○○九年十一月二十五日

关于焦化项目环境影响评价文件审批权限有关问题的复函

（环境保护部办公厅函　环办函〔2009〕411 号）

四川省环境保护局：

你局《关于焦化项目环境影响评价文件审批权限有关问题的请示》（川环〔2009〕47 号）收悉。经研究，函复如下：

根据《建设项目环境影响评价文件分级审批规定》（环境保护部令第 5 号）和《环境保护部直接审批环境影响评价文件的建设项目目录（2009 年本）》（环境保护部公告 2009 年第 7 号），除炼铁配套的焦化项目环境影响评价文件由我部直接审批外，其他焦化项目环境影响评价文件审批按省级人民政府批准的分级审批权限实施。

二○○九年五月四日

关于建设项目环境管理有关法律适用问题的答复意见

（法工委复〔2007〕2号）

国家环保总局：

你局2007年1月10日来函收悉。经研究，交换意见如下：

一、根据环境影响评价法第二十三条第一款第一项的规定，你局可以就“氰化物等环境影响非常重大的项目”是否属于“核设施、绝密工程等特殊性质的建设项目”中的“特殊性质的建设项目”作出解释。

二、根据环境影响评价法第二十三条第一款第三项规定的“国务院审批的或者由国务院授权有关部门审批的建设项目”中“审批”的建设项目，可以包括《国务院关于投资体制改革的决定》中规定的由国务院或者国务院投资主管部门“核准”的建设项目。“备案”的建设项目中对环境可能造成重大影响，依照国务院及国务院有关部门的规定属于本条第一款第一项规定的“特殊性质”的建设项目的，其环境影响评价文件的审批按照本条的规定办理。

三、关于建设单位未依法报批建设项目环境影响评价文件却已建成建设项目，同时该建设项目需要配套建设的环境保护设施未建成、未经验收或者经验收不合格，主体工程正式投入生产或者使用的，应当分别依照环境影响评价法第三十一条、建设项目环境保护管理条例第二十八条的规定作出相应的处罚。

全国人民代表大会常务委员会法制工作委员会
二〇〇七年三月二十一日

关于内燃式瓦斯发电项目环境影响评价标准请示的复函

（国家环境保护总局局函　环函〔2006〕359号）

安徽省环境保护局：

你局《关于瓦斯发电项目环境影响评价标准的请示》（环科函〔2006〕325号）收悉。经研究，函复如下：

目前，我国还没有发电用内燃机大气污染物排放标准，使用以煤层气为燃料的内燃机发电建设项目，可根据建设项目环境影响评价文件审批时间，分别参照执行《车用点燃式发动机及装用点燃式发动机汽车排气污染物排放限值及测量方法》（GB 14762—2002）第二阶段和《车用压燃式、气体燃料点燃式发动机与汽车排气污染物排放限值及测量方法（中国III、IV、V阶段》（GB 17691—2005）中的大气污染物排放控制要求，进行环境影响评价。

二〇〇六年九月十四日

关于煤制甲醇、烯烃项目环境影响评价审批有关问题的复函

（国家环境保护总局局函　环函〔2006〕313号）

陕西省环境保护局：

你局《关于煤制甲醇、烯烃项目环境影响评价审批有关问题的请示》（陕环字〔2006〕45号）收悉。经研究，函复如下：

2004年，我局与国家发展和改革委员会联合印发的《关于加强建设项目环境影响评价分级审批的通知》（环发〔2004〕164号）明确规定，总投资10亿元及以上的甲醇等建设项目由地方投资主管部门核准或备案，其环境影响评价文件由我局审批。因此，该类项目应按此文规定执行，环境影响评价文件报我局审批。

特此函复。

二〇〇六年八月七日

第十篇　清洁生产

中华人民共和国清洁生产促进法

中华人民共和国主席令

第 54 号

《全国人民代表大会常务委员会关于修改〈中华人民共和国清洁生产促进法〉的决定》已由中华人民共和国第十一届全国人民代表大会常务委员会第二十五次会议于2012年2月29日通过，现予公布，自2012年7月1日起施行。

中华人民共和国主席　胡锦涛

二〇一二年二月二十九日

第一章　总　则

第一条　为了促进清洁生产，提高资源利用效率，减少和避免污染物的产生，保护和改善环境，保障人体健康，促进经济与社会可持续发展，制定本法。

第二条　本法所称清洁生产，是指不断采取改进设计、使用清洁的能源和原料、采用先进的工艺技术与设备、改善管理、综合利用等措施，从源头削减污染，提高资源利用效率，减少或者避免生产、服务和产品使用过程中污染物的产生和排放，以减轻或者消除对人类健康和环境的危害。

第三条　在中华人民共和国领域内，从事生产和服务活动的单位以及从事相关管理活动的部门依照本法规定，组织、实施清洁生产。

第四条　国家鼓励和促进清洁生产。国务院和县级以上地方人民政府，应当将清洁生产促进工作纳入国民经济和社会发展规划、年度计划以及环境保护、资源利用、产业发展、区域开发等规划。

第五条　国务院清洁生产综合协调部门负责组织、协调全国的清洁生产促进工作。国务院环境保护、工业、科学技术、财政部门和其他有关部门，按照各自的职责，负责有关的清洁生产促进工作。

县级以上地方人民政府负责领导本行政区域内的清洁生产促进工作。县级以上地方人民政府确定的清洁生产综合协调部门负责组织、协调本行政区域内的清洁生产促进工作。县级以上地方人民政府其他有关部门，按照各自的职责，负责有关的清洁生产促进工作。

第六条　国家鼓励开展有关清洁生产的科学研究、技术开发和国际合作，组织宣传、普及清洁生产知识，推广清洁生产技术。

国家鼓励社会团体和公众参与清洁生产的宣传、教育、推广、实施及监督。

第二章　清洁生产的推行

第七条　国务院应当制定有利于实施清洁生产的财政税收政策。

国务院及其有关部门和省、自治区、直辖市人民政府，应当制定有利于实施清洁生产的产业政策、技术开发和推广政策。

第八条　国务院清洁生产综合协调部门会同国务院环境保护、工业、科学技术部门和其他有关部门，根据国民经济和社会发展规划及国家节约资源、降低能源消耗、减少重点污染物排放的要求，编制国家清洁生产推行规划，报经国务院批准后及时公布。

国家清洁生产推行规划应当包括：推行清洁生产的目标、主要任务和保障措施，按照资源能源消耗、污染物排放水平确定开展清洁生产的重点领域、重点行业和重点工程。

国务院有关行业主管部门根据国家清洁生产推行规划确定本行业清洁生产的重点项目，制定行业专项清洁生产推行规划并组织实施。

县级以上地方人民政府根据国家清洁生产推行规划、有关行业专项清洁生产推行规划，按照本地区节约资源、降低能源消耗、减少重点污染物排放的要求，确定本地区清洁生产的重点项目，制定推行清洁生产的实施规划并组织落实。

第九条 中央预算应当加强对清洁生产促进工作的资金投入，包括中央财政清洁生产专项资金和中央预算安排的其他清洁生产资金，用于支持国家清洁生产推行规划确定的重点领域、重点行业、重点工程实施清洁生产及其技术推广工作，以及生态脆弱地区实施清洁生产的项目。中央预算用于支持清洁生产促进工作的资金使用的具体办法，由国务院财政部门、清洁生产综合协调部门会同国务院有关部门制定。

县级以上地方人民政府应当统筹地方财政安排的清洁生产促进工作的资金，引导社会资金，支持清洁生产重点项目。

第十条 国务院和省、自治区、直辖市人民政府的有关部门，应当组织和支持建立促进清洁生产信息系统和技术咨询服务体系，向社会提供有关清洁生产方法和技术、可再生利用的废物供求以及清洁生产政策等方面的信息和服务。

第十一条 国务院清洁生产综合协调部门会同国务院环境保护、工业、科学技术、建设、农业等有关部门定期发布清洁生产技术、工艺、设备和产品导向目录。

国务院清洁生产综合协调部门、环境保护部门和省、自治区、直辖市人民政府负责清洁生产综合协调的部门、环境保护部门会同同级有关部门，组织编制重点行业或者地区的清洁生产指南，指导实施清洁生产。

第十二条 国家对浪费资源和严重污染环境的落后生产技术、工艺、设备和产品实行限期淘汰制度。国务院有关部门按照职责分工，制定并发布限期淘汰的生产技术、工艺、设备以及产品的名录。

第十三条 国务院有关部门可以根据需要批准设立节能、节水、废物再生利用等环境与资源保护方面的产品标志，并按照国家规定制定相应标准。

第十四条 县级以上人民政府科学技术部门和其他有关部门，应当指导和支持清洁生产技术和有利于环境与资源保护的产品的研究、开发以及清洁生产技术的示范和推广工作。

第十五条 国务院教育部门，应当将清洁生产技术和管理课程纳入有关高等教育、职业教育和技术培训体系。

县级以上人民政府有关部门组织开展清洁生产的宣传和培训，提高国家工作人员、企业经营管理者和公众的清洁生产意识，培养清洁生产管理和技术人员。

新闻出版、广播影视、文化等单位和有关社会团体，应当发挥各自优势做好清洁生产宣传工作。

第十六条 各级人民政府应当优先采购节能、节水、废物再生利用等有利于环境与资源保护的产品。

各级人民政府应当通过宣传、教育等措施，鼓励公众购买和使用节能、节水、废物再生利用等有利于环境与资源保护的产品。

第十七条 省、自治区、直辖市人民政府负责清洁生产综合协调的部门、环境保护部门，根据促进清洁生产工作的需要，在本地区主要媒体上公布未达到能源消耗控制指标、重点污染物排放控制指标的企业的名单，为公众监督企业实施清洁生产提供依据。

列入前款规定名单的企业，应当按照国务院清洁生产综合协调部门、环境保护部门的规定公布能源消耗或者重点污染物产生、排放情况，接受公众监督。

第三章 清洁生产的实施

第十八条 新建、改建和扩建项目应当进行环境影响评价，对原料使用、资源消耗、资源综合利用以及污染物产生与处置等进行分析论证，优先采用资源利用率高以及污染物产生量少的清洁生产技术、工艺和设备。

第十九条 企业在进行技术改造过程中，应当采取以下清洁生产措施：

（一）采用无毒、无害或者低毒、低害的原料，替代毒性大、危害严重的原料；

（二）采用资源利用率高、污染物产生量少的工艺和设备，替代资源利用率低、污染物产生量多的工艺和设备；

（三）对生产过程中产生的废物、废水和余热等进行综合利用或者循环使用；

（四）采用能够达到国家或者地方规定的污染物排放标准和污染物排放总量控制指标的污染防治技术。

第二十条 产品和包装物的设计，应当考虑其在生命周期中对人类健康和环境的影响，优先选择无毒、无害、易于降解或者便于回收利用的方案。

企业对产品的包装应当合理，包装的材质、结构和成本应当与内装产品的质量、规格和成本相适应，减少包装性废物的产生，不得进行过度包装。

第二十一条 生产大型机电设备、机动运输工具以及国务院工业部门指定的其他产品的企业，应当按照国务院标准化部门或者其授权机构制定的技术规范，在产品的主体构件上注明材料成分的标准牌号。

第二十二条 农业生产者应当科学地使用化肥、农药、农用薄膜和饲料添加剂，改进种植和养殖技术，实现农产品的优质、无害和农业生产废物的资源化，防止农业环境污染。

禁止将有毒、有害废物用作肥料或者用于造田。

第二十三条 餐饮、娱乐、宾馆等服务性企业，应当采用节能、节水和其他有利于环境保护的技术和设备，减少使用或者不使用浪费资源、污染环境的消费品。

第二十四条 建筑工程应当采用节能、节水等有利于环境与资源保护的建筑设计方案、建筑和装修材料、建筑构配件及设备。

建筑和装修材料必须符合国家标准。禁止生产、销售和使用有毒、有害物质超过国家标准的建筑和装修材料。

第二十五条 矿产资源的勘查、开采，应当采用有利于合理利用资源、保护环境和防止污染的勘查、开采方法和工艺技术，提高资源利用水平。

第二十六条 企业应当在经济技术可行的条件下对生产和服务过程中产生的废物、余热等自行回收利用或者转让给有条件的其他企业和个人利用。

第二十七条 企业应当对生产和服务过程中的资源消耗以及废物的产生情况进行监测，并根据需要对生产和服务实施清洁生产审核。

有下列情形之一的企业，应当实施强制性清洁生产审核：

（一）污染物排放超过国家或者地方规定的排放标准，或者虽未超过国家或者地方规定的排放标准，但超过重点污染物排放总量控制指标的；

（二）超过单位产品能源消耗限额标准构成高耗能的；

（三）使用有毒、有害原料进行生产或者在生产中排放有毒、有害物质的。

污染物排放超过国家或者地方规定的排放标准的企业，应当按照环境保护相关法律的规定治理。

实施强制性清洁生产审核的企业，应当将审核结果向所在地县级以上地方人民政府负责清洁生产综合协调的部门、环境保护部门报告，并在本地区主要媒体上公布，接受公众监督，但涉及商业秘密的除外。

县级以上地方人民政府有关部门应当对企业实施强制性清洁生产审核的情况进行监督，必要时可以组织对企业实施清洁生产的效果进行评估验收，所需费用纳入同级政府预算。承担评估验收工作的部门或者单位不得向被评估验收企业收取费用。

实施清洁生产审核的具体办法，由国务院清洁生产综合协调部门、环境保护部门会同国务院有关部门制定。

第二十八条　本法第二十七条第二款规定以外的企业，可以自愿与清洁生产综合协调部门和环境保护部门签订进一步节约资源、削减污染物排放量的协议。该清洁生产综合协调部门和环境保护部门应当在本地区主要媒体上公布该企业的名称以及节约资源、防治污染的成果。

第二十九条　企业可以根据自愿原则，按照国家有关环境管理体系等认证的规定，委托经国务院认证认可监督管理部门认可的认证机构进行认证，提高清洁生产水平。

第四章　鼓励措施

第三十条　国家建立清洁生产表彰奖励制度。对在清洁生产工作中做出显著成绩的单位和个人，由人民政府给予表彰和奖励。

第三十一条　对从事清洁生产研究、示范和培训，实施国家清洁生产重点技术改造项目和本法第二十八条规定的自愿节约资源、削减污染物排放量协议中载明的技术改造项目，由县级以上人民政府给予资金支持。

第三十二条　在依照国家规定设立的中小企业发展基金中，应当根据需要安排适当数额用于支持中小企业实施清洁生产。

第三十三条　依法利用废物和从废物中回收原料生产产品的，按照国家规定享受税收优惠。

第三十四条　企业用于清洁生产审核和培训的费用，可以列入企业经营成本。

第五章　法律责任

第三十五条　清洁生产综合协调部门或者其他有关部门未依照本法规定履行职责的，对直接负责的主管人员和其他直接责任人员依法给予处分。

第三十六条　违反本法第十七条第二款规定，未按照规定公布能源消耗或者重点污染物产生、排放情况的，由县级以上地方人民政府负责清洁生产综合协调的部门、环境保护部门按照职责分工责令公布，可以处十万元以下的罚款。

第三十七条　违反本法第二十一条规定，未标注产品材料的成分或者不如实标注的，由县级以上地方人民政府质量技术监督部门责令限期改正；拒不改正的，处以五万元以下的罚款。

第三十八条　违反本法第二十四条第二款规定，生产、销售有毒、有害物质超过国家标准的建筑和装修材料的，依照产品质量法和有关民事、刑事法律的规定，追究行政、民事、刑事法律责任。

第三十九条　违反本法第二十七条第二款、第四款规定，不实施强制性清洁生产审核或者在清洁生产审核中弄虚作假的，或者实施强制性清洁生产审核的企业不报告或者不如实报告审核结果的，由县级以上地方人民政府负责清洁生产综合协调的部门、环境保护部门按照职责分工责令限期改正；拒不改正的，处以五万元以上五十万元以下的罚款。

违反本法第二十七条第五款规定，承担评估验收工作的部门或者单位及其工作人员向被评估验收企业收取费用的，不如实评估验收或者在评估验收中弄虚作假的，或者利用职务上的便利谋取利益的，对直接负责的主管人员和其他直接责任人员依法给予处分；构成犯罪的，依法追究刑事责任。

第六章　附　则

第四十条　本法自 2003 年 1 月 1 日起施行。

国务院关于发布实施《促进产业结构调整暂行规定》的决定

（国发〔2005〕40号）

各省、自治区、直辖市人民政府，国务院各部委、各直属机构：

《促进产业结构调整暂行规定》（以下简称《暂行规定》）已经2005年11月9日国务院第112次常务会议审议通过，现予发布。

制定和实施《暂行规定》，是贯彻落实党的十六届五中全会精神，实现“十一五”规划目标的一项重要举措，对于全面落实科学发展观，加强和改善宏观调控，进一步转变经济增长方式，推进产业结构调整和优化升级，保持国民经济平稳较快发展具有重要意义。各省、自治区、直辖市人民政府要将推进产业结构调整作为当前和今后一段时期改革发展的重要任务，建立责任制，狠抓落实，按照《暂行规定》的要求，结合本地区产业发展实际，制定具体措施，合理引导投资方向，鼓励和支持发展先进生产能力，限制和淘汰落后生产能力，防止盲目投资和低水平重复建设，切实推进产业结构优化升级。各有关部门要加快制定和修订财税、信贷、土地、进出口等相关政策，切实加强与产业政策的协调配合，进一步完善促进产业结构调整的政策体系。各省、自治区、直辖市人民政府和国家发展改革、财政、税务、国土资源、环保、工商、质检、银监、电监、安全监管以及行业主管等有关部门，要建立健全产业结构调整工作的组织协调和监督检查机制，各司其职，密切配合，形成合力，切实增强产业政策的执行效力。在贯彻实施《暂行规定》时，要正确处理政府引导与市场调节之间的关系，充分发挥市场配置资源的基础性作用，正确处理发展与稳定、局部利益与整体利益、眼前利益与长远利益的关系，保持经济平稳较快发展。

二〇〇五年十二月二日

促进产业结构调整暂行规定

第一章 总 则

第一条 为全面落实科学发展观，加强和改善宏观调控，引导社会投资，促进产业结构优化升级，根据国家有关法律、行政法规，制定本规定。

第二条 产业结构调整的目标：

推进产业结构优化升级，促进一、二、三产业健康协调发展，逐步形成农业为基础、高新技术产业为先导、基础产业和制造业为支撑、服务业全面发展的产业格局，坚持节约发展、清洁发展、安全发展，实现可持续发展。

第三条 产业结构调整的原则：

坚持市场调节和政府引导相结合。充分发挥市场配置资源的基础性作用，加强国家产业政策的合理引导，实现资源优化配置。

以自主创新提升产业技术水平。把增强自主创新能力作为调整产业结构的中心环节，建立以企业为主体、市场为导向、产学研相结合的技术创新体系，大力提高原始创新能力、集成创新能力和引进消化吸收再创新能力，提升产业整体技术水平。

坚持走新型工业化道路。以信息化带动工业化，以工业化促进信息化，走科技含量高、经济效益好、资源消耗低、环境污染少、安全有保障、人力资源优势得到充分发挥的发展道路，努力推进经济增长方式的根本转变。

促进产业协调健康发展。发展先进制造业，提高服务业比重和水平，加强基础设施建设，优化城乡区域产业结构和布局，优化对外贸易和利用外资结构，维护群众合法权益，努力扩大就业，推进经济社会协调发展。

第二章　产业结构调整的方向和重点

第四条　巩固和加强农业基础地位，加快传统农业向现代农业转变。加快农业科技进步，加强农业设施建设，调整农业生产结构，转变农业增长方式，提高农业综合生产能力。稳定发展粮食生产，加快实施优质粮食产业工程，建设大型商品粮生产基地，确保粮食安全。优化农业生产布局，推进农业产业化经营，加快农业标准化，促进农产品加工转化增值，发展高产、优质、高效、生态、安全农业。大力发展畜牧业，提高规模化、集约化、标准化水平，保护天然草场，建设饲料草场基地。积极发展水产业，保护和合理利用渔业资源，推广绿色渔业养殖方式，发展高效生态养殖业。因地制宜发展原料林、用材林基地，提高木材综合利用率。加强农田水利建设，改造中低产田，搞好土地整理。提高农业机械化水平，健全农业技术推广、农产品市场、农产品质量安全和动植物病虫害防控体系。积极推行节水灌溉，科学使用肥料、农药，促进农业可持续发展。

第五条　加强能源、交通、水利和信息等基础设施建设，增强对经济社会发展的保障能力。

坚持节约优先、立足国内、煤为基础、多元发展，优化能源结构，构筑稳定、经济、清洁的能源供应体系。以大型高效机组为重点优化发展煤电，在生态保护基础上有序开发水电，积极发展核电，加强电网建设，优化电网结构，扩大西电东送规模。建设大型煤炭基地，调整改造中小煤矿，坚决淘汰不具备安全生产条件和浪费破坏资源的小煤矿，加快实施煤矸石、煤层气、矿井水等资源综合利用，鼓励煤电联营。实行油气并举，加大石油、天然气资源勘探和开发利用力度，扩大境外合作开发，加快油气领域基础设施建设。积极扶持和发展新能源和可再生能源产业，鼓励石油替代资源和清洁能源的开发利用，积极推进洁净煤技术产业化，加快发展风能、太阳能、生物质能等。

以扩大网络为重点，形成便捷、通畅、高效、安全的综合交通运输体系。坚持统筹规划、合理布局，实现铁路、公路、水运、民航、管道等运输方式优势互补，相互衔接，发挥组合效率和整体优势。加快发展铁路、城市轨道交通，重点建设客运专线、运煤通道、区域通道和西部地区铁路。完善国道主干线、西部地区公路干线，建设国家高速公路网，大力推进农村公路建设。优先发展城市公共交通。加强集装箱、能源物资、矿石深水码头建设，发展内河航运。扩充大型机场，完善中型机场，增加小型机场，构建布局合理、规模适当、功能完备、协调发展的机场体系。加强管道运输建设。

加强水利建设，优化水资源配置。统筹上下游、地表地下水资源调配、控制地下水开采，积极开展海水淡化。加强防洪抗旱工程建设，以堤防加固和控制性水利枢纽等防洪体系为重点，强化防洪减灾薄弱环节建设，继续加强大江大河干流堤防、行蓄洪区、病险水库除险加固和城市防洪骨干工程建设，建设南水北调工程。加大人畜饮水工程和灌区配套工程建设改造力度。

加强宽带通信网、数字电视网和下一代互联网等信息基础设施建设，推进“三网融合”，健全信息安全保障体系。

第六条　以振兴装备制造业为重点发展先进制造业，发挥其对经济发展的重要支撑作用。

装备制造业要依托重点建设工程，通过自主创新、引进技术、合作开发、联合制造等方式，提高重大技术装备国产化水平，特别是在高效清洁发电和输变电、大型石油化工、先进适用运输装备、高档数控机床、自动化控制、集成电路设备、先进动力装备、节能降耗装备等领域实现突破，提高研发设计、核心元器件配套、加工制造和系统集成的整体水平。

坚持以信息化带动工业化，鼓励运用高技术和先进适用技术改造提升制造业，提高自主知识产权、自主品牌和高端产品比重。根据能源、资源条件和环境容量，着力调整原材料工业的产品结构、企业组织结构和产业布局，提高产品质量和技术含量。支持发展冷轧薄板、冷轧硅钢片、高浓度磷肥、高效低毒低残留农药、乙烯、精细化工、高性能差别化纤维。促进炼油、乙烯、钢铁、水泥、造纸向基地化和大型化发展。加强铁、铜、铝等重要资源的地质勘查，增加资源地质储量，实行合理开采和综合利用。

第七条 加快发展高技术产业，进一步增强高技术产业对经济增长的带动作用。

增强自主创新能力，努力掌握核心技术和关键技术，大力开发对经济社会发展具有重大带动作用的高新技术，支持开发重大产业技术，制定重要技术标准，构建自主创新的技术基础，加快高技术产业从加工装配为主向自主研发制造延伸。按照产业聚集、规模化发展和扩大国际合作的要求，大力发展信息、生物、新材料、新能源、航空航天等产业，培育更多新的经济增长点。优先发展信息产业，大力发展集成电路、软件等核心产业，重点培育数字化音视频、新一代移动通信、高性能计算机及网络设备等信息产业群，加强信息资源开发和共享，推进信息技术的普及和应用。充分发挥我国特有的资源优势和技术优势，重点发展生物农业、生物医药、生物能源和生物化工等生物产业。加快发展民用航空、航天产业，推进民用飞机、航空发动机及机载系统的开发和产业化，进一步发展民用航天技术和卫星技术。积极发展新材料产业，支持开发具有技术特色以及可发挥我国比较优势的光电子材料、高性能结构和新型特种功能材料等产品。

第八条 提高服务业比重，优化服务业结构，促进服务业全面快速发展。坚持市场化、产业化、社会化的方向，加强分类指导和有效监管，进一步创新、完善服务业发展的体制和机制，建立公开、平等、规范的行业准入制度。发展竞争力较强的大型服务企业集团，大城市要把发展服务业放在优先地位，有条件的要逐步形成服务经济为主的产业结构。增加服务品种，提高服务水平，增强就业能力，提升产业素质。大力发展金融、保险、物流、信息和法律服务、会计、知识产权、技术、设计、咨询服务等现代服务业，积极发展文化、旅游、社区服务等需求潜力大的产业，加快教育培训、养老服务、医疗保健等领域的改革和发展。规范和提升商贸、餐饮、住宿等传统服务业，推进连锁经营、特许经营、代理制、多式联运、电子商务等组织形式和服务方式。

第九条 大力发展循环经济，建设资源节约型和环境友好型社会，实现经济增长与人口资源环境相协调。坚持开发与节约并重、节约优先的方针，按照减量化、再利用、资源化原则，大力推进节能节水节地节材，加强资源综合利用，全面推行清洁生产，完善再生资源回收利用体系，形成低投入、低消耗、低排放和高效率的节约型增长方式。积极开发推广资源节约、替代和循环利用技术和产品，重点推进钢铁、有色、电力、石化、建筑、煤炭、建材、造纸等行业节能降耗技术改造，发展节能省地型建筑，对消耗高、污染重、危及安全生产、技术落后的工艺和产品实施强制淘汰制度，依法关闭破坏环境和不具备安全生产条件的企业。调整高耗能、高污染产业规模，降低高耗能、高污染产业比重。鼓励生产和使用节约性能好的各类消费品，形成节约资源的消费模式。大力发展环保产业，以控制不合理的资源开发为重点，强化对水资源、土地、森林、草原、海洋等的生态保护。

第十条 优化产业组织结构，调整区域产业布局。提高企业规模经济水平和产业集中度，加快大型企业发展，形成一批拥有自主知识产权、主业突出、核心竞争力强的大公司和企业集团。充分发挥中小企业的作用，推动中小企业与大企业形成分工协作关系，提高生产专业化水平，促进中小企业技术进步和产业升级。充分发挥比较优势，积极推动生产要素合理流动和配置，引导产业集群化发展。西部地区要加强基础设施建设和生态环境保护，健全公共服务，结合本地资源优势发展特色产业，增强自我发展能力。东北地区要加快产业结构调整和国有企业改革改组改造，发展现代农业，着力振兴装备制造业，促进资源枯竭型城市转型。中部地区要抓好粮食主产区建设，发展有比较优势的能源和制造业，加强基础设施建设，加快建立现代市场体系。东部地区要努力提高自主创新能力，加快实现结构优化升级和增长方式转变，提高外向型经济水平，增强国际竞争力和可持续发展能力。从区域发展的总体战略布局出发，根据资源环境承载能力和发展潜力，实行优化开发、重点开发、限制开发和禁止开发等有区别的区域产业布局。

第十一条 实施互利共赢的开放战略，提高对外开放水平，促进国内产业结构升级。加快转变对外贸易增长方式，扩大具有自主知识产权、自主品牌的商品出口，控制高能耗高污染产品的出口，鼓励进口先进技术设备和国内短缺资源。支持有条件的企业“走出去”，在国际市场竞争中发展壮大，带动国内产业发展。提高加工贸易的产业层次，增强国内配套能力。大力发展服务贸易，继续开放服务市场，有序承接国际现代服务业转移。提高利用外资的质量和水平，着重引进先进技术、管理经验和高素质人才，注重引进技术的消化吸收和创新提高。吸引外资能力较强的地区和开发区，要着重提高生产制造层次，并积极向研究开发、现代物流等领域拓展。

第三章 产业结构调整指导目录

第十二条 《产业结构调整指导目录》是引导投资方向，政府管理投资项目，制定和实施财税、信贷、土地、进出口等政策的重要依据。

《产业结构调整指导目录》由发展改革委会同国务院有关部门依据国家有关法律法规制订，经国务院批准后公布。根据实际情况，需要对《产业结构调整指导目录》进行部分调整时，由发展改革委会同国务院有关部门适时修订并公布。

《产业结构调整指导目录》原则上适用于我国境内的各类企业。其中外商投资按照《外商投资产业指导目录》执行。《产业结构调整指导目录》是修订《外商投资产业指导目录》的主要依据之一。《产业结构调整指导目录》淘汰类适用于外商投资企业。《产业结构调整指导目录》和《外商投资产业指导目录》执行中的政策衔接问题由发展改革委会同商务部研究协商。

第十三条 《产业结构调整指导目录》由鼓励、限制和淘汰三类目录组成。不属于鼓励类、限制类和淘汰类，且符合国家有关法律、法规和政策规定的，为允许类。允许类不列入《产业结构调整指导目录》。

第十四条 鼓励类主要是对经济社会发展有重要促进作用，有利于节约资源、保护环境、产业结构优化升级，需要采取政策措施予以鼓励和支持的关键技术、装备及产品。按照以下原则确定鼓励类产业指导目录：

（一）国内具备研究开发、产业化的技术基础，有利于技术创新，形成新的经济增长点；

（二）当前和今后一个时期有较大的市场需求，发展前景广阔，有利于提高短缺商品的供给能力，有利于开拓国内外市场；

（三）有较高技术含量，有利于促进产业技术进步，提高产业竞争力；

（四）符合可持续发展战略要求，有利于安全生产，有利于资源节约和综合利用，有利于新能源和可再生能源开发利用、提高能源效率，有利于保护和改善生态环境；

（五）有利于发挥我国比较优势，特别是中西部地区和东北地区等老工业基地的能源、矿产资源与劳动力资源等优势；

（六）有利于扩大就业，增加就业岗位；

（七）法律、行政法规规定的其他情形。

第十五条 限制类主要是工艺技术落后，不符合行业准入条件和有关规定，不利于产业结构优化升级，需要督促改造和禁止新建的生产能力、工艺技术、装备及产品。按照以下原则确定限制类产业指导目录：

（一）不符合行业准入条件，工艺技术落后，对产业结构没有改善；

（二）不利于安全生产；

（三）不利于资源和能源节约；

（四）不利于环境保护和生态系统的恢复；

（五）低水平重复建设比较严重，生产能力明显过剩；

（六）法律、行政法规规定的其他情形。

第十六条 淘汰类主要是不符合有关法律法规规定，严重浪费资源、污染环境、不具备安全生产条件，需要淘汰的落后工艺技术、装备及产品。按照以下原则确定淘汰类产业指导目录：

（一）危及生产和人身安全，不具备安全生产条件；

（二）严重污染环境或严重破坏生态环境；

（三）产品质量低于国家规定或行业规定的最低标准；

（四）严重浪费资源、能源；

（五）法律、行政法规规定的其他情形。

第十七条 对鼓励类投资项目，按照国家有关投资管理规定进行审批、核准或备案；各金融机构应按照信贷原则提供信贷支持；在投资总额内进口的自用设备，除财政部发布的《国内投资项目不予免税的进口商品目录（2000年修订）》所列商品外，继续免征关税和进口环节增值税，在国家出台不予免税的投资项目目录等新规定后，按新规定执行。对鼓励类产业项目的其他优惠政策，按照国家有关规定执行。

第十八条 对属于限制类的新建项目，禁止投资。投资管理部门不予审批、核准或备案，各金融机构不得发放贷款，土地管理、城市规划和建设、环境保护、质检、消防、海关、工商等部门不得办理有关手续。凡违反规定进行投融资建设的，要追究有关单位和人员的责任。

对属于限制类的现有生产能力，允许企业在一定期限内采取措施改造升级，金融机构按信贷原则继续给予支持。国家有关部门要根据产业结构优化升级的要求，遵循优胜劣汰的原则，实行分类指导。

第十九条 对淘汰类项目，禁止投资。各金融机构应停止各种形式的授信支持，并采取措施收回已发放的贷款；各地区、各部门和有关企业要采取有力措施，按规定限期淘汰。在淘汰期限内国家价格主管部门可提高供电价格。对国家明令淘汰的生产工艺技术、装备和产品，一律不得进口、转移、生产、销售、使用和采用。

对不按期淘汰生产工艺技术、装备和产品的企业，地方各级人民政府及有关部门要依据国家有关法律法规责令其停产或予以关闭，并采取妥善措施安置企业人员、保全金融机构信贷资产安全等；其产品属实行生产许可证管理的，有关部门要依法吊销生产许可证；工商行政管理部门要督促其依法办理变更登记或注销登记；环境保护管理部门要吊销其排污许可证；电力供应企业要依法停止供电。对违反规定者，要依法追究直接责任人和有关领导的责任。

第四章 附 则

第二十条 本规定自发布之日起施行。原国家计委、国家经贸委发布的《当前国家重点鼓励发展的产业、产品和技术目录（2000年修订）》、原国家经贸委发布的《淘汰落后生产能力、工艺和产品的目录（第一批、第二批、第三批）》和《工商投资领域制止重复建设目录（第一批）》同时废止。

第二十一条 对依据《当前国家重点鼓励发展的产业、产品和技术目录（2000年修订）》执行的有关优惠政策，调整为依据《产业结构调整指导目录》鼓励类目录执行。外商投资企业的设立及税收政策等执行国家有关外商投资的法律、行政法规规定。

产业结构调整指导目录（2011年本）

（2011年3月27日国家发展改革委第9号令公布，根据2013年2月16日国家发展改革委第21号令公布的《国家发展改革委关于修改〈产业结构调整指导目录（2011年本）〉有关条款的的决定》修正）

第一类 鼓励类

三十八、环境保护与资源节约综合利用

1、矿山生态环境恢复工程

2、海洋环境保护及科学开发

3、微咸水、苦咸水、劣质水、海水的开发利用及海水淡化工程

4、消耗臭氧层物质替代品开发与利用

5、区域性废旧汽车、废旧电器电子产品、废旧船舶、废钢铁、废旧木材等资源循环利用基地建设

6、流出物辐射环境监测技术工程

7、环境监测体系工程

8、危险废弃物（放射性废物、核设施退役工程、医疗废物、含重金属废弃物）安全处置技术设备开发制造及处置中心建设

9、流动污染源（机车、船舶、汽车等）监测与防治技术

10、城市交通噪声与振动控制技术应用

11、电网、信息系统电磁辐射控制技术开发与应用

12、削减和控制二恶英排放的技术开发与应用

13、持久性有机污染物类产品的替代品开发与应用

14、废弃持久性有机污染物类产品处置技术开发与应用

15、“三废”综合利用及治理工程

16、“三废”处理用生物菌种和添加剂开发与生产

17、含汞废物的汞回收处理技术、含汞产品的替代品开发与应用

18、重复用水技术应用

19、高效、低能耗污水处理与再生技术开发

20、城镇垃圾及其他固体废弃物减量化、资源化、无害化处理和综合利用工程

21、废物填埋防渗技术与材料

22、新型水处理药剂开发与生产

23、节能、节水、节材环保及资源综合利用等技术开发、应用及设备制造

24、高效、节能采矿、选矿技术（药剂）

25、鼓励推广共生、伴生矿产资源中有价元素的分离及综合利用技术

26、低品位、复杂、难处理矿开发及综合利用

27、尾矿、废渣等资源综合利用

28、再生资源回收利用产业化

29、废旧电器电子产品、废印刷电路板、废旧电池、废旧船舶、废旧农机、废塑料、废橡胶、废弃油脂等再生资源循环利用技术与设备开发

30、废旧汽车、工程机械、矿山机械、机床产品、农业机械、船舶等废旧机电产品及零部件再利用、再制造，墨盒、有机光导鼓的再制造（再填充）

31、综合利用技术设备：4000 马力以上废钢破碎生产线；废塑料复合材料回收处理成套装备（回收率 95%以上）；轻烃类石化副产物综合利用技术装备；生物质能技术装备（发电、制油、沼气）；硫回收装备（低温克劳斯法）

32、含持久性有机污染物土壤修复技术的研发与应用

33、削减和控制重金属排放的技术开发与应用

34、工业难降解有机废水处理技术

35、有毒、有机废气、恶臭处理技术

36、高效、节能、环保采选矿技术

37、为用户提供节能诊断、设计、融资、改造、运行管理等服务

38、餐厨废弃物资源化利用技术开发及设施建设

39、碳捕获、存储及利用技术装备

40、冰蓄冷技术及其成套设备制造

第二类 限制类

二、煤炭

1、单井井型低于以下规模的煤矿项目：山西、内蒙古、陕西120万吨/年；重庆、四川、贵州、云南15万吨/年；福建、江西、湖北、湖南、广西9万吨/年；其他地区30万吨/年

2、采用非机械化开采工艺的煤矿项目

3、设计的煤炭资源回收率达不到国家规定要求的煤矿项目

4、未按国家规定程序报批矿区总体规划的煤矿项目

5、井下回采工作面超过2个的新建煤矿项目

三、电力

1、小电网外，单机容量30万千瓦及以下的常规燃煤火电机组

2、小电网外，发电煤耗高于300克标准煤/千瓦时的湿冷发电机组，发电煤耗高于305克标准煤/千瓦时的空冷发电机组

3、无下泄生态流量的引水式水力发电

四、石化化工

1、新建1000万吨/年以下常减压、150万吨/年以下催化裂化、100万吨/年以下连续重整（含芳烃抽提）、150万吨/年以下加氢裂化生产装置

2、新建80万吨/年以下石脑油裂解制乙烯、13万吨/年以下丙烯腈、100万吨/年以下精对苯二甲酸、20万吨/年以下乙二醇、20万吨/年以下苯乙烯（干气制乙苯工艺除外）、10万吨/年以下己内酰胺、乙烯法醋酸、30万吨/年以下羰基合成法醋酸、天然气制甲醇、100万吨/年以下煤制甲醇生产装置（综合利用除外），丙酮氰醇法丙烯酸、粮食法丙酮/丁醇、氯醇法环氧丙烷和皂化法环氧氯丙烷生产装置，300吨/年以下皂素（含水解物，综合利用除外）生产装置

3、新建7万吨/年以下聚丙烯（连续法及间歇法）、20万吨/年以下聚乙烯、乙炔法聚氯乙烯、起始规模小于30万吨/年的乙烯氧氯化法聚氯乙烯、10万吨/年以下聚苯乙烯、20万吨/年以下丙烯腈/丁二烯/苯乙烯共聚物（ABS，本体连续法除外）、3万吨/年以下普通合成胶乳—羧基丁苯胶（含丁苯胶乳）生产装置，新建、改扩建溶剂型氯丁橡胶类、丁苯热塑性橡胶类、聚氨酯类和聚丙烯酸酯类等通用型胶粘剂生产装置

4、新建纯碱、烧碱、30万吨/年以下硫磺制酸、20万吨/年以下硫铁矿制酸、常压法及综合法硝酸、电石（以大型先进工艺设备进行等量替换的除外）、单线产能5万吨/年以下氢氧化钾生产装置

5、新建三聚磷酸钠、六偏磷酸钠、三氯化磷、五硫化二磷、饲料磷酸氢钙、氯酸钠、少钙焙烧工艺重铬酸钠、电解二氧化锰、普通级碳酸钙、无水硫酸钠（盐业联产及副产除外）、碳酸钡、硫酸钡、氢氧化钡、氯化钡、硝酸钡、碳酸锶、白炭黑（气相法除外）、氯化胆碱生产装置

6、新建黄磷，起始规模小于3万吨/年、单线产能小于1万吨/年氰化钠（折100%），单线产能5千吨/年以下碳酸锂、氢氧化锂，单线产能2万吨/年以下无水氟化铝或中低分子比冰晶石生产装置

7、新建以石油（高硫石油焦除外）、天然气为原料的氮肥，采用固定层间歇气化技术合成氨，磷铵生产装置，铜洗法氨合成原料气净化工艺

8、新建高毒、高残留以及对环境影响大的农药原药（包括氧乐果、水胺硫磷、甲基异柳磷、甲拌磷、特丁磷、杀扑磷、溴甲烷、灭多威、涕灭威、克百威、敌鼠钠、敌鼠酮、杀鼠灵、杀鼠醚、溴敌隆、溴鼠灵、肉毒素、杀虫双、灭线磷、硫丹、磷化铝、三氯杀螨醇，有机氯类、有机锡类杀虫剂，福美类杀菌剂，复硝酚钠（钾）等）生产装置

9、新建草甘膦、毒死蜱（水相法工艺除外）、三唑磷、百草枯、百菌清、阿维菌素、吡虫啉、乙草胺（甲叉法工艺除外）生产装置

10、新建硫酸法钛白粉、铅铬黄、1 万吨/年以下氧化铁系颜料、溶剂型涂料（不包括鼓励类的涂料品种和生产工艺）、含异氰脲酸三缩水甘油酯（TGIC）的粉末涂料生产装置

11、新建染料、染料中间体、有机颜料、印染助剂生产装置（不包括鼓励类的染料产品和生产工艺）

12、新建氟化氢（HF）（电子级及湿法磷酸配套除外），新建初始规模小于 20 万吨/年、单套规模小于 10 万吨/年的甲基氯硅烷单体生产装置，10 万吨/年以下（有机硅配套除外）和 10 万吨/年及以上、没有副产四氯化碳配套处置设施的甲烷氯化物生产装置，全氟辛基磺酰化合物（PFOS）和全氟辛酸（PFOA），六氟化硫（SF6）（高纯级除外）生产装置

13、新建斜交轮胎和力车胎（手推车胎）、锦纶帘线、3 万吨/年以下钢丝帘线、常规法再生胶（动态连续脱硫工艺除外）、橡胶塑解剂五氯硫酚、橡胶促进剂二硫化四甲基秋兰姆（TMTD）生产装置

五、信息产业

1、激光视盘机生产线（VCD 系列整机产品）

2、模拟 CRT 黑白及彩色电视机项目

六、钢铁

1、未同步配套建设干熄焦、装煤、推焦除尘装置的炼焦项目

2、180 平方米以下烧结机（铁合金烧结机除外）

3、有效容积 400 立方米以上 1200 立方米以下炼铁高炉；1200 立方米及以上但未同步配套煤粉喷吹装置、除尘装置、余压发电装置，能源消耗大于 430 公斤标煤/吨、新水耗量大于 2.4 立方米/吨等达不到标准的炼铁高炉

4、公称容量 30 吨以上 100 吨以下炼钢转炉；公称容量 100 吨及以上但未同步配套煤气回收、除尘装置，新水耗量大于 3 立方米/吨等达不到标准的炼钢转炉

5、公称容量 30 吨以上 100 吨（合金钢 50 吨）以下电炉；公称容量 100 吨（合金钢 50 吨）及以上但未同步配套烟尘回收装置，能源消耗大于 98 公斤标煤/吨、新水耗量大于 3.2 立方米/吨等达不到标准的电炉

6、1450 毫米以下热轧带钢（不含特殊钢）项目

7、30 万吨/年及以下热镀锌板卷项目

8、20 万吨/年及以下彩色涂层板卷项目

9、含铬质耐火材料

10、普通功率和高功率石墨电极压型设备、焙烧设备和生产线

11、直径 600 毫米以下或 2 万吨/年以下的超高功率石墨电极生产线

12、8 万吨/年以下预焙阳极（炭块）、2 万吨/年以下普通阴极炭块、4 万吨/年以下炭电极生产线

13、单机 120 万吨/年以下的球团设备（铁合金球团除外）

14、顶装焦炉炭化室高度<6.0 米、捣固焦炉炭化室高度<5.5 米，100 万吨/年以下焦化项目，热回收焦炉的项目，单炉 7.5 万吨/年以下、每组 30 万吨/年以下、总年产 60 万吨以下的半焦（兰炭）项目

15、3000 千伏安及以上，未采用热装热兑工艺的中低碳锰铁、电炉金属锰和中低微碳铬铁精炼电炉

16、300 立方米以下锰铁高炉；300 立方米及以上，但焦比高于 1320 千克/吨的锰铁高炉；规模小于 10 万吨/年的高炉锰铁企业

17、1.25 万千伏安以下的硅钙合金和硅钙钡铝合金矿热电炉；1.25 万千伏安及以上，但硅钙合金电耗高于 11000 千瓦时/吨的矿热电炉

18、1.65 万千伏安以下硅铝合金矿热电炉；1.65 万千伏安及以上，但硅铝合金电耗高于 9000 千瓦时/吨的矿热电炉

19、2×2.5 万千伏安以下普通铁合金矿热电炉（中西部具有独立运行的小水电及矿产资源优势的国家确定的重点贫困地区，矿热电炉容量<2×1.25 万千伏安）；2×2.5 万千伏安及以上，但变压器未选用有载电动多级调压的三相或三个单相节能型设备，未实现工艺操作机械化和控制自动化，硅铁电耗高于

8500千瓦时/吨，工业硅电耗高于12000千瓦时/吨，电炉锰铁电耗高于2600千瓦时/吨，硅锰合金电耗高于4200千瓦时/吨，高碳铬铁电耗高于3200千瓦时/吨，硅铬合金电耗高于4800千瓦时/吨的普通铁合金矿热电炉

20、间断浸出、间断送液的电解金属锰浸出工艺；10000 吨/年以下电解金属锰单条生产线（一台变压器），电解金属锰生产总规模为30000吨/年以下的企业

七、有色金属

1、新建、扩建钨、钼、锡、锑开采、冶炼项目，稀土开采、选矿、冶炼、分离项目以及氧化锑、铅锡焊料生产项目

2、单系列10万吨/年规模以下粗铜冶炼项目

3、电解铝项目（淘汰落后生产能力置换项目及优化产业布局项目除外）

4、铅冶炼项目（单系列5万吨/年规模及以上，不新增产能的技改和环保改造项目除外）

5、单系列10万吨/年规模以下锌冶炼项目（直接浸出除外）

6、镁冶炼项目（综合利用项目除外）

7、10万吨/年以下的独立铝用炭素项目

8、新建单系列生产能力5万吨/年及以下、改扩建单系列生产能力2万吨/年及以下、以及资源利用、能源消耗、环境保护等指标达不到行业准入条件要求的再生铅项目

八、黄金

1、日处理金精矿100吨以下，原料自供能力不足50%的独立氰化项目

2、日处理矿石200吨以下，无配套采矿系统的独立黄金选矿厂项目

3、日处理金精矿100吨以下的火法冶炼项目

4、年处理矿石10万吨以下的独立堆浸场项目（东北、华北、西北）、年处理矿石20万吨以下的独立堆浸场项目（华东、中南、西南）

5、日处理岩金矿石100吨以下的采选项目

6、年处理砂金矿砂30万立方米以下的砂金开采项目

7、在林区、基本农田、河道中开采砂金项目

九、建材

1、2000吨/日以下熟料新型干法水泥生产线，60万吨/年以下水泥粉磨站

2、普通浮法玻璃生产线

3、150万平方米/年及以下的建筑陶瓷生产线

4、60万件/年以下的隧道窑卫生陶瓷生产线

5、3000万平方米/年以下的纸面石膏板生产线

6、中碱玻璃球生产线、铂金坩埚球法拉丝玻璃纤维生产线

7、粘土空心砖生产线（陕西、青海、甘肃、新疆、西藏、宁夏除外）

8、15万平方米/年以下的石膏（空心）砌块生产线、单班2.5万立方米/年以下的混凝土小型空心砌块以及单班15万平方米/年以下的混凝土铺地砖固定式生产线、5万立方米/年以下的人造轻集料（陶粒）生产线

9、10万立方米/年以下的加气混凝土生产线

10、3000万标砖/年以下的煤矸石、页岩烧结实心砖生产线

11、10000吨/年以下岩（矿）棉制品生产线和8000吨/年以下玻璃棉制品生产线

12、100万米/年及以下预应力高强混凝土离心桩生产线

13、预应力钢筒混凝土管（简称PCCP管）生产线：PCCP-L型：年设计生产能力≤50千米，PCCP-E型：年设计生产能力≤30千米

十、医药

1、新建、扩建古龙酸和维生素C原粉（包括药用、食品用和饲料用、化妆品用）生产装置，新建药品、食品、饲料、化妆品等用途的维生素B1、维生素B2、维生素B12（综合利用除外）、维生素E原料生产装置

2、新建青霉素工业盐、6-氨基青霉烷酸（6-APA）、化学法生产7-氨基头孢烷酸（7-ACA）、7-氨基-3-去乙酰氧基头孢烷酸（7-ADCA）、青霉素V、氨苄青霉素、羟氨苄青霉素、头孢菌素c发酵、土霉素、四环素、氯霉素、安乃近、扑热息痛、林可霉素、庆大霉素、双氢链霉素、丁胺卡那霉素、麦迪霉素、柱晶白霉素、环丙氟哌酸、氟哌酸、氟嗪酸、利福平、咖啡因、柯柯豆碱生产装置

3、新建紫杉醇（配套红豆杉种植除外）、植物提取法黄连素（配套黄连种植除外）生产装置

4、新建、改扩建药用丁基橡胶塞、二步法生产输液用塑料瓶生产装置

5、新开办无新药证书的药品生产企业

6、新建及改扩建原料含有尚未规模化种植或养殖的濒危动植物药材的产品生产装置

7、新建、改扩建充汞式玻璃体温计、血压计生产装置、银汞齐齿科材料、新建2亿支/年以下一次性注射器、输血器、输液器生产装置

十一、机械

1、2臂及以下凿岩台车制造项目

2、装岩机（立爪装岩机除外）制造项目

3、3立方米及以下小矿车制造项目

4、直径2.5米及以下绞车制造项目

5、直径3.5米及以下矿井提升机制造项目

6、40平方米及以下筛分机制造项目

7、直径700毫米及以下旋流器制造项目

8、800千瓦及以下采煤机制造项目

9、斗容3.5立方米及以下矿用挖掘机制造项目

10、矿用搅拌、浓缩、过滤设备（加压式除外）制造项目

11、低速汽车（三轮汽车、低速货车）（自2015年起执行与轻型卡车同等的节能与排放标准）

12.单缸柴油机制造项目

13、配套单缸柴油机的皮带传动小四轮拖拉机，配套单缸柴油机的手扶拖拉机，滑动齿轮换档、排放达不到要求的50马力以下轮式拖拉机

14、30万千瓦及以下常规燃煤火力发电设备制造项目（综合利用、热电联产机组除外）

15、6千伏及以上（陆上用）干法交联电力电缆制造项目

16、非数控金属切削机床制造项目

17、6300千牛及以下普通机械压力机制造项目

18、非数控剪板机、折弯机、弯管机制造项目

19、普通高速钢钻头、铣刀、锯片、丝锥、板牙项目

20、棕刚玉、绿碳化硅、黑碳化硅等烧结块及磨料制造项目

21、直径450毫米以下的各种结合剂砂轮（钢轨打磨砂轮除外）

22、直径400毫米及以下人造金刚石切割锯片制造项目

23、P0级、直径60毫米以下普通微小型轴承制造项目

24、220千伏及以下电力变压器（非晶合金、卷铁芯等节能配电变压器除外）

25、220千伏及以下高、中、低压开关柜制造项目（使用环保型中压气体的绝缘开关柜以及用于爆炸性环境的防爆型开关柜除外）

26、酸性碳钢焊条制造项目

27、民用普通电度表制造项目

28、8.8 级以下普通低档标准紧固件制造项目

29、驱动电动机功率 560 千瓦及以下、额定排气压力 1.25 兆帕及以下，一般用固定的往复活塞空气压缩机制造项目

30、普通运输集装干箱项目

31、56 英寸及以下单级中开泵制造项目

32、通用类 10 兆帕及以下中低压碳钢阀门制造项目

33、5 吨/小时及以下短炉龄冲天炉

34、有色合金六氯乙烷精炼、镁合金 SF6 保护

35、冲天炉熔化采用冶金焦

36、无再生的水玻璃砂造型制芯工艺

37、盐浴氮碳、硫氮碳共渗炉及盐

38、电子管高频感应加热设备

39、亚硝盐缓蚀、防腐剂

40、铸/锻造用燃油加热炉

41、锻造用燃煤加热炉

42、手动燃气锻造炉

43、蒸汽锤

44、弧焊变压器

45、含铅和含镉钎料

46、新建全断面掘进机整机组装项目

47、新建万吨级以上自由锻造液压机项目

48、新建普通铸锻件项目

49、动圈式和抽头式手工焊条弧焊机

50、Y 系列（IP44）三相异步电动机（机座号 80～355）及其派生系列，Y2 系列（IP54）三相异步电动机（机座号 63～355）

51、背负式手动压缩式喷雾器

52、背负式机动喷雾喷粉机

53、手动插秧机

54、青铜制品的茶叶加工机械

55、双盘摩擦压力机

56、含铅粉末冶金件

57、出口船舶分段建造项目

十二、轻工

1、聚氯乙烯普通人造革生产线

2、年加工生皮能力 20 万标张牛皮以下的生产线，年加工蓝湿皮能力 10 万标张牛皮以下的生产线

3、超薄型（厚度低于 0.015 毫米）塑料袋生产

4、新建以含氢氯氟烃(HCFCs)为发泡剂的聚氨酯泡沫塑料生产线、连续挤出聚苯乙烯泡沫塑料(XPS)生产线

5、聚氯乙烯（PVC）食品保鲜包装膜

6、普通照明白炽灯、高压汞灯

7、最高转速低于 4000 针/分的平缝机（不含厚料平缝机）和最高转速低于 5000 针/分的包缝机

8、电子计价秤（准确度低于最大称量的 1/3000，称量≤15 千克）、电子皮带秤（准确度低于最大称量的 5/1000）、电子吊秤（准确度低于最大称量的 1/1000，称量≤50 吨）、弹簧度盘秤（准确度低于最

大称量的 1/400，称量≤8 千克）

9、电子汽车衡（准确度低于最大称量的 1/3000，称量≤300 吨）、电子静态轨道衡（准确度低于最大称量的 1/3000，称量≤150 吨）、电子动态轨道衡（准确度低于最大称量的 1/500，称量≤150 吨）

10、玻璃保温瓶胆生产线

11、3 万吨/年及以下的玻璃瓶罐生产线

12、以人工操作方式制备玻璃配合料及秤量

13、未达到日用玻璃行业清洁生产评价指标体系规定指标的玻璃窑炉

14、生产能力小于 18000 瓶/时的啤酒灌装生产线

15、羰基合成法及齐格勒法生产的脂肪醇产品

16、热法生产三聚磷酸钠生产线

17、单层喷枪洗衣粉生产工艺及装备、1.6 吨/小时以下规模磺化装置

18、糊式锌锰电池、镉镍电池

19、牙膏生产线

20、100 万吨/年以下北方海盐项目；新建南方海盐盐场项目；60 万吨/年以下矿（井）盐项目

21、单色金属板胶印机

22、新建单条化学木浆 30 万吨/年以下、化学机械木浆 10 万吨/年以下、化学竹浆 10 万吨/年以下的生产线；新闻纸、铜版纸生产线

23、元素氯漂白制浆工艺

24、原糖加工项目及日处理甘蔗 5000 吨（云南地区 3000 吨）、日处理甜菜 3000 吨以下的新建项目

25、白酒生产线

26、酒精生产线

27、5 万吨/年及以下且采用等电离交工艺的味精生产线

28、糖精等化学合成甜味剂生产线

29、浓缩苹果汁生产线

30、大豆压榨及浸出项目（黑龙江、吉林、内蒙古大豆主产区除外）；东、中部地区单线日处理油菜籽、棉籽 200 吨及以下，花生 100 吨及以下的油料加工项目；西部地区单线日处理油菜籽、棉籽、花生等油料 100 吨及以下的加工项目

31、年加工玉米 30 万吨以下、绝干收率在 98%以下玉米淀粉湿法生产线

32、年屠宰生猪 15 万头及以下、肉牛 1 万头及以下、肉羊 15 万只及以下、活禽 1000 万只及以下的屠宰建设项目（少数民族地区除外）

33、3000 吨/年及以下的西式肉制品加工项目

34、2000 吨/年及以下的酵母加工项目

35、冷冻海水鱼糜生产线

十三、纺织

1、单线产能小于 20 万吨/年的常规聚酯（PET）连续聚合生产装置

2、常规聚酯的对苯二甲酸二甲酯（DMT）法生产工艺

3、半连续纺粘胶长丝生产线

4、间歇式氨纶聚合生产装置

5、常规化纤长丝用锭轴长 1200 毫米及以下的半自动卷绕设备

6、粘胶板框式过滤机

7、单线产能≤1000 吨/年、幅宽≤2 米的常规丙纶纺粘法非织造布生产线

8、25 公斤/小时以下梳棉机

9、200 钳次/分钟以下的棉精梳机

10、5 万转/分钟以下自排杂气流纺设备

11、FA502、FA503 细纱机

12、入纬率小于 600 米/分钟的剑杆织机，入纬率小于 700 米/分钟的喷气织机，入纬率小于 900 米/分钟的喷水织机

13、采用聚乙烯醇浆料（PVA）上浆工艺及产品（涤棉产品，纯棉的高支高密产品除外）

14、吨原毛洗毛用水超过 20 吨的洗毛工艺与设备

15、双宫丝和柞蚕丝的立式缫丝工艺与设备

16、绞纱染色工艺

17、亚氯酸钠漂白设备

第三类　淘汰类

注：条目后括号内年份为淘汰期限，淘汰期限为 2011 年是指应于 2011 年底前淘汰，其余类推；有淘汰计划的条目，根据计划进行淘汰；未标淘汰期限或淘汰计划的条目为国家产业政策已明令淘汰或立即淘汰。

一、落后生产工艺装备

（一）农林业

1、湿法纤维板生产工艺

2、滴水法松香生产工艺

3、农村传统老式炉灶炕

4、以木材、伐根为主要原料的活性炭生产以及氯化锌法活性炭生产工艺

5、超过生态承载力的旅游活动和药材等林产品采集

6、严重缺水地区建设灌溉型造纸原料林基地

7、种植前溴甲烷土壤熏蒸工艺

（二）煤炭

1、国有煤矿矿区范围（国有煤矿采矿登记确认的范围）内的各类小煤矿

2、单井井型低于 3 万吨/年规模的矿井

3、既无降硫措施，又无达标排放用户的高硫煤炭（含硫高于 3%）生产矿井

4、不能就地使用的高灰煤炭（灰分高于 40%）生产矿井

5、6AM、φM-2.5、PA-3 型煤用浮选机

6、PB2、PB3、PB4 型矿用隔爆高压开关

7、PG-27 型真空过滤机

8、X-1 型箱式压滤机

9、ZYZ、ZY3 型液压支架

10、木支架

11、不能实现洗煤废水闭路循环的选煤工艺、不能实现粉尘达标排放的干法选煤设备

（三）电力

1、大电网覆盖范围内，单机容量在 10 万千瓦以下的常规燃煤火电机组

2、单机容量 5 万千瓦及以下的常规小火电机组

3、以发电为主的燃油锅炉及发电机组

4、大电网覆盖范围内，设计寿命期满的单机容量 20 万千瓦以下的常规燃煤火电机组

（四）石化化工

1、200 万吨/年及以下常减压装置（2013 年，青海格尔木、新疆泽普装置除外），废旧橡胶和塑料土法炼油工艺，焦油间歇法生产沥青

2、10 万吨/年以下的硫铁矿制酸和硫磺制酸（边远地区除外），平炉氧化法高锰酸钾，隔膜法烧碱（2015 年）生产装置，平炉法和大锅蒸发法硫化碱生产工艺，芒硝法硅酸钠（泡花碱）生产工艺

3、单台产能 5000 吨/年以下和不符合准入条件的黄磷生产装置，有钙焙烧铬化合物生产装置（2013 年），单线产能 3000 吨/年以下普通级硫酸钡、氢氧化钡、氯化钡、硝酸钡生产装置，产能 1 万吨/年以下氯酸钠生产装置，单台炉容量小于 12500 千伏安的电石炉及开放式电石炉，高汞催化剂（氯化汞含量 6.5%以上）和使用高汞催化剂的乙炔法聚氯乙烯生产装置（2015 年），氨钠法及氰熔体氰化钠生产工艺

4、单线产能 1 万吨/年以下三聚磷酸钠、0.5 万吨/年以下六偏磷酸钠、0.5 万吨/年以下三氯化磷、3 万吨/年以下饲料磷酸氢钙、5000 吨/年以下工艺技术落后和污染严重的氢氟酸、5000 吨/年以下湿法氟化铝及敞开式结晶氟盐生产装置

5、单线产能 0.3 万吨/年以下氰化钠（100%氰化钠）、1 万吨/年以下氢氧化钾、1.5 万吨/年以下普通级白炭黑、2 万吨/年以下普通级碳酸钙、10 万吨/年以下普通级无水硫酸钠（盐业联产及副产除外）、0.3 万吨/年以下碳酸锂和氢氧化锂、2 万吨/年以下普通级碳酸钡、1.5 万吨/年以下普通级碳酸锶生产装置

6、半水煤气氨水液相脱硫、天然气常压间歇转化工艺制合成氨、一氧化碳常压变化及全中温变换（高温变换）工艺、没有配套硫磺回收装置的湿法脱硫工艺，没有配套建设吹风气余热回收、造气炉渣综合利用装置的固定层间歇式煤气化装置

7、钠法百草枯生产工艺，敌百虫碱法敌敌畏生产工艺，小包装（1 公斤及以下）农药产品手工包（灌）装工艺及设备，雷蒙机法生产农药粉剂，以六氯苯为原料生产五氯酚（钠）装置

8、用火直接加热的涂料用树脂、四氯化碳溶剂法制取氯化橡胶生产工艺，100 吨/年以下皂素（含水解物）生产装置，盐酸酸解法皂素生产工艺及污染物排放不能达标的皂素生产装置，铁粉还原法工艺（4,4-二氨基二苯乙烯-二磺酸[DSD 酸]、2-氨基-4-甲基-5-氯苯磺酸[CLT 酸]、1-氨基-8-萘酚-3,6-二磺酸[H 酸]三种产品暂缓执行）

9、50 万条/年及以下的斜交轮胎和以天然棉帘子布为骨架的轮胎、1.5 万吨/年及以下的干法造粒炭黑（特种炭黑和半补强炭黑除外）、3 亿只/年以下的天然胶乳安全套，橡胶硫化促进剂 N-氧联二（1,2-亚乙基）-2-苯并噻唑次磺酰胺（NOBS）和橡胶防老剂 D 生产装置

10、氯氟烃（CFCs）、含氢氯氟烃（HCFCs）、用于清洗的 1,1,1－三氯乙烷（甲基氯仿）、主产四氯化碳（CTC）、以四氯化碳（CTC）为加工助剂的所有产品、以 PFOA 为加工助剂的含氟聚合物、含滴滴涕的涂料、采用滴滴涕为原料非封闭生产三氯杀螨醇生产装置（根据国家履行国际公约总体计划要求进行淘汰）

（五）钢铁

1、土法炼焦（含改良焦炉）；单炉产能 5 万吨/年以下或无煤气、焦油回收利用和污水处理达不到准入条件的半焦（兰炭）生产装置

2、炭化室高度小于 4.3 米焦炉（3.8 米及以上捣固焦炉除外）（西部地区 3.8 米捣固焦炉可延期至 2011 年）；无化产回收的单一炼焦生产设施

3、土烧结矿

4、热烧结矿

5、90 平方米以下烧结机（2013 年）、8 平方米以下球团竖炉；铁合金生产用 24 平方米以下带式锰矿、铬矿烧结机

6、400 立方米及以下炼铁高炉（铸造铁企业除外，但需提供企业工商局注册证明、三年销售凭证和项目核准手续等），200 立方米及以下铁合金、铸铁管生产用高炉

7、用于地条钢、普碳钢、不锈钢冶炼的工频和中频感应炉

8、30 吨及以下转炉（不含铁合金转炉）

9、30 吨及以下电炉（不含机械铸造电炉）

10、化铁炼钢

11、复二重线材轧机

12、横列式线材轧机

13、横列式棒材及型材轧机

14、叠轧薄板轧机

15、普钢初轧机及开坯用中型轧机

16、热轧窄带钢轧机

17、三辊劳特式中板轧机

18、直径76毫米以下热轧无缝管机组

19、三辊式型线材轧机（不含特殊钢生产）

20、环保不达标的冶金炉窑

21、手工操作的土沥青焦油浸渍装置，矿石原料与固体原料混烧、自然通风、手工操作的土竖窑，以煤直接为燃料、烟尘净化不能达标的倒焰窑

22、6300千伏安以下铁合金矿热电炉，3000千伏安以下铁合金半封闭直流电炉、铁合金精炼电炉（钨铁、钒铁等特殊品种的电炉除外）

23、蒸汽加热混捏、倒焰式焙烧炉、艾奇逊交流石墨化炉、10000千伏安及以下三相桥式整流艾奇逊直流石墨化炉及其并联机组

24、单机产能1万吨及以下的冷轧带肋钢筋生产装备（2012年，高延性冷轧带肋钢筋生产装备除外）

25、生产预应力钢丝的单罐拉丝机生产装备

26、预应力钢材生产消除应力处理的铅淬火工艺

27、2.5万吨/年及以下的单套粗（轻）苯精制装置（酸洗蒸馏法苯加工工艺及装置）

28、5万吨/年及以下的单套煤焦油加工装置（2012年）

29、100立方米及以下铁合金锰铁高炉

30、煅烧石灰土窑

31、每炉单产5吨以下的钛铁熔炼炉、用反射炉焙烧钼精矿的钼铁生产线及用反射炉还原、煅烧红矾钠、铬酐生产金属铬的生产线

32、燃煤倒焰窑耐火材料及原料制品生产线

33、单条生产线规模小于20万吨的铸铁管项目

34、环形烧结机

35、一段式固定煤气发生炉项目（不含粉煤气化炉）

36、电解金属锰用5000千伏安及以下的整流变压器、150立方米以下的化合槽（2011年），化合槽有效容积150立方米以下的生产设备

37、单炉产能7.5万吨/年以下的半焦（兰炭）生产装置（2012年）

38、未达到焦化行业准入条件要求的热回收焦炉（2012年）

39、6300千伏安铁合金矿热电炉（2012年）（国家贫困县、利用独立运行的小水电，2014年）

40、还原二氧化锰用反射炉（包括硫酸锰厂用反射炉、矿粉厂用反射炉等）

41、电解金属锰一次压滤用除高压隔膜压滤机以外的板框、箱式压滤机

42、电解金属锰用5000千伏安以上、6000千伏安及以下的整流变压器；150立方米以上、170立方米及以下的倾倒槽（2014年）

43、有效容积18立方米及以下轻烧反射窑

44、有效容积30立方米及以下重烧镁砂竖窑

（六）有色金属

1、采用马弗炉、马槽炉、横罐、小竖罐等进行焙烧、简易冷凝设施进行收尘等落后方式炼锌或生产氧化锌工艺装备

2、采用铁锅和土灶、蒸馏罐、坩埚炉及简易冷凝收尘设施等落后方式炼汞

3、采用土坑炉或坩埚炉焙烧、简易冷凝设施收尘等落后方式炼制氧化砷或金属砷工艺装备

4、铝自焙电解槽及100KA及以下预焙槽（2011年）

5、鼓风炉、电炉、反射炉炼铜工艺及设备（2011年）

6、烟气制酸干法净化和热浓酸洗涤技术

7、采用地坑炉、坩埚炉、赫氏炉等落后方式炼锑

8、采用烧结锅、烧结盘、简易高炉等落后方式炼铅工艺及设备

9、利用坩埚炉熔炼再生铝合金、再生铅的工艺及设备

10、铝用湿法氟化盐项目

11、1万吨/年以下的再生铝、再生铅项目

12、再生有色金属生产中采用直接燃煤的反射炉项目

13、铜线杆（黑杆）生产工艺

14、未配套制酸及尾气吸收系统的烧结机炼铅工艺

15、烧结-鼓风炉炼铅工艺

16、无烟气治理措施的再生铜焚烧工艺及设备

17、50吨以下传统固定式反射炉再生铜生产工艺及设备

18、4吨以下反射炉再生铝生产工艺及设备

19、离子型稀土矿堆浸和池浸工艺

20、独居石单一矿种开发项目

21、稀土氯化物电解制备金属工艺项目

22、氨皂化稀土萃取分离工艺项目

23、湿法生产电解用氟化稀土生产工艺

24、矿石处理量50万吨/年以下的轻稀土矿山开发项目；1500吨（REO）/年以下的离子型稀土矿山开发项目（2013年）

25、2000吨（REO）/年以下的稀土分离项目

26、1500吨/年以下、电解槽电流小于5000A、电流效率低于85%的轻稀土金属冶炼项目

（七）黄金

1、混汞提金工艺

2、小氰化池浸工艺、土法冶炼工艺

3、无环保措施提取线路板中金、银、钯等贵重金属

4、日处理能力50吨以下采选项目

（八）建材

1、窑径3米及以上水泥机立窑（2012年）、干法中空窑（生产高铝水泥、硫铝酸盐水泥等特种水泥除外）、立波尔窑、湿法窑

2、直径3米以下水泥粉磨设备

3、无复膜塑编水泥包装袋生产线

4、平拉工艺平板玻璃生产线（含格法）

5、100万平方米/年以下的建筑陶瓷砖、20万件/年以下低档卫生陶瓷生产线

6、建筑卫生陶瓷土窑、倒焰窑、多孔窑、煤烧明焰隧道窑、隔焰隧道窑、匣钵装卫生陶瓷隧道窑

7、建筑陶瓷砖成型用的摩擦压砖机

8、陶土坩埚玻璃纤维拉丝生产工艺与装备

9、1000万平方米/年以下的纸面石膏板生产线

10、500万平方米/年以下的改性沥青类防水卷材生产线；500万平方米/年以下沥青复合胎柔性防水

卷材生产线；100 万卷/年以下沥青纸胎油毡生产线

11、石灰土立窑

12、砖瓦 24 门以下轮窑以及立窑、无顶轮窑、马蹄窑等土窑（2011 年）

13、普通挤砖机

14、SJ1580-3000 双轴、单轴制砖搅拌机

15、SQP400500-700500 双辊破碎机

16、1000 型普通切条机

17、100 吨以下盘转式压砖机

18、手工制作墙板生产线

19、简易移动式砼砌块成型机、附着式振动成型台

20、单班 1 万立方米/年以下的混凝土砌块固定式成型机、单班 10 万平方米/年以下的混凝土铺地砖固定式成型机

21、人工浇筑、非机械成型的石膏（空心）砌块生产工艺

22、真空加压法和气炼一步法石英玻璃生产工艺装备

23、6×600 吨六面顶小型压机生产人造金刚石

24、手工切割加气混凝土生产线、非蒸压养护加气混凝土生产线

25、非烧结、非蒸压粉煤灰砖生产线

26、装饰石材矿山硐室爆破开采技术、吊索式大理石土拉锯

（九）医药

1、手工胶囊填充工艺

2、软木塞烫腊包装药品工艺

3、不符合 GMP 要求的安瓿拉丝灌封机

4、塔式重蒸馏水器

5、无净化设施的热风干燥箱

6、劳动保护、三废治理不能达到国家标准的原料药生产装置

7、铁粉还原法对乙酰氨基酚（扑热息痛）、咖啡因装置

8、使用氯氟烃（CFCs）作为气雾剂、推进剂、抛射剂或分散剂的医药用品生产工艺（根据国家履行国际公约总体计划要求进行淘汰）

（十）机械

1、热处理铅浴炉

2.热处理氯化钡盐浴炉（高温氯化钡盐浴炉暂缓淘汰）

3、TQ60、TQ80 塔式起重机

4、QT16、QT20、QT25 井架简易塔式起重机

5、KJ1600/1220 单筒提升绞机

6、3000 千伏安以下普通棕刚玉冶炼炉

7、4000 千伏安以下固定式棕刚玉冶炼炉

8、3000 千伏安以下碳化硅冶炼炉

9、强制驱动式简易电梯

10、以氯氟烃（CFCs）作为膨胀剂的烟丝膨胀设备生产线

11、砂型铸造粘土烘干砂型及型芯

12、焦炭炉熔化有色金属

13、砂型铸造油砂制芯

14、重质砖炉衬台车炉

15、中频发电机感应加热电源
16、燃煤火焰反射加热炉
17、铸/锻件酸洗工艺
18、用重质耐火砖作为炉衬的热处理加热炉
19、位式交流接触器温度控制柜
20、插入电极式盐浴炉
21、动圈式和抽头式硅整流弧焊机
22、磁放大器式弧焊机
23、无法安装安全保护装置的冲床
24、粘土砂干型/芯铸造工艺
25、无磁轭（≥0.25 吨）铝壳中频感应电炉（2015 年）
26、无芯工频感应电炉
（十一）船舶
1、废旧船舶滩涂拆解工艺
2、船长大于 80 米的船舶整体建造工艺
（十二）轻工
1、单套 10 万吨/年以下的真空制盐装置、20 万吨/年以下的湖盐和 30 万吨/年以下的北方海盐生产设施
2、利用矿盐卤水、油气田水且采用平锅、滩晒制盐的生产工艺与装置
3、2 万吨/年及以下的南方海盐生产装置
4、超薄型（厚度低于 0.025 毫米）塑料购物袋生产
5、年加工生皮能力 5 万标张牛皮、年加工蓝湿皮能力 3 万标张牛皮以下的制革生产线
6、300 吨/年以下的油墨生产总装置（利用高新技术、无污染的除外）
7、含苯类溶剂型油墨生产
8、石灰法地池制浆设备（宣纸除外）
9、5.1 万吨/年以下的化学木浆生产线
10、单条 3.4 万吨/年以下的非木浆生产线
11、单条 1 万吨/年及以下、以废纸为原料的制浆生产线
12、幅宽在 1.76 米及以下并且车速为 120 米/分以下的文化纸生产线
13、幅宽在 2 米及以下并且车速为 80 米/分以下的白板纸、箱板纸及瓦楞纸生产线
14、以氯氟烃（CFCs）为制冷剂和发泡剂的冰箱、冰柜、汽车空调器、工业商业用冷藏、制冷设备生产线
15、以氯氟烃（CFCs）为发泡剂的聚氨酯、聚乙烯、聚苯乙烯泡沫塑料生产
16、四氯化碳（CTC）为清洗剂的生产工艺
17、以三氟三氯乙烷（CFC－113）和甲基氯仿（TCA）为清洗剂和溶剂的生产工艺
18、脂肪酸法制叔胺工艺，发烟硫酸磺化工艺，搅拌釜式乙氧基化工艺
19、自行车盐浴焊接炉
20、印铁制罐行业中的锡焊工艺
21、燃煤和燃发生炉煤气的坩埚玻璃窑，直火式、无热风循环的玻璃退火炉
22、机械定时行列式制瓶机
23、生产能力 12000 瓶/时以下的玻璃瓶啤酒灌装生产线
24、生产能力 150 瓶/分钟以下（瓶容在 250 毫升及以下）的碳酸饮料生产线
25、日处理原料乳能力（两班）20 吨以下浓缩、喷雾干燥等设施；200 千克/小时以下的手动及半自

动液体乳灌装设备

26、3万吨/年以下酒精生产线（废糖蜜制酒精除外）

27、3万吨/年以下味精生产装置

28、2万吨/年及以下柠檬酸生产装置

29、年处理10万吨以下、总干物收率97%以下的湿法玉米淀粉生产线

30、桥式劈半锯、敞式生猪烫毛机等生猪屠宰设备

31、猪、牛、羊、禽手工屠宰工艺

32、小麦粉增白剂（过氧化苯甲酰、过氧化钙）的添加工艺

（十三）纺织

1、“1”字头成卷、梳棉、清花、并条、粗纱、细纱设备，1332系列络筒机，1511型有梭织机，“1”字头整经、浆纱机等全部“1”字头的纺纱织造设备

2、A512、A513系列细纱机

3、B581、B582型精纺细纱机，BC581、BC582型粗纺细纱机，B591绒线细纱机，B601、B601A型毛捻线机，BC272、BC272B型粗梳毛纺梳毛机，B751型绒线成球机，B701A型绒线摇绞机，B250、B311、B311C、B311C（CZ）、B311C（DJ）型精梳机，H112、H112A型毛分条整经机、H212型毛织机等毛纺织设备

4、90年以前生产、未经技术改造的各类国产毛纺细纱机

5、辊长1000毫米以下的皮辊轧花机，锯片片数在80以下的锯齿轧花机，压力吨位在400吨以下的皮棉打包机（不含160吨、200吨短绒棉花打包机）

6、ZD647、ZD721型自动缫丝机，D101A型自动缫丝机，ZD681型立缫机，DJ561型绢精纺机，K251、K251A型丝织机等丝绸加工设备

7、Z114型小提花机

8、GE186型提花毛圈机

9、Z261型人造毛皮机

10、未经改造的74型染整设备

11、蒸汽加热敞开无密闭的印染平洗槽

12、R531型酸性粘胶纺丝机

13、2万吨/年及以下粘胶常规短纤维生产线

14、湿法氨纶生产工艺

15、二甲基甲酰胺（DMF）溶剂法氨纶及腈纶生产工艺

16、硝酸法腈纶常规纤维生产工艺及装置

17、常规聚酯（PET）间歇法聚合生产工艺及设备

18、常规涤纶长丝锭轴长900毫米及以下的半自动卷绕设备

19、使用年限超过15年的国产和使用年限超过20年的进口印染前处理设备、拉幅和定形设备、圆网和平网印花机、连续染色机

20、使用年限超过15年的浴比大于1：10的棉及化纤间歇式染色设备

21、使用直流电机驱动的印染生产线

22、印染用铸铁结构的蒸箱和水洗设备，铸铁墙板无底蒸化机，汽蒸预热区短的L型退煮漂履带汽蒸箱

23、螺杆挤出机直径小于或等于90mm，2000吨/年以下的涤纶再生纺短纤维生产装置

（十四）印刷

1、全部铅排、铅印工艺

2、全部铅印机及相关辅机

3、照像制版机

4、ZD201、ZD301型系列单字铸字机

5、TH1型自动铸条机、ZT102型系列铸条机

6、ZDK101型字模雕刻机

7、KMD101型字模刻刀磨床

8、AZP502型半自动汉文手选铸排机、ZSY101型半自动汉文铸排机、TZP101型外文条字铸排机、ZZP101型汉文自动铸排机

9、QY401、2QY404型系列电动铅印打样机，QYSH401、2QY401、DY401型手动式铅印打样机

10、YX01、YX02、YX03型系列压纸型机，HX01、HX02、HX03、HX04型系列烘纸型机

11、PZB401型平铅版铸版机，YZB02、YZB03、YZB04、YZB05、YZB06、YZB07型系列铅版铸版机

12、JB01型平铅版浇版机

13、RQ02、RQ03、RQ04型系列铅泵熔铅炉

14、BB01型刨版机，YGB02、YGB03、YGB04、YGB05型圆铅版刮版机，YTB01型圆铅版镗版机，YJB02型圆铅版锯版机，YXB04、YXB05、YXB302型系列圆铅版修版机

15、P401、P402型系列四开平压印刷机，P801、P802、P803、P804型系列八开平压印刷机

16、PE802型双合页印刷机

17、TE102、TE105、TE108型系列全张自动二回转平台印刷机

18、TY201型对开单色一回转平台印刷机，TY401型四开单色一回转平台印刷机

19、TY4201型四开一回转双色印刷机

20、TT201、TZ201、DT201型对开手动续纸停回转平台印刷机

21、TT202型对开自动停回转平台印刷机，TT402、TT403、TT405、DT402型四开自动停回转平台印刷机，TZ202型对开半自动停回转平台印刷机，TZ401、TZS401、DT401型四开半自动停回转平台印刷机

22、TR801型系列立式平台印刷机

23、LP1101、LP1103型系列平板纸全张单面轮转印刷机，LP1201型平板纸全张双面轮转印刷机，LP4201型平板纸四开双色轮转印刷机

24、LSB201（880×1230毫米）及LS201、LS204（787×1092毫米）型系列卷筒纸书刊转轮印刷机

25、LB203、LB205、LB403型卷筒纸报版轮转印刷机，LB2405、LB4405型卷筒纸双层二组报版轮转印刷机，LBS201型卷筒纸书、报二用轮转印刷机

26、K.M.T型自动铸字排版机，PH-5型汉字排字机

27、球震打样制版机（DIA PRESS清刷机）

28、1985年前生产的手动照排机、国产制版照相机

29、离心涂布机

30、J1101系列全张单色胶印机（印刷速度每小时5000张及以下）

31、J2101、PZ1920系列对开单色胶印机（印刷速度每小时4000张及以下），PZ1615系列四开单色胶印机（印刷速度每小时4000张及以下），YPS1920系列双面单色胶印机（印刷速度每小时4000张及以下）

32、W1101型全张自动凹版印刷机、AJ401型卷筒纸单面四色凹版印刷机

33、DJ01型平装胶订联动机，PRD-01、PRD-02型平装胶订联动机，DBT-01型平装有线订、包、烫联动机

34、溶剂型即涂覆膜机、承印物无法降解和回收的各类覆膜机

35、QZ101、QZ201、QZ301、QZ401型切纸机

36、MD103A 型磨刀机

（十五）民爆产品

1、密闭式包装型乳化炸药基质冷却机

2、密闭式包装型乳化炸药低温敏化机

3、小直径手工单头炸药装药机

4、轴承包覆在药剂中的混药、输送等炸药设备

5、起爆药干燥工序采用蒸汽烘房干燥的工艺

6、延期元件（体）制造工序采用手工装药的工艺

7、雷管装填、装配工序及工序间的传输无可靠防殉爆措施的工艺

8、导爆管制造工序加药装置无可靠防爆设施的生产线

9、危险作业场所未实现远程视频监视的工业炸药和工业雷管生产线

10、危险作业场所未实现远程视频监视的导爆索生产线

11、采用传统轮碾方式的炸药制药工艺

12、起爆药生产废水达不到《兵器工业水污染排放标准火工药剂》（GB14470.2）要求排放的生产工艺

13、乳化器出药温度大于 130℃的乳化工艺

14、小直径含水炸药装药效率低于 1200kg/h、小直径粉状炸药装药效率低于 800kg/h 的装药机

15、有固定操作人员的场所，噪声超过 85 分贝以上的炸药设备

16、全电阻极差大于 1.5Ω的电雷管（钢芯脚线长度 2m）生产技术（2013 年）

17、装箱产品下线未实现生产数据在线采集、及时传输的生产线（2013 年）

18、全电阻极差大于 1.0Ω的电雷管（钢芯脚线长度 2m）生产工艺（2015 年）

19、工序间无可靠防传爆措施的导爆索生产线（2013 年）

20、制索工序无药量在线检测、自动联锁保护装置的导爆索生产线（2013 年）

21、最大不发火电流小于 0.25A 的普通型电雷管生产工艺（2015 年）

22、雷管装填工序未实现人机隔离的生产工艺（2015 年）

23、雷管卡口、检查工序间需人工传送产品的生产工艺（2015 年）

（十六）消防

1、火灾探测器手工插焊电子元器件生产工艺

（十七）其他

1、含有毒有害氰化物电镀工艺（氰化金钾电镀金及氰化亚金钾镀金（2014 年）；银、铜基合金及予镀铜打底工艺（暂缓淘汰））

2、含氰沉锌工艺

3、实体坝连岛技术

4、超过生态承载力的旅游活动和药材等林产品采集

5、不符合国家现行城市生活垃圾、医疗废物和工业废物焚烧相关污染控制标准、工程技术标准以及设备标准的小型焚烧炉

二、落后产品

（一）石化化工

1、改性淀粉、改性纤维、多彩内墙（树脂以硝化纤维素为主，溶剂以二甲苯为主的 O/W 型涂料）、氯乙烯-偏氯乙烯共聚乳液外墙、焦油型聚氨酯防水、水性聚氯乙烯焦油防水、聚乙烯醇及其缩醛类内外墙（106、107 涂料等）、聚醋酸乙烯乳液类（含乙烯/醋酸乙烯酯共聚物乳液）外墙涂料

2、有害物质含量超标准的内墙、溶剂型木器、玩具、汽车、外墙涂料，含双对氯苯基三氯乙烷、三丁基锡、全氟辛酸及其盐类、全氟辛烷磺酸、红丹等有害物质的涂料

3、在还原条件下会裂解产生 24 种有害芳香胺的偶氮染料（非纺织品用的领域暂缓）、九种致癌性染料（用于与人体不直接接触的领域暂缓）

4、含苯类、苯酚、苯甲醛和二（三）氯甲烷的脱漆剂，立德粉，聚氯乙烯建筑防水接缝材料（焦油型），107 胶，瘦肉精，多氯联苯（变压器油）

5、高毒农药产品：六六六、二溴乙烷、丁酰肼、敌枯双、除草醚、杀虫脒、毒鼠强、氟乙酰胺、氟乙酸钠、二溴氯丙烷、治螟磷（苏化 203）、磷胺、甘氟、毒鼠硅、甲胺磷、对硫磷、甲基对硫磷、久效磷、硫环磷（乙基硫环磷）、福美胂、福美甲胂及所有砷制剂、汞制剂、铅制剂、10%草甘膦水剂，甲基硫环磷、磷化钙、磷化锌、苯线磷、地虫硫磷、磷化镁、硫线磷、蝇毒磷、治螟磷、特丁硫磷（2011 年）

6、根据国家履行国际公约总体计划要求进行淘汰农药产品：氯丹、七氯、溴甲烷、滴滴涕、六氯苯、灭蚁灵、林丹、毒杀芬、艾氏剂、狄氏剂、异狄氏剂

7、软边结构自行车胎，以棉帘线为骨架材料的普通输送带和以尼龙帘线为骨架材料的普通 V 带，轮胎、自行车胎、摩托车胎手工刻花硫化模具

第十一篇　排污许可管理文件

国务院办公厅关于印发控制污染物排放许可制实施方案的通知

国办发〔2016〕81号

各省、自治区、直辖市人民政府，国务院各部委、各直属机构：

《控制污染物排放许可制实施方案》已经国务院同意，现印发给你们，请认真贯彻执行。

国务院办公厅

2016年11月10日

控制污染物排放许可制实施方案

控制污染物排放许可制（以下称排污许可制）是依法规范企事业单位排污行为的基础性环境管理制度，环境保护部门通过对企事业单位发放排污许可证并依证监管实施排污许可制。近年来，各地积极探索排污许可制，取得初步成效。但总体看，排污许可制定位不明确，企事业单位治污责任不落实，环境保护部门依证监管不到位，使得管理制度效能难以充分发挥。为进一步推动环境治理基础制度改革，改善环境质量，根据《中华人民共和国环境保护法》和《生态文明体制改革总体方案》等，制定本方案。

一、总体要求

（一）指导思想。全面贯彻落实党的十八大和十八届三中、四中、五中、六中全会精神，深入学习贯彻习近平总书记系列重要讲话精神，紧紧围绕统筹推进“五位一体”总体布局和协调推进“四个全面”战略布局，牢固树立创新、协调、绿色、开放、共享的发展理念，认真落实党中央、国务院决策部署，加大生态文明建设和环境保护力度，将排污许可制建设成为固定污染源环境管理的核心制度，作为企业守法、部门执法、社会监督的依据，为提高环境管理效能和改善环境质量奠定坚实基础。

（二）基本原则。

精简高效，衔接顺畅。排污许可制衔接环境影响评价管理制度，融合总量控制制度，为排污收费、环境统计、排污权交易等工作提供统一的污染物排放数据，减少重复申报，减轻企事业单位负担，提高管理效能。

公平公正，一企一证。企事业单位持证排污，按照所在地改善环境质量和保障环境安全的要求承担相应的污染治理责任，多排放多担责、少排放可获益。向企事业单位核发排污许可证，作为生产运营期排污行为的唯一行政许可，并明确其排污行为依法应当遵守的环境管理要求和承担的法律责任义务。

权责清晰，强化监管。排污许可证是企事业单位在生产运营期接受环境监管和环境保护部门实施监管的主要法律文书。企事业单位依法申领排污许可证，按证排污，自证守法。环境保护部门基于企事业单位守法承诺，依法发放排污许可证，依证强化事中事后监管，对违法排污行为实施严厉打击。

公开透明，社会共治。排污许可证申领、核发、监管流程全过程公开，企事业单位污染物排放和环境保护部门监管执法信息及时公开，为推动企业守法、部门联动、社会监督创造条件。

（三）目标任务。到2020年，完成覆盖所有固定污染源的排污许可证核发工作，全国排污许可证管理信息平台有效运转，各项环境管理制度精简合理、有机衔接，企事业单位环保主体责任得到落实，基本建立法规体系完备、技术体系科学、管理体系高效的排污许可制，对固定污染源实施全过程管理和多污染物协同控制，实现系统化、科学化、法治化、精细化、信息化的“一证式”管理。

二、衔接整合相关环境管理制度

（四）建立健全企事业单位污染物排放总量控制制度。改变单纯以行政区域为单元分解污染物排放总量指标的方式和总量减排核算考核办法，通过实施排污许可制，落实企事业单位污染物排放总量控制要求，逐步实现由行政区域污染物排放总量控制向企事业单位污染物排放总量控制转变，控制的范围逐渐统一到固定污染源。环境质量不达标地区，要通过提高排放标准或加严许可排放量等措施，对企事业单位实施更为严格的污染物排放总量控制，推动改善环境质量。

（五）有机衔接环境影响评价制度。环境影响评价制度是建设项目的环境准入门槛，排污许可制是企事业单位生产运营期排污的法律依据，必须做好充分衔接，实现从污染预防到污染治理和排放控制的全过程监管。新建项目必须在发生实际排污行为之前申领排污许可证，环境影响评价文件及批复中与污染物排放相关的主要内容应当纳入排污许可证，其排污许可证执行情况应作为环境影响后评价的重要依据。

三、规范有序发放排污许可证

（六）制定排污许可管理名录。环境保护部依法制订并公布排污许可分类管理名录，考虑企事业单位及其他生产经营者，确定实行排污许可管理的行业类别。对不同行业或同一行业内的不同类型企事业单位，按照污染物产生量、排放量以及环境危害程度等因素进行分类管理，对环境影响较小、环境危害程度较低的行业或企事业单位，简化排污许可内容和相应的自行监测、台账管理等要求。

（七）规范排污许可证核发。由县级以上地方政府环境保护部门负责排污许可证核发，地方性法规另有规定的从其规定。企事业单位应按相关法规标准和技术规定提交申请材料，申报污染物排放种类、排放浓度等，测算并申报污染物排放量。环境保护部门对符合要求的企事业单位应及时核发排污许可证，对存在疑问的开展现场核查。首次发放的排污许可证有效期三年，延续换发的排污许可证有效期五年。上级环境保护部门要加强监督抽查，有权依法撤销下级环境保护部门作出的核发排污许可证的决定。环境保护部统一制定排污许可证申领核发程序、排污许可证样式、信息编码和平台接口标准、相关数据格式要求等。各地区现有排污许可证及其管理要按国家统一要求及时进行规范。

（八）合理确定许可内容。排污许可证中明确许可排放的污染物种类、浓度、排放量、排放去向等事项，载明污染治理设施、环境管理要求等相关内容。根据污染物排放标准、总量控制指标、环境影响评价文件及批复要求等，依法合理确定许可排放的污染物种类、浓度及排放量。按照《国务院办公厅关于加强环境监管执法的通知》（国办发〔2014〕56 号）要求，经地方政府依法处理、整顿规范并符合要求的项目，纳入排污许可管理范围。地方政府制定的环境质量限期达标规划、重污染天气应对措施中对企事业单位有更加严格的排放控制要求的，应当在排污许可证中予以明确。

（九）分步实现排污许可全覆盖。排污许可证管理内容主要包括大气污染物、水污染物，并依法逐步纳入其他污染物。按行业分步实现对固定污染源的全覆盖，率先对火电、造纸行业企业核发排污许可证，2017 年完成《大气污染防治行动计划》和《水污染防治行动计划》重点行业及产能过剩行业企业排污许可证核发，2020 年全国基本完成排污许可证核发。

四、严格落实企事业单位环境保护责任

（十）落实按证排污责任。纳入排污许可管理的所有企事业单位必须按期持证排污、按证排污，不得无证排污。企事业单位应及时申领排污许可证，对申请材料的真实性、准确性和完整性承担法律责任，承诺按照排污许可证的规定排污并严格执行；落实污染物排放控制措施和其他各项环境管理要求，确保污染物排放种类、浓度和排放量等达到许可要求；明确单位负责人和相关人员环境保护责任，不断提高污染治理和环境管理水平，自觉接受监督检查。

（十一）实行自行监测和定期报告。企事业单位应依法开展自行监测，安装或使用监测设备应符合国家有关环境监测、计量认证规定和技术规范，保障数据合法有效，保证设备正常运行，妥善保存原始记录，建立准确完整的环境管理台账，安装在线监测设备的应与环境保护部门联网。企事业单位应如实向环境保护部门报告排污许可证执行情况，依法向社会公开污染物排放数据并对数据真实性负责。排放情况与排污许可证要求不符的，应及时向环境保护部门报告。

五、加强监督管理

（十二）依证严格开展监管执法。依证监管是排污许可制实施的关键，重点检查许可事项和管理要求的落实情况，通过执法监测、核查台账等手段，核实排放数据和报告的真实性，判定是否达标排放，核定排放量。企事业单位在线监测数据可以作为环境保护部门监管执法的依据。按照“谁核发、谁监管”的原则定期开展监管执法，首次核发排污许可证后，应及时开展检查；对有违规记录的，应提高检查频次；对污染严重的产能过剩行业企业加大执法频次与处罚力度，推动去产能工作。现场检查的时间、内容、结果以及处罚决定应记入排污许可证管理信息平台。

（十三）严厉查处违法排污行为。根据违法情节轻重，依法采取按日连续处罚、限制生产、停产整治、停业、关闭等措施，严厉处罚无证和不按证排污行为，对构成犯罪的，依法追究刑事责任。环境保护部门检查发现实际情况与环境管理台账、排污许可证执行报告等不一致的，可以责令作出说明，对未能说明且无法提供自行监测原始记录的，依法予以处罚。

（十四）综合运用市场机制政策。对自愿实施严于许可排放浓度和排放量且在排污许可证中载明的企事业单位，加大电价等价格激励措施力度，符合条件的可以享受相关环保、资源综合利用等方面的优惠政策。与拟开征的环境保护税有机衔接，交换共享企事业单位实际排放数据与纳税申报数据，引导企事业单位按证排污并诚信纳税。排污许可证是排污权的确认凭证、排污交易的管理载体，企事业单位在履行法定义务的基础上，通过淘汰落后和过剩产能、清洁生产、污染治理、技术改造升级等产生的污染物排放削减量，可按规定在市场交易。

六、强化信息公开和社会监督

（十五）提高管理信息化水平。2017 年建成全国排污许可证管理信息平台，将排污许可证申领、核发、监管执法等工作流程及信息纳入平台，各地现有的排污许可证管理信息平台逐步接入。在统一社会信用代码基础上适当扩充，制定全国统一的排污许可证编码。通过排污许可证管理信息平台统一收集、存储、管理排污许可证信息，实现各级联网、数据集成、信息共享。形成的实际排放数据作为环境保护部门排污收费、环境统计、污染源排放清单等各项固定污染源环境管理的数据来源。

（十六）加大信息公开力度。在全国排污许可证管理信息平台上及时公开企事业单位自行监测数据和环境保护部门监管执法信息，公布不按证排污的企事业单位名单，纳入企业环境行为信用评价，并通过企业信用信息公示系统进行公示。与环保举报平台共享污染源信息，鼓励公众举报无证和不按证排污行为。依法推进环境公益诉讼，加强社会监督。

七、做好排污许可制实施保障

（十七）加强组织领导。各地区要高度重视排污许可制实施工作，统一思想，提高认识，明确目标任务，制定实施计划，确保按时限完成排污许可证核发工作。要做好排污许可制推进期间各项环境管理制度的衔接，避免出现管理真空。环境保护部要加强对全国排污许可制实施工作的指导，制定相关管理办法，总结推广经验，跟踪评估实施情况。将排污许可制落实情况纳入环境保护督察工作，对落实不力的进行问责。

（十八）完善法律法规。加快修订建设项目环境保护管理条例，制定排污许可管理条例。配合修订水污染防治法，研究建立企事业单位守法排污的自我举证、加严对无证或不按证排污连续违法行为的处罚规定。推动修订固体废物污染环境防治法、环境噪声污染防治法，探索将有关污染物纳入排污许可证管理。

（十九）健全技术支撑体系。梳理和评估现有污染物排放标准，并适时修订。建立健全基于排放标准的可行技术体系，推动企事业单位污染防治措施升级改造和技术进步。完善排污许可证执行和监管执法技术体系，指导企事业单位自行监测、台账记录、执行报告、信息公开等工作，规范环境保护部门台账核查、现场执法等行为。培育和规范咨询与监测服务市场，促进人才队伍建设。

（二十）开展宣传培训。加大对排污许可制的宣传力度，做好制度解读，及时回应社会关切。组织各级环境保护部门、企事业单位、咨询与监测机构开展专业培训。强化地方政府环境保护主体责任，树立企事业单位持证排污意识，有序引导社会公众更好参与监督企事业单位排污行为，形成政府综合管控、企业依证守法、社会共同监督的良好氛围。

关于开展火电、造纸行业和京津冀试点城市高架源排污许可证管理工作的通知

环境保护部文件　环水体〔2016〕189 号

各省、自治区、直辖市环境保护厅（局），新疆生产建设兵团环境保护局：

根据《控制污染物排放许可制实施方案》（国办发〔2016〕81 号）的要求，各地应立即启动火电、造纸行业排污许可证管理工作。同时，为推动京津冀地区大气污染防治工作，我部决定京津冀部分城市试点开展高架源排污许可证管理工作。现将有关事项通知如下：

一、工作目标

2017 年 6 月 30 日前，完成火电、造纸行业企业排污许可证申请与核发工作，依证开展环境监管执法；京津冀重点区域大气污染传输通道上 1+2 重点城市（北京市、保定市、廊坊市）完成钢铁、水泥高架源排污许可证申请与核发试点工作。从 2017 年 7 月 1 日起，现有相关企业必须持证排污，并按规定建立自行监测、信息公开、记录台账及定期报告制度。

二、发证范围

火电行业排污许可证发放范围为执行《火电厂大气污染物排放标准》（GB13223）的火电机组所在企业，以及有自备电厂的企业，其中自备电厂所在企业仅包括执行 GB13223 标准的设施（蒸汽仅用于供热且不发电的锅炉除外）。造纸行业排污许可证发放范围为所有制浆企业、造纸企业、浆纸联合企业，以及列入 2015 年环境统计口径范围内的纸制品企业（其他应当纳入排污许可管理的纸制品企业排污许可证核发工作最迟于 2020 年前完成）。钢铁、水泥行业排污许可证发放范围为试点城市内含有炼焦、烧结、球团、炼铁、炼钢、轧钢等两项及以上工序的钢铁联合企业，含熟料生产工艺的水泥制造企业和独立粉磨站企业。独立粉磨站企业可以简化排污许可证内容和相应的自行监测、台账管理要求等。

三、工作任务

（一）做好实施准备

省级环保部门负责行政区域内排污许可证核发与管理的组织实施，可以根据环境保护部确定的期限

等要求，确定本行政区域具体的申请时限、核发机关、申请程序等相关事项，向社会公告并报我部备案；组织指导地级、县级环保部门开展行业排污许可证核发。有核发权的地方环保部门要尽快开展企业调查摸底，明确排污许可证核发目标任务和实施计划。各地要依托全国排污许可证管理信息平台开展排污许可证的核发与管理工作，地方环保部门已有的排污许可证管理信息平台应当按照国家统一规范，做好数据对接。

（二）指导企业申报

有核发权的环保部门，要按照《排污许可证管理暂行规定》和行业排污许可证申请与核发技术规范（见附件 1 和 2，以下简称技术规范），指导企业确定和计算申请排放污染物种类、浓度和排放量等许可事项，制定自行监测等方案，按规定开展申请前信息公开并提交《排污许可证申领信息公开情况说明表（试行）》（见附件 3），在全国排污许可证管理信息平台（公众端网址：http://permit.mep.gov.cn）上填报《排污许可证申请表（试行）》，签署《承诺书》并在规定期限内到核发机关申请排污许可证。

在指导企业申报过程中，要把握如下要求。一是对于大气污染物，要以生产设施或排放口为单位申请许可排放限值；对于水污染物，要按照排放口申请许可排放限值。二是企业可根据《固定污染源（水、大气）编码规则（试行）》（见附件 4，以下简称编码规则）填报相关设施，也可采用企业内部现有设施编码进行填报。全国排污许可证管理信息平台将按照编码规则对企业主要生产设施、治理设施、排放口进行统一编码并与企业填报的内部现有设施编码建立对应关系，各级环保部门应当使用固定污染源统一编码进行管理。三是对本行业技术规范未作规定、国家和地方排放标准有明确要求的，要按照相关标准填报。四是地方环保部门可根据改善环境质量的要求，依据地方法律法规及标准规范，增加对污染物排放的管理要求并在排污许可证中载明，包括地方依法、依规制定的限期达标规划、重污染天气应急预案，以及为落实《京津冀大气污染防治强化措施（2016—2017 年）》制定的冬防措施等文件中的污染排放控制相关要求等内容。

（三）规范审查核发

有核发权的环保部门，要按规定在全国排污许可证管理信息平台（管理端网址：http://10.102.33.30:8080/permit/login.jsp）上，审核企业申请材料的合规性和完整性。按照《排污许可证管理暂行规定》的程序和排污许可证样本，核发全国统一编码的排污许可证。2015 年 1 月 1 日前建成投产的项目，要按照现有污染源管理，其余项目按照新增污染源管理。

（四）集成管理要求

对已核发排污许可证的企业，各级环保部门要将对企业废水、废气排放环境监督管理要求集成到对排污许可证执行情况的统一监管上。新增污染源环评文件及批复文件中与污染物排放相关的内容须纳入排污许可证，排污许可证执行情况是环境影响后评价中污染排放相关内容的重要依据。在实施污染物排放总量控制时，排污许可证规定的许可排放量即为企业的污染物排放总量控制指标，总量核算应当采用排污许可证执行过程中的实际排放量。经核定的企业排污许可证实际排放量是环保部门征收排污费及企业报送环境统计数据的唯一依据。污染排放数据核算方法与排污许可证规定不一致的，应当及时废止。

（五）强化环境监管

地方各级环保部门应当根据行政区域内火电、造纸企业分布情况，制定监管计划，尽早开展排污许可证执行情况监督检查，重点检查公众投诉多的企业；2017 年下半年应当对火电、造纸企业无证排污行为集中开展监管执法。要督促企业按照排污许可证要求运行维护污染治理设施、开展自行监测、做好台账记录，按期上报排污许可证执行情况，确保按证排污。环保部门应当公开检查结果、执法监测结果、处罚结论等监管信息，鼓励社会公众、媒体等参与监督。

四、保障措施

（一）严格落实责任

各级环保部门要按照《控制污染物排放许可制实施方案》及相关规定以及本通知的要求，落实各级责任，确保各项工作有序推进。对企业按期申报，环保部门未能按期完成排污许可证核发工作的，应当加大督办力度。从2017年下半年起，各地火电、造纸行业排污许可证管理工作情况将纳入中央环保督察范围。

（二）加强培训宣传

我部组织开展国家层面的培训，培训对象包括省级、地（市）级及县级环保部门、各环保督查中心、大型火电、造纸、钢铁、水泥企业及其他相关企业。各地要尽快组织开展行政区域内相关部门和企业的培训，通过多种渠道向企业、公众宣传排污许可证实施要求。

（三）及时报送信息

省级环保部门应当于2016年12月底前，将行政区域内火电、造纸行业排污许可证实施工作准备情况报送我部。我部将自2017年1月起，每月公布各省（区、市）火电、造纸行业排污许可证申请与核发情况。

附件：1. 火电行业排污许可证申请与核发技术规范

2. 造纸行业排污许可证申请与核发技术规范

3. 排污许可证申领信息公开情况说明表（试行）

4. 固定污染源（水、大气）编码规则（试行）

环境保护部

2016年12月27日

附件1

火电行业排污许可证申请与核发技术规范

一、适用范围及排污单位基本情况

（一）适用范围

本技术规范适用于指导火电行业及自备电厂所在的排污单位填报《排污许可证申请表》及网上填报相关申请信息，同时适用于指导核发机关审核确定排污许可证许可要求。

火电行业排污许可证发放范围为执行《火电厂大气污染物排放标准》（GB 13223）的火电机组所在企业，以及有自备电厂的企业，其中自备电厂所在企业仅包括执行GB 13223标准的设施（蒸汽仅用于供热且不发电的锅炉除外）。

火电企业排放的大气污染物、水污染物均应实施排污许可管理。

排污许可分类管理名录出台后，火电行业排污许可证发放范围从其规定。

（二）排污单位基本情况填报要求

排污单位基本情况包括：排污单位基本信息，主要产品及产能，主要原辅材料及燃料信息，产排污节点、污染物及污染治理设施，以及生产工艺流程图和厂区总平面布置图。其中主要产品及产能、主要原辅材料及燃料在排污许可证管理信息平台申报系统的下拉菜单中选择，菜单中未包括的，可自行增加内容。

企业基本信息应当按照企业实际情况填报，确保真实、有效。生产设施及排放口信息要满足本技术规范的要求。本技术规范尚未作出规定，且排放工业废气和有毒有害大气污染物，应当执行国家和地方排放标准的，要参照相关技术规范自行填报。企业针对申请的排污许可要求，评估污染排放及环境管理现状，对存在需要改正的，可在排污许可证管理信息平台申请系统中提出改正措施。

有核发权的地方环境保护主管部门补充制订的相关技术规范有要求的，以及企业认为需要填报的，应补充填报。

1. 排污单位基本信息

火电企业需填报的排污单位基本信息包括：单位名称、法人、生产经营场所经纬度、所在地是否属于大气污染重点控制区域、是否投产、技术负责人、环评及验收批复文件文号、地方政府对违规项目的认定或备案文件、总量分配文件文号等。对于同一法人拥有多个生产经营场所的情形，应分别申报。

按照《国务院办公厅关于加强环境监管执法的通知》（国办发〔2014〕56 号）要求，各地全面清理违法违规项目，经地方政府依法处理、整顿规范并符合要求的项目，纳入排污许可管理范围。对于不具备环评批复文件或地方政府对违规项目的认定或备案文件的火电企业，原则上不得申报排污许可证。

2. 主要产品及产能

火电企业应填写主要生产单元、主要工艺、生产设施、生产设施编号、设施参数、产品、生产能力、设计生产时间及其他。

在填报“主要产品及产能”时，需选择行业类别，执行《火电厂大气污染物排放标准》（GB 13223）的生产设施需选择火电行业。

（1）主要生产单元：为必填项，分为机组名称、公用单元等；其中，对于所有机组公用的储煤、磨煤、碎煤等设施，在公用单元中填报；对于其他设施，在机组中填报。

（2）主要工艺：为必填项，分为装卸系统、储存系统、运输系统、备料系统、锅炉及发电系统、燃气轮机系统、循环冷却系统、辅助系统等。

（3）生产设施：分为必填项和选填项，其中必填项为装卸系统，包括卸煤码头、翻车机房、火车受料槽、汽车受料槽、临时堆场；储存系统，包括条形煤场、圆形煤场、筒仓、煤粉仓、油罐、气罐；运输系统，包括输送皮带、皮带机头部、输油管线、输气管线、转运站、燃料制样间；备料系统包括碎煤机、磨煤机；锅炉及发电系统，包括一次风机、送风机、二次风机、循环流化床锅炉、煤粉锅炉、燃油锅炉、燃气锅炉、凝汽式汽轮机、抽凝式汽轮机、背压式汽轮机、抽背式汽轮机、发电机；燃气轮机系统，包括燃气轮机、发电机、余热锅炉；循环冷却系统，包括直流冷却、直接空冷塔、间接空冷塔、机械通风冷却塔；辅助系统，包括灰库、渣仓、渣场、灰渣场、石膏库房、脱硫副产物库房、氨水罐、液氨罐、石灰石粉仓等。选填项为装卸系统的门机、抓斗卸煤机，运输系统的入厂采样间、入炉采样间、原煤仓，锅炉及发电系统的省煤器、空气预热器等。

本技术规范尚未作出规定，且排放工业废气和有毒有害大气污染物，有明确国家和地方排放标准的，相应生产设施为必填项。

（4）排污许可证申请表中的生产设施编号：为必填项。企业填报内部生产设施编号，若企业无内部生产设施编号，则根据《固定污染源（水、大气）编码规则（试行）》进行编号并填报。

（5）设施参数分为参数名称、设计值、计量单位等，包括储量、风量、蒸发量、蒸汽压力、蒸汽温度、锅炉效率、供热量、额定功率、采暖抽汽量、采暖抽汽参数、工业抽汽量、工业抽汽参数、背压排汽参数、输出功率、燃气温度、压缩比、容积等。

（6）产品名称：为必填项，分为蒸汽、电等。

（7）生产能力及计量单位：为必填项，生产能力为主要产品设计产能，并标明计量单位。产能与经过环境影响评价批复的产能不相符的，应说明原因。

（8）设计年生产时间：为必填项。

（9）其他：为选填项，企业如有需要说明的内容，可填写。

3. 主要原辅材料及燃料

火电企业应填写原料、辅料及燃料名称、年最大使用量等。

（1）种类：为必填项，分为原料、辅料。

（2）原料名称：除燃料外，如无其他原料，可不填。

（3）辅料名称：包括盐酸、烧碱、石灰石、石灰、电石渣、液氨、尿素、氨水、氧化镁、氢氧化镁、混凝剂、助凝剂等。

（4）燃料名称：为必填项，分为常规燃煤、原油、重油、柴油、燃料油、页岩油、天然气、液化石油气、煤层气、页岩气等。

（5）年最大使用量：为必填项。已投运排污单位的年最大使用量按近五年实际使用量的最大值填写，未投运排污单位的年最大使用量按设计使用量填写。

（6）硫元素占比：为必填项。

（7）有毒有害成分及占比及其他：为选填项。

4. 排污节点、污染物及污染治理设施

该部分包括废气和废水两部分。废气部分火电企业应填写生产设施对应的产污节点、污染物种类、排放形式（有组织、无组织）、污染治理设施、是否为可行技术、排放口编号及类型。废水部分火电企业应填写废水类别、污染物种类、排放去向、污染治理设施、是否为可行技术、排放口编号、排放口设置是否规范及排放口类型。

（1）废气产污环节：分为锅炉烟气、输煤转运站、石灰石筒仓、灰库、储煤设施等。

（2）污染物种类：为标准中各项污染因子，如废气中的烟尘、二氧化硫、氮氧化物等和废水中的COD、氨氮等。

（3）排污许可证申请表中的污染治理设施编号：可填写企业内部污染治理设施编号，若企业无内部编号，则根据《固定污染源（水、大气）编码规则（试行）》进行编号并填报。

（4）治理设施名称：废气分为脱硫系统（单塔单循环、单塔双循环、双塔双循环等）、脱硝系统、脱汞措施、除尘器等。

（5）污染治理工艺中废气分为脱硫系统（石灰石-石膏湿法、石灰-石膏湿法、电石渣法、氨-肥法、氨-亚硫酸铵法等）、脱硝系统（高效低氮燃烧器、空气分级燃烧技术、燃料分级燃烧技术、SCR、SNCR等）、脱汞措施（卤素除汞、烟道喷入活性炭吸附剂等）、除尘器（麻石水膜、水吸收、旋风除尘、静电除尘、袋式除尘器、电袋复合除尘器、湿式电除尘等）；废水分为工业废水处理系统、生活污水处理系统、脱硫废水处理系统、含油废水处理系统、含煤废水处理系统、高盐水处理系统等。

（6）废水类别包括原水预处理废水、锅炉补给水处理废水、油罐区废水、输煤系统废水、脱硫废水、脱硝废水、除尘废水、循环冷却系统排水、直流冷却水排水、锅炉酸洗废水等。

（7）废水排放去向包括不外排、排至厂内综合污水处理站、直接进入海域等。

（8）废水排放规律包括连续排放，流量稳定；连续排放，流量不稳定，但有周期性规律等。

（9）可行技术：具体内容见“三、可行技术”；对于采用不属于可行技术范围的污染治理技术，应填写提供的相关证明材料。

（10）排污许可证申请表中的排放口编号：填写地方环境管理部门现有编号或由企业根据《固定污染源（水、大气）编码规则（试行）》进行编号并填写。

（11）排放口设置是否符合要求：填写排放口设置是否符合排污口规范化整治技术要求等相关文件的规定。

（12）排放口类型分为外排口、设施或车间排放口，其中外排口又分为主要排放口、一般排放口。火电企业废气主要排放口包括锅炉烟囱和燃气轮机组烟囱，废气一般排放口包括输煤转运站排气筒、采样间排气筒等；火电企业废水排放口为一般排放口。

二、产排污节点对应排放口及许可排放限值

本技术规范主要基于污染物排放标准及总量控制要求确定产排污节点、排放口、污染因子及许可限值。对于新增污染源，应对照环境影响评价文件及批复要求，从严确定；对于现有污染源，有核发权的地方环境保护主管部门可根据环境质量改善需要，综合考虑本技术规范及环境影响评价文件及批复要求，确定产排污节点、排放口、污染因子及许可限值。依法制定并发布的限期达标规划中有明确要求的，还要综合考虑，确定产排污节点、排放口、污染因子及许可限值。有核发权的地方环境保护主管部门合规

补充制定的其他各项要求，应当依据规范性文件相应增加内容。

（一）产排污节点及排放口具体规定

1. 废气产排污节点及排放口

火电企业产排污节点包括对应的生产设施和相应排放口，生产设施主要包括发电锅炉和燃气轮机组、输煤转运系统等，相应排放口主要包括锅炉烟囱和燃气轮机组烟囱等有组织排放口。实施许可管理的废气污染因子为《火电厂大气污染物排放标准》（GB 13223）中的所有因子，具体见表 1。

表 1 生产设施及排放口

<table>
<tr><td colspan="3">废气</td></tr>
<tr><td>生产设施</td><td>废气有组织排放口</td><td>污染因子</td></tr>
<tr><td rowspan="5">发电锅炉[①]</td><td rowspan="5">锅炉烟囱</td><td>烟尘</td></tr>
<tr><td>SO_2</td></tr>
<tr><td>NO_x</td></tr>
<tr><td>汞及其化合物[②]</td></tr>
<tr><td>林格曼黑度</td></tr>
<tr><td rowspan="3">燃气轮机组</td><td rowspan="3">燃气轮机组烟囱</td><td>颗粒物</td></tr>
<tr><td>SO_2</td></tr>
<tr><td>NO_x</td></tr>
<tr><td colspan="3">废气无组织排放</td></tr>
<tr><td>无组织排放点位</td><td>燃料类型</td><td>污染因子</td></tr>
<tr><td>厂界无组织排放</td><td>以煤、煤矸石、石油焦、油页岩、生物质为燃料</td><td>颗粒物</td></tr>
<tr><td>储油罐周边及厂界</td><td>以油为燃料</td><td>非甲烷总烃</td></tr>
<tr><td>氨罐区周边</td><td></td><td>氨</td></tr>
<tr><td colspan="3">废水</td></tr>
<tr><td>废水类别</td><td>废水排放口</td><td>污染因子</td></tr>
<tr><td rowspan="12">生产废水
生活污水
冷却水排水
脱硫废水[③]</td><td rowspan="12">—</td><td>COD</td></tr>
<tr><td>氨氮</td></tr>
<tr><td>pH</td></tr>
<tr><td>SS</td></tr>
<tr><td>硫化物</td></tr>
<tr><td>石油类</td></tr>
<tr><td>TDS</td></tr>
<tr><td>总磷</td></tr>
<tr><td>氟化物</td></tr>
<tr><td>挥发酚</td></tr>
<tr><td>动植物油类</td></tr>
</table>

注：①单台出力 65t/h 以上的纯蒸汽锅炉（非发电锅炉）参照本规范执行。

②适用于燃煤锅炉。

③具备条件的企业还应关注总砷、总铅、总汞、总镉等重金属污染物。

火电企业锅炉烟囱和燃气轮机组烟囱等有组织排放口为主要排放口，管控许可排放浓度和许可排放量，企业应详细填报排放口具体位置、排气筒高度、排气筒出口内径等信息。其他有组织废气由企业在申请排污许可证阶段自行申报，按照相应的污染物排放标准进行管控；无组织废气污染源应说明采取的控制措施。地方排污许可规范性文件有具体规定或其他要求的，从其规定。

2. 废水类别及排放口

火电企业纳入排污许可管理的废水类别包括生产废水、生活污水和冷却水排水等，单独排入城镇集中污水处理设施的生活污水仅说明去向。根据《污水综合排放标准》（GB8978）及企业实际排放情况明确水污染因子，包括化学需氧量、氨氮、pH、SS、硫化物、石油类、TDS、总磷、氟化物、挥发酚等，具体见表1。地方有其他要求的，从其规定。

（二）许可排放限值

许可排放限值包括污染物许可排放浓度和许可排放量，原则上按照污染物排放标准和总量控制要求确定。执行特别排放限值的地区或有地方排放标准的，按照从严原则确定。

企业申请的许可排放限值严于本规范规定的，排污许可证按照申请的许可排放限值核发。

对于大气污染物，以生产设施或有组织排放口为单位确定许可排放浓度和许可排放量。对于水污染物，按照排放口确定许可排放浓度和许可排放量。企业填报排污许可限值时，应在排污许可申请表中写明申请的许可排放限值计算过程。

1. 许可排放浓度

（1）废气

根据《火电厂大气污染物排放标准》（GB 13223），以产排污节点对应的生产设施或排放口为单位，明确各台发电锅炉、燃气轮机组烟尘、二氧化硫、氮氧化物、汞及其化合物许可排放浓度，为小时浓度。其中，北京市、天津市、石家庄市、唐山市、保定市、廊坊市、上海市、南京市、无锡市、常州市、苏州市、南通市、扬州市、镇江市、泰州市、杭州市、宁波市、嘉兴市、湖州市、绍兴市、广州市、深圳市、珠海市、佛山市、江门市、肇庆市、惠州市、东莞市、中山市、沈阳市、济南市、青岛市、淄博市、潍坊市、日照市、武汉市、长沙市、重庆市主城区、成都市、福州市、三明市、太原市、西安市、咸阳市、兰州市、银川市等47个城市市域范围按照《关于执行大气污染物特别排放限值的公告》（环境保护部公告2013年第14号）和《关于执行大气污染物特别排放限值有关问题的复函》（环办大气函〔2016〕1087号）的要求确定许可排放浓度。地方有更严格的排放标准要求的，按照地方排放标准确定。

若执行不同许可排放浓度的多台设施采用混合方式排放烟气，且选择的监控位置只能监测混合烟气中的大气污染物浓度，则应执行各限值要求中最严格的许可排放浓度。

按照国家和地方要求实施超低排放改造的，除按上述要求确定许可排放浓度并实施监管外，还应填报超低排放浓度限值。未能达到超低排放水平的，不能享受国家和地方的超低排放各类经济补贴和政策优惠。

（2）废水

明确所有废水排放口各项水污染因子许可排放浓度（除pH值、TDS外），为日均浓度。火电机组废水直接排放至水体的，其污染物许可排放浓度按照《污水综合排放标准》（GB 8978）及地方排放标准确定。

若企业在同一个废水排放口排放两种或两种以上工业废水，且每种废水同一种污染物的排放标准不同时，许可排放浓度按照《污水综合排放标准》（GB 8978）中附录A的要求确定。

废水排入集中式污水处理设施的，许可排放浓度按照国家或地方污染物排放标准确定；对于国家或地方污染物排放标准没有明确规定的，按照《污水综合排放标准》（GB8978）中的三级排放限值、《污水排入城镇下水道水质标准》（GB/T 31962），以及其他有关标准从严确定。

2. 许可排放量

明确各台发电锅炉、燃气轮机组烟尘、二氧化硫、氮氧化物许可排放量，包括年许可排放量、不同级别应急预警期间日排放量以及京津冀等重点区域冬防阶段月排放量。其中，年许可排放量的有效周期应以许可证核发时间起算，滚动12个月。排污许可证许可排放量为各台锅炉和燃气轮机组许可排放量之和，包括有组织排放和无组织排放。对于有水环境质量改善需求的或者地方政府有要求的，还可明确各项水污染因子许可排放量，为年许可排放量。

备用机组不再单独许可排放量，按照企业全厂许可排放量管理。存在锅炉和机组不对应情况的企业，对于纯发电机组，按照发电机数量分别计算许可排放量；对于热电机组，根据发电机额定功率比例计算各自的供热能力，再按照发电机数量分别计算许可排放量。

有环境影响评价批复的新增火电机组依据环境影响评价文件及批复确定许可排放量。环境影响评价文件及批复中无排放总量要求或排放总量要求低于按照排放标准（含特别排放限值）确定的许可排放量的，按照执行的排放标准（含特别排放限值）要求为依据，采用本规范推荐的排放绩效法确定许可排放量。地方有更严格的环境管理要求的，按照地方要求核定。

总量控制要求包括地方政府或环保部门发文确定的企业总量控制指标、环评文件及其批复中确定的总量控制指标、现有排污许可证中载明的总量控制指标、通过排污权有偿使用和交易确定的总量控制指标等地方政府或环保部门与排污许可证申领企业以一定形式确认的总量控制指标。

根据《关于执行大气污染物特别排放限值的公告》（环境保护部公告 2013 年第 14 号）和《关于执行大气污染物特别排放限值有关问题的复函》（环办大气函〔2016〕1087 号）的要求应当执行特别排放限值的企业，按照特别排放限值确定许可排放量。对重污染天气应急预警期间日排放量以及京津冀等重点区域冬防阶段月排放量有明确规定的，还应计算特殊时段许可排放量。

排放绩效法测算方法如下。发电锅炉、燃气轮机组 SO_2、NO_x、烟尘的许可排放量根据机组装机容量和年利用小时数，采用排放绩效法测算。排放绩效分别按照《火电厂大气污染物排放标准》（GB 13223），根据达到排放标准、特别排放限值要求进行确定，详见表 2、表 3、表 4。有地方排放标准的，按照地方排放标准对应的排放绩效测算。原则上，年利用小时数按照 5000 小时取值；自备发电机组和严格落实环境影响评价审批热负荷的热电联产机组按 5500 小时取值；若企业可提供监测数据等材料证明自备发电机组和热电联产机组前三年平均利用小时数确大于 5500 小时的，可按照前三年平均数取值；对于不联网的自备热电机组，可以根据供热的主体设施运行小时数取值。具备有效在线监测数据的，企业也可以前一自然年实际排放量为依据，申请年许可排放量，其中浓度限值超标或者监测数据缺失时段的排放量不得计算在内。

表 2　火电机组二氧化硫排放绩效值选取表

<table>
<tr><th rowspan="2">燃　料</th><th rowspan="2">地　区</th><th rowspan="2">适用条件</th><th colspan="2">绩效值（克/千瓦时）</th></tr>
<tr><th>≥750MW</th><th><750MW</th></tr>
<tr><td rowspan="5">煤</td><td rowspan="2">高硫煤地区</td><td>新建锅炉</td><td>0.7</td><td>0.8</td></tr>
<tr><td>现有锅炉</td><td>1.4</td><td>1.6</td></tr>
<tr><td>重点地区</td><td>全部</td><td>0.175</td><td>0.2</td></tr>
<tr><td rowspan="2">其他地区</td><td>新建锅炉</td><td>0.35</td><td>0.4</td></tr>
<tr><td>现有锅炉</td><td>0.7</td><td>0.8</td></tr>
<tr><td rowspan="3">油</td><td>重点地区</td><td>全部</td><td colspan="2">0.115</td></tr>
<tr><td rowspan="2">其他地区</td><td>新建锅炉</td><td colspan="2">0.23</td></tr>
<tr><td>现有锅炉</td><td colspan="2">0.46</td></tr>
<tr><td>天然气</td><td colspan="2">全部</td><td colspan="2">0.175</td></tr>
</table>

注：1. 新建锅炉为 2012 年 1 月 1 日之后环境影响评价文件通过审批的新建、扩建和改建的火力发电锅炉；现有锅炉为 2012 年 1 月 1 日之前建成投产或环境影响评价文件已通过审批的火力发电锅炉。

2. 有地方排放标准的，按照地方排放标准对应的排放绩效测算。

3. 位于广西壮族自治区、重庆市、四川省和贵州省的火力发电锅炉，按照高硫煤地区对应的排放绩效测算。

4. 执行特别排放限值的，按照重点地区对应的排放绩效测算。

表 3 火电机组氮氧化物排放绩效值

燃料	地区	适用条件	锅炉/机组类型	绩效值（克/千瓦时）	
				≥750MW	<750MW
煤	重点地区	全部	全部	0.35	0.4
	其他地区	全部	W 型火焰锅炉、现有循环流化床锅炉	0.7	0.8
			其他锅炉	0.35	0.4
油	重点地区	全部		0.23	
	其他地区	新建锅炉	全部	0.23	
		现有锅炉		0.46	
天然气	全部			0.25	

注：1. 新建锅炉为 2012 年 1 月 1 日之后环境影响评价文件通过审批的新建、扩建和改建的火力发电锅炉；现有锅炉为 2012 年 1 月 1 日之前建成投产或环境影响评价文件已通过审批的火力发电锅炉；2003 年 12 月 31 日之前建成投产或通过建设项目环境影响评价报告书审批的火力发电锅炉，按照 W 型火焰锅炉、现有循环流化床锅炉对应的排放绩效测算；采用煤矸石、生物质、油页岩、石油焦等燃料的发电锅炉，可以参照循环流化床锅炉绩效值测算。

2. 有地方排放标准的，按照地方排放标准对应的排放绩效测算。

3. 执行特别排放限值的，按照重点地区对应的排放绩效测算。

表 4 火电机组烟尘排放绩效值

燃料	地区	绩效值（克/千瓦时）	
		≥750MW	<750MW
煤	重点地区	0.07	0.08
	其他地区	0.105	0.12
油	重点地区	0.046	
	其他地区	0.069	
天然气	全部	0.0175	

注：1. 有地方排放标准的，按照地方排放标准对应的排放绩效测算。

2. 执行特别排放限值的，按照重点地区对应的排放绩效测算。

3. 其他

火电企业绩效法年许可排放量计算公式：

$$E_{年许可}=\sum_{i=1}^{n} M_i \qquad （式 1）$$

式中：$E_{年许可}$ —— 火电企业年许可排放量，吨；

M_i —— 第 i 台机组大气污染物年许可排放量，吨；

$$M_i=（CAP_i \times 5000+D_i/1000）GSP_i \times 10^{-3} \qquad （式 2）$$

式中：CAP_i —— 第 i 台机组的装机容量，兆瓦；

GPS_i —— 第 i 台机组的排放绩效，克/千瓦时，取值可参考表 2。

热电联产机组的供热部分折算成发电量，用等效发电量表示。计算公式为：

$$D_i=H_{热增} \times 0.278 \times 0.3 \qquad （式 3）$$

式中：D_i —— 第 i 台机组供热量折算的等效发电量，千瓦时；

H_i为第 i 台机组的设计供热能力，兆焦/年。

特殊时段火电企业日许可排放量计算方法：

$$E_{日许可} = E_{年许可} / 365 \times (1-\alpha) \quad （式 4）$$

式中：$E_{日许可}$ —— 火电企业日许可排放量，吨；

α —— 重污染天气预警时段内的产能减少比例。

新、改、扩建项目的环境影响评价文件或地方相关规定中有原辅材料、燃料等其他污染防治强制要求的，还应根据环境影响评价文件或地方相关规定，明确其他需要落实的污染防治要求。

三、可行技术

本规范通过可行技术，明确除尘设施、脱硫设施、脱硝设施等尾气处理装置的运行和维护要求，无组织排放控制及水污染控制的管理要求。在火电行业可行技术指南发布后，以规范性文件要求为准。

具有核发权限的环保部门，在审核排污许可申请材料时，判断企业是否具备符合规定的防治污染设施或污染物处理能力，可以参照行业可行技术，对于企业采用相关可行技术的，原则上认为具备符合规定的防治污染设施或污染物处理能力。对于未采用的，企业应当在申请时提供相关证明材料（如已有监测数据；对于国内外首次采用的污染治理技术，还应当提供中试数据等说明材料），证明具备上述相关能力。

对不属于可行技术的污染治理技术，企业应当加强自我监测、台账记录，评估达标可行性，监管部门应当尽早开展执法监测。行业排污许可证实施情况及排放数据作为更新行业可行技术指南的主要依据。

（一）废气

1.达标可行技术

对于火电企业产生的烟尘，一般采用袋式除尘器、静电除尘＋湿法脱硫或电袋复合除尘器即可满足排放标准限值要求；对于二氧化硫，采用低硫煤（硫分＜1%），并安装脱硫效率超过 95%的烟气脱硫装置，或采用 IGCC 等其他发电工艺，即可满足 100mg/m^3 的排放标准限值要求；采用低硫煤（硫分＜1.5%），并安装脱硫效率超过 95%的烟气脱硫装置，即可满足 200 mg/m^3 的排放标准限值要求；对于氮氧化物，采用高效低氮燃烧器＋SCR 或高效低氮燃烧器＋SNCR，即可满足排放标准限值要求。对于汞及其化合物，可采用烟气脱硝＋静电除尘/布袋除尘＋湿法烟气脱硫的组合技术进行协同控制，如采用协同控制还未达标，可采用炉内添加卤化物等和烟道喷入活性炭吸附剂。

火电企业废气可行技术详见表 5。

表 5 火电企业废气可行技术

环境要素	污染物项目	标准名称	限值（mg/m^3）	可行技术
废气	烟尘	《火电厂大气污染物排放标准》（GB 13223）	30	袋式除尘器、静电除尘器或电袋复合除尘器
	二氧化硫		100	采用低硫煤（硫分＜1%），并安装脱硫效率超过 95%的烟气脱硫装置，包括石灰石-石膏法、氧化镁法、海水脱硫技术等；或采用 IGCC 等其他发电工艺
			200	采用低硫煤（硫分＜1.5%），并安装脱硫效率超过 95%的烟气脱硫装置，包括石灰石-石膏法、氧化镁法、海水脱硫技术等
	氮氧化物		100	采用高效低氮燃烧器＋SCR 或高效低氮燃烧器＋SNCR，CFB 锅炉低温燃烧或+SNCR
	汞及其化合物		0.03	采用烟气脱硝＋静电除尘/布袋除尘＋湿法烟气脱硫的组合技术进行协同控制，如采用协同控制还未达标，可采用炉内添加卤化物等和烟道喷入活性炭吸附剂

2. 运行管理要求

火电企业应当按照相关法律法规、标准和技术规范等要求运行大气污染防治设施并进行维护和管理。针对火电企业的大气污染防治要求包括有组织废气排放控制要求和无组织废气排放控制要求。

（1）有组织排放

有组织排放要求主要是针对烟气处理系统的安装、运行、维护等规范和要求。所有燃煤机组都要安装脱硫设施，除循环流化床锅炉以外的燃煤机组均采用低氮燃烧技术并安装脱硝设施，以煤炭和生物质为燃料的机组配备高效除尘设施。所有火电企业必须按要求安装、运行、维护自动监测系统，并对二氧化硫、氮氧化物和烟尘的排放情况开展连续监测。

企业应按以下要求进行火电机组环保设施运行过程监管。

①取消或拆除烟气旁路

新建火电机组不得设置烟气旁路通道。现有火电机组须拆除烟气旁路，或实行旁路挡板铅封。旁路烟道挡板门应采用电动装置启停，并保存密封风机电流、旁路烟道开启度等信号。正常情况下旁路挡板应处于关闭状态，如旁路挡板开启应当向环境保护主管部门报告。

②除尘设施

各项参数数据范围应与操作规程中的规定一致；布袋除尘器滤袋应完整无破损。

③脱硫设施

对石灰石-石膏湿法，吸收塔浆液 pH 值、浆液密度须符合运行规程要求；对 pH 计、密度计、液位计等要定期校验和比对。

对循环流化床锅炉、炉内喷钙尾部烟气增湿活化脱硫，要求脱硫剂料仓料位高度、给料泵电流须符合运行规程要求；钙硫比应当符合要求。

对烟气循环流化床脱硫，要求脱硫剂料仓料位高度、给料泵电流须符合运行规程要求。

对海水脱硫，海水提升泵电流和海水使用量应当符合运行规程要求；海水再生系统的曝气时间、含氧量，外排水温度、pH 值应当符合环境影响评价要求。

④脱硝设施

对 SCR 脱硝工艺，烟温应达脱硝反应窗口温度（一般为 320～350℃）。SCR、SNCR-SCR 脱硝设施氨的逃逸率应控制在 2.5 mg/m^3 以下，氨的储运必须采取环境安全应急措施。催化剂如发生堵塞或腐蚀现象应及时更换。

对 SNCR 脱硝工艺，要求运行温度一般在 850～1100℃，NH_3 和 NO_x 比值在 0.8～2.5 之间，氨的逃逸率应控制在 8 mg/m^3 以下。

（2）无组织排放

火电企业无组织排放节点主要包括储煤场、输煤系统、油罐区、物料场、翻车机房、备煤备料系统、石灰石及石膏储存区、脱硝辅料区（氨罐区）、灰场等。

对于露天储煤场应配备防风抑尘网、喷淋、洒水、苫盖等抑尘措施，且防风抑尘网不得有明显破损。煤粉、石灰或石灰石粉等粉状物料须采用筒仓等全封闭料库存储。其他易起尘物料应苫盖。石灰石卸料斗和储仓上设置布袋除尘器或其他粉尘收集处理设施。翻车机房在作业过程要保证除尘设施的正常运行。输煤栈桥、输煤转运站采用封闭措施并配置袋式除尘器。对原煤或物料破碎、磨粉产生的粉尘要进行有效收集。氨罐区应设有防泄漏围堰、氨气泄漏检测设施。氨罐区应安装氨（氨水）流量计。

3. 其他

对于废气实施特别排放标准限值、超低排放限值的，企业自行填报可行的污染治理技术及其运行管理要求。

（二）废水

1. 可行技术

火电企业生产废水经隔油、过滤、沉淀等处理后，可用于厂区绿化及道路、堆场洒水，或用于原料磨、增湿塔喷水；生活污水采用二级生化处理工艺处理即可满足《污水综合排放标准》（GB8978）相应限值要求。火电企业废水可行技术参照表详见表6。

表6　火电企业废水可行技术参照表

环境要素	废水来源	标准名称	污染因子	可行技术
废水	生产废水	《污水综合排放标准》（GB8978）	COD、氨氮、硫化物、SS、石油类、氟化物等	生产废水经隔油、过滤、沉淀等处理后，可用于厂区绿化及道路、堆场洒水，或用于原料磨、增湿塔喷水；生活污水采用二级生化处理工艺
	生活污水		COD、氨氮、SS 等	

2. 运行管理要求

按照废水的不同来源，火电企业产生的废水主要分为生产废水、生活污水以及冷却水排水。

火电企业中的生活污水应当按规定优先纳入集中式污水处理设施，对于未纳入集中式污水处理设施的应当经过处理后达到《污水综合排放标准》（GB 8978）中的三级标准限值。

工业废水主要包括化学水处理系统酸碱再生废水、过滤器反洗废水、锅炉清洗废水、机组杂排水、输煤冲洗和除尘废水、含油废水、冷却塔排污废水、脱硫废水等。其中，化学水处理系统酸碱再生废水、过滤器反洗废水、锅炉清洗废水、机组杂排水、输煤冲洗和除尘废水、含油废水、冷却塔排污废水等应当全部集中收集排入废水处理系统。脱硫废水进入脱硫废水处理装置，通过中和、除重金属、絮凝、沉淀等反应处理到水质满足《火电厂石灰石-石膏湿法脱硫废水水质控制指标》（DL/T—997）。高含盐量的化学再生废水单独收集后再生回用。锅炉酸洗废液应收集后进行中和，再排入综合废水处理系统。

污水处理站的冲灰水系统的灰水比等参数应在设计指标范围内，处理设施各工艺环节主要控制参数要符合操作规程，保证水处理设施运行正常。脱硫废水处理系统的沉降箱 pH 值、出水箱 pH 值、浊度、COD 控制范围等应当符合操作规范，pH 计、浊度仪要定期校验和比对，并保存手工监测比对记录。

直流冷却水、循环冷却水直接排入环境水体的，不得混入其他生产废水，且应严格控制水温，同时确保含盐量、pH 值、有机物浓度、悬浮物含量等满足排放标准要求。

3. 其他

脱硫废水、直流冷却水等废水处理技术，企业暂可自行填报可行的污染治理技术及其运行管理要求。

四、自行监测管理要求

企业制定自行监测管理要求的目的是证明排污许可证许可的产排污节点、排放口、污染治理设施及许可限值落实情况。火电企业在申请排污许可证时，应当按照本技术规范制定自行监测方案并在排污许可证申请表中明确，火电行业排污单位自行监测技术指南发布后，以规范性文件要求为准。以确定的产排污节点、排放口、污染因子及许可限值要求为主要依据，结合其他环境管理要求，完善自行监测管理要求。

（一）自行监测方案

自行监测方案中应明确企业的基本情况、监测点位、监测指标、执行排放标准及其限值、监测频次、监测方法和仪器、采样方法、监测质量控制、监测点位示意图、监测结果公开时限等。对于采用自动监测的，企业应当如实填报采用自动监测的污染物指标、自动监测系统联网情况、自动监测系统的运行维护情况等；对于无自动监测的大气污染物和水污染物指标，企业应当填报开展手工监测的污染物排放口、监测点位、监测方法、监测频次；对于新增污染源，企业还应按照环境影响评价文件的要求填报周边环境质量监测方案（如需）。

（二）自行监测要求

企业可自行或委托第三方监测机构开展监测工作，并安排专人专职对监测数据进行记录、整理、统计和分析。对监测结果的真实性、准确性、完整性负责。

1. 监测内容

自行监测污染源和污染物应包括排放标准中涉及的各项废气、废水污染源和污染物。火电企业应当开展自行监测的污染源包括产生有组织废气、无组织废气、生产废水、生活污水的全部污染源；污染物包括烟尘、二氧化硫、氮氧化物、汞及其化合物等大气污染物以及COD、氨氮、pH、SS、总磷、氟化物、挥发酚、石油类、TDS、硫化物等水污染物。对于新增污染源，周边环境影响监测点位、监测指标参照企业环境影响评价文件的要求执行。

2. 监测点位

企业开展自行监测的监测点位包括外排口监测点位、内部监测点位、无组织排放监测点位、周边环境影响监测点位等。

（1）废气外排口

各类废气污染源通过排气筒等方式排放至外环境的废气，应在排气筒，或原烟气与净烟气会合后的混合烟道上设置废气外排口监测点位；对于净烟气直接排放的锅炉或燃气轮机组，应在净烟气烟道上设置监测点位，有旁路的旁路烟道也应设置监测点位。火电企业应自行或委托有资质的机构在全面测试烟气流速、污染物浓度分布基础上确定最具代表性的监测点位。废气监测平台、监测断面和监测孔的设置应符合《固定污染源烟气排放连续监测系统技术要求及检测方法（试行）》（HJ/T 76）、《固定源废气监测技术规范》（HJ/T 397）等的要求，同时监测平台应便于开展监测活动，应能保证监测人员的安全。

（2）废水外排口

按照排放标准规定的监控位置设置废水外排口监测点位，废水排放口应符合《排污口规范化整治技术要求（试行）》（国家环保局环监〔1996〕470号）和《地表水和污水监测技术规范》（HJ/T 91）等的要求，水量（不包括间接冷却水等清下水）大于100吨/天的，应安装自动测流设施并开展流量自动监测。

排放标准规定的监控位置为车间排放口、车间处理设施排放口、生产设施废水排放口的污染物，在相应的废水排放口采样。排放标准中规定的监控位置为企业排放口的污染物，废水直接排放的，在企业的排污口采样；废水间接排放的，在企业的污水处理设施排放口后、进入公共污水处理系统前的企业法定边界的位置采样。

火电企业废水排放监测的监测点位包括企业排放口、脱硫废水排口、循环冷却水排口、直流冷却水排口。

（3）无组织排放

存在废气无组织排放源的，应设置无组织排放监测点位，根据火电行业排污单位自行监测技术指南的要求，火电企业无组织排放监控位置包括厂界、储油罐周边及氨罐区周边等。

（4）内部监测点位

当排放标准中有污染物去除效率要求时，应在进入相应污染物处理设施单元的进口设置监测点位。

当环境管理有要求，或企业认为有必要更好地说清楚自身污染治理及排放状况的，可以在企业内部设置监测点，监测污染物浓度或与有毒污染物排放密切相关的关键工艺参数等。

3. 监测技术手段

自行监测的技术手段包括手工监测、自动监测两种类型，企业可根据监测成本、监测指标以及监测频次等内容，合理选择适当的技术手段。

对于以煤或油为燃料的发电锅炉或燃气轮机组，烟气颗粒物、二氧化硫和氮氧化物应当采用自动监测；对于以净化天然气为燃料的发电锅炉或燃气轮机组，烟气氮氧化物应当采用自动监测；对于以其他气体为燃料的发电锅炉或燃气轮机组，烟气、二氧化硫、氮氧化物应当采用自动监测。

根据《关于加强京津冀高架源污染物自动监控有关问题的通知》（环办环监函〔2016〕1488号）中的相关内容，京津冀地区及传输通道城市火电企业各排放烟囱超过45米的高架源应安装污染源自动监控设备。

4. 监测频次

采用自动监测的，全天连续监测。火电企业应按照 HJ/T 75 开展自动监测数据的校验比对。在中控自动设备或自动监控设施出现故障期间，手工监测要增加频次，每四小时至少监测一次，每天不得少于六次；同时，按照《污染源自动监控设施运行管理办法》（环发〔2008〕6 号）的要求，自动监测设施不能正常运行期间，应按要求将手工监测数据向环境保护主管部门报送，每天不少于 4 次，间隔不得超过 6 小时。

采用手工监测的，监测频次不能低于国家或地方发布的标准、规范性文件、环境影响报告书（表）及其批复等明确规定的监测频次，污水排向敏感水体或接近集中式饮用水水源，废气排向特定的环境空气质量功能区的应适当增加监测频次；排放状况波动大的，应适当增加监测频次；历史稳定达标状况较差的需增加监测频次，达标状况良好的可以适当降低频次。

可以参照表 7、表 8、表 9 确定自行监测频次，地方根据规定可相应加密监测频次。对于表 7 中未涉及的其他排放口，有明确排放标准的，应当按照填报的产排污节点明确废气污染物监测指标及频次，监测频次原则上不得低于 1 次/年，地方有更严格规定的，从其规定。

表 7　废气污染物最低监测频次

燃料类型	锅炉或燃气轮机规模	监　测　指　标	监测频次
燃煤	20 t/h 或 14 MW 及以上	颗粒物、二氧化硫、氮氧化物	连续监测
		汞及其化合物[1]、氨[2]、林格曼黑度	季度
	20 t/h 或 14 MW 以下	颗粒物、二氧化硫、氮氧化物、林格曼黑度、汞及其化合物	月
燃油	20 t/h 或 14 MW 及以上	颗粒物、二氧化硫、氮氧化物	连续监测
		氨[2]、林格曼黑度	季度
	20 t/h 或 14 MW 以下	颗粒物、二氧化硫、氮氧化物、林格曼黑度	月
燃气[3]	20 t/h 或 14 MW 及以上	氮氧化物	连续监测
		颗粒物、二氧化硫、氨[2]、林格曼黑度	季度
	20 t/h 或 14 MW 以下	氮氧化物	月
		颗粒物、二氧化硫、林格曼黑度	年

注：1. 煤种改变时，需对汞及其化合物增加监测频次。

2. 使用液氨等含氨物质作为还原剂，去除烟气中氮氧化物的，可以选测。

3. 仅限于以净化天然气为燃料的锅炉或燃气轮机组，其他气体燃料的锅炉或燃气轮机组参照以油为燃料的锅炉或燃气轮机组。

4. 煤矸石锅炉参照燃煤锅炉；油页岩、石油焦、生物质锅炉或燃气轮机组参照以油为燃料的锅炉或燃气轮机组。

5. 多种燃料掺烧的锅炉或燃气轮机污染物应执行最严格的监测频次。

6. 关于排气筒废气监测，要求同步监测烟气参数，包括排气量、温度、压力、湿度、氧含量等。

表 8　废水污染物最低监测频次

锅炉或燃气轮机规模	燃料类型	监测点位	监　测　指　标	监测频次
涉单台 20t/h 或 14MW 及以上锅炉或燃气轮机的排污单位	燃煤	废水排放口	pH、COD、氨氮、悬浮物、总磷、石油类、氟化物、硫化物、挥发酚、溶解性总固体（全盐量）、流量	月
		脱硫废水排放口	pH、总砷、总铅、总汞、总镉、流量	月
	燃气	废水排放口	pH、COD、氨氮、悬浮物、流量	季度
	燃油	废水排放口	pH、COD、氨氮、悬浮物、总磷、石油类、硫化物、流量	月

锅炉或燃气轮机规模	燃料类型	监测点位	监　测　指　标	监测频次
涉单台20t/h或14MW及以上锅炉或燃气轮机的排污单位	燃油	脱硫废水排放口	pH、总砷、总铅、总汞、总镉、流量	月
	所有	循环冷却水排放口	pH、COD、总磷、流量	季度
	所有	直流冷却水排放口	水温	日
			余氯	冬、夏各监测一次
仅涉单台20t/h或14MW以下锅炉的排污单位	所有	废水排放口	pH、COD、氨氮、悬浮物、流量	年[1]

注：1. 是否监测由地方环境保护主管部门确定。

2. 除脱硫废水外，废水与其他工业废水混合排放的，参照相关工业行业监测要求执行。

3. 废水排放量（不包括间接冷却水等清下水）大于100吨/天的，应安装自动测流设施并开展流量自动监测。

表9　无组织废气污染物最低监测频次

燃　料　类　型	监测点位	监测指标	监测频次
煤、煤矸石、石油焦、油页岩、生物质	厂界	颗粒物	季度
油	储油罐周边及厂界	非甲烷总烃	季度
所有燃料	氨罐区周边	氨[1]	季度

注：1. 适用于使用液氨或氨水作为还原剂的企业。

2. 周边无敏感点的，可适当降低监测频次。

5. 采样和测定方法

（1）自动监测

废气自动监测参照《固定污染源烟气排放连续监测技术规范》（HJ/T 75）、《固定污染源排放烟气连续监测系统技术要求及检测方法》（HJ/T 76）执行。

废水自动监测参照《水污染源在线监测系统安装技术规范》（HJ/T 353）、《水污染源在线监测系统验收技术规范》（HJ/T 354）、《水污染源在线监测系统运行与考核技术规范（试行）》（HJ/T 355）执行。

（2）手工采样

废气手工采样方法的选择参照《固定污染源排气中颗粒物和气态污染物》（GB/T 16157）、《固定源废气监测技术规范》（HJ/T 397）执行，单次监测中，气态污染物采样，应获得小时均值浓度；颗粒物采样，至少采集三个反映监测断面颗粒物平均浓度的样品。

废水手工采样方法的选择参照《水质采样技术指导》（HJ 494）、《水质采样方案设计技术规定》（HJ 495）和《地表水和污水监测技术规范（HJ/T 91）》执行。

（3）测定方法

废气、废水污染物的测定按照相应排放标准中规定的污染物浓度测定方法标准执行，国家或地方法律法规等另有规定的，从其规定。

6. 数据记录要求

（1）监测信息记录

手工监测的记录和自动监测运维记录按照《排污单位自行监测技术指南　总则》执行。

对于无自动监测的大气污染物和水污染物指标，企业应当定期记录开展手工监测的日期、时间、污染物排放口和监测点位、监测方法、监测频次、监测仪器及型号、采样方法等，并建立台账记录报告，手工监测记录台账至少应包括表10内容，填报方法可参照排污许可证申请表相关注释。

表 10 手工监测报表

序号	污染源类别	监测日期	监测时间	排放口编号	监测内容	计量单位	监测结果	监测结果（折标）	手工监测采样方法及个数	手工测定方法	手工监测仪器型号
1	废气	20160606	10:00-10:15	DA001	SO_2	mg/m^3	100	110	连续采样	HJ/T57	AAA
		20160606	10:00-10:15	DA001	烟气流量	m^3/h	5000	5500	-	-	-
	废水			……	……				……	……	
	其他				……				……	……	

注：监测内容包括：自行监测指南中确定应当开展监测的废气、废水污染因子，及其他需要监测的污染物；对于需要同步监测的烟气参数（排气量、温度、压力、湿度、氧含量等）、废水排放量等，要同步记录。

（2）生产和污染治理设施运行状况记录要求

①火电厂生产运行情况

燃煤机组：按照发电机组记录每日的运行小时、用煤量、发电煤耗、产灰量、产渣量、实际发电量、实际供热量、负荷率。

燃气机组：按照燃气机组记录每日的运行小时、用气量、发电气耗、实际发电量、实际供热量、负荷率。

燃油机组：按照发电机组记录每日的运行小时、用油量、发电油耗、实际发电量、实际供热量、负荷率。

②燃料分析结果

燃煤火电厂应每天记录煤质分析，包括收到基灰分、干燥无灰基挥发分、收到基全硫、低位发热量等；燃气火电厂应每天记录天然气成分分析；燃油火电厂应每天记录油品品质分析，包括含硫量等；其他燃料的火电厂应每天记录燃料成分。

火电企业需定期记录生产和污染治理设施运行状况并留档保存，记录内容至少应包括表 11、表 12 内容。

表 11 生产情况报表

日期	机组编号	规模（兆瓦）	发电量（万千瓦时）	供热量（万吉焦）	负荷率	燃料消耗量（吨或 m^3）	发电标准煤耗（g 标煤/kwh）	产灰量（仅燃煤机组记录）	产渣量（仅燃煤机组记录）

表 12 燃料分析报表

日期	燃煤机组				燃油机组		燃气机组	
	低位发热量	硫份	干燥无灰基挥发分	灰分	低位发热量	硫份	低位发热量	硫化氢
	MJ/Kg	%	%	%	MJ/Kg	%	MJ/m^3	%

③废气处理设施运行情况

应记录脱硫、脱硝、除尘设备的工艺、设计建设企业、投运时间等基本情况。按日记录脱硫剂使用量、脱硫副产物产生量、脱硝剂使用量、粉煤灰产生量、布袋除尘器清灰周期及换袋情况等，并记录脱硫、脱硝、除尘设施运行、故障及维护情况等。企业需整理成台账保存。废气处理设施运行情况记录应至少包括表 13、表 14 内容。

表 13　废气治理设施运行报表

机组编号	日期	发电量	供热量	机组运行时间	脱硫设施运行时间	脱硝设施运行时间	脱硫剂用量	脱硫副产品产量	脱硝还原剂用量	脱硫副产物产生量	粉煤灰产生量	布袋除尘器清灰周期及换袋情况	废气污染治理设施运行费用
		万千瓦时	万吉焦	小时	小时	小时	吨	吨	吨	吨	吨		元

表 14　治污设施异常情况汇总表

时间	故障设施	故障原因	排放浓度（mg/m³）			应对措施
			SO_2	NO_x	烟尘	

④污水处理运行状况记录

按日记录污水处理量、污水回用量、污水排放量、污泥产生量（包括含水率）、污水处理使用的药剂名称及用量、冷却水的排放量等。企业需整理成台账保存，汇总表可以参考表 13。

7. 监测质量保证与质量控制

按照《排污单位自行监测技术指南 总则》要求，企业应当根据自行监测方案及开展状况，梳理全过程监测质控要求，建立自行监测质量保证与质量控制体系。

五、环境管理台账记录与执行报告编制规范

企业开展环境管理台账记录、编制执行报告目的是自我证明企业的持证排放情况。《环境管理台账及排污许可证执行报告技术规范》及相关技术规范性文件发布后，企业环境管理台账记录要求及执行报告编制规范以规范性文件要求为准。

（一）环境管理台账记录要求

火电企业应按照“规范、真实、全面、细致”的原则，依据本技术规范要求，在排污许可证管理信息平台申报系统进行填报；有核发权的地方环境保护主管部门补充制订相关技术规范中要求增加的，在本技术规范基础上进行补充；企业还可根据自行监测管理的要求补充填报其他必要内容。企业应建立环境管理台账制度，设置专职人员进行台账的记录、整理、维护和管理，并对台账记录结果的真实性、准确性、完整性负责。

为实现台账便于携带、作为许可证执行情况佐证并长时间储存的目的以及导出原始数据，加工分析、综合判断运行情况的功能，台账应当按照电子化储存和纸质储存两种形式同步管理。台账保存期限不得少于三年。

排污许可证台账应按生产设施进行填报，内容主要包括基本信息、污染治理措施运行管理信息、监测记录信息、其他环境管理信息等内容，记录频次和记录内容要满足排污许可证的各项环境管理要求。其中，基本信息主要包括企业、生产设施、治理设施的名称、工艺等排污许可证规定的各项排污单位基本信息的实际情况及与污染物排放相关的主要运行参数；污染治理设施台账主要包括污染物排放自行监测数据记录要求以及污染治理设施运行管理信息。监测记录信息按照自行监测管理要求实施。

污染治理设施运行管理信息应当包括设备运行校验关键参数，能充分反映生产设施及治理设施运行管理情况，典型关键参数列举如下。

1. DCS 曲线记录要求

DCS 曲线要求截屏后粘贴在 Word 文档中，无需打印后再扫描，要注明每条曲线代表的含义。

DCS 曲线应能准确直观的反映出脱硫、脱硝设施运行状况和污染物排放浓度变化趋势。要求每周一张彩色曲线图，注明机组编号，量程合理，每个参数按照统一的颜色划出曲线。曲线应至少包括以下内容：

脱硫 DCS 曲线：机组负荷、烟气量、增压风机电流、旁路挡板开关信号、原烟气 SO_2 浓度、净烟气 SO_2 浓度、浆液循环泵电流、烟气出口温度、供浆泵电流或流量。

脱硝 DCS 曲线：机组/锅炉负荷、烟气量、脱硝设施入口 A 侧 NO_x 浓度、入口 B 侧 NO_x 浓度、总排口 NO_x 浓度、脱硝设施入口 A 侧氨流量、入口 B 侧氨流量、脱硝设施入口 A 侧烟气温度、入口 B 侧烟气温度。

除尘 DCS 曲线：机组负荷、烟气量、增压风机电流、引风机电流、原烟气颗粒物浓度、净烟气颗粒物浓度、烟气出口温度。

2. 无组织废气污染治理措施运行记录要求

与储煤场、输煤系统、油罐区、物料场、翻车机房、备煤备料系统、石灰石及石膏储存区、脱硝辅料区（氨罐区）、灰场等无组织废气污染治理措施相应的运行、维护、管理相关的信息记录，可用于说明上述措施的运行情况和效果。

3. 废水环保设施运行记录要求

废水环保设施台账应包括所有环保设施的运行参数及排放情况等，废水治理设施包括废水处理能力（吨/日）、进水水质（各因子浓度和水量等）、运行参数（包括运行工况等）、废水排放量、废水回用量、污泥产生量及运行费用（元/吨）、排水去向及受纳水体、排入的污水处理厂名称等。

（二）执行报告编制规范

地方环境管理部门应当整合总量控制、排污收费、环境统计等各项环境管理的数据上报要求，可以参照本技术规范，在排污许可证中根据各项环境管理要求，确定执行报告的内容与频次。火电企业应按照许可证中规定的内容和频次定期上报。

1. 报告频次

火电企业应至少每年上报一次许可证年度执行报告，对于持证时间不足三个月的，当年可不上报年度执行报告，许可证执行情况纳入下一年年度执行报告。每月或每季度向环境保护主管部门上报二氧化硫、氮氧化物、烟尘等主要污染物的实际排放量。同时，每半年提交一次半年执行报告，报告内容主要包括生产情况报表、二氧化硫、氮氧化物、烟尘等主要污染物的超标时段自动监测小时均值报表，二氧化硫、氮氧化物、烟尘实际排放量及排污费（环境保护税）申报表，脱硫、脱硝、除尘设施异常情况汇总表。

企业还应自行或委托第三方咨询机构按照执行报告提纲编写年度执行报告，连同环保管理台账等相关报表于次年 1 月 15 日之前提交至发证机关。年度执行报告包括企业规模、产品、产量、装备等基本信息，并系统分析生产负荷、污染物产生和排放、污染治理设施运行、许可限值达标情况、自行监测、台账建立与记录以及许可证规定的各项相关环境义务履行等情况。企业应保证执行报告的规范性和真实性。技术负责人发生变化时，应当在年度执行报告中及时报告。

2. 年度执行报告提纲

火电企业应当根据报告期内环境管理台账记录、自行监测数据记录等内容，归纳总结排污许可证执行情况、编制年度执行报告。年度执行报告编制提纲如下：

（1）基本生产信息。基本生产信息包括排污单位名称、所属行业、许可证编号、组织机构代码、营业执照注册号、投产时间、环保设施运行时间等内容，火电企业还应按照自行监测数据记录要求，概述许可证报告期内企业规模、产品、产量、设备等基本信息，并分析企业与上年同期相比相关信息变化情况；对于报告周期内有污染治理投资的，还应包括治理类型、开工年月、建成投产年月、计划总投资、报告周期内累计完成投资等信息。报告内容至少应包括表 11、表 12 的总结说明。

（2）遵守法律法规情况。说明企业在许可证执行过程中遵守法律法规情况；配合环境保护行政主管部门和其他有环境监督管理权的工作人员职务行为情况；自觉遵守环境行政命令和环境行政决定情况；公众举报、投诉情况及具体环境行政处罚等行政决定执行情况。

（3）污染防治设施运行情况。污染来源及处理说明。根据自行监测数据记录及环境管理台账的相关信息，总结说明污染物来源及处理情况，具体生产工艺产生的废水废气及处理措施和处理效果等。报告内容至少应包括对表 13 的总结说明，以及废气、废水治理设施运行费用等。

污染防治设施异常情况说明。企业拆除、闲置停运污染防治设施，需说明原因、递交书面报告、收到回复及实施拆除、闲置停运的起止日期及相关情况；因故障等紧急情况停运污染防治设施，或污染防治设施运行异常的，企业应说明故障原因、废水废气等污染物排放情况、报告递交情况及采取的应急措施，并附表 14 的记录内容。

如有发生污染事故，企业需要说明在污染事故发生时采取的措施、污染物排放情况及对周边环境造成的影响。

（4）自行监测情况。企业说明如何根据排污许可证规定的自行监测方案开展自行监测的情况。自动监测情况应当说明监测点位、监测指标、监测频次、监测方法和仪器、采样方法、监测质量控制、自动监测系统联网、自动监测系统的运行维护及监测结果公开情况等，并建立台账记录报告。

对于无自动监测的大气污染物和水污染物指标，企业应当按照自行监测数据记录总结说明企业开展手工监测的情况。报告内容至少应当包括表 10 的总结说明。

（5）台账管理情况。企业应说明按总量控制、排污收费、环境保护税等各项环境管理要求统计基本信息、污染治理措施运行管理信息、其他环境管理信息等情况；说明记录、保存监测数据的情况；说明生产运行台账是否满足接受各级环境保护主管部门检查要求。

（6）实际排放情况及达标判定分析。根据企业自行监测数据记录及环境管理台账的相关数据信息，概述企业各项污染源、各项污染物的排放情况，分析全年、特殊时段、启停机时段许可浓度限值及许可排放量的达标情况。实际排放量和达标排放判定方法详见本规范第六和第七部分。实际排放量报表可参照表 15 填报，对于超标时段还应填报表 16 内容。

表 15　实际排放量报表

排放口名称	排放口编码	污染物	年许可排放量（吨）	报告期实际排放量（吨）	报告期
		SO_2			月/季度/年
		NO_x			
		烟尘			
		……			
全厂					

表 16　污染物超标时段自动监测小时均值报表

日期	时间	机组编号	超标污染物种类	排放浓度（折标）	超标原因说明
				mg/m^3	
					启动、故障等

（7）排污费（环境保护税）缴纳情况。企业说明根据相关环境法律法规，按照排放污染物的种类、浓度、数量等缴纳排污费（环境保护税）的情况。

（8）信息公开情况。企业说明依据排污许可证规定的环境信息公开要求，开展信息公开的情况。

（9）企业内部环境管理体系建设与运行情况。说明企业内部环境管理体系的设置、人员保障、设施配备、企业环境保护规划、相关规章制度的建设和实施情况、相关责任的落实情况等。

（10）其他排污许可证规定的内容执行情况。

（11）其他需要说明的问题。

3. 半年及月报规范

企业每月或每季度应至少向环境保护主管部门上报年度执行报告中的第（6）部分中的“实际排放量报表”、达标判定分析说明及污染防治设施异常情况说明。半年报告应至少向环境保护主管部门上报全年报告中的第（1）、第（3）至第（6）部分。

六、达标排放判定方法

对于实施排污许可管理的企业，达标判定是指各项污染物是否达到许可限值的各项规定，主要包括许可排放量和许可排放浓度判定。其中各项污染物许可排放量达标，是指根据本技术规范第七部分计算的全厂实际排放总量不超过相应污染物的许可排放量。许可浓度限值判定方法具体如下。

（一）废气

1. 一般情况

火电企业各废气排放口污染物的排放浓度达标是指“任一小时浓度均值均满足许可排放浓度要求”。各项废气污染物小时浓度均值根据自动监测数据和手工监测数据确定。

自动监测小时均值是指“整点1小时内不少于45分钟的有效数据的算术平均值”。按照《固定污染源排气中颗粒物测定与气态污染物采样方法》（GB/T 16157）和《固定源废气监测技术规范》（HJ/T 397）中的相关规定，手工监测小时均值是指“1小时内等时间间隔采样3～4个样品监测结果的算数平均值”。

对于火电企业的SO_2、NO_x、颗粒物、汞及其化合物，按照剔除异常值的自动监测数据、执法监测数据及企业自行开展的手工监测数据作为达标判定依据。若同一时段的手工监测数据与自动监测数据不一致，手工监测数据符合法定的监测标准和监测方法的，以手工监测数据作为优先达标判定依据。由于自动监控系统故障等原因导致自动监测数据缺失的，连续缺失时段在24小时以内的应当参照《固定污染源烟气排放连续监测技术规范》（HJ/T 75）进行补遗，超过24小时的，超过时段按照缺失前720有效小时均值中最大小时均值进行补遗。

2. 特殊情况

NO_x的稳定运行达标判定期为机组启动后出力达到额定的50%开始到机组解列前出力降到额定的50%为止。在此期间外的启动和停机时段内的排放数据可不作为火电机组NO_x达标判定依据。其中，启动时间原则上并网后不得超过4小时，如企业可提供一年以上在线监测数据等证明实际启动时间超过4小时的，可适当延长，最高可延长至8小时；停机时间为1小时。对于电量不上网的自备电厂，冷启动不得超过4～5小时，热启动不得超过3～4小时，停机时间为1小时。

若多台设施采用混合方式排放烟气，且其中一台处于启停时段，企业可提供烟气混合前各台设施有效监测数据的，按照企业提供数据进行达标判定。

（二）废水

火电企业各废水排放口污染物的排放浓度达标是指任一有效日均值均满足许可排放浓度要求。各项废水污染物有效日均值采用自动监测、执法监测、企业自行开展的手工监测三种方法分类进行确定。

1. 自动监测

按照监测规范要求获取的自动监测数据计算得到有效日均浓度值与许可排放浓度限值进行对比，超过许可排放浓度限值的，即视为超标。

对于自动监测，有效日均浓度是对应于以每日为一个监测周期内获得的某个污染物的多个有效监测数据的平均值。在同时监测污水排放流量的情况下，有效日均值是以流量为权的某个污染物的有效监测数据的加权平均值；在未监测污水排放流量的情况下，有效日均值是某个污染物的有效监测数据的算术平均值。

自动监测的有效日均浓度应根据《水污染源在线监测系统运行与考核技术规范（试行）》（HJ/T 355）和《水污染源在线监测系统数据有效性判别技术规范（试行）》（HJ/T 356）等相关文件确定。技术规范修订后，按其最新修订版执行。

2. 执法监测

按照监测规范要求获取的执法监测数据超标的，即视为超标。根据《地表水和污水监测技术规范》（HJ/T 91）确定监测要求。

若同一时段的现场监测数据与在线监测数据不一致，现场监测数据符合法定的监测标准和监测方法的，以该现场监测数据作为优先证据使用。

3. 企业手工监测

按照自行监测方案、监测规范进行手工监测，当日各次监测数据平均值（或当日混合样监测数据）超标的，即视为超标。超标判定原则同执法监测。

七、实际排放量核算方法

火电企业污染物的排放总量达标是指企业中有许可排放量要求的主要排放口的主要污染物实际排放量之和满足年许可排放量要求。对于特殊时期短时间内有许可排放量要求的企业，主要排放口实际排放量之和不得超过特殊时期许可排放量。

火电企业 SO_2、NO_x 和烟尘实际排放量的核算方法包括实测法、物料衡算法和产排污系数法等。

应当采用自动监测的污染因子，根据符合监测规范的有效自动监测数据采用实测法核算实际排放量。同时根据执法监测、企业自行开展的手工监测数据进行校核，若同一时段的手工监测数据与自动监测数据不一致，手工监测数据符合法定的监测标准和监测方法的，以手工监测数据为准。

对于应当采用自动监测而未采用的污染因子，采用物料衡算法或产排污系数法按照直排核算实际排放量。其他采用手工监测的污染因子，按照执法监测或企业自行开展的手工监测数据进行核算。若同一时段的执法监测数据与企业自行开展的手工监测数据不一致，以执法监测数据为准。

未要求采用自动监测的排放口或污染因子，按照优先顺序依次选取自动监测数据、手工和执法监测数据、产排污系数法进行核算。在采用手工和执法监测数据进行核算时，还应以产排污系数进行校核；若同一时段的手工监测数据与执法监测数据不一致，以执法监测数据为准。监测数据应符合国家有关环境监测、计量认证规定和技术规范。

1. 实测法

实测法是指根据监测数据测算实际排放量的方法，分为自动监测实测法和手工监测实测法。其中，自动监测实测法是指根据 DCS 历史存储的 CEMS 数据中的每小时污染物的平均排放浓度、平均烟气量、运行时间核算污染物年排放量；手工监测实测法是指根据每次手工监测时段内每小时污染物的平均排放浓度、平均烟气量、运行时间核算污染物年排放量。

自动监控设施发生故障需要维修或更换，按要求在 48 小时内恢复正常运行的，且在此期间按照《污染源自动监控设施运行管理办法》（环发〔2008〕6 号）开展手工监测并报送手工监测数据的，根据手工监测结果核算该时段实际排放量。对于未按要求开展手工监测并报送数据的，或未能按要求及时恢复设施正常运行的，采用物料衡算法或产排污系数法按照直排核算该时段实际排放量。

对于其他情况导致全年历史数据缺失、数据异常累计时段低于全年运行小时数的 10%的，该时段污染物排放浓度按照全年稳定运行期间最高月均值取值，烟气量按照全年平均烟气量取值，核算排放量。

对于其他情况导致全年历史数据缺失、数据异常累计时段超过全年运行小时数的 10%的，该时段污染物排放浓度按照全年稳定运行期间最高小时均值取值，烟气量按照全年平均烟气量取值，核算排放量。

企业提供充分证据证明在线数据缺失、数据异常等不是企业责任的，可按照企业提供的脱硫剂消耗量、手工监测数据等核算实际排放量，或者按照上一个半年申报期间的稳定运行期间小时浓度均值和半年平均烟气量核算数据缺失时段的实际排放量。

要求采用自动监测的排放口或污染因子而未采用的，采用物料衡算法核算二氧化硫排放量、产排污系数法核算氮氧化物、烟尘排放量，且均按直排进行核算。

2. 物料衡算法

采用物料衡算法核算二氧化硫排放量的，根据燃料消耗量、含硫率进行核算。

3. 产排污系数法

采用产排污系数法核算氮氧化物、烟尘排放量的，根据燃料消耗量、产污强度进行核算。

附件 2

造纸行业排污许可证申请与核发技术规范

一、适用范围及排污单位基本情况

（一）适用范围

本技术规范适用于指导造纸行业排污单位填报《排污许可证申请表》及网上填报相关申请信息，同时适用于指导核发机关审核确定排污许可证许可要求。

造纸行业排污许可证发放范围为所有制浆企业、造纸企业、浆纸联合企业以及纳入排污许可证管理的纸制品企业。

造纸企业排放的水污染物、大气污染物均应实施排污许可管理。

造纸企业中，执行《火电厂大气污染物排放标准》（GB 13223）的生产设施或排放口，适用《火电行业排污许可证申请与核发技术规范》，其余均适用本技术规范。

排污许可分类管理名录出台后，造纸行业排污许可证发放范围从其规定。

（二）排污单位基本情况填报要求

排污单位基本情况包括：排污单位基本信息，主要产品及产能，主要原辅材料及燃料，产排污节点、污染物及污染治理设施，以及生产工艺流程图和厂区总平面布置图。

1. 排污单位基本信息

企业需填报的排污单位基本信息包括：单位名称、法人、生产经营场所经纬度、所在地是否属于大气污染重点控制区域、是否投产、环评及验收批复文件文号、地方政府对违规项目的认定或备案文件、总量分配文件文号等。对于同一法人拥有多个生产经营场所的情形，应分别申报。

按照《国务院办公厅关于加强环境监管执法的通知》（国办发〔2014〕56 号）要求，各地全面清理违法违规项目，经地方政府依法处理、整顿规范并符合要求的项目，纳入排污许可管理范围。对于不具备环评批复文件或地方政府对违规项目的认定或备案文件的造纸企业，原则上不得申报排污许可证。

2. 主要产品及产能

造纸企业应填写主要生产单元、主要工艺、生产设施、生产设施编号、设施参数、产品、生产能力、设计生产时间及其他。

在填报“主要产品及产能”时，需选择行业类别，除在填写执行《火电厂大气污染物排放标准》（GB 13223）的生产设施需选择火电行业外，其余均选择造纸行业。

（1）主要生产单元：为必填项，分为化学浆生产线、半化学浆生产线、化机浆生产线、机械浆生产线、废纸浆生产线、造纸生产线、公用单元等。（企业在填报时，应当在国家排污许可证管理信息平台申报系统的下拉菜单中选择并填写。对于选填内容或菜单中未包括的内容，可由地方环保部门决定是否填报，企业认为需要填报的，可以自行填报，下同）。

（2）主要工艺：为必填项，分为漂白/本色硫酸盐化学浆、漂白/本色亚硫酸盐化学浆、漂白/本色碱法化学浆、漂白/本色亚氨法制浆、漂白/本色过氧化氢化学浆、漂白/本色碱性过氧化氢化学机械浆（APMP）、漂白/本色化学热法机械木浆（BCTMP）、漂白/本色化学热磨机械浆（CTMP）、漂白/本色热磨机械浆（TMP）、漂白/本色半化学浆、漂白/本色废纸浆、溶解浆、造纸、加工纸、纸制品，公用单元分为化学品制备、碱回收车间、储存系统、锅炉、辅助系统等。

（3）生产设施

关于木浆及非木浆生产线，必填项包括：备料（湿法备料、干法备料、废纸挑选）、蒸煮（连续蒸煮器、立锅、蒸球、其它）、洗涤（置换洗浆机、真空洗浆机、压力洗浆机、带式洗浆机、螺旋挤浆机、其它）、筛选（全封闭压力筛选、压力筛选、其他）、氧脱木素（无、一段、两段）、漂白（二氧化氯漂白、次氯酸盐漂白、氯气漂白、过氧化氢漂白、其它漂白系统）、机械磨浆（压力磨浆机、常压磨浆机、低浓磨浆机、其它磨浆机）、碱回收车间（碱回收炉、蒸发器、污冷凝水回收、石灰窑）、化学品制备（二氧化氯制备、次氯酸盐制备、其他）、制浆废液回收利用（红液回收、废液燃烧回收、黑液综合利用、亚氨法废液综合利用）。选填项包括：机械浆预处理等生产设施。

关于废纸制浆生产线，必填项包括：脱墨（一级浮选、二级浮选、一级洗涤、二级洗涤、其他）和漂白（过氧化氢、二氧化氯、臭氧、氯气、其他）；选填项包括碎浆、热分散、筛选等生产设施。

关于造纸生产线，必填项包括：造纸（圆网造纸机、长网造纸机、超成型造纸机、叠网纸机、夹网纸机、斜网造纸机、其他）和白水回收（气浮、沉淀塔、多盘回收机、圆网浓缩机、其它）；选填项包括：涂布、表面施胶、干燥等生产设施。

关于公用单元，必填项包括：燃烧炉（锅炉、生物质炉、焚烧炉）、储存系统（原料堆场、煤场、筒仓、油罐、气罐、化学品库）、锅炉（循环流化床锅炉、煤粉锅炉、燃油锅炉、燃气锅炉、凝汽式汽轮机、抽凝式汽轮机、背压式汽轮机、抽背式汽轮机）、辅助系统（灰库、渣仓、渣场、灰渣场、石膏库房、氨水罐、液氨罐、石灰石粉仓、污泥储存间）；选填项包括：供水处理系统（清水制备系统、软化水制备设备、其它）和锅炉及发电系统中省煤器、空气预热器、一次风机、送风机、二次风机等。

本技术规范尚未作出规定，且排放工业废气和有毒有害大气污染物，有明确国家和地方排放标准的，相应生产设施为必填项。

（4）排污许可证申请表中的生产设施编号：为必填项。企业填报内部生产设施编号，若企业无内部生产设施编号，则根据《固定污染源（水、大气）编码规则（试行）》进行编号并填报。

（5）设施参数：分为参数名称、设计值、计量单位等，对于公用单元的燃烧炉、储存系统、辅助系统为必填项，生产过程中蒸煮工艺填写粗浆得率、漂白工艺填写漂白浓度、碱回收单元的蒸发填写黑液提取率、机械磨浆填写磨浆浓度、白水回收系统填写白水循环利用率，造纸机填写抄宽、车速，均为设计值，其他为选填项。

（6）产品名称：为必填项，分为浆板、新闻纸、生活用纸、包装用纸、箱纸板、瓦楞原纸、特种纸、纸制品等。

（7）生产能力及计量单位：为必填项，生产能力为主要产品设计产能，并标明计量单位。产能与经过环境影响评价批复的产能不相符的，应说明原因。

（8）设计年生产时间：为必填项。

（9）其他：为选填项，企业如有需要说明的内容，可填写。

3.主要原辅材料及燃料

造纸企业应填写原料、辅料及燃料名称、年最大使用量等。

（1）种类：为必填项，分为原料、辅料。

（2）原料名称：为必填项，分为针叶木、阔叶木、竹类、麦草、芦苇、甘蔗渣、废纸、商品浆、水等。

（3）辅料名称：包括工艺过程中添加辅料和废水、废气污染治理过程中添加的化学品，分为氢氧化钠（烧碱）、硫化钠、双氧水、臭氧、二氧化氯、液氯、液氨、氨水、石灰石、石灰、填料、增白剂、硫酸、盐酸、混凝剂、助凝剂等。必填项为废水、废气污染治理过程中添加的化学品，制浆过程中蒸煮、漂白工艺添加的化学品和造纸过程中添加的填料为必填项，其余为选填项。

（4）燃料名称：为必填项，分为燃煤（灰分、硫分、挥发分、热值等）、天然气、重油等。

（5）年最大使用量：为必填项。已投运排污单位的年最大使用量按近五年实际使用量的最大值填写，未投运排污单位的年最大使用量按设计使用量填写。

（6）有毒有害元素占比、硫元素占比及其他：为选填项。

4.产排污节点、污染物及污染治理设施

该部分包括废气和废水两部分。废气部分应填写生产设施对应的产污节点、污染物种类、排放形式（有组织、无组织）、污染治理设施、是否为可行技术、排放口编号及类型。废水部分应填写废水类别、污染物种类、排放去向、污染治理设施、是否为可行技术、排放口编号、排放口设置是否规范及排放口类型。

（1）废气产污环节：分为锅炉、碱回收炉、石灰窑、焚烧炉、堆场、备料、蒸煮、洗涤、漂白、储存系统等。

（2）污染物种类：为标准中污染因子，如废气中的颗粒物、二氧化硫、氮氧化物等和废水中的COD、氨氮等。

（3）排污许可证申请表中的污染治理设施编号：可填写企业内部污染治理设施编号，若企业无内部编号，则根据《固定污染源（水、大气）编码规则（试行）》进行编号并填报。

（4）治理设施名称：废气分为脱硫系统（单塔单循环、单塔双循环、双塔双循环等）、脱硝系统、脱汞措施、除尘器等；废水分为工业废水处理系统、生活污水处理系统等。

（5）污染治理工艺：废气包括脱硫系统（石灰石-石膏湿法、石灰-石膏湿法、电石渣法、氨-肥法、氨-亚硫酸铵法等）、脱硝系统（低氮燃烧器、SCR、SNCR 等）、脱汞措施（卤素除汞、烟道喷入活性炭吸附剂等）、除尘器（静电除尘、袋式除尘器、电袋复合除尘器等）；废水治理工艺分为混凝、沉淀、絮凝、气浮、厌氧、好氧、蒸发结晶、深度处理等。

（6）废水类别：分为制浆废水、造纸废水、生活污水、热电锅炉排水、初期雨水等。

（7）废水排放去向：分为不外排、排至厂内综合污水处理站、直接进入海域等。

（8）废水排放规律：分为连续排放，流量稳定；连续排放，流量不稳定，但有周期性规律等。

（9）可行技术：具体内容见“三、可行技术”；对于采用不属于可行技术范围的污染治理技术，应填写提供的相关证明材料。

（10）排污许可证申请表中的排放口编号：填写地方环境管理部门现有编号或由企业根据《固定污染源（水、大气）编码规则（试行）》进行编号并填写。

（11）排放口设置是否符合要求：填写排放口设置是否符合排污口规范化整治技术要求等相关文件的规定。

（12）排放口类型：分为外排口、设施或车间排放口，其中外排口又分为主要排放口、一般排放口。造纸废水排放口全部为主要排放口，如采用氯气漂白工艺需填写设施或车间排放口；废气主要排放口为碱回收炉和锅炉废气排放口，一般排放口为石灰窑和焚烧炉废气排放口。

排污单位基本信息内容原则上为必填项，在填报主要产品及产能、主要原辅材料及燃料时区分必填项和选填项，并应当在国家排污许可证管理信息平台申报系统的下拉菜单中选择，菜单中未包括的，可自行增加内容。

企业基本信息应当按照企业实际情况填报，确保真实、有效。生产设施及排放口信息要满足本技术规范的要求。本技术规范尚未作出规定，且排放工业废气和有毒有害大气污染物的，应当执行国家和地方排放标准的，要参照相关技术规范自行填报。企业针对申请的排污许可要求，评估污染排放及环境管理现状，对存在需要改正的，可在排污许可证管理信息平台申请系统中提出改正措施。

有核发权的地方环境保护主管部门补充制订的相关技术规范有要求的，以及企业认为需要填报的，应补充填报。

二、产排污节点对应排放口及许可排放限值

本技术规范主要基于污染物排放标准及总量控制要求确定产排污节点、排放口、污染因子及许可限值。对于新增污染源，应对照环境影响评价文件及批复要求，从严确定；对于现有污染源，有核发权的地方环境保护主管部门可根据环境质量改善需要，综合考虑本技术规范及环境影响评价文件及批复要求，确定产排污节点、排放口、污染因子及许可限值。依法制定并发布的限期达标规划中有明确要求的，还要综合考虑，确定产排污节点、排放口、污染因子及许可限值。有核发权的地方环境保护主管部门合规补充制定的其他各项要求，应当依据规范性文件相应增加内容。

（一）产排污节点及排放口具体规定

1. 废水类别及排放口

造纸企业纳入排污许可管理的废水类别包括所有生产废水和排入厂区污水处理站的生活污水、初期雨水，单独排入城镇集中污水处理设施的生活污水仅说明去向。对于造纸行业废水排放口，不再区分主要排放口和一般排放口。所有废水排放口实施许可管理污染因子为列入《制浆造纸工业水污染物排放标准》（GB 3544）的所有污染因子，具体见表 1。地方有其他要求的，从其规定。

表 1　废水类别及污染因子

废　水　类　别	污染因子
漂白车间或生产设施废水排放口	可吸附有机卤素（AOX）①
	二噁英②
生活污水 初期雨水	……
生产废水外排口	pH
	色度
	悬浮物
	化学需氧量
	生化需氧量
	氨氮
	总磷
	总氮

注：①②AOX 和二噁英仅适用于含元素氯漂白工艺的企业。

2. 废气产排污节点及排放口

造纸企业废气产排污节点包括对应的生产设施和相应排放口，生产设施主要包括锅炉、碱回收炉、石灰窑炉、焚烧炉等，相应排放口主要包括上述生产设施烟囱或排气筒。实施许可管理的废气污染因子为列入相应排放标准的所有污染因子，具体见表 2。

表 2　废气生产设施及排放口

生产设施	排放口	污　染　因　子
主要排放口		
锅炉	锅炉烟囱	颗粒物
		二氧化硫
		氮氧化物
		汞及其化合物①
		烟气黑度（林格曼黑度，级）

生产设施	排放口	污染因子
碱回收炉	碱回收炉烟囱	颗粒物
		二氧化硫
		氮氧化物
一般排放口		
石灰窑炉	石灰窑炉烟囱	颗粒物
		二氧化硫
焚烧炉	焚烧炉烟囱	二氧化硫
		氮氧化物
		颗粒物、氯化氢、汞及其化合物、（镉、铊及其化合物）、（锑、砷、铅、铬、钴、铜、锰、镍及其化合物）、二噁英、一氧化碳②
		烟尘、一氧化碳、氟化氢、氯化氢、汞及其化合物、镉及其化合物、（砷、镍及其化合物）、铅及其化合物、（铬、锡、锑、铜、锰及其化合物）、二噁英③
厂界		臭气浓度、硫化氢、氨、颗粒物、氯化氢④

注：①适用于燃煤锅炉；

②、③分别为《生活垃圾焚烧污染控制标准》（GB 18485）、《危险废物焚烧污染控制标准》（GB 18484）中污染因子。废气排放口中如排放①②中涉及的污染因子，则纳入管控范围。

④适用于采用含氯漂白工艺的企业。

造纸企业废气排放口分为主要排放口和一般排放口，主要排放口管控许可排放浓度和许可排放量，详细填报排放口具体位置、排气筒高度、排气筒出口内径等信息。本次暂将锅炉、碱回收炉烟囱列为主要排放口，石灰窑炉、焚烧炉烟囱列为一般排放口，其他有组织废气由企业在申请排污许可证阶段自行申报，按照相应的污染物排放标准进行管控；无组织废气污染源应说明采取的控制措施。地方排污许可规范性文件有具体规定或其他要求的，从其规定。

（二）许可排放限值

许可排放限值包括污染物许可排放浓度和许可排放量，原则上按照污染物排放标准和总量控制要求进行确定。执行特别排放限值的地区或有地方排放标准的，按照从严原则进行确定。

企业申请的许可排放限值严于本规范规定的，排污许可证按照申请的许可排放限值核发。

对于大气污染物，以生产设施或有组织排放口为单位确定许可排放浓度和许可排放量。对于水污染物，按照排放口确定许可排放浓度和许可排放量。企业填报排污许可限值时，应在排污许可申请表中写明申请的许可排放限值计算过程。

1. 许可排放浓度

（1）废水

所有废水排放口分别确定许可排放浓度。

明确各项水污染因子许可排放浓度（除 pH 值、色度外）为日均浓度。

废水直接排放外环境的现有制浆、造纸及制浆造纸联合企业水污染物许可排放浓度限值按照《制浆造纸工业水污染物排放标准》（GB 3544）确定；根据《关于太湖流域执行国家排放标准水污染物特别排放限值时间的公告》（环境保护部 2008 年第 28 号公告）和《关于太湖流域执行国家污染物排放标准水污染物特别排放限值行政区域范围的公告》（环境保护部 2008 年第 30 号公告），江苏省苏州市全市辖区，无锡市全市辖区，常州市全市辖区，镇江市的丹阳市、句容市、丹徒区，南京市的溧水县、高淳县；浙江省湖州市全市辖区，嘉兴市全市辖区，杭州市的杭州市区（上城区、下城区、拱墅区、江干区、余杭区，西湖区的钱塘江流域以外区域）、临安市的钱塘江流域以外区域；上海市青浦区全部辖区自 2008 年 9 月 1 日起执行《制浆造纸工业水污染物排放标准》（GB 3544）的水污染物特别排放限值。省级环保部门如确定了其他需要执行特别排放限值的区域，所在区域企业执行相应的特别排放限值要求。地方污染物排放标准有更严格要求的，从其规定。

废水排入集中式污水处理设施的造纸企业，其污染物许可排放浓度限值按照《制浆造纸工业水污染物排放标准》（GB 3544）或地方污染物排放标准规定，由企业与污水处理设施运营单位协商确定；如未商定的，按照《污水综合排放标准》（GB 8978）中的三级排放限值、《污水排入城镇下水道水质标准》（GB/T 31962）以及其他有关标准从严确定。

制浆、造纸及制浆造纸联合企业生产设施同时生产两种以上产品、可适用不同排放控制要求或不同行业国家污染物排放标准，且生产设施产生的污水混合处理排放的情况下，应执行排放标准中规定的最严格的浓度限值。

纸制品企业水污染物许可排放浓度限值按照《污水综合排放标准》（GB 8978）要求确定，其中总磷、总氮因子排放浓度限值参照《制浆造纸工业水污染物排放标准》（GB 3544）中造纸企业的排放要求确定，对于有环境影响评价批复且目前按照环境影响评价确定的限值进行环境监管的企业，也可按照环境影响评价文件及批复要求申请许可排放浓度限值。

（2）废气

以产排污节点对应的生产设施或排放口为单位，明确各台碱回收炉、石灰窑炉、焚烧炉各类污染物许可排放浓度，为小时浓度。

根据《关于碱回收炉烟气执行排放标准有关意见的复函》（环函〔2014〕124 号），65 蒸吨/小时以上碱回收炉废气中烟尘、二氧化硫、氮氧化物许可排放浓度限值可参照《火电厂大气污染物排放标准》（GB 13223）中现有循环流化床火力发电锅炉的排放控制要求确定；65 蒸吨/小时及以下碱回收炉废气中烟尘、二氧化硫、氮氧化物许可排放浓度限值参照《锅炉大气污染物排放标准》（GB 13271）中生物质成型燃料锅炉的排放控制要求确定。对于有环境影响评价批复的，也可按照环境影响评价文件及批复要求确定许可排放浓度限值。

执行《锅炉大气污染物排放标准》（GB 13271）的锅炉废气中颗粒物、二氧化硫、氮氧化物、汞及其化合物（仅适用于燃煤锅炉）许可排放浓度限值按照《锅炉大气污染物排放标准》（GB 13271）确定。北京市、天津市、石家庄市、唐山市、保定市、廊坊市、上海市、南京市、无锡市、常州市、苏州市、南通市、扬州市、镇江市、泰州市、杭州市、宁波市、嘉兴市、湖州市、绍兴市、广州市、深圳市、珠海市、佛山市、江门市、肇庆市、惠州市、东莞市、中山市、沈阳市、济南市、青岛市、淄博市、潍坊市、日照市、武汉市、长沙市、重庆市主城区、成都市、福州市、三明市、太原市、西安市、咸阳市、兰州市、银川市等 47 个城市市域范围按照《关于执行大气污染物特别排放限值的公告》（环境保护部公告 2013 年第 14 号）和《关于执行大气污染物特别排放限值有关问题的复函》（环办大气函〔2016〕1087 号）的要求确定许可排放浓度。地方有更严格的排放标准要求的，按照地方排放标准进行确定。

石灰窑炉废气中烟尘、二氧化硫许可排放浓度限值按照《工业炉窑大气污染物排放标准》（GB 9078）确定。

焚烧炉废气中烟尘、二氧化硫、氮氧化物、汞及其化合物、CO 和废气中明确排放的氯化氢、氟化氢、（镉、铊及其化合物）、（锑、砷、铅、铬、钴、铜、锰镍及其化合物）、二噁英污染物许可排放浓度限值，对于焚烧危险废物的，按照《危险废物焚烧污染控制标准》（GB 18484）确定；对于焚烧一般固废的，参照《生活垃圾焚烧污染控制标准》（GB 18485）确定，有环境影响评价批复且目前环境监管按照环境影响评价确定的限值进行监管的，也可按照环境影响评价文件及批复要求申请许可排放浓度限值。

若执行不同许可排放浓度的多台生产设施或排放口采用混合方式排放废气，且选择的监控位置只能监测混合废气中的大气污染物浓度，则应执行各限值要求中最严格的许可排放浓度。

2. 许可排放量

年许可排放量的有效周期应以许可证核发时间起算，滚动 12 个月。许可排放量包括有组织排放和无组织排放。

有环境影响评价批复的新增污染源依据环境影响评价文件及批复确定许可排放量。环境影响评价文件及批复中无排放总量要求或排放总量要求低于按照排放标准（含特别排放限值）确定的许可排放量的，按照执行的排放标准（含特别排放限值）要求为依据，采用下列方法确定许可排放量。地方有更严格的环境管理要求的，按照地方要求进行核定。

现有污染源基于国家或地方排放标准采用下列方法确定许可排放量。地方有总量控制要求且将总量指标分配到企业的，按照从严原则确定企业许可排放量。

总量控制要求包括地方政府或环保部门发文确定的企业总量控制指标、环评文件及其批复中确定的总量控制指标、现有排污许可证中载明的总量控制指标、通过排污权有偿使用和交易确定的总量控制指标等地方政府或环保部门与排污许可证申领企业以一定形式确认的总量控制指标。

（1）废水

明确对化学需氧量、氨氮以及受纳水体环境质量超标且列入《制浆造纸工业水污染物排放标准》（GB3544）中的其他污染因子许可年排放量。

①单独排放

企业水污染物许可排放量依据水污染物许可排放浓度限值、单位产品基准排水量和产品产能核定，计算公式如下：

$$D=S\times Q\times C\times 10^{-6}$$

其中，D——某种水污染物最大年许可排放量，单位为吨/年；

S——产品年产能规模，单位为吨/年；

Q——单位产品基准排水量，单位为立方米/吨产品，造纸企业执行《制浆造纸工业水污染物排放标准》（GB 3544）的相关取值，纸制品企业单位产品基准排水量按 1 立方米/吨产品取值，地方排放标准中有严格要求的，从其规定；

C——水污染物许可排放浓度限值，单位为毫克/升。

②混合排放

企业同时排放两种或两种以上工业废水，许可排放量可采用如下公式确定：

$$D = C \times \sum^{n} Q_i S_i$$

其中，C——废水许可排放浓度，单位为 mg/L；

Q_i——不同工业污水基准排水量，单位为 m^3/吨产品；

S_i——不同产品产能，单位为吨/年。

（2）废气

明确各生产设施排气筒许可排放量，包括年许可排放量、不同级别应急预警期间日排放量等。企业废气中各污染物许可排放量为各台生产设施废气中污染物许可排放量之和。备用锅炉或其他备用炉窑不再单独许可排放量，按照企业许可排放总量管理。

对锅炉废气中烟尘、二氧化硫、氮氧化物和碱回收炉废气中氮氧化物按本规范规定年许可排放量。

对于石灰窑、焚烧炉等一般排放口，许可排放量根据实际情况填报。对于排放量较大的一般排放口，应该加强管理；地方有明确规定的，从其规定。

碱回收炉和锅炉废气中污染物许可排放量可依据许可排放浓度与基准排气量进行核定，具体公式如下。同时，具备有效在线监测数据的企业，也可以前一自然年实际排放量为依据，申请年许可排放量，其中浓度限值超标或者监测数据缺失的时段的排放量不得计算在内。

①碱回收炉废气中污染物许可排放量依据许可排放浓度限值、单位产品基准排气量和产品产能核定，计算公式如下：

$$D=R\times Q\times C\times 10^{-9}$$

其中，D——废气污染物许可排放量，单位为吨/年；

R—— 产品产能，单位为吨风干浆/年；

C—— 废气污染物许可排放浓度限值，单位为毫克/立方米；

Q—— 基准排气量，单位为标立方米/吨浆，按表 3 进行经验取值。

表 3　碱回收炉基准烟气量取值表

单位：标立方米/吨风干浆

碱回收炉	规　模	基准烟气量（干烟气）
化学木浆	≤50 万吨浆/年	7000
	>50 万吨浆/年	8000
化学竹浆	≤10 万吨浆/年	5500
	>10 万吨浆/年	6000
化学非木浆	—	6000
化学机械浆	—	1000

②执行《锅炉大气污染物排放标准》（GB13271）的锅炉废气污染物许可排放量依据废气污染物许可排放浓度限值、基准排气量和燃料用量核定。

a）燃煤或燃油锅炉废气污染物许可排放量计算公式如下：

$$D=R\times Q\times C\times 10^{-6}$$

b）燃气锅炉废气污染物许可排放量计算公式如下：

$$D=R\times Q\times C\times 10^{-9}$$

其中，D—— 废气污染物许可排放量，单位为吨/年；

R—— 设计燃料用量，单位为吨/年或立方米/年；

C—— 废气污染物许可排放浓度限值，单位为毫克/立方米；

Q—— 基准排气量，单位为标立方米/千克燃煤或标立方米/立方米天然气，具体取值见表 4。

表 4　锅炉废气基准烟气量取值表

锅　炉	热　值	基准烟气量
燃煤锅炉（标立方米/千克燃煤）	12.5MJ/kg	6.2
	21MJ/kg	9.9
	25MJ/kg	11.6
燃油锅炉（标立方米/千克燃煤）	38MJ/kg	12.2
	40MJ/kg	12.8
	43MJ/kg	13.8
燃气锅炉（标立方米/立方米）	—	12.3

注：① 燃用其他热值燃料的，可按照《动力工程师手册》进行计算。

② 燃用生物质燃料蒸汽锅炉的基准排气量参考燃煤蒸汽锅炉确定，或参考近三年企业实测的烟气量，或近一年连续在线监测的烟气量。

③ 主要排放口排放量之和

企业大气许可排放量为各主要排放口排放量之和，年许可排放量计算公式如下：

$$E_{年许可}=\sum_{i=1}^{n}M_i$$

式中：$E_{年许可}$ —— 造纸企业年许可排放量，吨；

M_i —— 第 i 个排放口大气污染物年许可排放量，吨。

④混合排放

若执行不同许可排放浓度的多台设施采用混合方式排放烟气，且选择的监控位置只能监测混合烟气中的大气污染物浓度，许可排放量为各烟气量许可排放量之和。

3. 其他

新、改、扩建项目的环境影响评价文件或地方相关规定中有原辅材料、燃料等其他污染防治强制要求的，还应根据环境影响评价文件或地方相关规定，明确其他需要落实的污染防治要求。

三、可行技术

具有核发权限的环保部门，在审核排污许可申请材料时，判断企业是否具备符合规定的防治污染设施或污染物处理能力，可以参照行业可行技术，对于企业采用相关可行技术的，原则上认为具备符合规定的防治污染设施或污染物处理能力。对于未采用的，企业应当在申请时提供相关证明材料（如已有监测数据；对于国内外首次采用的污染治理技术，还应当提供中试数据等说明材料），证明具备上述相关能力。

（一）废水

废水可行技术参照环境保护部发布的 2013 年第 81 号公告发布的《造纸行业木材制浆工艺污染防治可行技术指南（试行）》《造纸行业非木材制浆工艺污染防治可行技术指南（试行）》《造纸行业废纸制浆及造纸工艺污染防治可行 技术指南（试行）》。在造纸行业可行技术指南发布后，以规范性文件要求为准。

（二）废气

1. 可行技术

锅炉、碱回收炉、石灰窑炉和焚烧炉废气污染治理可行技术详见表 5。

表 5　废气可行技术

污染源	污染因子	限值（mg/m³）	可行技术
执行《锅炉大气污染物排放标准》（GB 13271）中表 1 的锅炉废气	颗粒物	80/60/30	电除尘技术；袋式除尘技术
	二氧化硫	400（550）/300/100	石灰石/石灰-石膏等湿法脱硫技术；喷雾干燥法脱硫技术；循环流化床法脱硫技术
	氮氧化物	400	—
	汞及其化合物	0.05	高效除尘脱硫综合脱除汞效率为 70%
	注：浓度限值为燃煤/燃油/燃气，括号内为广西、四川、重庆、贵州燃煤锅炉执行限值		
执行《锅炉大气污染物排放标准》（GB 13271）中表 2 的锅炉废气	颗粒物	50/30/20	电除尘技术；袋式除尘技术
	二氧化硫	300/200/50	石灰石/石灰-石膏等湿法脱硫技术；喷雾干燥法脱硫技术；循环流化床法脱硫技术
	氮氧化物	300/250/200	非选择性催化还原脱硝技术
	汞及其化合物	0.05	高效除尘脱硫脱硝综合脱除汞的效率为 70%
	注：浓度限值为燃煤/燃油/燃气。		
执行《锅炉大气污染物排放标准》（GB 13271）中表 3 的锅炉废气	颗粒物	30/30/20	四电场以上电除尘技术；袋式除尘技术
	二氧化硫	200/100/50	二氧化硫治理技术；石灰石/石灰-石膏等湿法脱硫技术；喷雾干燥法脱硫技术；循环流化床法脱硫技术
	氮氧化物	200/200/150	选择性催化还原脱硝技术
	汞及其化合物	0.05	高效除尘脱硫脱硝综合脱除汞的效率为 70%

污染源	污染因子	限值（mg/m^3）	可 行 技 术
碱回收炉废气	烟尘	30/50	三电场或四电场静电除尘器、布袋除尘器
	二氧化硫	200/300	不采取脱硫措施的情况下，碱回收炉废气中二氧化硫浓度可达到 $70mg/m^3$ 以下
	氮氧化物	200/300	不采取脱硝措施的情况下，碱回收炉废气中氮氧化物浓度可达到 $300mg/m^3$ 以下。如排放浓度小于 $200mg/m^3$，需增加脱硝措施
	注：浓度限值为 65 蒸吨/小时以上/ 65 蒸吨/小时及以下		
石灰窑炉废气	烟尘	200	三电场或四电场静电除尘器
	二氧化硫	850	—
	氮氧化物		—
焚烧炉废气	烟尘	30/65	布袋除尘器
	二氧化硫	100/200	石灰石/石灰-石膏法脱硫技术；喷雾干燥法脱硫技术；循环流化床法脱硫技术
	氮氧化物	300/500	如不能稳定达标，可采用 SNCR 脱硝
	二噁英	0.1/0.5 $ngTEQ/m^3$	活性炭吸附
	注：浓度限值为《生活垃圾焚烧污染控制标准》（GB18485）1 小时均值/《危险废物焚烧污染控制标准》（GB18484）		

2. 运行管理要求

（1）有组织

有组织排放要求主要是针对烟气处理系统的安装、运行、维护等规范和要求。

碱回收炉、石灰窑炉布袋除尘器滤袋应完整无破损。

执行《生活垃圾焚烧污染控制标准》（GB18485）的焚烧炉废气排放控制要求应满足 GB18485 中各项要求，包括炉膛内焚烧温度≥850℃，烟气停留时间≥2 秒，渣热灼减率≤5%等。

执行《危险废物焚烧污染控制标准》（GB18484）的焚烧炉废气，排放控制要求应满足 GB18484 中各项要求，包括炉膛内温度≥1100℃，烟气停留时间≥2 秒；炉膛内渣热灼减率≤5%，燃烧效率≥99.9%，焚毁去除率≥99.99%等。

（2）无组织

企业无组织排放节点主要包括高浓度污水处理设施、污泥间废气、制浆及碱回收工段产生的恶臭气体、储煤场、脱硝辅料区等。

对于高浓度污水处理设施、污泥间废气经密闭收集处理后通过排气筒排放。对于制浆及碱回收工段产生的不凝气、汽提气等含恶臭物质，经收集后送碱回收炉等进行焚烧处置。对于露天储煤场应配备防风抑尘网、喷淋、洒水、苫盖等抑尘措施，且防风抑尘网不得有明显破损。煤粉、石灰或石灰石粉等粉状物料须采用筒仓等全封闭料库存储。其他易起尘物料应苫盖。石灰石卸料斗和储仓上设置布袋除尘器或其他粉尘收集处理设施。氨区应设有防泄漏围堰、氨气泄漏检测设施。氨罐区应安装氨（氨水）流量计。

四、自行监测管理要求

企业制定自行监测管理要求的目的是证明排污许可证许可的产排污节点、排放口、污染治理设施及许可限值落实情况。造纸企业在申请排污许可证时，应当按照本技术规范制定自行监测方案并在排污许可证申请表中明确，造纸行业排污单位自行监测技术指南发布后，以规范性文件要求为准。以确定产排污节点、排放口、污染因子及许可限值的要求为依据，对需要综合考虑批复的环境影响评价文件等其他管理要求的，应当同步完善企业自行监测管理要求。

（一）自行监测方案

自行监测方案中应明确企业的基本情况、监测点位、监测指标、执行排放标准及其限值、监测频次、监测方法和仪器、采样方法、监测质量控制、监测点位示意图、监测结果公开时限等。对于采用自动监测的，企业应当如实填报采用自动监测的污染物指标、自动监测系统联网情况、自动监测系统的运行维护情况等；对于无自动监测的大气污染物和水污染物指标，企业应当填报开展手工监测的污染物排放口、监测点位、监测方法、监测频次；对于新增污染源，企业还应按照环境影响评价文件的要求填报周边环境质量监测（如需）方案。

（二）自行监测要求

企业可自行或委托第三方监测机构开展监测工作，并安排专人专职对监测数据进行记录、整理、统计和分析。对监测结果的真实性、准确性、完整性负责。

1. 废水

（1）监测点位设置

有元素氯漂白工序的造纸工业企业，须在元素氯漂白车间排放口、或元素氯漂白车间处理设施排放口设置监测点位。有脱墨工序，且脱墨工序排放重金属的废纸造纸工业企业，须在脱墨车间排放口、或脱墨车间处理设施排放口设置监测点位。所有造纸工业企业均须在企业废水外排口设置监测点位；废水间接排放，无明显外排口的，在排污单位的废水处理设施排放口位置采样。

（2）监测指标及监测频次

监测指标及频次按照表 6 执行，地方根据规定可相应加密监测频次。对于新增污染源，周边环境影响监测点位、监测指标按照企业环境影响评价文件的要求执行。

表 6 废水排放口及污染物最低监测频次

监测点位	污染物指标	监测频次①	备注
企业废水总排放口②	流量	连续监测	—
	pH、悬浮物、色度、化学需氧量、氨氮	日	—
	五日生化需氧量、总氮、总磷	周	水环境质量中总氮（无机氮）/总磷（活性磷酸盐）超标的流域或沿海地区，总氮/总磷最低监测频次按日执行
	挥发酚、硫化物、溶解性总固体（全盐量）	季度	选测
元素氯漂白车间废水排放口	AOX、二噁英、流量	年	—
脱墨车间废水排放口	环境影响评价及批复、或摸底监测确定的重金属污染物指标	周	若无重金属排放，则不需要开展监测

注：①设区的市级及以上环保主管部门明确要求安装自动监测设备的污染物指标，须采取自动监测；其他可自行确定采用手工或自动监测手段。

②间接排放造纸工业企业废水总排口的监测指标和监测频次根据所执行的排放标准或当地环境管理要求参照本表确定。

2. 有组织废气

根据《关于加强京津冀高架源污染物自动监控有关问题的通知》（环办环监函〔2016〕1488 号）中的相关要求，京津冀地区及传输通道城市各排放烟囱超过 45 米的高架源应安装污染源自动监控设备。

造纸企业锅炉废气按照火电行业中企业自行监测要求确定，碱回收炉、石灰窑炉排污口的监测指标及频次按照表 7 执行，地方根据规定可相应加密监测频次。

表 7 废气排放口污染物指标最低监测频次

污染源	监测点位	污染物指标	监测频次
碱回收炉	碱回收炉排气筒或原烟气与净烟气会合后的混合烟道上	氮氧化物、二氧化硫	连续监测
		颗粒物、烟气黑度	季度
石灰窑	石灰窑排气筒或原烟气与净烟气会合后的混合烟道上	颗粒物、氮氧化物、二氧化硫	季度
焚烧炉（以一般固废为燃料）	焚烧炉排气筒或原烟气与净烟气会合后的混合烟道上	颗粒物、氮氧化物、二氧化硫、一氧化碳、氯化氢、流量、炉膛温度	连续监测
		汞及其化合物、镉和铊及其化合物、（锑、砷、铅、铬、钴、铜、锰、镍及其化合物）	月（如排放）
		二噁英	年
焚烧炉（燃料含危险废物）	焚烧炉排气筒或原烟气与净烟气会合后的混合烟道上	颗粒物、氮氧化物、二氧化硫、流量	连续监测
		氯化氢、氟化氢、汞及其化合物、镉及其化合物、砷及其化合物、镍及其化合物、铅及其化合物、（铬、锡、锑、铜、锰及其化合物）	月（如排放）
		烟气黑度、二噁英	年

3.无组织废气

造纸工业企业无组织排放监测点位设置、监测指标及监测频次按表 8 执行。

表 8 无组织废气污染物指标最低监测频次

企业类型	监测点位	监测指标	监测频次
有制浆工序的企业	厂界	臭气浓度①、颗粒物	月或年②
有生化污水处理工序	厂界	臭气浓度、硫化氢、氨	季
采用含氯漂白工艺的企业	漂白车间或二氧化氯制备车间外	氯化氢	年
有石灰窑的	厂界	颗粒物	年

注：①根据环境影响评价文件及其批复，以及原料工艺等确定是否监测其他臭气污染物。

②适用于有硫酸盐法制浆或硫酸盐法纸浆漂白工序的企业，若周边没有敏感点，可适当降低监测频次。

4. 采样和测定方法

（1）自动监测

废水自动监测参照《水污染源在线监测系统安装技术规范》（HJ/T 353）、《水污染源在线监测系统验收技术规范》（HJ/T 354）、《水污染源在线监测系统运行与考核技术规范（试行）》（HJ/T 355）执行。

废气自动监测参照《固定污染源烟气排放连续监测技术规范》（HJ/T 75）、《固定污染源排放烟气连续监测系统技术要求及检测方法》（HJ/T 76）执行。

（2）手工采样

废水手工采样方法的选择参照《水质采样技术指导》（HJ 494）、《水质采样方案设计技术规定》（HJ 495）和《地表水和污水监测技术规范（HJ/T 91）》执行。

废气手工采样方法的选择参照《固定污染源排气中颗粒物和气态污染物》（GB/T 16157）、《固定源废气监测技术规范》（HJ/T 397）执行，单次监测中，气态污染物采样，应获得小时均值浓度；颗粒物采样，至少采集三个反映监测断面颗粒物平均浓度的样品。

（3）测定方法

废气、废水污染物的测定按照相应排放标准中规定的污染物浓度测定方法标准执行，国家或地方法律法规等另有规定的，从其规定。

5. 数据记录要求

（1）监测信息记录

手工监测的记录和自动监测运维记录按照《排污单位自行监测技术指南　总则》执行。

对于无自动监测的大气污染物和水污染物指标，企业应当定期记录开展手工监测的日期、时间、污染物排放口和监测点位、监测方法、监测频次、监测方法和仪器、采样方法等，并建立台账记录报告，手工监测记录台账至少应包括表 9 内容，填报方法可参照排污许可证申请表相关注释。

表 9　手工监测报表

序号	污染源类别	监测日期	监测时间	排放口编号	监测内容	计量单位	监测结果	监测结果（折标）	手工监测采样方法及个数	手工测定方法	手工监测仪器型号
1	废气	20160606	10:00-10:15	DA001	SO_2	mg/m^3	100	110	连续采样	HJ/T57	AAA
		20160606	10:00-10:15	DA001	烟气流量	m^3/h	5000	5500	—	—	—
	废水										
				……	……				……	……	
	其他				……				……	……	

注：监测内容包括：自行监测指南中确定应当开展监测的废气、废水污染因子，及其他需要监测的污染物；对于需要同步监测的烟气参数（排气量、温度、压力、湿度、氧含量等）、废水排放量等，要同步记录。

（2）生产和污染治理设施运行状况信息记录

监测期间应详细记录企业以下生产及污染治理设施运行状况，日常生产中也应参照以下内容记录相关信息，并整理成台账保存备查。

①制浆造纸生产运行状况记录

分生产线记录每日的原辅料用量及产量：取水量（新鲜水），主要原辅料（木材、竹、芦苇、蔗渣、稻麦草等植物、废纸等）使用量，商品浆和纸板及机制纸产量等；

化学浆生产线还需要记录粗浆得率、细浆得率、碱回收率、黑液提取率等；

半化学浆、化机浆生产线还需要记录纸浆得率等。

②碱回收工艺运行状况记录

按生产周期记录石灰窑原料使用量、石灰窑产品产量、总固形物处理量、燃料消耗量、燃料含硫量等。

③污水处理运行状况记录

按日记录污水处理量、污水回用量、白水回用率、污水排放量、污泥产生量（记录含水率）、进水浓度、排水浓度、污水处理使用的药剂名称及用量。

6.监测质量保证与质量控制

按照《排污单位自行监测技术指南 总则》要求，企业应当根据自行监测方案及开展状况，梳理全过程监测质控要求，建立自行监测质量保证与质量控制体系。

污染物样品采集、保存、现场测试及实验室分析、监测质量保证与质量控制、监测数据整理及处理等应符合 GB/T 27025、HJ/T 91、HJ/T 355、HJ/T 356、HJ/T 373、HJ/T 397、HJ 494、HJ 495 等相关规定。

7.其他要求

现有造纸企业结合原辅料、生产工艺以及自行监测确定企业排放的其他污染物指标也可纳入监测指标范围，并参照前述要求确定监测频次。

新改扩建项目的自行监测要求需同时满足环境影响评价报告书（表）及其批复要求。地方有更严格环境管理要求的，从其规定。

五、环境管理台账记录与执行报告编制规范

企业开展环境管理台账记录、编制执行报告目的是自我证明企业的持证排放情况。《环境管理台账及排污许可证执行报告技术规范》及相关技术规范性文件发布后，企业环境管理台账记录要求及执行报告编制规范以规范性文件要求为准。

（一）环境管理台账记录要求

造纸企业应按照“规范、真实、全面、细致”的原则，依据本技术规范要求，在排污许可证管理信息平台申报系统进行填报；有核发权的地方环境管理部门补充制定相关技术规范中要求增加的，在本技术规范基础上进行补充；企业还可根据自行监测管理要求补充填报其他内容。企业应建立环境管理台账制度，设置专职人员进行台账的记录、整理、维护和管理，并对台账记录结果的真实性、准确性、完整性负责。

为实现台账便于携带、作为许可证执行情况佐证并长时间储存的目的以及导出原始数据，加工分析、综合判断运行情况的功能，台账应当按照电子化储存和纸质储存两种形式同步管理。台账保存三年以上备查。

排污许可证台账应按生产设施进行填报，内容主要包括基本信息、污染治理措施运行管理信息、监测记录信息、其他环境管理信息等内容，记录频次和记录内容要满足排污许可证的各项环境管理要求。其中，基本信息主要包括企业、生产设施、治理设施的名称、工艺等排污许可证规定的各项排污单位基本信息的实际情况及与污染物排放相关的主要运行参数；污染治理设施台账主要包括污染物排放自行监测数据记录要求以及污染治理设施运行管理信息。监测记录信息按照自行监测管理要求实施。

污染治理措施运行管理信息应当包括设备运行校验关键参数，能充分反映生产设施及治理设施运行管理情况。

（1）污染治理设施运行管理信息

环保设施台账应包括所有环保设施的运行参数及排放情况等，废水治理设施包括废水处理能力（吨/日）、进水水质（各因子浓度和水量等）、运行参数（包括运行工况等）、污泥运行费用（元/吨）。焚烧炉应记录入炉固体废物、性质、数量、设施运行参数等。

（2）其他相关信息

年生产时间（分正常工况和非正常工况，单位为小时）、生产负荷、燃料（柴油、重油、天然气等）消耗量、主要产品产量（吨）等。

（二）执行报告编制规范

地方环境管理部门应当整合总量控制、排污收费、环境统计等各项环境管理的数据上报要求，可以参照本技术规范，在排污许可证中根据各项环境管理要求，确定执行报告的内容与频次。造纸企业应按照许可证中规定的内容和频次定期上报。

1.报告频次

造纸企业应至少每年上报一次许可证年度执行报告，对于持证时间不足三个月的，当年可不上报年度执行报告，许可证执行情况纳入下一年年度执行报告；每月或每季度向环境保护主管部门上报化学需氧量、氨氮、二氧化硫、氮氧化物等主要污染物的实际排放量。

2.年度执行报告提纲

造纸企业应根据许可证要求时间提交执行报告，根据环境管理台账记录等归纳总结报告期内排污许可证执行情况，自行或委托第三方按照执行报告提纲编写年度执行报告，保证执行报告的规范性和真实性，并连同环保管理台账一并提交至发证机关。负责工程师发生变化时，应当在年度执行报告中及时报

告。执行报告提纲具体内容如下：

（1）基本生产信息。

基本生产信息包括排污单位名称、所属行业、许可证编号、组织机构代码、营业执照注册号、投产时间、环保设施运行时间等内容，结合环境管理台账内容，总结概述许可证报告期内企业规模、原辅料、产品、产量、设备等基本信息，并分析与许可证载明事项及上年同比变化情况；对于报告周期内有污染治理投资的，还应包括治理类型、开工年月、建成投产年月、计划总投资、报告周期内累计完成投资等信息。企业基本生产信息至少应包括“四、自行监测管理要求”中数据记录要求的各项内容。

（2）遵守法律法规情况。

说明企业在许可证执行过程中遵守法律法规情况；配合环境保护行政主管部门和其他有环境监督管理权的工作人员职务行为情况；自觉遵守环境行政命令和环境行政决定情况；公众举报、投诉情况及具体环境行政处罚等行政决定执行情况。

（3）污染防治措施运行情况。

污染物来源及处理说明。根据环境管理台账，总结各污染源污染物产生情况、治理措施及效果；说明排水去向及受纳水体、排入的污水处理厂名称等，分析与许可证载明事项变化情况。　污染防治措施运行情况至少应包括“四、自行监测管理要求”中数据记录要求的各项内容，以及废气、废水治理设施运行费用等。

污染防治设施异常情况说明。企业拆除、闲置停运污染防治设施，需说明原因、递交书面报告、收到回复及实施拆除、闲置停运的起止日期及相关情况；因故障等紧急情况停运污染防治设施，或污染防治设施运行异常的，企业应说明原因、废水废气等污染物排放情况、报告递交情况及采取的应急措施。

如有发生污染事故，企业需要说明在污染事故发生时采取的措施、污染物排放情况及对周边环境造成的影响。

（4）自行监测情况。

自动监测情况应当说明监测点位、监测指标、监测频次、监测方法和仪器、采样方法、监测质量控制、自动监测系统联网、自动监测系统的运行维护及监测结果公开情况等，并建立台账记录报告。

对于无自动监测的大气污染物和水污染物指标，企业应当按照自行监测数据记录总结说明企业开展手工监测的情况。至少应当包括表10的总结说明。

分析与排污许可证规定的自行监测方案变化情况及是否满足排污许可证要求。

（5）台账管理情况。企业应说明按总量控制、排污收费、环境保护税等各项环境管理要求统计基本信息、污染治理措施运行管理信息、其他环境管理信息等情况；说明记录、保存监测数据的情况；说明生产运行台账是否满足接受各级环境保护主管部门检查要求。

（6）实际排放情况及达标判定分析。根据企业自行监测数据记录及环境管理台账的相关数据信息，概述企业各项污染源、各项污染物的排放情况，分析全年、特殊时段、启停机时段许可浓度限值及许可排放量的达标情况。实际排放量和达标排放判定方法详见本规范第六和第七部分。实际排放量报表可参照表10填报，对于超标时段还应填报表11内容。

表10　实际排放量报表

排放口名称	排放口编码	污染物	年许可排放量（吨）	报告期实际排放量（吨）	报告期（月/季度/年）
		SO_2			
		NO_x			
		烟尘			
		……			
全厂					

表 11 污染物超标时段自动监测小时均值报表

日期	时间	排放口编码	超标污染物种类	排放浓度（折标）mg/m^3/mg/L	超标原因说明（启动、故障等）

（7）排污费（环境保护税）缴纳情况。企业说明根据相关环境法律法规，按照排放污染物的种类、浓度、数量等缴纳排污费（环境保护税）的情况。如遇有不可抗力自然灾害和其他突发事件申请减免或缓缴，企业需说明书面申请及批复情况。

（8）信息公开情况。企业说明依据排污许可证规定的环境信息公开要求，开展信息公开的情况。

（9）企业内部环境管理体系建设与运行情况。说明企业内部环境管理体系的设置、人员保障、设施配备、企业环境保护规划、相关规章制度的建设和实施情况、相关责任的落实情况等。

（10）其他排污许可证规定的内容执行情况。

（11）其他需要说明的问题。

3. 半年及月报规范

企业每月或每季度应至少向环境保护主管部门上报全年报告中的第（6）部分中的“实际排放量报表”、达标判定分析说明及第（4）部分中“治污设施异常情况汇总表”。半年报告应至少向环境保护主管部门上报全年报告中的第（1）、第（3）至第（6）部分。

六、达标排放判定方法

对于实施排污许可管理的企业，达标判定是指各项污染物是否达到许可限值的各项规定，主要包括许可排放量和许可排放浓度判定。其中各项污染物许可排放量达标，是指根据本技术规范第七部分计算的全厂实际排放总量不超过相应污染物的许可排放量。许可浓度限值判定方法具体如下。

（一）废水

造纸企业各废水排放口污染物的排放浓度达标是指任一有效日均值均满足许可排放浓度要求。各项废水污染物有效日均值采用自动监测、执法监测、企业自行开展的手工监测三种方法分类进行确定。

1. 自动监测

按照监测规范要求获取的自动监测数据计算得到有效日均浓度值与许可排放浓度限值进行对比，超过许可排放浓度限值的，即视为超标。

对于自动监测，有效日均浓度是对应于以每日为一个监测周期内获得的某个污染物的多个有效监测数据的平均值。在同时监测污水排放流量的情况下，有效日均值是以流量为权的某个污染物的有效监测数据的加权平均值；在未监测污水排放流量的情况下，有效日均值是某个污染物的有效监测数据的算术平均值。

自动监测的有效日均浓度应根据《水污染源在线监测系统数据有效性判别技术规范（试行）》（HJ/T 356）、《水污染源在线监测系统运行与考核技术规范（试行）》（HJ/T 355）等相关文件确定。技术规范修订后，按其最新修订版执行，下同。

2. 执法监测

按照监测规范要求获取的执法监测数据超标的，即视为超标。根据《地表水和污水监测技术规范》（HJ/T 91）确定监测要求。

若同一时段的现场监测数据与在线监测数据不一致，现场监测数据符合法定的监测标准和监测方法的，以该现场监测数据作为优先证据使用。

3. 手工自行监测

按照自行监测方案、监测规范要求开展的手工监测，当日各次监测数据平均值（或当日混合样监测数据）超标的，即视为超标。超标判定原则同执法监测。

（二）废气

1. 一般情况

造纸企业各废气排放口污染物的排放浓度达标是指“任一小时浓度均值均满足许可排放浓度要求”。各项废气污染物小时浓度均值根据自动监测数据和手工监测数据确定。

自动监测小时均值是指“整点 1 小时内不少于 45 分钟的有效数据的算术平均值”。按照《固定污染源排气中颗粒物测定与气态污染物采样方法》（GB/T 16157）和《固定源废气监测技术规范》（HJ/T 397）中的相关规定，手工监测小时均值是指“1 小时内等时间间隔采样 3～4 个样品监测结果的算数平均值”。

对于造纸企业的污染因子，按照剔除异常值的自动监测数据、执法监测数据及企业自行开展的手工监测数据作为达标判定依据。若同一时段的手工监测数据与自动监测数据不一致，手工监测数据符合法定的监测标准和监测方法的，以手工监测数据作为优先达标判定依据。由于自动监控系统故障等原因导致自动监测数据缺失的，连续缺失时段在 24 小时以内的应当参照《固定污染源烟气排放连续监测技术规范》（HJ/T 75）进行补遗，超过 24 小时的，超过时段按照缺失前 720 有效小时均值中最大小时均值进行补遗。

对于未要求采用自动监测的排放口或污染物，应以手工监测为准，同一时段有执法监测的，以执法监测为准。

2. 特殊情况

启动和停机时段内的排放数据可不作为废气达标判定依据，其中碱回收炉冷启动不超过 8 小时，不冲洗炉膛直接启动不超过 5 小时，停炉时间不超过 4 小时；石灰窑炉冷启动不超过 24 小时、热启动不超过 6 小时；焚烧炉冷启动时间不超过 4 小时，热启动时间不超过 2 小时，停炉时间不超过 1 小时，每年启动、停炉（含故障）时间累积不超过 60 小时；燃煤蒸汽锅炉如采用干（半干）法脱硫、脱硝措施，冷启动不超过 1 小时、热启动不超过 0.5 小时，不作为二氧化硫和氮氧化物达标判定的时段。

若多台设施采用混合方式排放烟气，且其中一台处于启停时段，企业可自行提供烟气混合前各台设施有效监测数据的，按照企业提供数据进行达标判定。

七、实际排放量核算方法

造纸企业污染物排放总量达标是指有许可排放量要求的主要排放口的主要污染物实际排放量之和满足主要排放口年许可排放量要求。对于特殊时期短时间内有许可排放量要求的企业，主要排放口实际排放量之和不得超过特殊时期许可排放量。

对于主要排放口之外的实际排放量算法，按照优先原则，由企业自行申报，地方另有规定的从其规定。

造纸企业污染物实际排放量为正常和非正常排放量之和，主要污染物实际排放量核算方法包括实测法、物料衡算法、产排污系数法等。

应当采用自动监测的排放口和污染因子，根据符合监测规范的有效自动监测数据采用实测法核算实际排放量。同时根据执法监测、企业自行开展的手工监测数据进行校核，若同一时段的手工监测数据与自动监测数据不一致，手工监测数据符合法定的监测标准和监测方法的，以手工监测数据为准。

应当采用自动监测而未采用的排放口或污染因子，采用物料衡算法或产排污系数法按照直排核算实际排放量。

未要求采用自动监测的排放口或污染因子，按照优先顺序依次选取自动监测数据、手工和执法监测数据、产排污系数法进行核算。在采用手工和执法监测数据进行核算时，还应以产排污系数进行校核；若同一时段的手工监测数据与执法监测数据不一致，以执法监测数据为准。监测数据应符合国家有关环境监测、计量认证规定和技术规范。

（一）废水核算方法

1. 实测法

实测法适用于有连续在线监测数据或手工采样监测数据的企业。

①采用连续在线监测数据核算

污染源自动监测符合 HJ/T 353 要求并获得有效连续在线监测数据的，可以采用在线监测数据核算污染物排放量。在连续在线监测数据由于某种原因出现中断或其他情况，可根据 HJ/T 356 等予以补遗修约，仍无法核算出全年排放量时，可结合手工监测数据共同核算。

②采用手工监测数据核算

未安装在线监测系统或无有效在线监测数据时，可采用手工监测数据进行核算。手工监测数据包括核算时间内的所有执法监测数据和企业自行或委托第三方的有效手工监测数据，企业自行或委托的手工监测频次、监测期间生产工况、数据有效性等须符合相关规范、环评文件等要求。

2. 产排污系数法

根据产污系数与产品产量核算污染物产生量，再根据产生量与污染治理措施去除效果核算污染物排放量，产污系数可以参考《产排污系数手册》。

3. 非正常情况污染物排放量核算

废水处理设施非正常情况下的排水，如无法满足排放标准要求时，不应直接排入外环境，待废水处理设施恢复正常运行后方可排放。如因特殊原因造成污染治理设施未正常运行超标排放污染物的或偷排偷放污染物的，按产污系数与未正常运行时段（或偷排偷放时段）的累计排水量核算实际排放量。

（二）废气核算方法

1. 实测法

实测法是通过实际废气排放量及其所对应污染物排放浓度核算污染物排放量，适用于有连续在线监测数据或手工采样监测数据的现有污染源。

①采用连续在线监测数据核算

污染源自动监测符合 HJ/T 75 要求并获得有效连续在线监测数据的，可以采用在线监测数据核算污染物排放量。

②用手工采样监测数据核算

连续在线监测数据由于某种原因出现中断或其他情况无有效在线监测数据的，或未安装在线监测系统的，可采用手工监测数据进行核算。手工监测数据频次、监测期间生产工况、有效性等须符合相关规范、环评文件等要求。

2. 产排污系数法

碱回收炉未安装脱硝措施时，废气中氮氧化物实际排放量为产生量，产污系数可参考表 12；安装脱硝措施时，氮氧化物实际排放量应当在产污系数基础上考虑处理效率。

表 12 碱回收炉废气中氮氧化物产污系数表

产品名称	燃料名称	工艺名称	规模等级	产污系数（千克/吨浆）
化学木（竹）浆	固形物	碱回收炉	＜50 万吨浆/年	1.2～3.0
			≥50 万吨浆/年	0.8～2.7
化学非木浆	固形物	碱回收炉	所有规模	1.0～3.0
化学机械浆	固形物	碱回收炉	所有规模	0.1～0.36

3. 非正常排放量

碱回收炉启动等非正常期间污染物排放量可采用实测法或产排污系数法核定。

附件 3

排污许可证申领信息公开情况说明表
（试行）

<table>
<tr><td colspan="4">企业基本信息</td></tr>
<tr><td>单位名称</td><td></td><td>通讯地址</td><td></td></tr>
<tr><td>生产区所在地</td><td>省　　市　　县</td><td>联系人</td><td></td></tr>
<tr><td>联系电话</td><td></td><td>传真</td><td></td></tr>
<tr><td colspan="4">信息公开情况说明</td></tr>
<tr><td>信息公开起止时间</td><td colspan="3"></td></tr>
<tr><td>信息公开方式</td><td colspan="3">（国家排污许可证管理信息平台、电视、广播、报刊、公共网站、行政服务大厅或服务窗口等）</td></tr>
<tr><td>信息公开内容</td><td colspan="3">是否公开下列信息
□排污单位基本信息
□拟申请的许可事项
□产排污环节
□污染防治设施
□其他信息________________

未公开内容的原因说明：</td></tr>
</table>

单位名称：　　（盖章）

法定代表人（实际负责人）：　　　　（签字）

日期：　　年　月　日

附件 4

固定污染源（水、大气）编码规则
（试行）

一、适用范围

本规范规定了固定污染源排污许可管理的排污许可证、生产设施、治理设施、排放口的编码规则。

本规范适用于与排污许可有关的固定污染源管理的信息处理与信息交换。其他固定污染源管理也可参照使用。

二、赋予代码的对象

本规范赋予代码的对象包括：排污许可制下固定污染源及其定义范畴的生产设施、污染治理设施、排放口等。

三、编码原则

（一）唯一性

保证赋码对象的唯一性，一个代码唯一标识一个赋码对象。

（二）稳定性

统一代码一经赋予，在其主体存续期间，主体信息即使发生任何变化，统一代码均保持不变。

（三）兼容性

与现有国家相关编码标准、现行各业务数据库中使用的编码规则等相衔接，体现环境管理工作的标准性、科学性和延续性。

四、排污许可编码

根据排污许可编码原则，建立排污许可编码体系框架，如图1所示。

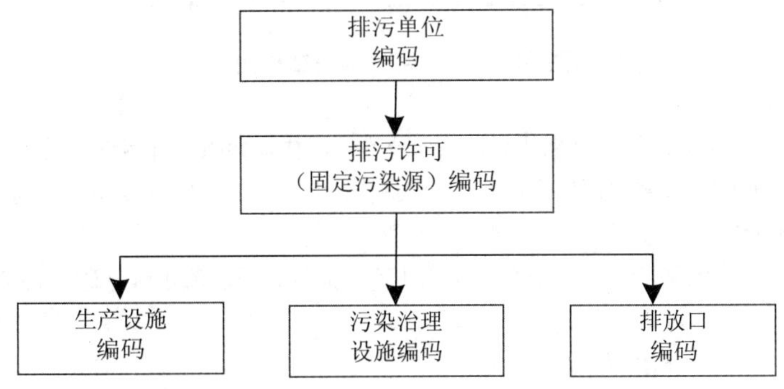

图1 排污许可编码体系框架图

固定污染源排污许可编码体系由固定污染源编码、生产设施编码、污染治理设施编码、排放口编码共同组成。固定污染源编码与生产设施编码一起构成该生产设施全国唯一编码，固定污染源与污染治理设施编码一起构成该治理设施的全国唯一编码，固定污染源与排放口编码一起构成该排污口的全国唯一编码。

（一）固定污染源编码

固定污染源编码分为主码和副码。

固定污染源主码，也称为排污许可证代码，主要起到唯一标识该排污许可证唯一责任单位的作用。排污许可证代码由三部分组成，如图2所示。

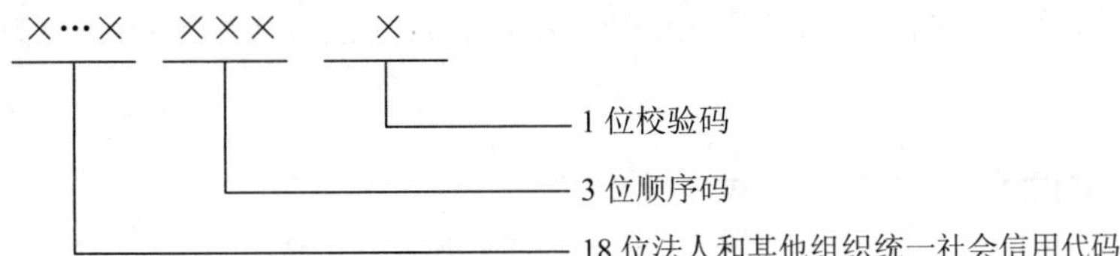

图2 排污许可证代码结构图

第一部分（第1～18位）：排污单位统一社会信用代码，参照《法人和其他组织统一社会信用代码编码规则》（GB 32100）。若排污单位既无统一社会信用代码也无组织机构代码，使用“H9”、许可证核发机关行政区划码（6位阿拉伯数字）、“0000”、同一许可证核发机关行政区划码内统一的顺序码（5位阿拉伯数字）以及1位英文字母码（a～z，除o与i之外的24个小写英文字母）共18位表示。若排污单位无统一社会信用代码但有组织机构代码，使用“H9”、许可证核发机关行政区划码（6 位阿拉伯数字）、9 位组织机构代码以及 1 位英文字母码（a～z，除 o 与 i 之外的 24 个小写英文字母）共 18 位表示。其中，许可证核发机关行政区划码参照《中华人民共和国行政区划代码》（GB/T 2260）。

第二部分（第 19～21 位）：同一个统一社会信用代码单位的不同固定污染源的顺序号，使用 3 位阿拉伯数字表示，满足赋码唯一性。

第三部分（第 22 位）：校验码，使用 1 位阿拉伯数字或字母表示。

固定污染源副码，也称为排污许可证副码，主要用于区分同一个排污许可证代码下污染源所属行业，当一个固定污染源包含两个及以上行业类别时，副码也对应为多个。排污许可证副码用 4 位行业类别代码标识，结构图如图 3 所示。

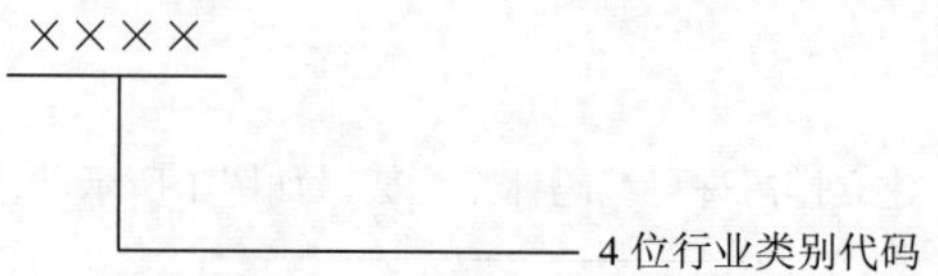

图 3　排污许可证副码结构图

第一部分（第 1～4 位）：行业类别代码，由 4 位数字组成，参照《排污许可分类管理名录》中行业类别代码，名录中没有的，参照《国民经济行业分类》（GB/T 4754）中行业类别代码。

（二）生产设施编码

生产设施代码组成如图 4 所示，代码总体上由生产设施标识码和流水顺序码 2 部分共 6 位字母和数字混合组成。

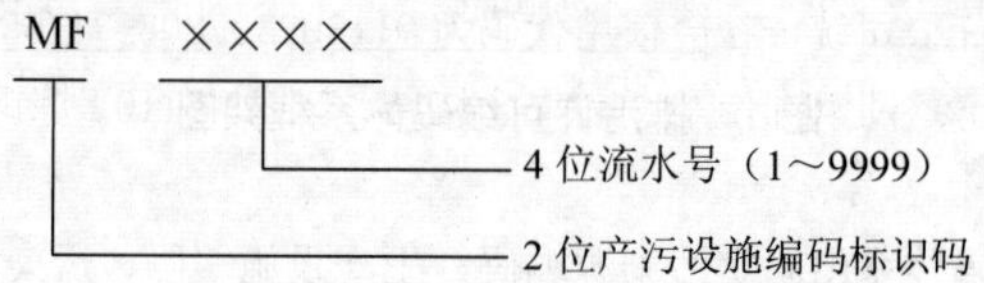

图 4　生产设备/设施代码结构图

第一部分（第 1～2 位）：生产设备/设施的编码标识，使用 2 位字母 MF（英文 manufacture facility 的首位字母）表示。

第二部分（第 3～6 位）：全单位统一的生产设备/设施流水顺序码，使用 4 位阿拉伯数字。

使用时固定污染源代码与生产设施代码一起构成该生产设施的全国唯一代码。

（三）治理设施编码

治理设施代码组成如图 5 所示，代码由标识码、环境要素标识符和流水顺序码 3 个部分共 5 位字母和数字混合组成。

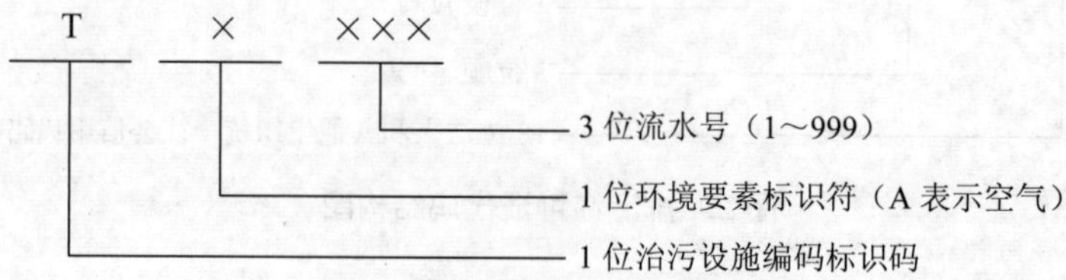

图 5　治理设施代码结构图

第一部分（第 1 位）：治理设施的编码标识，使用 1 位字母 T（英文 treatment 治污的首位字母）。

第二部分（第 2 位）：环境要素标识符，使用 1 位英文字母（英文 Air 首位字母 A 表示空气，英文

Water 首位字母 W 表示水，英文 Noise 首位字母 N 表示噪声，英文 SolidWaste 首位字母 S 表示固体废物）表示。

第三部分（第 3～5 位）：全单位统一的治理设施流水顺序码，使用 3 位阿拉伯数字。

使用时固定污染源代码与治理设施代码一起构成该治理设施全国唯一代码。

（四）排放口编码

排放口代码组成如图 6 所示，代码由标识码、排放口类别代码和流水顺序码 3 个部分共 5 位字母和数字混合组成。

第一部分（第 1 位）：排污口的编码标识，使用 1 位英文字母 D（Discharge outlet 排污）表示。

第二部分（第 2 位）：环境要素标识符，使用 1 位英文字母（A 表示空气，W 表示水）表示。

第三部分（第 3～5 位）：全单位统一的排污口流水顺序码，使用 3 位阿拉伯数字。

使用时固定污染源代码与排放口代码一起构成该排放口全国唯一代码。

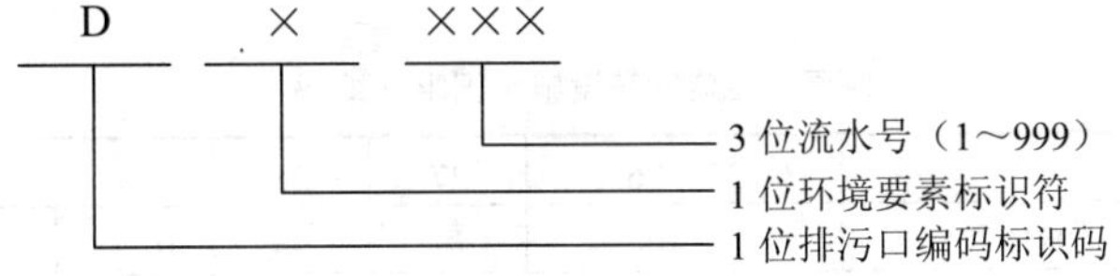

图 6 排污口代码结构图

附录 A （资料性附录）排污许可代码示例

假设某钢铁联合有限责任公司统一社会信用代码为 911302307808371268，根据《国民经济行业分类》、《排污许可分类管理名录》，该企业可能包含炼铁（含烧结、球团）3110、炼钢 3120、自备火力发电 4411、炼焦 2520，则其排污许可证代码为 91130230780 8371268001P，排污许可证副码为多个，分别为 3110、3120、4411、2520，如附图 1、附图 2 所示。

附图 1 排污许可证代码：911302307808371268001P

1～18	19	20	21	22
911302307808371268	0	0	1	P
排位单位统一社会信用代码	排污单位统一的顺序码			校验码

附图 2 排污许可证副码分别为：3110、3120、4411、2520

1	2	3	4
3	1	1	0
行业类别代码			
炼铁（含烧结、球团）			

1	2	3	4
3	1	2	0
行业类别代码			
炼钢			

1	2	3	4
4	4	1	1
行业类别代码			
火力发电			

1	2	3	4
2	5	2	0
行业类别代码			
炼焦			

附录 B （资料性附录） 排污许可其他代码示例

某钢铁联合有限责任公司炼铁行业某生产设施代码为 MF0001，如附图 3 所示；该设施全国唯一代码为 91130230780837126800 1P3110MF0001，如附图 4 所示。

附图 3 某生产设施编码

1	2	3	4	5	6
M	F	0	0	0	1
生产设施标识码		全单位统一的生产设施流水顺号			
生产设施标识码		第 1 号生产设施			

附图 4 某生产设施全国唯一编码

1～22	23～26	27	28	29	30	31	32
911302307808371268001P	3110	M	F	0	0	0	1
排污许可证代码	排污许可证副码	生产设施标识码		全单位统一的生产设施流水顺号			
某钢铁联合有限责任公司	炼铁行业	生产设施标		第 1 号生产设施			

某钢铁联合有限责任公司炼铁行业某废气治理设施代码为 TA0001，如附图 5 所示；该设施全国唯一代码为 911302307808371268001P3110TA0001，如附图 6 所示。

附图 5 某废气治理设施代码：TA0001

1	2	3	4	5
T	A	0	0	1
治理设施标识码	环境要素编码	按环境要素分的治理设施流水顺号		
治理设施标识码	空气	第 1 号空气治理设施		

附图 6 某污染治理设施全国唯一代码

1～22	23～26	27	28	29	30	31
911302307808371268001P	3110	T	A	0	0	1
排污许可证代码	排污许可证副码	治理设施标识码	环境要素编码	按环境要素分的治理设施流水顺号		
某钢铁联合有限责任公司	炼铁行业	治理设施标识码	空气	第 1 号空气治理设施		

某钢铁联合有限责任公司炼铁行业某废水排放口代码为 DW001，如附图 7 所示；该排放口全国唯一代码为 911302307808371268001P3110DW001，如附图 8 所示。

附图 7 某废水排放口代码：DW001

1	2	3	4	5
D	W	0	0	1
排污口标识码	环境要素编码	按环境要素分的排污口流水号		
排污口标识码	废水	第 1 号废水排位口		

附图 8　该废水排放口全国唯一代码

1～22	23～26	27	28	29	30	31
911302307808371268001P	3110	D	W	0	0	1
排污许可证代码	排污许可证副码	排放口标识码	环境要素编码	按环境要素分的排污口流水号		
某钢铁联合有限责任公司	炼铁行业	排放口标识码	废水	第 1 号废水排位口		

排污许可管理办法（试行）

（环境保护部令　第 48 号）

《排污许可管理办法（试行）》已于 2017 年 11 月 6 日由环境保护部部务会议审议通过，现予公布，自公布之日起施行。

环境保护部部长 李干杰

2018 年 1 月 10 日

附件

排污许可管理办法（试 行）

第一章　总　则

第一条　为规范排污许可管理，根据《中华人民共和国环境保护法》《中华人民共和国水污染防治法》《中华人民共和国大气污染防治法》以及国务院办公厅印发的《控制污染物排放许可制实施方案》，制定本办法。

第二条　排污许可证的申请、核发、执行以及与排污许可相关的监管和处罚等行为，适用本办法。

第三条　环境保护部依法制定并公布固定污染源排污许可分类管理名录，明确纳入排污许可管理的范围和申领时限。

纳入固定污染源排污许可分类管理名录的企业事业单位和其他生产经营者（以下简称排污单位）应当按照规定的时限申请并取得排污许可证；未纳入固定污染源排污许可分类管理名录的排污单位，暂不需申请排污许可证。

第四条　排污单位应当依法持有排污许可证，并按照排污许可证的规定排放污染物。

应当取得排污许可证而未取得的，不得排放污染物。

第五条　对污染物产生量大、排放量大或者环境危害程度高的排污单位实行排污许可重点管理，对其他排污单位实行排污许可简化管理。

实行排污许可重点管理或者简化管理的排污单位的具体范围，依照固定污染源排污许可分类管理名录规定执行。实行重点管理和简化管理的内容及要求，依照本办法第十一条规定的排污许可相关技术规范、指南等执行。

设区的市级以上地方环境保护主管部门，应当将实行排污许可重点管理的排污单位确定为重点排污单位。

第六条 环境保护部负责指导全国排污许可制度实施和监督。各省级环境保护主管部门负责本行政区域排污许可制度的组织实施和监督。

排污单位生产经营场所所在地设区的市级环境保护主管部门负责排污许可证核发。地方性法规对核发权限另有规定的，从其规定。

第七条 同一法人单位或者其他组织所属、位于不同生产经营场所的排污单位，应当以其所属的法人单位或者其他组织的名义，分别向生产经营场所所在地有核发权的环境保护主管部门（以下简称核发环保部门）申请排污许可证。

生产经营场所和排放口分别位于不同行政区域时，生产经营场所所在地核发环保部门负责核发排污许可证，并应当在核发前，征求其排放口所在地同级环境保护主管部门意见。

第八条 依据相关法律规定，环境保护主管部门对排污单位排放水污染物、大气污染物等各类污染物的排放行为实行综合许可管理。

2015 年 1 月 1 日及以后取得建设项目环境影响评价审批意见的排污单位，环境影响评价文件及审批意见中与污染物排放相关的主要内容应当纳入排污许可证。

第九条 环境保护部对实施排污许可管理的排污单位及其生产设施、污染防治设施和排放口实行统一编码管理。

第十条 环境保护部负责建设、运行、维护、管理全国排污许可证管理信息平台。

排污许可证的申请、受理、审核、发放、变更、延续、注销、撤销、遗失补办应当在全国排污许可证管理信息平台上进行。排污单位自行监测、执行报告及环境保护主管部门监管执法信息应当在全国排污许可证管理信息平台上记载，并按照本办法规定在全国排污许可证管理信息平台上公开。

全国排污许可证管理信息平台中记录的排污许可证相关电子信息与排污许可证正本、副本依法具有同等效力。

第十一条 环境保护部制定排污许可证申请与核发技术规范、环境管理台账及排污许可证执行报告技术规范、排污单位自行监测技术指南、污染防治可行技术指南以及其他排污许可政策、标准和规范。

第二章 排污许可证内容

第十二条 排污许可证由正本和副本构成，正本载明基本信息，副本包括基本信息、登记事项、许可事项、承诺书等内容。

设区的市级以上地方环境保护主管部门可以根据环境保护地方性法规，增加需要在排污许可证中载明的内容。

第十三条 以下基本信息应当同时在排污许可证正本和副本中载明：

（一）排污单位名称、注册地址、法定代表人或者主要负责人、技术负责人、生产经营场所地址、行业类别、统一社会信用代码等排污单位基本信息；

（二）排污许可证有效期限、发证机关、发证日期、证书编号和二维码等基本信息。

第十四条 以下登记事项由排污单位申报，并在排污许可证副本中记录：

（一）主要生产设施、主要产品及产能、主要原辅材料等；

（二）产排污环节、污染防治设施等；

（三）环境影响评价审批意见、依法分解落实到本单位的重点污染物排放总量控制指标、排污权有偿使用和交易记录等。

第十五条 下列许可事项由排污单位申请，经核发环保部门审核后，在排污许可证副本中进行规定：

（一）排放口位置和数量、污染物排放方式和排放去向等，大气污染物无组织排放源的位置和数量；

（二）排放口和无组织排放源排放污染物的种类、许可排放浓度、许可排放量；

（三）取得排污许可证后应当遵守的环境管理要求；

（四）法律法规规定的其他许可事项。

第十六条　核发环保部门应当根据国家和地方污染物排放标准，确定排污单位排放口或者无组织排放源相应污染物的许可排放浓度。

排污单位承诺执行更加严格的排放浓度的，应当在排污许可证副本中规定。

第十七条　核发环保部门按照排污许可证申请与核发技术规范规定的行业重点污染物允许排放量核算方法，以及环境质量改善的要求，确定排污单位的许可排放量。

对于本办法实施前已有依法分解落实到本单位的重点污染物排放总量控制指标的排污单位，核发环保部门应当按照行业重点污染物允许排放量核算方法、环境质量改善要求和重点污染物排放总量控制指标，从严确定许可排放量。

2015 年 1 月 1 日及以后取得环境影响评价审批意见的排污单位，环境影响评价文件和审批意见确定的排放量严于按照本条第一款、第二款确定的许可排放量的，核发环保部门应当根据环境影响评价文件和审批意见要求确定排污单位的许可排放量。

地方人民政府依法制定的环境质量限期达标规划、重污染天气应对措施要求排污单位执行更加严格的重点污染物排放总量控制指标的，应当在排污许可证副本中规定。

本办法实施后，环境保护主管部门应当按照排污许可证规定的许可排放量，确定排污单位的重点污染物排放总量控制指标。

第十八条　下列环境管理要求由核发环保部门根据排污单位的申请材料、相关技术规范和监管需要，在排污许可证副本中进行规定：

（一）污染防治设施运行和维护、无组织排放控制等要求；

（二）自行监测要求、台账记录要求、执行报告内容和频次等要求；

（三）排污单位信息公开要求；

（四）法律法规规定的其他事项。

第十九条　排污单位在申请排污许可证时，应当按照自行监测技术指南，编制自行监测方案。

自行监测方案应当包括以下内容：

（一）监测点位及示意图、监测指标、监测频次；

（二）使用的监测分析方法、采样方法；

（三）监测质量保证与质量控制要求；

（四）监测数据记录、整理、存档要求等。

第二十条　排污单位在填报排污许可证申请时，应当承诺排污许可证申请材料是完整、真实和合法的；承诺按照排污许可证的规定排放污染物，落实排污许可证规定的环境管理要求，并由法定代表人或者主要负责人签字或者盖章。

第二十一条　排污许可证自作出许可决定之日起生效。首次发放的排污许可证有效期为三年，延续换发的排污许可证有效期为五年。

对列入国务院经济综合宏观调控部门会同国务院有关部门发布的产业政策目录中计划淘汰的落后工艺装备或者落后产品，排污许可证有效期不得超过计划淘汰期限。

第二十二条　环境保护主管部门核发排污许可证，以及监督检查排污许可证实施情况时，不得收取任何费用。

第三章　申请与核发

第二十三条　省级环境保护主管部门应当根据本办法第六条和固定污染源排污许可分类管理名录，确定本行政区域内负责受理排污许可证申请的核发环保部门、申请程序等相关事项，并向社会公告。

依据环境质量改善要求，部分地区决定提前对部分行业实施排污许可管理的，该地区省级环境保护主管部门应当报环境保护部备案后实施，并向社会公告。

第二十四条　在固定污染源排污许可分类管理名录规定的时限前已经建成并实际排污的排污单位，

应当在名录规定时限申请排污许可证；在名录规定的时限后建成的排污单位，应当在启动生产设施或者在实际排污之前申请排污许可证。

第二十五条 实行重点管理的排污单位在提交排污许可申请材料前，应当将承诺书、基本信息以及拟申请的许可事项向社会公开。公开途径应当选择包括全国排污许可证管理信息平台等便于公众知晓的方式，公开时间不得少于五个工作日。

第二十六条 排污单位应当在全国排污许可证管理信息平台上填报并提交排污许可证申请，同时向核发环保部门提交通过全国排污许可证管理信息平台印制的书面申请材料。

申请材料应当包括：

（一）排污许可证申请表，主要内容包括：排污单位基本信息，主要生产设施、主要产品及产能、主要原辅材料，废气、废水等产排污环节和污染防治设施，申请的排放口位置和数量、排放方式、排放去向，按照排放口和生产设施或者车间申请的排放污染物种类、排放浓度和排放量，执行的排放标准；

（二）自行监测方案；

（三）由排污单位法定代表人或者主要负责人签字或者盖章的承诺书；

（四）排污单位有关排污口规范化的情况说明；

（五）建设项目环境影响评价文件审批文号，或者按照有关国家规定经地方人民政府依法处理、整顿规范并符合要求的相关证明材料；

（六）排污许可证申请前信息公开情况说明表；

（七）污水集中处理设施的经营管理单位还应当提供纳污范围、纳污排污单位名单、管网布置、最终排放去向等材料；

（八）本办法实施后的新建、改建、扩建项目排污单位存在通过污染物排放等量或者减量替代削减获得重点污染物排放总量控制指标情况的，且出让重点污染物排放总量控制指标的排污单位已经取得排污许可证的，应当提供出让重点污染物排放总量控制指标的排污单位的排污许可证完成变更的相关材料；

（九）法律法规规章规定的其他材料。

主要生产设施、主要产品产能等登记事项中涉及商业秘密的，排污单位应当进行标注。

第二十七条 核发环保部门收到排污单位提交的申请材料后，对材料的完整性、规范性进行审查，按照下列情形分别作出处理：

（一）依照本办法不需要取得排污许可证的，应当当场或者在五个工作日内告知排污单位不需要办理；

（二）不属于本行政机关职权范围的，应当当场或者在五个工作日内作出不予受理的决定，并告知排污单位向有核发权限的部门申请；

（三）申请材料不齐全或者不符合规定的，应当当场或者在五个工作日内出具告知单，告知排污单位需要补正的全部材料，可以当场更正的，应当允许排污单位当场更正；

（四）属于本行政机关职权范围，申请材料齐全、符合规定，或者排污单位按照要求提交全部补正申请材料的，应当受理。

核发环保部门应当在全国排污许可证管理信息平台上作出受理或者不予受理排污许可证申请的决定，同时向排污单位出具加盖本行政机关专用印章和注明日期的受理单或者不予受理告知单。

核发环保部门应当告知排污单位需要补正的材料，但逾期不告知的，自收到书面申请材料之日起即视为受理。

第二十八条 对存在下列情形之一的，核发环保部门不予核发排污许可证：

（一）位于法律法规规定禁止建设区域内的；

（二）属于国务院经济综合宏观调控部门会同国务院有关部门发布的产业政策目录中明令淘汰或者立即淘汰的落后生产工艺装备、落后产品的；

（三）法律法规规定不予许可的其他情形。

第二十九条 核发环保部门应当对排污单位的申请材料进行审核，对满足下列条件的排污单位核发排污许可证：

（一）依法取得建设项目环境影响评价文件审批意见，或者按照有关规定经地方人民政府依法处理、整顿规范并符合要求的相关证明材料；

（二）采用的污染防治设施或者措施有能力达到许可排放浓度要求；

（三）排放浓度符合本办法第十六条规定，排放量符合本办法第十七条规定；

（四）自行监测方案符合相关技术规范；

（五）本办法实施后的新建、改建、扩建项目排污单位存在通过污染物排放等量或者减量替代削减获得重点污染物排放总量控制指标情况的，出让重点污染物排放总量控制指标的排污单位已完成排污许可证变更。

第三十条　对采用相应污染防治可行技术的，或者新建、改建、扩建建设项目排污单位采用环境影响评价审批意见要求的污染治理技术的，核发环保部门可以认为排污单位采用的污染防治设施或者措施有能力达到许可排放浓度要求。

不符合前款情形的，排污单位可以通过提供监测数据予以证明。监测数据应当通过使用符合国家有关环境监测、计量认证规定和技术规范的监测设备取得；对于国内首次采用的污染治理技术，应当提供工程试验数据予以证明。

环境保护部依据全国排污许可证执行情况，适时修订污染防治可行技术指南。

第三十一条　核发环保部门应当自受理申请之日起二十个工作日内作出是否准予许可的决定。自作出准予许可决定之日起十个工作日内，核发环保部门向排污单位发放加盖本行政机关印章的排污许可证。

核发环保部门在二十个工作日内不能作出决定的，经本部门负责人批准，可以延长十个工作日，并将延长期限的理由告知排污单位。

依法需要听证、检验、检测和专家评审的，所需时间不计算在本条所规定的期限内。核发环保部门应当将所需时间书面告知排污单位。

第三十二条　核发环保部门作出准予许可决定的，须向全国排污许可证管理信息平台提交审核结果，获取全国统一的排污许可证编码。

核发环保部门作出准予许可决定的，应当将排污许可证正本以及副本中基本信息、许可事项及承诺书在全国排污许可证管理信息平台上公告。

核发环保部门作出不予许可决定的，应当制作不予许可决定书，书面告知排污单位不予许可的理由，以及依法申请行政复议或者提起行政诉讼的权利，并在全国排污许可证管理信息平台上公告。

第四章　实施与监管

第三十三条　禁止涂改排污许可证。禁止以出租、出借、买卖或者其他方式非法转让排污许可证。排污单位应当在生产经营场所内方便公众监督的位置悬挂排污许可证正本。

第三十四条　排污单位应当按照排污许可证规定，安装或者使用符合国家有关环境监测、计量认证规定的监测设备，按照规定维护监测设施，开展自行监测，保存原始监测记录。

实施排污许可重点管理的排污单位，应当按照排污许可证规定安装自动监测设备，并与环境保护主管部门的监控设备联网。

对未采用污染防治可行技术的，应当加强自行监测，评估污染防治技术达标可行性。

第三十五条　排污单位应当按照排污许可证中关于台账记录的要求，根据生产特点和污染物排放特点，按照排污口或者无组织排放源进行记录。记录主要包括以下内容：

（一）与污染物排放相关的主要生产设施运行情况；发生异常情况的，应当记录原因和采取的措施；

（二）污染防治设施运行情况及管理信息；发生异常情况的，应当记录原因和采取的措施；

（三）污染物实际排放浓度和排放量；发生超标排放情况的，应当记录超标原因和采取的措施；

（四）其他按照相关技术规范应当记录的信息。

台账记录保存期限不少于三年。

第三十六条 污染物实际排放量按照排污许可证规定的废气、污水的排污口、生产设施或者车间分别计算，依照下列方法和顺序计算：

（一）依法安装使用了符合国家规定和监测规范的污染物自动监测设备的，按照污染物自动监测数据计算；

（二）依法不需安装污染物自动监测设备的，按照符合国家规定和监测规范的污染物手工监测数据计算；

（三）不能按照本条第一项、第二项规定的方法计算的，包括依法应当安装而未安装污染物自动监测设备或者自动监测设备不符合规定的，按照环境保护部规定的产排污系数、物料衡算方法计算。

第三十七条 排污单位应当按照排污许可证规定的关于执行报告内容和频次的要求，编制排污许可证执行报告。

排污许可证执行报告包括年度执行报告、季度执行报告和月执行报告。

排污单位应当每年在全国排污许可证管理信息平台上填报、提交排污许可证年度执行报告并公开，同时向核发环保部门提交通过全国排污许可证管理信息平台印制的书面执行报告。书面执行报告应当由法定代表人或者主要负责人签字或者盖章。

季度执行报告和月执行报告至少应当包括以下内容：

（一）根据自行监测结果说明污染物实际排放浓度和排放量及达标判定分析；

（二）排污单位超标排放或者污染防治设施异常情况的说明。

年度执行报告可以替代当季度或者当月的执行报告，并增加以下内容：

（一）排污单位基本生产信息；

（二）污染防治设施运行情况；

（三）自行监测执行情况；

（四）环境管理台账记录执行情况；

（五）信息公开情况；

（六）排污单位内部环境管理体系建设与运行情况；

（七）其他排污许可证规定的内容执行情况等。

建设项目竣工环境保护验收报告中与污染物排放相关的主要内容，应当由排污单位记载在该项目验收完成当年排污许可证年度执行报告中。

排污单位发生污染事故排放时，应当依照相关法律法规规章的规定及时报告。

第三十八条 排污单位应当对提交的台账记录、监测数据和执行报告的真实性、完整性负责，依法接受环境保护主管部门的监督检查。

第三十九条 环境保护主管部门应当制定执法计划，结合排污单位环境信用记录，确定执法监管重点和检查频次。

环境保护主管部门对排污单位进行监督检查时，应当重点检查排污许可证规定的许可事项的实施情况。通过执法监测、核查台账记录和自动监测数据以及其他监控手段，核实排污数据和执行报告的真实性，判定是否符合许可排放浓度和许可排放量，检查环境管理要求落实情况。

环境保护主管部门应当将现场检查的时间、内容、结果以及处罚决定记入全国排污许可证管理信息平台，依法在全国排污许可证管理信息平台上公布监管执法信息、无排污许可证和违反排污许可证规定排污的排污单位名单。

第四十条 环境保护主管部门可以通过政府购买服务的方式，组织或者委托技术机构提供排污许可管理的技术支持。

技术机构应当对其提交的技术报告负责，不得收取排污单位任何费用。

第四十一条 上级环境保护主管部门可以对具有核发权限的下级环境保护主管部门的排污许可证核

发情况进行监督检查和指导，发现属于本办法第四十九条规定违法情形的，上级环境保护主管部门可以依法撤销。

第四十二条　鼓励社会公众、新闻媒体等对排污单位的排污行为进行监督。排污单位应当及时公开有关排污信息，自觉接受公众监督。

公民、法人和其他组织发现排污单位有违反本办法行为的，有权向环境保护主管部门举报。

接受举报的环境保护主管部门应当依法处理，并按照有关规定对调查结果予以反馈，同时为举报人保密。

第五章　变更、延续、撤销

第四十三条　在排污许可证有效期内，下列与排污单位有关的事项发生变化的，排污单位应当在规定时间内向核发环保部门提出变更排污许可证的申请：

（一）排污单位名称、地址、法定代表人或者主要负责人等正本中载明的基本信息发生变更之日起三十个工作日内；

（二）因排污单位原因许可事项发生变更之日前三十个工作日内；

（三）排污单位在原场址内实施新建、改建、扩建项目应当开展环境影响评价的，在取得环境影响评价审批意见后，排污行为发生变更之日前三十个工作日内；

（四）新制修订的国家和地方污染物排放标准实施前三十个工作日内；

（五）依法分解落实的重点污染物排放总量控制指标发生变化后三十个工作日内；

（六）地方人民政府依法制定的限期达标规划实施前三十个工作日内；

（七）地方人民政府依法制定的重污染天气应急预案实施后三十个工作日内；

（八）法律法规规定需要进行变更的其他情形。

发生本条第一款第三项规定情形，且通过污染物排放等量或者减量替代削减获得重点污染物排放总量控制指标的，在排污单位提交变更排污许可申请前，出让重点污染物排放总量控制指标的排污单位应当完成排污许可证变更。

第四十四条　申请变更排污许可证的，应当提交下列申请材料：

（一）变更排污许可证申请；

（二）由排污单位法定代表人或者主要负责人签字或者盖章的承诺书；

（三）排污许可证正本复印件；

（四）与变更排污许可事项有关的其他材料。

第四十五条　核发环保部门应当对变更申请材料进行审查，作出变更决定的，在排污许可证副本中载明变更内容并加盖本行政机关印章，同时在全国排污许可证管理信息平台上公告；属于本办法第四十三条第一款第一项情形的，还应当换发排污许可证正本。

属于本办法第四十三条第一款规定情形的，排污许可证期限仍自原证书核发之日起计算；属于本办法第四十三条第二款情形的，变更后排污许可证期限自变更之日起计算。

属于本办法第四十三条第一款第一项情形的，核发环保部门应当自受理变更申请之日起十个工作日内作出变更决定；属于本办法第四十三条第一款规定的其他情形的，应当自受理变更申请之日起二十个工作日内作出变更许可决定。

第四十六条　排污单位需要延续依法取得的排污许可证的有效期的，应当在排污许可证届满三十个工作日前向原核发环保部门提出申请。

第四十七条　申请延续排污许可证的，应当提交下列材料：

（一）延续排污许可证申请；

（二）由排污单位法定代表人或者主要负责人签字或者盖章的承诺书；

（三）排污许可证正本复印件；

（四）与延续排污许可事项有关的其他材料。

第四十八条 核发环保部门应当按照本办法第二十九条规定对延续申请材料进行审查，并自受理延续申请之日起二十个工作日内作出延续或者不予延续许可决定。

作出延续许可决定的，向排污单位发放加盖本行政机关印章的排污许可证，收回原排污许可证正本，同时在全国排污许可证管理信息平台上公告。

第四十九条 有下列情形之一的，核发环保部门或者其上级行政机关，可以撤销排污许可证并在全国排污许可证管理信息平台上公告：

（一）超越法定职权核发排污许可证的；

（二）违反法定程序核发排污许可证的；

（三）核发环保部门工作人员滥用职权、玩忽职守核发排污许可证的；

（四）对不具备申请资格或者不符合法定条件的申请人准予行政许可的；

（五）依法可以撤销排污许可证的其他情形。

第五十条 有下列情形之一的，核发环保部门应当依法办理排污许可证的注销手续，并在全国排污许可证管理信息平台上公告：

（一）排污许可证有效期届满，未延续的；

（二）排污单位被依法终止的；

（三）应当注销的其他情形。

第五十一条 排污许可证发生遗失、损毁的，排污单位应当在三十个工作日内向核发环保部门申请补领排污许可证；遗失排污许可证的，在申请补领前应当在全国排污许可证管理信息平台上发布遗失声明；损毁排污许可证的，应当同时交回被损毁的排污许可证。

核发环保部门应当在收到补领申请后十个工作日内补发排污许可证，并在全国排污许可证管理信息平台上公告。

第六章 法律责任

第五十二条 环境保护主管部门在排污许可证受理、核发及监管执法中有下列行为之一的，由其上级行政机关或者监察机关责令改正，对直接负责的主管人员或者其他直接责任人员依法给予行政处分；构成犯罪的，依法追究刑事责任：

（一）符合受理条件但未依法受理申请的；

（二）对符合许可条件的不依法准予核发排污许可证或者未在法定时限内作出准予核发排污许可证决定的；

（三）对不符合许可条件的准予核发排污许可证或者超越法定职权核发排污许可证的；

（四）实施排污许可证管理时擅自收取费用的；

（五）未依法公开排污许可相关信息的；

（六）不依法履行监督职责或者监督不力，造成严重后果的；

（七）其他应当依法追究责任的情形。

第五十三条 排污单位隐瞒有关情况或者提供虚假材料申请行政许可的，核发环保部门不予受理或者不予行政许可，并给予警告。

第五十四条 违反本办法第四十三条规定，未及时申请变更排污许可证的；或者违反本办法第五十一条规定，未及时补办排污许可证的，由核发环保部门责令改正。

第五十五条 重点排污单位未依法公开或者不如实公开有关环境信息的，由县级以上环境保护主管部门责令公开，依法处以罚款，并予以公告。

第五十六条 违反本办法第三十四条，有下列行为之一的，由县级以上环境保护主管部门依据《中华人民共和国大气污染防治法》《中华人民共和国水污染防治法》的规定，责令改正，处二万元以上二十万元以下的罚款；拒不改正的，依法责令停产整治：

（一）未按照规定对所排放的工业废气和有毒有害大气污染物、水污染物进行监测，或者未保存原始监测记录的；

（二）未按照规定安装大气污染物、水污染物自动监测设备，或者未按照规定与环境保护主管部门的监控设备联网，或者未保证监测设备正常运行的。

第五十七条　排污单位存在以下无排污许可证排放污染物情形的，由县级以上环境保护主管部门依据《中华人民共和国大气污染防治法》《中华人民共和国水污染防治法》的规定，责令改正或者责令限制生产、停产整治，并处十万元以上一百万元以下的罚款；情节严重的，报经有批准权的人民政府批准，责令停业、关闭：

（一）依法应当申请排污许可证但未申请，或者申请后未取得排污许可证排放污染物的；

（二）排污许可证有效期限届满后未申请延续排污许可证，或者延续申请未经核发环保部门许可仍排放污染物的；

（三）被依法撤销排污许可证后仍排放污染物的；

（四）法律法规规定的其他情形。

第五十八条　排污单位存在以下违反排污许可证行为的，由县级以上环境保护主管部门依据《中华人民共和国环境保护法》《中华人民共和国大气污染防治法》《中华人民共和国水污染防治法》的规定，责令改正或者责令限制生产、停产整治，并处十万元以上一百万元以下的罚款；情节严重的，报经有批准权的人民政府批准，责令停业、关闭：

（一）超过排放标准或者超过重点大气污染物、重点水污染物排放总量控制指标排放水污染物、大气污染物的；

（二）通过偷排、篡改或者伪造监测数据、以逃避现场检查为目的的临时停产、非紧急情况下开启应急排放通道、不正常运行大气污染防治设施等逃避监管的方式排放大气污染物的；

（三）利用渗井、渗坑、裂隙、溶洞，私设暗管，篡改、伪造监测数据，或者不正常运行水污染防治设施等逃避监管的方式排放水污染物的；

（四）其他违反排污许可证规定排放污染物的。

第五十九条　排污单位违法排放大气污染物、水污染物，受到罚款处罚，被责令改正的，依法作出处罚决定的行政机关组织复查，发现其继续违法排放大气污染物、水污染物或者拒绝、阻挠复查的，作出处罚决定的行政机关可以自责令改正之日的次日起，依法按照原处罚数额按日连续处罚。

第六十条　排污单位发生本办法第三十五条第一款第二、三项或者第三十七条第四款第二项规定的异常情况，及时报告核发环保部门，且主动采取措施消除或者减轻违法行为危害后果的，县级以上环境保护主管部门应当依据《中华人民共和国行政处罚法》相关规定从轻处罚。

排污单位应当在相应季度执行报告或者月执行报告中记载本条第一款情况。

第七章　附　则

第六十一条　依照本办法首次发放排污许可证时，对于在本办法实施前已经投产、运营的排污单位，存在以下情形之一，排污单位承诺改正并提出改正方案的，环境保护主管部门可以向其核发排污许可证，并在排污许可证中记载其存在的问题，规定其承诺改正内容和承诺改正期限：

（一）在本办法实施前的新建、改建、扩建建设项目不符合本办法第二十九条第一项条件；

（二）不符合本办法第二十九条第二项条件。

对于不符合本办法第二十九条第一项条件的排污单位，由核发环保部门依据《建设项目环境保护管理条例》第二十三条，责令限期改正，并处罚款。

对于不符合本办法第二十九条第二项条件的排污单位，由核发环保部门依据《中华人民共和国大气污染防治法》第九十九条或者《中华人民共和国水污染防治法》第八十三条，责令改正或者责令限制生产、停产整治，并处罚款。

本条第二款、第三款规定的核发环保部门责令改正内容或者限制生产、停产整治内容，应当与本条第一款规定的排污许可证规定的改正内容一致；本条第二款、第三款规定的核发环保部门责令改正期限或者限制生产、停产整治期限，应当与本条第一款规定的排污许可证规定的改正期限的起止时间一致。

本条第一款规定的排污许可证规定的改正期限为三至六个月、最长不超过一年。

在改正期间或者限制生产、停产整治期间，排污单位应当按证排污，执行自行监测、台账记录和执行报告制度，核发环保部门应当按照排污许可证的规定加强监督检查。

第六十二条 本办法第六十一条第一款规定的排污许可证规定的改正期限到期，排污单位完成改正任务或者提前完成改正任务的，可以向核发环保部门申请变更排污许可证，核发环保部门应当按照本办法第五章规定对排污许可证进行变更。

本办法第六十一条第一款规定的排污许可证规定的改正期限到期，排污单位仍不符合许可条件的，由核发环保部门依据《中华人民共和国大气污染防治法》第九十九条或者《中华人民共和国水污染防治法》第八十三条或者《建设项目环境保护管理条例》第二十三条的规定，提出建议报有批准权的人民政府批准责令停业、关闭，并按照本办法第五十条规定注销排污许可证。

第六十三条 对于本办法实施前依据地方性法规核发的排污许可证，尚在有效期内的，原核发环保部门应当在全国排污许可证管理信息平台填报数据，获取排污许可证编码；已经到期的，排污单位应当按照本办法申请排污许可证。

第六十四条 本办法第十二条规定的排污许可证格式、第二十条规定的承诺书样本和本办法第二十六条规定的排污许可证申请表格式，由环境保护部制定。

第六十五条 本办法所称排污许可，是指环境保护主管部门根据排污单位的申请和承诺，通过发放排污许可证法律文书形式，依法依规规范和限制排污行为，明确环境管理要求，依据排污许可证对排污单位实施监管执法的环境管理制度。

第六十六条 本办法所称主要负责人是指依照法律、行政法规规定代表非法人单位行使职权的负责人。

第六十七条 涉及国家秘密的排污单位，其排污许可证的申请、受理、审核、发放、变更、延续、注销、撤销、遗失补办应当按照保密规定执行。

第六十八条 本办法自发布之日起施行。

固定污染源排污许可分类管理名录（2017 年版）

《固定污染源排污许可分类管理名录（2017 年版）》已于 2017 年 6 月 19 日由环境保护部部务会议审议通过，现予公布，自发布之日起施行。

环境保护部部长 李干杰

2017 年 7 月 28 日

附件

固定污染源排污许可分类管理名录（2017 年版）

第一条 为实施排污许可证分类管理、有序发放，根据《中华人民共和国水污染防治法》《中华人民共和国大气污染防治法》《国务院办公厅关于印发控制污染物排放许可制实施方案的通知》（国办发〔2016〕81 号）的相关规定，特制定本名录。

第二条　国家根据排放污染物的企业事业单位和其他生产经营者污染物产生量、排放量和环境危害程度，实行排污许可重点管理和简化管理。

第三条　现有企业事业单位和其他生产经营者应当按照本名录的规定，在实施时限内申请排污许可证。

第四条　企业事业单位和其他生产经营者在同一场所从事本名录中两个以上行业生产经营的，申请一个排污许可证。

第五条　本名录第一至三十二类行业以外的企业事业单位和其他生产经营者，有本名录第三十三类行业中的锅炉、工业炉窑、电镀、生活污水和工业废水集中处理等通用工序的，应当对通用工序申请排污许可证。

第六条　本名录以外的企业事业单位和其他生产经营者，有以下情形之一的，视同本名录规定的重点管理行业，应当申请排污许可证：

（一）被列入重点排污单位名录的；

（二）二氧化硫、氮氧化物单项年排放量大于250吨的；

（三）烟粉尘年排放量大于1000吨的；

（四）化学需氧量年排放量大于30吨的；

（五）氨氮、石油类和挥发酚合计年排放量大于30吨的；

（六）其他单项有毒有害大气、水污染物污染当量数大于3000的（污染当量数按《中华人民共和国环境保护税法》规定计算）。

第七条　本名录由国务院环境保护主管部门负责解释，并适时修订。

第八条　本名录自发布之日起施行。

序号	行业类别	实施重点管理的行业	实施简化管理的行业	实施时限	适用排污许可行业技术规范
一、畜牧业 03					
1	牲畜饲养031，家禽饲养032	设有污水排放口的规模化畜禽养殖场、养殖小区（具体规模化标准按《畜禽规模养殖污染防治条例》执行）	—	2019年	畜禽养殖行业
二、农副食品加工业 13					
2	谷物磨制131，饲料加工132	有发酵工艺的	—	2020年	农副食品加工工业
3	植物油加工133	—	不含单纯分装、调和植物油的	2020年	
4	制糖业134	日加工糖料能力1000吨及以上的原糖、成品糖或者精制糖生产	其他	2017年	
5	屠宰及肉类加工135	年屠宰生猪10万头及以上、肉牛1万头及以上、肉羊15万头及以上、禽类1000万只及以上的	其他	2018年	
6	水产品加工136	年加工能力5万吨及以上的（不含鱼油提取及制品制造）	年加工能力1万吨及以上5万吨以下的	2020年	
7	其他农副食品加工139	年加工能力15万吨玉米或者1.5万吨薯类及以上的淀粉生产或者年产能1万吨及以上的淀粉制品生产（含发酵工艺的淀粉制品除外）	除实施重点管理的以外，其他纳入2015年环境统计的淀粉和淀粉制品生产	2018年	

序号	行业类别	实施重点管理的行业	实施简化管理的行业	实施时限	适用排污许可行业技术规范
三、食品制造业 14					
8	乳制品制造 144	年加工 20 万吨及以上的以生鲜牛（羊）乳及其制品为主要原料的液体乳及固体乳（乳粉、炼乳、乳脂肪、干酪等）制品制造（不包括含乳饮料和植物蛋白饮料的生产）	其他	2019 年	食品制造工业
9	调味品、发酵制品制造 146	纳入 2015 年环境统计的含发酵工艺的味精、柠檬酸、赖氨酸、酱油、醋等制造	其他（不含单纯分装的）	2019 年	
10	方便食品制造 143，其他食品制造 149	纳入 2015 年环境统计的有提炼工艺的方便食品制造、纳入 2015 年环境统计的食品及饲料添加剂制造（以上均不含单纯混合和分装的）	—	2019 年	
四、酒、饮料和精制茶制造业 15					
11	酒的制造 151	啤酒制造、有发酵工艺的酒精制造、白酒制造、黄酒制造、葡萄酒制造	—	2019 年	酒精、饮料制造 工业
12	饮料制造 152	含发酵工艺或者原汁生产的饮料制造	—	总氮、总磷控制区域 2019 年，其他 2020 年	
五、纺织业 17					
13	棉纺织及印染精加工 171，毛纺织及染整精加工 172，麻纺织及染整精加工 173，丝绢纺织及印染精加工 174，化纤织造及印染精加工 175	含前处理、染色、印花、整理工序的，以及含洗毛、麻脱胶、缫丝、喷水织造等工序的	—	含前处理、染色、印花工序的 2017 年，其他 2020 年	纺织印染工业
六、纺织服装、服饰业 18					
14	机织服装制造 181，服饰制造 183	含水洗工艺工序的，有湿法印花、染色工艺的	—	2020 年	纺织印染工业
七、皮革、毛皮、羽毛及其制品和制鞋业 19					
15	皮革鞣制加工 191，毛皮鞣制及制品加工 193	含鞣制工序的	其他	含鞣制工序的制革加工 2017 年，其他 2020 年	制革及毛皮加工工业
16	羽毛（绒）加工及制品制造 194	羽毛（绒）加工	—	2020 年	羽毛（绒）加工工业
17	制鞋业 195	使用溶剂型胶黏剂或者溶剂型处理剂的	—	2019 年	制鞋工业

序号	行业类别	实施重点管理的行业	实施简化管理的行业	实施时限	适用排污许可行业技术规范
八、木材加工和木、竹、藤、棕、草制品业 20					
18	人造板制造 202	年产 20 万立方米及以上	其他	2019 年	人造板工业
九、家具制造业 21					
19	木质家具制造 211，竹、藤家具制造 212	有电镀工艺或者有喷漆工艺且年用油性漆（含稀释剂）量 10 吨及以上的、使用粘结剂的锯材、木片加工、家具制造、竹、藤、棕、草制品制造	有化学处理工艺的或者有喷漆工艺且年用油性漆（含稀释剂）量 10 吨以下的	2019 年	家具制造工业
十、造纸和纸制品业 22					
20	纸浆制造 221	以植物或者废纸为原料的纸浆生产	—	2017 年 6 月	制浆造纸工业
21	造纸 222	用纸浆或者矿渣棉、云母、石棉等其他原料悬浮在流体中的纤维，经过造纸机或者其他设备成型，或者手工操作而成的纸及纸板的制造（包括机制纸及纸板制造、手工纸制造、加工纸制造）	—	2017 年 6 月	
22	纸制品制造 223	—	有工业废水、废气排放的纸制品制造企业	纳入 2015 年环境统计范围内的 2017 年 6 月实施，未纳入 2015 年环境统计范围但有工业废水直接或者间接排放的 2020 年实施	
十一、印刷和记录媒介复制业 23					
23	印刷 231	使用溶剂型油墨或者使用涂料年用量 80 吨及以上，或者使用溶剂型稀释剂 10 吨及以上的包装装潢印刷	—	2020 年	印刷工业
十二、石油、煤炭及其他燃料加工业 25					
24	精炼石油产品制造 251	原油加工及石油制品制造、人造原油制造	—	京津冀鲁、长三角、珠三角区域 2017 年，其他 2018 年	石化工业
25	基础化学原料制造 261	以石油馏分、天然气等为原料，生产有机化学品、合成树脂、合成纤维、合成橡胶等的工业	—	乙烯、芳烃生产 2017 年，其他 2020 年	
26	炼焦 2521	生产焦炭、半焦产品为主的煤炭加工行业	—	焦炭 2017 年，其他 2020 年	炼焦化学工业
27	煤炭加工 252	煤制天然气、合成气、煤炭提质、煤制油、煤制甲醇、煤制烯烃等其他煤炭加工	—	2020 年	现代煤化工工业

序号	行业类别	实施重点管理的行业	实施简化管理的行业	实施时限	适用排污许可行业技术规范
十三、化学原料和化学制品制造业 26					
28	基础化学原料制造 261	无机酸制造、无机碱制造、无机盐制造，以上均不含单纯混合或者分装的	烧碱制造、单纯混合或者分装的无机碱制造、无机盐制造、无机酸制造	总磷控制区域的无机磷化工 2019 年，其他 2020 年	无机化学工业
29	聚氯乙烯	聚氯乙烯	—	2019 年	聚氯乙烯工业
30	肥料制造 262	化学肥料制造（不含单纯混合或者分装的）	生产有机肥料、微生物肥料、钾肥的企业（不含其他生产经营者），单纯混合或者分装的化学肥料	氮肥（合成氨）2017 年，磷肥 2019 年，其他肥料制造 2020 年	化肥工业
31	农药制造 263	化学农药制造（包含农药中间体）、生物化学农药及微生物农药制造，以上均不含单纯混合或者分装的	单纯混合或者分装的	生物化学农药及微生物农药制造 2020 年，其他 2017 年	农药制造工业
32	涂料、油墨、颜料及类似产品制造 264	涂料、染料、油墨、颜料、胶粘剂及类似产品制造，以上均不含单纯混合或者分装的	—	2020 年	涂料油墨工业
33	合成材料制造 265	初级塑料或者原状塑料的生产、合成橡胶制造、合成纤维单（聚合）体制造、陶瓷纤维等特种纤维及其增强的复合材料的制造等	—	长三角 2018 年，其他 2020 年	石化工业
34	专用化学产品制造 266	化学试剂和助剂制造，水处理化学品、造纸化学品、皮革化学品、油脂化学品、油田化学品、生物工程化学品、日化产品专用化学品等专项化学用品制造，林产化学产品制造，信息化学品制造，环境污染处理专用药剂材料制造，动物胶制造等，以上均不含单纯混合或者分装的	—	2020 年	专用化学产品制造
35	日用化学产品制造 268	肥皂及洗涤剂制造、化妆品制造、口腔清洁用品制造、香料香精制造等，以上均不含单纯混合或者分装的	—	2020 年	日用化学产品制造工业
十四、医药制造业 27					
36	化学药品原料药制造 271	进一步加工化学药品制剂所需的原料药的生产，主要用于药物生产的医药中间体的生产	—	主要用于药物生产的医药中间体 2020 年，其他 2017 年	制药工业
37	化学药品制剂制造 272	化学药品制剂制造、化学药品研发外包	—	2020 年	

序号	行业类别	实施重点管理的行业	实施简化管理的行业	实施时限	适用排污许可行业技术规范
38	中成药生产 274	—	有提炼工艺的中成药生产	2020 年	
39	兽用药品制造 275	兽用药品制造、兽用药品研发外包	—	2020 年	
40	生物药品制品制造 276	利用生物技术生产生物化学药品、基因工程药物的制造，生物药品研发外包	—	2020 年	
41	卫生材料及医药用品制造 277	—	卫生材料、外科敷料、药品包装材料、辅料以及其他内、外科用医药制品的制造	2020 年	卫生材料及医药用品制造工业
十五、化学纤维制造业 28					
42	纤维素纤维原料及纤维制造 281，合成纤维制造 282，非织造布制造 1781	纤维素纤维原料及纤维制造、合成纤维制造、非织造布制造	—	2020 年	化学纤维制造工业
43	溶解木浆	用于生产粘胶纤维、硝化纤维、醋酸纤维、玻璃纸、羧甲基纤维素等	—	2020 年	制浆造纸工业
十六、橡胶和塑料制品业 29					
44	橡胶制品业 291	橡胶制品制造	—	2020 年	橡胶制品工业
45	塑料制品业 292	人造革、发泡胶等涉及有毒原材料的，以再生塑料为原料的，有电镀工艺的塑料制品制造	其他	2020 年	塑料制品工业
十七、非金属矿物制品业 30					
46	水泥、石灰和石膏制造 301	水泥（熟料）制造	石灰制造、水泥粉磨站	石灰制造 2020 年，其他 2017 年	水泥工业
47	玻璃制造 304	平板玻璃	其他	平板玻璃制造 2017 年，其他 2020 年	玻璃工业
48	玻璃制品制造 305	—	以煤、油和天然气为燃料加热的玻璃制品制造	2020 年	玻璃工业
49	玻璃纤维和玻璃纤维增强塑料制品制造 306	—	玻璃纤维制造、玻璃纤维增强塑料制品制造	2020 年	
50	砖瓦、石材等建筑材料制造 303	以煤为基础燃料的建筑陶瓷企业	其他	2020 年	陶瓷砖瓦工业
51	陶瓷制品制造 307	年产卫生陶瓷 150 万件及以上、年产日用陶瓷 250 万件及以上	—	2018 年	
52	耐火材料制品制造 308	石棉制品制造	其他	2020 年	
53	石墨及其他非金属矿物制品制造 309	含焙烧石墨、碳素制品，多晶硅	其他	2020 年	石墨及碳素制品制造业
十八、黑色金属冶炼和压延加工业 31					

序号	行业类别	实施重点管理的行业	实施简化管理的行业	实施时限	适用排污许可行业技术规范
54	炼铁 311	含炼铁、烧结、球团等工序的生产	—	京津冀及周边“2+26”城市、长三角、珠三角区域 2017 年，其他 2018 年	钢铁工业
55	炼钢 312	含炼钢等工序的生产	—	京津冀及周边“2+26”城市、长三角、珠三角区域 2017 年，其他 2018 年	
56	钢压延加工 313	年产 50 万吨及以上的冷轧	其他	京津冀及周边“2+26”城市、长三角、珠三角区域 2017 年，其他 2018 年	钢铁工业
57	铁合金冶炼 314	铁合金冶炼、金属铬和金属锰的冶炼	—	2020 年	
十九、有色金属冶炼和压延加工业 32					
58	常用有色金属冶炼 321	铜、铅锌、镍钴、锡、锑、铝、镁、汞、钛等常用有色金属冶炼（含再生铜、再生铝和再生铅冶炼）	—	铜、铅锌冶炼以及京津冀、长三角、珠三角区域的电解铝 2017 年，其他 2018 年	有色金属工业
59	贵金属冶炼 322	金、银及铂族金属冶炼（包括以矿石为原料）	—	2020 年	
60	有色金属合金制造 324	以有色金属为基体，加入一种或者几种其他元素所构成的合金生产	—	2020 年	
61	有色金属铸造 3392	以有色金属及其合金铸造各种成品、半成品，且年产 10 万吨及以上	年产 10 万吨以下	2020 年	
62	有色金属压延加工 325	—	有色金属压延加工	2020 年	
63	稀有稀土金属冶炼 323	稀有稀土金属冶炼，不包括钍和铀等放射性金属的冶炼加工	—	2020 年	稀土行业
二十、金属制品业 33					
64	金属表面处理及热处理加工 336	有电镀、电铸、电解加工、刷镀、化学镀、热浸镀（溶剂法）以及金属酸洗、抛光（电解抛光和化学抛光）、氧化、磷化、钝化等任一工序的，专门处理电镀废水的集中处理设施，使用有机涂层的（不含喷粉和喷塑）	其他	专业电镀企业（含电镀园区中电镀企业），专门处理电镀废水的集中处理设施 2017 年，其他 2020 年	电镀工业

序号	行业类别	实施重点管理的行业	实施简化管理的行业	实施时限	适用排污许可行业技术规范
65	黑色金属铸造 3391	年产 10 万吨及以上的铸铁件、铸钢件等各种成品、半成品的制造	年产 10 万吨以下的	2020 年	黑色金属铸造工业
二十一、汽车制造业 36					
66	汽车制造 361 -367	汽车整车制造，发动机生产，有电镀工艺或者有喷漆工艺且年用油性漆（含稀释剂）量 10 吨及以上的零部件和配件生产	改装汽车制造、低速载货汽车制造，电车制造，汽车车身、挂车制造及有喷漆工艺且年用油性漆（含稀释剂）量 10 吨以下的零部件和配件生产	2019 年	汽车制造行业
二十二、铁路、船舶、航空航天和其他运输设备制造 37					
67	铁路、船舶、航空航天和其他运输设备制造 371 -379	有电镀工艺或者有喷漆工艺且年用油性漆（含稀释剂）量 10 吨及以上的铁路、船舶、航空航天和其他运输设备制造，拆船、修船厂	其他	2020 年	铁路、船舶、航空航天制造行业
二十三、电气机械和器材制造业 38					
68	电池制造 384	铅酸蓄电池制造	其他	2019 年	电池工业
二十四、计算机、通信和其他电子设备制造业 39					
69	计算机制造 391，电子器件制造 397，电子元件及电子专用材料制造 398，其他电子设备制造 399	有电镀工艺或者有喷漆工艺且年用油性漆（含稀释剂）量 10 吨及以上的	其他电子玻璃、电子专用材料、电子元件、印制电路板、半导体器件、显示器件及光电子器件、电子终端产品制造等	京津冀、长三角、珠三角区域 2019 年，其他 2020 年	电子工业
二十五、废弃资源综合利用业 42					
70	金属废料和碎屑加工处理 421，非金属废料和碎屑加工处理 422	废电子电器产品、废电池、废汽车、废电机、废五金、废塑料（除分拣清洗工艺的）、废油、废船、废轮胎等加工、再生利用	其他	2019 年	废弃资源加工工业
二十六、电力、热力生产和供应业 44					
71	电力生产 441	除以生活垃圾、危险废物、污泥为燃料发电以外的火力发电（含自备电厂所在企业）	—	自备电厂 2017 年，其他 2017 年 6 月	火电工业
		以生活垃圾、危险废物、污泥为燃料的火力发电	—	2019 年	
二十七、水的生产和供应业 46					
72	污水处理及其再生利用 462	工业废水集中处理厂，日处理 10 万吨及以上的城镇生活污水处理厂	日处理 10 万吨以下的城镇生活污水处理厂	2019 年	水处理
二十八、生态保护和环境治理业 77					
73	环境治理业 772	一般工业固体废物填埋，危险废物处理处置	—	2019 年	—
二十九、公共设施管理业 78					
74	环境卫生管理 782	城乡生活垃圾集中处置	—	2020 年	—

序号	行业类别	实施重点管理的行业	实施简化管理的行业	实施时限	适用排污许可行业技术规范
三十、机动车、电子产品和日用品修理业 81					
75	汽车、摩托车等修理与维护 811	—	营业面积5000平方米及以上的	2020 年	汽车、摩托车修理业
三十一、卫生 84					
76	医院 841	床位 100 张及以上的综合医院、中医医院、中西医结合医院、民族医院、专科医院（以上均不包括社区医疗、街道和乡镇卫生院、门诊部以及仅开展保健活动的妇幼保健院），疾病预防控制中心	床位 20 张至 100 张的综合医院、中医医院、中西医结合医院、民族医院、专科医院（以上均不包括社区医疗、街道和乡镇卫生院、门诊部以及仅开展保健活动的妇幼保健院）	2020 年	医疗机构
三十二、其他行业					
77	油库、加油站	总容量 20 万立方米及以上的	—	2020 年	—
78	干散货（含煤炭、矿石）、件杂、多用途、通用码头	单个泊位 1000 吨级及以上的内河港口、单个泊位 1 万吨级及以上的沿海港口	—	2020 年	—
三十三、通用工序					
79	热力生产和供应 443	单台出力 10 吨/小时及以上或者合计出力 20 吨/小时及以上的蒸汽和热水锅炉的热力生产	单台出力 10 吨/小时以下或者合计出力 20 吨/小时以下的蒸汽和热水锅炉	2019 年	锅炉工业
80	工业炉窑	工业炉窑	—	2020 年	工业炉窑
81	电镀设施	有电镀、电铸、电解加工、刷镀、化学镀、热浸镀（溶剂法）以及金属酸洗、抛光（电解抛光和化学抛光）、氧化、磷化、钝化等任一工序的	—	2019 年	电镀工业
82	生活污水集中处理、工业废水集中处理	接纳工业废水的日处理 2 万吨及以上的生活污水集中处理、工业废水集中处理	—	2019 年	水处理

关于发布计算污染物排放量的排污系数和物料衡算方法的公告

环境保护部公告　2017 年第 81 号

为贯彻落实《中华人民共和国环境保护税法》有关要求，进一步明确污染物排放量计算方法，我部制定了《纳入排污许可管理的火电等 17 个行业污染物排放量计算方法（含排污系数、物料衡算方法）（试行）》《未纳入排污许可管理行业适用的排污系数、物料衡算方法（试行）》，现予发布。

一、纳入排污许可管理的火电等 17 个行业排污单位，适用《纳入排污许可管理的火电等 17 个行业污染物排放量计算方法（含排污系数、物料衡算方法）（试行）》。

二、未纳入排污许可管理的锡矿采选业等行业排污单位，适用《未纳入排污许可管理行业适用的排污系数、物料衡算方法（试行）》。

三、除前两项外其他行业排污单位的污染物排放量计算方法，由各省级环境保护主管部门参考《关于排污申报与排污费征收有关问题的通知》（环办〔2014〕80 号）等排污费征收相关规定，按照科学合理原则制定，并报我部备案。

特此公告。

附件：1. 纳入排污许可管理的火电等 17 个行业污染物排放量计算方法（含排污系数、物料衡算方法）（试行）（略）

2. 未纳入排污许可管理行业适用的排污系数、物料衡算方法（试行）（略）

环境保护部

2017 年 12 月 27 日

第十二篇　应急管理

国务院办公厅关于印发
国家突发环境事件应急预案的通知

国办函〔2014〕119号

各省、自治区、直辖市人民政府，国务院各部委、各直属机构：

经国务院同意，现将修订后的《国家突发环境事件应急预案》印发给你们，请认真组织实施。2005年5月24日经国务院批准、由国务院办公厅印发的《国家突发环境事件应急预案》同时废止。

国务院办公厅

2014年12月29日

1 总则

1.1 编制目的

健全突发环境事件应对工作机制，科学有序高效应对突发环境事件，保障人民群众生命财产安全和环境安全，促进社会全面、协调、可持续发展。

1.2 编制依据

依据《中华人民共和国环境保护法》、《中华人民共和国突发事件应对法》、《中华人民共和国放射性污染防治法》、《国家突发公共事件总体应急预案》及相关法律法规等，制定本预案。

1.3 适用范围

本预案适用于我国境内突发环境事件应对工作。

突发环境事件是指由于污染物排放或自然灾害、生产安全事故等因素，导致污染物或放射性物质等有毒有害物质进入大气、水体、土壤等环境介质，突然造成或可能造成环境质量下降，危及公众身体健康和财产安全，或造成生态环境破坏，或造成重大社会影响，需要采取紧急措施予以应对的事件，主要包括大气污染、水体污染、土壤污染等突发性环境污染事件和辐射污染事件。

核设施及有关核活动发生的核事故所造成的辐射污染事件、海上溢油事件、船舶污染事件的应对工作按照其他相关应急预案规定执行。重污染天气应对工作按照国务院《大气污染防治行动计划》等有关规定执行。

1.4 工作原则

突发环境事件应对工作坚持统一领导、分级负责，属地为主、协调联动，快速反应、科学处置，资源共享、保障有力的原则。突发环境事件发生后，地方人民政府和有关部门立即自动按照职责分工和相关预案开展应急处置工作。

1.5 事件分级

按照事件严重程度，突发环境事件分为特别重大、重大、较大和一般四级。突发环境事件分级标准见附件1。

2 组织指挥体系

2.1 国家层面组织指挥机构

环境保护部负责重特大突发环境事件应对的指导协调和环境应急的日常监督管理工作。根据突发环境事件的发展态势及影响，环境保护部或省级人民政府可报请国务院批准，或根据国务院领导同志指示，成立国务院工作组，负责指导、协调、督促有关地区和部门开展突发环境事件应对工作。必要时，成立国家环境应急指挥部，由国务院领导同志担任总指挥，统一领导、组织和指挥应急处置工作；国务院办公厅履行信息汇总和综合协调职责，发挥运转枢纽作用。国家环境应急指挥部组成及工作组职责见附件 2。

2.2 地方层面组织指挥机构

县级以上地方人民政府负责本行政区域内的突发环境事件应对工作，明确相应组织指挥机构。跨行政区域的突发环境事件应对工作，由各有关行政区域人民政府共同负责，或由有关行政区域共同的上一级地方人民政府负责。对需要国家层面协调处置的跨省级行政区域突发环境事件，由有关省级人民政府向国务院提出请求，或由有关省级环境保护主管部门向环境保护部提出请求。

地方有关部门按照职责分工，密切配合，共同做好突发环境事件应对工作。

2.3 现场指挥机构

负责突发环境事件应急处置的人民政府根据需要成立现场指挥部，负责现场组织指挥工作。参与现场处置的有关单位和人员要服从现场指挥部的统一指挥。

3 监测预警和信息报告

3.1 监测和风险分析

各级环境保护主管部门及其他有关部门要加强日常环境监测，并对可能导致突发环境事件的风险信息加强收集、分析和研判。安全监管、交通运输、公安、住房城乡建设、水利、农业、卫生计生、气象等有关部门按照职责分工，应当及时将可能导致突发环境事件的信息通报同级环境保护主管部门。

企业事业单位和其他生产经营者应当落实环境安全主体责任，定期排查环境安全隐患，开展环境风险评估，健全风险防控措施。当出现可能导致突发环境事件的情况时，要立即报告当地环境保护主管部门。

3.2 预警

3.2.1 预警分级

对可以预警的突发环境事件，按照事件发生的可能性大小、紧急程度和可能造成的危害程度，将预警分为四级，由低到高依次用蓝色、黄色、橙色和红色表示。

预警级别的具体划分标准，由环境保护部制定。

3.2.2 预警信息发布

地方环境保护主管部门研判可能发生突发环境事件时，应当及时向本级人民政府提出预警信息发布建议，同时通报同级相关部门和单位。地方人民政府或其授权的相关部门，及时通过电视、广播、报纸、互联网、手机短信、当面告知等渠道或方式向本行政区域公众发布预警信息，并通报可能影响到的相关地区。

上级环境保护主管部门要将监测到的可能导致突发环境事件的有关信息，及时通报可能受影响地区的下一级环境保护主管部门。

3.2.3 预警行动

预警信息发布后，当地人民政府及其有关部门视情采取以下措施：

（1）分析研判。组织有关部门和机构、专业技术人员及专家，及时对预警信息进行分析研判，预估可能的影响范围和危害程度。

（2）防范处置。迅速采取有效处置措施，控制事件苗头。在涉险区域设置注意事项提示或事件危害警告标志，利用各种渠道增加宣传频次，告知公众避险和减轻危害的常识、需采取的必要的健康防护措施。

（3）应急准备。提前疏散、转移可能受到危害的人员，并进行妥善安置。责令应急救援队伍、负有特定职责的人员进入待命状态，动员后备人员做好参加应急救援和处置工作的准备，并调集应急所需物资和设备，做好应急保障工作。对可能导致突发环境事件发生的相关企业事业单位和其他生产经营者加强环境监管。

（4）舆论引导。及时准确发布事态最新情况，公布咨询电话，组织专家解读。加强相关舆情监测，做好舆论引导工作。

3.2.4 预警级别调整和解除

发布突发环境事件预警信息的地方人民政府或有关部门，应当根据事态发展情况和采取措施的效果适时调整预警级别；当判断不可能发生突发环境事件或者危险已经消除时，宣布解除预警，适时终止相关措施。

3.3 信息报告与通报

突发环境事件发生后，涉事企业事业单位或其他生产经营者必须采取应对措施，并立即向当地环境保护主管部门和相关部门报告，同时通报可能受到污染危害的单位和居民。因生产安全事故导致突发环境事件的，安全监管等有关部门应当及时通报同级环境保护主管部门。环境保护主管部门通过互联网信息监测、环境污染举报热线等多种渠道，加强对突发环境事件的信息收集，及时掌握突发环境事件发生情况。

事发地环境保护主管部门接到突发环境事件信息报告或监测到相关信息后，应当立即进行核实，对突发环境事件的性质和类别作出初步认定，按照国家规定的时限、程序和要求向上级环境保护主管部门和同级人民政府报告，并通报同级其他相关部门。突发环境事件已经或者可能涉及相邻行政区域的，事发地人民政府或环境保护主管部门应当及时通报相邻行政区域同级人民政府或环境保护主管部门。地方各级人民政府及其环境保护主管部门应当按照有关规定逐级上报，必要时可越级上报。

接到已经发生或者可能发生跨省级行政区域突发环境事件信息时，环境保护部要及时通报相关省级环境保护主管部门。

对以下突发环境事件信息，省级人民政府和环境保护部应当立即向国务院报告：

（1）初判为特别重大或重大突发环境事件；

（2）可能或已引发大规模群体性事件的突发环境事件；

（3）可能造成国际影响的境内突发环境事件；

（4）境外因素导致或可能导致我境内突发环境事件；

（5）省级人民政府和环境保护部认为有必要报告的其他突发环境事件。

4 应急响应

4.1 响应分级

根据突发环境事件的严重程度和发展态势，将应急响应设定为Ⅰ级、Ⅱ级、Ⅲ级和Ⅳ级四个等级。初判发生特别重大、重大突发环境事件，分别启动Ⅰ级、Ⅱ级应急响应，由事发地省级人民政府负责应对工作；初判发生较大突发环境事件，启动Ⅲ级应急响应，由事发地设区的市级人民政府负责应对工作；初判发生一般突发环境事件，启动Ⅳ级应急响应，由事发地县级人民政府负责应对工作。

突发环境事件发生在易造成重大影响的地区或重要时段时，可适当提高响应级别。应急响应启动后，可视事件损失情况及其发展趋势调整响应级别，避免响应不足或响应过度。

4.2 响应措施

突发环境事件发生后，各有关地方、部门和单位根据工作需要，组织采取以下措施。

4.2.1 现场污染处置

涉事企业事业单位或其他生产经营者要立即采取关闭、停产、封堵、围挡、喷淋、转移等措施，切断和控制污染源，防止污染蔓延扩散。做好有毒有害物质和消防废水、废液等的收集、清理和安全处置工作。当涉事企业事业单位或其他生产经营者不明时，由当地环境保护主管部门组织对污染来源开展调查，查明涉事单位，确定污染物种类和污染范围，切断污染源。

事发地人民政府应组织制订综合治污方案，采用监测和模拟等手段追踪污染气体扩散途径和范围；采取拦截、导流、疏浚等形式防止水体污染扩大；采取隔离、吸附、打捞、氧化还原、中和、沉淀、消毒、去污洗消、临时收贮、微生物消解、调水稀释、转移异地处置、临时改造污染处置工艺或临时建设污染处置工程等方法处置污染物。必要时，要求其他排污单位停产、限产、限排，减轻环境污染负荷。

4.2.2 转移安置人员

根据突发环境事件影响及事发当地的气象、地理环境、人员密集度等，建立现场警戒区、交通管制区域和重点防护区域，确定受威胁人员疏散的方式和途径，有组织、有秩序地及时疏散转移受威胁人员和可能受影响地区居民，确保生命安全。妥善做好转移人员安置工作，确保有饭吃、有水喝、有衣穿、有住处和必要医疗条件。

4.2.3 医学救援

迅速组织当地医疗资源和力量，对伤病员进行诊断治疗，根据需要及时、安全地将重症伤病员转运到有条件的医疗机构加强救治。指导和协助开展受污染人员的去污洗消工作，提出保护公众健康的措施建议。视情增派医疗卫生专家和卫生应急队伍、调配急需医药物资，支持事发地医学救援工作。做好受影响人员的心理援助。

4.2.4 应急监测

加强大气、水体、土壤等应急监测工作，根据突发环境事件的污染物种类、性质以及当地自然、社会环境状况等，明确相应的应急监测方案及监测方法，确定监测的布点和频次，调配应急监测设备、车辆，及时准确监测，为突发环境事件应急决策提供依据。

4.2.5 市场监管和调控

密切关注受事件影响地区市场供应情况及公众反应，加强对重要生活必需品等商品的市场监管和调控。禁止或限制受污染食品和饮用水的生产、加工、流通和食用，防范因突发环境事件造成的集体中毒等。

4.2.6 信息发布和舆论引导

通过政府授权发布、发新闻稿、接受记者采访、举行新闻发布会、组织专家解读等方式，借助电视、广播、报纸、互联网等多种途径，主动、及时、准确、客观向社会发布突发环境事件和应对工作信息，回应社会关切，澄清不实信息，正确引导社会舆论。信息发布内容包括事件原因、污染程度、影响范围、应对措施、需要公众配合采取的措施、公众防范常识和事件调查处理进展情况等。

4.2.7 维护社会稳定

加强受影响地区社会治安管理，严厉打击借机传播谣言制造社会恐慌、哄抢救灾物资等违法犯罪行为；加强转移人员安置点、救灾物资存放点等重点地区治安管控；做好受影响人员与涉事单位、地方人民政府及有关部门矛盾纠纷化解和法律服务工作，防止出现群体性事件，维护社会稳定。

4.2.8 国际通报和援助

如需向国际社会通报或请求国际援助时，环境保护部商外交部、商务部提出需要通报或请求援助的国家（地区）和国际组织、事项内容、时机等，按照有关规定由指定机构向国际社会发出通报或呼吁信息。

4.3 国家层面应对工作

4.3.1 部门工作组应对

初判发生重大以上突发环境事件或事件情况特殊时，环境保护部立即派出工作组赴现场指导督促当地开展应急处置、应急监测、原因调查等工作，并根据需要协调有关方面提供队伍、物资、技术等支持。

4.3.2 国务院工作组应对

当需要国务院协调处置时，成立国务院工作组。主要开展以下工作：

（1）了解事件情况、影响、应急处置进展及当地需求等；

（2）指导地方制订应急处置方案；

（3）根据地方请求，组织协调相关应急队伍、物资、装备等，为应急处置提供支援和技术支持；

（4）对跨省级行政区域突发环境事件应对工作进行协调；

（5）指导开展事件原因调查及损害评估工作。

4.3.3 国家环境应急指挥部应对

根据事件应对工作需要和国务院决策部署，成立国家环境应急指挥部。主要开展以下工作：

（1）组织指挥部成员单位、专家组进行会商，研究分析事态，部署应急处置工作；

（2）根据需要赴事发现场或派出前方工作组赴事发现场协调开展应对工作；

（3）研究决定地方人民政府和有关部门提出的请求事项；

（4）统一组织信息发布和舆论引导；

（5）视情向国际通报，必要时与相关国家和地区、国际组织领导人通电话；

（6）组织开展事件调查。

4.4 响应终止

当事件条件已经排除、污染物质已降至规定限值以内、所造成的危害基本消除时，由启动响应的人民政府终止应急响应。

5 后期工作

5.1 损害评估

突发环境事件应急响应终止后，要及时组织开展污染损害评估，并将评估结果向社会公布。评估结论作为事件调查处理、损害赔偿、环境修复和生态恢复重建的依据。

突发环境事件损害评估办法由环境保护部制定。

5.2 事件调查

突发环境事件发生后，根据有关规定，由环境保护主管部门牵头，可会同监察机关及相关部门，组织开展事件调查，查明事件原因和性质，提出整改防范措施和处理建议。

5.3 善后处置

事发地人民政府要及时组织制订补助、补偿、抚慰、抚恤、安置和环境恢复等善后工作方案并组织实施。保险机构要及时开展相关理赔工作。

6 应急保障

6.1 队伍保障

国家环境应急监测队伍、公安消防部队、大型国有骨干企业应急救援队伍及其他相关方面应急救援队伍等力量，要积极参加突发环境事件应急监测、应急处置与救援、调查处理等工作任务。发挥国家环境应急专家组作用，为重特大突发环境事件应急处置方案制订、污染损害评估和调查处理工作提供决策建议。县级以上地方人民政府要强化环境应急救援队伍能力建设，加强环境应急专家队伍管理，提高突发环境事件快速响应及应急处置能力。

6.2 物资与资金保障

国务院有关部门按照职责分工，组织做好环境应急救援物资紧急生产、储备调拨和紧急配送工作，保障支援突发环境事件应急处置和环境恢复治理工作的需要。县级以上地方人民政府及其有关部门要加强应急物资储备，鼓励支持社会化应急物资储备，保障应急物资、生活必需品的生产和供给。环境保护主管部门要加强对当地环境应急物资储备信息的动态管理。

突发环境事件应急处置所需经费首先由事件责任单位承担。县级以上地方人民政府对突发环境事件应急处置工作提供资金保障。

6.3 通信、交通与运输保障

地方各级人民政府及其通信主管部门要建立健全突发环境事件应急通信保障体系，确保应急期间通信联络和信息传递需要。交通运输部门要健全公路、铁路、航空、水运紧急运输保障体系，保障应急响应所需人员、物资、装备、器材等的运输。公安部门要加强应急交通管理，保障运送伤病员、应急救援人员、物资、装备、器材车辆的优先通行。

6.4 技术保障

支持突发环境事件应急处置和监测先进技术、装备的研发。依托环境应急指挥技术平台，实现信息综合集成、分析处理、污染损害评估的智能化和数字化。

7　附则

7.1　预案管理

预案实施后，环境保护部要会同有关部门组织预案宣传、培训和演练，并根据实际情况，适时组织评估和修订。地方各级人民政府要结合当地实际制定或修订突发环境事件应急预案。

7.2　预案解释

本预案由环境保护部负责解释。

7.3　预案实施时间

本预案自印发之日起实施。

附件：1.突发环境事件分级标准

2.国家环境应急指挥部组成及工作组职责

附件 1

突发环境事件分级标准

一、特别重大突发环境事件

凡符合下列情形之一的，为特别重大突发环境事件：

1.因环境污染直接导致 30 人以上死亡或 100 人以上中毒或重伤的；

2.因环境污染疏散、转移人员 5 万人以上的；

3.因环境污染造成直接经济损失 1 亿元以上的；

4.因环境污染造成区域生态功能丧失或该区域国家重点保护物种灭绝的；

5.因环境污染造成设区的市级以上城市集中式饮用水水源地取水中断的；

6.Ⅰ、Ⅱ类放射源丢失、被盗、失控并造成大范围严重辐射污染后果的；放射性同位素和射线装置失控导致 3 人以上急性死亡的；放射性物质泄漏，造成大范围辐射污染后果的；

7.造成重大跨国境影响的境内突发环境事件。

二、重大突发环境事件

凡符合下列情形之一的，为重大突发环境事件：

1.因环境污染直接导致 10 人以上 30 人以下死亡或 50 人以上 100 人以下中毒或重伤的；

2.因环境污染疏散、转移人员 1 万人以上 5 万人以下的；

3.因环境污染造成直接经济损失 2000 万元以上 1 亿元以下的；

4.因环境污染造成区域生态功能部分丧失或该区域国家重点保护野生动植物种群大批死亡的；

5.因环境污染造成县级城市集中式饮用水水源地取水中断的；

6.Ⅰ、Ⅱ类放射源丢失、被盗的；放射性同位素和射线装置失控导致 3 人以下急性死亡或者 10 人以上急性重度放射病、局部器官残疾的；放射性物质泄漏，造成较大范围辐射污染后果的；

7.造成跨省级行政区域影响的突发环境事件。

三、较大突发环境事件

凡符合下列情形之一的，为较大突发环境事件：

1.因环境污染直接导致 3 人以上 10 人以下死亡或 10 人以上 50 人以下中毒或重伤的；

2.因环境污染疏散、转移人员 5000 人以上 1 万人以下的；

3.因环境污染造成直接经济损失 500 万元以上 2000 万元以下的；

4.因环境污染造成国家重点保护的动植物物种受到破坏的；

5.因环境污染造成乡镇集中式饮用水水源地取水中断的；

6. Ⅲ类放射源丢失、被盗的；放射性同位素和射线装置失控导致 10 人以下急性重度放射病、局部器官残疾的；放射性物质泄漏，造成小范围辐射污染后果的；

7.造成跨设区的市级行政区域影响的突发环境事件。

四、一般突发环境事件

凡符合下列情形之一的，为一般突发环境事件：

1.因环境污染直接导致3人以下死亡或10人以下中毒或重伤的；

2.因环境污染疏散、转移人员5000人以下的；

3.因环境污染造成直接经济损失500万元以下的；

4.因环境污染造成跨县级行政区域纠纷，引起一般性群体影响的；

5. Ⅳ、Ⅴ类放射源丢失、被盗的；放射性同位素和射线装置失控导致人员受到超过年剂量限值的照射的；放射性物质泄漏，造成厂区内或设施内局部辐射污染后果的；铀矿冶、伴生矿超标排放，造成环境辐射污染后果的；

6.对环境造成一定影响，尚未达到较大突发环境事件级别的。

上述分级标准有关数量的表述中，“以上”含本数，“以下”不含本数。

附件2

国家环境应急指挥部组成及工作组职责

国家环境应急指挥部主要由环境保护部、中央宣传部（国务院新闻办）、中央网信办、外交部、发展改革委、工业和信息化部、公安部、民政部、财政部、住房城乡建设部、交通运输部、水利部、农业部、商务部、卫生计生委、新闻出版广电总局、安全监管总局、食品药品监管总局、林业局、气象局、海洋局、测绘地信局、铁路局、民航局、总参作战部、总后基建营房部、武警总部、中国铁路总公司等部门和单位组成，根据应对工作需要，增加有关地方人民政府和其他有关部门。

国家环境应急指挥部设立相应工作组，各工作组组成及职责分工如下：

一、污染处置组。由环境保护部牵头，公安部、交通运输部、水利部、农业部、安全监管总局、林业局、海洋局、总参作战部、武警总部等参加。

主要职责：收集汇总相关数据，组织进行技术研判，开展事态分析；迅速组织切断污染源，分析污染途径，明确防止污染物扩散的程序；组织采取有效措施，消除或减轻已经造成的污染；明确不同情况下的现场处置人员须采取的个人防护措施；组织建立现场警戒区和交通管制区域，确定重点防护区域，确定受威胁人员疏散的方式和途径，疏散转移受威胁人员至安全紧急避险场所；协调军队、武警有关力量参与应急处置。

二、应急监测组。由环境保护部牵头，住房城乡建设部、水利部、农业部、气象局、海洋局、总参作战部、总后基建营房部等参加。

主要职责：根据突发环境事件的污染物种类、性质以及当地气象、自然、社会环境状况等，明确相应的应急监测方案及监测方法；确定污染物扩散范围，明确监测的布点和频次，做好大气、水体、土壤等应急监测，为突发环境事件应急决策提供依据；协调军队力量参与应急监测。

三、医学救援组。由卫生计生委牵头，环境保护部、食品药品监管总局等参加。

主要职责：组织开展伤病员医疗救治、应急心理援助；指导和协助开展受污染人员的去污洗消工作；提出保护公众健康的措施建议；禁止或限制受污染食品和饮用水的生产、加工、流通和食用，防范因突发环境事件造成集体中毒等。

四、应急保障组。由发展改革委牵头，工业和信息化部、公安部、民政部、财政部、环境保护部、住房城乡建设部、交通运输部、水利部、商务部、测绘地信局、铁路局、民航局、中国铁路总公司等参加。

主要职责：指导做好事件影响区域有关人员的紧急转移和临时安置工作；组织做好环境应急救援物资及临时安置重要物资的紧急生产、储备调拨和紧急配送工作；及时组织调运重要生活必需品，保障群众基本生活和市场供应；开展应急测绘。

五、新闻宣传组。由中央宣传部（国务院新闻办）牵头，中央网信办、工业和信息化部、环境保护部、新闻出版广电总局等参加。

主要职责：组织开展事件进展、应急工作情况等权威信息发布，加强新闻宣传报道；收集分析国内外舆情和社会公众动态，加强媒体、电信和互联网管理，正确引导舆论；通过多种方式，通俗、权威、全面、前瞻地做好相关知识普及；及时澄清不实信息，回应社会关切。

六、社会稳定组。由公安部牵头，中央网信办、工业和信息化部、环境保护部、商务部等参加。

主要职责：加强受影响地区社会治安管理，严厉打击借机传播谣言制造社会恐慌、哄抢物资等违法犯罪行为；加强转移人员安置点、救灾物资存放点等重点地区治安管控；做好受影响人员与涉事单位、地方人民政府及有关部门矛盾纠纷化解和法律服务工作，防止出现群体性事件，维护社会稳定；加强对重要生活必需品等商品的市场监管和调控，打击囤积居奇行为。

七、涉外事务组。由外交部牵头，环境保护部、商务部、海洋局等参加。

主要职责：根据需要向有关国家和地区、国际组织通报突发环境事件信息，协调处理对外交涉、污染检测、危害防控、索赔等事宜，必要时申请、接受国际援助。

工作组设置、组成和职责可根据工作需要作适当调整。

突发环境事件应急管理办法

环境保护部令

第 34 号

《突发环境事件应急管理办法》已于 2015 年 3 月 19 日由环境保护部部务会议通过，现予公布，自 2015 年 6 月 5 日起施行。

部长　陈吉宁

2015 年 4 月 16 日

附件

突发环境事件应急管理办法

第一章　总　则

第一条　为预防和减少突发环境事件的发生，控制、减轻和消除突发环境事件引起的危害，规范突发环境事件应急管理工作，保障公众生命安全、环境安全和财产安全，根据《中华人民共和国环境保护法》《中华人民共和国突发事件应对法》《国家突发环境事件应急预案》及相关法律法规，制定本办法。

第二条　各级环境保护主管部门和企业事业单位组织开展的突发环境事件风险控制、应急准备、应急处置、事后恢复等工作，适用本办法。

本办法所称突发环境事件，是指由于污染物排放或者自然灾害、生产安全事故等因素，导致污染物或者放射性物质等有毒有害物质进入大气、水体、土壤等环境介质，突然造成或者可能造成环境质量下降，危及公众身体健康和财产安全，或者造成生态环境破坏，或者造成重大社会影响，需要采取紧急措施予以应对的事件。

突发环境事件按照事件严重程度，分为特别重大、重大、较大和一般四级。

核设施及有关核活动发生的核与辐射事故造成的辐射污染事件按照核与辐射相关规定执行。重污染天气应对工作按照《大气污染防治行动计划》等有关规定执行。

造成国际环境影响的突发环境事件的涉外应急通报和处置工作，按照国家有关国际合作的相关规定执行。

第三条 突发环境事件应急管理工作坚持预防为主、预防与应急相结合的原则。

第四条 突发环境事件应对，应当在县级以上地方人民政府的统一领导下，建立分类管理、分级负责、属地管理为主的应急管理体制。

县级以上环境保护主管部门应当在本级人民政府的统一领导下，对突发环境事件应急管理日常工作实施监督管理，指导、协助、督促下级人民政府及其有关部门做好突发环境事件应对工作。

第五条 县级以上地方环境保护主管部门应当按照本级人民政府的要求，会同有关部门建立健全突发环境事件应急联动机制，加强突发环境事件应急管理。

相邻区域地方环境保护主管部门应当开展跨行政区域的突发环境事件应急合作，共同防范、互通信息，协力应对突发环境事件。

第六条 企业事业单位应当按照相关法律法规和标准规范的要求，履行下列义务：

（一）开展突发环境事件风险评估；

（二）完善突发环境事件风险防控措施；

（三）排查治理环境安全隐患；

（四）制定突发环境事件应急预案并备案、演练；

（五）加强环境应急能力保障建设。

发生或者可能发生突发环境事件时，企业事业单位应当依法进行处理，并对所造成的损害承担责任。

第七条 环境保护主管部门和企业事业单位应当加强突发环境事件应急管理的宣传和教育，鼓励公众参与，增强防范和应对突发环境事件的知识和意识。

第二章 风险控制

第八条 企业事业单位应当按照国务院环境保护主管部门的有关规定开展突发环境事件风险评估，确定环境风险防范和环境安全隐患排查治理措施。

第九条 企业事业单位应当按照环境保护主管部门的有关要求和技术规范，完善突发环境事件风险防控措施。

前款所指的突发环境事件风险防控措施，应当包括有效防止泄漏物质、消防水、污染雨水等扩散至外环境的收集、导流、拦截、降污等措施。

第十条 企业事业单位应当按照有关规定建立健全环境安全隐患排查治理制度，建立隐患排查治理档案，及时发现并消除环境安全隐患。

对于发现后能够立即治理的环境安全隐患，企业事业单位应当立即采取措施，消除环境安全隐患。对于情况复杂、短期内难以完成治理，可能产生较大环境危害的环境安全隐患，应当制定隐患治理方案，落实整改措施、责任、资金、时限和现场应急预案，及时消除隐患。

第十一条 县级以上地方环境保护主管部门应当按照本级人民政府的统一要求，开展本行政区域突发环境事件风险评估工作，分析可能发生的突发环境事件，提高区域环境风险防范能力。

第十二条 县级以上地方环境保护主管部门应当对企业事业单位环境风险防范和环境安全隐患排查治理工作进行抽查或者突击检查，将存在重大环境安全隐患且整治不力的企业信息纳入社会诚信档案，并可以通报行业主管部门、投资主管部门、证券监督管理机构以及有关金融机构。

第三章　应急准备

第十三条　企业事业单位应当按照国务院环境保护主管部门的规定，在开展突发环境事件风险评估和应急资源调查的基础上制定突发环境事件应急预案，并按照分类分级管理的原则，报县级以上环境保护主管部门备案。

第十四条　县级以上地方环境保护主管部门应当根据本级人民政府突发环境事件专项应急预案，制定本部门的应急预案，报本级人民政府和上级环境保护主管部门备案。

第十五条　突发环境事件应急预案制定单位应当定期开展应急演练，撰写演练评估报告，分析存在问题，并根据演练情况及时修改完善应急预案。

第十六条　环境污染可能影响公众健康和环境安全时，县级以上地方环境保护主管部门可以建议本级人民政府依法及时公布环境污染公共监测预警信息，启动应急措施。

第十七条　县级以上地方环境保护主管部门应当建立本行政区域突发环境事件信息收集系统，通过“12369”环保举报热线、新闻媒体等多种途径收集突发环境事件信息，并加强跨区域、跨部门突发环境事件信息交流与合作。

第十八条　县级以上地方环境保护主管部门应当建立健全环境应急值守制度，确定应急值守负责人和应急联络员并报上级环境保护主管部门。

第十九条　企业事业单位应当将突发环境事件应急培训纳入单位工作计划，对从业人员定期进行突发环境事件应急知识和技能培训，并建立培训档案，如实记录培训的时间、内容、参加人员等信息。

第二十条　县级以上环境保护主管部门应当定期对从事突发环境事件应急管理工作的人员进行培训。

省级环境保护主管部门以及具备条件的市、县级环境保护主管部门应当设立环境应急专家库。

县级以上地方环境保护主管部门和企业事业单位应当加强环境应急处置救援能力建设。

第二十一条　县级以上地方环境保护主管部门应当加强环境应急能力标准化建设，配备应急监测仪器设备和装备，提高重点流域区域水、大气突发环境事件预警能力。

第二十二条　县级以上地方环境保护主管部门可以根据本行政区域的实际情况，建立环境应急物资储备信息库，有条件的地区可以设立环境应急物资储备库。

企业事业单位应当储备必要的环境应急装备和物资，并建立完善相关管理制度。

第四章　应急处置

第二十三条　企业事业单位造成或者可能造成突发环境事件时，应当立即启动突发环境事件应急预案，采取切断或者控制污染源以及其他防止危害扩大的必要措施，及时通报可能受到危害的单位和居民，并向事发地县级以上环境保护主管部门报告，接受调查处理。

应急处置期间，企业事业单位应当服从统一指挥，全面、准确地提供本单位与应急处置相关的技术资料，协助维护应急现场秩序，保护与突发环境事件相关的各项证据。

第二十四条　获知突发环境事件信息后，事件发生地县级以上地方环境保护主管部门应当按照《突发环境事件信息报告办法》规定的时限、程序和要求，向同级人民政府和上级环境保护主管部门报告。

第二十五条　突发环境事件已经或者可能涉及相邻行政区域的，事件发生地环境保护主管部门应当及时通报相邻区域同级环境保护主管部门，并向本级人民政府提出向相邻区域人民政府通报的建议。

第二十六条　获知突发环境事件信息后，县级以上地方环境保护主管部门应当立即组织排查污染源，初步查明事件发生的时间、地点、原因、污染物质及数量、周边环境敏感区等情况。

第二十七条　获知突发环境事件信息后，县级以上地方环境保护主管部门应当按照《突发环境事件应急监测技术规范》开展应急监测，及时向本级人民政府和上级环境保护主管部门报告监测结果。

第二十八条　应急处置期间，事发地县级以上地方环境保护主管部门应当组织开展事件信息的分析、评估，提出应急处置方案和建议报本级人民政府。

第二十九条 突发环境事件的威胁和危害得到控制或者消除后，事发地县级以上地方环境保护主管部门应当根据本级人民政府的统一部署，停止应急处置措施。

第五章 事后恢复

第三十条 应急处置工作结束后，县级以上地方环境保护主管部门应当及时总结、评估应急处置工作情况，提出改进措施，并向上级环境保护主管部门报告。

第三十一条 县级以上地方环境保护主管部门应当在本级人民政府的统一部署下，组织开展突发环境事件环境影响和损失等评估工作，并依法向有关人民政府报告。

第三十二条 县级以上环境保护主管部门应当按照有关规定开展事件调查，查清突发环境事件原因，确认事件性质，认定事件责任，提出整改措施和处理意见。

第三十三条 县级以上地方环境保护主管部门应当在本级人民政府的统一领导下，参与制定环境恢复工作方案，推动环境恢复工作。

第六章 信息公开

第三十四条 企业事业单位应当按照有关规定，采取便于公众知晓和查询的方式公开本单位环境风险防范工作开展情况、突发环境事件应急预案及演练情况、突发环境事件发生及处置情况，以及落实整改要求情况等环境信息。

第三十五条 突发环境事件发生后，县级以上地方环境保护主管部门应当认真研判事件影响和等级，及时向本级人民政府提出信息发布建议。履行统一领导职责或者组织处置突发事件的人民政府，应当按照有关规定统一、准确、及时发布有关突发事件事态发展和应急处置工作的信息。

第三十六条 县级以上环境保护主管部门应当在职责范围内向社会公开有关突发环境事件应急管理的规定和要求，以及突发环境事件应急预案及演练情况等环境信息。

县级以上地方环境保护主管部门应当对本行政区域内突发环境事件进行汇总分析，定期向社会公开突发环境事件的数量、级别，以及事件发生的时间、地点、应急处置概况等信息。

第七章 罚 则

第三十七条 企业事业单位违反本办法规定，导致发生突发环境事件，《中华人民共和国突发事件应对法》《中华人民共和国水污染防治法》《中华人民共和国大气污染防治法》《中华人民共和国固体废物污染环境防治法》等法律法规已有相关处罚规定的，依照有关法律法规执行。

较大、重大和特别重大突发环境事件发生后，企业事业单位未按要求执行停产、停排措施，继续违反法律法规规定排放污染物的，环境保护主管部门应当依法对造成污染物排放的设施、设备实施查封、扣押。

第三十八条 企业事业单位有下列情形之一的，由县级以上环境保护主管部门责令改正，可以处一万元以上三万元以下罚款：

（一）未按规定开展突发环境事件风险评估工作，确定风险等级的；

（二）未按规定开展环境安全隐患排查治理工作，建立隐患排查治理档案的；

（三）未按规定将突发环境事件应急预案备案的；

（四）未按规定开展突发环境事件应急培训，如实记录培训情况的；

（五）未按规定储备必要的环境应急装备和物资；

（六）未按规定公开突发环境事件相关信息的。

第八章　附　则

第三十九条　本办法由国务院环境保护主管部门负责解释。

第四十条　本办法自 2015 年 6 月 5 日起施行。

突发环境事件调查处理办法

环境保护部令

第 32 号

《突发环境事件调查处理办法》已于 2014 年 12 月 15 日由环境保护部部务会议审议通过，现予公布，自 2015 年 3 月 1 日起施行。

部长　周生贤

2014 年 12 月 19 日

附件

突发环境事件调查处理办法

第一条　为规范突发环境事件调查处理工作，依照《中华人民共和国环境保护法》、《中华人民共和国突发事件应对法》等法律法规，制定本办法。

第二条　本办法适用于对突发环境事件的原因、性质、责任的调查处理。

核与辐射突发事件的调查处理，依照核与辐射安全有关法律法规执行。

第三条　突发环境事件调查应当遵循实事求是、客观公正、权责一致的原则，及时、准确查明事件原因，确认事件性质，认定事件责任，总结事件教训，提出防范和整改措施建议以及处理意见。

第四条　环境保护部负责组织重大和特别重大突发环境事件的调查处理；省级环境保护主管部门负责组织较大突发环境事件的调查处理；事发地设区的市级环境保护主管部门视情况组织一般突发环境事件的调查处理。

上级环境保护主管部门可以视情况委托下级环境保护主管部门开展突发环境事件调查处理，也可以对由下级环境保护主管部门负责的突发环境事件直接组织调查处理，并及时通知下级环境保护主管部门。

下级环境保护主管部门对其负责的突发环境事件，认为需要由上一级环境保护主管部门调查处理的，可以报请上一级环境保护主管部门决定。

第五条　突发环境事件调查应当成立调查组，由环境保护主管部门主要负责人或者主管环境应急管理工作的负责人担任组长，应急管理、环境监测、环境影响评价管理、环境监察等相关机构的有关人员参加。

环境保护主管部门可以聘请环境应急专家库内专家和其他专业技术人员协助调查。

环境保护主管部门可以根据突发环境事件的实际情况邀请公安、交通运输、水利、农业、卫生、安全监管、林业、地震等有关部门或者机构参加调查工作。

调查组可以根据实际情况分为若干工作小组开展调查工作。工作小组负责人由调查组组长确定。

第六条 调查组成员和受聘请协助调查的人员不得与被调查的突发环境事件有利害关系。

调查组成员和受聘请协助调查的人员应当遵守工作纪律，客观公正地调查处理突发环境事件，并在调查处理过程中恪尽职守，保守秘密。未经调查组组长同意，不得擅自发布突发环境事件调查的相关信息。

第七条 开展突发环境事件调查，应当制定调查方案，明确职责分工、方法步骤、时间安排等内容。

第八条 开展突发环境事件调查，应当对突发环境事件现场进行勘查，并可以采取以下措施：

（一）通过取样监测、拍照、录像、制作现场勘查笔录等方法记录现场情况，提取相关证据材料；

（二）进入突发环境事件发生单位、突发环境事件涉及的相关单位或者工作场所，调取和复制相关文件、资料、数据、记录等；

（三）根据调查需要，对突发环境事件发生单位有关人员、参与应急处置工作的知情人员进行询问，并制作询问笔录。

进行现场勘查、检查或者询问，不得少于两人。

突发环境事件发生单位的负责人和有关人员在调查期间应当依法配合调查工作，接受调查组的询问，并如实提供相关文件、资料、数据、记录等。因客观原因确实无法提供的，可以提供相关复印件、复制品或者证明该原件、原物的照片、录像等其他证据，并由有关人员签字确认。

现场勘查笔录、检查笔录、询问笔录等，应当由调查人员、勘查现场有关人员、被询问人员签名。

开展突发环境事件调查，应当制作调查案卷，并由组织突发环境事件调查的环境保护主管部门归档保存。

第九条 突发环境事件调查应当查明下列情况：

（一）突发环境事件发生单位基本情况；

（二）突发环境事件发生的时间、地点、原因和事件经过；

（三）突发环境事件造成的人身伤亡、直接经济损失情况，环境污染和生态破坏情况；

（四）突发环境事件发生单位、地方人民政府和有关部门日常监管和事件应对情况；

（五）其他需要查明的事项。

第十条 环境保护主管部门应当按照所在地人民政府的要求，根据突发环境事件应急处置阶段污染损害评估工作的有关规定，开展应急处置阶段污染损害评估。

应急处置阶段污染损害评估报告或者结论是编写突发环境事件调查报告的重要依据。

第十一条 开展突发环境事件调查，应当查明突发环境事件发生单位的下列情况：

（一）建立环境应急管理制度、明确责任人和职责的情况；

（二）环境风险防范设施建设及运行的情况；

（三）定期排查环境安全隐患并及时落实环境风险防控措施的情况；

（四）环境应急预案的编制、备案、管理及实施情况；

（五）突发环境事件发生后的信息报告或者通报情况；

（六）突发环境事件发生后，启动环境应急预案，并采取控制或者切断污染源防止污染扩散的情况；

（七）突发环境事件发生后，服从应急指挥机构统一指挥，并按要求采取预防、处置措施的情况；

（八）生产安全事故、交通事故、自然灾害等其他突发事件发生后，采取预防次生突发环境事件措施的情况；

（九）突发环境事件发生后，是否存在伪造、故意破坏事发现场，或者销毁证据阻碍调查的情况。

第十二条 开展突发环境事件调查，应当查明有关环境保护主管部门环境应急管理方面的下列情况：

（一）按规定编制环境应急预案和对预案进行评估、备案、演练等的情况，以及按规定对突发环境事件发生单位环境应急预案实施备案管理的情况；

（二）按规定赶赴现场并及时报告的情况；

（三）按规定组织开展环境应急监测的情况；

（四）按职责向履行统一领导职责的人民政府提出突发环境事件处置或者信息发布建议的情况；

（五）突发环境事件已经或者可能涉及相邻行政区域时，事发地环境保护主管部门向相邻行政区域环境保护主管部门的通报情况；

（六）接到相邻行政区域突发环境事件信息后，相关环境保护主管部门按规定调查了解并报告的情况；

（七）按规定开展突发环境事件污染损害评估的情况。

第十三条 开展突发环境事件调查，应当收集地方人民政府和有关部门在突发环境事件发生单位建设项目立项、审批、验收、执法等日常监管过程中和突发环境事件应对、组织开展突发环境事件污染损害评估等环节履职情况的证据材料。

第十四条 开展突发环境事件调查，应当在查明突发环境事件基本情况后，编写突发环境事件调查报告。

第十五条 突发环境事件调查报告应当包括下列内容：

（一）突发环境事件发生单位的概况和突发环境事件发生经过；

（二）突发环境事件造成的人身伤亡、直接经济损失，环境污染和生态破坏的情况；

（三）突发环境事件发生的原因和性质；

（四）突发环境事件发生单位对环境风险的防范、隐患整改和应急处置情况；

（五）地方政府和相关部门日常监管和应急处置情况；

（六）责任认定和对突发环境事件发生单位、责任人的处理建议；

（七）突发环境事件防范和整改措施建议；

（八）其他有必要报告的内容。

第十六条 特别重大突发环境事件、重大突发环境事件的调查期限为六十日；较大突发环境事件和一般突发环境事件的调查期限为三十日。突发环境事件污染损害评估所需时间不计入调查期限。

调查组应当按照前款规定的期限完成调查工作，并向同级人民政府和上一级环境保护主管部门提交调查报告。

调查期限从突发环境事件应急状态终止之日起计算。

第十七条 环境保护主管部门应当依法向社会公开突发环境事件的调查结论、环境影响和损失的评估结果等信息。

第十八条 突发环境事件调查过程中发现突发环境事件发生单位涉及环境违法行为的，调查组应当及时向相关环境保护主管部门提出处罚建议。相关环境保护主管部门应当依法对事发单位及责任人员予以行政处罚；涉嫌构成犯罪的，依法移送司法机关追究刑事责任。发现其他违法行为的，环境保护主管部门应当及时向有关部门移送。

发现国家行政机关及其工作人员、突发环境事件发生单位中由国家行政机关任命的人员涉嫌违法违纪的，环境保护主管部门应当依法及时向监察机关或者有关部门提出处分建议。

第十九条 对于连续发生突发环境事件，或者突发环境事件造成严重后果的地区，有关环境保护主管部门可以约谈下级地方人民政府主要领导。

第二十条 环境保护主管部门应当将突发环境事件发生单位的环境违法信息记入社会诚信档案，并及时向社会公布。

第二十一条 环境保护主管部门可以根据调查报告，对下级人民政府、下级环境保护主管部门下达督促落实突发环境事件调查报告有关防范和整改措施建议的督办通知，并明确责任单位、工作任务和完成时限。

接到督办通知的有关人民政府、环境保护主管部门应当在规定时限内，书面报送事件防范和整改措施建议的落实情况。

第二十二条 本办法由环境保护部负责解释。

第二十三条 本办法自 2015 年 3 月 1 日起施行。

突发环境事件信息报告办法

（环境保护部令　第 17 号）

第一条　为了规范突发环境事件信息报告工作，提高环境保护主管部门应对突发环境事件的能力，依据《中华人民共和国突发事件应对法》、《国家突发公共事件总体应急预案》、《国家突发环境事件应急预案》及相关法律法规的规定，制定本办法。

第二条　本办法适用于环境保护主管部门对突发环境事件的信息报告。

突发环境事件分为特别重大（Ⅰ级）、重大（Ⅱ级）、较大（Ⅲ级）和一般（Ⅳ级）四级。

核与辐射突发环境事件的信息报告按照核安全有关法律法规执行。

第三条　突发环境事件发生地设区的市级或者县级人民政府环境保护主管部门在发现或者得知突发环境事件信息后，应当立即进行核实，对突发环境事件的性质和类别做出初步认定。

对初步认定为一般（Ⅳ级）或者较大（Ⅲ级）突发环境事件的，事件发生地设区的市级或者县级人民政府环境保护主管部门应当在四小时内向本级人民政府和上一级人民政府环境保护主管部门报告。

对初步认定为重大（Ⅱ级）或者特别重大（Ⅰ级）突发环境事件的，事件发生地设区的市级或者县级人民政府环境保护主管部门应当在两小时内向本级人民政府和省级人民政府环境保护主管部门报告，同时上报环境保护部。省级人民政府环境保护主管部门接到报告后，应当进行核实并在一小时内报告环境保护部。

突发环境事件处置过程中事件级别发生变化的，应当按照变化后的级别报告信息。

第四条　发生下列一时无法判明等级的突发环境事件，事件发生地设区的市级或者县级人民政府环境保护主管部门应当按照重大（Ⅱ级）或者特别重大（Ⅰ级）突发环境事件的报告程序上报：

（一）对饮用水水源保护区造成或者可能造成影响的；

（二）涉及居民聚居区、学校、医院等敏感区域和敏感人群的；

（三）涉及重金属或者类金属污染的；

（四）有可能产生跨省或者跨国影响的；

（五）因环境污染引发群体性事件，或者社会影响较大的；

（六）地方人民政府环境保护主管部门认为有必要报告的其他突发环境事件。

第五条　上级人民政府环境保护主管部门先于下级人民政府环境保护主管部门获悉突发环境事件信息的，可以要求下级人民政府环境保护主管部门核实并报告相应信息。下级人民政府环境保护主管部门应当依照本办法的规定报告信息。

第六条　向环境保护部报告突发环境事件有关信息的，应当报告总值班室，同时报告环境保护部环境应急指挥领导小组办公室。环境保护部环境应急指挥领导小组办公室应当根据情况向部内相关司局通报有关信息。

第七条　环境保护部在接到下级人民政府环境保护主管部门重大（Ⅱ级）或者特别重大（Ⅰ级）突发环境事件以及其他有必要报告的突发环境事件信息后，应当及时向国务院总值班室和中共中央办公厅秘书局报告。

第八条　突发环境事件已经或者可能涉及相邻行政区域的，事件发生地环境保护主管部门应当及时通报相邻区域同级人民政府环境保护主管部门，并向本级人民政府提出向相邻区域人民政府通报的建议。接到通报的环境保护主管部门应当及时调查了解情况，并按照本办法第三条、第四条的规定报告突发环境事件信息。

第九条　上级人民政府环境保护主管部门接到下级人民政府环境保护主管部门以电话形式报告的突发环境事件信息后，应当如实、准确做好记录，并要求下级人民政府环境保护主管部门及时报告书面信息。

对于情况不够清楚、要素不全的突发环境事件信息，上级人民政府环境保护主管部门应当要求下级人民政府环境保护主管部门及时核实补充信息。

第十条　县级以上人民政府环境保护主管部门应当建立突发环境事件信息档案，并按照有关规定向上一级人民政府环境保护主管部门报送本行政区域突发环境事件的月度、季度、半年度和年度报告以及统计情况。上一级人民政府环境保护主管部门定期对报告及统计情况进行通报。

第十一条　报告涉及国家秘密的突发环境事件信息，应当遵守国家有关保密的规定。

第十二条　突发环境事件的报告分为初报、续报和处理结果报告。

初报在发现或者得知突发环境事件后首次上报；续报在查清有关基本情况、事件发展情况后随时上报；处理结果报告在突发环境事件处理完毕后上报。

第十三条　初报应当报告突发环境事件的发生时间、地点、信息来源、事件起因和性质、基本过程、主要污染物和数量、监测数据、人员受害情况、饮用水水源地等环境敏感点受影响情况、事件发展趋势、处置情况、拟采取的措施以及下一步工作建议等初步情况，并提供可能受到突发环境事件影响的环境敏感点的分布示意图。

续报应当在初报的基础上，报告有关处置进展情况。

处理结果报告应当在初报和续报的基础上，报告处理突发环境事件的措施、过程和结果，突发环境事件潜在或者间接危害以及损失、社会影响、处理后的遗留问题、责任追究等详细情况。

第十四条　突发环境事件信息应当采用传真、网络、邮寄和面呈等方式书面报告；情况紧急时，初报可通过电话报告，但应当及时补充书面报告。

书面报告中应当载明突发环境事件报告单位、报告签发人、联系人及联系方式等内容，并尽可能提供地图、图片以及相关的多媒体资料。

第十五条　在突发环境事件信息报告工作中迟报、谎报、瞒报、漏报有关突发环境事件信息的，给予通报批评；造成后果的，对直接负责的主管人员和其他直接责任人员依法依纪给予处分；构成犯罪的，移送司法机关依法追究刑事责任。

第十六条　本办法由环境保护部解释。

第十七条　本办法自2011年5月1日起施行。《环境保护行政主管部门突发环境事件信息报告办法（试行）》（环发〔2006〕50号）同时废止。

附录：

突发环境事件分级标准

按照突发事件严重性和紧急程度，突发环境事件分为特别重大（Ⅰ级）、重大（Ⅱ级）、较大（Ⅲ级）和一般（Ⅳ级）四级。

1 特别重大（Ⅰ级）突发环境事件。

凡符合下列情形之一的，为特别重大突发环境事件：

（1）因环境污染直接导致10人以上死亡或100人以上中毒的；

（2）因环境污染需疏散、转移群众5万人以上的；

（3）因环境污染造成直接经济损失1亿元以上的；

（4）因环境污染造成区域生态功能丧失或国家重点保护物种灭绝的；

（5）因环境污染造成地市级以上城市集中式饮用水水源地取水中断的；

（6）1、2 类放射源失控造成大范围严重辐射污染后果的；核设施发生需要进入场外应急的严重核事故，或事故辐射后果可能影响邻省和境外的，或按照“国际核事件分级（INES）标准”属于 3 级以上的核事件；台湾核设施中发生的按照“国际核事件分级（INES）标准”属于 4 级以上的核事故；周边国家核设施中发生的按照“国际核事件分级（INES）标准”属于 4 级以上的核事故；

（7）跨国界突发环境事件。

2 重大（Ⅱ级）突发环境事件。

凡符合下列情形之一的，为重大突发环境事件：

（1）因环境污染直接导致 3 人以上 10 人以下死亡或 50 人以上 100 人以下中毒的；

（2）因环境污染需疏散、转移群众 1 万人以上 5 万人以下的；

（3）因环境污染造成直接经济损失 2 000 万元以上 1 亿元以下的；

（4）因环境污染造成区域生态功能部分丧失或国家重点保护野生动植物种群大批死亡的；

（5）因环境污染造成县级城市集中式饮用水水源地取水中断的；

（6）重金属污染或危险化学品生产、贮运、使用过程中发生爆炸、泄漏等事件，或因倾倒、堆放、丢弃、遗撒危险废物等造成的突发环境事件发生在国家重点流域、国家级自然保护区、风景名胜区或居民聚集区、医院、学校等敏感区域的；

（7）1、2 类放射源丢失、被盗、失控造成环境影响，或核设施和铀矿冶炼设施发生的达到进入场区应急状态标准的，或进口货物严重辐射超标的事件；

（8）跨省（区、市）界突发环境事件。

3 较大（Ⅲ级）突发环境事件。

凡符合下列情形之一的，为较大突发环境事件：

（1）因环境污染直接导致 3 人以下死亡或 10 人以上 50 人以下中毒的；

（2）因环境污染需疏散、转移群众 5 000 人以上 1 万人以下的；

（3）因环境污染造成直接经济损失 500 万元以上 2 000 万元以下的；

（4）因环境污染造成国家重点保护的动植物物种受到破坏的；

（5）因环境污染造成乡镇集中式饮用水水源地取水中断的；

（6）3 类放射源丢失、被盗或失控，造成环境影响的；

（7）跨地市界突发环境事件。

4 一般（Ⅳ级）突发环境事件。

除特别重大突发环境事件、重大突发环境事件、较大突发环境事件以外的突发环境事件。

关于印发《企业事业单位突发环境事件应急预案备案管理办法（试行）》的通知

环境保护部文件　环发〔2015〕4 号

各省、自治区、直辖市环境保护厅（局），新疆生产建设兵团环境保护局：

为贯彻落实《环境保护法》，加强对企业事业单位突发环境事件应急预案的备案管理，夯实政府和部门环境应急预案编制基础，根据《环境保护法》《突发事件应对法》等法律法规以及国务院办公厅印发的《突发事件应急预案管理办法》等文件，我部组织编制了《企业事业单位突发环境事件应急预案备案管理办法（试行）》（以下简称《办法》），现印发给你们。

请按照《办法》要求加强管理，指导和督促企业事业单位履行责任义务，制定和备案环境应急预案。《办法》实施前已经备案的环境应急预案，修订时执行本《办法》。

附件：企业事业单位突发环境事件应急预案备案管理办法（试行）

环境保护部

2015 年 1 月 8 日

附件

企业事业单位突发环境事件应急预案备案管理办法（试行）

第一章 总 则

第一条 为加强对企业事业单位（以下简称企业）突发环境事件应急预案（以下简称环境应急预案）的备案管理，夯实政府和部门环境应急预案编制基础，根据《环境保护法》《突发事件应对法》等法律法规以及国务院办公厅印发的《突发事件应急预案管理办法》等文件，制定本办法。

第二条 本办法所称环境应急预案，是指企业为了在应对各类事故、自然灾害时，采取紧急措施，避免或最大程度减少污染物或其他有毒有害物质进入厂界外大气、水体、土壤等环境介质，而预先制定的工作方案。

第三条 环境保护主管部门对以下企业环境应急预案备案的指导和管理，适用本办法：

（一）可能发生突发环境事件的污染物排放企业，包括污水、生活垃圾集中处理设施的运营企业；

（二）生产、储存、运输、使用危险化学品的企业；

（三）产生、收集、贮存、运输、利用、处置危险废物的企业；

（四）尾矿库企业，包括湿式堆存工业废渣库、电厂灰渣库企业；

（五）其他应当纳入适用范围的企业。

核与辐射环境应急预案的备案不适用本办法。省级环境保护主管部门可以根据实际情况，发布应当依法进行环

境应急预案备案的企业名录。

第四条 鼓励其他企业制定单独的环境应急预案，或在突发事件应急预案中制定环境应急预案专章，并备案。

鼓励可能造成突发环境事件的工程建设、影视拍摄和文化体育等群众性集会活动主办企业，制定单独的环境应急预案，或在突发事件应急预案中制定环境应急预案专章，并备案。

第五条 环境应急预案备案管理，应当遵循规范准备、属地为主、统一备案、分级管理的原则。

第六条 县级以上地方环境保护主管部门可以参照有关突发环境事件风险评估标准或指导性技术文件，结合实际指导企业确定其突发环境事件风险等级。

第七条 受理备案的环境保护主管部门（以下简称受理部门）应当及时将备案的企业名单向社会公布。

企业应当主动公开与周边可能受影响的居民、单位、区域环境等密切相关的环境应急预案信息。

国家规定需要保密的情形除外。

第二章 备案的准备

第八条 企业是制定环境应急预案的责任主体，根据应对突发环境事件的需要，开展环境应急预案制定工作，对环境应急预案内容的真实性和可操作性负责。企业可以自行编制环境应急预案，也可以委

托相关专业技术服务机构编制环境应急预案。委托相关专业技术服务机构编制的，企业指定有关人员全程参与。

第九条 环境应急预案体现自救互救、信息报告和先期处置特点，侧重明确现场组织指挥机制、应急队伍分工、信息报告、监测预警、不同情景下的应对流程和措施、应急资源保障等内容。

经过评估确定为较大以上环境风险的企业，可以结合经营性质、规模、组织体系和环境风险状况、应急资源状况，按照环境应急综合预案、专项预案和现场处置预案的模式建立环境应急预案体系。环境应急综合预案体现战略性，环境应急专项预案体现战术性，环境应急现场处置预案体现操作性。

跨县级以上行政区域的企业，编制分县域或者分管理单元的环境应急预案。

第十条 企业按照以下步骤制定环境应急预案：

（一）成立环境应急预案编制组，明确编制组组长和成员组成、工作任务、编制计划和经费预算。

（二）开展环境风险评估和应急资源调查。环境风险评估包括但不限于：分析各类事故衍化规律、自然灾害影响程度，识别环境危害因素，分析与周边可能受影响的居民、单位、区域环境的关系，构建突发环境事件及其后果情景，确定环境风险等级。应急资源调查包括但不限于：调查企业第一时间可调用的环境应急队伍、装备、物资、场所等应急资源状况和可请求援助或协议援助的应急资源状况。

（三）编制环境应急预案。按照本办法第九条要求，合理选择类别，确定内容，重点说明可能的突发环境事件情景下需要采取的处置措施、向可能受影响的居民和单位通报的内容与方式、向环境保护主管部门和有关部门报告的内容与方式，以及与政府预案的衔接方式，形成环境应急预案。编制过程中，应征求员工和可能受影响的居民和单位代表的意见。

（四）评审和演练环境应急预案。企业组织专家和可能受影响的居民、单位代表对环境应急预案进行评审，开展演练进行检验。

评审专家一般应包括环境应急预案涉及的相关政府管理部门人员、相关行业协会代表、具有相关领域经验的人员等。

（五）签署发布环境应急预案。环境应急预案经企业有关会议审议，由企业主要负责人签署发布。

第十一条 企业根据有关要求，结合实际情况，开展环境应急预案的培训、宣传和必要的应急演练，发生或者可能发生突发环境事件时及时启动环境应急预案。

第十二条 企业结合环境应急预案实施情况，至少每三年对环境应急预案进行一次回顾性评估。有下列情形之一的，及时修订：

（一）面临的环境风险发生重大变化，需要重新进行环境风险评估的；

（二）应急管理组织指挥体系与职责发生重大变化的；

（三）环境应急监测预警及报告机制、应对流程和措施、应急保障措施发生重大变化的；

（四）重要应急资源发生重大变化的；

（五）在突发事件实际应对和应急演练中发现问题，需要对环境应急预案作出重大调整的；

（六）其他需要修订的情况。对环境应急预案进行重大修订的，修订工作参照环境应急预案制定步骤进行。对环境应急预案个别内容进行调整的，修订工作可适当简化。

第三章 备案的实施

第十三条 受理部门应当将环境应急预案备案的依据、程序、期限以及需要提供的文件目录、备案文件范例等在其办公场所或网站公示。

第十四条 企业环境应急预案应当在环境应急预案签署发布之日起 20 个工作日内，向企业所在地县级环境保护主管部门备案。县级环境保护主管部门应当在备案之日起 5 个工作日内将较大和重大环境风险企业的环境应急预案备案文件，报送市级环境保护主管部门，重大的同时报送省级环境保护主管部门。

跨县级以上行政区域的企业环境应急预案，应当向沿线或跨域涉及的县级环境保护主管部门备案。县级环境保护主管部门应当将备案的跨县级以上行政区域企业的环境应急预案备案文件，报送市级环境保护主管部门，跨市级以上行政区域的同时报送省级环境保护主管部门。

省级环境保护主管部门可以根据实际情况，将受理部门统一调整到市级环境保护主管部门。受理部门应及时将企业环境应急预案备案文件报送有关环境保护主管部门。

第十五条 企业环境应急预案首次备案，现场办理时应当提交下列文件：

（一）突发环境事件应急预案备案表；

（二）环境应急预案及编制说明的纸质文件和电子文件，环境应急预案包括：环境应急预案的签署发布文件、环境应急预案文本；编制说明包括：编制过程概述、重点内容说明、征求意见及采纳情况说明、评审情况说明；

（三）环境风险评估报告的纸质文件和电子文件；

（四）环境应急资源调查报告的纸质文件和电子文件；

（五）环境应急预案评审意见的纸质文件和电子文件。提交备案文件也可以通过信函、电子数据交换等方式进行。通过电子数据交换方式提交的，可以只提交电子文件。

第十六条 受理部门收到企业提交的环境应急预案备案文件后，应当在 5 个工作日内进行核对。文件齐全的，出具加盖行政机关印章的突发环境事件应急预案备案表。

提交的环境应急预案备案文件不齐全的，受理部门应当责令企业补齐相关文件，并按期再次备案。再次备案的期限，由受理部门根据实际情况确定。

受理部门应当一次性告知需要补齐的文件。

第十七条 建设单位制定的环境应急预案或者修订的企业环境应急预案，应当在建设项目投入生产或者使用前，按照本办法第十五条的要求，向建设项目所在地受理部门备案。

受理部门应当在建设项目投入生产或者使用前，将建设项目环境应急预案或者修订的企业环境应急预案备案文件，报送有关环境保护主管部门。

建设单位试生产期间的环境应急预案，应当参照本办法第二章的规定制定和备案。

第十八条 企业环境应急预案有重大修订的，应当在发布之日起 20 个工作日内向原受理部门变更备案。变更备案按照本办法第十五条要求办理。

环境应急预案个别内容进行调整、需要告知环境保护主管部门的，应当在发布之日起 20 个工作日内以文件形式告知原受理部门。

第十九条 环境保护主管部门受理环境应急预案备案，不得收取任何费用，不得加重或者变相加重企业负担。

第四章 备案的监督

第二十条 县级以上地方环境保护主管部门应当及时将备案的环境应急预案汇总、整理、归档，建立环境应急预案数据库，并将其作为制定政府和部门环境应急预案的重要基础。

第二十一条 县级以上环境保护主管部门应当对备案的环境应急预案进行抽查，指导企业持续改进环境应急预案。

县级以上环境保护主管部门抽查企业环境应急预案，可以采取档案检查、实地核查等方式。抽查可以委托专业技术服务机构开展相关工作。

县级以上环境保护主管部门应当及时汇总分析抽查结果，提出环境应急预案问题清单，推荐环境应急预案范例，制定环境应急预案指导性要求，加强备案指导。

第二十二条 企业未按照有关规定制定、备案环境应急预案，或者提供虚假文件备案的，由县级以上环境保护主管部门责令限期改正，并依据国家有关法律法规给予处罚。

第二十三条 县级以上环境保护主管部门在对突发环境事件进行调查处理时，应当把企业环境应急预案的制定、备案、日常管理及实施情况纳入调查处理范围。

第二十四条 受理部门及其工作人员违反本办法，有下列情形之一的，由环境保护主管部门或其上级环境保护主管部门责令改正；情节严重的，依法给予行政处分：

（一）对备案文件齐全的不予备案或者拖延处理的；

（二）对备案文件不齐全的予以接受的；

（三）不按规定一次性告知企业须补齐的全部备案文件的。

第五章　附　则

第二十五条　环境应急预案需要报其他有关部门备案的，按有关部门规定执行。

第二十六条　本办法自印发之日起施行。《突发环境事件应急预案管理暂行办法》（环发〔2010〕113 号）关于企业预案管理的相关内容同时废止。

附：企业事业单位突发环境事件应急预案备案表

附

企业事业单位突发环境事件应急预案备案表

<table>
<tr><td>单位名称</td><td></td><td>机构代码</td><td></td></tr>
<tr><td>法定代表人</td><td></td><td>联系电话</td><td></td></tr>
<tr><td>联系人</td><td></td><td>联系电话</td><td></td></tr>
<tr><td>传真</td><td></td><td>电子邮箱</td><td></td></tr>
<tr><td>地址</td><td>中心经度</td><td>中心纬度</td><td></td></tr>
<tr><td>预案名称</td><td colspan="3"></td></tr>
<tr><td>风险级别</td><td colspan="3"></td></tr>
<tr><td colspan="4">本单位于　　年　　月　　日签署发布了突发环境事件应急预案，备案条件具备，备案文件 齐全，现报送备案。
本单位承诺，本单位在办理备案中所提供的相关文件及其信息均经本单位确认真实，无虚假，且未隐瞒事实。
预案制定单位（公章）</td></tr>
<tr><td>预案签署人</td><td></td><td>报送时间</td><td></td></tr>
<tr><td>突发环境事件应急预案备案文件目录</td><td colspan="3">1. 突发环境事件应急预案备案表；
2. 环境应急预案及编制说明：
环境应急预案（签署发布文件、环境应急预案文本）；
编制说明（编制过程概述、重点内容说明、征求意见及采纳情况说明、评审情况说明）；
3. 环境风险评估报告；
4. 环境应急资源调查报告；
5. 环境应急预案评审意见。</td></tr>
<tr><td>备案意见</td><td colspan="3">该单位的突发环境事件应急预案备案文件已于　年　月　日收讫，文件 齐全，予以备案。
备案受理部门（公章）
年　月　日</td></tr>
<tr><td>备案编号</td><td colspan="3"></td></tr>
<tr><td>报送单位</td><td colspan="3"></td></tr>
<tr><td>受理部门负责人</td><td></td><td>经办人</td><td></td></tr>
</table>

注：备案编号由企业所在地县级行政区划代码、年份、流水号、企业环境风险级别（一般 L、较大 M、重大 H）及跨区域（T）表征字母组成。例如，河北省永年县**重大环境风险非跨区域企 业环境应急预 案 2015 年备案，是永年县环境保护局当年受理的第 26 个备案，则编号为：130429-2015-026-H；如果是跨区域的企业，则编号为：130429-2015-026-HT。

关于印发《全国环保部门环境应急能力标准化建设达标验收暂行办法》的通知

（环境保护部办公厅文件　环办〔2012〕89号）

各省、自治区、直辖市环境保护厅（局），新疆生产建设兵团环境保护局：

为指导和推动地方各级环保部门开展环境应急能力标准化建设，2010年我部印发了《全国环保部门环境应急能力建设标准》（环发〔2010〕146号）。为加强和规范标准化建设达标验收管理工作，我部组织编制了《全国环保部门环境应急能力标准化建设达标验收暂行办法》，已经部常务会议通过。现印发给你们，请遵照执行。

附件：全国环保部门环境应急能力标准化建设达标验收暂行办法

二〇一二年六月九日

附件：

全国环保部门环境应急能力标准化建设达标验收暂行办法

第一条　为贯彻落实《全国环保部门环境应急能力建设标准》，加强和规范标准化建设达标验收管理工作，进一步推动各地环境应急能力建设，制定本办法。

第二条　本办法适用于各级环保部门环境应急能力标准化建设达标考核验收管理。

第三条　环境应急能力标准化建设达标验收工作，实行分级验收、动态管理。

第四条　《环境应急能力标准化建设达标验收计分细则》为环保部门环境应急能力标准化建设达标考核验收评分的依据。按照《全国环保部门环境应急能力建设标准》中对应的等级要求打分，得分达到90分的，可认定为相应等级达标单位。

第五条　环境应急能力标准化建设达标验收实行国家、省两级验收管理。

环境保护部负责组织省级环保部门环境应急能力标准化建设达标验收。各省、自治区、直辖市环境保护厅（局）负责组织辖区内环保部门的达标验收工作，地市级一级达标单位应报环境保护部备案。

第六条　环境应急能力标准化建设达标验收工作分为网上初审和现场验收两个阶段。

第七条　申请验收的环保部门登陆“环境应急能力标准化建设达标验收网上申报审核系统”填报相关信息，并在线评分，达到90分后，可通过系统提交网上初审申请，经负责验收的上级环保部门网上审核确认后，方可申请现场验收。

负责验收的上级环保部门收到网上初审申请后，应于10个工作日内完成网上初审。

第八条　申请现场验收的环保部门向负责验收的上级环保部门提交以下书面材料：环境应急能力建设达标验收申请表，网上初审确认单，网上预评分表，包括工作措施、标准化建设取得的成效和经验、存在问题及下一步工作计划等内容的工作报告和包括机构设置、人员编制、业务经费、业务用房、装备配置统计、基础工作制度执行情况等内容的技术报告。

负责验收的上级环保部门接到现场验收书面申请后，应于15个工作日内对书面材料进行确认，对符合本办法规定的，于三个月内组织开展现场验收工作，对不符合本办法规定的，复函说明理由，由申请验收的环保部门整改完善后重新申请。

第九条 负责验收的环保部门成立环境应急能力标准化建设达标验收工作小组，成员不少于 3 人。现场验收时，验收工作小组应现场检查并逐项考核、记分，形成验收意见。评分达到 90 分的，视为通过现场验收，未通过现场验收的，申请单位整改后重新提交网上初审和现场验收申请。

第十条 通过现场验收的环保部门，由组织验收的环保部门颁发国家统一样式和规格的标牌，标牌由各省级环保部门统一制作。省级达标机构，颁发环境保护部监制字样的标牌；地市级和县级达标机构，颁发所属各省、自治区、直辖市环境保护厅（局）监制字样的标牌。

第十一条 环境保护部与各省、自治区、直辖市环境保护厅（局）负责环境应急能力标准化建设工作的监督检查。

达标单位每三年复检一次。环境保护部负责对省级达标机构进行复检。各省、自治区、直辖市环境保护厅（局）负责组织辖区内达标单位的复检工作，并于每年 12 月底前将本年度复检情况上报环境保护部。

第十二条 各级环境应急能力标准化建设达标单位及其工作人员有下列情形之一的，由环境保护部或省级环境保护厅（局）进行通报批评，情节严重的取消达标单位称号。

（一）应急车辆、装备或仪器设备管理混乱的，应急设备维护不力的；

（二）基础工作不能达到能力建设要求的；

（三）实际在岗人员数不足编制数的 70%的；

（四）违反环境应急能力建设其他有关规定，屡次指出不改正的。

第十三条 对于达标验收工作中弄虚作假的行为，一经查实，由环境保护部或省级环境保护厅（局）取消达标单位称号，并予通报批评。

第十四条 环境应急能力建设工作力度大、进展快、效果好的地区，由各省、自治区、直辖市环境保护厅（局）初审推荐，环境保护部通报表扬，并在安排环境保护应急能力专项资金时给予优先考虑。

第十五条 本办法由环境保护部负责解释。

第十六条 本办法自发布之日起执行。

附一：

环境应急能力标准化建设达标验收计分细则（暂行）

类　别	序号	指标内容	分值	考核计分细则要点	说　明	备　注
机构与人员（10 分）	1	环境应急管理机构	4	没有专门机构或部门的不能参加达标验收。	以编制部门批文为准	一票否决指标
	2	人员规模	4	一级： 达标 4 分； 未达标按比例扣分。 二、三级： 达到标准下限 4 分； 未达到标准下限的按比例扣分	机构人员基数以编制部门批文批准人数为准。省、市、县三级人民政府组织成立的环境应急救援队 10 人可核算为相应层级环境应急管理机构 1 人（以政府正式文件为准）	机构人数达到相应等级标准下限 60% 可申请该等级验收
	3	人员学历	1	未达标按比例扣分	以学历、学位证书为准。	
	4	培训上岗率	1	未达标按比例扣分	以环境应急培训证书为准	
业务经费（6 分）	5	人员经费	3	编制部门批复的环境应急管理机构人员工资未全额纳入财政预算不能参加达标验收	以相关文件及财务证明为准	一票否决指标
	6	环境应急工作保障经费	3	未纳入财政全额保障不能参加达标验收	以相关文件及财务证明为准	一票否决指标

<table>
<tr><th colspan="2">类　别</th><th>序号</th><th>指标内容</th><th>分值</th><th>考核计分细则要点</th><th>说　明</th><th>备　注</th></tr>
<tr><td colspan="2" rowspan="9">基础工作制度（30分）</td><td>7</td><td>职能到位</td><td>8</td><td>能够行使环境应急管理行政职能，按照突发环境事件的预防与应急准备、监测与预警、应急处置与救援、事后恢复与重建4个环节，缺1项扣2分</td><td>以编制部门批文规定的职责内容为准</td><td></td></tr>
<tr><td>8</td><td>执行预案管理制度</td><td>5</td><td>根据《突发环境事件应急预案管理办法》的规定：
◆编制了本部门突发环境事件应急预案。1分
◆对部门应急预案进行了评估、备案。1分
◆每年对部门应急预案进行演练并对演练结果进行评估。1分
◆部门应急预案每三年至少修订一次。1分
◆指导本辖区内重点企业编制了环境应急预案并备案。1分</td><td></td><td></td></tr>
<tr><td>9</td><td>执行信息报告制度</td><td>5</td><td>严格执行《突发环境事件信息报告办法》。突发环境事件信息和突发环境事件月、季、年报，出现迟报、谎报、瞒报、漏报情况的，一次扣1分，扣完为止</td><td></td><td></td></tr>
<tr><td>10</td><td>案例管理制度</td><td>2</td><td rowspan="6">◆制定了相关制度。1分
◆制度规定详细明确，制度执行规范。1分</td><td rowspan="6">以制度文件为准</td><td></td></tr>
<tr><td>11</td><td>专家库管理制度</td><td>2</td><td></td></tr>
<tr><td>12</td><td>应急调查制度</td><td>2</td><td></td></tr>
<tr><td>13</td><td>培训演练制度</td><td>2</td><td></td></tr>
<tr><td>14</td><td>物资调用制度</td><td>2</td><td></td></tr>
<tr><td>15</td><td>部门联动机制</td><td>2</td><td></td></tr>
<tr><td rowspan="4">环境应急指挥系统（8分）</td><td rowspan="2">固定指挥平台（4分）</td><td>16</td><td>应急指挥平台、综合应用系统的服务器和网络设备</td><td>2</td><td>◆符合国家应急平台体系建设要求，实现互联互通。1分
◆实现各类环境基础信息集成共享。1分</td><td rowspan="4">以固定资产登记为准</td><td></td></tr>
<tr><td>17</td><td>视频会议系统和视频指挥调度系统</td><td>2</td><td>◆按标准配备硬件。1分
◆实现互联互通。1分</td><td></td></tr>
<tr><td rowspan="2">移动指挥通信系统（4分）</td><td>18</td><td>车载应急指挥移动系统及数据采集传输系统</td><td>2</td><td>◆按标准配备硬件。1分
◆与固定平台实时数据传输。1分</td><td></td></tr>
<tr><td>19</td><td>便携式移动通信终端</td><td>2</td><td>◆按标准配备硬件。1分
◆与固定平台实时数据传输。1分</td><td></td></tr>
</table>

类　别	序号	指标内容	分值	考核计分细则要点	说　明	备　注
应急交通工具（9分，选配指标+1分）	20	应急指挥车	3	未按标准数量配备不得分	以固定资产登记为准	
	21	应急车辆	3	未达标按比例扣分		
	22	高性能应急监测车	3	未按标准配备不得分		
	23	多功能水上（近海）快艇	0（+1）	未配备不扣分；配备加1分		选配指标
应急防护装备（9分）	24	气体致密型化学防护服	1	未按标准数量配备不得分	以环境应急管理机构名下登记的固定资产数量为准	
	25	液体致密型化学防护服或粉尘致密型化学防护服	1			
	26	应急现场工作服	1			
	27	易燃易爆气体报警装置	1			
	28	有毒有害气体检测报警装置	1	未按标准数量配备不得分	以环境应急管理机构名下登记的固定资产数量为准	
	29	辐射报警装置	1			
	30	医用急救箱	0.5			
	31	应急供电、照明设备	1			
	32	睡袋	0.5			
	33	帐篷	0.5			
	34	防寒保暖、给氧等生命保障装备	0.5			
应急调查取证设备（7分，选配指标+1分）	35	高精度GPS卫星定位仪	0.5	未按标准数量配备不得分	以环境应急管理机构名下登记的固定资产数量为准	
	36	激光测距望远镜	0.5			
	37	应急摄像器材	2			
	38	应急照相器材	2			
	39	应急录音设备	1			
	40	防爆对讲机	1			
	41	无人驾驶飞机及航拍数据分析系统	0（+1）	未配备不扣分；配备加1分		选配指标
办公设备（11分）	42	台式电脑	2	未按标准配备不得分	以环境应急管理机构名下登记的固定资产数量为准	
	43	固定电话	2			
	44	打印机	2			
	45	传真机	2			
	46	复印机	1			
	47	无线上网笔记本电脑	1			
	48	便携式打印、传真、复印一体机	1			

类　别	序号	指标内容	分值	考核计分细则要点	说　明	备　注
办公用房（5分）	49	日常行政办公室	5	未达到相应标准按比例扣分	以实际使用面积为准	
特殊业务用房（5分）	50	环境应急指挥大厅	1.5	未达到相应标准按比例扣分		
	51	环境应急会商室	1			
	52	环境应急值班室	1.5			
	53	辅助用房	1			
合计			100（+2）	考核得分达到90分（含）的，可定为达到相应的等级标准		

备注：1. “一票否决指标”是指申请达标验收时必须满足的指标，该指标缺失，不能进行达标验收。

2. 表中涉及《全国环保部门环境应急能力建设标准》中“自定”项的，有明确要求的按要求得分、扣分，无明确要求的未配备不扣分。

3. “选配”指标项是指环境应急能力建设中短期内未要求配备到位的指标，未配备不扣分，配备加1分。

4. 《全国环保部门环境应急能力建设标准》中按照人员数量配备的项目，人员基数指编制部门批准人数。

关于印发《全国环保部门环境应急能力建设标准》的通知

（环境保护部文件　环发〔2010〕146号）

各省、自治区、直辖市环境保护厅（局），新疆生产建设兵团环境保护局：

为加强全国环保部门环境应急能力建设，提升突发环境事件应对水平，规范环境应急管理机构，根据《中华人民共和国突发事件应对法》和《关于加强环境应急管理工作的意见》（环发〔2009〕130号）的有关要求，我部组织编制了《全国环保部门环境应急能力建设标准》。现印发给你们，请遵照执行。

附件：全国环保部门环境应急能力建设标准

二〇一〇年十二月二十七日

附件：

全国环保部门环境应急能力建设标准

为适应当前严峻的环境安全形势，加强全国环境应急能力，提升突发环境事件应对水平，推进中国环境应急管理体系建设，根据《中华人民共和国突发事件应对法》、国务院《关于全面加强应急管理工作的意见》（国发〔2006〕24号）和国务院办公厅《关于加强基层应急管理工作的意见》（国办发〔2007〕52号）、《关于加强基层应急队伍建设的意见》（国办发〔2009〕59号）对应急队伍和装备的建设要求，特制定本标准。

本标准以提高省级环境应急指挥能力为核心、以强化地市级突发环境事件现场应对能力为重点，各有侧重的制定了省、市、县三级环保部门环境应急能力建设标准，内容包括环境应急管理机构与人员、硬件装备、业务用房等。同时按照实际情况，分别将省、市、县级标准分为三级，鼓励有需求的地区进一步提高能力建设标准。

环境应急监测能力建设执行《全国环境监测站建设标准》，核与辐射环境应急能力建设标准另行规定。

表1 机构与人员

指标内容	序号	省级建设标准			地市级建设标准			县级建设标准		
		一级	二级	三级	一级	二级	三级	一级	二级	三级
环境应急管理机构	1	有行使环境应急管理职能的专门机构或部门。								
人员规模	2	31人以上	11～30人	5～10人	16人以上	6～15人	3～5人	11人以上	5～10人	2～4人
人员学历	3	本科以上100%	本科以上90%	本科以上80%	本科以上80%	本科以上70%	本科以上60%	大专以上90%	大专以上80%	大专以上70%
培训上岗率	4	100%			100%			80%		

备注：

1. 第1项“环境应急管理机构”指具有行使环境应急管理行政职能，可有效防范和妥善应对各类突发环境事件，推进环境应急全过程管理的专门机构或部门；

2. 第2项“人员规模”指专职从事环境应急管理工作的人员，不含兼职人员；

3. 第3项“人员学历”指新招人员学历；

4. 第4项“培训上岗率”指通过国家级或省级环保部门组织的环境应急管理培训，并取得合格证书的人员比例；

5. 选调政治思想觉悟高、文化程度和业务素质满足工作需要的人员从事环境应急管理工作；

6. 人员经费按照政府有关部门核定的编制内实有人数和国家规定的工资、津贴、补贴标准核定；

7. 环境风险等级高的地区可在标准基础上扩大人员规模。

表2 硬件装备

类别		指标内容	序号	省级建设标准			地市级建设标准			县级建设标准		
				一级	二级	三级	一级	二级	三级	一级	二级	三级
环境应急指挥系统	固定指挥平台	应急指挥平台、综合应用系统的服务器及网络设备	1	1套	1套	1套	1套	1套	自定	1套	自定	自定
		视频会议系统和视频指挥调度系统	2	1套	1套	1套	1套	1套	自定	1套	自定	自定
	移动指挥通信系统	车载应急指挥移动系统及数据采集传输系统	3	3套	2套	1套	2套	1套	自定	1套	自定	自定
		便携式移动通信终端	4	6套	4套	2套	4套	2套	自定	2套	自定	自定
应急交通工具		应急指挥车	5	3辆	2辆	1辆	2辆	1辆	自定	1辆	自定	自定
		应急车辆	6	1辆/3人	1辆/4人	至少2辆	1辆/3人	1辆/4人	至少1辆	1辆/4人	1辆/5人	至少1辆
		高性能应急监测车	7	1辆	1辆	自定	1辆	自定	自定	自定	自定	自定
		多功能水上（近海）快艇	8	自定	自定	自定	1艘	自定	自定	—		

类 别	指标内容	序号	省级建设标准			地市级建设标准			县级建设标准		
			一级	二级	三级	一级	二级	三级	一级	二级	三级
应急防护装备	气体致密型化学防护服	9	6套	4套	2套	4套	2套	2套	2套	自定	自定
	液体致密型化学防护服或粉尘致密型化学防护服	10	16套	10套	4套	10套	5套	3套	4套	3套	2套
	应急现场工作服（套）	11	2套/人	2套/人	1套/人	2套/人	1套/人	1套/人	2套/人	1套/人	1套/人
	易燃易爆气体报警装置	12	6套	4套	2套	4套	2套	2套	2套	2套	2套
	有毒有害气体检测报警装置	13	6套	4套	2套	4套	2套	2套	2套	2套	2套
	辐射报警装置	14	6套	4套	2套	4套	2套	2套	2套	2套	2套
	医用急救箱	15	1套/人	1套/人	1套/2人	1套/人	1套/2人	至少2套	1套/人	1套/2人	至少2套
	应急供电、照明设备	16	3套	2套	1套	2套	1套	自定	1套	自定	自定
	睡 袋	17	10套	6套	4套	8套	4套	自定	4套	自定	自定
	帐 篷	18	5套	3套	2套	4套	2套	自定	2套	自定	自定
	防寒保暖、给氧等生命保障装备	19	1套 / 辆高性能越野车				自定	自定	自定	自定	自定
应急调查取证设备	高精度GPS卫星定位仪	20	1台/辆车	1台/辆车	至少2台	1台/辆车	2台	1台	1台	自定	自定
	激光测距望远镜	21	3台	2台	1台	2台	1台	自定	1台	自定	自定
	应急摄像器材	22	5台	3台	1台	2台	1台	自定	1台	1台	自定
	应急照相器材	23	10台	6台	2台	4台	2台	1台	3台	2台	1台
	应急录音设备	24	10台	6台	2台	6台	4台	2台	4台	3台	2台
	防爆对讲机	25	12台	8台	4台	10台	6台	4台	6台	4台	2台
	无人驾驶飞机及航拍数据分析系统	26	1套	自定	自定	—					
办公设备	台式电脑	27	1台/人	1台/人	1台/2人	1台/人	1台/2人	1台/3人	1台/2人	1台/3人	至少1台
	固定电话	28	1部/2人	1部/3人	至少2部	1部/3人	1部/4人	至少1部	1部/3人	2部	1部
	打印机	29	6台	4台	2台	4台	2台	1台	2台	1台	1台
	传真机	30	5台	3台	2台	2台	1台	1台	1台	1台	1台
	复印机	31	2台	1台	1台	1台	1台	自定	1台	自定	自定
	无线上网笔记本电脑	32	1台/2人	1台/3人	至少2台	1台/3人	1台/4人	至少1台	1台/4人	至少1台	自定
	便携式打印、传真、复印一体机	33	5套	3套	1套	3套	2套	1套	1套	自定	自定

备注：

1. 第1项“应急指挥平台、综合应用系统”指符合国家应急平台体系建设要求，包含环境风险源基础信息系统、环境应急物资储备信息系统等各类环境基础信息集成共享，实现与政府部门应急平台、上下级环保部门应急平台互联互通的环境应急平台体系。

2. 第 2 项“视频会议系统和视频指挥调度系统”，省级需配备 MCU（多点控制单元）、视音频切换控制系统（原则上接入容量不低于 128×128）、网管系统、视频会议终端以及配套外设（包括摄像机、扬声器、扩声设备等）；地市级需配备 MCU（多点控制单元）、视音频切换控制系统（原则上接入容量不低于 64×64）、网管系统、视频会议终端以及配套外设（包括摄像机、扬声器、扩声设备等）；县级需配备视频会议终端以及配套外设（包括摄像机、扬声器、扩声设备等）。

3. 第 3 项“车载应急指挥移动系统及数据采集传输系统”指装配在应急指挥车上的移动指挥通信系统。至少包括电子办公设备、无线通信设备、视频音频图像数据采集设备、数据传输设备，并确保与固定指挥平台之间的实时数据信息传输。

4. 第 4 项“便携式移动通信终端”指便于人员携带和操作的简易通信设备，至少具备无线通信、音频图像数据采集、数据传输功能，并确保与固定指挥平台和车载指挥系统之间的数据信息传输。

5. 移动指挥通信系统应确保在恶劣条件下能够实现事发现场与后方指挥的实时通信。

6. 第 5 项“应急指挥车”指装备了车载应急指挥移动系统及数据采集传输系统的移动指挥车辆，印有“环境应急”字样标识。省一级、省二级、市一级的应急指挥车须在 7 座以上。

7. 第 6 项“应急车辆”包括商务车、越野车、高性能越野车，印有“环境应急”字样标识。地理条件复杂的地区可提高越野车、高性能越野车的配置比例。

8. 第 7 项“高性能应急监测车”指应急状态下赴现场快速监测的车辆，可快速监测液态、气态、固态及辐射等各类污染物，具有密闭保护功能，印有“环境应急”字样标识。应急监测车可委托环境监测部门进行日常管理维护。

9. 第 8 项，“多功能水上（近海）快艇”，印有“环境应急”字样标识，内陆地区且辖区内无大面积水域的环保部门可不装备。

10. 第 9 项“气体致密型化学防护服”和第 10 项“液体致密型化学防护服或粉尘致密型化学防护服”均指包括身体防护、呼吸防护、无线通讯的成套防护装备。技术标准参照《防护服装 化学防护服通用技术要求》（GB 24539—2009）、《化学防护服的选择、使用和维护》（AQ/T 6107—2008）。

11. 第 11 项“应急现场工作服（套）”指一般应急现场工作服，包括服装、鞋、帽、手套、口罩、护目镜或面镜等装备，服装印有“环境应急”字样标识。

12. 第 15 项“医用急救箱”中至少包括：纯棉弹性绷带、网状弹力绷带、不粘伤口无菌敷料、防水创可贴、压缩脱脂棉、三角巾、酒精棉片、伤口消毒棉签、医用剪刀、医用塑胶手套、人工呼吸隔离面罩、速效救心丸等。

13. 第 19 项“防寒保暖、给氧等生命保障装备”包括防寒服、采暖炉、氧气瓶、野外炊具等，环境条件恶劣的地区可提高配置。

14. 第 22 项“应急摄像器材”和第 23 项“应急照相器材”指具备防爆、高清、广角、长焦距、夜间拍摄等功能的摄像器材和照相器材。

15. 第 26 项“无人驾驶飞机”指利用无线电遥控设备和自备程序控制装置操纵的不载人飞机，具备航拍功能和数据传输系统，需配套航拍数据分析系统，由专业人员进行操作。

16. 环境应急硬件装备应保持完好，按规定维护升级、淘汰更新，随时保持正常使用状态。

17. 构建环境应急物资储备信息库，提出环境应急物资储备清单，依托地方人民政府储备应急救援物资。

18. 本《标准》各项指标内容为最低配置，各地在此基础上根据实际需要增加装备内容、提高装备水平。

表 3 业务用房

<table>
<tr><th colspan="2" rowspan="2">指标内容</th><th rowspan="2">序号</th><th colspan="3">省级建设标准</th><th colspan="3">地市级建设标准</th><th colspan="3">县级建设标准</th></tr>
<tr><th>一级</th><th>二级</th><th>三级</th><th>一级</th><th>二级</th><th>三级</th><th>一级</th><th>二级</th><th>三级</th></tr>
<tr><td colspan="2">行政办公用房</td><td>1</td><td colspan="3">人均不低于 $15m^2$</td><td colspan="3">人均不低于 $12m^2$</td><td colspan="3">人均不低于 $10m^2$</td></tr>
<tr><td rowspan="2">特殊业务用房</td><td>环境应急指挥大厅</td><td>2</td><td>400 m^2</td><td>200 m^2</td><td rowspan="2">200 m^2</td><td>200 m^2</td><td rowspan="2">100 m^2</td><td>自定</td><td rowspan="2">100 m^2</td><td>自定</td><td>自定</td></tr>
<tr><td>环境应急会商室</td><td>3</td><td>300 m^2</td><td>200 m^2</td><td>200 m^2</td><td>自定</td><td>自定</td><td>自定</td></tr>
</table>

指标内容		序号	省级建设标准			地市级建设标准			县级建设标准		
			一级	二级	三级	一级	二级	三级	一级	二级	三级
特殊业务用房	环境应急值班室	4	200 m^2	100 m^2	50 m^2	150 m^2	100 m^2	50 m^2	100 m^2	50 m^2	自定
	辅助用房	5	200 m^2	100 m^2	50 m^2	150 m^2	100 m^2	50 m^2	100 m^2	50 m^2	自定

备注：

1. 第 1 项“行政办公用房”配备桌、椅、柜等办公设施，配备台式电脑、传真机、复印机、打印机和互联网登录设备；

2. 第 2 项“环境应急指挥大厅”配备视频会议系统，配备视频、音频系统和大屏幕显示系统，配备桌、椅、柜等办公设施；

3. 第 3 项“环境应急会商室”包括小型会商室、应急平台控制间、机房等；

4. 第 4 项“环境应急值班室”包括应急调度室、夜间值班室等；

5. 第 5 项“辅助用房”包括储备间、设备间、操作间等。

关于加强环境应急管理工作的意见

（环境保护部文件　环发〔2009〕130 号）

各省、自治区、直辖市环境保护厅（局），新疆生产建设兵团环境保护局：

为深入贯彻落实科学发展观，有效防范和妥善应对突发环境事件，保障人民群众生命财产安全和环境安全，促进经济全面、协调、可持续发展和社会和谐，推进生态文明建设，根据《中华人民共和国突发事件应对法》、环境保护法律法规以及国务院关于加强应急管理工作的各项要求，现就加强环境应急管理工作提出如下意见：

一、充分认识加强环境应急管理工作的重大意义

（一）环境应急管理工作取得积极进展。党中央、国务院高度重视环境应急管理工作。近年来，我国环境应急管理工作不断推进，环境应急能力得到加强，突发环境事件应对工作取得积极成效。特别是 2008 年，在党中央、国务院的坚强领导下，各级环保部门积极采取措施，妥善应对南方低温冰冻雨雪灾害、汶川特大地震等重大自然灾害引发的次生环境问题，全力以赴完成了北京奥运会、残奥会等重大活动的环境安全保障任务。

（二）环境安全形势依然十分严峻。当前，我国正处于工业化、城镇化加速发展时期，各种自然灾害和人为活动带来的环境风险不断加剧，突发环境事件的诱因更加多样、复杂。环境恶化状况尚未得到根本遏制；企业环境违法问题仍然普遍存在，环境风险隐患突出；突发环境事件仍呈高发态势，跨界污染、重金属及有毒有害物质污染事件频发，社会危害和影响明显加大。

（三）环境应急管理体系亟待健全。环境应急管理工作起步较晚，基础十分薄弱，当前的环境应急管理法制体制机制能力与新时期环境安全形势发展的要求不相适应。突出表现为，对环境应急管理工作认识不到位，重视不够；环境应急管理的法规标准体系不完善，预案的针对性、操作性较差，预案建设及管理不规范；地方环境应急管理队伍建设严重滞后，应对突发环境事件能力薄弱；环境应急管理机制不够健全，部门内部及部门之间协调联动的工作格局尚未建立；环境应急管理的科技、监测、信息、宣教等能力支撑不足。

（四）加强环境应急管理意义重大。加强环境应急管理，是落实科学发展观、构建社会主义和谐社会的必然要求，是坚持以人为本、执政为民、全面履行环境综合管理职能的应有之义。各级环保部门要从全局和战略的高度，提高对加强环境应急管理工作重要性和紧迫性的认识，切实把这项工作摆上更加重要的位置，全面推进环境应急全过程管理，积极防范环境风险，妥善处置突发环境事件，确保国家环境安全和人民群众身体健康。

二、指导思想和工作目标

（五）指导思想。以邓小平理论和“三个代表”重要思想为指导，深入落实科学发展观，全面贯彻《中华人民共和国突发事件应对法》和《国家突发环境事件应急预案》，坚持以人为本，把保障人民群众环境权益和健康权益放在首位；立足预防为主，推进环境应急全过程管理；强化综合协调，加快全国环境应急管理体系建设；推进制度建设，提高环境应急管理水平；充分利用市场机制，促进企业加强环境风险管理；加强基础能力建设，科学处置各类突发环境事件；增强环境风险意识，确保环境安全。

（六）工作目标。到 2015 年，环境应急管理政策法规体系基本完善；省（自治区、直辖市）、省辖市和重点县（区、市）环境应急管理机构和应急能力有较大加强，全国环境应急管理网络基本形成；国家、省级、市级突发环境事件预案体系基本健全；重点行业环境风险源数据库基本建立；环境应急管理人才队伍初具规模，专业水平明显提升；环境应急平台基本建成；环境应急管理基本实现法制化、信息化、专业化。

三、加快建设中国特色环境应急管理体系

（七）完善环境应急管理政策法规体系。抓紧制订环境应急管理办法，明确环保部门、政府相关部门、企业以及社会公众在环境应急过程中的职责定位，理顺综合监管与专业监管、不同层级监管之间的关系，建立环境应急管理的基本制度。修订《环境保护行政主管部门突发环境事件信息报告办法（试行）》，制订突发环境事件应急预案管理办法等规章制度，进一步完善相关制度和程序，促进环境应急管理工作走上法制化、规范化的轨道。加快建立环境污染责任保险制度，建立健全污染损害评估和鉴定机制。

（八）健全突发环境事件应急预案体系。修订《国家突发环境事件应急预案》，各地要结合自身实际尽快修订和完善有关应急预案。加强与行业管理部门合作，制订分行业和分类的环境应急预案编制指南，指导企业找准环境风险环节，完善企业环境应急预案。实行预案动态管理，建立企业、部门预案报备制度，规范预案编制、修订和执行工作，提高预案的针对性、实用性和可操作性。针对区域的地理环境、企业污染类型等实际情况，定期组织开展多种形式的预案演练，促进相关单位部门之间的协调。加强预案制订和演练过程中的公众参与。

（九）推进环境应急管理体制建设。按照国家统一领导、综合协调、分类管理、分级负责、属地管理为主的应急管理体制总体要求，理顺环境应急管理体制。制定《全国环境保护部门环境应急管理工作规范》，明确各级环保部门及其内部各部门日常环境应急管理职责，以及在突发环境事件应对工作中的职责。重点加强省（自治区、直辖市）、省辖市和重点县（区、市）环境应急管理能力和人员力量，切实解决环境应急管理力量不足等问题。各省级环保部门要按照《国务院办公厅关于加强基层应急队伍建设的意见》，认真研究制定本辖区基层环境应急队伍建设的具体措施，加强对基层环境应急队伍建设的指导。

（十）创新环境应急管理联动协作机制。大力推动环保部门与公安消防部门等综合性及专业性应急救援队伍建立长效联动机制；积极探索依托大中型企业建立专业环境应急救援队伍，促进环境应急救援工作专业化和社会化。与发展改革、工商管理、行业管理等部门建立联动机制，加强“高污染、高环境风险”行业环境安全管理；与交通、公安、安监等部门建立联动机制，加强危险化学品和危险废物运输中的环境管理；与水利部门协调沟通，互相通报重点流域、集中式饮用水源地等有关信息。建立健全预防和处置跨界突发环境事件的长效联动机制。

四、全面推进环境应急全过程管理，积极防范和妥善应对各类突发环境事件

（十一）推进环境应急全过程管理。重点加强环境影响评价审批和建设项目竣工环境保护验收工作中的环境风险评价和风险防范措施的落实。继续严格控制和限期淘汰高耗能、高污染、高环境风险产品及生产工艺。在环保规划管理、排污许可证管理、限期治理、区域（行业）限批、上市企业环保核查、环境执法检查、环境监测等各项环境管理制度中，全面落实防范环境风险的责任和要求，构建全防全控的环境应急管理体系。

（十二）加强监测预警，建立健全环境风险防范体系。加强地表水跨界断面水质监测、污染源特征污染物监测，重点加强重金属等有毒有害物质的监测和能力建设，及时发现环境污染问题。加强大气环境风险源集中区域的大气环境监测，建立大气环境监测预警网络。开展与应急管理特点相适应的环境应急监测规范研究，加强特殊污染物监测方法的技术储备和标准方法的研究，为环境应急管理提供数据支持。充分发挥卫星遥感、移动监测等新技术的作用，健全全方位的动态立体监测预警体系。

（十三）全面掌握环境风险源信息，加强隐患整改。各地要全面开展环境风险源调查，建立本辖区环境风险源档案和数据库，并纳入环境应急平台体系建设。建立环境风险源评估制度，实现分级分类动态管理。制定《企业环境风险隐患排查治理规定》，督促企业落实环境风险隐患排查和治理的责任。重点加强对涉重金属和“双高”企业的日常监管和后督察，监督、指导企业落实综合防范和处置措施，对隐患突出又未能有效整改的，要依法实行停产整治或予以关闭。

（十四）加强应急值守，完善环境应急接警制度。进一步增强政治敏感性和责任感，建立健全环境应急值守制度，落实各项责任，严格管理，认真做好人员、车辆、物资、仪器设备等方面的应急准备，确保通讯畅通。进一步完善全国 12369 环保举报热线网络，认真办理群众举报、投诉，接到突发环境事件报警后，详细、准确记录有关信息，按有关要求做好信息调度和报告工作。

（十五）全力做好突发环境事件应急响应工作，加强信息报送和信息发布。突发环境事件发生后，各级环保部门要在当地政府的统一领导下，按照预案的要求立即采取响应措施，科学处置，最大限度地降低突发环境事件造成的危害和影响。严格执行突发环境事件信息报送制度，畅通信息报送渠道，对迟报、漏报甚至瞒报、谎报行为要依法追究责任。协助政府及时发布准确、权威的环境信息，充分发挥新闻舆论的导向作用，为积极稳妥地处置突发环境事件营造良好的舆论环境。

（十六）落实责任追究，加强事件调查、分析、评估和总结。按照“事件原因没有查清不放过，事件责任者没有严肃处理不放过，整改措施没有落实不放过”的原则，认真做好突发环境事件调查和处置。建立突发环境事件典型案例分析制度和处置后评估制度，及时总结事件防范及处置工作的经验教训，积极完善各项管理制度和措施。健全突发环境事件的统计分析和定期报告制度，加强考核和工作指导。

五、全面加强环境应急管理各项基础及保障工作

（十七）严格执行环境应急管理工作责任制。各级环保部门的主要领导是环境应急管理工作的第一责任人，要明确环境应急管理的具体工作部门和责任人，建立严格的责任制。建立突发环境事件预防、处置的考核制度和奖惩制度，对不履行职责引起事态扩大、造成严重后果的责任人依法追究责任，对预防和处置工作开展好的单位和个人予以奖励。对各地预防和处置突发环境应急事件的情况，纳入现有环境保护有关考核、评优活动中。

（十八）加强环境应急能力建设。根据国家环境保护“十二五”规划和能力建设规划的总体要求与部署，各地要研究制定环境应急管理能力建设的专项规划和实施方案，明确环境应急指挥调度、应急监测、应急处置、应急防护和救援物资储备等规划内容。研究制定《全国环境应急能力建设标准》，建立环境应急能力评估机制，科学指导各地环境应急能力建设。研究建立突发环境事件应急处置资金保障机制和应急处置专项资金，为突发环境事件处置提供资金保障。加强环境应急科学技术的研究和开发，特别是有毒有害物质污染处置技术的研究。按照国家应急平台体系建设的总体要求，加强各类环境基础信息集

成共享，建立以地理信息系统为基础，先进实用的环境应急平台体系。建立全国统一、高效、共享的环境应急专家库，提高科学应对和处置突发环境事件决策水平。

（十九）加强培训和宣传教育。积极开展各种有针对性的环境应急管理培训，宣传贯彻《中华人民共和国突发事件应对法》和《国家突发环境事件应急预案》。开展环境应急管理人员队伍培训，提高环境应急管理人员科学决策水平、环境应急综合应对能力和自我防护能力；开展环境应急师资队伍培训，为环境应急管理培养师资力量。积极开展环境应急管理国际交流与合作。联合企业采用多种形式进行宣传教育，加强环境应急知识普及和教育，提高人民群众环境安全意识和自救互救能力。

二〇〇九年十一月九日

关于进一步加强环境影响评价管理防范环境风险的通知

环境保护部文件 环发〔2012〕77号

各省、自治区、直辖市环境保护厅（局），新疆生产建设兵团环境保护局，辽河保护区管理局，解放军环境保护局，各环境保护督查中心，相关企业集团：

为贯彻落实国务院《关于加强环境保护重点工作的意见》和《国家环境保护“十二五”规划》，进一步加强环境影响评价管理，明确企业环境风险防范主体责任，强化各级环保部门的环境监管，切实有效防范环境风险，现就有关事项通知如下：

一、充分认识防范环境风险的重要性，进一步加强环境影响评价管理

（一）提高认识，强化管理。各级环保部门要充分认识目前环境保护工作面临的新形势、新任务，以不断改善环境质量、解决突出环境问题为着眼点，按照“预防为主、防控结合”的原则，加强环境影响评价管理，督促企业认真落实环境风险防范和应急措施，全面提高环境保护监管水平，有效防范环境风险。

（二）突出重点，全程监管。对石油天然气开采、油气/液体化工仓储及运输、石化化工等重点行业建设项目，应进一步加强环境影响评价管理，针对环境影响评价文件编制与审批、工程设计与施工、试运行、竣工环保验收等各个阶段实施全过程监管，强化环境风险防范及应急管理要求。其他存在易燃易爆、有毒有害物质（如危险化学品、危险废物、挥发性有机物、重金属等）的建设项目，其环境管理工作可参照本通知执行。

（三）明确责任，强化落实。建设单位及其所属企业是环境风险防范的责任主体，应建立有效的环境风险防范与应急管理体系并不断完善。环评单位要加强环境风险评价工作，并对环境影响评价结论负责；环境监理单位要督促建设单位按环评及批复文件要求建设环境风险防范设施，并对环境监理报告结论负责；验收监测或验收调查单位要全面调查环境风险防范设施建设和应急措施落实情况，并对验收监测或验收调查结论负责。各级环保部门要严格建设项目环境影响评价审批和监管，在环境影响评价文件审批中对环境风险防范提出明确要求。

二、充分发挥规划环境影响评价的指导作用，源头防范环境风险

（四）石化化工建设项目原则上应进入依法合规设立、环保设施齐全的产业园区，并符合园区发展规划及规划环境影响评价要求。涉及港区、资源开采区和城市规划区的建设项目，应符合相关规划及规划环境影响评价的要求。

（五）产业园区应认真贯彻落实我部《关于加强产业园区规划环境影响评价有关工作的通知》（环发〔2011〕14号）要求，在规划环境影响评价中强化环境风险评价，优化园区选址及产业定位、布局、结构

和规模，从区域角度防范环境风险。涉及重点行业建设项目的港区、资源开采区规划环境影响评价也应强化环境风险评价工作。

（六）已经开展战略环境影响评价工作的重点区域内的产业园区、港区、资源开采区等，其规划环境影响评价应以战略环境影响评价结论为指导和依据，并符合战略环境影响评价提出的布局、结构、规模及环境风险防范等要求。

三、严格建设项目环境影响评价管理，强化环境风险评价

（七）建设项目环境风险评价是相关项目环境影响评价的重要组成部分。新、改、扩建相关建设项目环境影响评价应按照相应技术导则要求，科学预测评价突发性事件或事故可能引发的环境风险，提出环境风险防范和应急措施。论证重点如下：

1．从环境风险源、扩散途径、保护目标三方面识别环境风险。环境风险识别应包括生产设施和危险物质的识别，有毒有害物质扩散途径的识别（如大气环境、水环境、土壤等）以及可能受影响的环境保护目标的识别。

2．科学开展环境风险预测。环境风险预测设定的最大可信事故应包括项目施工、营运等过程中生产设施发生火灾、爆炸，危险物质发生泄漏等事故，并充分考虑伴生/次生的危险物质等，从大气、地表水、海洋、地下水、土壤等环境方面考虑并预测评价突发环境事件对环境的影响范围和程度。

3．提出合理有效的环境风险防范和应急措施。结合风险预测结论，有针对性地提出环境风险防范和应急措施，并对措施的合理性和有效性进行充分论证。

（八）改、扩建相关建设项目应按照现行环境风险防范和管理要求，对现有工程的环境风险进行全面梳理和评价，针对可能存在的环境风险隐患，提出相应的补救或完善措施，并纳入改、扩建项目“三同时”验收内容。

（九）对存在较大环境风险的相关建设项目，应严格按照《环境影响评价公众参与暂行办法》（环发〔2006〕28号）做好环境影响评价公众参与工作。项目信息公示等内容中应包含项目实施可能产生的环境风险及相应的环境风险防范和应急措施。

（十）环境风险评价结论应作为相关建设项目环境影响评价文件结论的主要内容之一。无环境风险评价专章的相关建设项目环境影响评价文件不予受理；经论证，环境风险评价内容不完善的相关建设项目环境影响评价文件不予审批。

（十一）环保部门在相关建设项目环境影响评价文件审批中，对存在较大环境风险隐患的，应提出环境影响后评价的要求。相关建设项目的环境影响评价文件经批准后，环境风险防范设施发生重大变动的，建设单位应按《环境影响评价法》要求重新办理报批手续。

（十二）建设项目的环境风险防范设施和应急措施是企业环境风险防范与应急管理体系的组成部分，也是企业制定和完善突发环境事件应急预案的基础。企业突发环境事件应急预案的编制、评估、备案和实施等，应按我部《突发环境事件应急预案管理暂行办法》（环发〔2010〕113号）等相关规定执行。

四、加强建设项目“三同时”验收监管，严格落实环境风险防范和应急措施

（十三）建设项目设计阶段，应按照或参照《化工建设项目环境保护设计规范》（GB50483）等国家标准和规范要求，设计有效防止泄漏物质、消防水、污染雨水等扩散至外环境的收集、导流、拦截、降污等环境风险防范设施。

（十四）相关建设项目应在其设计方案确定后、设计文件批复前，逐项对比防治污染、防止生态破坏以及防范环境风险设施的设计方案与环境影响评价文件及批复要求的相符性。建设单位应将上述环保设施在设计阶段的落实情况报环境影响评价文件审批部门备案，并抄报当地环保部门。对我部审批的建设项目，应同时抄报所在区域环境保护督查中心。

（十五）对存在较大环境风险隐患的相关建设项目，建设单位应委托环境监理单位开展环境监理工作，重点关注项目施工过程中各项防治污染、防止生态破坏以及防范环境风险设施的建设情况，未按要求落实的应及时纠正、补救。环境监理报告应作为试生产审查和环保验收的依据之一。

（十六）相关建设项目申请试生产时，建设单位应将项目设计阶段环保措施落实情况、环境监理报告和企业突发环境事件应急预案的备案材料一并提交。建设项目防治污染、防止生态破坏措施以及环境风险防范设施和应急措施不能满足环境影响评价文件及批复要求以及无《突发环境事件应急预案备案登记表》的，各级环保部门不得批准其投入试生产。

（十七）建设项目竣工环境保护验收监测或调查时，应对环境风险防范设施和应急措施的落实情况进行全面调查。相关建设项目验收监测或调查报告，应设环境风险防范设施和应急措施落实情况专章；无相关内容的，各级环保部门不得受理其验收申请。

（十八）各级环保部门应强化建设项目试生产和竣工环保验收管理，按照环境影响评价文件及批复要求，分别对各项环境风险防范设施和应急措施落实情况进行全面现场检查和重点核查。对不符合要求的建设项目，应提出限期整改要求；对逾期未完成整改要求的，应依法予以查处。

五、严格落实企业主体责任，不断提高企业环境风险防控能力

（十九）企业应建设并完善日常和应急监测系统，配备大气、水环境特征污染物监控设备，编制日常和应急监测方案，提高监控水平、应急响应速度和应急处理能力；建立完备的环境信息平台，定期向社会公布企业环境信息，接受公众监督。将企业突发环境事件应急预案演练和应急物资管理作为日常工作任务，不断提升环境风险防范应急保障能力。

（二十）企业应积极配合当地政府建设和完善项目所在园区（港区、资源开采区）环境风险预警体系、环境风险防控工程、环境应急保障体系。企业突发环境事件应急预案应与当地政府和相关部门以及周边企业、园区（港区、资源开采区）的应急预案相衔接，加强区域应急物资调配管理，构建区域环境风险联控机制。

六、自本通知印发之日起，原国家环境保护总局《关于防范环境风险加强环境影响评价管理的通知》（环发〔2005〕152号）废止。

二〇一二年七月三日

第十三篇　化学品管理

危险化学品安全管理条例

中华人民共和国国务院令

第 591 号

《危险化学品安全管理条例》已经 2011 年 2 月 16 日国务院第 144 次常务会议修订通过，现将修订后的《危险化学品安全管理条例》公布，自 2011 年 12 月 1 日起施行。

总理　温家宝

二〇一一年三月二日

（2002 年 1 月 26 日中华人民共和国国务院令第 344 号公布　2011 年 2 月 16 日国务院第 144 次常务会议修订通过　根据 2013 年 12 月 4 日国务院令第 645 号《国务院关于修改部分行政法规的决定》修订）

第一章　总　则

第一条　为了加强危险化学品的安全管理，预防和减少危险化学品事故，保障人民群众生命财产安全，保护环境，制定本条例。

第二条　危险化学品生产、储存、使用、经营和运输的安全管理，适用本条例。

废弃危险化学品的处置，依照有关环境保护的法律、行政法规和国家有关规定执行。

第三条　本条例所称危险化学品，是指具有毒害、腐蚀、爆炸、燃烧、助燃等性质，对人体、设施、环境具有危害的剧毒化学品和其他化学品。

危险化学品目录，由国务院安全生产监督管理部门会同国务院工业和信息化、公安、环境保护、卫生、质量监督检验检疫、交通运输、铁路、民用航空、农业主管部门，根据化学品危险特性的鉴别和分类标准确定、公布，并适时调整。

第四条　危险化学品安全管理，应当坚持安全第一、预防为主、综合治理的方针，强化和落实企业的主体责任。

生产、储存、使用、经营、运输危险化学品的单位（以下统称危险化学品单位）的主要负责人对本单位的危险化学品安全管理工作全面负责。

危险化学品单位应当具备法律、行政法规规定和国家标准、行业标准要求的安全条件，建立、健全安全管理规章制度和岗位安全责任制度，对从业人员进行安全教育、法制教育和岗位技术培训。从业人员应当接受教育和培训，考核合格后上岗作业；对有资格要求的岗位，应当配备依法取得相应资格的人员。

第五条　任何单位和个人不得生产、经营、使用国家禁止生产、经营、使用的危险化学品。

国家对危险化学品的使用有限制性规定的，任何单位和个人不得违反限制性规定使用危险化学品。

第六条　对危险化学品的生产、储存、使用、经营、运输实施安全监督管理的有关部门（以下统称负有危险化学品安全监督管理职责的部门），依照下列规定履行职责：

（一）安全生产监督管理部门负责危险化学品安全监督管理综合工作，组织确定、公布、调整危险化学品目录，对新建、改建、扩建生产、储存危险化学品（包括使用长输管道输送危险化学品，下同）的建设项目进行安全条件审查，核发危险化学品安全生产许可证、危险化学品安全使用许可证和危险化学品经营许可证，并负责危险化学品登记工作。

（二）公安机关负责危险化学品的公共安全管理，核发剧毒化学品购买许可证、剧毒化学品道路运输通行证，并负责危险化学品运输车辆的道路交通安全管理。

（三）质量监督检验检疫部门负责核发危险化学品及其包装物、容器（不包括储存危险化学品的固定式大型储罐，下同）生产企业的工业产品生产许可证，并依法对其产品质量实施监督，负责对进出口危险化学品及其包装实施检验。

（四）环境保护主管部门负责废弃危险化学品处置的监督管理，组织危险化学品的环境危害性鉴定和环境风险程度评估，确定实施重点环境管理的危险化学品，负责危险化学品环境管理登记和新化学物质环境管理登记；依照职责分工调查相关危险化学品环境污染事故和生态破坏事件，负责危险化学品事故现场的应急环境监测。

（五）交通运输主管部门负责危险化学品道路运输、水路运输的许可以及运输工具的安全管理，对危险化学品水路运输安全实施监督，负责危险化学品道路运输企业、水路运输企业驾驶人员、船员、装卸管理人员、押运人员、申报人员、集装箱装箱现场检查员的资格认定。铁路监管部门负责危险化学品铁路运输及其运输工具的安全管理。民用航空主管部门负责危险化学品航空运输以及航空运输企业及其运输工具的安全管理。

（六）卫生主管部门负责危险化学品毒性鉴定的管理，负责组织、协调危险化学品事故受伤人员的医疗卫生救援工作。

（七）工商行政管理部门依据有关部门的许可证件，核发危险化学品生产、储存、经营、运输企业营业执照，查处危险化学品经营企业违法采购危险化学品的行为。

（八）邮政管理部门负责依法查处寄递危险化学品的行为。

第七条　负有危险化学品安全监督管理职责的部门依法进行监督检查，可以采取下列措施：

（一）进入危险化学品作业场所实施现场检查，向有关单位和人员了解情况，查阅、复制有关文件、资料；

（二）发现危险化学品事故隐患，责令立即消除或者限期消除；

（三）对不符合法律、行政法规、规章规定或者国家标准、行业标准要求的设施、设备、装置、器材、运输工具，责令立即停止使用；

（四）经本部门主要负责人批准，查封违法生产、储存、使用、经营危险化学品的场所，扣押违法生产、储存、使用、经营、运输的危险化学品以及用于违法生产、使用、运输危险化学品的原材料、设备、运输工具；

（五）发现影响危险化学品安全的违法行为，当场予以纠正或者责令限期改正。

负有危险化学品安全监督管理职责的部门依法进行监督检查，监督检查人员不得少于2人，并应当出示执法证件；有关单位和个人对依法进行的监督检查应当予以配合，不得拒绝、阻碍。

第八条　县级以上人民政府应当建立危险化学品安全监督管理工作协调机制，支持、督促负有危险化学品安全监督管理职责的部门依法履行职责，协调、解决危险化学品安全监督管理工作中的重大问题。

负有危险化学品安全监督管理职责的部门应当相互配合、密切协作，依法加强对危险化学品的安全监督管理。

第九条　任何单位和个人对违反本条例规定的行为，有权向负有危险化学品安全监督管理职责的部门举报。负有危险化学品安全监督管理职责的部门接到举报，应当及时依法处理；对不属于本部门职责的，应当及时移送有关部门处理。

第十条　国家鼓励危险化学品生产企业和使用危险化学品从事生产的企业采用有利于提高安全保障水平的先进技术、工艺、设备以及自动控制系统，鼓励对危险化学品实行专门储存、统一配送、集中销售。

第二章 生产、储存安全

第十一条 国家对危险化学品的生产、储存实行统筹规划、合理布局。

国务院工业和信息化主管部门以及国务院其他有关部门依据各自职责，负责危险化学品生产、储存的行业规划和布局。

地方人民政府组织编制城乡规划，应当根据本地区的实际情况，按照确保安全的原则，规划适当区域专门用于危险化学品的生产、储存。

第十二条 新建、改建、扩建生产、储存危险化学品的建设项目（以下简称建设项目），应当由安全生产监督管理部门进行安全条件审查。

建设单位应当对建设项目进行安全条件论证，委托具备国家规定的资质条件的机构对建设项目进行安全评价，并将安全条件论证和安全评价的情况报告报建设项目所在地设区的市级以上人民政府安全生产监督管理部门；安全生产监督管理部门应当自收到报告之日起45日内作出审查决定，并书面通知建设单位。具体办法由国务院安全生产监督管理部门制定。

新建、改建、扩建储存、装卸危险化学品的港口建设项目，由港口行政管理部门按照国务院交通运输主管部门的规定进行安全条件审查。

第十三条 生产、储存危险化学品的单位，应当对其铺设的危险化学品管道设置明显标志，并对危险化学品管道定期检查、检测。

进行可能危及危险化学品管道安全的施工作业，施工单位应当在开工的7日前书面通知管道所属单位，并与管道所属单位共同制定应急预案，采取相应的安全防护措施。管道所属单位应当指派专门人员到现场进行管道安全保护指导。

第十四条 危险化学品生产企业进行生产前，应当依照《安全生产许可证条例》的规定，取得危险化学品安全生产许可证。

生产列入国家实行生产许可证制度的工业产品目录的危险化学品的企业，应当依照《中华人民共和国工业产品生产许可证管理条例》的规定，取得工业产品生产许可证。

负责颁发危险化学品安全生产许可证、工业产品生产许可证的部门，应当将其颁发许可证的情况及时向同级工业和信息化主管部门、环境保护主管部门和公安机关通报。

第十五条 危险化学品生产企业应当提供与其生产的危险化学品相符的化学品安全技术说明书，并在危险化学品包装（包括外包装件）上粘贴或者拴挂与包装内危险化学品相符的化学品安全标签。化学品安全技术说明书和化学品安全标签所载明的内容应当符合国家标准的要求。

危险化学品生产企业发现其生产的危险化学品有新的危险特性的，应当立即公告，并及时修订其化学品安全技术说明书和化学品安全标签。

第十六条 生产实施重点环境管理的危险化学品的企业，应当按照国务院环境保护主管部门的规定，将该危险化学品向环境中释放等相关信息向环境保护主管部门报告。环境保护主管部门可以根据情况采取相应的环境风险控制措施。

第十七条 危险化学品的包装应当符合法律、行政法规、规章的规定以及国家标准、行业标准的要求。

危险化学品包装物、容器的材质以及危险化学品包装的型式、规格、方法和单件质量（重量），应当与所包装的危险化学品的性质和用途相适应。

第十八条 生产列入国家实行生产许可证制度的工业产品目录的危险化学品包装物、容器的企业，应当依照《中华人民共和国工业产品生产许可证管理条例》的规定，取得工业产品生产许可证；其生产的危险化学品包装物、容器经国务院质量监督检验检疫部门认定的检验机构检验合格，方可出厂销售。

运输危险化学品的船舶及其配载的容器，应当按照国家船舶检验规范进行生产，并经海事管理机构认定的船舶检验机构检验合格，方可投入使用。

对重复使用的危险化学品包装物、容器，使用单位在重复使用前应当进行检查；发现存在安全隐患的，应当维修或者更换。使用单位应当对检查情况作出记录，记录的保存期限不得少于2年。

第十九条　危险化学品生产装置或者储存数量构成重大危险源的危险化学品储存设施（运输工具加油站、加气站除外），与下列场所、设施、区域的距离应当符合国家有关规定：

（一）居住区以及商业中心、公园等人员密集场所；

（二）学校、医院、影剧院、体育场（馆）等公共设施；

（三）饮用水源、水厂以及水源保护区；

（四）车站、码头（依法经许可从事危险化学品装卸作业的除外）、机场以及通信干线、通信枢纽、铁路线路、道路交通干线、水路交通干线、地铁风亭以及地铁站出入口；

（五）基本农田保护区、基本草原、畜禽遗传资源保护区、畜禽规模化养殖场（养殖小区）、渔业水域以及种子、种畜禽、水产苗种生产基地；

（六）河流、湖泊、风景名胜区、自然保护区；

（七）军事禁区、军事管理区；

（八）法律、行政法规规定的其他场所、设施、区域。

已建的危险化学品生产装置或者储存数量构成重大危险源的危险化学品储存设施不符合前款规定的，由所在地设区的市级人民政府安全生产监督管理部门会同有关部门监督其所属单位在规定期限内进行整改；需要转产、停产、搬迁、关闭的，由本级人民政府决定并组织实施。

储存数量构成重大危险源的危险化学品储存设施的选址，应当避开地震活动断层和容易发生洪灾、地质灾害的区域。

本条例所称重大危险源，是指生产、储存、使用或者搬运危险化学品，且危险化学品的数量等于或者超过临界量的单元（包括场所和设施）。

第二十条　生产、储存危险化学品的单位，应当根据其生产、储存的危险化学品的种类和危险特性，在作业场所设置相应的监测、监控、通风、防晒、调温、防火、灭火、防爆、泄压、防毒、中和、防潮、防雷、防静电、防腐、防泄漏以及防护围堤或者隔离操作等安全设施、设备，并按照国家标准、行业标准或者国家有关规定对安全设施、设备进行经常性维护、保养，保证安全设施、设备的正常使用。

生产、储存危险化学品的单位，应当在其作业场所和安全设施、设备上设置明显的安全警示标志。

第二十一条　生产、储存危险化学品的单位，应当在其作业场所设置通信、报警装置，并保证处于适用状态。

第二十二条　生产、储存危险化学品的企业，应当委托具备国家规定的资质条件的机构，对本企业的安全生产条件每3年进行一次安全评价，提出安全评价报告。安全评价报告的内容应当包括对安全生产条件存在的问题进行整改的方案。

生产、储存危险化学品的企业，应当将安全评价报告以及整改方案的落实情况报所在地县级人民政府安全生产监督管理部门备案。在港区内储存危险化学品的企业，应当将安全评价报告以及整改方案的落实情况报港口行政管理部门备案。

第二十三条　生产、储存剧毒化学品或者国务院公安部门规定的可用于制造爆炸物品的危险化学品（以下简称易制爆危险化学品）的单位，应当如实记录其生产、储存的剧毒化学品、易制爆危险化学品的数量、流向，并采取必要的安全防范措施，防止剧毒化学品、易制爆危险化学品丢失或者被盗；发现剧毒化学品、易制爆危险化学品丢失或者被盗的，应当立即向当地公安机关报告。

生产、储存剧毒化学品、易制爆危险化学品的单位，应当设置治安保卫机构，配备专职治安保卫人员。

第二十四条　危险化学品应当储存在专用仓库、专用场地或者专用储存室（以下统称专用仓库）内，并由专人负责管理；剧毒化学品以及储存数量构成重大危险源的其他危险化学品，应当在专用仓库内单独存放，并实行双人收发、双人保管制度。

危险化学品的储存方式、方法以及储存数量应当符合国家标准或者国家有关规定。

第二十五条 储存危险化学品的单位应当建立危险化学品出入库核查、登记制度。

对剧毒化学品以及储存数量构成重大危险源的其他危险化学品，储存单位应当将其储存数量、储存地点以及管理人员的情况，报所在地县级人民政府安全生产监督管理部门（在港区内储存的，报港口行政管理部门）和公安机关备案。

第二十六条 危险化学品专用仓库应当符合国家标准、行业标准的要求，并设置明显的标志。储存剧毒化学品、易制爆危险化学品的专用仓库，应当按照国家有关规定设置相应的技术防范设施。

储存危险化学品的单位应当对其危险化学品专用仓库的安全设施、设备定期进行检测、检验。

第二十七条 生产、储存危险化学品的单位转产、停产、停业或者解散的，应当采取有效措施，及时、妥善处置其危险化学品生产装置、储存设施以及库存的危险化学品，不得丢弃危险化学品；处置方案应当报所在地县级人民政府安全生产监督管理部门、工业和信息化主管部门、环境保护主管部门和公安机关备案。安全生产监督管理部门应当会同环境保护主管部门和公安机关对处置情况进行监督检查，发现未依照规定处置的，应当责令其立即处置。

第三章 使用安全

第二十八条 使用危险化学品的单位，其使用条件（包括工艺）应当符合法律、行政法规的规定和国家标准、行业标准的要求，并根据所使用的危险化学品的种类、危险特性以及使用量和使用方式，建立、健全使用危险化学品的安全管理规章制度和安全操作规程，保证危险化学品的安全使用。

第二十九条 使用危险化学品从事生产并且使用量达到规定数量的化工企业（属于危险化学品生产企业的除外，下同），应当依照本条例的规定取得危险化学品安全使用许可证。

前款规定的危险化学品使用量的数量标准，由国务院安全生产监督管理部门会同国务院公安部门、农业主管部门确定并公布。

第三十条 申请危险化学品安全使用许可证的化工企业，除应当符合本条例第二十八条的规定外，还应当具备下列条件：

（一）有与所使用的危险化学品相适应的专业技术人员；

（二）有安全管理机构和专职安全管理人员；

（三）有符合国家规定的危险化学品事故应急预案和必要的应急救援器材、设备；

（四）依法进行了安全评价。

第三十一条 申请危险化学品安全使用许可证的化工企业，应当向所在地设区的市级人民政府安全生产监督管理部门提出申请，并提交其符合本条例第三十条规定条件的证明材料。设区的市级人民政府安全生产监督管理部门应当依法进行审查，自收到证明材料之日起45日内作出批准或者不予批准的决定。予以批准的，颁发危险化学品安全使用许可证；不予批准的，书面通知申请人并说明理由。

安全生产监督管理部门应当将其颁发危险化学品安全使用许可证的情况及时向同级环境保护主管部门和公安机关通报。

第三十二条 本条例第十六条关于生产实施重点环境管理的危险化学品的企业的规定，适用于使用实施重点环境管理的危险化学品从事生产的企业；第二十条、第二十一条、第二十三条第一款、第二十七条关于生产、储存危险化学品的单位的规定，适用于使用危险化学品的单位；第二十二条关于生产、储存危险化学品的企业的规定，适用于使用危险化学品从事生产的企业。

第四章 经营安全

第三十三条 国家对危险化学品经营（包括仓储经营，下同）实行许可制度。未经许可，任何单位和个人不得经营危险化学品。

依法设立的危险化学品生产企业在其厂区范围内销售本企业生产的危险化学品，不需要取得危险化学品经营许可。

依照《中华人民共和国港口法》的规定取得港口经营许可证的港口经营人，在港区内从事危险化学品仓储经营，不需要取得危险化学品经营许可。

第三十四条 从事危险化学品经营的企业应当具备下列条件：

（一）有符合国家标准、行业标准的经营场所，储存危险化学品的，还应当有符合国家标准、行业标准的储存设施；

（二）从业人员经过专业技术培训并经考核合格；

（三）有健全的安全管理规章制度；

（四）有专职安全管理人员；

（五）有符合国家规定的危险化学品事故应急预案和必要的应急救援器材、设备；

（六）法律、法规规定的其他条件。

第三十五条 从事剧毒化学品、易制爆危险化学品经营的企业，应当向所在地设区的市级人民政府安全生产监督管理部门提出申请，从事其他危险化学品经营的企业，应当向所在地县级人民政府安全生产监督管理部门提出申请（有储存设施的，应当向所在地设区的市级人民政府安全生产监督管理部门提出申请）。申请人应当提交其符合本条例第三十四条规定条件的证明材料。设区的市级人民政府安全生产监督管理部门或者县级人民政府安全生产监督管理部门应当依法进行审查，并对申请人的经营场所、储存设施进行现场核查，自收到证明材料之日起30日内作出批准或者不予批准的决定。予以批准的，颁发危险化学品经营许可证；不予批准的，书面通知申请人并说明理由。

设区的市级人民政府安全生产监督管理部门和县级人民政府安全生产监督管理部门应当将其颁发危险化学品经营许可证的情况及时向同级环境保护主管部门和公安机关通报。

申请人持危险化学品经营许可证向工商行政管理部门办理登记手续后，方可从事危险化学品经营活动。法律、行政法规或者国务院规定经营危险化学品还需要经其他有关部门许可的，申请人向工商行政管理部门办理登记手续时还应当持相应的许可证件。

第三十六条 危险化学品经营企业储存危险化学品的，应当遵守本条例第二章关于储存危险化学品的规定。危险化学品商店内只能存放民用小包装的危险化学品。

第三十七条 危险化学品经营企业不得向未经许可从事危险化学品生产、经营活动的企业采购危险化学品，不得经营没有化学品安全技术说明书或者化学品安全标签的危险化学品。

第三十八条 依法取得危险化学品安全生产许可证、危险化学品安全使用许可证、危险化学品经营许可证的企业，凭相应的许可证件购买剧毒化学品、易制爆危险化学品。民用爆炸物品生产企业凭民用爆炸物品生产许可证购买易制爆危险化学品。

前款规定以外的单位购买剧毒化学品的，应当向所在地县级人民政府公安机关申请取得剧毒化学品购买许可证；购买易制爆危险化学品的，应当持本单位出具的合法用途说明。

个人不得购买剧毒化学品（属于剧毒化学品的农药除外）和易制爆危险化学品。

第三十九条 申请取得剧毒化学品购买许可证，申请人应当向所在地县级人民政府公安机关提交下列材料：

（一）营业执照或者法人证书（登记证书）的复印件；

（二）拟购买的剧毒化学品品种、数量的说明；

（三）购买剧毒化学品用途的说明；

（四）经办人的身份证明。

县级人民政府公安机关应当自收到前款规定的材料之日起3日内，作出批准或者不予批准的决定。予以批准的，颁发剧毒化学品购买许可证；不予批准的，书面通知申请人并说明理由。

剧毒化学品购买许可证管理办法由国务院公安部门制定。

第四十条 危险化学品生产企业、经营企业销售剧毒化学品、易制爆危险化学品，应当查验本条例

第三十八条第一款、第二款规定的相关许可证件或者证明文件，不得向不具有相关许可证件或者证明文件的单位销售剧毒化学品、易制爆危险化学品。对持剧毒化学品购买许可证购买剧毒化学品的，应当按照许可证载明的品种、数量销售。

禁止向个人销售剧毒化学品（属于剧毒化学品的农药除外）和易制爆危险化学品。

第四十一条 危险化学品生产企业、经营企业销售剧毒化学品、易制爆危险化学品，应当如实记录购买单位的名称、地址、经办人的姓名、身份证号码以及所购买的剧毒化学品、易制爆危险化学品的品种、数量、用途。销售记录以及经办人的身份证明复印件、相关许可证件复印件或者证明文件的保存期限不得少于 1 年。

剧毒化学品、易制爆危险化学品的销售企业、购买单位应当在销售、购买后 5 日内，将所销售、购买的剧毒化学品、易制爆危险化学品的品种、数量以及流向信息报所在地县级人民政府公安机关备案，并输入计算机系统。

第四十二条 使用剧毒化学品、易制爆危险化学品的单位不得出借、转让其购买的剧毒化学品、易制爆危险化学品；因转产、停产、搬迁、关闭等确需转让的，应当向具有本条例第三十八条第一款、第二款规定的相关许可证件或者证明文件的单位转让，并在转让后将有关情况及时向所在地县级人民政府公安机关报告。

第五章 运输安全

第四十三条 从事危险化学品道路运输、水路运输的，应当分别依照有关道路运输、水路运输的法律、行政法规的规定，取得危险货物道路运输许可、危险货物水路运输许可，并向工商行政管理部门办理登记手续。

危险化学品道路运输企业、水路运输企业应当配备专职安全管理人员。

第四十四条 危险化学品道路运输企业、水路运输企业的驾驶人员、船员、装卸管理人员、押运人员、申报人员、集装箱装箱现场检查员应当经交通运输主管部门考核合格，取得从业资格。具体办法由国务院交通运输主管部门制定。

危险化学品的装卸作业应当遵守安全作业标准、规程和制度，并在装卸管理人员的现场指挥或者监控下进行。水路运输危险化学品的集装箱装箱作业应当在集装箱装箱现场检查员的指挥或者监控下进行，并符合积载、隔离的规范和要求；装箱作业完毕后，集装箱装箱现场检查员应当签署装箱证明书。

第四十五条 运输危险化学品，应当根据危险化学品的危险特性采取相应的安全防护措施，并配备必要的防护用品和应急救援器材。

用于运输危险化学品的槽罐以及其他容器应当封口严密，能够防止危险化学品在运输过程中因温度、湿度或者压力的变化发生渗漏、洒漏；槽罐以及其他容器的溢流和泄压装置应当设置准确、起闭灵活。

运输危险化学品的驾驶人员、船员、装卸管理人员、押运人员、申报人员、集装箱装箱现场检查员，应当了解所运输的危险化学品的危险特性及其包装物、容器的使用要求和出现危险情况时的应急处置方法。

第四十六条 通过道路运输危险化学品的，托运人应当委托依法取得危险货物道路运输许可的企业承运。

第四十七条 通过道路运输危险化学品的，应当按照运输车辆的核定载质量装载危险化学品，不得超载。

危险化学品运输车辆应当符合国家标准要求的安全技术条件，并按照国家有关规定定期进行安全技术检验。

危险化学品运输车辆应当悬挂或者喷涂符合国家标准要求的警示标志。

第四十八条 通过道路运输危险化学品的，应当配备押运人员，并保证所运输的危险化学品处于押运人员的监控之下。

运输危险化学品途中因住宿或者发生影响正常运输的情况，需要较长时间停车的，驾驶人员、押运人员应当采取相应的安全防范措施；运输剧毒化学品或者易制爆危险化学品的，还应当向当地公安机关报告。

第四十九条 未经公安机关批准，运输危险化学品的车辆不得进入危险化学品运输车辆限制通行的区域。危险化学品运输车辆限制通行的区域由县级人民政府公安机关划定，并设置明显的标志。

第五十条 通过道路运输剧毒化学品的，托运人应当向运输始发地或者目的地县级人民政府公安机关申请剧毒化学品道路运输通行证。

申请剧毒化学品道路运输通行证，托运人应当向县级人民政府公安机关提交下列材料：

（一）拟运输的剧毒化学品品种、数量的说明；

（二）运输始发地、目的地、运输时间和运输路线的说明；

（三）承运人取得危险货物道路运输许可、运输车辆取得营运证以及驾驶人员、押运人员取得上岗资格的证明文件；

（四）本条例第三十八条第一款、第二款规定的购买剧毒化学品的相关许可证件，或者海关出具的进出口证明文件。

县级人民政府公安机关应当自收到前款规定的材料之日起7日内，作出批准或者不予批准的决定。予以批准的，颁发剧毒化学品道路运输通行证；不予批准的，书面通知申请人并说明理由。

剧毒化学品道路运输通行证管理办法由国务院公安部门制定。

第五十一条 剧毒化学品、易制爆危险化学品在道路运输途中丢失、被盗、被抢或者出现流散、泄漏等情况的，驾驶人员、押运人员应当立即采取相应的警示措施和安全措施，并向当地公安机关报告。公安机关接到报告后，应当根据实际情况立即向安全生产监督管理部门、环境保护主管部门、卫生主管部门通报。有关部门应当采取必要的应急处置措施。

第五十二条 通过水路运输危险化学品的，应当遵守法律、行政法规以及国务院交通运输主管部门关于危险货物水路运输安全的规定。

第五十三条 海事管理机构应当根据危险化学品的种类和危险特性，确定船舶运输危险化学品的相关安全运输条件。

拟交付船舶运输的化学品的相关安全运输条件不明确的，货物所有人或者代理人应当委托相关技术机构进行评估，明确相关安全运输条件并经海事管理机构确认后，方可交付船舶运输。

第五十四条 禁止通过内河封闭水域运输剧毒化学品以及国家规定禁止通过内河运输的其他危险化学品。

前款规定以外的内河水域，禁止运输国家规定禁止通过内河运输的剧毒化学品以及其他危险化学品。

禁止通过内河运输的剧毒化学品以及其他危险化学品的范围，由国务院交通运输主管部门会同国务院环境保护主管部门、工业和信息化主管部门、安全生产监督管理部门，根据危险化学品的危险特性、危险化学品对人体和水环境的危害程度以及消除危害后果的难易程度等因素规定并公布。

第五十五条 国务院交通运输主管部门应当根据危险化学品的危险特性，对通过内河运输本条例第五十四条规定以外的危险化学品（以下简称通过内河运输危险化学品）实行分类管理，对各类危险化学品的运输方式、包装规范和安全防护措施等分别作出规定并监督实施。

第五十六条 通过内河运输危险化学品，应当由依法取得危险货物水路运输许可的水路运输企业承运，其他单位和个人不得承运。托运人应当委托依法取得危险货物水路运输许可的水路运输企业承运，不得委托其他单位和个人承运。

第五十七条 通过内河运输危险化学品，应当使用依法取得危险货物适装证书的运输船舶。水路运输企业应当针对所运输的危险化学品的危险特性，制定运输船舶危险化学品事故应急救援预案，并为运输船舶配备充足、有效的应急救援器材和设备。

通过内河运输危险化学品的船舶，其所有人或者经营人应当取得船舶污染损害责任保险证书或者财务担保证明。船舶污染损害责任保险证书或者财务担保证明的副本应当随船携带。

第五十八条 通过内河运输危险化学品，危险化学品包装物的材质、型式、强度以及包装方法应当符合水路运输危险化学品包装规范的要求。国务院交通运输主管部门对单船运输的危险化学品数量有限制性规定的，承运人应当按照规定安排运输数量。

第五十九条 用于危险化学品运输作业的内河码头、泊位应当符合国家有关安全规范，与饮用水取水口保持国家规定的距离。有关管理单位应当制定码头、泊位危险化学品事故应急预案，并为码头、泊位配备充足、有效的应急救援器材和设备。

用于危险化学品运输作业的内河码头、泊位，经交通运输主管部门按照国家有关规定验收合格后方可投入使用。

第六十条 船舶载运危险化学品进出内河港口，应当将危险化学品的名称、危险特性、包装以及进出港时间等事项，事先报告海事管理机构。海事管理机构接到报告后，应当在国务院交通运输主管部门规定的时间内作出是否同意的决定，通知报告人，同时通报港口行政管理部门。定船舶、定航线、定货种的船舶可以定期报告。

在内河港口内进行危险化学品的装卸、过驳作业，应当将危险化学品的名称、危险特性、包装和作业的时间、地点等事项报告港口行政管理部门。港口行政管理部门接到报告后，应当在国务院交通运输主管部门规定的时间内作出是否同意的决定，通知报告人，同时通报海事管理机构。

载运危险化学品的船舶在内河航行，通过过船建筑物的，应当提前向交通运输主管部门申报，并接受交通运输主管部门的管理。

第六十一条 载运危险化学品的船舶在内河航行、装卸或者停泊，应当悬挂专用的警示标志，按照规定显示专用信号。

载运危险化学品的船舶在内河航行，按照国务院交通运输主管部门的规定需要引航的，应当申请引航。

第六十二条 载运危险化学品的船舶在内河航行，应当遵守法律、行政法规和国家其他有关饮用水水源保护的规定。内河航道发展规划应当与依法经批准的饮用水水源保护区划定方案相协调。

第六十三条 托运危险化学品的，托运人应当向承运人说明所托运的危险化学品的种类、数量、危险特性以及发生危险情况的应急处置措施，并按照国家有关规定对所托运的危险化学品妥善包装，在外包装上设置相应的标志。

运输危险化学品需要添加抑制剂或者稳定剂的，托运人应当添加，并将有关情况告知承运人。

第六十四条 托运人不得在托运的普通货物中夹带危险化学品，不得将危险化学品匿报或者谎报为普通货物托运。

任何单位和个人不得交寄危险化学品或者在邮件、快件内夹带危险化学品，不得将危险化学品匿报或者谎报为普通物品交寄。邮政企业、快递企业不得收寄危险化学品。

对涉嫌违反本条第一款、第二款规定的，交通运输主管部门、邮政管理部门可以依法开拆查验。

第六十五条 通过铁路、航空运输危险化学品的安全管理，依照有关铁路、航空运输的法律、行政法规、规章的规定执行。

第六章 危险化学品登记与事故应急救援

第六十六条 国家实行危险化学品登记制度，为危险化学品安全管理以及危险化学品事故预防和应急救援提供技术、信息支持。

第六十七条 危险化学品生产企业、进口企业，应当向国务院安全生产监督管理部门负责危险化学品登记的机构（以下简称危险化学品登记机构）办理危险化学品登记。

危险化学品登记包括下列内容：

（一）分类和标签信息；

（二）物理、化学性质；

（三）主要用途；

（四）危险特性；

（五）储存、使用、运输的安全要求；

（六）出现危险情况的应急处置措施。

对同一企业生产、进口的同一品种的危险化学品，不进行重复登记。危险化学品生产企业、进口企业发现其生产、进口的危险化学品有新的危险特性的，应当及时向危险化学品登记机构办理登记内容变更手续。

危险化学品登记的具体办法由国务院安全生产监督管理部门制定。

第六十八条 危险化学品登记机构应当定期向工业和信息化、环境保护、公安、卫生、交通运输、铁路、质量监督检验检疫等部门提供危险化学品登记的有关信息和资料。

第六十九条 县级以上地方人民政府安全生产监督管理部门应当会同工业和信息化、环境保护、公安、卫生、交通运输、铁路、质量监督检验检疫等部门，根据本地区实际情况，制定危险化学品事故应急预案，报本级人民政府批准。

第七十条 危险化学品单位应当制定本单位危险化学品事故应急预案，配备应急救援人员和必要的应急救援器材、设备，并定期组织应急救援演练。

危险化学品单位应当将其危险化学品事故应急预案报所在地设区的市级人民政府安全生产监督管理部门备案。

第七十一条 发生危险化学品事故，事故单位主要负责人应当立即按照本单位危险化学品应急预案组织救援，并向当地安全生产监督管理部门和环境保护、公安、卫生主管部门报告；道路运输、水路运输过程中发生危险化学品事故的，驾驶人员、船员或者押运人员还应当向事故发生地交通运输主管部门报告。

第七十二条 发生危险化学品事故，有关地方人民政府应当立即组织安全生产监督管理、环境保护、公安、卫生、交通运输等有关部门，按照本地区危险化学品事故应急预案组织实施救援，不得拖延、推诿。

有关地方人民政府及其有关部门应当按照下列规定，采取必要的应急处置措施，减少事故损失，防止事故蔓延、扩大：

（一）立即组织营救和救治受害人员，疏散、撤离或者采取其他措施保护危害区域内的其他人员；

（二）迅速控制危害源，测定危险化学品的性质、事故的危害区域及危害程度；

（三）针对事故对人体、动植物、土壤、水源、大气造成的现实危害和可能产生的危害，迅速采取封闭、隔离、洗消等措施；

（四）对危险化学品事故造成的环境污染和生态破坏状况进行监测、评估，并采取相应的环境污染治理和生态修复措施。

第七十三条 有关危险化学品单位应当为危险化学品事故应急救援提供技术指导和必要的协助。

第七十四条 危险化学品事故造成环境污染的，由设区的市级以上人民政府环境保护主管部门统一发布有关信息。

第七章 法律责任

第七十五条 生产、经营、使用国家禁止生产、经营、使用的危险化学品的，由安全生产监督管理部门责令停止生产、经营、使用活动，处 20 万元以上 50 万元以下的罚款，有违法所得的，没收违法所得；构成犯罪的，依法追究刑事责任。

有前款规定行为的，安全生产监督管理部门还应当责令其对所生产、经营、使用的危险化学品进行无害化处理。

违反国家关于危险化学品使用的限制性规定使用危险化学品的，依照本条第一款的规定处理。

第七十六条 未经安全条件审查，新建、改建、扩建生产、储存危险化学品的建设项目的，由安全生产监督管理部门责令停止建设，限期改正；逾期不改正的，处50万元以上100万元以下的罚款；构成犯罪的，依法追究刑事责任。

未经安全条件审查，新建、改建、扩建储存、装卸危险化学品的港口建设项目的，由港口行政管理部门依照前款规定予以处罚。

第七十七条 未依法取得危险化学品安全生产许可证从事危险化学品生产，或者未依法取得工业产品生产许可证从事危险化学品及其包装物、容器生产的，分别依照《安全生产许可证条例》、《中华人民共和国工业产品生产许可证管理条例》的规定处罚。

违反本条例规定，化工企业未取得危险化学品安全使用许可证，使用危险化学品从事生产的，由安全生产监督管理部门责令限期改正，处10万元以上20万元以下的罚款；逾期不改正的，责令停产整顿。

违反本条例规定，未取得危险化学品经营许可证从事危险化学品经营的，由安全生产监督管理部门责令停止经营活动，没收违法经营的危险化学品以及违法所得，并处10万元以上20万元以下的罚款；构成犯罪的，依法追究刑事责任。

第七十八条 有下列情形之一的，由安全生产监督管理部门责令改正，可以处5万元以下的罚款；拒不改正的，处5万元以上10万元以下的罚款；情节严重的，责令停产停业整顿：

（一）生产、储存危险化学品的单位未对其铺设的危险化学品管道设置明显的标志，或者未对危险化学品管道定期检查、检测的；

（二）进行可能危及危险化学品管道安全的施工作业，施工单位未按照规定书面通知管道所属单位，或者未与管道所属单位共同制定应急预案、采取相应的安全防护措施，或者管道所属单位未指派专门人员到现场进行管道安全保护指导的；

（三）危险化学品生产企业未提供化学品安全技术说明书，或者未在包装（包括外包装件）上粘贴、拴挂化学品安全标签的；

（四）危险化学品生产企业提供的化学品安全技术说明书与其生产的危险化学品不相符，或者在包装（包括外包装件）粘贴、拴挂的化学品安全标签与包装内危险化学品不相符，或者化学品安全技术说明书、化学品安全标签所载明的内容不符合国家标准要求的；

（五）危险化学品生产企业发现其生产的危险化学品有新的危险特性不立即公告，或者不及时修订其化学品安全技术说明书和化学品安全标签的；

（六）危险化学品经营企业经营没有化学品安全技术说明书和化学品安全标签的危险化学品的；

（七）危险化学品包装物、容器的材质以及包装的型式、规格、方法和单件质量（重量）与所包装的危险化学品的性质和用途不相适应的；

（八）生产、储存危险化学品的单位未在作业场所和安全设施、设备上设置明显的安全警示标志，或者未在作业场所设置通信、报警装置的；

（九）危险化学品专用仓库未设专人负责管理，或者对储存的剧毒化学品以及储存数量构成重大危险源的其他危险化学品未实行双人收发、双人保管制度的；

（十）储存危险化学品的单位未建立危险化学品出入库核查、登记制度的；

（十一）危险化学品专用仓库未设置明显标志的；

（十二）危险化学品生产企业、进口企业不办理危险化学品登记，或者发现其生产、进口的危险化学品有新的危险特性不办理危险化学品登记内容变更手续的。

从事危险化学品仓储经营的港口经营人有前款规定情形的，由港口行政管理部门依照前款规定予以处罚。储存剧毒化学品、易制爆危险化学品的专用仓库未按照国家有关规定设置相应的技术防范设施的，由公安机关依照前款规定予以处罚。

生产、储存剧毒化学品、易制爆危险化学品的单位未设置治安保卫机构、配备专职治安保卫人员的，依照《企业事业单位内部治安保卫条例》的规定处罚。

第七十九条 危险化学品包装物、容器生产企业销售未经检验或者经检验不合格的危险化学品包装物、容器的，由质量监督检验检疫部门责令改正，处 10 万元以上 20 万元以下的罚款，有违法所得的，没收违法所得；拒不改正的，责令停产停业整顿；构成犯罪的，依法追究刑事责任。

将未经检验合格的运输危险化学品的船舶及其配载的容器投入使用的，由海事管理机构依照前款规定予以处罚。

第八十条 生产、储存、使用危险化学品的单位有下列情形之一的，由安全生产监督管理部门责令改正，处 5 万元以上 10 万元以下的罚款；拒不改正的，责令停产停业整顿直至由原发证机关吊销其相关许可证件，并由工商行政管理部门责令其办理经营范围变更登记或者吊销其营业执照；有关责任人员构成犯罪的，依法追究刑事责任：

（一）对重复使用的危险化学品包装物、容器，在重复使用前不进行检查的；

（二）未根据其生产、储存的危险化学品的种类和危险特性，在作业场所设置相关安全设施、设备，或者未按照国家标准、行业标准或者国家有关规定对安全设施、设备进行经常性维护、保养的；

（三）未依照本条例规定对其安全生产条件定期进行安全评价的；

（四）未将危险化学品储存在专用仓库内，或者未将剧毒化学品以及储存数量构成重大危险源的其他危险化学品在专用仓库内单独存放的；

（五）危险化学品的储存方式、方法或者储存数量不符合国家标准或者国家有关规定的；

（六）危险化学品专用仓库不符合国家标准、行业标准的要求的；

（七）未对危险化学品专用仓库的安全设施、设备定期进行检测、检验的。

从事危险化学品仓储经营的港口经营人有前款规定情形的，由港口行政管理部门依照前款规定予以处罚。

第八十一条 有下列情形之一的，由公安机关责令改正，可以处 1 万元以下的罚款；拒不改正的，处 1 万元以上 5 万元以下的罚款：

（一）生产、储存、使用剧毒化学品、易制爆危险化学品的单位不如实记录生产、储存、使用的剧毒化学品、易制爆危险化学品的数量、流向的；

（二）生产、储存、使用剧毒化学品、易制爆危险化学品的单位发现剧毒化学品、易制爆危险化学品丢失或者被盗，不立即向公安机关报告的；

（三）储存剧毒化学品的单位未将剧毒化学品的储存数量、储存地点以及管理人员的情况报所在地县级人民政府公安机关备案的；

（四）危险化学品生产企业、经营企业不如实记录剧毒化学品、易制爆危险化学品购买单位的名称、地址、经办人的姓名、身份证号码以及所购买的剧毒化学品、易制爆危险化学品的品种、数量、用途，或者保存销售记录和相关材料的时间少于 1 年的；

（五）剧毒化学品、易制爆危险化学品的销售企业、购买单位未在规定的时限内将所销售、购买的剧毒化学品、易制爆危险化学品的品种、数量以及流向信息报所在地县级人民政府公安机关备案的；

（六）使用剧毒化学品、易制爆危险化学品的单位依照本条例规定转让其购买的剧毒化学品、易制爆危险化学品，未将有关情况向所在地县级人民政府公安机关报告的。

生产、储存危险化学品的企业或者使用危险化学品从事生产的企业未按照本条例规定将安全评价报告以及整改方案的落实情况报安全生产监督管理部门或者港口行政管理部门备案，或者储存危险化学品的单位未将其剧毒化学品以及储存数量构成重大危险源的其他危险化学品的储存数量、储存地点以及管理人员的情况报安全生产监督管理部门或者港口行政管理部门备案的，分别由安全生产监督管理部门或者港口行政管理部门依照前款规定予以处罚。

生产实施重点环境管理的危险化学品的企业或者使用实施重点环境管理的危险化学品从事生产的企业未按照规定将相关信息向环境保护主管部门报告的，由环境保护主管部门依照本条第一款的规定予以处罚。

第八十二条 生产、储存、使用危险化学品的单位转产、停产、停业或者解散，未采取有效措施及时、妥善处置其危险化学品生产装置、储存设施以及库存的危险化学品，或者丢弃危险化学品的，由安全生产监督管理部门责令改正，处5万元以上10万元以下的罚款；构成犯罪的，依法追究刑事责任。

生产、储存、使用危险化学品的单位转产、停产、停业或者解散，未依照本条例规定将其危险化学品生产装置、储存设施以及库存危险化学品的处置方案报有关部门备案的，分别由有关部门责令改正，可以处1万元以下的罚款；拒不改正的，处1万元以上5万元以下的罚款。

第八十三条 危险化学品经营企业向未经许可违法从事危险化学品生产、经营活动的企业采购危险化学品的，由工商行政管理部门责令改正，处10万元以上20万元以下的罚款；拒不改正的，责令停业整顿直至由原发证机关吊销其危险化学品经营许可证，并由工商行政管理部门责令其办理经营范围变更登记或者吊销其营业执照。

第八十四条 危险化学品生产企业、经营企业有下列情形之一的，由安全生产监督管理部门责令改正，没收违法所得，并处10万元以上20万元以下的罚款；拒不改正的，责令停产停业整顿直至吊销其危险化学品安全生产许可证、危险化学品经营许可证，并由工商行政管理部门责令其办理经营范围变更登记或者吊销其营业执照：

（一）向不具有本条例第三十八条第一款、第二款规定的相关许可证件或者证明文件的单位销售剧毒化学品、易制爆危险化学品的；

（二）不按照剧毒化学品购买许可证载明的品种、数量销售剧毒化学品的；

（三）向个人销售剧毒化学品（属于剧毒化学品的农药除外）、易制爆危险化学品的。

不具有本条例第三十八条第一款、第二款规定的相关许可证件或者证明文件的单位购买剧毒化学品、易制爆危险化学品，或者个人购买剧毒化学品（属于剧毒化学品的农药除外）、易制爆危险化学品的，由公安机关没收所购买的剧毒化学品、易制爆危险化学品，可以并处5000元以下的罚款。

使用剧毒化学品、易制爆危险化学品的单位出借或者向不具有本条例第三十八条第一款、第二款规定的相关许可证件的单位转让其购买的剧毒化学品、易制爆危险化学品，或者向个人转让其购买的剧毒化学品（属于剧毒化学品的农药除外）、易制爆危险化学品的，由公安机关责令改正，处10万元以上20万元以下的罚款；拒不改正的，责令停产停业整顿。

第八十五条 未依法取得危险货物道路运输许可、危险货物水路运输许可，从事危险化学品道路运输、水路运输的，分别依照有关道路运输、水路运输的法律、行政法规的规定处罚。

第八十六条 有下列情形之一的，由交通运输主管部门责令改正，处5万元以上10万元以下的罚款；拒不改正的，责令停产停业整顿；构成犯罪的，依法追究刑事责任：

（一）危险化学品道路运输企业、水路运输企业的驾驶人员、船员、装卸管理人员、押运人员、申报人员、集装箱装箱现场检查员未取得从业资格上岗作业的；

（二）运输危险化学品，未根据危险化学品的危险特性采取相应的安全防护措施，或者未配备必要的防护用品和应急救援器材的；

（三）使用未依法取得危险货物适装证书的船舶，通过内河运输危险化学品的；

（四）通过内河运输危险化学品的承运人违反国务院交通运输主管部门对单船运输的危险化学品数量的限制性规定运输危险化学品的；

（五）用于危险化学品运输作业的内河码头、泊位不符合国家有关安全规范，或者未与饮用水取水口保持国家规定的安全距离，或者未经交通运输主管部门验收合格投入使用的；

（六）托运人不向承运人说明所托运的危险化学品的种类、数量、危险特性以及发生危险情况的应急处置措施，或者未按照国家有关规定对所托运的危险化学品妥善包装并在外包装上设置相应标志的；

（七）运输危险化学品需要添加抑制剂或者稳定剂，托运人未添加或者未将有关情况告知承运人的。

第八十七条 有下列情形之一的，由交通运输主管部门责令改正，处10万元以上20万元以下的罚款，有违法所得的，没收违法所得；拒不改正的，责令停产停业整顿；构成犯罪的，依法追究刑事责任：

（一）委托未依法取得危险货物道路运输许可、危险货物水路运输许可的企业承运危险化学品的；

（二）通过内河封闭水域运输剧毒化学品以及国家规定禁止通过内河运输的其他危险化学品的；

（三）通过内河运输国家规定禁止通过内河运输的剧毒化学品以及其他危险化学品的；

（四）在托运的普通货物中夹带危险化学品，或者将危险化学品谎报或者匿报为普通货物托运的。

在邮件、快件内夹带危险化学品，或者将危险化学品谎报为普通物品交寄的，依法给予治安管理处罚；构成犯罪的，依法追究刑事责任。

邮政企业、快递企业收寄危险化学品的，依照《中华人民共和国邮政法》的规定处罚。

第八十八条　有下列情形之一的，由公安机关责令改正，处5万元以上10万元以下的罚款；构成违反治安管理行为的，依法给予治安管理处罚；构成犯罪的，依法追究刑事责任：

（一）超过运输车辆的核定载质量装载危险化学品的；

（二）使用安全技术条件不符合国家标准要求的车辆运输危险化学品的；

（三）运输危险化学品的车辆未经公安机关批准进入危险化学品运输车辆限制通行的区域的；

（四）未取得剧毒化学品道路运输通行证，通过道路运输剧毒化学品的。

第八十九条　有下列情形之一的，由公安机关责令改正，处1万元以上5万元以下的罚款；构成违反治安管理行为的，依法给予治安管理处罚：

（一）危险化学品运输车辆未悬挂或者喷涂警示标志，或者悬挂或者喷涂的警示标志不符合国家标准要求的；

（二）通过道路运输危险化学品，不配备押运人员的；

（三）运输剧毒化学品或者易制爆危险化学品途中需要较长时间停车，驾驶人员、押运人员不向当地公安机关报告的；

（四）剧毒化学品、易制爆危险化学品在道路运输途中丢失、被盗、被抢或者发生流散、泄露等情况，驾驶人员、押运人员不采取必要的警示措施和安全措施，或者不向当地公安机关报告的。

第九十条　对发生交通事故负有全部责任或者主要责任的危险化学品道路运输企业，由公安机关责令消除安全隐患，未消除安全隐患的危险化学品运输车辆，禁止上道路行驶。

第九十一条　有下列情形之一的，由交通运输主管部门责令改正，可以处1万元以下的罚款；拒不改正的，处1万元以上5万元以下的罚款：

（一）危险化学品道路运输企业、水路运输企业未配备专职安全管理人员的；

（二）用于危险化学品运输作业的内河码头、泊位的管理单位未制定码头、泊位危险化学品事故应急救援预案，或者未为码头、泊位配备充足、有效的应急救援器材和设备的。

第九十二条　有下列情形之一的，依照《中华人民共和国内河交通安全管理条例》的规定处罚：

（一）通过内河运输危险化学品的水路运输企业未制定运输船舶危险化学品事故应急救援预案，或者未为运输船舶配备充足、有效的应急救援器材和设备的；

（二）通过内河运输危险化学品的船舶的所有人或者经营人未取得船舶污染损害责任保险证书或者财务担保证明的；

（三）船舶载运危险化学品进出内河港口，未将有关事项事先报告海事管理机构并经其同意的；

（四）载运危险化学品的船舶在内河航行、装卸或者停泊，未悬挂专用的警示标志，或者未按照规定显示专用信号，或者未按照规定申请引航的。

未向港口行政管理部门报告并经其同意，在港口内进行危险化学品的装卸、过驳作业的，依照《中华人民共和国港口法》的规定处罚。

第九十三条　伪造、变造或者出租、出借、转让危险化学品安全生产许可证、工业产品生产许可证，或者使用伪造、变造的危险化学品安全生产许可证、工业产品生产许可证的，分别依照《安全生产许可证条例》、《中华人民共和国工业产品生产许可证管理条例》的规定处罚。

伪造、变造或者出租、出借、转让本条例规定的其他许可证，或者使用伪造、变造的本条例规定的其他许可证的，分别由相关许可证的颁发管理机关处10万元以上20万元以下的罚款，有违法所得的，没收违法所得；构成违反治安管理行为的，依法给予治安管理处罚；构成犯罪的，依法追究刑事责任。

第九十四条 危险化学品单位发生危险化学品事故，其主要负责人不立即组织救援或者不立即向有关部门报告的，依照《生产安全事故报告和调查处理条例》的规定处罚。

危险化学品单位发生危险化学品事故，造成他人人身伤害或者财产损失的，依法承担赔偿责任。

第九十五条 发生危险化学品事故，有关地方人民政府及其有关部门不立即组织实施救援，或者不采取必要的应急处置措施减少事故损失，防止事故蔓延、扩大的，对直接负责的主管人员和其他直接责任人员依法给予处分；构成犯罪的，依法追究刑事责任。

第九十六条 负有危险化学品安全监督管理职责的部门的工作人员，在危险化学品安全监督管理工作中滥用职权、玩忽职守、徇私舞弊，构成犯罪的，依法追究刑事责任；尚不构成犯罪的，依法给予处分。

第八章 附 则

第九十七条 监控化学品、属于危险化学品的药品和农药的安全管理，依照本条例的规定执行；法律、行政法规另有规定的，依照其规定。

民用爆炸物品、烟花爆竹、放射性物品、核能物质以及用于国防科研生产的危险化学品的安全管理，不适用本条例。

法律、行政法规对燃气的安全管理另有规定的，依照其规定。

危险化学品容器属于特种设备的，其安全管理依照有关特种设备安全的法律、行政法规的规定执行。

第九十八条 危险化学品的进出口管理，依照有关对外贸易的法律、行政法规、规章的规定执行；进口的危险化学品的储存、使用、经营、运输的安全管理，依照本条例的规定执行。

危险化学品环境管理登记和新化学物质环境管理登记，依照有关环境保护的法律、行政法规、规章的规定执行。危险化学品环境管理登记，按照国家有关规定收取费用。

第九十九条 公众发现、捡拾的无主危险化学品，由公安机关接收。公安机关接收或者有关部门依法没收的危险化学品，需要进行无害化处理的，交由环境保护主管部门组织其认定的专业单位进行处理，或者交由有关危险化学品生产企业进行处理。处理所需费用由国家财政负担。

第一百条 化学品的危险特性尚未确定的，由国务院安全生产监督管理部门、国务院环境保护主管部门、国务院卫生主管部门分别负责组织对该化学品的物理危险性、环境危害性、毒理特性进行鉴定。根据鉴定结果，需要调整危险化学品目录的，依照本条例第三条第二款的规定办理。

第一百零一条 本条例施行前已经使用危险化学品从事生产的化工企业，依照本条例规定需要取得危险化学品安全使用许可证的，应当在国务院安全生产监督管理部门规定的期限内，申请取得危险化学品安全使用许可证。

第一百零二条 本条例自2011年12月1日起施行。

农药管理条例

（1997年5月8日中华人民共和国国务院令第216号发布 根据2001年11月29日《国务院关于修改〈农药管理条例〉的决定》修订 2017年2月8日国务院第164次常务会议修订通过）

第一章 总则

第一条 为了加强农药管理，保证农药质量，保障农产品质量安全和人畜安全，保护农业、林业生产和生态环境，制定本条例。

第二条　本条例所称农药，是指用于预防、控制危害农业、林业的病、虫、草、鼠和其他有害生物以及有目的地调节植物、昆虫生长的化学合成或者来源于生物、其他天然物质的一种物质或者几种物质的混合物及其制剂。

前款规定的农药包括用于不同目的、场所的下列各类：

（一）预防、控制危害农业、林业的病、虫（包括昆虫、蜱、螨）、草、鼠、软体动物和其他有害生物；

（二）预防、控制仓储以及加工场所的病、虫、鼠和其他有害生物；

（三）调节植物、昆虫生长；

（四）农业、林业产品防腐或者保鲜；

（五）预防、控制蚊、蝇、蜚蠊、鼠和其他有害生物；

（六）预防、控制危害河流堤坝、铁路、码头、机场、建筑物和其他场所的有害生物。

第三条　国务院农业主管部门负责全国的农药监督管理工作。

县级以上地方人民政府农业主管部门负责本行政区域的农药监督管理工作。

县级以上人民政府其他有关部门在各自职责范围内负责有关的农药监督管理工作。

第四条　县级以上地方人民政府应当加强对农药监督管理工作的组织领导，将农药监督管理经费列入本级政府预算，保障农药监督管理工作的开展。

第五条　农药生产企业、农药经营者应当对其生产、经营的农药的安全性、有效性负责，自觉接受政府监管和社会监督。

农药生产企业、农药经营者应当加强行业自律，规范生产、经营行为。

第六条　国家鼓励和支持研制、生产、使用安全、高效、经济的农药，推进农药专业化使用，促进农药产业升级。

对在农药研制、推广和监督管理等工作中作出突出贡献的单位和个人，按照国家有关规定予以表彰或者奖励。

第二章　农药登记

第七条　国家实行农药登记制度。农药生产企业、向中国出口农药的企业应当依照本条例的规定申请农药登记，新农药研制者可以依照本条例的规定申请农药登记。

国务院农业主管部门所属的负责农药检定工作的机构负责农药登记具体工作。省、自治区、直辖市人民政府农业主管部门所属的负责农药检定工作的机构协助做好本行政区域的农药登记具体工作。

第八条　国务院农业主管部门组织成立农药登记评审委员会，负责农药登记评审。

农药登记评审委员会由下列人员组成：

（一）国务院农业、林业、卫生、环境保护、粮食、工业行业管理、安全生产监督管理等有关部门和供销合作总社等单位推荐的农药产品化学、药效、毒理、残留、环境、质量标准和检测等方面的专家；

（二）国家食品安全风险评估专家委员会的有关专家；

（三）国务院农业、林业、卫生、环境保护、粮食、工业行业管理、安全生产监督管理等有关部门和供销合作总社等单位的代表。

农药登记评审规则由国务院农业主管部门制定。

第九条　申请农药登记的，应当进行登记试验。

农药的登记试验应当报所在地省、自治区、直辖市人民政府农业主管部门备案。

新农药的登记试验应当向国务院农业主管部门提出申请。国务院农业主管部门应当自受理申请之日起40个工作日内对试验的安全风险及其防范措施进行审查，符合条件的，准予登记试验；不符合条件的，书面通知申请人并说明理由。

第十条　登记试验应当由国务院农业主管部门认定的登记试验单位按照国务院农业主管部门的规定

进行。

与已取得中国农药登记的农药组成成分、使用范围和使用方法相同的农药，免予残留、环境试验，但已取得中国农药登记的农药依照本条例第十五条的规定在登记资料保护期内的，应当经农药登记证持有人授权同意。

登记试验单位应当对登记试验报告的真实性负责。

第十一条 登记试验结束后，申请人应当向所在地省、自治区、直辖市人民政府农业主管部门提出农药登记申请，并提交登记试验报告、标签样张和农药产品质量标准及其检验方法等申请资料；申请新农药登记的，还应当提供农药标准品。

省、自治区、直辖市人民政府农业主管部门应当自受理申请之日起20个工作日内提出初审意见，并报送国务院农业主管部门。

向中国出口农药的企业申请农药登记的，应当持本条第一款规定的资料、农药标准品以及在有关国家（地区）登记、使用的证明材料，向国务院农业主管部门提出申请。

第十二条 国务院农业主管部门受理申请或者收到省、自治区、直辖市人民政府农业主管部门报送的申请资料后，应当组织审查和登记评审，并自收到评审意见之日起20个工作日内作出审批决定，符合条件的，核发农药登记证；不符合条件的，书面通知申请人并说明理由。

第十三条 农药登记证应当载明农药名称、剂型、有效成分及其含量、毒性、使用范围、使用方法和剂量、登记证持有人、登记证号以及有效期等事项。

农药登记证有效期为5年。有效期届满，需要继续生产农药或者向中国出口农药的，农药登记证持有人应当在有效期届满90日前向国务院农业主管部门申请延续。

农药登记证载明事项发生变化的，农药登记证持有人应当按照国务院农业主管部门的规定申请变更农药登记证。

国务院农业主管部门应当及时公告农药登记证核发、延续、变更情况以及有关的农药产品质量标准号、残留限量规定、检验方法、经核准的标签等信息。

第十四条 新农药研制者可以转让其已取得登记的新农药的登记资料；农药生产企业可以向具有相应生产能力的农药生产企业转让其已取得登记的农药的登记资料。

第十五条 国家对取得首次登记的、含有新化合物的农药的申请人提交的其自己所取得且未披露的试验数据和其他数据实施保护。

自登记之日起6年内，对其他申请人未经已取得登记的申请人同意，使用前款规定的数据申请农药登记的，登记机关不予登记；但是，其他申请人提交其自己所取得的数据的除外。

除下列情况外，登记机关不得披露本条第一款规定的数据：

（一）公共利益需要；

（二）已采取措施确保该类信息不会被不正当地进行商业使用。

第三章 农药生产

第十六条 农药生产应当符合国家产业政策。国家鼓励和支持农药生产企业采用先进技术和先进管理规范，提高农药的安全性、有效性。

第十七条 国家实行农药生产许可制度。农药生产企业应当具备下列条件，并按照国务院农业主管部门的规定向省、自治区、直辖市人民政府农业主管部门申请农药生产许可证：

（一）有与所申请生产农药相适应的技术人员；

（二）有与所申请生产农药相适应的厂房、设施；

（三）有对所申请生产农药进行质量管理和质量检验的人员、仪器和设备；

（四）有保证所申请生产农药质量的规章制度。

省、自治区、直辖市人民政府农业主管部门应当自受理申请之日起20个工作日内作出审批决定，必要时应当进行实地核查。符合条件的，核发农药生产许可证；不符合条件的，书面通知申请人并说明理由。

安全生产、环境保护等法律、行政法规对企业生产条件有其他规定的，农药生产企业还应当遵守其规定。

第十八条　农药生产许可证应当载明农药生产企业名称、住所、法定代表人（负责人）、生产范围、生产地址以及有效期等事项。

农药生产许可证有效期为5年。有效期届满，需要继续生产农药的，农药生产企业应当在有效期届满90日前向省、自治区、直辖市人民政府农业主管部门申请延续。

农药生产许可证载明事项发生变化的，农药生产企业应当按照国务院农业主管部门的规定申请变更农药生产许可证。

第十九条　委托加工、分装农药的，委托人应当取得相应的农药登记证，受托人应当取得农药生产许可证。

委托人应当对委托加工、分装的农药质量负责。

第二十条　农药生产企业采购原材料，应当查验产品质量检验合格证和有关许可证明文件，不得采购、使用未依法附具产品质量检验合格证、未依法取得有关许可证明文件的原材料。

农药生产企业应当建立原材料进货记录制度，如实记录原材料的名称、有关许可证明文件编号、规格、数量、供货人名称及其联系方式、进货日期等内容。原材料进货记录应当保存2年以上。

第二十一条　农药生产企业应当严格按照产品质量标准进行生产，确保农药产品与登记农药一致。农药出厂销售，应当经质量检验合格并附具产品质量检验合格证。

农药生产企业应当建立农药出厂销售记录制度，如实记录农药的名称、规格、数量、生产日期和批号、产品质量检验信息、购货人名称及其联系方式、销售日期等内容。农药出厂销售记录应当保存2年以上。

第二十二条　农药包装应当符合国家有关规定，并印制或者贴有标签。国家鼓励农药生产企业使用可回收的农药包装材料。

农药标签应当按照国务院农业主管部门的规定，以中文标注农药的名称、剂型、有效成分及其含量、毒性及其标识、使用范围、使用方法和剂量、使用技术要求和注意事项、生产日期、可追溯电子信息码等内容。

剧毒、高毒农药以及使用技术要求严格的其他农药等限制使用农药的标签还应当标注“限制使用”字样，并注明使用的特别限制和特殊要求。用于食用农产品的农药的标签还应当标注安全间隔期。

第二十三条　农药生产企业不得擅自改变经核准的农药的标签内容，不得在农药的标签中标注虚假、误导使用者的内容。

农药包装过小，标签不能标注全部内容的，应当同时附具说明书，说明书的内容应当与经核准的标签内容一致。

第四章　农药经营

第二十四条　国家实行农药经营许可制度，但经营卫生用农药的除外。农药经营者应当具备下列条件，并按照国务院农业主管部门的规定向县级以上地方人民政府农业主管部门申请农药经营许可证：

（一）有具备农药和病虫害防治专业知识，熟悉农药管理规定，能够指导安全合理使用农药的经营人员；

（二）有与其他商品以及饮用水水源、生活区域等有效隔离的营业场所和仓储场所，并配备与所申请经营农药相适应的防护设施；

（三）有与所申请经营农药相适应的质量管理、台账记录、安全防护、应急处置、仓储管理等制度。

经营限制使用农药的，还应当配备相应的用药指导和病虫害防治专业技术人员，并按照所在地省、自治区、直辖市人民政府农业主管部门的规定实行定点经营。

县级以上地方人民政府农业主管部门应当自受理申请之日起20个工作日内作出审批决定。符合条件的，核发农药经营许可证；不符合条件的，书面通知申请人并说明理由。

第二十五条 农药经营许可证应当载明农药经营者名称、住所、负责人、经营范围以及有效期等事项。

农药经营许可证有效期为5年。有效期届满，需要继续经营农药的，农药经营者应当在有效期届满90日前向发证机关申请延续。

农药经营许可证载明事项发生变化的，农药经营者应当按照国务院农业主管部门的规定申请变更农药经营许可证。

取得农药经营许可证的农药经营者设立分支机构的，应当依法申请变更农药经营许可证，并向分支机构所在地县级以上地方人民政府农业主管部门备案，其分支机构免予办理农药经营许可证。农药经营者应当对其分支机构的经营活动负责。

第二十六条 农药经营者采购农药应当查验产品包装、标签、产品质量检验合格证以及有关许可证明文件，不得向未取得农药生产许可证的农药生产企业或者未取得农药经营许可证的其他农药经营者采购农药。

农药经营者应当建立采购台账，如实记录农药的名称、有关许可证明文件编号、规格、数量、生产企业和供货人名称及其联系方式、进货日期等内容。采购台账应当保存2年以上。

第二十七条 农药经营者应当建立销售台账，如实记录销售农药的名称、规格、数量、生产企业、购买人、销售日期等内容。销售台账应当保存2年以上。

农药经营者应当向购买人询问病虫害发生情况并科学推荐农药，必要时应当实地查看病虫害发生情况，并正确说明农药的使用范围、使用方法和剂量、使用技术要求和注意事项，不得误导购买人。

经营卫生用农药的，不适用本条第一款、第二款的规定。

第二十八条 农药经营者不得加工、分装农药，不得在农药中添加任何物质，不得采购、销售包装和标签不符合规定，未附具产品质量检验合格证，未取得有关许可证明文件的农药。

经营卫生用农药的，应当将卫生用农药与其他商品分柜销售；经营其他农药的，不得在农药经营场所内经营食品、食用农产品、饲料等。

第二十九条 境外企业不得直接在中国销售农药。境外企业在中国销售农药的，应当依法在中国设立销售机构或者委托符合条件的中国代理机构销售。

向中国出口的农药应当附具中文标签、说明书，符合产品质量标准，并经出入境检验检疫部门依法检验合格。禁止进口未取得农药登记证的农药。

办理农药进出口海关申报手续，应当按照海关总署的规定出示相关证明文件。

第五章 农药使用

第三十条 县级以上人民政府农业主管部门应当加强农药使用指导、服务工作，建立健全农药安全、合理使用制度，并按照预防为主、综合防治的要求，组织推广农药科学使用技术，规范农药使用行为。林业、粮食、卫生等部门应当加强对林业、储粮、卫生用农药安全、合理使用的技术指导，环境保护主管部门应当加强对农药使用过程中环境保护和污染防治的技术指导。

第三十一条 县级人民政府农业主管部门应当组织植物保护、农业技术推广等机构向农药使用者提供免费技术培训，提高农药安全、合理使用水平。

国家鼓励农业科研单位、有关学校、农民专业合作社、供销合作社、农业社会化服务组织和专业人员为农药使用者提供技术服务。

第三十二条 国家通过推广生物防治、物理防治、先进施药器械等措施，逐步减少农药使用量。

县级人民政府应当制定并组织实施本行政区域的农药减量计划；对实施农药减量计划、自愿减少农药使用量的农药使用者，给予鼓励和扶持。

县级人民政府农业主管部门应当鼓励和扶持设立专业化病虫害防治服务组织，并对专业化病虫害防治和限制使用农药的配药、用药进行指导、规范和管理，提高病虫害防治水平。

县级人民政府农业主管部门应当指导农药使用者有计划地轮换使用农药，减缓危害农业、林业的病、虫、草、鼠和其他有害生物的抗药性。

乡、镇人民政府应当协助开展农药使用指导、服务工作。

第三十三条　农药使用者应当遵守国家有关农药安全、合理使用制度，妥善保管农药，并在配药、用药过程中采取必要的防护措施，避免发生农药使用事故。

限制使用农药的经营者应当为农药使用者提供用药指导，并逐步提供统一用药服务。

第三十四条　农药使用者应当严格按照农药的标签标注的使用范围、使用方法和剂量、使用技术要求和注意事项使用农药，不得扩大使用范围、加大用药剂量或者改变使用方法。

农药使用者不得使用禁用的农药。

标签标注安全间隔期的农药，在农产品收获前应当按照安全间隔期的要求停止使用。

剧毒、高毒农药不得用于防治卫生害虫，不得用于蔬菜、瓜果、茶叶、菌类、中草药材的生产，不得用于水生植物的病虫害防治。

第三十五条　农药使用者应当保护环境，保护有益生物和珍稀物种，不得在饮用水水源保护区、河道内丢弃农药、农药包装物或者清洗施药器械。

严禁在饮用水水源保护区内使用农药，严禁使用农药毒鱼、虾、鸟、兽等。

第三十六条　农产品生产企业、食品和食用农产品仓储企业、专业化病虫害防治服务组织和从事农产品生产的农民专业合作社等应当建立农药使用记录，如实记录使用农药的时间、地点、对象以及农药名称、用量、生产企业等。农药使用记录应当保存 2 年以上。

国家鼓励其他农药使用者建立农药使用记录。

第三十七条　国家鼓励农药使用者妥善收集农药包装物等废弃物；农药生产企业、农药经营者应当回收农药废弃物，防止农药污染环境和农药中毒事故的发生。具体办法由国务院环境保护主管部门会同国务院农业主管部门、国务院财政部门等部门制定。

第三十八条　发生农药使用事故，农药使用者、农药生产企业、农药经营者和其他有关人员应当及时报告当地农业主管部门。

接到报告的农业主管部门应当立即采取措施，防止事故扩大，同时通知有关部门采取相应措施。造成农药中毒事故的，由农业主管部门和公安机关依照职责权限组织调查处理，卫生主管部门应当按照国家有关规定立即对受到伤害的人员组织医疗救治；造成环境污染事故的，由环境保护等有关部门依法组织调查处理；造成储粮药剂使用事故和农作物药害事故的，分别由粮食、农业等部门组织技术鉴定和调查处理。

第三十九条　因防治突发重大病虫害等紧急需要，国务院农业主管部门可以决定临时生产、使用规定数量的未取得登记或者禁用、限制使用的农药，必要时应当会同国务院对外贸易主管部门决定临时限制出口或者临时进口规定数量、品种的农药。

前款规定的农药，应当在使用地县级人民政府农业主管部门的监督和指导下使用。

第六章　监督管理

第四十条　县级以上人民政府农业主管部门应当定期调查统计农药生产、销售、使用情况，并及时通报本级人民政府有关部门。

县级以上地方人民政府农业主管部门应当建立农药生产、经营诚信档案并予以公布；发现违法生产、经营农药的行为涉嫌犯罪的，应当依法移送公安机关查处。

第四十一条　县级以上人民政府农业主管部门履行农药监督管理职责，可以依法采取下列措施：

（一）进入农药生产、经营、使用场所实施现场检查；

（二）对生产、经营、使用的农药实施抽查检测；

（三）向有关人员调查了解有关情况；

（四）查阅、复制合同、票据、账簿以及其他有关资料；

（五）查封、扣押违法生产、经营、使用的农药，以及用于违法生产、经营、使用农药的工具、设备、原材料等；

（六）查封违法生产、经营、使用农药的场所。

第四十二条 国家建立农药召回制度。农药生产企业发现其生产的农药对农业、林业、人畜安全、农产品质量安全、生态环境等有严重危害或者较大风险的，应当立即停止生产，通知有关经营者和使用者，向所在地农业主管部门报告，主动召回产品，并记录通知和召回情况。

农药经营者发现其经营的农药有前款规定的情形的，应当立即停止销售，通知有关生产企业、供货人和购买人，向所在地农业主管部门报告，并记录停止销售和通知情况。

农药使用者发现其使用的农药有本条第一款规定的情形的，应当立即停止使用，通知经营者，并向所在地农业主管部门报告。

第四十三条 国务院农业主管部门和省、自治区、直辖市人民政府农业主管部门应当组织负责农药检定工作的机构、植物保护机构对已登记农药的安全性和有效性进行监测。

发现已登记农药对农业、林业、人畜安全、农产品质量安全、生态环境等有严重危害或者较大风险的，国务院农业主管部门应当组织农药登记评审委员会进行评审，根据评审结果撤销、变更相应的农药登记证，必要时应当决定禁用或者限制使用并予以公告。

第四十四条 有下列情形之一的，认定为假农药：

（一）以非农药冒充农药；

（二）以此种农药冒充他种农药；

（三）农药所含有效成分种类与农药的标签、说明书标注的有效成分不符。

禁用的农药，未依法取得农药登记证而生产、进口的农药，以及未附具标签的农药，按照假农药处理。

第四十五条 有下列情形之一的，认定为劣质农药：

（一）不符合农药产品质量标准；

（二）混有导致药害等有害成分。

超过农药质量保证期的农药，按照劣质农药处理。

第四十六条 假农药、劣质农药和回收的农药废弃物等应当交由具有危险废物经营资质的单位集中处置，处置费用由相应的农药生产企业、农药经营者承担；农药生产企业、农药经营者不明确的，处置费用由所在地县级人民政府财政列支。

第四十七条 禁止伪造、变造、转让、出租、出借农药登记证、农药生产许可证、农药经营许可证等许可证明文件。

第四十八条 县级以上人民政府农业主管部门及其工作人员和负责农药检定工作的机构及其工作人员，不得参与农药生产、经营活动。

第七章 法律责任

第四十九条 县级以上人民政府农业主管部门及其工作人员有下列行为之一的，由本级人民政府责令改正；对负有责任的领导人员和直接责任人员，依法给予处分；负有责任的领导人员和直接责任人员构成犯罪的，依法追究刑事责任：

（一）不履行监督管理职责，所辖行政区域的违法农药生产、经营活动造成重大损失或者恶劣社会影响；

（二）对不符合条件的申请人准予许可或者对符合条件的申请人拒不准予许可；

（三）参与农药生产、经营活动；

（四）有其他徇私舞弊、滥用职权、玩忽职守行为。

第五十条 农药登记评审委员会组成人员在农药登记评审中谋取不正当利益的，由国务院农业主管部门从农药登记评审委员会除名；属于国家工作人员的，依法给予处分；构成犯罪的，依法追究刑事责任。

第五十一条 登记试验单位出具虚假登记试验报告的，由省、自治区、直辖市人民政府农业主管部门没收违法所得，并处5万元以上10万元以下罚款；由国务院农业主管部门从登记试验单位中除名，5年内不再受理其登记试验单位认定申请；构成犯罪的，依法追究刑事责任。

第五十二条 未取得农药生产许可证生产农药或者生产假农药的，由县级以上地方人民政府农业主管部门责令停止生产，没收违法所得、违法生产的产品和用于违法生产的工具、设备、原材料等，违法生产的产品货值金额不足1万元的，并处5万元以上10万元以下罚款，货值金额1万元以上的，并处货值金额10倍以上20倍以下罚款，由发证机关吊销农药生产许可证和相应的农药登记证；构成犯罪的，依法追究刑事责任。

取得农药生产许可证的农药生产企业不再符合规定条件继续生产农药的，由县级以上地方人民政府农业主管部门责令限期整改；逾期拒不整改或者整改后仍不符合规定条件的，由发证机关吊销农药生产许可证。

农药生产企业生产劣质农药的，由县级以上地方人民政府农业主管部门责令停止生产，没收违法所得、违法生产的产品和用于违法生产的工具、设备、原材料等，违法生产的产品货值金额不足1万元的，并处1万元以上5万元以下罚款，货值金额1万元以上的，并处货值金额5倍以上10倍以下罚款；情节严重的，由发证机关吊销农药生产许可证和相应的农药登记证；构成犯罪的，依法追究刑事责任。

委托未取得农药生产许可证的受托人加工、分装农药，或者委托加工、分装假农药、劣质农药的，对委托人和受托人均依照本条第一款、第三款的规定处罚。

第五十三条 农药生产企业有下列行为之一的，由县级以上地方人民政府农业主管部门责令改正，没收违法所得、违法生产的产品和用于违法生产的原材料等，违法生产的产品货值金额不足1万元的，并处1万元以上2万元以下罚款，货值金额1万元以上的，并处货值金额2倍以上5倍以下罚款；拒不改正或者情节严重的，由发证机关吊销农药生产许可证和相应的农药登记证：

（一）采购、使用未依法附具产品质量检验合格证、未依法取得有关许可证明文件的原材料；

（二）出厂销售未经质量检验合格并附具产品质量检验合格证的农药；

（三）生产的农药包装、标签、说明书不符合规定；

（四）不召回依法应当召回的农药。

第五十四条 农药生产企业不执行原材料进货、农药出厂销售记录制度，或者不履行农药废弃物回收义务的，由县级以上地方人民政府农业主管部门责令改正，处1万元以上5万元以下罚款；拒不改正或者情节严重的，由发证机关吊销农药生产许可证和相应的农药登记证。

第五十五条 农药经营者有下列行为之一的，由县级以上地方人民政府农业主管部门责令停止经营，没收违法所得、违法经营的农药和用于违法经营的工具、设备等，违法经营的农药货值金额不足1万元的，并处5000元以上5万元以下罚款，货值金额1万元以上的，并处货值金额5倍以上10倍以下罚款；构成犯罪的，依法追究刑事责任：

（一）违反本条例规定，未取得农药经营许可证经营农药；

（二）经营假农药；

（三）在农药中添加物质。

有前款第二项、第三项规定的行为，情节严重的，还应当由发证机关吊销农药经营许可证。

取得农药经营许可证的农药经营者不再符合规定条件继续经营农药的，由县级以上地方人民政府农业主管部门责令限期整改；逾期拒不整改或者整改后仍不符合规定条件的，由发证机关吊销农药经营许可证。

第五十六条 农药经营者经营劣质农药的，由县级以上地方人民政府农业主管部门责令停止经营，没收违法所得、违法经营的农药和用于违法经营的工具、设备等，违法经营的农药货值金额不足 1 万元的，并处 2000 元以上 2 万元以下罚款，货值金额 1 万元以上的，并处货值金额 2 倍以上 5 倍以下罚款；情节严重的，由发证机关吊销农药经营许可证；构成犯罪的，依法追究刑事责任。

第五十七条 农药经营者有下列行为之一的，由县级以上地方人民政府农业主管部门责令改正，没收违法所得和违法经营的农药，并处 5000 元以上 5 万元以下罚款；拒不改正或者情节严重的，由发证机关吊销农药经营许可证：

（一）设立分支机构未依法变更农药经营许可证，或者未向分支机构所在地县级以上地方人民政府农业主管部门备案；

（二）向未取得农药生产许可证的农药生产企业或者未取得农药经营许可证的其他农药经营者采购农药；

（三）采购、销售未附具产品质量检验合格证或者包装、标签不符合规定的农药；

（四）不停止销售依法应当召回的农药。

第五十八条 农药经营者有下列行为之一的，由县级以上地方人民政府农业主管部门责令改正；拒不改正或者情节严重的，处 2000 元以上 2 万元以下罚款，并由发证机关吊销农药经营许可证：

（一）不执行农药采购台账、销售台账制度；

（二）在卫生用农药以外的农药经营场所内经营食品、食用农产品、饲料等；

（三）未将卫生用农药与其他商品分柜销售；

（四）不履行农药废弃物回收义务。

第五十九条 境外企业直接在中国销售农药的，由县级以上地方人民政府农业主管部门责令停止销售，没收违法所得、违法经营的农药和用于违法经营的工具、设备等，违法经营的农药货值金额不足 5 万元的，并处 5 万元以上 50 万元以下罚款，货值金额 5 万元以上的，并处货值金额 10 倍以上 20 倍以下罚款，由发证机关吊销农药登记证。

取得农药登记证的境外企业向中国出口劣质农药情节严重或者出口假农药的，由国务院农业主管部门吊销相应的农药登记证。

第六十条 农药使用者有下列行为之一的，由县级人民政府农业主管部门责令改正，农药使用者为农产品生产企业、食品和食用农产品仓储企业、专业化病虫害防治服务组织和从事农产品生产的农民专业合作社等单位的，处 5 万元以上 10 万元以下罚款，农药使用者为个人的，处 1 万元以下罚款；构成犯罪的，依法追究刑事责任：

（一）不按照农药的标签标注的使用范围、使用方法和剂量、使用技术要求和注意事项、安全间隔期使用农药；

（二）使用禁用的农药；

（三）将剧毒、高毒农药用于防治卫生害虫，用于蔬菜、瓜果、茶叶、菌类、中草药材生产或者用于水生植物的病虫害防治；

（四）在饮用水水源保护区内使用农药；

（五）使用农药毒鱼、虾、鸟、兽等；

（六）在饮用水水源保护区、河道内丢弃农药、农药包装物或者清洗施药器械。

有前款第二项规定的行为的，县级人民政府农业主管部门还应当没收禁用的农药。

第六十一条 农产品生产企业、食品和食用农产品仓储企业、专业化病虫害防治服务组织和从事农产品生产的农民专业合作社等不执行农药使用记录制度的，由县级人民政府农业主管部门责令改正；拒不改正或者情节严重的，处 2000 元以上 2 万元以下罚款。

第六十二条　伪造、变造、转让、出租、出借农药登记证、农药生产许可证、农药经营许可证等许可证明文件的，由发证机关收缴或者予以吊销，没收违法所得，并处1万元以上5万元以下罚款；构成犯罪的，依法追究刑事责任。

第六十三条　未取得农药生产许可证生产农药，未取得农药经营许可证经营农药，或者被吊销农药登记证、农药生产许可证、农药经营许可证的，其直接负责的主管人员10年内不得从事农药生产、经营活动。

农药生产企业、农药经营者招用前款规定的人员从事农药生产、经营活动的，由发证机关吊销农药生产许可证、农药经营许可证。

被吊销农药登记证的，国务院农业主管部门5年内不再受理其农药登记申请。

第六十四条　生产、经营的农药造成农药使用者人身、财产损害的，农药使用者可以向农药生产企业要求赔偿，也可以向农药经营者要求赔偿。属于农药生产企业责任的，农药经营者赔偿后有权向农药生产企业追偿；属于农药经营者责任的，农药生产企业赔偿后有权向农药经营者追偿。

第八章　附则

第六十五条　申请农药登记的，申请人应当按照自愿有偿的原则，与登记试验单位协商确定登记试验费用。

第六十六条　本条例自2017年6月1日起施行。

关于禁止生产、流通、使用和进出口滴滴涕、氯丹、灭蚁灵及六氯苯的公告

（环境保护部　国家发展和改革委员会　工业和信息化部　住房和城乡建设部　农业部　商务部　卫生部　海关总署　国家质量监督检验检疫总局　国家安全生产监督管理总局公告　第23号）

滴滴涕、氯丹、灭蚁灵和六氯苯是《关于持久性有机污染物的斯德哥尔摩公约》规定限期淘汰的持久性有机污染物。目前，我国滴滴涕主要用于应急病媒防治、三氯杀螨醇生产和防污漆生产，氯丹和灭蚁灵用于白蚁防治，六氯苯用于五氯酚钠生产。

为保护人类健康和生态环境安全，落实《中华人民共和国履行〈关于持久性有机污染物的斯德哥尔摩公约〉国家实施计划》和国家有关管理政策，现就停止滴滴涕、氯丹、灭蚁灵及六氯苯的生产、流通、使用和进出口等有关事项公告如下：

一、自2009年5月17日起，禁止在中华人民共和国境内生产、流通、使用和进出口滴滴涕、氯丹、灭蚁灵及六氯苯。紧急情况下用于病媒防治的滴滴涕其生产和使用问题，由有关部门协商解决。

二、各级环保、发展改革、工业和信息化、住房和城乡建设、农业、商务、卫生、海关、质检、安全监管等部门，应按照国家有关法律法规的规定，加强对以上四种持久性有机污染物生产、流通、使用和进出口的监督管理。一旦发现生产、销售、使用和进出口滴滴涕、氯丹、灭蚁灵、六氯苯及含有这些物质的化学制品或物品的，应依法进行查处。

二〇〇九年四月十六日

关于禁止生产、流通、使用和进出口滴滴涕、氯丹、灭蚁灵及六氯苯的公告

第十四篇　自动监控管理

污染源自动监控管理办法

（国家环境保护总局令　第28号）

第一章　总　则

第一条　为加强污染源监管，实施污染物排放总量控制与排污许可证制度和排污收费制度，预防污染事故，提高环境管理科学化、信息化水平，根据《水污染防治法》、《大气污染防治法》、《环境噪声污染防治法》、《水污染防治法实施细则》、《建设项目环境保护管理条例》和《排污费征收使用管理条例》等有关环境保护法律法规，制定本办法。

第二条　本办法适用于重点污染源自动监控系统的监督管理。

重点污染源水污染物、大气污染物和噪声排放自动监控系统的建设、管理和运行维护，必须遵守本办法。

第三条　本办法所称自动监控系统，由自动监控设备和监控中心组成。

自动监控设备是指在污染源现场安装的用于监控、监测污染物排放的仪器、流量（速）计、污染治理设施运行记录仪和数据采集传输仪等仪器、仪表，是污染防治设施的组成部分。

监控中心是指环境保护部门通过通信传输线路与自动监控设备连接用于对重点污染源实施自动监控的计算机软件和设备等。

第四条　自动监控系统经环境保护部门检查合格并正常运行的，其数据作为环境保护部门进行排污申报核定、排污许可证发放、总量控制、环境统计、排污费征收和现场环境执法等环境监督管理的依据，并按照有关规定向社会公开。

第五条　国家环境保护总局负责指导全国重点污染源自动监控工作，制定有关工作制度和技术规范。

地方环境保护部门根据国家环境保护总局的要求按照统筹规划、保证重点、兼顾一般、量力而行的原则，确定需要自动监控的重点污染源，制定工作计划。

第六条　环境监察机构负责以下工作：

（一）参与制定工作计划，并组织实施；

（二）核实自动监控设备的选用、安装、使用是否符合要求；

（三）对自动监控系统的建设、运行和维护等进行监督检查；

（四）本行政区域内重点污染源自动监控系统联网监控管理；

（五）核定自动监控数据，并向同级环境保护部门和上级环境监察机构等联网报送；

（六）对不按照规定建立或者擅自拆除、闲置、关闭及不正常使用自动监控系统的排污单位提出依法处罚的意见。

第七条　环境监测机构负责以下工作：

（一）指导自动监控设备的选用、安装和使用；

（二）对自动监控设备进行定期比对监测，提出自动监控数据有效性的意见。

第八条　环境信息机构负责以下工作：

（一）指导自动监控系统的软件开发；

（二）指导自动监控系统的联网，核实自动监控系统的联网是否符合国家环境保护总局制定的技术规范；

（三）协助环境监察机构对自动监控系统的联网运行进行维护管理。

第九条　任何单位和个人都有保护自动监控系统的义务，并有权对闲置、拆除、破坏以及擅自改动自动监控系统参数和数据等不正常使用自动监控系统的行为进行举报。

第二章　自动监控系统的建设

第十条　列入污染源自动监控计划的排污单位，应当按照规定的时限建设、安装自动监控设备及其配套设施，配合自动监控系统的联网。

第十一条　新建、改建、扩建和技术改造项目应当根据经批准的环境影响评价文件的要求建设、安装自动监控设备及其配套设施，作为环境保护设施的组成部分，与主体工程同时设计、同时施工、同时投入使用。

第十二条　建设自动监控系统必须符合下列要求：

（一）自动监控设备中的相关仪器应当选用经国家环境保护总局指定的环境监测仪器检测机构适用性检测合格的产品；

（二）数据采集和传输符合国家有关污染源在线自动监控（监测）系统数据传输和接口标准的技术规范；

（三）自动监控设备应安装在符合环境保护规范要求的排污口；

（四）按照国家有关环境监测技术规范，环境监测仪器的比对监测应当合格；

（五）自动监控设备与监控中心能够稳定联网；

（六）建立自动监控系统运行、使用、管理制度。

第十三条　自动监控设备的建设、运行和维护经费由排污单位自筹，环境保护部门可以给予补助；监控中心的建设和运行、维护经费由环境保护部门编报预算申请经费。

第三章　自动监控系统的运行、维护和管理

第十四条　自动监控系统的运行和维护，应当遵守以下规定：

（一）自动监控设备的操作人员应当按国家相关规定，经培训考核合格、持证上岗；

（二）自动监控设备的使用、运行、维护符合有关技术规范；

（三）定期进行比对监测；

（四）建立自动监控系统运行记录；

（五）自动监控设备因故障不能正常采集、传输数据时，应当及时检修并向环境监察机构报告，必要时应当采用人工监测方法报送数据。

自动监控系统由第三方运行和维护的，接受委托的第三方应当依据《环境污染治理设施运营资质许可管理办法》的规定，申请取得环境污染治理设施运营资质证书。

第十五条　自动监控设备需要维修、停用、拆除或者更换的，应当事先报经环境监察机构批准同意。

环境监察机构应当自收到排污单位的报告之日起 7 日内予以批复；逾期不批复的，视为同意。

第四章　罚　则

第十六条　违反本办法规定，现有排污单位未按规定的期限完成安装自动监控设备及其配套设施的，由县级以上环境保护部门责令限期改正，并可处 1 万元以下的罚款。

第十七条　违反本办法规定，新建、改建、扩建和技术改造的项目未安装自动监控设备及其配套设施，或者未经验收或者验收不合格的，主体工程即正式投入生产或者使用的，由审批该建设项目环境影响评价文件的环境保护部门依据《建设项目环境保护管理条例》责令停止主体工程生产或者使用，可以处 10 万元以下的罚款。

第十八条　违反本办法规定，有下列行为之一的，由县级以上地方环境保护部门按以下规定处理：

（一）故意不正常使用水污染物排放自动监控系统，或者未经环境保护部门批准，擅自拆除、闲置、破坏水污染物排放自动监控系统，排放污染物超过规定标准的；

（二）不正常使用大气污染物排放自动监控系统，或者未经环境保护部门批准，擅自拆除、闲置、破坏大气污染物排放自动监控系统的；

（三）未经环境保护部门批准，擅自拆除、闲置、破坏环境噪声排放自动监控系统，致使环境噪声排放超过规定标准的。

有前款第（一）项行为的，依据《水污染防治法》第四十八条和《水污染防治法实施细则》第四十一条的规定，责令恢复正常使用或者限期重新安装使用，并处10万元以下的罚款；有前款第（二）项行为的，依据《大气污染防治法》第四十六条的规定，责令停止违法行为，限期改正，给予警告或者处5万元以下罚款；有前款第（三）项行为的，依据《环境噪声污染防治法》第五十条的规定，责令改正，处3万元以下罚款。

第五章 附 则

第十九条 本办法自2005年11月1日起施行。

污染源自动监控设施现场监督检查办法

（环境保护部令 第19号）

第一章 总 则

第一条 为加强对污染源自动监控设施的现场监督检查，保障其正常运行，保证自动监控数据的真实、可靠和有效，根据《中华人民共和国水污染防治法》、《中华人民共和国大气污染防治法》等有关法律法规，制定本办法。

第二条 本办法所称污染源自动监控设施，是指在污染源现场安装的用于监控、监测污染物排放的在线自动监测仪、流量（速）计、污染治理设施运行记录仪和数据采集传输仪器、仪表、传感器等设施，是污染防治设施的组成部分。

第三条 本办法适用于各级环境保护主管部门对污染源自动监控设施的现场监督检查。

第四条 污染源自动监控设施的现场监督检查，由各级环境保护主管部门或者其委托的行使现场监督检查职责的机构（以下统称监督检查机构）具体负责。

省级以下环境保护主管部门对污染源自动监控设施进行监督管理和现场监督检查的权限划分，由省级环境保护主管部门确定。

第五条 实施污染源自动监控设施现场监督检查，应当与其污染防治设施的现场检查相结合，并遵守国家有关法律法规、标准、技术规范以及环境保护主管部门的规定。

第六条 污染源自动监控设施的生产者和销售者，应当保证其生产和销售的污染源自动监控设施符合国家规定的标准。

排污单位自行运行污染源自动监控设施的，应当保证其正常运行。由取得环境污染治理设施运营资质的单位（以下简称运营单位）运行污染源自动监控设施的，排污单位应当配合、监督运营单位正常运行；运营单位应当保证污染源自动监控设施正常运行。

污染源自动监控设施的生产者、销售者以及排污单位和运营单位应当接受和配合监督检查机构的现场监督检查，并按照要求提供相关技术资料。监督检查机构有义务为被检查单位保守在检查中获取的商业秘密。

第二章　监督管理

第七条　污染源自动监控设施建成后，组织建设的单位应当及时组织验收。经验收合格后，污染源自动监控设施方可投入使用。

排污单位或者其他污染源自动监控设施所有权单位，应当在污染源自动监控设施验收后五个工作日内，将污染源自动监控设施有关情况交有管辖权的监督检查机构登记备案。

污染源自动监控设施的主要设备或者核心部件更换、采样位置或者主要设备安装位置等发生重大变化的，应当重新组织验收。排污单位或者其他污染源自动监控设施所有权单位应当在重新验收合格后五个工作日内，向有管辖权的监督检查机构变更登记备案。

有管辖权的监督检查机构应当对污染源自动监控设施登记事项及时予以登记，作为现场监督检查的依据。

第八条　污染源自动监控设施确需拆除或者停运的，排污单位或者运营单位应当事先向有管辖权的监督检查机构报告，经有管辖权的监督检查机构同意后方可实施。有管辖权的监督检查机构接到报告后，可以组织现场核实，并在接到报告后五个工作日内作出决定；逾期不作出决定的，视为同意。

污染源自动监控设施发生故障不能正常使用的，排污单位或者运营单位应当在发生故障后十二小时内向有管辖权的监督检查机构报告，并及时检修，保证在五个工作日内恢复正常运行。停运期间，排污单位或者运营单位应当按照有关规定和技术规范，采用手工监测等方式，对污染物排放状况进行监测，并报送监测数据。

第九条　下级环境保护主管部门应当每季度向上一级环境保护主管部门报告污染源自动监控设施现场监督检查工作情况。省级环境保护主管部门应当于每年的 1 月 30 日前向环境保护部报送上一年度本行政区域污染源自动监控设施现场监督检查工作报告。

第十条　污染源自动监控设施现场监督检查工作报告应当包括以下内容：

（一）辖区内污染源自动监控设施总体运行情况、存在的问题和建议；

（二）辖区内有关污染源自动监控设施违法行为及其查处情况和典型案例；

（三）污染源自动监控设施生产者、销售者和运营单位在辖区内服务质量评估。

第十一条　上级环境保护主管部门应当定期组织对本辖区内下级环境保护主管部门污染源自动监控设施现场监督检查的工作情况进行督查，并实行专项考核。

第十二条　污染源自动监控设施现场监督检查的有关情况，应当依法公开。

第三章　现场监督检查

第十三条　对污染源自动监控设施进行现场监督检查，应当重点检查以下内容：

（一）排放口规范化情况；

（二）污染源自动监控设施现场端建设规范化情况；

（三）污染源自动监控设施变更情况；

（四）污染源自动监控设施运行状况；

（五）污染源自动监控设施运行、维护、检修、校准校验记录；

（六）相关资质、证书、标志的有效性；

（七）企业生产工况、污染治理设施运行与自动监控数据的相关性。

第十四条　污染源自动监控设施现场监督检查分为例行检查和重点检查。

监督检查机构应当对污染源自动监控设施定期进行例行检查。对国家重点监控企业污染源自动监控设施的例行检查每月至少一次；对其他企业污染源自动监控设施的例行检查每季度至少一次。

对涉嫌不正常运行、使用污染源自动监控设施或者有弄虚作假等违法情况的企业，监督检查机构应当进行重点检查。重点检查可以邀请有关部门和专家参加。

实施污染源自动监控设施例行检查或者重点检查的，可以根据情况，事先通知被检查单位，也可以不事先通知。

第十五条 污染源自动监控设施的现场监督检查，按照下列程序进行：

（一）检查前准备工作，包括污染源自动监控设施登记备案情况、污染物排放及污染防治的有关情况，现场检查装备配备等；

（二）进行现场监督检查；

（三）认定运行正常的，结束现场监督检查；

（四）对涉嫌不正常运行、使用或者有弄虚作假等违法行为的，进行重点检查；

（五）经重点检查，认定有违法行为的，依法予以处罚。

污染源自动监控设施现场监督检查结果，应当及时反馈被检查单位。

第十六条 现场监督检查人员应当按照有关技术规范要求填写现场监督检查表，制作现场监督检查笔录。

现场监督检查人员进行污染源自动监控设施现场监督检查时，可以采取以下措施：

（一）以拍照、录音、录像、仪器标定或者拷贝文件、数据等方式保存现场检查资料；

（二）使用快速监测仪器采样监测。必要时，由环境监测机构进行监督性监测或者比对监测并出具监测结果；

（三）要求排污单位或者运营单位对污染源自动监控设施的硬件、软件进行技术测试；

（四）封存有关样品、试剂等物质，并送交有关部门或者机构检测。

第四章 法律责任

第十七条 排污单位或者其他污染源自动监控设施所有权单位，未按照本办法第七条的规定向有管辖权的监督检查机构登记其污染源自动监控设施有关情况，或者登记情况不属实的，依照《中华人民共和国水污染防治法》第七十二条第（一）项或者《中华人民共和国大气污染防治法》第四十六条第（一）项的规定处罚。

第十八条 排污单位或者运营单位有下列行为之一的，依照《中华人民共和国水污染防治法》第七十条或者《中华人民共和国大气污染防治法》第四十六条第（二）项的规定处罚：

（一）采取禁止进入、拖延时间等方式阻挠现场监督检查人员进入现场检查污染源自动监控设施的；

（二）不配合进行仪器标定等现场测试的；

（三）不按照要求提供相关技术资料和运行记录的；

（四）不如实回答现场监督检查人员询问的。

第十九条 排污单位或者运营单位擅自拆除、闲置污染源自动监控设施，或者有下列行为之一的，依照《中华人民共和国水污染防治法》第七十三条或者《中华人民共和国大气污染防治法》第四十六条第（三）项的规定处罚：

（一）未经环境保护主管部门同意，部分或者全部停运污染源自动监控设施的；

（二）污染源自动监控设施发生故障不能正常运行，不按照规定报告又不及时检修恢复正常运行的；

（三）不按照技术规范操作，导致污染源自动监控数据明显失真的；

（四）不按照技术规范操作，导致传输的污染源自动监控数据明显不一致的；

（五）不按照技术规范操作，导致排污单位生产工况、污染治理设施运行与自动监控数据相关性异常的；

（六）擅自改动污染源自动监控系统相关参数和数据的；

（七）污染源自动监控数据未通过有效性审核或者有效性审核失效的；

（八）其他人为原因造成的污染源自动监控设施不正常运行的情况。

第二十条 排污单位或者运营单位有下列行为之一的，依照《中华人民共和国水污染防治法》第七十条或者《中华人民共和国大气污染防治法》第四十六条第（二）项的规定处罚：

（一）将部分或者全部污染物不经规范的排放口排放，规避污染源自动监控设施监控的；

（二）违反技术规范，通过稀释、吸附、吸收、过滤等方式处理监控样品的；

（三）不按照技术规范的要求，对仪器、试剂进行变动操作的；

（四）违反技术规范的要求，对污染源自动监控系统功能进行删除、修改、增加、干扰，造成污染源自动监控系统不能正常运行，或者对污染源自动监控系统中存储、处理或者传输的数据和应用程序进行删除、修改、增加的操作的；

（五）其他欺骗现场监督检查人员，掩盖真实排污状况行为。

第二十一条 排污单位排放污染物超过国家或者地方规定的污染物排放标准，或者超过重点污染物排放总量控制指标的，依照《中华人民共和国水污染防治法》第七十四条或者《中华人民共和国大气污染防治法》第四十八条的规定处罚。

第二十二条 污染源自动监控设施生产者、销售者参与排污单位污染源自动监控设施运行弄虚作假的，由环境保护主管部门予以通报，公开该生产者、销售者名称及其产品型号；情节严重的，收回其环境保护适用性检测报告和环境保护产品认证证书。对已经安装使用该生产者、销售者生产、销售的同类产品的企业，环境保护主管部门应当加强重点检查。

第二十三条 运营单位参与排污单位污染源自动监控设施运行弄虚作假的，依照《环境污染治理设施运营资质许可管理办法》的有关规定处罚。

第二十四条 环境保护主管部门的工作人员有下列行为之一的，依法给予处分；构成犯罪的，依法追究刑事责任：

（一）不履行或者不按照规定履行对污染源自动监控设施现场监督检查职责的；

（二）对接到举报或者所发现的违法行为不依法予以查处的；

（三）包庇、纵容、参与排污单位或者运营单位弄虚作假的；

（四）其他玩忽职守、滥用职权或者徇私舞弊行为。

第二十五条 排污单位通过污染源自动监控设施数据弄虚作假获取主要污染物年度削减量、有关环境保护荣誉称号或者评级的，由原核定削减量或者授予荣誉称号的环境保护主管部门予以撤销。

排污单位通过污染源自动监控设施数据弄虚作假，骗取国家优惠脱硫脱硝电价的，环境保护主管部门应当及时通报优惠电价核定部门，取消电价优惠。

第二十六条 违反技术规范的要求，对污染源自动监控系统功能进行删除、修改、增加、干扰，造成污染源自动监控系统不能正常运行，或者对污染源自动监控系统中存储、处理或者传输的数据和应用程序进行删除、修改、增加的操作，构成违反治安管理行为的，由环境保护主管部门移送公安部门依据《中华人民共和国治安管理处罚法》第二十九条规定处理；涉嫌构成犯罪的，移送司法机关依照《中华人民共和国刑法》第二百八十六条追究刑事责任。

第五章　附　则

第二十七条 本办法由环境保护部负责解释。

第二十八条 污染源自动监控设施现场监督检查的技术规范和相关指南由环境保护部另行发布。

第二十九条 本办法自 2012 年 4 月 1 日起施行。

关于加快重点行业重点地区的重点排污单位自动监控工作的通知

（环境保护部办公厅 环办环监〔2017〕61号）

各省、自治区、直辖市环境保护厅（局），新疆生产建设兵团环境保护局：

为加快建立全国统一的实时在线环境监控系统，依法依规加强对重点行业、重点地区的重点排污单位主要污染物排放情况实施自动监控，按照环境保护法等法律规定和2017年我部重点工作 安排，现就有关事项通知如下：

一、加强组织领导

省级环保部门要组织专门工作小组，安排专人，督促指导本行政区域做好重点排污单位安装污染物排放自动监测设备并与环保部门污染源自动监控系统平台联网的各项工作。请各省级环保部门确定一位厅级领导、环境监察机构和污染源监控系统管理部门各两名业务负责人作为督办联系人，名单请于2017年8月15日前报我部备案，我部环境监察局将建立“重点排污单位自动监控工作群”，及时加强工作沟通与指导。

二、制定工作计划

设区的市级以上地方环保部门依法确定并向社会公布重点排污单位名录，以此为基础，省级环保部门要组织做好本行政区域内钢铁、火电、水泥、电解铝、平板玻璃、造纸、印染、污水处理厂、氮磷排放重点行业、长江经济带化工企业及化工园区污水处理厂等重点排污单位排查工作，按照行业污染物排放标准规定和安装技术要求（件附件1），确定每个重点排污单位的监控点位及应当实施自动监控的主要污染物，确定自动监测设备安装联网工作计划，落实重点排污单位工作责任人。上述信息应录入我部配发的污染源自动监控平台“重点污染源基础数据库系统”（系统操作说明见附件2），并于2017年9月20日前由省级环保部门书面统一报送我部。

三、督促企业落实主体责任

地方环保部门要督促重点行业、重点地区的重点排污单位落实企业主体责任，严格按照有关技术标准规范要求，建设规范的排放口、站房、采样平台，配备安装必要的电源、安防、通讯网络、温度控制、视频监视等设施，安装自动监测设备。

氮磷排放重点行业的重点排污单位，应于2018年6月30日前安装总氮、总磷排放自动监测设备并与环保部门联网；其他行业重点排污单位自动监测设备，应于2017年11月30日前与环保部门联网；自动监测设备已经安装并联网、但不符合本通知安装技术要求和有关标准规范的，应于2017年11月30日前完成改造；在建的重点排污单位，应在试生产时安装自动监测设备并与环保部门联网。

重点排污单位自动监测设备安装联网或者改造工作完成后，应由购置建设的主要出资方按照有关技术标准规范组织验收，验收有关资料交有管辖权的环保部门备案。

四、强化现场监督检查地方环保部门在制定重点排污单位自动监测设备安装联网工作计划过程中，应进行现场勘查，不得漏报、瞒报重点排污单位 及其监控点位。要督促重点排污单位制定具体工作方案，按时限要求细化工程节点。对具备安装技术条件但暂时不能安装的，重点排污单位应书面向当地环保部门承诺完成时限；不具各安装技术条件的，重点排污单位应提供书面材料说明，当地环保部门要做好现场检查记录。

地方环保部门要对重点排污单位自动监测设备安装情况进行现场检查，提供必要指导和协调，督促及时整改存在的问题。对拒绝安装联网自动监测设备或者逾期的，要依法予以处罚，并将其作为重点监管对象，加大现场检查频次，发现违法排污行为依法顶格处罚。

地方环保部门不得组织对重点排污单位为主要出资方的自动监测设备安装联网工作进行验收，对重点排污单位报备的验收资料要及时予以记录，作为现场监督检查的依据。

五、依法依规运行管理 重点排污单位自动监测设备的安装、联网、运行管理等工作，按重点污染源自动监控管理的有关规定、技术标准规范执行。

重点排污单位应依法保证自动监测设备正常运行，对自动监测数据的真实性和准确性负责。按照《国务院关于印发“十三五”节能减排综合工作方案的通知》（国发〔2016〕 74号）要求，重点排污单位污染源自动监控数据有效传输率应保持在90%以上。

附件：1. 污染源自动监测设备安装建设技术要求

2. 系统操作说明

二零一七年八月三日

关于进一步做好京津冀及周边地区高架源自动监控工作的通知

环境保护部办公厅 环办环监函〔2017〕206号

北京、天津、河北、山西、山东、河南省（市）环境保护厅（局）：

根据《大气污染防治行动计划》（国发〔2013〕37号）和《京津冀大气污染防治强化措施（2016-2017年）》（环大气〔2016〕80号），北京、天津、石家庄、唐山、邯郸、邢台、保定、沧州、廊坊、衡水、济南、淄博、德州、聊城、滨州、郑州、安阳、鹤壁、新乡、焦作等“2+18”城市高架源已经实施自动监控。为进一步做好京津冀及周边地区钢铁、火电、水泥、平板玻璃、电解铝、垃圾焚烧及其他行业高架源自动监控工作，现就有关事项通知如下：

一、在2017年5月31日前，太原、阳泉、长治、晋城、济宁、菏泽、开封、濮阳等新增8个城市所有企业排放烟囱超过45米的各高架源均应按要求（见附件1）安装污染源自动监控设备并与我部配发的重点污染源自动监控平台联网。

二、请你们组织专门工作小组、安排专人负责，督促指导本行政区域有关市（区）环保部门做好高架源安装自动监控设备并与我部重点污染源自动监控系统平台联网的各项工作。上述新增8个城市环境保护局要确定环境监察、环境监控管理机构各2名业务骨干作为工作联系人，于2017年2月28日前报我部环境监察局备案并在“重点污染源排放严重超标督办系统”中准确录入联系人信息。同时我部环境监察局建立“京津冀高架源自动监控工作微信群”，请京津冀地区“2+26”城市所在省级和城市环保部门主要领导同志、有关负责人和业务骨干加入，以便及时沟通情况、解决具体问题。

三、开展高架源摸底排查。上述新增8个城市所在的省级环保部门要组织做好本地区高架源的排查工作，所有高架源要逐一登记造册，地方环保部门不得漏报、瞒报应实施自动监控的高架源。具备安装技术条件但暂时不能安装自动监控设备的，企业应书面承诺完成安装自动监控设备和联网的时限报省级环保部门；不具备安装自动监控设备技术条件的，应由企业提供书面材料说明，省级环保部门应组织本行政区域有关市（区）环保部门进行现场勘查核实。上述有关信息应于2017年2月28日前由省级环保部门统一汇总报我部环境监察局备案，并准确录入我部配发的重点污染源自动监控平台的“重点污染源基础数据库系统”。

各有关城市环保局要明确每个企业及每个监控点自动监控设备安装和联网时限，倒排工期，确定企业责任人和城市环保部门督办人，实行销号管理。

四、落实企业主体责任。上述新增 8 个城市高架源已经安装自动监控设备的，应于 2017 年 3 月 31 日前与我部配发的重点污染源自动监控平台联网；尚未安装自动监控设备的，应于 2017 年 5 月 31 日前完成安装并联网；在建企业的高架源应在试生产时完成安装自动监控设备并联网。原“2+18”城市申请 2016 年 12 月 30 日前暂缓安装的高架源和新建、在建企业的高架源，应按照前述要求及时安装自动监控设备并联网；京津冀及周边地区“2+26”城市范围内所有垃圾焚烧厂炉膛内焚烧温度和二氧化硫、氮氧化物、一氧化碳、氯化氢、颗粒物等 5 项指标以及烟气参数未全部实施自动监控的也应补齐。

高架源企业要保证自动监控设备正常运行、数据真实准确。

五、高架源自动监控设备的安装、联网、运行管理等工作暂按现行国控重点污染源自动监控管理规定、技术标准规范及所在地省级环保部门的有关要求管理。

六、加大检查和处罚力度。对逾期未完成安装高架源自动监控设备或者不与环保部门联网的企业，地方环保部门要依法予以处罚；对自动监控系统发现的高架源排放异常等情况，污染源自动监控管理部门要随时通报环境监察机构进行现场查证，确属污染治理设施不正常运行、超标排放的要依法予以处罚；对未安装自动监控设备的高架源企业，地方环境监察机构要将其做为重点监管对象，加大现场检查频次，发现违法排污行为要依法顶格处罚。

我部将通过环境保护部污染源监控中心向污染源所在地的市级环境监察机构发送污染源超标排放电子督办单，具体要求见《关于扩大京津冀大气污染传输通道城市排放超标直接督办实施范围的通知》（环监发〔2017〕2 号）。

七、严厉打击高架源自动监控数据造假。对有篡改、伪造监测数据等弄虚作假行为的，环保部门要及时移送公安机关依法处理，并按照新的“两高”司法解释，追究直接责任人和单位负责人的刑事责任。

附件：1.高架源安装自动监控设备技术条件

2.高架源排查统计表（示例）

附件 1

高架源安装自动监控设备技术条件

一、高架源：几何高度在 45 米以上的通过烟囱、集气筒等装置集中排放大气污染物的固定点状污染源。

二、需安装自动监控设备的情形：

1.排气筒高度超过 45 米的锅炉、窑炉和其他生产设施，在线监控的指标应包括且不限于二氧化硫、氮氧化物、颗粒物三项主要污染物及烟气参数等，燃气锅炉仅监控氮氧化物。

2.钢铁企业烧结工艺的烧结机头、烧结机尾、以及球团工艺的窑炉焙烧废气排放口，均应安装二氧化硫、氮氧化物、颗粒物三项主要污染物及烟气参数等自动监控设备。

3.垃圾焚烧厂烟气在线监控的指标应至少包括烟气排放口中的一氧化碳、颗粒物、二氧化硫、氮氧化物、氯化氢及烟气参数等和在焚烧炉上采集的炉膛内焚烧温度。按照有关技术标准规范，焚烧炉炉膛内温度各监测点温度均应大于等于 850 摄氏度，至少应在炉膛中部断面和炉膛上部断面分别设置 3 个具代表性的温度监测点，按 6 个温度监测点计算平均值；实际安装的温度监测点数多于 6 个的，按实际温度监测点数计算平均值。

三、若某一工艺有多台产排污设施，从不同排放口排放大气污染物的，所有符合条件的大气污染物排放口必须全部安装自动监控设备。例如：钢铁企业烧结工艺中有多台烧结机，每台烧结机的机头、机尾均需安装自动监控设施并联网传输自动监控数据。

四、同一企业若存在两个及以上产污工序的烟气最终通过同一根烟囱、集气筒等装置集中排放大气污染物的，监控点位应安装在烟囱或集气筒上，按照一个监控点位进行管理。

五、符合下列情形的可暂不安装自动监控设备：

1.烟囱/烟道直径小于 1 米，或者不满足技术规范规定的测量点位离烟道壁距离不小于 1 米要求的；

2.排气筒结构、强度、安全等难以满足技术规范对监测平台安装以及参比方法采样孔的相关要求的；

3.污染物排放浓度低于现有在线监控（测）设备检测限的；

4.一年内累计生产时间不足一个季度的企业、或者仅用作调峰的燃气电厂；

5.企业停产一年及以上或者正在拆除搬迁的；

6.已经注销或关闭的企业。

六、高架源安装自动监控设备应遵循但不限于下列有关技术标准、规范：

1.固定污染源烟气排放连续监测技术规范 HJ/T 75

2.固定污染源烟气排放连续监测系统技术要求及检测方法 HJ/T 76

3.固定污染源排气中颗粒物测定与气态污染物采样方法 GB/T 16157

4.污染源在线自动监控（监测）系统数据传输标准 HJ/T 212

5.生活垃圾焚烧污染控制标准 GB 18485

6.生活垃圾焚烧厂评价标准 CJJ/T 137

7.生活垃圾焚烧厂运行监管标准 CJJ/T 212

附件 2

高架源排查表

（示例）

序号	省份	地市	企业名称	企业责任人	环保督办人	所属行业	是否国控企业	产污工艺名称	监控点位名称	是否安装设备	是否暂缓安装	暂缓备注	安装期限	是否联网传输	联网期限	数采仪厂家	排放污染物	执行标准	污染物在线监控设施情况	
																			安装时间	分析仪器厂家
1	××省	××市	××企业			火力发电	是	发电	一号脱硫净烟气	是	否			是		×××	烟尘	××	2009-06-16	×××
																	二氧化硫	××	2009-06-16	×××
																	氮氧化物	××	2009-06-16	×××
									二号脱硫净烟气	是	否			是		×××	烟尘	××	2009-06-16	×××
																	二氧化硫	××	2013-11-27	×××
																	氮氧化物	××	2013-11-27	×××
2	××省	××市	××企业			黑色金属冶炼及压延加工业	是	烧结	一号烧结机头	是	否			是		×××	烟尘	××	2014-10-24	×××
																	二氧化硫	××	2014-10-24	×××
																	氮氧化物	××	2014-10-24	×××
									一号烧结机尾	是	否			是		×××	烟尘	××	2014-03-10	×××
																	二氧化硫	××	2014-03-10	×××
																	氮氧化物	××	2014-03-10	×××
								球团	一号窑炉焙烧废气	是	否			是		×××	烟尘	××	2016-09-21	×××
																	二氧化硫	××	2016-09-21	×××
																	氮氧化物	××	2016-09-21	×××

序号	省份	地市	企业名称	企业责任人	环保督办人	所属行业	是否国控企业	产污工艺名称	监控点位名称	是否安装设备	是否暂缓安装	暂缓备注	安装期限	是否联网传输	联网期限	数采仪厂家	排放污染物	执行标准	污染物在线监控设施情况	
																			安装时间	分析仪器厂家
3	××省	××市	××企业			其他能源发电	否	垃圾焚烧	1号焚烧炉废气排放口	是	否			否		×××	烟尘	××	2016-10-01	×××
																	二氧化硫	××	2016-10-01	×××
																	氮氧化物	××	2016-10-01	×××
																	氯化氢	××	2016-10-01	×××
																	一氧化碳	××	2016-10-01	×××
									1号焚烧炉								炉温	××	2016-10-01	×××
									2号焚烧炉变气排放口	是	否			否		×××	烟尘	××	2016-10-01	×××
																	二氧化硫	××	2016-10-01	×××
																	氮氧化物	××	2016-10-01	×××
																	氯化氢	××	2016-10-01	×××
																	一氧化碳	××	2016-10-01	×××
									2号焚烧炉								炉温	××	2016-10-01	×××
4	××省	××市	××企业			平板玻璃制造	否	熔化玻璃生产原料	550吨玻璃熔窑	是	否			是		×××	烟尘	××	2016-09-21	×××
																	二氧化硫	××	2016-09-21	×××
																	氮氧化物	××	2016-09-21	×××
									650吨玻璃熔窑	是	否			是		×××	烟尘	××	2016-09-21	×××
																	二氧化硫	××	2016-09-21	×××
																	氮氧化物	××	2016-09-21	×××

1．依据《关于确定国家重点监控企业污染源自动监控数据传输有效率考核基数有关问题的通知》（环监发〔2013〕33号）对客观原因确实无法安装自动监控设施的，需提供省级环保部门说明、监察笔录等正式文件。

2．新增高困源基础信息应在“国家重点监控企业自动监控基础数据库系统”中录入，行政区域内所有高架源均须在“高架源排查”模块中勾选，省级环保部门通过“高架源排查”模块生成最终统计信息并盖章报送我部环境监察局。地址：北京市相城区西直门南小街115号环境保护部环境监察局管理处，邮编：100035，电话：（010）66556464。

关于生活垃圾焚烧厂安装污染物排放自动监控设备和联网有关事项的通知

环境保护部办公厅 环办环监〔2017〕33号

各省、自治区、直辖市环境保护厅（局），新疆生产建设兵团环境保护局：

根据《关于实施工业污染源全面达标排放计划的通知》（环环监〔2016〕172号）以及住房城乡建设部、发展改革委、国土资源部、环境保护部四部委《关于进一步加强城市生活垃圾焚烧处理工作的意见》（建城〔2016〕227号）的要求，现就生活垃圾焚烧厂安装污染物排放自动监控设备并与环保部门联网的有关事项通知如下：

一、加强生活垃圾焚烧厂污染物排放自动监控工作的组织领导

各省、自治区、直辖市环境保护厅（局）、新疆生产建设兵团环境保护局组织专门工作小组，安排专人负责，督促指导本行政区域有关环保部门做好生活垃圾焚烧厂安装自动监控设备并与我部重点污染源自动监控系统平台联网的各项工作。请省级环保部门确定1位厅级领导、环境监察机构和污染源监控系统管理部门各2名业务负责人作为督办联系人，名单请于2017年4月30日前报我部环境监察局备案。

二、排查更新基础数据

在我部2016年垃圾焚烧发电行业环境保护专项执法检查的基础上（排查清单见附件1），省级环保部门要进一步组织做好本行政区域内生活垃圾焚烧厂的排查工作，对所有已建成在用和在建的生活垃圾焚烧厂逐一登记造册。在我部配发的污染源自动监控平台“重点污染源基础数据库系统”录入垃圾焚烧厂基础信息，包括垃圾焚烧炉的炉型、各断面测点数量、备注等，并于2017年4月30日前由省级环保部门书面统一报送我部环境监察局。

三、督促安装自动监控设备并与环保部门联网

落实企业主体责任，根据《生活垃圾焚烧污染控制标准》（GB 18485—2014）规定，生活垃圾焚烧厂焚烧炉必须设置烟气净化系统并安装自动监控设备，监控指标应至少包括烟气中一氧化碳、颗粒物、二氧化硫、氮氧化物、氯化氢浓度和炉膛内焚烧温度等6项指标（以下简称6项指标）和烟气参数（安装技术要求见附件2）。

生活垃圾焚烧厂已经安装自动监控设备的，应于2017年6月30日前与我部联网；尚未安装自动监控设备的，应于2017年9月30日前完成安装并与我部联网；在建的生活垃圾焚烧厂应在试生产时完成安装自动监控设备并与环保部门联网。已经安装联网自动监控设备但不符合本通知所附技术要求的，应于2017年9月30日前完成改造（联网技术要求见附件3）。

四、指导做好自动监控设备运行管理

生活垃圾焚烧厂自动监控设备的安装、运行管理等工作暂按现行国控重点污染源自动监控管理规定和技术标准规范执行，环保部门应加强工作指导。

生活垃圾焚烧厂运营单位应保证自动监控设备的正常稳定运行，并对数据的准确性、真实性、完整性负责。当炉膛内焚烧温度低于850℃时，生活垃圾焚烧厂应及时启动助燃系统，并自行监测二噁英，监测数据要向社会公开。

五、督促设立电子显示板

根据《生活垃圾焚烧污染控制标准》（GB 18485—2014）的规定，生活垃圾焚烧厂应当在厂区门口

或者便于公众查看的显著位置设立电子显示板向社会公布 6 项指标，地方环保部门要督促生活垃圾焚烧厂于 2017 年 9 月底前完成电子显示板的设立和正常显示工作，并将正常显示的生活垃圾焚烧厂电子显示板照片上传至我部配发的重点污染源自动监控平台的“重点污染源基础数据库系统-基本（备案）信息维护-图片管理-污染源照片”中。

六、加大监督检查和处罚力度

各级地方环保部门要加强对生活垃圾焚烧厂的监管，对于不能连续稳定达标排放的，要依法高限处罚并督促整改。对有篡改、伪造监测数据等弄虚作假行为的，要及时移送公安机关依法处理，并按照新“两高”司法解释，追究直接责任人和单位负责人的刑事责任。

我部将按周调度生活垃圾焚烧厂自动监控设备安装联网进度、运行管理情况，并进行通报。在工作中遇到的有关问题请及时与我部环境监察局联系反映。

附件：1.生活垃圾焚烧厂排查清单

2.生活垃圾焚烧烟气在线监测仪器安装技术要求

3.生活垃圾焚烧监控（监测）联网传输技术要求（试行）

附件 1：

生活垃圾焚烧厂排查清单

序号	省份	企业名称	处理能力（吨/日）
1	北京	高安屯一期焚烧项目	1600
2	北京	北京首钢生物质能源科技有限公司	3000
3	北京	北京市朝阳生活垃圾综合处理厂焚烧中心	1800
4	天津	天津滨海新区垃圾焚烧发电厂项目	1500
5	天津	天津泰达环保有限公司	1200
6	天津	天津晨兴力克环保科技发展有限公司	1100
7	天津	天津滨海新区大港垃圾焚烧发电厂	1000
8	天津	天津市蓟县生活垃圾焚烧发电项目	700
9	河北	中节能（石家庄）环保能源有限公司二期工程	1800
10	河北	承德环能热电有限责任公司	800
11	河北	中节能（秦皇岛）环保能源有限公司	1000
12	河北	唐山洁城能源有限公司	1500
13	河北	创冠环保（廊坊）有限公司	1000
14	河北	中节能（保定）环保能源有限公司	1200
15	河北	中节能（沧州）环保能源有限公司	800
16	河北	衡水市垃圾处理厂	400
17	山西	太原东山垃圾焚烧发电项目	1000
18	山西	忻州市洁晋垃圾发电有限公司	700
19	山西	汾阳中科渊昌再生能源有限公司	515
20	山西	灵石鑫和垃圾焚烧发电有限公司	500
21	山西	介休市国泰绿色能源有限公司	500
22	山西	大同富乔垃圾焚烧发电有限公司	1000
23	内蒙古	内蒙古普拉特交通能源有限公司	1350
24	内蒙古	呼和浩特京城固体废物处置有限公司	500
25	辽宁	大连泰达环保有限公司	1500

序号	省份	企 业 名 称	处理能力（吨/日）
26	吉林	吉林省鑫祥有限责任公司	2150
27	吉林	吉林市双嘉环保能源利用有限公司	1500
28	吉林	四平市中科能源环保有限公司	1000
29	吉林	辽源市天楹环保能源有限公司	800
30	吉林	松原市鑫祥新源有限公司	1000
31	黑龙江	黑龙江新世纪能源有限公司	200
32	黑龙江	哈尔滨市双琦环保资源利用有限公司	1600
33	黑龙江	绥化市绿能新能源有限公司	400
34	黑龙江	伊春中科环保电力有限公司	500
35	上海	上海环城再生能源有限公司	1500
36	上海	上海浦城热电能源有限公司	1000
37	上海	上海金山环境再生能源有限公司	800
38	上海	上海黎明资源再利用有限公司	2000
39	上海	上海老港固废综合开发有限公司	3000
40	上海	上海东石塘再生能源有限公司	1000
41	上海	上海天马再生能源有限公司	2000
42	上海	上海城投瀛洲生活垃圾处置有限公司	500
43	江苏	光大环保能源（南京）有限公司	2000
44	江苏	南京环境再生能源有限公司	2000
45	江苏	光大环保能源（江阴）有限公司	1200
46	江苏	光大环保能源（宜兴）有限公司	500
47	江苏	无锡惠联垃圾热电有限公司	1200
48	江苏	无锡益多环保热电有限公司	1000
49	江苏	常州绿色动力环保热电有限公司	950
50	江苏	光大常高新环保能源（常州）有限公司	800
51	江苏	光大环保能源（常州）有限公司	800
52	江苏	太仓协鑫垃圾焚烧发电有限公司	750
53	江苏	张家港金州再生能源有限公司	900
54	江苏	常熟浦发热电能源有限公司	600
55	江苏	常熟第二浦发热电能源有限公司	900
56	江苏	昆山鹿城垃圾发电有限公司	2050
57	江苏	光大环保能源（苏州）有限公司	3550
58	江苏	光大环保能源（镇江）有限公司	1450
59	江苏	启东天楹环保能源有限公司	750
60	江苏	如东天楹环保能源有限公司	1800
61	江苏	上海电气环保热电（南通）有限公司	1500
62	江苏	海安天楹环保能源有限公司	750
63	江苏	扬州泰达环保有限公司	1000
64	江苏	泰州绿色动力再生资源有限公司	1000
65	江苏	泰兴市三峰环保能源有限公司	350
66	江苏	光大环保能源（邳州）有限公司	600
67	江苏	国丰新能源江苏有限公司	800
68	江苏	徐州协鑫环保能源有限公司	1200
69	江苏	连云港晨兴环保产业有限公司	800
70	江苏	淮安市中科环保电力有限公司	1000

序号	省份	企　业　名　称	处理能力（吨/日）
71	江苏	江苏圣元环保电力有限公司	400
72	江苏	江苏大吉发电有限公司	800
73	江苏	江苏大吉环保能源大丰有限公司	600
74	江苏	光大环保能源（宿迁）有限公司	600
75	江苏	北控环境能源沭阳有限公司	600
76	浙江	杭州萧山城市绿色能源有限公司	1800
77	浙江	杭州绿能环保发电有限公司	450
78	浙江	杭州萧山锦江绿色能源有限公司	1200
79	浙江	浙江富春江环保热电股份有限公司	800
80	浙江	桐庐盛运环保能源有限公司	453.6
81	浙江	杭州锦江绿色能源有限公司	800
82	浙江	杭州余杭锦江环保能源有限公司	450
83	浙江	临安绿能环保发电有限公司	450
84	浙江	宁波市北仑区生活垃圾焚烧发电项目	1500
85	浙江	宁波众茂姚北热电有限公司	1500
86	浙江	慈溪市生活垃圾焚烧发电扩建工程	1500
87	浙江	苍南县云岩垃圾发电厂项目	400
88	浙江	平阳县生活垃圾焚烧发电项目一期	600
89	浙江	临江生活垃圾焚烧发电厂一期项目	600
90	浙江	临江生活垃圾焚烧发电厂二期项目	1200
91	浙江	永嘉垃圾焚烧发电一期工程	500
92	浙江	乐清市垃圾焚烧发电项目	800
93	浙江	瑞安市垃圾焚烧发电项目	1000
94	浙江	温州永强垃圾发电一期项目	600
95	浙江	温州市瓯海伟明垃圾发电有限公司	385
96	浙江	安吉旺能再生资源利用有限公司	300
97	浙江	长兴新城环保有限公司	500
98	浙江	德清旺能环保能源有限公司	400
99	浙江	湖州南太湖环保能源有限公司湖州垃圾焚烧发电工程	800
100	浙江	湖州南太湖环保能源有限公司湖州垃圾焚烧发电扩建工程	300
101	浙江	嘉兴市绿色能源有限公司	1900
102	浙江	平湖市德长环保有限公司	760
103	浙江	海宁绿色动力再生能源有限公司生活垃圾焚烧项目	500
104	浙江	浙江新都绿色能源有限公司	800
105	浙江	浙江诸暨八方热电有限责任公司	400
106	浙江	浙江诸暨八方热电有限责任公司（扩）	400
107	浙江	绍兴市新民热电有限公司	400
108	浙江	绍兴市垃圾和污泥处理综合利用工程	800
109	浙江	绍兴市再生资源发电厂	2250
110	浙江	上虞生活垃圾焚烧发电项目	500
111	浙江	金华热电厂垃圾焚烧热电工程	800
112	浙江	兰溪旺能环保能源有限公司	400
113	浙江	义乌市华川垃圾焚烧项目	1700
114	浙江	永康市垃圾焚烧发电厂	800
115	浙江	舟山市垃圾焚烧发电工程（一期+二期）	1050

序号	省份	企业名称	处理能力（吨/日）
116	浙江	台州旺能环保能源有限公司	1000
117	浙江	临海市伟明环保能源有限公司临海市生活垃圾处理工程	700
118	浙江	温岭瀚洋资源电力有限公司垃圾焚烧发电技改扩建工程	1100
119	浙江	玉环伟明环保能源有限公司	700
120	浙江	丽水旺能环保能源有限公司	400
121	安徽	中节能（合肥）可再生能源有限公司	2000
122	安徽	淮北宇能环保能源有限公司	400
123	安徽	光大环保能源（砀山）有限公司	400
124	安徽	阜阳皖能环保电力有限公司	700
125	安徽	淮南皖能环保电力有限公司	1000
126	安徽	滁州皖能环保电力有限公司	700
127	安徽	六安三峰环保发电有限公司	600
128	安徽	金寨海创环境工程有限责任公司	300
129	安徽	芜湖绿洲环保能源有限公司	1050
130	安徽	宣城中科环保电力有限公司	400
131	安徽	安庆皖能中科环保电力有限公司	800
132	安徽	桐城盛运环保电力有限公司	250
133	福建	福清市生活垃圾焚烧厂	900
134	福建	福州红庙岭垃圾焚烧发电有限公司	1200
135	福建	福州天楹环保能源有限公司	500
136	福建	厦门环境能源投资发展公司（后坑厂）	400
137	福建	厦门环境能源投资发展公司（翔安厂）	600
138	福建	厦门环境能源投资发展公司（海沧厂）	600
139	福建	漳州环境再生能源有限公司	1050
140	福建	漳州市圣元环保电力有限公司	400
141	福建	创冠环保（晋江）有限公司	1800
142	福建	石狮市鸿峰环保生物工程有限公司	1400
143	福建	创冠环保（惠安）有限公司	1800
144	福建	南安市圣元环保电力有限公司	1300
145	福建	创冠环保（安溪）有限公司	600
146	福建	三明市金利亚环保科技投资有限公司	600
147	福建	莆田市圣元环保电力有限公司	1050
148	福建	龙岩市生活垃圾焚烧发电厂	600
149	福建	创冠环保（建阳）有限公司	600
150	福建	宁德漳湾垃圾焚烧发电有限公司	600
151	江西	南昌泉岭生活垃圾焚烧发电厂	1200
152	江西	新余永清环保能源有限公司	600
153	山东	济南市第二生活垃圾综合处理厂	2000
154	山东	青岛小涧西城市生活垃圾焚烧厂	1500
155	山东	淄博市垃圾发电项目	1200
156	山东	淄川生活垃圾焚烧发电项目	1200
157	山东	东营黄河三角洲三峰生态能源公司	600
158	山东	烟台润达垃圾焚烧余热发电厂	1000
159	山东	寿光生活垃圾焚烧发电项目	600
160	山东	潍坊市生活垃圾焚烧发电项目	1000

序号	省份	企 业 名 称	处理能力（吨/日）
161	山东	诸城市生活垃圾焚烧发电无害化处理项目（诸城宝源新能源发电有限公司）	500
162	山东	临朐县生活垃圾发电项目	600
163	山东	济宁中科环保电力有限公司	1500
164	山东	泰安中科环保电力有限公司泰安生活垃圾焚烧发电厂	1000
165	山东	威海市垃圾处理厂二期工程发电工程	700
166	山东	荣成市垃圾焚烧发电项目	700
167	山东	乳山市绿色动力再生资源有限公司再生能源 BOT 项目	500
168	山东	日照市第一生活垃圾焚烧发电厂项目	600
169	山东	中节能（临沂）环保能源有限公司	1500
170	山东	德州市城市生活垃圾焚烧发电厂	730
171	山东	聊城康达垃圾处理有限公司	600
172	山东	聊城市阳谷新源热电有限公司	600
173	山东	滨州天楹环保能源有限公司	800
174	山东	菏泽锦江环保能源有限公司	600
175	河南	荥锦环保绿色有限公司	2100
176	河南	开封中节能再生能源有限公司	1000
177	河南	许昌天健热电有限公司	900
178	河南	周口市丰泉环保电力有限公司	500
179	湖北	襄阳恩菲环保能源有限公司	800
180	湖北	荆州旺能环保能源有限公司	1000
181	湖北	咸宁市中德环保有限公司	600
182	湖北	武汉汉口绿色能源有限公司	2000
183	湖北	上海汇时达置业有限公司	1500
184	湖北	武汉市绿色环保能源有限公司（一）	1000
185	湖北	武汉市绿色环保能源有限公司（二）	1000
186	湖北	武汉市江北西部垃圾焚烧发电项目	1000
187	湖北	武汉绿色动力再生能源有限公司	1000
188	湖北	创冠环保（国际）有限公司	1200
189	湖南	常德市中联环保电力有限公司（一期）	600
190	湖南	光大益阳市城市生活垃圾焚烧发电有限公司	800
191	湖南	湖南郴州城镇生活垃圾焚烧发电工程	1000
192	湖南	株洲市城市生活垃圾焚烧发电厂	1000
193	湖南	湘阴生活垃圾无害化综合处理工程	300
194	广西	南宁市三峰能源有限公司	2000
195	广西	广西贵港北控水务环保有限公司	600
196	广西	钦州海诺尔环保发电有限公司	900
197	广东	广州李坑生活垃圾焚烧发电厂	1040
198	广东	广州市李坑生活垃圾焚烧发电二厂	2250
199	广东	深圳市能源环保有限公司宝安垃圾焚烧发电厂	4200
200	广东	深圳能源环保公司盐田垃圾发电厂	450
201	广东	深圳能源环保公司南山垃圾发电厂	800
202	广东	深圳市粤能环保再生能源有限公司	675
203	广东	深圳市大贸环保投资有限公司	1000
204	广东	珠海市垃圾发电厂	600

序号	省份	企 业 名 称	处理能力（吨/日）
205	广东	汕头市澄海洁源垃圾发电厂	450
206	广东	佛山南海绿电再生能源有限公司一厂	1500
207	广东	佛山南海绿电再生能源有限公司二厂	1500
208	广东	光大环保能源（博罗）有限公司	700
209	广东	惠州绿色动力环保有限公司	1200
210	广东	惠州市广惠能源有限公司	600
211	广东	汕尾三峰环保发展有限公司	700
212	广东	东莞市市区垃圾处理厂	1800
213	广东	东莞厚街镇固体废物余热发电厂	600
214	广东	东莞厚街镇固体废物余热发电厂二期	900
215	广东	东莞市横沥垃圾焚烧发电厂	1800
216	广东	东莞市横沥垃圾焚烧发电厂二期	1800
217	广东	中山市中心组团垃圾焚烧发电厂	1050
218	广东	中山市北部组团垃圾综合处理基地垃圾焚烧发电厂	970
219	广东	湛江市粤丰环保电力有限公司	1500
220	广东	茂名永诚环保资源开发有限公司	800
221	广东	佛山市顺德区顺能垃圾发电有限公司	600
222	海南	海口生活垃圾焚烧发电厂（一期）	1200
223	海南	琼海市生活垃圾焚烧发电厂（一期）	225
224	海南	三亚生活垃圾焚烧发电厂（一期）	700
225	海南	文昌生活垃圾焚烧发电厂	225
226	重庆	重庆市北碚区同兴垃圾处理有限公司	1200
227	重庆	重庆市巴南区丰盛环保发电有限公司	2400
228	重庆	重庆市万州区三峰环保发电有限公司	800
229	四川	成都九江环保发电有限公司	1800
230	四川	成都中节能再生能源有限公司	1800
231	四川	成都威斯特再生能源有限公司	1200
232	四川	达州佳境环保再生资源有限公司	700
233	四川	自贡能投华西环保发电有限公司	800
234	四川	西昌三峰环保发电有限公司	600
235	贵州	安顺绿色动力再生能源有限公司	700
236	贵州	黔西南兴义市鸿大环保电力有限公司	700
237	云南	昆明东郊垃圾焚烧发电工程	2200
238	云南	昆明五华城市生活垃圾焚烧发电厂项目	1000
239	云南	空港经济区垃圾焚烧（发电）工程项目	1000
240	云南	西山区城市生活垃圾焚烧发电项目	1000
241	云南	呈贡新区生活垃圾焚烧发电项目	700
242	云南	曲靖市城市生活垃圾焚烧发电项目	800
243	云南	大理市第二（海东）垃圾焚烧发电工程	600
244	陕西	陕西万泉咸阳环保电力有限公司	1500
245	宁夏	银川中科环保电力有限公司	1000
246	兵团	新疆天富垃圾焚烧发电有限责任公司	500

附件 2：

生活垃圾焚烧烟气在线监测仪器安装技术要求

生活垃圾焚烧烟气成分复杂，烟气温度高，湿度大，且含有大量腐蚀性气体，垃圾焚烧厂的烟气排放连续监测系统（CEMS）与一般燃煤锅炉 CEMS 有较大区别。为更好地满足环境管理工作需求，做好生活垃圾焚烧烟气在线监控，确保数据有效性、准确性，特制定如下技术要求。

1 功能要求

1.1 测量参数

主要测量污染物至少包括：颗粒物、氯化氢、一氧化碳、二氧化硫、氮氧化物等的浓度，烟气参数（温度、压力、流速/流量、湿度、含氧量），同时计算污染物排放速率和排放量，显示和打印各种参数、图表，并通过数据、图文等方式传输至管理部门。

1.2 系统组成

系统由颗粒物监测单元和气态污染物监测单元、烟气参数监测单元、数据采集与处理单元组成。系统结构主要包括：样品采集和传输装置、预处理装置、分析仪表、数据采集和传输设备以及其他辅助设备。

1.2.1 样品采集和传输装置要求

采用高温热湿式的气态污染物 CEMS，采样探头、伴热管线、采样泵等部件其加热温度一般在 180℃以上，其实际温度值应能够在机柜或系统软件中显示查询。

样品采集装置的材质应选用耐高温、防腐蚀和不吸附、不与气态污染物发生反应的材料，应不影响待测污染物的正常测量。

样品采集装置应具备颗粒物过滤功能。其采样设备的前端或后端应具备便于更换或清洗的颗粒物过滤器，过滤器滤料的材质应不吸附和不与气态污染物发生反应，过滤器应至少能过滤 5～10μm 粒径以上的颗粒物。

样品传输管线内包覆的气体传输管应至少为两根，一根用于样品气体的采集传输，另一根用于标准气体的全系统校准；CEMS 样品采集和传输装置应具备完成 CEMS 全系统校准的功能要求。

采样泵应具备克服烟道负压的足够抽气能力，并且保障采样流量准确可靠、相对稳定。

采用抽取式的颗粒物 CEMS，其抽取采样装置应具备自动跟踪烟气流速变化调节采样流量的等速跟踪采样功能，等速跟踪吸引误差应不大于±8%。采样管线及测量池加热温度应高于烟气露点 10℃以上。

1.2.2 预处理装置

采用渗透干燥脱水方式的气态污染物 CEMS，其脱水后样气露点不高于 4℃，吹扫气与样气流量比不小于 4：1。

预处理设备的材质应使用不吸附和不与气态污染物发生反应的材料。

为防止颗粒物污染气态污染物分析仪，在气体样品进入分析仪之前可设置精细过滤器；过滤器滤料应使用不吸附和不与气态污染物发生反应的疏水材料，过滤器应至少能过滤 0.5—2μm 粒径以上的颗粒物。

1.2.3 辅助设备要求

此部分要求参照 HJ/T76 执行。

1.2.4 校准功能要求

此部分要求参照 HJ/T76 执行。

1.2.5 数据采集和传输设备要求

此部分要求参照 HJ/T76 执行。

2 性能指标要求

主要污染物性能指标要求详见表 1。

表 1　主要污染物性能指标要求

监　测　项　目		技　术　要　求
氯化氢监测单元	响应时间	≤400 s
	重复性	≤2.0%
	线性误差	满量程>200 μ mol/mol（326 mg/m^3）时，±5%（标称值）； 满量程≤200 μ mol/mol（326 mg/m^3）时，±2.5% F.S.
	24 小时零点漂移	±2.5% F.S.
	24 小时量程漂移	±2.5% F.S.
	干扰成分影响	±4% F.S.
一氧化碳监测单元	响应时间	≤200 s
	重复性	≤2.0%
	线性误差	满量程>200 μ mol/mol（250 mg/m^3）时，±5%（标称值）； 满量程≤200 μ mol/mol（250 mg/m^3）时，±2.5%F.S.
	24 小时零点漂移	±2.5% F.S.
一氧化碳监测单元	24 小时量程漂移	±2.5% F.S.
	干扰成分影响	±4% F.S.
	准确度	排放浓度均值： ≥250 μ mol/mol（313 mg/m^3）时，相对准确度≤15%； ≥50 μ mol/mol（63 mg/m^3）～<250 μ mol/mol（313 mg/m^3）时，绝对误差≤20 μ mol/mol（25 mg/m^3）； ≥20 μ mol/mol（25 mg/m^3）～<50 μ mol/mol（63 mg/m^3）时， 相对误差≤30%； <20 μ mol/mol（25 mg/m^3）时，绝对误差≤6 μ mol/mol（8mg/m^3）
二氧化硫监测单元	响应时间	≤200 s
	重复性	≤2.0%
	线性误差	满量程>100 μ mol/mol（286 mg/m^3）时，±5%（标称值）； 满量程≤100 μ mol/mol（286mg/m^3）时，±2.5%F.S.
	24 小时零点漂移	±2.5% F.S.
	24 小时量程漂移	±2.5% F.S.
	干扰成分影响	±4% F.S.
	准确度	排放浓度均值： ≥250μmol/mol（715mg/m^3）时，相对准确度≤15%； ≥50μmol/mol（143mg/m^3）～<250μmol/mol（715mg/m^3）时，绝对误差≤20μmol/mol（57mg/m^3）； ≥20μmol/mol（57mg/m^3）～<50μmol/mol（143mg/m^3）时，相对误差≤30%； <20μmol/mol（57mg/m^3）时，绝对误差≤6μmol/mol（17mg/m^3）
氮氧化物监测单元	响应时间	≤200s
	重复性	≤2.0%
	线性误差	满量程>200μmol/mol（410mg/m^3）时，±5%（标称值）；满量程≤200μmol/mol（410mg/m^3）时，±2.5%F.S.
	24 小时零点漂移	±2.5% F.S.
	24 小时量程漂移	±2.5% F.S.
	干扰成分影响	±4% F.S.
氮氧化物监测单元	准确度	排放浓度均值： ≥250μmol/mol（513mg/m^3）时，相对准确度≤15%； ≥50μmol/mol（103mg/m^3）～<250μmol/mol（513mg/m^3）时，绝对误差≤20μmol/mol（41mg/m^3）； ≥20μmol/mol（41mg/m^3）～<50μmol/mol（103mg/m^3）时，相对误差≤30%； <20μmol/mol（41mg/m^3）时，绝对误差≤6μmol/mol（12 mg/m^3）

监 测 项 目		技 术 要 求
颗粒物监测单元	24 小时零点漂移	±2.0% F.S.
	24 小时量程漂移	±2.0% F.S.
	相关系数	≥0.75
	置信区间半宽	≤10%
	允许区间半宽	≤25%
	准确度	排放浓度均值： >200 mg/m³ 时，相对误差为±15%； >100 mg/m³ ～≤200 mg/m³ 时，相对误差为±20%； >50 mg/m³ ～≤100 mg/m³ 时，相对误差为±25%； >20 mg/m³ ～≤50 mg/m³ 时，相对误差为±30%； >10 mg/m³ ～≤20 mg/m³ 时，绝对误差为±6 mg/m³ ≤10 mg/m³ 时，绝对误差为±5 mg/m³

烟气参数性能指标要求参照 HJ/T76 标准中对烟气参数的技术要求。

附件 3：

生活垃圾焚烧监控（监测）联网传输技术要求（试行）

1 烟气排放连续监测系统（CEMS）联网技术要求

垃圾焚烧厂的烟气排放连续监测系统（CEMS）联网指标应至少包括烟气中一氧化碳、颗粒物、二氧化硫、氮氧化物、氯化氢，烟气参数（温度、压力、流速/流量、湿度、含氧量）。

数据传输需按照《HJ/T212 污染源在线自动监控（监测）系统数据传输标准》正常传输实时数据、分钟数据、小时数据、日数据；在数据上报过程中需按照 HJ/T75，HJ/T76 标准对数据进行标记，例如："P"表示电源故障，"F"表示排放源停运等。

2 焚烧炉炉膛内焚烧温度监控联网要求

2.1 焚烧炉炉膛内焚烧温度监控要求

监控的焚烧炉炉膛内焚烧温度分为以下两类。

2.1.1 DCS 温度

垃圾焚烧厂生产控制的集散控制系统（DCS）将焚烧炉二次空气喷入点所在断面、炉膛中部断面和炉膛上部断面分别设置的温度测点信号通过特定的模型计算出的温度。

2.1.2 直接测量温度

焚烧炉二次空气喷入点所在断面、炉膛中部断面和炉膛上部断面每个温度测点的直接测量值。

2.2 焚烧炉炉膛内焚烧温度联网要求

DCS 温度、直接测量温度均应以数字信号从 DCS 接入数据采集仪，经数据采集仪传输至污染源自动监控系统。

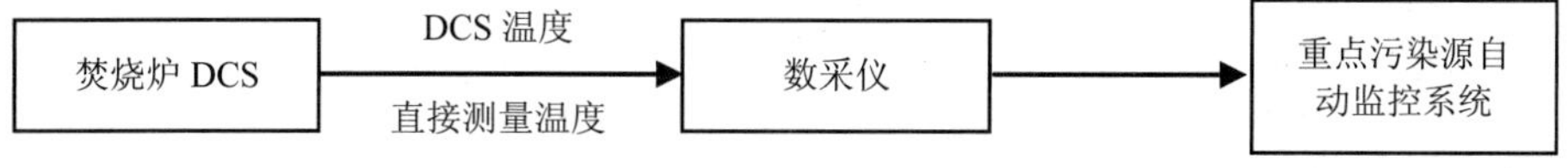

图 1：炉膛内温度联网接入示意图

DCS 温度、直接测量温度接入污染源自动监控系统后，DCS 温度直接显示；接入的直接测量温度至少应当包括炉膛中部断面和炉膛上部断面"2×3"个温度测点数值，各直接测量温度将分别显示并计算算术平均值。

3 数据联网传输编码与通讯命令

垃圾焚烧厂 CEMS 监控指标与炉膛内焚烧温度等参数需按照《HJ/T212-2005 污染源在线自动监控(监测)系统数据传输标准》以及如下扩展编码和重点污染源自动监控系统联网，并上报至环境保护部污染源监控中心。

3.1 编码定义

生活垃圾焚烧厂自动监控编码补充定义详见表 1。

表 1 生活垃圾焚烧厂在线监控编码补充定义

<table>
<tr><th>编码</th><th>中文名称</th><th>计量单位</th><th>描 述</th></tr>
<tr><td>901</td><td>垃圾焚烧炉平均温度</td><td>摄氏度</td><td>焚烧炉内各测点温度算术平均值</td></tr>
<tr><td>902</td><td>DCS 温度</td><td>摄氏度</td><td>DCS 系统显示的焚烧炉温度</td></tr>
<tr><td>T1X</td><td>炉膛内上部断面焚烧温度</td><td>摄氏度</td><td rowspan="4">X 表示 0 至 9 数字，表示该断面测点顺序编码。例如：炉膛上部断面有 3 个测点，编码分别为：T10、T11、T12；炉膛内中部断面焚烧温度有 3 个测点，编码分别为：T20、T21、T22。</td></tr>
<tr><td>T2X</td><td>炉膛内中部断面焚烧温度</td><td>摄氏度</td></tr>
<tr><td>T3X</td><td>炉膛内下部断面焚烧温度</td><td>摄氏度</td></tr>
<tr><td>T4X</td><td>炉膛内二次空气喷入点温度</td><td>摄氏度</td></tr>
</table>

3.2 通讯命令

垃圾焚烧炉平均温度和 DCS 温度（编码 901、902）通讯命令和污染因子（二氧化硫、烟尘等）相同，包含实时数据、分钟数据、小时数据、日数据。

炉膛内各断面温度（T11、T21 等）需实时上报，上报间隔不大于 5 分钟，使用扩展命令上传现场端炉温参数。上传现场端炉温参数命令交互说明详见表 2。

表 2 上传现场端炉温参数命令交互说明

<table>
<tr><th>类别</th><th colspan="2">项 目</th><th>示 例/说 明</th></tr>
<tr><td rowspan="5">使用命令</td><td>现场机</td><td>上传炉温温度</td><td>QN=20160801085857223;ST=31;CN=3020;PW=123456;MN=0152316J000000;Flag=1;CP=&&DataTime=20160801085857;T10-Info=868;T11-Info=860;T12-Info=960;T20-Info=860;T21-Info=860;T22-Info =860&&</td></tr>
<tr><td>上位机</td><td>返回数据应答</td><td>QN=20160801085857223;ST=91;CN=9014;PW=123456;MN=0152316J000000;Flag=0;CP=&&&&</td></tr>
<tr><td colspan="2">DataTime</td><td>数据时间，表示一个时间点，时间精确到秒；20160801080808 表示 2016 年 8 月 1 日 8 点 08 分 08 秒的焚烧炉内温度。</td></tr>
<tr><td colspan="2">T10-Info=868</td><td>炉膛内上部断面第 1 个测点焚烧温度为 868 摄氏度。</td></tr>
<tr><td colspan="2">T22-Info=860</td><td>炉膛内中部断面第 3 个测点焚烧温度为 860 摄氏度。</td></tr>
<tr><td>执行过程</td><td colspan="3">1.现场机定时发送“上传现场端炉温参数”命令；
2.上位机接收“上传现场端炉温参数”命令并执行，根据标志 Flag 的值决定是否返回“数据应答”；
3.如果“上传现场端炉温参数”命令需要数据应答，现场机接收“数据应答”，请求执行完毕。</td></tr>
</table>

关于印发《环境监测数据弄虚作假行为判定及处理办法》的通知

环发〔2015〕175号

各省、自治区、直辖市环境保护厅（局），新疆生产建设兵团环境保护局，解放军环境保护局，辽河凌河保护区管理局，机关各部门，各派出机构、直属单位：

为保障环境监测数据真实准确，依法查处环境监测数据弄虚作假行为，依据《中华人民共和国环境保护法》和《生态环境监测网络建设方案》（国办发〔2015〕56号）等有关法律法规和文件，我部组织制定了《环境监测数据弄虚作假行为判定及处理办法》，现予以印发，请遵照执行。

附件：环境监测数据弄虚作假行为判定及处理办法

环境保护部

2015年12月28日

环境监测数据弄虚作假行为判定及处理办法

第一条　为保障环境监测数据真实准确，依法查处环境监测数据弄虚作假行为，依据《环境保护法》和《生态监测网络建设方案》（国办发〔2015〕56号）等有关法律法规和文件，结合工作实际，制定本办法。

第二条　本办法所称环境监测数据弄虚作假行为，系指故意违反国家法律法规、规章等以及环境监测技术规范，篡改、伪造或者指使篡改、伪造环境监测数据等行为。本办法所称环境监测数据，系指按照相关技术规范和规定，通过手工或者自动监测方式取得的环境监测原始记录、分析数据、监测报告等信息。本办法所称环境监测机构，系指县级以上环境保护主管部门所属环境监测机构、其他负有环境保护监督管理职责的部门所属环境监测机构以及承担环境监测工作的实验室与从事环境监测业务的企事业单位等其他社会环境监测机构。

第三条　本办法适用于以下活动中涉及的环境监测数据弄虚作假行为：

（一）依法开展的环境质量监测、污染源监测、应急监测；

（二）监管执法涉及的环境监测；

（三）政府购买的环境监测服务或者委托开展的环境监测；

（四）企事业单位依法开展或者委托开展的自行监测；

（五）依照法律、法规开展的其他环境监测行为。

第四条　篡改监测数据，系指利用某种职务或者工作上的便利条件，故意干预环境监测活动的正常开展，导致监测数据失真的行为，包括以下情形：

（一）未经批准部门同意，擅自停运、变更、增减环境监测点位或者故意改变环境监测点位属性的；

（二）采取人工遮挡、堵塞和喷淋等方式，干扰采样口或周围局部环境的；

（三）人为操纵、干预或者破坏排污单位生产工况、污染源净化设施，使生产或污染状况不符合实际情况的；

（四）稀释排放或者旁路排放，或者将部分或全部污染物不经规范的排污口排放，逃避自动监控设施监控的；

（五）破坏、损毁监测设备站房、通讯线路、信息采集传输设备、视频设备、电力设备、空调、风机、采样泵、采样管线、监控仪器或仪表以及其他监测监控或辅助设施的；

（六）故意更换、隐匿、遗弃监测样品或者通过稀释、吸附、吸收、过滤、改变样品保存条件等方式改变监测样品性质的；

（七）故意漏检关键项目或者无正当理由故意改动关键项目的监测方法的；

（八）故意改动、干扰仪器设备的环境条件或运行状态或者删除、修改、增加、干扰监测设备中存储、处理、传输的数据和应用程序，或者人为使用试剂、标样干扰仪器的；

（九）未向环境保护主管部门备案，自动监测设备暗藏可通过特殊代码、组合按键、远程登录、遥控、模拟等方式进入不公开的操作界面对自动监测设备的参数和监测数据进行秘密修改的；

（十）故意不真实记录或者选择性记录原始数据的；

（十一）篡改、销毁原始记录，或者不按规范传输原始数据的；

（十二）对原始数据进行不合理修约、取舍，或者有选择性评价监测数据、出具监测报告或者发布结果，以至评价结论失真的；

（十三）擅自修改数据的；

（十四）其他涉嫌篡改监测数据的情形。

第五条 伪造监测数据，系指没有实施实质性的环境监测活动，凭空编造虚假监测数据的行为，包括以下情形：

（一）纸质原始记录与电子存储记录不一致，或者谱图与分析结果不对应，或者用其他样品的分析结果和图谱替代的；

（二）监测报告与原始记录信息不一致，或者没有相应原始数据的；

（三）监测报告的副本与正本不一致的；

（四）伪造监测时间或者签名的；

（五）通过仪器数据模拟功能，或者植入模拟软件，凭空生成监测数据的；

（六）未开展采样、分析，直接出具监测数据或者到现场采样、但未开设烟道采样口，出具监测报告的；

（七）未按规定对样品留样或保存，导致无法对监测结果进行复核的；

（八）其他涉嫌伪造监测数据的情形。

第六条 涉嫌指使篡改、伪造监测数据的行为，包括以下情形：

（一）强令、授意有关人员篡改、伪造监测数据的；

（二）将考核达标或者评比排名情况列为下属监测机构、监测人员的工作考核要求，意图干预监测数据的；

（三）无正当理由，强制要求监测机构多次监测并从中挑选数据，或者无正当理由拒签上报监测数据的；

（四）委托方人员授意监测机构工作人员篡改、伪造监测数据或者在未作整改的前提下，进行多家或多次监测委托，挑选其中“合格”监测报告的；

（五）其他涉嫌指使篡改、伪造监测数据的情形。

第七条 环境监测机构及其负责人对监测数据的真实性和准确性负责。负责环境自动监测设备日常运行维护的机构及其负责人按照运行维护合同对监测数据承担责任。

第八条 地市级以上人民政府环境保护主管部门负责调查环境监测数据弄虚作假行为。地市级以上人民政府环境保护主管部门应定期或者不定期组织开展环境监测质量监督检查，发现环境监测数据弄虚作假行为的，应当依法查处，并向上级环境保护主管部门报告。

第九条 对干预环境监测活动，指使篡改、伪造监测数据的行为，相关人员应如实记录。任何单位和个人有权举报环境监测数据弄虚作假行为，接受举报的环境保护主管部门应当为举报人保密，对能提供基本事实线索或相关证明材料的举报，应当予以受理。

第十条 负责调查的环境保护主管部门应当通报环境监测数据弄虚作假行为及相关责任人，记入社会诚信档案，及时向社会公布。

第十一条　环境保护主管部门发现篡改、伪造监测数据，涉及目标考核的，视情节严重程度将考核结果降低等级或者确定为不合格，情节严重的，取消授予的环境保护荣誉称号；涉及县域生态考核的，视情节严重程度，建议国务院财政主管部门减少或者取消当年中央财政资金转移支付；涉及《大气污染防治行动计划》《水污染防治行动计划》排名的，分别以当日或当月监测数据的历史最高浓度值计算排名。

第十二条　社会环境监测机构以及从事环境监测设备维护、运营的机构篡改、伪造监测数据或出具虚假监测报告的，由负责调查的环境保护主管部门将该机构和涉及弄虚作假行为的人员列入不良记录名单，并报上级环境保护主管部门，禁止其参与政府购买环境监测服务或政府委托项目。

第十三条　监测仪器设备应当具备防止修改、伪造监测数据的功能，监测仪器设备生产及销售单位配合环境监测数据造假的，由负责调查的环境保护部主管部门通报公示生产厂家、销售单位及其产品名录，并上报环境保护部，将涉嫌弄虚作假的单位列入不良记录名单，禁止其参与政府购买环境监测服务或政府委托项目，对安装在企业的设备不予验收、联网。

第十四条　国家机关工作人员篡改、伪造或指使篡改、伪造监测数据的，由负责调查的环境保护主管部门提出建议，移送有关任免机关或监察机关依据《行政机关公务员处分条例》和《事业单位工作人员处分暂行规定》的有关规定予以处理。

第十五条　党政领导干部指使篡改、伪造监测数据的，由负责调查的环境保护主管部门提出建议，移送有关任免机关或监察机关依据《党政领导干部生态环境损害责任追究办法（试行）》的有关规定予以处理。

第十六条　环境监测数据弄虚作假行为构成违法的，按照有关法律法规的规定处理。

第十七条　本办法由国务院环境保护主管部门负责解释。

第十八条　本办法自2016年1月1日起实施。

关于进一步做好污染源自动监控工作的通知

（环境保护部办公厅文件　环办〔2012〕61号）

各省、自治区、直辖市环境保护厅（局），新疆生产建设兵团环境保护局，各环境保护督查中心：

为贯彻落实《国务院关于加强环境保护重点工作的意见》（国发〔2011〕35号），加强污染源自动监控系统建设、监督管理和运行维护，更好地发挥污染源自动监控系统在环境管理中的作用，现就有关要求通知如下：

一、扎实做好污染源自动监控工作管理的基础工作

（一）各级环保部门要落实好环境监察、监测、信息和专门管理机构等污染源自动监控管理工作相关的职责，建立行之有效的部门配合、协调机制和工作流程，切实解决本地区污染源自动监控工作中存在的污染源自动监控系统现场端未验收、运行管理不到位、数据不准确、传输不规范等突出问题。从2012年第一季度起，我部将继续按季度对各地污染源自动监控系统运行管理、数据传输、数据应用、现场检查等情况进行考核、通报，考核结果作为我部核拨中央财政补助各地运行经费的主要依据。

（二）各省级、地市级监控中心应接入已经建成的全国环境保护业务专网。我部将组织污染源自动监控核心应用软件的升级工作，到2012年底污染源自动监控数据传输均应通过新版软件和环保专网进行。

（三）各地要依据2012年国家重点监控企业名单，对辖区内所有实施污染源自动监控的企业进行梳

理，按照《污染源自动监控设施现场监督检查办法》（环境保护部令第 19 号）第七条的规定，组织填报《污染源自动监控设施登记备案表》（见附件）、录入统发的“重点污染源监控基础数据库系统”并联网上传到上级污染源监控中心。我部将依据该名单对重点污染源自动监控工作进行考核、通报。

二、抓紧落实新增主要污染物自动监控能力建设项目

各地要按照《新增主要污染物自动监控能力建设项目建设方案》（环办函〔2011〕1314 号）要求，吸取重点污染源自动监控建设、验收工作的经验教训，抓紧落实新增主要污染物氨氮及氮氧化物自动监控能力建设项目，认真组织实施项目建设，并按照要求于 2012 年 6 月 30 日前完成项目验收工作，年底前与我部监控中心全面联网。我部将适时组织专项检查，并通报检查结果。

三、进一步加大污染源自动监控设施运行监督检查力度

各级环保部门要按照《污染源自动监控设施现场监督检查办法》（环境保护部令第 19 号）及相关技术指南规定，加大对污染源自动监控设施现场监督检查力度，特别要加强对已经验收的污染源自动监控设备的现场监督检查，保证污染源自动监控系统稳定正常运行。对排污单位在污染源自动监控系统上弄虚作假、掩盖违法排污行为的要从严处罚；对协助排污单位违法的污染源自动监控系统（设备）的供应商、运营商要停止其资格，清理出污染源自动监控设施市场。

四、切实发挥污染源自动监控系统在环境管理中的作用

针对全国污染源自动监控数据稳定性、可靠性不高，数据用于排污申报核定、排污许可证发放、总量控制、环境统计、排污费征收和现场环境执法的既定目标未完全实现问题，审计机关已提出了严厉批评。各地环保部门要按照《关于应用污染源自动监控数据核定征收排污费有关工作的通知》（环办〔2011〕53 号）《环境行政处罚办法》（环境保护部令第 8 号）和《关于印发〈环境行政处罚证据指南〉的通知》（环办〔2011〕66 号）要求，在排污费核定征收、环境行政处罚应用污染源自动监控数据的基础上，做好数据有效性审核工作，确保污染源自动监控数据真实、有效，在总量减排、排污收费、排污申报、环境统计等环境管理方面充分发挥作用。

附件：污染源自动监控设施登记备案表（略）

二〇一二年四月十二日

关于印发《污染源自动监控设施运行管理办法》的通知

（环境保护部文件　环发〔2008〕6 号）

各省、自治区、直辖市环境保护局（厅），新疆生产建设兵团环境保护局：

为落实污染减排“三大体系”能力建设工作任务，完善相关配套标准和政策，根据《中华人民共和国环境保护法》、《建设项目环境保护管理条例》、《国务院对确需保留的行政审批项目设立行政许可的决定》（国务院令第 412 号）的规定，我部制定了《污染源自动监控设施运行管理办法》。现印发给你们，请遵照执行。

附件：污染源自动监控设施运行管理办法

二〇〇八年三月十八日

附件：

污染源自动监控设施运行管理办法

第一章　总　则

第一条　为加强对污染源自动监控设施运行的监督管理，保证污染源自动监控设施正常运行，加强对污染源的有效监管，根据《中华人民共和国环境保护法》、《国务院对确需保留的行政审批项目设立行政许可的决定》（国务院令第412号）的规定，制定本办法。

第二条　本办法所称自动监控设施，是指在污染源现场安装的用于监控、监测污染排放的仪器、流量（速）计、污染治理设施运行记录仪和数据采集传输仪器、仪表，是污染防治设施的组成部分。

第三条　本办法所称自动监控设施的运行，是指从事自动监控设施操作、维护和管理，保证设施正常运行的活动，分为委托给有资质的专业化运行单位的社会化运行和排污单位自运行两种方式。

第四条　本办法适用于县级以上重点污染源（包括重点监控企业）自动监控设施的运行和管理活动。

其他污染源自动监控设施运行和管理活动参照本办法执行。

第五条　污染源自动监控设施运行费用由排污单位承担，有条件的地方政府可给予适当补贴。

第六条　国家支持鼓励设施社会化运行服务业的发展。

第七条　国务院环境保护行政主管部门负责制定污染源自动监控设施运行管理的规章制度、标准，地方环境保护行政主管部门负责本辖区污染源自动监控设施运行的监督管理。

第二章　设施运行要求

第八条　污染源自动监控设施的选型、安装、运行、审查、监测质量控制、数据采集和联网传输，应符合国家相关的标准。

第九条　污染源自动监控设施必须经县级以上环境保护行政主管部门验收合格后方可正式投入运行，并按照相关规定与环境保护行政主管部门联网。

第十条　从事污染源自动监控设施的社会化运行单位必须取得国务院环境保护行政主管部门核发的“环境污染治理设施运营资质证书”。

第十一条　所有从事污染源自动监控设施的操作和管理人员，应当经省级环境保护行政主管部门委托的中介机构进行岗位培训，能正确、熟练地掌握有关仪器设施的原理、操作、使用、调试、维修和更换等技能。

第十二条　污染源自动监控设施运行单位应按照县级以上环境保护行政主管部门的要求，每半年向其报送设施运行状况报告，并接受社会公众监督。

第十三条　污染源自动监控设施运行单位应按照国家或地方相关法律法规和标准要求，建立健全管理制度。主要包括：人员培训、操作规程、岗位责任、定期比对监测、定期校准维护记录、运行信息公开、设施故障预防和应急措施等制度。常年备有日常运行、维护所需的各种耗材、备用整机或关键部件。

第十四条　运行单位应当保持污染源自动监控设施正常运行。污染源自动监控设施因维修、更换、停用、拆除等原因将影响设施正常运行情况的，运行单位应当事先报告县级以上环境保护行政主管部门，说明原因、时段等情况，递交人工监测方法报送数据方案，并取得县级以上环境保护行政主管部门的批准；设施的维修、更换、停用、拆除等相关工作均须符合国家或地方相关的标准。

第十五条　污染源自动监控设施的维修、更换，必须在48小时内恢复自动监控设施正常运行，设施不能正常运行期间，要采取人工采样监测的方式报送数据，数据报送每天不少于4次，间隔不得超过6小时。

第十六条　在地方环境保护行政主管部门的监督指导下，污染源自动监控设施产权所有人可按照国家相关规定，采取公开招标的方式选择委托国务院环境保护行政主管部门核发的运营资质证书的运行单位，并签订运行服务合同。

运行合同正式签署或变更时，运行单位须将合同正式文本于10个工作日内，向县级以上环境保护行政主管部门备案。

第十七条 排污单位不得损坏设施或蓄意影响设施正常运行。

第十八条 污染源自动监控设施运行委托单位有以下权利和义务：

（一）对设施运行单位进行监督，提出改进服务的建议；

（二）应为设施运行单位提供通行、水、电、避雷等正常运行所需的基本条件。因客观原因不能正常提供时，需提前告知运行单位，同时向县级以上环境保护行政主管部门报告，配合做好相关的应急工作；

（三）举报设施运行单位的环境违法行为；

（四）不得以任何理由干扰运行单位的正常工作或污染源自动监控设施的正常运行；

（五）不得将应当承担的排污法定责任转嫁给运行单位。

第十九条 污染源自动监控设施社会化运行单位有以下权利和义务：

（一）按照规定程序和途径取得或放弃设施运行权；

（二）不受地域限制获得设施运行业务；

（三）严格执行有关管理制度，确保设施正常运行；

（四）举报排污单位的环境违法行为；

（五）对运行管理人员进行业务培训，提高运行水平。

第三章 监督管理

第二十条 县级以上环境保护行政主管部门对污染源自动监控设施运行情况行使以下现场检查和日常监督权：

（一）社会化运行单位是否依法获得污染源自动监控设施运营资质证书，是否按照资质证书的规定，在有效期内从事运行活动；

（二）社会化运行单位是否与委托单位签订运行服务合同，合同有关内容是否符合环境保护要求并得到落实；

（三）运行单位岗位现场操作和管理人员是否经过岗位培训；

（四）运行单位是否按照要求建立自动监控设施运行的人员培训、操作规程、岗位责任、定期比对监测、定期校准维护记录、运行信息公开、事故预防和应急措施等管理制度以及这些制度是否得到有效实施；

（五）自动监控设施是否按照环境保护行政主管部门的相关要求联网，并准确及时地传输监控信息和数据；

（六）运行委托单位是否有影响运行单位正常工作和污染源自动监控设施正常运行的行为；

（七）运行委托单位和运行单位是否有其他环境违法行为。

第二十一条 运行委托单位对自动监控设施的监测数据提出异议时，县级以上环境监测机构应按照国家或地方相关的标准进行比对试验等监测工作，由县级以上环境监察机构确认责任单位，并由责任单位承担相关经济、法律责任。

第二十二条 县级以上环境保护行政主管部门组织对污染源自动监控设施的运行状况进行定期检查，出现检查不合格的情况，可责令其限期整改；对社会化运行单位可建议国务院环境保护行政主管部门对其运营资质进行降级、停用、吊销等处罚。

第二十三条 环境保护行政主管部门在行使运行监督管理权力时，应当遵守下列规定：

（一）严格按照本办法规定履行职责；

（二）不得无故干预运行单位的正常运行业务；

（三）为运行委托单位和运行单位保守技术秘密；

（四）不得收取任何费用及谋求个人和单位的利益；

（五）不得以任何形式指定污染源自动监控设施运行单位。

第二十四条　国家鼓励个人或组织参与对污染源自动监控设施运行活动的监督。

个人或组织发现污染源自动监控设施运行活动中有违法违规行为的，有权向环保部门举报，环境监察部门应当及时核实、处理。

第四章　附　则

第二十五条　县级以上重点污染源，是指列入国控、省控、市控及县控重点污染源名单的排污单位；重点监控企业是指城镇污水处理厂。

第二十六条　本办法所称运行单位包括社会化运行单位和自运行单位。

社会化运行是指已取得国务院环境保护行政主管部门核发的“环境污染治理设施运营资质证书”，具有独立法人资格的企业或企业化管理的事业单位，接受污染物产生单位委托，按照双方签订的合同，为其提供自动监控设施操作、维护和管理，保证设施正常运行，并承担相应环境责任的经营服务活动。

自运行是指污染物产生单位自行从事其自动监控设施操作、维护和管理，保证设施正常运行，并承担相应环境责任的活动。

第二十七条　县级以上环境保护行政主管部门对个人或组织如实举报设施运行违法违规行为的，可给予奖励，并有义务为举报者保密。

第二十八条　本办法由国务院环境保护行政主管部门负责解释。

第二十九条　本办法自2008年5月1日起施行。

关于污染源自动监测监控设施运行管理责任有关问题的复函

环境保护部办公厅　环办环监函〔2017〕961号

山东省环境保护厅：

你厅《关于转报淄博市环境保护局〈关于我市自动监测监控设施监管有关问题的请示〉的报告》（鲁环函〔2017〕304号）收悉。经研究，函复如下：

一、根据《中华人民共和国大气污染防治法》第二十四条“重点排污单位应当安装、使用大气污染物排放自动监测设备，与环境保护主管部门的监控设备联网，保证监测设备正常运行并依法公开排放信息”、第二十五条“重点排污单位应当对自动监测数据的真实性和准确性负责”等有关规定，排污单位应当对自动监测设备安装联网、参数设置、运行管理及数据真实性、准确性等负责。

二、根据《国务院办公厅关于推广随机抽查规范事中事后监管的通知》（国办发〔2015〕58号）有关要求，我部《关于印发〈关于在污染源日常环境监管领域推广随机抽查制度的实施方案〉的通知》（环办〔2015〕88号），要求将随机抽查作为选取日常监督检查对象的主要方式，不再要求地方环保部门定期对所有排污企业进行检查。

三、我部《关于印发〈污染源自动监控设施现场监督检查技术指南〉的通知》（环办〔2012〕57号）作为地方环保部门现场监督检查的技术性参考，不是对检查人员监督检查职责的具体规定。

四、来函中涉及的两家水泥企业向环保部门申报的烟道截面积及在污染物自动监控设施中设置的烟道截面积参数小于实际截面积，造成烟气污染物排放量计算值小于实际值，属于通过逃避监管方式排放大气污染物，违反了《中华人民共和国大气污染防治法》第二十条的规定，责任应由排污单位或其委托的自动监控设施运营单位承担。当地环保部门得知情况后及时进行现场核实，对企业逃避监管的违法行为作出行政处罚并追缴排污费，已履行了相应监管职责。

特此函复。

2017 年 6 月 20 日

关于明确污染源自动监控设施组织验收主体有关问题的复函

（环办政法函〔2016〕1730 号）

河北省环境保护厅：

你厅《关于明确污染源自动监控设施验收工作责任主体的请示》（冀环办函〔2016〕678 号）收悉。经研究，现答函如下：

一、《污染源自动监控设施现场监督检查办法》（环境保护部令第 19 号，以下简称《检查办法》）系部门规章，其效力高于《污染源自动监控设施运行管理办法》（环发〔2008〕6 号，以下简称《管理办法》），且颁布时间晚于《管理办法》，实践中应按《检查办法》执行。

二、《检查办法》第七条第一款规定的“组织建设的单位”，应当理解为污染源自动监控设施购置、建设的主要出资方。

特此函复。

环境保护部办公厅

2016 年 9 月 26 日

关于自动在线监控数据应用于环境行政执法有关问题的复函

（环境保护部办公厅　环办环监〔2016〕1506 号）

你厅《关于自动在线监控数据在行政执法应用中有关问题的请示》（豫环文〔2016〕255 号）收悉。经研究，现函复如下：

根据《环境行政处罚办法》（环境保护部令第 8 号）第三十六条“环境保护主管部门可以利用在线监控或者其他技术监控手段收集违法行为证据。经环境保护主管部门认定的有效性数据，可以作为认定违法事实的证据。”和第三十二条“环境行政处罚证据，主要有书证、物证、证人证言、视听资料和计算机数据、当事人陈述、监测报告和其他鉴定结论、现场检查（勘察）笔录等形式。”的规定，污染源自动在线监控数据与其他有关证据共同构成证据链，可以应用于环境行政执法。

特此函复。

关于污染源在线监测数据与现场监测数据不一致时证据适用问题的复函

环境保护部函　环政法函〔2016〕98 号

天津市环境保护局：

你局《关于对污染源在线监测数据与现场监测数据不一致应当如何适用的请示》（津环保法报〔2016〕37 号）收悉。经研究，现函复如下：

根据《污染源自动监控管理办法》（原国家环境保护总局令第 28 号）和《关于印发〈国家监控企业污染源自动监测数据有效性审核办法〉和〈国家重点监控企业污染源自动监测设备监督考核规程〉的通知》（环发〔2009〕88 号）等相关规定，现场监测可视为对企业在线监测设备进行的比对监测。若同一时段的现场监测数据与经过有效性审核的在线监测数据不一致，现场监测数据符合法定的监测标准和监测方法的，以该现场监测数据作为优先证据使用。

特此函复。

环境保护部

2016 年 5 月 13 日

关于印发《国家重点监控企业自行监测及信息公开办法（试行）》和《国家重点监控企业污染源监督性监测及信息公开办法（试行）》的通知

环发〔2013〕81 号

各省、自治区、直辖市环境保护厅（局），新疆生产建设兵团环境保护局，辽河保护区管理局：

为建立和完善污染源监测及信息公开制度，我部组织编制了《国家重点监控企业自行监测及信息公开办法（试行）》及《国家重点监控企业污染源监督性监测及信息公开办法（试行）》，现印发你们。

请按照办法要求加强监督，督促企业履行责任与义务，开展自行监测；进一步规范环保部门监督性监测，推动污染源监测信息公开。我部将定期对相关工作开展情况进行考核。

附件：1. 国家重点监控企业自行监测及信息公开办法（试行）

2. 国家重点监控企业污染源监督性监测及信息公开办法（试行）

环境保护部

2013 年 7 月 30 日

附件 1

国家重点监控企业自行监测及信息公开办法

（试　行）

第一章　总　则

第一条　为规范企业自行监测及信息公开，督促企业自觉履行法定义务和社会责任，推动公众参与，根据《中华人民共和国环境保护法》《中华人民共和国水污染防治法》《“十二五”主要污染物总量减排考核办法》《“十二五”主要污染物总量减排监测办法》《环境监测管理办法》等有关规定，制定本办法。

第二条　本办法适用于国家重点监控企业、以及纳入各地年度减排计划且向水体集中直接排放污水的规模化畜禽养殖场（小区）。其他企业可参照执行。

本办法所称的企业自行监测，是指企业按照环境保护法律法规要求，为掌握本单位的污染物排放状况及其对周边环境质量的影响等情况，组织开展的环境监测活动。

第三条　企业可依托自有人员、场所、设备开展自行监测，也可委托其他检（监）测机构代其开展自行监测。

企业对其自行监测结果及信息公开内容的真实性、准确性、完整性负责。

第二章　监测与报告

第四条　企业应当按照国家或地方污染物排放（控制）标准、环境影响评价报告书（表）及其批复、环境监测技术规范的要求，制定自行监测方案。

自行监测方案内容应包括企业基本情况、监测点位、监测频次、监测指标、执行排放标准及其限值、监测方法和仪器、监测质量控制、监测点位示意图、监测结果公开时限等。

自行监测方案及其调整、变化情况应及时向社会公开，并报地市级环境保护主管部门备案，其中装机总容量 30 万千瓦以上火电厂向省级环境保护主管部门备案。

第五条　企业自行监测内容应当包括：

（一）水污染物排放监测；

（二）大气污染物排放监测；

（三）厂界噪声监测；

（四）环境影响评价报告书（表）及其批复有要求的，开展周边环境质量监测。

第六条　企业应当按照环境保护主管部门的要求，加强对其排放的特征污染物的监测。

第七条　企业应当按照环境监测管理规定和技术规范的要求，设计、建设、维护污染物排放口和监测点位，并安装统一的标识牌。

第八条　企业自行监测应当遵守国家环境监测技术规范和方法。国家环境监测技术规范和方法中未作规定的，可以采用国际标准和国外先进标准。

自行监测活动可以采用手工监测、自动监测或者手工监测与自动监测相结合的技术手段。环境保护主管部门对监测指标有自动监测要求的，企业应当安装相应的自动监测设备。

第九条　采用自动监测的，全天连续监测；采用手工监测的，应当按以下要求频次开展监测，其中，国家或地方发布的规范性文件、规划、标准中对监测指标的监测频次有明确规定的，按规定执行：

（一）化学需氧量、氨氮每日开展监测，废水中其他污染物每月至少开展一次监测；

（二）二氧化硫、氮氧化物每周至少开展一次监测，颗粒物每月至少开展一次监测，废气中其他污染物每季度至少开展一次监测；

（三）纳入年度减排计划且向水体集中直接排放污水的规模化畜禽养殖场（小区），每月至少开展一次监测；

（四）厂界噪声每季度至少开展一次监测；

（五）企业周边环境质量监测，按照环境影响评价报告书（表）及其批复要求执行。

第十条　以手工监测方式开展自行监测的，应当具备以下条件：

（一）具有固定的工作场所和必要的工作条件；

（二）具有与监测本单位排放污染物相适应的采样、分析等专业设备、设施；

（三）具有两名以上持有省级环境保护主管部门组织培训的、与监测事项相符的培训证书的人员；

（四）具有健全的环境监测工作和质量管理制度；

（五）符合环境保护主管部门规定的其他条件。

以自动监测方式开展自行监测的，应当具备以下条件：

（一）按照环境监测技术规范和自动监控技术规范的要求安装自动监测设备，与环境保护主管部门联网，并通过环境保护主管部门验收；

（二）具有两名以上持有省级环境保护主管部门颁发的污染源自动监测数据有效性审核培训证书的人员，对自动监测设备进行日常运行维护；

（三）具有健全的自动监测设备运行管理工作和质量管理制度；

（四）符合环境保护主管部门规定的其他条件。

第十一条　企业自行监测采用委托监测的，应当委托经省级环境保护主管部门认定的社会检测机构或环境保护主管部门所属环境监测机构进行监测。

承担监督性监测任务的环境保护主管部门所属环境监测机构不得承担所监督企业的自行监测委托业务。

第十二条　自行监测记录包含监测各环节的原始记录、委托监测相关记录、自动监测设备运维记录，各类原始记录内容应完整并有相关人员签字，保存三年。

第十三条　企业应当定期参加环境监测管理和相关技术业务培训。

第十四条　企业自行监测应当遵守国务院环境保护主管部门颁布的环境监测质量管理规定，确保监测数据科学、准确。

第十五条　企业应当使用自行监测数据，按照国务院环境保护主管部门有关规定计算污染物排放量，在每月初的 7 个工作日内向环境保护主管部门报告上月主要污染物排放量，并提供有关资料。

第十六条　企业自行监测发现污染物排放超标的，应当及时采取防止或减轻污染的措施，分析原因，并向负责备案的环境保护主管部门报告。

第十七条　企业应于每年 1 月底前编制完成上年度自行监测开展情况年度报告，并向负责备案的环境保护主管部门报送。年度报告应包含以下内容：

（一）监测方案的调整变化情况；

（二）全年生产天数、监测天数，各监测点、各监测指标全年监测次数、达标次数、超标情况；

（三）全年废水、废气污染物排放量；

（四）固体废弃物的类型、产生数量，处置方式、数量以及去向；

（五）按要求开展的周边环境质量影响状况监测结果。

第三章　信息公开

第十八条　企业应将自行监测工作开展情况及监测结果向社会公众公开，公开内容应包括：

（一）基础信息：企业名称、法人代表、所属行业、地理位置、生产周期、联系方式、委托监测机构名称等；

（二）自行监测方案；

（三）自行监测结果：全部监测点位、监测时间、污染物种类及浓度、标准限值、达标情况、超标倍数、污染物排放方式及排放去向；

（四）未开展自行监测的原因；

（五）污染源监测年度报告。

第十九条　企业可通过对外网站、报纸、广播、电视等便于公众知晓的方式公开自行监测信息。同时，应当在省级或地市级环境保护主管部门统一组织建立的公布平台上公开自行监测信息，并至少保存一年。

第二十条　企业自行监测信息按以下要求的时限公开：

（一）企业基础信息应随监测数据一并公布，基础信息、自行监测方案如有调整变化时，应于变更后的五日内公布最新内容；

（二）手工监测数据应于每次监测完成后的次日公布；

（三）自动监测数据应实时公布监测结果，其中废水自动监测设备为每 2 小时均值，废气自动监测设备为每 1 小时均值；

（四）每年一月底前公布上年度自行监测年度报告。

第四章　监督与管理

第二十一条　负责备案的环境保护主管部门应当对企业自行监测方案内容和自行监测工作开展情况进行监督检查。对不符合环境监测管理规定和技术规范的自行监测行为，应要求企业及时整改，并将整改结果报环境保护主管部门。

第二十二条　公民、法人和其他组织可以对企业不依法履行自行监测和信息公开的行为进行举报，收到举报的环保部门应当进行调查，督促企业依法履行自行监测和信息公开义务。

第二十三条　企业拒不开展自行监测、不发布自行监测信息、自行监测报告和信息公开过程中有弄虚作假行为，或者开展相关工作存在问题且整改不到位的，环境保护主管部门可视情况采取以下环境管理措施，并按照相关法律规定进行处罚：

（一）向社会公布；

（二）不予环保上市核查；

（三）暂停各类环保专项资金补助；

（四）建议金融、保险不予信贷支持或者提高环境污染责任保险费率；

（五）建议取消其政府采购资格；

（六）暂停其建设项目环境影响评价文件审批；

（七）暂停发放排污许可证。

第五章　附　则

第二十四条　本办法由国务院环境保护主管部门负责解释。

第二十五条　本办法自 2014 年 1 月 1 日起执行。

附件 2

国家重点监控企业污染源监督性监测及信息公开办法

（试　行）

第一章　总　则

第一条　为加强污染源监督性监测，推进污染源监测信息公开，依据《中华人民共和国政府信息公开条例》《环境监测管理办法》《“十二五”主要污染物总量减排考核办法》《“十二五”主要污染物总量减排监测办法》等有关规定，制定本办法。

第二条　本办法适用于环境保护主管部门对国家重点监控企业和纳入各地年度减排计划且向水体集中直接排放污水的规模化畜禽养殖场（小区）的污染源监督性监测及信息公开工作。其他企业的污染源监督性监测及信息公开工作可参照本办法执行。本办法不适用于突发环境事件的污染源监测及信息公开工作。

本办法所称的污染源监督性监测，是指环境保护主管部门为监督排污单位的污染物排放状况和自行监测工作开展情况组织开展的环境监测活动。

污染源监督性监测数据是开展环境执法和环境管理的重要依据。

第三条　各级环境保护主管部门对污染源监督性监测及信息公开工作实施统一组织、协调、指导、监督和考核。

环境保护主管部门所属的环境监测机构实施污染源监督性监测工作，负责收集、填报、传输和核对辖区内的污染源监督性监测数据，编制监测信息、监测报告等。

第四条　环境保护主管部门应当从人员、用房、设备等方面保障污染源监督性监测工作条件，将污染源监督性监测费用纳入财政预算并足额保障。

第二章　监测计划与实施

第五条　各级环境保护主管部门应当将污染源监督性监测工作纳入环境保护规划，并按照环境管理工作需求组织制定污染源监督性监测工作的年度计划和专项计划。

环境监测机构应当依据环境保护主管部门印发的污染源监督性监测工作的年度计划或专项计划，制定污染源监督性监测工作方案。

第六条　环境监测机构应当根据国家或地方污染物排放（控制）标准、环境影响评价报告书（表）及其批复、环境监测技术规范以及环境管理的需要，开展监督性监测。

第七条　环境监测机构工作人员在进行污染源监督性监测工作时，须出示有效证件进入排污单位依法开展污染源监督性监测。需要进入军队或保密单位进行监测的，应事先通知被监测单位的主管部门。

环境监测机构工作人员应当为被监测单位保守商业秘密和技术秘密。

第八条　现场采样时，环境监测机构工作人员应认真填写采样记录表、污染源和监测点位示意图等原始监测记录，并由被监测单位签字确认。

被监测单位对样品采集过程有异议的，环境监测机构工作人员应当在原始监测记录上记录异议内容，并由被监测单位签字确认。如被监测单位拒绝签字，环境监测机构工作人员应在原始监测记录上注明。

第九条　环境监测机构在现场采样过程中，有下列情形之一的视为不具备监测条件，环境监测机构可不开展污染源监督性监测，记录原因并及时向同级环境保护主管部门报告：

（一）被监测单位拒绝环境监测机构工作人员进入的；

（二）被监测单位的排污口、采样平台不符合环境监测技术规范相关规定，无法保证监测人员人身安全及正常开展监测的；

（三）被监测单位的污染物不外排，并经地市级（包含省管县）及以上环境保护主管部门确认的；

（四）全年停产等不具备监测条件的企业需经地市级（包含省管县）环境保护行政主管部门提供相关证明材料，永久性关停企业需提供当地政府等相关部门出具的证明材料，并经省级环境保护行政主管部门确认；

（五）其他不具备监测条件的情况。

第十条 环境监测机构工作人员应当按照国家环境监测技术规范、方法和环境监测质量管理规定，采集、保存、运输、分析监测样品。

第十一条 各级环境保护主管部门要建立环境监测机构和环境执法机构的协作配合机制。环境监测机构及时向环境执法机构提供污染源排放数据，环境执法机构及时向环境监测机构提供企业污染物不外排、企业停产或永久性关停等信息。

第三章 监测结果的报送

第十二条 环境监测机构应严格按照环境监测质量管理有关规范对污染源监督性监测数据执行三级审核制度。

环境监测机构对污染源监督性监测数据的真实性、准确性负责，环境保护主管部门不得行政干预。

第十三条 环境监测机构应当在完成监测工作后 5 个工作日内，将监督性监测报告报送同级环境保护主管部门。

环境监测机构应当及时向同级环境保护主管部门报送未开展监督性监测企业名单及未监测原因等信息。

环境监测机构应当将污染源监督性监测数据和未开展监督性监测企业信息等相关资料按规定时间报送至上级环境监测机构。

一个季度内开展多次监督性监测的，应上报全部监测数据，不得选择性报送监测数据。

第十四条 环境监测机构编写辖区内污染源排放状况报告、自动监测设备比对监测报告、提取辖区内超标企业名单及超标信息形成污染源监测信息，按规定时间报送同级环境保护主管部门和上级环境监测机构。

环境监测机构按季度汇总未开展污染源监督性监测的污染源及排污口，逐一说明未监测原因，报送同级环境保护主管部门和上级环境监测机构。

第十五条 省级环境监测机构对于地市级环境监测机构报送的监督性监测数据，发现污染源基础属性数据、执行标准、监测数据填报录入等错误，应责成地市级环境监测机构核实，变更后重新上报。

省级环境监测机构应将变更前后的监测数据及对变更要求的处理意见一并报上级环境监测机构和同级环境保护主管部门。

各级环境保护主管部门定期对监测数据变更情况进行通报。

第十六条 环境监测机构应当按照同级环境保护主管部门的要求，建立和维护污染源基础信息档案和污染源监督性监测数据库。

各级环境保护主管部门应当加强信息交流与合作建立污染源监测数据信息共享机制。

第四章 信息公开

第十七条 污染源监测信息应当依法公开。

各级环境保护主管部门负责向社会公开本级及下级完成的国家重点监控企业污染源监督性监测信息。公开信息内容主要包括：

（一）污染源监督性监测结果，包括：污染源名称、所在地、监测点位名称、监测日期、监测指标名称、监测指标浓度、排放标准限值、按监测指标评价结论；

（二）未开展污染源监督性监测的原因；

（三）国家重点监控企业监督性监测年度报告。

国务院环境保护主管部门适时公布污染物排放超过国家或者地方排放标准、污染严重的国家重点监控企业的污染源监督性监测信息。

第十八条　地市级和省级环境保护主管部门分别通过部门官方网站向社会公布本辖区内国家重点监控企业的污染源监督性监测结果和未开展监督性监测的原因，信息至少在网站保存一年。

鼓励地市级和省级环境保护主管部门通过报纸、广播、电视等便于公众知晓的方式公开污染源监督性监测信息。

第十九条　地市级和省级环境保护主管部门应当于获取污染源监督性监测信息后20个工作日内公开污染源监督性监测信息。

第五章　监督管理

第二十条　环境保护主管部门应当对下级环境保护主管部门执行污染源监测管理制度、制定并组织实施辖区内污染源监测工作计划的情况、污染源监督性监测信息公开的情况、污染源监督性监测条件保障的情况，开展监督、检查和考核。

第二十一条　环境保护主管部门应当对所属的环境监测机构执行污染源监测管理制度和技术规范执行情况、完成辖区内污染源监测工作任务的情况，开展监督、检查和考核。

第二十二条　上级环境监测机构应当对下级环境监测机构进行技术指导、技术监督和监测质量核查。

第二十三条　县级以上环境保护主管部门及其工作人员、环境监测机构及环境监测人员有下列行为之一的，由任免机关或者监察机关按照管理权限依法给予行政处分：

（一）环境监测机构未按相关规定开展监督性监测的；

（二）环境保护主管部门未按规定公布污染源监督性监测信息或公布虚假污染源监督性监测信息的；

（三）故意延报监测结果或报告的；

（四）伪造、篡改污染源监测数据的；

（五）不依法履行职责的其他行为。

未按规定进行信息公开的，上级环境保护主管部门应当责令公布。

第二十四条　被监测单位有第九条（一）、（二）款情形之一的，由环境保护主管部门依法进行处理。

第二十五条　公民、法人和其他组织认为环境保护主管部门不依法履行污染源监督性监测和信息公开义务的，可以向上级环境保护主管部门举报，收到举报的上级环境保护主管部门应当督促下级环境保护主管部门依法履行监测和信息公开义务。

第六章　附　则

第二十六条　本办法由国务院环境保护主管部门负责解释。

第二十七条　本办法自2014年1月1日起执行。

关于重金属污染物排放企业自动监控设备安装问题的复函

（环境保护部函　环函〔2012〕158号）

河北省环境保护厅：

你厅《关于国控重金属企业自动监控设备安装有关问题的请示》（冀环办函〔2012〕338号）收悉。经研究，现函复如下：

企业直接或间接向其法定边界外排放水污染物，均应当执行国家或地方规定的水污染物排放标准。国家颁布实施的涉重金属污染物的各项排放标准中，均已明确规定对重金属等有毒污染物排放的监控位置应设在车间或生产设施废水排放口。

根据以上规定，你省部分涉重金属企业所排含有重金属污水收集到工业园区的污水处理厂统一处理，污染源自动监控设施应安装在重金属污染物排放的车间或生产设施废水排放口。同时，为加强对重金属污染物排放的监管，对于工业园区污水处理厂接纳废水中含有重金属的，应设有处理重金属污染物的工段或设施并分类收集、分质处理，且对该工段或设施污水排放口进行自动监控，防止含有重金属的污水未经处理与其他污水混合后稀释排放。

二〇一二年七月四日

关于规范向中国人民银行征信系统提供企业环境违法信息工作的通知

（国家环境保护总局办公厅文件 环办〔2008〕33号）

各省、自治区、直辖市环境保护局（厅），新疆生产建设兵团环境保护局：

2006年12月，我局与中国人民银行联合印发了《关于共享企业环境违法信息有关问题的通知》（银发〔2006〕450号），2007年7月，与中国人民银行、中国银行业监督管理委员会联合印发了《关于落实环保政策法规防范信贷风险的意见》（环发〔2007〕108号）。就加强环保和信贷管理工作的协调配合，强化环境监督管理，严格信贷环保要求，促进污染减排，防范信贷风险，提出了指导性意见。各地环保、金融部门积极贯彻落实该意见，环保部门向金融部门提供了大量环境执法信息，商业银行据此对有环境违法行为的企业限制贷款或拒贷。但一些环保部门所提供的内容较为零散，人民银行征信系统无法及时统一录入，影响了执法信息的使用效果。为此，我局在与人民银行征信管理部门协商并征求部分省市环保部门意见的基础上，商定了环境执法信息的提供方式、制定了统一的填报格式，现印发给你们，请遵照执行。

一、关于向人民银行征信系统提供企业环境违法信息的内容

为保证提供信息的真实、可靠，各级环保部门提供的企业环境违法信息一般应为已经做出环境行政处罚决定的行政执法信息，包括由地方政府做出责令停产关闭的行政处罚决定。具体内容应包括（见附件）：

（一）基本信息

企业名称（与营业执照一致）；工商注册号、工商注册地址（与营业执照一致）、组织机构代码（由技术监督部门颁发）；法定代表人姓名、证件类型和证件号码。

（二）企业环境违法信息

企业违法行为类别；行政处罚依据；立案日期；处罚种类（有罚款的包括罚款金额）；处罚决定的文书编号、处罚决定做出和送达时间。填报单位、联系电话、做出处罚单位的名称等。以上信息应一次全部填写。

（三）执行信息

处罚决定执行情况：未履行、已履行，申请行政复议，提起行政诉讼，申请人民法院强制执行；违法行为改正情况；环境行政处罚决定经行政复议或行政诉讼被相关部门撤销或变更情况。以上信息应及时填写。

对已向社会公开并正在立案查处的企业环境违法信息，也可以根据执法需要予以提供。

二、关于向征信系统提供企业环境违法信息的方式

按照我局与中国人民银行商定的环境信息提供方式，企业环境违法信息目前仍通过“12369 环保热线”（www.12369.gov.cn）网站统一提供。我局在该网站“环境监察专用信息管理系统”中设立了供各级环保部门填报的“向中国人民银行征信系统提供企业环境违法信息明细表”，作为向中国人民银行征信系统公开企业环境违法信息的平台。由各级环保部门分别填报，自行负责，及时更新。人民银行征信系统将每日从该网站采集新录入和更新的信息，供金融机构查询。

三、企业环境违法信息异议的申请和处理

企业对金融机构使用的企业环境违法信息有异议的，可到报送信息的环保部门核实有关情况，环保部门应根据企业提出的异议申请认真处理，对数据错误或更新不及时的，应在 5 日内予以纠正，其中因填报错误或环境行政处罚被依法撤销、变更确需删除的，应向上级环保部门备案。

各级环保部门要高度重视企业环境违法信息的录入、更新及使用工作。要指定专人负责，在处罚决定做出后 20 日内将已经下达的环境行政处罚信息填报至“12369 环保热线”网站。企业依法履行行政处罚决定、按照要求完成整改任务的，环保部门应及时将相关信息更新。更新或修改企业环境违法信息应有相关的证明材料。同时还要注意跟踪信息的使用，及时掌握违法企业在被立案查处或行政处罚后信贷受限的情况。上级环保部门应在环境监察稽查工作中对下级环保部门环境执法信息填报工作进行检查、考核。

请各省级环境保护部门于 2008 年 3 月 31 日前，将负责向人民银行提供企业环境违法信息的机构、负责人、经办人名单及联系方式报国家环保总局环境监察局。

附件：

1. 向中国人民银行征信系统提供企业环境违法信息明细表（略）
2. 填报说明（略）

二〇〇八年三月十二日

第十五篇　环境监察管理

环境监察办法

第一章 总 则

第一条 为加强和规范环境监察工作，加强环境监察队伍建设，提升环境监察效能，根据《中华人民共和国环境保护法》等有关法律、法规，结合环境监察工作实际，制定本办法。

第二条 本办法所称环境监察，是指环境保护主管部门依据环境保护法律、法规、规章和其他规范性文件实施的行政执法活动。

第三条 环境监察应当遵循以下原则：

（一）教育和惩戒相结合；

（二）严格执法和引导自觉守法相结合；

（三）证据确凿，程序合法，定性准确，处理恰当；

（四）公正、公开、高效。

第四条 环境保护部对全国环境监察工作实施统一监督管理。

县级以上地方环境保护主管部门负责本行政区域的环境监察工作。

各级环境保护主管部门所属的环境监察机构（以下简称“环境监察机构”），负责具体实施环境监察工作。

第五条 环境监察机构对本级环境保护主管部门负责，并接受上级环境监察机构的业务指导和监督。

各级环境保护主管部门应当加强对环境监察机构的领导，建立健全工作协调机制，并为环境监察机构提供必要的工作条件。

第六条 环境监察机构的主要任务包括：

（一）监督环境保护法律、法规、规章和其他规范性文件的执行；

（二）现场监督检查污染源的污染物排放情况、污染防治设施运行情况、环境保护行政许可执行情况、建设项目环境保护法律法规的执行情况等；

（三）现场监督检查自然保护区、畜禽养殖污染防治等生态和农村环境保护法律法规执行情况；

（四）具体负责排放污染物申报登记、排污费核定和征收；

（五）查处环境违法行为；

（六）查办、转办、督办对环境污染和生态破坏的投诉、举报，并按照环境保护主管部门确定的职责分工，具体负责环境污染和生态破坏纠纷的调解处理；

（七）参与突发环境事件的应急处置；

（八）对严重污染环境和破坏生态问题进行督查；

（九）依照职责，具体负责环境稽查工作；

（十）法律、法规、规章和规范性文件规定的其他职责。

第二章 环境监察机构和人员

第七条 各级环境监察机构可以命名为环境监察局。省级、设区的市级、县级环境监察机构，也可以分别以环境监察总队、环境监察支队、环境监察大队命名。

县级环境监察机构的分支（派出）机构和乡镇级环境监察机构的名称，可以命名为环境监察中队或者环境监察所。

第八条 环境监察机构的设置和人员构成，应当根据本行政区域范围大小、经济社会发展水平、人口规模、污染源数量和分布、生态保护和环境执法任务量等因素科学确定。

第九条 环境监察机构的工作经费，应当按照国家有关规定列入环境保护主管部门预算，由本级财政予以保障。

第十条 环境监察机构的办公用房、执法业务用房及执法车辆、调查取证器材等执法装备，应当符合国家环境监察标准化建设及验收要求。

环境监察机构的执法车辆应当喷涂统一的环境监察执法标识。

第十一条 录用环境监察机构的工作人员（以下简称“环境监察人员”），应当符合《中华人民共和国公务员法》的有关规定。

第十二条 环境保护主管部门应当根据工作需要，制定环境监察培训五年规划和年度计划，组织开展分级分类培训。

设区的市级、县级环境监察机构的主要负责人和省级以上环境监察人员的岗位培训，由环境保护部统一组织。其他环境监察人员的岗位培训，由省级环境保护主管部门组织。

环境监察人员参加培训的情况，应当作为环境监察人员考核、任职的主要依据。

第十三条 从事现场执法工作的环境监察人员进行现场检查时，有权依法采取以下措施：

（一）进入有关场所进行勘察、采样、监测、拍照、录音、录像、制作笔录；

（二）查阅、复制相关资料；

（三）约见、询问有关人员，要求说明相关事项，提供相关材料；

（四）责令停止或者纠正违法行为；

（五）适用行政处罚简易程序，当场作出行政处罚决定；

（六）法律、法规、规章规定的其他措施。

实施现场检查时，从事现场执法工作的环境监察人员不得少于两人，并出示《中国环境监察执法证》等行政执法证件，表明身份，说明执法事项。

第十四条 从事现场执法工作的环境监察人员，应当持有《中国环境监察执法证》。

对参加岗位培训，并经考试取得培训合格证书的环境监察人员，经核准后颁发《中国环境监察执法证》。《中国环境监察执法证》颁发、使用、管理的具体办法，由环境保护部另行制定。

第十五条 各级环境监察机构应当建立健全保密制度，完善保密措施，落实保密责任，指定专人管理保密的日常工作。

第十六条 环境监察人员应当严格遵守有关廉政纪律和要求。

第十七条 各级环境保护主管部门应当建立健全对环境监察人员的考核制度。

对工作表现突出、有显著成绩的环境监察人员，给予表彰和奖励。对在环境监察工作中违法违纪的环境监察人员，依法给予处分，可以暂扣、收回《中国环境监察执法证》；涉嫌构成犯罪的，依法移送司法机关追究刑事责任。

第三章 环境监察工作

第十八条 环境监察机构应当根据本行政区域环境保护工作任务、污染源数量、类型、管理权限等，制定环境监察工作年度计划。

环境监察工作年度计划报同级环境保护主管部门批准后实施，并抄送上一级环境监察机构。

第十九条 环境监察机构应当根据环境监察工作年度计划，组织现场检查。现场检查可以采取例行检查或者重点检查的方式进行。

第二十条 对排污者申报的排放污染物的种类、数量，环境监察机构负责依法进行核定。

第二十一条 环境监察机构应当按照排污费征收标准和核定的污染物种类、数量，负责向排污者征收排污费。

对减缴、免缴、缓缴排污费的申请，环境监察机构应当依法审核。

第二十二条 违反环境保护法律、法规和规章规定的，环境保护主管部门应当责令违法行为人改正或者限期改正，并依法实施行政处罚。

第二十三条 对违反环境保护法律、法规，严重污染环境或者造成重大社会影响的环境违法案件，环境保护主管部门可以提出明确要求，督促有关部门限期办理，并向社会公开办理结果。

第二十四条 环境监察机构负责组织实施环境行政执法后督察，监督环境行政处罚、行政命令等具体行政行为的执行。

第二十五条 企业事业单位严重污染环境或者造成严重生态破坏的，环境保护主管部门或者环境监察机构可以约谈单位负责人，督促其限期整改。

对未完成环境保护目标任务或者发生重大、特大突发环境事件的，环境保护主管部门或者环境监察机构可以约谈下级地方人民政府负责人，要求地方人民政府依法履行职责，落实整改措施，并可以提出改进工作的建议。

第二十六条 对依法受理的案件，属于本机关管辖的，环境保护主管部门应当按照规定的时限和程序依法处理；属于环境保护主管部门管辖但不属于本机关管辖的，受理案件的环境保护主管部门应当移送有管辖权的环境保护主管部门处理；不属于环境保护主管部门管辖的，受理案件的环境保护主管部门应当移送有管辖权的机关处理。

环境保护主管部门应当加强与司法机关的配合和协作，并可以根据工作需要，联合其他部门共同执法。

第二十七条 相邻行政区域的环境保护主管部门应当相互通报环境监察执法信息，加强沟通、协调和配合。

同一区域、流域内的环境保护主管部门应当加强信息共享，开展联合检查和执法活动。

环境监察机构应当加强信息统计，并以专题报告、定期报告、统计报表等形式，向同级环境保护主管部门和上级环境监察机构报告本行政区域的环境监察工作情况。

环境保护主管部门应当依法公开环境监察的有关信息。

第二十八条 上级环境保护主管部门应当对下级环境保护主管部门在环境监察工作中依法履行职责、行使职权和遵守纪律的情况进行稽查。

第二十九条 对环境监察工作中形成的污染源监察、建设项目检查、排放污染物申报登记、排污费征收、行政处罚等材料，应当及时进行整理，立卷归档。

第三十条 上级环境监察机构应当对下一级环境保护主管部门的环境监察工作进行年度考核。

第四章 附 则

第三十一条 环境保护主管部门所属的其他机构，可以按照环境保护主管部门确定的职责分工，参照本办法，具体实施其职责范围内的环境监察工作。

第三十二条 本办法由环境保护部负责解释。

第三十三条 本办法自2012年9月1日起施行。《环境监理工作暂行办法》（〔91〕环监字第338号）、《环境监理工作制度（试行）》（环监〔1996〕888号）、《环境监理工作程序（试行）》（环监〔1996〕888号）、《环境监理政务公开制度》（环发〔1999〕15号）同时废止。

环境监察执法证件管理办法

环境保护部令

第 23 号

《环境监察执法证件管理办法》已于 2013 年 12 月 5 日由环境保护部部务会议审议通过，现予公布，自 2014 年 3 月 1 日起施行。原国家环境保护局发布的《环境监理执法标志管理办法》（国家环境保护局令第 9 号）同时废止。

环境保护部部长

2013 年 12 月 26 日

附件

第一章　总则

第一条　为加强环境监察执法证件管理，规范环境监察执法人员的执法行为，根据《中华人民共和国环境保护法》、《中华人民共和国行政处罚法》等有关法律法规，制定本办法。

第二条　本办法适用于环境监察执法证件的申领、使用和管理。

第三条　环境监察执法证件是环境监察执法人员依法开展环境监察执法活动资格和身份的证明。

第四条　环境保护部负责全国环境监察执法证件的管理工作。

省级环境保护主管部门负责本行政区域内环境监察执法证件的管理工作。

环境保护部环境监察局、省级环境监察机构负责具体实施环境监察执法证件管理工作。

第五条　环境监察执法证件的样式、编码方式和制作要求由环境保护部统一制定。

第六条　从事现场执法工作的环境监察执法人员进行现场检查时，有权依法采取以下措施：

（一）进入有关场所进行勘察、采样、监测、拍照、录音、录像、制作笔录；

（二）查阅、复制相关资料；

（三）约见、询问有关人员，要求说明相关事项，提供相关材料；

（四）责令停止或者纠正违法行为；

（五）适用行政处罚简易程序，当场作出行政处罚决定；

（六）法律、法规、规章规定的其他措施。

环境监察执法人员在执行环境监察执法任务时，应当出示环境监察执法证件或者有效的地方行政执法证件。

未取得环境监察执法证件的，不得从事环境监察执法工作。

第二章　证件申领

第七条　县级以上环境保护主管部门具有正式编制拟从事环境监察执法工作的人员，具备下列条件的，可以申请领取环境监察执法证件：

（一）具有全日制大专以上学历；

（二）在环境保护主管部门工作满一年；

（三）熟悉环境保护法律、法规、规章和环境监察执法的业务知识；

（四）参加环境监察执法资格培训并经考试合格。

第八条 环境保护部负责组织以下人员的执法资格培训和考试：

（一）省级以上环境保护主管部门拟从事环境监察执法工作的人员；

（二）设区的市级环境保护主管部门及其环境监察机构负责人；

（三）县级环境保护主管部门负责人、县级环境监察机构主要负责人。

前款规定之外的其他申领人员的执法资格培训和考试由省级环境保护主管部门组织。

第九条 环境监察执法资格培训的教学大纲由环境保护部统一编制。省级环境保护主管部门可以结合本地实际补充培训内容。

第十条 环境监察执法人员每五年至少参加一次执法资格培训并经考试合格。

第十一条 申请领取环境监察执法证件的，申领人员应当向本级环境保护主管部门的环境监察机构提出书面申请。

收到申请的环境监察机构依照本办法的规定进行审核，并通过全国环境监察队伍管理系统逐级审核上报至环境保护部环境监察局。

环境保护部环境监察局对收到的申请进行审核，对属于本级环境保护主管部门的申领人员，认为符合本办法第七条规定的，报请环境保护部核发环境监察执法证件；对其他申领人员，认为符合本办法第七条规定，可以确认其环境监察执法人员资格的，告知省级环境保护主管部门核发环境监察执法证件。

第三章 证件管理

第十二条 县级以上环境监察机构负责本级环境保护主管部门环境监察执法证件持有人（以下简称“持证人”）在全国环境监察队伍管理系统中的信息更新维护。

第十三条 环境监察执法证件应当载明人员姓名、证件编号、所属单位、使用区域、发证日期和发证部门等信息，并加盖发证部门的公章。

禁止伪造、变造环境监察执法证件。

第十四条 持证人应当按照证件载明的职责和区域范围从事环境监察执法工作。

下级环境监察执法人员受上级环境保护主管部门委派开展异地环境监察执法活动的，不受环境监察执法证件规定的区域范围限制。

第十五条 持证人应当妥善保管环境监察执法证件，不得涂改、损毁或者转借他人。

第十六条 环境监察执法证件每两年审验一次。持证人所在单位应当将证件统一报送发证部门审验。

发证部门应当对以下事项进行审验：

（一）环境监察执法证件所载信息是否与持证人实际情况相符；

（二）持证人是否持有有效的环境监察执法资格培训合格证明。

逾期未审验的环境监察执法证件，自行失效；经审验不合格的，由发证部门收回环境监察执法证件。

第十七条 持证人遗失环境监察执法证件的，应当及时向其所在的环境保护主管部门报告，由其所在的环境保护主管部门逐级报告至发证部门。发证部门应当在核实后及时补发新证。

第十八条 有下列情形之一的，持证人或者其所在单位应当申请换发环境监察执法证件：

（一）持证人所在单位名称发生变化的；

（二）持证人从事环境监察执法的区域范围发生变更的；

（三）持证人所持环境监察执法证件污损、残缺的；

（四）持证人职务、级别发生变化的；

（五）其他应当换发环境监察执法证件的情形。

申请换发环境监察执法证件的，应当将原证件交回发证部门；发证部门应当及时换发新证。

第十九条 有下列情形之一的，持证人或者其所在单位应当向发证部门申请注销环境监察执法证件：

（一）持证人退休的；

（二）持证人调离环境监察执法工作岗位的；

（三）其他应当注销环境监察执法证件的情形。

注销的环境监察执法证件应当交回发证部门。

第四章　责任追究

第二十条　持证人有下列行为之一的，由县级以上环境保护主管部门给予批评教育，责令限期改正，并暂扣其环境监察执法证件：

（一）涂改、转借环境监察执法证件的；

（二）使用环境监察执法证件从事与公务无关的活动的；

（三）违反环境监察执法人员行为规范的；

（四）其他违反环境监察执法证件管理相关规定的行为。

对暂扣环境监察执法证件的人员，发证部门应当对其重新进行环境监察执法资格培训。证件暂扣期间，不得从事环境监察执法工作。

暂扣环境监察执法证件的情况应当及时报发证部门备案。

第二十一条　持证人有下列行为之一的，由发证部门收回环境监察执法证件：

（一）受到刑事处罚、行政拘留或者记大过以上行政处分的；

（二）以欺诈、舞弊、贿赂等不正当手段获取环境监察执法证件的；

（三）违反廉洁执法相关规定且情节严重的；

（四）其他严重违反相关法律法规的行为。

第二十二条　环境保护主管部门有下列行为之一的，由上级环境保护主管部门给予通报批评，责令限期改正：

（一）安排未取得环境监察执法证件的人员从事环境监察执法工作的；

（二）对持证人和环境监察执法证件管理不善导致严重后果的；

（三）其他违反环境监察执法证件管理相关规定的行为。

第二十三条　发证部门工作人员违反本办法的规定，滥用职权、徇私舞弊、玩忽职守，擅自发放或者越权发放环境监察执法证件的，依法给予处分。

第五章　附则

第二十四条　本办法由环境保护部负责解释。

第二十五条　本办法自 2014 年 3 月 1 日起施行。原国家环境保护局发布的《环境监理执法标志管理办法》（国家环境保护局令第 9 号）同时废止。

环保举报热线工作管理办法

（环境保护部令　第 15 号）

第一章　总　则

第一条　为了加强环保举报热线工作的规范化管理，畅通群众举报渠道，维护和保障人民群众的合法环境权益，根据《信访条例》以及环境保护法律、法规的有关规定，制定本办法。

第二条 公民、法人或者其他组织通过拨打环保举报热线电话，向各级环境保护主管部门举报环境污染或者生态破坏事项，请求环境保护主管部门依法处理的，适用本办法。

环保举报热线应当使用“12369”特服电话号码，各地名称统一为“12369”环保举报热线。

承担“12369”环保举报热线工作的机构依法受理的举报事项，称举报件。

第三条 环保举报热线工作应当遵循下列原则：

（一）属地管理、分级负责，谁主管、谁负责；

（二）依法受理，及时办理；

（三）维护公众对环境保护工作的知情权、参与权和监督权；

（四）调查研究，实事求是，妥善处理，解决问题。

第四条 环保举报热线要做到有报必接、违法必查，事事有结果、件件有回音。

除发生不可抗力情形外，环保举报热线应当保证畅通。

第二章 机构、职责和人员

第五条 各级环境保护主管部门应当加强承担环保举报热线工作的机构建设，配备相应的专职工作人员，保障工作条件，保持队伍稳定。

第六条 承担环保举报热线工作机构的职责是：

（一）依法受理环境污染、生态破坏的举报事项；

（二）对举报件及时转送、交办、催办、督办；

（三）向上级交办部门报告交办件的办理结果；

（四）研究、分析环保举报热线工作情况，向环境保护主管部门提出改进工作的意见和建议；

（五）向本级和上一级环境保护主管部门提交年度工作报告，报告举报事项受理情况以及举报件的转送、交办、答复、催办、督办等情况；

（六）检查、指导和考核下级环保举报热线工作，总结交流工作经验，组织工作人员培训。

各地承担环保举报热线工作的机构可以根据实际情况依法履行其他工作职责，或者承担当地人民政府授予的其他职责。

第七条 环保举报热线工作人员应当具备以下条件：

（一）遵纪守法，政治立场坚定，熟悉环境保护业务，了解相关的法律、法规和政策，经业务培训并且考核合格；

（二）热爱本职工作，有较强的事业心和责任感；

（三）大专以上文化程度；

（四）掌握受理举报事项的基本知识和技能，有较强的协调能力和沟通能力；

（五）作风正派，实事求是；

（六）严格遵守各项规章制度。

第三章 工作程序

第八条 环保举报热线工作人员接听举报电话，应当耐心细致，用语规范，准确据实记录举报时间、被举报单位的名称和地址、举报内容、举报人的姓名和联系方式、诉求目的等信息，并区分情况，分别按照下列方式处理：

（一）对属于各级环境保护主管部门职责范围的环境污染和生态破坏的举报事项，应当予以受理。

（二）对不属于环境保护主管部门处理的举报事项不予受理，但应当告知举报人依法向有关机关提出。

（三）对依法应当通过诉讼、仲裁、行政复议等法定途径解决或者已经进入上述程序的，应当告知举报人依照有关法律、法规规定向有关机关和单位提出。

（四）举报事项已经受理，举报人再次提出同一举报事项的，不予受理，但应当告知举报人受理情况和办理结果的查询方式。

（五）举报人对环境保护主管部门做出的举报件答复不服，仍以同一事实和理由提出举报的，不予受理，但应当告知举报人可以依照《信访条例》的规定提请复查或者复核。

（六）对涉及突发环境事件和有群体性事件倾向的举报事项，应当立即受理并及时向有关负责人报告。

（七）涉及两个或者两个以上环境保护主管部门的举报事项，由举报事项涉及的环境保护主管部门协商受理；协商不成的，由其共同的上一级环境保护主管部门协调、决定受理机关。

对举报人提出的举报事项，环保举报热线工作人员能当场决定受理的，应当当场告知举报人；不能当场告知是否受理的，应当在15日内告知举报人，但举报人联系不上的除外。

第九条　属于本级环境保护主管部门办理的举报件，承担环保举报热线工作的机构受理后，应当在3个工作日内转送本级环境保护主管部门有关内设机构。

第十条　属于下级环境保护主管部门办理的举报件，承担环保举报热线工作的机构受理后，应当通过“12369”环保举报热线管理系统于3个工作日内向下级承担环保举报热线工作的机构交办。

地方各级环保举报热线工作人员应当即时接收上级交办的举报件，并按规定及时进行处理。

第十一条　举报件应当自受理之日起60日内办结。情况复杂的，经本级环境保护主管部门负责人批准，可以适当延长办理期限，并告知举报人延期理由，但延长期限不得超过30日。

对上级交办的举报件，下级承担环保举报热线工作的机构应当按照交办的时限要求办结，并将办理结果报告上级交办机构；情况复杂的，经本级环境保护主管部门负责人批准，并向交办机构说明情况，可以适当延长办理期限，并告知举报人延期理由。

第十二条　举报件办结后，举报件办理部门应当将举报件办理结果及时答复举报人并转送承担环保举报热线工作的机构。

对上级交办的举报件，负责办理的下级环境保护主管部门应当在办理后及时将办理结果向上级交办机构报告；上级交办机构发现报告内容不全或者事实不清的，可以退回原办理部门重新办理。

举报件办理结果应当由环境保护主管部门负责人签发，并说明举报事项、查处情况、处理意见、答复情况等。

第十三条　举报件办理部门未及时转送或者报告办理结果的，环保举报热线工作人员应当及时催办。

第十四条　上级承担环保举报热线工作的机构发现向下级交办的举报件有下列情形之一的，应当向环境保护主管部门报告，由环境保护主管部门按照有关规定及时督办：

（一）办结后处理决定未得到落实的；

（二）问题久拖不决，群众反复举报的；

（三）办理时弄虚作假的；

（四）未按照规定程序办理的；

（五）其他需要督办的情形。

第十五条　各级承担环保举报热线工作的机构应当视情况抽查、回访已经办结的举报件，听取意见，改进工作。

第四章　工作制度

第十六条　各级环境保护主管部门应当建立健全环保举报热线工作规章制度，确保环保举报热线工作有章可循、规范有序。

第十七条　各级承担环保举报热线工作的机构应当对各类举报信息和办理情况进行汇总、分析，提出建议，并向本级环境保护主管部门和上级承担环保举报热线工作的机构报告。

第十八条　各级环境保护主管部门应当定期分析总结环保举报热线工作情况，并根据工作需要，向有关单位和部门通报。

第十九条 各级环境保护主管部门应当通过电视、报刊、网络等媒体宣传环保举报热线，提高公众的参与意识和监督意识。

第二十条 各级环境保护主管部门应当定期组织开展环保举报热线工作人员政治理论学习和业务工作培训，加强队伍建设，不断提高工作人员的思想觉悟和业务水平。

第二十一条 各级承担环保举报热线工作的机构应当健全保密管理制度，完善保密防护措施，加强保密检查，并积极开展保密宣传教育。

第二十二条 各级承担环保举报热线工作的机构应当妥善保存相关书面材料或者录音资料，并按照档案管理的有关规范建立档案。

第二十三条 各级环境保护主管部门应当结合本单位工作实际，制定环保举报热线工作表彰和奖励制度，对事迹突出、成绩显著的工作人员或者单位给予表彰和奖励。

第二十四条 各级环境保护主管部门应当积极争取当地财政部门资金支持，将环保举报热线的建设、运行、管理、维护等资金纳入财政预算，确保环保举报热线工作及其管理系统正常运行。

第二十五条 各级环境保护主管部门以及环保举报热线工作人员玩忽职守、滥用职权、徇私舞弊的，依法给予处分；涉嫌犯罪的，依法移送司法机关追究刑事责任。

环境保护主管部门及其工作人员对举报人进行打击报复的，依法给予处分；涉嫌犯罪的，依法移送司法机关追究刑事责任。

第五章 附 则

第二十六条 本办法未作规定的事项，按照《信访条例》和《环境信访办法》的有关规定执行。

地方各级环境保护主管部门可以结合本地实际情况制定实施细则。

第二十七条 本办法自2011年3月1日起施行。

010-12369环保热线系统举报件调查处理情况填报规范（试行）

（环境保护部办公厅文件 环办〔2009〕101号）

一、填报要求

对010-12369环保热线系统中填报的文字信息，应力求及时、简练、准确、规范。

二、填报形式

对转办群众举报件的调查处理情况报告的填报形式包括三部分：复函电子件、调查处理结果、答复举报人意见。

“复函电子件”是指由主管领导签发的调查处理情况报告正式公文的电子文档，作为附件上传010-12369环保热线系统。

“调查处理结果”是指010-12369环保热线系统中描述举报件查处情况的栏目，由省级环保部门录入主要的调查和处理情况，录入的文字信息可供系统查询。

“答复举报人意见”是指010-12369环保热线系统中填写答复举报人意见的栏目，内容是应向举报人答复的调查处理情况和有关政策解释。该栏目由省级环保部门录入，录入后的文字将通过系统转化为语音供举报人拨打010-12369电话进行查询。

三、复函内容规范

（一）正文起始部分

1. 行文名头为环境保护部环境投诉受理中心；

2. 复函引用举报件的登记编号；

3. 明确调查处理的具体部门；

4. 明确环保部门进行调查的时间；

5. 对举报人反映的情况是否属实做出明确说明。

（二）被举报企业的基本情况

1. 企业的基本情况应包括企业的名称、地点、所处环境功能区、主要产品、生产工艺、生产规模、主要原辅材料及用量、证照、环保审批手续是否齐全等；

2. 企业的主要污染源及污染物产生的种类、数量、浓度、排放方式、排放去向等，主要污染防治设施及防治效果。

（三）被举报企业存在的环境问题

1. 列出企业存在哪些环境违法问题，并标明相应的法律依据；

2. 有监测报告的，要写明具体的监测日期、监测数据及应执行的环境标准、污染物排放标准。

（四）环保部门处理意见

1. 对需要进行限期治理、限期补办环评手续、限期整改的举报件，要写明准确期限，并提出明确具体、有针对性的整改意见；

2. 若在限期内未完成整治工作，将进一步采取哪些措施；

3. 对已进行行政处罚的，明确写出做出处罚的日期及具体处罚金额；

4. 对依法取缔、关闭的要写明做出决定的机关及相应的法律依据。

（五）答复情况

1. 举报人留有联系方式的要注明答复情况，包括由哪一级环保部门进行答复、举报人是否满意等；

2. 未进行答复的案件应注明未答复原因。

四、调查处理结果填报规范

“调查处理结果”栏填报的内容应与复函内容一致。

五、答复举报人意见填写规范

“答复举报人意见”栏填写的内容应以环保部门的处理意见和企业的整改措施为主；措辞应为官方口径，不宜过于口语化；语言文字力求言简意赅，切忌空话套话。

二〇〇九年八月十九日

环境行政执法后督察办法

（环境保护部令　第14号）

第一条　为了规范环境行政执法后督察工作，提高环境行政执法效能，制定本办法。

第二条　本办法所称环境行政执法后督察，是指环境保护主管部门对环境行政处罚、行政命令等具体行政行为执行情况进行监督检查的行政管理措施。

第三条　县级以上人民政府环境保护主管部门负责组织实施环境行政执法后督察。

对县级以上人民政府或者其环境保护主管部门依法作出的环境行政处罚、行政命令等具体行政行为，由县级以上人民政府环境保护主管部门的环境监察机构负责具体实施环境行政执法后督察。

对环境保护部依法作出的环境行政处罚、行政命令等具体行政行为，可以由环境保护部委托其派出的环境保护督查机构负责具体实施环境行政执法后督察。

第四条 县级以上人民政府环境保护主管部门应当将环境行政执法后督察纳入环境行政执法工作计划。

对有重大影响或者造成严重污染的环境违法案件，县级以上人民政府环境保护主管部门应当制定后督察工作方案，并组织实施。

第五条 县级以上人民政府环境保护主管部门应当在环境行政处罚、行政命令等具体行政行为执行期限届满之日起60日内，进行环境行政执法后督察。

第六条 县级以上人民政府环境保护主管部门应当对下列事项进行环境行政执法后督察：

（一）罚款，责令停产整顿，责令停产、停业、关闭，没收违法所得、没收非法财物等环境行政处罚决定的执行情况；

（二）责令改正或者限期改正违法行为、责令限期缴纳排污费等环境行政命令的执行情况；

（三）其他具体行政行为的执行情况。

第七条 县级以上人民政府环境保护主管部门进行环境行政执法后督察时，执法人员（以下统称“后督察人员”）不得少于两人，并可以根据工作需要，依法采取下列措施：

（一）进入有关场所进行检查、勘察、录音、拍照、录像、取样或者监测；

（二）询问当事人和有关人员，要求其对相关事项作出说明；

（三）查阅、复制生产记录、排污记录、监测报告和其他有关资料；

（四）依法可以采取的其他措施。

后督察人员应当对现场检查情况制作《环境行政执法后督察现场检查记录》。

后督察人员有义务为被督察的单位保守在检查中获取的技术秘密和商业秘密。

第八条 环境行政执法后督察工作结束后，负责具体实施后督察工作的机构应当向本级人民政府环境保护主管部门提交《环境行政执法后督察报告》，报告具体行政行为执行情况、后督察开展情况、发现的问题等，并提出处理建议。

第九条 县级以上人民政府环境保护主管部门应当根据《环境行政执法后督察报告》提出的处理建议，依法进行处理或者处罚：

（一）逾期未依法履行行政处罚决定的，申请人民法院强制执行；

（二）逾期未按要求完成限期治理任务的，报请有批准权的人民政府责令停产、停业、关闭；

（三）逾期未按要求改正环境违法行为的，依据相关法律法规的规定采取罚款、责令停产停业、暂扣或者吊销许可证等行政处罚措施，或者采取责令停止建设、责令停止试生产、强制拆除、指定有治理能力的单位代为治理或者代为处置等行政强制措施；

（四）逾期拒不缴纳排污费的，依法予以处罚，并报经有批准权的人民政府批准，责令停产停业整顿；

（五）逾期未履行或者未落实本办法第六条所列的行政处罚、行政命令等具体行政行为，严重污染环境或者造成重大社会影响的，依照有关规定进行挂牌督办或者暂停审批建设项目环境影响评价文件；已经实施挂牌督办或者暂停审批建设项目环境影响评价文件的，不予解除；

（六）国有企业或者国有控股企业逾期未履行或者未落实本办法第六条所列的行政处罚、行政命令等具体行政行为的，依法移送监察机关追究相关人员相应责任；

（七）当事人或者相关责任人涉嫌犯罪的，依法移送司法机关追究刑事责任。

第十条 县级以上人民政府环境保护主管部门可以将环境行政执法后督察情况以及相关处罚或者处理情况向商务部门、工商部门、监察机关、人民银行等有监管职责的部门或者机构通报。

第十一条 县级以上人民政府环境保护主管部门应当在职责范围内向社会公开拒不执行已生效的环境行政处罚决定的企业名单。

第十二条 后督察人员在环境行政执法后督察过程中玩忽职守、滥用职权、徇私舞弊的，依法给予处分；涉嫌犯罪的，依法移送司法机关追究刑事责任。

第十三条 对下级人民政府环境保护主管部门作出的环境行政处罚、行政命令等具体行政行为，上级人民政府环境保护主管部门可以按照本办法的规定对其执行情况进行后督察，并将督察情况、存在问题、处理意见等及时向下级人民政府环境保护主管部门反馈，同时责成下级人民政府环境保护主管部门依法进行处罚或者处理。必要时，上级人民政府环境保护主管部门可以向相关地方人民政府进行反馈，或者联合纪检监察机关进行调查，追究有关责任人的行政责任。

上级人民政府环境保护主管部门开展环境行政执法后督察的，应当在具体行政行为执行期限届满后进行，并不受本办法第五条规定的60日期限限制。

第十四条 本办法自2011年3月1日起施行。

环境执法人员行为规范

第一章 总 则

第一条 为保障各级环境保护主管部门具有行政执法资格的人员（以下简称环境执法人员）严格、规范、公正、文明、廉洁执法，根据《环境保护法》等法律法规，结合工作实际，制定本规范。

第二条 环境执法人员在实施现场检查、案件调查、排污费征收和督查时，适用本规范。

第二章 一般规范

第三条 严格执法。依法行政，坚持有法必依、执法必严、违法必究，不得包庇、纵容、袒护境违法行为。

第四条 规范执法。熟悉掌握执法依据、执法流程，按照法定的权限、时限和程序履行职责，服从和执行上级依法作出的决定和命令。

第五条 公正执法。坚持以事实为依据、以法律为准绳。程序公正与实体公正相统一，程序优先，不得滥用自由裁量权。

第六条 文明执法。不断提升执法素养和执法水平，尊重和保护当事人的陈述、申辩、听证等合法权利，保守当事人的商业秘密，不得粗暴执法。

第七条 廉洁执法。严格遵守廉政规定，做到：

（一）不得收受当事人的礼品、礼金、有价证券和报销应由个人支付的费用。

（二）不得接受当事人的宴请、参加其邀请的娱乐活动和营销活动。

（三）不得胁迫当事人、向其索要钱物、推销环保商品和服务、干预和承揽环保工程以及其他谋取私利行为。

第三章 现场检查

第八条 除例行检查和验收检查外，现场检查均应当采取突击检查方式实施，不定时间、不打招呼、不听汇报，直奔现场、直接检查，不得向当事人通风报信。

第九条 现场检查时，环境执法人员不得少于两人。当事人或者其他有关人员在场的，应当向其出示执法证件、表明身份、说明来意和执法依据，告知其申请回避的权利和配合调查的义

务，告知其拒绝、阻碍、隐瞒或者提供虚假情况可能承担的法律责任。

第十条 现场检查时，应当场制作检查记录，内容包括当事人基本情况、环境管理手续情况、污染治理设施运行情况、污染物排放情况及检查实施情况等。检查记录应当真实、明确、规范。

第十一条 现场检查时，发现当事人有环境违法行为的，应当责令改正，提出整改要求，对环境违法情况和责令改正内容作出检查记录，并按程序报告。

第四章 案件调查

第十二条 调查案件时，需实施现场检查的，按第九条至第十一条执行。

第十三条 调查案件时，应当根据案件性质和调查要求对当事人的基本情况、违法事实、危害后果、违法情节等情况，进行全面、客观、及时、公正的调查。

第十四条 调查案件时，应当制作现场笔录或者询问笔录。现场笔录应当有环境执法人员签名和当事人签名、盖章。当事人拒绝签名、盖章或者不能签名、盖章的，应当注明情况。当

事人拒不到场、无法找到当事人的，不影响调查取证的进行。有其他人在场的，可由其他人签名。

询问笔录应当有环境执法人员签名和被询问人签名、盖章或者按指印。

第十五条 调查案件时，发现当事人其他环境违法行为的，应当按程序报告，根据指示并案处理或者另案处理。

第十六条 调查案件时，做到：

（一）不得擅自增减、变更案件调查内容。

（二）不得擅自向当事人泄露举报人、投诉人相关信息。

（三）依法收集与案件有关的证据，不得以暴力、威胁、引诱、欺骗及其他违法手段获取证据。

（四）不得隐匿、毁损、伪造、变造证据。

第十七条 调查案件时，做到：

（一）违法事实清楚、法律手续完备、证据充分的，作出明确的调查结论。

（二）违法事实不成立的，提出已查明的事实和证据，作出违法事实不成立的结论。

（三）违法事实不清，法律手续不完备，证据不充分的，作补充调查。

第十八条 调查终结后，适用简易程序当场作出行政处罚决定的，应当自决定之日起 3 个工作日内报所属环境保护主管部门备案。不得超越法定职权、违反法定程序或者条件适用简易程序作出行政处罚决定，不得以行政处罚要挟当事人或向当事人索要财物。适用一般程序的，应当将已查明的环境违法行为的事实、证据和初步处理意见，送有环境行政处罚权限的部门审查。

第五章 排污费征收

第十九条 应当按照国家规定的方式、方法核定排污者污染物排放量。应当按照国家或者地方规定的排污费征收标准征收排污费，不得擅自提高或者降低排污费征收标准。不得擅自设立收费项目，改变收费范围。

第二十条 不得协商收费、人情收费。不得违反规定批准减缴、免缴、缓缴排污费或者擅自减征、免征、缓征。

第二十一条 应当及时将征收的排污费缴入国库。任何单位和个人不得截留、挤占、挪作他用。

第六章 督 查

第二十二条 督查前，应当制定督查工作方案，严格按照督查工作方案实施督查，变更督查工作方案应当报请组织督查的部门同意。

第二十三条 对地方各级人民政府及其相关部门实施督查时，应当依据督查工作方案，要求督查对象提供相关资料，对其完整性、合法性、客观性、真实性进行审核，填写资料审核表和

汇总表，列出发现的问题和需要实施现场检查的事项。

第二十四条 督查时，需实施现场检查的，按第九条至第十一条执行。需实施案件调查的，按第十三条至第十七条执行。

第二十五条　督查结束后，应当作出明确的督查结论，及时向组织督查的部门作出书面报告，提出环境违法行为的事实、证据和处理建议。提出通报人民政府、挂牌督办、约谈地方政府、

实施区域限批等重大处理建议应当根据督查事项的不同，由组织督查的部门或者督查机构集体研究决定。

第二十六条　根据督查事项的不同，由组织督查的部门或者督查机构向地方政府、有关部门反馈督查情况，并督促地方政府、有关部门及时整改，开展后督察。

第二十七条　在督查时，做到：

（一）不得擅自变更方案实施督查。

（二）不得采取诱导、压制、强迫等方式进行调查询问，不得调查询问与督查无关的内容，不得有歧视和差别待遇。

（三）不得擅自约见督查对象或者未经组织批准擅自向督查对象反馈情况。

（四）不得以提出通报人民政府、挂牌督办、约谈地方政府、实施区域限批等处理建议威吓督查对象。

（五）督查结论应当以事实为依据，不得仅由推断、猜测等作为督查结论的相关证据，不得作出“可能违法”的督查结论。

第七章　监督处理

第二十八条　应当自觉接受有关部门、社会和公众的监督。

第二十九条　对违反上述规范的，由有管理权的部门作出以

下处理：

（一）根据情节轻重，分别给予批评教育、脱岗培训、调离执法岗位、取消执法资格等处理，处理情况应当作为考核、奖惩、任免的重要依据。

（二）情节严重，造成严重后果的，给予行政处分。

（三）构成犯罪的，依法追究刑事责任。

关于印发《环境监察稽查办法》的通知

环发〔2014〕116 号

各省、自治区、直辖市环境保护厅（局），新疆生产建设兵团环境保护局，辽河保护区管理局，环境保护不各环境保护督察中心：

为规范环境执法行为，提高执法水平，我部组织编制了《环境监察稽查办法》，现印发给你们，请遵照执行。

附件：环境督察稽查办法

环境保护部办公厅

2014 年 8 月 13 日

附件

环境监察稽查办法

第一章 总 则

第一条 为规范环境执法行为，强化环境现场执法，提高依法行政水平，根据《中华人民共和国环境保护法》、《国务院关于加强环境保护重点工作的意见》、《环境监察办法》等有关规定，制定本办法。

第二条 本办法所称环境监察稽查是指上级环境保护行政主管部门对下级环境保护行政主管部门依照《环境监察办法》开展环境监察工作情况进行的监督、检查。

第三条 环境监察稽查（以下简称稽查）分为：日常稽查、专项稽查、专案稽查。

（一）日常稽查，指上级环境保护行政主管部门按照日常稽查计划，对下级环境保护行政主管部门实施的环境监察工作开展的稽查。

（二）专项稽查，指上级环境保护行政主管部门按照专项稽查计划，对下级环境保护行政主管部门实施的一项或多项环境监察工作开展的稽查。

（三）专案稽查，指上级环境保护行政主管部门对通过日常督查或检查发现、群众投诉举报、上级督办、有关部门移送或下级环境保护行政主管部门主动申请稽查等渠道获悉的具体问题，以立案调查形式开展的稽查。

第二章 稽查机构及人员

第四条 环境保护部环境监察局负责全国稽查工作的指导和监督，环境保护部各环境保护督查中心、设区的市级以上环境保护行政主管部门的环境监察机构具体承担本行政区的稽查工作。

具体承担稽查工作的环境监察机构应设置稽查岗位并配备专职或兼职人员。

第五条 稽查人员应具备以下条件：

（一）持有环境监察执法证件或有效的地方行政执法证件；

（二）具有较好的政治和业务素质；

（三）经国家或省级稽查专项业务培训合格。

第六条 稽查人员执行任务时有权采取以下措施：

（一）调阅、复制相关环境监察工作档案；

（二）约见和询问被稽查单位负责人及相关工作人员；

（三）对涉案排污单位进行现场验证，包括现场检查、勘察、取样、录音、拍照、录像、查阅有关资料；

（四）依法依规制止和纠正环境监察工作中的违法违规行为。

第七条 稽查人员在稽查工作中，应当严格遵守环境监察工作纪律和要求，存在滥用职权、玩忽职守、徇私舞弊行为的，由其所在单位或者上级主管机关给予行政处分；构成犯罪的，依法追究刑事责任。

第三章 内容和程序

第八条 稽查的主要内容包括：

（一）监督检查下级环境保护行政主管部门及其工作人员在污染源现场监督检查、环境保护行政许可执行情况检查、建设项目环境保护法律法规遵守情况检查、生态和农村环境保护法律法规遵守情况检查、环境违法行为查处、环境污染和生态破坏纠纷调解处理、环境行政执法后督察等环境监察工作中的规范行政情况，包括是否遵守《环境监察办法》规定的工作制度和工作程序；

（二）监督检查下级环境保护行政主管部门及其工作人员在实施现场检查、调查取证、行政强制、行政处罚过程中的依法行政情况，包括是否符合法定情形、是否遵守法定程序；

（三）其他稽查事项。

第九条 开展日常稽查、专项稽查前，具体承担稽查工作的环境监察机构应制定稽查工作计划，确定被稽查单位，拟定具体稽查工作方案，报本级环境保护行政主管部门批准后组织实施。

第十条 开展专案稽查前，具体承担稽查工作的环境监察机构应对拟稽查事项进行初步核实，确定属于稽查范围、被稽查单位明确、有证据证明存在违法违规行为且案件来源可靠的，报本级环境保护行政主管部门批准后实施。

发现不属于稽查范围的事项，应当及时移送有管辖权的机关处理。

第十一条 需要被稽查单位事先准备材料的，在实施稽查前，具体承担稽查工作的环境监察机构应向被稽查单位发出《环境监察稽查通知书》，告知稽查的时间、内容、需要准备的资料及稽查人员姓名、单位、职务等。

第十二条 开展稽查工作时，稽查人员必须两人以上，向被稽查单位出示环境监察执法证件或有效的地方行政执法证件，说明稽查事项。

第十三条 稽查人员在稽查过程中，应依照本办法第六条第（一）、（二）、（三）项的规定收集必要的证据，制作《环境监察稽查询问笔录》或《环境监察稽查记录》，由当事人确认后签字。当事人拒不签字的，由稽查人员注明现场情况；当场需要修改的，由当事人在修改处签字。

需要将有关资料原件调出的，应填写《调取资料清单》，一式两份，一份交被稽查单位，一份留存，资料原件应在调出之日起60个工作日内归还。

需要对排污单位进行现场检查、询问调查、实施具体行政行为的，应按照环境监察有关程序进行。

被稽查单位应积极配合稽查人员的约见和询问，如实提供相关资料。不得以任何理由拒绝、阻挠或者妨碍稽查工作。

第十四条 实施稽查的环境监察机构，应在稽查结束后20个工作日内撰写《环境监察稽查报告书》，并报本级环境保护行政主管部门。

发现被稽查单位及其工作人员存在本办法第二十条和第二十一条所列行为的，具体承担稽查工作的环境监察机构应在《环境监察稽查报告书》中提出稽查建议，经本级环境保护行政主管部门批准后制作《环境监察稽查意见书》，并及时送达被稽查单位。

第十五条 被稽查单位应当自接到《环境监察稽查意见书》之日起 30 个工作日内，将整改方案及落实情况报作出《环境监察稽查意见书》的环境保护行政主管部门。

具体承担稽查工作的环境监察机构应对整改方案落实情况进行跟踪检查。

第十六条 被稽查单位对稽查结果有异议的，可自接到《环境监察稽查意见书》之日起7个工作日内，向作出《环境监察稽查意见书》的环境保护行政主管部门申请复核。

作出《环境监察稽查意见书》的环境保护行政主管部门应当自接到申请之日起 15 个工作日内做出复核决定。

第十七条 稽查工作结束后，由具体承担稽查工作的环境监察机构对稽查工作中形成的各种材料立卷归档，实现一案一档。

第十八条 省级环境保护行政主管部门，应于每年 1 月底前向环境保护部报送上一年度本级及辖区相关市级环境保护行政主管部门稽查工作开展情况。

实施稽查的环境保护行政主管部门应及时将稽查结果向系统内通报或向社会公开。

第四章 奖惩措施

第十九条 被稽查单位及其工作人员在实施下列行为时，能够克服困难、依法履职、程序规范、表现突出的，由实施稽查的环境保护行政主管部门予以通报表扬：

（一）对应由上级环境保护行政主管部门审批的建设项目，违反环评制度和“三同时”制度的环境违法行为，能够主动发现并作出正确行政执法行为；

（二）对排污单位变造、伪造、篡改污染防治设施运行记录、主要污染物监测记录、物耗和能耗相关报表以及生产销售台账等相关记录，故意隐瞒其环境违法行为的，能够主动发现并作出正确行政执法行为；

（三）对排污单位利用暗管、渗井、渗坑、灌注或者采用其他规避监管的方式排放污染物的环境违法行为，能够主动发现并作出正确行政执法行为；

（四）在自然灾害等不可抗力情形下，能够及时作出减少或降低环境危害后果的行政执法行为；

（五）其他需要通报表扬的情形。

第二十条 被稽查单位及其工作人员存在下列行为之一的，由实施稽查的环境保护行政主管部门责令限期改正；逾期未改正的，予以通报批评：

（一）未按照环境监察工作制度、工作程序开展环境监察工作的；

（二）污染源现场监察工作中存在监察内容不全面、现场执法文书中记载内容与污染源现场情况明显不符或记录不规范的；

（三）调查取证工作中存在取证程序不规范、证据不充分、证据与待证事实不匹配、文书制作不规范的；

（四）查封、扣押等行政强制权行使过程中，查封（扣押）物品清单填报不规范或程序不规范，尚未造成严重后果的；

（五）环境行政处罚工作中，法律法规适用错误或自由裁量权运用不当，尚未造成严重后果的。

第二十一条 被稽查单位及其工作人员存在下列行为之一的，对直接责任人员，由发证机关作出暂扣或收回环境监察执法证件的决定，并由其所在县级以上环境保护行政主管部门暂扣或收缴其环境监察执法证件；同时，依照有关法律法规进行处理：

（一）未依法履行职责，造成严重后果的；

（二）弄虚作假或故意隐瞒案情，导致错误定案的；

（三）超范围、超幅度、超权限执法等滥用职权，造成严重后果的；

（四）将罚款、排污费等其他财物截留、私分、变相私分或据为己有的；

（五）为被检查单位通风报信或者包庇、纵容环境保护违法行为的；

（六）其他违反环保法律、法规、规章和规范性文件，应当追究执法过错责任，情节较重的。

第二十二条 稽查过程中，发现国家行政机关及其工作人员拒不执行国家有关环保法律法规、制定与国家环境保护法律法规相抵触的规定，以及发现被稽查单位及其工作人员存在《环境保护违法违纪行为处分暂行规定》所列违法违纪行为，实施稽查的环境保护行政主管部门应当及时将案件材料移送监察机关。

发现被稽查单位及其工作人员涉嫌犯罪的，实施稽查的环境保护行政主管部门应当及时将案件材料移送司法机关。

第二十三条 承办人直接作出违法或者不当行政执法行为的，由承办人承担责任；批准人改变或不采纳承办人的正确意见，致使行政执法行为违法或不当的，由批准人承担责任；因被稽查单位指派不具备环境监察执法资格的人员执法，致使行政执法行为违法或者不当的，由被稽查单位及其负责人承担责任；被稽查单位负责人集体研究作出的行政执法行为违法或者不当的，参与作出决定的负责人应当分别承担相应的责任；因执行上级环境保护行政主管部门不当或错误的指示、批复，致使行政执法行为违法或者不当的，由作出指示、批复的上级环境保护行政主管部门承担责任。

第五章 附 则

第二十四条 排污费征收工作稽查按照《排污费征收工作稽查办法》执行。

第二十五条 核与辐射安全监督检查工作稽查，参照本办法执行。

第二十六条 对排污单位的查处，遵照环境监察有关规定具体实施。

第二十七条 各单位可根据工作需要，参照附自行制定稽查文书。

第二十八条 本办法自发布之日起施行。

附 1

主 要 文 书

×××环境保护厅（局）环境监察稽查立案审批表

案件来源			立案号	
被稽查单位	名　称			
	地　址		邮政编码	
	法定代表人（负责人）		职　务	
案情简介及立案理由				
承办人意见		签名：	年　月　日	
承办机构负责人审核意见		签名：	年　月　日	
环保部门分管领导审批意见		签名：	年　月　日	
备　注				

备注：各单位可根据公文写作要求，采用签报等适当形式。

附 2

环境监察稽查通知书

（______环监稽通〔20________〕__号）

______________________________：（被稽查单位名称）

定于_____年___月____日对你单位________________________

__________________________________（稽查内容）进行稽查，请予以配合。

现需你单位提供以下材料：

1.____

2.____

3.____

4.____

特此通知。

稽查人员：________________

____

联系电话：

______环境保护厅（局）（印章）

___年___月___日

备注：本文书一份送达被稽查单位，一份随卷归档。

附 3

环境监察稽查询问笔录

时间：______年____月____日____时____分至____时____分
地点：____
事由：____
稽查单位名称：__________________________________
稽查人员姓名及执法证号：______________、______________
记录人：______________________________________
被稽查单位名称：________________________________
被询问人姓名：__________被询问人执法证号（没有的不填）：__________
工作单位：________________职务：______与本案关系：__________
其他参加人姓名及工作单位：__________________________
____

我们是______环境监察__（总、支）队（局）稽查人员，这是我们的执法证（亮证）。今天依法对你单位进行稽查并询问有关问题，请如实回答，你依法享有陈述权、申辩权和申请稽查人员回避的权利，听清楚了吗？

答：____
问：____
____
答：____
____
被询问人对笔录的审阅确认意见：____________________________
被询问人签名：____________________ ______年____月____日
稽查人员签名：________、________ ______年____月____日
记录人签名：________________ ______年____月____日
参加人签名：________________ ______年____月____日

第 页共 页

备注：适用于稽查人员取证。记录对被稽查对象、被稽查对象所在单位负责人、企业负责人、证人等有关人员的询问过程和问答内容。每份《环境监察稽查询问笔录》只对应一个被询问人。

附 4

环境监察稽查记录

时间：______年____月____日____时____分
地点：____
事由：____
稽查单位名称：__________________________________

稽查人员姓名及执法证号：____________________、____________________

记录人：____________________

被稽查单位名称：____

现场负责人姓名：____________________职务：____________________

与本案关系：____________________工作单位：____________________

其他参加人姓名及工作单位（地址）：____________________

稽查内容：____

____

____

稽查发现：____

____

____

____

____

____

____

____

现场负责人对记录的审阅确认意见：____________________

现场负责人签名：____________________　　______年____月_____日

稽查人员签名：____________、____________　　______年____月_____日

记录人签名：____________________　　______年____月_____日

其他参加人签名：____________________　　______年____月_____日

第　页 共　页

备注：适用于稽查人员取证。记录对被稽查对象制作的环境执法文书、实施的执法工作等进行稽查的过程和发现的问题。对同一被稽查对象进行多次稽查的，每次均制作《环境监察稽查记录》。

附 5

环境监察稽查调取资料清单

________________：（被稽查单位名称）

我（总、支）队（局）于___年___月_日对你单位_______（稽查事项）进行稽查，因工作需要，现需调阅你单位部分环境监察工作档案，拟于__年___月__日前归还，请予以配合。

资料清单：

1.____

2.____

3.____

4.____

联系人姓名：____

联系电话：________________________

________环境监察（总、支）队（局）（印章）

______年___月___日

附 6

×××环境保护厅（局）环境监察稽查报告书

案　由		
被稽查单位		
稽查人员及执法证号		
稽查经过		
查明事实及证据		
处理建议		
承办机构负责人审核意见	签名：　　　　年　月　日	
环保部门分管领导审批意见	签名：　　　　年　月　日	

备注：各单位可根据公文写作要求，采用签报等适当形式。

附 7

环境监察稽查意见书

（　环监稽意见〔20　〕　号）

________________：（被稽查单位名称）

_____年____月____日我厅（局）对你单位________________________________

________________________________（稽查内容）进行了稽查，发现以下问题：

____

____

对此，提出如下整改意见：

____

____

请你单位按照以上整改意见按时整改，并将整改情况于

________年____月___日前报我厅（局）。

如对上述事实及整改意见有异议，可在接到本意见书之日起七个工作日内向我厅（局）申请复核。

联系人：_________ 联系电话：__________

附表：稽查发现问题及整改要求明细表

×××环保厅（局）（印章）

___年___月___日

附表

环境监察稽查发现问题及整改要求明细表

序 号	稽查事项（调阅案件应注明案卷号或日期）	存 在 问 题	整 改 意 见
1			
2			
3			
4			
5			
6			
7			
8			
9			
10			

备注：此文书一份送达被稽查单位、一份随卷归档。

关于加强污染源监督性监测数据在环境执法中应用的通知

（环境保护部办公厅文件　环办〔2011〕123号）

各省、自治区、直辖市环境保护厅（局），新疆生产建设兵团环境保护局：

为加强对污染源的监督管理，发挥污染源监督性监测数据的作用，提高环境执法效率，现就加强污染源监督性监测数据在环境执法中应用工作通知如下：

一、污染源监督性监测数据是各级环保部门依据环境保护法律法规，按照国家环境监测技术规范，对排污单位排放污染物进行监测获得的监测数据，是开展环境执法的重要依据。各级环保部门要加强污染源监督性监测数据的应用，通过其评价排污单位的排污行为，对于超过应执行排放标准的，要以污染源监督性监测数据作为重要证据，依法实施行政处罚。

二、各级环保部门要建立环境监测机构和环境执法机构的协作配合机制。污染源监督性监测的现场监测工作由环境监测机构和环境执法机构共同开展。环境执法机构人员负责对排污单位污染防治设施进行检查，将采样过程记入现场检查（勘察）笔录，并要求排污单位当事人确认。环境监测机构人员负责采集样品，填写采样记录，开展现场测试工作。

三、环境监测机构应及时完成分析测定工作，在完成样品测试工作后5日内制作完成监测报告并报出。监测报告应符合《环境行政处罚办法》第三十五条的相关规定。专门用于案件调查取证的监测数据和污染源排放异常数据，环境监测机构应及时向环境执法机构提供。环境监测机构对污染源监督性监测数据的真实性、准确性负责。

四、环境执法机构应在收到污染源排放异常数据5日内开展初步审查，监测报告及现场检查情况足以认定违法事实的，应补充立案，依法实施行政处罚。只有监测报告数据超标，缺乏其他证据材料的，应予以立案，组织调查取证。

五、各级环境保护部门应建立监督性监测异常数据的后续应用情况反馈制度。对纳入环境保护部门监督性监测范围的，每季度汇总一次超标排污单位的立案调查、行政处罚情况，并按照相关规定公布超标排污单位名单。

六、各级环保部门要切实提高环境监测和环境执法人员的工作能力，严格遵守国家法律法规和相关技术规范，对伪造、篡改监测数据，故意延报监测结果（报告），在行政执法工作中弄虚作假、失职渎职的，要依纪给予行政处分，构成犯罪的要依法追究刑事责任。

请各省、自治区、直辖市环保部门于2011年12月30日前，将本级及市级环保部门监测机构与执法机构协作配合机制建立情况、2011年前三个季度国控重点污染源超标数据应用于行政执法的情况以及超标排污单位公开情况报我部。

二〇一一年十月八日

关于印发《全国环境监察标准化建设标准》和《环境监察标准化建设达标验收管理办法》的通知

（环境保护部文件 环发〔2011〕97号）

各省、自治区、直辖市环境保护厅（局），新疆生产建设兵团环境保护局，辽河保护区管理局：

为适应新形势下环境执法能力建设的需要，加快建设完备的环境执法监督体系，我部对环境监察标准化建设标准及有关验收管理规定进行了修订。现将修订后的《全国环境监察标准化建设标准》和《环境监察标准化建设达标验收管理办法》印发给你们，请遵照执行。原国家环境保护总局《关于印发〈全国环境监察标准化建设标准〉和〈环境监察标准化建设达标验收暂行办法〉的通知》（环发〔2006〕185号）同时废止。现就贯彻执行本标准及验收管理规定的有关事项通知如下：

一、高度重视环境监察标准化建设工作。此次对环境监察标准化建设标准及有关验收管理规定的修订是新时期我部强化环境监察执法工作的重要体现，是加强环境监察队伍建设的重要举措，是提高环境执法能力和水平的重要手段。地方各级环保部门要站在落实科学发展观、提高生态文明水平、探索中国环保新道路的高度，进一步推动环境监察标准化建设工作，将其作为环保事业长远发展的一项战略性、基础性任务来抓，不断增强做好此项工作的责任感和自觉性。

二、切实提高环境监察标准化建设水平。各省、自治区、直辖市环境保护厅（局）可以结合环境监察执法工作实际，将本标准中的部分选配装备作为本地区标配装备。地方各级环保部门要比照本标准及验收管理规定，认真查找工作中的不足，提出今后一个时期强化环境监察标准化建设的具体举措。要及时向同级人民政府报告，积极与编制、财政等部门沟通，争取对环境监察标准化建设工作的支持，不断提高标准化建设水平。

三、尽快将环境监察标准化建设成果转化为实际能力。各省、自治区、直辖市环境保护厅（局）要加强对本辖区内环境监察标准化建设达标验收的管理，及时组织标准化建设达标验收。要督促各地强化装备管理，必要时组织开展装备使用培训，保障运行经费，确保装备正常运转，及早形成实际工作能力。我部将不定期对各地环境监察标准化建设情况进行调度检查，发现问题，及时处理。

请各地认真总结本标准及验收管理规定的执行情况以及存在的问题和建议，及时向我部环境监察局报告。

附件：1. 全国环境监察标准化建设标准

2. 环境监察标准化建设达标验收管理办法

二〇一一年九月六日

附件一：

全国环境监察标准化建设标准

第一部分：队伍建设

类别	序号	指标内容	建设标准			备注
			一级	二级	三级	
机构与人员	1	机构	经当地编制主管部门发文批准的独立机构；机构名称符合原国家环保总局环发〔2002〕100号文件规定或为环境监察（分）局；组织健全，正式运行			
	2	人员规模	综合考虑辖区面积、经济社会发展水平、污染源数量分布及检查频次要求等因素，原则上东、中、西部地区省级分别不少于50人、40人、30人，直辖市本级不少于60人，东、中、西部100万人口以上城市本级分别不少于50人、45人、40人，东、中、西部50万～100万人口中等地市本级不少于40人、35人、30人，其余不少于20人			
	3	人员管理	人员全部纳入公务员管理或参照公务员管理			
	4	人员学历（大专以上）	95%	90%	85%	不含工勤人员
	5	环保相关专业人员	35%	30%	25%	
	6	执法人员培训率	100%	95%	90%	指环境监察岗位培训率
机构与人员	7	执法人员持证上岗率	100%	95%	90%	指持“中国环境监察执法证”
	8	职能到位	基本职能按环境保护部规定的职能能够到位			
基础工作	9	执行环境监察工作制度	制度健全、遵守和实施			
	10	执行环境监察工作程序	程序完整合理，操作简单实用，执行规范有序			
	11	执行环境监察政务信息报送制度	按有关文件要求报送			
基础工作	12	政务公开制度	按5项公开要求公开			
	13	档案管理工作	填写工整规范，资料齐全完整			
经费保障	14	基本支出	全部纳入财政预算安排			包括人员工资、日常公用经费等
	15	执法经费	全部纳入财政预算安排			含执法工作经费和执法装备运行维护费用

第二部分：装备建设

类 别	序号	指 标 内 容	建 设 标 准			标配/选配
			一 级	二 级	三 级	
交通工具	1	执法车辆	1 辆/2 人（省级至少 3 辆越野车）	1 辆/3 人	1 辆/4 人	标配
	2	车载 GPS 卫星定位仪	每车 1 台			
	3	多通道卫星通讯执法指挥车	满足工作需要			选配
	4	车载通讯设备	满足工作需要			
	5	车载办公设备	满足工作需要			
	6	车载样品保存设备	满足工作需要			
	7	车载电台	满足工作需要			
	8	环境监察执法船	满足工作需要			
	9	无人驾驶航拍飞机	满足工作需要			
取证设备	10	摄像机	1 部/2 人	1 部/3 人	1 部/4 人	标配
	11	照相机	1 部/2 人	1 部/3 人	1 部/4 人	
	12	录音设备	1 部/2 人	1 部/3 人	1 部/4 人	
	13	影像设备（电视机和 DVD 机等）	3 套	2 套	2 套	
	14	手持 GPS 定位仪	3 部	2 部	1 部	
	15	测距仪	3 部	2 部	1 部	
	16	流量计	3 部	2 部	1 部	
	17	酸度计	4 部	3 部	2 部	
取证设备	18	声级计	1 部/3 人	1 部/5 人	1 部/8 人	标配
	19	采样设备	5 套	4 套	3 套	
	20	勤务随录机	5 台	4 台	3 台	
	21	烟气污染物快速测定仪	满足工作需要			选配
	22	个人防护设备	满足工作需要			
	23	暗管探测仪	满足工作需要			
	24	水质快速测定仪	满足工作需要			
	25	烟气黑度仪	满足工作需要			
	26	粉尘快速测定仪	满足工作需要			
	27	冰心钻	满足工作需要			
	28	溶解氧仪	满足工作需要			
	29	放射性个人剂量报警仪	满足工作需要			选配
	30	管道探测仪	满足工作需要			
通讯工具	31	固定电话	1 部/2 人	1 部/3 人	1 部/4 人	标配
	32	传真机	每间办公室 1 台			
办公设备	33	台式计算机	1 台/人			
	34	打印机	10 台	8 台	5 台	
办公设备	35	便携式打印机	5 台	3 台	2 台	标配
	36	笔记本电脑	1 台/2 人	1 台/3 人	1 台/5 人	
	37	复印机	1 台			
信息化设备	38	排污收费管理系统	1 套			标配
	39	环境执法管理及移动执法系统	系统 1 套 移动执法工具箱：每车 1 套和/或 手持 PDA：1 台/人			
	40	污染源在线监控中心	1 个			
	41	12369 环保举报热线	1 套			
	42	卫星遥感图片	满足工作需要			选配

第三部分：业务用房

序号	指标内容	建设标准			备注
		一级	二级	三级	
1	办公用房	人均不少于 $12m^2$	人均不少于 $10m^2$	人均不少于 $8m^2$	均为使用面积
2	执法接待室	不低于 $70m^2$	不低于 $60m^2$	不低于 $50m^2$	
3	取证设备间	不低于 $50m^2$，内设小型操作间			
4	样品室	不低于 $30m^2$			
5	档案室	不低于 $80m^2$			
6	排污申报受理厅	不低于 $80m^2$，包括受理区和申报区			
7	12369 环保热线投诉受理夜间值班室	2 间，$20m^2$/间			
8	车位面积	$30m^2$/辆			
9	污染源监控中心用房	按照《污染源监控中心建设规划》（环函〔2007〕241 号）规定执行			

备注：

1. 硬件装备包括标配和选配。标配属于必配的装备，除信息化设备外其他均为最低建设指标；各地可根据本地实际将部分选配列入标配，也可增加选配内容。

2. 该标准中按照人员数量配备的项目，其人员基数指的是执法人员数量（不含正式编制的后勤和工勤人员）。例如，执法车辆 1 辆/2 人，即为每 2 名执法人员配备 1 辆执法车。

3. 第一部分 5 项"环保相关专业"主要包括环境工程、环境科学、生态学、化学、应用化学、生物科学、资源环境与城乡规划管理、大气科学、给水排水工程、水文与水资源工程、化学工程与工艺生物工程、农业建筑环境与能源工程、森林资源保护与游憩、野生动物与自然保护管理、水土保持与荒漠化防治、农业资源与环境、土地资源管理以及其他环境保护部认可的环境保护相关专业。

4. 第二部分 2 项"车载 GPS 卫星定位仪"应具有导航和轨迹定位功能。

5. 第二部分 19 项"采样设备"包括：符合环境监测规范的水质采样设备、大气采样设备和土壤采样设备等。

6. 第二部分 20 项"勤务随录机"为具有录像、拍照和/或录音等功能的取证设备。

7. 第二部分 22 项"个人防护设备"：分为重型防护设备和轻型防护设备。重型个人防护设备应包括重型防护服、防毒面具、空气呼吸器、救生衣、防酸长筒靴、耐酸手套和放射性个人剂量报警仪；轻型个人防护设备，应包括轻型防护服、防毒面具、救生衣、防酸长筒靴、耐酸手套。

8. 第二部分 39 项"环境执法管理及移动执法系统"包括："移动执法终端"支持平台、服务器、网络设备、存储设备、操作系统软件、数据库软件、地理信息系统软件、遥感软件等。"移动执法系统"具有照相、摄像、录音、视频通话、GPS 定位与导航、法律法规查询、企业基本情况查询等功能，可实现与污染源在线监控中心平台音频、视频同步双向传输，并具有现场执法和任务管理等功能。"移动执法系统"配套终端主要包括移动执法工具箱（内有上网本、3G 上网卡、便携式打印机、数码摄像机、扫描棒、录音笔等）和/或手持 PDA。"移动执法系统"地市级以上为标配，县区级为选配，并可自行选择配备移动执法工具箱或手持 PDA，也可两者都配备。

9. 第二部分 40 项"污染源在线监控中心"包括：服务器、用于监控指挥的大屏幕、实时监控报警接收设备和联网通讯设备等硬件，以及基于电子地图、实现对污染源现场排放情况在线、实时、自动的监控和报警，并可以对有关数据进行汇总、分析及应用的软件。

10. 第二部分 41 项"12369 环保举报热线"若已在应急或其他机构配备的不再配备。

附件二：

环境监察标准化建设达标验收管理办法

第一条　为适应新形势下环境执法能力建设的需要，加快建设完备的环境执法监督体系，加强和规范环境监察标准化建设达标验收管理工作，制定本办法。

第二条 本办法适用于各级环境监察机构的标准化建设考核验收管理。

第三条 《全国环境监察标准化建设标准》为环境监察标准化建设的基本依据。各省、自治区、直辖市环境保护厅（局）可根据实际制订高于国家标准的地方性标准。

第四条 《环境监察标准化建设达标验收计分细则》为环境监察标准化建设达标考核验收的依据。达标验收考核内容包括队伍建设、装备建设和业务用房三部分，按照分项考核计分原则，总分达到 270 分，分项不低于 85 分，方可认定为环境监察标准化建设达标单位。

第五条 环境监察标准化建设达标验收实行国家、省两级验收管理。

省级、副省级城市环境监察机构应达一级标准，东、中部地区的地市级及县级市环境监察机构至少达二级标准，西部地区地市级和其他县区级环境监察机构至少达三级标准。

环境保护部负责组织省级和副省级城市环境监察机构标准化建设的达标验收和全国一级达标单位的审定。各省、自治区、直辖市环境保护厅（局）负责组织辖区内环境监察机构标准化建设二级、三级达标验收工作。

第六条 申请验收的环境监察机构由同级环境保护部门向上级环境保护部门提交申请报告、包括工作措施、标准化建设取得的成效和经验、存在问题及下一步工作计划等内容的工作报告以及包括预评分表、机构设置和人员编制、经费保障与业务用房情况说明、装备配置统计、基础工作执行情况等内容的技术报告。

第七条 负责验收的环境保护厅（局）成立环境监察标准化建设委员会，成员由负责验收的环境保护厅（局）负责人和内设的人事和规财等部门、环境监察机构人员组成，验收时可邀请所在地政府、编办、财政等部门人员参加。验收委员会应进行逐项考核、记分，现场检查，并形成标准化验收意见。

第八条 各省、自治区、直辖市环境保护厅（局）负责验收的一级达标单位名单及验收材料应于验收完成后的次年 1 月份报环境保护部审定。

第九条 经验收和审定的单位由组织验收的单位颁发国家统一样式和规格的标牌。一级达标单位，颁发环境保护部监制的标牌；二级和三级达标单位，颁发各省、自治区、直辖市环境保护厅（局）监制的标牌。

第十条 环境保护部与省、自治区、直辖市环境保护厅（局）负责标准化建设工作的监督检查。达标单位每两年复检一次。省、自治区、直辖市环境保护厅（局）应于复检完成后的次年 1 月份将复检情况上报环境保护部，并予以通报。

已经按原环境监察标准化建设标准通过达标验收的单位，应在两年内达到新标准，并由所在省、自治区、直辖市环境保护厅（局）负责复检。

第十一条 各级环境监察机构及其工作人员有下列行为之一的，由环境保护部或省级环境保护厅（局）进行通报批评，情节严重的或者一年检查发现两次或两例违反标准化建设要求的，取消达标单位称号，并收回达标标牌。

（一）执法装备被经常性调用的；

（二）执法装备或仪器设备管理混乱的；

（三）基础工作不能达到标准化建设要求的；

（四）环境监察人员违反环境监察“六不准”的或者违反“环保系统六项禁令”的；

（五）违反标准化建设其他有关规定，屡次指出不改正的。

第十二条 对于弄虚作假、蒙蔽标准化验收工作的，一经查实，由环境保护部或省级环境保护厅（局）取消达标单位称号，收回达标标牌，并通报批评。

第十三条 标准化建设工作力度大、进展快、效果好的地区，由各省、自治区、直辖市环境保护厅（局）初审推荐，环境保护部通报嘉奖，并在安排环境保护专项资金时给予优先考虑。

第十四条 本办法由环境保护部负责解释。

第十五条 本办法自发布之日起执行。

附：

全国环境监察标准化建设达标计分细则

第一部分：队伍建设（100分）

类别	序号	指标内容	分值	考核计分细则要点	说明	备注
机构与人员（50分）	1	机构	8	编制主管部门批文 4分 名称符合标准化规定 2分 组织健全 2分		
	2	人员规模	6	满足实际工作需要	达不到标准不得分，以编制主管部门批文为准	
	3	人员管理	6	人员应全部纳入公务员管理或参照公务员管理	达不到标准不得分，以编制主管部门批文为准	
	4	人员学历（大专以上）	5	按相应标准的下限计算，达到下限不扣分，每低5%扣1分，扣完为止	以学历证书为准	
	5	环保相关专业人员	5	按相应标准的下限计算，达到下限不扣分，每低5%扣1分，扣完为止	以学历证书为准	
	6	执法人员培训率	6	按相应标准的下限计算，达到下限不扣分，每低5%扣1分，扣完为止	以培训合格证为准	
	7	执法人员持证上岗率	6	环境监察执法人员参加规定培训，持有上岗证，低于相应标准的，每低5%扣1分，扣完为止	以环境监察执法证件为准	
	8	职能到位	8	按4项职能，缺1项扣2分		
基础工作（40分）	9	执行环境监察工作制度	10	缺1项扣1分		
	10	执行环境监察工作程序	10	缺1项扣1分	查文件和程序公开情况和执行情况	
	11	执行环境监察政务信息报送制度	6	不按时报送的，每项扣2分		
	12	政务公开制度	10	按照五公开要求计分，每项2分	查公开栏或电子显示屏	
	13	档案管理工作	4	符合规范要求 2分 有专人管理 2分		
经费保障（10分）	14	基本支出	5	达不到同级财政预算安排定员定额标准不得分		
	15	执法经费	5	达不到同级财政预算安排定员定额标准不得分		

第二部分：装备建设（100分）

类　别	序号	指 标 内 容	分值	考核计分细则要点	说　明	备注
交通工具（15分）	1	执法车辆	10	未到相应标准按比例扣分	以实物资产为准，并核对相关财务账和资产账	标配
	2	车载GPS卫星定位仪	5	未到相应标准按比例扣分		
	3	多通道卫星通讯执法指挥车				选配
	4	车载通讯设备				
	5	车载办公设备				
	6	车载样品保存设备				
	7	车载电台				
	8	环境监察执法船				
	9	无人驾驶航拍飞机				
取证设备（40分）	10	摄像机	4	未到相应标准按比例扣分	以实物资产为准，并核对相关财务账和资产账	标配
	11	照相机	4	未到相应标准按比例扣分		
	12	录音设备	3	未到相应标准按比例扣分		
	13	影像设备（电视机和DVD机等）	3	未到相应标准按比例扣分		
	14	手持GPS定位仪	4	未到相应标准按比例扣分		
	15	测距仪	4	未到相应标准按比例扣分		
	16	流量计	4	未到相应标准按比例扣分	以实物资产为准，并核对相关财务账和资产账	标配
	17	酸度计	3	未到相应标准按比例扣分		
	18	声级计	4	未到相应标准按比例扣分		
	19	采样设备	4	未到相应标准按比例扣分		
	20	勤务随录机	3	未到相应标准按比例扣分		
	21	烟气污染物快速测定仪				选配
	22	个人防护设备				
	23	暗管探测仪				
	24	水质快速测定仪				
	25	烟气黑度仪				
	26	粉尘快速测定仪				
	27	冰心钻				
	28	溶解氧仪				
	29	放射性个人剂量报警仪				
	30	管道探测仪				
通讯工具（10分）	31	固定电话	5	未到相应标准按比例扣分		标配
	32	传真机	5	未到相应标准按比例扣分		
办公设备（15分）	33	台式计算机	4	未到相应标准按比例扣分	以实物资产为准，并核对相关财务账和资产账	标配
	34	打印机	4	未到相应标准按比例扣分		
	35	便携式打印机	2	未到相应标准按比例扣分		
	36	笔记本电脑	3	未到相应标准按比例扣分		
	37	复印机	2	未达标准不得分		
信息化设备（20分）	38	排污收费管理系统	5	未达标准不得分	以实物资产为准，并核对相关财务账和资产账	标配
	39	环境执法管理及移动执法系统	5	未达标准不得分		
	40	污染源在线监控中心	5	未达标准不得分	以实物资产为准，并核对相关财务账和资产账	标配
	41	12369环保举报热线	5	未达标准不得分		
	42	卫星遥感图片				选配

第三部分：业务用房（100 分）

序号	指　标　内　容	分值	考核计分细则要点	说　明	备注
1	办公用房	20	未达标准不得分	以房产证为准	
2	执法接待室	10			
3	取证设备间	10			
4	样品室	10			
5	档案室	10			
6	排污申报受理厅	10			
7	12369 环保热线投诉受理夜间值班室	10			
8	车位面积	10			
9	污染源监控中心用房	10			

注：实际工作需要配备选配设备的环境监察机构，在标准化建设中应将“选配”作为“标配”，若未配备，达标验收时，每项扣 3 分。

关于印发《环境违法案件挂牌督办管理办法》的通知

（环境保护部办公厅文件　环办〔2009〕117 号）

各省、自治区、直辖市环境保护厅（局），新疆生产建设兵团环境保护局：

为进一步规范环境违法案件挂牌督办制度，有效打击环境违法行为、遏制环境污染、保障群众环境权益，确保环境保护法律、法规正确实施，我部组织制定了《环境违法案件挂牌督办管理办法》。现印发你们，请参照执行。

附件：环境违法案件挂牌督办管理办法

二〇〇九年九月三十日

附件：

环境违法案件挂牌督办管理办法

第一条　为加大对环境违法案件的查处力度，集中解决突出的环境污染问题，保障群众环境权益，依据《环境保护部工作规则》及《环境保护部机关“三定”实施方案》，制定本办法。

第二条　本办法所称挂牌督办是指环境保护部对违反环境保护法律、法规，严重污染环境或造成重大社会影响的环境违法案件办理提出明确要求，公开督促省级环境保护部门办理，并向社会公开办理结果，接受公众监督的一种行政手段。

第三条　本办法适用于环境保护部实施的挂牌督办。

环境保护部商请监察机关以及国务院其他有关部门，对涉及省级以下（不含省级）人民政府及其相关部门职责履行情况或其他问题联合实施的挂牌督办，也适用本办法。

地方各级环境保护部门实施挂牌督办，可参照本办法执行。

第四条　符合下列条件之一的案件经环境保护部现场核实，有明确的违法主体，环境违法事实清楚、证据充分，可以挂牌督办：

（一）公众反映强烈、影响社会稳定的环境污染或生态破坏案件；

（二）造成重点流域、区域重大污染，或环境质量明显恶化的环境违法案件；

（三）威胁公众健康或生态环境安全的重大环境安全隐患案件；

（四）长期不解决或屡查屡犯的环境违法案件；

（五）违反建设项目环保法律法规的重大环境违法案件；

（六）省级以下（不含省级）人民政府出台有悖于环保法律、法规的政策或文件的案件；

（七）其他需要挂牌督办的环境违法案件。

第五条 环境违法案件的挂牌督办，按照下列程序办理：

（一）按照环境监察局统一组织安排，各督查中心对环境违法案件进行现场核查，提出挂牌督办建议并附案件有关调查材料；

（二）环境监察局汇总核审；

（三）提交部长专题会议审议后，由部常务会议审议通过；

（四）向省级环境保护部门下达《环境违法案件挂牌督办通知书》，并抄送相关地方人民政府；

（五）在环境保护部网站上公告督办内容，并向媒体通报挂牌督办信息；违法主体为企业的，应当向有监管职责的相关部门或机构通报。

第六条 《环境违法案件挂牌督办通知书》应当包括下列内容：

（一）案件名称；

（二）违法主体和主要违法事实；

（三）督办事项；

（四）办理时限；

（五）报告方式、报告时限；

（六）联系人；

（七）申请解除的方式、程序。

第七条 督办事项应当包括省级环境保护部门实施或督促有关部门实施的下列事项：

（一）对环境违法行为实施行政处罚；

（二）责令企业限期补办环保手续；

（三）责令企业限期治理或限期改正环境违法行为；

（四）责令企业关闭、取缔、搬迁、淘汰落后生产工艺和能力；

（五）对违反环保法律、法规的政策或文件予以撤销或修改；

（六）对主要责任人进行行政责任追究；

（七）其他事项。

第八条 挂牌督办案件的办理时限应当根据案件具体情况确定，一般不超过6个月。重大或复杂案件，由省级环境保护部门提出书面申请，经环境保护部主管领导批准后，可以适当延长办理时限。

第九条 挂牌督办期间，环境保护部对违法主体除污染防治和生态保护项目以外的新、改、扩建项目环评报批文件以及环境保护专项资金项目申请，暂缓受理。

第十条 挂牌督办的解除：

（一）省级环境保护部门在完成督办任务后，向环境保护部提出解除挂牌督办的书面申请并附相关资料；重大或复杂案件，环境监察局可根据工作需要组织现场核查；

（二）环境监察局汇总核审后，经部长专题会议讨论并提交部常务会议审议通过；

（三）向省级环境保护部门下达《环境违法案件挂牌督办解除通知书》，抄送相关地方人民政府；

（四）定期在环境保护部网站上公告挂牌督办案件解除情况，并向媒体通报；违法主体为企业的，应当向有监管职责的相关部门或机构通报挂牌督办案件解除情况。

第十一条 省级环境保护部门对督办事项拒不办理、相互推诿、办理不力，以及在解除挂牌督办过程中弄虚作假的，由环境保护部移送纪检监察机关追究相关人员责任。

省级环境保护部门未按时完成督办任务并且未书面申请延长办理时限的，环境保护部可以对该案件进行直接办理，并且对该省级环境保护部门的环境监察工作年度考核成绩予以扣分。

第十二条 被挂牌督办的违法企业未按要求改正违法行为、完成限期治理任务，或屡查屡犯的，由相关环境保护部门依法从重处罚。

第十三条 环境保护部环境监察局负责挂牌督办工作的归口管理。

第十四条 本办法自印发之日起实施。

关于印发《关于在污染源日常环境监管领域推广随机抽查制度的实施方案》的通知

环办〔2015〕88号

各省、自治区、直辖市环境保护厅（局），新疆生产建设兵团环境保护局：

为落实《国务院办公厅关于推广随机抽查规范事中事后监管的通知》（国办发〔2015〕58号），规范污染源日常环境监管工作，我部组织制订了《关于在污染源日常环境监管领域推广随机抽查制度的实施方案》。现印发给你们，请遵照执行，并于2015年12月31日前将贯彻落实情况报我部。

联系人：环境保护部环境监察局 刘静

电话：（010）66556447

传真：（010）66556444

附件：关于在污染源日常环境监管领域推广随机抽查制度的实施方案

环境保护部办公厅

2015年10月8日

附件

关于在污染源日常环境监管领域推广随机抽查制度的实施方案

一、目的和依据

为促进市场公平竞争，维护市场正常秩序，加强对企业事业单位和其他生产经营者遵守环境保护法律法规的精细化监督管理，推广随机抽查制度，规范日常环境监管工作，依据新修订的《环境保护法》《国务院关于促进市场公平竞争维护市场正常秩序的若干意见》（国发〔2014〕20号）《国务院办公厅关于推广随机抽查规范事中事后监管的通知》（国办发〔2015〕58号）等，制定本实施方案。

二、实施方案内容

（一）随机抽查主体

市、县两级环保部门负责本行政区污染源（包括排污单位和建设项目，下同）日常环境监管随机抽查工作，并将随机抽查作为选取日常监督检查对象的主要方式。开展专项执法检查、环境违法案件查处、环境执法后督察、环境信访案件处理等非日常监督检查工作时，不适用本实施方案。

（二）抽查对象和抽查内容

市、县两级环保部门要将行政区内所有污染源作为随机抽查对象，重点对被抽查单位防治污染设施运行情况，污染物排放情况，以及环评、“三同时”、排污许可证等环境管理制度落实情况进行抽查。

（三）抽查基础

市、县两级环保部门要充分利用现有环境信息库，逐步完善污染源日常监管动态信息库，并将其作为随机抽查基础，指定专人负责信息库的建设、运行维护、信息录入和信息更新工作。污染源日常监管动态信息库应预留与其他环境管理信息库的接口。

污染源日常监管动态信息库要涵盖重点排污单位，以及各级环保部门认为应当列入日常监管的污染源，并逐步覆盖到行政区内所有污染源。有条件的地方，可按照当地政府的统一要求，建设多部门统一的市场监管信息平台。

（四）抽查方式和抽查比例

市、县两级环保部门根据本行政区环境监察人员数量、行政区面积、污染源数量、污染源环境守法状态、环境质量和群众投诉情况，合理确定抽查比例（不应低于本方案规定的最低比例），采用摇号等方式确定被抽查单位名单，对其遵守环境保护法律法规情况进行现场检查。对投诉举报多、有严重违法违规记录、环境风险等级高等情况的污染源，要加大随机抽查力度，提高抽查比例。

市、县两级环保部门每年 12 月底前，按照本单位确定的抽查比例，确定下一年度被抽查单位数量（家次），纳入本级《环境监察年度工作计划》，报上级环保部门备案；并于每季度结束前 5 个工作日内，采用摇号等方式确定下一季度被抽查单位名单。

最低抽查比例：

1.重点排污单位最低抽查比例：市级环保部门每季度至少对本行政区 5%的重点排污单位进行抽查，县级环保部门每季度至少对本行政区 25%的重点排污单位进行抽查（原则上应保证每年对辖区所有重点排污单位进行一遍巡查）。重点排污单位名录由设区的市级以上环保部门按照法律法规要求，根据本行政区环境承载力、重点污染物排放总量控制指标的要求以及排污单位排放污染物的种类、数量和浓度等因素确定。

2. 一般排污单位最低抽查比例：市级环保部门至少按照 1∶5 的比例（在编在岗的环境监察人员数量：被抽查单位数量）确定年度被抽查单位数量，县级环保部门至少按照 1∶10 的比例确定年度被抽查单位数量。中西部地区部分行政区面积较大、污染源分散的市、县可适当调整抽查比例。

3. 特殊监管对象抽查比例：对存在环境违法问题和环境管理问题的污染源，应适度提高抽查比例。

三、配套制度和机制

（一）抽查“双随机”

市、县两级环保部门要按照属地管理原则，合理调配现有环境监察资源，随机选派环境监察人员，严格遵照《环境监察办法》和环境监察工作制度、工作程序，对列入随机抽查名单中的污染源进行现场抽查。污染源日常环境监管随机抽查名单一经确定，不得随意变更。

（二）抽查留痕

环境监察人员开展现场抽查工作时，应现场制作《污染源现场监察记录》，有条件的地区应优先使用移动执法设备。发现环境违法行为的，应当责令改正，提出整改要求，按程序报告并作出处理。现场抽查工作结束后，实施抽查的环保部门要在 7 个工作日内将抽查结果填报污染源日常监管动态信息库。

（三）依法处罚

市、县两级环保部门要进一步加大处理处罚力度，对随机抽查发现的环境违法行为，发现一起，公开查处一起，依法从严从重处理处罚。

（四）抽查保密

市、县两级环保部门要建立健全随机抽查工作的保密制度。在现场检查工作实施前，随机抽查名单应对被抽查单位保密，坚决防止跑风漏气、失密泄密现象发生。违反保密制度的，要视情节轻重，对泄密者本人和有关责任人员，予以通报批评、暂扣或收回环境监察执法证件、调离执法岗位，并依照有关法律法规和纪律处分规定进行处理。

（五）联合抽查

市、县两级环保部门开展现场抽查工作时，应按照本部门监测监察联动工作机制要求，对被抽查单位同步开展监测和监察，并按照当地政府的统一要求，联合其他部门开展联合抽查。

（六）信息公开

市、县两级环保部门按照信息公开要求，将随机抽查情况和查处结果及时向社会公开，接受社会监督。有条件的地方，可按照当地政府要求，将随机抽查结果纳入市场主体的社会信用记录。

（七）监管频次变更

市、县两级环保部门要根据本行政区环境监管需求，合理确定随机抽查比例。污染源日常环境监管随机抽查制度建立后，原污染源日常环境监察工作中“国家重点监控企业每月监察一次，一般污染源每季度监察一次”的监管频次要求不再执行。

四、工作要求

（一）加强组织指导

各省级环保部门要切实加强对下级环保部门日常环境监管随机抽查工作的监督，指导市、县级环保部门制定落实方案，合理调配一线执法检查力量，统筹协调市、县两级环保部门合理确定随机抽查比例，科学制定污染源日常监管动态信息库建设方案并组织实施，建立健全相应的工作机制，切实把随机抽查制度落到实处。

（二）严格落实责任

各省级环保部门要进一步增强责任意识，大力推广随机抽查制度，指导市、县两级环保部门公平、有效、透明地进行事中事后监管，切实履行法定监管职责。要结合环境监察稽查工作，定期对随机抽查制度的落实情况进行监督检查，及时查找制度落实中存在的问题，并协调有关部门妥善解决。

（三）加强宣传培训

各省级环保部门要切实加大宣传力度，利用报纸、专刊、网站等载体进行广泛宣传，并积极探索利用政务微博、微信等新兴媒体，提升宣传成效。同时加强对环境监察人员的培训，认真学习领会《国务院关于促进市场公平竞争维护市场正常秩序的若干意见》《国务院办公厅关于推广随机抽查规范事中事后监管的通知》精神，贯彻落实随机抽查制度，优化细化执法工作流程，切实转变执法理念，妥善解决不执法、乱执法、执法扰民等问题。

五、进度安排

各省级环保部门应于 2015 年 10 月 31 日前制定本地的《污染源日常环境监管随机抽查制度落实方案》及污染源日常监管动态信息库建设方案；11 月 30 日前完成宣传培训工作；12 月 31 日前完成污染源日常环境监管动态信息库的建设工作（建库条件不成熟的地方，应完成污染源日常环境监管对象清单）及当地《污染源日常环境监管随机抽查制度落实方案》规定任务。

关于预防与处置跨省界水污染纠纷的指导意见

（环境保护部文件　环发〔2008〕64号）

各省、自治区、直辖市环境保护局（厅），新疆生产建设兵团环境保护局，各环境保护督查中心：

近年来，跨省界水污染纠纷不断增加，逐渐成为引发社会矛盾、影响社会安定的重要因素。国务院领导要求在跨省界重点河流、湖泊、海域建立跨省际联防治污机制，互通情况、相互监督，注重日常监测、预警、检查的协同，防患未然，形成治污工作合力，及时有效地预防和处置跨省界水污染纠纷，维护社会和谐稳定。为贯彻落实国务院领导的指示，有效预防与处置跨省界水污染纠纷，现提出如下指导意见：

一、从源头上预防跨省界水污染纠纷的发生

为预防跨省界水污染纠纷，涉及跨省界流域的相邻地区特别是上游地区，要根据该地区环境容量及出境水质目标，合理制定规划、优化区域布局、调整产业结构、严把环境准入关和项目验收关，采取更加严格的环保措施。从源头上防范跨省界流域水污染纠纷。

（一）合理规划布局，促进产业结构调整。跨省界流域交界地区尤其是上游地区应实行环境优先政策，根据当地的环境容量及跨省界水质要求，制定经济发展总体规划、专项规划，合理布局、优化产业结构。要限制、禁止发展重污染项目，加快产业结构调整步伐，加大对钢铁、造纸、酒精等12个高耗能、高污染行业落后生产能力的淘汰力度，尽早完成强制淘汰或关闭落后工艺、设备与产品任务。

（二）注重源头控制，严把环境准入关和验收关。跨省界流域交界地区尤其是上游地区应严格控制新污染源的产生，按照国务院批准、由七部门印发的《关于加强河流污染防治工作的通知》（环发〔2007〕201号）要求，自2009年起，停止审批向河流排放重金属、持久性有机污染物的项目。毗邻上游地区拟建项目，经环境影响评价预测可能会严重影响跨省界断面水质或造成超标的，在审批前应采取适当方式征询下游相邻环保部门的意见。相邻省级环保部门对该项目的环境影响评价结论有争议的，其环境影响评价文件报环境保护部审批。新建设项目未批先建、未经验收擅自投产的，要依法责令停产停建。

（三）强化监督执法，加大污染整治力度。加大对跨省界流域环境整治力度，水污染物排放必须达到国家或者地方规定的水污染物排放标准和重点水污染物排放总量控制指标。对未按照要求完成重点水污染物排放总量控制指标的市、县予以公布，对超过总量指标的地区，暂停审批新增重点水污染物排放总量的建设项目环评报告。对长期超标排污、私设暗管偷排偷放、污染直排、影响跨省界水质的企业，依法停产整治或关闭。加快城镇污水处理厂的建设，并严格控制流域农业面源污染。

（四）落实治污责任，严格实行跨省界流域断面水质考核。敦促政府确保跨省界流域水质达到《“十一五”水污染物总量削减目标责任书》中确定的目标。我部对跨省界断面水质按年度目标进行考核评定，对不能按期完成工作任务的，暂停审批影响跨省界流域水质的主要区域新增排污总量的建设项目环评报告。因跨省界水污染引起的损害赔偿责任和赔偿金额纠纷按《水污染防治法》有关规定执行。国家加快制定上下游流域生态补偿政策，并鼓励地方积极探索和建立生态补偿机制。

（五）加强沟通协调，合理确定跨省界流域的水环境质量适用标准。部分流域省界相邻地区执行水环境质量标准不协调，适用标准不合理，影响监督管理与责任考核，应加强相邻省界地区执行水环境质量标准的统一性和合理性。重要流域跨省界流域的水环境质量适用标准由我部会同水利部门和有关省、自治区、直辖市人民政府确定，其余流域由相邻省级环保部门会同有关部门和当地政府确定。如确实无法协调的，由我部协调确定。

二、建立预防与处置跨省界水污染纠纷长效工作机制

根据跨省界流域水污染情况及省界断面水质目标要求，省级环保部门要督促并协助有关地方政府，在与相邻省级环保部门和地方政府共同协商的基础上，建立预防与处置跨省界水污染纠纷长效工作机制。

（一）定期联席会商。督促并协助跨省界流域上下游地区人民政府建立联席会商机制，下游地区政府至少每年汛期前主动召集一次联席会议，相互通报并商讨跨省界水污染防治工作，上游地区政府应予以配合。督促流域省界相邻地区政府要组织制定科学合理的闸坝调控方案，并监督落实。

（二）信息互通共享。流域省界地区相邻环保部门定期互通水污染防治进展、断面水质等情况。环保部门要与水利、渔政等部门定期互通省界断面水质、水量、水文、闸坝运行等信息。当上游地区发生污染事故或污染物排放、流域水量水质水文等出现异常并可能威胁下游水质时，除按规定上报外，上游政府或环保等有关部门应立即通知下游政府或环保等有关部门，并对重点污染源采取限产、限排或暂时关闭等措施。当下游地区发生水质恶化或死鱼等严重污染事故并确认由上游来水所致时，除按规定上报外，应及时通报上游政府和环保等相关部门。上游地区应积极采取措施控制污染，并向下游地区及时通报事故调查处理进展。

（三）联合采样监测。由我部组织跨省界流域相邻两省环保部门共同制定跨省界水质监测方案，明确采样断面与时间、监测指标与方法，定期开展联合监测。敏感时期增加监测频次，环保部门要组织水利、渔政等部门及时通报监测数据等情况。一旦发生跨省界水污染事故，相邻环保部门立即启动环境突发事件应急监测预案，在规定时间内到达同一断面共同采样监测，一方无故不到或不按规定监测的以另一方监测数据为准。双方对监测数据提出异议时，应保存水样，由中国环境监测总站负责监测。

（四）联合执法监督。在定期会晤、信息共享和联合监测的基础上，跨省界流域相邻环保部门要定期或不定期地组成联合检查组，共同对两地水污染防治情况开展现场检查，加强流域重点水污染源、城镇污水处理厂等环保措施落实情况的督查，预防跨界水污染事故的发生。同时要互相通报在联合检查中发现问题的整改情况。环境保护部区域环境保护督查中心要加强跨省界流域交界地区的环境监管和督查。

（五）敏感时期预警。在敏感时段（如枯水期、汛期）和河流敏感区域（如饮用水水源地），跨省界流域相邻环保部门要及时了解重点污染源排污变化情况，必要时采取限产限排等控制排污总量的措施。加强与水利、渔政等部门的协调与沟通，及时了解江河流量、闸坝调控、污水处理厂运行等情况，在确保跨省界断面水质未明显下降的前提下，实施小流量排放等措施，保障水环境安全。

（六）协同应急处置。一旦发生跨省界水污染突发事件，交界地区环保部门要立即报请当地政府迅速启动环境突发事件应急预案，提出控制、消除污染的具体应急措施，协助当地政府控制和处置水污染。并按有关程序及时上报情况。

（七）协调处理纠纷。跨省界水污染纠纷发生后，应依法由相邻两省人民政府共同协商处理。经协商确实无法达成共识的，相邻两省人民政府提出申请，由我部进行协调。经协调并达成共识时，按协调意见落实。经协调仍无法达成一致意见时，由我部提出处理意见上报国务院批准，并按国务院批复意见执行。

（八）开展后督查工作。对于引发跨省界水污染纠纷的企事业单位，当地政府和环保部门要依法处罚并提出限期整改要求，由相邻两省环保部门组成联合督查组对其整改情况开展后督查，确保整改措施落实到位。必要时，由我部组织进行督查、督办。

各级环境保护部门要高度重视跨省界流域环境污染问题，加强协调与合作，联防治污、联动预警、联合处置，积极有效地预防和处置跨省界水污染纠纷问题，维护环境安全和社会稳定。

二〇〇八年七月七日

关于落实环保政策法规防范信贷风险的意见

（国家环境保护总局 中国人民银行 中国银监会文件 环发〔2007〕108号）

各省、自治区、直辖市环保局（厅），副省级城市环保局，新疆生产建设兵团环保局，全军环办，中国人民银行上海总部，各分行、营业管理部，省会（首府）城市中心支行，副省级城市中心支行，各银监局，各政策性银行、各国有商业银行、股份制商业银行：

为全面贯彻《国务院关于落实科学发展观加强环境保护的决定》（国发〔2005〕39号，以下简称《决定》）和《国务院关于印发节能减排综合性工作方案的通知》（国发〔2007〕15号），加强环保和信贷管理工作的协调配合，强化环境监督管理，严格信贷环保要求，促进污染减排，防范信贷风险，提出以下意见。

一、充分认识利用信贷手段保护环境的重要意义

当前，我国环境形势十分严峻。一些地区建设项目和企业的环境违法现象较为突出，因污染企业关停带来的信贷风险加大，已严重影响了社会稳定和经济安全。严格对企业和建设项目的环境监管和信贷管理，已经成为一项紧迫的任务。各级环保部门、人民银行、银监部门、金融机构要把贯彻国务院《决定》、落实环保政策法规摆上重要议事日程，加强环保和金融监管部门合作与联动，以强化环境监管促进信贷安全，以严格信贷管理支持环境保护，加强对企业环境违法行为的经济制约和监督，改变"企业环境守法成本高、违法成本低"的状况，提高全社会的环境法治意识，促进完成节能减排目标，努力建设资源节约型、环境友好型社会。

二、加强建设项目和企业的环境监管与信贷管理

要依照环保法律法规的要求，严格新建项目的环境监管和信贷管理。各级环保部门要严把建设项目环境影响评价审批关，切实加强建设项目环保设施"三同时"管理。对未批先建或越级审批，环保设施未与主体工程同时建成、未经环保验收即擅自投产的违法项目，要依法查处，查处情况要及时公开，并通报当地人民银行、银监部门和金融机构。金融机构应依据国家建设项目环境保护管理规定和环保部门通报情况，严格贷款审批、发放和监督管理，对未通过环评审批或者环保设施验收的项目，不得新增任何形式的授信支持。金融机构应依据国家产业政策，进一步加强信贷风险管理，对鼓励类项目在风险可控的前提下，积极给予信贷支持；对限制和淘汰类新建项目，不得提供信贷支持；对属于限制类的现有生产能力，且国家允许企业在一定期限内采取措施升级的，可按信贷原则继续给予信贷支持；对于淘汰类项目，应停止各类形式的新增授信支持，并采取措施收回已发放的贷款。

要依照环保法律法规的要求，严格现有企业的环境监管和流动资金贷款管理。各级环保部门要加强对排污企业的监督管理，对超标排污、超总量排污、未依法取得许可证排污或不按许可证规定排污、未完成限期治理任务的企业，必须依法严肃查处，并将有关情况及时通报当地人民银行、银监部门和金融机构。各级金融机构在审查企业流动资金贷款申请时，应根据环保部门提供的相关信息，加强授信管理，对有环境违法行为的企业应采取措施，严格控制贷款，防范信贷风险。

各级环保部门要积极督促有违法违规行为的企业进行整改，可根据实际情况，引导企业通过技术改造和升级达到环保要求，为防范信贷风险创造条件。金融机构应根据环保部门提供的项目整改信息，结合企业生产实际，合理控制信贷投放。

三、加强协调配合，认真履行职责

各级环保与金融部门要密切配合，建立信息沟通机制。环保部门要按照职责权限和《环境信息公开

办法（试行）》的规定，向金融部门提供以下环境信息：

（一）受理的环境影响评价文件的审批结果和建设项目竣工环境保护验收结果；

（二）污染物排放超过国家或者地方排放标准，或者污染物排放总量超过地方人民政府核定的排放总量控制指标的污染严重的企业名单；

（三）发生重大、特大环境污染事故或者事件的企业名单；

（四）拒不执行已生效的环境行政处罚决定的企业名单；

（五）挂牌督办企业、限期治理企业、关停企业的名单；

（六）环境友好企业名单；

（七）企业环境行为评价信息；

（八）其他有必要通报金融机构的环境监管信息。

各级环保部门应当按照环保总局与人民银行制定的统一标准，提供可纳入企业和个人信用信息基础数据库的企业环境违法、环保审批、环保认证、清洁生产审计、环保先进奖励等信息。

人民银行及各分支行要引导和督促商业银行认真落实国家产业政策和环保政策，将环保信息纳入企业和个人信用信息基础数据库，防范可能的信贷风险。

各级银行监管部门要督促商业银行将企业环保守法情况作为授信审查条件，严格审批、严格管理；将商业银行落实环保政策法规、配合环保部门执法、控制污染企业信贷风险的有关情况，纳入监督检查范围；要对因企业环境问题造成不良贷款等情况开展调查摸底。

各商业银行要将支持环保工作、控制对污染企业的信贷作为履行社会责任的重要内容；根据环保部门提供的信息，严格限制污染企业的贷款，及时调整信贷管理，防范企业和建设项目因环保要求发生变化带来的信贷风险；在向企业或个人发放贷款时，应查询企业和个人信用信息基础数据库，并将企业环保守法情况作为审批贷款的必备条件之一。

环保部门、金融监管部门及有关商业银行可根据需要建立联席会议制度，确定本单位内责任部门和联络员，定期召开协调会议，沟通情况；研究制定信贷管理的环保指导名录；组织开展相关环保政策法规培训和咨询，提高金融机构对环境风险的识别能力。

四、加强监督检查，追究违规者的责任

环保、金融机构工作人员要严格履行职责，对环保部门工作人员在执法过程中徇私舞弊、滥用职权、玩忽职守的，依据环保法律、法规和《环境保护违法违纪行为处分暂行规定》给予行政处分；对商业银行违规向环境违法项目贷款的行为，依法予以严肃查处，对造成严重损失的，追究相关机构和责任人责任。

今年年底前，在各地自查基础上，国家环保总局、中国人民银行、中国银监会对各地贯彻执行本《意见》的情况进行检查。

二〇〇七年七月十二日

第十六篇　环境监察执法

环境行政处罚办法

（环境保护部令　第8号）

第一章　总　则

第一条　【立法目的】为规范环境行政处罚的实施，监督和保障环境保护主管部门依法行使职权，维护公共利益和社会秩序，保护公民、法人或者其他组织的合法权益，根据《中华人民共和国行政处罚法》及有关法律、法规，制定本办法。

第二条　【适用范围】公民、法人或者其他组织违反环境保护法律、法规或者规章规定，应当给予环境行政处罚的，应当依照《中华人民共和国行政处罚法》和本办法规定的程序实施。

第三条　【罚教结合】实施环境行政处罚，坚持教育与处罚相结合，服务与管理相结合，引导和教育公民、法人或者其他组织自觉守法。

第四条　【维护合法权益】实施环境行政处罚，应当依法维护公民、法人及其他组织的合法权益，保守相对人的有关技术秘密和商业秘密。

第五条　【查处分离】实施环境行政处罚，实行调查取证与决定处罚分开、决定罚款与收缴罚款分离的规定。

第六条　【规范自由裁量权】行使行政处罚自由裁量权必须符合立法目的，并综合考虑以下情节：

（一）违法行为所造成的环境污染、生态破坏程度及社会影响；

（二）当事人的过错程度；

（三）违法行为的具体方式或者手段；

（四）违法行为危害的具体对象；

（五）当事人是初犯还是再犯；

（六）当事人改正违法行为的态度和所采取的改正措施及效果。

同类违法行为的情节相同或者相似、社会危害程度相当的，行政处罚种类和幅度应当相当。

第七条　【不予处罚情形】违法行为轻微并及时纠正，没有造成危害后果的，不予行政处罚。

第八条　【回避情形】有下列情形之一的，案件承办人员应当回避：

（一）是本案当事人或者当事人近亲属的；

（二）本人或者近亲属与本案有直接利害关系的；

（三）法律、法规或者规章规定的其他回避情形。

符合回避条件的，案件承办人员应当自行回避，当事人也有权申请其回避。

第九条　【法条适用规则】当事人的一个违法行为同时违反两个以上环境法律、法规或者规章条款，应当适用效力等级较高的法律、法规或者规章；效力等级相同的，可以适用处罚较重的条款。

第十条　【处罚种类】根据法律、行政法规和部门规章，环境行政处罚的种类有：

（一）警告；

（二）罚款；

（三）责令停产整顿；

（四）责令停产、停业、关闭；

（五）暂扣、吊销许可证或者其他具有许可性质的证件；

（六）没收违法所得、没收非法财物；

（七）行政拘留；

（八）法律、行政法规设定的其他行政处罚种类。

第十一条　【责令改正与连续违法认定】环境保护主管部门实施行政处罚时，应当及时作出责令当事人改正或者限期改正违法行为的行政命令。

责令改正期限届满，当事人未按要求改正，违法行为仍处于继续或者连续状态的，可以认定为新的环境违法行为。

第十二条　【责令改正形式】根据环境保护法律、行政法规和部门规章，责令改正或者限期改正违法行为的行政命令的具体形式有：

（一）责令停止建设；

（二）责令停止试生产；

（三）责令停止生产或者使用；

（四）责令限期建设配套设施；

（五）责令重新安装使用；

（六）责令限期拆除；

（七）责令停止违法行为；

（八）责令限期治理；

（九）法律、法规或者规章设定的责令改正或者限期改正违法行为的行政命令的其他具体形式。

根据最高人民法院关于行政行为种类和规范行政案件案由的规定，行政命令不属行政处罚。行政命令不适用行政处罚程序的规定。

第十三条　【处罚不免除缴纳排污费义务】实施环境行政处罚，不免除当事人依法缴纳排污费的义务。

第二章　实施主体与管辖

第十四条　【处罚主体】县级以上环境保护主管部门在法定职权范围内实施环境行政处罚。

经法律、行政法规、地方性法规授权的环境监察机构在授权范围内实施环境行政处罚，适用本办法关于环境保护主管部门的规定。

第十五条　【委托处罚】环境保护主管部门可以在其法定职权范围内委托环境监察机构实施行政处罚。受委托的环境监察机构在委托范围内，以委托其处罚的环境保护主管部门名义实施行政处罚。

委托处罚的环境保护主管部门，负责监督受委托的环境监察机构实施行政处罚的行为，并对该行为的后果承担法律责任。

第十六条　【外部移送】发现不属于环境保护主管部门管辖的案件，应当按照有关要求和时限移送有管辖权的机关处理。

涉嫌违法依法应当由人民政府实施责令停产整顿、责令停业、关闭的案件，环境保护主管部门应当立案调查，并提出处理建议报本级人民政府。

涉嫌违法依法应当实施行政拘留的案件，移送公安机关。

涉嫌违反党纪、政纪的案件，移送纪检、监察部门。

涉嫌犯罪的案件，按照《行政执法机关移送涉嫌犯罪案件的规定》等有关规定移送司法机关，不得以行政处罚代替刑事处罚。

第十七条　【案件管辖】县级以上环境保护主管部门管辖本行政区域的环境行政处罚案件。

造成跨行政区域污染的行政处罚案件，由污染行为发生地环境保护主管部门管辖。

第十八条　【优先管辖】两个以上环境保护主管部门都有管辖权的环境行政处罚案件，由最先发现或者最先接到举报的环境保护主管部门管辖。

第十九条 【管辖争议解决】对行政处罚案件的管辖权发生争议时，争议双方应报请共同的上一级环境保护主管部门指定管辖。

第二十条 【指定管辖】下级环境保护主管部门认为其管辖的案件重大、疑难或者实施处罚有困难的，可以报请上一级环境保护主管部门指定管辖。

上一级环境保护主管部门认为下级环境保护主管部门实施处罚确有困难或者不能独立行使处罚权的，经通知下级环境保护主管部门和当事人，可以对下级环境保护主管部门管辖的案件指定管辖。

上级环境保护主管部门可以将其管辖的案件交由有管辖权的下级环境保护主管部门实施行政处罚。

第二十一条 【内部移送】不属于本机关管辖的案件，应当移送有管辖权的环境保护主管部门处理。

受移送的环境保护主管部门对管辖权有异议的，应当报请共同的上一级环境保护主管部门指定管辖，不得再自行移送。

第三章 一般程序

第一节 立案

第二十二条 【立案条件】环境保护主管部门对涉嫌违反环境保护法律、法规和规章的违法行为，应当进行初步审查，并在7个工作日内决定是否立案。

经审查，符合下列四项条件的，予以立案：

（一）有涉嫌违反环境保护法律、法规和规章的行为；

（二）依法应当或者可以给予行政处罚；

（三）属于本机关管辖；

（四）违法行为发生之日起到被发现之日止未超过 2 年，法律另有规定的除外。违法行为处于连续或继续状态的，从行为终了之日起计算。

第二十三条 【撤销立案】对已经立案的案件，根据新情况发现不符合第二十二条立案条件的，应当撤销立案。

第二十四条 【紧急案件先行调查取证】对需要立即查处的环境违法行为，可以先行调查取证，并在7个工作日内决定是否立案和补办立案手续。

第二十五条 【立案审查后的案件移送】经立案审查，属于环境保护主管部门管辖，但不属于本机关管辖范围的，应当移送有管辖权的环境保护主管部门；属于其他有关部门管辖范围的，应当移送其他有关部门。

第二节 调查取证

第二十六条 【专人负责调查取证】环境保护主管部门对登记立案的环境违法行为，应当指定专人负责，及时组织调查取证。

第二十七条 【协助调查取证】需要委托其他环境保护主管部门协助调查取证的，应当出具书面委托调查函。

受委托的环境保护主管部门应当予以协助。无法协助的，应当及时将无法协助的情况和原因函告委托机关。

第二十八条 【调查取证出示证件】调查取证时，调查人员不得少于两人，并应当出示中国环境监察证或者其他行政执法证件。

第二十九条 【调查人员职权】调查人员有权采取下列措施：

（一）进入有关场所进行检查、勘察、取样、录音、拍照、录像；

（二）询问当事人及有关人员，要求其说明相关事项和提供有关材料；

（三）查阅、复制生产记录、排污记录和其他有关材料。

环境保护主管部门组织的环境监测等技术人员随同调查人员进行调查时，有权采取上述措施和进行监测、试验。

第三十条　【调查人员责任】调查人员负有下列责任：

（一）对当事人的基本情况、违法事实、危害后果、违法情节等情况进行全面、客观、及时、公正的调查；

（二）依法收集与案件有关的证据，不得以暴力、威胁、引诱、欺骗以及其他违法手段获取证据；

（三）询问当事人、证人或者其他有关人员，应当告知其依法享有的权利；

（四）对当事人、证人或者其他有关人员的陈述如实记录。

第三十一条　【当事人配合调查】当事人及有关人员应当配合调查、检查或者现场勘验，如实回答询问，不得拒绝、阻碍、隐瞒或者提供虚假情况。

第三十二条　【证据类别】环境行政处罚证据，主要有书证、物证、证人证言、视听资料和计算机数据、当事人陈述、监测报告和其他鉴定结论、现场检查（勘察）笔录等形式。

证据应当符合法律、法规、规章和最高人民法院有关行政执法和行政诉讼证据的规定，并经查证属实才能作为认定事实的依据。

第三十三条　【现场检查笔录】对有关物品或者场所进行检查时，应当制作现场检查（勘察）笔录，可以采取拍照、录像或者其他方式记录现场情况。

第三十四条　【现场检查取样】需要取样的，应当制作取样记录或者将取样过程记入现场检查（勘察）笔录，可以采取拍照、录像或者其他方式记录取样情况。

第三十五条　【监测报告要求】环境保护主管部门组织监测的，应当提出明确具体的监测任务，并要求提交监测报告。

监测报告必须载明下列事项：

（一）监测机构的全称；

（二）监测机构的国家计量认证标志（CMA）和监测字号；

（三）监测项目的名称、委托单位、监测时间、监测点位、监测方法、检测仪器、检测分析结果等内容；

（四）监测报告的编制、审核、签发等人员的签名和监测机构的盖章。

第三十六条　【在线监测数据可为证据】环境保护主管部门可以利用在线监控或者其他技术监控手段收集违法行为证据。经环境保护主管部门认定的有效性数据，可以作为认定违法事实的证据。

第三十七条　【现场监测数据可为证据】环境保护主管部门在对排污单位进行监督检查时，可以现场即时采样，监测结果可以作为判定污染物排放是否超标的证据。

第三十八条　【证据的登记保存】在证据可能灭失或者以后难以取得的情况下，经本机关负责人批准，调查人员可以采取先行登记保存措施。

情况紧急的，调查人员可以先采取登记保存措施，再报请机关负责人批准。

先行登记保存有关证据，应当当场清点，开具清单，由当事人和调查人员签名或者盖章。

先行登记保存期间，不得损毁、销毁或者转移证据。

第三十九条　【登记保存措施与解除】对于先行登记保存的证据，应当在7个工作日内采取以下措施：

（一）根据情况及时采取记录、复制、拍照、录像等证据保全措施；

（二）需要鉴定的，送交鉴定；

（三）根据有关法律、法规规定可以查封、暂扣的，决定查封、暂扣；

（四）违法事实不成立，或者违法事实成立但依法不应当查封、暂扣或者没收的，决定解除先行登记保存措施。

超过7个工作日未作出处理决定的，先行登记保存措施自动解除。

第四十条 【依法实施查封暂扣】实施查封、暂扣等行政强制措施，应当有法律、法规的明确规定，并应当告知当事人有申请行政复议和提起行政诉讼的权利。

第四十一条 【查封暂扣实施要求】 查封、暂扣当事人的财物，应当当场清点，开具清单，由调查人员和当事人签名或者盖章。

查封、暂扣的财物应当妥善保管，严禁动用、调换、损毁或者变卖。

第四十二条 【查封暂扣解除】经查明与违法行为无关或者不再需要采取查封、暂扣措施的，应当解除查封、暂扣措施，将查封、暂扣的财物如数返还当事人，并由调查人员和当事人在财物清单上签名或者盖章。

第四十三条 【当事人与现场调查取证】环境保护主管部门调查取证时，当事人应当到场。

下列情形不影响调查取证的进行：

（一）当事人拒不到场的；

（二）无法找到当事人的；

（三）当事人拒绝签名、盖章或者以其他方式确认的；

（四）暗查或者其他方式调查的；

（五）当事人未到场的其他情形。

第四十四条 【调查终结】有下列情形之一的，可以终结调查：

（一）违法事实清楚、法律手续完备、证据充分的；

（二）违法事实不成立的；

（三）作为当事人的自然人死亡的；

（四）作为当事人的法人或者其他组织终止，无法人或者其他组织承受其权利义务，又无其他关系人可以追查的；

（五）发现不属于本机关管辖的；

（六）其他依法应当终结调查的情形。

第四十五条 【案件移送审查】终结调查的，案件调查机构应当提出已查明违法行为的事实和证据、初步处理意见，按照查处分离的原则送本机关处罚案件审查部门审查。

第三节 案件审查

第四十六条 【案件审查的内容】案件审查的主要内容包括：

（一）本机关是否有管辖权；

（二）违法事实是否清楚；

（三）证据是否确凿；

（四）调查取证是否符合法定程序；

（五）是否超过行政处罚追诉时效；

（六）适用依据和初步处理意见是否合法、适当。

第四十七条 【补充或重新调查取证】违法事实不清、证据不充分或者调查程序违法的，应当退回补充调查取证或者重新调查取证。

第四节 告知和听证

第四十八条 【处罚告知和听证】在作出行政处罚决定前，应当告知当事人有关事实、理由、依据和当事人依法享有的陈述、申辩权利。

在作出暂扣或吊销许可证、较大数额的罚款和没收等重大行政处罚决定之前，应当告知当事人有要求举行听证的权利。

第四十九条 【当事人申辩的处理】环境保护主管部门应当对当事人提出的事实、理由和证据进行复核。当事人提出的事实、理由或者证据成立的，应当予以采纳。

不得因当事人的申辩而加重处罚。

第五十条 【处罚听证的执行】行政处罚听证按有关规定执行。

第五节 处理决定

第五十一条 【处罚决定】本机关负责人经过审查，分别作出如下处理：

（一）违法事实成立，依法应当给予行政处罚的，根据其情节轻重及具体情况，作出行政处罚决定；

（二）违法行为轻微，依法可以不予行政处罚的，不予行政处罚；

（三）符合本办法第十六条情形之一的，移送有权机关处理。

第五十二条 【重大案件集体审议】案情复杂或者对重大违法行为给予较重的行政处罚，环境保护主管部门负责人应当集体审议决定。

集体审议过程应当予以记录。

第五十三条 【处罚决定书的制作】决定给予行政处罚的，应当制作行政处罚决定书。

对同一当事人的两个或者两个以上环境违法行为，可以分别制作行政处罚决定书，也可以列入同一行政处罚决定书。

第五十四条 【处罚决定书的内容】行政处罚决定书应当载明以下内容：

（一）当事人的基本情况，包括当事人姓名或者名称、组织机构代码、营业执照号码、地址等；

（二）违反法律、法规或者规章的事实和证据；

（三）行政处罚的种类、依据和理由；

（四）行政处罚的履行方式和期限；

（五）不服行政处罚决定，申请行政复议或者提起行政诉讼的途径和期限；

（六）作出行政处罚决定的环境保护主管部门名称和作出决定的日期，并且加盖作出行政处罚决定环境保护主管部门的印章。

第五十五条 【作出处罚决定的时限】环境保护行政处罚案件应当自立案之日起的 3 个月内作出处理决定。案件办理过程中听证、公告、监测、鉴定、送达等时间不计入期限。

第五十六条 【处罚决定的送达】行政处罚决定书应当送达当事人，并根据需要抄送与案件有关的单位和个人。

第五十七条 【送达方式】送达行政处罚文书可以采取直接送达、留置送达、委托送达、邮寄送达、转交送达、公告送达、公证送达或者其他方式。

送达行政处罚文书应当使用送达回证并存档。

第四章 简易程序

第五十八条 【简易程序的适用】违法事实确凿、情节轻微并有法定依据，对公民处以 50 元以下、对法人或者其他组织处以 1 000 元以下罚款或者警告的行政处罚，可以适用本章简易程序，当场作出行政处罚决定。

第五十九条 【简易程序规定】当场作出行政处罚决定时，环境执法人员不得少于两人，并应遵守下列简易程序：

（一）执法人员应向当事人出示中国环境监察证或者其他行政执法证件；

（二）现场查清当事人的违法事实，并依法取证；

（三）向当事人说明违法的事实、行政处罚的理由和依据、拟给予的行政处罚，告知陈述、申辩权利；

（四）听取当事人的陈述和申辩；

（五）填写预定格式、编有号码、盖有环境保护主管部门印章的行政处罚决定书，由执法人员签名或者盖章，并将行政处罚决定书当场交付当事人；

（六）告知当事人如对当场作出的行政处罚决定不服，可以依法申请行政复议或者提起行政诉讼。

以上过程应当制作笔录。

执法人员当场作出的行政处罚决定，应当在决定之日起3个工作日内报所属环境保护主管部门备案。

第五章 执 行

第六十条 【处罚决定的履行】当事人应当在行政处罚决定书确定的期限内，履行处罚决定。

申请行政复议或者提起行政诉讼的，不停止行政处罚决定的执行。

第六十一条 【强制执行的适用】当事人逾期不申请行政复议、不提起行政诉讼、又不履行处罚决定的，由作出处罚决定的环境保护主管部门申请人民法院强制执行。

第六十二条 【强制执行的期限】申请人民法院强制执行应当符合《最高人民法院关于执行〈中华人民共和国行政诉讼法〉若干问题的解释》的规定，并在下列期限内提起：

（一）行政处罚决定书送达后当事人未申请行政复议且未提起行政诉讼的，在处罚决定书送达之日起60日后起算的180日内；

（二）复议决定书送达后当事人未提起行政诉讼的，在复议决定书送达之日起15日后起算的180日内；

（三）第一审行政判决后当事人未提出上诉的，在判决书送达之日起15日后起算的180日内；

（四）第一审行政裁定后当事人未提出上诉的，在裁定书送达之日起10日后起算的180日内；

（五）第二审行政判决书送达之日起180日内。

第六十三条 【被处罚企业资产重组后的执行】当事人实施违法行为，受到处以罚款、没收违法所得或者没收非法财物等处罚后，发生企业分立、合并或者其他资产重组等情形，由承受当事人权利义务的法人、其他组织作为被执行人。

第六十四条 【延期或者分期缴纳罚款】确有经济困难，需要延期或者分期缴纳罚款的，当事人应当在行政处罚决定书确定的缴纳期限届满前，向作出行政处罚决定的环境保护主管部门提出延期或者分期缴纳的书面申请。

批准当事人延期或者分期缴纳罚款的，应当制作同意延期（分期）缴纳罚款通知书，并送达当事人和收缴罚款的机构。延期或者分期缴纳的最后一期缴纳时间不得晚于申请人民法院强制执行的最后期限。

第六十五条 【没收物品的处理】依法没收的非法财物，应当按照国家规定处理。

销毁物品，应当按照国家有关规定处理；没有规定的，经环境保护主管部门负责人批准，由两名以上环境执法人员监督销毁，并制作销毁记录。

处理物品应当制作清单。

第六十六条 【罚没款上缴国库】罚没款及没收物品的变价款，应当全部上缴国库，任何单位和个人不得截留、私分或者变相私分。

第六章 结案和归档

第六十七条 【结案】有下列情形之一的，应当结案：

（一）行政处罚决定由当事人履行完毕的；

（二）行政处罚决定依法强制执行完毕的；

（三）不予行政处罚等无须执行的；

（四）行政处罚决定被依法撤销的；

（五）环境保护主管部门认为可以结案的其他情形。

第六十八条 【立卷归档】结案的行政处罚案件，应当按照下列要求将案件材料立卷归档：

（一）一案一卷，案卷可以分正卷、副卷；
（二）各类文书齐全，手续完备；
（三）书写文书用签字笔、钢笔或者打印；
（四）案卷装订应当规范有序，符合文档要求。

第六十九条　【归档顺序】正卷按下列顺序装订：
（一）行政处罚决定书及送达回证；
（二）立案审批材料；
（三）调查取证及证据材料；
（四）行政处罚事先告知书、听证告知书、听证通知书等法律文书及送达回证；
（五）听证笔录；
（六）财物处理材料；
（七）执行材料；
（八）结案材料；
（九）其他有关材料。

副卷按下列顺序装订：
（一）投诉、申诉、举报等案源材料；
（二）涉及当事人有关技术秘密和商业秘密的材料；
（三）听证报告；
（四）审查意见；
（五）集体审议记录；
（六）其他有关材料。

第七十条　【案卷管理】案卷归档后，任何单位、个人不得修改、增加、抽取案卷材料。案卷保管及查阅，按档案管理有关规定执行。

第七十一条　【案件统计】环境保护主管部门应当建立行政处罚案件统计制度，并按照环境保护部有关环境统计的规定向上级环境保护主管部门报送本行政区的行政处罚情况。

第七章　监　督

第七十二条　【信息公开】除涉及国家机密、技术秘密、商业秘密和个人隐私外，行政处罚决定应当向社会公开。

第七十三条　【监督检查】上级环境保护主管部门负责对下级环境保护主管部门的行政处罚工作情况进行监督检查。

第七十四条　【处罚备案】环境保护主管部门应当建立行政处罚备案制度。

下级环境保护主管部门对上级环境保护主管部门督办的处罚案件，应当在结案后 20 日内向上一级环境保护主管部门备案。

第七十五条　【纠正、撤销或变更】环境保护主管部门通过接受当事人的申诉和检举，或者通过备案审查等途径，发现下级环境保护主管部门的行政处罚决定违法或者显失公正的，应当督促其纠正。

环境保护主管部门经过行政复议，发现下级环境保护主管部门作出的行政处罚违法或者显失公正的，依法撤销或者变更。

第七十六条　【评议和表彰】环境保护主管部门可以通过案件评查或者其他方式评议行政处罚工作。对在行政处罚工作中做出显著成绩的单位和个人，可依照国家或者地方的有关规定给予表彰和奖励。

第八章　附　则

第七十七条　【违法所得的认定】当事人违法所获得的全部收入扣除当事人直接用于经营活动的合

理支出，为违法所得。

法律、法规或者规章对“违法所得”的认定另有规定的，从其规定。

第七十八条 【较大数额罚款的界定】本办法第四十八条所称“较大数额”罚款和没收，对公民是指人民币（或者等值物品价值）5 000 元以上、对法人或者其他组织是指人民币（或者等值物品价值）50 000 元以上。

地方性法规、地方政府规章对“较大数额”罚款和没收的限额另有规定的，从其规定。

第七十九条 【期间规定】本办法有关期间的规定，除注明工作日（不包含节假日）外，其他期间按自然日计算。

期间开始之日，不计算在内。期间届满的最后一日是节假日的，以节假日后的第一日为期间届满的日期。期间不包括在途时间，行政处罚文书在期满前交邮的，视为在有效期内。

第八十条 【相关法规适用】本办法未作规定的其他事项，适用《行政处罚法》、《罚款决定与罚款收缴分离实施办法》、《环境保护违法违纪行为处分暂行规定》等有关法律、法规和规章的规定。

第八十一条 【核安全处罚适用例外】核安全监督管理的行政处罚，按照国家有关核安全监督管理的规定执行。

第八十二条 【生效日期】本办法自 2010 年 3 月 1 日起施行。

1999 年 8 月 6 日原国家环境保护总局发布的《环境保护行政处罚办法》同时废止。

环境行政处罚听证程序规定

（环境保护部办公厅文件 环办〔2010〕174 号）

第一章 总 则

第一条 为规范环境行政处罚听证程序，监督和保障环境保护主管部门依法实施行政处罚，保护公民、法人和其他组织的合法权益，根据《中华人民共和国行政处罚法》、《环境行政处罚办法》等法律、行政法规和规章的有关规定，制定本程序规定。

第二条 环境保护主管部门作出行政处罚决定前，当事人申请举行听证的，适用本程序规定。

第三条 环境保护主管部门组织听证，应当遵循公开、公正和便民的原则，充分听取意见，保证当事人陈述、申辩和质证的权利。

第四条 除涉及国家秘密、商业秘密或者个人隐私外，听证应当公开举行。

公开举行的听证，公民、法人或者其他组织可以申请参加旁听。

第二章 听证的适用范围

第五条 环境保护主管部门在作出以下行政处罚决定之前，应当告知当事人有申请听证的权利；当事人申请听证的，环境保护主管部门应当组织听证：

（一）拟对法人、其他组织处以人民币 50 000 元以上或者对公民处以人民币 5 000 元以上罚款的；

（二）拟对法人、其他组织处以人民币（或者等值物品价值）50 000 元以上或者对公民处以人民币（或者等值物品价值）5 000 元以上的没收违法所得或者没收非法财物的；

（三）拟处以暂扣、吊销许可证或者其他具有许可性质的证件的；

（四）拟责令停产、停业、关闭的。

第六条　环境保护主管部门认为案件重大疑难的，经商当事人同意，可以组织听证。

第三章　听证主持人和听证参加人

第七条　听证由拟作出行政处罚决定的环境保护主管部门组织。

第八条　环境保护主管部门指定1名听证主持人和1名记录员具体承担听证工作，必要时可以指定听证员协助听证主持人。

听证主持人、听证员和记录员应当是非本案调查人员。

涉及专业知识的听证案件，可以邀请有关专家担任听证员。

第九条　听证主持人履行下列职责：

（一）决定举行听证会的时间、地点；

（二）依照规定程序主持听证会；

（三）就听证事项进行询问；

（四）接收并审核证据，必要时可要求听证参加人提供或者补充证据；

（五）维持听证秩序；

（六）决定中止、终止或者延期听证；

（七）审阅听证笔录；

（八）法律、法规、规章规定的其他职责。

听证员协助听证主持人履行上述职责。

记录员承担听证准备和听证记录的具体工作。

第十条　听证主持人负有下列义务：

（一）决定将听证通知送达案件听证参加人；

（二）公正地主持听证，保障当事人行使陈述权、申辩权和质证权；

（三）具有回避情形的，自行回避；

（四）保守听证案件涉及的国家秘密、商业秘密和个人隐私；

（五）向本部门负责人书面报告听证会情况。

记录员应当如实制作听证笔录，并承担本条第（三）、（四）项所规定的义务。

第十一条　有下列情形之一的，听证主持人、听证员、记录员应当自行回避，当事人也有权申请其回避：

（一）是本案调查人员或者调查人员的近亲属；

（二）是本案当事人或者当事人的近亲属；

（三）是当事人的代理人或者当事人代理人的近亲属；

（四）是本案的证人、鉴定人、监测人员；

（五）与本案有直接利害关系；

（六）与听证事项有其他关系，可能影响公正听证的。

前款规定，也适用于鉴定、监测人员。

第十二条　当事人应当在听证会开始前书面提出回避申请，并说明理由。

在听证会开始后才知道回避事由的，可以在听证会结束前提出。

在回避决定作出前，被申请回避的人员不停止参与听证工作。

第十三条　听证员、记录员、证人、鉴定人、监测人员的回避，由听证主持人决定；听证主持人的回避，由听证组织机构负责人决定；听证主持人为听证组织机构负责人的，其回避由环境保护主管部门负责人决定。

第十四条　当事人享有下列权利：

（一）申请或者放弃听证；

（二）依法申请不公开听证；

（三）依法申请听证主持人、听证员、记录员回避；

（四）可以亲自参加听证，也可以委托1至2人代理参加听证；

（五）就听证事项进行陈述、申辩和举证、质证；

（六）进行最后陈述；

（七）审阅并核对听证笔录；

（八）依法查阅案卷材料。

第十五条 当事人负有下列义务：

（一）依法举证、质证；

（二）如实陈述和回答询问；

（三）遵守听证纪律。

案件调查人员、第三人、有关证人亦负有上述义务。

第十六条 与案件有直接利害关系的公民、法人或其他组织要求参加听证会的，环境保护主管部门可以通知其作为第三人参加听证。

第三人超过5人的，可以推选1至5名代表参加听证，并于听证会前提交授权委托书。

第四章 听证的告知、申请和通知

第十七条 对适用听证程序的行政处罚案件，环境保护主管部门应当在作出行政处罚决定前，制作并送达《行政处罚听证告知书》，告知当事人有要求听证的权利。

《行政处罚听证告知书》应当载明下列事项：

（一）当事人的姓名或者名称；

（二）已查明的环境违法事实和证据、处罚理由和依据；

（三）拟作出的行政处罚的种类和幅度；

（四）当事人申请听证的权利；

（五）提出听证申请的期限、申请方式及未如期提出申请的法律后果；

（六）环境保护主管部门名称和作出日期，并且加盖环境保护主管部门的印章。

第十八条 当事人要求听证的，应当在收到《行政处罚听证告知书》之日起3日内，向拟作出行政处罚决定的环境保护主管部门提出书面申请。当事人未如期提出书面申请的，环境保护主管部门不再组织听证。

以邮寄方式提出申请的，以寄出的邮戳日期为申请日期。

因不可抗力或者其他特殊情况不能在规定期限内提出听证申请的，当事人可以在障碍消除的3日内提出听证申请。

第十九条 环境保护主管部门应当在收到当事人听证申请之日起7日内进行审查。对不符合听证条件的，决定不组织听证，并告知理由。对符合听证条件的，决定组织听证，制作并送达《行政处罚听证通知书》。

第二十条 有下列情形之一的，由拟作出行政处罚决定的环境保护主管部门决定不组织听证：

（一）申请人不是本案当事人的；

（二）未在规定期限内提出听证申请的；

（三）不属于本程序规定第五条、第六条规定的听证适用范围的；

（四）其他不符合听证条件的。

第二十一条 同一行政处罚案件的两个以上当事人分别提出听证申请的，可以合并举行听证会。

案件有两个以上当事人，其中部分当事人提出听证申请的，环境保护主管部门可以通知其他当事人参加听证。

只有部分当事人参加听证的，可以只对涉及该部分当事人的案件事实、证据、法律适用进行听证。

第二十二条　听证会应当在决定听证之日起30日内举行。

《行政处罚听证通知书》应当载明下列事项，并在举行听证会的7日前送达当事人和第三人：

（一）当事人的姓名或者名称；

（二）听证案由；

（三）举行听证会的时间、地点；

（四）公开举行听证与否及不公开听证的理由；

（五）听证主持人、听证员、记录员的姓名、单位、职务等信息；

（六）委托代理权、对听证主持人和听证员的回避申请权等权利；

（七）提前办理授权委托手续、携带证据材料、通知证人出席等注意事项；

（八）环境保护主管部门名称和作出日期，并盖有环境保护主管部门印章。

第二十三条　当事人申请变更听证时间的，应当在听证会举行的3日前向组织听证的环境保护主管部门提出书面申请，并说明理由。

理由正当的，环境保护主管部门应当同意。

第二十四条　环境保护主管部门可以根据场地等条件，确定旁听听证会的人数。

第二十五条　委托代理人参加听证的，应当在听证会前提交授权委托书。授权委托书应当载明下列事项：

（一）委托人及其代理人的基本信息；

（二）委托事项及权限；

（三）代理权的起止日期；

（四）委托日期；

（五）委托人签名或者盖章。

第二十六条　案件调查人员、当事人、第三人可以通知鉴定人、监测人员和证人出席听证会，并在听证会举行的1日前将前述人员的基本情况和拟证明的事项书面告知组织听证的环境保护主管部门。

第五章　听证会的举行

第二十七条　听证会按下列程序进行：

（一）记录员查明听证参加人的身份和到场情况，宣布听证会场纪律和注意事项，介绍听证主持人、听证员和记录员的姓名、工作单位、职务；

（二）听证主持人宣布听证会开始，介绍听证案由，询问并核实听证参加人的身份，告知听证参加人的权利和义务；询问当事人、第三人是否申请听证主持人、听证员和记录员回避；

（三）案件调查人员陈述当事人违法事实，出示证据，提出初步处罚意见和依据；

（四）当事人进行陈述、申辩，提出事实理由依据和证据；

（五）第三人进行陈述，提出事实理由依据和证据；

（六）案件调查人员、当事人、第三人进行质证、辩论；

（七）案件调查人员、当事人、第三人作最后陈述；

（八）听证主持人宣布听证会结束。

第二十八条　听证参加人和旁听人员应当遵守如下会场纪律：

（一）未经听证主持人允许，听证参加人不得发言、提问；

（二）未经听证主持人允许，听证参加人不得退场；

（三）未经听证主持人允许，听证参加人和旁听人员不得录音、录像或者拍照；

（四）旁听人员不得发言、提问；

（五）听证参加人和旁听人员不得喧哗、鼓掌、哄闹、随意走动、接打电话或者进行其他妨碍听证的活动。

听证参加人和旁听人员违反上述纪律，致使听证会无法顺利进行的，听证主持人有权予以警告直至责令其退出会场。

第二十九条 听证申请人无正当理由不出席听证会的，视为放弃听证权利。

听证申请人违反听证纪律被听证主持人责令退出会场的，视为放弃听证权利。

第三十条 在听证过程中，听证主持人可以向案件调查人员、当事人、第三人和证人发问，有关人员应当如实回答。

第三十一条 与案件相关的证据应当在听证中出示，并经质证后确认。

涉及国家秘密、商业秘密和个人隐私的证据，由听证主持人和听证员验证，不公开出示。

第三十二条 质证围绕证据的合法性、真实性、关联性进行，针对证据证明效力有无以及证明效力大小进行质疑、说明与辩驳。

第三十三条 对书证、物证和视听资料进行质证时，应当出示证据的原件或者原物。

有下列情形之一，经听证主持人同意可以出示复制件或者复制品：

（一）出示原件或者原物确有困难的；

（二）原件或者原物已经不存在的。

第三十四条 视听资料应当在听证会上播放或者显示，并进行质证后认定。

第三十五条 环境保护主管部门应当对听证会全过程制作笔录。听证笔录应当载明下列事项：

（一）听证案由；

（二）听证主持人、听证员和记录员的姓名、工作单位、职务；

（三）听证参加人的基本情况；

（四）听证的时间、地点；

（五）听证公开情况；

（六）案件调查人员陈述的当事人违法事实、证据，提出的初步处理意见和依据；

（七）当事人和其他听证参加人的主要观点、理由和依据；

（八）相互质证、辩论情况；

（九）延期、中止或者终止的说明；

（十）听证主持人对听证活动中有关事项的处理情况；

（十一）听证主持人认为应当记入听证笔录的其他事项。

听证结束后，听证笔录交陈述意见的案件调查人员、当事人、第三人审核无误后当场签字或者盖章。拒绝签字或者盖章的，将情况记入听证笔录。

听证主持人、听证员、记录员审核无误后在听证笔录上签字或者盖章。

第三十六条 听证终结后，听证主持人将听证会情况书面报告本部门负责人。

听证报告包括以下内容：

（一）听证会举行的时间、地点；

（二）听证案由、听证内容；

（三）听证主持人、听证员、书记员、听证参加人的基本信息；

（四）听证参加人提出的主要事实、理由和意见；

（五）对当事人意见的采纳建议及理由；

（六）综合分析，提出处罚建议。

第三十七条 有下列情形之一的，可以延期举行听证会：

（一）因不可抗力致使听证会无法按期举行的；

（二）当事人在听证会上申请听证主持人回避，并有正当理由的；

（三）当事人申请延期，并有正当理由的；

（四）需要延期听证的其他情形。

听证会举行前出现上述情形的，环境保护主管部门决定延期听证并通知听证参加人；听证会举行过程中出现上述情形的，听证主持人决定延期听证并记入听证笔录。

第三十八条　有下列情形之一的，中止听证并书面通知听证参加人：

（一）听证主持人认为听证过程中提出的新的事实、理由、依据有待进一步调查核实或者鉴定的；

（二）其他需要中止听证的情形。

第三十九条　延期、中止听证的情形消失后，环境保护主管部门决定恢复听证的，应书面通知听证参加人。

第四十条　有下列情形之一的，终止听证：

（一）当事人明确放弃听证权利的；

（二）听证申请人撤回听证申请的；

（三）听证申请人无正当理由不出席听证会的；

（四）听证申请人在听证过程中声明退出的；

（五）听证申请人未经听证主持人允许中途退场的；

（六）听证申请人为法人或者其他组织的，该法人或者其他组织终止后，承受其权利、义务的法人或者组织放弃听证权利的；

（七）听证申请人违反听证纪律，妨碍听证会正常进行，被听证主持人责令退场的；

（八）因客观情况发生重大变化，致使听证会没有必要举行的；

（九）应当终止听证的其他情形。

听证会举行前出现上述情形的，环境保护主管部门决定终止听证，并通知听证参加人；听证会举行过程中出现上述情形的，听证主持人决定终止听证并记入听证笔录。

第四十一条　举行听证会的期间，不计入作出行政处罚的时限内。

第六章　附　则

第四十二条　本程序规定所称当事人是指被事先告知将受到适用听证程序的行政处罚的公民、法人或者其他组织。

本程序规定所称案件调查人员是指环境保护主管部门内部具体承担行政处罚案件调查取证工作的人员。

第四十三条　经法律、法规授权的环境监察机构，适用本程序规定关于环境保护主管部门的规定。

第四十四条　环境保护主管部门在作出责令停止建设、责令停止生产或使用的行政命令之前，认为需要组织听证的，可以参照本程序规定执行。

第四十五条　环境保护主管部门组织听证所需经费，列入本行政机关的行政经费，由本级财政予以保障。

当事人不承担环境保护主管部门组织听证的费用。

第四十六条　听证主持人、听证员、记录员违反有关规定的，由所在单位依法给予行政处分。

第四十七条　地方性法规、地方政府规章另有规定的，从其规定。

第四十八条　本规定自 2011 年 2 月 1 日起施行。

环境保护主管部门实施限制生产、停产整治办法

环境保护部令

第30号

《环境保护主管部门实施限制生产、停产整治办法》已于2014年12月15日由环境保护部部务会议审议通过，现予公布，自2015年1月1日起施行。

部长 周生贤

2014年12月19日

第一章 总 则

第一条 为规范实施限制生产、停产整治措施，依据《中华人民共和国环境保护法》，制定本办法。

第二条 县级以上环境保护主管部门对超过污染物排放标准或者超过重点污染物排放总量控制指标排放污染物的企业事业单位和其他生产经营者（以下称排污者），责令采取限制生产、停产整治措施的，适用本办法。

第三条 环境保护主管部门作出限制生产、停产整治决定时，应当责令排污者改正或者限期改正违法行为，并依法实施行政处罚。

第四条 环境保护主管部门实施限制生产、停产整治的，应当依法向社会公开限制生产、停产整治决定，限制生产延期情况和解除限制生产、停产整治的日期等相关信息。

第二章 适用范围

第五条 排污者超过污染物排放标准或者超过重点污染物日最高允许排放总量控制指标的，环境保护主管部门可以责令其采取限制生产措施。

第六条 排污者有下列情形之一的，环境保护主管部门可以责令其采取停产整治措施：

（一）通过暗管、渗井、渗坑、灌注或者篡改、伪造监测数据，或者不正常运行防治污染设施等逃避监管的方式排放污染物，超过污染物排放标准的；

（二）非法排放含重金属、持久性有机污染物等严重危害环境、损害人体健康的污染物超过污染物排放标准三倍以上的；

（三）超过重点污染物排放总量年度控制指标排放污染物的；

（四）被责令限制生产后仍然超过污染物排放标准排放污染物的；

（五）因突发事件造成污染物排放超过排放标准或者重点污染物排放总量控制指标的；

（六）法律、法规规定的其他情形。

第七条 具备下列情形之一的排污者，超过污染物排放标准或者超过重点污染物排放总量控制指标排放污染物的，环境保护主管部门应当按照有关环境保护法律法规予以处罚，可以不予实施停产整治：

（一）城镇污水处理、垃圾处理、危险废物处置等公共设施的运营单位；

（二）生产经营业务涉及基本民生、公共利益的；

（三）实施停产整治可能影响生产安全的。

第八条 排污者有下列情形之一的，由环境保护主管部门报经有批准权的人民政府责令停业、关闭：

（一）两年内因排放含重金属、持久性有机污染物等有毒物质超过污染物排放标准受过两次以上行政处罚，又实施前列行为的；

（二）被责令停产整治后拒不停产或者擅自恢复生产的；

（三）停产整治决定解除后，跟踪检查发现又实施同一违法行为的；

（四）法律法规规定的其他严重环境违法情节的。

第三章　实施程序

第九条　环境保护主管部门在作出限制生产、停产整治决定前，应当做好调查取证工作。

责令限制生产、停产整治的证据包括现场检查笔录、调查询问笔录、环境监测报告、视听资料、证人证言和其他证明材料。

第十条　作出限制生产、停产整治决定前，应当书面报经环境保护主管部门负责人批准；案情重大或者社会影响较大的，应当经环境保护主管部门案件审查委员会集体审议决定。

第十一条　环境保护主管部门作出限制生产、停产整治决定前，应当告知排污者有关事实、依据及其依法享有的陈述、申辩或者要求举行听证的权利；就同一违法行为进行行政处罚的，可以在行政处罚事先告知书或者行政处罚听证告知书中一并告知。

第十二条　环境保护主管部门作出限制生产、停产整治决定的，应当制作责令限制生产决定书或者责令停产整治决定书，也可以在行政处罚决定书中载明。

第十三条　责令限制生产决定书和责令停产整治决定书应当载明下列事项：

（一）排污者的基本情况，包括名称或者姓名、营业执照号码或者居民身份证号码、组织机构代码、地址以及法定代表人或者主要负责人姓名等；

（二）违法事实、证据，以及作出限制生产、停产整治决定的依据；

（三）责令限制生产、停产整治的改正方式、期限；

（四）排污者应当履行的相关义务及申请行政复议或者提起行政诉讼的途径和期限；

（五）环境保护主管部门的名称、印章和决定日期。

第十四条　环境保护主管部门应当自作出限制生产、停产整治决定之日起七个工作日内将决定书送达排污者。

第十五条　限制生产一般不超过三个月；情况复杂的，经本级环境保护主管部门负责人批准，可以延长，但延长期限不得超过三个月。

停产整治的期限，自责令停产整治决定书送达排污者之日起，至停产整治决定解除之日止。

第十六条　排污者应当在收到责令限制生产决定书或者责令停产整治决定书后立即整改，并在十五个工作日内将整改方案报作出决定的环境保护主管部门备案并向社会公开。整改方案应当确定改正措施、工程进度、资金保障和责任人员等事项。

被限制生产的排污者在整改期间，不得超过污染物排放标准或者重点污染物日最高允许排放总量控制指标排放污染物，并按照环境监测技术规范进行监测或者委托有条件的环境监测机构开展监测，保存监测记录。

第十七条　排污者完成整改任务的，应当在十五个工作日内将整改任务完成情况和整改信息社会公开情况，报作出限制生产、停产整治决定的环境保护主管部门备案，并提交监测报告以及整改期间生产用电量、用水量、主要产品产量与整改前的对比情况等材料。限制生产、停产整治决定自排污者报环境保护主管部门备案之日起解除。

第十八条　排污者有下列情形之一的，限制生产、停产整治决定自行终止：

（一）依法被撤销、解散、宣告破产或者因其他原因终止营业的；

（二）被有批准权的人民政府依法责令停业、关闭的。

第十九条　排污者被责令限制生产、停产整治后，环境保护主管部门应当按照相关规定对排污者履行限制生产、停产整治措施的情况实施后督察，并依法进行处理或者处罚。

第二十条 排污者解除限制生产、停产整治后，环境保护主管部门应当在解除之日起三十日内对排污者进行跟踪检查。

第四章 附 则

第二十一条 本办法由国务院环境保护主管部门负责解释。

第二十二条 本办法自 2015 年 1 月 1 日起施行。

环境保护主管部门实施按日连续处罚办法

环境保护部令

第 28 号

《环境保护主管部门实施按日连续处罚办法》已于 2014 年 12 月 15 日由环境保护部部务会议审议通过，现予公布，自 2015 年 1 月 1 日起施行。

部长 周生贤

2014 年 12 月 19 日

环境保护主管部门实施按日连续处罚办法

第一章 总 则

第一条 为规范实施按日连续处罚，依据《中华人民共和国环境保护法》、《中华人民共和国行政处罚法》等法律，制定本办法。

第二条 县级以上环境保护主管部门对企业事业单位和其他生产经营者（以下称排污者）实施按日连续处罚的，适用本办法。

第三条 实施按日连续处罚，应当坚持教育与处罚相结合的原则，引导和督促排污者及时改正环境违法行为。

第四条 环境保护主管部门实施按日连续处罚，应当依法向社会公开行政处罚决定和责令改正违法行为决定等相关信息。

第二章 适用范围

第五条 排污者有下列行为之一，受到罚款处罚，被责令改正，拒不改正的，依法作出罚款处罚决定的环境保护主管部门可以实施按日连续处罚：

（一）超过国家或者地方规定的污染物排放标准，或者超过重点污染物排放总量控制指标排放污染物的；

（二）通过暗管、渗井、渗坑、灌注或者篡改、伪造监测数据，或者不正常运行防治污染设施等逃避监管的方式排放污染物的；

（三）排放法律、法规规定禁止排放的污染物的；

（四）违法倾倒危险废物的；

（五）其他违法排放污染物行为。

第六条　地方性法规可以根据环境保护的实际需要，增加按日连续处罚的违法行为的种类。

第三章　实施程序

第七条　环境保护主管部门检查发现排污者违法排放污染物的，应当进行调查取证，并依法作出行政处罚决定。

按日连续处罚决定应当在前款规定的行政处罚决定之后作出。

第八条　环境保护主管部门可以当场认定违法排放污染物的，应当在现场调查时向排污者送达责令改正违法行为决定书，责令立即停止违法排放污染物行为。

需要通过环境监测认定违法排放污染物的，环境监测机构应当按照监测技术规范要求进行监测。环境保护主管部门应当在取得环境监测报告后三个工作日内向排污者送达责令改正违法行为决定书，责令立即停止违法排放污染物行为。

第九条　责令改正违法行为决定书应当载明下列事项：

（一）排污者的基本情况，包括名称或者姓名、营业执照号码或者居民身份证号码、组织机构代码、地址以及法定代表人或者主要负责人姓名等；

（二）环境违法事实和证据；

（三）违反法律、法规或者规章的具体条款和处理依据；

（四）责令立即改正的具体内容；

（五）拒不改正可能承担按日连续处罚的法律后果；

（六）申请行政复议或者提起行政诉讼的途径和期限；

（七）环境保护主管部门的名称、印章和决定日期。

第十条　环境保护主管部门应当在送达责令改正违法行为决定书之日起三十日内，以暗查方式组织对排污者违法排放污染物行为的改正情况实施复查。

第十一条　排污者在环境保护主管部门实施复查前，可以向作出责令改正违法行为决定书的环境保护主管部门报告改正情况，并附具相关证明材料。

第十二条　环境保护主管部门复查时发现排污者拒不改正违法排放污染物行为的，可以对其实施按日连续处罚。

环境保护主管部门复查时发现排污者已经改正违法排放污染物行为或者已经停产、停业、关闭的，不启动按日连续处罚。

第十三条　排污者具有下列情形之一的，认定为拒不改正：

（一）责令改正违法行为决定书送达后，环境保护主管部门复查发现仍在继续违法排放污染物的；

（二）拒绝、阻挠环境保护主管部门实施复查的。

第十四条　复查时排污者被认定为拒不改正违法排放污染物行为的，环境保护主管部门应当按照本办法第八条的规定再次作出责令改正违法行为决定书并送达排污者，责令立即停止违法排放污染物行为，并应当依照本办法第十条、第十二条的规定对排污者再次进行复查。

第十五条　环境保护主管部门实施按日连续处罚应当符合法律规定的行政处罚程序。

第十六条　环境保护主管部门决定实施按日连续处罚的，应当依法作出处罚决定书。

处罚决定书应当载明下列事项：

（一）排污者的基本情况，包括名称或者姓名、营业执照号码或者居民身份证号码、组织机构代码、地址以及法定代表人或者主要负责人姓名等；

（二）初次检查发现的环境违法行为及该行为的原处罚决定、拒不改正的违法事实和证据；

（三）按日连续处罚的起止时间和依据；

（四）按照按日连续处罚规则决定的罚款数额；

（五）按日连续处罚的履行方式和期限；

（六）申请行政复议或者提起行政诉讼的途径和期限；

（七）环境保护主管部门名称、印章和决定日期。

第四章　计罚方式

第十七条　按日连续处罚的计罚日数为责令改正违法行为决定书送达排污者之日的次日起，至环境保护主管部门复查发现违法排放污染物行为之日止。再次复查仍拒不改正的，计罚日数累计执行。

第十八条　再次复查时违法排放污染物行为已经改正，环境保护主管部门在之后的检查中又发现排污者有本办法第五条规定的情形的，应当重新作出处罚决定，按日连续处罚的计罚周期重新起算。按日连续处罚次数不受限制。

第十九条　按日连续处罚每日的罚款数额，为原处罚决定书确定的罚款数额。

按照按日连续处罚规则决定的罚款数额，为原处罚决定书确定的罚款数额乘以计罚日数。

第五章　附　则

第二十条　环境保护主管部门针对违法排放污染物行为实施按日连续处罚的，可以同时适用责令排污者限制生产、停产整治或者查封、扣押等措施；因采取上述措施使排污者停止违法排污行为的，不再实施按日连续处罚。

第二十一条　本办法由国务院环境保护主管部门负责解释。

第二十二条　本办法自 2015 年 1 月 1 日起施行。

环境保护主管部门实施查封、扣押办法

环境保护部令

第 29 号

《环境保护主管部门实施查封、扣押办法》已于 2014 年 12 月 15 日由环境保护部部务会议审议通过，现予公布，自 2015 年 1 月 1 日起施行。

部长　周生贤

2014 年 12 月 19 日

环境保护主管部门实施查封、扣押办法

第一章　总　则

第一条　为规范实施查封、扣押，依据《中华人民共和国环境保护法》、《中华人民共和国行政强制法》等法律，制定本办法。

第二条　对企业事业单位和其他生产经营者（以下称排污者）违反法律法规规定排放污染物，造成或者可能造成严重污染，县级以上环境保护主管部门对造成污染物排放的设施、设备实施查封、扣押的，

适用本办法。

第三条　环境保护主管部门实施查封、扣押所需经费，应当列入本机关的行政经费预算，由同级财政予以保障。

第二章　适用范围

第四条　排污者有下列情形之一的，环境保护主管部门依法实施查封、扣押：

（一）违法排放、倾倒或者处置含传染病病原体的废物、危险废物、含重金属污染物或者持久性有机污染物等有毒物质或者其他有害物质的；

（二）在饮用水水源一级保护区、自然保护区核心区违反法律法规规定排放、倾倒、处置污染物的；

（三）违反法律法规规定排放、倾倒化工、制药、石化、印染、电镀、造纸、制革等工业污泥的；

（四）通过暗管、渗井、渗坑、灌注或者篡改、伪造监测数据，或者不正常运行防治污染设施等逃避监管的方式违反法律法规规定排放污染物的；

（五）较大、重大和特别重大突发环境事件发生后，未按照要求执行停产、停排措施，继续违反法律法规规定排放污染物的；

（六）法律、法规规定的其他造成或者可能造成严重污染的违法排污行为。

有前款第一项、第二项、第三项、第六项情形之一的，环境保护主管部门可以实施查封、扣押；已造成严重污染或者有前款第四项、第五项情形之一的，环境保护主管部门应当实施查封、扣押。

第五条　环境保护主管部门查封、扣押排污者造成污染物排放的设施、设备，应当符合有关法律的规定。不得重复查封、扣押排污者已被依法查封的设施、设备。

对不易移动的或者有特殊存放要求的设施、设备，应当就地查封。查封时，可以在该设施、设备的控制装置等关键部件或者造成污染物排放所需供水、供电、供气等开关阀门张贴封条。

第六条　具备下列情形之一的排污者，造成或者可能造成严重污染的，环境保护主管部门应当按照有关环境保护法律法规予以处罚，可以不予实施查封、扣押：

（一）城镇污水处理、垃圾处理、危险废物处置等公共设施的运营单位；

（二）生产经营业务涉及基本民生、公共利益的；

（三）实施查封、扣押可能影响生产安全的。

第七条　环境保护主管部门实施查封、扣押的，应当依法向社会公开查封、扣押决定，查封、扣押延期情况和解除查封、扣押决定等相关信息。

第三章　实施程序

第八条　实施查封、扣押的程序包括调查取证、审批、决定、执行、送达、解除。

第九条　环境保护主管部门实施查封、扣押前，应当做好调查取证工作。

查封、扣押的证据包括现场检查笔录、调查询问笔录、环境监测报告、视听资料、证人证言和其他证明材料。

第十条　需要实施查封、扣押的，应当书面报经环境保护主管部门负责人批准；案情重大或者社会影响较大的，应当经环境保护主管部门案件审查委员会集体审议决定。

第十一条　环境保护主管部门决定实施查封、扣押的，应当制作查封、扣押决定书和清单。

查封、扣押决定书应当载明下列事项：

（一）排污者的基本情况，包括名称或者姓名、营业执照号码或者居民身份证号码、组织机构代码、地址以及法定代表人或者主要负责人姓名等；

（二）查封、扣押的依据和期限；

（三）查封、扣押设施、设备的名称、数量和存放地点等；

（四）排污者应当履行的相关义务及申请行政复议或者提起行政诉讼的途径和期限；

（五）环境保护主管部门的名称、印章和决定日期。

第十二条 实施查封、扣押应当符合下列要求：

（一）由两名以上具有行政执法资格的环境行政执法人员实施，并出示执法身份证件；

（二）通知排污者的负责人或者受委托人到场，当场告知实施查封、扣押的依据以及依法享有的权利、救济途径，并听取其陈述和申辩；

（三）制作现场笔录，必要时可以进行现场拍摄。现场笔录的内容应当包括查封、扣押实施的起止时间和地点等；

（四）当场清点并制作查封、扣押设施、设备清单，由排污者和环境保护主管部门分别收执。委托第三人保管的，应同时交第三人收执。执法人员可以对上述过程进行现场拍摄；

（五）现场笔录和查封、扣押设施、设备清单由排污者和执法人员签名或者盖章；

（六）张贴封条或者采取其他方式，明示环境保护主管部门已实施查封、扣押。

第十三条 情况紧急，需要当场实施查封、扣押的，应当在实施后二十四小时内补办批准手续。环境保护主管部门负责人认为不需要实施查封、扣押的，应当立即解除。

第十四条 查封、扣押决定书应当当场交付排污者负责人或者受委托人签收。排污者负责人或者受委托人应当签名或者盖章，注明日期。

实施查封、扣押过程中，排污者负责人或者受委托人拒不到场或者拒绝签名、盖章的，环境行政执法人员应当予以注明，并可以邀请见证人到场，由见证人和环境行政执法人员签名或者盖章。

第十五条 查封、扣押的期限不得超过三十日；情况复杂的，经本级环境保护主管部门负责人批准可以延长，但延长期限不得超过三十日。法律、法规另有规定的除外。

延长查封、扣押的决定应当及时书面告知排污者，并说明理由。

第十六条 对就地查封的设施、设备，排污者应当妥善保管，不得擅自损毁封条、变更查封状态或者启用已查封的设施、设备。

对扣押的设施、设备，环境保护主管部门应当妥善保管，也可以委托第三人保管。扣押期间设施、设备的保管费用由环境保护主管部门承担。

第十七条 查封的设施、设备造成损失的，由排污者承担。扣押的设施、设备造成损失的，由环境保护主管部门承担；因受委托第三人原因造成损失的，委托的环境保护主管部门先行赔付后，可以向受委托第三人追偿。

第十八条 排污者在查封、扣押期限届满前，可以向决定实施查封、扣押的环境保护主管部门提出解除申请，并附具相关证明材料。

第十九条 环境保护主管部门应当自收到解除查封、扣押申请之日起五个工作日内，组织核查，并根据核查结果分别作出如下决定：

（一）确已改正违反法律法规规定排放污染物行为的，解除查封、扣押；

（二）未改正违反法律法规规定排放污染物行为的，维持查封、扣押。

第二十条 环境保护主管部门实施查封、扣押后，应当及时查清事实，有下列情形之一的，应当立即作出解除查封、扣押决定：

（一）对违反法律法规规定排放污染物行为已经作出行政处罚或者处理决定，不再需要实施查封、扣押的；

（二）查封、扣押期限已经届满的；

（三）其他不再需要实施查封、扣押的情形。

第二十一条 查封、扣押措施被解除的，环境保护主管部门应当立即通知排污者，并自解除查封、扣押决定作出之日起三个工作日内送达解除决定。

扣押措施被解除的，还应当通知排污者领回扣押物；无法通知的，应当进行公告，排污者应当自招领公告发布之日起六十日内领回；逾期未领回的，所造成的损失由排污者自行承担。

扣押物无法返还的，环境保护主管部门可以委托拍卖机构依法拍卖或者变卖，所得款项上缴国库。

第二十二条 排污者涉嫌环境污染犯罪已由公安机关立案侦查的，环境保护主管部门应当依法移送查封、扣押的设施、设备及有关法律文书、清单。

第二十三条 环境保护主管部门对查封后的设施、设备应当定期检视其封存情况。

排污者阻碍执法、擅自损毁封条、变更查封状态或者隐藏、转移、变卖、启用已查封的设施、设备的，环境保护主管部门应当依据《中华人民共和国治安管理处罚法》等法律法规及时提请公安机关依法处理。

第四章 附 则

第二十四条 本办法由国务院环境保护主管部门负责解释。

第二十五条 本办法自 2015 年 1 月 1 日起施行。

污染地块土壤环境管理办法

（试 行）

环境保护部令

第 42 号

《污染地块土壤环境管理办法（试行）》已于 2016 年 12 月 27 日由环境保护部部务会议审议通过，现予公布，自 2017 年 7 月 1 日起施行。

环境保护部部长 陈吉宁

2016 年 12 月 31 日

第一章 总 则

第一条 为了加强污染地块环境保护监督管理，防控污染地块环境风险，根据《中华人民共和国环境保护法》等法律法规和国务院发布的《土壤污染防治行动计划》，制定本办法。

第二条 本办法所称疑似污染地块，是指从事过有色金属冶炼、石油加工、化工、焦化、电镀、制革等行业生产经营活动，以及从事过危险废物贮存、利用、处置活动的用地。

按照国家技术规范确认超过有关土壤环境标准的疑似污染地块，称为污染地块。

本办法所称疑似污染地块和污染地块相关活动，是指对疑似污染地块开展的土壤环境初步调查活动，以及对污染地块开展的土壤环境详细调查、风险评估、风险管控、治理与修复及其效果评估等活动。

第三条 拟收回土地使用权的，已收回土地使用权的，以及用途拟变更为居住用地和商业、学校、医疗、养老机构等公共设施用地的疑似污染地块和污染地块相关活动及其环境保护监督管理，适用本办法。

不具备本条第一款情形的疑似污染地块和污染地块土壤环境管理办法另行制定。

放射性污染地块环境保护监督管理，不适用本办法。

第四条 环境保护部对全国土壤环境保护工作实施统一监督管理。

地方各级环境保护主管部门负责本行政区域内的疑似污染地块和污染地块相关活动的监督管理。

按照国家有关规定，县级环境保护主管部门被调整为设区的市级环境保护主管部门派出分局的，由设区的市级环境保护主管部门组织所属派出分局开展疑似污染地块和污染地块相关活动的监督管理。

第五条 环境保护部制定疑似污染地块和污染地块相关活动方面的环境标准和技术规范。

第六条 环境保护部组织建立全国污染地块土壤环境管理信息系统（以下简称污染地块信息系统）。

县级以上地方环境保护主管部门按照环境保护部的规定，在本行政区域内组织建设和应用污染地块信息系统。

疑似污染地块和污染地块的土地使用权人应当按照环境保护部的规定，通过污染地块信息系统，在线填报并提交疑似污染地块和污染地块相关活动信息。

县级以上环境保护主管部门应当通过污染地块信息系统，与同级城乡规划、国土资源等部门实现信息共享。

第七条 任何单位或者个人有权向环境保护主管部门举报未按照本办法规定开展疑似污染地块和污染地块相关活动的行为。

第八条 环境保护主管部门鼓励和支持社会组织，对造成土壤污染、损害社会公共利益的行为，依法提起环境公益诉讼。

第二章 各方责任

第九条 土地使用权人应当按照本办法的规定，负责开展疑似污染地块和污染地块相关活动，并对上述活动的结果负责。

第十条 按照“谁污染，谁治理”原则，造成土壤污染的单位或者个人应当承担治理与修复的主体责任。

责任主体发生变更的，由变更后继承其债权、债务的单位或者个人承担相关责任。

责任主体灭失或者责任主体不明确的，由所在地县级人民政府依法承担相关责任。

土地使用权依法转让的，由土地使用权受让人或者双方约定的责任人承担相关责任。

土地使用权终止的，由原土地使用权人对其使用该地块期间所造成的土壤污染承担相关责任。

土壤污染治理与修复实行终身责任制。

第十一条 受委托从事疑似污染地块和污染地块相关活动的专业机构，或者受委托从事治理与修复效果评估的第三方机构，应当遵守有关环境标准和技术规范，并对相关活动的调查报告、评估报告的真实性、准确性、完整性负责。

受委托从事风险管控、治理与修复的专业机构，应当遵守国家有关环境标准和技术规范，按照委托合同的约定，对风险管控、治理与修复的效果承担相应责任。

受委托从事风险管控、治理与修复的专业机构，在风险管控、治理与修复等活动中弄虚作假，造成环境污染和生态破坏，除依照有关法律法规接受处罚外，还应当依法与造成环境污染和生态破坏的其他责任者承担连带责任。

第三章 环境调查与风险评估

第十二条 县级环境保护主管部门应当根据国家有关保障工业企业场地再开发利用环境安全的规定，会同工业和信息化、城乡规划、国土资源等部门，建立本行政区域疑似污染地块名单，并及时上传污染地块信息系统。

疑似污染地块名单实行动态更新。

第十三条 对列入疑似污染地块名单的地块，所在地县级环境保护主管部门应当书面通知土地使用权人。

土地使用权人应当自接到书面通知之日起六个月内完成土壤环境初步调查，编制调查报告，及时上传污染地块信息系统，并将调查报告主要内容通过其网站等便于公众知晓的方式向社会公开。

土壤环境初步调查应当按照国家有关环境标准和技术规范开展，调查报告应当包括地块基本信息、疑似污染地块是否为污染地块的明确结论等主要内容，并附具采样信息和检测报告。

第十四条　设区的市级环境保护主管部门根据土地使用权人提交的土壤环境初步调查报告建立污染地块名录，及时上传污染地块信息系统，同时向社会公开，并通报各污染地块所在地县级人民政府。

对列入名录的污染地块，设区的市级环境保护主管部门应当按照国家有关环境标准和技术规范，确定该污染地块的风险等级。

污染地块名录实行动态更新。

第十五条　县级以上地方环境保护主管部门应当对本行政区域具有高风险的污染地块，优先开展环境保护监督管理。

第十六条　对列入污染地块名录的地块，设区的市级环境保护主管部门应当书面通知土地使用权人。

土地使用权人应当在接到书面通知后，按照国家有关环境标准和技术规范，开展土壤环境详细调查，编制调查报告，及时上传污染地块信息系统，并将调查报告主要内容通过其网站等便于公众知晓的方式向社会公开。

土壤环境详细调查报告应当包括地块基本信息，土壤污染物的分布状况及其范围，以及对土壤、地表水、地下水、空气污染的影响情况等主要内容，并附具采样信息和检测报告。

第十七条　土地使用权人应当按照国家有关环境标准和技术规范，在污染地块土壤环境详细调查的基础上开展风险评估，编制风险评估报告，及时上传污染地块信息系统，并将评估报告主要内容通过其网站等便于公众知晓的方式向社会公开。

风险评估报告应当包括地块基本信息、应当关注的污染物、主要暴露途径、风险水平、风险管控以及治理与修复建议等主要内容。

第四章　风险管控

第十八条　污染地块土地使用权人应当根据风险评估结果，并结合污染地块相关开发利用计划，有针对性地实施风险管控。

对暂不开发利用的污染地块，实施以防止污染扩散为目的的风险管控。

对拟开发利用为居住用地和商业、学校、医疗、养老机构等公共设施用地的污染地块，实施以安全利用为目的的风险管控。

第十九条　污染地块土地使用权人应当按照国家有关环境标准和技术规范，编制风险管控方案，及时上传污染地块信息系统，同时抄送所在地县级人民政府，并将方案主要内容通过其网站等便于公众知晓的方式向社会公开。

风险管控方案应当包括管控区域、目标、主要措施、环境监测计划以及应急措施等内容。

第二十条　土地使用权人应当按照风险管控方案要求，采取以下主要措施：

（一）及时移除或者清理污染源；

（二）采取污染隔离、阻断等措施，防止污染扩散；

（三）开展土壤、地表水、地下水、空气环境监测；

（四）发现污染扩散的，及时采取有效补救措施。

第二十一条　因采取风险管控措施不当等原因，造成污染地块周边的土壤、地表水、地下水或者空气污染等突发环境事件的，土地使用权人应当及时采取环境应急措施，并向所在地县级以上环境保护主管部门和其他有关部门报告。

第二十二条　对暂不开发利用的污染地块，由所在地县级环境保护主管部门配合有关部门提出划定管控区域的建议，报同级人民政府批准后设立标识、发布公告，并组织开展土壤、地表水、地下水、空气环境监测。

第五章 治理与修复

第二十三条 对拟开发利用为居住用地和商业、学校、医疗、养老机构等公共设施用地的污染地块，经风险评估确认需要治理与修复的，土地使用权人应当开展治理与修复。

第二十四条 对需要开展治理与修复的污染地块，土地使用权人应当根据土壤环境详细调查报告、风险评估报告等，按照国家有关环境标准和技术规范，编制污染地块治理与修复工程方案，并及时上传污染地块信息系统。

土地使用权人应当在工程实施期间，将治理与修复工程方案的主要内容通过其网站等便于公众知晓的方式向社会公开。

工程方案应当包括治理与修复范围和目标、技术路线和工艺参数、二次污染防范措施等内容。

第二十五条 污染地块治理与修复期间，土地使用权人或者其委托的专业机构应当采取措施，防止对地块及其周边环境造成二次污染；治理与修复过程中产生的废水、废气和固体废物，应当按照国家有关规定进行处理或者处置，并达到国家或者地方规定的环境标准和要求。

治理与修复工程原则上应当在原址进行；确需转运污染土壤的，土地使用权人或者其委托的专业机构应当将运输时间、方式、线路和污染土壤数量、去向、最终处置措施等，提前五个工作日向所在地和接收地设区的市级环境保护主管部门报告。

修复后的土壤再利用应当符合国家或者地方有关规定和标准要求。

治理与修复期间，土地使用权人或者其委托的专业机构应当设立公告牌和警示标识，公开工程基本情况、环境影响及其防范措施等。

第二十六条 治理与修复工程完工后，土地使用权人应当委托第三方机构按照国家有关环境标准和技术规范，开展治理与修复效果评估，编制治理与修复效果评估报告，及时上传污染地块信息系统，并通过其网站等便于公众知晓的方式公开，公开时间不得少于两个月。

治理与修复效果评估报告应当包括治理与修复工程概况、环境保护措施落实情况、治理与修复效果监测结果、评估结论及后续监测建议等内容。

第二十七条 污染地块未经治理与修复，或者经治理与修复但未达到相关规划用地土壤环境质量要求的，有关环境保护主管部门不予批准选址涉及该污染地块的建设项目环境影响报告书或者报告表。

第二十八条 县级以上环境保护主管部门应当会同城乡规划、国土资源等部门，建立和完善污染地块信息沟通机制，对污染地块的开发利用实行联动监管。

污染地块经治理与修复，并符合相应规划用地土壤环境质量要求后，可以进入用地程序。

第六章 监督管理

第二十九条 县级以上环境保护主管部门及其委托的环境监察机构，有权对本行政区域内的疑似污染地块和污染地块相关活动进行现场检查。被检查单位应当予以配合，如实反映情况，提供必要的资料。实施现场检查的部门、机构及其工作人员应当为被检查单位保守商业秘密。

第三十条 县级以上环境保护主管部门对疑似污染地块和污染地块相关活动进行监督检查时，有权采取下列措施：

（一）向被检查单位调查、了解疑似污染地块和污染地块的有关情况；

（二）进入被检查单位进行现场核查或者监测；

（三）查阅、复制相关文件、记录以及其他有关资料；

（四）要求被检查单位提交有关情况说明。

第三十一条 设区的市级环境保护主管部门应当于每年的 12 月 31 日前，将本年度本行政区域的污染地块环境管理工作情况报省级环境保护主管部门。

省级环境保护主管部门应当于每年的 1 月 31 日前，将上一年度本行政区域的污染地块环境管理工作情况报环境保护部。

第三十二条 违反本办法规定，受委托的专业机构在编制土壤环境初步调查报告、土壤环境详细调查报告、风险评估报告、风险管控方案、治理与修复方案过程中，或者受委托的第三方机构在编制治理与修复效果评估报告过程中，不负责任或者弄虚作假致使报告失实的，由县级以上环境保护主管部门将该机构失信情况记入其环境信用记录，并通过企业信用信息公示系统向社会公开。

第七章 附 则

第三十三条 本办法自2017年7月1日起施行。

国务院关于印发土壤污染防治行动计划的通知

国发〔2016〕31号

各省、自治区、直辖市人民政府，国务院各部委、各直属机构：

现将《土壤污染防治行动计划》印发给你们，请认真贯彻执行。

国务院

2016年5月28日

土壤污染防治行动计划

土壤是经济社会可持续发展的物质基础，关系人民群众身体健康，关系美丽中国建设，保护好土壤环境是推进生态文明建设和维护国家生态安全的重要内容。当前，我国土壤环境总体状况堪忧，部分地区污染较为严重，已成为全面建成小康社会的突出短板之一。为切实加强土壤污染防治，逐步改善土壤环境质量，制定本行动计划。

总体要求：全面贯彻党的十八大和十八届三中、四中、五中全会精神，按照“五位一体”总体布局和“四个全面”战略布局，牢固树立创新、协调、绿色、开放、共享的新发展理念，认真落实党中央、国务院决策部署，立足我国国情和发展阶段，着眼经济社会发展全局，以改善土壤环境质量为核心，以保障农产品质量和人居环境安全为出发点，坚持预防为主、保护优先、风险管控，突出重点区域、行业和污染物，实施分类别、分用途、分阶段治理，严控新增污染、逐步减少存量，形成政府主导、企业担责、公众参与、社会监督的土壤污染防治体系，促进土壤资源永续利用，为建设“蓝天常在、青山常在、绿水常在”的美丽中国而奋斗。

工作目标：到2020年，全国土壤污染加重趋势得到初步遏制，土壤环境质量总体保持稳定，农用地和建设用地土壤环境安全得到基本保障，土壤环境风险得到基本管控。到2030年，全国土壤环境质量稳中向好，农用地和建设用地土壤环境安全得到有效保障，土壤环境风险得到全面管控。到本世纪中叶，土壤环境质量全面改善，生态系统实现良性循环。

主要指标：到2020年，受污染耕地安全利用率达到90%左右，污染地块安全利用率达到90%以上。到2030年，受污染耕地安全利用率达到95%以上，污染地块安全利用率达到95%以上。

一、开展土壤污染调查，掌握土壤环境质量状况

（一）深入开展土壤环境质量调查。在现有相关调查基础上，以农用地和重点行业企业用地为重点，

开展土壤污染状况详查，2018年底前查明农用地土壤污染的面积、分布及其对农产品质量的影响；2020年底前掌握重点行业企业用地中的污染地块分布及其环境风险情况。制定详查总体方案和技术规定，开展技术指导、监督检查和成果审核。建立土壤环境质量状况定期调查制度，每10年开展1次。（环境保护部牵头，财政部、国土资源部、农业部、国家卫生计生委等参与，地方各级人民政府负责落实。以下均需地方各级人民政府落实，不再列出）

（二）建设土壤环境质量监测网络。统一规划、整合优化土壤环境质量监测点位，2017年底前，完成土壤环境质量国控监测点位设置，建成国家土壤环境质量监测网络，充分发挥行业监测网作用，基本形成土壤环境监测能力。各省（区、市）每年至少开展1次土壤环境监测技术人员培训。各地可根据工作需要，补充设置监测点位，增加特征污染物监测项目，提高监测频次。2020年底前，实现土壤环境质量监测点位所有县（市、区）全覆盖。（环境保护部牵头，国家发展改革委、工业和信息化部、国土资源部、农业部等参与）

（三）提升土壤环境信息化管理水平。利用环境保护、国土资源、农业等部门相关数据，建立土壤环境基础数据库，构建全国土壤环境信息化管理平台，力争2018年底前完成。借助移动互联网、物联网等技术，拓宽数据获取渠道，实现数据动态更新。加强数据共享，编制资源共享目录，明确共享权限和方式，发挥土壤环境大数据在污染防治、城乡规划、土地利用、农业生产中的作用。（环境保护部牵头，国家发展改革委、教育部、科技部、工业和信息化部、国土资源部、住房城乡建设部、农业部、国家卫生计生委、国家林业局等参与）

二、推进土壤污染防治立法，建立健全法规标准体系

（四）加快推进立法进程。配合完成土壤污染防治法起草工作。适时修订污染防治、城乡规划、土地管理、农产品质量安全相关法律法规，增加土壤污染防治有关内容。2016年底前，完成农药管理条例修订工作，发布污染地块土壤环境管理办法、农用地土壤环境管理办法。2017年底前，出台农药包装废弃物回收处理、工矿用地土壤环境管理、废弃农膜回收利用等部门规章。到2020年，土壤污染防治法律法规体系基本建立。各地可结合实际，研究制定土壤污染防治地方性法规。（国务院法制办、环境保护部牵头，工业和信息化部、国土资源部、住房城乡建设部、农业部、国家林业局等参与）

（五）系统构建标准体系。健全土壤污染防治相关标准和技术规范。2017年底前，发布农用地、建设用地土壤环境质量标准；完成土壤环境监测、调查评估、风险管控、治理与修复等技术规范以及环境影响评价技术导则制修订工作；修订肥料、饲料、灌溉用水中有毒有害物质限量和农用污泥中污染物控制等标准，进一步严格污染物控制要求；修订农膜标准，提高厚度要求，研究制定可降解农膜标准；修订农药包装标准，增加防止农药包装废弃物污染土壤的要求。适时修订污染物排放标准，进一步明确污染物特别排放限值要求。完善土壤中污染物分析测试方法，研制土壤环境标准样品。各地可制定严于国家标准的地方土壤环境质量标准。（环境保护部牵头，工业和信息化部、国土资源部、住房城乡建设部、水利部、农业部、质检总局、国家林业局等参与）

（六）全面强化监管执法。明确监管重点。重点监测土壤中镉、汞、砷、铅、铬等重金属和多环芳烃、石油烃等有机污染物，重点监管有色金属矿采选、有色金属冶炼、石油开采、石油加工、化工、焦化、电镀、制革等行业，以及产粮（油）大县、地级以上城市建成区等区域。（环境保护部牵头，工业和信息化部、国土资源部、住房城乡建设部、农业部等参与）

加大执法力度。将土壤污染防治作为环境执法的重要内容，充分利用环境监管网格，加强土壤环境日常监管执法。严厉打击非法排放有毒有害污染物、违法违规存放危险化学品、非法处置危险废物、不正常使用污染治理设施、监测数据弄虚作假等环境违法行为。开展重点行业企业专项环境执法，对严重污染土壤环境、群众反映强烈的企业进行挂牌督办。改善基层环境执法条件，配备必要的土壤污染快速检测等执法装备。对全国环境执法人员每3年开展1轮土壤污染防治专业技术培训。提高突发环境事件应急能力，完善各级环境污染事件应急预案，加强环境应急管理、技术支撑、处置救援能力建设。（环

境保护部牵头，工业和信息化部、公安部、国土资源部、住房城乡建设部、农业部、安全监管总局、国家林业局等参与）

三、实施农用地分类管理，保障农业生产环境安全

（七）划定农用地土壤环境质量类别。按污染程度将农用地划为三个类别，未污染和轻微污染的划为优先保护类，轻度和中度污染的划为安全利用类，重度污染的划为严格管控类，以耕地为重点，分别采取相应管理措施，保障农产品质量安全。2017 年底前，发布农用地土壤环境质量类别划分技术指南。以土壤污染状况详查结果为依据，开展耕地土壤和农产品协同监测与评价，在试点基础上有序推进耕地土壤环境质量类别划定，逐步建立分类清单，2020 年底前完成。划定结果由各省级人民政府审定，数据上传全国土壤环境信息化管理平台。根据土地利用变更和土壤环境质量变化情况，定期对各类别耕地面积、分布等信息进行更新。有条件的地区要逐步开展林地、草地、园地等其他农用地土壤环境质量类别划定等工作。（环境保护部、农业部牵头，国土资源部、国家林业局等参与）

（八）切实加大保护力度。各地要将符合条件的优先保护类耕地划为永久基本农田，实行严格保护，确保其面积不减少、土壤环境质量不下降，除法律规定的重点建设项目选址确实无法避让外，其他任何建设不得占用。产粮（油）大县要制定土壤环境保护方案。高标准农田建设项目向优先保护类耕地集中的地区倾斜。推行秸秆还田、增施有机肥、少耕免耕、粮豆轮作、农膜减量与回收利用等措施。继续开展黑土地保护利用试点。农村土地流转的受让方要履行土壤保护的责任，避免因过度施肥、滥用农药等掠夺式农业生产方式造成土壤环境质量下降。各省级人民政府要对本行政区域内优先保护类耕地面积减少或土壤环境质量下降的县（市、区），进行预警提醒并依法采取环评限批等限制性措施。（国土资源部、农业部牵头，国家发展改革委、环境保护部、水利部等参与）

防控企业污染。严格控制在优先保护类耕地集中区域新建有色金属冶炼、石油加工、化工、焦化、电镀、制革等行业企业，现有相关行业企业要采用新技术、新工艺，加快提标升级改造步伐。（环境保护部、国家发展改革委牵头，工业和信息化部参与）

（九）着力推进安全利用。根据土壤污染状况和农产品超标情况，安全利用类耕地集中的县（市、区）要结合当地主要作物品种和种植习惯，制定实施受污染耕地安全利用方案，采取农艺调控、替代种植等措施，降低农产品超标风险。强化农产品质量检测。加强对农民、农民合作社的技术指导和培训。2017 年底前，出台受污染耕地安全利用技术指南。到 2020 年，轻度和中度污染耕地实现安全利用的面积达到 4000 万亩。（农业部牵头，国土资源部等参与）

（十）全面落实严格管控。加强对严格管控类耕地的用途管理，依法划定特定农产品禁止生产区域，严禁种植食用农产品；对威胁地下水、饮用水水源安全的，有关县（市、区）要制定环境风险管控方案，并落实有关措施。研究将严格管控类耕地纳入国家新一轮退耕还林还草实施范围，制定实施重度污染耕地种植结构调整或退耕还林还草计划。继续在湖南长株潭地区开展重金属污染耕地修复及农作物种植结构调整试点。实行耕地轮作休耕制度试点。到 2020 年，重度污染耕地种植结构调整或退耕还林还草面积力争达到 2000 万亩。（农业部牵头，国家发展改革委、财政部、国土资源部、环境保护部、水利部、国家林业局参与）

（十一）加强林地草地园地土壤环境管理。严格控制林地、草地、园地的农药使用量，禁止使用高毒、高残留农药。完善生物农药、引诱剂管理制度，加大使用推广力度。优先将重度污染的牧草地集中区域纳入禁牧休牧实施范围。加强对重度污染林地、园地产出食用农（林）产品质量检测，发现超标的，要采取种植结构调整等措施。（农业部、国家林业局负责）

四、实施建设用地准入管理，防范人居环境风险

（十二）明确管理要求。建立调查评估制度。2016 年底前，发布建设用地土壤环境调查评估技术规定。自 2017 年起，对拟收回土地使用权的有色金属冶炼、石油加工、化工、焦化、电镀、制革等行业企

业用地，以及用途拟变更为居住和商业、学校、医疗、养老机构等公共设施的上述企业用地，由土地使用权人负责开展土壤环境状况调查评估；已经收回的，由所在地市、县级人民政府负责开展调查评估。自2018年起，重度污染农用地转为城镇建设用地的，由所在地市、县级人民政府负责组织开展调查评估。调查评估结果向所在地环境保护、城乡规划、国土资源部门备案。（环境保护部牵头，国土资源部、住房城乡建设部参与）

分用途明确管理措施。自 2017 年起，各地要结合土壤污染状况详查情况，根据建设用地土壤环境调查评估结果，逐步建立污染地块名录及其开发利用的负面清单，合理确定土地用途。符合相应规划用地土壤环境质量要求的地块，可进入用地程序。暂不开发利用或现阶段不具备治理修复条件的污染地块，由所在地县级人民政府组织划定管控区域，设立标识，发布公告，开展土壤、地表水、地下水、空气环境监测；发现污染扩散的，有关责任主体要及时采取污染物隔离、阻断等环境风险管控措施。（国土资源部牵头，环境保护部、住房城乡建设部、水利部等参与）

（十三）落实监管责任。地方各级城乡规划部门要结合土壤环境质量状况，加强城乡规划论证和审批管理。地方各级国土资源部门要依据土地利用总体规划、城乡规划和地块土壤环境质量状况，加强土地征收、收回、收购以及转让、改变用途等环节的监管。地方各级环境保护部门要加强对建设用地土壤环境状况调查、风险评估和污染地块治理与修复活动的监管。建立城乡规划、国土资源、环境保护等部门间的信息沟通机制，实行联动监管。（国土资源部、环境保护部、住房城乡建设部负责）

（十四）严格用地准入。将建设用地土壤环境管理要求纳入城市规划和供地管理，土地开发利用必须符合土壤环境质量要求。地方各级国土资源、城乡规划等部门在编制土地利用总体规划、城市总体规划、控制性详细规划等相关规划时，应充分考虑污染地块的环境风险，合理确定土地用途。（国土资源部、住房城乡建设部牵头，环境保护部参与）

五、强化未污染土壤保护，严控新增土壤污染

（十五）加强未利用地环境管理。按照科学有序原则开发利用未利用地，防止造成土壤污染。拟开发为农用地的，有关县（市、区）人民政府要组织开展土壤环境质量状况评估；不符合相应标准的，不得种植食用农产品。各地要加强纳入耕地后备资源的未利用地保护，定期开展巡查。依法严查向沙漠、滩涂、盐碱地、沼泽地等非法排污、倾倒有毒有害物质的环境违法行为。加强对矿山、油田等矿产资源开采活动影响区域内未利用地的环境监管，发现土壤污染问题的，要及时督促有关企业采取防治措施。推动盐碱地土壤改良，自2017年起，在新疆生产建设兵团等地开展利用燃煤电厂脱硫石膏改良盐碱地试点。（环境保护部、国土资源部牵头，国家发展改革委、公安部、水利部、农业部、国家林业局等参与）

（十六）防范建设用地新增污染。排放重点污染物的建设项目，在开展环境影响评价时，要增加对土壤环境影响的评价内容，并提出防范土壤污染的具体措施；需要建设的土壤污染防治设施，要与主体工程同时设计、同时施工、同时投产使用；有关环境保护部门要做好有关措施落实情况的监督管理工作。自2017年起，有关地方人民政府要与重点行业企业签订土壤污染防治责任书，明确相关措施和责任，责任书向社会公开。（环境保护部负责）

（十七）强化空间布局管控。加强规划区划和建设项目布局论证，根据土壤等环境承载能力，合理确定区域功能定位、空间布局。鼓励工业企业集聚发展，提高土地节约集约利用水平，减少土壤污染。严格执行相关行业企业布局选址要求，禁止在居民区、学校、医疗和养老机构等周边新建有色金属冶炼、焦化等行业企业；结合推进新型城镇化、产业结构调整和化解过剩产能等，有序搬迁或依法关闭对土壤造成严重污染的现有企业。结合区域功能定位和土壤污染防治需要，科学布局生活垃圾处理、危险废物处置、废旧资源再生利用等设施和场所，合理确定畜禽养殖布局和规模。（国家发展改革委牵头，工业和信息化部、国土资源部、环境保护部、住房城乡建设部、水利部、农业部、国家林业局等参与）

六、加强污染源监管，做好土壤污染预防工作

（十八）严控工矿污染。加强日常环境监管。各地要根据工矿企业分布和污染排放情况，确定土壤环境重点监管企业名单，实行动态更新，并向社会公布。列入名单的企业每年要自行对其用地进行土壤环境监测，结果向社会公开。有关环境保护部门要定期对重点监管企业和工业园区周边开展监测，数据及时上传全国土壤环境信息化管理平台，结果作为环境执法和风险预警的重要依据。适时修订国家鼓励的有毒有害原料（产品）替代品目录。加强电器电子、汽车等工业产品中有害物质控制。有色金属冶炼、石油加工、化工、焦化、电镀、制革等行业企业拆除生产设施设备、构筑物和污染治理设施，要事先制定残留污染物清理和安全处置方案，并报所在地县级环境保护、工业和信息化部门备案；要严格按照有关规定实施安全处理处置，防范拆除活动污染土壤。2017 年底前，发布企业拆除活动污染防治技术规定。（环境保护部、工业和信息化部负责）

严防矿产资源开发污染土壤。自 2017 年起，内蒙古、江西、河南、湖北、湖南、广东、广西、四川、贵州、云南、陕西、甘肃、新疆等省（区）矿产资源开发活动集中的区域，执行重点污染物特别排放限值。全面整治历史遗留尾矿库，完善覆膜、压土、排洪、堤坝加固等隐患治理和闭库措施。有重点监管尾矿库的企业要开展环境风险评估，完善污染治理设施，储备应急物资。加强对矿产资源开发利用活动的辐射安全监管，有关企业每年要对本矿区土壤进行辐射环境监测。（环境保护部、安全监管总局牵头，工业和信息化部、国土资源部参与）

加强涉重金属行业污染防控。严格执行重金属污染物排放标准并落实相关总量控制指标，加大监督检查力度，对整改后仍不达标的企业，依法责令其停业、关闭，并将企业名单向社会公开。继续淘汰涉重金属重点行业落后产能，完善重金属相关行业准入条件，禁止新建落后产能或产能严重过剩行业的建设项目。按计划逐步淘汰普通照明白炽灯。提高铅酸蓄电池等行业落后产能淘汰标准，逐步退出落后产能。制定涉重金属重点工业行业清洁生产技术推行方案，鼓励企业采用先进适用生产工艺和技术。2020 年重点行业的重点重金属排放量要比 2013 年下降 10%。（环境保护部、工业和信息化部牵头，国家发展改革委参与）

加强工业废物处理处置。全面整治尾矿、煤矸石、工业副产石膏、粉煤灰、赤泥、冶炼渣、电石渣、铬渣、砷渣以及脱硫、脱硝、除尘产生固体废物的堆存场所，完善防扬散、防流失、防渗漏等设施，制定整治方案并有序实施。加强工业固体废物综合利用。对电子废物、废轮胎、废塑料等再生利用活动进行清理整顿，引导有关企业采用先进适用加工工艺、集聚发展，集中建设和运营污染治理设施，防止污染土壤和地下水。自 2017 年起，在京津冀、长三角、珠三角等地区的部分城市开展污水与污泥、废气与废渣协同治理试点。（环境保护部、国家发展改革委牵头，工业和信息化部、国土资源部参与）

（十九）控制农业污染。合理使用化肥农药。鼓励农民增施有机肥，减少化肥使用量。科学施用农药，推行农作物病虫害专业化统防统治和绿色防控，推广高效低毒低残留农药和现代植保机械。加强农药包装废弃物回收处理，自 2017 年起，在江苏、山东、河南、海南等省份选择部分产粮（油）大县和蔬菜产业重点县开展试点；到 2020 年，推广到全国 30%的产粮（油）大县和所有蔬菜产业重点县。推行农业清洁生产，开展农业废弃物资源化利用试点，形成一批可复制、可推广的农业面源污染防治技术模式。严禁将城镇生活垃圾、污泥、工业废物直接用作肥料。到 2020 年，全国主要农作物化肥、农药使用量实现零增长，利用率提高到 40%以上，测土配方施肥技术推广覆盖率提高到 90%以上。（农业部牵头，国家发展改革委、环境保护部、住房城乡建设部、供销合作总社等参与）

加强废弃农膜回收利用。严厉打击违法生产和销售不合格农膜的行为。建立健全废弃农膜回收贮运和综合利用网络，开展废弃农膜回收利用试点；到 2020 年，河北、辽宁、山东、河南、甘肃、新疆等农膜使用量较高省份力争实现废弃农膜全面回收利用。（农业部牵头，国家发展改革委、工业和信息化部、公安部、工商总局、供销合作总社等参与）

强化畜禽养殖污染防治。严格规范兽药、饲料添加剂的生产和使用，防止过量使用，促进源头减量。

加强畜禽粪便综合利用，在部分生猪大县开展种养业有机结合、循环发展试点。鼓励支持畜禽粪便处理利用设施建设，到2020年，规模化养殖场、养殖小区配套建设废弃物处理设施比例达到75%以上。（农业部牵头，国家发展改革委、环境保护部参与）

加强灌溉水水质管理。开展灌溉水水质监测。灌溉用水应符合农田灌溉水水质标准。对因长期使用污水灌溉导致土壤污染严重、威胁农产品质量安全的，要及时调整种植结构。（水利部牵头，农业部参与）

（二十）减少生活污染。建立政府、社区、企业和居民协调机制，通过分类投放收集、综合循环利用，促进垃圾减量化、资源化、无害化。建立村庄保洁制度，推进农村生活垃圾治理，实施农村生活污水治理工程。整治非正规垃圾填埋场。深入实施“以奖促治”政策，扩大农村环境连片整治范围。推进水泥窑协同处置生活垃圾试点。鼓励将处理达标后的污泥用于园林绿化。开展利用建筑垃圾生产建材产品等资源化利用示范。强化废氧化汞电池、镍镉电池、铅酸蓄电池和含汞荧光灯管、温度计等含重金属废物的安全处置。减少过度包装，鼓励使用环境标志产品。（住房城乡建设部牵头，国家发展改革委、工业和信息化部、财政部、环境保护部参与）

七、开展污染治理与修复，改善区域土壤环境质量

（二十一）明确治理与修复主体。按照“谁污染，谁治理”原则，造成土壤污染的单位或个人要承担治理与修复的主体责任。责任主体发生变更的，由变更后继承其债权、债务的单位或个人承担相关责任；土地使用权依法转让的，由土地使用权受让人或双方约定的责任人承担相关责任。责任主体灭失或责任主体不明确的，由所在地县级人民政府依法承担相关责任。（环境保护部牵头，国土资源部、住房城乡建设部参与）

（二十二）制定治理与修复规划。各省（区、市）要以影响农产品质量和人居环境安全的突出土壤污染问题为重点，制定土壤污染治理与修复规划，明确重点任务、责任单位和分年度实施计划，建立项目库，2017年底前完成。规划报环境保护部备案。京津冀、长三角、珠三角地区要率先完成。（环境保护部牵头，国土资源部、住房城乡建设部、农业部等参与）

（二十三）有序开展治理与修复。确定治理与修复重点。各地要结合城市环境质量提升和发展布局调整，以拟开发建设居住、商业、学校、医疗和养老机构等项目的污染地块为重点，开展治理与修复。在江西、湖北、湖南、广东、广西、四川、贵州、云南等省份污染耕地集中区域优先组织开展治理与修复；其他省份要根据耕地土壤污染程度、环境风险及其影响范围，确定治理与修复的重点区域。到2020年，受污染耕地治理与修复面积达到1000万亩。（国土资源部、农业部、环境保护部牵头，住房城乡建设部参与）

强化治理与修复工程监管。治理与修复工程原则上在原址进行，并采取必要措施防止污染土壤挖掘、堆存等造成二次污染；需要转运污染土壤的，有关责任单位要将运输时间、方式、线路和污染土壤数量、去向、最终处置措施等，提前向所在地和接收地环境保护部门报告。工程施工期间，责任单位要设立公告牌，公开工程基本情况、环境影响及其防范措施；所在地环境保护部门要对各项环境保护措施落实情况进行检查。工程完工后，责任单位要委托第三方机构对治理与修复效果进行评估，结果向社会公开。实行土壤污染治理与修复终身责任制，2017年底前，出台有关责任追究办法。（环境保护部牵头，国土资源部、住房城乡建设部、农业部参与）

（二十四）监督目标任务落实。各省级环境保护部门要定期向环境保护部报告土壤污染治理与修复工作进展；环境保护部要会同有关部门进行督导检查。各省（区、市）要委托第三方机构对本行政区域各县（市、区）土壤污染治理与修复成效进行综合评估，结果向社会公开。2017年底前，出台土壤污染治理与修复成效评估办法。（环境保护部牵头，国土资源部、住房城乡建设部、农业部参与）

八、加大科技研发力度，推动环境保护产业发展

（二十五）加强土壤污染防治研究。整合高等学校、研究机构、企业等科研资源，开展土壤环境基准、土壤环境容量与承载能力、污染物迁移转化规律、污染生态效应、重金属低积累作物和修复植物筛选，以及土壤污染与农产品质量、人体健康关系等方面基础研究。推进土壤污染诊断、风险管控、治理与修复等共性关键技术研究，研发先进适用装备和高效低成本功能材料（药剂），强化卫星遥感技术应用，建设一批土壤污染防治实验室、科研基地。优化整合科技计划（专项、基金等），支持土壤污染防治研究。（科技部牵头，国家发展改革委、教育部、工业和信息化部、国土资源部、环境保护部、住房城乡建设部、农业部、国家卫生计生委、国家林业局、中科院等参与）

（二十六）加大适用技术推广力度。建立健全技术体系。综合土壤污染类型、程度和区域代表性，针对典型受污染农用地、污染地块，分批实施200个土壤污染治理与修复技术应用试点项目，2020年底前完成。根据试点情况，比选形成一批易推广、成本低、效果好的适用技术。（环境保护部、财政部牵头，科技部、国土资源部、住房城乡建设部、农业部等参与）

加快成果转化应用。完善土壤污染防治科技成果转化机制，建成以环保为主导产业的高新技术产业开发区等一批成果转化平台。2017年底前，发布鼓励发展的土壤污染防治重大技术装备目录。开展国际合作研究与技术交流，引进消化土壤污染风险识别、土壤污染物快速检测、土壤及地下水污染阻隔等风险管控先进技术和管理经验。（科技部牵头，国家发展改革委、教育部、工业和信息化部、国土资源部、环境保护部、住房城乡建设部、农业部、中科院等参与）

（二十七）推动治理与修复产业发展。放开服务性监测市场，鼓励社会机构参与土壤环境监测评估等活动。通过政策推动，加快完善覆盖土壤环境调查、分析测试、风险评估、治理与修复工程设计和施工等环节的成熟产业链，形成若干综合实力雄厚的龙头企业，培育一批充满活力的中小企业。推动有条件的地区建设产业化示范基地。规范土壤污染治理与修复从业单位和人员管理，建立健全监督机制，将技术服务能力弱、运营管理水平低、综合信用差的从业单位名单通过企业信用信息公示系统向社会公开。发挥“互联网+”在土壤污染治理与修复全产业链中的作用，推进大众创业、万众创新。（国家发展改革委牵头，科技部、工业和信息化部、国土资源部、环境保护部、住房城乡建设部、农业部、商务部、工商总局等参与）

九、发挥政府主导作用，构建土壤环境治理体系

（二十八）强化政府主导。完善管理体制。按照“国家统筹、省负总责、市县落实”原则，完善土壤环境管理体制，全面落实土壤污染防治属地责任。探索建立跨行政区域土壤污染防治联动协作机制。（环境保护部牵头，国家发展改革委、科技部、工业和信息化部、财政部、国土资源部、住房城乡建设部、农业部等参与）

加大财政投入。中央和地方各级财政加大对土壤污染防治工作的支持力度。中央财政整合重金属污染防治专项资金等，设立土壤污染防治专项资金，用于土壤环境调查与监测评估、监督管理、治理与修复等工作。各地应统筹相关财政资金，通过现有政策和资金渠道加大支持，将农业综合开发、高标准农田建设、农田水利建设、耕地保护与质量提升、测土配方施肥等涉农资金，更多用于优先保护类耕地集中的县（市、区）。有条件的省（区、市）可对优先保护类耕地面积增加的县（市、区）予以适当奖励。统筹安排专项建设基金，支持企业对涉重金属落后生产工艺和设备进行技术改造。（财政部牵头，国家发展改革委、工业和信息化部、国土资源部、环境保护部、水利部、农业部等参与）

完善激励政策。各地要采取有效措施，激励相关企业参与土壤污染治理与修复。研究制定扶持有机肥生产、废弃农膜综合利用、农药包装废弃物回收处理等企业的激励政策。在农药、化肥等行业，开展环保领跑者制度试点。（财政部牵头，国家发展改革委、工业和信息化部、国土资源部、环境保护部、住房城乡建设部、农业部、税务总局、供销合作总社等参与）

建设综合防治先行区。2016年底前，在浙江省台州市、湖北省黄石市、湖南省常德市、广东省韶关市、广西壮族自治区河池市和贵州省铜仁市启动土壤污染综合防治先行区建设，重点在土壤污染源头预防、风险管控、治理与修复、监管能力建设等方面进行探索，力争到2020年先行区土壤环境质量得到明显改善。有关地方人民政府要编制先行区建设方案，按程序报环境保护部、财政部备案。京津冀、长三角、珠三角等地区可因地制宜开展先行区建设。（环境保护部、财政部牵头，国家发展改革委、国土资源部、住房城乡建设部、农业部、国家林业局等参与）

（二十九）发挥市场作用。通过政府和社会资本合作（PPP）模式，发挥财政资金撬动功能，带动更多社会资本参与土壤污染防治。加大政府购买服务力度，推动受污染耕地和以政府为责任主体的污染地块治理与修复。积极发展绿色金融，发挥政策性和开发性金融机构引导作用，为重大土壤污染防治项目提供支持。鼓励符合条件的土壤污染治理与修复企业发行股票。探索通过发行债券推进土壤污染治理与修复，在土壤污染综合防治先行区开展试点。有序开展重点行业企业环境污染强制责任保险试点。（国家发展改革委、环境保护部牵头，财政部、人民银行、银监会、证监会、保监会等参与）

（三十）加强社会监督。推进信息公开。根据土壤环境质量监测和调查结果，适时发布全国土壤环境状况。各省（区、市）人民政府定期公布本行政区域各地级市（州、盟）土壤环境状况。重点行业企业要依据有关规定，向社会公开其产生的污染物名称、排放方式、排放浓度、排放总量，以及污染防治设施建设和运行情况。（环境保护部牵头，国土资源部、住房城乡建设部、农业部等参与）

引导公众参与。实行有奖举报，鼓励公众通过“12369”环保举报热线、信函、电子邮件、政府网站、微信平台等途径，对乱排废水、废气，乱倒废渣、污泥等污染土壤的环境违法行为进行监督。有条件的地方可根据需要聘请环境保护义务监督员，参与现场环境执法、土壤污染事件调查处理等。鼓励种粮大户、家庭农场、农民合作社以及民间环境保护机构参与土壤污染防治工作。（环境保护部牵头，国土资源部、住房城乡建设部、农业部等参与）

推动公益诉讼。鼓励依法对污染土壤等环境违法行为提起公益诉讼。开展检察机关提起公益诉讼改革试点的地区，检察机关可以以公益诉讼人的身份，对污染土壤等损害社会公共利益的行为提起民事公益诉讼；也可以对负有土壤污染防治职责的行政机关，因违法行使职权或者不作为造成国家和社会公共利益受到侵害的行为提起行政公益诉讼。地方各级人民政府和有关部门应当积极配合司法机关的相关案件办理工作和检察机关的监督工作。（最高人民检察院、最高人民法院牵头，国土资源部、环境保护部、住房城乡建设部、水利部、农业部、国家林业局等参与）

（三十一）开展宣传教育。制定土壤环境保护宣传教育工作方案。制作挂图、视频，出版科普读物，利用互联网、数字化放映平台等手段，结合世界地球日、世界环境日、世界土壤日、世界粮食日、全国土地日等主题宣传活动，普及土壤污染防治相关知识，加强法律法规政策宣传解读，营造保护土壤环境的良好社会氛围，推动形成绿色发展方式和生活方式。把土壤环境保护宣传教育融入党政机关、学校、工厂、社区、农村等的环境宣传和培训工作。鼓励支持有条件的高等学校开设土壤环境专门课程。（环境保护部牵头，中央宣传部、教育部、国土资源部、住房城乡建设部、农业部、新闻出版广电总局、国家网信办、国家粮食局、中国科协等参与）

十、加强目标考核，严格责任追究

（三十二）明确地方政府主体责任。地方各级人民政府是实施本行动计划的主体，要于2016年底前分别制定并公布土壤污染防治工作方案，确定重点任务和工作目标。要加强组织领导，完善政策措施，加大资金投入，创新投融资模式，强化监督管理，抓好工作落实。各省（区、市）工作方案报国务院备案。（环境保护部牵头，国家发展改革委、财政部、国土资源部、住房城乡建设部、农业部等参与）

（三十三）加强部门协调联动。建立全国土壤污染防治工作协调机制，定期研究解决重大问题。各有关部门要按照职责分工，协同做好土壤污染防治工作。环境保护部要抓好统筹协调，加强督促检查，每年2月底前将上年度工作进展情况向国务院报告。（环境保护部牵头，国家发展改革委、科技部、工

业和信息化部、财政部、国土资源部、住房城乡建设部、水利部、农业部、国家林业局等参与）

（三十四）落实企业责任。有关企业要加强内部管理，将土壤污染防治纳入环境风险防控体系，严格依法依规建设和运营污染治理设施，确保重点污染物稳定达标排放。造成土壤污染的，应承担损害评估、治理与修复的法律责任。逐步建立土壤污染治理与修复企业行业自律机制。国有企业特别是中央企业要带头落实。（环境保护部牵头，工业和信息化部、国务院国资委等参与）

（三十五）严格评估考核。实行目标责任制。2016 年底前，国务院与各省（区、市）人民政府签订土壤污染防治目标责任书，分解落实目标任务。分年度对各省（区、市）重点工作进展情况进行评估，2020 年对本行动计划实施情况进行考核，评估和考核结果作为对领导班子和领导干部综合考核评价、自然资源资产离任审计的重要依据。（环境保护部牵头，中央组织部、审计署参与）

评估和考核结果作为土壤污染防治专项资金分配的重要参考依据。（财政部牵头，环境保护部参与）

对年度评估结果较差或未通过考核的省（区、市），要提出限期整改意见，整改完成前，对有关地区实施建设项目环评限批；整改不到位的，要约谈有关省级人民政府及其相关部门负责人。对土壤环境问题突出、区域土壤环境质量明显下降、防治工作不力、群众反映强烈的地区，要约谈有关地市级人民政府和省级人民政府相关部门主要负责人。对失职渎职、弄虚作假的，区分情节轻重，予以诫勉、责令公开道歉、组织处理或党纪政纪处分；对构成犯罪的，要依法追究刑事责任，已经调离、提拔或者退休的，也要终身追究责任。（环境保护部牵头，中央组织部、监察部参与）

我国正处于全面建成小康社会决胜阶段，提高环境质量是人民群众的热切期盼，土壤污染防治任务艰巨。各地区、各有关部门要认清形势，坚定信心，狠抓落实，切实加强污染治理和生态保护，如期实现全国土壤污染防治目标，确保生态环境质量得到改善、各类自然生态系统安全稳定，为建设美丽中国、实现“两个一百年”奋斗目标和中华民族伟大复兴的中国梦作出贡献。

环境保护公众参与办法

环境保护部令　部令 第 35 号

《环境保护公众参与办法》已于 2015 年 7 月 2 日由环境保护部部务会议通过，现予公布，自 2015 年 9 月 1 日起施行。

部长　陈吉宁

2015 年 7 月 13 日

附件

环境保护公众参与办法

第一条　为保障公民、法人和其他组织获取环境信息、参与和监督环境保护的权利，畅通参与渠道，促进环境保护公众参与依法有序发展，根据《环境保护法》及有关法律法规，制定本办法。

第二条　本办法适用于公民、法人和其他组织参与制定政策法规、实施行政许可或者行政处罚、监督违法行为、开展宣传教育等环境保护公共事务的活动。

第三条　环境保护公众参与应当遵循依法、有序、自愿、便利的原则。

第四条　环境保护主管部门可以通过征求意见、问卷调查，组织召开座谈会、专家论证会、听证会等方式征求公民、法人和其他组织对环境保护相关事项或者活动的意见和建议。

公民、法人和其他组织可以通过电话、信函、传真、网络等方式向环境保护主管部门提出意见和建议。

第五条 环境保护主管部门向公民、法人和其他组织征求意见时，应当公布以下信息：

（一）相关事项或者活动的背景资料；

（二）征求意见的起止时间；

（三）公众提交意见和建议的方式；

（四）联系部门和联系方式。

公民、法人和其他组织应当在征求意见的时限内提交书面意见和建议。

第六条 环境保护主管部门拟组织问卷调查征求意见的，应当对相关事项的基本情况进行说明。调查问卷所设问题应当简单明确、通俗易懂。调查的人数及其范围应当综合考虑相关事项或者活动的环境影响范围和程度、社会关注程度、组织公众参与所需要的人力和物力资源等因素。

第七条 环境保护主管部门拟组织召开座谈会、专家论证会征求意见的，应当提前将会议的时间、地点、议题、议程等事项通知参会人员，必要时可以通过政府网站、主要媒体等途径予以公告。

参加专家论证会的参会人员应当以相关专业领域专家、环保社会组织中的专业人士为主，同时应当邀请可能受相关事项或者活动直接影响的公民、法人和其他组织的代表参加。

第八条 法律、法规规定应当听证的事项，环境保护主管部门应当向社会公告，并举行听证。

环境保护主管部门组织听证应当遵循公开、公平、公正和便民的原则，充分听取公民、法人和其他组织的意见，并保证其陈述意见、质证和申辩的权利。

除涉及国家秘密、商业秘密或者个人隐私外，听证应当公开举行。

第九条 环境保护主管部门应当对公民、法人和其他组织提出的意见和建议进行归类整理、分析研究，在作出环境决策时予以充分考虑，并以适当的方式反馈公民、法人和其他组织。

第十条 环境保护主管部门支持和鼓励公民、法人和其他组织对环境保护公共事务进行舆论监督和社会监督。

第十一条 公民、法人和其他组织发现任何单位和个人有污染环境和破坏生态行为的，可以通过信函、传真、电子邮件、“12369”环保举报热线、政府网站等途径，向环境保护主管部门举报。

第十二条 公民、法人和其他组织发现地方各级人民政府、县级以上环境保护主管部门不依法履行职责的，有权向其上级机关或者监察机关举报。

第十三条 接受举报的环境保护主管部门应当依照有关法律、法规规定调查核实举报的事项，并将调查情况和处理结果告知举报人。

第十四条 接受举报的环境保护主管部门应当对举报人的相关信息予以保密，保护举报人的合法权益。

第十五条 对保护和改善环境有显著成绩的单位和个人，依法给予奖励。

国家鼓励县级以上环境保护主管部门推动有关部门设立环境保护有奖举报专项资金。

第十六条 环境保护主管部门可以通过提供法律咨询、提交书面意见、协助调查取证等方式，支持符合法定条件的环保社会组织依法提起环境公益诉讼。

第十七条 环境保护主管部门应当在其职责范围内加强宣传教育工作，普及环境科学知识，增强公众的环保意识、节约意识；鼓励公众自觉践行绿色生活、绿色消费，形成低碳节约、保护环境的社会风尚。

第十八条 环境保护主管部门可以通过项目资助、购买服务等方式，支持、引导社会组织参与环境保护活动。

第十九条 法律、法规和环境保护部制定的其他部门规章对环境保护公众参与另有规定的，从其规定。

第二十条 本办法自 2015 年 9 月 1 日起施行。

企业事业单位环境信息公开办法

环境保护部令

第 31 号

《企业事业单位环境信息公开办法》已于 2014 年 12 月 15 日由环境保护部部务会议审议通过，现予公布，自 2015 年 1 月 1 日起施行。

部长　周生贤

2014 年 12 月 19 日

附件

企业事业单位环境信息公开办法

第一条　为维护公民、法人和其他组织依法享有获取环境信息的权利，促进企业事业单位如实向社会公开环境信息，推动公众参与和监督环境保护，根据《中华人民共和国环境保护法》、《企业信息公示暂行条例》等有关法律法规，制定本办法。

第二条　环境保护部负责指导、监督全国企业事业单位环境信息公开工作。

县级以上环境保护主管部门负责指导、监督本行政区域内的企业事业单位环境信息公开工作。

第三条　企业事业单位应当按照强制公开和自愿公开相结合的原则，及时、如实地公开其环境信息。

第四条　环境保护主管部门应当建立健全指导、监督企业事业单位环境信息公开工作制度。环境保护主管部门开展指导、监督企业事业单位环境信息公开工作所需经费，应当列入本部门的行政经费预算。

有条件的环境保护主管部门可以建设企业事业单位环境信息公开平台。

企业事业单位应当建立健全本单位环境信息公开制度，指定机构负责本单位环境信息公开日常工作。

第五条　环境保护主管部门应当根据企业事业单位公开的环境信息及政府部门环境监管信息，建立企业事业单位环境行为信用评价制度。

第六条　企业事业单位环境信息涉及国家秘密、商业秘密或者个人隐私的，依法可以不公开；法律、法规另有规定的，从其规定。

第七条　设区的市级人民政府环境保护主管部门应当于每年 3 月底前确定本行政区域内重点排污单位名录，并通过政府网站、报刊、广播、电视等便于公众知晓的方式公布。

环境保护主管部门确定重点排污单位名录时，应当综合考虑本行政区域的环境容量、重点污染物排放总量控制指标的要求，以及企业事业单位排放污染物的种类、数量和浓度等因素。

第八条　具备下列条件之一的企业事业单位，应当列入重点排污单位名录：

（一）被设区的市级以上人民政府环境保护主管部门确定为重点监控企业的；

（二）具有试验、分析、检测等功能的化学、医药、生物类省级重点以上实验室、二级以上医院、污染物集中处置单位等污染物排放行为引起社会广泛关注的或者可能对环境敏感区造成较大影响的；

（三）三年内发生较大以上突发环境事件或者因环境污染问题造成重大社会影响的；

（四）其他有必要列入的情形。

第九条 重点排污单位应当公开下列信息：

（一）基础信息，包括单位名称、组织机构代码、法定代表人、生产地址、联系方式，以及生产经营和管理服务的主要内容、产品及规模；

（二）排污信息，包括主要污染物及特征污染物的名称、排放方式、排放口数量和分布情况、排放浓度和总量、超标情况，以及执行的污染物排放标准、核定的排放总量；

（三）防治污染设施的建设和运行情况；

（四）建设项目环境影响评价及其他环境保护行政许可情况；

（五）突发环境事件应急预案；

（六）其他应当公开的环境信息。

列入国家重点监控企业名单的重点排污单位还应当公开其环境自行监测方案。

第十条 重点排污单位应当通过其网站、企业事业单位环境信息公开平台或者当地报刊等便于公众知晓的方式公开环境信息，同时可以采取以下一种或者几种方式予以公开：

（一）公告或者公开发行的信息专刊；

（二）广播、电视等新闻媒体；

（三）信息公开服务、监督热线电话；

（四）本单位的资料索取点、信息公开栏、信息亭、电子屏幕、电子触摸屏等场所或者设施；

（五）其他便于公众及时、准确获得信息的方式。

第十一条 重点排污单位应当在环境保护主管部门公布重点排污单位名录后九十日内公开本办法第九条规定的环境信息；环境信息有新生成或者发生变更情形的，重点排污单位应当自环境信息生成或者变更之日起三十日内予以公开。法律、法规另有规定的，从其规定。

第十二条 重点排污单位之外的企业事业单位可以参照本办法第九条、第十条和第十一条的规定公开其环境信息。

第十三条 国家鼓励企业事业单位自愿公开有利于保护生态、防治污染、履行社会环境责任的相关信息。

第十四条 环境保护主管部门有权对重点排污单位环境信息公开活动进行监督检查。被检查者应当如实反映情况，提供必要的资料。

第十五条 环境保护主管部门应当宣传和引导公众监督企业事业单位环境信息公开工作。

公民、法人和其他组织发现重点排污单位未依法公开环境信息的，有权向环境保护主管部门举报。接受举报的环境保护主管部门应当对举报人的相关信息予以保密，保护举报人的合法权益。

第十六条 重点排污单位违反本办法规定，有下列行为之一的，由县级以上环境保护主管部门根据《中华人民共和国环境保护法》的规定责令公开，处三万元以下罚款，并予以公告：

（一）不公开或者不按照本办法第九条规定的内容公开环境信息的；

（二）不按照本办法第十条规定的方式公开环境信息的；

（三）不按照本办法第十一条规定的时限公开环境信息的；

（四）公开内容不真实、弄虚作假的。

法律、法规另有规定的，从其规定。

第十七条 本办法由国务院环境保护主管部门负责解释。

第十八条 本办法自2015年1月1日起施行。

国务院关于印发 2016 年推进简政放权放管结合优化服务改革工作要点的通知

国发〔2016〕30 号

各省、自治区、直辖市人民政府，国务院各部委、各直属机构：

国务院批准《2016 年推进简政放权放管结合优化服务改革工作要点》，现予印发，请认真贯彻落实。

国务院

2016 年 5 月 23 日

2016 年推进简政放权放管结合优化服务改革工作要点

2016 年是“十三五”规划开局之年，也是推进供给侧结构性改革的攻坚之年。今年推进简政放权、放管结合、优化服务改革的总体要求是：全面贯彻党的十八大和十八届二中、三中、四中、五中全会精神，认真落实中央经济工作会议和《政府工作报告》部署，按照创新、协调、绿色、开放、共享的发展理念，紧紧扭住转变政府职能这个“牛鼻子”，在更大范围、更深层次，以更有力举措推进简政放权、放管结合、优化服务改革，使市场在资源配置中起决定性作用和更好发挥政府作用，破除制约企业和群众办事创业的体制机制障碍，着力降低制度性交易成本，优化营商环境，激发市场活力和社会创造力，与大众创业、万众创新和发展壮大新经济紧密结合起来，进一步形成经济增长内生动力，促进经济社会持续健康发展。

一、持续简政放权，进一步激发市场活力和社会创造力

（一）继续深化行政审批改革。继续加大放权力度，把该放的权力放出去，能取消的要尽量取消，直接放给市场和社会。今年要再取消 50 项以上国务院部门行政审批事项和中央指定地方实施的行政审批事项，再取消一批国务院部门行政审批中介服务事项，削减一批生产许可证、经营许可证。对确需下放给基层的审批事项，要在人才、经费、技术、装备等方面予以保障，确保基层接得住、管得好。对相同、相近或相关联的审批事项，要一并取消或下放，提高放权的协同性、联动性。对确需保留的行政审批事项，要统一审批标准，简化审批手续，规范审批流程。所有行政审批事项都要严格按法定时限做到“零超时”。继续开展相对集中行政许可权改革试点，推广地方实施综合审批的经验。（国务院审改办牵头，国务院各有关部门按职责分工负责）

（二）深入推进投资审批改革。进一步扩大企业自主权，再修订政府核准的投资项目目录，中央政府层面核准的企业投资项目削减比例累计达到原总量的 90%以上。出台《企业投资项目核准和备案管理条例》。制定中央预算内投资审批制度改革方案。出台整合规范投资建设项目报建审批事项实施方案。保留的投资项目审批事项要全部纳入全国统一的投资项目在线审批监管平台，实行“一站式”网上审批，大幅缩短审批流程和审批时间，推进投资审批提速。（国家发展改革委牵头，国土资源部、环境保护部、住房城乡建设部、交通运输部、水利部、国务院法制办等相关部门按职责分工负责）

（三）扎实做好职业资格改革。再取消一批职业资格许可和认定事项，国务院部门设置的职业资格

削减比例达到原总量的70%以上。全面清理名目繁多的各种行业准入证、上岗证等，不合理的要坚决取消或整合。建立国家职业资格目录清单管理制度，清单之外一律不得开展职业资格许可和认定工作，清单之内除准入类职业资格外一律不得与就业创业挂钩。严肃查处职业资格“挂证”、“助考”等行为，严格落实考培分离。（人力资源社会保障部牵头，工业和信息化部、住房城乡建设部、交通运输部、国务院国资委、质检总局、安全监管总局、食品药品监管总局等相关部门按职责分工负责）

（四）持续推进商事制度改革。进一步放宽市场准入，继续大力削减工商登记前置审批事项，今年再取消三分之一，削减比例达到原总量的90%以上，同步取消后置审批事项50项以上。在全面实施企业“三证合一”基础上，再整合社会保险登记证和统计登记证，实现“五证合一、一照一码”，降低创业准入的制度成本。扩大“三证合一”覆盖面，推进整合个体工商户营业执照和税务登记证，实现只需填写“一张表”、向“一个窗口”提交“一套材料”，即可办理工商及税务登记。加快推进工商登记全程电子化、名称登记、放宽住所条件、简易注销登记等改革试点。加快推行电子营业执照。抓好“证照分离”改革试点，切实减少各种不必要的证，解决企业“准入不准营”的问题，尽快总结形成可复制、可推广的经验。（工商总局、国务院审改办牵头，人力资源社会保障部、税务总局、国务院法制办、国家统计局等相关部门和上海市人民政府按职责分工负责）

（五）积极开展收费清理改革和监督检查。严格落实已出台的各项收费清理政策，防止反弹或变相收费。全面清理和整合规范各类认证、评估、检查、检测等中介服务，有效解决评审评估事项多、耗时长、费用高等问题。重点整治各种涉企乱收费，完善涉企收费监督检查制度，强化举报、查处和问责机制。组织对涉企收费专项监督检查，切实减轻企业负担。（财政部、国家发展改革委、工业和信息化部牵头，民政部、质检总局等相关部门按职责分工负责）

（六）扩大高校和科研院所自主权。凡是束缚教学科研人员积极性创造性发挥的不合理规定，都要取消或修改；凡是高校和科研院所能够自主管理的事项，相关权限都要下放，特别是要扩大高校和科研院所在经费使用、成果处置、职称评审、选人用人、薪酬分配、设备采购、学科专业设置等方面的自主权。落实完善支持教学科研人员创业创新的股权期权激励等相关政策，促进科技成果转化。为教学科研人员从事兼职创业积极创造宽松条件。（教育部、科技部牵头，国务院审改办、财政部、人力资源社会保障部、海关总署、工商总局、税务总局、国家知识产权局、中国科学院、中国社科院、中国工程院等相关部门、单位按职责分工负责）

（七）以政务公开推动简政放权。以更大力度推进政务公开，让人民群众和企业了解放权情况、监督放权进程、评价放权效果，做到权力公开透明、群众明白办事。全面公布地方各级政府部门权力清单和责任清单。抓紧制定国务院试点部门权力清单和责任清单；在部分地区试点市场准入负面清单制度，进一步压缩负面清单；加快编制行政事业性收费、政府定价或指导价经营服务性收费、政府性基金、国家职业资格、基本公共服务事项等各方面清单，并及时主动向社会公开。坚持“公开为常态，不公开为例外”，全面推进决策、执行、管理、服务、结果公开和重点领域信息公开。落实行政许可、行政处罚等信息自作出行政决定之日起7个工作日内上网公开的要求。加大政府信息数据开放力度，除涉及国家安全、商业秘密、个人隐私的外，都应向社会开放。及时公开突发敏感事件处置信息，回应社会关切。（国务院办公厅牵头，国务院审改办、国家发展改革委、教育部、公安部、民政部、财政部、人力资源社会保障部、住房城乡建设部、商务部、国家卫生计生委、工商总局、国家统计局等相关部门按职责分工负责）

二、加强监管创新，促进社会公平正义

（八）实施公正监管。推进政府监管体制改革，加快构建事中事后监管体系。全面推开“双随机、一公开”监管，抓紧建立随机抽查事项清单、检查对象名录库和执法检查人员名录库，制定随机抽查工作细则，今年县级以上政府部门都要拿出“一单、两库、一细则”。随机抽查事项，要达到本部门市场监管执法事项的70%以上、其他行政执法事项的50%以上，力争2017年实现全覆盖，充分体现监管的

公平性、规范性和简约性，并与信用监管、智能监管联动，加强社会信用体系建设，充分发挥全国信用信息共享平台作用，推进实施守信联合激励和失信联合惩戒工作，加大“信用中国”网站对失信行为的曝光力度。推进企业信用信息归集公示工作。积极运用大数据、云计算、物联网等信息技术，建立健全市场主体诚信档案、行业黑名单制度和市场退出机制。（国家发展改革委、人民银行、工商总局牵头，海关总署、税务总局、质检总局、食品药品监管总局等相关部门按职责分工负责）

（九）推进综合监管。按照权责一致原则，继续推进市县两级市场监管领域综合行政执法改革，强化基层监管力量，落实相关领域综合执法机构监管责任。建立健全跨部门、跨区域执法联动响应和协作机制，实现违法线索互联、监管标准互通、处理结果互认，消除监管盲点，降低执法成本。加强行业自律，鼓励社会公众参与市场监管，发挥媒体监督作用，充分发挥社会力量在强化市场监管中的作用。（国务院审改办、国务院法制办牵头，国家发展改革委、工业和信息化部、民政部、交通运输部、文化部、海关总署、工商总局、质检总局、新闻出版广电总局、食品药品监管总局等相关部门按职责分工负责）

（十）探索审慎监管。对新技术、新产业、新业态、新模式的发展，要区分不同情况，积极探索和创新适合其特点的监管方式，既要有利于营造公平竞争环境，激发创新创造活力，大力支持新经济快速成长，又要进行审慎有效监管，防范可能引发的风险，促进新经济健康发展。对看得准的基于“互联网+”和分享经济的新业态，要量身定制监管模式；对一时看不准的，可先监测分析、包容发展，不能一下子管得过严过死；对潜在风险大的，要严格加强监管；对以创新之名行非法经营之实的，要坚决予以打击、加强监管。（国家发展改革委、工业和信息化部、民政部、交通运输部、文化部、人民银行、海关总署、工商总局、质检总局、新闻出版广电总局、食品药品监管总局、银监会、证监会、保监会等相关部门按职责分工负责）

（十一）促进各类市场主体公平竞争。要在同规则、同待遇、降门槛上下功夫，做到凡是法律法规未明确禁止的，一律允许各类市场主体进入；凡是已向外资开放或承诺开放的领域，一律向民间资本开放；凡是影响民间资本公平进入和竞争的各种障碍，一律予以清除。研究制定促进民间投资的配套政策和实施细则，在试点基础上，抓紧建立行业准入负面清单制度，破除民间投资进入电力、电信、交通、石油、天然气、市政公用、养老、医药、教育等领域的不合理限制和隐性壁垒，坚决取消对民间资本单独设置的附加条件和歧视性条款。加快建设统一开放、竞争有序的市场体系，打破地方保护。组织实施公平竞争审查制度。依法严厉打击侵犯知识产权、制售假冒伪劣商品等行为，完善知识产权保护措施，防止劣币驱逐良币，营造诚实守信、公平竞争的市场环境。（国家发展改革委、工商总局牵头，教育部、科技部、工业和信息化部、公安部、民政部、住房城乡建设部、交通运输部、商务部、文化部、国家卫生计生委、海关总署、质检总局、体育总局、食品药品监管总局、国务院法制办、国家知识产权局、国家能源局等相关部门按职责分工负责）

三、优化政府服务，提高办事效率

（十二）提高“双创”服务效率。因势利导，主动服务、跟踪服务，打造“双创”综合服务平台，为企业开办和成长“点对点”提供政策、信息、法律、人才、场地等全方位服务，砍掉束缚“双创”的繁文缛节，为扩大就业、培育新动能、壮大新经济拓展更大发展空间。建立新生市场主体统计调查、监测分析制度，密切跟踪新生市场主体特别是小微企业的经营发展情况，促进新生市场主体增势不减、活跃度提升。（国家发展改革委、工商总局牵头，教育部、科技部、司法部、人力资源社会保障部、国家统计局等相关部门按职责分工负责）

（十三）提高公共服务供给效率。坚持普惠性、保基本、均等化、可持续的方向，加快完善基本公共服务体系。创新机制，推广政府和社会资本合作模式，调动社会各方面积极性，增加基本公共服务。大幅放开服务业市场，促进民办教育、医疗、养老、健身等服务业和文化体育等产业健康发展，多渠道提高公共服务共建能力和共享水平，满足群众多层次、多样化公共服务需求。（财政部、国家发展改革委牵头，教育部、民政部、文化部、国家卫生计生委、工商总局、体育总局等相关部门按职责分工负责）

（十四）提高政务服务效率。大力推行“互联网+政务服务”，推进实体政务大厅向网上办事大厅延伸，打造政务服务“一张网”，简化服务流程，创新服务方式，对企业和群众办事实行“一口受理”、全程服务。抓紧制定政府部门间数据信息共享实施方案，明确共享平台、标准、目录、管理、责任等要求，打破“信息孤岛”和数据壁垒，实现数据信息互联互通和充分共享，建设高效运行的服务型政府。坚决取消各种不必要的证明和手续，让企业和群众办事更方便、更快捷、更有效率。（国务院办公厅、国家发展改革委牵头，国务院审改办、工业和信息化部、公安部、民政部、人力资源社会保障部、住房城乡建设部、工商总局、质检总局、国家统计局等相关部门按职责分工负责）

（十五）加快推动形成更有吸引力的国际化、法治化、便利化营商环境。围绕企业申请开办时间压缩了多少、投资项目审批提速了多少、群众办事方便了多少等，提出明确的量化指标，制定具体方案并组织实施。以硬性指标约束倒逼减环节、优流程、压时限、提效率，激发改革动力，增强改革实效。（国务院办公厅、国家发展改革委、国家统计局、国务院审改办牵头，国务院各有关部门按职责分工负责）

各地区各部门要把深化简政放权、放管结合、优化服务改革放在突出位置，主要领导要亲自抓，鼓励地方积极探索创新，一项一项抓好改革任务的落实。要加强对已出台措施和改革任务落实情况的督查。对改革涉及的法律法规立改废问题，责任部门要主动与法制部门加强衔接、同步推进。要做好改革经验总结推广和宣传引导工作，及时回应社会关切，营造良好改革氛围。要充分发挥各级政府推进职能转变协调机构的作用，加强统筹协调和指导督促。改革中的重要情况要及时向国务院报告。

国务院办公厅关于推广随机抽查规范事中事后监管的通知

国办发〔2015〕58号

各省、自治区、直辖市人民政府，国务院各部委、各直属机构：

为贯彻落实党中央、国务院关于深化行政体制改革，加快转变政府职能，进一步推进简政放权、放管结合、优化服务的部署和要求，创新政府管理方式，规范市场执法行为，切实解决当前一些领域存在的检查任性和执法扰民、执法不公、执法不严等问题，营造公平竞争的发展环境，推动大众创业、万众创新，经国务院同意，现就推广随机抽查、规范事中事后监管通知如下：

一、总体要求

认真贯彻落实党的十八大和十八届二中、三中、四中全会精神，按照《国务院关于印发2015年推进简政放权放管结合转变政府职能工作方案的通知》（国发〔2015〕29号）部署，大力推广随机抽查，规范监管行为，创新管理方式，强化市场主体自律和社会监督，着力解决群众反映强烈的突出问题，提高监管效能，激发市场活力。

——坚持依法监管。严格执行有关法律法规，规范事中事后监管，落实监管责任，确保事中事后监管依法有序进行，推进随机抽查制度化、规范化。

——坚持公正高效。规范行政权力运行，切实做到严格规范公正文明执法，提升监管效能，减轻市场主体负担，优化市场环境。

——坚持公开透明。实施随机抽查事项公开、程序公开、结果公开，实行“阳光执法”，保障市场主体权利平等、机会平等、规则平等。

——坚持协同推进。在事中事后监管领域建立健全随机抽查机制，形成统一的市场监管信息平台，探索推进跨部门跨行业联合随机抽查。

二、大力推广随机抽查监管

（一）制定随机抽查事项清单。法律法规规章没有规定的，一律不得擅自开展检查。对法律法规规章规定的检查事项，要大力推广随机抽查，不断提高随机抽查在检查工作中的比重。要制定随机抽查事项清单，明确抽查依据、抽查主体、抽查内容、抽查方式等。随机抽查事项清单根据法律法规规章修订情况和工作实际进行动态调整，及时向社会公布。

（二）建立“双随机”抽查机制。要建立随机抽取检查对象、随机选派执法检查人员的“双随机”抽查机制，严格限制监管部门自由裁量权。建立健全市场主体名录库和执法检查人员名录库，通过摇号等方式，从市场主体名录库中随机抽取检查对象，从执法检查人员名录库中随机选派执法检查人员。推广运用电子化手段，对“双随机”抽查做到全程留痕，实现责任可追溯。

（三）合理确定随机抽查的比例和频次。要根据当地经济社会发展和监管领域实际情况，合理确定随机抽查的比例和频次，既要保证必要的抽查覆盖面和工作力度，又要防止检查过多和执法扰民。对投诉举报多、列入经营异常名录或有严重违法违规记录等情况的市场主体，要加大随机抽查力度。

（四）加强抽查结果运用。对抽查发现的违法违规行为，要依法依规加大惩处力度，形成有效震慑，增强市场主体守法的自觉性。抽查情况及查处结果要及时向社会公布，接受社会监督。

三、加快配套制度机制建设

（一）抓紧建立统一的市场监管信息平台。加快政府部门之间、上下之间监管信息的互联互通，依托全国企业信用信息公示系统，整合形成统一的市场监管信息平台，及时公开监管信息，形成监管合力。

（二）推进随机抽查与社会信用体系相衔接。建立健全市场主体诚信档案、失信联合惩戒和黑名单制度。在随机抽查工作中，要根据市场主体的信用情况，采取针对性强的监督检查方式，将随机抽查结果纳入市场主体的社会信用记录，让失信者一处违规、处处受限。

（三）探索开展联合抽查。县级以上地方人民政府要结合本地实际，协调组织相关部门开展联合抽查。按照“双随机”要求，制定并实施联合抽查计划，对同一市场主体的多个检查事项，原则上应一次性完成，提高执法效能，降低市场主体成本。

四、工作要求

（一）加强组织领导。推广随机抽查是简政放权、放管结合、优化服务的重要举措。各有关部门要加强对随机抽查工作的指导和督促。县级以上地方人民政府要加强对本地区随机抽查监管的统筹协调，建立健全相应工作机制，充实并合理调配一线执法检查力量，加强跨部门协同配合，不断提高检查水平，切实把随机抽查监管落到实处。

（二）严格落实责任。各地区、各有关部门要进一步增强责任意识，大力推广随机抽查，公平、有效、透明地进行事中事后监管，切实履行法定监管职责。对监管工作中失职渎职的，依法依规严肃处理。

（三）加强宣传培训。随机抽查是事中事后监管方式的探索和创新，各地区、各有关部门要加大宣传力度，加强执法人员培训，转变执法理念，探索完善随机抽查监管办法，不断提高执法能力。

随机抽查不仅要在市场监管领域推广，也要在各部门的检查工作中广泛运用。各部门要根据本通知要求，抓紧制定实施方案，细化在本部门、本领域推广随机抽查的任务安排和时间进度要求，于2015年9月底前报国务院推进职能转变协调小组。国务院推进职能转变协调小组办公室要加强统筹协调，抓好督促落实，总结交流经验，务求推广随机抽查工作取得实效，把简政放权改革向纵深推进，为经济社会发展营造公平竞争的市场环境。

国务院办公厅

2015年7月29日

国务院办公厅关于加强环境监管执法的通知

国办发〔2014〕56号

各省、自治区、直辖市人民政府，国务院各部委、各直属机构：

近年来，各地区、各部门不断加大工作力度，环境监管执法工作取得一定成效。但一些地方监管执法不到位等问题仍然十分突出，环境违法违规案件高发频发，人民群众反映强烈。为贯彻落实党的十八届四中全会精神和党中央、国务院有关决策部署，加快解决影响科学发展和损害群众健康的突出环境问题，着力推进环境质量改善，经国务院同意，现就加强环境监管执法有关要求通知如下：

一、严格依法保护环境，推动监管执法全覆盖

有效解决环境法律法规不健全、监管执法缺位问题。完善环境监管法律法规，落实属地责任，全面排查整改各类污染环境、破坏生态和环境隐患问题，不留监管死角、不存执法盲区，向污染宣战。

（一）加快完善环境法律法规标准。用严格的法律制度保护生态环境，抓紧制（修）订土壤环境保护、大气污染防治、环境影响评价、排污许可、环境监测等方面的法律法规，强化生产者环境保护的法律责任，大幅度提高违法成本。加快完善重金属、挥发性有机物、危险废物、持久性有机污染物、放射性污染物质等领域环境标准，提高重点行业环境准入门槛。鼓励各地根据环境质量目标，制定和实施地方性法规和更严格的污染物排放标准。通过落实环保法律法规，约束产业转移行为，倒逼经济转型升级。

（二）全面实施行政执法与刑事司法联动。各级环境保护部门和公安机关要建立联动执法联席会议、常设联络员和重大案件会商督办等制度，完善案件移送、联合调查、信息共享和奖惩机制，坚决克服有案不移、有案难移、以罚代刑现象，实现行政处罚和刑事处罚无缝衔接。移送和立案工作要接受人民检察院法律监督。发生重大环境污染事件等紧急情况时，要迅速启动联合调查程序，防止证据灭失。公安机关要明确机构和人员负责查处环境犯罪，对涉嫌构成环境犯罪的，要及时依法立案侦查。人民法院在审理环境资源案件中，需要环境保护技术协助的，各级环境保护部门应给予必要支持。

（三）抓紧开展环境保护大检查。2015年底前，地方各级人民政府要组织开展一次环境保护全面排查，重点检查所有排污单位污染排放状况，各类资源开发利用活动对生态环境影响情况，以及建设项目环境影响评价制度、“三同时”（防治污染设施与主体工程同时设计、同时施工、同时投产使用）制度执行情况等，依法严肃查处、整改存在的问题，结果向上一级人民政府报告，并向社会公开。环境保护部等有关部门要加强督促、检查和指导，建立定期调度工作机制，组织对各地检查情况进行抽查，重要情况及时报告国务院。

（四）着力强化环境监管。各市、县级人民政府要将本行政区域划分为若干环境监管网格，逐一明确监管责任人，落实监管方案；监管网格划分方案要于2015年底前报上一级人民政府备案，并向社会公开。各省、市、县级人民政府要确定重点监管对象，划分监管等级，健全监管档案，采取差别化监管措施；乡镇人民政府、街道办事处要协助做好相关工作。各省级环境保护部门要加强巡查，每年按一定比例对国家重点监控企业进行抽查，指导市、县级人民政府落实网格化管理措施。市、县两级环境保护部门承担日常环境监管执法责任，要加大现场检查、随机抽查力度。环境保护重点区域、流域地方政府要强化协同监管，开展联合执法、区域执法和交叉执法。

二、对各类环境违法行为“零容忍”，加大惩治力度

坚决纠正执法不到位、整改不到位问题。坚持重典治乱，铁拳铁规治污，采取综合手段，始终保持

严厉打击环境违法的高压态势。

（五）重拳打击违法排污。对偷排偷放、非法排放有毒有害污染物、非法处置危险废物、不正常使用防治污染设施、伪造或篡改环境监测数据等恶意违法行为，依法严厉处罚；对拒不改正的，依法予以行政拘留；对涉嫌犯罪的，一律迅速移送司法机关。对负有连带责任的环境服务第三方机构，应予以追责。建立环境信用评价制度，将环境违法企业列入“黑名单”并向社会公开，将其环境违法行为纳入社会信用体系，让失信企业一次违法、处处受限。对污染环境、破坏生态等损害公众环境权益的行为，鼓励社会组织、公民依法提起公益诉讼和民事诉讼。

（六）全面清理违法违规建设项目。对违反建设项目环境影响评价制度和“三同时”制度，越权审批但尚未开工建设的项目，一律不得开工；未批先建、边批边建，资源开发以采代探的项目，一律停止建设或依法依规予以取缔；环保设施和措施落实不到位擅自投产或运行的项目，一律责令限期整改。各地要于2016年底前完成清理整改任务。

（七）坚决落实整改措施。对依法作出的行政处罚、行政命令等具体行政行为的执行情况，实施执法后督察。对未完成停产整治任务擅自生产的，依法责令停业关闭，拆除主体设备，使其不能恢复生产。对拒不改正的，要依法采取强制执行措施。对非诉执行案件，环境保护、工商、供水、供电等部门和单位要配合人民法院落实强制措施。

三、积极推行“阳光执法”，严格规范和约束执法行为

坚决纠正不作为、乱作为问题。健全执法责任制，规范行政裁量权，强化对监管执法行为的约束。

（八）推进执法信息公开。地方环境保护部门和其他负有环境监管职责的部门，每年要发布重点监管对象名录，定期公开区域环境质量状况，公开执法检查依据、内容、标准、程序和结果。每月公布群众举报投诉重点环境问题处理情况、违法违规单位及其法定代表人名单和处理、整改情况。

（九）开展环境执法稽查。完善国家环境监察制度，加强对地方政府及其有关部门落实环境保护法律法规、标准、政策、规划情况的监督检查，协调解决跨省域重大环境问题。研究在环境保护部设立环境监察专员制度。自2015年起，市级以上环境保护部门要对下级环境监管执法工作进行稽查。省级环境保护部门每年要对本行政区域内30%以上的市（地、州、盟）和5%以上的县（市、区、旗），市级环境保护部门每年要对本行政区域内30%以上的县（市、区、旗）开展环境稽查。稽查情况通报当地人民政府。

（十）强化监管责任追究。对网格监管不履职的，发现环境违法行为或者接到环境违法行为举报后查处不及时的，不依法对环境违法行为实施处罚的，对涉嫌犯罪案件不移送、不受理或推诿执法等监管不作为行为，监察机关要依法依纪追究有关单位和人员的责任。国家工作人员充当保护伞包庇、纵容环境违法行为或对其查处不力，涉嫌职务犯罪的，要及时移送人民检察院。实施生态环境损害责任终身追究，建立倒查机制，对发生重特大突发环境事件，任期内环境质量明显恶化，不顾生态环境盲目决策、造成严重后果，利用职权干预、阻碍环境监管执法的，要依法依纪追究有关领导和责任人的责任。

四、明确各方职责任务，营造良好执法环境

有效解决职责不清、责任不明和地方保护问题。切实落实政府、部门、企业和个人等各方面的责任，充分发挥社会监督作用。

（十一）强化地方政府领导责任。县级以上地方各级人民政府对本行政区域环境监管执法工作负领导责任，要建立环境保护部门对环境保护工作统一监督管理的工作机制，明确各有关部门和单位在环境监管执法中的责任，形成工作合力。切实提升基层环境执法能力，支持环境保护等部门依法独立进行环境监管和行政执法。2015年6月底前，地方各级人民政府要全面清理、废除阻碍环境监管执法的“土政策”，并将清理情况向上一级人民政府报告。审计机关在开展党政主要领导干部经济责任审计时，要对地方政府主要领导干部执行环境保护法律法规和政策、落实环境保护目标责任制等情况进行审计。

（十二）落实社会主体责任。支持各类社会主体自我约束、自我管理。各类企业、事业单位和社会组

织应当按照环境保护法律法规标准的规定，严格规范自身环境行为，落实物资保障和资金投入，确保污染防治、生态保护、环境风险防范等措施落实到位。重点排污单位要如实向社会公开其污染物排放状况和防治污染设施的建设运行情况。制定财政、税收和环境监管等激励政策，鼓励企业建立良好的环境信用。

（十三）发挥社会监督作用。环境保护人人有责，要充分发挥“12369”环保举报热线和网络平台作用，畅通公众表达渠道，限期办理群众举报投诉的环境问题。健全重大工程项目社会稳定风险评估机制，探索实施第三方评估。邀请公民、法人和其他组织参与监督环境执法，实现执法全过程公开。

五、增强基层监管力量，提升环境监管执法能力

加快解决环境监管执法队伍基础差、能力弱等问题。加强环境监察队伍和能力建设，为推进环境监管执法工作提供有力支撑。

（十四）加强执法队伍建设。建立重心下移、力量下沉的法治工作机制，加强市、县级环境监管执法队伍建设，具备条件的乡镇（街道）及工业集聚区要配备必要的环境监管人员。大力提高环境监管队伍思想政治素质、业务工作能力、职业道德水准，2017 年底前，现有环境监察执法人员要全部进行业务培训和职业操守教育，经考试合格后持证上岗；新进人员，坚持“凡进必考”，择优录取。研究建立符合职业特点的环境监管执法队伍管理制度和有利于监管执法的激励制度。

（十五）强化执法能力保障。推进环境监察机构标准化建设，配备调查取证等监管执法装备，保障基层环境监察执法用车。2017 年底前，80%以上的环境监察机构要配备使用便携式手持移动执法终端，规范执法行为。强化自动监控、卫星遥感、无人机等技术监控手段运用。健全环境监管执法经费保障机制，将环境监管执法经费纳入同级财政全额保障范围。

各地区、各有关部门要充分认识进一步加强环境监管执法的重要意义，切实强化组织领导，认真抓好工作落实。环境保护部要会同有关部门加强对本通知落实情况的监督检查，重大情况及时向国务院报告。

国务院办公厅
2014 年 11 月 12 日

国务院关于促进市场公平竞争维护市场正常秩序的若干意见

国发〔2014〕20 号

各省、自治区、直辖市人民政府，国务院各部委、各直属机构：

按照《中共中央关于全面深化改革若干重大问题的决定》精神、国务院机构改革和职能转变要求，现就完善市场监管体系，促进市场公平竞争，维护市场正常秩序提出以下意见。

一、总体要求

（一）指导思想。

以邓小平理论、“三个代表”重要思想、科学发展观为指导，深入学习领会党的十八大、十八届二中、三中全会精神，贯彻落实党中央和国务院的各项决策部署，围绕使市场在资源配置中起决定性作用和更好发挥政府作用，着力解决市场体系不完善、政府干预过多和监管不到位问题，坚持放管并重，实行宽进严管，激发市场主体活力，平等保护各类市场主体合法权益，维护公平竞争的市场秩序，促进经

济社会持续健康发展。

（二）基本原则。

简政放权。充分发挥市场在资源配置中的决定性作用，把该放的权力放开放到位，降低准入门槛，促进就业创业。法不禁止的，市场主体即可为；法未授权的，政府部门不能为。

依法监管。更好发挥政府作用，坚持运用法治思维和法治方式履行市场监管职能，加强事中事后监管，推进市场监管制度化、规范化、程序化，建设法治化市场环境。

公正透明。各类市场主体权利平等、机会平等、规则平等，政府监管标准公开、程序公开、结果公开，保障市场主体和社会公众的知情权、参与权、监督权。

权责一致。科学划分各级政府及其部门市场监管职责；法有规定的，政府部门必须为。建立健全监管制度，落实市场主体行为规范责任、部门市场监管责任和属地政府领导责任。

社会共治。充分发挥法律法规的规范作用、行业组织的自律作用、舆论和社会公众的监督作用，实现社会共同治理，推动市场主体自我约束、诚信经营。

（三）总体目标。

立足于促进企业自主经营、公平竞争，消费者自由选择、自主消费，商品和要素自由流动、平等交换，建设统一开放、竞争有序、诚信守法、监管有力的现代市场体系，加快形成权责明确、公平公正、透明高效、法治保障的市场监管格局，到2020年建成体制比较成熟、制度更加定型的市场监管体系。

二、放宽市场准入

凡是市场主体基于自愿的投资经营和民商事行为，只要不属于法律法规禁止进入的领域，不损害第三方利益、社会公共利益和国家安全，政府不得限制进入。

（四）改革市场准入制度。制定市场准入负面清单，国务院以清单方式明确列出禁止和限制投资经营的行业、领域、业务等，清单以外的，各类市场主体皆可依法平等进入；地方政府需进行个别调整的，由省级政府报经国务院批准。（发展改革委、商务部牵头负责）改革工商登记制度，推进工商注册制度便利化，大力减少前置审批，由先证后照改为先照后证。（工商总局、中央编办牵头负责）简化手续，缩短时限，鼓励探索实行工商营业执照、组织机构代码证和税务登记证“三证合一”登记制度。（县级以上地方各级人民政府负责）完善节能节地节水、环境、技术、安全等市场准入标准。探索对外商投资实行准入前国民待遇加负面清单的管理模式。（发展改革委、商务部牵头负责）

（五）大力减少行政审批事项。投资审批、生产经营活动审批、资质资格许可和认定、评比达标表彰、评估等，要严格按照行政许可法和国务院规定的程序设定；凡违反规定程序设定的应一律取消。（中央编办、法制办、人力资源社会保障部牵头负责）放开竞争性环节价格。（发展改革委牵头负责）省级人民政府设定临时性的行政许可，要严格限定在控制危险、配置有限公共资源和提供特定信誉、身份、证明的事项，并须依照法定程序设定。（省级人民政府负责）对现有行政审批前置环节的技术审查、评估、鉴证、咨询等有偿中介服务事项进行全面清理，能取消的尽快予以取消；确需保留的，要规范时限和收费，并向社会公示。（中央编办、发展改革委、财政部负责）建立健全政务中心和网上办事大厅，集中办理行政审批，实行一个部门一个窗口对外，一级地方政府“一站式”服务，减少环节，提高效率。（县级以上地方各级人民政府负责）

（六）禁止变相审批。严禁违法设定行政许可、增加行政许可条件和程序；严禁以备案、登记、注册、年检、监制、认定、认证、审定、指定、配号、换证等形式或者以非行政许可审批名义变相设定行政许可；严禁借实施行政审批变相收费或者违法设定收费项目；严禁将属于行政审批的事项转为中介服务事项，搞变相审批、有偿服务；严禁以加强事中事后监管为名，变相恢复、上收已取消和下放的行政审批项目。（中央编办、发展改革委、财政部、法制办按职责分工分别负责）

（七）打破地区封锁和行业垄断。对各级政府和部门涉及市场准入、经营行为规范的法规、规章和规定进行全面清理，废除妨碍全国统一市场和公平竞争的规定和做法，纠正违反法律法规实行优惠政策招商的行为，纠正违反法律法规对外地产品或者服务设定歧视性准入条件及收费项目、规定歧视性价格及购买指定的产品、服务等行为。（发展改革委、财政部、商务部牵头负责）对公用事业和重要公共基础设施领域实行特许经营等方式，引入竞争机制，放开自然垄断行业竞争性业务。（发展改革委牵头负责）

（八）完善市场退出机制。对于违反法律法规禁止性规定的市场主体，对于达不到节能环保、安全生产、食品、药品、工程质量等强制性标准的市场主体，应当依法予以取缔，吊销相关证照。（各相关市场监管部门按职责分工分别负责）严格执行上市公司退市制度，完善企业破产制度，优化破产重整、和解、托管、清算等规则和程序，强化债务人的破产清算义务，推行竞争性选任破产管理人的办法，探索对资产数额不大、经营地域不广或者特定小微企业实行简易破产程序。（证监会、法制办按职责分工分别负责）简化和完善企业注销流程，试行对个体工商户、未开业企业以及无债权债务企业实行简易注销程序。（工商总局负责）严格执行金融、食品药品、安全生产、新闻出版等领域违法人员从业禁止规定。抓紧制订试行儿童老年用品及交通运输、建筑工程等领域违法人员从业禁止规定。（人民银行、银监会、证监会、保监会、食品药品监管总局、安全监管总局、新闻出版广电总局、质检总局、交通运输部、住房城乡建设部等部门按职责分工分别负责）

三、强化市场行为监管

依法规范生产、经营、交易等市场行为，创新监管方式，保障公平竞争，促进诚信守法，维护市场秩序。

（九）强化生产经营者主体责任。国务院有关部门要抓紧推动制修订有关条例，完善消费环节经营者首问和赔偿先付制度，建立企业产品和服务标准自我声明公开和监督制度，建立消费品生产经营企业产品安全事故强制报告制度，修订缺陷产品强制召回制度，建立生态环境损害责任制度，提请国务院审议。（工商总局、质检总局、食品药品监管总局、环境保护部、林业局、法制办按职责分工分别负责）试行扩大食品药品、生态环境、安全生产等领域的责任保险，形成风险分担的社会救济机制和专业组织评估、监控风险的市场监督机制。（保监会牵头负责）

（十）强化依据标准监管。加快推动修订标准化法，推进强制性标准体系改革，强化国家强制性标准管理。（质检总局牵头负责）强制性标准严格限定在保障人身健康和生命财产安全、国家安全、生态环境安全的范围。市场主体须严格执行强制性标准，市场监管部门须依据强制性标准严格监管执法。（各相关市场监管部门按职责分工分别负责）

（十一）严厉惩处垄断行为和不正当竞争行为。依照反垄断法、反不正当竞争法、价格法的有关规定，严肃查处损害竞争、损害消费者权益以及妨碍创新和技术进步的垄断协议、滥用市场支配地位行为；加大经营者集中反垄断审查力度，有效防范通过并购获取垄断地位并损害市场竞争的行为；改革自然垄断行业监管办法，强化垄断环节监管。严厉查处仿冒名牌、虚假宣传、价格欺诈、商业贿赂、违法有奖销售、商业诋毁、销售无合法进口证明商品等不正当竞争行为；依法保护各类知识产权，鼓励技术创新，打击侵犯知识产权和制售假冒伪劣商品的行为。（商务部、发展改革委、工商总局、知识产权局等部门按职责分工分别负责）

（十二）强化风险管理。加强对市场行为的风险监测分析，加快建立对高危行业、重点工程、重要商品及生产资料、重点领域的风险评估指标体系、风险监测预警和跟踪制度、风险管理防控联动机制。（各相关市场监管部门按职责分工分别负责）完善区域产品质量和生产安全风险警示制度。（质检总局、工商总局、安全监管总局按职责分工分别负责）依据风险程度，加强对发生事故几率高、损失重大的环节和领域的监管，防范区域性、行业性和系统性风险。（各相关市场监管部门按职责分工分别负责）

（十三）广泛运用科技手段实施监管。充分利用信息网络技术实现在线即时监督监测，加强非现场监管执法。充分运用移动执法、电子案卷等手段，提高执法效能。（工商总局、质检总局、安全监管总局、食品药品监管总局、环境保护部、文化部、海关总署等部门按职责分工分别负责）利用物联网建设重要产品等追溯体系，形成“来源可查、去向可追、责任可究”的信息链条。（商务部牵头负责）加快

完善认定电子签名法律效力的机制。（工业和信息化部、法制办牵头负责）

四、夯实监管信用基础

运用信息公示、信息共享和信用约束等手段，营造诚实、自律、守信、互信的社会信用环境，促进各类市场主体守合同、重信用。

（十四）加快市场主体信用信息平台建设。完善市场主体信用信息记录，建立信用信息档案和交换共享机制。逐步建立包括金融、工商登记、税收缴纳、社保缴费、交通违章、统计等所有信用信息类别、覆盖全部信用主体的全国统一信用信息网络平台。推进信用标准化建设，建立以公民身份号码和组织机构代码为基础的统一社会信用代码制度，完善信用信息征集、存储、共享与应用等环节的制度，推动地方、行业信用信息系统建设及互联互通，构建市场主体信用信息公示系统，强化对市场主体的信用监管。（发展改革委、人民银行牵头负责）

（十五）建立健全守信激励和失信惩戒机制。将市场主体的信用信息作为实施行政管理的重要参考。根据市场主体信用状况实行分类分级、动态监管，建立健全经营异常名录制度，对违背市场竞争原则和侵犯消费者、劳动者合法权益的市场主体建立“黑名单”制度。（工商总局牵头负责）对守信主体予以支持和激励，对失信主体在经营、投融资、取得政府供应土地、进出口、出入境、注册新公司、工程招投标、政府采购、获得荣誉、安全许可、生产许可、从业任职资格、资质审核等方面依法予以限制或禁止，对严重违法失信主体实行市场禁入制度。（各相关市场监管部门按职责分工分别负责）

（十六）积极促进信用信息的社会运用。在保护涉及公共安全、商业秘密和个人隐私等信息的基础上，依法公开在行政管理中掌握的信用信息。拓宽信用信息查询渠道，为公众查询市场主体基础信用信息和违法违规信息提供便捷高效的服务。依法规范信用服务市场，培育和发展社会信用服务机构，推动建立个人信息和隐私保护的法律制度，加强对信用服务机构和人员的监督管理。（发展改革委、人民银行牵头负责）

五、改进市场监管执法

创新执法方式，强化执法监督和行政问责，确保依法执法、公正执法、文明执法。

（十七）严格依法履行职责。行政机关均须在宪法和法律范围内活动，依照法定权限和程序行使权力、履行职责。没有法律、法规、规章依据，市场监管部门不得作出影响市场主体权益或增加其义务的决定；市场监管部门参与民事活动，要依法行使权利、履行义务、承担责任。（各相关市场监管部门按职责分工分别负责）

（十八）规范市场执法行为。建立科学监管的规则和方法，完善以随机抽查为重点的日常监督检查制度，优化细化执法工作流程，确保程序正义，切实解决不执法、乱执法、执法扰民等问题。（工商总局、质检总局、安全监管总局、食品药品监管总局、环境保护部等部门按职责分工分别负责）完善行政执法程序和制度建设，健全市场监管部门内部案件调查与行政处罚决定相对分离制度，规范执法行为，落实行政执法责任制。建立行政执法自由裁量基准制度，细化、量化行政裁量权，公开裁量范围、种类和幅度，严格限定和合理规范裁量权的行使。行政执法过程中，要尊重公民合法权益，不得粗暴对待当事人，不得侵害其人格尊严，积极推行行政指导、行政合同、行政奖励及行政和解等非强制手段，维护当事人的合法权益。（各相关市场监管部门按职责分工分别负责）推进监管执法职能与技术检验检测职能相对分离，技术检验检测机构不再承担执法职能。（中央编办、质检总局牵头负责）

（十九）公开市场监管执法信息。推行地方各级政府及其市场监管部门权力清单制度，依法公开权力运行流程。公示行政审批事项目录，公开审批依据、程序、申报条件等。（中央编办牵头负责）依法公开监测、抽检和监管执法的依据、内容、标准、程序和结果。除法律法规另有规定外，市场监管部门适用一般程序作出行政处罚决定或者处罚决定变更之日起20个工作日内，公开执法案件主体信息、案由、处罚依据及处罚结果，提高执法透明度和公信力。建立健全信息公开内部审核机制、档案管理等制度。

（各相关市场监管部门按职责分工分别负责）

（二十）强化执法考核和行政问责。加强执法评议考核，督促和约束各级政府及其市场监管部门切实履行职责。（县级以上地方各级人民政府负责）综合运用监察、审计、行政复议等方式，加强对行政机关不作为、乱作为、以罚代管等违法违规行为的监督。对市场监管部门及其工作人员未按强制性标准严格监管执法造成损失的，要依法追究责任；对市场监管部门没有及时发现、制止而引发系统性风险的，对地方政府长期不能制止而引发区域性风险的，要依法追究有关行政监管部门直至政府行政首长的责任。因过错导致监管不到位造成食品药品安全、生态环境安全、生产安全等领域事故的，要倒查追责，做到有案必查，有错必究，有责必追。不顾生态环境盲目决策，造成严重后果的领导干部，要终身追究责任。（监察部、审计署、法制办按职责分工分别负责）

六、改革监管执法体制

整合优化执法资源，减少执法层级，健全协作机制，提高监管效能。

（二十一）解决多头执法。整合规范市场监管执法主体，推进城市管理、文化等领域跨部门、跨行业综合执法，相对集中执法权。市场监管部门直接承担执法职责，原则上不另设具有独立法人资格的执法队伍。一个部门设有多支执法队伍的，业务相近的应当整合为一支队伍；不同部门下设的职责任务相近或相似的执法队伍，逐步整合为一支队伍。清理取消没有法律法规依据、违反机构编制管理规定的执法队伍。（中央编办牵头负责）

（二十二）消除多层重复执法。对反垄断、商品进出口、外资国家安全审查等关系全国统一市场规则和管理的事项，实行中央政府统一监管。对食品安全、商贸服务等实行分级管理的事项，要厘清不同层级政府及其部门的监管职责，原则上实行属地管理，由市县政府负责监管。要加强食品药品、安全生产、环境保护、劳动保障、海域海岛等重点领域基层执法力量。由基层监管的事项，中央政府和省、自治区政府市场监管部门，主要行使市场执法监督指导、协调跨区域执法和重大案件查处职责，原则上不设具有独立法人资格的执法队伍。设区的市，市级部门承担执法职责并设立执法队伍的，区本级不设执法队伍；区级部门承担执法职责并设立执法队伍的，市本级不设执法队伍。加快县级政府市场监管体制改革，探索综合设置市场监管机构，原则上不另设执法队伍。乡镇政府（街道）在没有市场执法权的领域，发现市场违法违规行为应及时向上级报告。经济发达、城镇化水平较高的乡镇，根据需要和条件可通过法定程序行使部分市场执法权。（中央编办牵头负责）

（二十三）规范和完善监管执法协作配合机制。完善市场监管部门间各司其职、各负其责、相互配合、齐抓共管的工作机制。制定部门间监管执法信息共享标准，打破“信息孤岛”，实现信息资源开放共享、互联互通。（商务部牵头负责）建立健全跨部门、跨区域执法协作联动机制。（各相关市场监管部门按职责分工分别负责）对未经依法许可的生产经营行为，工商行政管理部门和负责市场准入许可的部门要及时依法查处，直至吊销营业执照。（工商总局、负责市场准入许可的部门按职责分工分别负责）

（二十四）做好市场监管执法与司法的衔接。完善案件移送标准和程序，细化并严格执行执法协作相关规定。（各相关市场监管部门按职责分工分别负责）建立市场监管部门、公安机关、检察机关间案情通报机制。市场监管部门发现违法行为涉嫌犯罪的，应当依法移送公安机关并抄送同级检察机关，不得以罚代刑。公安机关作出立案决定的，应当书面通知移送案件的市场监管部门，不立案或者撤销案件决定的，应当书面说明理由，同时通报同级检察机关。公安机关发现违法行为，认为不需要追究刑事责任但依法应当作出行政处理的，要及时将案件移送市场监管部门。（公安部牵头负责）市场监管部门须履行人民法院的生效裁定和判决。对当事人不履行行政决定的，市场监管部门依法强制执行或者向人民法院申请强制执行。（各相关市场监管部门按职责分工分别负责）

七、健全社会监督机制

充分发挥社会力量在市场监管中的作用，调动一切积极因素，促进市场自我管理、自我规范、自我净化。

（二十五）发挥行业协会商会的自律作用。推动行业协会商会建立健全行业经营自律规范、自律公约和职业道德准则，规范会员行为。鼓励行业协会商会制定发布产品和服务标准，参与制定国家标准、行业规划和政策法规。支持有关组织依法提起公益诉讼，进行专业调解。加强行业协会商会自身建设，增强参与市场监管的能力。（民政部牵头负责）限期实现行政机关与行业协会商会在人员、财务资产、职能、办公场所等方面真正脱钩。探索一业多会，引入竞争机制。（发展改革委、民政部牵头负责）加快转移适合由行业协会商会承担的职能，同时加强管理，引导其依法开展活动。（民政部、中央编办牵头负责）

（二十六）发挥市场专业化服务组织的监督作用。支持会计师事务所、税务师事务所、律师事务所、资产评估机构等依法对企业财务、纳税情况、资本验资、交易行为等真实性合法性进行鉴证，依法对上市公司信息披露进行核查把关。（财政部牵头负责）推进检验检测认证机构与政府脱钩、转制为企业或社会组织的改革，推进检验检测认证机构整合，有序放开检验检测认证市场，促进第三方检验检测认证机构发展。（中央编办、质检总局牵头负责）推进公证管理体制改革。（司法部负责）加快发展市场中介组织，推进从事行政审批前置中介服务的市场中介组织在人、财、物等方面与行政机关或者挂靠事业单位脱钩改制。建立健全市场专业化服务机构监管制度。（发展改革委、财政部牵头负责）

（二十七）发挥公众和舆论的监督作用。健全公众参与监督的激励机制，完善有奖举报制度，依法为举报人保密。（各相关市场监管部门按职责分工分别负责）发挥消费者组织调处消费纠纷的作用，提升维权成效。（工商总局牵头负责）落实领导干部接待群众来访制度，健全信访举报工作机制，畅通信访渠道。（信访局牵头负责）整合优化各职能部门的投诉举报平台功能，逐步建设统一便民高效的消费投诉、经济违法行为举报和行政效能投诉平台，实现统一接听、按责转办、限时办结，统一督办，统一考核。（县级以上地方各级人民政府负责）强化舆论监督，曝光典型案件，震慑违法犯罪行为，提高公众认知和防范能力。新闻媒体要严守职业道德，把握正确导向，重视社会效果。严惩以有偿新闻恶意中伤生产经营者、欺骗消费者的行为。（新闻出版广电总局牵头负责）对群众举报投诉、新闻媒体反映的问题，市场监管部门要认真调查核实，及时依法作出处理，并向社会公布处理结果。（各相关市场监管部门按职责分工分别负责）

八、完善监管执法保障

加强制度建设，强化执法能力保障，确保市场监管有法可依、执法必严、清正廉洁、公正为民。

（二十八）及时完善相关法律规范。根据市场监管实际需要和市场变化情况，及时修订完善相关法律法规。梳理取消和下放行政审批项目、加强后续监管措施涉及的法律法规、规章和规范性文件，提出法律修改、废止建议，修改或者废止有关法规、规章和规范性文件。研究技术标准、信用信息和信用报告、备案报告等政府管理方式的适用规则。完善市场监管规范性文件合法性审查机制，健全法规、规章和规范性文件备案审查制度。健全行政复议案件审理机制，推动扩大行政诉讼受案范围。（法制办、各相关市场监管部门按职责分工分别负责）

（二十九）健全法律责任制度。调整食品药品、生态环境、安全生产、劳动保障等领域现行法律制度中罚款等法律责任的规定，探索按日计罚等法律责任形式。扩大市场监管法律制度中惩罚性赔偿的适用范围，依法大幅度提高赔偿倍数。强化专业化服务组织的连带责任。健全行政补偿和赔偿制度，当发生市场监管部门及其工作人员行使职权损害相对人合法权益时，须履行补偿或赔偿责任。（各相关市场监管部门、法制办按职责分工分别负责）

（三十）加强执法队伍建设。在财政供养人员总量不增加的前提下，盘活存量、优化结构，完善待遇、选拔任用等激励保障制度，推动执法力量向基层和一线倾斜。加强执法人员专业培训和业务考核，配备必要的执法装备，提高执法人员综合素质和能力水平。（财政部、人力资源社会保障部、中央编办按职责分工分别负责）全面落实财政保障执法经费制度，市场监管工作经费和能力建设经费全部纳入各级财政预算予以保障，确保监管执法人员工资足额发放。严格执行“收支两条线”制度，严禁下达罚款任务，严禁收费罚没收入按比例返还等与部门利益挂钩或者变相挂钩。（财政部牵头负责）

九、加强组织领导

促进市场公平竞争，完善市场监管体系是一项系统工程，各地区各部门要高度重视、统一思想、狠抓落实，力求取得实效。

（三十一）加强领导，明确分工。各地区各部门要深刻认识完善市场监管体系工作的重大意义，认真落实本意见提出的各项措施和要求。各级人民政府要建立健全市场监管体系建设的领导和协调机制，加强统筹协调、督促落实，明确部门分工任务。各地区各部门要按照职责分工，结合本地区本部门实际，研究出台具体方案和实施办法，细化实化监管措施，落实和强化监管责任。加强新闻宣传和舆论引导，确保市场运行平稳有序。

（三十二）联系实际，突出重点。要把人民群众反映强烈、关系人民群众身体健康和生命财产安全、对经济社会发展可能造成大的危害的问题放在突出位置，着力加强对重点区域、重点领域、重点环节和重点产品的监管，切实解决食品药品、生态环境、安全生产、金融服务、网络信息、电子商务、房地产等领域扰乱市场秩序、侵害消费者合法权益的问题。

（三十三）加强督查，务求实效。各地区各部门要加强对本意见落实工作的监督检查，推动市场监管体系建设，促进市场公平竞争，维护市场正常秩序。国务院办公厅负责对本意见落实工作的统筹协调、跟踪了解、督促检查，确保各项任务和措施落实到位。

国务院

2014 年 6 月 4 日

关于强化建设项目环境影响评价事中事后监管的实施意见

环环评〔2018〕11 号

各省、自治区、直辖市环境保护厅（局），新疆生产建设兵团环境保护局：

根据党中央、国务院简政放权、转变政府职能改革的有关要求，各级环保部门持续推进环境影响评价（以下简称环评）制度改革，在简化、下放、取消环评相关行政许可事项的同时，强化环评事中事后监管，各项工作取得积极进展。但是，一些地方观念转变不到位，仍然存在“重审批、轻监管”“重事前、轻事中事后”现象；一些地方编造数据、弄虚作假的环评文件时常出现；一些地方环评事中事后监管机制不落地，环评“刚性”约束不强。为切实保障环评制度效力，现就强化建设项目环评事中事后监管，提出本实施意见。

一、总体要求

（一）构建综合监管体系。各级环保部门要按照简政放权、转变政府职能的总体要求，以问题为导向，以提升环评效力为目标，坚持明确责任、协同监管、公开透明、诚信约束的原则，完善项目环评审批、技术评估、建设单位落实环境保护责任以及环评单位从业等各环节的事中事后监管工作机制，加快构建政府监管、企业自律、公众参与的综合监管体系，确保环评源头预防环境污染和生态破坏作用有效发挥。

（二）完善监管内容。加强事中监管，对环保部门要重点检查其环评审批行为和审批程序合法性、审批结果合规性；对技术评估机构要重点检查其技术评估能力、独立对环评文件进行技术评估并依法依规提出评估意见情况，是否存在乱收费行为；对环评单位要重点监督其是否依法依规开展作业，确保环评文件的数据资料真实、分析方法正确、结论科学可信；对建设单位要重点监督其依法依规履行环评程序、开展公众参与情况。加强事后监管，对环保部门要重点检查其对建设项目环境保护“三同时”监督检查情况；对环评单位要重点开展环评文件质量抽查复核；对建设单位要重点监督落实环评文件及批复要求，在项目设计、施工、验收、投入生产或使用中落实环境保护“三同时”及各项环境管理规定情况。

（三）明确监管责任。按照“谁审批、谁负责”的原则，各级环评审批部门在日常管理中负责对环评“放管服”事项和技术评估机构、环评单位从业情况进行检查。按照“属地管理”原则，各级环境监察执法、核与辐射安全监管部门在日常管理中加强建设单位环境保护“三同时”要求落实情况的检查。环境保护部和省级环保部门要充分运用环境保护督察等工作机制，对地方政府和有关部门落实环评制度情况开展监督。

二、做好监管保障

（四）依法开展环评制度改革。鼓励地方在强化环评源头预防作用的原则下，“于法有据”地出台环评“放管服”有关改革措施。上级环保部门对下级环保部门环评改革措施的依法合规性进行督导，对可能出现的偏差及时要求纠正，保证改革沿着正确的方向前行。下放环评审批权限，应综合评估承接部门的承接能力、承接条件，审慎下放石化化工、有色、钢铁、造纸等环境影响大、环境风险高项目的环评审批权，并对承接部门的审批程序、审批结果进行监督，确保放得下、接得住、管得好。

（五）架构并严守“三线一单”。设区的市级及以上环保部门要根据生态保护红线、环境质量底线、资源利用上线和环境准入负面清单（简称“三线一单”）环境管控要求，从空间布局约束、污染物排放管控、环境风险防控、资源开发效率等方面提出优布局、调结构、控规模、保功能等调控策略及导向性的环境治理要求，制定区域、行业环境准入限制或禁止条件。各级环保部门在环评审批中，应按照《关于以改善环境质量为核心加强环境影响评价管理的通知》（环环评〔2016〕150 号）要求，建立“三挂钩”机制（项目环评审批与规划环评、现有项目环境管理、区域环境质量联动机制），强化“三线一单”硬约束，项目环评审批不得突破变通、降低标准。

（六）实施清单式管理。落实分类管理，建设项目环评文件的编制应符合《建设项目环境影响评价分类管理名录》要求，不得擅自更改和降低环评文件类别。严格分级审批，各级环保部门开展环评审批应符合《环境保护部审批环境影响评价文件的建设项目目录》和各省依法制定的环评文件分级审批规定；下放调整审批权限应履行法定程序，对下放的环评审批事项，上级环保部门不得随意上收；环评文件委托审批应依法开展，委托审批的环保部门对委托审批后果承担法律责任。环境保护部分行业制定建设项目环评文件审批原则和重大变动界定清单。鼓励省级环保部门依法依规制定本行政区内其他行业的环评文件审批原则。地方各级环保部门应严格执行建设项目环评文件审批和重大变动界定要求，统一建设项目环评管理尺度。

（七）做好与排污许可制度的衔接。各级环保部门要将排污许可证作为落实固定污染源环评文件审批要求的重要保障，严格建设项目环境影响报告书（表）的审查，结合排污许可证申请与核发技术规范和污染防治可行技术指南，核定建设项目的产排污环节、污染物种类及污染防治设施和措施等基本信息；依据国家或地方污染物排放标准、环境质量标准和总量控制要求，按照污染源源强核算技术指南、环评要素导则等，严格核定排放口数量、位置以及每个排放口的污染物种类、允许排放浓度和允许排放量、排放方式、排放去向、自行监测计划等与污染物排放相关的主要内容。建设项目发生实际排污行为之前应获得排污许可证，建设项目无证排污或不按证排污的，根据环境保护设施验收条件有关规定，建设单位不得出具环境保护设施验收合格意见。

三、创新监管方式

（八）运用大数据进行监管。环境保护部建设全国统一的环评申报系统、环境保护验收系统，并与环境影响登记表备案系统、排污许可管理系统、环境执法系统进行整合，统一纳入“智慧环评”综合监管平台。强化环评相关数据采集和关联集成，制定环评监管预警指标体系，增强面向监管的数据可用性，建立源头异常发现、过程问题识别、违法惩戒推送的智能模型，实现监管信息智能推送、监管业务智能触发。各级环保部门要运用大数据、互联网+等信息技术手段，实施智能、精准、高效的环评事中事后监管。

（九）开展双随机抽查。环境保护部负责组织协调全国环评事中事后监管抽查工作，地方各级环保部门负责本行政区的随机抽查工作。抽查重点事项为环境影响报告书（表）编制及审批情况、环境影响登记表备案及承诺落实情况、环境保护“三同时”落实情况、环境保护验收情况及相关主体责任落实情况等。各级环保部门以环评申报系统、环境保护验收系统等数据库为依托，随机抽取产生抽查对象。每年抽查石油加工、化工、有色金属冶炼、水泥、造纸、平板玻璃、钢铁等重点行业建设项目数量的比例应当不低于10%。对有严重违法违规记录、环境风险高的项目应提高抽查比例、实施靶向监管。对抽查发现的违法违规行为，要依法惩处问责。抽查情况和查处结果要及时向社会公开。

（十）发挥环境影响后评价监管作用。依法应当开展环境影响后评价的建设项目，应及时开展工作，对其实际产生的环境影响以及污染防治、生态保护和风险防范措施的有效性进行跟踪监测和验证评价，并提出补救方案或者改进措施。纳入排污许可管理的建设项目排污许可证执行报告、台账记录和自行监测等情况应作为环境影响后评价的重要依据。

四、强化技术机构管理

（十一）加强环评文件质量管理。环境保护部制定环评文件技术复核管理办法，上级环保部门可以对下级环保部门审批的建设项目环境影响报告书（表）开展技术复核。完善技术复核手段，采取人工复核和智能校核相结合方式，开展环评文件法规、空间、技术一致性校核。对技术复核判定有重大技术质量问题的，要向审批部门进行通报，对影响审批结论的，应要求采取整改措施。环评文件技术复核及处理结果向社会公开。

（十二）发挥技术评估作用。各级环保部门可通过政府采购方式委托技术评估机构开展环境影响报告书（表）的技术评估。技术评估机构要改进技术评估方式方法，完善技术手段，为环评审批严把技术关，重点审查建设项目的环境可行性、环境影响分析预测评估的可靠性、环境保护措施的有效性、环境影响评价结论的科学性等，并对其提出的技术评估意见负责。

（十三）规范环评技术服务。建设单位可以委托或者采取公开招标等方式选择具有相应能力的环评单位，对其建设项目进行环境影响评价、编制建设项目环境影响报告书（表）。环评单位应不断提高服务能力和水平，确保编制的环境影响报告书（表）的真实性和科学性。环境保护部制定环评技术服务行业管理办法，规范环评技术服务从业行为，依靠全国环评单位和人员的诚信管理体系推动环评单位和人员恪守行业规范和职业道德。制定建设项目环评单位技术能力推荐性指南，提出编制重大建设项目环境影响报告书的环评单位专业能力推荐性指标。

五、加大惩戒问责力度

（十四）严格环评审批责任追究。严肃查处不严格执行环评文件分级审批和分类管理有关规定，越权审批、拆分审批、变相审批等违法违规行为。在建设项目不符合环境保护法律法规和相关法定规划、所在区域环境质量未达标且建设项目拟采取的措施不能满足区域环境质量改善目标、采取的措施无法确保污染物达标排放或未采取必要措施预防和控制生态破坏、改扩建和技术改造项目未针对原有环境污染和生态破坏提出有效防治措施，或者环评文件基础资料明显不实、内容存在重大缺陷、遗漏，评价结论不明确、不合理等情况下批复环评文件的，要依法进行责任追究。对符合《建设项目环境影响评价区域限批管理办法（试行）》所列情形的，暂停审批有关区域的建设项目环评文件。

（十五）严格环评违法行为查处。依法查处建设项目环评文件未经审批擅自开工建设、不依法备案环境影响登记表等违法行为。依法查处建设单位在建设项目初步设计中未落实防治污染和生态破坏的措施、建设过程中未同时组织实施环境保护措施、环境保护设施未经验收或者验收不合格即投入生产或使用、未公开环境保护设施验收报告、未依法开展环境影响后评价等违法行为。对建设项目环评违法问题突出的地区，要约谈地方政府及相关部门负责人。

（十六）严格环评从业监管。各级环保部门应建立环评单位和人员的诚信档案，记录建设项目环境影响报告书（表）编制质量差、扰乱环评市场秩序等不良信用情况和行政处罚情况，并向社会公开。环境保护部定期对累积失信次数多的单位和人员名单进行集中通报。严肃查处环评单位及人员不负责任、弄虚作假致使建设项目环境影响报告书（表）失实或存在严重质量问题等行为；造成环境污染或生态破坏等严重后果的，还应追究连带责任；构成犯罪的，依法追究刑事责任。各级环保部门及其所属事业单位和人员不得从事建设项目环境影响报告书（表）编制，一经发现应严肃追究违规者及所在部门负责人责任。

（十七）实施失信惩戒。根据国务院《关于建立完善守信联合激励和失信联合惩戒制度加快推进社会诚信建设的指导意见》（国发〔2016〕33 号）和国家发展改革委、环境保护部等 31 部门《关于对环境保护领域失信生产经营单位及其有关人员开展联合惩戒的合作备忘录》（发改财金〔2016〕1580 号）要求，各级环保部门应当及时将对建设单位、环评单位、技术评估机构及其有关人员作出的行政处罚、行政强制等信息纳入全国或者本地区的信用信息共享平台，落实跨部门联合惩戒机制，推动各部门依法依规对严重失信的有关单位及法定代表人、相关责任人员采取限制或禁止市场准入、行政许可或融资行为，停止执行其享受的环保、财政、税收方面优惠政策等惩戒措施。

六、形成社会共治

（十八）落实环评信息公开机制方案。各级环保部门应健全建设项目环评信息公开机制和内部监督机制，依法依规公开建设项目环评信息，推进环评“阳光审批”。强化对建设单位的监督约束，落实建设项目环评信息的全过程、全覆盖公开，确保公众能够方便获取建设项目环评信息。畅通公众参与和社会监督渠道，保障可能受建设项目环境影响公众的环境权益。

（十九）发挥公众参与环评的监督作用。建设单位在建设项目环境影响报告书报送审批前，应采取适当形式，遵循依法、有序、公开、便利的原则，公开征求公众意见并对公众参与的真实性和结果负责。各级环保部门应监督建设单位依法规范开展公众参与，保证公众环境保护知情权、参与权和监督权。推进形成多方参与、社会共治的环境治理体系。

七、强化组织实施

（二十）提高思想认识。加强环评事中事后监管，对解决当前面临的突出问题，充分发挥环评源头预防效能具有重要意义。各级环保部门务必充分认识强化环评事中事后监管的必要性和重要性，正确处理履行监管职责与服务发展的关系，注重检查与指导、惩处与教育、监管与服务相结合，确保监管不缺位、不错位、不越位。

（二十一）加强组织领导。各级环保部门要结合本地实际认真研究制定属地监管工作方案，明确职责划分，细化工作内容，强化责任考核，建立健全工作推进机制，着力强化工作执行力度。研究建立符合环评事中事后监管特点的环境执法管理制度和有利于监管执法的激励制度，强化监管执法，加强跟踪检查，切实把环评事中事后监管落到实处。

（二十二）做好宣传引导。各级环保部门要加强环评相关法律法规及政策宣传力度，通过多种形式特别是新媒体鼓励全社会参与环评事中事后监管，形成理解、关心、支持事中事后监管的社会氛围。积极宣传环评事中事后监管的主要措施、成效，引导相关责任方提高环境保护责任意识，坚守环境保护底线，健全完善环评事中事后监管工作长效机制。

环境保护部

2018 年 1 月 25 日

关于加强企业环境信用体系建设的指导意见

环发〔2015〕161 号

各省、自治区、直辖市环境保护厅（局），新疆生产建设兵团环境保护局，辽河凌河保护区管理局，各省、自治区、直辖市、新疆生产建设兵团发展改革委：

根据党中央、国务院关于推进社会信用体系建设的部署和要求，为加快建立企业环保守信激励、失信惩戒机制，现就加强企业环境信用体系建设提出如下意见：

一、指导原则和目标任务

（一）制定依据

党中央、国务院高度重视社会信用体系建设。党的十八大提出“加强政务诚信、商务诚信、社会诚信和司法公信建设”。党的十八届三中全会提出 “建立健全社会征信体系，褒扬诚信，惩戒失信”。党的十八届四中全会提出“加强社会诚信建设，健全公民和组织守法信用记录，完善守法诚信褒奖机制和违法失信行为惩戒机制”。

环境保护领域信用建设是社会信用体系建设的重要组成部分。新修订的《环境保护法》规定，企业事业单位和其他生产经营者的环境违法信息应当记入社会诚信档案，违法者名单应当及时向社会公布。国务院印发的《社会信用体系建设规划纲要（2014—2020 年）》对环保领域信用建设提出了明确要求。国务院办公厅印发的《关于加强环境监管执法的通知》要求：“建立环境信用评价制度，将环境违法企业列入‘黑名单’并向社会公开，将其环境违法行为纳入社会信用体系，让失信企业一次违法、处处受限”。

（二）指导原则

以企业环境信用信息的归集共享为基础，以企业环境信用信息的公示为方法，以相关部门协同监管、联合惩戒为手段，以提高企业环保自律、诚信意识为目的，建立环保激励与约束并举的长效机制。

（三）目标任务

到 2020 年，企业环境信用制度基本形成，企业环境信用记录全面建立，覆盖国家、省、市、县的企业环境信用信息系统基本建成，环保守信激励和失信惩戒机制有效运转，企业环境诚信意识和信用水平普遍提高。

二、明确记入企业环境信用记录的信息范围

环保部门在履行环境保护职责过程中制作或者获取的，以一定形式记录、保存的，反映企业环境信用情况的环境管理信息，应当记入企业环境信用记录。记入企业环境信用记录的信息分为基础类信用信息和不良类信用信息。

（一）基础类信用信息主要包括：

1 建设项目环境管理信息：建设项目环评审批信息，建设项目环境保护设施建设和运行信息。

2 环保行政许可信息：排污许可证信息，危险废物经营许可证信息，危险化学品进出口环境管理

登记证信息，新化学物质环境管理登记证信息，危险废物越境转移核准信息，列入限制进口目录的固体废物进口许可信息，列入自动许可进口目录的固体废物进口许可信息，消耗臭氧层物质生产、使用、进出口配额许可及进出口审批信息，废弃电器电子产品处理资格许可信息，加工利用国家限制进口、可用作原料的废五金电器、废电线电缆、废电机等企业认定信息，以及环保法律法规规定的、国务院决定保留的其他环保行政许可信息。

3 核与辐射安全管理信息：民用核设施选址、建造、装料、运行、退役以及核技术利用单位等许可信息，以及环保法律法规规定的、国务院决定保留的其他核与辐射安全行政许可信息。

4 排污费或者环境保护税缴纳信息。

在有条件的地区，环保部门也可以将下列信息纳入基础类信用信息：（1）污染源的监督性监测信息、重点排污单位的自行监测信息公开情况；（2）获得和使用环保专项资金情况；（3）突发环境事件应急预案备案等环境风险管理信息；（4）废弃电器电子产品处理企业完成拆解处理的废弃电器电子产品种类、数量、审核，以及接受基金补贴信息；（5）企业环境信用评价信息；（6）反映企业环境信用状况的其他信息。

（二）不良类信用信息主要包括：

1 环境行政处罚信息。

2 责令改正违法行为信息。

3 造成污染物排放的设施、设备被查封、扣押的信息。

4 被责令采取限制生产、停产整治等措施的信息。

5 拒不执行已生效的环境行政处罚决定或者责令改正违法行为决定的信息。

6 对严重环境违法的企业，该企业直接负责的主管人员和其他直接责任人员依法被处以行政拘留的信息。

在有条件的地区，环保部门也可以将下列信息纳入不良类信用信息：（1）发生较大及以上突发环境事件的信息（非企业责任的除外）；（2）对严重环境违法的企业，该企业直接负责的主管人员和其他直接责任人员依法被追究刑事责任的信息；（3）企业因环境污染犯罪依法被追究刑事责任的信息；（4）反映企业环境信用状况的其他不良信息。

三、建立和完善企业环境信用记录

环保部门应当根据“谁制作，谁记录，谁提供”的原则，确定本部门内负责环境信用信息归集和管理的机构，并明确各类环境信用信息的提供主体，及时、准确、完整地归集各类环境信用信息。

环保部门的规划财务、环评管理、环境监测、污染防治、核与辐射安全管理、环境监察、环境应急等内设业务机构，应当按照职责分工，做好相关环境信用信息的记录和提供工作；信息化工作机构要为各类环境信用信息的归集、整合和维护，提供信息化支持。

四、完善企业环境信用信息公开制度

（一）环保部门公开

环保部门应当依据新修订的《环境保护法》《企业信息公示暂行条例》《政府信息公开条例》《环境信息公开办法（试行）》《企业事业单位环境信息公开办法》《国家重点监控企业自行监测及信息公开办法（试行）》和《国家重点监控企业污染源监督性监测及信息公开办法（试行）》等法律、法规、规章和规范性文件的有关规定，将企业环境信用信息，通过其政府网站、“信用中国”网站或者其他便利公众知悉和查询的方式，向社会公开，并同时纳入企业环境信用信息系统和全国统一的信用信息共享交换平台。鼓励征信机构依法采集企业环境信用信息。

环保部门可以根据本地区实际情况，确定企业环境信用记录中不良信用信息的公开和可查询期限，一般不得低于5年。法律法规另有规定的，从其规定。不良信用信息的公开和可查询期限，自对企业违法失信行为的处理决定执行完毕之日起算。超过期限的不良信用信息，不再通过企业环境信用信息系统公开或者接受查询。

鼓励企业主动关注和查询自身的环境信用记录，实时掌握自身环境信用状况，并对存在的问题进行有针对性的整改。对积极采取整改措施改正环境失信行为的，环保部门应当及时将整改信息记入其环境信用记录。

（二）企业公开

1 重点排污单位应当依据新修订的《环境保护法》《大气污染防治法》《企业信息公示暂行条例》和《企业事业单位环境信息公开办法》等法律、法规和规章规定，向社会公开其基础信息、主要污染物及特征污染物排放情况等排污信息、按照环境影响评价报告书（表）及其批复要求开展周边环境质量监测信息、防治污染设施的建设和运行情况、环保行政许可信息、突发环境事件应急预案等信息。

2 鼓励和引导企业主动对本企业污染物排放状况及周边环境质量开展自行监测，将监测结果向社会公开，并提供给当地环保部门。

3 机动车生产、进口企业应当向社会公布其生产、进口机动车车型的排放检验信息、污染控制技术信息和有关维修技术信息。

五、完善企业环境信用评价制度

（一）扩大参评企业范围

环保部门应当根据本地区实际情况，在《企业环境信用评价办法（试行）》规定的应当纳入环境信用评价的企业范围基础上，逐步拓展参评企业范围，基本覆盖当地环境影响大、社会普遍关注的企业，并推动更多的企业自愿参与。条件成熟的地区，可以探索开展环境服务机构环境信用评价。

（二）完善评价指标和评分方法

根据本地区的实际情况，各省、自治区、直辖市环保部门可以在《企业环境信用评价办法（试行）》基础上，进一步细化评价指标和评分方法，缩小自由裁量权，保证评价结果客观、公正。

（三）夯实信用评价的数据基础

以企业的环境信用记录信息为基础，明确各项评价指标的数据来源和采集频次，并合理采用经环保部门核实的企业、公众、社会组织以及媒体提供的环境信用信息。

（四）推动信用评价的信息化管理

推动企业环境信用评价的信息采集、评分、结果公布的信息化和自动化，减少人工干预。评价流程中操作人员的具体操作要全程留痕，保证评价结果可追溯。

（五）加强评价结果的动态调整

及时反映企业环境信用的变化，根据“谁公布、谁调整”的原则，对环境信用恶化的企业及时降低信用评价等级；对改善环境信用、实施有效整改的企业，在其环境信用记录中补充其整改信息，并向社会公开。

六、探索企业环境信用承诺制度

探索在环保行政许可和环保专项资金申请等方面，建立企业环境信用承诺制度。企业对申请材料的真实性、履行环保法定义务的情况以及违反承诺的违约责任等事项，作出书面承诺，并向社会公开，主动接受监督。

违背信用承诺的，应当承担违约责任，自愿接受约定的惩戒，并承担相应的法律责任。环保部门应当将企业环境信用承诺及违反承诺的信息记入企业环境信用记录，并予以公开。

七、加强企业环境信用信息系统建设

（一）加快推进企业环境信用信息系统建设

环保部门应当依托现有环保业务信息系统，整合企业环境信用信息资源，建设企业环境信用信息系统，实现企业环境信用记录归集、储存、发布、应用的电子化和信息化；加快建设面向公众的企业环境信用信息平台，基本实现公众对企业环境信用信息网上查询。

以公民、法人和其他组织统一社会信用代码作为有关个人和企业的标识，按照统一的技术标准和数据标准，整合各类企业环境信用信息，实现同一企业所有环境信用信息的集中记录和查询。按照“一数一源”和“谁产生、谁记录，谁提供、谁负责”的要求，确保信用信息系统内有关企业数据来源的唯一性，做到信息完整、准确、及时，并动态更新。

环保部门应当强化环境信用信息安全管理与信息主体权益保护，制定异议处理制度。

（二）加快实现环境信用信息互联互通

1　加强环保系统内部的信用信息互联互通。环境保护部建设国家企业环境信用信息系统。省、市、县级环保部门建设本级企业环境信用信息系统，与上级环保部门的企业环境信用信息系统实现网络互联和信息共享，实现环保系统各地区、各业务条线之间企业环境信用信息的互联互通、开放共享。

2　推进环保部门与其他部门之间的环境信用信息共享。环保部门应当分别按照国务院和地方人民政府关于信用信息共享交换的工作部署，将环境信用信息纳入全国统一的信用信息共享交换平台、企业信用信息公示系统和地方公共信用信息平台，实现信用信息互联互通。

八、推动建立环保守信激励、失信惩戒机制

（一）促进环境信用信息在环境监管中的分类应用

1　环境监管应当有效应用企业环境信用信息。环保部门应当结合企业的环境信用状况，积极探索企业环境信用分类管理，在环保行政许可、建设项目环境管理、环境监察执法、环保专项资金管理、环保科技项目立项和环保评先创优等工作流程中，嵌入企业环境信用信息的调用和信用状况的审核环节，有效应用企业环境信用信息。

2　对环境信用状况良好的企业，在同等条件下予以优先支持。

3　对失信主体予以约束和惩戒。对存在不良信用记录的企业，结合企业环境失信行为的类别和具体情节，根据有关规定从严审查其环保行政许可申请事项，加大监察执法频次，从严审批或者暂停各类环保专项资金补助，并积极探索其他惩戒措施。

（二）建立企业环境信用联合奖惩机制

发展改革部门应当完善企业环境信用多部门奖惩联动机制，推动环保部门与财政、商务、人民银行、工商、安全生产监督管理、质量技术监督、国有资产监督管理、税务、海关、能源等有关主管部门，银行、证券、保险监管机构，监察机关，有关工会组织、行业协会的沟通协调，完善企业环境信用信息共享交换；推动有关部门和机构在行政许可、公共采购、评先创优、金融支持、资质等级评定等管理工作中，根据企业环境信用状况予以支持或限制，使守信者处处受益、失信者寸步难行。

环保部门、发展改革部门应当联合有关部门，采取以下鼓励性和惩戒性措施：

1　建议财政部门依法禁止环境失信企业参与政府采购活动。

2　建议国有资产监督管理部门、有关工会组织、有关行业协会以及其他有关机构，不得授予环保失信企业及其负责人先进企业或者先进个人等荣誉称号。

3　建议保险机构对环保守信企业予以优惠的环境污染责任保险费率，对环境失信企业提高费率。

4　对未按照《企业信息公示暂行条例》有关规定公示其环保行政许可和环境行政处罚信息的企业，环保部门应当商请工商部门将其列入经营异常名录，并通过企业信用信息公示系统向社会公示；满3年未按规定履行公示义务的，环保部门应当商请省级工商行政管理部门将其列入严重违法企业名单，并通过企业信用信息公示系统向社会公示。

5　落实绿色信贷政策，联合人民银行、银监部门，推动银行业金融机构将企业环境信用信息作为信贷审批、贷后监管的重要依据。对环境信用良好的企业，予以积极的信贷支持；对环境信用不良的企业，严格贷款条件；对环保严重失信企业，在其落实完成有关整改措施之前，不予新增贷款，并视情况

逐步压缩贷款，直至退出贷款。

九、开展环境服务机构及其从业人员环境信用建设

（一）环境服务机构的诚信要求

环评机构、环境污染第三方治理机构、环境监测机构和机动车排放检验机构等环境服务机构在提供环境服务活动中，应当诚实守信，不得弄虚作假。环评机构应当对其主持完成的环评文件的真实性和准确性负责。环境监测机构和机动车排放检验机构应当对其所提供的监（检）测数据的真实性和准确性负责。环境污染第三方治理机构应当按照有关法律法规和标准以及排污企业的委托要求，承担约定的污染治理责任，保证污染防治设施正常运营、维护和污染物达标排放，并如实向社会公开污染治理设施建设、运行和污染排放情况。

（二）环评机构及从业人员信用建设

1 建立环评机构及从业人员信用记录。环保部门应当按照监管职责，建立环评机构及其环境影响评价工程师信用记录，并向社会公开。应当纳入信用记录的信息包括：环评机构名称、资质等级、业务范围、专职技术人员；环境影响评价工程师职业资格取得时间、从业单位、专业类别等基础信息；环保部门对评价机构及其环境影响评价工程师采取的通报批评、限期整改和行政处罚等情况；环评机构或者申请评价资质的机构因隐瞒环境影响评价工程师情况或者提供相关虚假材料，环境保护部不予受理、不予批准或者撤销评价资质等相关情况。

2 建立环评评估专家诚信档案。及时记录环评评估专家以下失信行为：不负责任，弄虚作假，未能客观、公正履行审查职责的；无正当理由，不按要求参加评估工作的；与建设项目业主或环评机构存在利益关系，可能影响公正性，未主动提出回避的；泄露在评估过程中知悉的技术秘密、商业秘密以及其他不宜公开的信息的；收受他人的财物或者其他好处的。

3 健全环评机构和从业人员失信惩戒制度，完善环评文件责任追究机制。对环评机构不负责任或者弄虚作假，致使环评文件失实的，依法降低该环评机构资质等级或者吊销其资质证书，处以罚款，责令有关从业人员限期整改，并向社会公开。

（三）环境污染第三方治理机构信用建设

加强生活污水、工业废水、除尘脱硫脱硝、工业废气、工业固体废物、危险废物、生活垃圾、重金属污染治理等环境污染第三方治理机构的信用建设。环保部门应当建立第三方治理机构信用记录，将有关机构的基础信息、日常执法监管信息纳入其环境信用记录并向社会公布。实施第三方治理机构“黑名单”制度，对篡改、伪造监测数据，或者不正常运行防治污染设施，或者通过暗管等逃避监管方式违法排放污染物的，列入“黑名单”，并定期向社会公开，各级政府或者有关部门不得采购其环境服务。

（四）环境监测机构信用建设

环保部门应当建立和完善环境监测机构信用记录。环境监测机构及其法定代表人在环境监测服务活动中存在不规范监测行为的，环保部门应当将相应机构、法定代表人、监测技术人员的违法信息记入其信用记录，并及时向社会公布。对存在弄虚作假、篡改或者伪造监测数据等严重失信行为的环境监测机构及其相关责任人，列入“黑名单”，定期向社会公开，并通报质量技术监督主管部门。各级政府或者有关部门购买环境监测服务，应当优先选择信用好的环境监测机构，不得购买列入“黑名单”的环境监测机构的服务。鼓励排污单位选择信用好的环境监测机构提供自行监测、环境管理体系认证和清洁生产审核等环境监测服务。

（五）机动车排放检验机构的信用建设

环保部门应当建立和完善机动车排放检验机构信用记录。对伪造机动车排放检验结果或者出具虚假排放检验报告的，由环保部门依法予以处罚，记入其信用记录，向社会公布并与有关部门信息共享。情节严重的，由负责资质认定的部门取消其检验资格。

十、加强企业环境信用体系建设的支持和保障

环保部门应当根据企业环境信用体系建设需要，保障所需经费，确保各项措施落实到位。加大对企业环境信用基础设施建设、运行维护以及人员培训等方面的支持。

环保部门应当结合本地区实际，建立工作机制，制定实施方案，加大工作力度，推动企业环境信用体系建设工作取得实际成效。

环境保护部

发展改革委

2015 年 11 月 27 日

31 部门联合印发《关于对环境保护领域失信生产经营单位及其有关人员开展联合惩戒的合作备忘录》的通知

发改财金〔2016〕1580 号

各省、自治区、直辖市和新疆生产建设兵团有关部门、机构：

为贯彻落实党的十八大和十八届三中、四中、五中全会精神，落实《中华人民共和国环境保护法》、《中华人民共和国国民经济和社会发展第十三个五年规划纲要》、《国务院关于印发社会信用体系建设规划纲要（2014—2020 年）的通知》（国发〔2014〕21 号）、《国务院关于建立完善守信联合激励和失信联合惩戒制度加快推进社会诚信建设的指导意见》（国发〔2016〕33 号）和《国务院办公厅关于加强环境监管执法的通知》（国办发〔2014〕56 号）等文件关于“褒扬诚信、惩戒失信”的总体要求，国家发展改革委、人民银行、环境保护部、中央宣传部、中央统战部、中央文明办、工业和信息化部、公安部、财政部、国土资源部、住房城乡建设部、交通运输部、水利部、农业部、商务部、国资委、海关总署、税务总局、工商总局、质检总局、安全监管总局、法制办、银监会、证监会、保监会、民航局、全国总工会、共青团中央、全国妇联、全国工商联、铁路总公司联合签署了《关于对环境保护领域失信生产经营单位及其有关人员开展联合惩戒的合作备忘录》，现印发给你们，请认真贯彻执行。

附件：关于对环境保护领域失信生产经营单位及其有关人员开展联合惩戒的合作备忘录

国家发展改革委 人民银行 环境保护部
中央宣传部 中央统战部 中央文明办
工业和信息化部 公安部 财政部 国土资源部
住房城乡建设部 交通运输部 水利部
农业部 商务部 国资委 海关总署 税务总局
工商总局 质检总局 安全监管总局 法制办
银监会 证监会 保监会 民航局
全国总工会 共青团中央 全国妇联
全国工商联 铁路总公司

2016 年 7 月 20 日

附件

关于对环境保护领域失信生产经营单位及其有关人员开展联合惩戒的合作备忘录

为贯彻落实党的十八大和十八届三中、四中、五中全会精神，落实《中华人民共和国环境保护法》、《中华人民共和国国民经济和社会发展第十三个五年规划纲要》、《国务院关于印发社会信用体系建设规划纲要（2014—2020年）的通知》（国发〔2014〕21号）、《国务院关于建立完善守信联合激励和失信联合惩戒制度加快推进社会诚信建设的指导意见》（国发〔2016〕33号）和《国务院办公厅关于加强环境监管执法的通知》（国办发〔2014〕56号）等文件关于“褒扬诚信、惩戒失信”的总体要求，国家发展改革委、人民银行、环境保护部、中央宣传部、中央统战部、中央文明办、工业和信息化部、公安部、财政部、国土资源部、住房城乡建设部、交通运输部、水利部、农业部、商务部、国资委、海关总署、税务总局、工商总局、质检总局、安全监管总局、法制办、银监会、证监会、保监会、民航局、全国总工会、共青团中央、全国妇联、全国工商联、铁路总公司就针对环境保护领域失信生产经营单位及其有关人员开展联合惩戒措施，达成如下一致意见：

一、联合惩戒对象

联合惩戒对象为在环境保护领域存在严重失信行为的生产经营单位及其法定代表人、主要负责人和负有直接责任的有关人员。

上述联合惩戒对象，由环境保护部定期汇总后提供给签署本备忘录的各部门。

二、惩戒措施

各部门依照有关法律、法规、规章及规范性文件规定，对联合惩戒对象采取下列一种或多种惩戒措施（相关依据和实施部门见附录）：

（一）限制或者禁止生产经营单位的市场准入、行政许可或者融资行为

1．限制取得政府供应土地。

2．限制取得工业产品生产许可证。

3．禁止作为供应商参加政府采购活动。

4．限制参与财政投资公共工程建设项目投标活动。

5．限制参与基础设施和公用事业特许经营。

6．依法限制取得安全生产许可证。

7．对弄虚作假的机动车排放检验机构，撤销其检验检测机构资质。

8．失信生产经营单位申请适用海关认证企业管理的，海关不予通过认证。

9．限制发行企业债券及公司债券。

10．限制注册非金融企业债务融资工具。

11．将生产经营单位的失信信息作为股票发行审核及在全国中小企业股份转让系统公开转让审核的参考。

（二）停止执行生产经营单位享受的优惠政策，或者对其关于优惠政策的申请不予批准

12．对于享受环保电价加价的燃煤电厂，没收二氧化硫、氮氧化物、烟尘排放超标相应时段的环保电价款，并从重处以罚款。

13．因违反环境保护法律法规受到处罚的，根据财政部、国家税务总局相关规定，自处罚决定下达的次月起36个月内，不得享受资源综合利用产品和劳务增值税即征即退政策。

14．存在超过污染物排放标准或者超过重点污染物排放总量控制指标排放污染物等违法行为的，按照财政部、国家税务总局相关规定，停止执行已经享受的环境保护项目企业所得税优惠。

15．停止执行相关财政性资金支持，或者限制其申请财政性资金项目。

16．停止执行投资等领域相关优惠性政策，或者对其关于享受相关优惠性政策的申请不予批准。

（三）在经营业绩考核、综合评价、评优表彰等工作中，对生产经营单位及相关负责人予以限制

17．失信生产经营单位相关负责人适用中央企业负责人经营业绩考核有关规定的，视情节轻重和影响程度，扣减年度经营业绩考核综合得分，直至降低其年度经营业绩考核和任期经营业绩考核等级，并相应扣发企业负责人绩效年薪和任期激励收入；情节严重的，给予纪律处分或者对企业负责人进行调整。

18．失信生产经营单位相关负责人适用中央统战部等 14 个部门关于非公有制经济代表人士综合评价有关规定的，不应推荐其为人大代表候选人、政协委员人选，也不得评优表彰。

19．对失信生产经营单位，不得授予文明单位等荣誉称号，已获得荣誉称号的予以撤销；对失信生产经营单位法定代表人、主要负责人和直接责任人，不得授予道德模范、五一劳动奖章等荣誉称号，已获得荣誉称号的予以撤销。

（四）其他惩戒措施

20．推动各金融机构将失信生产经营单位的失信情况作为融资授信的参考。

21．推动各保险机构将失信生产经营单位的失信记录作为厘定环境污染责任保险费率的参考。

22．在上市公司或者非公众上市公司收购的事中事后监管中，对有严重失信行为的生产经营单位予以重点关注。

23．各市场监管、行业主管部门将失信生产经营单位作为重点监管对象，加大日常监管力度，提高抽查的比例和频次。

24．有关部门将失信生产经营单位信息，通过“信用中国”网站和国家企业信用信息公示系统向社会公布。

25．各部门依法实施的其他惩戒措施。

三、联合惩戒的实施方式

环境保护部通过全国信用信息共享平台向签署本备忘录的各有关部门提供环境保护领域失信生产经营单位及其有关人员相关信息，并按照有关规定动态更新。同时依法在环境保护部网站、“信用中国”网站、国家企业信用信息公示系统等向社会公布。

各部门按照本备忘录约定内容，依法依规对环境保护领域失信生产经营单位及其有关人员实施联合惩戒。同时，建立惩戒效果定期通报机制，各部门定期将联合惩戒实施情况通过全国信用信息共享平台反馈给国家发展改革委和环境保护部。

四、其他事宜

各部门应密切协作，积极落实本备忘录，制定失信信息的使用、撤销、管理、监督的相关实施细则和操作流程，指导本系统各级单位依法依规实施联合惩戒措施。

本备忘录实施过程中涉及部门之间协同配合的问题，由各部门协商解决。

本备忘录签署后，各项惩戒措施依据的法律、法规、规章及规范性文件有修改或调整的，以修改后的法律、法规、规章及规范性文件为准。

附录

惩戒措施	法律及政策依据	实施单位
一、限制取得政府供应土地	1．《国务院关于促进市场公平竞争维护市场正常秩序的若干意见》（国发〔2014〕20号）建立健全守信激励和失信惩戒机制。将市场主体的信用信息作为实施行政管理的重要参考。根据市场主体信用状况实行分类分级、动态监管，建立健全经营异常名录制度，对违背市场竞争原则和侵犯消费者、劳动者合法权益的市场主体建立“黑名单”制度。对守信主体予以支持和激励，对失信主体在经营、投融资、取得政府供应土地、进出口、出入境、注册新公司、工程招投标、政府采购、获得荣誉、安全许可、生产许可、从业任职资格、资质审核等方面依法予以限制或禁止，对严重违法失信主体实行市场禁入制度。 2．《国务院办公厅关于运用大数据加强对市场主体服务和监管的若干意见》（国办发〔2015〕51号） 建立健全失信联合惩戒机制。各级人民政府应将使用信用信息和信用报告嵌入行政管理和公共服务的各领域、各环节，作为必要条件或重要参考依据。充分发挥行政、司法、金融、社会等领域的综合监管效能，在市场准入、行政审批、资质认定、享受财政补贴和税收优惠政策、企业法定代表人和负责人任职资格审查、政府采购、政府购买服务、银行信贷、招标投标、国有土地出让、企业上市、货物通关、税收征缴、社保缴费、外汇管理、劳动用工、价格制定、电子商务、产品质量、食品药品安全、消费品安全、知识产权、环境保护、治安管理、人口管理、出入境管理、授予荣誉称号等方面，建立跨部门联动响应和失信约束机制，对违法失信主体依法予以限制或禁入。建立各行业“黑名单”制度和市场退出机制。推动将申请人良好的信用状况作为各类行政许可的必备条件。 3．《企业信息公示暂行条例》（中华人民共和国国务院令第654号） 第十八条　县级以上地方人民政府及其有关部门应当建立健全信用约束机制，在政府采购、工程招投标、国有土地出让、授予荣誉称号等工作中，将企业信息作为重要考量因素，对被列入经营异常名录或者严重违法企业名单的企业依法予以限制或者禁入。	国土资源部
二、限制取得工业产品生产许可证	1．《中华人民共和国工业产品生产许可证管理条例》（中华人民共和国国务院令第440号） 第九条　企业取得生产许可证，应当符合下列条件：（七）符合国家产业政策的规定，不存在国家明令淘汰和禁止投资建设的落后工艺、高耗能、污染环境、浪费资源的情况。 2．《国务院关于促进市场公平竞争维护市场正常秩序的若干意见》（国发〔2014〕20号） 建立健全守信激励和失信惩戒机制。将市场主体的信用信息作为实施行政管理的重要参考。根据市场主体信用状况实行分类分级、动态监管，建立健全经营异常名录制度，对违背市场竞争原则和侵犯消费者、劳动者合法权益的市场主体建立“黑名单”制度。对守信主体予以支持和激励，对失信主体在经营、投融资、取得政府供应土地、进出口、出入境、注册新公司、工程招投标、政府采购、获得荣誉、安全许可、生产许可、从业任职资格、资质审核等方面依法予以限制或禁止，对严重违法失信主体实行市场禁入制度。	工业和信息化部
三、禁止作为供应商参加政府采购活动	1．《中华人民共和国政府采购法》 第二十二条　供应商参加政府采购活动应当具备下列条件： （一）具有独立承担民事责任的能力； （二）具有良好的商业信誉和健全的财务会计制度； （三）具有履行合同所必需的设备和专业技术能力； （四）有依法缴纳税收和社会保障资金的良好记录； （五）参加政府采购活动前三年内，在经营活动中没有重大违法记录； （六）法律、行政法规规定的其他条件。 采购人可以根据采购项目的特殊要求，规定供应商的特定条件，但不得以不合理的条件对供应商实行差别待遇或者歧视待遇。 2．《中华人民共和国政府采购法实施条例》（中华人民共和国国务院令第658号）	财政部

惩戒措施	法律及政策依据	实施单位
	第十九条　政府采购法第二十二条第一款第五项所称重大违法记录，是指供应商因违法经营受到刑事处罚或者责令停产停业、吊销许可证或者执照、较大数额罚款等行政处罚。 供应商在参加政府采购活动前 3 年内因违法经营被禁止在一定期限内参加政府采购活动，期限届满的，可以参加政府采购活动。 3.《国务院关于印发社会信用体系建设规划纲要（2014—2020 年）的通知》（国发〔2014〕21 号） 政府采购领域信用建设。加强政府采购信用管理，强化联动惩戒，保护政府采购当事人的合法权益。制定供应商、评审专家、政府采购代理机构以及相关从业人员的信用记录标准。依法建立政府采购供应商不良行为记录名单，对列入不良行为记录名单的供应商，在一定期限内禁止参加政府采购活动。完善政府采购市场的准入和退出机制，充分利用工商、税务、金融、检察等其他部门提供的信用信息，加强对政府采购当事人和相关人员的信用管理。加快建设全国统一的政府采购管理交易系统，提高政府采购活动透明度，实现信用信息的统一发布和共享。	
四、限制参与财政投资公共工程建设项目投标活动	1.《工程建设项目施工招标投标办法》（国家发展计划委员会令第 30 号，国家发展和改革委员会令第 23 号） 第二十条　资格审查应主要审查潜在投标人或者投标人是否符合下列条件： （一）具有独立订立合同的权利； （二）具有履行合同的能力，包括专业、技术资格和能力，资金、设备和其他物质设施状况，管理能力，经验、信誉和相应的从业人员； （三）没有处于被责令停业，投标资格被取消，财产被接管、冻结，破产状态； （四）在最近三年内没有骗取中标和严重违约及重大工程质量问题； （五）国家规定的其他资格条件。 资格审查时，招标人不得以不合理的条件限制、排斥潜在投标人或者投标人，不得对潜在投标人或者投标人实行歧视待遇。任何单位和个人不得以行政手段或者其他不合理方式限制投标人的数量。 2.《国务院关于印发社会信用体系建设规划纲要（2014—2020 年）的通知》（国发〔2014〕21 号） 招标投标领域信用建设。扩大招标投标信用信息公开和共享范围，建立涵盖招标投标情况的信用评价指标和评价标准体系，健全招标投标信用信息公开和共享制度。进一步贯彻落实招标投标违法行为记录公告制度，推动完善奖惩联动机制。依托电子招标投标系统及其公共服务平台，实现招标投标和合同履行等信用信息的互联互通、实时交换和整合共享。鼓励市场主体运用基本信用信息和第三方信用评价结果，并将其作为投标人资格审查、评标、定标和合同签订的重要依据。 3.《国务院办公厅关于运用大数据加强对市场主体服务和监管的若干意见》（国办发〔2015〕51 号） 建立健全失信联合惩戒机制。各级人民政府应将使用信用信息和信用报告嵌入行政管理和公共服务的各领域、各环节，作为必要条件或重要参考依据。充分发挥行政、司法、金融、社会等领域的综合监管效能，在市场准入、行政审批、资质认定、享受财政补贴和税收优惠政策、企业法定代表人和负责人任职资格审查、政府采购、政府购买服务、银行信贷、招标投标、国有土地出让、企业上市、货物通关、税收征缴、社保缴费、外汇管理、劳动用工、价格制定、电子商务、产品质量、食品药品安全、消费品安全、知识产权、环境保护、治安管理、人口管理、出入境管理、授予荣誉称号等方面，建立跨部门联动响应和失信约束机制，对违法失信主体依法予以限制或禁入。建立各行业"黑名单"制度和市场退出机制。推动将申请人良好的信用状况作为各类行政许可的必备条件。	国家发展改革委、工业和信息化部、住房城乡建设部、交通运输部、水利部、商务部、民航局、铁路总公司

惩戒措施	法律及政策依据	实施单位
五、限制参与基础设施和公用事业特许经营	《基础设施和公用事业特许经营管理办法》（国家发展和改革委员会令第 25 号） 第十七条　实施机构应当公平择优选择具有相应管理经验、专业能力、融资实力以及信用状况良好的法人或者其他组织作为特许经营者。鼓励金融机构与参与竞争的法人或其他组织共同制定投融资方案。 特许经营者选择应当符合内外资准入等有关法律、行政法规规定。 依法选定的特许经营者，应当向社会公示。 第五十三条　特许经营者违反法律、行政法规和国家强制性标准，严重危害公共利益，或者造成重大质量、安全事故或者突发环境事件的，有关部门应当责令限期改正并依法予以行政处罚；拒不改正、情节严重的，可以终止特许经营协议；构成犯罪的，依法追究刑事责任。 第五十六条　县级以上人民政府有关部门应当对特许经营者及其从业人员的不良行为建立信用记录，纳入全国统一的信用信息共享交换平台。对严重违法失信行为依法予以曝光，并会同有关部门实施联合惩戒。	国家发展改革委、财政部、住房城乡建设部、交通运输部、水利部、人民银行
六、依法限制取得安全生产许可证	《国务院关于促进市场公平竞争维护市场正常秩序的若干意见》（国发〔2014〕20 号） 建立健全守信激励和失信惩戒机制。将市场主体的信用信息作为实施行政管理的重要参考。根据市场主体信用状况实行分类分级、动态监管，建立健全经营异常名录制度，对违背市场竞争原则和侵犯消费者、劳动者合法权益的市场主体建立“黑名单”制度。对守信主体予以支持和激励，对失信主体在经营、投融资、取得政府供应土地、进出口、出入境、注册新公司、工程招投标、政府采购、获得荣誉、安全许可、生产许可、从业任职资格、资质审核等方面依法予以限制或禁止，对严重违法失信主体实行市场禁入制度。	安全监管总局
七、撤销检验检测机构资质	1．《检验检测机构资质认定管理办法》（国家质量监督检验检疫总局令第 163 号） 第四十五条　检验检测机构有下列情形之一的，资质认定部门应当撤销其资质认定证书： （一）未经检验检测或者以篡改数据、结果等方式，出具虚假检验检测数据、结果的； （二）违反本办法第四十三条规定，整改期间擅自对外出具检验检测数据、结果，或者逾期未改正、改正后仍不符合要求的； （三）以欺骗、贿赂等不正当手段取得资质认定的； （四）依法应当撤销资质认定证书的其他情形。 被撤销资质认定证书的检验检测机构，三年内不得再次申请资质认定。 2．《中华人民共和国大气污染防治法》 第一百一十二条　违反本法规定，伪造机动车、非道路移动机械排放检验结果或者出具虚假排放检验报告的，由县级以上人民政府环境保护主管部门没收违法所得，并处十万元以上五十万元以下的罚款；情节严重的，由负责资质认定的部门取消其检验资格。 违反本法规定，伪造船舶排放检验结果或者出具虚假排放检验报告的，由海事管理机构依法予以处罚。	质检总局
八、限制成为海关认证企业	1．《关于公布〈海关认证企业标准〉的公告》（海关总署公告 2014 年第 82 号） 《海关认证企业标准（一般认证）》第（九）项未有不良外部信用：企业或者其企业法定代表人（负责人）、负责关务的高级管理人员、财务负责人连续 1 年在工商、商务、税务、银行、外汇、检验检疫、公安、检察院、法院等部门未被列入经营异常名录、失信企业或者人员名单、黑名单企业、人员。 《海关认证企业标准（高级认证）》第（九）项未有不良外部信用：企业或者其法定代表人（负责人）、负责关务的高级管理人员、财务负责人连续 1 年在工商、商务、税务、银行、外汇、检验检疫、公安、检察院、法院等部门未被列入经营异常名录、失信企业或者人员名单、黑名单企业、人员。 2．《国务院关于促进市场公平竞争维护市场正常秩序的若干意见》（国发〔2014〕20 号） 建立健全守信激励和失信惩戒机制。将市场主体的信用信息作为实施行政管理的重要参考。根据市场主体信用状况实行分类分级、动态监管，建立健全经营异常名录制度，对违背市场竞争原则和侵犯消费者、劳动者合法权益的市场主体建立“黑名单”制度。对守信主体予以支持和激励，对失信主体在经营、投融资、取得政府供应土地、进出口、出入境、注册新公司、工程招投标、政府采购、获得荣誉、安全许可、生产许可、从业任职资格、资质审核等方面依法予以限制或禁止，对严重违法失信主体实行市场禁入制度。	海关总署

惩戒措施	法律及政策依据	实施单位
九、限制发行企业债券及公司债券	1．《中华人民共和国证券法》 第十六条　公开发行公司债券，应当符合下列条件： （四）筹集的资金投向符合国家产业政策。 2．《企业债券管理条例》（1993年8月2日中华人民共和国国务院令第121号发布，根据2011年1月8日《国务院关于废止和修改部分行政法规的决定》修订） 第十二条　企业发行企业债券必须符合下列条件： （五）所筹资金用途符合国家产业政策。 3．《国务院关于建立完善守信联合激励和失信联合惩戒制度加快推进社会诚信建设的指导意见》（国发〔2016〕33号） 依法依规加强对失信行为的行政性约束和惩戒。对严重失信主体，各地区、各有关部门应将其列为重点监管对象，依法依规采取行政性约束和惩戒措施。从严审核行政许可审批项目，从严控制生产许可证发放，限制新增项目审批、核准，限制股票发行上市融资或发行债券，限制在全国股份转让系统挂牌、融资，限制发起设立或参股金融机构以及小额贷款公司、融资担保公司、创业投资公司、互联网融资平台等机构，限制从事互联网信息服务等。严格限制申请财政性资金项目，限制参与有关公共资源交易活动，限制参与基础设施和公用事业特许经营。对严重失信企业及其法定代表人、主要负责人和对失信行为负有直接责任的注册执业人员等实施市场和行业禁入措施。及时撤销严重失信企业及其法定代表人、负责人、高级管理人员和对失信行为负有直接责任的董事、股东等人员的荣誉称号，取消参加评先评优资格。 4．《公司债券发行与交易管理办法》（中国证券监督管理委员会令第113号） 第十七条　存在下列情形之一的，不得公开发行公司债券： （一）最近三十六个月内公司财务会计文件存在虚假记载，或公司存在其他重大违法行为； （二）本次发行申请文件存在虚假记载、误导性陈述或者重大遗漏； （三）对已发行的公司债券或者其他债务有违约或者迟延支付本息的事实，仍处于继续状态； （四）严重损害投资者合法权益和社会公共利益的其他情形。	国家发展改革委、证监会
十、限制注册非金融企业债务融资工具	《银行间债券市场非金融企业债务融资工具管理办法》（中国人民银行令〔2008〕第1号） 第十三条　交易商协会依据本办法及中国人民银行相关规定对债务融资工具的发行与交易实施自律管理。交易商协会应根据本办法制定相关自律管理规则，并报中国人民银行备案。 第十七条　交易商协会对违反自律管理规则的机构和人员，可采取警告、诫勉谈话、公开谴责等措施进行处理。 第十八条　中国人民银行依法对交易商协会、同业拆借中心和中央结算公司进行监督管理。	人民银行
十一、将失信信息作为股票发行审核及在全国中小企业股份转让系统公开转让审核的参考	1．《中华人民共和国证券法》 第十三条　公司公开发行新股，应当符合以下条件： （三）最近三年财务会计文件无虚假记载，无其他重大违法行为； 2．《首次公开发行股票并上市管理办法》（2006年5月17日中国证券监督管理委员会第180次主席办公会议审议通过，根据2015年12月30日中国证券监督管理委员会《关于修改〈首次公开发行股票并上市管理办法〉的决定》修正） 第十八条　发行人不得有以下情形： （二）最近36个月内违反工商、税收、土地、环保、海关以及其他法律、行政法规，受到行政处罚，且情节严重； （六）严重损害投资者合法权益和社会公众利益的其他情形。 3．《首次公开发行股票并在创业板上市管理办法》（中国证券监督管理委员会令第99号） 第二十一条　发行人及其控股股东、实际控制人最近三年内不存在损害投资者合法权益和社会公共利益的重大违法行为。…… 4．《上市公司证券发行管理办法》（中国证券监督管理委员会令第30号） 第九条　上市公司最近三十六个月内财务会计文件无虚假记载，且不存在下列重大违法行为：	证监会

惩戒措施	法律及政策依据	实施单位
	（一）违反证券法律、行政法规或规章，受到中国证监会的行政处罚，或者受到刑事处罚； （二）违反工商、税收、土地、环保、海关法律、行政法规或规章，受到行政处罚且情节严重，或者受到刑事处罚； （三）违反国家其他法律、行政法规且情节严重的行为。 5.《非上市公众公司监督管理办法》（2012 年 9 月 28 日中国证券监督管理委员会第 17 次主席办公会议审议通过，根据 2013 年 12 月 26 日中国证券监督管理委员会《关于修改<非上市公众公司监督管理办法>的决定》修订） 第三条　公众公司应当按照法律、行政法规、本办法和公司章程的规定，做到股权明晰，合法规范经营，公司治理机制健全，履行信息披露义务。	
十二、没收环保电价加价款并从重处罚	《关于印发燃煤发电机组环保电价及环保设施运行监管办法的通知》（发改价格〔2014〕536 号） 第十七条　环保电价按照污染物种类分项考核。单项污染物超过执行标准的，对相应单项环保电价款予以没收和罚款。 污染物排放浓度小时均值以与环境保护主管部门联网的 CEMS 数据为准。超限值时段根据环保设施 DCS 历史数据库数据核定。 第十九条　省级价格主管部门负责环保电价款的核算、没收和罚款。省级价格主管部门根据省级环境保护主管部门提供的上季度各燃煤发电机组环保设施运行情况，以及电网企业提供的燃煤发电机组电量核算环保电价款，及时下发没收环保电价款和罚款决定，并抄送省级环境保护主管部门。省级价格主管部门应对上年度本省（自治区、直辖市）燃煤发电企业涉及环保电价的典型价格违法案件进行公告。 第二十一条　国务院环保部门会同其他监管部门依法定期组织对燃煤发电企业环保设施运行情况进行核查，并向社会公告核查中存在问题的发电企业。政府价格主管部门根据国家核查结果对没有达到污染物排放要求的发电企业没收相应环保电价款并处相应罚款。	国家发展改革委
十三、限制享受税收优惠	1.《财政部国家税务总局关于印发<资源综合利用产品和劳务增值税优惠目录的通知》（财税〔2015〕78 号） 已享受本通知规定的增值税即征即退政策的纳税人，因违反税收、环境保护的法律法规受到处罚（警告或单次 1 万元以下罚款除外）的，自处罚决定下达的次月起 36 个月内，不得享受本通知规定的增值税即征即退政策。 2.《国务院关于印发社会信用体系建设规划纲要（2014—2020 年）的通知》（国发〔2014〕21 号） 加强对失信主体的约束和惩戒。强化行政监管性约束和惩戒。在现有行政处罚措施的基础上，健全失信惩戒制度，建立各行业黑名单制度和市场退出机制。推动各级人民政府在市场监管和公共服务的市场准入、资质认定、行政审批、政策扶持等方面实施信用分类监管，结合监管对象的失信类别和程度，使失信者受到惩戒。…… 3.《国务院办公厅关于运用大数据加强对市场主体服务和监管的若干意见》（国办发〔2015〕51 号） 建立健全失信联合惩戒机制。各级人民政府应将使用信用信息和信用报告嵌入行政管理和公共服务的各领域、各环节，作为必要条件或重要参考依据。充分发挥行政、司法、金融、社会等领域的综合监管效能，在市场准入、行政审批、资质认定、享受财政补贴和税收优惠政策、企业法定代表人和负责人任职资格审查、政府采购、政府购买服务、银行信贷、招标投标、国有土地出让、企业上市、货物通关、税收征缴、社保缴费、外汇管理、劳动用工、价格制定、电子商务、产品质量、食品药品安全、消费品安全、知识产权、环境保护、治安管理、人口管理、出入境管理、授予荣誉称 号等方面，建立跨部门联动响应和失信约束机制，对违法失信主体依法予以限制或禁入。建立各行业“黑名单”制度和市场退出机制。推动将申请人良好的信用状况作为各类行政许可的必备条件。	财政部、税务总局、地方政府有关部门

惩戒措施	法律及政策依据	实施单位
十四、限制享受税收优惠	1．《财政部国家税务总局国家发展改革委关于公布环境保护节能节水项目企业所得税优惠目录（试行）的通知》（财税〔2009〕166 号） （明确规定：享受税收优惠的前提条件之一：必须符合国家及地方规定的污染物排放标准和重点污染物排放总量控制指标。） 2.《国务院关于印发社会信用体系建设规划纲要（2014—2020 年）的通知》（国发〔2014〕21 号） 加强对失信主体的约束和惩戒。强化行政监管性约束和惩戒。在现有行政处罚措施的基础上，健全失信惩戒制度，建立各行业黑名单制度和市场退出机制。推动各级人民政府在市场监管和公共服务的市场准入、资质认定、行政审批、政策扶持等方面实施信用分类监管，结合监管对象的失信类别和程度，使失信者受到惩戒。…… 3．《国务院办公厅关于运用大数据加强对市场主体服务和监管的若干意见》（国办发〔2015〕51 号） 建立健全失信联合惩戒机制。各级人民政府应将使用信用信息和信用报告嵌入行政管理和公共服务的各领域、各环节，作为必要条件或重要参考依据。充分发挥行政、司法、金融、社会等领域的综合监管效能，在市场准入、行政审批、资质认定、享受财政补贴和税收优惠政策、企业法定代表人和负责人任职资格审查、政府采购、政府购买服务、银行信贷、招标投标、国有土地出让、企业上市、货物通关、税收征缴、社保缴费、外汇管理、劳动用工、价格制定、电子商务、产品质量、食品药品安全、消费品安全、知识产权、环境保护、治安管理、人口管理、出入境管理、授予荣誉称号等方面，建立跨部门联动响应和失信约束机制，对违法失信主体依法予以限制或禁入。建立各行业“黑名单”制度和市场退出机制。推动将申请人良好的信用状况作为各类行政许可的必备条件。	财政部、税务总局、地方政府有关部门
十五、限制补贴性资金支持	《国务院关于印发社会信用体系建设规划纲要（2014—2020 年）的通知》（国发〔2014〕21 号） 加强对失信主体的约束和惩戒。强化行政监管性约束和惩戒。在现有行政处罚措施的基础上，健全失信惩戒制度，建立各行业黑名单制度和市场退出机制。推动各级人民政府在市场监管和公共服务的市场准入、资质认定、行政审批、政策扶持等方面实施信用分类监管，结合监管对象的失信类别和程度，使失信者受到惩戒。……	财政部、地方政府有关部门
十六、停止执行投资等领域优惠政策	《国务院关于促进市场公平竞争维护市场正常秩序的若干意见》（国发〔2014〕20 号） 建立健全守信激励和失信惩戒机制。将市场主体的信用信息作为实施行政管理的重要参考。根据市场主体信用状况实行分类分级、动态监管，建立健全经营异常名录制度，对违背市场竞争原则和侵犯消费者、劳动者合法权益的市场主体建立“黑名单”制度。对守信主体予以支持和激励，对失信主体在经营、投融资、取得政府供应土地、进出口、出入境、注册新公司、工程招投标、政府采购、获得荣誉、安全许可、生产许可、从业任职资格、资质审核等方面依法予以限制或禁止，对严重违法失信主体实行市场禁入制度。	国家发展改革委
十七、中央企业负责人经营业绩考核参考	《中央企业负责人经营业绩考核暂行办法》（国务院国有资产监督管理委员会令第 30 号） 第三十八条　企业法定代表人及相关负责人违反国家法律法规和规定，导致重大决策失误、重大安全与质量责任事故、重大环境污染责任事故、重大违纪和法律纠纷案件，给企业造成重大不良影响或者国有资产损失的，国资委根据具体情节，对企业给予降级或者扣分处理，并相应扣发企业负责人绩效薪金、任期激励或者中长期激励；情节严重的，给予纪律处分或者对企业负责人进行调整；涉嫌犯罪的，依法移送司法机关处理。	国资委
十八、非公有制经济代表人士综合评价参考	《关于加强和改进非公有制经济代表人士综合评价工作的意见》（统发〔2016〕47 号）	中央统战部

惩戒措施	法律及政策依据	实施单位
十九、限制获得荣誉称号	1.《关于印发<全国道德模范荣誉称号管理暂行办法>的通知》（文明委〔2015〕6号） 第七条　全国道德模范及提名奖获得者产生道德滑坡，有下列情形之一的，所在属地管理责任部门向中央文明办提交调查报告，经中央文明办批准后撤销荣誉称号，收回奖章和证书。 （三）生产经营活动严重失信的； （四）违反环境保护、计划生育、民族团结和税务、工商、安全生产政策法规的； 2.《全国五一劳动奖状全国五一劳动奖章全国工人先锋号评选管理工作暂行办法》（总工发〔2011〕77号） 第七条　评选全国五一劳动奖状、全国五一劳动奖章、全国工人先锋号要面向基层、面向一线职工，坚持公开、公平、公正的原则，严格推荐评选审批程序，接受群众监督。 （四）有拖欠职工工资，欠缴职工养老、工伤、医疗、失业、生育保险，违反国家计划生育政策，未组建工会，未建立职代会和集体合同制度，劳动关系不和谐，能源消耗超标，环境污染严重等情形之一的企业和企业负责人当年不得申报全国五一劳动奖状、全国五一劳动奖章。发生安全生产事故、严重职业危害或群体性事件的企业和企业负责人自事发起三年内不得申报全国五一劳动奖状、全国五一劳动奖章。 3.《国务院关于促进市场公平竞争维护市场正常秩序的若干意见》（国发〔2014〕20号） 建立健全守信激励和失信惩戒机制。将市场主体的信用信息作为实施行政管理的重要参考。根据市场主体信用状况实行分类分级、动态监管，建立健全经营异常名录制度，对违背市场竞争原则和侵犯消费者、劳动者合法权益的市场主体建立"黑名单"制度。对守信主体予以支持和激励，对失信主体在经营、投融资、取得政府供应土地、进出口、出入境、注册新公司、工程招投标、政府采购、获得荣誉、安全许可、生产许可、从业任职资格、资质审核等方面依法予以限制或禁止，对严重违法失信主体实行市场禁入制度。	中央宣传部、中央文明办、全国总工会、共青团中央、全国妇联
二十、作为金融机构融资授信参考	1.《关于落实环保政策法规防范信贷风险的意见》（环发〔2007〕108号） 各级银行监管部门要督促商业银行将企业环保守法情况作为授信审查条件，严格审批、严格管理；将商业银行落实环保政策法规、配合环境保护部门执法、控制污染企业信贷风险的有关情况，纳入监督检查范围；要对因企业环境问题造成不良贷款等情况开展调查摸底。 各商业银行要将支持环保工作、控制对污染企业的信贷作为履行社会责任的重要内容；根据环境保护部门提供的信息，严格限制污染企业的贷款，及时调整信贷管理，防范企业和建设项目因环保要求发生变化带来的信贷风险；在向企业或个人发放贷款时，应查询企业和个人信用信息基础数据库，并将企业环保守法情况作为审批贷款的必备条件之一。 2.《中国银监会关于印发绿色信贷指引的通知》（银监发〔2012〕4号） 第二十条　银行业金融机构应当加强贷后管理，对有潜在重大环境和社会风险的客户，制定并实行有针对性的贷后管理措施。密切关注国家政策对客户经营状况的影响，加强动态分析，并在资产风险分类、准备计提、损失核销等方面及时做出调整。建立健全客户重大环境和社会风险的内部报告制度和责任追究制度。在客户发生重大环境和社会风险事件时，应当及时采取相关的风险处置措施，并就该事件可能对银行业金融机构造成的影响向监管机构报告。	人民银行、银监会
二十一、作为保险机构厘定保险费率参考	《国务院办公厅关于运用大数据加强对市场主体服务和监管的若干意见》（国办发〔2015〕51号） 建立健全失信联合惩戒机制。各级人民政府应将使用信用信息和信用报告嵌入行政管理和公共服务的各领域、各环节，作为必要条件或重要参考依据。充分发挥行政、司法、金融、社会等领域的综合监管效能，在市场准入、行政审批、资质认定、享受财政补贴和税收优惠政策、企业法定代表人和负责人任职资格审查、政府采购、政府购买服务、银行信贷、招标投标、国有土地出让、企业上市、货物通关、税收征缴、社保缴费、外汇管理、劳动用工、价格制定、电子商务、产品质量、食品药品安全、消费品安全、知识产权、环境保护、治安管理、人口管理、出入境管理、授予荣誉称号等方面，建立跨部门联动响应和失信约束机制，对违法失信主体依法予以限制或禁入。建立各行业"黑名单"制度和市场退出机制。推动将申请人良好的信用状况作为各类行政许可的必备条件。	保监会

惩戒措施	法律及政策依据	实施单位
二十二、强化上市公司或非上市公众公司收购事中事后监管	1. 《上市公司收购管理办法》（2006年5月17日中国证券监督管理委员会第180次主席办公会议审议通过，根据2008年8月27日中国证券监督管理委员会《关于修改〈上市公司收购管理办法〉第六十三条的决定》、2012年2月14日中国证券监督管理委员会《关于修改〈上市公司收购管理办法〉第六十二条及第六十三条的决定》、2014年10月23日中国证券监督管理委员会《关于修改〈上市公司收购管理办法〉的决定》修订） 第四条　上市公司的收购及相关股份权益变动活动不得危害国家安全和社会公共利益。…… 第六条　任何人不得利用上市公司的收购损害被收购公司及其股东的合法权益。 有下列情形之一的，不得收购上市公司： （二）收购人最近3年有重大违法行为或者涉嫌有重大违法行为； 2. 《非上市公众公司收购管理办法》（中国证券监督管理委员会令第102号） 第六条　进行公众公司收购，收购人及其实际控制人应当具有良好的诚信记录，收购人及其实际控制人为法人的，应当具有健全的公司治理机制。任何人不得利用公众公司收购损害被收购公司及其股东的合法权益。 有下列情形之一的，不得收购公众公司： （二）收购人最近2年有重大违法行为或者涉嫌有重大违法行为；	证监会
二十三、加强日常监督管理	《国务院关于印发社会信用体系建设规划纲要（2014—2020年）的通知》（国发〔2014〕21号） 加强对失信主体的约束和惩戒。强化行政监管性约束和惩戒。在现有行政处罚措施的基础上，健全失信惩戒制度，建立各行业黑名单制度和市场退出机制。推动各级人民政府在市场监管和公共服务的市场准入、资质认定、行政审批、政策扶持等方面实施信用分类监管，结合监管对象的失信类别和程度，使失信者受到惩戒。逐步建立行政许可申请人信用承诺制度，并开展申请人信用审查，确保申请人在政府推荐的征信机构中有信用记录，配合征信机构开展信用信息采集工作。推动形成市场性约束和惩戒。制定信用基准性评价指标体系和评价方法，完善失信信息记录和披露制度，使失信者在市场交易中受到制约。推动形成行业性约束和惩戒。通过行业协会制定行业自律规则并监督会员遵守。对违规的失信者，按照情节轻重，对机构会员和个人会员实行警告、行业内通报批评、公开谴责等惩戒措施。推动形成社会性约束和惩戒。完善社会舆论监督机制，加强对失信行为的披露和曝光，发挥群众评议讨论、批评报道等作用，通过社会的道德谴责，形成社会震慑力，约束社会成员的失信行为。 建立多部门、跨地区信用联合奖惩机制。通过信用信息交换共享，实现多部门、跨地区信用奖惩联动，使守信者处处受益、失信者寸步难行。	各市场监管、行业主管部门
二十四、通过“信用中国”网站和国家企业信用信息公示系统向社会公布	1. 《国务院办公厅关于运用大数据加强对市场主体服务和监管的若干意见》（国办发〔2015〕51号）大力推进市场主体信息公示。严格执行《企业信息公示暂行条例》，加快实施经营异常名录制度和严重违法失信企业名单制度。建设国家企业信用信息公示系统，依法对企业注册登记、行政许可、行政处罚等基本信用信息以及企业年度报告、经营异常名录和严重违法失信企业名单进行公示，提高市场透明度，并与国家统一的信用信息共享交换平台实现有机对接和信息共享。支持探索开展社会化的信用信息公示服务。建设“信用中国”网站，归集整合各地区、各部门掌握的应向社会公开的信用信息，实现信用信息一站式查询，方便社会了解市场主体信用状况。各级政府及其部门网站要与“信用中国”网站连接，并将本单位政务公开信息和相关市场主体违法违规信息在“信用中国”网站公开。 2. 《企业信息公示暂行条例》（中华人民共和国国务院令第654号） 第七条　工商行政管理部门以外的其他政府部门（以下简称其他政府部门）应当公示其在履行职责过程中产生的下列企业信息： （一）行政许可准予、变更、延续信息； （二）行政处罚信息； （三）其他依法应当公示的信息。其他政府部门可以通过企业信用信息公示系统，也可以通过其他系统公示前款规定的企业信息。工商行政管理部门和其他政府部门应当按照国家社会信用信息平台建设的总体要求，实现企业信息的互联共享。	国家发展改革委、工商总局
二十五、依法实施的其他惩戒措施	1. 对违法违规船舶检验机构的处罚 《中华人民共和国大气污染防治法》第一百一十二条　违反本法规定，伪造机动车、非道路移动机械排放检验结果或者出具虚假排放检验报告的，由县级以上人民政府环境保护主管部门没收违法所得，并处十万元以上五十万元以下的罚款；情节严重的，由负责资质认定的部门取消其检验资格。违反本法规定，伪造船舶排放检验结果或者出具虚假排放检验报告的，由海事管理机构依法予以处罚。	交通运输部

惩戒措施	法律及政策依据	实施单位
	2．责令停止生产机动车车型《中华人民共和国大气污染防治法》 第一百零九条　违反本法规定，生产超过污染物排放标准的机动车、非道路移动机械的，由省级以上人民政府环境保护主管部门责令改正，没收违法所得，并处货值金额一倍以上三倍以下的罚款，没收销毁无法达到污染物排放标准的机动车、非道路移动机械；拒不改正的，责令停产整治，并由国务院机动车生产主管部门责令停止生产该车型。违反本法规定，机动车、非道路移动机械生产企业对发动机、污染控制装置弄虚作假、以次充好，冒充排放检验合格产品出厂销售的，由省级以上人民政府环境保护主管部门责令停产整治，没收违法所得，并处货值金额一倍以上三倍以下的罚款，没收销毁无法达到污染物排放标准的机动车、非道路移动机械，并由国务院机动车生产主管部门责令停止生产该车型。	工业和信息化部
	3．没收机动车销售违法所得并处罚款《中华人民共和国大气污染防治法》第一百一十条　违反本法规定，进口、销售超过污染物排放标准的机动车、非道路移动机械的，由县级以上人民政府工商行政管理部门、出入境检验检疫机构按照职责没收违法所得，并处货值金额一倍以上三倍以下的罚款，没收销毁无法达到污染物排放标准的机动车、非道路移动机械；进口行为构成走私的，由海关依法予以处罚。 违反本法规定，销售的机动车、非道路移动机械不符合污染物排放标准的，销售者应当负责修理、更换、退货；给购买者造成损失的，销售者应当赔偿损失。	工商总局、质检总局
	4．责令公布机动车车型有关维修技术信息并处罚款 《中华人民共和国大气污染防治法》第一百一十一条　违反本法规定，机动车生产、进口企业未按照规定向社会公布其生产、进口机动车车型的排放检验信息或者污染控制技术信息的，由省级以上人民政府环境保护主管部门责令改正，处五万元以上五十万元以下的罚款。 违反本法规定，机动车生产、进口企业未按照规定向社会公布其生产、进口机动车车型的有关维修技术信息的，由省级以上人民政府交通运输主管部门责令改正，处五万元以上五十万元以下的罚款。	交通运输部
	（五）公安机关对相关责任人处以拘留 1．《中华人民共和国环境保护法》第六十三条　企业事业单位和其他生产经营者有下列行为之一，尚不构成犯罪的，除依照有关法律法规规定予以处罚外，由县级以上人民政府环境保护主管部门或者其他有关部门将案件移送公安机关，对其直接负责的主管人员和其他直接责任人员，处十日以上十五日以下拘留；情节较轻的，处五日以上十日以下拘留： （一）建设项目未依法进行环境影响评价，被责令停止建设，拒不执行的； （二）违反法律规定，未取得排污许可证排放污染物，被责令停止排污，拒不执行的； （三）通过暗管、渗井、渗坑、灌注或者篡改、伪造监测数据，或者不正常运行防治污染设施等逃避监管的方式违法排放污染物的； （四）生产、使用国家明令禁止生产、使用的农药，被责令改正，拒不改正的。 2．《关于印发〈行政主管部门移送适用行政拘留环境违法案件暂行办法〉的通知》（公治〔2014〕853 号）第十条　县级以上人民政府环境保护主管部门或者其他负有环境保护监督管理职责的部门向公安机关移送环境违法案件，应当制作案件移送审批单，报经本部门负责人批准。 第十二条　案件移送部门应当在作出移送决定后 3 日内将案件移送书和案件相关材料移送至同级公安机关；公安机关应当按照《公安机关办理行政案件程序规定》的要求受理。 第十四条　公安机关对移送的案件，认为事实清楚、证据确实充分，依法决定行政拘留的，应当在作出决定之日起 3 日内将决定书抄送案件移送部门。 3．《国务院办公厅关于加强环境监管执法的通知》（国办发〔2014〕56 号）全面实施行政执法与刑事司法联动。各级环境保护部门和公安机关要建立联动执法联席会议、常设联络员和重大案件会商督办等制度，完善案件移送、联合调查、信息共享和奖惩机制，坚决克服有案不移、有案难移、以罚代刑现象，实现行政处罚和刑事处罚无缝衔接。移送和立案工作要接受人民检察院法律监督。发生重大环境污染事件等紧急情况时，要迅速启动联合调查程序，防止证据灭失。公安机关要明确机构和人员负责查处环境犯罪，对涉嫌构成环境犯罪的，要及时依法立案侦查。人民法院在审理环境资源案件中，需要环境保护技术协助的，各级环境保护部门应给予必要支持。	公安部、工业和信息化部、农业部、质检总局

关于印发《环境保护行政执法与刑事司法衔接工作办法》的通知

环环监〔2017〕17号

各省、自治区、直辖市环境保护厅（局）、公安厅（局）、人民检察院，新疆生产建设兵团环境保护局、公安局、人民检察院：

为进一步健全环境保护行政执法与刑事司法衔接工作机制，依法惩治环境犯罪行为，切实保障公众健康，推进生态文明建设，环境保护部、公安部和最高人民检察院联合研究制定了《环境保护行政执法与刑事司法衔接工作办法》，现予以印发，请遵照执行。

附件：环境保护行政执法与刑事司法衔接工作办法

环境保护部
公安部
最高人民检察院
2017年1月25日

附件

环境保护行政执法与刑事司法衔接工作办法

第一章　总　则

第一条　为进一步健全环境保护行政执法与刑事司法衔接工作机制，依法惩治环境犯罪行为，切实保障公众健康，推进生态文明建设，依据《刑法》《刑事诉讼法》《环境保护法》《行政执法机关移送涉嫌犯罪案件的规定》（国务院令第310号）等法律、法规及有关规定，制定本办法。

第二条　本办法适用于各级环境保护主管部门（以下简称环保部门）、公安机关和人民检察院办理的涉嫌环境犯罪案件。

第三条　各级环保部门、公安机关和人民检察院应当加强协作，统一法律适用，不断完善线索通报、案件移送、资源共享和信息发布等工作机制。

第四条　人民检察院对环保部门移送涉嫌环境犯罪案件活动和公安机关对移送案件的立案活动，依法实施法律监督。

第二章　案件移送与法律监督

第五条　环保部门在查办环境违法案件过程中，发现涉嫌环境犯罪案件，应当核实情况并作出移送涉嫌环境犯罪案件的书面报告。本机关负责人应当自接到报告之日起3日内作出批准移送或者不批准移送的决定。向公安机关移送的涉嫌环境犯罪案件，应当符合下列条件：

（一）实施行政执法的主体与程序合法。

（二）有合法证据证明有涉嫌环境犯罪的事实发生。

第六条 环保部门移送涉嫌环境犯罪案件，应当自作出移送决定后 24 小时内向同级公安机关移交案件材料，并将案件移送书抄送同级人民检察院。

环保部门向公安机关移送涉嫌环境犯罪案件时，应当附下列材料：

（一）案件移送书，载明移送机关名称、涉嫌犯罪罪名及主要依据、案件主办人及联系方式等。案件移送书应当附移送材料清单，并加盖移送机关公章。

（二）案件调查报告，载明案件来源、查获情况、犯罪嫌疑人基本情况、涉嫌犯罪的事实、证据和法律依据、处理建议和法律依据等。

（三）现场检查（勘察）笔录、调查询问笔录、现场勘验图、采样记录单等。

（四）涉案物品清单，载明已查封、扣押等采取行政强制措施的涉案物品名称、数量、特征、存放地等事项，并附采取行政强制措施、现场笔录等表明涉案物品来源的相关材料。

（五）现场照片或者录音录像资料及清单，载明需证明的事实对象、拍摄人、拍摄时间、拍摄地点等。

（六）监测、检验报告、突发环境事件调查报告、认定意见。

（七）其他有关涉嫌犯罪的材料。

对环境违法行为已经作出行政处罚决定的，还应当附行政处罚决定书。

第七条 对环保部门移送的涉嫌环境犯罪案件，公安机关应当依法接受，并立即出具接受案件回执或者在涉嫌环境犯罪案件移送书的回执上签字。

第八条 公安机关审查发现移送的涉嫌环境犯罪案件材料不全的，应当在接受案件的 24 小时内书面告知移送的环保部门在 3 日内补正。但不得以材料不全为由，不接受移送案件。

公安机关审查发现移送的涉嫌环境犯罪案件证据不充分的，可以就证明有犯罪事实的相关证据等提出补充调查意见，由移送案件的环保部门补充调查。环保部门应当按照要求补充调查，并及时将调查结果反馈公安机关。因客观条件所限，无法补正的，环保部门应当向公安机关作出书面说明。

第九条 公安机关对环保部门移送的涉嫌环境犯罪案件，应当自接受案件之日起 3 日内作出立案或者不予立案的决定；涉嫌环境犯罪线索需要查证的，应当自接受案件之日起 7 日内作出决定；重大疑难复杂案件，经县级以上公安机关负责人批准，可以自受案之日起 30 日内作出决定。接受案件后对属于公安机关管辖但不属于本公安机关管辖的案件，应当在 24 小时内移送有管辖权的公安机关，并书面通知移送案件的环保部门，抄送同级人民检察院。对不属于公安机关管辖的，应当在 24 小时内退回移送案件的环保部门。

公安机关作出立案、不予立案、撤销案件决定的，应当自作出决定之日起 3 日内书面通知环保部门，并抄送同级人民检察院。公安机关作出不予立案或者撤销案件决定的，应当书面说明理由，并将案卷材料退回环保部门。

第十条 环保部门应当自接到公安机关立案通知书之日起 3 日内将涉案物品以及与案件有关的其他材料移交公安机关，并办理交接手续。

涉及查封、扣押物品的，环保部门和公安机关应当密切配合，加强协作，防止涉案物品转移、隐匿、损毁、灭失等情况发生。对具有危险性或者环境危害性的涉案物品，环保部门应当组织临时处理处置，公安机关应当积极协助；对无明确责任人、责任人不具备履行责任能力或者超出部门处置能力的，应当呈报涉案物品所在地政府组织处置。上述处置费用清单随附处置合同、缴费凭证等作为犯罪获利的证据，及时补充移送公安机关。

第十一条 环保部门认为公安机关不予立案决定不当的，可以自接到不予立案通知书之日起 3 个工作日内向作出决定的公安机关申请复议，公安机关应当自收到复议申请之日起 3 个工作日内作出立案或者不予立案的复议决定，并书面通知环保部门。

第十二条 环保部门对公安机关逾期未作出是否立案决定、以及对不予立案决定、复议决定、立案后撤销案件决定有异议的，应当建议人民检察院进行立案监督。人民检察院应当受理并进行审查。

第十三条 环保部门建议人民检察院进行立案监督的案件，应当提供立案监督建议书、相关案件材料，并附公安机关不予立案、立案后撤销案件决定及说明理由材料，复议维持不予立案决定材料或者公安机关逾期未作出是否立案决定的材料。

第十四条 人民检察院发现环保部门不移送涉嫌环境犯罪案件的，可以派员查询、调阅有关案件材料，认为涉嫌环境犯罪应当移送的，应当提出建议移送的检察意见。环保部门应当自收到检察意见后 3 日内将案件移送公安机关，并将执行情况通知人民检察院。

第十五条 人民检察院发现公安机关可能存在应当立案而不立案或者逾期未作出是否立案决定的，应当启动立案监督程序。

第十六条 环保部门向公安机关移送涉嫌环境犯罪案件，已作出的警告、责令停产停业、暂扣或者吊销许可证的行政处罚决定，不停止执行。未作出行政处罚决定的，原则上应当在公安机关决定不予立案或者撤销案件、人民检察院作出不起诉决定、人民法院作出无罪判决或者免予刑事处罚后，再决定是否给予行政处罚。涉嫌犯罪案件的移送办理期间，不计入行政处罚期限。

对尚未作出生效裁判的案件，环保部门依法应当给予或者提请人民政府给予暂扣或者吊销许可证、责令停产停业等行政处罚，需要配合的，公安机关、人民检察院应当给予配合。

第十七条 公安机关对涉嫌环境犯罪案件，经审查没有犯罪事实，或者立案侦查后认为犯罪事实显著轻微、不需要追究刑事责任，但经审查依法应当予以行政处罚的，应当及时将案件移交环保部门，并抄送同级人民检察院。

第十八条 人民检察院对符合逮捕、起诉条件的环境犯罪嫌疑人，应当及时批准逮捕、提起公诉。人民检察院对决定不起诉的案件，应当自作出决定之日起 3 日内，书面告知移送案件的环保部门，认为应当给予行政处罚的，可以提出予以行政处罚的检察意见。

第十九条 人民检察院对公安机关提请批准逮捕的犯罪嫌疑人作出不批准逮捕决定，并通知公安机关补充侦查的，或者人民检察院对公安机关移送审查起诉的案件审查后，认为犯罪事实不清、证据不足，将案件退回补充侦查的，应当制作补充侦查提纲，写明补充侦查的方向和要求。

对退回补充侦查的案件，公安机关应当按照补充侦查提纲的要求，在一个月内补充侦查完毕。公安机关补充侦查和人民检察院自行侦查需要环保部门协助的，环保部门应当予以协助。

第三章 证据的收集与使用

第二十条 环保部门在行政执法和查办案件过程中依法收集制作的物证、书证、视听资料、电子数据、监测报告、检验报告、认定意见、鉴定意见、勘验笔录、检查笔录等证据材料，在刑事诉讼中可以作为证据使用。

第二十一条 环保部门、公安机关、人民检察院收集的证据材料，经法庭查证属实，且收集程序符合有关法律、行政法规规定的，可以作为定案的根据。

第二十二条 环保部门或者公安机关依据《国家危险废物名录》或者组织专家研判等得出认定意见的，应当载明涉案单位名称、案由、涉案物品识别认定的理由，按照“经认定……属于\不属于…… 危险废物，废物代码……”的格式出具结论，加盖公章。

第四章 协作机制

第二十三条 环保部门、公安机关和人民检察院应当建立健全环境行政执法与刑事司法衔接的长效工作机制。确定牵头部门及联络人，定期召开联席会议，通报衔接工作情况，研究存在的问题，提出加强部门衔接的对策，协调解决环境执法问题，开展部门联合培训。联席会议应明确议定事项。

第二十四条 环保部门、公安机关、人民检察院应当建立双向案件咨询制度。环保部门对重大疑难复杂案件，可以就刑事案件立案追诉标准、证据的固定和保全等问题咨询公安机关、人民检察院；公安机关、人民检察院可以就案件办理中的专业性问题咨询环保部门。受咨询的机关应当认真研究，及时答复；书面咨询的，应当在7日内书面答复。

第二十五条 公安机关、人民检察院办理涉嫌环境污染犯罪案件，需要环保部门提供环境监测或者技术支持的，环保部门应当按照上述部门刑事案件办理的法定时限要求积极协助，及时提供现场勘验、环境监测及认定意见。所需经费，应当列入本机关的行政经费预算，由同级财政予以保障。

第二十六条 环保部门在执法检查时，发现违法行为明显涉嫌犯罪的，应当及时向公安机关通报。公安机关认为有必要的可以依法开展初查，对符合立案条件的，应当及时依法立案侦查。在公安机关立案侦查前，环保部门应当继续对违法行为进行调查。

第二十七条 环保部门、公安机关应当相互依托“12369”环保举报热线和“110”报警服务平台，建立完善接处警的快速响应和联合调查机制，强化对打击涉嫌环境犯罪的联勤联动。在办案过程中，环保部门、公安机关应当依法及时启动相应的调查程序，分工协作，防止证据灭失。

第二十八条 在联合调查中，环保部门应当重点查明排污者严重污染环境的事实，污染物的排放方式，及时收集、提取、监测、固定污染物种类、浓度、数量、排放去向等。公安机关应当注意控制现场，重点查明相关责任人身份、岗位信息，视情节轻重对直接负责的主管人员和其他责任人员依法采取相应强制措施。两部门均应规范制作笔录，并留存现场摄像或照片。

第二十九条 对案情重大或者复杂疑难案件，公安机关可以听取人民检察院的意见。人民检察院应当及时提出意见和建议。

第三十条 涉及移送的案件在庭审中，需要出庭说明情况的，相关执法或者技术人员有义务出庭说明情况，接受庭审质证。

第三十一条 环保部门、公安机关和人民检察院应当加强对重大案件的联合督办工作，适时对重大案件进行联合挂牌督办，督促案件办理。同时，要逐步建立专家库，吸纳污染防治、重点行业以及环境案件侦办等方面的专家和技术骨干，为查处打击环境污染犯罪案件提供专业支持。

第三十二条 环保部门和公安机关在查办环境污染违法犯罪案件过程中发现包庇纵容、徇私舞弊、贪污受贿、失职渎职等涉嫌职务犯罪行为的，应当及时将线索移送人民检察院。

第五章 信息共享

第三十三条 各级环保部门、公安机关、人民检察院应当积极建设、规范使用行政执法与刑事司法衔接信息共享平台，逐步实现涉嫌环境犯罪案件的网上移送、网上受理和网上监督。

第三十四条 已经接入信息共享平台的环保部门、公安机关、人民检察院，应当自作出相关决定之日起7日内分别录入下列信息：

（一）适用一般程序的环境违法事实、案件行政处罚、案件移送、提请复议和建议人民检察院进行立案监督的信息；

（二）移送涉嫌犯罪案件的立案、不予立案、立案后撤销案件、复议、人民检察院监督立案后的处理情况，以及提请批准逮捕、移送审查起诉的信息；

（三）监督移送、监督立案以及批准逮捕、提起公诉、裁判结果的信息。

尚未建成信息共享平台的环保部门、公安机关、人民检察院，应当自作出相关决定后及时向其他部门通报前款规定的信息。

第三十五条 各级环保部门、公安机关、人民检察院应当对信息共享平台录入的案件信息及时汇总、分析、综合研判，定期总结通报平台运行情况。

第六章 附 则

第三十六条 各省、自治区、直辖市的环保部门、公安机关、人民检察院可以根据本办法制定本行政区域的实施细则。

第三十七条 环境行政执法中部分专有名词的含义。

（一）“现场勘验图”，是指描绘主要生产及排污设备布置等案发现场情况、现场周边环境、各采样点位、污染物排放途径的平面示意图。

（二）“外环境”，是指污染物排入的自然环境。满足下列条件之一的，视同为外环境。

1．排污单位停产或没有排污，但有依法取得的证据证明其有持续或间歇排污，而且无可处理相应污染因子的措施的，经核实生产工艺后，其产污环节之后的废水收集池（槽、罐、沟）内。

2．发现暗管，虽无当场排污，但在外环境有确认由该单位排放污染物的痕迹，此暗管连通的废水收集池（槽、罐、沟）内。

3．排污单位连通外环境的雨水沟（井、渠）中任何一处。

4．对排放含第一类污染物的废水，其产生车间或车间处理设施的排放口。无法在车间或者车间处理设施排放口对含第一类污染物的废水采样的，废水总排放口或查实由该企业排入其他外环境处。

第三十八条 本办法所涉期间除明确为工作日以外，其余均以自然日计算。期间开始之日不算在期间以内。期间的最后一日为节假日的，以节假日后的第一日为期满日期。

第三十九条 本办法自发布之日起施行。原国家环保总局、公安部和最高人民检察院《关于环境保护主管部门移送涉嫌环境犯罪案件的若干规定》（环发〔2007〕78号）同时废止。

关于印发《行政主管部门移送适用行政拘留环境违法案件暂行办法》的通知

公治〔2014〕853号

各省、自治区、直辖市公安厅、局，工业和信息化厅、局，环境保护厅、局，农业（农牧、农村经济）厅、局、委，质量技术监督局，新疆生产建设兵团公安局、工业和信息化局、环境保护局、农业局、质量技术监督局：

新修订的《中华人民共和国环境保护法》（以下简称《环境保护法》）将于2015年1月1日起施行，其中第六十三条对严重环境违法行为适用行政拘留作出了明确规定。为做好《环境保护法》贯彻执行工作，公安部、工业和信息化部、环境保护部、农业部、国家质量监督检验检疫总局制定了《行政主管部门移送适用行政拘留环境违法案件暂行办法》，现印发给你们，请认真贯彻执行。

各地执行中遇到的问题，请及时上报。

公 安 部　工业和信息化部
环境保护部　农 业 部
国家质量监督检验检疫总局
2014年12月24日

行政主管部门移送适用行政拘留环境违法案件暂行办法

第一条 为规范环境违法案件行政拘留的实施，监督和保障职能部门依法行使职权，依据《中华人民共和国环境保护法》（以下简称《环境保护法》）的规定，制定本办法。

第二条 本办法适用于县级以上环境保护主管部门或者其他负有环境保护监督管理职责的部门办

理尚不构成犯罪，依法作出行政处罚决定后，仍需要移送公安机关处以行政拘留的案件。

第三条 《环境保护法》第六十三条第一项规定的建设项目未依法进行环境影响评价，被责令停止建设，拒不执行的行为，包括以下情形：

（一）送达责令停止建设决定书后，再次检查发现仍在建设的；

（二）现场检查时虽未建设，但有证据证明在责令停止建设期间仍在建设的；

（三）被责令停止建设后，拒绝、阻扰环境保护主管部门或者其他负有环境保护监督管理职责的部门核查的。

第四条 《环境保护法》第六十三条第二项规定的违反法律规定，未取得排污许可证排放污染物，被责令停止排污，拒不执行的行为，包括以下情形：

（一）送达责令停止排污决定书后，再次检查发现仍在排污的；

（二）现场检查虽未发现当场排污，但有证据证明在被责令停止排污期间有过排污事实的；

（三）被责令停止排污后，拒绝、阻挠环境保护主管部门或者其他具有环境保护管理职责的部门核查的。

第五条 《环境保护法》第六十三条第三项规定的通过暗管、渗井、渗坑、灌注等逃避监管的方式违法排放污染物，是指通过暗管、渗井、渗坑、灌注等不经法定排放口排放污染物等逃避监管的方式违法排放污染物：

暗管是指通过隐蔽的方式达到规避监管目的而设置的排污管道，包括埋入地下的水泥管、瓷管、塑料管等，以及地上的临时排污管道；

渗井、渗坑是指无防渗漏措施或起不到防渗作用的、封闭或半封闭的坑、池、塘、井和沟、渠等；

灌注是指通过高压深井向地下排放污染物。

第六条 《环境保护法》第六十三条第三项规定的通过篡改、伪造监测数据等逃避监管的方式违法排放污染物，是指篡改、伪造用于监控、监测污染物排放的手工及自动监测仪器设备的监测数据，包括以下情形：

（一）违反国家规定，对污染源监控系统进行删除、修改、增加、干扰，或者对污染源监控系统中存储、处理、传输的数据和应用程序进行删除、修改、增加，造成污染源监控系统不能正常运行的；

（二）破坏、损毁监控仪器站房、通讯线路、信息采集传输设备、视频设备、电力设备、空调、风机、采样泵及其它监控设施的，以及破坏、损毁监控设施采样管线，破坏、损毁监控仪器、仪表的；

（三）稀释排放的污染物故意干扰监测数据的；

（四）其他致使监测、监控设施不能正常运行的情形。

第七条 《环境保护法》第六十三条第三项规定的通过不正常运行防治污染设施等逃避监管的方式违法排放污染物，包括以下情形：

（一）将部分或全部污染物不经过处理设施，直接排放的；

（二）非紧急情况下开启污染物处理设施的应急排放阀门，将部分或者全部污染物直接排放的；

（三）将未经处理的污染物从污染物处理设施的中间工序引出直接排放的；

（四）在生产经营或者作业过程中，停止运行污染物处理设施的；

（五）违反操作规程使用污染物处理设施，致使处理设施不能正常发挥处理作用的；

（六）污染物处理设施发生故障后，排污单位不及时或者不按规程进行检查和维修，致使处理设施不能正常发挥处理作用的；

（七）其他不正常运行污染防治设施的情形。

第八条 《环境保护法》第六十三条第四项规定的生产、使用国家明令禁止生产、使用的农药，被责令改正，拒不改正的行为，包括以下情形：

（一）送达责令改正文书后再次检查发现仍在生产、使用的；

（二）无正当理由不及时完成责令改正文书规定的改正要求的；

（三）送达责令改正文书后，拒绝、阻挠环境保护、农业、工业和信息化、质量监督检验检疫等主管部门核查的。

国家明令禁止生产、使用的农药是指法律、行政法规和国家有关部门规章、规范性文件明令禁止生产、使用的农药。

第九条 《环境保护法》第六十三条规定的直接负责的主管人员是指违法行为主要获利者和在生产、经营中有决定权的管理、指挥、组织人员；其他直接责任人员是指直接排放、倾倒、处置污染物或者篡改、伪造监测数据的工作人员等。

第十条 县级以上人民政府环境保护主管部门或者其他负有环境保护监督管理职责的部门向公安机关移送环境违法案件，应当制作案件移送审批单，报经本部门负责人批准。

第十一条 案件移送部门应当向公安机关移送下列案卷材料：

（一）移送材料清单；

（二）案件移送书；

（三）案件调查报告；

（四）涉案证据材料；

（五）涉案物品清单；

（六）行政执法部门的处罚决定等相关材料；

（七）其他有关涉案材料等。

案件移送部门向公安机关移送的案卷材料应当为原件，移送前应当将案卷材料复印备查。案件移送部门对移送材料的真实性、合法性负责。

第十二条 案件移送部门应当在作出移送决定后 3 日内将案件移送书和案件相关材料移送至同级公安机关；公安机关应当按照《公安机关办理行政案件程序规定》的要求受理。

第十三条 公安机关经审查，认为案件违法事实不清、证据不足的，可以在受案后 3 日内书面告知案件移送部门补充移送相关证据材料，也可以按照《公安机关办理行政案件程序规定》调查取证。

第十四条 公安机关对移送的案件，认为事实清楚、证据确实充分，依法决定行政拘留的，应当在作出决定之日起 3 日内将决定书抄送案件移送部门。

第十五条 公安机关对移送的案件，认为事实不清、证据不足，不符合行政拘留条件的，应当在受案后 5 日内书面告知案件移送部门并说明理由，同时退回案卷材料。案件移送部门收到书面告知及退回的案卷材料后应当依法予以结案。

第十六条 实施行政拘留的环境违法案件案卷原件由公安机关结案归档。案件移送部门应当将行政处罚决定书、送交回执等公安机关制作的文书以及其他证据补充材料复印存档，公安机关应当予以配合。

第十七条 上级环境保护主管部门或者其他负有环境保护监督管理职责的部门负责对下级部门经办案件的稽查，发现下级部门应当移送而未移送的，应当责令移送。

第十八条 当事人不服行政拘留处罚申请行政复议或者提起行政诉讼的，案件移送部门应当协助配合公安机关做好行政复议、行政应诉相关工作。

第十九条 本办法有关期间的规定，均为工作日。

第二十条 本办法自 2015 年 1 月 1 日起施行。

附件：1、XX（厅）局移送涉嫌环境违法适用行政拘留处罚案件审批表（式样）

2、XX（厅）局涉嫌环境违法适用行政拘留处罚案件移送书（式样）

3、XX（厅）局涉嫌环境违法适用行政拘留处罚案件移送材料清单（式样）

附件 1

XX（厅）局移送涉嫌环境违法适用行政拘留处罚案件审批表

单位公章： 审批号：X 环拘移〔20 X X〕年 XX 号

<table>
<tr><td>案　由</td><td colspan="5"></td></tr>
<tr><td>企业名称或其他经营者</td><td colspan="2"></td><td colspan="2">组织机构代码</td><td></td></tr>
<tr><td>地　址</td><td colspan="3"></td><td>邮政编码</td><td></td></tr>
<tr><td>法　定
代表人或负责人</td><td></td><td>有效证件及号码</td><td></td><td>联系电话</td><td></td></tr>
<tr><td>企业主要负责人</td><td></td><td>有效证件及号码</td><td></td><td>联系电话</td><td></td></tr>
<tr><td>调查人员</td><td colspan="2"></td><td colspan="2">承办部门</td><td></td></tr>
<tr><td>案情简介</td><td colspan="5"></td></tr>
<tr><td>行政拘留处罚移送依据和处理意见</td><td colspan="5">经办人：　年　月　日</td></tr>
<tr><td>部门执法机构意见</td><td colspan="5">年　月　日</td></tr>
<tr><td>部门法制机构意见</td><td colspan="5">年　月　日</td></tr>
<tr><td>（厅）局领导意见</td><td colspan="5">年　月　日</td></tr>
</table>

附件 2

XX（厅）局涉嫌环境违法适用行政拘留处罚案件移送书

案　由					
企业名称或其他经营者			组织机构代码		
地　址				邮政编码	
法　定 代表人或负责人		有效证件及号码		联系电话	
企业主要负责人		有效证件及号码		联系电话	
调查人员			承办部门		
简要案情					
移送依据	《中华人民共和国环境保护法》第六十三条； 《行政主管部门移送适用行政拘留环境违法案件暂行办法》。				
移送建议					
经办人（执法证号）： 年　月　日 （行政机关公章）					

附件 3

XX（厅）局涉嫌环境违法适用行政拘留处罚案件移送材料清单

案由：

材料名称	数 量	提供部门	备 注
移送部门人员签名（执法证号） 年 月 日 （移送机关盖章） 公安机关签收人签名（警官证号） 年 月 日 （受理机关盖章）			

注：本清单一式两份，移送部门和公安机关各存一份。

关于印发《建设项目环境保护事中事后监督管理办法（试行）》的通知

环发〔2015〕163 号

各省、自治区、直辖市环境保护厅（局），新疆生产建设兵团环境保护局：

2015 年以来，我部按照国务院的统一部署，进一步转变政府职能，落实国务院简政放权、放管结合重大决策部署，加快环境保护工作由注重事前审批向加强事中事后监督管理的转变。

为明确各级环境保护部门建设项目环境保护事中事后监督管理的责任，规范工作流程，完善监管手段，提高事中事后监管的效率和执行力，切实管好建设项目建设和生产、运行过程中的环境保护工作，不断提高建设项目环境监管能力和水平，强化建设单位履行环境保护的主体责任，增强地方政府改善环境质量的责任意识，我部组织制定了《建设项目环境保护事中事后监督管理办法（试行）》。现印发给你们，请遵照执行。

附件：建设项目环境保护事中事后监督管理办法（试行）

环境保护部

2015 年 12 月 10 日

附件

建设项目环境保护事中事后监督管理办法（试行）

第一条 为推进环境保护行政审批制度改革，做好建设项目环境保护事前审批与事中事后监督管理的有效衔接，规范建设项目环境保护事中事后监督管理，提高各级环境保护部门的监督管理能力，充分发挥环境影响评价制度的管理效能，根据《环境保护法》《环境影响评价法》《建设项目环境保护管理条例》和《国务院办公厅关于加强环境监管执法的通知》等法律法规和规章及规范性文件，制定本办法。

第二条 建设项目环境保护事中监督管理是指环境保护部门对本行政区域内的建设项目自办理环境影响评价手续后到正式投入生产或使用期间，落实经批准的环境影响评价文件及批复要求的监督管理。

建设项目环境保护事后监督管理是指环境保护部门对本行政区域内的建设项目正式投入生产或使用后，遵守环境保护法律法规情况，以及按照相关要求开展环境影响后评价情况的监督管理。

第三条 事中监督管理的主要依据是经批准的环境影响评价文件及批复文件、环境保护有关法律法规的要求和技术标准规范。事后监督管理的主要依据是依法取得的排污许可证、经批准的环境影响评价文件及批复文件、环境影响后评价提出的改进措施、环境保护有关法律法规的要求和技术标准规范。

第四条 环境保护部和省级环境保护部门负责对下级环境保护部门的事中事后监督管理工作进行监督和指导。对环境保护部和省级环境保护部门审批的跨流域、跨区域等重大建设项目可直接进行监督检查。

市、县级环境保护部门按照属地管理的原则负责本行政区域内所有建设项目的事中事后监督管理。实行省以下环境保护机构监测监察执法垂直管理试点的地区，按照试点方案调整后的职责实施监督管理。

环境保护部地区核与辐射安全监督站和省级环境保护部门负责环境保护部审批的核设施、核技术利用和铀矿冶建设项目的事中事后监督管理。

第五条 建设单位是落实建设项目环境保护责任的主体。建设单位在建设项目开工前和发生重大变动前，必须依法取得环境影响评价审批文件。建设项目实施过程中应严格落实经批准的环境影响评价文件及其批复文件提出的各项环境保护要求，确保环境保护设施正常运行。

实施排污许可管理的建设项目，应当依法申领排污许可证，严格按照排污许可证规定的污染物排放种类、浓度、总量等排污。

实行辐射安全许可管理的建设项目，应当依法申领辐射安全许可证，严格按照辐射安全许可证规定的源项、种类、活度、操作量等开展工作。

第六条 事中监督管理的内容主要是，经批准的环境影响评价文件及批复中提出的环境保护措施落实情况和公开情况；施工期环境监理和环境监测开展情况；竣工环境保护验收和排污许可证的实施情况；环境保护法律法规的遵守情况和环境保护部门做出的行政处罚决定落实情况。

事后监督管理的内容主要是，生产经营单位遵守环境保护法律、法规的情况进行监督管理；产生长期性、累积性和不确定性环境影响的水利、水电、采掘、港口、铁路、冶金、石化、化工以及核设施、核技术利用和铀矿冶等编制环境影响报告书的建设项目，生产经营单位开展环境影响后评价及落实相应改进措施的情况。

第七条 各级环境保护部门采用随机抽取检查对象和随机选派执法检查人员的“双随机”抽查、挂牌督办、约谈建设项目所在地人民政府、对建设项目所在地进行区域限批或上收环境影响评价文件审批权限等综合手段，开展建设项目环境保护事中事后监督管理工作。

各级环境保护部门依托投资项目在线审批监督管理平台和全国企业信用信息公示系统，开环境保护监督管理信息和处罚信息，建立建设单位以及环境影响评价机构诚信档案、违规违法惩戒和黑名单制度。

第八条 市、县级环境保护部门将建设项目环境保护事中事后监督管理工作列入年度工作计划，并组织实施，严格依法查处和纠正建设项目违法违规行为，定期向上一级环境保护部门报告年度工作情况。

环境保护部和省级环境保护部门与市、县级环境保护部门上下联动，加强对所审批建设项目的监督检查，督促市、县级环境保护部门切实履行对本行政区域内建设项目的监督管理职责。

环境保护部地区核与辐射安全监督站和省级环境保护部门将环境保护部审批的核设施、核技术利用和铀矿冶建设项目的事中事后监督管理工作列入年度工作计划，并组织实施。

第九条 环境保护部和省级环境保护部门根据中央办公厅、国务院办公厅印发的《环境保护督察方案（试行）》的要求，组织开展对地方党委、政府环境保护督察。地方各级党委加强对环境保护工作的领导，地方政府切实履行改善环境质量的责任，研究制定加强建设项目环境保护事中事后监督管理的制度和措施，督促政府有关部门加强对建设单位落实环境保护主体责任的监督检查，依法查处环境违法行为，并主动接受上级环境保护部门督察。

严禁地方党政领导干部违法干预环境执法。

第十条 建设单位应当主动向社会公开建设项目环境影响评价文件、污染防治设施建设运行情况、污染物排放情况、突发环境事件应急预案及应对情况等环境信息。

各级环境保护部门应当公开建设项目的监督管理信息和环境违法处罚信息，加强与有关部门的信息交流共享，实现建设项目环境保护监督管理信息互联互通。

信息公开应当采取新闻发布会以及报刊、广播、网站、电视等方式，便于公众、专家、新闻媒体、社会组织获取。

第十一条 各级环境保护部门应当积极鼓励和正确引导社会公众参与建设项目事中事后监督管理，充分发挥专家的专业特长。

公众、新闻媒体等可以通过“12369”环保举报热线和“12369”环保微信举报平台反映情况，环境保护部门对反映的问题和环境违法行为，及时作出安排，组织查处，并依法反馈和公开处理结果。

第十二条 建设项目审批和事中监督管理过程中发现环境影响评价文件存在重要环境保护目标遗漏、主要环境保护措施缺失、环境影响评价结论错误、因环境影响评价文件所提污染防治和生态保护措施不合理而造成重大环境污染事故或存在重大环境风险隐患的，对环境影响评价机构和相关人员，除依照《环境影响评价法》的规定降低资质等级或者吊销资质证书，并处罚款外，还应当依法追究连带责任。

第十三条 建设单位未依法提交建设项目环境影响评价文件、环境影响评价文件未经批准，或者建设项目的性质、规模、地点、采用的生产工艺或者环境保护措施发生重大变化，未重新报批建设项目环境影响评价文件，擅自开工建设的，由环境保护部门依法责令停止建设，处以罚款，并可以责令恢复原状；拒不执行的，依法移送公安机关，对其直接负责的主管人员和其他直接责任人员，处行政拘留。

第十四条 建设项目需要配套建设的环境保护设施未按环境影响评价文件及批复要求建设，主体工程正式投入生产或者使用的，由环境保护部门依法责令停止生产或者使用，处以罚款。

第十五条 建设单位在项目建设过程中，未落实经批准的环境影响评价文件及批复文件要求，造成生态破坏的，依照有关法律法规追究责任。

第十六条 建设单位不公开或者不如实公开建设项目环境信息的，由环境保护部门责令公开，处以罚款，并予以公告。

第十七条 下级环境保护部门有不符合审批条件批准建设项目环境影响评价文件情形的，上级环境保护部门应当责令原审批部门重新审批。下级环境保护部门未按照环境影响评价文件审批权限作出审批决定的，上级环境保护部门应当责令原审批部门撤销审批决定，建设单位重新报有审批权的环境保护部门审批。

第十八条 对多次发生违规审批建设项目环境影响评价文件且情节严重的地区，除由有关机关依法给予处分外，省级以上环境保护部门可以上收该地区环境保护部门的环境影响评价文件审批权限。

环境保护部门违法违规作出行政许可的，对直接负责的主管人员和其他直接责任人员给予记过、记大过或者降级处分，造成严重后果的，给予撤职或者开除处分，部门主要负责人应当引咎辞职。

第十九条 对利用职务影响限制、干扰、阻碍建设项目环境保护执法和监督管理的党政领导干部，环境保护部门应当依据《党政领导干部生态环境损害责任追究办法（试行）》，对相关党政领导干部应负责任和处理提出建议，按照干部管理权限将有关材料及时移送纪检监察机关和组织（人事）部门，由纪检监察机关和组织（人事）部门追究其生态环境损害责任。

第二十条 对于在建设项目事中事后监督管理工作中滥用职权、玩忽职守、徇私舞弊的，应当依照《公务员法》《行政机关公务员处分条例》等对环境保护部门有关人员给予行政处分或者辞退处理。涉嫌犯罪的，移交司法机关处理。

建设单位或环境影响评价机构隐瞒事实、弄虚作假而产生违法违规行为或者被责令改正拒不执行的，环境保护部门及其工作人员按照规定程序履行职责的，予以免责。

第二十一条 各级环境保护部门应当加强环境监督管理能力建设，强化培训，提高环境监督管理队伍政治素质、业务能力和执法水平，健全依法履职、尽职免责的保障机制。

第二十二条 本办法自印发之日起施行。

环境行政执法文书制作指南

前　言

为贯彻执行《环境保护法》及其配套规定，依据《行政处罚法》和《行政强制法》以及《环境保护行政处罚办法》等有关法律、法规和规章的规定，制定本指南。

本指南收录 33 个表格样式，用于各地环境保护主管部门实施行政处罚、行政命令、行政强制以及涉嫌环境犯罪案件移送等执法文书制作。

各地可以结合环境执法工作实际，参照适用。

本指南由环境保护部环境监察局负责解释。

附 1

×××环境保护厅（局）
立案审批表

<table>
<tr><td>案件来源</td><td colspan="2"></td><td>立案号</td><td></td></tr>
<tr><td>案　　由</td><td colspan="4"></td></tr>
<tr><td rowspan="5">当
事
人</td><td>名称或姓名</td><td colspan="3"></td></tr>
<tr><td>地址（住址）</td><td></td><td>邮政编码</td><td></td></tr>
<tr><td>营业执照注册号
（公民身份号码）</td><td></td><td>组织机构代码</td><td></td></tr>
<tr><td>社会信用代码</td><td colspan="3"></td></tr>
<tr><td>法定代表人
（负责人）</td><td></td><td>职　务</td><td></td></tr>
<tr><td>案情简介及
立案理由</td><td colspan="4">承办人：
年　月　日</td></tr>
</table>

承办机构负责人 意见	签 名： 年 月 日
环保部门负责人 审批意见	签 名： 年 月 日
备 注	

制 作 指 南

一、适用范围

（一）环保部门内部文书。

（二）适用于对环境违法案件的立案审批。

二、文书内容

（一）有环保部门名称、文书名称和立案号。

（二）有案件来源信息。如检查发现、投诉举报、来信来访、媒体披露、上级交办、有关部门移送等途径。

（三）有案由信息。书写形式为："涉嫌+违法行为类别+案"，如"涉嫌违反环评制度案""涉嫌违法排放污染物案""涉嫌违反排污申报登记制度案""涉嫌违反排污收费制度案""涉嫌违反现场检查制度案"等。

（四）有当事人信息。根据案件线索，写明已经掌握的当事人信息；尚未掌握的，可不填写。

当事人为法人或组织的，写明单位名称（与营业执照一致）、住址（与营业执照一致）、邮政编码、营业执照注册号、组织机构代码（实行了"三码合一"的填写社会信用代码，不再填写营业执照注册号、组织机构代码）、法定代表人（负责人）姓名及职务；当事人为公民或者个体工商户、个人合伙的，注明姓名（营业执照中有字号的应注明登记的字号）、公民身份号码、住址（与居民身份证、营业执照一致）。无营业执照的填写实际地址。

（五）有案情信息。根据案件线索，写明已经掌握的案情信息；尚未掌握的，可不填写。

一是案件来源信息。如检查发现的填写检查机关、检查时间、地点和检查结果；投诉举报和来信来访的填写收到时间和反映的情况（投诉人姓名可不填）；媒体披露的填写媒体名称和期号；上级交办和有关部门移送的填写收到时间、机关名称。

二是违法行为信息。如违法行为的发生时间、地点、行为等基本情况；承办人对违法事实、情节的初步判断，写明当事人可能违反的法律、法规、规章的名称及具体条款。

（六）有立案理由。如初步判断符合《环境行政处罚办法》第二十二条规定的立案条件。

（七）有承办人建议立案与否的意见、签名及日期。

（八）有承办机构负责人同意或不同意立案的意见、签名及日期。

（九）有环保部门负责人同意或不同意立案的审批意见、签名及日期。

（十）备注栏可视情况填写其他有关信息。

三、注意事项

（一）立案应当符合《环境行政处罚办法》第二十二条规定的全部四项条件：1.有涉嫌违反环境保护法律、法规和规章的行为；2.依法应当或者可以给予行政处罚；3.属于本机关管辖；4.违法行为发生之日起到被发现之日止未超过2年（法律另有规定的除外）。

（二）立案审查应指定 2 名以上案件审查人员，并在 7 个工作日内完成。

（三）对需要立即查处的环境违法行为，可以按照《环境行政处罚办法》第二十四条的规定先行调查取证，然后 7 日内补办立案手续。

（四）不符合立案条件，但属其他机关管辖的，移送有管辖权的机关。

（五）对于已立案的案件，非经审批程序不得随意撤案。

（六）本文书原件随卷归档。

附 2

×××环境保护厅（局）

销 案 审 批 表

<table>
<tr><td>案件来源</td><td colspan="2"></td><td>原立案号</td><td></td></tr>
<tr><td>案　　由</td><td colspan="4"></td></tr>
<tr><td rowspan="5">当
事
人</td><td>名称或姓名</td><td colspan="3"></td></tr>
<tr><td>地址（住址）</td><td></td><td>邮政编码</td><td></td></tr>
<tr><td>营业执照注册号
（公民身份号码）</td><td></td><td>组织机构代码
（行业）</td><td></td></tr>
<tr><td>社会信用代码</td><td colspan="3"></td></tr>
<tr><td>法定代表人
（负责人）</td><td></td><td>职 务</td><td></td></tr>
<tr><td>销案理由</td><td colspan="4"></td></tr>
<tr><td>承办人
意 见</td><td colspan="4">签　名：
年　　月　　日</td></tr>
<tr><td>承办机构负责人
意见</td><td colspan="4">签　名：
年　　月　　日</td></tr>
<tr><td>环保部门负责人审批意见</td><td colspan="4">签　名：
年　　月　　日</td></tr>
<tr><td>备　注</td><td colspan="4"></td></tr>
</table>

制　作　指　南

一、适用范围

（一）环保部门内部文书。

（二）适用于撤销立案的审批。

二、文书内容

（一）有环保部门名称、文书名称和原立案号。

（二）有案件来源信息。如检查发现、投诉举报、来信来访、媒体披露、上级交办、有关部门移送等途径。

（三）有案由信息。书写形式为：“涉嫌+违法行为类别+案”，如“涉嫌违反环评制度案”“涉嫌违法排放污染物案”“涉嫌违反排污申报登记制度案”“涉嫌违反现场检查制度案”等。

（四）有当事人信息。根据案件线索，写明已经掌握的当事人信息；尚未掌握的，可不填写。

当事人为法人或组织的，写明单位名称（与营业执照一致）、住址（与营业执照一致）、邮政编码、营业执照注册号、组织机构代码（实行了“三码合一”的填写社会信用代码，不再填写营业执照注册号、组织机构代码）、法定代表人（负责人）姓名及职务；当事人为公民或者个体工商户、个人合伙的，注明姓名（营业执照中有字号的应注明登记的字号）、公民身份号码、住址。无营业执照的填写实际地址。

（五）有案情信息。根据案件线索，写明已经掌握的案情信息；尚未掌握的，可不填写。

一是案件来源信息。如检查发现的填写检查机关、检查时间、地点和检查结果；投诉举报和来信来访的填写收到时间和反映的情况（投诉人姓名可不填）；媒体披露的填写媒体名称和期号；上级交办和有关部门移送的填写收到时间、机关名称。

二是违法行为信息。如违法行为的发生时间、地点、行为等基本情况。

（六）有销案理由。如立案后根据新情况发现不符合《环境行政处罚办法》第二十二条规定的立案条件之一。

（七）有承办人建议撤销立案与否的意见、签名及日期。

（八）有承办机构负责人同意或不同意撤销立案的意见、签名及日期。

（九）有环保部门负责人同意或不同意撤销立案的审批意见、签名及日期。

（十）备注栏可视情况填写其他有关信息。

三、注意事项

（一）已经立案的，非经审批程序不得撤销立案。

（二）撤销立案的审批程序与立案审批程序相同，撤销条件为根据新情况发现不符合《环境行政处罚办法》第二十二条规定的立案条件之一。

（三）销案审查应指定 2 名以上案件审查人员。

（四）本文书原件随卷归档。

附 3

×××环境保护厅（局）
现场检查（勘察）笔录

时间：________年_____月_____日_____时_____分至_____时_____分

地点：____

被检查（勘察）人名称或姓名：________________________________

现场负责人：________电话：________________邮编：________________

工作单位：________________________________职务：________________

检查（勘察）人及执法证编号：________________、________________

记录人：____________工作单位：________________________________

告知事项：我们是____________环境保护厅（局）的行政执法人员，这是我们的执法证件（执法证编号：________________、________________）。请过目确认：________________

今天我们依法进行检查并了解有关情况，你应当配合调查，如实提供材料，不得拒绝、阻碍、隐瞒或者提供虚假情况。如果你认为检查人与本案有利害关系，可能影响公正办案，可以申请回避，并说明理由。请确认：________________________

现场情况：____

____
____
____
____
____
____

被检查（勘察）人或现场负责人确认意见：______________________________

被检查（勘察）人或现场负责人签字：__________ ________年______月______日

检查（勘察）人签字：________、________ ________年______月______日

记录人签字：________________ ________年______月______日

参加人签字：________________ ________年______月______日

第　页共　页

制 作 指 南

一、适用范围

（一）环保部门内部文书。

（二）适用于调查人员取证，记录调查人员对违法嫌疑人的生产经营场所、污染受害现场等有关现场进行检查（勘察）的过程和发现的情况。

二、文书内容

（一）有环保部门名称、文书名称。

（二）有准确的现场检查（勘察）起止时间、地点。

（三）有检查（勘察）人、记录人基本信息，如姓名、执法证号、工作单位。

（四）有被检查（勘察）人、当时在场的现场负责人的基本信息。如姓名、年龄、公民身份号码、工作单位等。与本案关系是指现场负责人在本案中的身份，如违法嫌疑单位的工作人员、污染受害人、证人等。

现场负责人不在场的，可不填写现场负责人信息。

（五）有向现场负责人出示执法证件、表明身份的记录和现场负责人的确认记录，如“我们是××环境保护局的行政执法人员，这是我们的执法证件（向当事人出示证件，并记录持证人员姓名和执法证件号），请过目确认”和“我确认”。

暗查等无法出示和确认的情形除外。

（六）有告知现场检查人申请回避权利和配合调查义务的记录，如“今天我们依法进行检查并了解有关情况，你应当配合调查，如实回答询问和提供材料，不得拒绝、阻碍、隐瞒或者提供虚假情况。如果你认为我们与本案有利害关系，可能影响公正办案，可以申请我们回避，并说明理由。”

暗查等无法告知的情形除外。

（七）有现场情况，包括有关的设施物品名称、数据、位置、状态、完好程度等，可附示意图，属生产经营场所的，还应有方位图。

（八）有被检查（勘察）人对笔录的审阅确认意见，并逐页签名、注明日期。被检查（勘察）人无异议的，注明“以上笔录已阅无误，情况属实”；被检查（勘察）人有异议的，注明异议内容；被检查（勘察）人拒不签字的，由执法人员注明。

（九）有检查（勘察）人、记录人的逐页签名，并注明日期。

（十）有其他参加人的，填写其他参加人姓名、工作单位；无工作单位的，填写居住地址。其他参

加人也逐页签名，并注明日期。

三、注意事项

（一）笔录字迹要端正，保证可以正常阅读，笔录不能随意空行，空白处注明“以下空白”或者划有斜线。

（二）笔录必须当场制作，不得事后补记、增删。当场有修改的，由检查（勘察）人在修改处签名或者压指印。一个案件有多处现场的，应分别当场制作笔录；对现场需进行多次检查的，每次均应制作笔录。

（三）现场检查（勘察）必须有两名以上（含两名）持合法有效执法证件的行政执法人员同时在场进行。

（四）符合《环境行政处罚办法》第八条规定回避条件的，调查人员应当自行回避；当事人申请其回避，应当审查同意。

回避条件为以下之一：1.本案当事人或者当事人近亲属的；2.本人或者近亲属与本案有直接利害关系的；3.法律、法规或者规章规定的其他回避情形。

（五）执法人员现场采样取证的，应在现场检查（勘察）笔录中载明采样情况。

（六）笔录应当全面、如实记录现场检查（勘察）发现的情况。

（七）为增加证明力，可要求被检查（勘察）人加盖公章。

（八）可以采取拍照、录像或者其他方式记录检查（勘察）情况。

（九）如被检查人拒绝签字的，应由行政执法人员在笔录中注明情况，并请在场人签名。

（十）本文书原件随卷归档。

附 4

×××环境保护厅（局）

调 查 询 问 笔 录

时间：________年________月________日________时________分至________时______分

地点：____

被调查询问人：________性别：____年龄：______身份证号码：________________

工作单位：____________________职务：________电话：______________

地　址：________________________________邮编：____________

调查询问人及执法证编号：______________________、____________________

记录人：_____________工作单位：______________________________

执法人员表明身份、出示证件及被调查询问人确认的记录：我们是________环境保护厅（局）的行政执法人员，这是我们的执法证件（执法证编号：____________________、____________）。请过目确认：____________

今天我们依法进行检查并了解有关情况，你应当配合调查，如实回答询问和提供材料，不得拒绝、阻碍、隐瞒或者提供虚假情况。如果你认为调查人与本案有利害关系，可能影响公正办案，可以申请回避，并说明理由。你有权对本次调查询问提出陈述、申辩。

请确认：____

询问内容：____

____

____

____
____
____
____
____
____
____
____
____
____

被调查询问人确认意见：______________________________

被调查询问人签字：__________________ ______年______月______日

调查询问人签字：________、__________ ______年______月______日

记录人签字：____________________ ______年______月______日

参加人签字：____________________ ______年______月______日

第　页共　页

制 作 指 南

一、适用范围

（一）环保部门内部文书。

（二）适用于调查人员取证，记录调查人员对违法嫌疑人、污染受害人、证人等有关人员的询问过程和问答内容。

二、文书内容

（一）有环保部门名称、文书名称。

（二）有询问的起止时间、地点。

（三）有询问人、记录人基本信息，如姓名、执法证号、工作单位。

（四）有被询问人的基本信息。如姓名、年龄、公民身份号码、工作单位、职务、电话、地址、邮政编码等，与本案关系是指被询问人在本案中的身份，如违法嫌疑单位的工作人员、污染受害人、证人等。

（五）有向当事人出示执法证件、表明身份的记录和当事人的确认记录，如“我们是××环境保护局的行政执法人员，这是我们的执法证件（向当事人出示证件，并记录持证人员姓名和执法证件号），请过目确认”和“我确认”。

（六）有告知当事人申请回避权利和配合调查义务的记录，如“今天我们依法进行检查并了解有关情况，你应当配合调查，如实回答询问和提供材料，不得拒绝、阻碍、隐瞒或者提供虚假情况。如果你认为我们与本案有利害关系，可能影响公正办案，可以申请我们回避，并说明理由。”

（七）有询问内容。包括反映本案事实的时间、地点、行为、情节、动机、后果等。

（八）有被询问人对笔录的审阅确认意见，如注明“以上笔录已阅无误”，并逐页签名、注明日期。被询问人拒不审阅确认或者拒不签名的，由记录人予以注明。

（九）有询问人、记录人的逐页签名，并注明日期。

（十）有其他参加人的，填写其他参加人姓名、工作单位；无工作单位的，填写居住地址。其他参加人也逐页签名，并注明日期。

（十一）如被调查人为个体工商户或其他合法生产经营者，“组织机构代码证”一栏内可填“无”

或“被调查人不能提供”。

三、注意事项

（一）笔录字迹要端正，保证可以正常阅读，笔录不能随意空行，空白处注明“以下空白”或者划有斜线。

（二）笔录必须当场制作，不得事后补记、增删。当场有修改的，由被询问人在修改处签名或者压指印。

（三）每份《调查询问笔录》只能对应一个被调查询问人。必要时，可以对被调查询问对象进行多次询问，每一次调查询问都应当分别制作调查询问笔录。

（四）询问必须有两名以上（含两名）持合法有效执法证件的行政执法人员同时在场，并出示执法证件，表明身份。

（五）符合《环境行政处罚办法》第八条规定回避条件的，调查人员应当自行回避；当事人申请其回避，应当审查同意。

回避条件为以下之一：1.本案当事人或者当事人近亲属的；2.本人或者近亲属与本案有直接利害关系的；3.法律、法规或者规章规定的其他回避情形。

（六）笔录应当全面、如实记录被询问人与案件相关的陈述。

（七）可以采取拍照、录像、录音或者其他方式记录询问情况。

（八）本文书原件随卷归档。

附5

×××环境保护厅（局）

采样取证登记单

依照《中华人民共和国行政处罚法》第三十七条第二款的规定，我厅（局）对________________

____

____________________予以采样取证。

附：采样取证清单

采样地点（场所）：________________ 采样时间：________________

名称	数量	容量	编号	形态	备注

被采样取证人：______________________________ ________年________月________日

采样取证人：______________、______________ ________年________月________日

封样人：______________________________ ________年________月________日

制　作　指　南

一、适用范围

（一）环保部门内部文书。

（二）适用于采样取证人对采样的主要情况的记录。

二、文书内容

（一）有被采样取证的当事人名称或姓名。

（二）载明采样取证准确的时间、地点或场所。

（三）标明采样取证物品的名称、数量、容量、编号、形态等。

（四）有被采样取证人签名及日期。

（五）有采样取证的行政执法人员签名及日期。

（六）有封样的行政执法人员签名及日期。

三、注意事项

（一）没有被采样取证人签字确认的，应有两名行政执法人员注明情况并签名或在现场的其他人签名见证；如其他人签名见证的，要说明见证人与本案的关系。

（二）本文书一式两份，一份随抽样物品备查，一份随卷归档。

附 6

现场照片（图片、影像资料）证据

照片（图片）

照片（图片）

<table>
<tr><td>证明对象：</td><td rowspan="6">证物袋
（存底片、光盘等）</td></tr>
<tr><td>拍摄时间：　　年　月　日　时　分</td></tr>
<tr><td>拍摄地点：</td></tr>
<tr><td>拍 摄 人：</td></tr>
<tr><td>当事人、见证人：</td></tr>
<tr><td>执法人员（签名）：
执法证号：</td></tr>
</table>

制 作 指 南

一、适用范围

（一）环保部门内部文书。

（二）适用于调查人员对现场照片（图片、影像资料）证据的记录。

二、文书内容

（一）注明拍摄人员、拍摄地点、拍摄日期，贴在案卷衬纸上或作专门存档保管。

（二）对照片（图片、影像资料）反映出的问题或现场情况进行说明和描述。

（三）有执法人员签名、执法证号。

（四）有当事人或见证人签名、盖章或压指印。

三、注意事项

（一）调查人员应根据实地情况与采证需要，选择适当的摄录方式进行摄录，力求现场照片（图片、影像资料）客观、真实地反映现场勘验情况。

（二）对无法提取原始载体或者提取原始载体有困难的物证，采取拍照、录像等方式复制的，应附有对该物证的保存地点、保存人姓名、调取时间、执法人员姓名、证明对象的说明，并由执法人员签名或者签章。

附 7

×××环境保护厅（局）
先行登记保存证据通知书

______环登存字〔　〕　号

（当事人名称或者姓名，与营业执照、居民身份证一致）：

地址：（与营业执照、居民身份证一致）

法定代表人（负责人）：__________（姓名）

你（单位）（案由）__________的行为，涉嫌违反了（相关法律、法规、规章名称及条款序号）的规定，（为防止证据灭失或以后难以取得），依照《中华人民共和国行政处罚法》第三十七条第二款的规定，我厅（局）决定对下列物品予以先行登记保存证据。先行登记保存证据物品自____年___月___日起至____年___月____日止，以（就地或者异地）______方式，存放于（地点）__________。在此期间，当事人或者有关人员不得销毁或转移证据。

附：先行登记保存证据物品清单

序号	名　称	数 量	型　号	生产日期（批号）	生产单位	备 注

以上清单，物品与实物一致。请确认：____________________

被先行登记保存证据人：______________________________　　　______年___月___日

行政执法人员及执法证编号：__________、__________　　　______年___月___日

×××环境保护厅（局）（印章）

年　月　日

制　作　指　南

一、适用范围

（一）环保部门外部文书，送达当事人。

（二）用于调查人员取证，适用于在证据可能灭失或者以后难以取得情况下先行登记保存证据。

二、文书内容

（一）有环保部门名称、文书名称和发文字号。

（二）有当事人名称或姓名、地址。当事人为法人或者其他组织的，填写名称和地址（与营业执照一致）、法定代表人（负责人）姓名；当事人为公民或者个体工商户、个人合伙的，填写姓名（营业执照中有字号的应注明登记的字号）和地址（与居民身份证、营业执照一致）。

（三）有法律、法规、规章依据和法定事由。法律、法规、规章名称用全称，如《中华人民共和国环境保护法》。

（四）有先行登记保存证据的方式、期限和地点。

（五）有环保部门印章和作出决定的日期。

（六）附有先行登记保存证据清单，清单载有下列内容：

1.标明物品名称、规格、数量、生产日期（批号）、生产单位等信息。

2.有当事方现场负责人的确认意见，如“以上清单，物品与实物一致”，并签名、注明日期。

3.有执法人员签名，并注明执法证号、日期。

三、注意事项

（一）采取先行登记保存措施的前提条件是“证据有可能灭失”或“证据以后难以取得”。不符合

以上情形之一的，不得采取先行登记保存措施。

（二）办理程序上应当经过环保部门负责人批准。情况紧急的，可以先采取登记保存措施，再报请机关负责人批准。

（三）对先行登记保存的物品，当场清点后详细填写物品名称、数量、型号、生产日期（批号）、生产单位等信息。可以采取拍照、录像或者其他方式记录现场情况。

（四）先行登记保存的证据应当在 7 个工作日内依法处理，有关措施见《环境行政处罚办法》第三十九条。

（五）就地保存的，由当事人负责保存，在向当事人送达《先行登记保存证据通知书》时，在证据物品上加贴环保部门封条，说明有关情况及应遵守的义务；异地保存的，注明保存地点。

（六）本文书一份送达当事人（使用送达回证），一份随登记保存的证据备查，一份随卷归档（附送达回证）。

附 8

×××环境保护厅（局）
解除先行登记保存证据通知书

______环解登字〔　　〕　号

（当事人名称或者姓名，与营业执照、居民身份证一致）：

地址：______（与营业执照、居民身份证一致）______

法定代表人（负责人）：______（姓名）

我厅（局）于____年___月___日向你（单位）作出了《先行登记保存证据通知书》（______环登存字〔　　〕第　号），对（先行登记保存证据名称）进行了先行登记保存。先行登记保存证据物品以（就地或者异地）______方式，存放于______（地点）______。

现决定对（先行登记保存证据全部或部分）于____年___月___日起予以解除先行登记保存措施。

附：解除先行登记保存证据清单

序号	名称	数量	型号	生产日期（批号）	生产单位	备注

以上清单，物品与实物一致。请确认：______

被先行登记保存证据人：______　　______年___月___日

行政执法人员及执法证编号：______、______　　______年___月___日

×××环境保护厅（局）（印章）

年　月　日

制 作 指 南

一、适用范围

（一）环保部门外部文书，送达当事人。

（二）用于调查人员取证，适用于解除先行登记保存证据。

二、文书内容

（一）有环保部门名称、文书名称和发文字号。

（二）有当事人名称或姓名、地址。当事人为法人或者其他组织的，填写名称和地址（与营业执照一致）、法定代表人（负责人）姓名；当事人为公民或者个体工商户、个人合伙的，填写姓名（营业执照中有字号的应注明登记的字号）和地址（与居民身份证、营业执照一致）。

（三）有法律、法规、规章依据和法定事由。法律、法规、名称用全称，如《中华人民共和国环境保护法》。

（四）有先行登记保存证据通知书的名称和文号。

（五）有先行登记保存证据的方式日期和地点。

（六）有环保部门印章和作出决定的日期。

（七）附有先行登记保存证据物品清单，清单载有下列内容：

1.标明物品名称、数量、型号、生产日期（批号）、生产单位等信息。

2.有当事人现场负责人的确认意见，如“以上清单，物品与实物一致”，并签名、注明日期。

3.有执法人员签名，并注明执法证号、日期。

三、注意事项

（一）采取先行登记保存证据措施的，应当根据《环境行政处罚办法》第三十九条的规定在 7 个工作日内及时处理。违法事实不成立，或者违法事实成立但依法不应当查封、暂扣或者没收的，决定解除先行登记保存措施。

（二）超过 7 个工作日未作出处理决定的，先行登记保存措施自动解除。

（三）对解除先行登记保存的物品，当场清点后详细填写物品名称、规格、数量、生产日期（批号）、生产单位等信息。可以采取拍照、录像或者其他方式记录现场情况。

（四）本文书一份送达当事人（使用送达回证），一份随卷归档（附送达回证）。

附 9

×××环境保护厅（局）
案件处理内部审批表（通用）

<table>
<tr><td>申 请 事 项</td><td colspan="4"></td></tr>
<tr><td>案 源</td><td colspan="4"></td></tr>
<tr><td rowspan="5">当事人</td><td>名称或姓名</td><td colspan="3"></td></tr>
<tr><td>地址（住址）</td><td></td><td>邮政编码</td><td></td></tr>
<tr><td>营业执照注册号（公民身份号码）</td><td></td><td>组织机构代码</td><td></td></tr>
<tr><td>社会信用代码</td><td colspan="3"></td></tr>
<tr><td>法定代表人（负责人）</td><td></td><td>职 务</td><td></td></tr>
<tr><td>简要案情及申请理由依据和内容</td><td colspan="4"></td></tr>
<tr><td>承办人</td><td colspan="4">签名或盖章：</td></tr>
</table>

意　见	年　月　日
法制机构负责人意　见	签名或盖章： 年　月　日
环保部门负责人审批意见	签名或盖章： 年　月　日

制作指南

一、适用范围

（一）环保部门内部文书。

（二）用于案件办理过程需要向环保部门负责人请示的事项。

二、文书内容

（一）有申请事项，应与申请作出决定的文种名称相对应。例：“（行政执法机关名称）先行登记保存证据通知书”。

（二）有案源信息。如检查发现、投诉举报、来信来访、媒体披露、上级交办、有关部门移送等途径。

（三）有当事人的信息。当事人为法人或组织的，写明单位名称（与营业执照一致）、住址（与营业执照一致）、邮政编码、营业执照注册号、组织机构代码、法定代表人（负责人）姓名及职务；当事人为公民或者个体工商户、个人合伙的，注明姓名（营业执照中有字号的应注明登记的字号）、公民身份号码、住址（与居民身份证、营业执照一致）。无营业执照的填写实际地址。

（四）有简要案情及申请理由依据和内容，载明违法行为发生的时间、地点、情节等简要情况；申请作出该决定的理由、法律依据和拟作出决定的具体内容。

（五）有承办人处理建议、签名及日期。

（六）有法制机构负责人审核意见、签名及日期。

（七）有环保部门负责人同意或不同意的审批意见、签名及日期。

三、注意事项

（一）为简化行政执法机关内部审批表式而设计。《案件处理内部审批表》主要适用于实施或者解除先行登记保存证据、责令改正违法行为或者停产、限产措施、处罚告知或听证告知通知、行政处罚决定、按日连续处罚决定、实施或者延期解除查封（扣押）措施、申请强制执行等行政行为的内部审核程序。

（二）使用本《案件处理内部审批表》，应与所要作出决定的事项相对应。填写的内容应当准确、清楚，审核、审批意见应当明确。

（三）须由主要负责人签名实施的行政行为的文书应有行政执法机关主要负责人同意或不同意的意见、签名及日期，其他实施行政行为的文书可由主管负责人签署。

附 10

×××环境保护厅（局）
责令改正违法行为决定书

______环责改字〔　　〕　号

（当事人名称或者姓名，与营业执照、居民身份证一致）：

营业执照注册号（公民身份号码）：________________组织机构代码证：__________________

社会信用代码：____________________

地址：____________________________法定代表人（负责人）：__________________________

我厅（局）于_____年____月___日对你（单位）进行了调查，发现你（单位）实施了以下环境违法行为：

（陈述违法事实，如违法行为发生的时间、地点、情节、动机、危害后果等内容）　　　　。

以上事实，有（列举证据形式，阐述证据所要证明的内容）等证据为凭。

上述行为违反了（相关法律、法规、规章名称及条款序号）的规定。

依据《中华人民共和国行政处罚法》第二十三条和（相关法律、法规、规章名称及条款序号）的规定，现责令你（单位）立即（接到本决定书之日起____________日内）（改正违法行为的具体形式）。

我厅（局）将对你（单位）改正违法行为的情况进行监督。如你（单位）拒不改正上述环境违法行为，逾期不申请行政复议，不提起行政诉讼，又不履行本决定的，我厅（局）将（依法实施行政处罚）依法申请人民法院强制执行。

（适用按日连续处罚的：我厅（局）将在 30 日内对你（单位）改正违法行为的情况进行复查。如你（单位）拒不改正违法排污行为，我厅（局）将按照《中华人民共和国环境保护法》第五十九条第一款的规定，对你（单位）实施按日连续处罚。）

你（单位）如对本决定不服，可在收到本决定书之日起 60 日内向×××环境保护厅（局）或者×××人民政府申请行政复议，也可在收到本决定书之日起 6 个月内向×××人民法院提起行政诉讼。如你（单位）拒不改正上述违法行为，我厅（局）将申请××人民法院强制执行。

×××环境保护厅（局）（印章）

年　月　日

制　作　指　南

一、适用范围

（一）环保部门外部文书，送达当事人。

（二）适用于经过调查取证确认当事人存在环境违法行为，责令当事人改正或者限期改正。

二、文书内容

（一）有环保部门名称、文书名称和发文字号。

（二）有当事人名称或姓名、地址。当事人为法人或者其他组织的，填写名称和地址（与营业执照一致）、营业执照注册号、组织机构代码（实行了“三码合一”的填写社会信用代码，不再填写营业执照注册号、组织机构代码）、法定代表人（负责人）姓名和职务；当事人为公民或者个体工商户、个人合伙的，注明姓名（营业执照中有字号的应注明登记的字号）、公民身份号码、住址（与居民身份证、营业执照一致）。无营业执照的填写实际地址。

（三）有调查机构名称、调查时间。

（四）有违法行为信息，如时间、地点、行为、情节、动机、后果等。

（五）有证据信息，如证据名称、提取（作出）时间、提供（作出）单位、证明内容等。

（六）有违反的法律、法规、规章名称和条款序号。法律、法规、规章名称用全称，如《中华人民共和国环境保护法》。

（七）有责令改正的依据，如注明“依据《中华人民共和国行政处罚法》第二十三条和（相关法律、法规、规章名称及条款序号）”。

法律、法规、规章有禁止性规定但无罚则的，可不写本项。

（八）有责令改正的具体内容。有的法律、法规、规章规定限期改正为行政处罚前置条件的，应明确告知其逾期不改正应承担的法律责任。

法律、法规、规章有禁止性规定但无罚则的，可写明“责令你（单位）（于_______年_____月____日之前）改正上述违法行为”。

（九）有对违法行为改正情况进行监督的信息，如“我局将对你（单位）改正违法行为的情况进行监督”。

（十）有拒（逾期）不改正的法律后果，如决定书中环境违法问题符合《中华人民共和国环境保护法》第六十三条的，应当载明移送公安机关予以行政拘留的法律后果。

（十一）告知不服行政命令的救济途径和期限，如“你（单位）如对本决定不服，可在收到本决定书之日起60日内向×××环境保护厅（局）或者×××人民政府申请行政复议，也可在收到本决定书之日起6个月内向×××人民法院提起行政诉讼。如你（单位）拒不改正上述违法行为，我厅（局）将申请××人民法院强制执行。”

（十二）有环保部门印章、作出决定的日期。

三、注意事项

（一）本文书是指行政机关单独作出责令改正决定时使用。根据需要，责令改正的具体内容也可以体现在行政处罚决定书的内容中。

（二）责令改正的具体内容，一般为责令停止建设、停止试生产、停止生产或者使用、限期建设配套设施、重新安装使用、限期拆除以及停止违法行为等，根据个案情况，选择合理的内容。特别要注意的是，责令改正某具体违法行为的，应明确限期改正的期限，详细写明改正内容，而不能笼统写为“自行改正”。

（三）如果当事人行为涉及到违法排放污染物，应当责令立即停止违法排放污染物，并告知当事人拒不改正可能承担按日连续处罚的法律后果。

（四）行政执法机关应当及时对当事人违法行为的改正情况进行复查。

（五）此文书一式两份，一份交于当事人、一份随卷归档。随卷时应附《内部审批表》和《送达回证》。

附11

×××环境保护厅（局）

行政处罚案件调查报告

案件调查的来源、调查经过（概括交代案件由来，包括案件来源、登记时间、立案时间和批准立案的机关等；调查经过包括办案人员的组成、调查方式、调查时间等）。

当事人的基本情况。

当事人违法事实和相关证据记录（当事人实施违法行为的具体事实包括其从事违法行为的时间、地点、目的、手段、情节、违法所得、危害后果等，要客观真实，所描述的事实必须得到相关证据的支持）。

违反法律规定的行为和行政处罚的法律依据。（对当事人的违法行为进行定性，引用法律条文要具体到条、款、项、目）。

案件调查机构的处理建议（办案机构提出的对案件当事人的具体处罚意见，包括根据有关法律条文并结合本部门自由裁量权裁量标准作出的行政处罚的种类和幅度）。

办案人员（签名）：

办案单位（盖章）

年 月 日

制 作 指 南

一、适用范围

（一）环保部门内部文书。

（二）适用于调查终结后调查人员对调查取证情况的描述。

二、文书内容

（一）有案件调查的来源，包括案件来源、立案时间和批准立案的机关等。

（二）有当事人的基本情况。

（三）有调查的过程，包括办案人员的组成、调查方式、调查的起止时间等。

（三）有当事人实施违法行为的具体事实，包括其从事违法行为的时间、地点、目的、手段、情节、违法所得、危害后果等。

（四）有支持所描述事实的相关证据，对收集的证据逐一列举。

（五）有违法行为违反的法律条款及内容。

（六）有适用本单位自由裁量权裁量标准的内容。

（七）有处罚依据。

（八）建议予以处罚的种类和罚款数额。

（九）两名以上（含两名）调查人员签字并注明日期。

（十）有办案单位盖章。

三、注意事项

本报告能够真实、具体、详细地反映案发时间、地点、当事人、违法行为起因、过程、后果以及影响等内容。

附 12

×××环境保护厅（局）
行政处罚事先（听证）告知书

________环罚告字〔 〕 号

（当事人名称或者姓名，与营业执照、居民身份证一致）：

我厅（局）于_____年____月____日对你（单位）进行了调查，发现你（单位）实施了以下环境违法行为：

（陈述违法事实，如违法行为发生的时间、地点、情节、动机、危害后果等内容）

以上事实有（列举证据形式，阐述证据所要证明的内容）等证据为凭。

你（单位）的上述行为违反了 （相关法律、法规、规章名称及条款序号） 的规定。依据 （相关法律、法规、规章名称及条款序号） 的规定，阐述适用行政处罚裁量基准制度。我厅（局）拟对你（单位）作出如下行政处罚：

1.______________________________；

2.______________________________。（其中为罚款的，罚款数额大写）

根据《中华人民共和国行政处罚法》第三十二条的规定，你（单位）有权进行陈述和申辩。未提出陈述申辩意见的，视为放弃此权利。

根据《中华人民共和国行政处罚法》第四十二条的规定，对上述拟作出的（符合听证条件的行政处罚种类和幅度），你（单位）有要求举行听证的权利。你（单位）如果要求听证，可以在收到本告知书之日起3日内向我（厅）局提出举行听证的要求；逾期未提出听证申请的，视为你（单位）放弃听证权利。

联系人：______________________________电　话：______________________________

地　址：______________________________邮政编码：______________________________

×××环境保护厅（局）（印章）

年　月　日

制 作 指 南

一、适用范围

（一）环保部门外部文书，送达当事人。

（二）本样式含两种文书：一是行政处罚事先告知书，适用于在作出行政处罚决定之前，告知当事人陈述申辩权；二是行政处罚听证告知书，适用于对符合听证条件的行政处罚，在作出行政处罚决定之前，告知当事人听证申请权。

二、文书内容

（一）有环保部门名称、文书名称和发文字号。

（二）有当事人单位名称或者个人姓名（与营业执照、居民身份证一致）。

（三）有调查机构名称、调查时间。

（四）有违法行为信息，如时间、地点、行为、情节、动机、后果等。

（五）有证据信息，如证据名称、提取（作出）时间、提供（作出）单位、证明内容等。

（六）有违反的法律、法规、规章名称和条款序号。法律、法规、规章名称用全称，如《中华人民共和国环境保护法》。

（七）有拟作出行政处罚的法律、法规、规章依据和拟作出行政处罚的种类、数额、期限等处罚内容。

（八）告知当事人陈述、申辩的权利及陈述、申辩的时间、地点。

（九）有联系人信息，如电话、地址、邮编等。

（十）有环保部门印章和作出决定的日期。

三、注意事项

（一）行政处罚事先告知是作出行政处罚决定之前必须履行的一项法定程序，如果行政机关下达行政处罚决定前没有履行告知义务，则属于违反法定程序，其行政处罚不能成立。

（二）符合听证条件的，可不再发《行政处罚事先告知书》，在《行政处罚听证告知书》中一并告知陈述申辩权、听证申请权和期限。

（三）行政处罚事先告知书应当采用阐述式，有说理性的内容，不宜用填空式。

（四）告知之前填写《案件内部审批表》报行政执法机关负责人批准。

（五）应当采取书面形式告知。

（六）本文书一份送达当事人（使用送达回证），一份随卷归档（附送达回证）。

附 13

×××环境保护厅（局）
行政处罚听证通知书

_______环听通字〔　　〕　号

（当事人名称或者姓名，与营业执照、居民身份证一致）：

你（单位）______年____月____日（案由）__________一案　　　　提出听证要求，我厅（局）决定于_____年____月____日____时____分在________（听证地点）________ ______（公开或者不公开）举行听证会。

本次听证会由______（姓名、单位、职务）______为听证主持人，（姓名、单位、职务）________为记录员。

如你（单位）认为听证主持人、记录员与本案有直接利害关系的，有权申请其回避。申请听证主持人、记录员回避的，在_____年_____月____日前向我厅（局）提出书面申请并说明理由。

申请延期举行听证会的，在______年_____月_____日前向我厅（局）提出书面申请并说明理由。若无正当理由缺席，视为你（单位）放弃听证权利，听证终止。

你（单位法定代表人）可以亲自参加听证，也可以委托 1～2 名代理人参加听证。

注意事项：

1.委托代理人参加听证的，在听证会举行前提交授权委托书，载明委托的事项、权限和期限。

2.携带当事人（委托代理人）的身份证明原件、复印件和有关证据材料。

3.通知有关证人出席作证，并事先告知我局联系人。

联系人：____________________电　　话：____________________

地　址：____________________邮政编码：____________________

____

×××环境保护厅（局）（印章）

年　月　日

制 作 指 南

一、适用范围

（一）环保部门外部文书，送达当事人。

（二）适用于决定举行听证会后，通知当事人听证会的时间、地点、权利和注意事项。

二、文书内容

（一）有环保部门名称、文书名称和发文字号。

（二）有当事人名称或姓名（与营业执照、居民身份证一致）。

（三）告知举行听证的案由、时间、地点、方式。涉及国家秘密、商业秘密或者个人隐私的听证，不公开举行。

（四）告知听证主持人、听证员、记录人的姓名、部门、职务等基本情况。

（五）告知当事人权利，如委托代理权，对听证主持人、记录人申请回避的权利、延期申请权。

（六）告知参加听证的注意事项，如提前办理授权委托手续、携带证据材料、通知证人出席作证。

（七）有联系人信息，如电话、地址和邮政编码等。

（八）有环保部门印章、作出决定的日期。

三、注意事项

（一）应在听证的 7 个工作日前，通知当事人举行听证的时间、地点和方式。

（二）可根据需要决定是否设置听证员。

（三）当事人因特殊原因事先对听证时间提出延期申请，理由正当的，行政执法机关应当予以采纳。

（四）本文书一式两份，一份送达听证申请人（使用送达回证），一份随卷归档。

附 14

×××环境保护厅（局）

听 证 笔 录

案由：________________________________立案号：____________

时间：______年______月______日______时______分至______时______分

地点：________________________________听证方式：____________

听证主持人姓名：____________工作单位及职务：____________

听证员姓名：____________工作单位及职务：____________

记录员姓名：____________工作单位及职务：____________

听证申请人名称或姓名：____________地址：____________

法定代表人姓名：____________职务：____________

委托代理人（一）姓名：____________电话：____________

工作单位：____________职务：____________

委托代理人（二）姓名：____________电话：____________

工作单位：____________职务：____________

有关证人姓名及工作单位：________________________

案件调查人（一）姓名：____________工作单位及执法证号：____________

案件调查人（二）姓名：____________工作单位及执法证号：____________

有关证人姓名及工作单位：________________________

____

____

听证笔录（正文）：________________________________

____

____

____

____

____

以上笔录已阅无误。

听证申请人及委托代理人、有关证人签名：____________　　　　______年____月____日

案件调查人及有关证人签名：________________　________年____月___日

听证主持人签名：________________　________年____月___口

记录员签名：________________　________年____月___日

第　页，共　页

制　作　指　南

一、适用范围

（一）环保部门内部文书。

（二）适用于记录听证会情况。

二、文书内容

（一）有环保部门名称和文书名称。

（二）案由信息和立案号同《环境违法行为立案审批表》。

（三）有举行听证的起止时间、地点、方式。

（四）有听证主持人、记录员的姓名、工作单位及职务。

（五）有听证申请人名称或姓名、地址。

当事人为法人或者其他组织的，填写名称和地址（与营业执照一致）、法定代表人（负责人）姓名和职务；当事人为公民或者个体工商户、个人合伙的，填写姓名（营业执照中有字号的应注明登记的字号）和地址（与居民身份证、营业执照一致）。有委托代理人、证人的，写明其姓名、工作单位、职务、电话。

（六）有案件调查人姓名、工作单位及执法证号、电话。有证人的，写明其姓名、工作单位（地址）、电话。

（七）有正文，应当清晰记录。主要包括：

1.举行听证的内容和目的。

2.介绍和核实听证参加人的姓名和身份。

3.告知当事人、委托代理人和其他听证参加人依法享有的权利。

4.宣布听证的纪律。

5.案件调查人员陈述当事人违法的事实、证据和处罚依据及处罚建议。

6.当事人对案件涉及的事实、证据等进行陈述、申辩的内容。

7.案件调查人员和当事人双方质证、辩论的内容和证据。

8.当事人的最后陈述意见。

（八）有听证申请人及其委托代理人、案件调查人员、证人的审阅确认意见，如注明“以上笔录已阅，记录属实”，并逐页签名、注明日期。

（九）有听证主持人、记录员的签名，并注明日期。

三、注意事项

（一）笔录字迹要端正，保证可以正常阅读，不得随意空行，空白处注明“以下空白”或者划有斜线。

（二）笔录必须当场制作，不得事后补记、增删。当场有文字修改的，由修改人在修改处签名或者压指印。

（三）听证记录要简练真实，抓住重点，涉及认定事实和定性等关键问题，力求记录原话。对当事人提出的主要观点、主要证据，要重点记录，表述清晰。

（四）质证情况是听证笔录的重点，要记录准确，经过质证的证据要在笔录中记明。对听证会上出示的证据，应制作证据目录，附在听证笔录之后。

（五）在听证会上提供了书面发言材料和书面陈述申辩材料的，附在听证笔录之后。

（六）本文书原件随卷归档。

附 15

×××环境保护厅（局）

听 证 报 告

案由：____

听证时间：________年____月_____日_______时______分至______时______分

听证地点：____

听证主持人：________________________记录人：__________

听证申请人：________________________法定代表人（负责人）：______

委托代理人：________________、________________

案件调查人：________、________工作单位：____________

当事人申辩质证的主要内容：____________________________

____

____

____

____

争论焦点问题：____

____

____

主持人意见和建议：________________________________

____

____

____

听证主持人签名：__________

记　录　人：__________

年　月　日

制 作 指 南

一、适用范围

（一）环保部门内部文书。

（二）适用于听证主持人向环保部门负责人报告听证会情况。

二、文书内容

（一）有举行听证的案件名称及案号。

（二）载明听证时间、地点、听证方式以及听证主持人、记录人、听证申请人及其委托代理人等的基本情况。

（三）有案件承办人的姓名及其工作单位。

（四）载明听证会的基本情况。

（五）有案件基本情况。载明案件调查人对案件事实认定、相关证据、理由以及处理意见；当事人或委托代理人陈述申辩的理由和要求。

（六）有听证主持人的意见和建议。听证主持人可综合听证双方意见，确认案件事实是否清楚、证据是否确凿、程序是否合法，适用法律是否正确，并明确提出处理意见。

（七）听证主持人、记录人签名及日期。

三、注意事项

（一）听证会结束后，听证主持人依据听证情况，制作《听证报告》并提出处理意见，连同《听证笔录》报本机关负责人审查。

（二）将《听证笔录》附在《听证报告》后供备查。

附 16

×××环境保护厅（局）

案件集体讨论笔录

案件名称：____

时　间：________年______月______日______时________分至________时__________分

地　点：____

主持人：____________职务：____________ 记录人：____________职务：____________

参加人员：____

列席人员：____

承办人汇报案件情况：____

____

____

____

____

陈述（听证）情况：____

____

____

参加讨论人员意见：____

____

____

____

____

结论意见：____

____

____

参加人员签名：________________________

年　月　日

制 作 指 南

一、适用范围

（一）环保部门内部文书。

（二）适用于环保部门案件审查委员会对案件办理过程中重大、复杂事项进行集体审议过程的记录。

二、文书内容

（一）有案件名称、案号和讨论的时间、地点。

（二）有主持人、记录人、出席人、列席人的姓名及职务。

（三）有集体讨论的原因，写明集体讨论的案件反映的主要问题。

（四）有承办人员汇报案件情况及采集的主要证据，如违法行为发生的时间、地点、情节、后果等；案件涉及的法律、法规、规章等；处理意见和理由。

（五）有陈述申辩（听证）的情况。其中，举行听证的案件，可由听证主持人汇报听证情况。

（六）有参加讨论人员的主要意见和理由。

（七）有结论性意见。

（八）有出席人员签名。

三、注意事项

（一）对情节复杂或者重大违法行为给予较重的行政处罚的，行政机关的负责人应当集体讨论决定。

（二）讨论内容应当针对案件事实是否调查清楚，证据是否确凿、充分，定性是否准确，当事人是否具备主体资格，应处理的单位和个人是否遗漏，适用法律法规是否正确，自由裁量是否得当，办案程序是否合法等。

（三）讨论记录应当详细记载讨论过程中每个人发言的主要内容。

（四）针对讨论的问题应当有结论性意见。

（五）出席人员签名。

附 17

×××环境保护厅（局）
行政处罚决定书

________环罚〔 〕 号

（当事人名称或者姓名，与营业执照、居民身份证一致）：

营业执照注册号（公民身份号码）：____________组织机构代码证：________________

社会信用代码：________________

地址：____________________________法定代表人（负责人）：________________

我厅（局）于____年___月___日对你（单位）进行了调查，发现你（单位）实施了以下环境违法行为：

（陈述违法事实，如违法行为发生的时间、地点、情节、动机、危害后果等内容）

以上事实，有（列举证据形式，阐述证据所要证明的内容）等证据为凭。

你（单位）的上述行为违反了（相关法律、法规、规章名称及条款序号）的规定。

我局于____年___月___日以《行政处罚事先（听证）告知书》（×× 〔〕 ×号）告知你（单位）陈述申辩权（听证申请权）。____年____月___日，（叙述陈述申辩及听证过程、当事人意见理由及证据、环保部门采纳当事人意见的情况及理由。有从重、从轻、减轻或其他有裁量幅度的，说明法定理由和依据。）

依据＿（相关法律、法规、规章名称及条款序号）＿的规定，阐述适用行政处罚裁量基准制度，我厅（局）决定对你（单位）处以如下行政处罚：

1.＿＿＿＿＿＿＿＿＿＿＿＿＿＿＿＿＿＿＿＿。

2.罚款（大写）＿＿＿＿＿＿＿＿＿＿＿＿＿元。

限于接到本处罚决定之日起 15 日内缴至指定银行和账号。逾期不缴纳罚款的，我厅（局）可以根据《中华人民共和国行政处罚法》第五十一条第一项规定每日按罚款数额的 3%加处罚款。

收款银行：＿＿＿＿＿＿＿＿＿＿＿＿＿＿＿＿　户名：＿＿＿＿＿＿＿＿＿＿＿＿＿＿＿＿

账号：＿＿＿＿＿＿＿＿＿＿＿＿＿＿＿＿＿＿＿＿＿＿＿＿＿＿＿＿＿＿＿＿＿＿＿＿

你（单位）如不服本处罚决定，可在收到本处罚决定书之日起 60 日内向×××人民政府或者×××环境保护厅（局）申请行政复议，也可以在 6 个月内向×××人民法院提起行政诉讼。申请行政复议或者提起行政诉讼，不停止行政处罚决定的执行。

逾期不申请行政复议，不提起行政诉讼，又不履行本处罚决定的，我厅（局）将依法申请人民法院强制执行。

×××环境保护厅（局）（印章）

年　月　日

制 作 指 南

一、适用范围

（一）环保部门外部文书，送达当事人。

（二）适用于经过调查取证确认当事人存在环境违法行为，作出行政处罚决定。

二、文书内容

（一）有环保部门名称、文书名称和发文字号。

（二）有当事人名称或姓名、地址。当事人为法人或者其他组织的，填写名称和地址（与营业执照一致）、营业执照注册号、组织机构代码（实行了“三码合一”的填写社会信用代码，不再填写营业执照注册号、组织机构代码）、法定代表人（负责人）姓名和职务；当事人为公民或者个体工商户、个人合伙的，注明姓名（营业执照中有字号的应注明登记的字号）、公民身份号码、住址（与居民身份证、营业执照一致）。无营业执照的填写实际地址。

（三）有调查机构名称、调查时间。

（四）有违法行为信息，如时间、地点、行为、情节、动机、后果等。

（五）有证据信息，如证据名称、提取（作出）时间、提供（作出）单位、证明内容等。

（六）有违反的法律、法规、规章名称和条款序号。法律、法规、规章名称用全称，如《中华人民共和国环境保护法》。

（七）有陈述申辩、听证过程、当事人意见理由及证据、环保部门采纳当事人意见的情况及理由。当事人放弃陈述、申辩的，也予以说明。

（八）有从重、从轻、减轻或其他有裁量幅度的，说明法定理由和依据。

（九）有行政处罚的依据，如注明“依据（相关法律、法规、规章名称及条款序号）的规定”。

（十）有行政处罚的种类、幅度信息。

（十一）有行政处罚的履行方式和期限信息。

（十二）告知不服行政处罚决定的救济途径和期限，如“你（单位）如不服本处罚决定，可在收到本处罚决定书之日起 60 日内向×××人民政府或者×××环境保护厅（局）申请行政复议，也可以在 6

个月内向×××人民法院提起行政诉讼。”

（十三）有不履行处罚决定的法律后果，如“逾期不申请行政复议，不提起行政诉讼，又不履行本处罚决定的，我局将依法申请人民法院强制执行。”

（十四）有环保部门印章、作出决定的日期。

三、注意事项

（一）行政处罚决定一经作出，任何人不得擅自变更或者撤销。

（二）采集和使用的证据应合法、有效。常见的证据主要有现场检查笔录、调查询问笔录、身份证明、营业执照、现场照片、销售单据、抽样检验结论等书证物证。

（三）行政处罚决定作出后，应在法定期限内以法定方式送达当事人，并提取送达回证。

（四）加强对行政处罚决定书履行情况的监督，及时申请人民法院强制执行，确保执行到位。

（五）行政处罚决定书应有说理性内容，说明事理、情理和法理。主要包括：

1.对违法行为的构成要件、因果关系和违法事实的认定过程等陈述清楚。

2.阐述证据形式和证据所要证明的内容。

3.适用法律依据时应当完整地引用定性依据和处罚依据。

4.对当事人陈述申辩理由、证据或听证的过程、结论和行政机关是否采纳意见的理由、依据，应当详细阐述，当事人放弃陈述申辩或听证的也应予以说明。

5.作出从重、从轻、减轻或其他有裁量幅度的行政处罚的，应当在行政处罚决定书中说明法定理由和依据。

（六）本文书一份送达当事人（使用送达回证），一份随卷归档（附送达回证）。

附 18

×××环境保护厅（局）
送 达 回 证

送达文书名称及文号	
受送达人名称或姓名	
送 达 地 点	
送 达 方 式	
收件人签字（或盖章）及收件日期	（与受送达人的关系：　　） 年　月　日
送达人（两人签字）	
送达机关盖章	年　月　日
备　　注	

制 作 指 南

一、适用范围

（一）环保部门内部文书。

（二）适用于文书送达，证明当事人已经收到法律文书。

二、文书内容

（一）有环保部门名称、文书的名称和文号。

（二）有送达的文书名称和发文文号。

（三）有受送达人名称或姓名（与处罚文书一致）。受送达人为法人或其他组织的，应使用全称；受送达人名称或姓名，应与案件当事人一致。

（四）有送达日期和送达地点信息。

（五）注明送达方式。委托送达、留置送达的应在备注中注明情况；公告送达应将公告文书归档入卷；邮寄送达的可以将挂号信回执粘贴于备注中。

（六）收件人签名或盖章并注明收件日期。收件人是当事人以外的其他人代收的，应注明与受送达人的关系。受送达人拒收的，送达人应在备注栏注明拒收的理由，并请见证人签名或盖章。

（七）送达人签名。

（八）有送达机关印章。

三、注意事项

（一）行政处罚文书的送达方式和期限参照《中华人民共和国民事诉讼法》有关规定执行。

（二）送达方式为直接送达的，应由受送达人签收，被送达人不在时可由其他有关人员代签收，但应注明与受送达人的关系；受送达人拒绝签收的，行政执法人员可作留置送达，但应在备注栏注明情况，并邀请有关证明人签字证明；委托送达的案件应注明；邮寄送达的，应用挂号信，并作登记和索要回执；公告送达时应登记公告时间和公告范围、形式及载体，并将公告载体作附件存档。

（三）可以当场认定违法排放污染物的，应当在现场调查时向排污者送达责令改正违法行为决定书，责令立即停止违法排放污染物行为。

（四）需要通过环境监测认定违法排放污染物的，应当在取得环境监测报告后 3 个工作日内下达责令改正违法行为决定书，责令立即停止违法排放污染物行为。

（五）其他行政处罚文书 7 个工作日内送达。

（六）送达回证附在所送文书后随卷归档。

附 19

×××环境保护厅（局）

同意分期（延期）缴纳罚款通知书

________环分（延）缴字〔　　〕　号

（当事人名称或者姓名，与营业执照、居民身份证一致）：

营业执照注册号（公民身份号码）：______________组织机构代码证：________________________

社会信用代码：________________________

地址：______________________________法定代表人（负责人）：______________

我厅（局）于____年_____月_____日作出的《行政处罚决定书》　　（　环罚〔　　〕　号），对你（单位）罚款________元（大写）。你（单位）于__________年______月____日申请（分期、延期缴纳罚款）。

依据《中华人民共和国行政处罚法》第五十二条的规定，我厅（局）同意你（单位）延期至_____年____月_____日前缴纳罚款。[批准分期缴纳罚款的，写明：依据《中华人民共和国行政处罚法》第五十二条的规定，我厅（局）同意你（单位）分期缴纳罚款。第_____期至______年_____月_____日前，缴纳罚款________元（大写）；第______期至_______年_____月____日前，缴纳罚款________元（大写）；第_____期至______年_____月_____日前，缴纳罚款_________元（大写）。]

代收机构以本通知书为据，办理收款手续。

逾期未缴纳罚款的，我厅（局）可以依据《中华人民共和国行政处罚法》第五十一条第（一）项的规定，每日按罚款数额的3%加处罚款。加处的罚款由代收机构直接收缴。

×××环境保护厅（局）（印章）

年 月 日

制 作 指 南

一、适用范围

（一）环保部门外部文书，送达当事人。

（二）适用于对确有经济困难的当事人分期或者延期缴纳罚款的申请，批复同意。

二、文书内容

（一）有环保部门名称、文书名称和发文字号。

（二）有当事人名称或姓名、地址。当事人为法人或者其他组织的，填写名称和地址（与营业执照一致）、营业执照注册号、组织机构代码（实行了“三码合一”的填写社会信用代码，不再填写营业执照注册号、组织机构代码）、法定代表人姓名和职务；当事人为公民或者个体工商户、个人合伙的，填写姓名（营业执照中有字号的应注明登记的字号）和地址（与居民身份证、营业执照一致）。无营业执照的填写实际地址。

（三）有作出罚款的《行政处罚决定书》的基本信息。如“ 年 月 日《行政处罚决定书》（××〔 〕×号），对你（单位）罚款 元（大写）”。

（四）有当事人的申请信息，如“你（单位）于 年 月 日申请（分期或者延期缴纳罚款）“。

（五）有同意分期或延期的依据。如《中华人民共和国行政处罚法》第五十二条。

（六）有分期或者延期的具体期限信息。同意延期缴纳的，写明缴纳的最后期限；同意分期缴纳的，写明期次、每期金额和每期期限。

（七）告知逾期缴纳罚款的法律后果。

（八）有环保部门印章、作出决定的日期。

三、注意事项

（一）同意延期或者分期缴纳罚款的审批条件是“确有经济困难”。

（二）行政处罚决定书确定的缴纳期限届满后提出申请的，不予批准。

（三）延期或者分期缴纳的最后一期缴纳时间不得晚于申请人民法院强制执行的最后期限。

（四）本文书一份送达当事人（使用送达回证），一份送达罚款收缴机构，一份随卷归档（附送达回证）。

附20

×××环境保护厅（局）
行政处罚案件结案审批表

案　由		案件来源	
当事人 名称/姓名		法定代表人 （负责人）	
工作单位		职务或职业	

<table>
<tr><td>地址或
住 址</td><td colspan="3"></td></tr>
<tr><td>立案时间</td><td>年 月 日</td><td>案件承办人及
执法证编号</td><td></td></tr>
<tr><td>行政处罚
决定书文号</td><td colspan="3"></td></tr>
<tr><td>简要案情及
查处经过</td><td colspan="3"></td></tr>
<tr><td>处理依据
及结果</td><td colspan="3"></td></tr>
<tr><td>行政复议
行政诉讼
情 况</td><td colspan="3"></td></tr>
<tr><td>处罚执行情况及罚
没财物的处置情况</td><td colspan="3"></td></tr>
<tr><td>承 办 人
意 见</td><td colspan="3">年 月 日</td></tr>
<tr><td>承办机构
负 责 人
意 见</td><td colspan="3">年 月 日</td></tr>
<tr><td>环保部门负责人审
批意见</td><td colspan="3">年 月 日</td></tr>
<tr><td>备 注</td><td colspan="3"></td></tr>
</table>

制 作 指 南

一、适用范围

（一）环保部门内部文书。

（二）适用于行政处罚案件办理完毕的结案审批。

二、文书内容

（一）有环保部门名称、文书名称。

（二）有案件基本信息，如立案时间、案由、案件来源。

（三）有当事人基本信息，如名称或姓名、地址，法定代表人（负责人）姓名、职务。

（四）有简要案情和案件调查处理过程，如立案号、违法行为发生的时间、地点、情节、后果等；违反的法律法规；调查取证经过和主要证据。

（五）有行政处罚情况，如处罚文书名称及文号，作出行政处罚的依据条款和作出的行政处罚决定的种类、幅度，处理结果等内容

（六）有处罚执行情况及罚没财物的处理情况，如该行政处罚系当事人自动履行，还是申请人民法院强制执行，或者由行政机关依法强制执行；有没收违法所得或者非法财物的，应写明处置方式和处置结果，如上缴国库、依法拍卖或变卖、就地销毁或择期销毁等。

（七）有承办人建议结案的理由、签名及日期。

（八）承办机构负责人同意或不同意结案的意见、签名及日期。

（九）环保部门负责人同意或不同意结案的意见、签名及日期。

三、注意事项

（一）《环境行政处罚办法》第六十七条规定了结案条件：

1.行政处罚决定由当事人履行完毕的。

2.行政处罚决定依法强制执行完毕的。

3.不予行政处罚等无须执行的。

4.行政处罚决定被依法撤销的。

5.环境保护主管部门认为可以结案的其他情形。

（二）环保部门同意分期（延期）履行行政处罚决定的，应在行政处罚执行情况栏予以注明。

（三）本文书原件随卷归档。

附 21

×××环境保护厅（局）
当场行政处罚决定书（存根联）

统一编号：______环当罚字〔　　〕第　　号

（当事人名称或姓名）____于____年____月____日____时，在（违法地点）因（行为方式）的行为，违反了（法律依据名称条款）的规定。执法人员当场告知其违法事实、依据和权利，（听取当事人陈述申辩的情况）。现依据（法律依据名称条款），本机关当场决定对其处以警告和罚款___千__百拾__元的处罚。缴款方式：（1）当场收缴。（2）要求其在本决定书之日起 15 日内将罚款交至（银行名称、账号、账户）。

当事人签名：______营业执照注册号（公民身份号码）：____________

联系地址：________________电话：________________

执法人员签名及执法证号：__________　　　　年　月　日

…………………………（加盖行政执法主体骑缝章）……………………………

×××环境保护厅（局）
当场行政处罚决定书

统一编号：___环当罚字〔　　〕第　号

当事人名称或姓名：____________身份证号：____________

法定代表人或负责人姓名：________地址：________________

你（单位）于_____年__月__日___时，在（违法地点）因（行为方式）的行为，违反了（法律依据名称条款）的规定，事实确凿。本机关执法人员当场向你（你们）告知了违法事实、依据和依法享有的权利。并听取了你（你们）的陈述申辩（或：对此，你（你们）未作陈述申辩）。现依据（法律依据条款），我局决定对你（单位）处以下行政处罚：

1.警告； 2.罚款人民币____千____百____拾____元整（大写）。￥：________

缴纳罚款方式：（1）当场收缴。（2）要求你（单位）自收到本决定书之日起 15 日内将罚款交至____________。账号：________户名：________。逾期缴纳罚款的，依据《中华人民共和国行政处罚法》第五十一条第（一）项的规定，每日按罚款数额的 3%加处罚款。

如你（单位）对本决定不服，可在收到本决定书之日起60日内向×××环境保护厅（局）或者×××人民政府申请行政复议，也可在收到本决定书之日起6个月内向×××人民法院提起行政诉讼。

申请行政复议或者提起行政诉讼，不停止行政处罚决定的执行。

逾期不申请行政复议，不提起行政诉讼，又不履行本处罚决定的，我厅（局）将依法申请人民法院强制执行。

执法人员签名及执法证号：______________________

×××环境保护厅（局）（印章）

年　　月　　日

制　作　指　南

一、适用范围

（一）环保部门外部文书，送达当事人。

（二）适用于对违法事实确凿、情节轻微并有法定依据，对公民处以50元以下、对法人或者其他组织处以1000元以下罚款或者警告的行政处罚，当场作出行政处罚决定。

二、文书内容

（一）分“存根联”和“当事人联”，加盖环保部门骑缝章。

（二）“存根联”和“当事人联”均有环保部门名称、文书名称和统一编号。

（三）“存根联”和“当事人联”均有当事人名称或姓名、地址。

当事人为法人或者其他组织的，填写名称和地址（与营业执照一致）、营业执照注册号、组织机构代码、法定代表人（负责人）姓名和职务；当事人为公民或者个体工商户、个人合伙的，填写姓名（营业执照中有字号的应注明登记的字号）和地址（与居民身份证、营业执照一致）。

（四）“存根联”和“当事人联”均有违法行为信息，如时间、地点、行为、情节、动机、后果等。

（五）“存根联”和“当事人联”均有违反的法律、法规、规章名称和条款序号。法律、法规、规章名称用全称，如《中华人民共和国固体废物污染环境防治法》。

（六）“存根联”和“当事人联”均告知当事人陈述申辩权利及听取当事人陈述、申辩的情况。

当事人放弃陈述、申辩的，也予以说明。

（七）“存根联”和“当事人联”均有行政处罚的依据，如注明“依据（相关法律、法规、规章名称及条款序号）的规定”。

（八）“存根联”和“当事人联”均有行政处罚的种类、幅度信息。

（九）“存根联”和“当事人联”均有行政处罚的履行方式、期限信息。

（十）“存根联”和“当事人联”均有执法人员签名及执法证件号。

（十一）“当事人联”告知不服行政处罚决定的救济途径和期限，如“你（单位）如对本行政处罚决定不服，可在收到本行政处罚决定之日起60日内向×××环境保护局或者×××人民政府申请行政复议，也可在收到本行政处罚决定之日起6个月内向××人民法院提起行政诉讼。”

（十二）“当事人联”有不履行处罚决定的法律后果，如“逾期不申请行政复议，不提起行政诉讼，又不履行本处罚决定的，我局将依法申请人民法院强制执行。”

（十三）“当事人联”有环保部门印章、作出决定的日期。

（十四）“存根联”有当事人基本信息，如营业执照注册号（公民身份号码）、地址、电话。

（十五）“存根联”有当事人签名。当事人拒绝签名的，予以注明。

三、注意事项

（一）除法律另有规定的外，《当场行政处罚决定书》只适用于违法事实确凿、情节轻微并有法定依据，对公民处以50元以下、对法人或者其他组织处以1000元以下罚款或者警告的行政处罚。

（二）执法人员填写《当场行政处罚决定书》后，当场宣读并将“当事人联”交付当事人。

（三）当事人和执法人员在《当场行政处罚决定书》上填写的日期一致。

（四）当场收缴罚款的应交付法定罚款票据，并及时交至所属环保部门。

（五）执法人员作出当场行政处罚决定后，在3个工作日内报所属环保部门备案。

（六）“存根联”作为案卷存档。

附22

×××环境保护厅（局）
按日连续处罚决定书

环连罚字〔　　〕　号

（当事人名称或者姓名，与营业执照、居民身份证一致）：

营业执照注册号（公民身份号码）：______组织机构代码证：______

社会信用代码：______

地址：______法定代表人（负责人）：______

我厅（局）于___年__月__日对你（单位）进行了调查，发现你（单位）实施了以下环境违法行为：(陈述违法事实，如违法行为发生的时间、地点、情节、动机、危害后果等内容）。

以上事实，有（列举证据形式，阐述证据所要证明的内容）等证据为凭。

你（单位）的上述行为违反了（相关法律、法规、规章名称及条款序号）的规定。

我厅（局）于____年__月__日向你（单位）送达了《责令改正违法行为决定书》（××〔　　〕×号）。____年___月___日，我厅（局）对你（单位）送达了《行政处罚决定书》（××〔　〕×号）罚款______元。

____年__月__日，我厅（局）对你（单位）组织复查中发现：

（拒不改正的违法事实）______。

以上事实，有（列举证据形式，阐述证据所要证明的内容）等证据为证。

你（单位）的上述行为违反了（相关法律、法规、规章名称及条款序号）的规定。

我厅（局）于____年___月__日以《行政处罚事先（听证）告知书》（××［］×号）告知你（单位）陈述申辩权（听证申请权）。___年___月___日，（叙述陈述申辩及听证过程、当事人意见理由及证据、环保部门采纳当事人意见的情况及理由。有从重、从轻、减轻或其他有裁量幅度的，说明法定理由和依据。）

依据《中华人民共和国行政处罚法》第二十三条和《中华人民共和国环境保护法》第五十九条的规定，经研究，我厅（局）决定对你（单位）自____年___月___日起至____年___月___日止实施按日连续处罚：

罚款（大写）______元。

罚款限于接到本处罚决定之日起 15 日内缴至指定银行和账号。逾期不缴纳罚款的，我厅（局）可以依据《中华人民共和国行政处罚法》第五十一条第一项之规定，每日按罚款数额的3%加处罚款。

收款银行：______户名：______

账号：______

如不服本处罚决定，可在收到本处罚决定书之日起60日内向×××环境保护厅（局）或者向×××人民政府申请复议，也可在6个月内向×××人民法院提起行政诉讼。申请行政复议或者提起行政诉讼，不停止行政处罚决定的执行。

逾期不申请行政复议，不提起行政诉讼，又不履行本处罚决定的，我局将依法申请人民法院强制执行。

×××环境保护厅（局）（印章）

年 月 日

制 作 指 南

一、适用范围

（一）环保部门外部文书，送达当事人。

（二）适用于经过调查取证确认当事人存在违法行为，作出按日连续处罚决定。

二、文书内容

（一）有环保部门名称、文书名称和发文字号。

（二）有当事人名称或姓名、地址。当事人为法人或者其他组织的，填写名称和地址（与营业执照一致）、营业执照注册号、组织机构代码（实行了“三码合一”的填写社会信用代码，不再填写营业执照注册号、组织机构代码）、法定代表人姓名和职务；当事人为公民或者个体工商户、个人合伙的，填写姓名（营业执照中有字号的应注明登记的字号）和地址（与居民身份证、营业执照一致）。无营业执照的填写实际地址。

（三）有调查机构名称、调查时间。

（四）有违法行为信息，如时间、地点、情节、构成要件、动机、危害后果等内容。

（五）有证据信息，如证据名称、提取（作出）时间、提供（作出）单位、证明内容等。

（六）有违反的法律、法规、规章名称和条款序号。法律、法规、规章名称用全称，如《中华人民共和国环境保护法》。

（七）有责令改正违法行为决定书的信息，如送达时间、发文字号等。

（八）有原行政处罚决定书的信息，如送达时间、发文字号、罚款金额等。

（九）有复查时间，复查应当在送达责令改正违法行为决定书之日起30日内。

（十）有拒不改正的违法事实，如责令改正违法行为决定书送达后，环境保护主管部门复查发现仍在继续违法排放污染物的或者拒绝、阻挠环境保护主管部门实施复查的。

（十一）有按日连续处罚的依据、计罚日数、数额、履行方式和期限。

（十二）告知不服行政处罚决定的救济途径和期限，如“你（单位）如对本行政处罚决定不服，可在收到本行政处罚决定之日起60日内向×××环境保护局或者×××人民政府申请行政复议，也可在收到本行政处罚决定之日起6个月内向×××人民法院提起行政诉讼。”

（十三）有不履行处罚决定的法律后果，如“逾期不申请行政复议，不提起行政诉讼，又不履行本处罚决定的，我局将依法申请人民法院强制执行。”

（十四）有环保部门印章、作出决定的日期。

三、注意事项

（一）按日连续处罚的适用范围参照《环境保护主管部门实施按日连续处罚办法》（部令第28号）第五条执行。

（二）采集和使用的证据应合法、有效。常见的证据主要有现场检查笔录、调查询问笔录、身份证明、营业执照、现场照片、销售单据、采样检验结论等书证物证。

（三）按日连续处罚的计罚日数为责令改正违法行为决定书送达排污者之日的次日起，至环境保护主管部门复查发现违法排放污染物行为之日止。再次复查仍拒不改正的，计罚日数累计执行。

（四）按日连续处罚每日的罚款数额，为原处罚决定书确定的罚款数额。按照按日连续处罚规则决定的罚款数额，为原处罚决定书确定的罚款数额乘以计罚日数。

（五）按日连续处罚决定作出后，应在法定期限内以法定方式送达当事人。

（六）本文书一份送达当事人（使用送达回证），一份随卷归档（附送达回证）。

附 23

×××环境保护厅（局）
查封（扣押）决定书

______环查（扣）字〔　〕号

（当事人名称或者姓名，与营业执照、居民身份证一致）：

营业执照注册号（公民身份号码）：__________组织机构代码证：__________

社会信用代码：__________

地址：__________法定代表人（负责人）：__________

我厅（局）于____年____月____日对你（单位）进行了调查，发现你（单位）实施了以下环境违法行为：

（陈述违法事实，如违法行为发生的时间、地点、情节、动机、危害后果等内容）

以上事实，有（列举证据形式，阐述证据所要证明的内容）等证据为凭。

本机关认为你（单位）的上述行为违反了（相关法律、法规、规章名称及条款序号）的规定。

依据（相关法律、法规、规章名称及条款序号）的规定，本机关决定对你（单位）（涉案物品场所设施、设备名称、数量）予以查封（扣押）。查封（扣押）期限为____日（时间从____年____月____日起至____年____月____日止）；查封（扣押）期限不包括检测或技术鉴定的时间。查封（扣押）设施、设备存放于（地址），在此期间，你（单位）不得擅自损毁封条、变更查封状态或者启用已查封的设施、设备。

如你（单位）对本行政强制措施不服，可以在收到本决定书之日起 60 日内向×××人民政府或者×××环境保护厅（局）申请行政复议，也可以在收到本决定书之日起 6 个月内向×××人民法院提起行政诉讼。申请行政复议或者提起行政诉讼，不停止本决定的执行。

×××环境保护厅（局）（印章）

年　月　日

制作指南

一、适用范围

（一）环保部门外部文书，送达当事人。

（二）含两种文书：一是《查封决定书》，适用于决定对涉案设施、设备予以查封；二是《扣押决定书》，适用于决定对涉案设施、设备予以扣押。

二、文书内容

（一）有环保部门名称、文书名称和发文字号。

（二）有当事人名称或姓名、地址。当事人为法人或者其他组织的，填写名称和地址（与营业执照一致）、营业执照注册号、组织机构代码（实行了“三码合一”的填写社会信用代码，不再填写营业执照注册号、组织机构代码）、法定代表人（负责人）姓名和职务；当事人为公民或者个体工商户、个人合伙的，注明姓名（营业执照中有字号的应注明登记的字号）、公民身份号码、住址（与居民身份证、营业执照一致）。无营业执照的填写实际地址。

（三）有调查机构名称、调查时间。

（四）有实施查封（扣押）的法律、法规、规章依据和法定事由。法律、法规、规章名称用全称，如《中华人民共和国环境保护法》。

（五）有证据信息，如证据名称、提取（作出）时间、提供（作出）单位、证明内容等。

（六）有查封（扣押）的信息，如期限、场所、存放地点、涉案物品名称、数量等。

（七）告知当事人应遵守的义务，如“你（单位）不得擅自损毁封条、变更查封状态或者启用已查封的设施、设备”。

（八）告知不服查封扣押决定的救济途径和期限，如“你（单位）如对本查封（扣押）决定不服，可在收到本决定之日起60日内向×××环境保护局或者×××人民政府申请行政复议，也可在收到本决定之日起6个月内向×××人民法院提起行政诉讼。”

（九）有环保部门印章、作出决定的日期。

二、注意事项

（一）实施查封、扣押的适用范围参照《环境保护主管部门实施查封、扣押办法》（部令第29号）第四条执行。

（二）情况紧急，需要当场实施查封、扣押的，应当在实施后24小时内补办批准手续。环境保护主管部门负责人认为不需要实施查封、扣押的，应当立即解除。

（三）查封、扣押的期限不得超过30日；情况复杂的，经本级环境保护主管部门负责人批准可以延长，但延长期限不得超过30日。法律、法规另有规定的除外。

（四）排污者阻碍执法、擅自损毁封条、变更查封状态或者隐藏、转移、变卖、启用已查封的设施、设备的，环境保护主管部门应当依据《中华人民共和国治安管理处罚法》等法律法规及时提请公安机关依法处理。

（五）查封、扣押决定书应当当场交付排污者负责人或者受委托人签收。排污者负责人或者受委托人应当签名或者盖章，注明日期。实施查封、扣押过程中，排污者负责人或者受委托人拒不到场或者拒绝签名、盖章的，环境行政执法人员应当予以注明，并可以邀请见证人到场，由见证人和环境行政执法人员签名或者盖章。

附24

×××环境保护厅（局）

查封、扣押清单

被查封、扣押单位名称：

名称	数量	型号及特征	生产厂家	生产日期	存放地点

被查封人签名：________________ 年 月 日

执法人员姓名及执法证号：________________ 年 月 日
执法人员姓名及执法证号：________________ 年 月 日
见证人签名：________________ 年 月 日

注：本清单一式两份，被执行人和行政执法机关各存一份。如委托第三人保管的，应同时交第三人收执。

制 作 指 南

一、适用范围

（一）环保部门外部文书，送达当事人。

（二）本清单随《查封（扣押）决定书》一同下达。

一、文书内容

（一）有环保部门名称、文书名称。

（二）有当事人的名称或姓名。

（三）有涉案物品查封、扣押的场所和存放地点。

（四）标明查封（扣押）物品名称、数量、型号及特征、生产厂家、生产日期等信息。

（五）有执法人员的签名、并注明执法证件号码、日期。

（六）有当事人签名及日期。

三、注意事项

（一）对扣押的设施、设备，环境保护主管部门应当妥善保管，也可以委托第三人保管。扣押期间设施、设备的保管费用由环境保护主管部门承担。

（二）当事人不在场的，可由其他人代签，但必须注明与当事人的关系；当事人拒绝签字的，环境行政执法人员应当予以注明，并可以邀请见证人到场，由见证人和环境行政执法人员签名或者盖章。

（三）本文书一式两份，被执行人和行政执法机关各存一份。如委托第三人保管的，应同时交第三人收执。

附 25

×××环境保护厅（局）
查封（扣押）延期通知书

______环查（扣）延字〔 〕 号

（当事人名称或者姓名，与营业执照、居民身份证一致）：

我厅（局）于____年____月____日依法对你（单位）（简述环境违法行为）____________作出查封（扣押）决定书（ 环查扣决字〔 〕__号），因____延长查封（扣押）理由，现根据《中华人民共和国行政强制法》第二十五条第一款的规定，经研究决定，现依法决定延长查封（扣押）期限（延长时间从 _____年____月 ___日起至_____ 年_____月____日止）。

×××环境保护厅（局）（印章）

年 月 日

制　作　指　南

一、适用范围

（一）环保部门外部文书，送达当事人。

（二）适用于查封、扣押措施需要延期的情况。

二、文书内容

（一）有环保部门名称、文书名称和发文字号。

（二）有当事人的名称或姓名。

（三）有查封（扣押）决定的文书名称、文号、简要事由及作出日期。

（四）有延长查封（扣押）的理由、法律、法规、规章依据，法律、法规名称用全称，如《中华人民共和国行政强制法》。

（五）有延长查封（扣押）措施的起止日期。

（六）有环保部门印章、作出决定的日期。

二、注意事项

（一）情况复杂的，经本级环境保护主管部门负责人批准可以延长，但延长期限不得超过30日。法律、法规另有规定的除外。

（二）本文书一式两份，被执行人和行政执法机关各存一份。如委托第三人保管的，应同时交第三人收执。

附26

×××环境保护厅（局）
解除查封（扣押）决定书

_______环解查（扣）字〔　　〕　号

（当事人名称或者姓名，与营业执照、居民身份证一致）：

我厅（局）于____年____月____日依法对你（单位）（简述环境违法行为）_____________作出查封（扣押）决定书（ 环查（扣）决字〔　　〕__号），因 ___解除查封（扣押）理由，现根据《中华人民共和国行政强制法》第二十八条第一款的规定，经研究，现依法决定解除查封（扣押）。

扣押决定应注明：请你（单位）于______年______月______日前凭本决定书以及《查封（扣押）清单》到_______（物品存放地点）__________领取被扣押物品。逾期不领取的，我厅（局）将依照有关规定予以处理。

×××环境保护厅（局）（印章）

年　月　日

制　作　指　南

一、适用范围

（一）环保部门外部文书，送达当事人。

（二）含两种文书：一是《解除查封决定书》，适用于对已经实施查封措施的涉案设施、设备予以解除查封措施；二是《解除扣押决定书》，适用于对已经实施暂扣措施的涉案设施、设备予以解除扣押措施。

二、文书内容

（一）有环保部门名称、文书名称和发文字号。

（二）有当事人的名称或姓名。

（三）有查封（扣押）决定的文书名称、文号、简要事由及作出日期。

（四）有当初实施查封（扣押）设施、设备的地点和概况。

（五）有解除查封（扣押）措施的起始日期。

（六）有解除查封（扣押）设施、设备的清单。

（七）有环保部门印章、作出决定的日期。

三、注意事项

（一）环境保护主管部门应当自收到解除查封、扣押申请之日起 5 个工作日内，组织核查，并根据核查结果作出解除或维持决定。

（二）查封、扣押措施被解除的，环境保护主管部门应当立即通知排污者，并自解除查封、扣押决定作出之日起 3 个工作日内送达解除决定。扣押措施被解除的，还应当通知排污者领回扣押物；无法通知的，应当进行公告，排污者应当自招领公告发布之日起 60 日内领回；逾期未领回的，所造成的损失由排污者自行承担。

（三）解除查封（扣押）措施的决定，应当由当初作出查封（扣押）决定书的环保部门作出。

（四）本文书一份送达当事人（使用送达回证），一份随卷归档（附送达回证）。

附 27

×××环境保护厅（局）

移送涉嫌环境违法适用行政拘留处罚案件审批表

单位公章：　　　　　　审批号：__________环拘移〔　〕号

<table>
<tr><td>案　由</td><td colspan="5"></td></tr>
<tr><td>企业名称或其他经营者</td><td colspan="2"></td><td>组织机构代码（或者社会信用代码）</td><td colspan="2"></td></tr>
<tr><td>地　址</td><td colspan="3"></td><td>邮政编码</td><td></td></tr>
<tr><td>法定代表人或负责人</td><td></td><td>有效证件及号码</td><td></td><td>联系电话</td><td></td></tr>
<tr><td>企业主要负责人</td><td></td><td>有效证件及号码</td><td></td><td>联系电话</td><td></td></tr>
<tr><td>调查人员</td><td colspan="2"></td><td>承办部门</td><td colspan="2"></td></tr>
<tr><td>案情简介</td><td colspan="5"></td></tr>
<tr><td>行政拘留处罚移送依据和处理意见</td><td colspan="5">经办人：　　　　年　月　日</td></tr>
<tr><td>部门执法机构意见</td><td colspan="5">年　月　日</td></tr>
</table>

部门法制 机构意见	年　月　日
厅（局）领导 意　见	年　月　日

制　作　指　南

一、适用范围

（一）环保部门内部文书。

（二）适用于移送涉嫌环境违法适用行政拘留处罚案件的内部审核程序。

二、文书内容

（一）有环保部门名称、文书名称和发文字号。

（二）有当事人名称或姓名、地址。当事人为法人或者其他组织的，填写名称和地址（与营业执照一致）、组织机构代码（实行了“三码合一”的填写社会信用代码，不再填写组织机构代码）、法定代表人（负责人）及企业主要负责人的姓名、有效证件号码、联系方式；当事人为公民或者个体工商户、个人合伙的，注明姓名（营业执照中有字号的应注明登记的字号）、公民身份号码、联系方式住址（与居民身份证、营业执照一致）。无营业执照的填写实际地址。

（三）有调查机构名称、调查人员姓名。

（四）有简要案情，载明违法行为发生的时间、地点、情节等简要情况。

（五）有移送行政拘留的依据和经办人的处理意见。

（六）有法制机构负责人同意或不同意的意见、签名及日期。

（七）有厅（局）负责人同意或不同意的审批意见、签名及日期。

三、注意事项

使用本表，应与所要作出决定的事项相对应。填写的内容应当准确、清楚，审核、审批意见应当明确。

附 28

×××环境保护厅（局）
涉嫌环境违法适用行政拘留处罚案件移送书

案　由					
企业名称或其他经营者				组织机构代码（或者社会信用代码）	
地　址				邮政编码	
法定代表人或负责人		有效证件及号码		联系电话	
企业主要负责人		有效证件及号码		联系电话	
调查人员				承办部门	
简要案情					

移送依据	《中华人民共和国环境保护法》第六十三条； 《行政主管部门移送适用行政拘留环境违法案件暂行办法》。
移送建议	

经办人（执法证号）：

年 月 日

（行政机关公章）

制 作 指 南

一、适用范围

（一）环保部门外部文书，送达公安机关。

（二）适用于环境违法行为需要移送公安机关实施行政拘留的案件。

二、文书内容

（一）有环保部门名称、文书名称。

（二）有案由信息。

（三）有当事人名称或姓名、地址。当事人为法人或者其他组织的，填写名称和地址（与营业执照一致）、组织机构代码（实行了“三码合一”的填写社会信用代码，不再填写组织机构代码）、法定代表人（负责人）及企业主要负责人的姓名、有效证件号码、联系方式；当事人为公民或者个体工商户、个人合伙的，注明姓名（营业执照中有字号的应注明登记的字号）、公民身份号码、联系方式住址（与居民身份证、营业执照一致）。无营业执照的填写实际地址。

（四）有简要案情，载明违法行为发生的时间、地点、情节等简要情况。

（五）有移送依据和移送建议。

（六）有经办人签章、执法证号及日期。

（七）有环保部门印章、作出决定的日期。

三、注意事项

（一）移送情形适用于县级以上环境保护主管部门或者其他负有环境保护监督管理职责的部门办理尚不构成犯罪，依法作出行政处罚决定后，仍需要移送公安机关处以行政拘留的案件。

（二）移送情形按照《中华人民共和国环境保护法》第六十三条和《行政主管部门移送适用行政拘留环境违法案件暂行办法》等规定执行。

附 29

×××环境保护厅（局）

涉嫌环境违法适用行政拘留处罚案件移送材料清单

案由：

材料名称	数 量	提供部门	备 注

移送部门人员签名（执法证号）

年 月 日

（移送机关盖章）

公安机关签收人签名（警官证号）

年 月 日

（受理机关盖章）

注：本清单一式两份，移送部门和公安机关各存一份。

制 作 指 南

一、适用范围

（一）环保部门外部文书，送达公安机关。

（二）随《涉嫌环境违法适用行政拘留处罚案件移送书》一同下达。

二、文书内容

（一）有移送清单中材料名称、数量、提供部门等信息。

（二）有移送部门执法人员签名和执法证号。

（三）有移送机关的行政机关印章及日期。

三、注意事项

（一）移送材料应包括：案件移送书、案件调查报告、涉案证据材料、涉案物品清单、行政执法部门的处罚决定等相关材料。

（二）案件移送部门向公安机关移送的案卷材料应当为原件，移送前应当将案卷材料复印备查。

（三）案件移送部门应当在作出移送决定后 3 个工作日内将案件移送书和案件相关材料移送至同级公安机关。

附 30

×××环境保护厅（局）
责令停产整治决定书

_______环责停字〔 〕 号

（当事人名称或者姓名，与营业执照、居民身份证一致）：

营业执照注册号（公民身份号码）：___________组织机构代码证：___________________________

社会信用代码：__________________________

地址：__________________________________法定代表人（负责人）：_________________________

我厅（局）于___年__月__日对你（单位）进行了调查，发现你（单位）实施了以下环境违法行为：（陈述违法事实，如违法行为发生的时间、地点、情节、动机、危害后果等内容）_______________

以上事实，有 （列举证据形式，阐述证据所要证明的内容）等证据为凭。

依据《中华人民共和国环境保护法》第六十条的规定，本机关决定责令你（单位）停产整治。改正方式包括：（停止生产、制定整治方案、实施整改等）。

你（单位）应当在收到本决定书后立即整改，并在 15 个工作日内将整改方案报我厅（局）备案并向社会公开。

你（单位）完成整改任务后，应当在15个工作日内将整改任务完成情况和整改信息社会公开情况，报我厅（局）备案，并提交监测报告以及整改期间生产用电量、用水量、主要产品产量与整改前的对比情况等材料。停产整治决定自报我厅（局）备案之日起解除。

我厅（局）将依法对你（单位）履行停产整治措施的情况实施后督察，并依法作出处理或处罚。

如你（单位）对本决定不服，可以在收到本决定书之日起60日内向×××人民政府或者×××环境保护厅（局）申请行政复议，也可以在收到本决定书之日起6个月内向×××人民法院提起行政诉讼。

×××环境保护厅（局）（印章）

年　月　日

制　作　指　南

一、适用范围

（一）环保部门外部文书，送达当事人。

（二）适用于对超标超总量的违法行为作出停产整治决定。

二、文书内容

（一）有环保部门名称、文书名称和发文字号。

（二）有当事人名称或姓名、地址。当事人为法人或者其他组织的，填写名称和地址（与营业执照一致）、营业执照注册号、组织机构代码（实行了“三码合一”的填写社会信用代码，不再填写营业执照注册号、组织机构代码）、法定代表人（负责人）姓名和职务；当事人为公民或者个体工商户、个人合伙的，注明姓名（营业执照中有字号的应注明登记的字号）、公民身份号码、住址（与居民身份证、营业执照一致）。无营业执照的填写实际地址。

（三）有调查机构名称、调查时间。

（四）有违法行为信息，如时间、地点、行为、情节、动机、后果等。

（五）有证据信息，如证据名称、提取（作出）时间、提供（作出）单位、证明内容等。

（六）有责令停产整治的法律、法规、规章依据，法律、法规、规章名称用全称，如《中华人民共和国环境保护法》，注明条款序号。

（七）有责令停产整治的方式，如停止生产、制定整治方案、实施整改等。

（八）告知当事人解除停产整治措施的程序。

（九）告知不服停产整治决定的救济途径和期限，如“你（单位）如对本决定不服，可在收到本决定之日起60日内向×××环境保护局或者×××人民政府申请行政复议，也可在收到本行政决定之日起6个月内向×××人民法院提起行政诉讼”。

（十）有环保部门印章、作出决定的日期。

三、注意事项

（一）责令停产整治的适用范围依据《环境保护主管部门实施限制生产、停产整治办法》（部令第30号）第六条执行。

（二）环境保护主管部门可以单独制作责令停产整治决定书，也可以在行政处罚决定书中载明要求。

（三）停产整治的期限，自责令停产整治决定书送达排污者之日起，至停产整治决定解除之日止。

（四）此文书一式两份，一份交于当事人、一份随卷归档。随卷时应附《内部审批表》和《送达回证》。

附 31

×××环境保护厅（局）
责令限制生产决定书

______环责限字〔　　〕　号

（当事人名称或者姓名，与营业执照、居民身份证一致）：

营业执照注册号（公民身份号码）：____________________组织机构代码证：________________

社会信用代码：____

地址：____ 法定代表人（负责人）：____________

我厅（局）于_____年____月___日对你（单位）进行了调查，发现你（单位）实施了以下环境违法行为：

（陈述违法事实，如违法行为发生的时间、地点、情节、动机、危害后果等内容）____________

____

以上事实，有 （列举证据形式，阐述证据所要证明的内容）等证据为凭。

依据《中华人民共和国环境保护法》第六十条的规定，我机关决定责令你（单位）自____年___月____日起至____年____月___日止限制生产。改正方式包括：（制定整治方案、实施整改、自行或委托监测等）。

你（单位）应当在收到本决定书后立即整改，并在 15 个工作日内将整改方案报我厅（局）备案并向社会公开。整改期间不得超过污染物排放标准或者重点污染物日最高允许排放总量控制指标排放污染物，并按照环境监测技术规范进行监测或者委托有条件的环境监测机构开展监测，保存监测记录。

你（单位）完成整改任务后，应当在 15 个工作日内将整改任务完成情况和整改信息社会公开情况，报我厅（局）备案，并提交监测报告以及整改期间生产用电量、用水量、主要产品产量与整改前的对比情况等材料。限制生产决定自报我厅（局）备案之日起解除。

我厅（局）将依法对你（单位）履行限制生产措施的情况实施后督察，并依法作出处理或处罚。

如你（单位）对本决定不服，可以在收到本决定书之日起 60 日内向×××人民政府或者×××环境保护厅（局）申请行政复议，也可以在收到本决定书之日起 6 个月内向×××人民法院提起行政诉讼。

×××环境保护厅（局）（印章）

年　月　日

制　作　指　南

一、适用范围

（一）环保部门外部文书，送达当事人。

（二）适用于对超标超总量的违法行为作出限制生产决定。

二、文书内容

（一）有环保部门名称、文书名称和发文字号。

（二）有当事人名称或姓名、地址。当事人为法人或者其他组织的，填写名称和地址（与营业执照一致）、营业执照注册号、组织机构代码（实行了“三码合一”的填写社会信用代码，不再填写营业执照注册号、组织机构代码）、法定代表人（负责人）姓名和职务；当事人为公民或者个体工商户、个人合伙的，注明姓名（营业执照中有字号的应注明登记的字号）、公民身份号码、住址（与居民身份证、营业执照一致）。无营业执照的填写实际地址。

（三）有调查机构名称、调查时间。

（四）有违法行为信息，如时间、地点、行为、情节、动机、后果等。

（五）有证据信息，如证据名称、提取（作出）时间、提供（作出）单位、证明内容等。

（六）有责令限制生产的法律、法规、规章依据，法律、法规、规章名称用全称，如《中华人民共和国环境保护法》，注明条款序号。

（七）有责令限制生产的期限和制定整治方案、实施整改、自行或委托监测等改正方式。

（八）告知当事人解除限制生产措施的程序。

（九）告知不服限制生产决定的救济途径和期限，如“你（单位）如对本决定不服，可在收到本决定之日起60日内向×××环境保护局或者×××人民政府申请行政复议，也可在收到本行政决定之日起6个月内向×××人民法院提起行政诉讼。

（十）有环保部门印章、作出决定的日期。

三、注意事项

（一）责令限制生产的适用范围依据《环境保护主管部门实施限制生产、停产整治办法》（部令第30号）第五条执行。

（二）环境保护主管部门可以单独制作责令限制生产决定书，也可以在行政处罚决定书中载明要求。

（三）限制生产一般不超过3个月；情况复杂的，经本级环境保护主管部门负责人批准，可以延长，但延长期限不得超过3个月。

（四）此文书一式两份，一份交于当事人、一份随卷归档。随卷时应附《内部审批表》和《送达回证》。

附32

×××环境保护厅（局）
督促履行义务催告书

______环催字〔 〕号

(当事人名称或者姓名，与营业执照、居民身份证一致)：

营业执照注册号（公民身份号码）：______________组织机构代码证：__________

社会信用代码：______________________________

地址：______________________法定代表人（负责人）：______

你（单位）(简述环境违法行为)的行为，违反了(相关法律、法规、规章名称及条款序号)的规定。依据(相关法律、法规、规章名称及条款序号)的规定，我厅（局）已于____年____月____日作出行政处罚决定书（______环罚字〔 〕 号）（对于申请执行责令改正决定的适用：作出责令改正违法行为决定书（_____环改字〔 〕 号），对你（单位）作出_______的行政处罚（行政命令）。

你（单位）于____年____月____日收到上述决定书后，未履行________的决定，在法定期限内未申请行政复议或者提起行政诉讼。我厅（局）依据《中华人民共和国行政强制法》第五十四条的规定，责令你（单位）在接到本催告书后10日内履行行政处罚决定书（责令改正违法行为决定书）确定的下列义务：

1. ______________________；

2. ______________________。

你（单位）享有陈述、申辩的权利。逾期仍不履行义务的，我厅（局）将依法向×××人民法院申请强制执行。

联系人：______________________电 话：__________

地 址：______________________邮政编码：__________

×××环境保护厅（局）（印章）

年 月 日

制 作 指 南

一、适用范围

（一）环保部门外部文书，送达当事人。

（二）适用于对当事人不履行行政决定的催告。

二、文书内容

（一）有环保部门名称、文书名称和发文字号。

（二）有当事人信息。当事人为法人或组织的，写明单位名称（与营业执照一致）、住址（与营业执照一致）、邮政编码、营业执照注册号、组织机构代码（实行了“三码合一”的填写社会信用代码，不再填写营业执照注册号、组织机构代码）、法定代表人（负责人）姓名及职务；当事人为公民或者个体工商户、个人合伙的，注明姓名（营业执照中有字号的应注明登记的字号）、公民身份号码、住址（与居民身份证、营业执照一致）。无营业执照的填写实际地址。

（三）有认定违法行为的事实、理由和依据。

（四）有作出的行政处罚决定（责令改正决定）的日期、文号和处罚内容。

（五）催告当事人应履行的义务和期限，以及不按期限履行义务的后果（将申请人民法院强制执行）。

（六）告知当事人陈述申辩的权利。

（七）有联系人信息，如电话、地址、邮编等。

（八）有环保部门印章、作出决定的日期。

三、注意事项

（一）催告当事人履行义务是行政机关申请法院强制执行之前必须履行的一项法定程序。

（二）行政机关应当告知当事人有陈述申辩的权利。

（三）本文书一式两份，一份送达当事人，一份随卷归档。

附 33

×××环境保护厅（局）
行政处罚强制执行申请书

________〔 〕第 号

申请人名称：______________________ 地址：______________________

法定代表人姓名：__________ 职务：__________电话：__________ 邮政编码：__________

委托代理人姓名：__________ 工作单位及职务：__________ 电话：__________

被申请人名称或姓名：______________________ 地址：______________________

法定代表人（负责人）姓名：__________ 电话：__________邮政编码：__________

对 （当事人及其违法行为） 一案，我局 年 月 日 （行政处罚决定或者责令改正决定的文书名称、文号） 。（叙述当事人不履行行政处罚文书载明法定义务的情况，叙述环保部门催告履行义务情况，叙述行政复议和行政诉讼情况。）

依照《中华人民共和国行政强制法》第五十三条和《中华人民共和国行政处罚法》第五十一条之规定，特申请你院强制执行下列内容：

1. ______________________________；

2. ______________________________。

附：1.《行政处罚决定书》（或者《当场行政处罚决定书》《责令改正违法行为决定书》）副本______；

2.法定代表人身份证明、授权委托书各一份；

3. 当事人的意见及行政机关催告情况；

4.申请强制执行标的情况；

5.证明具体行政行为合法的其他材料______件。

此致

______________________________人民法院

×××环境保护厅（局）负责人（签名）

×××环境保护厅（局）（印章）

年　月　日

制 作 指 南

一、适用范围

（一）环保部门外部文书，送达人民法院。

（二）适用于在当事人不履行《行政处罚决定书》（或者《当场行政处罚决定书》、《责令改正违法行为决定书》等行政决定载明法定义务，向人民法院申请强制执行。

二、文书内容

（一）有环保部门名称、文书名称和发文文号。

（二）有申请人（作出处罚文书的环保部门）基本信息，如环保部门名称、地址、法定代表人姓名、职务、联系电话和邮政编码。委托代理人的，写明委托代理人姓名、工作单位、职务、电话。

（三）被申请人基本信息。被申请人为法人或者其他组织的，写明单位名称、地址、法定代表人（负责人）姓名、职务、电话、邮政编码；被申请人为公民的，写明姓名、地址、电话、邮政编码。

（四）有处罚文书已经生效的信息，如处罚文书名称、发文文号、送达日期。

（五）有当事人不履行处罚文书载明法定义务的情况，包括当事人全部未履行、部分未履行。

（六）有行政复议和行政诉讼的情况说明。如“被申请人在法定期限内既未申请行政复议又未提起行政诉讼”；经过行政复议的，写明“复议决定书送达后当事人未提起行政诉讼”；经过人民法院一审判决的，写明“第一审行政判决后当事人未提出上诉”；经过人民法院一审裁定的，写明“第一审行政裁定后当事人未提出上诉”；经过人民法院二审的，写明“第二审行政判决书已经送达”。

（七）有申请强制执行的法律依据，如《中华人民共和国行政强制法》第五十三条和《中华人民共和国行政处罚法》第五十一条。

（八）有申请强制执行的请求内容。

（九）有送达的人民法院名称。

（十）附有材料清单，如行政决定书及作出决定的事实、理由和依据；当事人的意见及行政机关催告情况；申请强制执行标的情况；法律、行政法规规定的其他材料。

（十一）有环保部门负责人签名、环保部门印章、作出日期。

三、注意事项

（一）《中华人民共和国行政强制法》第五十三条规定：当事人在法定期限内不申请行政复议或者提起行政诉讼，又不履行行政决定的，没有行政强制执行权的行政机关可以自期限届满之日起 3 个月内，依照本章规定申请人民法院强制执行。

行政处罚决定与责令改正违法行为决定均属于行政决定。因此，可申请强制执行的处罚文书有：《行政处罚决定书》《当场行政处罚决定书》《责令改正违法行为决定书》等。

（二）环保部门要及时向人民法院申请强制执行，可在下列期限内尽早提起：

1. 《责令改正违法行为决定书》《行政处罚决定书》《当场行政处罚决定书》送达后当事人未申请行政复议且未提起行政诉讼的，在文书送达之日起 6 个月后起算的 3 个月内；

2.《复议决定书》送达后当事人未提起行政诉讼的，在《复议决定书》送达之日起 15 日后起算的 3 个月内；

3.第一审行政判决后当事人未提出上诉的，在判决书送达之日起 15 日后起算的 3 个月内；

4.第一审行政裁定后当事人未提出上诉的，在裁定书送达之日起 10 日后起算的 3 个月内；

5.第二审行政判决书送达之日起 3 个月内。

（三）按人民法院要求办理授权委托手续。

（四）本文书一份送达人民法院，一份随卷归档。

关于印发《规范环境行政处罚自由裁量权若干意见》的通知

（环境保护部文件　环发〔2009〕24 号）

各省、自治区、直辖市环境保护局（厅），新疆生产建设兵团环境保护局，副省级城市环境保护局：

《规范环境行政处罚自由裁量权若干意见》已由环境保护部部常务会议于 2009 年 2 月 20 日审议通过。现印发给你们，请遵照执行。

各级环保部门要结合深入学习实践科学发展观活动，提高认识，加强领导，通过学习培训、以案说法等方式，总结和交流环境行政处罚工作的经验和教训，不断提高执法人员正确运用行政处罚自由裁量权的水平。

各级环保部门应当建立健全环境行政处罚自由裁量权的监督机制。在环境行政处罚案卷评查、行政执法评议考核、环境行政复议和环境信访等监督工作中，既要审查行政处罚自由裁量权的合法性，也要审查其合理性。对于行使行政处罚自由裁量权明显不当、显失公正或者其他不规范的情形，要坚决依法予以纠正。要以积极的姿态接受人民法院依照行政诉讼法的规定对环境行政处罚的司法监督，自觉接受人大监督、政协民主监督和社会监督。

各地在执行本意见过程中，如遇重大问题，应及时报告。

附件：规范环境行政处罚自由裁量权若干意见

二〇〇九年三月十一日

附件：

规范环境行政处罚自由裁量权若干意见

环境行政处罚自由裁量权，是指环保部门在查处环境违法行为时，依据法律、法规和规章的规定，酌情决定对违法行为人是否处罚、处罚种类和处罚幅度的权限。

正确行使环境行政处罚自由裁量权，是严格执法、科学执法、推进依法行政的基本要求。近年来，各级环保部门在查处环境违法行为过程中，依法行使自由裁量权，对于准确适用环保法规，提高环境监管水平，打击恶意环境违法行为，防治环境污染和保障人体健康发挥了重要作用。但是，在行政处罚工作中，一些地方还不同程度地存在着不当行使自由裁量权的问题，个别地区出现了滥用自由裁量权的现象，甚至由此滋生执法腐败，在社会上造成不良影响，应当坚决予以纠正。

为进一步规范环境行政处罚自由裁量权，提高环保系统依法行政的能力和水平，有效预防执法腐败，现提出如下意见。

一、准确适用法规条款

1. 高位法优先适用规则

环保法律的效力高于行政法规、地方性法规、规章；环保行政法规的效力高于地方性法规、规章；环保地方性法规的效力高于本级和下级政府规章；省级政府制定的环保规章的效力高于本行政区域内的较大的市政府制定的规章。

2. 特别法优先适用规则

同一机关制定的环保法律、行政法规、地方性法规和规章，特别规定与一般规定不一致的，适用特别规定。

3. 新法优先适用规则

同一机关制定的环保法律、行政法规、地方性法规和规章，新的规定与旧的规定不一致的，适用新的规定。

4. 地方法规优先适用情形

环保地方性法规或者地方政府规章依据环保法律或者行政法规的授权，并根据本行政区域的实际情况作出的具体规定，与环保部门规章对同一事项规定不一致的，应当优先适用环保地方性法规或者地方政府规章。

5. 部门规章优先适用情形

环保部门规章依据法律、行政法规的授权作出的实施性规定，或者环保部门规章对于尚未制定法律、行政法规而国务院授权的环保事项作出的具体规定，与环保地方性法规或者地方政府规章对同一事项规定不一致的，应当优先适用环保部门规章。

6. 部门规章冲突情形下的适用规则

环保部门规章与国务院其他部门制定的规章之间，对同一事项的规定不一致的，应当优先适用根据专属职权制定的规章；两个以上部门联合制定的规章，优先于一个部门单独制定的规章；不能确定如何适用的，应当按程序报请国务院裁决。

二、严格遵守处罚原则

环保部门在环境执法过程中，对具体环境违法行为决定是否给予行政处罚、确定处罚种类、裁定处罚幅度时，应当严格遵守以下原则：

7. 过罚相当

环保部门行使环境行政处罚自由裁量权，应当遵循公正原则，必须以事实为依据，与环境违法行为的性质、情节以及社会危害程度相当。

8. 严格程序

环保部门实施环境行政处罚，应当遵循调查、取证、告知等法定程序，充分保障当事人的陈述权、申辩权和救济权。对符合法定听证条件的环境违法案件，应当依法组织听证，充分听取当事人意见，并集体讨论决定。

9. 重在纠正

处罚不是目的，要特别注重及时制止和纠正环境违法行为。环保部门实施环境行政处罚，必须首先责令违法行为人立即改正或者限期改正。责令限期改正的，应当明确提出要求改正违法行为的具体内容和合理期限。对责令限期改正、限期治理、限产限排、停产整治、停产整顿、停业关闭的，要切实加强后督察，确保各项整改措施执行到位。

10. 综合考虑

环保部门在行使行政处罚自由裁量权时，既不得考虑不相关因素，也不得排除相关因素，要综合、全面地考虑以下情节：

（1）环境违法行为的具体方法或者手段；

（2）环境违法行为危害的具体对象；

（3）环境违法行为造成的环境污染、生态破坏程度以及社会影响；

（4）改正环境违法行为的态度和所采取的改正措施及其效果；

（5）环境违法行为人是初犯还是再犯；

（6）环境违法行为人的主观过错程度。

11. 量罚一致

环保部门应当针对常见环境违法行为，确定一批自由裁量权尺度把握适当的典型案例，作为行政处罚案件的参照标准，使同一地区、情节相当的同类案件，行政处罚的种类和幅度基本一致。

12. 罚教结合

环保部门实施环境行政处罚，纠正环境违法行为，应当坚持处罚与教育相结合，教育公民、法人或者其他组织自觉遵守环保法律法规。

三、合理把握裁量尺度

13. 从重处罚

（1）主观恶意的，从重处罚

恶意环境违法行为，常见的有：“私设暗管”偷排的，用稀释手段“达标”排放的，非法排放有毒物质的，建设项目“未批先建”“批小建大”“未批即建成投产”以及“以大化小”骗取审批的，拒绝、阻挠现场检查的，为规避监管私自改变自动监测设备的采样方式、采样点的，涂改、伪造监测数据的，拒报、谎报排污申报登记事项的。

（2）后果严重的，从重处罚

环境违法行为造成饮用水中断的，严重危害人体健康的，群众反映强烈以及造成其他严重后果的，从重处罚。

（3）区域敏感的，从重处罚

环境违法行为对生活饮用水水源保护区、自然保护区、风景名胜区、居住功能区、基本农田保护区等环境敏感区造成重大不利影响的，从重处罚。

（4）屡罚屡犯的，从重处罚

环境违法行为人被处罚后 12 个月内再次实施环境违法行为的，从重处罚。

14. 从轻处罚

主动改正或者及时中止环境违法行为的，主动消除或者减轻环境违法行为危害后果的，积极配合环保部门查处环境违法行为的，环境违法行为所致环境污染轻微、生态破坏程度较小或者尚未产生危害后果的，一般性超标或者超总量排污的，从轻处罚。

15. 单位个人“双罚”制

企业事业单位实施环境违法行为的，除对该单位依法处罚外，环保部门还应当对直接责任人员，依法给予罚款等行政处罚；对其中由国家机关任命的人员，环保部门应当移送任免机关或者监察机关依法给予处分。

如《水污染防治法》第 83 条规定，企业事业单位造成水污染事故的，由环保部门对该单位处以罚款；对直接负责的主管人员和其他直接责任人员可以处上一年度从本单位取得的收入 50%以下的罚款。

16. 按日计罚

环境违法行为处于继续状态的，环保部门可以根据法律法规的规定，严格按照违法行为持续的时间或者拒不改正违法行为的时间，按日累加计算罚款额度。

如《重庆市环境保护条例》第 111 条规定，违法排污拒不改正的，环保部门可以按照规定的罚款额度，按日累加处罚。

17. 从一重处罚

同一环境违法行为，同时违反具有包容关系的多个法条的，应当从一重处罚。

如在人口集中地区焚烧医疗废物的行为，既违反《大气污染防治法》第 41 条"禁止在人口集中区焚烧产生有毒有害烟尘和恶臭气体的物质"的规定，同时又违反《固体废物污染环境防治法》第 17 条"处置固体废物的单位，必须采取防治污染环境的措施"的规定。由于"焚烧"医疗垃圾属于"处置"危险废物的具体方式之一，因此，违反《大气污染防治法》第 41 条禁止在人口集中区焚烧医疗废物的行为，必然同时违反《固体废物污染环境防治法》第 17 条必须依法处置危险废物的规定。这两个相关法条之间存在包容关系。对于此类违法行为触犯的多个相关法条，环保部门应当选择其中处罚较重的一个法条，定性并量罚。

18. 多个行为分别处罚

一个单位的多个环境违法行为，虽然彼此存在一定联系，但各自构成独立违法行为的，应当对每个违法行为同时、分别依法给予相应处罚。

如一个建设项目同时违反环评和"三同时"规定，属于两个虽有联系但完全独立的违法行为，应当对建设单位同时、分别、相应予以处罚。即应对其违反"三同时"的行为，依据相关单项环保法律"责令停止生产或者使用"并依法处以罚款，还应同时依据《环境影响评价法》第 31 条"责令限期补办手续"。需要说明的是，"限期补办手续"是指建设单位应当在限期内提交环评文件；环保部门则应严格依据产业政策、环境功能区划和总量控制指标等因素，作出是否批准的决定，不应受建设项目是否建成等因素的影响。

四、综合运用惩戒手段

19. 环境行政处罚与经济政策约束相结合

对严重污染环境的违法企业，环保部门应当按照有关规定，及时通报中国人民银行和银行业、证券业监管机构及商业银行，为信贷机构实施限贷、停贷措施和证监机构不予核准上市和再融资提供信息支持。

20. 环境行政处罚与社会监督相结合

环保部门应当通过政府网站等方式，公布环境行政处罚的权限、种类、依据，并公开社会责任意识淡薄、环境公德缺失、环保守法记录不良、环境守法表现恶劣并受到处罚的企业名称和相关《处罚决定书》，充分发挥公众和社会舆论的监督作用。

对严重违反环保法律法规的企业，环保部门还可报告有关党委（组织、宣传部门）、人大、政府、政协等机关，通报工会、共青团、妇联等群众团体以及有关行业协会等，撤销违法企业及其责任人的有关荣誉称号。

21. 环境行政处罚与部门联动相结合

对未依法办理环评审批、未通过"三同时"验收，擅自从事生产经营活动等违法行为，环保部门依法查处后，应当按照国务院《无照经营查处取缔办法》的规定，移送工商部门依法查处；对违反城乡规划、土地管理法律法规的建设项目，应当移送规划、土地管理部门依法限期拆除、恢复土地原状。

22. 环境行政处罚与治安管理处罚相结合

环保部门在查处环境违法行为过程中，发现有阻碍环保部门监督检查、违法排放或者倾倒危险物质等行为，涉嫌构成违反治安管理行为的，应当移送公安机关依照《治安管理处罚法》予以治安管理处罚。

如对向环境“排放、倾倒”毒害性、放射性物质或者传染病病原体等危险物质，涉嫌违反《治安管理处罚法》第30条，构成非法“处置”危险物质行为的，环保部门应当根据全国人大常委会法工委《对违法排污行为适用行政拘留处罚问题的意见》（法工委复〔2008〕5 号）以及环境保护部《关于转发全国人大法工委〈对违法排污行为适用行政拘留处罚问题的意见〉的通知》（环发〔2008〕62 号）的规定，及时移送公安机关予以拘留。

23. 环境行政处罚与刑事案件移送相结合

环保部门在查处环境违法行为过程中，发现违法行为人涉嫌重大环境污染事故等犯罪，依法应予追究刑事责任的，应当依照《刑事诉讼法》、《行政执法机关移送涉嫌犯罪案件的规定》和《关于环境保护行政主管部门移送涉嫌环境犯罪案件的若干规定》(原环保总局、公安部、最高人民检察院，环发〔2007〕78 号)，移送公安机关。

24. 环境行政处罚与支持民事诉讼相结合

对环境污染引起的损害赔偿纠纷，当事人委托环境监测机构提供监测数据的，环境监测机构应当接受委托。当事人要求提供环境行政处罚、行政复议、行政诉讼和实施行政强制措施等执法情况的，环保部门应当依法提供相关环境信息。环境污染损害赔偿纠纷受害人向人民法院提起诉讼的，环保部门可以依法支持。环保部门可以根据环境污染损害赔偿纠纷当事人的请求，开展调解处理。

关于行政处罚文书送达有关问题的复函

（国家环境保护总局局函　环函〔2006〕409 号）

天津市环境保护局：

你局《关于行政处罚文书送达有关问题的请示》（津环保法〔2006〕191 号）收悉。经研究，现函复如下：

《中华人民共和国行政处罚法》第四十条规定：“行政处罚决定书应当在宣告后当场交付当事人；当事人不在场的，行政机关应当在七日内依照民事诉讼法的有关规定，将行政处罚决定书送达当事人。”根据《中华人民共和国民事诉讼法》和《最高人民法院关于适用〈中华人民共和国民事诉讼法〉若干问题的意见》关于送达的有关规定，送达法律文书可以采取直接送达、留置送达、委托送达、转交送达、邮寄送达和公告送达的方式。

根据上述规定，受送达人是法人或者其他组织的，环保部门送达的行政处罚文书应当由法人的法定代表人、其他组织的主要负责人或者该法人、组织的办公室、收发室、值班室等负责收件的人签收或盖章；受送达人拒绝签收的，送达人应当邀请有关人员到现场见证，说明情况，并在送达回执上记明拒收理由和日期，把行政处罚文书留置受送达人处，即视为送达；直接送达行政处罚文书有困难的，可以委托受送达人所在地环保部门代为送达，或者邮寄送达。

二〇〇六年十月二十日

关于社会环境监测机构出具监测报告参否作为行政执法管理依据的复函

环办监测函〔2017〕1850 号

四川省环境保护厅：

你厅《关于社会环境监测机构出具监测报告能否作为行政执法管理依据的请示》（川环〔2017〕102号）收悉。经研究，意见如下：

社会环境监测机构受环境保护主管部门的委托开展环境监测活动，符合《中华人民共和国计量法》和《中华人民共和国计量法实施细则》，以及有关环境保护法律法规规章或相关技术规范要求出具的环境监测数据，可以作为环境保护行政管理的依据；同时满足《中华人民共和国行政处罚法》《中华人民共和国行政诉讼法》等法律以及相关司法解释规定的证据要件的，可以作为行政处罚的证据。

特此函复。

环境保护部办公厅

2017 年 11 月 29 日

关于环境保护主管部门实施停产整治有关问题的复函

环办环监函〔2017〕1848 号

广东省环境保护厅：

你厅《关于实施停产整治有关问题的请示》（粤环报〔2017〕120 号）收悉。经研究，函复如下：

一、关于企业在责令限制生产期限内，超过污染物排放标准排放污染物的，是否适用责令停产整治的问题

我部原则同意你厅意见，排污者在责令限制生产期限内，超过污染物排放标准排污的，违反了《环境保护主管部门实施限制生产、停产整治办法》第十六条第二款“被限制生产的排污者在整改期间，不得超过污染物排放标准或者重点污染物日最高允许排放总量控制指标排放污染物”的规定，属于《环境保护主管部门实施限制生产、停产整治办法》第六条第（四）项“被责令限制生产后仍然超过污染物排放标准排放污染物的”情形，环境保护主管部门可以责令其采取停产整治措施。

二、关于环境保护主管部门对排污者履行限制生产、停产整治措施情况实施后督察的问题

我部原则同意你厅关于《环境保护主管部门实施限制生产、停产整治办法》第十九条规定的后督察期限自排污者收到限制生产决定书、停产整治决定书之日起至限制生产、停产整治解除之日止的意见。《环境保护主管部门实施限制生产、停产整治办法》第十九条和第二十条是对排污者被责令限制生产、停

产整治期间和责令限制生产、停产整治解除后，环境保护主管部门对排污者进行监督检查的规定。我部拟在《环境保护主管部门实施限制生产、停产整治办法》修订过程中对此予以明确规定。

特此函复。

环境保护部办公厅

2017 年 11 月 29 日

关于明确未取得排污许可证排放污染物行政处罚法律依据的复函

环办规财函〔2017〕1785 号

天津市环境保护局：

你局《关于请明确未取得排污许可证排放污染物行政处罚法律依据的请示》（津环保法报〔2017〕119 号）收悉。经研究，我部认为你局可以按照《关于开展火电、造纸行业和京津冀试点城市高架源排污许可管理工作的通知》（环水体〔2016〕189 号）以及《固定污染源排污许可分类管理名录（2017 年版）》（环境保护部令第 45 号）规定的时限对未取得排污许可证的火电、造纸行业企业，依照《中华人民共和国大气污染防治法》第九十九条规定给予行政处罚。

特此函复。

环境保护部办公厅

2017 年 11 月 21 日

关于“现场即时采样”监测数据认定有关问题的复函

（环办政法函〔2017〕1624 号）

四川省环境保护厅：

你厅《关于城镇污水处理厂“现场即时采样”应如何认定的请示》（川环〔2017〕49 号）收悉。经研究，函复如下：

2007 年 2 月 27 日，原国家环境保护总局发布《关于环保部门现场检查中排污监测方法问题的解释》（国家环境保护总局公告 2007 年第 16 号），规定：“排放标准中规定的污染物排放方式、排放限值等是判定排污行为是否超标的技术依据，在任何时间、任何情况下，排污单位的排污行为均不得违反排放标准中的有关规定。”该公告现行有效。城镇污水处理厂“现场即时采样”即为一次性采样，根据该公告的规定，其监测结果可以作为判定排污行为是否超标的证据。

环境保护部办公厅
2017 年 10 月 27 日

关于环境行政执法过程中林格曼黑度监测时间的复函

（国家环境保护总局局函　环函〔2006〕280 号）

重庆市环境保护局：

你局《关于环境执法过程中林格曼黑度监测时间的请示》（渝环文〔2006〕46 号）收悉。经研究，现函复如下：

采用林格曼黑度图监测烟气黑度，连续观测时间应不少于 30 分钟。观测期间出现烟气黑度超过 4 级的情况时，可结束监测，烟气黑度按 5 级计；出现 4 级以下（含 4 级）烟气黑度时，应记录各级黑度出现的时间，待观测结束后，根据观测记录，以符合累计时间要求的最高黑度级别作为本次监测结果。

二〇〇六年七月十八日

关于行政执法过程中采样频率问题的复函

（国家环境保护总局局函　环函〔2003〕358 号）

江苏省环境保护厅：

你厅《关于行政执法过程中采样频率问题的请示》（苏环法〔2003〕31 号）收悉。经研究，函复如下：

对排污单位排放污染物情况进行正常的监督性监测，应按照国家相应的污染物排放标准中规定的采样频率进行。

环保部门在现场监督检查时，如发现排污单位有故意不正常使用污染治理设施或者偷排污染物的，按照我局《关于执行〈污水综合排放标准〉有关问题的复函》（环函〔1998〕12 号）关于“若排污单位故意不正常使用水污染处理设施，偷排污水，为严格执法，经查明偷排事实后，当地环境保护部门可依据偷排事件发生时的一次监测结果，依法处理”的规定，可以一次采样监测的结果作为行政执法的证据。

二〇〇三年十二月十一日

关于行政复议机关能否加重对申请人处罚问题的答复意见

（全国人大常委会法制工作委员会　法工委复字〔2001〕21号）

国家环境保护总局：

你局2001年6月14日来函（环函〔2001〕121号）收悉，现答复如下：

同意国家环境保护总局的意见。

行政复议机关在对被申请人作出的行政处罚或者其他具体行政行为进行复议时，作出的行政复议决定不得对该行政处罚或者该具体行政行为增加处罚种类或加重对申请人的处罚。

二〇〇一年九月六日

关于行政执法机关能否加重对申请人处理问题的答复意见

第十七篇　环境监察执法纪律相关

最高人民检察院关于渎职侵权犯罪案件立案标准的规定（节选）

高检发释字〔2006〕2号

（2005年12月29日最高人民检察院第十届检察委员会第四十九次会议通过）

根据《中华人民共和国刑法》、《中华人民共和国刑事诉讼法》和其他法律的有关规定，对国家机关工作人员渎职和利用职权实施的侵犯公民人身权利、民主权利犯罪案件的立案标准规定如下：

一、渎职犯罪案件

（十九）环境监管失职案（第四百零八条）

环境监管失职罪是指负有环境保护监督管理职责的国家机关工作人员严重不负责任，不履行或者不认真履行环境保护监管职责导致发生重大环境污染事故，致使公私财产遭受重大损失或者造成人身伤亡的严重后果的行为。

涉嫌下列情形之一的，应予立案：

1. 造成死亡1人以上，或者重伤3人以上，或者重伤2人、轻伤4人以上，或者重伤1人、轻伤7人以上，或者轻伤10人以上的；

2. 导致30人以上严重中毒的；

3. 造成个人财产直接经济损失15万元以上，或者直接经济损失不满15万元，但间接经济损失75万元以上的；

4. 造成公共财产、法人或者其他组织财产直接经济损失 30 万元以上，或者直接经济损失不满 30 万元，但间接经济损失150万元以上的；

5. 虽未达到3、4两项数额标准，但3、4两项合计直接经济损失30万元以上，或者合计直接经济损失不满30万元，但合计间接经济损失150万元以上的；

6. 造成基本农田或者防护林地、特种用途林地 10 亩以上，或者基本农田以外的耕地 50 亩以上，或者其他土地70亩以上被严重毁坏的；

7. 造成生活饮用水地表水源和地下水源严重污染的；

8. 其他致使公私财产遭受重大损失或者造成人身伤亡严重后果的情形。

三、附　则

（一）本规定中每个罪案名称后所注明的法律条款系《中华人民共和国刑法》的有关条款。

（二）本规定所称“以上”包括本数；有关犯罪数额“不满”，是指已达到该数额百分之八十以上的。

（三）本规定中的“国家机关工作人员”，是指在国家机关中从事公务的人员，包括在各级国家权力机关、行政机关、司法机关和军事机关中从事公务的人员。在依照法律、法规规定行使国家行政管理职权的组织中从事公务的人员，或者在受国家机关委托代表国家行使职权的组织中从事公务的人员，或者虽未列入国家机关人员编制但在国家机关中从事公务的人员，在代表国家机关行使职权时，视为国家机关工作人员。在乡（镇）以上中国共产党机关、人民政协机关中从事公务的人员，视为国家机关工作人员。

（四）本规定中的“直接经济损失”，是指与行为有直接因果关系而造成的财产损毁、减少的实际价值；“间接经济损失”，是指由直接经济损失引起和牵连的其他损失，包括失去的在正常情况下可以获得的利益和为恢复正常的管理活动或者挽回所造成的损失所支付的各种开支、费用等。

有下列情形之一的，虽然有债权存在，但已无法实现债权的，可以认定为已经造成了经济损失：（1）债务人已经法定程序被宣告破产，且无法清偿债务；（2）债务人潜逃，去向不明；（3）因行为人责任，致使超过诉讼时效；（4）有证据证明债权无法实现的其他情况。

直接经济损失和间接经济损失，是指立案时确已造成的经济损失。移送审查起诉前，犯罪嫌疑人及其亲友自行挽回的经济损失，以及由司法机关或者犯罪嫌疑人所在单位及其上级主管部门挽回的经济损失，不予扣减，但可作为对犯罪嫌疑人从轻处理的情节考虑。

（五）本规定中的“徇私舞弊”，是指国家机关工作人员为徇私情、私利，故意违背事实和法律，伪造材料，隐瞒情况，弄虚作假的行为。

（六）本规定自公布之日起施行。本规定发布前有关人民检察院直接受理立案侦查的国家机关工作人员渎职和利用职权实施的侵犯公民人身权利、民主权利犯罪案件的立案标准，与本规定有重复或者不一致的，适用本规定。

对于本规定施行前发生的国家机关工作人员渎职和利用职权实施的侵犯公民人身权利、民主权利犯罪案件，按照《最高人民法院、最高人民检察院关于适用刑事司法解释时间效力问题的规定》办理。

二〇〇六年七月二十六日

行政机关公务员处分条例

中华人民共和国国务院令

第495号

《行政机关公务员处分条例》已经2007年4月4日国务院第173次常务会议通过，现予公布，自2007年6月1日起施行。

总　理　温家宝

二〇〇七年四月二十二日

第一章　总　则

第一条　为了严肃行政机关纪律，规范行政机关公务员的行为，保证行政机关及其公务员依法履行职责，根据《中华人民共和国公务员法》和《中华人民共和国行政监察法》，制定本条例。

第二条　行政机关公务员违反法律、法规、规章以及行政机关的决定和命令，应当承担纪律责任的，依照本条例给予处分。

法律、其他行政法规、国务院决定对行政机关公务员处分有规定的，依照该法律、行政法规、国务院决定的规定执行；法律、其他行政法规、国务院决定对行政机关公务员应当受到处分的违法违纪行为做了规定，但是未对处分幅度做规定的，适用本条例第三章与其最相类似的条款有关处分幅度的规定。

地方性法规、部门规章、地方政府规章可以补充规定本条例第三章未作规定的应当给予处分的违法违纪行为以及相应的处分幅度。除国务院监察机关、国务院人事部门外，国务院其他部门制定处分规章，应当与国务院监察机关、国务院人事部门联合制定。

除法律、法规、规章以及国务院决定外，行政机关不得以其他形式设定行政机关公务员处分事项。

第三条 行政机关公务员依法履行职务的行为受法律保护，非因法定事由，非经法定程序，不受处分。

第四条 给予行政机关公务员处分，应当坚持公正、公平和教育与惩处相结合的原则。

给予行政机关公务员处分，应当与其违法违纪行为的性质、情节、危害程度相适应。

给予行政机关公务员处分，应当事实清楚、证据确凿、定性准确、处理恰当、程序合法、手续完备。

第五条 行政机关公务员违法违纪涉嫌犯罪的，应当移送司法机关依法追究刑事责任。

第二章 处分的种类和适用

第六条 行政机关公务员处分的种类为：

（一）警告；

（二）记过；

（三）记大过；

（四）降级；

（五）撤职；

（六）开除。

第七条 行政机关公务员受处分的期间为：

（一）警告，6个月；

（二）记过，12个月；

（三）记大过，18个月；

（四）降级、撤职，24个月。

第八条 行政机关公务员在受处分期间不得晋升职务和级别，其中，受记过、记大过、降级、撤职处分的，不得晋升工资档次；受撤职处分的，应当按照规定降低级别。

第九条 行政机关公务员受开除处分的，自处分决定生效之日起，解除其与单位的人事关系，不得再担任公务员职务。

行政机关公务员受开除以外的处分，在受处分期间有悔改表现，并且没有再发生违法违纪行为的，处分期满后，应当解除处分。解除处分后，晋升工资档次、级别和职务不再受原处分的影响。但是，解除降级、撤职处分的，不视为恢复原级别、原职务。

第十条 行政机关公务员同时有两种以上需要给予处分的行为的，应当分别确定其处分。应当给予的处分种类不同的，执行其中最重的处分；应当给予撤职以下多个相同种类处分的，执行该处分，并在一个处分期以上、多个处分期之和以下，决定处分期。

行政机关公务员在受处分期间受到新的处分的，其处分期为原处分期尚未执行的期限与新处分期限之和。

处分期最长不得超过48个月。

第十一条 行政机关公务员2人以上共同违法违纪，需要给予处分的，根据各自应当承担的纪律责任，分别给予处分。

第十二条 有下列情形之一的，应当从重处分：

（一）在2人以上的共同违法违纪行为中起主要作用的；

（二）隐匿、伪造、销毁证据的；

（三）串供或者阻止他人揭发检举、提供证据材料的；

（四）包庇同案人员的；

（五）法律、法规、规章规定的其他从重情节。

第十三条 有下列情形之一的，应当从轻处分：

（一）主动交代违法违纪行为的；

（二）主动采取措施，有效避免或者挽回损失的；

（三）检举他人重大违法违纪行为，情况属实的。

第十四条　行政机关公务员主动交代违法违纪行为，并主动采取措施有效避免或者挽回损失的，应当减轻处分。

行政机关公务员违纪行为情节轻微，经过批评教育后改正的，可以免予处分。

第十五条　行政机关公务员有本条例第十二条、第十三条规定情形之一的，应当在本条例第三章规定的处分幅度以内从重或者从轻给予处分。

行政机关公务员有本条例第十四条第一款规定情形的，应当在本条例第三章规定的处分幅度以外，减轻一个处分的档次给予处分。应当给予警告处分，又有减轻处分的情形的，免予处分。

第十六条　行政机关经人民法院、监察机关、行政复议机关或者上级行政机关依法认定有行政违法行为或者其他违法违纪行为，需要追究纪律责任的，对负有责任的领导人员和直接责任人员给予处分。

第十七条　违法违纪的行政机关公务员在行政机关对其作出处分决定前，已经依法被判处刑罚、罢免、免职或者已经辞去领导职务，依法应当给予处分的，由行政机关根据其违法违纪事实，给予处分。

行政机关公务员依法被判处刑罚的，给予开除处分。

第三章　违法违纪行为及其适用的处分

第十八条　有下列行为之一的，给予记大过处分；情节较重的，给予降级或者撤职处分；情节严重的，给予开除处分：

（一）散布有损国家声誉的言论，组织或者参加旨在反对国家的集会、游行、示威等活动的；

（二）组织或者参加非法组织，组织或者参加罢工的；

（三）违反国家的民族宗教政策，造成不良后果的；

（四）以暴力、威胁、贿赂、欺骗等手段，破坏选举的；

（五）在对外交往中损害国家荣誉和利益的；

（六）非法出境，或者违反规定滞留境外不归的；

（七）未经批准获取境外永久居留资格，或者取得外国国籍的；

（八）其他违反政治纪律的行为。

有前款第（六）项规定行为的，给予开除处分；有前款第（一）项、第（二）项或者第（三）项规定的行为，属于不明真相被裹挟参加，经批评教育后确有悔改表现的，可以减轻或者免予处分。

第十九条　有下列行为之一的，给予警告、记过或者记大过处分；情节较重的，给予降级或者撤职处分；情节严重的，给予开除处分：

（一）负有领导责任的公务员违反议事规则，个人或者少数人决定重大事项，或者改变集体作出的重大决定的；

（二）拒绝执行上级依法作出的决定、命令的；

（三）拒不执行机关的交流决定的；

（四）拒不执行人民法院对行政案件的判决、裁定或者监察机关、审计机关、行政复议机关作出的决定的；

（五）违反规定应当回避而不回避，影响公正执行公务，造成不良后果的；

（六）离任、辞职或者被辞退时，拒不办理公务交接手续或者拒不接受审计的；

（七）旷工或者因公外出、请假期满无正当理由逾期不归，造成不良影响的；

（八）其他违反组织纪律的行为。

第二十条　有下列行为之一的，给予记过、记大过处分；情节较重的，给予降级或者撤职处分；情节严重的，给予开除处分：

（一）不依法履行职责，致使可以避免的爆炸、火灾、传染病传播流行、严重环境污染、严重人员伤亡等重大事故或者群体性事件发生的；

（二）发生重大事故、灾害、事件或者重大刑事案件、治安案件，不按规定报告、处理的；

（三）对救灾、抢险、防汛、防疫、优抚、扶贫、移民、救济、社会保险、征地补偿等专项款物疏于管理，致使款物被贪污、挪用，或者毁损、灭失的；

（四）其他玩忽职守、贻误工作的行为。

第二十一条 有下列行为之一的，给予警告或者记过处分；情节较重的，给予记大过或者降级处分；情节严重的，给予撤职处分：

（一）在行政许可工作中违反法定权限、条件和程序设定或者实施行政许可的；

（二）违法设定或者实施行政强制措施的；

（三）违法设定或者实施行政处罚的；

（四）违反法律、法规规定进行行政委托的；

（五）对需要政府、政府部门决定的招标投标、征收征用、城市房屋拆迁、拍卖等事项违反规定办理的。

第二十二条 弄虚作假，误导、欺骗领导和公众，造成不良后果的，给予警告、记过或者记大过处分；情节较重的，给予降级或者撤职处分；情节严重的，给予开除处分。

第二十三条 有贪污、索贿、受贿、行贿、介绍贿赂、挪用公款、利用职务之便为自己或者他人谋取私利、巨额财产来源不明等违反廉政纪律行为的，给予记过或者记大过处分；情节较重的，给予降级或者撤职处分；情节严重的，给予开除处分。

第二十四条 违反财经纪律，挥霍浪费国家资财的，给予警告处分；情节较重的，给予记过或者记大过处分；情节严重的，给予降级或者撤职处分。

第二十五条 有下列行为之一的，给予记过或者记大过处分；情节较重的，给予降级或者撤职处分；情节严重的，给予开除处分：

（一）以殴打、体罚、非法拘禁等方式侵犯公民人身权利的；

（二）压制批评，打击报复，扣压、销毁举报信件，或者向被举报人透露举报情况的；

（三）违反规定向公民、法人或者其他组织摊派或者收取财物的；

（四）妨碍执行公务或者违反规定干预执行公务的；

（五）其他滥用职权，侵害公民、法人或者其他组织合法权益的行为。

第二十六条 泄露国家秘密、工作秘密，或者泄露因履行职责掌握的商业秘密、个人隐私，造成不良后果的，给予警告、记过或者记大过处分；情节较重的，给予降级或者撤职处分；情节严重的，给予开除处分。

第二十七条 从事或者参与营利性活动，在企业或者其他营利性组织中兼任职务的，给予记过或者记大过处分；情节较重的，给予降级或者撤职处分；情节严重的，给予开除处分。

第二十八条 严重违反公务员职业道德，工作作风懈怠、工作态度恶劣，造成不良影响的，给予警告、记过或者记大过处分。

第二十九条 有下列行为之一的，给予警告、记过或者记大过处分；情节较重的，给予降级或者撤职处分；情节严重的，给予开除处分：

（一）拒不承担赡养、抚养、扶养义务的；

（二）虐待、遗弃家庭成员的；

（三）包养情人的；

（四）严重违反社会公德的行为。

有前款第（三）项行为的，给予撤职或者开除处分。

第三十条 参与迷信活动，造成不良影响的，给予警告、记过或者记大过处分；组织迷信活动的，给予降级或者撤职处分，情节严重的，给予开除处分。

第三十一条　吸食、注射毒品或者组织、支持、参与卖淫、嫖娼、色情淫乱活动的，给予撤职或者开除处分。

第三十二条　参与赌博的，给予警告或者记过处分；情节较重的，给予记大过或者降级处分；情节严重的，给予撤职或者开除处分。

为赌博活动提供场所或者其他便利条件的，给予警告、记过或者记大过处分；情节严重的，给予撤职或者开除处分。

在工作时间赌博的，给予记过、记大过或者降级处分；屡教不改的，给予撤职或者开除处分。

挪用公款赌博的，给予撤职或者开除处分。

利用赌博索贿、受贿或者行贿的，依照本条例第二十三条的规定给予处分。

第三十三条　违反规定超计划生育的，给予降级或者撤职处分；情节严重的，给予开除处分。

第四章　处分的权限

第三十四条　对行政机关公务员给予处分，由任免机关或者监察机关（以下统称处分决定机关）按照管理权限决定。

第三十五条　对经全国人民代表大会及其常务委员会决定任命的国务院组成人员给予处分，由国务院决定。其中，拟给予撤职、开除处分的，由国务院向全国人民代表大会提出罢免建议，或者向全国人民代表大会常务委员会提出免职建议。罢免或者免职前，国务院可以决定暂停其履行职务。

第三十六条　对经地方各级人民代表大会及其常务委员会选举或者决定任命的地方各级人民政府领导人员给予处分，由上一级人民政府决定。

拟给予经县级以上地方人民代表大会及其常务委员会选举或者决定任命的县级以上地方人民政府领导人员撤职、开除处分的，应当先由本级人民政府向同级人民代表大会提出罢免建议。其中，拟给予县级以上地方人民政府副职领导人员撤职、开除处分的，也可以向同级人民代表大会常务委员会提出撤销职务的建议。拟给予乡镇人民政府领导人员撤职、开除处分的，应当先由本级人民政府向同级人民代表大会提出罢免建议。罢免或者撤销职务前，上级人民政府可以决定暂停其履行职务；遇有特殊紧急情况，省级以上人民政府认为必要时，也可以对其作出撤职或者开除的处分，同时报告同级人民代表大会常务委员会，并通报下级人民代表大会常务委员会。

第三十七条　对地方各级人民政府工作部门正职领导人员给予处分，由本级人民政府决定。其中，拟给予撤职、开除处分的，由本级人民政府向同级人民代表大会常务委员会提出免职建议。免去职务前，本级人民政府或者上级人民政府可以决定暂停其履行职务。

第三十八条　行政机关公务员违法违纪，已经被立案调查，不宜继续履行职责的，任免机关可以决定暂停其履行职务。

被调查的公务员在违法违纪案件立案调查期间，不得交流、出境、辞去公职或者办理退休手续。

第五章　处分的程序

第三十九条　任免机关对涉嫌违法违纪的行政机关公务员的调查、处理，按照下列程序办理：

（一）经任免机关负责人同意，由任免机关有关部门对需要调查处理的事项进行初步调查；

（二）任免机关有关部门经初步调查认为该公务员涉嫌违法违纪，需要进一步查证的，报任免机关负责人批准后立案；

（三）任免机关有关部门负责对该公务员违法违纪事实做进一步调查，包括收集、查证有关证据材料，听取被调查的公务员所在单位的领导成员、有关工作人员以及所在单位监察机构的意见，向其他有关单位和人员了解情况，并形成书面调查材料，向任免机关负责人报告；

（四）任免机关有关部门将调查认定的事实及拟给予处分的依据告知被调查的公务员本人，听取其陈述和申辩，并对其所提出的事实、理由和证据进行复核，记录在案。被调查的公务员提出的事实、理由和证据成立的，应予采信；

（五）经任免机关领导成员集体讨论，作出对该公务员给予处分、免予处分或者撤销案件的决定；

（六）任免机关应当将处分决定以书面形式通知受处分的公务员本人，并在一定范围内宣布；

（七）任免机关有关部门应当将处分决定归入受处分的公务员本人档案，同时汇集有关材料形成该处分案件的工作档案。

受处分的行政机关公务员处分期满解除处分的程序，参照前款第（五）项、第（六）项和第（七）项的规定办理。

任免机关应当按照管理权限，及时将处分决定或者解除处分决定报公务员主管部门备案。

第四十条 监察机关对违法违纪的行政机关公务员的调查、处理，依照《中华人民共和国行政监察法》规定的程序办理。

第四十一条 对行政机关公务员违法违纪案件进行调查，应当由2名以上办案人员进行；接受调查的单位和个人应当如实提供情况。

严禁以暴力、威胁、引诱、欺骗等非法方式收集证据；非法收集的证据不得作为定案的依据。

第四十二条 参与行政机关公务员违法违纪案件调查、处理的人员有下列情形之一的，应当提出回避申请；被调查的公务员以及与案件有利害关系的公民、法人或者其他组织有权要求其回避：

（一）与被调查的公务员是近亲属关系的；

（二）与被调查的案件有利害关系的；

（三）与被调查的公务员有其他关系，可能影响案件公正处理的。

第四十三条 处分决定机关负责人的回避，由处分决定机关的上一级行政机关负责人决定；其他违法违纪案件调查、处理人员的回避，由处分决定机关负责人决定。

处分决定机关或者处分决定机关的上一级行政机关，发现违法违纪案件调查、处理人员有应当回避的情形，可以直接决定该人员回避。

第四十四条 给予行政机关公务员处分，应当自批准立案之日起6个月内作出决定；案情复杂或者遇有其他特殊情形的，办案期限可以延长，但是最长不得超过12个月。

第四十五条 处分决定应当包括下列内容：

（一）被处分人员的姓名、职务、级别、工作单位等基本情况；

（二）经查证的违法违纪事实；

（三）处分的种类和依据；

（四）不服处分决定的申诉途径和期限；

（五）处分决定机关的名称、印章和作出决定的日期。

解除处分决定除包括前款第（一）项、第（二）项和第（五）项规定的内容外，还应当包括原处分的种类和解除处分的依据，以及受处分的行政机关公务员在受处分期间的表现情况。

第四十六条 处分决定、解除处分决定自作出之日起生效。

第四十七条 行政机关公务员受到开除处分后，有新工作单位的，其本人档案转由新工作单位管理；没有新工作单位的，其本人档案转由其户籍所在地人事部门所属的人才服务机构管理。

第六章 不服处分的申诉

第四十八条 受到处分的行政机关公务员对处分决定不服的，依照《中华人民共和国公务员法》和《中华人民共和国行政监察法》的有关规定，可以申请复核或者申诉。

复核、申诉期间不停止处分的执行。

行政机关公务员不因提出复核、申诉而被加重处分。

第四十九条 有下列情形之一的，受理公务员复核、申诉的机关应当撤销处分决定，重新作出决定或者责令原处分决定机关重新作出决定：

（一）处分所依据的违法违纪事实证据不足的；

（二）违反法定程序，影响案件公正处理的；

（三）作出处分决定超越职权或者滥用职权的。

第五十条 有下列情形之一的，受理公务员复核、申诉的机关应当变更处分决定，或者责令原处分决定机关变更处分决定：

（一）适用法律、法规、规章或者国务院决定错误的；

（二）对违法违纪行为的情节认定有误的；

（三）处分不当的。

第五十一条 行政机关公务员的处分决定被变更，需要调整该公务员的职务、级别或者工资档次的，应当按照规定予以调整；行政机关公务员的处分决定被撤销的，应当恢复该公务员的级别、工资档次，按照原职务安排相应的职务，并在适当范围内为其恢复名誉。

被撤销处分或者被减轻处分的行政机关公务员工资福利受到损失的，应当予以补偿。

第七章 附 则

第五十二条 有违法违纪行为应当受到处分的行政机关公务员，在处分决定机关作出处分决定前已经退休的，不再给予处分；但是，依法应当给予降级、撤职、开除处分的，应当按照规定相应降低或者取消其享受的待遇。

第五十三条 行政机关公务员违法违纪取得的财物和用于违法违纪的财物，除依法应当由其他机关没收、追缴或者责令退赔的，由处分决定机关没收、追缴或者责令退赔。违法违纪取得的财物应当退还原所有人或者原持有人的，退还原所有人或者原持有人；属于国家财产以及不应当退还或者无法退还原所有人或者原持有人的，上缴国库。

第五十四条 对法律、法规授权的具有公共事务管理职能的事业单位中经批准参照《中华人民共和国公务员法》管理的工作人员给予处分，参照本条例的有关规定办理。

第五十五条 本条例自2007年6月1日起施行。1988年9月13日国务院发布的《国家行政机关工作人员贪污贿赂行政处分暂行规定》同时废止。

违反行政事业性收费和罚没收入收支两条线管理规定行政处分暂行规定

中华人民共和国国务院令

第281号

《违反行政事业性收费和罚没收入收支两条线管理规定行政处分暂行规定》已经2000年2月1日国务院第26次常务会议讨论通过，现予发布施行。

总 理 朱镕基

二〇〇〇年二月十二日

第一条 为了严肃财经纪律，加强廉政建设，落实行政事业性收费和罚没收入“收支两条线”管理，促进依法行政，根据法律、行政法规和国家有关规定，制定本规定。

第二条 国家公务员和法律、行政法规授权行使行政事业性收费或者罚没职能的事业单位的工作人员有违反“收支两条线”管理规定行为的，依照本规定给予行政处分。

第三条 本规定所称“行政事业性收费”是指下列属于财政性资金的收入：

（一）依据法律、行政法规、国务院有关规定、国务院财政部门与计划部门共同发布的规章或者规定以及省、自治区、直辖市的地方性法规、政府规章或者规定和省、自治区、直辖市人民政府财政部门与计划（物价）部门共同发布的规定所收取的各项收费；

（二）法律、行政法规和国务院规定的以及国务院财政部门按照国家有关规定批准的政府性基金、附加。

事业单位因提供服务收取的经营服务性收费不用于行政事业性收费。

第四条 本规定所称“罚没收入”，是指法律、行政法规授权的执行处罚的部门依法实施处罚取得的罚没款和没收物品的折价收入。

第五条 违反规定，擅自设立行政事业性收费项目或者设置罚没处罚的，对直接负责的主管人员和其他直接责任人员给予降级或者撤职处分。

第六条 违反规定。擅自变更行政事业性收费或者罚没范围、标准的，对直接负责的主管人员和其他直接责任人员给予记大过处分：情节严重的，给予降级或者撤职处分。

第七条 对行政事业性收费项目审批机关已经明令取消或者降低标准的收费项目，仍按原定项目或者标准收费的，对直接负责的主管人员和其他直接责任人员给予记大过处分；情节严重的，给予降级或者撤职处分。

第八条 下达或者变相下达罚没指标的，对直接负责的主管人员和其他直接责任人员给予降级或者撤职处分。

第九条 违反《收费许可证》规定实施行政事业性收费的，对直接负责的主管入员和其他直接责任人员给予警告处分；情节严重的，给予记过或者记大过处分。

第十条 违反财政票据管理规定实施行政事业性收费、罚没的，对直接负责的主管人员和其他直接责任人员给予降级或者撤职处分；以实施行政事业性收费、罚没的名义收取钱物，不出具任何票据的，给予开除处分。

第十一条 违反罚款决定与罚款收缴分离的规定收缴罚款的，对直接负责的主管人员和其他直接责任人员给予记大过或者降级处分。

第十二条 不履行行政事业性收费；罚没职责，应收不收、应罚不罚，经批评教育仍不改正的，对直接负责的主管人员和其他直接资任人员给予警告处分；情节严重的，给予记过或者记大过处分。

第十三条 不按照规定将行政事业性收费纳入单位财务统一核算、管理的，对直接负责的主管人员和其他直接责任人员给予记过处分；情节严重的，给予记大过或者降级处分。

第十四条 不按照规定将行政事业性收费缴入国库或者预算外资金财政专户的，对直接负责的主管人员和其他直接责任人员给予记大过处分；情节严重的，给予降级或者撤职处分。不按照规定将罚没收入上缴国库的，依照前款规定给予处分。

第十五条 违反规定，擅自开设银行账户的，对直接负责的主管人员和其他直接责任人员给予降级处分；情节严重的，给予撤职或者开除处分。

第十六条 截留、挪用、坐收坐支行政事业性收费、罚没收入的，对直接负责的主管人员和其他直接责任人员给予降级处分；情节严重的，给予撤职或者开除处分。

第十七条 违反规定，将行政事业性收费、罚没收入用于提高福利补贴标准或者扩大福利补贴范围、滥发奖金实物、挥霍浪费或者有其他超标准支出行为的，对直接负责的主管人员和其他直接责任人员给予记大过处分；情节严重的，给予降级或者撤职处分。

第十八条 不按照规定编制预算外资金收支计划、单位财务收支计划和收支决算的，对直接负责的主管人员和其他直接责任人员给予记过处分；情节严重的，给予记大过或者降级处分。

第十九条　不按照预算和批准的收支计划核拨财政资金，贻误核拨对象正常工作的，对直接负责的主管人员和其他直接责任人员给予记过处分；情节严重的，给予记大过或者降级处分。

第二十条　对坚持原则抵制违法违纪的行政事业性收费、罚没行为的单位或者个人打击报复的，给予降级处分；情节严重的，给予撤职或者开除处分。

第二十一条　实施行政处分的权限以及不服行政处分的申诉，按照国家有关规定办理。

第二十二条　违反本规定，构成犯罪的，依法追究刑事责任。

第二十三条　本规定自发布之日起施行。

环境保护违法违纪行为处分暂行规定

（监察部　国家环境保护总局令　第10号）

第一条　为了加强环境保护工作，惩处环境保护违法违纪行为，促进环境保护法律法规的贯彻实施，根据《中华人民共和国环境保护法》、《中华人民共和国行政监察法》及其他有关法律、法规，制定本规定。

第二条　国家行政机关及其工作人员、企业中由国家行政机关任命的人员有环境保护违法违纪行为，应当给予处分的，适用本规定。

法律、行政法规对环境保护违法违纪行为的处分作出规定的，依照其规定。

第三条　有环境保护违法违纪行为的国家行政机关，对其直接负责的主管人员和其他直接责任人员，以及对有环境保护违法违纪行为的国家行政机关工作人员（以下统称直接责任人员），由任免机关或者监察机关按照管理权限，依法给予行政处分。

企业有环境保护违法违纪行为的，对其直接负责的主管人员和其他直接责任人员中由国家行政机关任命的人员，由任免机关或者监察机关按照管理权限，依法给予纪律处分。

第四条　国家行政机关及其工作人员有下列行为之一的，对直接责任人员，给予警告、记过或者记大过处分；情节较重的，给予降级处分；情节严重的，给予撤职处分：

（一）拒不执行环境保护法律、法规以及人民政府关于环境保护的决定、命令的；

（二）制定或者采取与环境保护法律、法规、规章以及国家环境保护政策相抵触的规定或者措施，经指出仍不改正的；

（三）违反国家有关产业政策，造成环境污染或者生态破坏的；

（四）不按照国家规定淘汰严重污染环境的落后生产技术、工艺、设备或者产品的；

（五）对严重污染环境的企业事业单位不依法责令限期治理或者不按规定责令取缔、关闭、停产的；

（六）不按照国家规定制定环境污染与生态破坏突发事件应急预案的。

第五条　国家行政机关及其工作人员有下列行为之一的，对直接责任人员，给予警告、记过或者记大过处分；情节较重的，给予降级处分；情节严重的，给予撤职处分：

（一）在组织环境影响评价时弄虚作假或者有失职行为，造成环境影响评价严重失实，或者对未依法编写环境影响篇章、说明或者未依法附送环境影响报告书的规划草案予以批准的；

（二）不按照法定条件或者违反法定程序审核、审批建设项目环境影响评价文件，或者在审批、审核建设项目环境影响评价文件时收取费用，情节严重的；

（三）对依法应当进行环境影响评价而未评价，或者环境影响评价文件未经批准，擅自批准该项目建设或者擅自为其办理征地、施工、注册登记、营业执照、生产（使用）许可证的；

（四）不按照规定核发排污许可证、危险废物经营许可证、医疗废物集中处置单位经营许可证、核与辐射安全许可证以及其他环境保护许可证，或者不按照规定办理环境保护审批文件的；

（五）违法批准减缴、免缴、缓缴排污费的；

（六）有其他违反环境保护的规定进行许可或者审批行为的。

第六条 国家行政机关及其工作人员有下列行为之一的，对直接责任人员，给予警告、记过或者记大过处分；情节较重的，给予降级处分；情节严重的，给予撤职处分：

（一）未经批准，擅自撤销自然保护区或者擅自调整、改变自然保护区的性质、范围、界线、功能区划的；

（二）未经批准，在自然保护区开展参观、旅游活动的；

（三）开设与自然保护区保护方向不一致的参观、旅游项目的；

（四）不按照批准的方案开展参观、旅游活动的。

第七条 依法具有环境保护监督管理职责的国家行政机关及其工作人员有下列行为之一的，对直接责任人员，给予警告、记过或者记大过处分；情节较重的，给予降级处分；情节严重的，给予撤职处分：

（一）不按照法定条件或者违反法定程序，对环境保护违法行为实施行政处罚的；

（二）擅自委托环境保护违法行为行政处罚权的；

（三）违法实施查封、扣押等环境保护强制措施，给公民人身或者财产造成损害或者给法人、其他组织造成损失的；

（四）有其他违反环境保护的规定进行行政处罚或者实施行政强制措施行为的。

第八条 依法具有环境保护监督管理职责的国家行政机关及其工作人员有下列行为之一的，对直接责任人员，给予警告、记过或者记大过处分；情节较重的，给予降级或者撤职处分；情节严重的，给予开除处分：

（一）发现环境保护违法行为或者接到对环境保护违法行为的举报后不及时予以查处的；

（二）对依法取得排污许可证、危险废物经营许可证、核与辐射安全许可证等环境保护许可证件或者批准文件的单位不履行监督管理职责，造成严重后果的；

（三）发生重大环境污染事故或者生态破坏事故，不按照规定报告或者在报告中弄虚作假，或者不依法采取必要措施或者拖延、推诿采取措施，致使事故扩大或者延误事故处理的；

（四）对依法应当移送有关机关处理的环境保护违法违纪案件不移送，致使违法违纪人员逃脱处分、行政处罚或者刑事处罚的；

（五）有其他不履行环境保护监督管理职责行为的。

第九条 国家行政机关及其工作人员有下列行为之一的，对直接责任人员，给予警告、记过或者记大过处分；情节较重的，给予降级或者撤职处分；情节严重的，给予开除处分：

（一）利用职务上的便利，侵吞、窃取、骗取或者以其他手段将收缴的罚款、排污费或者其他财物据为己有的；

（二）利用职务上的便利，索取他人财物，或者非法收受他人财物，为他人谋取利益的；

（三）截留、挤占环境保护专项资金或者将环境保护专项资金挪作他用的；

（四）擅自使用、调换、变卖或者毁损被依法查封、扣押的财物的；

（五）将罚款、没收的违法所得或者财物截留、私分或者变相私分的。

第十条 国家行政机关及其工作人员为被检查单位通风报信或者包庇、纵容环境保护违法违纪行为的，对直接责任人员，给予降级或者撤职处分；致使公民、法人或者其他组织的合法权益、公共利益遭受重大损害，或者导致发生群体性事件或者冲突，严重影响社会安定的，给予开除处分。

第十一条 企业有下列行为之一的，对其直接负责的主管人员和其他直接责任人员中由国家行政机关任命的人员给予降级处分；情节较重的，给予撤职或者留用察看处分；情节严重的，给予开除处分：

（一）未依法履行环境影响评价文件审批程序，擅自开工建设，或者经责令停止建设、限期补办环境影响评价审批手续而逾期不办的；

（二）与建设项目配套建设的环境保护设施未与主体工程同时设计、同时施工、同时投产使用的；

（三）擅自拆除、闲置或者不正常使用环境污染治理设施，或者不正常排污的；

（四）违反环境保护法律、法规，造成环境污染事故，情节较重的；

（五）不按照国家有关规定制定突发事件应急预案，或者在突发事件发生时，不及时采取有效控制措施导致严重后果的；

（六）被依法责令停业、关闭后仍继续生产的；

（七）阻止、妨碍环境执法人员依法执行公务的；

（八）有其他违反环境保护法律、法规进行建设、生产或者经营行为的。

第十二条　有环境保护违法违纪行为，涉嫌犯罪的，移送司法机关依法处理。

第十三条　环境保护行政主管部门和监察机关在查处环境保护违法违纪案件中，认为属于对方职责范围内的，应当及时移送。

监察机关认为应当给予有关责任人员处分的，应当依法作出监察决定或者提出给予处分的监察建议。

第十四条　法律、法规授权的具有管理公共事务职能的组织和国家行政机关依法委托的组织及其工作人员，以及其他事业单位中由国家行政机关任命的人员有环境保护违法违纪行为，应当给予处分的，参照本规定执行。

第十五条　本规定由监察部和国家环境保护总局负责解释。

第十六条　本规定自公布之日起施行。

二〇〇六年二月二十日

全国环保系统六项禁令

（国家环境保护总局令　第20号）

为规范环保工作人员的执法监管行为，严格依法行政，现颁布以下六项禁令：

一、严禁违法、违规、违纪审批项目。

二、严禁包庇、纵容、袒护环境违法行为。

三、严禁乱收费、乱罚款。

四、严禁监测、统计、验收工作弄虚作假、伪造数据。

五、严禁干预、插手环保工程项目招投标、指定施工队伍和环保产品、设备。

六、严禁利用职权收受下属单位或业务联系单位的礼金、报销应由个人支付的费用、侵占公共财物。

凡违反上述禁令的，视情节予以组织处理、纪律处分直至撤职、开除；涉嫌犯罪的，依法移送司法机关；对违反禁令行为查处不力的、包庇袒护的，依法追究有关领导的责任。

二〇〇三年十二月三日

关于实施环境监察人员六不准的通知

（国家环境保护总局办公厅文件　环办〔2003〕44 号）

各省、自治区、直辖市环境保护局（厅）：

为规范环境监察人员的执法行为，树立文明执法形象，建设一支社会认可、群众满意、公正执法、廉洁文明和作风过硬的环境监察队伍，特制定并实施环境监察人员“六不准”：

一、不准接受被检查者的礼品、礼金和有价证券；

二、不准接受被检查者宴请；

三、不准参加被检查者邀请的娱乐活动；

四、不准参与被检查者的营销活动；

五、不准向被检查者通风报信；

六、不准酒后开车、酒后执行公务。

全国环境监察人员必须共同遵守上述“六不准”规定。对于违反规定者，一经查实，应按照有关规定给予纪律处分。情节严重或造成重大环境污染损失的，应予以辞退或开除，并追究环境监察机构领导责任。

二〇〇三年五月三十日

第十八篇　行政执法

中华人民共和国行政许可法

中华人民共和国主席令

第7号

《中华人民共和国行政许可法》已由中华人民共和国第十届全国人民代表大会常务委员会第四次会议于2003年8月27日通过，现予公布，自2004年7月1日起施行。

中华人民共和国主席　胡锦涛

二〇〇三年八月二十七日

第一章　总　则

第一条　为了规范行政许可的设定和实施，保护公民、法人和其他组织的合法权益，维护公共利益和社会秩序，保障和监督行政机关有效实施行政管理，根据宪法，制定本法。

第二条　本法所称行政许可，是指行政机关根据公民、法人或者其他组织的申请，经依法审查，准予其从事特定活动的行为。

第三条　行政许可的设定和实施，适用本法。

有关行政机关对其他机关或者对其直接管理的事业单位的人事、财务、外事等事项的审批，不适用本法。

第四条　设定和实施行政许可，应当依照法定的权限、范围、条件和程序。

第五条　设定和实施行政许可，应当遵循公开、公平、公正的原则。

有关行政许可的规定应当公布；未经公布的，不得作为实施行政许可的依据。行政许可的实施和结果，除涉及国家秘密、商业秘密或者个人隐私的外，应当公开。

符合法定条件、标准的，申请人有依法取得行政许可的平等权利，行政机关不得歧视。

第六条　实施行政许可，应当遵循便民的原则，提高办事效率，提供优质服务。

第七条　公民、法人或者其他组织对行政机关实施行政许可，享有陈述权、申辩权；有权依法申请行政复议或者提起行政诉讼；其合法权益因行政机关违法实施行政许可受到损害的，有权依法要求赔偿。

第八条　公民、法人或者其他组织依法取得的行政许可受法律保护，行政机关不得擅自改变已经生效的行政许可。

行政许可所依据的法律、法规、规章修改或者废止，或者准予行政许可所依据的客观情况发生重大变化的，为了公共利益的需要，行政机关可以依法变更或者撤回已经生效的行政许可。由此给公民、法人或者其他组织造成财产损失的，行政机关应当依法给予补偿。

第九条　依法取得的行政许可，除法律、法规规定依照法定条件和程序可以转让的外，不得转让。

第十条　县级以上人民政府应当建立健全对行政机关实施行政许可的监督制度，加强对行政机关实施行政许可的监督检查。

行政机关应当对公民、法人或者其他组织从事行政许可事项的活动实施有效监督。

第二章　行政许可的设定

第十一条　设定行政许可，应当遵循经济和社会发展规律，有利于发挥公民、法人或者其他组织的积极性、主动性，维护公共利益和社会秩序，促进经济、社会和生态环境协调发展。

第十二条 下列事项可以设定行政许可：

（一）直接涉及国家安全、公共安全、经济宏观调控、生态环境保护以及直接关系人身健康、生命财产安全等特定活动，需要按照法定条件予以批准的事项；

（二）有限自然资源开发利用、公共资源配置以及直接关系公共利益的特定行业的市场准入等，需要赋予特定权利的事项；

（三）提供公众服务并且直接关系公共利益的职业、行业，需要确定具备特殊信誉、特殊条件或者特殊技能等资格、资质的事项；

（四）直接关系公共安全、人身健康、生命财产安全的重要设备、设施、产品、物品，需要按照技术标准、技术规范，通过检验、检测、检疫等方式进行审定的事项；

（五）企业或者其他组织的设立等，需要确定主体资格的事项；

（六）法律、行政法规规定可以设定行政许可的其他事项。

第十三条 本法第十二条所列事项，通过下列方式能够予以规范的，可以不设行政许可：

（一）公民、法人或者其他组织能够自主决定的；

（二）市场竞争机制能够有效调节的；

（三）行业组织或者中介机构能够自律管理的；

（四）行政机关采用事后监督等其他行政管理方式能够解决的。

第十四条 本法第十二条所列事项，法律可以设定行政许可。尚未制定法律的，行政法规可以设定行政许可。

必要时，国务院可以采用发布决定的方式设定行政许可。实施后，除临时性行政许可事项外，国务院应当及时提请全国人民代表大会及其常务委员会制定法律，或者自行制定行政法规。

第十五条 本法第十二条所列事项，尚未制定法律、行政法规的，地方性法规可以设定行政许可；尚未制定法律、行政法规和地方性法规的，因行政管理的需要，确需立即实施行政许可的，省、自治区、直辖市人民政府规章可以设定临时性的行政许可。临时性的行政许可实施满一年需要继续实施的，应当提请本级人民代表大会及其常务委员会制定地方性法规。

地方性法规和省、自治区、直辖市人民政府规章，不得设定应当由国家统一确定的公民、法人或者其他组织的资格、资质的行政许可；不得设定企业或者其他组织的设立登记及其前置性行政许可。其设定的行政许可，不得限制其他地区的个人或者企业到本地区从事生产经营和提供服务，不得限制其他地区的商品进入本地区市场。

第十六条 行政法规可以在法律设定的行政许可事项范围内，对实施该行政许可作出具体规定。

地方性法规可以在法律、行政法规设定的行政许可事项范围内，对实施该行政许可作出具体规定。

规章可以在上位法设定的行政许可事项范围内，对实施该行政许可作出具体规定。

法规、规章对实施上位法设定的行政许可作出的具体规定，不得增设行政许可；对行政许可条件作出的具体规定，不得增设违反上位法的其他条件。

第十七条 除本法第十四条、第十五条规定的外，其他规范性文件一律不得设定行政许可。

第十八条 设定行政许可，应当规定行政许可的实施机关、条件、程序、期限。

第十九条 起草法律草案、法规草案和省、自治区、直辖市人民政府规章草案，拟设定行政许可的，起草单位应当采取听证会、论证会等形式听取意见，并向制定机关说明设定该行政许可的必要性、对经济和社会可能产生的影响以及听取和采纳意见的情况。

第二十条 行政许可的设定机关应当定期对其设定的行政许可进行评价；对已设定的行政许可，认为通过本法第十三条所列方式能够解决的，应当对设定该行政许可的规定及时予以修改或者废止。

行政许可的实施机关可以对已设定的行政许可的实施情况及存在的必要性适时进行评价，并将意见报告该行政许可的设定机关。

公民、法人或者其他组织可以向行政许可的设定机关和实施机关就行政许可的设定和实施提出意见和建议。

第二十一条 省、自治区、直辖市人民政府对行政法规设定的有关经济事务的行政许可，根据本行政区域经济和社会发展情况，认为通过本法第十三条所列方式能够解决的，报国务院批准后，可以在本行政区域内停止实施该行政许可。

第三章 行政许可的实施机关

第二十二条 行政许可由具有行政许可权的行政机关在其法定职权范围内实施。

第二十三条 法律、法规授权的具有管理公共事务职能的组织，在法定授权范围内，以自己的名义实施行政许可。被授权的组织适用本法有关行政机关的规定。

第二十四条 行政机关在其法定职权范围内，依照法律、法规、规章的规定，可以委托其他行政机关实施行政许可。委托机关应当将受委托行政机关和受委托实施行政许可的内容予以公告。

委托行政机关对受委托行政机关实施行政许可的行为应当负责监督，并对该行为的后果承担法律责任。

受委托行政机关在委托范围内，以委托行政机关名义实施行政许可；不得再委托其他组织或者个人实施行政许可。

第二十五条 经国务院批准，省、自治区、直辖市人民政府根据精简、统一、效能的原则，可以决定一个行政机关行使有关行政机关的行政许可权。

第二十六条 行政许可需要行政机关内设的多个机构办理的，该行政机关应当确定一个机构统一受理行政许可申请，统一送达行政许可决定。

行政许可依法由地方人民政府两个以上部门分别实施的，本级人民政府可以确定一个部门受理行政许可申请并转告有关部门分别提出意见后统一办理，或者组织有关部门联合办理、集中办理。

第二十七条 行政机关实施行政许可，不得向申请人提出购买指定商品、接受有偿服务等不正当要求。

行政机关工作人员办理行政许可，不得索取或者收受申请人的财物，不得谋取其他利益。

第二十八条 对直接关系公共安全、人身健康、生命财产安全的设备、设施、产品、物品的检验、检测、检疫，除法律、行政法规规定由行政机关实施的外，应当逐步由符合法定条件的专业技术组织实施。专业技术组织及其有关人员对所实施的检验、检测、检疫结论承担法律责任。

第四章 行政许可的实施程序

第一节 申请与受理

第二十九条 公民、法人或者其他组织从事特定活动，依法需要取得行政许可的，应当向行政机关提出申请。申请书需要采用格式文本的，行政机关应当向申请人提供行政许可申请书格式文本。申请书格式文本中不得包含与申请行政许可事项没有直接关系的内容。

申请人可以委托代理人提出行政许可申请。但是，依法应当由申请人到行政机关办公场所提出行政许可申请的除外。

行政许可申请可以通过信函、电报、电传、传真、电子数据交换和电子邮件等方式提出。

第三十条 行政机关应当将法律、法规、规章规定的有关行政许可的事项、依据、条件、数量、程序、期限以及需要提交的全部材料的目录和申请书示范文本等在办公场所公示。

申请人要求行政机关对公示内容予以说明、解释的，行政机关应当说明、解释，提供准确、可靠的信息。

第三十一条 申请人申请行政许可，应当如实向行政机关提交有关材料和反映真实情况，并对其申请材料实质内容的真实性负责。行政机关不得要求申请人提交与其申请的行政许可事项无关的技术资料和其他材料。

第三十二条　行政机关对申请人提出的行政许可申请，应当根据下列情况分别作出处理：

（一）申请事项依法不需要取得行政许可的，应当即时告知申请人不受理；

（二）申请事项依法不属于本行政机关职权范围的，应当即时作出不予受理的决定，并告知申请人向有关行政机关申请；

（三）申请材料存在可以当场更正的错误的，应当允许申请人当场更正；

（四）申请材料不齐全或者不符合法定形式的，应当当场或者在五日内一次告知申请人需要补正的全部内容，逾期不告知的，自收到申请材料之日起即为受理；

（五）申请事项属于本行政机关职权范围，申请材料齐全、符合法定形式，或者申请人按照本行政机关的要求提交全部补正申请材料的，应当受理行政许可申请。

行政机关受理或者不予受理行政许可申请，应当出具加盖本行政机关专用印章和注明日期的书面凭证。

第三十三条　行政机关应当建立和完善有关制度，推行电子政务，在行政机关的网站上公布行政许可事项，方便申请人采取数据电文等方式提出行政许可申请；应当与其他行政机关共享有关行政许可信息，提高办事效率。

第二节　审查与决定

第三十四条　行政机关应当对申请人提交的申请材料进行审查。

申请人提交的申请材料齐全、符合法定形式，行政机关能够当场作出决定的，应当当场作出书面的行政许可决定。

根据法定条件和程序，需要对申请材料的实质内容进行核实的，行政机关应当指派两名以上工作人员进行核查。

第三十五条　依法应当先经下级行政机关审查后报上级行政机关决定的行政许可，下级行政机关应当在法定期限内将初步审查意见和全部申请材料直接报送上级行政机关。上级行政机关不得要求申请人重复提供申请材料。

第三十六条　行政机关对行政许可申请进行审查时，发现行政许可事项直接关系他人重大利益的，应当告知该利害关系人。申请人、利害关系人有权进行陈述和申辩。行政机关应当听取申请人、利害关系人的意见。

第三十七条　行政机关对行政许可申请进行审查后，除当场作出行政许可决定的外，应当在法定期限内按照规定程序作出行政许可决定。

第三十八条　申请人的申请符合法定条件、标准的，行政机关应当依法作出准予行政许可的书面决定。

行政机关依法作出不予行政许可的书面决定的，应当说明理由，并告知申请人享有依法申请行政复议或者提起行政诉讼的权利。

第三十九条　行政机关作出准予行政许可的决定，需要颁发行政许可证件的，应当向申请人颁发加盖本行政机关印章的下列行政许可证件：

（一）许可证、执照或者其他许可证书；

（二）资格证、资质证或者其他合格证书；

（三）行政机关的批准文件或者证明文件；

（四）法律、法规规定的其他行政许可证件。

行政机关实施检验、检测、检疫的，可以在检验、检测、检疫合格的设备、设施、产品、物品上加贴标签或者加盖检验、检测、检疫印章。

第四十条　行政机关作出的准予行政许可决定，应当予以公开，公众有权查阅。

第四十一条 法律、行政法规设定的行政许可，其适用范围没有地域限制的，申请人取得的行政许可在全国范围内有效。

第三节 期 限

第四十二条 除可以当场作出行政许可决定的外，行政机关应当自受理行政许可申请之日起二十日内作出行政许可决定。二十日内不能作出决定的，经本行政机关负责人批准，可以延长十日，并应当将延长期限的理由告知申请人。但是，法律、法规另有规定的，依照其规定。

依照本法第二十六条的规定，行政许可采取统一办理或者联合办理、集中办理的，办理的时间不得超过四十五日；四十五日内不能办结的，经本级人民政府负责人批准，可以延长十五日，并应当将延长期限的理由告知申请人。

第四十三条 依法应当先经下级行政机关审查后报上级行政机关决定的行政许可，下级行政机关应当自其受理行政许可申请之日起二十日内审查完毕。但是，法律、法规另有规定的，依照其规定。

第四十四条 行政机关作出准予行政许可的决定，应当自作出决定之日起十日内向申请人颁发、送达行政许可证件，或者加贴标签、加盖检验、检测、检疫印章。

第四十五条 行政机关作出行政许可决定，依法需要听证、招标、拍卖、检验、检测、检疫、鉴定和专家评审的，所需时间不计算在本节规定的期限内。行政机关应当将所需时间书面告知申请人。

第四节 听 证

第四十六条 法律、法规、规章规定实施行政许可应当听证的事项，或者行政机关认为需要听证的其他涉及公共利益的重大行政许可事项，行政机关应当向社会公告，并举行听证。

第四十七条 行政许可直接涉及申请人与他人之间重大利益关系的，行政机关在作出行政许可决定前，应当告知申请人、利害关系人享有要求听证的权利；申请人、利害关系人在被告知听证权利之日起五日内提出听证申请的，行政机关应当在二十日内组织听证。

申请人、利害关系人不承担行政机关组织听证的费用。

第四十八条 听证按照下列程序进行：

（一）行政机关应当于举行听证的七日前将举行听证的时间、地点通知申请人、利害关系人，必要时予以公告；

（二）听证应当公开举行；

（三）行政机关应当指定审查该行政许可申请的工作人员以外的人员为听证主持人，申请人、利害关系人认为主持人与该行政许可事项有直接利害关系的，有权申请回避；

（四）举行听证时，审查该行政许可申请的工作人员应当提供审查意见的证据、理由，申请人、利害关系人可以提出证据，并进行申辩和质证；

（五）听证应当制作笔录，听证笔录应当交听证参加人确认无误后签字或者盖章。

行政机关应当根据听证笔录，作出行政许可决定。

第五节 变更与延续

第四十九条 被许可人要求变更行政许可事项的，应当向作出行政许可决定的行政机关提出申请；符合法定条件、标准的，行政机关应当依法办理变更手续。

第五十条 被许可人需要延续依法取得的行政许可的有效期的，应当在该行政许可有效期届满三十日前向作出行政许可决定的行政机关提出申请。但是，法律、法规、规章另有规定的，依照其规定。

行政机关应当根据被许可人的申请，在该行政许可有效期届满前作出是否准予延续的决定；逾期未作决定的，视为准予延续。

第六节　特别规定

第五十一条　实施行政许可的程序，本节有规定的，适用本节规定；本节没有规定的，适用本章其他有关规定。

第五十二条　国务院实施行政许可的程序，适用有关法律、行政法规的规定。

第五十三条　实施本法第十二条第二项所列事项的行政许可的，行政机关应当通过招标、拍卖等公平竞争的方式作出决定。但是，法律、行政法规另有规定的，依照其规定。

行政机关通过招标、拍卖等方式作出行政许可决定的具体程序，依照有关法律、行政法规的规定。

行政机关按照招标、拍卖程序确定中标人、买受人后，应当作出准予行政许可的决定，并依法向中标人、买受人颁发行政许可证件。

行政机关违反本条规定，不采用招标、拍卖方式，或者违反招标、拍卖程序，损害申请人合法权益的，申请人可以依法申请行政复议或者提起行政诉讼。

第五十四条　实施本法第十二条第三项所列事项的行政许可，赋予公民特定资格，依法应当举行国家考试的，行政机关根据考试成绩和其他法定条件作出行政许可决定；赋予法人或者其他组织特定的资格、资质的，行政机关根据申请人的专业人员构成、技术条件、经营业绩和管理水平等的考核结果作出行政许可决定。但是，法律、行政法规另有规定的，依照其规定。

公民特定资格的考试依法由行政机关或者行业组织实施，公开举行。行政机关或者行业组织应当事先公布资格考试的报名条件、报考办法、考试科目以及考试大纲。但是，不得组织强制性的资格考试的考前培训，不得指定教材或者其他助考材料。

第五十五条　实施本法第十二条第四项所列事项的行政许可的，应当按照技术标准、技术规范依法进行检验、检测、检疫，行政机关根据检验、检测、检疫的结果作出行政许可决定。

行政机关实施检验、检测、检疫，应当自受理申请之日起五日内指派两名以上工作人员按照技术标准、技术规范进行检验、检测、检疫。不需要对检验、检测、检疫结果作进一步技术分析即可认定设备、设施、产品、物品是否符合技术标准、技术规范的，行政机关应当当场作出行政许可决定。

行政机关根据检验、检测、检疫结果，作出不予行政许可决定的，应当书面说明不予行政许可所依据的技术标准、技术规范。

第五十六条　实施本法第十二条第五项所列事项的行政许可，申请人提交的申请材料齐全、符合法定形式的，行政机关应当当场予以登记。需要对申请材料的实质内容进行核实的，行政机关依照本法第三十四条第三款的规定办理。

第五十七条　有数量限制的行政许可，两个或者两个以上申请人的申请均符合法定条件、标准的，行政机关应当根据受理行政许可申请的先后顺序作出准予行政许可的决定。但是，法律、行政法规另有规定的，依照其规定。

第五章　行政许可的费用

第五十八条　行政机关实施行政许可和对行政许可事项进行监督检查，不得收取任何费用。但是，法律、行政法规另有规定的，依照其规定。

行政机关提供行政许可申请书格式文本，不得收费。

行政机关实施行政许可所需经费应当列入本行政机关的预算，由本级财政予以保障，按照批准的预算予以核拨。

第五十九条　行政机关实施行政许可，依照法律、行政法规收取费用的，应当按照公布的法定项目和标准收费；所收取的费用必须全部上缴国库，任何机关或者个人不得以任何形式截留、挪用、私分或者变相私分。财政部门不得以任何形式向行政机关返还或者变相返还实施行政许可所收取的费用。

第六章 监督检查

第六十条 上级行政机关应当加强对下级行政机关实施行政许可的监督检查，及时纠正行政许可实施中的违法行为。

第六十一条 行政机关应当建立健全监督制度，通过核查反映被许可人从事行政许可事项活动情况的有关材料，履行监督责任。

行政机关依法对被许可人从事行政许可事项的活动进行监督检查时，应当将监督检查的情况和处理结果予以记录，由监督检查人员签字后归档。公众有权查阅行政机关监督检查记录。

行政机关应当创造条件，实现与被许可人、其他有关行政机关的计算机档案系统互联，核查被许可人从事行政许可事项活动情况。

第六十二条 行政机关可以对被许可人生产经营的产品依法进行抽样检查、检验、检测，对其生产经营场所依法进行实地检查。检查时，行政机关可以依法查阅或者要求被许可人报送有关材料；被许可人应当如实提供有关情况和材料。

行政机关根据法律、行政法规的规定，对直接关系公共安全、人身健康、生命财产安全的重要设备、设施进行定期检验。对检验合格的，行政机关应当发给相应的证明文件。

第六十三条 行政机关实施监督检查，不得妨碍被许可人正常的生产经营活动，不得索取或者收受被许可人的财物，不得谋取其他利益。

第六十四条 被许可人在作出行政许可决定的行政机关管辖区域外违法从事行政许可事项活动的，违法行为发生地的行政机关应当依法将被许可人的违法事实、处理结果抄告作出行政许可决定的行政机关。

第六十五条 个人和组织发现违法从事行政许可事项的活动，有权向行政机关举报，行政机关应当及时核实、处理。

第六十六条 被许可人未依法履行开发利用自然资源义务或者未依法履行利用公共资源义务的，行政机关应当责令限期改正；被许可人在规定期限内不改正的，行政机关应当依照有关法律、行政法规的规定予以处理。

第六十七条 取得直接关系公共利益的特定行业的市场准入行政许可的被许可人，应当按照国家规定的服务标准、资费标准和行政机关依法规定的条件，向用户提供安全、方便、稳定和价格合理的服务，并履行普遍服务的义务；未经作出行政许可决定的行政机关批准，不得擅自停业、歇业。

被许可人不履行前款规定的义务的，行政机关应当责令限期改正，或者依法采取有效措施督促其履行义务。

第六十八条 对直接关系公共安全、人身健康、生命财产安全的重要设备、设施，行政机关应当督促设计、建造、安装和使用单位建立相应的自检制度。

行政机关在监督检查时，发现直接关系公共安全、人身健康、生命财产安全的重要设备、设施存在安全隐患的，应当责令停止建造、安装和使用，并责令设计、建造、安装和使用单位立即改正。

第六十九条 有下列情形之一的，作出行政许可决定的行政机关或者其上级行政机关，根据利害关系人的请求或者依据职权，可以撤销行政许可：

（一）行政机关工作人员滥用职权、玩忽职守作出准予行政许可决定的；

（二）超越法定职权作出准予行政许可决定的；

（三）违反法定程序作出准予行政许可决定的；

（四）对不具备申请资格或者不符合法定条件的申请人准予行政许可的；

（五）依法可以撤销行政许可的其他情形。

被许可人以欺骗、贿赂等不正当手段取得行政许可的，应当予以撤销。

依照前两款的规定撤销行政许可，可能对公共利益造成重大损害的，不予撤销。

依照本条第一款的规定撤销行政许可，被许可人的合法权益受到损害的，行政机关应当依法给予赔偿。依照本条第二款的规定撤销行政许可的，被许可人基于行政许可取得的利益不受保护。

第七十条 有下列情形之一的，行政机关应当依法办理有关行政许可的注销手续：

（一）行政许可有效期届满未延续的；

（二）赋予公民特定资格的行政许可，该公民死亡或者丧失行为能力的；

（三）法人或者其他组织依法终止的；

（四）行政许可依法被撤销、撤回，或者行政许可证件依法被吊销的；

（五）因不可抗力导致行政许可事项无法实施的；

（六）法律、法规规定的应当注销行政许可的其他情形。

第七章 法律责任

第七十一条 违反本法第十七条规定设定的行政许可，有关机关应当责令设定该行政许可的机关改正，或者依法予以撤销。

第七十二条 行政机关及其工作人员违反本法的规定，有下列情形之一的，由其上级行政机关或者监察机关责令改正；情节严重的，对直接负责的主管人员和其他直接责任人员依法给予行政处分：

（一）对符合法定条件的行政许可申请不予受理的；

（二）不在办公场所公示依法应当公示的材料的；

（三）在受理、审查、决定行政许可过程中，未向申请人、利害关系人履行法定告知义务的；

（四）申请人提交的申请材料不齐全、不符合法定形式，不一次告知申请人必须补正的全部内容的；

（五）未依法说明不受理行政许可申请或者不予行政许可的理由的；

（六）依法应当举行听证而不举行听证的。

第七十三条 行政机关工作人员办理行政许可、实施监督检查，索取或者收受他人财物或者谋取其他利益，构成犯罪的，依法追究刑事责任；尚不构成犯罪的，依法给予行政处分。

第七十四条 行政机关实施行政许可，有下列情形之一的，由其上级行政机关或者监察机关责令改正，对直接负责的主管人员和其他直接责任人员依法给予行政处分；构成犯罪的，依法追究刑事责任：

（一）对不符合法定条件的申请人准予行政许可或者超越法定职权作出准予行政许可决定的；

（二）对符合法定条件的申请人不予行政许可或者不在法定期限内作出准予行政许可决定的；

（三）依法应当根据招标、拍卖结果或者考试成绩择优作出准予行政许可决定，未经招标、拍卖或者考试，或者不根据招标、拍卖结果或者考试成绩择优作出准予行政许可决定的。

第七十五条 行政机关实施行政许可，擅自收费或者不按照法定项目和标准收费的，由其上级行政机关或者监察机关责令退还非法收取的费用；对直接负责的主管人员和其他直接责任人员依法给予行政处分。

截留、挪用、私分或者变相私分实施行政许可依法收取的费用的，予以追缴；对直接负责的主管人员和其他直接责任人员依法给予行政处分；构成犯罪的，依法追究刑事责任。

第七十六条 行政机关违法实施行政许可，给当事人的合法权益造成损害的，应当依照国家赔偿法的规定给予赔偿。

第七十七条 行政机关不依法履行监督职责或者监督不力，造成严重后果的，由其上级行政机关或者监察机关责令改正，对直接负责的主管人员和其他直接责任人员依法给予行政处分；构成犯罪的，依法追究刑事责任。

第七十八条 行政许可申请人隐瞒有关情况或者提供虚假材料申请行政许可的，行政机关不予受理或者不予行政许可，并给予警告；行政许可申请属于直接关系公共安全、人身健康、生命财产安全事项的，申请人在一年内不得再次申请该行政许可。

第七十九条 被许可人以欺骗、贿赂等不正当手段取得行政许可的，行政机关应当依法给予行政处罚；取得的行政许可属于直接关系公共安全、人身健康、生命财产安全事项的，申请人在三年内不得再次申请该行政许可；构成犯罪的，依法追究刑事责任。

第八十条 被许可人有下列行为之一的，行政机关应当依法给予行政处罚；构成犯罪的，依法追究刑事责任：

（一）涂改、倒卖、出租、出借行政许可证件，或者以其他形式非法转让行政许可的；

（二）超越行政许可范围进行活动的；

（三）向负责监督检查的行政机关隐瞒有关情况、提供虚假材料或者拒绝提供反映其活动情况的真实材料的；

（四）法律、法规、规章规定的其他违法行为。

第八十一条 公民、法人或者其他组织未经行政许可，擅自从事依法应当取得行政许可的活动的，行政机关应当依法采取措施予以制止，并依法给予行政处罚；构成犯罪的，依法追究刑事责任。

第八章 附 则

第八十二条 本法规定的行政机关实施行政许可的期限以工作日计算，不含法定节假日。

第八十三条 本法自 2004 年 7 月 1 日起施行。

本法施行前有关行政许可的规定，制定机关应当依照本法规定予以清理；不符合本法规定的，自本法施行之日起停止执行。

中华人民共和国行政处罚法

（1996 年 3 月 17 日第八届全国人民代表大会第四次会议通过 根据 2009 年 8 月 27 日第十一届全国人民代表大会常务委员会第十次会议《关于修改部分法律的决定》第一次修正 根据 2017 年 9 月 1 日第十二届全国人民代表大会常务委员会第二十九次会议《关于修改〈中华人民共和国法官法〉等八部法律的决定》第二次修正）

目 录

第一章 总 则

第一条 为了规范行政处罚的设定和实施，保障和监督行政机关有效实施行政管理，维护公共利益和社会秩序，保护公民、法人或者其他组织的合法权益，根据宪法，制定本法。

第二条 行政处罚的设定和实施，适用本法。

第三条 公民、法人或者其他组织违反行政管理秩序的行为，应当给予行政处罚的，依照本法由法律、法规或者规章规定，并由行政机关依照本法规定的程序实施。

没有法定依据或者不遵守法定程序的，行政处罚无效。

第四条 行政处罚遵循公正、公开的原则。

设定和实施行政处罚必须以事实为依据，与违法行为的事实、性质、情节以及社会危害程度相当。

对违法行为给予行政处罚的规定必须公布；未经公布的，不得作为行政处罚的依据。

第五条 实施行政处罚，纠正违法行为，应当坚持处罚与教育相结合，教育公民、法人或者其他组织自觉守法。

第六条 公民、法人或者其他组织对行政机关所给予的行政处罚，享有陈述权、申辩权；对行政处罚不服的，有权依法申请行政复议或者提起行政诉讼。

公民、法人或者其他组织因行政机关违法给予行政处罚受到损害的，有权依法提出赔偿要求。

第七条 公民、法人或者其他组织因违法受到行政处罚，其违法行为对他人造成损害的，应当依法承担民事责任。

违法行为构成犯罪，应当依法追究刑事责任，不得以行政处罚代替刑事处罚。

第二章 行政处罚的种类和设定

第八条 行政处罚的种类：

（一）警告；

（二）罚款；

（三）没收违法所得、没收非法财物；

（四）责令停产停业；

（五）暂扣或者吊销许可证、暂扣或者吊销执照；

（六）行政拘留；

（七）法律、行政法规规定的其他行政处罚。

第九条 法律可以设定各种行政处罚。

限制人身自由的行政处罚，只能由法律设定。

第十条 行政法规可以设定除限制人身自由以外的行政处罚。

法律对违法行为已经作出行政处罚规定，行政法规需要作出具体规定的，必须在法律规定的给予行政处罚的行为、种类和幅度的范围内规定。

第十一条 地方性法规可以设定除限制人身自由、吊销企业营业执照以外的行政处罚。

法律、行政法规对违法行为已经作出行政处罚规定，地方性法规需要作出具体规定的，必须在法律、行政法规规定的给予行政处罚的行为、种类和幅度的范围内规定。

第十二条 国务院部、委员会制定的规章可以在法律、行政法规规定的给予行政处罚的行为、种类和幅度的范围内作出具体规定。

尚未制定法律、行政法规的，前款规定的国务院部、委员会制定的规章对违反行政管理秩序的行为，可以设定警告或者一定数量罚款的行政处罚。罚款的限额由国务院规定。

国务院可以授权具有行政处罚权的直属机构依照本条第一款、第二款的规定，规定行政处罚。

第十三条 省、自治区、直辖市人民政府和省、自治区人民政府所在地的市人民政府以及经国务院批准的较大的市人民政府制定的规章可以在法律、法规规定的给予行政处罚的行为、种类和幅度的范围内作出具体规定。

尚未制定法律、法规的，前款规定的人民政府制定的规章对违反行政管理秩序的行为，可以设定警告或者一定数量罚款的行政处罚。罚款的限额由省、自治区、直辖市人民代表大会常务委员会规定。

第十四条 除本法第九条、第十条、第十一条、第十二条以及第十三条的规定外，其他规范性文件不得设定行政处罚。

第三章 行政处罚的实施机关

第十五条 行政处罚由具有行政处罚权的行政机关在法定职权范围内实施。

第十六条 国务院或者经国务院授权的省、自治区、直辖市人民政府可以决定一个行政机关行使有关行政机关的行政处罚权，但限制人身自由的行政处罚权只能由公安机关行使。

第十七条 法律、法规授权的具有管理公共事务职能的组织可以在法定授权范围内实施行政处罚。

第十八条 行政机关依照法律、法规或者规章的规定，可以在其法定权限内委托符合本法第十九条规定条件的组织实施行政处罚。行政机关不得委托其他组织或者个人实施行政处罚。

委托行政机关对受委托的组织实施行政处罚的行为应当负责监督，并对该行为的后果承担法律责任。

受委托组织在委托范围内，以委托行政机关名义实施行政处罚；不得再委托其他任何组织或者个人实施行政处罚。

第十九条 受委托组织必须符合以下条件：

（一）依法成立的管理公共事务的事业组织；

（二）具有熟悉有关法律、法规、规章和业务的工作人员；

（三）对违法行为需要进行技术检查或者技术鉴定的，应当有条件组织进行相应的技术检查或者技术鉴定。

第四章 行政处罚的管辖和适用

第二十条 行政处罚由违法行为发生地的县级以上地方人民政府具有行政处罚权的行政机关管辖。法律、行政法规另有规定的除外。

第二十一条 对管辖发生争议的，报请共同的上一级行政机关指定管辖。

第二十二条 违法行为构成犯罪的，行政机关必须将案件移送司法机关，依法追究刑事责任。

第二十三条 行政机关实施行政处罚时，应当责令当事人改正或者限期改正违法行为。

第二十四条 对当事人的同一个违法行为，不得给予两次以上罚款的行政处罚。

第二十五条 不满十四周岁的人有违法行为的，不予行政处罚，责令监护人加以管教；已满十四周岁不满十八周岁的人有违法行为的，从轻或者减轻行政处罚。

第二十六条 精神病人在不能辨认或者不能控制自己行为时有违法行为的，不予行政处罚，但应当责令其监护人严加看管和治疗。间歇性精神病人在精神正常时有违法行为的，应当给予行政处罚。

第二十七条 当事人有下列情形之一的，应当依法从轻或者减轻行政处罚：

（一）主动消除或者减轻违法行为危害后果的；

（二）受他人胁迫有违法行为的；

（三）配合行政机关查处违法行为有立功表现的；

（四）其他依法从轻或者减轻行政处罚的。

违法行为轻微并及时纠正，没有造成危害后果的，不予行政处罚。

第二十八条 违法行为构成犯罪，人民法院判处拘役或者有期徒刑时，行政机关已经给予当事人行政拘留的，应当依法折抵相应刑期。

违法行为构成犯罪，人民法院判处罚金时，行政机关已经给予当事人罚款的，应当折抵相应罚金。

第二十九条 违法行为在二年内未被发现的，不再给予行政处罚。法律另有规定的除外。

前款规定的期限，从违法行为发生之日起计算；违法行为有连续或者继续状态的，从行为终了之日起计算。

第五章 行政处罚的决定

第三十条 公民、法人或者其他组织违反行政管理秩序的行为，依法应当给予行政处罚的，行政机关必须查明事实；违法事实不清的，不得给予行政处罚。

第三十一条 行政机关在作出行政处罚决定之前，应当告知当事人作出行政处罚决定的事实、理由及依据，并告知当事人依法享有的权利。

第三十二条 当事人有权进行陈述和申辩。行政机关必须充分听取当事人的意见，对当事人提出的事实、理由和证据，应当进行复核；当事人提出的事实、理由或者证据成立的，行政机关应当采纳。

行政机关不得因当事人申辩而加重处罚。

第一节 简易程序

第三十三条 违法事实确凿并有法定依据，对公民处以五十元以下、对法人或者其他组织处以一千元以下罚款或者警告的行政处罚的，可以当场作出行政处罚决定。当事人应当依照本法第四十六条、第四十七条、第四十八条的规定履行行政处罚决定。

第三十四条 执法人员当场作出行政处罚决定的，应当向当事人出示执法身份证件，填写预定格式、编有号码的行政处罚决定书。行政处罚决定书应当当场交付当事人。

前款规定的行政处罚决定书应当载明当事人的违法行为、行政处罚依据、罚款数额、时间、地点以及行政机关名称，并由执法人员签名或者盖章。

执法人员当场作出的行政处罚决定，必须报所属行政机关备案。

第三十五条 当事人对当场作出的行政处罚决定不服的，可以依法申请行政复议或者提起行政诉讼。

第二节 一般程序

第三十六条 除本法第三十三条规定的可以当场作出的行政处罚外，行政机关发现公民、法人或者其他组织有依法应当给予行政处罚的行为的，必须全面、客观、公正地调查，收集有关证据；必要时，依照法律、法规的规定，可以进行检查。

第三十七条 行政机关在调查或者进行检查时，执法人员不得少于两人，并应当向当事人或者有关人员出示证件。当事人或者有关人员应当如实回答询问，并协助调查或者检查，不得阻挠。询问或者检查应当制作笔录。

行政机关在收集证据时，可以采取抽样取证的方法；在证据可能灭失或者以后难以取得的情况下，经行政机关负责人批准，可以先行登记保存，并应当在七日内及时作出处理决定，在此期间，当事人或者有关人员不得销毁或者转移证据。

执法人员与当事人有直接利害关系的，应当回避。

第三十八条 调查终结，行政机关负责人应当对调查结果进行审查，根据不同情况，分别作出如下决定：

（一）确有应受行政处罚的违法行为的，根据情节轻重及具体情况，作出行政处罚决定；

（二）违法行为轻微，依法可以不予行政处罚的，不予行政处罚；

（三）违法事实不能成立的，不得给予行政处罚；

（四）违法行为已构成犯罪的，移送司法机关。

对情节复杂或者重大违法行为给予较重的行政处罚，行政机关的负责人应当集体讨论决定。

在行政机关负责人作出决定之前，应当由从事行政处罚决定审核的人员进行审核。行政机关中初次从事行政处罚决定审核的人员，应当通过国家统一法律职业资格考试取得法律职业资格。

第三十九条 行政机关依照本法第三十八条的规定给予行政处罚，应当制作行政处罚决定书。行政处罚决定书应当载明下列事项：

（一）当事人的姓名或者名称、地址；

（二）违反法律、法规或者规章的事实和证据；

（三）行政处罚的种类和依据；

（四）行政处罚的履行方式和期限；

（五）不服行政处罚决定，申请行政复议或者提起行政诉讼的途径和期限；

（六）作出行政处罚决定的行政机关名称和作出决定的日期。

行政处罚决定书必须盖有作出行政处罚决定的行政机关的印章。

第四十条 行政处罚决定书应当在宣告后当场交付当事人；当事人不在场的，行政机关应当在七日内依照民事诉讼法的有关规定，将行政处罚决定书送达当事人。

第四十一条 行政机关及其执法人员在作出行政处罚决定之前，不依照本法第三十一条、第三十二条的规定向当事人告知给予行政处罚的事实、理由和依据，或者拒绝听取当事人的陈述、申辩，行政处罚决定不能成立；当事人放弃陈述或者申辩权利的除外。

第三节 听证程序

第四十二条 行政机关作出责令停产停业、吊销许可证或者执照、较大数额罚款等行政处罚决定之前，应当告知当事人有要求举行听证的权利；当事人要求听证的，行政机关应当组织听证。当事人不承担行政机关组织听证的费用。听证依照以下程序组织：

（一）当事人要求听证的，应当在行政机关告知后三日内提出；

（二）行政机关应当在听证的七日前，通知当事人举行听证的时间、地点；

（三）除涉及国家秘密、商业秘密或者个人隐私外，听证公开举行；

（四）听证由行政机关指定的非本案调查人员主持；当事人认为主持人与本案有直接利害关系的，有权申请回避；

（五）当事人可以亲自参加听证，也可以委托一至二人代理；

（六）举行听证时，调查人员提出当事人违法的事实、证据和行政处罚建议；当事人进行申辩和质证；

（七）听证应当制作笔录；笔录应当交当事人审核无误后签字或者盖章。

当事人对限制人身自由的行政处罚有异议的，依照治安管理处罚法有关规定执行。

第四十三条 听证结束后，行政机关依照本法第三十八条的规定，作出决定。

第六章 行政处罚的执行

第四十四条 行政处罚决定依法作出后，当事人应当在行政处罚决定的期限内，予以履行。

第四十五条 当事人对行政处罚决定不服申请行政复议或者提起行政诉讼的，行政处罚不停止执行，法律另有规定的除外。

第四十六条 作出罚款决定的行政机关应当与收缴罚款的机构分离。

除依照本法第四十七条、第四十八条的规定当场收缴的罚款外，作出行政处罚决定的行政机关及其执法人员不得自行收缴罚款。

当事人应当自收到行政处罚决定书之日起十五日内，到指定的银行缴纳罚款。银行应当收受罚款，并将罚款直接上缴国库。

第四十七条　依照本法第三十三条的规定当场作出行政处罚决定，有下列情形之一的，执法人员可以当场收缴罚款：

（一）依法给予二十元以下的罚款的；

（二）不当场收缴事后难以执行的。

第四十八条　在边远、水上、交通不便地区，行政机关及其执法人员依照本法第三十三条、第三十八条的规定作出罚款决定后，当事人向指定的银行缴纳罚款确有困难，经当事人提出，行政机关及其执法人员可以当场收缴罚款。

第四十九条　行政机关及其执法人员当场收缴罚款的，必须向当事人出具省、自治区、直辖市财政部门统一制发的罚款收据；不出具财政部门统一制发的罚款收据的，当事人有权拒绝缴纳罚款。

第五十条　执法人员当场收缴的罚款，应当自收缴罚款之日起二日内，交至行政机关；在水上当场收缴的罚款，应当自抵岸之日起二日内交至行政机关；行政机关应当在二日内将罚款缴付指定的银行。

第五十一条　当事人逾期不履行行政处罚决定的，作出行政处罚决定的行政机关可以采取下列措施：

（一）到期不缴纳罚款的，每日按罚款数额的百分之三加处罚款；

（二）根据法律规定，将查封、扣押的财物拍卖或者将冻结的存款划拨抵缴罚款；

（三）申请人民法院强制执行。

第五十二条　当事人确有经济困难，需要延期或者分期缴纳罚款的，经当事人申请和行政机关批准，可以暂缓或者分期缴纳。

第五十三条　除依法应当予以销毁的物品外，依法没收的非法财物必须按照国家规定公开拍卖或者按照国家有关规定处理。

罚款、没收违法所得或者没收非法财物拍卖的款项，必须全部上缴国库，任何行政机关或者个人不得以任何形式截留、私分或者变相私分；财政部门不得以任何形式向作出行政处罚决定的行政机关返还罚款、没收的违法所得或者返还没收非法财物的拍卖款项。

第五十四条　行政机关应当建立健全对行政处罚的监督制度。县级以上人民政府应当加强对行政处罚的监督检查。

公民、法人或者其他组织对行政机关作出的行政处罚，有权申诉或者检举；行政机关应当认真审查，发现行政处罚有错误的，应当主动改正。

第七章　法律责任

第五十五条　行政机关实施行政处罚，有下列情形之一的，由上级行政机关或者有关部门责令改正，可以对直接负责的主管人员和其他直接责任人员依法给予行政处分：

（一）没有法定的行政处罚依据的；

（二）擅自改变行政处罚种类、幅度的；

（三）违反法定的行政处罚程序的；

（四）违反本法第十八条关于委托处罚的规定的。

第五十六条　行政机关对当事人进行处罚不使用罚款、没收财物单据或者使用非法定部门制发的罚款、没收财物单据的，当事人有权拒绝处罚，并有权予以检举。上级行政机关或者有关部门对使用的非法单据予以收缴销毁，对直接负责的主管人员和其他直接责任人员依法给予行政处分。

第五十七条　行政机关违反本法第四十六条的规定自行收缴罚款的，财政部门违反本法第五十三条的规定向行政机关返还罚款或者拍卖款项的，由上级行政机关或者有关部门责令改正，对直接负责的主管人员和其他直接责任人员依法给予行政处分。

第五十八条　行政机关将罚款、没收的违法所得或者财物截留、私分或者变相私分的，由财政部门或者有关部门予以追缴，对直接负责的主管人员和其他直接责任人员依法给予行政处分；情节严重构成犯罪的，依法追究刑事责任。

执法人员利用职务上的便利，索取或者收受他人财物、收缴罚款据为己有，构成犯罪的，依法追究刑事责任；情节轻微不构成犯罪的，依法给予行政处分。

第五十九条 行政机关使用或者损毁扣押的财物，对当事人造成损失的，应当依法予以赔偿，对直接负责的主管人员和其他直接责任人员依法给予行政处分。

第六十条 行政机关违法实行检查措施或者执行措施，给公民人身或者财产造成损害、给法人或者其他组织造成损失的，应当依法予以赔偿，对直接负责的主管人员和其他直接责任人员依法给予行政处分；情节严重构成犯罪的，依法追究刑事责任。

第六十一条 行政机关为牟取本单位私利，对应当依法移交司法机关追究刑事责任的不移交，以行政处罚代替刑罚，由上级行政机关或者有关部门责令纠正；拒不纠正的，对直接负责的主管人员给予行政处分；徇私舞弊、包庇纵容违法行为的，依照刑法有关规定追究刑事责任。

第六十二条 执法人员玩忽职守，对应当予以制止和处罚的违法行为不予制止、处罚，致使公民、法人或者其他组织的合法权益、公共利益和社会秩序遭受损害的，对直接负责的主管人员和其他直接责任人员依法给予行政处分；情节严重构成犯罪的，依法追究刑事责任。

第八章 附 则

第六十三条 本法第四十六条罚款决定与罚款收缴分离的规定，由国务院制定具体实施办法。

第六十四条 本法自1996年10月1日起施行。

本法公布前制定的法规和规章关于行政处罚的规定与本法不符合的，应当自本法公布之日起，依照本法规定予以修订，在1997年12月31日前修订完毕。

中华人民共和国行政强制法

中华人民共和国主席令

第49号

《中华人民共和国行政强制法》已由中华人民共和国第十一届全国人民代表大会常务委员会第二十一次会议于2011年6月30日通过，现予公布，自2012年1月1日起施行。

中华人民共和国主席 胡锦涛

二〇一一年六月三十日

第一章 总 则

第一条 为了规范行政强制的设定和实施，保障和监督行政机关依法履行职责，维护公共利益和社会秩序，保护公民、法人和其他组织的合法权益，根据宪法，制定本法。

第二条 本法所称行政强制，包括行政强制措施和行政强制执行。

行政强制措施，是指行政机关在行政管理过程中，为制止违法行为、防止证据损毁、避免危害发生、控制危险扩大等情形，依法对公民的人身自由实施暂时性限制，或者对公民、法人或者其他组织的财物实施暂时性控制的行为。

行政强制执行，是指行政机关或者行政机关申请人民法院，对不履行行政决定的公民、法人或者其他组织，依法强制履行义务的行为。

第三条 行政强制的设定和实施，适用本法。

发生或者即将发生自然灾害、事故灾难、公共卫生事件或者社会安全事件等突发事件，行政机关采取应急措施或者临时措施，依照有关法律、行政法规的规定执行。

行政机关采取金融业审慎监管措施、进出境货物强制性技术监控措施，依照有关法律、行政法规的规定执行。

第四条 行政强制的设定和实施，应当依照法定的权限、范围、条件和程序。

第五条 行政强制的设定和实施，应当适当。采用非强制手段可以达到行政管理目的的，不得设定和实施行政强制。

第六条 实施行政强制，应当坚持教育与强制相结合。

第七条 行政机关及其工作人员不得利用行政强制权为单位或者个人谋取利益。

第八条 公民、法人或者其他组织对行政机关实施行政强制，享有陈述权、申辩权；有权依法申请行政复议或者提起行政诉讼；因行政机关违法实施行政强制受到损害的，有权依法要求赔偿。

公民、法人或者其他组织因人民法院在强制执行中有违法行为或者扩大强制执行范围受到损害的，有权依法要求赔偿。

第二章 行政强制的种类和设定

第九条 行政强制措施的种类：

（一）限制公民人身自由；

（二）查封场所、设施或者财物；

（三）扣押财物；

（四）冻结存款、汇款；

（五）其他行政强制措施。

第十条 行政强制措施由法律设定。

尚未制定法律，且属于国务院行政管理职权事项的，行政法规可以设定除本法第九条第一项、第四项和应当由法律规定的行政强制措施以外的其他行政强制措施。

尚未制定法律、行政法规，且属于地方性事务的，地方性法规可以设定本法第九条第二项、第三项的行政强制措施。

法律、法规以外的其他规范性文件不得设定行政强制措施。

第十一条 法律对行政强制措施的对象、条件、种类作了规定的，行政法规、地方性法规不得作出扩大规定。

法律中未设定行政强制措施的，行政法规、地方性法规不得设定行政强制措施。但是，法律规定特定事项由行政法规规定具体管理措施的，行政法规可以设定除本法第九条第一项、第四项和应当由法律规定的行政强制措施以外的其他行政强制措施。

第十二条 行政强制执行的方式：

（一）加处罚款或者滞纳金；

（二）划拨存款、汇款；

（三）拍卖或者依法处理查封、扣押的场所、设施或者财物；

（四）排除妨碍、恢复原状；

（五）代履行；

（六）其他强制执行方式。

第十三条 行政强制执行由法律设定。

法律没有规定行政机关强制执行的，作出行政决定的行政机关应当申请人民法院强制执行。

第十四条 起草法律草案、法规草案，拟设定行政强制的，起草单位应当采取听证会、论证会等形式听取意见，并向制定机关说明设定该行政强制的必要性、可能产生的影响以及听取和采纳意见的情况。

第十五条 行政强制的设定机关应当定期对其设定的行政强制进行评价，并对不适当的行政强制及时予以修改或者废止。

行政强制的实施机关可以对已设定的行政强制的实施情况及存在的必要性适时进行评价，并将意见报告该行政强制的设定机关。

公民、法人或者其他组织可以向行政强制的设定机关和实施机关就行政强制的设定和实施提出意见和建议。有关机关应当认真研究论证，并以适当方式予以反馈。

第三章 行政强制措施实施程序

第一节 一般规定

第十六条 行政机关履行行政管理职责，依照法律、法规的规定，实施行政强制措施。

违法行为情节显著轻微或者没有明显社会危害的，可以不采取行政强制措施。

第十七条 行政强制措施由法律、法规规定的行政机关在法定职权范围内实施。行政强制措施权不得委托。

依据《中华人民共和国行政处罚法》的规定行使相对集中行政处罚权的行政机关，可以实施法律、法规规定的与行政处罚权有关的行政强制措施。

行政强制措施应当由行政机关具备资格的行政执法人员实施，其他人员不得实施。

第十八条 行政机关实施行政强制措施应当遵守下列规定：

（一）实施前须向行政机关负责人报告并经批准；

（二）由两名以上行政执法人员实施；

（三）出示执法身份证件；

（四）通知当事人到场；

（五）当场告知当事人采取行政强制措施的理由、依据以及当事人依法享有的权利、救济途径；

（六）听取当事人的陈述和申辩；

（七）制作现场笔录；

（八）现场笔录由当事人和行政执法人员签名或者盖章，当事人拒绝的，在笔录中予以注明；

（九）当事人不到场的，邀请见证人到场，由见证人和行政执法人员在现场笔录上签名或者盖章；

（十）法律、法规规定的其他程序。

第十九条 情况紧急，需要当场实施行政强制措施的，行政执法人员应当在二十四小时内向行政机关负责人报告，并补办批准手续。行政机关负责人认为不应当采取行政强制措施的，应当立即解除。

第二十条 依照法律规定实施限制公民人身自由的行政强制措施，除应当履行本法第十八条规定的程序外，还应当遵守下列规定：

（一）当场告知或者实施行政强制措施后立即通知当事人家属实施行政强制措施的行政机关、地点和期限；

（二）在紧急情况下当场实施行政强制措施的，在返回行政机关后，立即向行政机关负责人报告并补办批准手续；

（三）法律规定的其他程序。

实施限制人身自由的行政强制措施不得超过法定期限。实施行政强制措施的目的已经达到或者条件已经消失，应当立即解除。

第二十一条 违法行为涉嫌犯罪应当移送司法机关的，行政机关应当将查封、扣押、冻结的财物一并移送，并书面告知当事人。

第二节 查封、扣押

第二十二条 查封、扣押应当由法律、法规规定的行政机关实施，其他任何行政机关或者组织不得实施。

第二十三条 查封、扣押限于涉案的场所、设施或者财物，不得查封、扣押与违法行为无关的场所、设施或者财物；不得查封、扣押公民个人及其所扶养家属的生活必需品。

当事人的场所、设施或者财物已被其他国家机关依法查封的，不得重复查封。

第二十四条 行政机关决定实施查封、扣押的，应当履行本法第十八条规定的程序，制作并当场交付查封、扣押决定书和清单。

查封、扣押决定书应当载明下列事项：

（一）当事人的姓名或者名称、地址；

（二）查封、扣押的理由、依据和期限；

（三）查封、扣押场所、设施或者财物的名称、数量等；

（四）申请行政复议或者提起行政诉讼的途径和期限；

（五）行政机关的名称、印章和日期。

查封、扣押清单一式二份，由当事人和行政机关分别保存。

第二十五条 查封、扣押的期限不得超过三十日；情况复杂的，经行政机关负责人批准，可以延长，但是延长期限不得超过三十日。法律、行政法规另有规定的除外。

延长查封、扣押的决定应当及时书面告知当事人，并说明理由。

对物品需要进行检测、检验、检疫或者技术鉴定的，查封、扣押的期间不包括检测、检验、检疫或者技术鉴定的期间。检测、检验、检疫或者技术鉴定的期间应当明确，并书面告知当事人。检测、检验、检疫或者技术鉴定的费用由行政机关承担。

第二十六条 对查封、扣押的场所、设施或者财物，行政机关应当妥善保管，不得使用或者损毁；造成损失的，应当承担赔偿责任。

对查封的场所、设施或者财物，行政机关可以委托第三人保管，第三人不得损毁或者擅自转移、处置。因第三人的原因造成的损失，行政机关先行赔付后，有权向第三人追偿。

因查封、扣押发生的保管费用由行政机关承担。

第二十七条 行政机关采取查封、扣押措施后，应当及时查清事实，在本法第二十五条规定的期限内作出处理决定。对违法事实清楚，依法应当没收的非法财物予以没收；法律、行政法规规定应当销毁的，依法销毁；应当解除查封、扣押的，作出解除查封、扣押的决定。

第二十八条 有下列情形之一的，行政机关应当及时作出解除查封、扣押决定：

（一）当事人没有违法行为；

（二）查封、扣押的场所、设施或者财物与违法行为无关；

（三）行政机关对违法行为已经作出处理决定，不再需要查封、扣押；

（四）查封、扣押期限已经届满；

（五）其他不再需要采取查封、扣押措施的情形。

解除查封、扣押应当立即退还财物；已将鲜活物品或者其他不易保管的财物拍卖或者变卖的，退还拍卖或者变卖所得款项。变卖价格明显低于市场价格，给当事人造成损失的，应当给予补偿。

第三节 冻 结

第二十九条 冻结存款、汇款应当由法律规定的行政机关实施，不得委托给其他行政机关或者组织；其他任何行政机关或者组织不得冻结存款、汇款。

冻结存款、汇款的数额应当与违法行为涉及的金额相当；已被其他国家机关依法冻结的，不得重复冻结。

第三十条 行政机关依照法律规定决定实施冻结存款、汇款的，应当履行本法第十八条第一项、第二项、第三项、第七项规定的程序，并向金融机构交付冻结通知书。

金融机构接到行政机关依法作出的冻结通知书后，应当立即予以冻结，不得拖延，不得在冻结前向当事人泄露信息。

法律规定以外的行政机关或者组织要求冻结当事人存款、汇款的，金融机构应当拒绝。

第三十一条 依照法律规定冻结存款、汇款的，作出决定的行政机关应当在三日内向当事人交付冻结决定书。冻结决定书应当载明下列事项：

（一）当事人的姓名或者名称、地址；

（二）冻结的理由、依据和期限；

（三）冻结的账号和数额；

（四）申请行政复议或者提起行政诉讼的途径和期限；

（五）行政机关的名称、印章和日期。

第三十二条 自冻结存款、汇款之日起三十日内，行政机关应当作出处理决定或者作出解除冻结决定；情况复杂的，经行政机关负责人批准，可以延长，但是延长期限不得超过三十日。法律另有规定的除外。

延长冻结的决定应当及时书面告知当事人，并说明理由。

第三十三条 有下列情形之一的，行政机关应当及时作出解除冻结决定：

（一）当事人没有违法行为；

（二）冻结的存款、汇款与违法行为无关；

（三）行政机关对违法行为已经作出处理决定，不再需要冻结；

（四）冻结期限已经届满；

（五）其他不再需要采取冻结措施的情形。

行政机关作出解除冻结决定的，应当及时通知金融机构和当事人。金融机构接到通知后，应当立即解除冻结。

行政机关逾期未作出处理决定或者解除冻结决定的，金融机构应当自冻结期满之日起解除冻结。

第四章 行政机关强制执行程序

第一节 一般规定

第三十四条 行政机关依法作出行政决定后，当事人在行政机关决定的期限内不履行义务的，具有行政强制执行权的行政机关依照本章规定强制执行。

第三十五条 行政机关作出强制执行决定前，应当事先催告当事人履行义务。催告应当以书面形式作出，并载明下列事项：

（一）履行义务的期限；

（二）履行义务的方式；

（三）涉及金钱给付的，应当有明确的金额和给付方式；

（四）当事人依法享有的陈述权和申辩权。

第三十六条 当事人收到催告书后有权进行陈述和申辩。行政机关应当充分听取当事人的意见，对当事人提出的事实、理由和证据，应当进行记录、复核。当事人提出的事实、理由或者证据成立的，行政机关应当采纳。

第三十七条 经催告，当事人逾期仍不履行行政决定，且无正当理由的，行政机关可以作出强制执行决定。

强制执行决定应当以书面形式作出，并载明下列事项：

（一）当事人的姓名或者名称、地址；

（二）强制执行的理由和依据；

（三）强制执行的方式和时间；

（四）申请行政复议或者提起行政诉讼的途径和期限；

（五）行政机关的名称、印章和日期。

在催告期间，对有证据证明有转移或者隐匿财物迹象的，行政机关可以作出立即强制执行决定。

第三十八条 催告书、行政强制执行决定书应当直接送达当事人。当事人拒绝接收或者无法直接送达当事人的，应当依照《中华人民共和国民事诉讼法》的有关规定送达。

第三十九条 有下列情形之一的，中止执行：

（一）当事人履行行政决定确有困难或者暂无履行能力的；

（二）第三人对执行标的主张权利，确有理由的；

（三）执行可能造成难以弥补的损失，且中止执行不损害公共利益的；

（四）行政机关认为需要中止执行的其他情形。

中止执行的情形消失后，行政机关应当恢复执行。对没有明显社会危害，当事人确无能力履行，中止执行满三年未恢复执行的，行政机关不再执行。

第四十条 有下列情形之一的，终结执行：

（一）公民死亡，无遗产可供执行，又无义务承受人的；

（二）法人或者其他组织终止，无财产可供执行，又无义务承受人的；

（三）执行标的灭失的；

（四）据以执行的行政决定被撤销的；

（五）行政机关认为需要终结执行的其他情形。

第四十一条 在执行中或者执行完毕后，据以执行的行政决定被撤销、变更，或者执行错误的，应当恢复原状或者退还财物；不能恢复原状或者退还财物的，依法给予赔偿。

第四十二条 实施行政强制执行，行政机关可以在不损害公共利益和他人合法权益的情况下，与当事人达成执行协议。执行协议可以约定分阶段履行；当事人采取补救措施的，可以减免加处的罚款或者滞纳金。

执行协议应当履行。当事人不履行执行协议的，行政机关应当恢复强制执行。

第四十三条 行政机关不得在夜间或者法定节假日实施行政强制执行。但是，情况紧急的除外。

行政机关不得对居民生活采取停止供水、供电、供热、供燃气等方式迫使当事人履行相关行政决定。

第四十四条 对违法的建筑物、构筑物、设施等需要强制拆除的，应当由行政机关予以公告，限期当事人自行拆除。当事人在法定期限内不申请行政复议或者提起行政诉讼，又不拆除的，行政机关可以依法强制拆除。

第二节 金钱给付义务的执行

第四十五条 行政机关依法作出金钱给付义务的行政决定，当事人逾期不履行的，行政机关可以依法加处罚款或者滞纳金。加处罚款或者滞纳金的标准应当告知当事人。

加处罚款或者滞纳金的数额不得超出金钱给付义务的数额。

第四十六条 行政机关依照本法第四十五条规定实施加处罚款或者滞纳金超过三十日，经催告当事人仍不履行的，具有行政强制执行权的行政机关可以强制执行。

行政机关实施强制执行前，需要采取查封、扣押、冻结措施的，依照本法第三章规定办理。

没有行政强制执行权的行政机关应当申请人民法院强制执行。但是，当事人在法定期限内不申请行政复议或者提起行政诉讼，经催告仍不履行的，在实施行政管理过程中已经采取查封、扣押措施的行政机关，可以将查封、扣押的财物依法拍卖抵缴罚款。

第四十七条 划拨存款、汇款应当由法律规定的行政机关决定，并书面通知金融机构。金融机构接到行政机关依法作出划拨存款、汇款的决定后，应当立即划拨。

法律规定以外的行政机关或者组织要求划拨当事人存款、汇款的，金融机构应当拒绝。

第四十八条 依法拍卖财物，由行政机关委托拍卖机构依照《中华人民共和国拍卖法》的规定办理。

第四十九条 划拨的存款、汇款以及拍卖和依法处理所得的款项应当上缴国库或者划入财政专户。任何行政机关或者个人不得以任何形式截留、私分或者变相私分。

第三节 代履行

第五十条 行政机关依法作出要求当事人履行排除妨碍、恢复原状等义务的行政决定，当事人逾期不履行，经催告仍不履行，其后果已经或者将危害交通安全、造成环境污染或者破坏自然资源的，行政机关可以代履行，或者委托没有利害关系的第三人代履行。

第五十一条 代履行应当遵守下列规定：

（一）代履行前送达决定书，代履行决定书应当载明当事人的姓名或者名称、地址，代履行的理由和依据、方式和时间、标的、费用预算以及代履行人；

（二）代履行三日前，催告当事人履行，当事人履行的，停止代履行；

（三）代履行时，作出决定的行政机关应当派员到场监督；

（四）代履行完毕，行政机关到场监督的工作人员、代履行人和当事人或者见证人应当在执行文书上签名或者盖章。

代履行的费用按照成本合理确定，由当事人承担。但是，法律另有规定的除外。

代履行不得采用暴力、胁迫以及其他非法方式。

第五十二条 需要立即清除道路、河道、航道或者公共场所的遗洒物、障碍物或者污染物，当事人不能清除的，行政机关可以决定立即实施代履行；当事人不在场的，行政机关应当在事后立即通知当事人，并依法作出处理。

第五章 申请人民法院强制执行

第五十三条 当事人在法定期限内不申请行政复议或者提起行政诉讼，又不履行行政决定的，没有行政强制执行权的行政机关可以自期限届满之日起三个月内，依照本章规定申请人民法院强制执行。

第五十四条 行政机关申请人民法院强制执行前，应当催告当事人履行义务。催告书送达十日后当事人仍未履行义务的，行政机关可以向所在地有管辖权的人民法院申请强制执行；执行对象是不动产的，向不动产所在地有管辖权的人民法院申请强制执行。

第五十五条 行政机关向人民法院申请强制执行，应当提供下列材料：

（一）强制执行申请书；

（二）行政决定书及作出决定的事实、理由和依据；

（三）当事人的意见及行政机关催告情况；

（四）申请强制执行标的情况；

（五）法律、行政法规规定的其他材料。

强制执行申请书应当由行政机关负责人签名，加盖行政机关的印章，并注明日期。

第五十六条 人民法院接到行政机关强制执行的申请，应当在五日内受理。

行政机关对人民法院不予受理的裁定有异议的，可以在十五日内向上一级人民法院申请复议，上一级人民法院应当自收到复议申请之日起十五日内作出是否受理的裁定。

第五十七条 人民法院对行政机关强制执行的申请进行书面审查，对符合本法第五十五条规定，且行政决定具备法定执行效力的，除本法第五十八条规定的情形外，人民法院应当自受理之日起七日内作出执行裁定。

第五十八条　人民法院发现有下列情形之一的，在作出裁定前可以听取被执行人和行政机关的意见：

（一）明显缺乏事实根据的；

（二）明显缺乏法律、法规依据的；

（三）其他明显违法并损害被执行人合法权益的。

人民法院应当自受理之日起三十日内作出是否执行的裁定。裁定不予执行的，应当说明理由，并在五日内将不予执行的裁定送达行政机关。

行政机关对人民法院不予执行的裁定有异议的，可以自收到裁定之日起十五日内向上一级人民法院申请复议，上一级人民法院应当自收到复议申请之日起三十日内作出是否执行的裁定。

第五十九条　因情况紧急，为保障公共安全，行政机关可以申请人民法院立即执行。经人民法院院长批准，人民法院应当自作出执行裁定之日起五日内执行。

第六十条　行政机关申请人民法院强制执行，不缴纳申请费。强制执行的费用由被执行人承担。

人民法院以划拨、拍卖方式强制执行的，可以在划拨、拍卖后将强制执行的费用扣除。

依法拍卖财物，由人民法院委托拍卖机构依照《中华人民共和国拍卖法》的规定办理。

划拨的存款、汇款以及拍卖和依法处理所得的款项应当上缴国库或者划入财政专户，不得以任何形式截留、私分或者变相私分。

第六章　法律责任

第六十一条　行政机关实施行政强制，有下列情形之一的，由上级行政机关或者有关部门责令改正，对直接负责的主管人员和其他直接责任人员依法给予处分：

（一）没有法律、法规依据的；

（二）改变行政强制对象、条件、方式的；

（三）违反法定程序实施行政强制的；

（四）违反本法规定，在夜间或者法定节假日实施行政强制执行的；

（五）对居民生活采取停止供水、供电、供热、供燃气等方式迫使当事人履行相关行政决定的；

（六）有其他违法实施行政强制情形的。

第六十二条　违反本法规定，行政机关有下列情形之一的，由上级行政机关或者有关部门责令改正，对直接负责的主管人员和其他直接责任人员依法给予处分：

（一）扩大查封、扣押、冻结范围的；

（二）使用或者损毁查封、扣押场所、设施或者财物的；

（三）在查封、扣押法定期间不作出处理决定或者未依法及时解除查封、扣押的；

（四）在冻结存款、汇款法定期间不作出处理决定或者未依法及时解除冻结的。

第六十三条　行政机关将查封、扣押的财物或者划拨的存款、汇款以及拍卖和依法处理所得的款项，截留、私分或者变相私分的，由财政部门或者有关部门予以追缴；对直接负责的主管人员和其他直接责任人员依法给予记大过、降级、撤职或者开除的处分。

行政机关工作人员利用职务上的便利，将查封、扣押的场所、设施或者财物据为己有的，由上级行政机关或者有关部门责令改正，依法给予记大过、降级、撤职或者开除的处分。

第六十四条　行政机关及其工作人员利用行政强制权为单位或者个人谋取利益的，由上级行政机关或者有关部门责令改正，对直接负责的主管人员和其他直接责任人员依法给予处分。

第六十五条　违反本法规定，金融机构有下列行为之一的，由金融业监督管理机构责令改正，对直接负责的主管人员和其他直接责任人员依法给予处分：

（一）在冻结前向当事人泄露信息的；

（二）对应当立即冻结、划拨的存款、汇款不冻结或者不划拨，致使存款、汇款转移的；

（三）将不应当冻结、划拨的存款、汇款予以冻结或者划拨的；

（四）未及时解除冻结存款、汇款的。

第六十六条 违反本法规定，金融机构将款项划入国库或者财政专户以外的其他账户的，由金融业监督管理机构责令改正，并处以违法划拨款项二倍的罚款；对直接负责的主管人员和其他直接责任人员依法给予处分。

违反本法规定，行政机关、人民法院指令金融机构将款项划入国库或者财政专户以外的其他账户的，对直接负责的主管人员和其他直接责任人员依法给予处分。

第六十七条 人民法院及其工作人员在强制执行中有违法行为或者扩大强制执行范围的，对直接负责的主管人员和其他直接责任人员依法给予处分。

第六十八条 违反本法规定，给公民、法人或者其他组织造成损失的，依法给予赔偿。

违反本法规定，构成犯罪的，依法追究刑事责任。

第七章 附 则

第六十九条 本法中十日以内期限的规定是指工作日，不含法定节假日。

第七十条 法律、行政法规授权的具有管理公共事务职能的组织在法定授权范围内，以自己的名义实施行政强制，适用本法有关行政机关的规定。

第七十一条 本法自2012年1月1日起施行。

中华人民共和国行政复议法

中华人民共和国主席令

第16号

《中华人民共和国行政复议法》已由中华人民共和国第九届全国人民代表大会常务委员会第九次会议于1999年4月29日通过，现予公布，自1999年10月1日起施行。

中华人民共和国主席 江泽民

一九九九年四月二十九日

（1999年4月29日第九届全国人民代表大会常务委员会第九次会议通过 根据2009年8月27日第十一届全国人民代表大会常务委员会第十次会议《关于修改部分法律的决定》第一次修正 根据2017年9月1日第十二届全国人民代表大会常务委员会第二十九次会议《关于修改〈中华人民共和国法官法〉等八部法律的决定》第二次修正）

第一章 总 则

第一条 为了防止和纠正违法的或者不当的具体行政行为，保护公民、法人和其他组织的合法权益，保障和监督行政机关依法行使职权，根据宪法，制定本法。

第二条 公民、法人或者其他组织认为具体行政行为侵犯其合法权益，向行政机关提出行政复议申请，行政机关受理行政复议申请、作出行政复议决定，适用本法。

第三条 依照本法履行行政复议职责的行政机关是行政复议机关。行政复议机关负责法制工作的机构具体办理行政复议事项，履行下列职责：

（一）受理行政复议申请；

（二）向有关组织和人员调查取证，查阅文件和资料；

（三）审查申请行政复议的具体行政行为是否合法与适当，拟订行政复议决定；

（四）处理或者转送对本法第七条所列有关规定的审查申请；

（五）对行政机关违反本法规定的行为依照规定的权限和程序提出处理建议；

（六）办理因不服行政复议决定提起行政诉讼的应诉事项；

（七）法律、法规规定的其他职责。

行政机关中初次从事行政复议的人员，应当通过国家统一法律职业资格考试取得法律职业资格。

第四条 行政复议机关履行行政复议职责，应当遵循合法、公正、公开、及时、便民的原则，坚持有错必纠，保障法律、法规的正确实施。

第五条 公民、法人或者其他组织对行政复议决定不服的，可以依照行政诉讼法的规定向人民法院提起行政诉讼，但是法律规定行政复议决定为最终裁决的除外。

第二章 行政复议范围

第六条 有下列情形之一的，公民、法人或者其他组织可以依照本法申请行政复议：

（一）对行政机关作出的警告、罚款、没收违法所得、没收非法财物、责令停产停业、暂扣或者吊销许可证、暂扣或者吊销执照、行政拘留等行政处罚决定不服的；

（二）对行政机关作出的限制人身自由或者查封、扣押、冻结财产等行政强制措施决定不服的；

（三）对行政机关作出的有关许可证、执照、资质证、资格证等证书变更、中止、撤销的决定不服的；

（四）对行政机关作出的关于确认土地、矿藏、水流、森林、山岭、草原、荒地、滩涂、海域等自然资源的所有权或者使用权的决定不服的；

（五）认为行政机关侵犯合法的经营自主权的；

（六）认为行政机关变更或者废止农业承包合同，侵犯其合法权益的；

（七）认为行政机关违法集资、征收财物、摊派费用或者违法要求履行其他义务的；

（八）认为符合法定条件，申请行政机关颁发许可证、执照、资质证、资格证等证书，或者申请行政机关审批、登记有关事项，行政机关没有依法办理的；

（九）申请行政机关履行保护人身权利、财产权利、受教育权利的法定职责，行政机关没有依法履行的；

（十）申请行政机关依法发放抚恤金、社会保险金或者最低生活保障费，行政机关没有依法发放的；

（十一）认为行政机关的其他具体行政行为侵犯其合法权益的。

第七条 公民、法人或者其他组织认为行政机关的具体行政行为所依据的下列规定不合法，在对具体行政行为申请行政复议时，可以一并向行政复议机关提出对该规定的审查申请：

（一）国务院部门的规定；

（二）县级以上地方各级人民政府及其工作部门的规定；

（三）乡、镇人民政府的规定。

前款所列规定不含国务院部、委员会规章和地方人民政府规章。规章的审查依照法律、行政法规办理。

第八条 不服行政机关作出的行政处分或者其他人事处理决定的，依照有关法律、行政法规的规定提出申诉。

不服行政机关对民事纠纷作出的调解或者其他处理，依法申请仲裁或者向人民法院提起诉讼。

第三章 行政复议申请

第九条 公民、法人或者其他组织认为具体行政行为侵犯其合法权益的，可以自知道该具体行政行为之日起六十日内提出行政复议申请；但是法律规定的申请期限超过六十日的除外。

因不可抗力或者其他正当理由耽误法定申请期限的，申请期限自障碍消除之日起继续计算。

第十条 依照本法申请行政复议的公民、法人或者其他组织是申请人。

有权申请行政复议的公民死亡的，其近亲属可以申请行政复议。有权申请行政复议的公民为无民事行为能力人或者限制民事行为能力人的，其法定代理人可以代为申请行政复议。有权申请行政复议的法人或者其他组织终止的，承受其权利的法人或者其他组织可以申请行政复议。

同申请行政复议的具体行政行为有利害关系的其他公民、法人或者其他组织，可以作为第三人参加行政复议。

公民、法人或者其他组织对行政机关的具体行政行为不服申请行政复议的，作出具体行政行为的行政机关是被申请人。

申请人、第三人可以委托代理人代为参加行政复议。

第十一条 申请人申请行政复议，可以书面申请，也可以口头申请；口头申请的，行政复议机关应当当场记录申请人的基本情况、行政复议请求、申请行政复议的主要事实、理由和时间。

第十二条 对县级以上地方各级人民政府工作部门的具体行政行为不服的，由申请人选择，可以向该部门的本级人民政府申请行政复议，也可以向上一级主管部门申请行政复议。

对海关、金融、国税、外汇管理等实行垂直领导的行政机关和国家安全机关的具体行政行为不服的，向上一级主管部门申请行政复议。

第十三条 对地方各级人民政府的具体行政行为不服的，向上一级地方人民政府申请行政复议。

对省、自治区人民政府依法设立的派出机关所属的县级地方人民政府的具体行政行为不服的，向该派出机关申请行政复议。

第十四条 对国务院部门或者省、自治区、直辖市人民政府的具体行政行为不服的，向作出该具体行政行为的国务院部门或者省、自治区、直辖市人民政府申请行政复议。对行政复议决定不服的，可以向人民法院提起行政诉讼；也可以向国务院申请裁决，国务院依照本法的规定作出最终裁决。

第十五条 对本法第十二条、第十三条、第十四条规定以外的其他行政机关、组织的具体行政行为不服的，按照下列规定申请行政复议：

（一）对县级以上地方人民政府依法设立的派出机关的具体行政行为不服的，向设立该派出机关的人民政府申请行政复议；

（二）对政府工作部门依法设立的派出机构依照法律、法规或者规章规定，以自己的名义作出的具体行政行为不服的，向设立该派出机构的部门或者该部门的本级地方人民政府申请行政复议；

（三）对法律、法规授权的组织的具体行政行为不服的，分别向直接管理该组织的地方人民政府、地方人民政府工作部门或者国务院部门申请行政复议；

（四）对两个或者两个以上行政机关以共同的名义作出的具体行政行为不服的，向其共同上一级行政机关申请行政复议；

（五）对被撤销的行政机关在撤销前所作出的具体行政行为不服的，向继续行使其职权的行政机关的上一级行政机关申请行政复议。

有前款所列情形之一的，申请人也可以向具体行政行为发生地的县级地方人民政府提出行政复议申请，由接受申请的县级地方人民政府依照本法第十八条的规定办理。

第十六条 公民、法人或者其他组织申请行政复议，行政复议机关已经依法受理的，或者法律、法规规定应当先向行政复议机关申请行政复议、对行政复议决定不服再向人民法院提起行政诉讼的，在法定行政复议期限内不得向人民法院提起行政诉讼。

公民、法人或者其他组织向人民法院提起行政诉讼，人民法院已经依法受理的，不得申请行政复议。

第四章　行政复议受理

第十七条　行政复议机关收到行政复议申请后，应当在五日内进行审查，对不符合本法规定的行政复议申请，决定不予受理，并书面告知申请人；对符合本法规定，但是不属于本机关受理的行政复议申请，应当告知申请人向有关行政复议机关提出。

除前款规定外，行政复议申请自行政复议机关负责法制工作的机构收到之日起即为受理。

第十八条　依照本法第十五条第二款的规定接受行政复议申请的县级地方人民政府，对依照本法第十五条第一款的规定属于其他行政复议机关受理的行政复议申请，应当自接到该行政复议申请之日起七日内，转送有关行政复议机关，并告知申请人。接受转送的行政复议机关应当依照本法第十七条的规定办理。

第十九条　法律、法规规定应当先向行政复议机关申请行政复议、对行政复议决定不服再向人民法院提起行政诉讼的，行政复议机关决定不予受理或者受理后超过行政复议期限不作答复的，公民、法人或者其他组织可以自收到不予受理决定书之日起或者行政复议期满之日起十五日内，依法向人民法院提起行政诉讼。

第二十条　公民、法人或者其他组织依法提出行政复议申请，行政复议机关无正当理由不予受理的，上级行政机关应当责令其受理；必要时，上级行政机关也可以直接受理。

第二十一条　行政复议期间具体行政行为不停止执行；但是，有下列情形之一的，可以停止执行：

（一）被申请人认为需要停止执行的；

（二）行政复议机关认为需要停止执行的；

（三）申请人申请停止执行，行政复议机关认为其要求合理，决定停止执行的；

（四）法律规定停止执行的。

第五章　行政复议决定

第二十二条　行政复议原则上采取书面审查的办法，但是申请人提出要求或者行政复议机关负责法制工作的机构认为有必要时，可以向有关组织和人员调查情况，听取申请人、被申请人和第三人的意见。

第二十三条　行政复议机关负责法制工作的机构应当自行政复议申请受理之日起七日内，将行政复议申请书副本或者行政复议申请笔录复印件发送被申请人。被申请人应当自收到申请书副本或者申请笔录复印件之日起十日内，提出书面答复，并提交当初作出具体行政行为的证据、依据和其他有关材料。

申请人、第三人可以查阅被申请人提出的书面答复、作出具体行政行为的证据、依据和其他有关材料，除涉及国家秘密、商业秘密或者个人隐私外，行政复议机关不得拒绝。

第二十四条　在行政复议过程中，被申请人不得自行向申请人和其他有关组织或者个人收集证据。

第二十五条　行政复议决定作出前，申请人要求撤回行政复议申请的，经说明理由，可以撤回；撤回行政复议申请的，行政复议终止。

第二十六条　申请人在申请行政复议时，一并提出对本法第七条所列有关规定的审查申请的，行政复议机关对该规定有权处理的，应当在三十日内依法处理；无权处理的，应当在七日内按照法定程序转送有权处理的行政机关依法处理，有权处理的行政机关应当在六十日内依法处理。处理期间，中止对具体行政行为的审查。

第二十七条　行政复议机关在对被申请人作出的具体行政行为进行审查时，认为其依据不合法，本机关有权处理的，应当在三十日内依法处理；无权处理的，应当在七日内按照法定程序转送有权处理的国家机关依法处理。处理期间，中止对具体行政行为的审查。

第二十八条　行政复议机关负责法制工作的机构应当对被申请人作出的具体行政行为进行审查，提出意见，经行政复议机关的负责人同意或者集体讨论通过后，按照下列规定作出行政复议决定：

（一）具体行政行为认定事实清楚，证据确凿，适用依据正确，程序合法，内容适当的，决定维持；

（二）被申请人不履行法定职责的，决定其在一定期限内履行；

（三）具体行政行为有下列情形之一的，决定撤销、变更或者确认该具体行政行为违法；决定撤销或者确认该具体行政行为违法的，可以责令被申请人在一定期限内重新作出具体行政行为：

1 主要事实不清、证据不足的；

2 适用依据错误的；

3 违反法定程序的；

4 超越或者滥用职权的；

5 具体行政行为明显不当的。

（四）被申请人不按照本法第二十三条的规定提出书面答复、提交当初作出具体行政行为的证据、依据和其他有关材料的，视为该具体行政行为没有证据、依据，决定撤销该具体行政行为。

行政复议机关责令被申请人重新作出具体行政行为的，被申请人不得以同一的事实和理由作出与原具体行政行为相同或者基本相同的具体行政行为。

第二十九条 申请人在申请行政复议时可以一并提出行政赔偿请求，行政复议机关对符合国家赔偿法的有关规定应当给予赔偿的，在决定撤销、变更具体行政行为或者确认具体行政行为违法时，应当同时决定被申请人依法给予赔偿。

申请人在申请行政复议时没有提出行政赔偿请求的，行政复议机关在依法决定撤销或者变更罚款，撤销违法集资、没收财物、征收财物、摊派费用以及对财产的查封、扣押、冻结等具体行政行为时，应当同时责令被申请人返还财产，解除对财产的查封、扣押、冻结措施，或者赔偿相应的价款。

第三十条 公民、法人或者其他组织认为行政机关的具体行政行为侵犯其已经依法取得的土地、矿藏、水流、森林、山岭、草原、荒地、滩涂、海域等自然资源的所有权或者使用权的，应当先申请行政复议；对行政复议决定不服的，可以依法向人民法院提起行政诉讼。

根据国务院或者省、自治区、直辖市人民政府对行政区划的勘定、调整或者征收土地的决定，省、自治区、直辖市人民政府确认土地、矿藏、水流、森林、山岭、草原、荒地、滩涂、海域等自然资源的所有权或者使用权的行政复议决定为最终裁决。

第三十一条 行政复议机关应当自受理申请之日起六十日内作出行政复议决定；但是法律规定的行政复议期限少于六十日的除外。情况复杂，不能在规定期限内作出行政复议决定的，经行政复议机关的负责人批准，可以适当延长，并告知申请人和被申请人；但是延长期限最多不超过三十日。

行政复议机关作出行政复议决定，应当制作行政复议决定书，并加盖印章。

行政复议决定书一经送达，即发生法律效力。

第三十二条 被申请人应当履行行政复议决定。

被申请人不履行或者无正当理由拖延履行行政复议决定的，行政复议机关或者有关上级行政机关应当责令其限期履行。

第三十三条 申请人逾期不起诉又不履行行政复议决定的，或者不履行最终裁决的行政复议决定的，按照下列规定分别处理：

（一）维持具体行政行为的行政复议决定，由作出具体行政行为的行政机关依法强制执行，或者申请人民法院强制执行；

（二）变更具体行政行为的行政复议决定，由行政复议机关依法强制执行，或者申请人民法院强制执行。

第六章　法律责任

第三十四条 行政复议机关违反本法规定，无正当理由不予受理依法提出的行政复议申请或者不按照规定转送行政复议申请的，或者在法定期限内不作出行政复议决定的，对直接负责的主管人员和其他直接责任人员依法给予警告、记过、记大过的行政处分；经责令受理仍不受理或者不按照规定转送行政复议申请，造成严重后果的，依法给予降级、撤职、开除的行政处分。

第三十五条 行政复议机关工作人员在行政复议活动中，徇私舞弊或者有其他渎职、失职行为的，依法给予警告、记过、记大过的行政处分；情节严重的，依法给予降级、撤职、开除的行政处分；构成犯罪的，依法追究刑事责任。

第三十六条 被申请人违反本法规定，不提出书面答复或者不提交作出具体行政行为的证据、依据和其他有关材料，或者阻挠、变相阻挠公民、法人或者其他组织依法申请行政复议的，对直接负责的主管人员和其他直接责任人员依法给予警告、记过、记大过的行政处分；进行报复陷害的，依法给予降级、撤职、开除的行政处分；构成犯罪的，依法追究刑事责任。

第三十七条 被申请人不履行或者无正当理由拖延履行行政复议决定的，对直接负责的主管人员和其他直接责任人员依法给予警告、记过、记大过的行政处分；经责令履行仍拒不履行的，依法给予降级、撤职、开除的行政处分。

第三十八条 行政复议机关负责法制工作的机构发现有无正当理由不予受理行政复议申请、不按照规定期限作出行政复议决定、徇私舞弊、对申请人打击报复或者不履行行政复议决定等情形的，应当向有关行政机关提出建议，有关行政机关应当依照本法和有关法律、行政法规的规定作出处理。

第七章 附 则

第三十九条 行政复议机关受理行政复议申请，不得向申请人收取任何费用。行政复议活动所需经费，应当列入本机关的行政经费，由本级财政予以保障。

第四十条 行政复议期间的计算和行政复议文书的送达，依照民事诉讼法关于期间、送达的规定执行。

本法关于行政复议期间有关“五日”、“七日”的规定是指工作日，不含节假日。

第四十一条 外国人、无国籍人、外国组织在中华人民共和国境内申请行政复议，适用本法。

第四十二条 本法施行前公布的法律有关行政复议的规定与本法的规定不一致的，以本法的规定为准。

第四十三条 本法自1999年10月1日起施行。1990年12月24日国务院发布、1994年10月9日国务院修订发布的《行政复议条例》同时废止。

中华人民共和国行政诉讼法

中华人民共和国主席令

第十五号

《全国人民代表大会常务委员会关于修改〈中华人民共和国行政诉讼法〉的决定》已由中华人民共和国第十二届全国人民代表大会常务委员会第十一次会议于2014年11月1日通过，现予公布，自2015年5月1日起施行。

中华人民共和国主席 习近平

2014年11月1日

第一章 总则

第一条 为保证人民法院公正、及时审理行政案件，解决行政争议，保护公民、法人和其他组织的合法权益，监督行政机关依法行使行政职权，根据宪法，制定本法。

第二条 公民、法人或者其他组织认为行政机关和行政机关工作人员的行政行为侵犯其合法权益，有权依照本法向人民法院提起诉讼。

前款所称行政行为，包括法律、法规、规章授权的组织作出的行政行为。

第三条 人民法院应当保障公民、法人和其他组织的起诉权利，对应当受理的行政案件依法受理。

行政机关及其工作人员不得干预、阻碍人民法院受理行政案件。

被诉行政机关负责人应当出庭应诉。不能出庭的，应当委托行政机关相应的工作人员出庭。

第四条 人民法院依法对行政案件独立行使审判权，不受行政机关、社会团体和个人的干涉。

人民法院设行政审判庭，审理行政案件。

第五条 人民法院审理行政案件，以事实为根据，以法律为准绳。

第六条 人民法院审理行政案件，对行政行为是否合法进行审查。

第七条 人民法院审理行政案件，依法实行合议、回避、公开审判和两审终审制度。

第八条 当事人在行政诉讼中的法律地位平等。

第九条 各民族公民都有用本民族语言、文字进行行政诉讼的权利。

在少数民族聚居或者多民族共同居住的地区，人民法院应当用当地民族通用的语言、文字进行审理和发布法律文书。

人民法院应当对不通晓当地民族通用的语言、文字的诉讼参与人提供翻译。

第十条 当事人在行政诉讼中有权进行辩论。

第十一条 人民检察院有权对行政诉讼实行法律监督。

第二章 受案范围

第十二条 人民法院受理公民、法人或者其他组织提起的下列诉讼：

（一）对行政拘留、暂扣或者吊销许可证和执照、责令停产停业、没收违法所得、没收非法财物、罚款、警告等行政处罚不服的；

（二）对限制人身自由或者对财产的查封、扣押、冻结等行政强制措施和行政强制执行不服的；

（三）申请行政许可，行政机关拒绝或者在法定期限内不予答复，或者对行政机关作出的有关行政许可的其他决定不服的；

（四）对行政机关作出的关于确认土地、矿藏、水流、森林、山岭、草原、荒地、滩涂、海域等自然资源的所有权或者使用权的决定不服的；

（五）对征收、征用决定及其补偿决定不服的；

（六）申请行政机关履行保护人身权、财产权等合法权益的法定职责，行政机关拒绝履行或者不予答复的；

（七）认为行政机关侵犯其经营自主权或者农村土地承包经营权、农村土地经营权的；

（八）认为行政机关滥用行政权力排除或者限制竞争的；

（九）认为行政机关违法集资、摊派费用或者违法要求履行其他义务的；

（十）认为行政机关没有依法支付抚恤金、最低生活保障待遇或者社会保险待遇的；

（十一）认为行政机关不依法履行、未按照约定履行或者违法变更、解除政府特许经营协议、土地房屋征收补偿协议等协议的；

（十二）认为行政机关侵犯其他人身权、财产权等合法权益的。

除前款规定外，人民法院受理法律、法规规定可以提起诉讼的其他行政案件。

第十三条　人民法院不受理公民、法人或者其他组织对下列事项提起的诉讼：

（一）国防、外交等国家行为；

（二）行政法规、规章或者行政机关制定、发布的具有普遍约束力的决定、命令；

（三）行政机关对行政机关工作人员的奖惩、任免等决定；

（四）法律规定由行政机关最终裁决的行政行为。

第三章　管辖

第十四条　基层人民法院管辖第一审行政案件。

第十五条　中级人民法院管辖下列第一审行政案件：

（一）对国务院部门或者县级以上地方人民政府所作的行政行为提起诉讼的案件；

（二）海关处理的案件；

（三）本辖区内重大、复杂的案件；

（四）其他法律规定由中级人民法院管辖的案件。

第十六条　高级人民法院管辖本辖区内重大、复杂的第一审行政案件。

第十七条　最高人民法院管辖全国范围内重大、复杂的第一审行政案件。

第十八条　行政案件由最初作出行政行为的行政机关所在地人民法院管辖。经复议的案件，也可以由复议机关所在地人民法院管辖。

经最高人民法院批准，高级人民法院可以根据审判工作的实际情况，确定若干人民法院跨行政区域管辖行政案件。

第十九条　对限制人身自由的行政强制措施不服提起的诉讼，由被告所在地或者原告所在地人民法院管辖。

第二十条　因不动产提起的行政诉讼，由不动产所在地人民法院管辖。

第二十一条　两个以上人民法院都有管辖权的案件，原告可以选择其中一个人民法院提起诉讼。原告向两个以上有管辖权的人民法院提起诉讼的，由最先立案的人民法院管辖。

第二十二条　人民法院发现受理的案件不属于本院管辖的，应当移送有管辖权的人民法院，受移送的人民法院应当受理。受移送的人民法院认为受移送的案件按照规定不属于本院管辖的，应当报请上级人民法院指定管辖，不得再自行移送。

第二十三条　有管辖权的人民法院由于特殊原因不能行使管辖权的，由上级人民法院指定管辖。

人民法院对管辖权发生争议，由争议双方协商解决。协商不成的，报它们的共同上级人民法院指定管辖。

第二十四条　上级人民法院有权审理下级人民法院管辖的第一审行政案件。

下级人民法院对其管辖的第一审行政案件，认为需要由上级人民法院审理或者指定管辖的，可以报请上级人民法院决定。

第四章　诉讼参加人

第二十五条　行政行为的相对人以及其他与行政行为有利害关系的公民、法人或者其他组织，有权提起诉讼。

有权提起诉讼的公民死亡，其近亲属可以提起诉讼。

有权提起诉讼的法人或者其他组织终止，承受其权利的法人或者其他组织可以提起诉讼。

第二十六条　公民、法人或者其他组织直接向人民法院提起诉讼的，作出行政行为的行政机关是被告。

经复议的案件，复议机关决定维持原行政行为的，作出原行政行为的行政机关和复议机关是共同被告；复议机关改变原行政行为的，复议机关是被告。

复议机关在法定期限内未作出复议决定，公民、法人或者其他组织起诉原行政行为的，作出原行政行为的行政机关是被告；起诉复议机关不作为的，复议机关是被告。

两个以上行政机关作出同一行政行为的，共同作出行政行为的行政机关是共同被告。

行政机关委托的组织所作的行政行为，委托的行政机关是被告。

行政机关被撤销或者职权变更的，继续行使其职权的行政机关是被告。

第二十七条 当事人一方或者双方为二人以上，因同一行政行为发生的行政案件，或者因同类行政行为发生的行政案件、人民法院认为可以合并审理并经当事人同意的，为共同诉讼。

第二十八条 当事人一方人数众多的共同诉讼，可以由当事人推选代表人进行诉讼。代表人的诉讼行为对其所代表的当事人发生效力，但代表人变更、放弃诉讼请求或者承认对方当事人的诉讼请求，应当经被代表的当事人同意。

第二十九条 公民、法人或者其他组织同被诉行政行为有利害关系但没有提起诉讼，或者同案件处理结果有利害关系的，可以作为第三人申请参加诉讼，或者由人民法院通知参加诉讼。

人民法院判决第三人承担义务或者减损第三人权益的，第三人有权依法提起上诉。

第三十条 没有诉讼行为能力的公民，由其法定代理人代为诉讼。法定代理人互相推诿代理责任的，由人民法院指定其中一人代为诉讼。

第三十一条 当事人、法定代理人，可以委托一至二人作为诉讼代理人。

下列人员可以被委托为诉讼代理人：

（一）律师、基层法律服务工作者；

（二）当事人的近亲属或者工作人员；

（三）当事人所在社区、单位以及有关社会团体推荐的公民。

第三十二条 代理诉讼的律师，有权按照规定查阅、复制本案有关材料，有权向有关组织和公民调查，收集与本案有关的证据。对涉及国家秘密、商业秘密和个人隐私的材料，应当依照法律规定保密。

当事人和其他诉讼代理人有权按照规定查阅、复制本案庭审材料，但涉及国家秘密、商业秘密和个人隐私的内容除外。

第五章 证据

第三十三条 证据包括：

（一）书证；

（二）物证；

（三）视听资料；

（四）电子数据

（五）证人证言；

（六）当事人的陈述；

（七）鉴定意见；

（八）勘验笔录、现场笔录。

以上证据经法庭审查属实，才能作为认定案件事实的根据。

第三十四条 被告对作出的行政行为负有举证责任，应当提供作出该行政行为的证据和所依据的规范性文件。

被告不提供或者无正当理由逾期提供证据，视为没有相应证据。但是，被诉行政行为涉及第三人合法权益，第三人提供证据的除外。

第三十五条 在诉讼过程中，被告及其诉讼代理人不得自行向原告、第三人和证人收集证据。

第三十六条 被告在作出行政行为时已经收集了证据，但因不可抗力等正当事由不能提供的，经人民法院准许，可以延期提供。

原告或者第三人提出了其在行政处理程序中没有提出的理由或者证据的，经人民法院准许，被告可以补充证据。

第三十七条　原告可以提供证明行政行为违法的证据。原告提供的证据不成立的，不免除被告的举证责任。

第三十八条　在起诉被告不履行法定职责的案件中，原告应当提供其向被告提出申请的证据。但有下列情形之一的除外：

（一）被告应当依职权主动履行法定职责的；

（二）原告因正当理由不能提供证据的。

在行政赔偿、补偿的案件中，原告应当对行政行为造成的损害提供证据。因被告的原因导致原告无法举证的，由被告承担举证责任。

第三十九条　人民法院有权要求当事人提供或者补充证据。

第四十条　人民法院有权向有关行政机关以及其他组织、公民调取证据。但是，不得为证明行政行为的合法性调取被告作出行政行为时未收集的证据。

第四十一条　与本案有关的下列证据，原告或者第三人不能自行收集的，可以申请人民法院调取：

（一）由国家机关保存而须由人民法院调取的证据；

（二）涉及国家秘密、商业秘密和个人隐私的证据；

（三）确因客观原因不能自行收集的其他证据。

第四十二条　在证据可能灭失或者以后难以取得的情况下，诉讼参加人可以向人民法院申请保全证据，人民法院也可以主动采取保全措施。

第四十三条　证据应当在法庭上出示，并由当事人互相质证。对涉及国家秘密、商业秘密和个人隐私的证据，不得在公开开庭时出示。

人民法院应当按照法定程序，全面、客观地审查核实证据。对未采纳的证据应当在裁判文书中说明理由。

以非法手段取得的证据，不得作为认定案件事实的根据。

第六章　起诉和受理

第四十四条　对属于人民法院受案范围的行政案件，公民、法人或者其他组织可以先向行政机关申请复议，对复议决定不服的，再向人民法院提起诉讼；也可以直接向人民法院提起诉讼。

法律、法规规定应当先向行政机关申请复议，对复议决定不服再向人民法院提起诉讼的，依照法律、法规的规定。

第四十五条　公民、法人或者其他组织不服复议决定的，可以在收到复议决定书之日起十五日内向人民法院提起诉讼。复议机关逾期不作决定的，申请人可以在复议期满之日起十五日内向人民法院提起诉讼。法律另有规定的除外。

第四十六条　公民、法人或者其他组织直接向人民法院提起诉讼的，应当自知道或者应当知道作出行政行为之日起六个月内提出。法律另有规定的除外。

因不动产提起诉讼的案件自行政行为作出之日起超过二十年，其他案件自行政行为作出之日起超过五年提起诉讼的，人民法院不予受理。

第四十七条　公民、法人或者其他组织申请行政机关履行保护其人身权、财产权等合法权益的法定职责，行政机关在接到申请之日起两个月内不履行的，公民、法人或者其他组织可以向人民法院提起诉讼。法律、法规对行政机关履行职责的期限另有规定的，从其规定。

公民、法人或者其他组织在紧急情况下请求行政机关履行保护其人身权、财产权等合法权益的法定职责，行政机关不履行的，提起诉讼不受前款规定期限的限制。

第四十八条　公民、法人或者其他组织因不可抗力或者其他不属于自身的原因耽误起诉期限的，被耽误的时间不计算在起诉期限内。

公民、法人或者其他组织因前款规定以外的其他特殊情况耽误起诉期限的，在障碍消除后十日内，可以申请延长期限，是否准许由人民法院决定。

第四十九条 提起诉讼应当符合下列条件：

（一）原告是符合本法第二十五条规定的公民、法人或者其他组织；

（二）有明确的被告；

（三）有具体的诉讼请求和事实根据；

（四）属于人民法院受案范围和受诉人民法院管辖。

第五十条 起诉应当向人民法院递交起诉状，并按照被告人数提出副本。

书写起诉状确有困难的，可以口头起诉，由人民法院记入笔录，出具注明日期的书面凭证，并告知对方当事人。

第五十一条 人民法院在接到起诉状时对符合本法规定的起诉条件的，应当登记立案。

对当场不能判定是否符合本法规定的起诉条件的，应当接收起诉状，出具注明收到日期的书面凭证，并在七日内决定是否立案。不符合起诉条件的，作出不予立案的裁定。裁定书应当载明不予立案的理由。原告对裁定不服的，可以提起上诉。

起诉状内容欠缺或者有其他错误的，应当给予指导和释明，并一次性告知当事人需要补正的内容。不得未经指导和释明即以起诉不符合条件为由不接收起诉状。

对于不接收起诉状、接收起诉状后不出具书面凭证，以及不一次性告知当事人需要补正的起诉状内容的，当事人可以向上级人民法院投诉，上级人民法院应当责令改正，并对直接负责的主管人员和其他直接责任人员依法给予处分。

第五十二条 人民法院既不立案，又不作出不予立案裁定的，当事人可以向上一级人民法院起诉。上一级人民法院认为符合起诉条件的，应当立案、审理，也可以指定其他下级人民法院立案、审理。

第五十三条 公民、法人或者其他组织认为行政行为所依据的国务院部门和地方人民政府及其部门制定的规范性文件不合法，在对行政行为提起诉讼时，可以一并请求对该规范性文件进行审查。

前款规定的规范性文件不含规章。

第七章 审理和判决

第一节 一般规定

第五十四条 人民法院公开审理行政案件，但涉及国家秘密、个人隐私和法律另有规定的除外。

涉及商业秘密的案件，当事人申请不公开审理的，可以不公开审理。

第五十五条 当事人认为审判人员与本案有利害关系或者有其他关系可能影响公正审判，有权申请审判人员回避。

审判人员认为自己与本案有利害关系或者有其他关系，应当申请回避。

前两款规定，适用于书记员、翻译人员、鉴定人、勘验人。

院长担任审判长时的回避，由审判委员会决定；审判人员的回避，由院长决定；其他人员的回避，由审判长决定。当事人对决定不服的，可以申请复议一次。

第五十六条 诉讼期间，不停止行政行为的执行。但有下列情形之一的，裁定停止执行：

（一）被告认为需要停止执行的；

（二）原告或者利害关系人申请停止执行，人民法院认为该行政行为的执行会造成难以弥补的损失，并且停止执行不损害国家利益、社会公共利益的；

（三）人民法院认为该行政行为的执行会给国家利益、社会公共利益造成重大损害的；

（四）法律、法规规定停止执行的。

当事人对停止执行或者不停止执行的裁定不服的，可以申请复议一次。

第五十七条　人民法院对起诉行政机关没有依法支付抚恤金、最低生活保障金和工伤、医疗社会保险金的案件，权利义务关系明确、不先予执行将严重影响原告生活的，可以根据原告的申请，裁定先予执行。

当事人对先予执行裁定不服的，可以申请复议一次。复议期间不停止裁定的执行。

第五十八条　经人民法院传票传唤，原告无正当理由拒不到庭，或者未经法庭许可中途退庭的，可以按照撤诉处理；被告无正当理由拒不到庭，或者未经法庭许可中途退庭的，可以缺席判决。

第五十九条　诉讼参与人或者其他人有下列行为之一的，人民法院可以根据情节轻重，予以训诫、责令具结悔过或者处一万元以下的罚款、十五日以下的拘留；构成犯罪的，依法追究刑事责任：

（一）有义务协助调查、执行的人，对人民法院的协助调查决定、协助执行通知书，无故推拖、拒绝或者妨碍调查、执行的；

（二）伪造、隐藏、毁灭证据或者提供虚假证明材料，妨碍人民法院审理案件的；

（三）指使、贿买、胁迫他人作伪证或者威胁、阻止证人作证的；

（四）隐藏、转移、变卖、毁损已被查封、扣押、冻结的财产的；

（五）以欺骗、胁迫等非法手段使原告撤诉的；

（六）以暴力、威胁或者其他方法阻碍人民法院工作人员执行职务，或者以哄闹、冲击法庭等方法扰乱人民法院工作秩序的；

（七）对人民法院审判人员或者其他工作人员、诉讼参与人、协助调查和执行的人员恐吓、侮辱、诽谤、诬陷、殴打、围攻或者打击报复的。

人民法院对有前款规定的行为之一的单位，可以对其主要负责人或者直接责任人员依照前款规定予以罚款、拘留；构成犯罪的，依法追究刑事责任。

罚款、拘留须经人民法院院长批准。当事人不服的，可以向上一级人民法院申请复议一次。复议期间不停止执行。

第六十条　人民法院审理行政案件，不适用调解。但是，行政赔偿、补偿以及行政机关行使法律、法规规定的自由裁量权的案件可以调解。

调解应当遵循自愿、合法原则，不得损害国家利益、社会公共利益和他人合法权益。

第六十一条　在涉及行政许可、登记、征收、征用和行政机关对民事争议所作的裁决的行政诉讼中，当事人申请一并解决相关民事争议的，人民法院可以一并审理。

在行政诉讼中，人民法院认为行政案件的审理需以民事诉讼的裁判为依据的，可以裁定中止行政诉讼。

第六十二条　人民法院对行政案件宣告判决或者裁定前，原告申请撤诉的，或者被告改变其所作的行政行为，原告同意并申请撤诉的，是否准许，由人民法院裁定。

第六十三条　人民法院审理行政案件，以法律和行政法规、地方性法规为依据。地方性法规适用于本行政区域内发生的行政案件。

人民法院审理民族自治地方的行政案件，并以该民族自治地方的自治条例和单行条例为依据。

人民法院审理行政案件，参照规章。

第六十四条　人民法院在审理行政案件中，经审查认为本法第五十三条规定的规范性文件不合法的，不作为认定行政行为合法的依据，并向制定机关提出处理建议。

第六十五条　人民法院应当公开发生法律效力的判决书、裁定书，供公众查阅，但涉及国家秘密、商业秘密和个人隐私的内容除外。

第六十六条　人民法院在审理行政案件中，认为行政机关的主管人员、直接责任人员违法违纪的，应当将有关材料移送监察机关、该行政机关或者其上一级行政机关；认为有犯罪行为的，应当将有关材料移送公安、检察机关。

人民法院对被告经传票传唤无正当理由拒不到庭，或者未经法庭许可中途退庭的，可以将被告拒不到庭或者中途退庭的情况予以公告，并可以向监察机关或者被告的上一级行政机关提出依法给予其主要负责人或者直接责任人员处分的司法建议。

第二节　第一审普通程序

第六十七条　人民法院应当在立案之日起五日内，将起诉状副本发送被告。被告应当在收到起诉状副本之日起十五日内向人民法院提交作出行政行为的证据和所依据的规范性文件，并提出答辩状。人民法院应当在收到答辩状之日起五日内，将答辩状副本发送原告。

被告不提出答辩状的，不影响人民法院审理。

第六十八条　人民法院审理行政案件，由审判员组成合议庭，或者由审判员、陪审员组成合议庭。合议庭的成员，应当是三人以上的单数。

第六十九条　行政行为证据确凿，适用法律、法规正确，符合法定程序的，或者原告申请被告履行法定职责或者给付义务理由不成立的，人民法院判决驳回原告的诉讼请求。

第七十条　行政行为有下列情形之一的，人民法院判决撤销或者部分撤销，并可以判决被告重新作出行政行为：

（一）主要证据不足的；

（二）适用法律、法规错误的；

（三）违反法定程序的；

（四）超越职权的；

（五）滥用职权的；

（六）明显不当的。

第七十一条　人民法院判决被告重新作出行政行为的，被告不得以同一的事实和理由作出与原行政行为基本相同的行政行为。

第七十二条　人民法院经过审理，查明被告不履行法定职责的，判决被告在一定期限内履行。

第七十三条　人民法院经过审理，查明被告依法负有给付义务的，判决被告履行给付义务。

第七十四条　行政行为有下列情形之一的，人民法院判决确认违法，但不撤销行政行为：

（一）行政行为依法应当撤销，但撤销会给国家利益、社会公共利益造成重大损害的；

（二）行政行为程序轻微违法，但对原告权利不产生实际影响的。

行政行为有下列情形之一，不需要撤销或者判决履行的，人民法院判决确认违法：

（一）行政行为违法，但不具有可撤销内容的；

（二）被告改变原违法行政行为，原告仍要求确认原行政行为违法的；

（三）被告不履行或者拖延履行法定职责，判决履行没有意义的。

第七十五条　行政行为有实施主体不具有行政主体资格或者没有依据等重大且明显违法情形，原告申请确认行政行为无效的，人民法院判决确认无效。

第七十六条　人民法院判决确认违法或者无效的，可以同时判决责令被告采取补救措施；给原告造成损失的，依法判决被告承担赔偿责任。

第七十七条　行政处罚明显不当，或者其他行政行为涉及对款额的确定、认定确有错误的，人民法院可以判决变更。

人民法院判决变更，不得加重原告的义务或者减损原告的权益。但利害关系人同为原告，且诉讼请求相反的除外。

第七十八条　被告不依法履行、未按照约定履行或者违法变更、解除本法第十二条第一款第十一项规定的协议的，人民法院判决被告承担继续履行、采取补救措施或者赔偿损失等责任。

被告变更、解除本法第十二条第一款第十一项规定的协议合法，但未依法给予补偿的，人民法院判决给予补偿。

第七十九条　复议机关与作出原行政行为的行政机关为共同被告的案件，人民法院应当对复议决定和原行政行为一并作出裁判。

第八十条 人民法院对公开审理和不公开审理的案件，一律公开宣告判决。

当庭宣判的，应当在十日内发送判决书；定期宣判的，宣判后立即发给判决书。

宣告判决时，必须告知当事人上诉权利、上诉期限和上诉的人民法院。

第八十一条 人民法院应当在立案之日起六个月内作出第一审判决。有特殊情况需要延长的，由高级人民法院批准，高级人民法院审理第一审案件需要延长的，由最高人民法院批准。

第三节 简易程序

第八十二条 人民法院审理下列第一审行政案件，认为事实清楚、权利义务关系明确、争议不大的，可以适用简易程序：

（一）被诉行政行为是依法当场作出的；

（二）案件涉及款额二千元以下的；

（三）属于政府信息公开案件的。

除前款规定以外的第一审行政案件，当事人各方同意适用简易程序的，可以适用简易程序。

发回重审、按照审判监督程序再审的案件不适用简易程序。

第八十三条 适用简易程序审理的行政案件，由审判员一人独任审理，并应当在立案之日起四十五日内审结。

第八十四条 人民法院在审理过程中，发现案件不宜适用简易程序的，裁定转为普通程序。

第四节 第二审程序

第八十五条 当事人不服人民法院第一审判决的，有权在判决书送达之日起十五日内向上一级人民法院提起上诉。当事人不服人民法院第一审裁定的，有权在裁定书送达之日起十日内向上一级人民法院提起上诉。逾期不提起上诉的，人民法院的第一审判决或者裁定发生法律效力。

第八十六条 人民法院对上诉案件，应当组成合议庭，开庭审理。经过阅卷、调查和询问当事人，对没有提出新的事实、证据或者理由，合议庭认为不需要开庭审理的，也可以不开庭审理。

第八十七条 人民法院审理上诉案件，应当对原审人民法院的判决、裁定和被诉行政行为进行全面审查。

第八十八条 人民法院审理上诉案件，应当在收到上诉状之日起三个月内作出终审判决。有特殊情况需要延长的，由高级人民法院批准，高级人民法院审理上诉案件需要延长的，由最高人民法院批准。

第八十九条 人民法院审上诉案件，按照下列情形，分别处理：

（一）原判决、裁定认定事实清楚，适用法律、法规正确的，判决或者裁定驳回上诉，维持原判决、裁定；

（二）原判决、裁定认定事实错误或者适用法律、法规错误的，依法改判、撤销或者变更；

（三）原判决认定基本事实不清、证据不足的，发回原审人民法院重审，或者查清事实后改判。

（四）原判决遗漏当事人或者违法缺席判决等严重违反法定程序的，裁定撤销原判决，发回原审人民法院重审。

原审人民法院对发回重审的案件作出判决后，当事人提起上诉的，第二审人民法院不得再次发回重审。

人民法院审理上诉案件，需要改变原审判决的，应当同时对被诉行政行为作出判决。

第五节 审判监督程序

第九十条 当事人对已经发生法律效力的判决、裁定，认为确有错误的，可以向上一级人民法院申请再审，但判决、裁定不停止执行。

第九十一条 当事人的申请符合下列情形之一的，人民法院应当再审：

（一）不予立案或者驳回起诉确有错误的；

（二）有新的证据，足以推翻原判决、裁定的；

（三）原判决、裁定认定事实的主要证据不足、未经质证或者系伪造的；

（四）原判决、裁定适用法律、法规确有错误的；

（五）违反法律规定的诉讼程序，可能影响公正审判的；

（六）原判决、裁定遗漏诉讼请求的；

（七）据以作出原判决、裁定的法律文书被撤销或者变更的；

（八）审判人员在审理该案件时有贪污受贿、徇私舞弊、枉法裁判行为的。

第九十二条 各级人民法院院长对本院已经发生法律效力的判决、裁定，发现有本法第九十一条规定情形之一，或者发现调解违反自愿原则或者调解书内容违法，认为需要再审的，应当提交审判委员会讨论决定。

最高人民法院对地方各级人民法院已经发生法律效力的判决、裁定，上级人民法院对下级人民法院已经发生法律效力的判决、裁定，发现有本法第九十一条规定情形之一，或者发现调解违反自愿原则或者调解书内容违法的，有权提审或者指令下级人民法院再审。

第九十三条 最高人民检察院对各级人民法院已经发生法律效力的判决、裁定，上级人民检察院对下级人民法院已经发生法律效力的判决、裁定，发现有本法第九十一条规定情形之一，或者发现调解书损害国家利益、社会公共利益的，应当提出抗诉。

地方各级人民检察院对同级人民法院已经发生法律效力的判决、裁定，发现有本法第九十一条规定情形之一，或者发现调解书损害国家利益、社会公共利益的，可以向同级人民法院提出检察建议，并报上级人民检察院备案；也可以提请上级人民检察院向同级人民法院提出抗诉。

各级人民检察院对审判监督程序以外的其他审判程序中审判人员的违法行为，有权向同级人民法院提出检察建议。

第八章 执行

第九十四条 当事人必须履行人民法院发生法律效力的判决、裁定、调解书。

第九十五条 公民、法人或者其他组织拒绝履行判决、裁定、调解书的，行政机关或者第三人可以向第一审人民法院申请强制执行，或者由行政机关依法强制执行。

第九十六条 行政机关拒绝履行判决、裁定、调解书的，第一审人民法院可以采取下列措施：

（一）对应当归还的罚款或者应当给付的款额，通知银行从该行政机关的账户内划拨；

（二）在规定期限内不履行的，从期满之日起，对该行政机关负责人按日处五十元至一百元的罚款；

（三）将行政机关拒绝履行的情况予以公告；

（四）向监察机关或者该行政机关的上一级行政机关提出司法建议。接受司法建议的机关，根据有关规定进行处理，并将处理情况告知人民法院；

（五）拒不履行判决、裁定、调解书，社会影响恶劣的，可以对该行政机关直接负责的主管人员和其他直接责任人员予以拘留；情节严重，构成犯罪的，依法追究刑事责任。

第九十七条 公民、法人或者其他组织对行政行为在法定期间不提起诉讼又不履行的，行政机关可以申请人民法院强制执行，或者依法强制执行。

第九十八条 行政机关或者行政机关工作人员作出的行政行为侵犯公民、法人或者其他组织的合法权益造成损害的，由该行政机关或者该行政机关工作人员所在的行政机关负责赔偿。

行政机关赔偿损失后，应当责令有故意或者重大过失的行政机关工作人员承担部分或者全部赔偿费用。

第九章 涉外行政诉讼

第九十九条 外国人、无国籍人、外国组织在中华人民共和国进行行政诉讼，适用本法。法律另有规定的除外。

第一百条　外国人、无国籍人、外国组织在中华人民共和国进行行政诉讼，同中华人民共和国公民、组织有同等的诉讼权利和义务。

外国法院对中华人民共和国公民、组织的行政诉讼权利加以限制的，人民法院对该国公民、组织的行政诉讼权利，实行对等原则。

第一百零一条　人民法院审理行政案件，关于期间、送达、财产保全、开庭审理、调解、中止诉讼、终结诉讼、简易程序、执行等，以及人民检察院对行政案件受理、审理、裁判、执行的监督，本法没有规定的，适用《中华人民共和国民事诉讼法》的相关规定。

第一百零二条　外国人、无国籍人、外国组织在中华人民共和国进行行政诉讼，委托律师代理诉讼的，应当委托中华人民共和国律师机构的律师。

第十章　附　则

第一百零三条　人民法院审理行政案件，应当收取诉讼费用。诉讼费用由败诉方承担，双方都有责任的由双方分担。收取诉讼费用的具体办法另行规定。

中华人民共和国国家赔偿法

（1994 年 5 月 12 日第八届全国人民代表大会常务委员会第七次会议通过 1994 年 5 月 12 日中华人民共和国主席令第 23 号公布 根据 2010 年 4 月 29 日第十一届全国人民代表大会常务委员会第十四次会议通过 2010 年 4 月 29 日中华人民共和国主席令第 29 号公布自 2010 年 12 月 1 日起施行的《全国人民代表大会常务委员会关于修改〈中华人民共和国国家赔偿法〉的决定》第一次修正 根据 2012 年 10 月 26 日第十一届全国人民代表大会常务委员会第二十九次会议通过 2012 年 10 月 26 日中华人民共和国主席令第 68 号公布 自 2013 年 1 月 1 日起施行的《全国人民代表大会关于修改〈中华人民共和国国家赔偿法〉的决定》第二次修正）

第一章 总 则

第一条　为保障公民、法人和其他组织享有依法取得国家赔偿的权利，促进国家机关依法行使职权，根据宪法，制定本法。

第二条　国家机关和国家机关工作人员行使职权，有本法规定的侵犯公民、法人和其他组织合法权益的情形，造成损害的，受害人有依照本法取得国家赔偿的权利。

本法规定的赔偿义务机关，应当依照本法及时履行赔偿义务。

第二章 行 政 赔 偿

第一节 赔 偿 范 围

第三条　行政机关及其工作人员在行使行政职权时有下列侵犯人身权情形之一的，受害人有取得赔偿的权利：

（一）违法拘留或者违法采取限制公民人身自由的行政强制措施的；

（二）非法拘禁或者以其他方法非法剥夺公民人身自由的；

（三）以殴打、虐待等行为或者唆使、放纵他人以殴打、虐待等行为造成公民身体伤害或者死亡的；

（四）违法使用武器、警械造成公民身体伤害或者死亡的；

（五）造成公民身体伤害或者死亡的其他违法行为。

第四条　行政机关及其工作人员在行使行政职权时有下列侵犯财产权情形之一的，受害人有取得赔偿的权利：

（一）违法实施罚款、吊销许可证和执照、责令停产停业、没收财物等行政处罚的；

（二）违法对财产采取查封、扣押、冻结等行政强制措施的；

（三）违法征收、征用财产的；

（四）造成财产损害的其他违法行为。

第五条 属于下列情形之一的，国家不承担赔偿责任：

（一）行政机关工作人员与行使职权无关的个人行为；

（二）因公民、法人和其他组织自己的行为致使损害发生的；

（三）法律规定的其他情形。

第二节 赔偿请求人和赔偿义务机关

第六条 受害的公民、法人和其他组织有权要求赔偿。

受害的公民死亡，其继承人和其他有扶养关系的亲属有权要求赔偿。

受害的法人或者其他组织终止的，其权利承受人有权要求赔偿。

第七条 行政机关及其工作人员行使行政职权侵犯公民、法人和其他组织的合法权益造成损害的，该行政机关为赔偿义务机关。

两个以上行政机关共同行使行政职权时侵犯公民、法人和其他组织的合法权益造成损害的，共同行使行政职权的行政机关为共同赔偿义务机关。

法律、法规授权的组织在行使授予的行政权力时侵犯公民、法人和其他组织的合法权益造成损害的，被授权的组织为赔偿义务机关。

受行政机关委托的组织或者个人在行使受委托的行政权力时侵犯公民、法人和其他组织的合法权益造成损害的，委托的行政机关为赔偿义务机关。

赔偿义务机关被撤销的，继续行使其职权的行政机关为赔偿义务机关；没有继续行使其职权的行政机关的，撤销该赔偿义务机关的行政机关为赔偿义务机关。

第八条 经复议机关复议的，最初造成侵权行为的行政机关为赔偿义务机关，但复议机关的复议决定加重损害的，复议机关对加重的部分履行赔偿义务。

第三节 赔 偿 程 序

第九条 赔偿义务机关有本法第三条、第四条规定情形之一的，应当给予赔偿。

赔偿请求人要求赔偿，应当先向赔偿义务机关提出，也可以在申请行政复议或者提起行政诉讼时一并提出。

第十条 赔偿请求人可以向共同赔偿义务机关中的任何一个赔偿义务机关要求赔偿，该赔偿义务机关应当先予赔偿。

第十一条 赔偿请求人根据受到的不同损害，可以同时提出数项赔偿要求。

第十二条 要求赔偿应当递交申请书，申请书应当载明下列事项：

（一）受害人的姓名、性别、年龄、工作单位和住所，法人或者其他组织的名称、住所和法定代表人或者主要负责人的姓名、职务；

（二）具体的要求、事实根据和理由；

（三）申请的年、月、日。

赔偿请求人书写申请书确有困难的，可以委托他人代书；也可以口头申请，由赔偿义务机关记入笔录。

赔偿请求人不是受害人本人的，应当说明与受害人的关系，并提供相应证明。

赔偿请求人当面递交申请书的，赔偿义务机关应当当场出具加盖本行政机关专用印章并注明收讫日期的书面凭证。申请材料不齐全的，赔偿义务机关应当当场或者在五日内一次性告知赔偿请求人需要补正的全部内容。

第十三条 赔偿义务机关应当自收到申请之日起两个月内，作出是否赔偿的决定。赔偿义务机关作出赔偿决定，应当充分听取赔偿请求人的意见，并可以与赔偿请求人就赔偿方式、赔偿项目和赔偿数额依照本法第四章的规定进行协商。

赔偿义务机关决定赔偿的，应当制作赔偿决定书，并自作出决定之日起十日内送达赔偿请求人。

赔偿义务机关决定不予赔偿的，应当自作出决定之日起十日内书面通知赔偿请求人，并说明不予赔偿的理由。

第十四条 赔偿义务机关在规定期限内未作出是否赔偿的决定，赔偿请求人可以自期限届满之日起三个月内，向人民法院提起诉讼。

赔偿请求人对赔偿的方式、项目、数额有异议的，或者赔偿义务机关作出不予赔偿决定的，赔偿请求人可以自赔偿义务机关作出赔偿或者不予赔偿决定之日起三个月内，向人民法院提起诉讼。

第十五条 人民法院审理行政赔偿案件，赔偿请求人和赔偿义务机关对自己提出的主张，应当提供证据。

赔偿义务机关采取行政拘留或者限制人身自由的强制措施期间，被限制人身自由的人死亡或者丧失行为能力的，赔偿义务机关的行为与被限制人身自由的人的死亡或者丧失行为能力是否存在因果关系，赔偿义务机关应当提供证据。

第十六条 赔偿义务机关赔偿损失后，应当责令有故意或者重大过失的工作人员或者受委托的组织或者个人承担部分或者全部赔偿费用。

对有故意或者重大过失的责任人员，有关机关应当依法给予处分；构成犯罪的，应当依法追究刑事责任。

第三章 刑 事 赔 偿

第一节 赔 偿 范 围

第十七条 行使侦查、检察、审判职权的机关以及看守所、监狱管理机关及其工作人员在行使职权时有下列侵犯人身权情形之一的，受害人有取得赔偿的权利：

（一）违反刑事诉讼法的规定对公民采取拘留措施的，或者依照刑事诉讼法规定的条件和程序对公民采取拘留措施，但是拘留时间超过刑事诉讼法规定的时限，其后决定撤销案件、不起诉或者判决宣告无罪终止追究刑事责任的；

（二）对公民采取逮捕措施后，决定撤销案件、不起诉或者判决宣告无罪终止追究刑事责任的；

（三）依照审判监督程序再审改判无罪，原判刑罚已经执行的；

（四）刑讯逼供或者以殴打、虐待等行为或者唆使、放纵他人以殴打、虐待等行为造成公民身体伤害或者死亡的；

（五）违法使用武器、警械造成公民身体伤害或者死亡的。

第十八条 行使侦查、检察、审判职权的机关以及看守所、监狱管理机关及其工作人员在行使职权时有下列侵犯财产权情形之一的，受害人有取得赔偿的权利：

（一）违法对财产采取查封、扣押、冻结、追缴等措施的；

（二）依照审判监督程序再审改判无罪，原判罚金、没收财产已经执行的。

第十九条 属于下列情形之一的，国家不承担赔偿责任：

（一）因公民自己故意作虚伪供述，或者伪造其他有罪证据被羁押或者被判处刑罚的；

（二）依照刑法第十七条、第十八条规定不负刑事责任的人被羁押的；

（三）依照刑事诉讼法第十五条、第一百七十三条第二款、第二百七十三条第二款、第二百七十九条规定不追究刑事责任的人被羁押的；

（四）行使侦查、检察、审判职权的机关以及看守所、监狱管理机关的工作人员与行使职权无关的个人行为；

（五）因公民自伤、自残等故意行为致使损害发生的；

（六）法律规定的其他情形。

第二节 赔偿请求人和赔偿义务机关

第二十条 赔偿请求人的确定依照本法第六条的规定。

第二十一条 行使侦查、检察、审判职权的机关以及看守所、监狱管理机关及其工作人员在行使职权时侵犯公民、法人和其他组织的合法权益造成损害的，该机关为赔偿义务机关。

对公民采取拘留措施，依照本法的规定应当给予国家赔偿的，作出拘留决定的机关为赔偿义务机关。

对公民采取逮捕措施后决定撤销案件、不起诉或者判决宣告无罪的，作出逮捕决定的机关为赔偿义务机关。

再审改判无罪的，作出原生效判决的人民法院为赔偿义务机关。二审改判无罪，以及二审发回重审后作无罪处理的，作出一审有罪判决的人民法院为赔偿义务机关。

第三节 赔 偿 程 序

第二十二条 赔偿义务机关有本法第十七条、第十八条规定情形之一的，应当给予赔偿。

赔偿请求人要求赔偿，应当先向赔偿义务机关提出。

赔偿请求人提出赔偿请求，适用本法第十一条、第十二条的规定。

第二十三条 赔偿义务机关应当自收到申请之日起两个月内，作出是否赔偿的决定。赔偿义务机关作出赔偿决定，应当充分听取赔偿请求人的意见，并可以与赔偿请求人就赔偿方式、赔偿项目和赔偿数额依照本法第四章的规定进行协商。

赔偿义务机关决定赔偿的，应当制作赔偿决定书，并自作出决定之日起十日内送达赔偿请求人。

赔偿义务机关决定不予赔偿的，应当自作出决定之日起十日内书面通知赔偿请求人，并说明不予赔偿的理由。

第二十四条 赔偿义务机关在规定期限内未作出是否赔偿的决定，赔偿请求人可以自期限届满之日起三十日内向赔偿义务机关的上一级机关申请复议。

赔偿请求人对赔偿的方式、项目、数额有异议的，或者赔偿义务机关作出不予赔偿决定的，赔偿请求人可以自赔偿义务机关作出赔偿或者不予赔偿决定之日起三十日内，向赔偿义务机关的上一级机关申请复议。

赔偿义务机关是人民法院的，赔偿请求人可以依照本条规定向其上一级人民法院赔偿委员会申请作出赔偿决定。

第二十五条 复议机关应当自收到申请之日起两个月内作出决定。

赔偿请求人不服复议决定的，可以在收到复议决定之日起三十日内向复议机关所在地的同级人民法院赔偿委员会申请作出赔偿决定；复议机关逾期不作决定的，赔偿请求人可以自期限届满之日起三十日内向复议机关所在地的同级人民法院赔偿委员会申请作出赔偿决定。

第二十六条 人民法院赔偿委员会处理赔偿请求，赔偿请求人和赔偿义务机关对自己提出的主张，应当提供证据。

被羁押人在羁押期间死亡或者丧失行为能力的，赔偿义务机关的行为与被羁押人的死亡或者丧失行为能力是否存在因果关系，赔偿义务机关应当提供证据。

第二十七条 人民法院赔偿委员会处理赔偿请求，采取书面审查的办法。必要时，可以向有关单位和人员调查情况、收集证据。赔偿请求人与赔偿义务机关对损害事实及因果关系有争议的，赔偿委员会可以听取赔偿请求人和赔偿义务机关的陈述和申辩，并可以进行质证。

第二十八条 人民法院赔偿委员会应当自收到赔偿申请之日起三个月内作出决定；属于疑难、复杂、重大案件的，经本院院长批准，可以延长三个月。

第二十九条 中级以上的人民法院设立赔偿委员会，由人民法院三名以上审判员组成，组成人员的人数应当为单数。

赔偿委员会作赔偿决定，实行少数服从多数的原则。

赔偿委员会作出的赔偿决定，是发生法律效力的决定，必须执行。

第三十条　赔偿请求人或者赔偿义务机关对赔偿委员会作出的决定，认为确有错误的，可以向上一级人民法院赔偿委员会提出申诉。

赔偿委员会作出的赔偿决定生效后，如发现赔偿决定违反本法规定的，经本院院长决定或者上级人民法院指令，赔偿委员会应当在两个月内重新审查并依法作出决定，上一级人民法院赔偿委员会也可以直接审查并作出决定。

最高人民检察院对各级人民法院赔偿委员会作出的决定，上级人民检察院对下级人民法院赔偿委员会作出的决定，发现违反本法规定的，应当向同级人民法院赔偿委员会提出意见，同级人民法院赔偿委员会应当在两个月内重新审查并依法作出决定。

第三十一条　赔偿义务机关赔偿后，应当向有下列情形之一的工作人员追偿部分或者全部赔偿费用：

（一）有本法第十七条第四项、第五项规定情形的；

（二）在处理案件中有贪污受贿，徇私舞弊，枉法裁判行为的。

对有前款规定情形的责任人员，有关机关应当依法给予处分；构成犯罪的，应当依法追究刑事责任。

第四章　赔偿方式和计算标准

第三十二条　国家赔偿以支付赔偿金为主要方式。

能够返还财产或者恢复原状的，予以返还财产或者恢复原状。

第三十三条　侵犯公民人身自由的，每日赔偿金按照国家上年度职工日平均工资计算。

第三十四条　侵犯公民生命健康权的，赔偿金按照下列规定计算：

（一）造成身体伤害的，应当支付医疗费、护理费，以及赔偿因误工减少的收入。减少的收入每日的赔偿金按照国家上年度职工日平均工资计算，最高额为国家上年度职工年平均工资的五倍；

（二）造成部分或者全部丧失劳动能力的，应当支付医疗费、护理费、残疾生活辅助具费、康复费等因残疾而增加的必要支出和继续治疗所必需的费用，以及残疾赔偿金。残疾赔偿金根据丧失劳动能力的程度，按照国家规定的伤残等级确定，最高不超过国家上年度职工年平均工资的二十倍。造成全部丧失劳动能力的，对其扶养的无劳动能力的人，还应当支付生活费；

（三）造成死亡的，应当支付死亡赔偿金、丧葬费，总额为国家上年度职工年平均工资的二十倍。对死者生前扶养的无劳动能力的人，还应当支付生活费。

前款第二项、第三项规定的生活费的发放标准，参照当地最低生活保障标准执行。被扶养的人是未成年人的，生活费给付至十八周岁止；其他无劳动能力的人，生活费给付至死亡时止。

第三十五条　有本法第三条或者第十七条规定情形之一，致人精神损害的，应当在侵权行为影响的范围内，为受害人消除影响，恢复名誉，赔礼道歉；造成严重后果的，应当支付相应的精神损害抚慰金。

第三十六条　侵犯公民、法人和其他组织的财产权造成损害的，按照下列规定处理：

（一）处罚款、罚金、追缴、没收财产或者违法征收、征用财产的，返还财产；

（二）查封、扣押、冻结财产的，解除对财产的查封、扣押、冻结，造成财产损坏或者灭失的，依照本条第三项、第四项的规定赔偿；

（三）应当返还的财产损坏的，能够恢复原状的恢复原状，不能恢复原状的，按照损害程度给付相应的赔偿金；

（四）应当返还的财产灭失的，给付相应的赔偿金；

（五）财产已经拍卖或者变卖的，给付拍卖或者变卖所得的价款；变卖的价款明显低于财产价值的，应当支付相应的赔偿金；

（六）吊销许可证和执照、责令停产停业的，赔偿停产停业期间必要的经常性费用开支；

（七）返还执行的罚款或者罚金、追缴或者没收的金钱，解除冻结的存款或者汇款的，应当支付银行同期存款利息；

（八）对财产权造成其他损害的，按照直接损失给予赔偿。

第三十七条 赔偿费用列入各级财政预算。

赔偿请求人凭生效的判决书、复议决定书、赔偿决定书或者调解书，向赔偿义务机关申请支付赔偿金。

赔偿义务机关应当自收到支付赔偿金申请之日起七日内，依照预算管理权限向有关的财政部门提出支付申请。财政部门应当自收到支付申请之日起十五日内支付赔偿金。

赔偿费用预算与支付管理的具体办法由国务院规定。

第五章 其 他 规 定

第三十八条 人民法院在民事诉讼、行政诉讼过程中，违法采取对妨害诉讼的强制措施、保全措施或者对判决、裁定及其他生效法律文书执行错误，造成损害的，赔偿请求人要求赔偿的程序，适用本法刑事赔偿程序的规定。

第三十九条 赔偿请求人请求国家赔偿的时效为两年，自其知道或者应当知道国家机关及其工作人员行使职权时的行为侵犯其人身权、财产权之日起计算，但被羁押等限制人身自由期间不计算在内。在申请行政复议或者提起行政诉讼时一并提出赔偿请求的，适用行政复议法、行政诉讼法有关时效的规定。

赔偿请求人在赔偿请求时效的最后六个月内，因不可抗力或者其他障碍不能行使请求权的，时效中止。从中止时效的原因消除之日起，赔偿请求时效期间继续计算。

第四十条 外国人、外国企业和组织在中华人民共和国领域内要求中华人民共和国国家赔偿的，适用本法。

外国人、外国企业和组织的所属国对中华人民共和国公民、法人和其他组织要求该国国家赔偿的权利不予保护或者限制的，中华人民共和国与该外国人、外国企业和组织的所属国实行对等原则。

第六章 附 则

第四十一条 赔偿请求人要求国家赔偿的，赔偿义务机关、复议机关和人民法院不得向赔偿请求人收取任何费用。

对赔偿请求人取得的赔偿金不予征税。

第四十二条 本法自1995年1月1日起施行。

中华人民共和国监察法

（2018年3月20日第十三届全国人民代表大会第一次会议通过）

第一章 总 则

第一条 为了深化国家监察体制改革，加强对所有行使公权力的公职人员的监督，实现国家监察全面覆盖，深入开展反腐败工作，推进国家治理体系和治理能力现代化，根据宪法，制定本法。

第二条 坚持中国共产党对国家监察工作的领导，以马克思列宁主义、毛泽东思想、邓小平理论、

“三个代表”重要思想、科学发展观、习近平新时代中国特色社会主义思想为指导，构建集中统一、权威高效的中国特色国家监察体制。

第三条　各级监察委员会是行使国家监察职能的专责机关，依照本法对所有行使公权力的公职人员（以下称公职人员）进行监察，调查职务违法和职务犯罪，开展廉政建设和反腐败工作，维护宪法和法律的尊严。

第四条　监察委员会依照法律规定独立行使监察权，不受行政机关、社会团体和个人的干涉。

监察机关办理职务违法和职务犯罪案件，应当与审判机关、检察机关、执法部门互相配合，互相制约。

监察机关在工作中需要协助的，有关机关和单位应当根据监察机关的要求依法予以协助。

第五条　国家监察工作严格遵照宪法和法律，以事实为根据，以法律为准绳；在适用法律上一律平等，保障当事人的合法权益；权责对等，严格监督；惩戒与教育相结合，宽严相济。

第六条　国家监察工作坚持标本兼治、综合治理，强化监督问责，严厉惩治腐败；深化改革、健全法治，有效制约和监督权力；加强法治教育和道德教育，弘扬中华优秀传统文化，构建不敢腐、不能腐、不想腐的长效机制。

第二章　监察机关及其职责

第七条　中华人民共和国国家监察委员会是最高监察机关。

省、自治区、直辖市、自治州、县、自治县、市、市辖区设立监察委员会。

第八条　国家监察委员会由全国人民代表大会产生，负责全国监察工作。

国家监察委员会由主任、副主任若干人、委员若干人组成，主任由全国人民代表大会选举，副主任、委员由国家监察委员会主任提请全国人民代表大会常务委员会任免。

国家监察委员会主任每届任期同全国人民代表大会每届任期相同，连续任职不得超过两届。

国家监察委员会对全国人民代表大会及其常务委员会负责，并接受其监督。

第九条　地方各级监察委员会由本级人民代表大会产生，负责本行政区域内的监察工作。

地方各级监察委员会由主任、副主任若干人、委员若干人组成，主任由本级人民代表大会选举，副主任、委员由监察委员会主任提请本级人民代表大会常务委员会任免。

地方各级监察委员会主任每届任期同本级人民代表大会每届任期相同。

地方各级监察委员会对本级人民代表大会及其常务委员会和上一级监察委员会负责，并接受其监督。

第十条　国家监察委员会领导地方各级监察委员会的工作，上级监察委员会领导下级监察委员会的工作。

第十一条　监察委员会依照本法和有关法律规定履行监督、调查、处置职责：

（一）对公职人员开展廉政教育，对其依法履职、秉公用权、廉洁从政从业以及道德操守情况进行监督检查；

（二）对涉嫌贪污贿赂、滥用职权、玩忽职守、权力寻租、利益输送、徇私舞弊以及浪费国家资财等职务违法和职务犯罪进行调查；

（三）对违法的公职人员依法作出政务处分决定；对履行职责不力、失职失责的领导人员进行问责；对涉嫌职务犯罪的，将调查结果移送人民检察院依法审查、提起公诉；向监察对象所在单位提出监察建议。

第十二条　各级监察委员会可以向本级中国共产党机关、国家机关、法律法规授权或者委托管理公共事务的组织和单位以及所管辖的行政区域、国有企业等派驻或者派出监察机构、监察专员。

监察机构、监察专员对派驻或者派出它的监察委员会负责。

第十三条　派驻或者派出的监察机构、监察专员根据授权，按照管理权限依法对公职人员进行监督，提出监察建议，依法对公职人员进行调查、处置。

第十四条 国家实行监察官制度，依法确定监察官的等级设置、任免、考评和晋升等制度。

第三章 监察范围和管辖

第十五条 监察机关对下列公职人员和有关人员进行监察：

（一）中国共产党机关、人民代表大会及其常务委员会机关、人民政府、监察委员会、人民法院、人民检察院、中国人民政治协商会议各级委员会机关、民主党派机关和工商业联合会机关的公务员，以及参照《中华人民共和国公务员法》管理的人员；

（二）法律、法规授权或者受国家机关依法委托管理公共事务的组织中从事公务的人员；

（三）国有企业管理人员；

（四）公办的教育、科研、文化、医疗卫生、体育等单位中从事管理的人员；

（五）基层群众性自治组织中从事管理的人员；

（六）其他依法履行公职的人员。

第十六条 各级监察机关按照管理权限管辖本辖区内本法第十五条规定的人员所涉监察事项。

上级监察机关可以办理下一级监察机关管辖范围内的监察事项，必要时也可以办理所辖各级监察机关管辖范围内的监察事项。

监察机关之间对监察事项的管辖有争议的，由其共同的上级监察机关确定。

第十七条 上级监察机关可以将其所管辖的监察事项指定下级监察机关管辖，也可以将下级监察机关有管辖权的监察事项指定给其他监察机关管辖。

监察机关认为所管辖的监察事项重大、复杂，需要由上级监察机关管辖的，可以报请上级监察机关管辖。

第四章 监察权限

第十八条 监察机关行使监督、调查职权，有权依法向有关单位和个人了解情况，收集、调取证据。有关单位和个人应当如实提供。

监察机关及其工作人员对监督、调查过程中知悉的国家秘密、商业秘密、个人隐私，应当保密。

任何单位和个人不得伪造、隐匿或者毁灭证据。

第十九条 对可能发生职务违法的监察对象，监察机关按照管理权限，可以直接或者委托有关机关、人员进行谈话或者要求说明情况。

第二十条 在调查过程中，对涉嫌职务违法的被调查人，监察机关可以要求其就涉嫌违法行为作出陈述，必要时向被调查人出具书面通知。

对涉嫌贪污贿赂、失职渎职等职务犯罪的被调查人，监察机关可以进行讯问，要求其如实供述涉嫌犯罪的情况。

第二十一条 在调查过程中，监察机关可以询问证人等人员。

第二十二条 被调查人涉嫌贪污贿赂、失职渎职等严重职务违法或者职务犯罪，监察机关已经掌握其部分违法犯罪事实及证据，仍有重要问题需要进一步调查，并有下列情形之一的，经监察机关依法审批，可以将其留置在特定场所：

（一）涉及案情重大、复杂的；

（二）可能逃跑、自杀的；

（三）可能串供或者伪造、隐匿、毁灭证据的；

（四）可能有其他妨碍调查行为的。

对涉嫌行贿犯罪或者共同职务犯罪的涉案人员，监察机关可以依照前款规定采取留置措施。

留置场所的设置、管理和监督依照国家有关规定执行。

第二十三条　监察机关调查涉嫌贪污贿赂、失职渎职等严重职务违法或者职务犯罪，根据工作需要，可以依照规定查询、冻结涉案单位和个人的存款、汇款、债券、股票、基金份额等财产。有关单位和个人应当配合。

冻结的财产经查明与案件无关的，应当在查明后三日内解除冻结，予以退还。

第二十四条　监察机关可以对涉嫌职务犯罪的被调查人以及可能隐藏被调查人或者犯罪证据的人的身体、物品、住处和其他有关地方进行搜查。在搜查时，应当出示搜查证，并有被搜查人或者其家属等见证人在场。

搜查女性身体，应当由女性工作人员进行。

监察机关进行搜查时，可以根据工作需要提请公安机关配合。公安机关应当依法予以协助。

第二十五条　监察机关在调查过程中，可以调取、查封、扣押用以证明被调查人涉嫌违法犯罪的财物、文件和电子数据等信息。采取调取、查封、扣押措施，应当收集原物原件，会同持有人或者保管人、见证人，当面逐一拍照、登记、编号，开列清单，由在场人员当场核对、签名，并将清单副本交财物、文件的持有人或者保管人。

对调取、查封、扣押的财物、文件，监察机关应当设立专用账户、专门场所，确定专门人员妥善保管，严格履行交接、调取手续，定期对账核实，不得毁损或者用于其他目的。对价值不明物品应当及时鉴定，专门封存保管。

查封、扣押的财物、文件经查明与案件无关的，应当在查明后三日内解除查封、扣押，予以退还。

第二十六条　监察机关在调查过程中，可以直接或者指派、聘请具有专门知识、资格的人员在调查人员主持下进行勘验检查。勘验检查情况应当制作笔录，由参加勘验检查的人员和见证人签名或者盖章。

第二十七条　监察机关在调查过程中，对于案件中的专门性问题，可以指派、聘请有专门知识的人进行鉴定。鉴定人进行鉴定后，应当出具鉴定意见，并且签名。

第二十八条　监察机关调查涉嫌重大贪污贿赂等职务犯罪，根据需要，经过严格的批准手续，可以采取技术调查措施，按照规定交有关机关执行。

批准决定应当明确采取技术调查措施的种类和适用对象，自签发之日起三个月以内有效；对于复杂、疑难案件，期限届满仍有必要继续采取技术调查措施的，经过批准，有效期可以延长，每次不得超过三个月。对于不需要继续采取技术调查措施的，应当及时解除。

第二十九条　依法应当留置的被调查人如果在逃，监察机关可以决定在本行政区域内通缉，由公安机关发布通缉令，追捕归案。通缉范围超出本行政区域的，应当报请有权决定的上级监察机关决定。

第三十条　监察机关为防止被调查人及相关人员逃匿境外，经省级以上监察机关批准，可以对被调查人及相关人员采取限制出境措施，由公安机关依法执行。对于不需要继续采取限制出境措施的，应当及时解除。

第三十一条　涉嫌职务犯罪的被调查人主动认罪认罚，有下列情形之一的，监察机关经领导人员集体研究，并报上一级监察机关批准，可以在移送人民检察院时提出从宽处罚的建议：

（一）自动投案，真诚悔罪悔过的；

（二）积极配合调查工作，如实供述监察机关还未掌握的违法犯罪行为的；

（三）积极退赃，减少损失的；

（四）具有重大立功表现或者案件涉及国家重大利益等情形的。

第三十二条　职务违法犯罪的涉案人员揭发有关被调查人职务违法犯罪行为，查证属实的，或者提供重要线索，有助于调查其他案件的，监察机关经领导人员集体研究，并报上一级监察机关批准，可以在移送人民检察院时提出从宽处罚的建议。

第三十三条　监察机关依照本法规定收集的物证、书证、证人证言、被调查人供述和辩解、视听资料、电子数据等证据材料，在刑事诉讼中可以作为证据使用。

监察机关在收集、固定、审查、运用证据时，应当与刑事审判关于证据的要求和标准相一致。

以非法方法收集的证据应当依法予以排除，不得作为案件处置的依据。

第三十四条 人民法院、人民检察院、公安机关、审计机关等国家机关在工作中发现公职人员涉嫌贪污贿赂、失职渎职等职务违法或者职务犯罪的问题线索，应当移送监察机关，由监察机关依法调查处置。

被调查人既涉嫌严重职务违法或者职务犯罪，又涉嫌其他违法犯罪的，一般应当由监察机关为主调查，其他机关予以协助。

第五章 监察程序

第三十五条 监察机关对于报案或者举报，应当接受并按照有关规定处理。对于不属于本机关管辖的，应当移送主管机关处理。

第三十六条 监察机关应当严格按照程序开展工作，建立问题线索处置、调查、审理各部门相互协调、相互制约的工作机制。

监察机关应当加强对调查、处置工作全过程的监督管理，设立相应的工作部门履行线索管理、监督检查、督促办理、统计分析等管理协调职能。

第三十七条 监察机关对监察对象的问题线索，应当按照有关规定提出处置意见，履行审批手续，进行分类办理。线索处置情况应当定期汇总、通报，定期检查、抽查。

第三十八条 需要采取初步核实方式处置问题线索的，监察机关应当依法履行审批程序，成立核查组。初步核实工作结束后，核查组应当撰写初步核实情况报告，提出处理建议。承办部门应当提出分类处理意见。初步核实情况报告和分类处理意见报监察机关主要负责人审批。

第三十九条 经过初步核实，对监察对象涉嫌职务违法犯罪，需要追究法律责任的，监察机关应当按照规定的权限和程序办理立案手续。

监察机关主要负责人依法批准立案后，应当主持召开专题会议，研究确定调查方案，决定需要采取的调查措施。

立案调查决定应当向被调查人宣布，并通报相关组织。涉嫌严重职务违法或者职务犯罪的，应当通知被调查人家属，并向社会公开发布。

第四十条 监察机关对职务违法和职务犯罪案件，应当进行调查，收集被调查人有无违法犯罪以及情节轻重的证据，查明违法犯罪事实，形成相互印证、完整稳定的证据链。

严禁以威胁、引诱、欺骗及其他非法方式收集证据，严禁侮辱、打骂、虐待、体罚或者变相体罚被调查人和涉案人员。

第四十一条 调查人员采取讯问、询问、留置、搜查、调取、查封、扣押、勘验检查等调查措施，均应当依照规定出示证件，出具书面通知，由二人以上进行，形成笔录、报告等书面材料，并由相关人员签名、盖章。

调查人员进行讯问以及搜查、查封、扣押等重要取证工作，应当对全过程进行录音录像，留存备查。

第四十二条 调查人员应当严格执行调查方案，不得随意扩大调查范围、变更调查对象和事项。

对调查过程中的重要事项，应当集体研究后按程序请示报告。

第四十三条 监察机关采取留置措施，应当由监察机关领导人员集体研究决定。设区的市级以下监察机关采取留置措施，应当报上一级监察机关批准。省级监察机关采取留置措施，应当报国家监察委员会备案。

留置时间不得超过三个月。在特殊情况下，可以延长一次，延长时间不得超过三个月。省级以下监察机关采取留置措施的，延长留置时间应当报上一级监察机关批准。监察机关发现采取留置措施不当的，应当及时解除。

监察机关采取留置措施，可以根据工作需要提请公安机关配合。公安机关应当依法予以协助。

第四十四条 对被调查人采取留置措施后，应当在二十四小时以内，通知被留置人员所在单位和家属，但有可能毁灭、伪造证据，干扰证人作证或者串供等有碍调查情形的除外。有碍调查的情形消失后，应当立即通知被留置人员所在单位和家属。

监察机关应当保障被留置人员的饮食、休息和安全，提供医疗服务。讯问被留置人员应当合理安排讯问时间和时长，讯问笔录由被讯问人阅看后签名。

被留置人员涉嫌犯罪移送司法机关后，被依法判处管制、拘役和有期徒刑的，留置一日折抵管制二日，折抵拘役、有期徒刑一日。

第四十五条　监察机关根据监督、调查结果，依法作出如下处置：

（一）对有职务违法行为但情节较轻的公职人员，按照管理权限，直接或者委托有关机关、人员，进行谈话提醒、批评教育、责令检查，或者予以诫勉；

（二）对违法的公职人员依照法定程序作出警告、记过、记大过、降级、撤职、开除等政务处分决定；

（三）对不履行或者不正确履行职责负有责任的领导人员，按照管理权限对其直接作出问责决定，或者向有权作出问责决定的机关提出问责建议；

（四）对涉嫌职务犯罪的，监察机关经调查认为犯罪事实清楚，证据确实、充分的，制作起诉意见书，连同案卷材料、证据一并移送人民检察院依法审查、提起公诉；

（五）对监察对象所在单位廉政建设和履行职责存在的问题等提出监察建议。

监察机关经调查，对没有证据证明被调查人存在违法犯罪行为的，应当撤销案件，并通知被调查人所在单位。

第四十六条　监察机关经调查，对违法取得的财物，依法予以没收、追缴或者责令退赔；对涉嫌犯罪取得的财物，应当随案移送人民检察院。

第四十七条　对监察机关移送的案件，人民检察院依照《中华人民共和国刑事诉讼法》对被调查人采取强制措施。

人民检察院经审查，认为犯罪事实已经查清，证据确实、充分，依法应当追究刑事责任的，应当作出起诉决定。

人民检察院经审查，认为需要补充核实的，应当退回监察机关补充调查，必要时可以自行补充侦查。对于补充调查的案件，应当在一个月内补充调查完毕。补充调查以二次为限。

人民检察院对于有《中华人民共和国刑事诉讼法》规定的不起诉的情形的，经上一级人民检察院批准，依法作出不起诉的决定。监察机关认为不起诉的决定有错误的，可以向上一级人民检察院提请复议。

第四十八条　监察机关在调查贪污贿赂、失职渎职等职务犯罪案件过程中，被调查人逃匿或者死亡，有必要继续调查的，经省级以上监察机关批准，应当继续调查并作出结论。被调查人逃匿，在通缉一年后不能到案，或者死亡的，由监察机关提请人民检察院依照法定程序，向人民法院提出没收违法所得的申请。

第四十九条　监察对象对监察机关作出的涉及本人的处理决定不服的，可以在收到处理决定之日起一个月内，向作出决定的监察机关申请复审，复审机关应当在一个月内作出复审决定；监察对象对复审决定仍不服的，可以在收到复审决定之日起一个月内，向上一级监察机关申请复核，复核机关应当在二个月内作出复核决定。复审、复核期间，不停止原处理决定的执行。复核机关经审查，认定处理决定有错误的，原处理机关应当及时予以纠正。

第六章　反腐败国际合作

第五十条　国家监察委员会统筹协调与其他国家、地区、国际组织开展的反腐败国际交流、合作，组织反腐败国际条约实施工作。

第五十一条　国家监察委员会组织协调有关方面加强与有关国家、地区、国际组织在反腐败执法、引渡、司法协助、被判刑人的移管、资产追回和信息交流等领域的合作。

第五十二条 国家监察委员会加强对反腐败国际追逃追赃和防逃工作的组织协调，督促有关单位做好相关工作：

（一）对于重大贪污贿赂、失职渎职等职务犯罪案件，被调查人逃匿到国（境）外，掌握证据比较确凿的，通过开展境外追逃合作，追捕归案；

（二）向赃款赃物所在国请求查询、冻结、扣押、没收、追缴、返还涉案资产；

（三）查询、监控涉嫌职务犯罪的公职人员及其相关人员进出国（境）和跨境资金流动情况，在调查案件过程中设置防逃程序。

第七章 对监察机关和监察人员的监督

第五十三条 各级监察委员会应当接受本级人民代表大会及其常务委员会的监督。

各级人民代表大会常务委员会听取和审议本级监察委员会的专项工作报告，组织执法检查。

县级以上各级人民代表大会及其常务委员会举行会议时，人民代表大会代表或者常务委员会组成人员可以依照法律规定的程序，就监察工作中的有关问题提出询问或者质询。

第五十四条 监察机关应当依法公开监察工作信息，接受民主监督、社会监督、舆论监督。

第五十五条 监察机关通过设立内部专门的监督机构等方式，加强对监察人员执行职务和遵守法律情况的监督，建设忠诚、干净、担当的监察队伍。

第五十六条 监察人员必须模范遵守宪法和法律，忠于职守、秉公执法，清正廉洁、保守秘密；必须具有良好的政治素质，熟悉监察业务，具备运用法律、法规、政策和调查取证等能力，自觉接受监督。

第五十七条 对于监察人员打听案情、过问案件、说情干预的，办理监察事项的监察人员应当及时报告。有关情况应当登记备案。

发现办理监察事项的监察人员未经批准接触被调查人、涉案人员及其特定关系人，或者存在交往情形的，知情人应当及时报告。有关情况应当登记备案。

第五十八条 办理监察事项的监察人员有下列情形之一的，应当自行回避，监察对象、检举人及其他有关人员也有权要求其回避：

（一）是监察对象或者检举人的近亲属的；

（二）担任过本案的证人的；

（三）本人或者其近亲属与办理的监察事项有利害关系的；

（四）有可能影响监察事项公正处理的其他情形的。

第五十九条 监察机关涉密人员离岗离职后，应当遵守脱密期管理规定，严格履行保密义务，不得泄露相关秘密。

监察人员辞职、退休三年内，不得从事与监察和司法工作相关联且可能发生利益冲突的职业。

第六十条 监察机关及其工作人员有下列行为之一的，被调查人及其近亲属有权向该机关申诉：

（一）留置法定期限届满，不予以解除的；

（二）查封、扣押、冻结与案件无关的财物的；

（三）应当解除查封、扣押、冻结措施而不解除的；

（四）贪污、挪用、私分、调换以及违反规定使用查封、扣押、冻结的财物的；

（五）其他违反法律法规、侵害被调查人合法权益的行为。

受理申诉的监察机关应当在受理申诉之日起一个月内作出处理决定。申诉人对处理决定不服的，可以在收到处理决定之日起一个月内向上一级监察机关申请复查，上一级监察机关应当在收到复查申请之日起二个月内作出处理决定，情况属实的，及时予以纠正。

第六十一条 对调查工作结束后发现立案依据不充分或者失实，案件处置出现重大失误，监察人员严重违法的，应当追究负有责任的领导人员和直接责任人员的责任。

第八章　法律责任

第六十二条　有关单位拒不执行监察机关作出的处理决定，或者无正当理由拒不采纳监察建议的，由其主管部门、上级机关责令改正，对单位给予通报批评；对负有责任的领导人员和直接责任人员依法给予处理。

第六十三条　有关人员违反本法规定，有下列行为之一的，由其所在单位、主管部门、上级机关或者监察机关责令改正，依法给予处理：

（一）不按要求提供有关材料，拒绝、阻碍调查措施实施等拒不配合监察机关调查的；

（二）提供虚假情况，掩盖事实真相的；

（三）串供或者伪造、隐匿、毁灭证据的；

（四）阻止他人揭发检举、提供证据的；

（五）其他违反本法规定的行为，情节严重的。

第六十四条　监察对象对控告人、检举人、证人或者监察人员进行报复陷害的；控告人、检举人、证人捏造事实诬告陷害监察对象的，依法给予处理。

第六十五条　监察机关及其工作人员有下列行为之一的，对负有责任的领导人员和直接责任人员依法给予处理：

（一）未经批准、授权处置问题线索，发现重大案情隐瞒不报，或者私自留存、处理涉案材料的；

（二）利用职权或者职务上的影响干预调查工作、以案谋私的；

（三）违法窃取、泄露调查工作信息，或者泄露举报事项、举报受理情况以及举报人信息的；

（四）对被调查人或者涉案人员逼供、诱供，或者侮辱、打骂、虐待、体罚或者变相体罚的；

（五）违反规定处置查封、扣押、冻结的财物的；

（六）违反规定发生办案安全事故，或者发生安全事故后隐瞒不报、报告失实、处置不当的；

（七）违反规定采取留置措施的；

（八）违反规定限制他人出境，或者不按规定解除出境限制的；

（九）其他滥用职权、玩忽职守、徇私舞弊的行为。

第六十六条　违反本法规定，构成犯罪的，依法追究刑事责任。

第六十七条　监察机关及其工作人员行使职权，侵犯公民、法人和其他组织的合法权益造成损害的，依法给予国家赔偿。

第九章　附　则

第六十八条　中国人民解放军和中国人民武装警察部队开展监察工作，由中央军事委员会根据本法制定具体规定。

第六十九条　本法自公布之日起施行。《中华人民共和国行政监察法》同时废止。

中华人民共和国公务员法

中华人民共和国主席令

第35号

《中华人民共和国公务员法》已由第十届全国人民代表大会常务委员会第十五次会议于2005年4月27日通过，现予公布，自2006年1月1日起施行。

中华人民共和国主席　胡锦涛

二〇〇五年四月二十七日

（2005年4月27日第十届全国人民代表大会常务委员会第十五次会议通过　根据2017年9月1日第十二届全国人民代表大会常务委员会第二十九次会议《关于修改〈中华人民共和国法官法〉等八部法律的决定》修正）

第一章　总　则

第一条　为了规范公务员的管理，保障公务员的合法权益，加强对公务员的监督，建设高素质的公务员队伍，促进勤政廉政，提高工作效能，根据宪法，制定本法。

第二条　本法所称公务员，是指依法履行公职、纳入国家行政编制、由国家财政负担工资福利的工作人员。

第三条　公务员的义务、权利和管理，适用本法。

法律对公务员中的领导成员的产生、任免、监督以及法官、检察官等的义务、权利和管理另有规定的，从其规定。

第四条　公务员制度坚持以马克思列宁主义、毛泽东思想、邓小平理论和“三个代表”重要思想为指导，贯彻社会主义初级阶段的基本路线，贯彻中国共产党的干部路线和方针，坚持党管干部原则。

第五条　公务员的管理，坚持公开、平等、竞争、择优的原则，依照法定的权限、条件、标准和程序进行。

第六条　公务员的管理，坚持监督约束与激励保障并重的原则。

第七条　公务员的任用，坚持任人唯贤、德才兼备的原则，注重工作实绩。

第八条　国家对公务员实行分类管理，提高管理效能和科学化水平。

第九条　公务员依法履行职务的行为，受法律保护。

第十条　中央公务员主管部门负责全国公务员的综合管理工作。县级以上地方各级公务员主管部门负责本辖区内公务员的综合管理工作。上级公务员主管部门指导下级公务员主管部门的公务员管理工作。各级公务员主管部门指导同级各机关的公务员管理工作。

第二章　公务员的条件、义务与权利

第十一条　公务员应当具备下列条件：

（一）具有中华人民共和国国籍；

（二）年满十八周岁；

（三）拥护中华人民共和国宪法；

（四）具有良好的品行；
（五）具有正常履行职责的身体条件；
（六）具有符合职位要求的文化程度和工作能力；
（七）法律规定的其他条件。

第十二条　公务员应当履行下列义务：
（一）模范遵守宪法和法律；
（二）按照规定的权限和程序认真履行职责，努力提高工作效率；
（三）全心全意为人民服务，接受人民监督；
（四）维护国家的安全、荣誉和利益；
（五）忠于职守，勤勉尽责，服从和执行上级依法作出的决定和命令；
（六）保守国家秘密和工作秘密；
（七）遵守纪律，恪守职业道德，模范遵守社会公德；
（八）清正廉洁，公道正派；
（九）法律规定的其他义务。

第十三条　公务员享有下列权利：
（一）获得履行职责应当具有的工作条件；
（二）非因法定事由、非经法定程序，不被免职、降职、辞退或者处分；
（三）获得工资报酬，享受福利、保险待遇；
（四）参加培训；
（五）对机关工作和领导人员提出批评和建议；
（六）提出申诉和控告；
（七）申请辞职；
（八）法律规定的其他权利。

第三章　职务与级别

第十四条　国家实行公务员职位分类制度。

公务员职位类别按照公务员职位的性质、特点和管理需要，划分为综合管理类、专业技术类和行政执法类等类别。国务院根据本法，对于具有职位特殊性，需要单独管理的，可以增设其他职位类别。各职位类别的适用范围由国家另行规定。

第十五条　国家根据公务员职位类别设置公务员职务序列。

第十六条　公务员职务分为领导职务和非领导职务。

领导职务层次分为：国家级正职、国家级副职、省部级正职、省部级副职、厅局级正职、厅局级副职、县处级正职、县处级副职、乡科级正职、乡科级副职。

非领导职务层次在厅局级以下设置。

第十七条　综合管理类的领导职务根据宪法、有关法律、职务层次和机构规格设置确定。

综合管理类的非领导职务分为：巡视员、副巡视员、调研员、副调研员、主任科员、副主任科员、科员、办事员。

综合管理类以外其他职位类别公务员的职务序列，根据本法由国家另行规定。

第十八条　各机关依照确定的职能、规格、编制限额、职数以及结构比例，设置本机关公务员的具体职位，并确定各职位的工作职责和任职资格条件。

第十九条　公务员的职务应当对应相应的级别。公务员职务与级别的对应关系，由国务院规定。

公务员的职务与级别是确定公务员工资及其他待遇的依据。

公务员的级别根据所任职务及其德才表现、工作实绩和资历确定。公务员在同一职务上，可以按照国家规定晋升级别。

第二十条 国家根据人民警察以及海关、驻外外交机构公务员的工作特点，设置与其职务相对应的衔级。

第四章 录 用

第二十一条 录用担任主任科员以下及其他相当职务层次的非领导职务公务员，采取公开考试、严格考察、平等竞争、择优录取的办法。

民族自治地方依照前款规定录用公务员时，依照法律和有关规定对少数民族报考者予以适当照顾。

第二十二条 中央机关及其直属机构公务员的录用，由中央公务员主管部门负责组织。地方各级机关公务员的录用，由省级公务员主管部门负责组织，必要时省级公务员主管部门可以授权设区的市级公务员主管部门组织。

第二十三条 报考公务员，除应当具备本法第十一条规定的条件外，还应当具备省级以上公务员主管部门规定的拟任职位所要求的资格条件。

国家对行政机关中初次从事行政处罚决定审核、行政复议、行政裁决、法律顾问的公务员实行统一法律职业资格考试制度，由国务院司法行政部门商有关部门组织实施。

第二十四条 下列人员不得录用为公务员：

（一）曾因犯罪受过刑事处罚的；

（二）曾被开除公职的；

（三）有法律规定不得录用为公务员的其他情形的。

第二十五条 录用公务员，必须在规定的编制限额内，并有相应的职位空缺。

第二十六条 录用公务员，应当发布招考公告。招考公告应当载明招考的职位、名额、报考资格条件、报考需要提交的申请材料以及其他报考须知事项。

招录机关应当采取措施，便利公民报考。

第二十七条 招录机关根据报考资格条件对报考申请进行审查。报考者提交的申请材料应当真实、准确。

第二十八条 公务员录用考试采取笔试和面试的方式进行，考试内容根据公务员应当具备的基本能力和不同职位类别分别设置。

第二十九条 招录机关根据考试成绩确定考察人选，并对其进行报考资格复审、考察和体检。

体检的项目和标准根据职位要求确定。具体办法由中央公务员主管部门会同国务院卫生行政部门规定。

第三十条 招录机关根据考试成绩、考察情况和体检结果，提出拟录用人员名单，并予以公示。

公示期满，中央一级招录机关将拟录用人员名单报中央公务员主管部门备案；地方各级招录机关将拟录用人员名单报省级或者设区的市级公务员主管部门审批。

第三十一条 录用特殊职位的公务员，经省级以上公务员主管部门批准，可以简化程序或者采用其他测评办法。

第三十二条 新录用的公务员试用期为一年。试用期满合格的，予以任职；不合格的，取消录用。

第五章 考 核

第三十三条 对公务员的考核，按照管理权限，全面考核公务员的德、能、勤、绩、廉，重点考核工作实绩。

第三十四条 公务员的考核分为平时考核和定期考核。定期考核以平时考核为基础。

第三十五条 对非领导成员公务员的定期考核采取年度考核的方式，先由个人按照职位职责和有关要求进行总结，主管领导在听取群众意见后，提出考核等次建议，由本机关负责人或者授权的考核委员会确定考核等次。

对领导成员的定期考核，由主管机关按照有关规定办理。

第三十六条　定期考核的结果分为优秀、称职、基本称职和不称职四个等次。

定期考核的结果应当以书面形式通知公务员本人。

第三十七条　定期考核的结果作为调整公务员职务、级别、工资以及公务员奖励、培训、辞退的依据。

第六章　职务任免

第三十八条　公务员职务实行选任制和委任制。

领导成员职务按照国家规定实行任期制。

第三十九条　选任制公务员在选举结果生效时即任当选职务；任期届满不再连任，或者任期内辞职、被罢免、被撤职的，其所任职务即终止。

第四十条委　任制公务员遇有试用期满考核合格、职务发生变化、不再担任公务员职务以及其他情形需要任免职务的，应当按照管理权限和规定的程序任免其职务。

第四十一条　公务员任职必须在规定的编制限额和职数内进行，并有相应的职位空缺。

第四十二条　公务员因工作需要在机关外兼职，应当经有关机关批准，并不得领取兼职报酬。

第七章　职务升降

第四十三条　公务员晋升职务，应当具备拟任职务所要求的思想政治素质、工作能力、文化程度和任职经历等方面的条件和资格。

公务员晋升职务，应当逐级晋升。特别优秀的或者工作特殊需要的，可以按照规定破格或者越一级晋升职务。

第四十四条　公务员晋升领导职务，按照下列程序办理：

（一）民主推荐，确定考察对象；

（二）组织考察，研究提出任职建议方案，并根据需要在一定范围内进行酝酿；

（三）按照管理权限讨论决定；

（四）按照规定履行任职手续。

公务员晋升非领导职务，参照前款规定的程序办理。

第四十五条　机关内设机构厅局级正职以下领导职务出现空缺时，可以在本机关或者本系统内通过竞争上岗的方式，产生任职人选。

厅局级正职以下领导职务或者副调研员以上及其他相当职务层次的非领导职务出现空缺，可以面向社会公开选拔，产生任职人选。

确定初任法官、初任检察官的任职人选，可以面向社会，从通过国家统一法律职业资格考试取得法律职业资格的人员中公开选拔。

第四十六条　公务员晋升领导职务的，应当按照有关规定实行任职前公示制度和任职试用期制度。

第四十七条　公务员在定期考核中被确定为不称职的，按照规定程序降低一个职务层次任职。

第八章　奖　励

第四十八条　对工作表现突出，有显著成绩和贡献，或者有其他突出事迹的公务员或者公务员集体，给予奖励。奖励坚持精神奖励与物质奖励相结合、以精神奖励为主的原则。

公务员集体的奖励适用于按照编制序列设置的机构或者为完成专项任务组成的工作集体。

第四十九条　公务员或者公务员集体有下列情形之一的，给予奖励：

（一）忠于职守，积极工作，成绩显著的；

（二）遵守纪律，廉洁奉公，作风正派，办事公道，模范作用突出的；

（三）在工作中有发明创造或者提出合理化建议，取得显著经济效益或者社会效益的；

（四）为增进民族团结、维护社会稳定做出突出贡献的；

（五）爱护公共财产，节约国家资财有突出成绩的；

（六）防止或者消除事故有功，使国家和人民群众利益免受或者减少损失的；

（七）在抢险、救灾等特定环境中奋不顾身，做出贡献的；

（八）同违法违纪行为作斗争有功绩的；

（九）在对外交往中为国家争得荣誉和利益的；

（十）有其他突出功绩的。

第五十条 奖励分为：嘉奖、记三等功、记二等功、记一等功、授予荣誉称号。

对受奖励的公务员或者公务员集体予以表彰，并给予一次性奖金或者其他待遇。

第五十一条 给予公务员或者公务员集体奖励，按照规定的权限和程序决定或者审批。

第五十二条 公务员或者公务员集体有下列情形之一的，撤销奖励：

（一）弄虚作假，骗取奖励的；

（二）申报奖励时隐瞒严重错误或者严重违反规定程序的；

（三）有法律、法规规定应当撤销奖励的其他情形的。

第九章 惩 戒

第五十三条 公务员必须遵守纪律，不得有下列行为：

（一）散布有损国家声誉的言论，组织或者参加旨在反对国家的集会、游行、示威等活动；

（二）组织或者参加非法组织，组织或者参加罢工；

（三）玩忽职守，贻误工作；

（四）拒绝执行上级依法作出的决定和命令；

（五）压制批评，打击报复；

（六）弄虚作假，误导、欺骗领导和公众；

（七）贪污、行贿、受贿，利用职务之便为自己或者他人谋取私利；

（八）违反财经纪律，浪费国家资财；

（九）滥用职权，侵害公民、法人或者其他组织的合法权益；

（十）泄露国家秘密或者工作秘密；

（十一）在对外交往中损害国家荣誉和利益；

（十二）参与或者支持色情、吸毒、赌博、迷信等活动；

（十三）违反职业道德、社会公德；

（十四）从事或者参与营利性活动，在企业或者其他营利性组织中兼任职务；

（十五）旷工或者因公外出、请假期满无正当理由逾期不归；

（十六）违反纪律的其他行为。

第五十四条 公务员执行公务时，认为上级的决定或者命令有错误的，可以向上级提出改正或者撤销该决定或者命令的意见；上级不改变该决定或者命令，或者要求立即执行的，公务员应当执行该决定或者命令，执行的后果由上级负责，公务员不承担责任；但是，公务员执行明显违法的决定或者命令的，应当依法承担相应的责任。

第五十五条 公务员因违法违纪应当承担纪律责任的，依照本法给予处分；违纪行为情节轻微，经批评教育后改正的，可以免予处分。

第五十六条 处分分为：警告、记过、记大过、降级、撤职、开除。

第五十七条 对公务员的处分，应当事实清楚、证据确凿、定性准确、处理恰当、程序合法、手续完备。

公务员违纪的，应当由处分决定机关决定对公务员违纪的情况进行调查，并将调查认定的事实及拟给予处分的依据告知公务员本人。公务员有权进行陈述和申辩。

处分决定机关认为对公务员应当给予处分的，应当在规定的期限内，按照管理权限和规定的程序作出处分决定。处分决定应当以书面形式通知公务员本人。

第五十八条　公务员在受处分期间不得晋升职务和级别，其中受记过、记大过、降级、撤职处分的，不得晋升工资档次。

受处分的期间为：警告，六个月；记过，十二个月；记大过，十八个月；降级、撤职，二十四个月。

受撤职处分的，按照规定降低级别。

第五十九条　公务员受开除以外的处分，在受处分期间有悔改表现，并且没有再发生违纪行为的，处分期满后，由处分决定机关解除处分并以书面形式通知本人。

解除处分后，晋升工资档次、级别和职务不再受原处分的影响。但是，解除降级、撤职处分的，不视为恢复原级别、原职务。

第十章　培　训

第六十条　机关根据公务员工作职责的要求和提高公务员素质的需要，对公务员进行分级分类培训。

国家建立专门的公务员培训机构。机关根据需要也可以委托其他培训机构承担公务员培训任务。

第六十一条　机关对新录用人员应当在试用期内进行初任培训；对晋升领导职务的公务员应当在任职前或者任职后一年内进行任职培训；对从事专项工作的公务员应当进行专门业务培训；对全体公务员应当进行更新知识、提高工作能力的在职培训，其中对担任专业技术职务的公务员，应当按照专业技术人员继续教育的要求，进行专业技术培训。

国家有计划地加强对后备领导人员的培训。

第六十二条　公务员的培训实行登记管理。

公务员参加培训的时间由公务员主管部门按照本法第六十一条规定的培训要求予以确定。

公务员培训情况、学习成绩作为公务员考核的内容和任职、晋升的依据之一。

第十一章　交流与回避

第六十三条　国家实行公务员交流制度。

公务员可以在公务员队伍内部交流，也可以与国有企业事业单位、人民团体和群众团体中从事公务的人员交流。

交流的方式包括调任、转任和挂职锻炼。

第六十四条　国有企业事业单位、人民团体和群众团体中从事公务的人员可以调入机关担任领导职务或者副调研员以上及其他相当职务层次的非领导职务。调任人选应当具备本法第十一条规定的条件和拟任职位所要求的资格条件，并不得有本法第二十四条规定的情形。调任机关应当根据上述规定，对调任人选进行严格考察，并按照管理权限审批，必要时可以对调任人选进行考试。

第六十五条　公务员在不同职位之间转任应当具备拟任职位所要求的资格条件，在规定的编制限额和职数内进行。

对省部级正职以下的领导成员应当有计划、有重点地实行跨地区、跨部门转任。

对担任机关内设机构领导职务和工作性质特殊的非领导职务的公务员，应当有计划地在本机关内转任。

第六十六条　根据培养锻炼公务员的需要，可以选派公务员到下级机关或者上级机关、其他地区机关以及国有企业事业单位挂职锻炼。

公务员在挂职锻炼期间，不改变与原机关的人事关系。

第六十七条 公务员应当服从机关的交流决定。

公务员本人申请交流的，按照管理权限审批。

第六十八条 公务员之间有夫妻关系、直系血亲关系、三代以内旁系血亲关系以及近姻亲关系的，不得在同一机关担任双方直接隶属于同一领导人员的职务或者有直接上下级领导关系的职务，也不得在其中一方担任领导职务的机关从事组织、人事、纪检、监察、审计和财务工作。

因地域或者工作性质特殊，需要变通执行任职回避的，由省级以上公务员主管部门规定。

第六十九条 公务员担任乡级机关、县级机关及其有关部门主要领导职务的，应当实行地域回避，法律另有规定的除外。

第七十条 公务员执行公务时，有下列情形之一的，应当回避：

（一）涉及本人利害关系的；

（二）涉及与本人有本法第六十八条第一款所列亲属关系人员的利害关系的；

（三）其他可能影响公正执行公务的。

第七十一条 公务员有应当回避情形的，本人应当申请回避；利害关系人有权申请公务员回避。其他人员可以向机关提供公务员需要回避的情况。

机关根据公务员本人或者利害关系人的申请，经审查后作出是否回避的决定，也可以不经申请直接作出回避决定。

第七十二条 法律对公务员回避另有规定的，从其规定。

第十二章 工资福利保险

第七十三条 公务员实行国家统一的职务与级别相结合的工资制度。

公务员工资制度贯彻按劳分配的原则，体现工作职责、工作能力、工作实绩、资历等因素，保持不同职务、级别之间的合理工资差距。

国家建立公务员工资的正常增长机制。

第七十四条 公务员工资包括基本工资、津贴、补贴和奖金。

公务员按照国家规定享受地区附加津贴、艰苦边远地区津贴、岗位津贴等津贴。

公务员按照国家规定享受住房、医疗等补贴、补助。

公务员在定期考核中被确定为优秀、称职的，按照国家规定享受年终奖金。

公务员工资应当按时足额发放。

第七十五条 公务员的工资水平应当与国民经济发展相协调、与社会进步相适应。

国家实行工资调查制度，定期进行公务员和企业相当人员工资水平的调查比较，并将工资调查比较结果作为调整公务员工资水平的依据。

第七十六条 公务员按照国家规定享受福利待遇。国家根据经济社会发展水平提高公务员的福利待遇。

公务员实行国家规定的工时制度，按照国家规定享受休假。公务员在法定工作日之外加班的，应当给予相应的补休。

第七十七条 国家建立公务员保险制度，保障公务员在退休、患病、工伤、生育、失业等情况下获得帮助和补偿。

公务员因公致残的，享受国家规定的伤残待遇。公务员因公牺牲、因公死亡或者病故的，其亲属享受国家规定的抚恤和优待。

第七十八条 任何机关不得违反国家规定自行更改公务员工资、福利、保险政策，擅自提高或者降低公务员的工资、福利、保险待遇。任何机关不得扣减或者拖欠公务员的工资。

第七十九条 公务员工资、福利、保险、退休金以及录用、培训、奖励、辞退等所需经费，应当列入财政预算，予以保障。

第十三章　辞职辞退

第八十条　公务员辞去公职，应当向任免机关提出书面申请。任免机关应当自接到申请之日起三十日内予以审批，其中对领导成员辞去公职的申请，应当自接到申请之日起九十日内予以审批。

第八十一条　公务员有下列情形之一的，不得辞去公职：

（一）未满国家规定的最低服务年限的；

（二）在涉及国家秘密等特殊职位任职或者离开上述职位不满国家规定的脱密期限的；

（三）重要公务尚未处理完毕，且须由本人继续处理的；

（四）正在接受审计、纪律审查，或者涉嫌犯罪，司法程序尚未终结的；

（五）法律、行政法规规定的其他不得辞去公职的情形。

第八十二条　担任领导职务的公务员，因工作变动依照法律规定需要辞去现任职务的，应当履行辞职手续。

担任领导职务的公务员，因个人或者其他原因，可以自愿提出辞去领导职务。

领导成员因工作严重失误、失职造成重大损失或者恶劣社会影响的，或者对重大事故负有领导责任的，应当引咎辞去领导职务。

领导成员应当引咎辞职或者因其他原因不再适合担任现任领导职务，本人不提出辞职的，应当责令其辞去领导职务。

第八十三条　公务员有下列情形之一的，予以辞退：

（一）在年度考核中，连续两年被确定为不称职的；

（二）不胜任现职工作，又不接受其他安排的；

（三）因所在机关调整、撤销、合并或者缩减编制员额需要调整工作，本人拒绝合理安排的；

（四）不履行公务员义务，不遵守公务员纪律，经教育仍无转变，不适合继续在机关工作，又不宜给予开除处分的；

（五）旷工或者因公外出、请假期满无正当理由逾期不归连续超过十五天，或者一年内累计超过三十天的。

第八十四条　对有下列情形之一的公务员，不得辞退：

（一）因公致残，被确认丧失或者部分丧失工作能力的；

（二）患病或者负伤，在规定的医疗期内的；

（三）女性公务员在孕期、产假、哺乳期内的；

（四）法律、行政法规规定的其他不得辞退的情形。

第八十五条　辞退公务员，按照管理权限决定。辞退决定应当以书面形式通知被辞退的公务员。

被辞退的公务员，可以领取辞退费或者根据国家有关规定享受失业保险。

第八十六条　公务员辞职或者被辞退，离职前应当办理公务交接手续，必要时按照规定接受审计。

第十四章　退　休

第八十七条　公务员达到国家规定的退休年龄或者完全丧失工作能力的，应当退休。

第八十八条　公务员符合下列条件之一的，本人自愿提出申请，经任免机关批准，可以提前退休：

（一）工作年限满三十年的；

（二）距国家规定的退休年龄不足五年，且工作年限满二十年的；

（三）符合国家规定的可以提前退休的其他情形的。

第八十九条　公务员退休后，享受国家规定的退休金和其他待遇，国家为其生活和健康提供必要的服务和帮助，鼓励发挥个人专长，参与社会发展。

第十五章 申诉控告

第九十条 公务员对涉及本人的下列人事处理不服的，可以自知道该人事处理之日起三十日内向原处理机关申请复核；对复核结果不服的，可以自接到复核决定之日起十五日内，按照规定向同级公务员主管部门或者作出该人事处理的机关的上一级机关提出申诉；也可以不经复核，自知道该人事处理之日起三十日内直接提出申诉：

（一）处分；

（二）辞退或者取消录用；

（三）降职；

（四）定期考核定为不称职；

（五）免职；

（六）申请辞职、提前退休未予批准；

（七）未按规定确定或者扣减工资、福利、保险待遇；

（八）法律、法规规定可以申诉的其他情形。

对省级以下机关作出的申诉处理决定不服的，可以向作出处理决定的上一级机关提出再申诉。

行政机关公务员对处分不服向行政监察机关申诉的，按照《中华人民共和国行政监察法》的规定办理。

第九十一条 原处理机关应当自接到复核申请书后的三十日内作出复核决定。受理公务员申诉的机关应当自受理之日起六十日内作出处理决定；案情复杂的，可以适当延长，但是延长时间不得超过三十日。

复核、申诉期间不停止人事处理的执行。

第九十二条 公务员申诉的受理机关审查认定人事处理有错误的，原处理机关应当及时予以纠正。

第九十三条 公务员认为机关及其领导人员侵犯其合法权益的，可以依法向上级机关或者有关的专门机关提出控告。受理控告的机关应当按照规定及时处理。

第九十四条 公务员提出申诉、控告，不得捏造事实，诬告、陷害他人。

第十六章 职位聘任

第九十五条 机关根据工作需要，经省级以上公务员主管部门批准，可以对专业性较强的职位和辅助性职位实行聘任制。

前款所列职位涉及国家秘密的，不实行聘任制。

第九十六条 机关聘任公务员可以参照公务员考试录用的程序进行公开招聘，也可以从符合条件的人员中直接选聘。

机关聘任公务员应当在规定的编制限额和工资经费限额内进行。

第九十七条 机关聘任公务员，应当按照平等自愿、协商一致的原则，签订书面的聘任合同，确定机关与所聘公务员双方的权利、义务。聘任合同经双方协商一致可以变更或者解除。

聘任合同的签订、变更或者解除，应当报同级公务员主管部门备案。

第九十八条 聘任合同应当具备合同期限，职位及其职责要求，工资、福利、保险待遇，违约责任等条款。

聘任合同期限为一年至五年。聘任合同可以约定试用期，试用期为一个月至六个月。

聘任制公务员按照国家规定实行协议工资制，具体办法由中央公务员主管部门规定。

第九十九条 机关依据本法和聘任合同对所聘公务员进行管理。

第一百条 国家建立人事争议仲裁制度。

人事争议仲裁应当根据合法、公正、及时处理的原则，依法维护争议双方的合法权益。

人事争议仲裁委员会根据需要设立。人事争议仲裁委员会由公务员主管部门的代表、聘用机关的代表、聘任制公务员的代表以及法律专家组成。

聘任制公务员与所在机关之间因履行聘任合同发生争议的，可以自争议发生之日起六十日内向人事争议仲裁委员会申请仲裁。当事人对仲裁裁决不服的，可以自接到仲裁裁决书之日起十五日内向人民法院提起诉讼。仲裁裁决生效后，一方当事人不履行的，另一方当事人可以申请人民法院执行。

第十七章　法律责任

第一百零一条　对有下列违反本法规定情形的，由县级以上领导机关或者公务员主管部门按照管理权限，区别不同情况，分别予以责令纠正或者宣布无效；对负有责任的领导人员和直接责任人员，根据情节轻重，给予批评教育或者处分；构成犯罪的，依法追究刑事责任：

（一）不按编制限额、职数或者任职资格条件进行公务员录用、调任、转任、聘任和晋升的；

（二）不按规定条件进行公务员奖惩、回避和办理退休的；

（三）不按规定程序进行公务员录用、调任、转任、聘任、晋升、竞争上岗、公开选拔以及考核、奖惩的；

（四）违反国家规定，更改公务员工资、福利、保险待遇标准的；

（五）在录用、竞争上岗、公开选拔中发生泄露试题、违反考场纪律以及其他严重影响公开、公正的；

（六）不按规定受理和处理公务员申诉、控告的；

（七）违反本法规定的其他情形的。

第一百零二条　公务员辞去公职或者退休的，原系领导成员的公务员在离职三年内，其他公务员在离职两年内，不得到与原工作业务直接相关的企业或者其他营利性组织任职，不得从事与原工作业务直接相关的营利性活动。

公务员辞去公职或者退休后有违反前款规定行为的，由其原所在机关的同级公务员主管部门责令限期改正；逾期不改正的，由县级以上工商行政管理部门没收该人员从业期间的违法所得，责令接收单位将该人员予以清退，并根据情节轻重，对接收单位处以被处罚人员违法所得一倍以上五倍以下的罚款。

第一百零三条　机关因错误的具体人事处理对公务员造成名誉损害的，应当赔礼道歉、恢复名誉、消除影响；造成经济损失的，应当依法给予赔偿。

第一百零四条　公务员主管部门的工作人员，违反本法规定，滥用职权、玩忽职守、徇私舞弊，构成犯罪的，依法追究刑事责任；尚不构成犯罪的，给予处分。

第十八章　附　则

第一百零五条　本法所称领导成员，是指机关的领导人员，不包括机关内设机构担任领导职务的人员。

第一百零六条　法律、法规授权的具有公共事务管理职能的事业单位中除工勤人员以外的工作人员，经批准参照本法进行管理。

第一百零七条　本法自2006年1月1日起施行。全国人民代表大会常务委员会1957年10月23日批准、国务院1957年10月26日公布的《国务院关于国家行政机关工作人员的奖惩暂行规定》、1993年8月14日国务院公布的《国家公务员暂行条例》同时废止。

信访条例

中华人民共和国国务院令

第 431 号

《信访条例》已经 2005 年 1 月 5 日国务院第 76 次常务会议通过，现予公布，自 2005 年 5 月 1 日起施行。

总　理　温家宝

二〇〇五年一月十日

第一章　总　则

第一条　为了保持各级人民政府同人民群众的密切联系，保护信访人的合法权益，维护信访秩序，制定本条例。

第二条　本条例所称信访，是指公民、法人或者其他组织采用书信、电子邮件、传真、电话、走访等形式，向各级人民政府、县级以上人民政府工作部门反映情况，提出建议、意见或者投诉请求，依法由有关行政机关处理的活动。

采用前款规定的形式，反映情况，提出建议、意见或者投诉请求的公民、法人或者其他组织，称信访人。

第三条　各级人民政府、县级以上人民政府工作部门应当做好信访工作，认真处理来信、接待来访，倾听人民群众的意见、建议和要求，接受人民群众的监督，努力为人民群众服务。

各级人民政府、县级以上人民政府工作部门应当畅通信访渠道，为信访人采用本条例规定的形式反映情况，提出建议、意见或者投诉请求提供便利条件。

任何组织和个人不得打击报复信访人。

第四条　信访工作应当在各级人民政府领导下，坚持属地管理、分级负责，谁主管、谁负责，依法、及时、就地解决问题与疏导教育相结合的原则。

第五条　各级人民政府、县级以上人民政府工作部门应当科学、民主决策，依法履行职责，从源头上预防导致信访事项的矛盾和纠纷。

县级以上人民政府应当建立统一领导、部门协调，统筹兼顾、标本兼治，各负其责、齐抓共管的信访工作格局，通过联席会议、建立排查调处机制、建立信访督查工作制度等方式，及时化解矛盾和纠纷。

各级人民政府、县级以上人民政府各工作部门的负责人应当阅批重要来信、接待重要来访、听取信访工作汇报，研究解决信访工作中的突出问题。

第六条　县级以上人民政府应当设立信访工作机构；县级以上人民政府工作部门及乡、镇人民政府应当按照有利工作、方便信访人的原则，确定负责信访工作的机构（以下简称信访工作机构）或者人员，具体负责信访工作。

县级以上人民政府信访工作机构是本级人民政府负责信访工作的行政机构，履行下列职责：

（一）受理、交办、转送信访人提出的信访事项；

（二）承办上级和本级人民政府交由处理的信访事项；

（三）协调处理重要信访事项；

（四）督促检查信访事项的处理；

（五）研究、分析信访情况，开展调查研究，及时向本级人民政府提出完善政策和改进工作的建议；

（六）对本级人民政府其他工作部门和下级人民政府信访工作机构的信访工作进行指导。

第七条　各级人民政府应当建立健全信访工作责任制，对信访工作中的失职、渎职行为，严格依照有关法律、行政法规和本条例的规定，追究有关责任人员的责任，并在一定范围内予以通报。

各级人民政府应当将信访工作绩效纳入公务员考核体系。

第八条　信访人反映的情况，提出的建议、意见，对国民经济和社会发展或者对改进国家机关工作以及保护社会公共利益有贡献的，由有关行政机关或者单位给予奖励。

对在信访工作中做出优异成绩的单位或者个人，由有关行政机关给予奖励。

第二章　信访渠道

第九条　各级人民政府、县级以上人民政府工作部门应当向社会公布信访工作机构的通信地址、电子信箱、投诉电话、信访接待的时间和地点、查询信访事项处理进展及结果的方式等相关事项。

各级人民政府、县级以上人民政府工作部门应当在其信访接待场所或者网站公布与信访工作有关的法律、法规、规章，信访事项的处理程序，以及其他为信访人提供便利的相关事项。

第十条　设区的市级、县级人民政府及其工作部门，乡、镇人民政府应当建立行政机关负责人信访接待日制度，由行政机关负责人协调处理信访事项。信访人可以在公布的接待日和接待地点向有关行政机关负责人当面反映信访事项。

县级以上人民政府及其工作部门负责人或者其指定的人员，可以就信访人反映突出的问题到信访人居住地与信访人面谈沟通。

第十一条　国家信访工作机构充分利用现有政务信息网络资源，建立全国信访信息系统，为信访人在当地提出信访事项、查询信访事项办理情况提供便利。

县级以上地方人民政府应当充分利用现有政务信息网络资源，建立或者确定本行政区域的信访信息系统，并与上级人民政府、政府有关部门、下级人民政府的信访信息系统实现互联互通。

第十二条　县级以上各级人民政府的信访工作机构或者有关工作部门应当及时将信访人的投诉请求输入信访信息系统，信访人可以持行政机关出具的投诉请求受理凭证到当地人民政府的信访工作机构或者有关工作部门的接待场所查询其所提出的投诉请求的办理情况。具体实施办法和步骤由省、自治区、直辖市人民政府规定。

第十三条　设区的市、县两级人民政府可以根据信访工作的实际需要，建立政府主导、社会参与、有利于迅速解决纠纷的工作机制。

信访工作机构应当组织相关社会团体、法律援助机构、相关专业人员、社会志愿者等共同参与，运用咨询、教育、协商、调解、听证等方法，依法、及时、合理处理信访人的投诉请求。

第三章　信访事项的提出

第十四条　信访人对下列组织、人员的职务行为反映情况，提出建议、意见，或者不服下列组织、人员的职务行为，可以向有关行政机关提出信访事项：

（一）行政机关及其工作人员；

（二）法律、法规授权的具有管理公共事务职能的组织及其工作人员；

（三）提供公共服务的企业、事业单位及其工作人员；

（四）社会团体或者其他企业、事业单位中由国家行政机关任命、派出的人员；

（五）村民委员会、居民委员会及其成员。

对依法应当通过诉讼、仲裁、行政复议等法定途径解决的投诉请求，信访人应当依照有关法律、行政法规规定的程序向有关机关提出。

第十五条　信访人对各级人民代表大会以及县级以上各级人民代表大会常务委员会、人民法院、人民检察院职权范围内的信访事项，应当分别向有关的人民代表大会及其常务委员会、人民法院、人民检察院提出，并遵守本条例第十六条、第十七条、第十八条、第十九条、第二十条的规定。

第十六条 信访人采用走访形式提出信访事项，应当向依法有权处理的本级或者上一级机关提出；信访事项已经受理或者正在办理的，信访人在规定期限内向受理、办理机关的上级机关再提出同一信访事项的，该上级机关不予受理。

第十七条 信访人提出信访事项，一般应当采用书信、电子邮件、传真等书面形式；信访人提出投诉请求的，还应当载明信访人的姓名（名称）、住址和请求、事实、理由。

有关机关对采用口头形式提出的投诉请求，应当记录信访人的姓名（名称）、住址和请求、事实、理由。

第十八条 信访人采用走访形式提出信访事项的，应当到有关机关设立或者指定的接待场所提出。

多人采用走访形式提出共同的信访事项的，应当推选代表，代表人数不得超过5人。

第十九条 信访人提出信访事项，应当客观真实，对其所提供材料内容的真实性负责，不得捏造、歪曲事实，不得诬告、陷害他人。

第二十条 信访人在信访过程中应当遵守法律、法规，不得损害国家、社会、集体的利益和其他公民的合法权利，自觉维护社会公共秩序和信访秩序，不得有下列行为：

（一）在国家机关办公场所周围、公共场所非法聚集，围堵、冲击国家机关，拦截公务车辆，或者堵塞、阻断交通的；

（二）携带危险物品、管制器具的；

（三）侮辱、殴打、威胁国家机关工作人员，或者非法限制他人人身自由的；

（四）在信访接待场所滞留、滋事，或者将生活不能自理的人弃留在信访接待场所的；

（五）煽动、串联、胁迫、以财物诱使、幕后操纵他人信访或者以信访为名借机敛财的；

（六）扰乱公共秩序、妨害国家和公共安全的其他行为。

第四章 信访事项的受理

第二十一条 县级以上人民政府信访工作机构收到信访事项，应当予以登记，并区分情况，在15日内分别按下列方式处理：

（一）对本条例第十五条规定的信访事项，应当告知信访人分别向有关的人民代表大会及其常务委员会、人民法院、人民检察院提出。对已经或者依法应当通过诉讼、仲裁、行政复议等法定途径解决的，不予受理，但应当告知信访人依照有关法律、行政法规规定程序向有关机关提出。

（二）对依照法定职责属于本级人民政府或者其工作部门处理决定的信访事项，应当转送有权处理的行政机关；情况重大、紧急的，应当及时提出建议，报请本级人民政府决定。

（三）信访事项涉及下级行政机关或者其工作人员的，按照“属地管理、分级负责，谁主管、谁负责”的原则，直接转送有权处理的行政机关，并抄送下一级人民政府信访工作机构。

县级以上人民政府信访工作机构要定期向下一级人民政府信访工作机构通报转送情况，下级人民政府信访工作机构要定期向上一级人民政府信访工作机构报告转送信访事项的办理情况。

（四）对转送信访事项中的重要情况需要反馈办理结果的，可以直接交由有权处理的行政机关办理，要求其在指定办理期限内反馈结果，提交办结报告。

按照前款第（二）项至第（四）项规定，有关行政机关应当自收到转送、交办的信访事项之日起15日内决定是否受理并书面告知信访人，并按要求通报信访工作机构。

第二十二条 信访人按照本条例规定直接向各级人民政府信访工作机构以外的行政机关提出的信访事项，有关行政机关应当予以登记；对符合本条例第十四条第一款规定并属于本机关法定职权范围的信访事项，应当受理，不得推诿、敷衍、拖延；对不属于本机关职权范围的信访事项，应当告知信访人向有权的机关提出。

有关行政机关收到信访事项后，能够当场答复是否受理的，应当当场书面答复；不能当场答复的，应当自收到信访事项之日起 15 日内书面告知信访人。但是，信访人的姓名（名称）、住址不清的除外。

有关行政机关应当相互通报信访事项的受理情况。

第二十三条　行政机关及其工作人员不得将信访人的检举、揭发材料及有关情况透露或者转给被检举、揭发的人员或者单位。

第二十四条　涉及两个或者两个以上行政机关的信访事项，由所涉及的行政机关协商受理；受理有争议的，由其共同的上一级行政机关决定受理机关。

第二十五条　应当对信访事项作出处理的行政机关分立、合并、撤销的，由继续行使其职权的行政机关受理；职责不清的，由本级人民政府或者其指定的机关受理。

第二十六条　公民、法人或者其他组织发现可能造成社会影响的重大、紧急信访事项和信访信息时，可以就近向有关行政机关报告。地方各级人民政府接到报告后，应当立即报告上一级人民政府；必要时，通报有关主管部门。县级以上地方人民政府有关部门接到报告后，应当立即报告本级人民政府和上一级主管部门；必要时，通报有关主管部门。国务院有关部门接到报告后，应当立即报告国务院；必要时，通报有关主管部门。

行政机关对重大、紧急信访事项和信访信息不得隐瞒、谎报、缓报，或者授意他人隐瞒、谎报、缓报。

第二十七条　对于可能造成社会影响的重大、紧急信访事项和信访信息，有关行政机关应当在职责范围内依法及时采取措施，防止不良影响的产生、扩大。

第五章　信访事项的办理和督办

第二十八条　行政机关及其工作人员办理信访事项，应当恪尽职守、秉公办事，查明事实、分清责任，宣传法制、教育疏导，及时妥善处理，不得推诿、敷衍、拖延。

第二十九条　信访人反映的情况，提出的建议、意见，有利于行政机关改进工作、促进国民经济和社会发展的，有关行政机关应当认真研究论证并积极采纳。

第三十条　行政机关工作人员与信访事项或者信访人有直接利害关系的，应当回避。

第三十一条　对信访事项有权处理的行政机关办理信访事项，应当听取信访人陈述事实和理由；必要时可以要求信访人、有关组织和人员说明情况；需要进一步核实有关情况的，可以向其他组织和人员调查。

对重大、复杂、疑难的信访事项，可以举行听证。听证应当公开举行，通过质询、辩论、评议、合议等方式，查明事实，分清责任。听证范围、主持人、参加人、程序等由省、自治区、直辖市人民政府规定。

第三十二条　对信访事项有权处理的行政机关经调查核实，应当依照有关法律、法规、规章及其他有关规定，分别作出以下处理，并书面答复信访人：

（一）请求事实清楚，符合法律、法规、规章或者其他有关规定的，予以支持；

（二）请求事由合理但缺乏法律依据的，应当对信访人做好解释工作；

（三）请求缺乏事实根据或者不符合法律、法规、规章或者其他有关规定的，不予支持。

有权处理的行政机关依照前款第（一）项规定作出支持信访请求意见的，应当督促有关机关或者单位执行。

第三十三条　信访事项应当自受理之日起 60 日内办结；情况复杂的，经本行政机关负责人批准，可以适当延长办理期限，但延长期限不得超过 30 日，并告知信访人延期理由。法律、行政法规另有规定的，从其规定。

第三十四条　信访人对行政机关作出的信访事项处理意见不服的，可以自收到书面答复之日起 30 日内请求原办理行政机关的上一级行政机关复查。收到复查请求的行政机关应当自收到复查请求之日起

30日内提出复查意见，并予以书面答复。

第三十五条 信访人对复查意见不服的，可以自收到书面答复之日起 30 日内向复查机关的上一级行政机关请求复核。收到复核请求的行政机关应当自收到复核请求之日起30日内提出复核意见。

复核机关可以按照本条例第三十一条第二款的规定举行听证，经过听证的复核意见可以依法向社会公示。听证所需时间不计算在前款规定的期限内。

信访人对复核意见不服，仍然以同一事实和理由提出投诉请求的，各级人民政府信访工作机构和其他行政机关不再受理。

第三十六条 县级以上人民政府信访工作机构发现有关行政机关有下列情形之一的，应当及时督办，并提出改进建议：

（一）无正当理由未按规定的办理期限办结信访事项的；

（二）未按规定反馈信访事项办理结果的；

（三）未按规定程序办理信访事项的；

（四）办理信访事项推诿、敷衍、拖延的；

（五）不执行信访处理意见的；

（六）其他需要督办的情形。

收到改进建议的行政机关应当在30日内书面反馈情况；未采纳改进建议的，应当说明理由。

第三十七条 县级以上人民政府信访工作机构对于信访人反映的有关政策性问题，应当及时向本级人民政府报告，并提出完善政策、解决问题的建议。

第三十八条 县级以上人民政府信访工作机构对在信访工作中推诿、敷衍、拖延、弄虚作假造成严重后果的行政机关工作人员，可以向有关行政机关提出给予行政处分的建议。

第三十九条 县级以上人民政府信访工作机构应当就以下事项向本级人民政府定期提交信访情况分析报告：

（一）受理信访事项的数据统计、信访事项涉及领域以及被投诉较多的机关；

（二）转送、督办情况以及各部门采纳改进建议的情况；

（三）提出的政策性建议及其被采纳情况。

第六章 法律责任

第四十条 因下列情形之一导致信访事项发生，造成严重后果的，对直接负责的主管人员和其他直接责任人员，依照有关法律、行政法规的规定给予行政处分；构成犯罪的，依法追究刑事责任：

（一）超越或者滥用职权，侵害信访人合法权益的；

（二）行政机关应当作为而不作为，侵害信访人合法权益的；

（三）适用法律、法规错误或者违反法定程序，侵害信访人合法权益的；

（四）拒不执行有权处理的行政机关作出的支持信访请求意见的。

第四十一条 县级以上人民政府信访工作机构对收到的信访事项应当登记、转送、交办而未按规定登记、转送、交办，或者应当履行督办职责而未履行的，由其上级行政机关责令改正；造成严重后果的，对直接负责的主管人员和其他直接责任人员依法给予行政处分。

第四十二条 负有受理信访事项职责的行政机关在受理信访事项过程中违反本条例的规定，有下列情形之一的，由其上级行政机关责令改正；造成严重后果的，对直接负责的主管人员和其他直接责任人员依法给予行政处分：

（一）对收到的信访事项不按规定登记的；

（二）对属于其法定职权范围的信访事项不予受理的；

（三）行政机关未在规定期限内书面告知信访人是否受理信访事项的。

第四十三条 对信访事项有权处理的行政机关在办理信访事项过程中，有下列行为之一的，由其上级行政机关责令改正；造成严重后果的，对直接负责的主管人员和其他直接责任人员依法给予行政处分：

（一）推诿、敷衍、拖延信访事项办理或者未在法定期限内办结信访事项的；

（二）对事实清楚，符合法律、法规、规章或者其他有关规定的投诉请求未予支持的。

第四十四条 行政机关工作人员违反本条例规定，将信访人的检举、揭发材料或者有关情况透露、转给被检举、揭发的人员或者单位的，依法给予行政处分。

行政机关工作人员在处理信访事项过程中，作风粗暴，激化矛盾并造成严重后果的，依法给予行政处分。

第四十五条 行政机关及其工作人员违反本条例第二十六条规定，对可能造成社会影响的重大、紧急信访事项和信访信息，隐瞒、谎报、缓报，或者授意他人隐瞒、谎报、缓报，造成严重后果的，对直接负责的主管人员和其他直接责任人员依法给予行政处分；构成犯罪的，依法追究刑事责任。

第四十六条 打击报复信访人，构成犯罪的，依法追究刑事责任；尚不构成犯罪的，依法给予行政处分或者纪律处分。

第四十七条 违反本条例第十八条、第二十条规定的，有关国家机关工作人员应当对信访人进行劝阻、批评或者教育。

经劝阻、批评和教育无效的，由公安机关予以警告、训诫或者制止；违反集会游行示威的法律、行政法规，或者构成违反治安管理行为的，由公安机关依法采取必要的现场处置措施、给予治安管理处罚；构成犯罪的，依法追究刑事责任。

第四十八条 信访人捏造歪曲事实、诬告陷害他人，构成犯罪的，依法追究刑事责任；尚不构成犯罪的，由公安机关依法给予治安管理处罚。

第七章 附 则

第四十九条 社会团体、企业事业单位的信访工作参照本条例执行。

第五十条 对外国人、无国籍人、外国组织信访事项的处理，参照本条例执行。

第五十一条 本条例自 2005 年 5 月 1 日起施行。1995 年 10 月 28 日国务院发布的《信访条例》同时废止。

最高人民法院关于行政诉讼证据若干问题的规定

（最高人民法院审判委员会 法释〔2002〕21 号）

为准确认定案件事实，公正、及时地审理行政案件，根据《中华人民共和国行政诉讼法》（以下简称行政诉讼法）等有关法律规定，结合行政审判实际，制定本规定。

一、举证责任分配和举证期限

第一条 根据行政诉讼法第三十二条和第四十三条的规定，被告对作出的具体行政行为负有举证责任，应当在收到起诉状副本之日起十日内，提供据以作出被诉具体行政行为的全部证据和所依据的规范性文件。被告不提供或者无正当理由逾期提供证据的，视为被诉具体行政行为没有相应的证据。

被告因不可抗力或者客观上不能控制的其他正当事由，不能在前款规定的期限内提供证据的，应当在收到起诉状副本之日起十日内向人民法院提出延期提供证据的书面申请。人民法院准许延期提供的，被告应当在正当事由消除后十日内提供证据。逾期提供的，视为被诉具体行政行为没有相应的证据。

第二条 原告或者第三人提出其在行政程序中没有提出的反驳理由或者证据的，经人民法院准许，被告可以在第一审程序中补充相应的证据。

第三条 根据行政诉讼法第三十三条的规定，在诉讼过程中，被告及其诉讼代理人不得自行向原告和证人收集证据。

第四条 公民、法人或者其他组织向人民法院起诉时，应当提供其符合起诉条件的相应的证据材料。

在起诉被告不作为的案件中，原告应当提供其在行政程序中曾经提出申请的证据材料。但有下列情形的除外：

（一）被告应当依职权主动履行法定职责的；

（二）原告因被告受理申请的登记制度不完备等正当事由不能提供相关证据材料并能够作出合理说明的。

被告认为原告起诉超过法定期限的，由被告承担举证责任。

第五条 在行政赔偿诉讼中，原告应当对被诉具体行政行为造成损害的事实提供证据。

第六条 原告可以提供证明被诉具体行政行为违法的证据。原告提供的证据不成立的，不免除被告对被诉具体行政行为合法性的举证责任。

第七条 原告或者第三人应当在开庭审理前或者人民法院指定的交换证据之日提供证据。因正当事由申请延期提供证据的，经人民法院准许，可以在法庭调查中提供。逾期提供证据的，视为放弃举证权利。

原告或者第三人在第一审程序中无正当事由未提供而在第二审程序中提供的证据，人民法院不予接纳。

第八条 人民法院向当事人送达受理案件通知书或者应诉通知书时，应当告知其举证范围、举证期限和逾期提供证据的法律后果，并告知因正当事由不能按期提供证据时应当提出延期提供证据的申请。

第九条 根据行政诉讼法第三十四条第一款的规定，人民法院有权要求当事人提供或者补充证据。

对当事人无争议，但涉及国家利益、公共利益或者他人合法权益的事实，人民法院可以责令当事人提供或者补充有关证据。

二、提供证据的要求

第十条 根据行政诉讼法第三十一条第一款第（一）项的规定，当事人向人民法院提供书证的，应当符合下列要求：

（一）提供书证的原件，原本、正本和副本均属于书证的原件。提供原件确有困难的，可以提供与原件核对无误的复印件、照片、节录本；

（二）提供由有关部门保管的书证原件的复制件、影印件或者抄录件的，应当注明出处，经该部门核对无异后加盖其印章；

（三）提供报表、图纸、会计账册、专业技术资料、科技文献等书证的，应当附有说明材料；

（四）被告提供的被诉具体行政行为所依据的询问、陈述、谈话类笔录，应当有行政执法人员、被询问人、陈述人、谈话人签名或者盖章。

法律、法规、司法解释和规章对书证的制作形式另有规定的，从其规定。

第十一条 根据行政诉讼法第三十一条第一款第（二）项的规定，当事人向人民法院提供物证的，应当符合下列要求：

（一）提供原物。提供原物确有困难的，可以提供与原物核对无误的复制件或者证明该物证的照片、录像等其他证据；

（二）原物为数量较多的种类物的，提供其中的一部分。

第十二条 根据行政诉讼法第三十一条第一款第（三）项的规定，当事人向人民法院提供计算机数据或者录音、录像等视听资料的，应当符合下列要求：

（一）提供有关资料的原始载体。提供原始载体确有困难的，可以提供复制件；

（二）注明制作方法、制作时间、制作人和证明对象等；

（三）声音资料应当附有该声音内容的文字记录。

第十三条 根据行政诉讼法第三十一条第一款第（四）项的规定，当事人向人民法院提供证人证言的，应当符合下列要求：

（一）写明证人的姓名、年龄、性别、职业、住址等基本情况；

（二）有证人的签名，不能签名的，应当以盖章等方式证明；

（三）注明出具日期；

（四）附有居民身份证复印件等证明证人身份的文件。

第十四条 根据行政诉讼法第三十一条第一款第（六）项的规定，被告向人民法院提供的在行政程序中采用的鉴定结论，应当载明委托人和委托鉴定的事项、向鉴定部门提交的相关材料、鉴定的依据和使用的科学技术手段、鉴定部门和鉴定人鉴定资格的说明，并应有鉴定人的签名和鉴定部门的盖章。通过分析获得的鉴定结论，应当说明分析过程。

第十五条 根据行政诉讼法第三十一条第一款第（七）项的规定，被告向人民法院提供的现场笔录，应当载明时间、地点和事件等内容，并由执法人员和当事人签名。当事人拒绝签名或者不能签名的，应当注明原因。有其他人在现场的，可由其他人签名。法律、法规和规章对现场笔录的制作形式另有规定的，从其规定。

第十六条 当事人向人民法院提供的在中华人民共和国领域外形成的证据，应当说明来源，经所在国公证机关证明，并经中华人民共和国驻该国使领馆认证，或者履行中华人民共和国与证据所在国订立的有关条约中规定的证明手续。

当事人提供的在中华人民共和国香港特别行政区、澳门特别行政区和台湾地区内形成的证据，应当具有按照有关规定办理的证明手续。

第十七条 当事人向人民法院提供外文书证或者外国语视听资料的，应当附有由具有翻译资质的机构翻译的或者其他翻译准确的中文译本，由翻译机构盖章或者翻译人员签名。

第十八条 证据涉及国家秘密、商业秘密或者个人隐私的，提供人应当作出明确标注，并向法庭说明，法庭予以审查确认。

第十九条 当事人应当对其提交的证据材料分类编号，对证据材料的来源、证明对象和内容作简要说明，签名或者盖章，注明提交日期。

第二十条 人民法院收到当事人提交的证据材料，应当出具收据，注明证据的名称、份数、页数、件数、种类等以及收到的时间，由经办人员签名或者盖章。

第二十一条 对于案情比较复杂或者证据数量较多的案件，人民法院可以组织当事人在开庭前向对方出示或者交换证据，并将交换证据的情况记录在卷。

三、调取和保全证据

第二十二条 根据行政诉讼法第三十四条第二款的规定，有下列情形之一的，人民法院有权向有关行政机关以及其他组织、公民调取证据：

（一）涉及国家利益、公共利益或者他人合法权益的事实认定的；

（二）涉及依职权追加当事人、中止诉讼、终结诉讼、回避等程序性事项的。

第二十三条 原告或者第三人不能自行收集，但能够提供确切线索的，可以申请人民法院调取下列证据材料：

（一）由国家有关部门保存而须由人民法院调取的证据材料；

（二）涉及国家秘密、商业秘密、个人隐私的证据材料；

（三）确因客观原因不能自行收集的其他证据材料。

人民法院不得为证明被诉具体行政行为的合法性，调取被告在作出具体行政行为时未收集的证据。

第二十四条 当事人申请人民法院调取证据的，应当在举证期限内提交调取证据申请书。

调取证据申请书应当写明下列内容：

（一）证据持有人的姓名或者名称、住址等基本情况；

（二）拟调取证据的内容；

（三）申请调取证据的原因及其要证明的案件事实。

第二十五条 人民法院对当事人调取证据的申请，经审查符合调取证据条件的，应当及时决定调取；不符合调取证据条件的，应当向当事人或者其诉讼代理人送达通知书，说明不准许调取的理由。当事人及其诉讼代理人可以在收到通知书之日起三日内向受理申请的人民法院书面申请复议一次。

人民法院应当在收到复议申请之日起五日内作出答复。人民法院根据当事人申请，经调取未能取得相应证据的，应当告知申请人并说明原因。

第二十六条 人民法院需要调取的证据在异地的，可以书面委托证据所在地人民法院调取。受托人民法院应当在收到委托书后，按照委托要求及时完成调取证据工作，送交委托人民法院。受托人民法院不能完成委托内容的，应当告知委托的人民法院并说明原因。

第二十七条 当事人根据行政诉讼法第三十六条的规定向人民法院申请保全证据的，应当在举证期限届满前以书面形式提出，并说明证据的名称和地点、保全的内容和范围、申请保全的理由等事项。

当事人申请保全证据的，人民法院可以要求其提供相应的担保。

法律、司法解释规定诉前保全证据的，依照其规定办理。

第二十八条 人民法院依照行政诉讼法第三十六条规定保全证据的，可以根据具体情况，采取查封、扣押、拍照、录音、录像、复制、鉴定、勘验、制作询问笔录等保全措施。

人民法院保全证据时，可以要求当事人或者其诉讼代理人到场。

第二十九条 原告或者第三人有证据或者有正当理由表明被告据以认定案件事实的鉴定结论可能有错误，在举证期限内书面申请重新鉴定的，人民法院应予准许。

第三十条 当事人对人民法院委托的鉴定部门作出的鉴定结论有异议申请重新鉴定，提出证据证明存在下列情形之一的，人民法院应予准许：

（一）鉴定部门或者鉴定人不具有相应的鉴定资格的；

（二）鉴定程序严重违法的；

（三）鉴定结论明显依据不足的；

（四）经过质证不能作为证据使用的其他情形。

对有缺陷的鉴定结论，可以通过补充鉴定、重新质证或者补充质证等方式解决。

第三十一条 对需要鉴定的事项负有举证责任的当事人，在举证期限内无正当理由不提出鉴定申请、不预交鉴定费用或者拒不提供相关材料，致使对案件争议的事实无法通过鉴定结论予以认定的，应当对该事实承担举证不能的法律后果。

第三十二条 人民法院对委托或者指定的鉴定部门出具的鉴定书，应当审查是否具有下列内容：

（一）鉴定的内容；

（二）鉴定时提交的相关材料；

（三）鉴定的依据和使用的科学技术手段；

（四）鉴定的过程；

（五）明确的鉴定结论；

（六）鉴定部门和鉴定人鉴定资格的说明；

（七）鉴定人及鉴定部门签名盖章。

前款内容欠缺或者鉴定结论不明确的，人民法院可以要求鉴定部门予以说明、补充鉴定或者重新鉴定。

第三十三条　人民法院可以依当事人申请或者依职权勘验现场。

勘验现场时，勘验人必须出示人民法院的证件，并邀请当地基层组织或者当事人所在单位派人参加。当事人或其成年亲属应当到场，拒不到场的，不影响勘验的进行，但应当在勘验笔录中说明情况。

第三十四条　审判人员应当制作勘验笔录，记载勘验的时间、地点、勘验人、在场人、勘验的经过和结果，由勘验人、当事人、在场人签名。

勘验现场时绘制的现场图，应当注明绘制的时间、方位、绘制人姓名和身份等内容。

当事人对勘验结论有异议的，可以在举证期限内申请重新勘验，是否准许由人民法院决定。

四、证据的对质辨认和核实

第三十五条　证据应当在法庭上出示，并经庭审质证。未经庭审质证的证据，不能作为定案的依据。

当事人在庭前证据交换过程中没有争议并记录在卷的证据，经审判人员在庭审中说明后，可以作为认定案件事实的依据。

第三十六条　经合法传唤，因被告无正当理由拒不到庭而需要依法缺席判决的，被告提供的证据不能作为定案的依据，但当事人在庭前交换证据中没有争议的证据除外。

第三十七条　涉及国家秘密、商业秘密和个人隐私或者法律规定的其他应当保密的证据，不得在开庭时公开质证。

第三十八条　当事人申请人民法院调取的证据，由申请调取证据的当事人在庭审中出示，并由当事人质证。

人民法院依职权调取的证据，由法庭出示，并可就调取该证据的情况进行说明，听取当事人意见。

第三十九条　当事人应当围绕证据的关联性、合法性和真实性，针对证据有无证明效力以及证明效力大小，进行质证。

经法庭准许，当事人及其代理人可以就证据问题相互发问，也可以向证人、鉴定人或者勘验人发问。

当事人及其代理人相互发问，或者向证人、鉴定人、勘验人发问时，发问的内容应当与案件事实有关联，不得采用引诱、威胁、侮辱等语言或者方式。

第四十条　对书证、物证和视听资料进行质证时，当事人应当出示证据的原件或者原物。但有下列情况之一的除外：

（一）出示原件或者原物确有困难并经法庭准许可以出示复制件或者复制品；

（二）原件或者原物已不存在，可以出示证明复制件、复制品与原件、原物一致的其他证据。

视听资料应当当庭播放或者显示，并由当事人进行质证。

第四十一条　凡是知道案件事实的人，都有出庭作证的义务。有下列情形之一的，经人民法院准许，当事人可以提交书面证言：

（一）当事人在行政程序或者庭前证据交换中对证人证言无异议的；

（二）证人因年迈体弱或者行动不便无法出庭的；

（三）证人因路途遥远、交通不便无法出庭的；

（四）证人因自然灾害等不可抗力或者其他意外事件无法出庭的；

（五）证人因其他特殊原因确实无法出庭的。

第四十二条　不能正确表达意志的人不能作证。

根据当事人申请，人民法院可以就证人能否正确表达意志进行审查或者交由有关部门鉴定。必要时，人民法院也可以依职权交由有关部门鉴定。

第四十三条　当事人申请证人出庭作证的，应当在举证期限届满前提出，并经人民法院许可。人民法院准许证人出庭作证的，应当在开庭审理前通知证人出庭作证。

当事人在庭审过程中要求证人出庭作证的，法庭可以根据审理案件的具体情况，决定是否准许以及是否延期审理。

第四十四条 有下列情形之一，原告或者第三人可以要求相关行政执法人员作为证人出庭作证：

（一）对现场笔录的合法性或者真实性有异议的；

（二）对扣押财产的品种或者数量有异议的；

（三）对检验的物品取样或者保管有异议的；

（四）对行政执法人员的身份的合法性有异议的；

（五）需要出庭作证的其他情形。

第四十五条 证人出庭作证时，应当出示证明其身份的证件。法庭应当告知其诚实作证的法律义务和作伪证的法律责任。

出庭作证的证人不得旁听案件的审理。法庭询问证人时，其他证人不得在场，但组织证人对质的除外。

第四十六条 证人应当陈述其亲历的具体事实。证人根据其经历所作的判断、推测或者评论，不能作为定案的依据。

第四十七条 当事人要求鉴定人出庭接受询问的，鉴定人应当出庭。鉴定人因正当事由不能出庭的，经法庭准许，可以不出庭，由当事人对其书面鉴定结论进行质证。

鉴定人不能出庭的正当事由，参照本规定第四十一条的规定。

对于出庭接受询问的鉴定人，法庭应当核实其身份、与当事人及案件的关系，并告知鉴定人如实说明鉴定情况的法律义务和故意作虚假说明的法律责任。

第四十八条 对被诉具体行政行为涉及的专门性问题，当事人可以向法庭申请由专业人员出庭进行说明，法庭也可以通知专业人员出庭说明。必要时，法庭可以组织专业人员进行对质。

当事人对出庭的专业人员是否具备相应专业知识、学历、资历等专业资格等有异议的，可以进行询问。由法庭决定其是否可以作为专业人员出庭。

专业人员可以对鉴定人进行询问。

第四十九条 法庭在质证过程中，对与案件没有关联的证据材料，应予排除并说明理由。

法庭在质证过程中，准许当事人补充证据的，对补充的证据仍应进行质证。

法庭对经过庭审质证的证据，除确有必要外，一般不再进行质证。

第五十条 在第二审程序中，对当事人依法提供的新的证据，法庭应当进行质证；当事人对第一审认定的证据仍有争议的，法庭也应当进行质证。

第五十一条 按照审判监督程序审理的案件，对当事人依法提供的新的证据，法庭应当进行质证；因原判决、裁定认定事实的证据不足而提起再审所涉及的主要证据，法庭也应当进行质证。

第五十二条 本规定第五十条和第五十一条中的“新的证据”是指以下证据：

（一）在一审程序中应当准予延期提供而未获准许的证据；

（二）当事人在一审程序中依法申请调取而未获准许或者未取得，人民法院在第二审程序中调取的证据；

（三）原告或者第三人提供的在举证期限届满后发现的证据。

五、证据的审核认定

第五十三条 人民法院裁判行政案件，应当以证据证明的案件事实为依据。

第五十四条 法庭应当对经过庭审质证的证据和无需质证的证据进行逐一审查和对全部证据综合审查，遵循法官职业道德，运用逻辑推理和生活经验，进行全面、客观和公正地分析判断，确定证据材料与案件事实之间的证明关系，排除不具有关联性的证据材料，准确认定案件事实。

第五十五条 法庭应当根据案件的具体情况，从以下方面审查证据的合法性：

（一）证据是否符合法定形式；

（二）证据的取得是否符合法律、法规、司法解释和规章的要求；

（三）是否有影响证据效力的其他违法情形。

第五十六条　法庭应当根据案件的具体情况，从以下方面审查证据的真实性：

（一）证据形成的原因；

（二）发现证据时的客观环境；

（三）证据是否为原件、原物，复制件、复制品与原件、原物是否相符；

（四）提供证据的人或者证人与当事人是否具有利害关系；

（五）影响证据真实性的其他因素。

第五十七条　下列证据材料不能作为定案依据：

（一）严重违反法定程序收集的证据材料；

（二）以偷拍、偷录、窃听等手段获取侵害他人合法权益的证据材料；

（三）以利诱、欺诈、胁迫、暴力等不正当手段获取的证据材料；

（四）当事人无正当事由超出举证期限提供的证据材料；

（五）在中华人民共和国领域以外或者在中华人民共和国香港特别行政区、澳门特别行政区和台湾地区形成的未办理法定证明手续的证据材料；

（六）当事人无正当理由拒不提供原件、原物，又无其他证据印证，且对方当事人不予认可的证据的复制件或者复制品；

（七）被当事人或者他人进行技术处理而无法辨明真伪的证据材料；

（八）不能正确表达意志的证人提供的证言；

（九）不具备合法性和真实性的其他证据材料。

第五十八条　以违反法律禁止性规定或者侵犯他人合法权益的方法取得的证据，不能作为认定案件事实的依据。

第五十九条　被告在行政程序中依照法定程序要求原告提供证据，原告依法应当提供而拒不提供，在诉讼程序中提供的证据，人民法院一般不予采纳。

第六十条　下列证据不能作为认定被诉具体行政行为合法的依据：

（一）被告及其诉讼代理人在作出具体行政行为后或者在诉讼程序中自行收集的证据；

（二）被告在行政程序中非法剥夺公民、法人或者其他组织依法享有的陈述、申辩或者听证权利所采用的证据；

（三）原告或者第三人在诉讼程序中提供的、被告在行政程序中未作为具体行政行为依据的证据。

第六十一条　复议机关在复议程序中收集和补充的证据，或者作出原具体行政行为的行政机关在复议程序中未向复议机关提交的证据，不能作为人民法院认定原具体行政行为合法的依据。

第六十二条　对被告在行政程序中采纳的鉴定结论，原告或者第三人提出证据证明有下列情形之一的，人民法院不予采纳：

（一）鉴定人不具备鉴定资格；

（二）鉴定程序严重违法；

（三）鉴定结论错误、不明确或者内容不完整。

第六十三条　证明同一事实的数个证据，其证明效力一般可以按照下列情形分别认定：

（一）国家机关以及其他职能部门依职权制作的公文文书优于其他书证；

（二）鉴定结论、现场笔录、勘验笔录、档案材料以及经过公证或者登记的书证优于其他书证、视听资料和证人证言；

（三）原件、原物优于复制件、复制品；

（四）法定鉴定部门的鉴定结论优于其他鉴定部门的鉴定结论；

（五）法庭主持勘验所制作的勘验笔录优于其他部门主持勘验所制作的勘验笔录；

（六）原始证据优于传来证据；

（七）其他证人证言优于与当事人有亲属关系或者其他密切关系的证人提供的对该当事人有利的证言；

（八）出庭作证的证人证言优于未出庭作证的证人证言；

（九）数个种类不同、内容一致的证据优于一个孤立的证据。

第六十四条 以有形载体固定或者显示的电子数据交换、电子邮件以及其他数据资料，其制作情况和真实性经对方当事人确认，或者以公证等其他有效方式予以证明的，与原件具有同等的证明效力。

第六十五条 在庭审中一方当事人或者其代理人在代理权限范围内对另一方当事人陈述的案件事实明确表示认可的，人民法院可以对该事实予以认定。但有相反证据足以推翻的除外。

第六十六条 在行政赔偿诉讼中，人民法院主持调解时当事人为达成调解协议而对案件事实的认可，不得在其后的诉讼中作为对其不利的证据。

第六十七条 在不受外力影响的情况下，一方当事人提供的证据，对方当事人明确表示认可的，可以认定该证据的证明效力；对方当事人予以否认，但不能提供充分的证据进行反驳的，可以综合全案情况审查认定该证据的证明效力。

第六十八条 下列事实法庭可以直接认定：

（一）众所周知的事实；

（二）自然规律及定理；

（三）按照法律规定推定的事实；

（四）已经依法证明的事实；

（五）根据日常生活经验法则推定的事实。

前款（一）、（三）、（四）、（五）项，当事人有相反证据足以推翻的除外。

第六十九条 原告确有证据证明被告持有的证据对原告有利，被告无正当事由拒不提供的，可以推定原告的主张成立。

第七十条 生效的人民法院裁判文书或者仲裁机构裁决文书确认的事实，可以作为定案依据。但是如果发现裁判文书或者裁决文书认定的事实有重大问题的，应当中止诉讼，通过法定程序予以纠正后恢复诉讼。

第七十一条 下列证据不能单独作为定案依据：

（一）未成年人所作的与其年龄和智力状况不相适应的证言；

（二）与一方当事人有亲属关系或者其他密切关系的证人所作的对该当事人有利的证言，或者与一方当事人有不利关系的证人所作的对该当事人不利的证言；

（三）应当出庭作证而无正当理由不出庭作证的证人证言；

（四）难以识别是否经过修改的视听资料；

（五）无法与原件、原物核对的复制件或者复制品；

（六）经一方当事人或者他人改动，对方当事人不予认可的证据材料；

（七）其他不能单独作为定案依据的证据材料。

第七十二条 庭审中经过质证的证据，能够当庭认定的，应当当庭认定；不能当庭认定的，应当在合议庭合议时认定。

人民法院应当在裁判文书中阐明证据是否采纳的理由。

第七十三条 法庭发现当庭认定的证据有误，可以按照下列方式纠正：

（一）庭审结束前发现错误的，应当重新进行认定；

（二）庭审结束后宣判前发现错误的，在裁判文书中予以更正并说明理由，也可以再次开庭予以认定；

（三）有新的证据材料可能推翻已认定的证据的，应当再次开庭予以认定。

六、附则

第七十四条 证人、鉴定人及其近亲属的人身和财产安全受法律保护。

人民法院应当对证人、鉴定人的住址和联系方式予以保密。

第七十五条 证人、鉴定人因出庭作证或者接受询问而支出的合理费用，由提供证人、鉴定人的一方当事人先行支付，由败诉一方当事人承担。

第七十六条 证人、鉴定人作伪证的，依照行政诉讼法第四十九条第一款第（二）项的规定追究其法律责任。

第七十七条 诉讼参与人或者其他人有对审判人员或者证人、鉴定人、勘验人及其近亲属实施威胁、侮辱、殴打、骚扰或者打击报复等妨碍行政诉讼行为的，依照行政诉讼法第四十九条第一款第（三）项、第（五）项或者第（六）项的规定追究其法律责任。

第七十八条 对应当协助调取证据的单位和个人，无正当理由拒不履行协助义务的，依照行政诉讼法第四十九条第一款第（五）项的规定追究其法律责任。

第七十九条 本院以前有关行政诉讼的司法解释与本规定不一致的，以本规定为准。

第八十条 本规定自2002年10月1日起施行。2002年10月1日尚未审结的一审、二审和再审行政案件不适用本规定。

本规定施行前已经审结的行政案件，当事人以违反本规定为由申请再审的，人民法院不予支持。

本规定施行后按照审判监督程序决定再审的行政案件，适用本规定。

无照经营查处取缔办法

中华人民共和国国务院令

第 370 号

《无照经营查处取缔办法》已经2002年12月18日国务院第67次常务会议通过，现予公布，自2003年3月1日起施行。

总 理 朱镕基

二○○三年一月六日

经2010年12月29日国务院第138次常务会议（中华人民共和国国务院令第588号《国务院关于废止和修改部分行政法规的决定》）修订

第一条 为了维护社会主义市场经济秩序，促进公平竞争，保护经营者和消费者的合法权益，制定本办法。

第二条 任何单位和个人不得违反法律、法规的规定，从事无照经营。

第三条 对于依照法律、法规规定，须经许可审批的涉及人体健康、公共安全、安全生产、环境保护、自然资源开发利用等的经营活动，许可审批部门必须严格依照法律、法规规定的条件和程序进行许可审批。工商行政管理部门必须凭许可审批部门颁发的许可证或者其他批准文件办理注册登记手续，核发营业执照。

第四条 下列违法行为，由工商行政管理部门依照本办法的规定予以查处：

（一）应当取得而未依法取得许可证或者其他批准文件和营业执照，擅自从事经营活动的无照经营行为；

（二）无须取得许可证或者其他批准文件即可取得营业执照而未依法取得营业执照，擅自从事经营活动的无照经营行为；

（三）已经依法取得许可证或者其他批准文件，但未依法取得营业执照，擅自从事经营活动的无照经营行为；

（四）已经办理注销登记或者被吊销营业执照，以及营业执照有效期届满后未按照规定重新办理登记手续，擅自继续从事经营活动的无照经营行为；

（五）超出核准登记的经营范围、擅自从事应当取得许可证或者其他批准文件方可从事的经营活动的违法经营行为。

前款第（一）项、第（五）项规定的行为，公安、国土资源、建设、文化、卫生、质检、环保、新闻出版、药监、安全生产监督管理等许可审批部门（以下简称许可审批部门）亦应当依照法律、法规赋予的职责予以查处。但是，对当事人的同一个违法行为，不得给予两次以上罚款的行政处罚。

第五条 各级工商行政管理部门应当依法履行职责，及时查处其管辖范围内的无照经营行为。

第六条 对于已经取得营业执照，但未依法取得许可证或者其他批准文件，或者已经取得的许可证或者其他批准文件被吊销、撤销或者有效期届满后未依法重新办理许可审批手续，擅自从事相关经营活动，法律、法规规定应当撤销注册登记或者吊销营业执照的，工商行政管理部门应当撤销注册登记或者吊销营业执照。

第七条 许可审批部门在营业执照有效期内依法吊销、撤销许可证或者其他批准文件，或者许可证、其他批准文件有效期届满的，应当在吊销、撤销许可证、其他批准文件或者许可证、其他批准文件有效期届满后5个工作日内通知工商行政管理部门，由工商行政管理部门撤销注册登记或者吊销营业执照，或者责令当事人依法办理变更登记。

第八条 工商行政管理部门依法查处无照经营行为，实行查处与引导相结合、处罚与教育相结合，对于下岗失业人员或者经营条件、经营范围、经营项目符合法律、法规规定的，应当督促、引导其依法办理相应手续，合法经营。

第九条 县级以上工商行政管理部门对涉嫌无照经营行为进行查处取缔时，可以行使下列职权：

（一）责令停止相关经营活动；

（二）向与无照经营行为有关的单位和个人调查、了解有关情况；

（三）进入无照经营场所实施现场检查；

（四）查阅、复制、查封、扣押与无照经营行为有关的合同、票据、账簿以及其他资料；

（五）查封、扣押专门用于从事无照经营活动的工具、设备、原材料、产品（商品）等财物；

（六）查封有证据表明危害人体健康、存在重大安全隐患、威胁公共安全、破坏环境资源的无照经营场所。

第十条 工商行政管理部门依照本办法第九条的规定实施查封、扣押，必须经县级以上工商行政管理部门主要负责人批准。

工商行政管理部门的执法人员实施查封、扣押，应当向当事人出示执法证件，并当场交付查封、扣押决定书和查封、扣押财物及资料清单。

在交通不便地区或者不及时实施查封、扣押可能影响案件查处的，可以先行实施查封、扣押，并应当在24小时内补办查封、扣押决定书，送达当事人。

第十一条 工商行政管理部门实施查封、扣押的期限不得超过15日；案件情况复杂的，经县级以上工商行政管理部门主要负责人批准，可以延长15日。

对被查封、扣押的财物，工商行政管理部门应当妥善保管，不得使用或者损毁。被查封、扣押的财物易腐烂、变质的，经县级以上工商行政管理部门主要负责人批准，工商行政管理部门可以在留存证据后先行拍卖或者变卖。

第十二条 工商行政管理部门应当在查封、扣押期间作出处理决定。工商行政管理部门逾期未作出处理决定的，视为解除查封、扣押。

对于经调查核实没有违法行为或者不再需要查封、扣押的，工商行政管理部门在作出处理决定后应当立即解除查封、扣押。被查封、扣押的易腐烂、变质的财物根据本办法第十一条第二款的规定，已经先行拍卖或者变卖的，应当返还拍卖或者变卖所得的全部价款。

依照本办法规定，被查封、扣押的财物应当予以没收的，依法没收。

第十三条 工商行政管理部门违反本办法的规定使用或者损毁被查封、扣押的财物，造成当事人经济损失的，应当承担赔偿责任。

第十四条 对于无照经营行为，由工商行政管理部门依法予以取缔，没收违法所得；触犯刑律的，依照刑法关于非法经营罪、重大责任事故罪、重大劳动安全事故罪、危险物品肇事罪或者其他罪的规定，依法追究刑事责任；尚不够刑事处罚的，并处 2 万元以下的罚款；无照经营行为规模较大、社会危害严重的，并处 2 万元以上 20 万元以下的罚款；无照经营行为危害人体健康、存在重大安全隐患、威胁公共安全、破坏环境资源的，没收专门用于从事无照经营的工具、设备、原材料、产品（商品）等财物，并处 5 万元以上 50 万元以下的罚款。

对无照经营行为的处罚，法律、法规另有规定的，从其规定。

第十五条 知道或者应当知道属于本办法规定的无照经营行为而为其提供生产经营场所、运输、保管、仓储等条件的，由工商行政管理部门责令立即停止违法行为，没收违法所得，并处 2 万元以下的罚款；为危害人体健康、存在重大安全隐患、威胁公共安全、破坏环境资源的无照经营行为提供生产经营场所、运输、保管、仓储等条件的，并处 5 万元以上 50 万元以下的罚款。

第十六条 当事人擅自动用、调换、转移、损毁被查封、扣押财物的，由工商行政管理部门责令改正，处被动用、调换、转移、损毁财物价值 5%以上 20%以下的罚款；拒不改正的，处被动用、调换、转移、损毁财物价值 1 倍以上 3 倍以下的罚款。

第十七条 许可审批部门查处本办法第四条第一款第（一）项、第（五）项规定的违法行为，应当依照相关法律、法规的规定处罚；相关法律、法规对违法行为的处罚没有规定的，许可审批部门应当依照本办法第十四条、第十五条、第十六条的规定处罚。

第十八条 拒绝、阻碍工商行政管理部门依法查处无照经营行为，构成违反治安管理行为的，由公安机关依照《中华人民共和国治安管理处罚法》的规定予以处罚；构成犯罪的，依法追究刑事责任。

第十九条 工商行政管理部门、许可审批部门及其工作人员滥用职权、玩忽职守、徇私舞弊，未依照法律、法规的规定核发营业执照、许可证或者其他批准文件，未依照法律、法规的规定吊销营业执照、撤销注册登记、许可证或者其他批准文件，未依照本办法规定的职责和程序查处无照经营行为，或者发现无照经营行为不予查处，或者支持、包庇、纵容无照经营行为，触犯刑律的，对直接负责的主管人员和其他直接责任人员依照刑法关于受贿罪、滥用职权罪、玩忽职守罪或者其他罪的规定，依法追究刑事责任；尚不够刑事处罚的，依法给予降级、撤职直至开除的行政处分。

第二十条 任何单位和个人有权向工商行政管理部门举报无照经营行为，工商行政管理部门一经接到举报，应当立即调查核实，并依法查处。

工商行政管理部门应当为举报人保密，并按照国家有关规定给予奖励。

第二十一条 农民在集贸市场或者地方人民政府指定区域内销售自产的农副产品，不属于本办法规定的无照经营行为。

第二十二条 本办法自 2003 年 3 月 1 日起施行。

罚款决定与罚款收缴分离实施办法

中华人民共和国国务院令

第 235 号

现发布《罚款决定与罚款收缴分离实施办法》，自 1998 年 1 月 1 日起施行。

总 理 李 鹏

一九九七年十一月十七日

第一条 为了实施罚款决定与罚款收缴分离，加强对罚款收缴活动的监督，保证罚款及时上缴国库，根据《中华人民共和国行政处罚法》（以下简称行政处罚法）的规定，制定本办法。

第二条 罚款的收取、缴纳及相关活动，适用本办法。

第三条 作出罚款决定的行政机关应当与收缴罚款的机构分离；但是，依照行政处罚法的规定可以当场收缴罚款的除外。

第四条 罚款必须全部上缴国库，任何行政机关、组织或者个人不得以任何形式截留、私分或者变相私分。

行政机关执法所需经费的拨付，按照国家有关规定执行。

第五条 经中国人民银行批准有代理收付款项业务的商业银行、信用合作社（以下简称代收机构），可以开办代收罚款的业务。

具体代收机构由县级以上地方人民政府组织本级财政部门、中国人民银行当地分支机构和依法具有行政处罚权的行政机关共同研究，统一确定。海关、外汇管理等实行垂直领导的依法具有行政处罚权的行政机关作出罚款决定的，具体代收机构由财政部、中国人民银行会同国务院有关部门确定。依法具有行政处罚权的国务院有关部门作出罚款决定的，具体代收机构由财政部、中国人民银行确定。

代收机构应当具备足够的代收网点，以方便当事人缴纳罚款。

第六条 行政机关应当依照本办法和国家有关规定，同代收机构签订代收罚款协议。

代收罚款协议应当包括下列事项：

（一）行政机关、代收机构名称；

（二）具体代收网点；

（三）代收机构上缴罚款的预算科目、预算级次；

（四）代收机构告知行政机关代收罚款情况的方式、期限；

（五）需要明确的其他事项。

自代收罚款协议签订之日起 15 日内，行政机关应当将代收罚款协议报上一级行政机关和同级财政部门备案；代收机构应当将代收罚款协议报中国人民银行或者其当地分支机构备案。

第七条 行政机关作出罚款决定的行政处罚决定书应当载明代收机构的名称、地址和当事人应当缴纳罚款的数额、期限等，并明确对当事人逾期缴纳罚款是否加处罚款。

当事人应当按照行政处罚决定书确定的罚款数额、期限，到指定的代收机构缴纳罚款。

第八条 代收机构代收罚款，应当向当事人出具罚款收据。

罚款收据的格式和印制，由财政部规定。

第九条 当事人逾期缴纳罚款，行政处罚决定书明确需要加处罚款的，代收机构应当按照行政处罚决定书加收罚款。

当事人对加收罚款有异议的，应当先缴纳罚款和加收的罚款，再依法向作出行政处罚决定的行政机关申请复议。

第十条 代收机构应当按照代收罚款协议规定的方式、期限，将当事人的姓名或者名称、缴纳罚款的数额、时间等情况书面告知作出行政处罚决定的行政机关。

第十一条 代收机构应当按照行政处罚法和国家有关规定，将代收的罚款直接上缴国库。

第十二条 国库应当按照《中华人民共和国国家金库条例》的规定，定期同财政部门和行政机关对帐，以保证收受的罚款和上缴国库的罚款数额一致。

第十三条 代收机构应当在代收网点、营业时间、服务设施、缴款手续等方面为当事人缴纳罚款提供方便。

第十四条 财政部门应当向代收机构支付手续费，具体标准由财政部制定。

第十五条 法律、法规授权的具有管理公共事务职能的组织和依法受委托的组织依法作出的罚款决定与罚款收缴，适用本办法。

第十六条 本办法由财政部会同中国人民银行组织实施。

第十七条 本办法自 1998 年 1 月 1 日起施行。

环境信访办法

（国家环境保护总局令　第 34 号）

第一章　总　则

第一条 为了规范环境信访工作，维护环境信访秩序，保护信访人的合法环境权益，根据《信访条例》和环境保护有关法律、法规，制定本办法。

第二条 本办法所称环境信访是指公民、法人或者其他组织采用书信、电子邮件、传真、电话、走访等形式，向各级环境保护行政主管部门反映环境保护情况，提出建议、意见或者投诉请求，依法由环境保护行政主管部门处理的活动。

采用前款规定形式，反映环境保护情况，提出建议、意见或者投诉请求的公民、法人或者其他组织，称信访人。

第三条 各级环境保护行政主管部门应当畅通信访渠道，认真倾听人民群众的建议、意见和要求，为信访人采用本办法规定的形式反映情况，提出建议、意见或者投诉请求提供便利条件。

各级环境保护行政主管部门及其工作人员不得打击报复信访人。

第四条 环境信访工作应当遵循下列原则：

（一）属地管理、分级负责，谁主管、谁负责，依法、及时、就地解决问题与疏导教育相结合；

（二）科学、民主决策，依法履行职责，从源头预防环境信访案件的发生；

（三）建立统一领导、部门协调，统筹兼顾、标本兼治，各负其责、齐抓共管的环境信访工作机制；

（四）维护公众对环境保护工作的知情权、参与权和监督权，实行政务公开；

（五）深入调查研究，实事求是，妥善处理，解决问题。

第五条 环境信访工作实行行政首长负责制。各级环境保护行政主管部门负责人应当阅批重要来信、接待重要来访，定期听取环境信访工作汇报，研究解决环境信访工作中的问题，检查指导环境信访工作。

第六条 各级环境保护行政主管部门应当建立健全环境信访工作责任制，将环境信访工作绩效纳入工作人员年度考核体系。对环境信访工作中的失职、渎职行为，按照有关法律、法规和本办法，实行责任追究制度。

第七条 信访人检举、揭发污染环境、破坏生态的违法行为或者提出的建议、意见，对环境保护工作有重要推动作用的，环境保护行政主管部门应当给予表扬或者奖励。

对在环境信访工作中做出优异成绩的单位或个人，由同级或上级环境保护行政主管部门给予表彰或者奖励。

第二章 环境信访工作机构、工作人员及职责

第八条 按照有利工作、方便信访人的原则，县级环境保护行政主管部门应当设立或指定环境信访工作机构，配备环境信访工作专职或兼职人员；各省、自治区和设区的城市环境保护行政主管部门应当设立独立的环境信访工作机构。

各级环境保护行政主管部门应当加强环境信访工作机构的能力建设，配备与环境信访工作相适应的工作人员，保证工作经费和必要的工作设备及设施。

各级环境保护行政主管部门的环境信访工作机构代表本机关负责组织、协调、处理和督促检查环境信访工作及信访事项的办理，保障环境信访渠道的畅通。

第九条 各级环境保护行政主管部门应当选派责任心强，熟悉环境保护业务，了解相关的法律、法规和政策，有群众工作经验的人员从事环境信访工作；重视环境信访干部的培养和使用。

第十条 环境信访工作机构履行下列职责：

（一）受理信访人提出的环境信访事项；

（二）向本级环境保护行政主管部门有关内设机构或单位、下级环境保护行政主管部门转送、交办环境信访事项；

（三）承办上级环境保护行政主管部门和本级人民政府交办处理的环境信访事项；

（四）协调、处理环境信访事项；

（五）督促检查环境信访事项的处理和落实情况，督促承办机构上报处理结果；

（六）研究、分析环境信访情况，开展调查研究，及时向环境保护行政主管部门提出改进工作的建议；

（七）总结交流环境信访工作经验，检查、指导下级环境保护行政主管部门的环境信访工作，组织环境信访工作人员培训；

（八）向本级和上一级环境保护行政主管部门提交年度工作报告，报告应当包括环境信访承办、转办、督办工作情况和受理环境信访事项的数据统计及分析等内容。

第三章 环境信访渠道

第十一条 各级环境保护行政主管部门应当向社会公布环境信访工作机构的通信地址、邮政编码、电子信箱、投诉电话，信访接待时间、地点、查询方式等。

各级环境保护行政主管部门应当在其信访接待场所或本机关网站公布与环境信访工作有关的法律、法规、规章，环境信访事项的处理程序，以及其他为信访人提供便利的相关事项。

第十二条 地方各级环境保护行政主管部门应当建立负责人信访接待日制度，由部门负责人协调处理信访事项，信访人可以在公布的接待日和接待地点，当面反映环境保护情况，提出意见、建议或者投诉。

各级环境保护行政主管部门负责人或者其指定的人员，必要时可以就信访人反映的突出问题到信访人居住地与信访人面谈或进行相关调查。

第十三条 国务院环境保护行政主管部门充分利用现有政务信息网络资源，推进全国环境信访信息

系统建设。

地方各级环境保护行政主管部门应当建立本行政区域的环境信访信息系统，与环境举报热线、环境统计和本级人民政府信访信息系统互相联通，实现信息共享。

第十四条　环境信访工作机构应当及时、准确地将下列信息输入环境信访信息系统：

（一）信访人的姓名、地址和联系电话，环境信访事项的基本要求、事实和理由摘要；

（二）已受理环境信访事项的转办、交办、办理和督办情况；

（三）重大紧急环境信访事项的发生、处置情况。

信访人可以到受理其信访事项的环境信访工作机构指定的场所，查询其提出的环境信访事项的处理情况及结果。

第十五条　各级环境保护行政主管部门可以协调相关社会团体、法律援助机构、相关专业人员、社会志愿者等共同参与，综合运用咨询、教育、协商、调解、听证等方法，依法、及时、合理处理信访人反映的环境问题。

第四章　环境信访事项的提出

第十六条　信访人可以提出以下环境信访事项：

（一）检举、揭发违反环境保护法律、法规和侵害公民、法人或者其他组织合法环境权益的行为；

（二）对环境保护工作提出意见、建议和要求；

（三）对环境保护行政主管部门及其所属单位工作人员提出批评、建议和要求。

对依法应当通过诉讼、仲裁、行政复议等法定途径解决的投诉请求，信访人应当依照有关法律、行政法规规定的程序向有关机关提出。

第十七条　信访人的环境信访事项，应当依法向有权处理该事项的本级或者上一级环境保护行政主管部门提出。

第十八条　信访人一般应当采用书信、电子邮件、传真等书面形式提出环境信访事项；采用口头形式提出的，环境信访机构工作人员应当记录信访人的基本情况、请求、主要事实、理由、时间和联系方式。

第十九条　信访人采用走访形式提出环境信访事项的，应当到环境保护行政主管部门设立或者指定的接待场所提出。多人提出同一环境信访事项的，应当推选代表，代表人数不得超过 5 人。

第二十条　信访人在信访过程中应当遵守法律、法规，自觉履行下列义务：

（一）尊重社会公德，爱护接待场所的公共财物；

（二）申请处理环境信访事项，应当如实反映基本事实、具体要求和理由，提供本人真实姓名、证件及联系方式；

（三）对环境信访事项材料内容的真实性负责；

（四）服从环境保护行政主管部门做出的符合环境保护法律、法规的处理决定。

第二十一条　信访人在信访过程中不得损害国家、社会、集体的利益和其他公民的合法权利，自觉维护社会公共秩序和信访秩序，不得有下列行为：

（一）围堵、冲击环境保护行政机关，拦截公务车辆，堵塞机关公共通道；

（二）捏造、歪曲事实，诬告、陷害他人；

（三）侮辱、殴打、威胁环境信访接待人员；

（四）采取自残、发传单、打标语、喊口号、穿状衣等过激行为或者其他扰乱公共秩序、违反公共道德的行为；

（五）煽动、串联、胁迫、以财物诱使、幕后操纵他人信访或者以信访为名借机敛财；

（六）在环境信访接待场所滞留、滋事，或者将生活不能自理的人弃留在接待场所；

（七）携带危险物品、管制器具，妨害国家和公共安全的其他行为。

第五章 环境信访事项的受理

第二十二条 各级环境信访工作机构收到信访事项，应当予以登记，并区分情况，分别按下列方式处理：

（一）信访人提出属于本办法第十六条规定的环境信访事项的，应予以受理，并及时转送、交办本部门有关内设机构、单位或下一级环境保护行政主管部门处理，要求其在指定办理期限内反馈结果，提交办结报告，并回复信访人。对情况重大、紧急的，应当及时提出建议，报请本级环境保护行政主管部门负责人决定。

（二）对不属于环境保护行政主管部门处理的信访事项不予受理，但应当告知信访人依法向有关机关提出。

（三）对依法应当通过诉讼、仲裁、行政复议等法定途径解决的，应当告知信访人依照有关法律、行政法规规定程序向有关机关和单位提出。

（四）对信访人提出的环境信访事项已经受理并正在办理中的，信访人在规定的办理期限内再次提出同一环境信访事项的，不予受理。

对信访人提出的环境信访事项，环境信访机构能够当场决定受理的，应当场答复；不能当场答复是否受理的，应当自收到环境信访事项之日起 15 日内书面告知信访人。但是信访人的姓名（名称）、住址或联系方式不清而联系不上的除外。

各级环境保护行政主管部门工作人员收到的环境信访事项，交由环境信访工作机构按规定处理。

第二十三条 同级人民政府信访机构转送、交办的环境信访事项，接办的环境保护行政主管部门应当自收到转送、交办信访事项之日起 15 日内，决定是否受理并书面告知信访人。

第二十四条 环境信访事项涉及两个或两个以上环境保护行政主管部门时，最先收到环境信访事项的环境保护行政主管部门可进行调查，由环境信访事项涉及的环境保护行政主管部门协商受理，受理有争议的，由上级环境保护行政主管部门协调、决定受理部门。

对依法应当由其他环境保护行政主管部门处理的环境信访事项，环境信访工作人员应当告知信访人依照属地管理规定向有权处理的环境保护行政主管部门提出环境信访事项，并将环境信访事项转送有权处理的环境保护行政主管部门；上级环境保护行政主管部门认为有必要直接受理的环境信访事项，可以直接受理。

第二十五条 信访人提出可能造成社会影响的重大、紧急环境信访事项时，环境信访工作人员应当及时向本级环境保护行政主管部门负责人报告。本级环境保护行政主管部门应当在职权范围内依法采取措施，果断处理，防止不良影响的发生或扩大，并立即报告本级人民政府和上一级环境保护行政主管部门。

突发重大环境信访事项时，紧急情况下可直接报告国家环境保护总局或国家信访局。

环境保护行政主管部门对重大、紧急环境信访事项不得隐瞒、谎报、缓报，或者授意他人隐瞒、谎报、缓报。

第二十六条 各级环境保护行政主管部门及其工作人员不得将信访人的检举、揭发材料及有关情况透露或者转给被检举、揭发的人员或者单位。

第六章 环境信访事项办理和督办

第二十七条 各级环境保护行政主管部门及其工作人员办理环境信访事项，应当恪尽职守，秉公办理，查清事实，分清责任，正确疏导，及时、恰当、妥善处理，不得推诿、敷衍、拖延。

第二十八条 有权做出处理决定的环境保护行政主管部门工作人员与环境信访事项或者信访人有直接利害关系的，应当回避。

第二十九条 各级环境保护行政主管部门或单位对办理的环境信访事项应当进行登记，并根据职责权限和信访事项的性质，按照下列程序办理：

（一）经调查核实，依据有关规定，分别做出以下决定：

1．属于环境信访受理范围、事实清楚、法律依据充分，做出予以支持的决定，并答复信访人；

2．信访人的请求合理但缺乏法律依据的，应当对信访人说服教育，同时向有关部门提出完善制度的建议；

3．信访人的请求不属于环境信访受理范围，不符合法律、法规及其他有关规定的，不予支持，并答复信访人。

（二）对重大、复杂、疑难的环境信访事项可以举行听证。听证应当公开举行，通过质询、辩论、评议、合议等方式，查明事实，分清责任。听证范围、主持人、参加人、程序等可以按照有关规定执行。

第三十条 环境信访事项应当自受理之日起 60 日内办结，情况复杂的，经本级环境保护行政主管部门负责人批准，可以适当延长办理期限，但延长期限不得超过 30 日，并应告知信访人延长理由；法律、行政法规另有规定的，从其规定。

对上级环境保护行政主管部门或者同级人民政府信访机构交办的环境信访事项，接办的环境保护行政主管部门必须按照交办的时限要求办结，并将办理结果报告交办部门和答复信访人；情况复杂的，经本级环境保护行政主管部门负责人批准，并向交办部门说明情况，可以适当延长办理期限，并告知信访人延期理由。

上级环境保护行政主管部门或者同级人民政府信访机构认为交办的环境信访事项处理不当的，可以要求原办理的环境保护行政主管部门重新办理。

第三十一条 信访人对环境保护行政主管部门做出的环境信访事项处理决定不服的，可以自收到书面答复之日起 30 日内请求原办理部门的同级人民政府或上一级环境保护行政主管部门复查。收到复查请求的环境保护行政主管部门自收到复查请求之日起 30 日内提出复查意见，并予以书面答复。

第三十二条 信访人对复查意见不服的，可以自收到书面答复之日起 30 日内请求复查部门的本级人民政府或上一级环境保护行政主管部门复核，收到复核请求的环境保护行政主管部门自收到复核请求之日起 30 日内提出复核意见。

第三十三条 上级环境保护行政主管部门对环境信访事项进行复查、复核时，应当听取作出决定的环境保护行政主管部门的意见，必要时可以要求信访人和原处理部门共同到场说明情况，需要向其他有关部门调查核实的，也可以向其他有关部门和人员进行核实。

上级环境保护行政主管部门对环境信访事项进行复查、复核时，发现下级环境保护行政丰管部门对环境信访事项处理不当的，在复查、复核的同时，有权直接处理或者要求下级环境保护行政主管部门重新处理。

各级环境保护行政主管部门在复查、复核环境信访事项中，本级人民政府或上一级人民政府对信访事项的复查、复核有明确规定的，按其规定执行。

第三十四条 信访人对复核决定不服的，仍以同一事实和理由提出环境信访事项的，各级环境保护行政主管部门不再受理。

第三十五条 各级环境保护行政主管部门，发现有权做出处理决定的下级环境保护行政主管部门办理环境信访事项有下列情形之一的，应当及时督办，并提出改进建议：

（一）无正当理由未按规定的办理期限办结的；

（二）未按规定程序反馈办理结果的；

（三）办结后信访处理决定未得到落实的；

（四）未按规定程序办理的；

（五）办理时弄虚作假的；

（六）其他需要督办的事项。

第三十六条 各级环境信访工作机构对信访人反映集中、突出的政策性问题，应当及时向本级环境保护行政主管部门负责人报告，会同有关部门进行调查研究，提出完善政策、解决问题的建议。

对在环境信访工作中推诿、敷衍、拖延、弄虚作假，造成严重后果的工作人员，可以向有权做出处理决定的部门提出行政处分建议。

第七章 法律责任

第三十七条 因下列情形之一导致环境信访事项发生、造成严重后果的，对直接负责的主管人员和其他直接责任人员依照有关法律、行政法规的规定给予行政处分；构成犯罪的，依法追究刑事责任：

（一）超越或者滥用职权，侵害信访人合法权益的；

（二）应当作为而不作为，侵害信访人合法权益的；

（三）适用法律、法规错误或者违反法定程序，侵害信访人合法权益的；

（四）拒不执行有权处理的行政机关做出的支持信访请求意见的。

第三十八条 各级环境信访工作机构对收到的环境信访事项应当登记、受理、转送、交办和告知信访人事项的而未按规定登记、受理、转送、交办和告知信访人事项的，或者应当履行督办职责而未履行的，由其所属的环境保护行政主管部门责令改正；造成严重后果的，对直接负责的主管人员和其他直接责任人员依法给予行政处分。

第三十九条 环境保护行政主管部门在办理环境信访事项过程中，有下列行为之一的，由其上级环境保护行政主管部门责令改正；造成严重后果的，对直接负责的主管人员和其他直接责任人员由有权处理的行政部门依法给予行政处分：

（一）推诿、敷衍、拖延环境信访事项办理或者未在法定期限内办结环境信访事项的；

（二）对事实清楚、符合法律、法规、规章或者其他有关规定的投诉请求未给予支持的。

第四十条 各级环境保护行政主管部门及其工作人员在处理环境信访事项过程中，作风粗暴、激化矛盾并造成严重后果的，依法给予行政处分。

违反本办法第二十六条规定，造成严重后果的，对直接负责的主管人员和其他直接责任人员依法给予行政处分；构成犯罪的，移交司法机关追究刑事责任。

违反本办法第三条第二款规定，打击报复信访人，尚不构成犯罪的，依法给予行政处分或纪律处分；构成犯罪的，移交司法机关追究刑事责任。

第四十一条 信访人捏造歪曲事实、诬告陷害他人的，依法承担相应的法律责任。

信访人违反本办法第二十一条规定的，有关机关及所属单位工作人员应当对信访人进行劝阻、批评或者教育。经劝阻、批评和教育无效的，交由公安机关依法进行处置。构成犯罪的，依法追究刑事责任。

第八章 附 则

第四十二条 本办法没有规定的事项，按《信访条例》的有关规定执行。

第四十三条 外国人、无国籍人、外国组织反映国内环境信访事项的处理，参照本办法执行。

第四十四条 环境信访文书的格式和内容见附件。

第四十五条 本办法自 2006 年 7 月 1 日起施行，1997 年 4 月 29 日国家环保局发布的《环境信访办法》同时废止。

环境行政复议办法

（环境保护部令　第4号）

第一条　为规范环境保护行政主管部门的行政复议工作，进一步发挥行政复议制度在解决行政争议、构建社会主义和谐社会中的作用，保护公民、法人和其他组织的合法权益，依据《中华人民共和国行政复议法》、《中华人民共和国行政复议法实施条例》等法律法规制定本办法。

第二条　公民、法人或者其他组织认为地方环境保护行政主管部门的具体行政行为侵犯其合法权益的，可以向该部门的本级人民政府申请行政复议，也可以向上一级环境保护行政主管部门申请行政复议。认为国务院环境保护行政主管部门的具体行政行为侵犯其合法权益的，向国务院环境保护行政主管部门提起行政复议。

环境保护行政主管部门办理行政复议案件，适用本办法。

第三条　环境保护行政主管部门对信访事项作出的处理意见，当事人不服的，依照信访条例和环境信访办法规定的复查、复核程序办理，不适用本办法。

第四条　依法履行行政复议职责的环境保护行政主管部门为环境行政复议机关。环境行政复议机关负责法制工作的机构（以下简称环境行政复议机构），具体办理行政复议事项，履行下列职责：

（一）受理行政复议申请；

（二）向有关组织和人员调查取证，查阅文件和资料；

（三）审查被申请行政复议的具体行政行为是否合法与适当，拟定行政复议决定；

（四）按照职责权限，督促行政复议申请的受理和行政复议决定的履行；

（五）处理或者转送本办法第二十九条规定的审查申请；

（六）办理行政复议法第二十九条规定的行政赔偿等事项；

（七）办理或者组织办理本部门的行政应诉事项；

（八）办理行政复议、行政应诉案件统计和重大行政复议决定备案事项；

（九）研究行政复议工作中发现的问题，及时向有关机关提出改进建议，重大问题及时向环境行政复议机关报告；

（十）法律、法规和规章规定的其他职责。

第五条　依照行政复议法和行政复议法实施条例规定申请行政复议的公民、法人或者其他组织为申请人。

同一环境行政复议案件，申请人超过5人的，推选1至5名代表参加行政复议。

第六条　公民、法人或者其他组织对环境保护行政主管部门的具体行政行为不服，依法申请行政复议的，作出该具体行政行为的环境保护行政主管部门为被申请人。

环境保护行政主管部门与法律、法规授权的组织以共同名义作出具体行政行为的，环境保护行政主管部门和法律、法规授权的组织为共同被申请人。环境保护行政主管部门与其他组织以共同名义作出具体行政行为的，环境保护行政主管部门为被申请人。

环境保护行政主管部门设立的派出机构、内设机构或者其他组织，未经法律、法规授权，对外以自己名义作出具体行政行为的，该环境保护行政主管部门为被申请人。

第七条　有下列情形之一的，公民、法人或者其他组织可以依照本办法申请行政复议：

（一）对环境保护行政主管部门作出的查封、扣押财产等行政强制措施不服的；

（二）对环境保护行政主管部门作出的警告、罚款、责令停止生产或者使用、暂扣、吊销许可证、没收违法所得等行政处罚决定不服的；

（三）认为符合法定条件，申请环境保护行政主管部门颁发许可证、资质证、资格证等证书，或者申请审批、登记等有关事项，环境保护行政主管部门没有依法办理的；

（四）对环境保护行政主管部门有关许可证、资质证、资格证等证书的变更、中止、撤销、注销决定不服的；

（五）认为环境保护行政主管部门违法征收排污费或者违法要求履行其他义务的；

（六）认为环境保护行政主管部门的其他具体行政行为侵犯其合法权益的。

第八条 有下列情形之一的，环境行政复议机关不予受理并说明理由：

（一）申请行政复议的时间超过了法定申请期限又无法定正当理由的；

（二）不服环境保护行政主管部门对环境污染损害赔偿责任和赔偿金额等民事纠纷作出的调解或者其他处理的；

（三）申请人在申请行政复议前已经向其他行政复议机关申请行政复议或者已向人民法院提起行政诉讼，其他行政复议机关或者人民法院已经依法受理的；

（四）法律、法规规定的其他不予受理的情形。

第九条 行政复议期间，环境行政复议机构认为申请人以外的公民、法人或者其他组织与被审查的具体行政行为有利害关系的，可以通知其作为第三人参加行政复议。

行政复议期间，申请人以外的公民、法人或者其他组织与被审查的具体行政行为有利害关系的，可以向环境行政复议机构申请作为第三人参加行政复议。

第十条 申请人、第三人可以委托 1 至 2 名代理人参加环境行政复议。

申请人、第三人委托代理人的，应当向环境行政复议机构提交由委托人签名或者盖章的书面授权委托书。授权委托书应当载明委托事项、权限和期限。公民在特殊情况下无法书面委托的，可以口头委托，说明委托事项、权限和期限，由环境行政复议机构核实并记录在卷。

委托人变更或者解除委托的，应当书面告知环境行政复议机构。

第十一条 公民、法人或者其他组织认为环境保护行政主管部门的具体行政行为侵犯其合法权益的，可以自知道该具体行政行为之日起 60 日内提出行政复议申请；但是法律规定的申请期限超过 60 日的除外。

因不可抗力或者其他正当理由耽误法定申请期限的，申请期限自障碍消除之日起继续计算。

第十二条 申请人书面申请行政复议的，可以采取当面递交、邮寄或者传真等方式提交行政复议申请书及有关材料。以传真方式提交的，应当及时补交行政复议申请书原件及有关材料，审查期限自收到行政复议申请书原件及有关材料之日起计算。

申请人口头申请的，应当由本人向环境行政复议机构当面提起，环境行政复议机构应当当场制作口头申请行政复议笔录，并由申请人核对后签字确认。

第十三条 行政复议申请书和口头申请行政复议笔录应当载明下列事项：

（一）申请人基本情况，包括：公民的姓名、性别、年龄、工作单位、住所、身份证号码、邮政编码、联系电话，法人或者其他组织的名称、住所、邮政编码、联系电话和法定代表人或者主要负责人的姓名、职务；

（二）被申请人的名称；

（三）行政复议请求，申请行政复议的主要事实和理由；

（四）申请人签名或者盖章；

（五）申请行政复议的日期。

第十四条 有下列情形之一的，申请人应当提供相应证明材料：

（一）认为被申请人不履行法定职责的，提供曾经要求被申请人履行法定职责而被申请人未履行的证明材料；

（二）申请行政复议日期超过法律、法规规定的行政复议申请期限的，提供因不可抗力或者其他正当理由耽误法定申请期限的证明材料；

（三）申请行政复议时一并提出行政赔偿请求的，提供受具体行政行为侵害而造成损害的证明材料；

（四）法律、法规规定需要申请人提供证据材料的其他情形。

第十五条　环境行政复议机关收到行政复议申请后，应当在 5 个工作日内进行审查，并分别作出如下处理：

（一）对符合行政复议法、行政复议法实施条例及本办法第七条规定、属于行政复议受理范围且提交材料齐全的行政复议申请，应当予以受理；

（二）对不符合行政复议法、行政复议法实施条例及本办法规定的行政复议申请，决定不予受理，制作不予受理行政复议申请决定书，送达申请人；

（三）对符合行政复议法、行政复议法实施条例及本办法规定，但是不属于本机关受理的行政复议申请，应当制作行政复议告知书送达申请人；申请人当面向环境行政复议机构口头提出行政复议的，可以口头告知，并制作笔录当场交由申请人确认。

错列被申请人的，环境行政复议机构应当制作行政复议告知书告知申请人变更被申请人。

第十六条　行政复议申请材料不齐全或者表述不清楚的，环境行政复议机构可以在收到该行政复议申请之日起 5 个工作日内，发出补正行政复议申请通知书，一次性告知申请人应当补正的事项及合理的补正期限。

补正申请材料所用时间不计入行政复议审理期限。申请人无正当理由逾期不补正的，视为申请人放弃行政复议申请。

第十七条　申请人依法提出行政复议申请，环境行政复议机关无正当理由不予受理的，上级环境保护行政主管部门应当责令其受理，并制作责令受理通知书，送达被责令受理行政复议的环境保护行政主管部门及申请人；必要时，上级环境保护行政主管部门可以直接受理。

第十八条　环境行政复议机构应当自受理行政复议申请之日起 7 个工作日内，制作行政复议答复通知书。行政复议答复通知书、行政复议申请书副本或者口头申请行政复议笔录复印件以及申请人提交的证据、有关材料的副本应一并送达被申请人。

第十九条　被申请人应当自收到行政复议答复通知书之日起 10 日内提出行政复议答复书，对申请人的复议请求、事实及理由进行答辩，并提交当初作出被申请复议的具体行政行为的证据、依据和其他有关材料。

被申请人无正当理由逾期未提交上述材料的，视为该具体行政行为没有证据、依据，环境行政复议机关应当制作行政复议决定书，依法撤销该具体行政行为。

第二十条　申请人、第三人可以查阅被申请人提出的书面答复和有关材料。除涉及国家秘密、商业秘密或者个人隐私外，环境行政复议机关不得拒绝，并且应当为申请人、第三人查阅有关材料提供必要条件。

申请人、第三人不得涂改、毁损、拆换、取走、增添所查阅的材料。

第二十一条　环境行政复议机构审理行政复议案件，应当由 2 名以上行政复议人员参加。

第二十二条　环境行政复议机构认为必要时，可以实地调查核实证据；对重大、复杂的案件，申请人提出要求或者环境行政复议机构认为必要时，可以采取听证的方式审理。

第二十三条　环境行政复议机构进行调查取证时，可以查阅、复制、调取有关文件和资料，向有关人员询问，必要时可以进行现场勘验。

调查取证时，环境行政复议人员不得少于 2 名，并应出示有关证件。调查结果应当制作笔录，由被调查人员和环境行政复议人员共同签字确认。

行政复议期间涉及专门事项需要鉴定、评估的，当事人可以自行委托鉴定机构进行鉴定、评估，也可以申请环境行政复议机构委托鉴定机构进行鉴定、评估。鉴定、评估费用由当事人承担。

现场勘验、鉴定及评估所用时间不计入行政复议审理期限。

第二十四条 申请人因对被申请人行使法律、法规规定的自由裁量权作出的具体行政行为不服申请行政复议，申请人与被申请人在行政复议决定作出前自愿达成和解的，应当向环境行政复议机构提交书面和解协议，和解内容不损害社会公共利益和他人合法权益的，环境行政复议机构应当准许。

第二十五条 有下列情形之一的，环境行政复议机关可以按照自愿、合法的原则进行调解：

（一）公民、法人或者其他组织对环境保护行政主管部门行使法律、法规规定的自由裁量权作出的具体行政行为不服申请行政复议的；

（二）当事人之间的行政赔偿或者行政补偿纠纷。

当事人经调解达成协议的，环境行政复议机关应当制作行政复议调解书。调解书应当载明行政复议请求、事实、理由和调解结果，并加盖环境行政复议机关印章。行政复议调解书经双方当事人签字，即具有法律效力。

调解未达成协议或者调解书生效前一方反悔的，环境行政复议机关应当及时作出行政复议决定。

第二十六条 申请人在行政复议决定作出前自愿撤回行政复议申请的，经环境行政复议机构同意后可以撤回。

申请人撤回行政复议申请的，不得再以同一事实和理由提出行政复议申请。但是，申请人能够证明撤回行政复议申请违背其真实意思表示的除外。

第二十七条 行政复议期间有下列情形之一，影响行政复议案件审理的，行政复议中止：

（一）作为申请人的自然人死亡，其近亲属尚未确定是否参加行政复议的；

（二）作为申请人的自然人丧失参加行政复议的能力，尚未确定法定代理人参加行政复议的；

（三）作为申请人的法人或者其他组织终止，尚未确定权利义务承受人的；

（四）作为申请人的自然人下落不明或者被宣告失踪的；

（五）申请人、被申请人因不可抗力，不能参加行政复议的；

（六）案件涉及法律适用问题，需要有权机关作出解释或者确认的；

（七）案件审理需要以其他案件的审理结果为依据，而其他案件尚未审结的；

（八）其他需要中止行政复议的情形。

行政复议中止的原因消除后，应当及时恢复行政复议案件的审理。

环境行政复议机构中止、恢复行政复议案件的审理，应当制作中止行政复议通知书、恢复审理通知书，告知有关当事人。

第二十八条 行政复议期间有下列情形之一的，行政复议终止：

（一）申请人要求撤回行政复议申请，环境行政复议机构准予撤回的；

（二）作为申请人的自然人死亡，没有近亲属或者其近亲属放弃行政复议权利的；

（三）作为申请人的法人或者其他组织终止，其权利义务的承受人放弃行政复议权利的；

（四）申请人与被申请人依照本办法第二十四条的规定，经行政复议机构准许达成和解的；

依照本办法第二十七条第一款第（一）项、第（二）项、第（三）项规定中止行政复议，满 60 日行政复议中止的原因仍未消除的，行政复议终止。

第二十九条 申请人在申请行政复议时，要求环境行政复议机关一并对被申请复议的具体行政行为所依据的有关规定进行审查的，或者环境行政复议机关在对被申请复议的具体行政行为进行审查时，认为其依据不合法，环境行政复议机关有权处理的，应当在 30 日内依法处理；无权处理的，应当在 7 个工作日内制作规范性文件转送函，按照法定程序转送有权处理的行政机关依法处理。

申请人在对具体行政行为提出行政复议申请时尚不知道该具体行政行为所依据的规定的，可以在环境行政复议机关作出行政复议决定前向环境行政复议机关提出对该规定的审查申请。

第三十条 行政复议期间具体行政行为不停止执行；但是有行政复议法第二十一条规定情形之一

的，可以停止执行。

决定停止执行的，环境行政复议机关应当制作停止执行具体行政行为通知书，送达当事人。

第三十一条 有下列情形之一的，环境行政复议机关应当决定驳回行政复议申请，并制作驳回行政复议申请决定书，送达当事人：

（一）申请人认为环境保护行政主管部门不履行法定职责申请行政复议，环境行政复议机关受理后发现该部门没有相应法定职责或者在受理前已经履行法定职责的；

（二）受理行政复议申请后，发现该行政复议申请不符合行政复议法和行政复议法实施条例规定的受理条件的。

上级环境保护行政主管部门认为环境行政复议机关驳回行政复议申请的理由不成立的，应当责令其恢复审理。

第三十二条 环境行政复议机构应当对被申请人作出的具体行政行为进行审查，拟定行政复议决定书，报请环境行政复议机关负责人审批。行政复议决定书应当加盖印章，送达当事人。

第三十三条 环境行政复议机关应当自受理行政复议申请之日起 60 日内作出行政复议决定。情况复杂，不能在规定期限内作出行政复议决定的，经环境行政复议机关负责人批准，可以适当延长，但是延长期限最多不超过 30 日。环境行政复议机关应当制作延期审理通知书，载明延期的主要理由及期限，送达当事人。

第三十四条 被申请人应当履行行政复议决定。被申请人不履行或者无正当理由拖延履行的，环境行政复议机关应当责令其限期履行，制作责令履行行政复议决定通知书送达被申请人，并抄送申请人和第三人。

被申请人对行政复议决定有异议的，可以向环境行政复议机关提出意见，但是不停止行政复议决定的履行。

第三十五条 环境保护行政主管部门通过接受当事人的申诉、检举或者备案审查等途径，发现下级环境保护行政主管部门作出的行政复议决定违法或者明显不当的，可以责令其改正。

第三十六条 环境行政复议机关在行政复议过程中，发现被申请人或者其他下级环境保护行政主管部门的相关行政行为违法或者需要做好善后工作的，可以制作行政复议意见书。被申请人或者其他下级环境保护行政主管部门应当自收到行政复议意见书之日起 60 日内将纠正相关行政违法行为或者做好善后工作的情况通报环境行政复议机构。

第三十七条 行政复议期间环境行政复议机构发现法律、法规、规章实施中带有普遍性的问题，或者发现环境保护行政执法中存在的普遍性问题，可以制作行政复议建议书，向有关机关提出完善制度和改进行政执法的建议。

第三十八条 办结的行政复议案件应当一案一档，由承办人员按时间顺序将案件材料进行整理，立卷归档。

第三十九条 环境行政复议机关应当建立行政复议案件和行政应诉案件统计制度，并依照国务院环境保护行政主管部门有关环境统计的规定向上级环境保护行政主管部门报送本行政区的行政复议和行政应诉情况。

下级环境行政复议机关应当及时将重大行政复议决定报上级行政复议机关备案。

第四十条 环境行政复议机关应当定期总结行政复议及行政应诉工作，对在行政复议及行政应诉工作中做出显著成绩的单位和个人，依照有关规定给予表彰和奖励。

第四十一条 环境行政复议机关受理行政复议申请，不得向申请人收取任何费用。行政复议活动所需经费，应当列入本机关的行政经费，由本级财政予以保障。

第四十二条 本办法有关行政复议期间的规定，除注明 5 个工作日、7 个工作日（不包含节假日）的，其他期间按自然日计算。

期间开始之日，不计算在内。期间届满的最后一日是节假日的，以节假日后的第一日为期间届满的日期。期间不包括在途时间，行政复议文书在期满前交邮的，不算过期。

第四十三条 依照民事诉讼法的规定，送达行政复议文书可以采取直接送达、留置送达、委托送达、邮寄送达、转交送达、公告送达等方式。

环境行政复议机构送达行政复议文书必须有送达回证并保存有关送达证明。

第四十四条 本办法未作规定的其他事项，适用《中华人民共和国行政复议法》、《中华人民共和国行政复议法实施条例》等有关法律法规的规定。

第四十五条 本办法自发布之日起施行。2006 年 12 月 27 日原国家环境保护总局发布的《环境行政复议与行政应诉办法》同时废止。

二〇〇八年十二月三十日

附件：

环境行政复议法律文书示范文本

目 录

（29）行政复议文书送达回证；

（30）强制执行申请书；

（31）行政复议相关材料查阅登记表；

（32）行政复议案件集体讨论笔录。

环境信息公开办法（试行）

（国家环境保护总局令 第35号）

第一章 总 则

第一条 为了推进和规范环境保护行政主管部门（以下简称环保部门）以及企业公开环境信息，维护公民、法人和其他组织获取环境信息的权益，推动公众参与环境保护，依据《中华人民共和国政府信息公开条例》、《中华人民共和国清洁生产促进法》和《国务院关于落实科学发展观加强环境保护的决定》以及其他有关规定，制定本办法。

第二条 本办法所称环境信息，包括政府环境信息和企业环境信息。

政府环境信息，是指环保部门在履行环境保护职责中制作或者获取的，以一定形式记录、保存的信息。

企业环境信息，是指企业以一定形式记录、保存的，与企业经营活动产生的环境影响和企业环境行为有关的信息。

第三条 国家环境保护总局负责推进、指导、协调、监督全国的环境信息公开工作。

县级以上地方人民政府环保部门负责组织、协调、监督本行政区域内的环境信息公开工作。

第四条 环保部门应当遵循公正、公平、便民、客观的原则，及时、准确地公开政府环境信息。

企业应当按照自愿公开与强制性公开相结合的原则，及时、准确地公开企业环境信息。

第五条 公民、法人和其他组织可以向环保部门申请获取政府环境信息。

第六条 环保部门应当建立、健全环境信息公开制度。

国家环境保护总局由办公厅作为本部门政府环境信息公开工作的组织机构，各业务机构按职责分工做好本领域政府环境信息公开工作。

县级以上地方人民政府环保部门根据实际情况自行确定本部门政府环境信息公开工作的组织机构，负责组织实施本部门的政府环境信息公开工作。

环保部门负责政府环境信息公开工作的组织机构的具体职责是：

（一）组织制定本部门政府环境信息公开的规章制度、工作规则；

（二）组织协调本部门各业务机构的政府环境信息公开工作；

（三）组织维护和更新本部门公开的政府环境信息；

（四）监督考核本部门各业务机构政府环境信息公开工作；

（五）组织编制本部门政府环境信息公开指南、政府环境信息公开目录和政府环境信息公开工作年度报告；

（六）监督指导下级环保部门政府环境信息公开工作；

（七）监督本辖区企业环境信息公开工作；

（八）负责政府环境信息公开前的保密审查；

（九）本部门有关环境信息公开的其他职责。

第七条 公民、法人和其他组织使用公开的环境信息，不得损害国家利益、公共利益和他人的合法权益。

第八条 环保部门应当从人员、经费方面为本部门环境信息公开工作提供保障。

第九条 环保部门发布政府环境信息依照国家有关规定需要批准的，未经批准不得发布。

第十条 环保部门公开政府环境信息，不得危及国家安全、公共安全、经济安全和社会稳定。

第二章 政府环境信息公开

第一节 公开的范围

第十一条 环保部门应当在职责权限范围内向社会主动公开以下政府环境信息：

（一）环境保护法律、法规、规章、标准和其他规范性文件；

（二）环境保护规划；

（三）环境质量状况；

（四）环境统计和环境调查信息；

（五）突发环境事件的应急预案、预报、发生和处置等情况；

（六）主要污染物排放总量指标分配及落实情况，排污许可证发放情况，城市环境综合整治定量考核结果；

（七）大、中城市固体废物的种类、产生量、处置状况等信息；

（八）建设项目环境影响评价文件受理情况，受理的环境影响评价文件的审批结果和建设项目竣工环境保护验收结果，其他环境保护行政许可的项目、依据、条件、程序和结果；

（九）排污费征收的项目、依据、标准和程序，排污者应当缴纳的排污费数额、实际征收数额以及减免缓情况；

（十）环保行政事业性收费的项目、依据、标准和程序；

（十一）经调查核实的公众对环境问题或者对企业污染环境的信访、投诉案件及其处理结果；

（十二）环境行政处罚、行政复议、行政诉讼和实施行政强制措施的情况；

（十三）污染物排放超过国家或者地方排放标准，或者污染物排放总量超过地方人民政府核定的排放总量控制指标的污染严重的企业名单；

（十四）发生重大、特大环境污染事故或者事件的企业名单，拒不执行已生效的环境行政处罚决定的企业名单；

（十五）环境保护创建审批结果；

（十六）环保部门的机构设置、工作职责及其联系方式等情况；

（十七）法律、法规、规章规定应当公开的其他环境信息。

环保部门应当根据前款规定的范围编制本部门的政府环境信息公开目录。

第十二条 环保部门应当建立健全政府环境信息发布保密审查机制，明确审查的程序和责任。

环保部门在公开政府环境信息前，应当依照《中华人民共和国保守国家秘密法》以及其他法律、法规和国家有关规定进行审查。

环保部门不得公开涉及国家秘密、商业秘密、个人隐私的政府环境信息。但是，经权利人同意或者环保部门认为不公开可能对公共利益造成重大影响的涉及商业秘密、个人隐私的政府环境信息，可以予以公开。

环保部门对政府环境信息不能确定是否可以公开时，应当依照法律、法规和国家有关规定报有关主管部门或者同级保密工作部门确定。

第二节　公开的方式和程序

第十三条　环保部门应当将主动公开的政府环境信息，通过政府网站、公报、新闻发布会以及报刊、广播、电视等便于公众知晓的方式公开。

第十四条　属于主动公开范围的政府环境信息，环保部门应当自该环境信息形成或者变更之日起 20 个工作日内予以公开。法律、法规对政府环境信息公开的期限另有规定的，从其规定。

第十五条　环保部门应当编制、公布政府环境信息公开指南和政府环境信息公开目录，并及时更新。

政府环境信息公开指南，应当包括信息的分类、编排体系、获取方式，政府环境信息公开工作机构的名称、办公地址、办公时间、联系电话、传真号码、电子邮箱等内容。

政府环境信息公开目录，应当包括索引、信息名称、信息内容的概述、生成日期、公开时间等内容。

第十六条　公民、法人和其他组织依据本办法第五条规定申请环保部门提供政府环境信息的，应当采用信函、传真、电子邮件等书面形式；采取书面形式确有困难的，申请人可以口头提出，由环保部门政府环境信息公开工作机构代为填写政府环境信息公开申请。

政府环境信息公开申请应当包括下列内容：

（一）申请人的姓名或者名称、联系方式；

（二）申请公开的政府环境信息内容的具体描述；

（三）申请公开的政府环境信息的形式要求。

第十七条　对政府环境信息公开申请，环保部门应当根据下列情况分别作出答复：

（一）申请公开的信息属于公开范围的，应当告知申请人获取该政府环境信息的方式和途径；

（二）申请公开的信息属于不予公开范围的，应当告知申请人该政府环境信息不予公开并说明理由；

（三）依法不属于本部门公开或者该政府环境信息不存在的，应当告知申请人；对于能够确定该政府环境信息的公开机关的，应当告知申请人该行政机关的名称和联系方式；

（四）申请内容不明确的，应当告知申请人更改、补充申请。

第十八条　环保部门应当在收到申请之日起 15 个工作日内予以答复；不能在 15 个工作日内作出答复的，经政府环境信息公开工作机构负责人同意，可以适当延长答复期限，并书面告知申请人，延长答复的期限最长不得超过 15 个工作日。

第三章　企业环境信息公开

第十九条　国家鼓励企业自愿公开下列企业环境信息：

（一）企业环境保护方针、年度环境保护目标及成效；

（二）企业年度资源消耗总量；

（三）企业环保投资和环境技术开发情况；

（四）企业排放污染物种类、数量、浓度和去向；

（五）企业环保设施的建设和运行情况；

（六）企业在生产过程中产生的废物的处理、处置情况，废弃产品的回收、综合利用情况；

（七）与环保部门签订的改善环境行为的自愿协议；

（八）企业履行社会责任的情况；

（九）企业自愿公开的其他环境信息。

第二十条　列入本办法第十一条第一款第（十三）项名单的企业，应当向社会公开下列信息：

（一）企业名称、地址、法定代表人；

（二）主要污染物的名称、排放方式、排放浓度和总量、超标、超总量情况；

（三）企业环保设施的建设和运行情况；

（四）环境污染事故应急预案。

企业不得以保守商业秘密为借口，拒绝公开前款所列的环境信息。

第二十一条 依照本办法第二十条规定向社会公开环境信息的企业，应当在环保部门公布名单后30日内，在所在地主要媒体上公布其环境信息，并将向社会公开的环境信息报所在地环保部门备案。

环保部门有权对企业公布的环境信息进行核查。

第二十二条 依照本办法第十九条规定自愿公开环境信息的企业，可以将其环境信息通过媒体、互联网等方式，或者通过公布企业年度环境报告的形式向社会公开。

第二十三条 对自愿公开企业环境行为信息、且模范遵守环保法律法规的企业，环保部门可以给予下列奖励：

（一）在当地主要媒体公开表彰；

（二）依照国家有关规定优先安排环保专项资金项目；

（三）依照国家有关规定优先推荐清洁生产示范项目或者其他国家提供资金补助的示范项目；

（四）国家规定的其他奖励措施。

第四章 监督与责任

第二十四条 环保部门应当建立健全政府环境信息公开工作考核制度、社会评议制度和责任追究制度，定期对政府环境信息公开工作进行考核、评议。

第二十五条 环保部门应当在每年3月31日前公布本部门的政府环境信息公开工作年度报告。

政府环境信息公开工作年度报告应当包括下列内容：

（一）环保部门主动公开政府环境信息的情况；

（二）环保部门依申请公开政府环境信息和不予公开政府环境信息的情况；

（三）因政府环境信息公开申请行政复议、提起行政诉讼的情况；

（四）政府环境信息公开工作存在的主要问题及改进情况；

（五）其他需要报告的事项。

第二十六条 公民、法人和其他组织认为环保部门不依法履行政府环境信息公开义务的，可以向上级环保部门举报。收到举报的环保部门应当督促下级环保部门依法履行政府环境信息公开义务。

公民、法人和其他组织认为环保部门在政府环境信息公开工作中的具体行政行为侵犯其合法权益的，可以依法申请行政复议或者提起行政诉讼。

第二十七条 环保部门违反本办法规定，有下列情形之一的，上一级环保部门应当责令其改正；情节严重的，对负有直接责任的主管人员和其他直接责任人员依法给予行政处分：

（一）不依法履行政府环境信息公开义务的；

（二）不及时更新政府环境信息内容、政府环境信息公开指南和政府环境信息公开目录的；

（三）在公开政府环境信息过程中违反规定收取费用的；

（四）通过其他组织、个人以有偿服务方式提供政府环境信息的；

（五）公开不应当公开的政府环境信息的；

（六）违反本办法规定的其他行为。

第二十八条 违反本办法第二十条规定，污染物排放超过国家或者地方排放标准，或者污染物排放总量超过地方人民政府核定的排放总量控制指标的污染严重的企业，不公布或者未按规定要求公布污染物排放情况的，由县级以上地方人民政府环保部门依据《中华人民共和国清洁生产促进法》的规定，处十万元以下罚款，并代为公布。

第五章 附 则

第二十九条 本办法自2008年5月1日起施行。

环境监测管理办法

（国家环境保护总局令 第39号）

第一条 为加强环境监测管理，根据《环境保护法》等有关法律法规，制定本办法。

第二条 本办法适用于县级以上环境保护部门下列环境监测活动的管理：

（一）环境质量监测；

（二）污染源监督性监测；

（三）突发环境污染事件应急监测；

（四）为环境状况调查和评价等环境管理活动提供监测数据的其他环境监测活动。

第三条 环境监测工作是县级以上环境保护部门的法定职责。

县级以上环境保护部门应当按照数据准确、代表性强、方法科学、传输及时的要求，建设先进的环境监测体系，为全面反映环境质量状况和变化趋势，及时跟踪污染源变化情况，准确预警各类环境突发事件等环境管理工作提供决策依据。

第四条 县级以上环境保护部门对本行政区域环境监测工作实施统一监督管理，履行下列主要职责：

（一）制定并组织实施环境监测发展规划和年度工作计划；

（二）组建直属环境监测机构，并按照国家环境监测机构建设标准组织实施环境监测能力建设；

（三）建立环境监测工作质量审核和检查制度；

（四）组织编制环境监测报告，发布环境监测信息；

（五）依法组建环境监测网络，建立网络管理制度，组织网络运行管理；

（六）组织开展环境监测科学技术研究、国际合作与技术交流。

国家环境保护总局适时组建直属跨界环境监测机构。

第五条 县级以上环境保护部门所属环境监测机构具体承担下列主要环境监测技术支持工作：

（一）开展环境质量监测、污染源监督性监测和突发环境污染事件应急监测；

（二）承担环境监测网建设和运行，收集、管理环境监测数据，开展环境状况调查和评价，编制环境监测报告；

（三）负责环境监测人员的技术培训；

（四）开展环境监测领域科学研究，承担环境监测技术规范、方法研究以及国际合作和交流；

（五）承担环境保护部门委托的其他环境监测技术支持工作。

第六条 国家环境保护总局负责依法制定统一的国家环境监测技术规范。

省级环境保护部门对国家环境监测技术规范未作规定的项目，可以制定地方环境监测技术规范，并报国家环境保护总局备案。

第七条 县级以上环境保护部门负责统一发布本行政区域的环境污染事故、环境质量状况等环境监测信息。

有关部门间环境监测结果不一致的，由县级以上环境保护部门报经同级人民政府协调后统一发布。

环境监测信息未经依法发布，任何单位和个人不得对外公布或者透露。

属于保密范围的环境监测数据、资料、成果，应当按照国家有关保密的规定进行管理。

第八条 县级以上环境保护部门所属环境监测机构依据本办法取得的环境监测数据，应当作为环境统计、排污申报核定、排污费征收、环境执法、目标责任考核等环境管理的依据。

第九条 县级以上环境保护部门按照环境监测的代表性分别负责组织建设国家级、省级、市级、县级环境监测网，并分别委托所属环境监测机构负责运行。

第十条 环境监测网由各环境监测要素的点位（断面）组成。

环境监测点位（断面）的设置、变更、运行，应当按照国家环境保护总局有关规定执行。

各大水系或者区域的点位（断面），属于国家级环境监测网。

第十一条 环境保护部门所属环境监测机构按照其所属的环境保护部门级别，分为国家级、省级、市级、县级四级。

上级环境监测机构应当加强对下级环境监测机构的业务指导和技术培训。

第十二条 环境保护部门所属环境监测机构应当具备与所从事的环境监测业务相适应的能力和条件，并按照经批准的环境保护规划规定的要求和时限，逐步达到国家环境监测能力建设标准。

环境保护部门所属环境监测机构从事环境监测的专业技术人员，应当进行专业技术培训，并经国家环境保护总局统一组织的环境监测岗位考试考核合格，方可上岗。

第十三条 县级以上环境保护部门应当对本行政区域内的环境监测质量进行审核和检查。

各级环境监测机构应当按照国家环境监测技术规范进行环境监测，并建立环境监测质量管理体系，对环境监测实施全过程质量管理，并对监测信息的准确性和真实性负责。

第十四条 县级以上环境保护部门应当建立环境监测数据库，对环境监测数据实行信息化管理，加强环境监测数据收集、整理、分析、储存，并按照国家环境保护总局的要求定期将监测数据逐级报上一级环境保护部门。

各级环境保护部门应当逐步建立环境监测数据信息共享制度。

第十五条 环境监测工作，应当使用统一标志。

环境监测人员佩戴环境监测标志，环境监测站点设立环境监测标志，环境监测车辆印制环境监测标志，环境监测报告附具环境监测标志。

环境监测统一标志由国家环境保护总局制定。

第十六条 任何单位和个人不得损毁、盗窃环境监测设施。

第十七条 县级以上环境保护部门应当协调有关部门，将环境监测网建设投资、运行经费等环境监测工作所需经费全额纳入同级财政年度经费预算。

第十八条 县级以上环境保护部门及其工作人员、环境监测机构及环境监测人员有下列行为之一的，由任免机关或者监察机关按照管理权限依法给予行政处分；涉嫌犯罪的，移送司法机关依法处理：

（一）未按照国家环境监测技术规范从事环境监测活动的；

（二）拒报或者两次以上不按照规定的时限报送环境监测数据的；

（三）伪造、篡改环境监测数据的；

（四）擅自对外公布环境监测信息的。

第十九条 排污者拒绝、阻挠环境监测工作人员进行环境监测活动或者弄虚作假的，由县级以上环境保护部门依法给予行政处罚；构成违反治安管理行为的，由公安机关依法给予治安处罚；构成犯罪的，依法追究刑事责任。

第二十条 损毁、盗窃环境监测设施的，县级以上环境保护部门移送公安机关，由公安机关依照《治安管理处罚法》的规定处10日以上15日以下拘留；构成犯罪的，依法追究刑事责任。

第二十一条 排污者必须按照县级以上环境保护部门的要求和国家环境监测技术规范，开展排污状况自我监测。

排污者按照国家环境监测技术规范，并经县级以上环境保护部门所属环境监测机构检查符合国家规定的能力要求和技术条件的，其监测数据作为核定污染物排放种类、数量的依据。

不具备环境监测能力的排污者，应当委托环境保护部门所属环境监测机构或者经省级环境保护部门认定的环境监测机构进行监测；接受委托的环境监测机构所从事的监测活动，所需经费由委托方承担，收费标准按照国家有关规定执行。

经省级环境保护部门认定的环境监测机构，是指非环境保护部门所属的、从事环境监测业务的机构，可以自愿向所在地省级环境保护部门申请证明其具备相适应的环境监测业务能力认定，经认定合格者，即为经省级环境保护部门认定的环境监测机构。

经省级环境保护部门认定的环境监测机构应当接受所在地环境保护部门所属环境监测机构的监督检查。

第二十二条 辐射环境监测的管理，参照本办法执行。

第二十三条 本办法自2007年9月1日起施行。

环境统计管理办法

（国家环境保护总局令 第37号）

第一章 总 则

第一条 为加强环境统计管理，保障环境统计资料的准确性和及时性，根据《中华人民共和国环境保护法》、《中华人民共和国统计法》（以下简称《统计法》）及其实施细则的有关规定，制定本办法。

第二条 环境统计的任务是对环境状况和环境保护工作情况进行统计调查、统计分析，提供统计信息和咨询，实行统计监督。

环境统计的内容包括环境质量、环境污染及其防治、生态保护、核与辐射安全、环境管理及其他有关环境保护事项。

环境统计的类型有：普查和专项调查；定期调查和不定期调查。定期调查包括统计年报、半年报、季报和月报等。

第三条 环境统计工作实行统一管理、分级负责。

国务院环境保护行政主管部门在国务院统计行政主管部门的业务指导下，对全国环境统计工作实行统一管理，制定环境统计的规章制度、标准规范、工作计划，组织开展环境统计科学研究，部署指导全国环境统计工作，汇总、管理和发布全国环境统计资料。

县级以上地方环境保护行政主管部门在上级环境保护行政主管部门和同级统计行政主管部门的指导下，负责本辖区的环境统计工作。

第四条 各级环境保护行政主管部门应当加强环境统计能力建设，将环境统计信息建设列入发展计划，建立健全环境统计信息系统，有计划地用现代信息技术装备本部门及其管辖系统的统计机构，提高环境统计信息处理能力，满足辖区内环境统计信息需求。

第五条 各级环境保护行政主管部门应当根据国家环境统计任务和本地区、本部门的环境管理需要，在下列方面加强对环境统计工作的领导和监督：

（一）将环境统计事业发展纳入环境保护工作计划，并组织实施；

（二）建立、健全环境统计机构；

（三）安排并保障环境统计业务经费；

（四）按时完成上级环境保护行政主管部门依照法规、规章规定布置的统计任务，采取措施保障统计数据的准确性和及时性，不得随意删改统计数据；

（五）开展环境统计科学研究，改进和完善环境统计制度和方法；

（六）建立环境统计工作奖惩制度。

第六条　环境统计范围内的机关、团体、企业事业单位和个体工商户，必须依照有关法律、法规和本办法的规定，如实提供环境统计资料，不得虚报、瞒报、拒报、迟报，不得伪造、篡改。

第二章　环境统计机构和人员

第七条　国务院环境保护行政主管部门设置专门的统计机构，归口管理环境统计工作。国务院环境保护行政主管部门有关司（办、局），负责本司（办、局）业务范围内的专业统计工作。

县级以上地方环境保护行政主管部门应当确定承担环境统计职能的机构，设定岗位，配备人员，负责归口管理环境统计工作。

第八条　各级环境保护行政主管部门的统计机构（以下简称环境统计机构）的职责是：

（一）制定环境统计工作规章制度和工作计划，并组织实施；

（二）建立健全环境统计指标体系，归口管理环境统计调查项目；

（三）开展环境统计分析和预测；

（四）实行环境统计质量控制和监督，采取措施保障统计资料的准确性和及时性；

（五）收集、汇总和核实环境统计资料，建立和管理环境统计数据库，提供对外公布的环境统计信息；

（六）按照规定向同级统计行政主管部门和上级环境保护行政主管部门报送环境统计资料；

（七）指导下级环境保护行政主管部门和调查对象的环境统计工作；组织环境统计人员的业务培训；

（八）开展环境统计科研和国内外环境统计业务的交流与合作；

（九）负责环境统计的保密工作。

第九条　各级环境保护行政主管部门的相关职能机构负责其业务范围内的统计工作，其职责是：

（一）编制业务范围内的环境统计调查方案，提交同级环境统计机构审核，并按规定经批准后组织实施；

（二）收集、汇总、审核其业务范围内的环境统计数据，并按照调查方案的要求，上报上级环境保护行政主管部门对口的相关职能机构，同时抄报给同级环境统计机构；

（三）开展环境统计分析，对本部门业务工作提出建议。

第十条　环境统计范围内的机关、团体、企业事业单位应当指定专人负责环境统计工作。

环境统计范围内的机关、团体、企业事业单位和个体工商户的环境统计职责是：

（一）完善环境计量、监测制度，建立健全生产活动及其环境保护设施运行的原始记录、统计台账和核算制度；

（二）按照规定，报送和提供环境统计资料，管理本单位的环境统计调查表和基本环境统计资料。

第十一条　环境统计机构和统计人员在环境统计工作中依法独立行使以下职权，任何单位和个人不得干扰或者阻挠：

（一）统计调查权：调查、搜集有关资料，召开有关调查会议，要求有关单位和人员提供环境统计资料，检查与环境统计资料有关的各种原始记录，要求更正不实的环境统计数据；

（二）统计报告权：调查人员必须将环境统计调查所得资料和情况进行整理、分析，及时、如实地向上级机关和统计部门提供环境统计资料；

（三）统计监督权：根据环境统计调查和统计分析，对环境统计工作进行监督，指出存在的问题，提出改进的建议。

第十二条　各级环境保护行政主管部门和企业事业单位的环境统计人员应当保持相对稳定。

变动环境统计人员的，应当及时向上级环境保护行政主管部门和同级统计行政主管部门报告，并做好环境统计资料的交接工作。

第三章 环境统计调查制度

第十三条 各级环境保护行政主管部门设定环境统计调查项目，必须事先制定环境统计调查方案。

环境统计调查方案应当包括项目名称、调查机关、调查目的、调查范围、调查对象、调查方式、调查时间、调查的主要内容，供调查对象填报用的统计调查表及说明、供整理上报用的综合表及说明和统计调查所需人员及经费来源。

环境统计调查方案的内容可以定期调整。

第十四条 环境统计调查方案应当按照规定程序经审查批准后实施。

统计调查对象属于本部门管辖系统内的，应当经本级环境统计机构审核后，由本级环境保护行政主管部门负责人审批，报同级统计行政主管部门备案。

统计调查对象超出本部门管辖系统的，应当由本级环境统计机构审核后，经本级环境保护行政主管部门负责人同意，报同级统计行政主管部门审批，其中重要的，报国务院或者本级地方人民政府审批。

第十五条 编制环境统计调查方案应当遵循以下原则：

（一）凡可从已有资料或利用现有资料整理加工得到所需资料的，不得重复调查；

（二）抽样调查、重点调查或者行政记录可以满足需要的，不得制发全面统计调查表；一次性统计调查可以满足需要的，不得进行经常性统计调查；年度统计调查可以满足需要的，不得按季度统计调查；季度统计调查可以满足需要的，不得按月统计调查；月以下的进度统计调查必须从严控制；

（三）编制新的环境统计调查方案，必须事先试点或者充分征求有关地方环境保护行政主管部门、其他有关部门和基层单位的意见，进行可行性论证；

（四）统计调查需要的人员和经费应当有保证；

（五）地方环境统计调查方案，其指标解释、计算方法、完成期限及其他有关内容，不得与国家环境统计调查方案相抵触。

第十六条 按照规定程序批准的环境统计调查表，必须在右上角标明统一编号、制表机关、批准或者备案机关、批准或者备案文号及有效期限。

未标明前款所列内容或者超过有效期限的环境统计调查表属无效报表，被调查单位和个人有权拒绝填报。

第十七条 环境统计调查表中的指标必须有确定的含义、数据采集来源和计算方法。

国务院环境保护行政主管部门制定全国性环境统计调查表，并对其指标的含义、数据采集来源、计算方法和汇总程序等作出统一规定。

县级以上地方环境保护行政主管部门可以根据地方环境管理需要，补充制定地方性环境统计调查表，并对其指标的含义、数据采集来源和计算方法等作出规定。

第十八条 各级环境保护行政主管部门必须按照批准的环境统计调查方案开展环境统计调查。

环境统计调查中所采取的统计标准和计量单位、统计编码及标准必须符合国家有关标准。未经批准机关同意，任何单位及个人不得擅自修改、变动。

第十九条 在环境统计调查中，污染物排放量数据应当按照自动监控、监督性监测、物料衡算、排污系数以及其他方法综合比对获取。

第二十条 各级环境保护行政主管部门应当建立健全环境统计数据质量控制制度，加强对重要环境统计数据的逐级审核和评估。

县级以上地方环境保护行政主管部门应当采取现场核查、资料核查以及其他有效方式，对企业环境统计数据进行审查和核实。

第二十一条 国家建立环境统计的周期普查和定期抽样调查制度。

国务院环境保护行政主管部门定期组织开展全国污染源普查，并在普查基础上适时校正污染物排放统计数据；周期普查外的其他年份，组织开展环境统计定期抽样调查，并根据环境管理需要，适时开展专项调查。

第四章 环境统计资料的管理和公布

第二十二条 各部门、各单位提供环境统计资料，必须经本部门、本单位负责人审核、签署或者盖章。

第二十三条 环境统计资料是制定环境保护政策、规划、计划，考核环境保护工作的基本依据。

各级环境保护行政主管部门制定环境保护政策、年度计划和中长期规划，开展各类环境保护考核，需要使用环境统计资料的，应当以环境统计机构或者统计负责人签署或者盖章的统计资料为准。

各级环境保护行政主管部门的相关职能机构使用环境统计资料进行各项环境管理考核评比，其结果需经同级环境统计机构会签。

第二十四条 各级环境保护行政主管部门的相关职能机构应当在规定的日期内，将其组织实施的其业务范围内的统计调查所获得的调查结果（含调查汇总资料及数据），报送环境统计机构。

前款所述的环境统计调查结果应当纳入环境统计年报或者其他形式的环境统计资料，统一发布。

第二十五条 各级环境保护行政主管部门应当建立健全环境统计资料定期公布制度，依法定期公布本辖区的环境统计资料，并向同级人民政府统计行政主管部门提供环境统计资料。

第二十六条 环境统计机构应当做好统计信息咨询服务工作。

提供《统计法》和环境统计报表制度规定外的环境统计信息咨询、查询，可以实行有偿服务。

第二十七条 各级环境保护行政主管部门必须执行国家有关统计资料保密管理的规定，加强对环境统计资料的保密管理。

第二十八条 各级环境保护行政主管部门和各企业事业单位必须建立环境统计资料档案。环境统计资料档案的保管、调用和移交，应当遵守国家有关档案管理的规定。

第五章 奖励与惩罚

第二十九条 各级环境保护行政主管部门对有下列表现之一的环境统计机构或者个人，应当给予表彰或者奖励：

（一）在改革和完善环境统计制度、统计调查方法等方面，有重要贡献的；

（二）在完成规定的环境统计调查任务，保障环境统计资料准确性、及时性方面，做出显著成绩的；

（三）在进行环境统计分析、预测和监督方面取得突出成绩的；

（四）在环境统计方面，运用和推广现代信息技术有显著效果的；

（五）在环境统计科学研究方面有所创新、作出重要贡献的；

（六）忠于职守，执行统计法律、法规和本办法表现突出的。

第三十条 国务院环境保护行政主管部门每年对全国环境统计工作进行评比和表扬，每 5 年对全国环境统计工作进行专项表彰。

第三十一条 违反本办法的规定，有下列行为之一的，由有关部门责令改正，并依照有关法律、法规的规定给予处分或者行政处罚：

（一）未经批准，擅自制发环境统计调查表的；

（二）虚报、瞒报、拒报、屡次迟报或者伪造、篡改环境统计资料的；

（三）妨碍环境统计人员执行环境统计公务的；

（四）环境统计人员滥用职权、玩忽职守的；

（五）未按规定保守国家或者被调查者的秘密的；

（六）有其他违反法律、法规关于统计规定的行为的。

有前款所列行为之一，情节严重构成犯罪的，依法追究刑事责任。

第六章 附 则

第三十二条 本办法自 2006 年 12 月 1 日起施行。1995 年 6 月 15 日国家环境保护局发布的《环境统计管理暂行办法》同时废止。

最高人民法院、民政部、环境保护部关于贯彻实施环境民事公益诉讼制度的通知

各省、自治区、直辖市高级人民法院、民政厅（局）、环境保护厅（局）、新疆维吾尔自治区高级人民法院生产建设兵团分院、民政局、环境保护局：

为正确实施《中华人民共和国民事诉讼法》、《中华人民共和国环境保护法》、《最高人民法院关于审理环境民事公益诉讼案件适用法律若干问题的解释》，现就贯彻实施环境民事公益诉讼制度有关事项通知如下：

一、人民法院受理和审理社会组织提起的环境民事公益诉讼，可根据案件需要向社会组织的登记管理机关查询或者核实社会组织的基本信息，包括名称、住所、成立时间、宗旨、业务范围、法定代表人或者负责人、存续状态、年检信息、从事业务活动的情况以及登记管理机关掌握的违法记录等，有关登记管理机关应及时将相关信息向人民法院反馈。

二、社会组织存在通过诉讼牟取经济利益情形的，人民法院应向其登记管理机关发送司法建议，由登记管理机关依法对其进行查处，查处结果应向社会公布并通报人民法院。

三、人民法院受理环境民事公益诉讼后，应当在十日内通报对被告行为负有监督管理职责的环境保护主管部门。环境保护主管部门收到人民法院受理环境民事公益诉讼案件线索后，可以根据案件线索开展核查；发现被告行为构成环境行政违法的，应当依法予以处理，并将处理结果通报人民法院。

四、人民法院因审理案件需要，向负有监督管理职责的环境保护主管部门调取涉及被告的环境影响评价文件及其批复、环境许可和监管、污染物排放情况、行政处罚及处罚依据等证据材料的，相关部门应及时向人民法院提交，法律法规规定不得对外提供的材料除外。

五、环境民事公益诉讼当事人达成调解协议或者自行达成和解协议的，人民法院应当将协议内容告知负有监督管理职责的环境保护主管部门。相关部门对协议约定的修复费用、修复方式等内容有意见和建议的，应及时向人民法院提出。

六、人民法院可以判决被告自行组织修复生态环境，可以委托第三方修复生态环境，必要时也可以商请负有监督管理职责的环境保护主管部门共同组织修复生态环境。对生态环境损害修复结果，人民法院可以委托具有环境损害评估等相关资质的鉴定机构进行鉴定，必要时可以商请负有监督管理职责的环境保护主管部门协助审查。

七、人民法院判决被告承担的生态环境修复费用、生态环境受到损害至恢复原状期间服务功能损失等款项，应当用于修复被损害的生态环境。提起环境民事公益诉讼的原告在诉讼中所需的调查取证、专家咨询、检验、鉴定等必要费用，可以酌情从上述款项中支付。

八、人民法院应将判决执行情况及时告知提起环境民事公益诉讼的社会组织。

各级人民法院、民政部门、环境保护部门应认真遵照执行。对于实施工作中存在的问题和建议，请分别及时报告最高人民法院、民政部、环境保护部。

最高人民法院
民政部
环境保护部
2014 年 12 月 26 日

最高人民法院　最高人民检察院关于办理环境污染刑事案件适用法律若干问题的解释

法释〔2016〕29号

《最高人民法院、最高人民检察院关于办理环境污染刑事案件适用法律若干问题的解释》已于 2016 年 11 月 7 日由最高人民法院审判委员会第 1698 次会议、2016 年 12 月 8 日由最高人民检察院第十二届检察委员会第 58 次会议通过，现予公布，自 2017 年 1 月 1 日起施行。

最高人民法院　最高人民检察院

2016 年 12 月 23 日

为依法惩治有关环境污染犯罪，根据《中华人民共和国刑法》《中华人民共和国刑事诉讼法》的有关规定，现就办理此类刑事案件适用法律的若干问题解释如下：

第一条　实施刑法第三百三十八条规定的行为，具有下列情形之一的，应当认定为“严重污染环境”：

（一）在饮用水水源一级保护区、自然保护区核心区排放、倾倒、处置有放射性的废物、含传染病病原体的废物、有毒物质的；

（二）非法排放、倾倒、处置危险废物三吨以上的；

（三）排放、倾倒、处置含铅、汞、镉、铬、砷、铊、锑的污染物，超过国家或者地方污染物排放标准三倍以上的；

（四）排放、倾倒、处置含镍、铜、锌、银、钒、锰、钴的污染物，超过国家或者地方污染物排放标准十倍以上的；

（五）通过暗管、渗井、渗坑、裂隙、溶洞、灌注等逃避监管的方式排放、倾倒、处置有放射性的废物、含传染病病原体的废物、有毒物质的；

（六）二年内曾因违反国家规定，排放、倾倒、处置有放射性的废物、含传染病病原体的废物、有毒物质受过两次以上行政处罚，又实施前列行为的；

（七）重点排污单位篡改、伪造自动监测数据或者干扰自动监测设施，排放化学需氧量、氨氮、二氧化硫、氮氧化物等污染物的；

（八）违法减少防治污染设施运行支出一百万元以上的；

（九）违法所得或者致使公私财产损失三十万元以上的；

（十）造成生态环境严重损害的；

（十一）致使乡镇以上集中式饮用水水源取水中断十二小时以上的；

（十二）致使基本农田、防护林地、特种用途林地五亩以上，其他农用地十亩以上，其他土地二十亩以上基本功能丧失或者遭受永久性破坏的；

（十三）致使森林或者其他林木死亡五十立方米以上，或者幼树死亡二千五百株以上的；

（十四）致使疏散、转移群众五千人以上的；

（十五）致使三十人以上中毒的；

（十六）致使三人以上轻伤、轻度残疾或者器官组织损伤导致一般功能障碍的；

（十七）致使一人以上重伤、中度残疾或者器官组织损伤导致严重功能障碍的；

（十八）其他严重污染环境的情形。

第二条　实施刑法第三百三十九条、第四百零八条规定的行为，致使公私财产损失三十万元以上，或者具有本解释第一条第十项至第十七项规定情形之一的，应当认定为“致使公私财产遭受重大损失或者严重危害人体健康”或者“致使公私财产遭受重大损失或者造成人身伤亡的严重后果”。

第三条　实施刑法第三百三十八条、第三百三十九条规定的行为，具有下列情形之一的，应当认定为“后果特别严重”：

（一）致使县级以上城区集中式饮用水水源取水中断十二小时以上的；

（二）非法排放、倾倒、处置危险废物一百吨以上的；

（三）致使基本农田、防护林地、特种用途林地十五亩以上，其他农用地三十亩以上，其他土地六十亩以上基本功能丧失或者遭受永久性破坏的；

（四）致使森林或者其他林木死亡一百五十立方米以上，或者幼树死亡七千五百株以上的；

（五）致使公私财产损失一百万元以上的；

（六）造成生态环境特别严重损害的；

（七）致使疏散、转移群众一万五千人以上的；

（八）致使一百人以上中毒的；

（九）致使十人以上轻伤、轻度残疾或者器官组织损伤导致一般功能障碍的；

（十）致使三人以上重伤、中度残疾或者器官组织损伤导致严重功能障碍的；

（十一）致使一人以上重伤、中度残疾或者器官组织损伤导致严重功能障碍，并致使五人以上轻伤、轻度残疾或者器官组织损伤导致一般功能障碍的；

（十二）致使一人以上死亡或者重度残疾的；

（十三）其他后果特别严重的情形。

第四条　实施刑法第三百三十八条、第三百三十九条规定的犯罪行为，具有下列情形之一的，应当从重处罚：

（一）阻挠环境监督检查或者突发环境事件调查，尚不构成妨害公务等犯罪的；

（二）在医院、学校、居民区等人口集中地区及其附近，违反国家规定排放、倾倒、处置有放射性的废物、含传染病病原体的废物、有毒物质或者其他有害物质的；

（三）在重污染天气预警期间、突发环境事件处置期间或者被责令限期整改期间，违反国家规定排放、倾倒、处置有放射性的废物、含传染病病原体的废物、有毒物质或者其他有害物质的；

（四）具有危险废物经营许可证的企业违反国家规定排放、倾倒、处置有放射性的废物、含传染病病原体的废物、有毒物质或者其他有害物质的。

第五条　实施刑法第三百三十八条、第三百三十九条规定的行为，刚达到应当追究刑事责任的标准，但行为人及时采取措施，防止损失扩大、消除污染，全部赔偿损失，积极修复生态环境，且系初犯，确有悔罪表现的，可以认定为情节轻微，不起诉或者免予刑事处罚；确有必要判处刑罚的，应当从宽处罚。

第六条　无危险废物经营许可证从事收集、贮存、利用、处置危险废物经营活动，严重污染环境的，按照污染环境罪定罪处罚；同时构成非法经营罪的，依照处罚较重的规定定罪处罚。

实施前款规定的行为，不具有超标排放污染物、非法倾倒污染物或者其他违法造成环境污染的情形的，可以认定为非法经营情节显著轻微危害不大，不认为是犯罪；构成生产、销售伪劣产品等其他犯罪的，以其他犯罪论处。

第七条　明知他人无危险废物经营许可证，向其提供或者委托其收集、贮存、利用、处置危险废物，严重污染环境的，以共同犯罪论处。

第八条　违反国家规定，排放、倾倒、处置含有毒害性、放射性、传染病病原体等物质的污染物，同时构成污染环境罪、非法处置进口的固体废物罪、投放危险物质罪等犯罪的，依照处罚较重的规定定罪处罚。

第九条 环境影响评价机构或其人员，故意提供虚假环境影响评价文件，情节严重的，或者严重不负责任，出具的环境影响评价文件存在重大失实，造成严重后果的，应当依照刑法第二百二十九条、第二百三十一条的规定，以提供虚假证明文件罪或者出具证明文件重大失实罪定罪处罚。

第十条 违反国家规定，针对环境质量监测系统实施下列行为，或者强令、指使、授意他人实施下列行为的，应当依照刑法第二百八十六条的规定，以破坏计算机信息系统罪论处：

（一）修改参数或者监测数据的；

（二）干扰采样，致使监测数据严重失真的；

（三）其他破坏环境质量监测系统的行为。

重点排污单位篡改、伪造自动监测数据或者干扰自动监测设施，排放化学需氧量、氨氮、二氧化硫、氮氧化物等污染物，同时构成污染环境罪和破坏计算机信息系统罪的，依照处罚较重的规定定罪处罚。

从事环境监测设施维护、运营的人员实施或者参与实施篡改、伪造自动监测数据、干扰自动监测设施、破坏环境质量监测系统等行为的，应当从重处罚。

第十一条 单位实施本解释规定的犯罪的，依照本解释规定的定罪量刑标准，对直接负责的主管人员和其他直接责任人员定罪处罚，并对单位判处罚金。

第十二条 环境保护主管部门及其所属监测机构在行政执法过程中收集的监测数据，在刑事诉讼中可以作为证据使用。

公安机关单独或者会同环境保护主管部门，提取污染物样品进行检测获取的数据，在刑事诉讼中可以作为证据使用。

第十三条 对国家危险废物名录所列的废物，可以依据涉案物质的来源、产生过程、被告人供述、证人证言以及经批准或者备案的环境影响评价文件等证据，结合环境保护主管部门、公安机关等出具的书面意见作出认定。

对于危险废物的数量，可以综合被告人供述，涉案企业的生产工艺、物耗、能耗情况，以及经批准或者备案的环境影响评价文件等证据作出认定。

第十四条 对案件所涉的环境污染专门性问题难以确定的，依据司法鉴定机构出具的鉴定意见，或者国务院环境保护主管部门、公安部门指定的机构出具的报告，结合其他证据作出认定。

第十五条 下列物质应当认定为刑法第三百三十八条规定的“有毒物质”：

（一）危险废物，是指列入国家危险废物名录，或者根据国家规定的危险废物鉴别标准和鉴别方法认定的，具有危险特性的废物；

（二）《关于持久性有机污染物的斯德哥尔摩公约》附件所列物质；

（三）含重金属的污染物；

（四）其他具有毒性，可能污染环境的物质。

第十六条 无危险废物经营许可证，以营利为目的，从危险废物中提取物质作为原材料或者燃料，并具有超标排放污染物、非法倾倒污染物或者其他违法造成环境污染的情形的行为，应当认定为“非法处置危险废物”。

第十七条 本解释所称“二年内”，以第一次违法行为受到行政处罚的生效之日与又实施相应行为之日的时间间隔计算确定。

本解释所称“重点排污单位”，是指设区的市级以上人民政府环境保护主管部门依法确定的应当安装、使用污染物排放自动监测设备的重点监控企业及其他单位。

本解释所称“违法所得”，是指实施刑法第三百三十八条、第三百三十九条规定的行为所得和可得的全部违法收入。

本解释所称“公私财产损失”，包括实施刑法第三百三十八条、第三百三十九条规定的行为直接造成财产损毁、减少的实际价值，为防止污染扩大、消除污染而采取必要合理措施所产生的费用，以及处置突发环境事件的应急监测费用。

本解释所称“生态环境损害”，包括生态环境修复费用，生态环境修复期间服务功能的损失和生态环境功能永久性损害造成的损失，以及其他必要合理费用。

本解释所称“无危险废物经营许可证”，是指未取得危险废物经营许可证，或者超出危险废物经营许可证的经营范围。

第十八条 本解释自 2017 年 1 月 1 日起施行。本解释施行后，《最高人民法院、最高人民检察院关于办理环境污染刑事案件适用法律若干问题的解释》（法释〔2013〕15 号）同时废止；之前发布的司法解释与本解释不一致的，以本解释为准。

最高人民法院关于审理环境侵权责任纠纷案件适用法律若干问题的解释

法释〔2015〕12 号

《最高人民法院关于审理环境侵权责任纠纷案件适用法律若干问题的解释》已于 2015 年 2 月 9 日由最高人民法院审判委员会第 1644 次会议通过，现予公布，自 2015 年 6 月 3 日起施行。

最高人民法院

2015 年 6 月 1 日

为正确审理环境侵权责任纠纷案件，根据《中华人民共和国侵权责任法》《中华人民共和国环境保护法》《中华人民共和国民事诉讼法》等法律的规定，结合审判实践，制定本解释。

第一条 因污染环境造成损害，不论污染者有无过错，污染者应当承担侵权责任。污染者以排污符合国家或者地方污染物排放标准为由主张不承担责任的，人民法院不予支持。

污染者不承担责任或者减轻责任的情形，适用海洋环境保护法、水污染防治法、大气污染防治法等环境保护单行法的规定；相关环境保护单行法没有规定的，适用侵权责任法的规定。

第二条 两个以上污染者共同实施污染行为造成损害，被侵权人根据侵权责任法第八条规定请求污染者承担连带责任的，人民法院应予支持。

第三条 两个以上污染者分别实施污染行为造成同一损害，每一个污染者的污染行为都足以造成全部损害，被侵权人根据侵权责任法第十一条规定请求污染者承担连带责任的，人民法院应予支持。

两个以上污染者分别实施污染行为造成同一损害，每一个污染者的污染行为都不足以造成全部损害，被侵权人根据侵权责任法第十二条规定请求污染者承担责任的，人民法院应予支持。

两个以上污染者分别实施污染行为造成同一损害，部分污染者的污染行为足以造成全部损害，部分污染者的污染行为只造成部分损害，被侵权人根据侵权责任法第十一条规定请求足以造成全部损害的污染者与其他污染者就共同造成的损害部分承担连带责任，并对全部损害承担责任的，人民法院应予支持。

第四条 两个以上污染者污染环境，对污染者承担责任的大小，人民法院应当根据污染物的种类、排放量、危害性以及有无排污许可证、是否超过污染物排放标准、是否超过重点污染物排放总量控制指标等因素确定。

第五条 被侵权人根据侵权责任法第六十八条规定分别或者同时起诉污染者、第三人的，人民法院应予受理。

被侵权人请求第三人承担赔偿责任的，人民法院应当根据第三人的过错程度确定其相应赔偿责任。

污染者以第三人的过错污染环境造成损害为由主张不承担责任或者减轻责任的，人民法院不予支持。

第六条 被侵权人根据侵权责任法第六十五条规定请求赔偿的，应当提供证明以下事实的证据材料：

（一）污染者排放了污染物；

（二）被侵权人的损害；

（三）污染者排放的污染物或者其次生污染物与损害之间具有关联性。

第七条 污染者举证证明下列情形之一的，人民法院应当认定其污染行为与损害之间不存在因果关系：

（一）排放的污染物没有造成该损害可能的；

（二）排放的可造成该损害的污染物未到达该损害发生地的；

（三）该损害于排放污染物之前已发生的；

（四）其他可以认定污染行为与损害之间不存在因果关系的情形。

第八条 对查明环境污染案件事实的专门性问题，可以委托具备相关资格的司法鉴定机构出具鉴定意见或者由国务院环境保护主管部门推荐的机构出具检验报告、检测报告、评估报告或者监测数据。

第九条 当事人申请通知一至两名具有专门知识的人出庭，就鉴定意见或者污染物认定、损害结果、因果关系等专业问题提出意见的，人民法院可以准许。当事人未申请，人民法院认为有必要的，可以进行释明。

具有专门知识的人在法庭上提出的意见，经当事人质证，可以作为认定案件事实的根据。

第十条 负有环境保护监督管理职责的部门或者其委托的机构出具的环境污染事件调查报告、检验报告、检测报告、评估报告或者监测数据等，经当事人质证，可以作为认定案件事实的根据。

第十一条 对于突发性或者持续时间较短的环境污染行为，在证据可能灭失或者以后难以取得的情况下，当事人或者利害关系人根据民事诉讼法第八十一条规定申请证据保全的，人民法院应当准许。

第十二条 被申请人具有环境保护法第六十三条规定情形之一，当事人或者利害关系人根据民事诉讼法第一百条或者第一百零一条规定申请保全的，人民法院可以裁定责令被申请人立即停止侵害行为或者采取污染防治措施。

第十三条 人民法院应当根据被侵权人的诉讼请求以及具体案情，合理判定污染者承担停止侵害、排除妨碍、消除危险、恢复原状、赔礼道歉、赔偿损失等民事责任。

第十四条 被侵权人请求恢复原状的，人民法院可以依法裁判污染者承担环境修复责任，并同时确定被告不履行环境修复义务时应当承担的环境修复费用。

污染者在生效裁判确定的期限内未履行环境修复义务的，人民法院可以委托其他人进行环境修复，所需费用由污染者承担。

第十五条 被侵权人起诉请求污染者赔偿因污染造成的财产损失、人身损害以及为防止污染扩大、消除污染而采取必要措施所支出的合理费用的，人民法院应予支持。

第十六条 下列情形之一，应当认定为环境保护法第六十五条规定的弄虚作假：

（一）环境影响评价机构明知委托人提供的材料虚假而出具严重失实的评价文件的；

（二）环境监测机构或者从事环境监测设备维护、运营的机构故意隐瞒委托人超过污染物排放标准或者超过重点污染物排放总量控制指标的事实的；

（三）从事防治污染设施维护、运营的机构故意不运行或者不正常运行环境监测设备或者防治污染设施的；

（四）有关机构在环境服务活动中其他弄虚作假的情形。

第十七条 被侵权人提起诉讼，请求污染者停止侵害、排除妨碍、消除危险的，不受环境保护法第六十六条规定的时效期间的限制。

第十八条　本解释适用于审理因污染环境、破坏生态造成损害的民事案件，但法律和司法解释对环境民事公益诉讼案件另有规定的除外。

相邻污染侵害纠纷、劳动者在职业活动中因受污染损害发生的纠纷，不适用本解释。

第十九条　本解释施行后，人民法院尚未审结的一审、二审案件适用本解释规定。本解释施行前已经作出生效裁判的案件，本解释施行后依法再审的，不适用本解释。

本解释施行后，最高人民法院以前颁布的司法解释与本解释不一致的，不再适用。

最高人民法院关于审理环境民事公益诉讼案件适用法律若干问题的解释

法释〔2015〕1号

《最高人民法院关于审理环境民事公益诉讼案件适用法律若干问题的解释》已于2014年12月8日由最高人民法院审判委员会第1631次会议通过，现予公布，自2015年1月7日起施行。

最高人民法院

2015年1月6日

为正确审理环境民事公益诉讼案件，根据《中华人民共和国民事诉讼法》《中华人民共和国侵权责任法》《中华人民共和国环境保护法》等法律的规定，结合审判实践，制定本解释。

第一条　法律规定的机关和有关组织依据民事诉讼法第五十五条、环境保护法第五十八条等法律的规定，对已经损害社会公共利益或者具有损害社会公共利益重大风险的污染环境、破坏生态的行为提起诉讼，符合民事诉讼法第一百一十九条第二项、第三项、第四项规定的，人民法院应予受理。

第二条　依照法律、法规的规定，在设区的市级以上人民政府民政部门登记的社会团体、民办非企业单位以及基金会等，可以认定为环境保护法第五十八条规定的社会组织。

第三条　设区的市，自治州、盟、地区，不设区的地级市，直辖市的区以上人民政府民政部门，可以认定为环境保护法第五十八条规定的“设区的市级以上人民政府民政部门”。

第四条　社会组织章程确定的宗旨和主要业务范围是维护社会公共利益，且从事环境保护公益活动的，可以认定为环境保护法第五十八条规定的“专门从事环境保护公益活动”。

社会组织提起的诉讼所涉及的社会公共利益，应与其宗旨和业务范围具有关联性。

第五条　社会组织在提起诉讼前五年内未因从事业务活动违反法律、法规的规定受过行政、刑事处罚的，可以认定为环境保护法第五十八条规定的“无违法记录”。

第六条　第一审环境民事公益诉讼案件由污染环境、破坏生态行为发生地、损害结果地或者被告住所地的中级以上人民法院管辖。

中级人民法院认为确有必要的，可以在报请高级人民法院批准后，裁定将本院管辖的第一审环境民事公益诉讼案件交由基层人民法院审理。

同一原告或者不同原告对同一污染环境、破坏生态行为分别向两个以上有管辖权的人民法院提起环境民事公益诉讼的，由最先立案的人民法院管辖，必要时由共同上级人民法院指定管辖。

第七条 经最高人民法院批准，高级人民法院可以根据本辖区环境和生态保护的实际情况，在辖区内确定部分中级人民法院受理第一审环境民事公益诉讼案件。

中级人民法院管辖环境民事公益诉讼案件的区域由高级人民法院确定。

第八条 提起环境民事公益诉讼应当提交下列材料：

（一）符合民事诉讼法第一百二十一条规定的起诉状，并按照被告人数提出副本；

（二）被告的行为已经损害社会公共利益或者具有损害社会公共利益重大风险的初步证明材料；

（三）社会组织提起诉讼的，应当提交社会组织登记证书、章程、起诉前连续五年的年度工作报告书或者年检报告书，以及由其法定代表人或者负责人签字并加盖公章的无违法记录的声明。

第九条 人民法院认为原告提出的诉讼请求不足以保护社会公共利益的，可以向其释明变更或者增加停止侵害、恢复原状等诉讼请求。

第十条 人民法院受理环境民事公益诉讼后，应当在立案之日起五日内将起诉状副本发送被告，并公告案件受理情况。

有权提起诉讼的其他机关和社会组织在公告之日起三十日内申请参加诉讼，经审查符合法定条件的，人民法院应当将其列为共同原告；逾期申请的，不予准许。

公民、法人和其他组织以人身、财产受到损害为由申请参加诉讼的，告知其另行起诉。

第十一条 检察机关、负有环境保护监督管理职责的部门及其他机关、社会组织、企业事业单位依据民事诉讼法第十五条的规定，可以通过提供法律咨询、提交书面意见、协助调查取证等方式支持社会组织依法提起环境民事公益诉讼。

第十二条 人民法院受理环境民事公益诉讼后，应当在十日内告知对被告行为负有环境保护监督管理职责的部门。

第十三条 原告请求被告提供其排放的主要污染物名称、排放方式、排放浓度和总量、超标排放情况以及防治污染设施的建设和运行情况等环境信息，法律、法规、规章规定被告应当持有或者有证据证明被告持有而拒不提供，如果原告主张相关事实不利于被告的，人民法院可以推定该主张成立。

第十四条 对于审理环境民事公益诉讼案件需要的证据，人民法院认为必要的，应当调查收集。

对于应当由原告承担举证责任且为维护社会公共利益所必要的专门性问题，人民法院可以委托具备资格的鉴定人进行鉴定。

第十五条 当事人申请通知有专门知识的人出庭，就鉴定人作出的鉴定意见或者就因果关系、生态环境修复方式、生态环境修复费用以及生态环境受到损害至恢复原状期间服务功能的损失等专门性问题提出意见的，人民法院可以准许。

前款规定的专家意见经质证，可以作为认定事实的根据。

第十六条 原告在诉讼过程中承认的对己方不利的事实和认可的证据，人民法院认为损害社会公共利益的，应当不予确认。

第十七条 环境民事公益诉讼案件审理过程中，被告以反诉方式提出诉讼请求的，人民法院不予受理。

第十八条 对污染环境、破坏生态，已经损害社会公共利益或者具有损害社会公共利益重大风险的行为，原告可以请求被告承担停止侵害、排除妨碍、消除危险、恢复原状、赔偿损失、赔礼道歉等民事责任。

第十九条 原告为防止生态环境损害的发生和扩大，请求被告停止侵害、排除妨碍、消除危险的，人民法院可以依法予以支持。

原告为停止侵害、排除妨碍、消除危险采取合理预防、处置措施而发生的费用，请求被告承担的，人民法院可以依法予以支持。

第二十条 原告请求恢复原状的，人民法院可以依法判决被告将生态环境修复到损害发生之前的状态和功能。无法完全修复的，可以准许采用替代性修复方式。

人民法院可以在判决被告修复生态环境的同时，确定被告不履行修复义务时应承担的生态环境修复费用；也可以直接判决被告承担生态环境修复费用。

生态环境修复费用包括制定、实施修复方案的费用和监测、监管等费用。

第二十一条 原告请求被告赔偿生态环境受到损害至恢复原状期间服务功能损失的，人民法院可以依法予以支持。

第二十二条 原告请求被告承担检验、鉴定费用，合理的律师费以及为诉讼支出的其他合理费用的，人民法院可以依法予以支持。

第二十三条 生态环境修复费用难以确定或者确定具体数额所需鉴定费用明显过高的，人民法院可以结合污染环境、破坏生态的范围和程度、生态环境的稀缺性、生态环境恢复的难易程度、防治污染设备的运行成本、被告因侵害行为所获得的利益以及过错程度等因素，并可以参考负有环境保护监督管理职责的部门的意见、专家意见等，予以合理确定。

第二十四条 人民法院判决被告承担的生态环境修复费用、生态环境受到损害至恢复原状期间服务功能损失等款项，应当用于修复被损害的生态环境。

其他环境民事公益诉讼中败诉原告所需承担的调查取证、专家咨询、检验、鉴定等必要费用，可以酌情从上述款项中支付。

第二十五条 环境民事公益诉讼当事人达成调解协议或者自行达成和解协议后，人民法院应当将协议内容公告，公告期间不少于三十日。

公告期满后，人民法院审查认为调解协议或者和解协议的内容不损害社会公共利益的，应当出具调解书。当事人以达成和解协议为由申请撤诉的，不予准许。

调解书应当写明诉讼请求、案件的基本事实和协议内容，并应当公开。

第二十六条 负有环境保护监督管理职责的部门依法履行监管职责而使原告诉讼请求全部实现，原告申请撤诉的，人民法院应予准许。

第二十七条 法庭辩论终结后，原告申请撤诉的，人民法院不予准许，但本解释第二十六条规定的情形除外。

第二十八条 环境民事公益诉讼案件的裁判生效后，有权提起诉讼的其他机关和社会组织就同一污染环境、破坏生态行为另行起诉，有下列情形之一的，人民法院应予受理：

（一）前案原告的起诉被裁定驳回的；

（二）前案原告申请撤诉被裁定准许的，但本解释第二十六条规定的情形除外。

环境民事公益诉讼案件的裁判生效后，有证据证明存在前案审理时未发现的损害，有权提起诉讼的机关和社会组织另行起诉的，人民法院应予受理。

第二十九条 法律规定的机关和社会组织提起环境民事公益诉讼的，不影响因同一污染环境、破坏生态行为受到人身、财产损害的公民、法人和其他组织依据民事诉讼法第一百一十九条的规定提起诉讼。

第三十条 已为环境民事公益诉讼生效裁判认定的事实，因同一污染环境、破坏生态行为依据民事诉讼法第一百一十九条规定提起诉讼的原告、被告均无需举证证明，但原告对该事实有异议并有相反证据足以推翻的除外。

对于环境民事公益诉讼生效裁判就被告是否存在法律规定的不承担责任或者减轻责任的情形、行为与损害之间是否存在因果关系、被告承担责任的大小等所作的认定，因同一污染环境、破坏生态行为依据民事诉讼法第一百一十九条规定提起诉讼的原告主张适用的，人民法院应予支持，但被告有相反证据足以推翻的除外。被告主张直接适用对其有利的认定的，人民法院不予支持，被告仍应举证证明。

第三十一条 被告因污染环境、破坏生态在环境民事公益诉讼和其他民事诉讼中均承担责任，其财产不足以履行全部义务的，应当先履行其他民事诉讼生效裁判所确定的义务，但法律另有规定的除外。

第三十二条 发生法律效力的环境民事公益诉讼案件的裁判，需要采取强制执行措施的，应当移送执行。

第三十三条 原告交纳诉讼费用确有困难，依法申请缓交的，人民法院应予准许。

败诉或者部分败诉的原告申请减交或者免交诉讼费用的，人民法院应当依照《诉讼费用交纳办法》

的规定，视原告的经济状况和案件的审理情况决定是否准许。

第三十四条 社会组织有通过诉讼违法收受财物等牟取经济利益行为的，人民法院可以根据情节轻重依法收缴其非法所得、予以罚款；涉嫌犯罪的，依法移送有关机关处理。

社会组织通过诉讼牟取经济利益的，人民法院应当向登记管理机关或者有关机关发送司法建议，由其依法处理。

第三十五条 本解释施行前最高人民法院发布的司法解释和规范性文件，与本解释不一致的，以本解释为准。

最高人民法院关于适用《中华人民共和国民事诉讼法》的解释（摘录）

法释〔2015〕5号

《最高人民法院关于适用〈中华人民共和国民事诉讼法〉的解释》已于2014年12月18日由最高人民法院审判委员会第1636次会议通过，现予公布，自2015年2月4日起施行。

最高人民法院

2015年1月30日

2012年8月31日，第十一届全国人民代表大会常务委员会第二十八次会议审议通过了《关于修改〈中华人民共和国民事诉讼法〉的决定》。根据修改后的民事诉讼法，结合人民法院民事审判和执行工作实际，制定本解释。

九、诉讼费用

第一百九十四条 依照民事诉讼法第五十四条审理的案件不预交案件受理费，结案后按照诉讼标的额由败诉方交纳。

第一百九十五条 支付令失效后转入诉讼程序的，债权人应当按照《诉讼费用交纳办法》补交案件受理费。

支付令被撤销后，债权人另行起诉的，按照《诉讼费用交纳办法》交纳诉讼费用。

第一百九十六条 人民法院改变原判决、裁定、调解结果的，应当在裁判文书中对原审诉讼费用的负担一并作出处理。

第一百九十七条 诉讼标的物是证券的，按照证券交易规则并根据当事人起诉之日前最后一个交易日的收盘价、当日的市场价或者其载明的金额计算诉讼标的金额。

第一百九十八条 诉讼标的物是房屋、土地、林木、车辆、船舶、文物等特定物或者知识产权，起诉时价值难以确定的，人民法院应当向原告释明主张过高或者过低的诉讼风险，以原告主张的价值确定诉讼标的金额。

第一百九十九条 适用简易程序审理的案件转为普通程序的，原告自接到人民法院交纳诉讼费用通知之日起七日内补交案件受理费。

原告无正当理由未按期足额补交的，按撤诉处理，已经收取的诉讼费用退还一半。

第二百条　破产程序中有关债务人的民事诉讼案件，按照财产案件标准交纳诉讼费，但劳动争议案件除外。

第二百零一条　既有财产性诉讼请求，又有非财产性诉讼请求的，按照财产性诉讼请求的标准交纳诉讼费。

有多个财产性诉讼请求的，合并计算交纳诉讼费；诉讼请求中有多个非财产性诉讼请求的，按一件交纳诉讼费。

第二百零二条　原告、被告、第三人分别上诉的，按照上诉请求分别预交二审案件受理费。

同一方多人共同上诉的，只预交一份二审案件受理费；分别上诉的，按照上诉请求分别预交二审案件受理费。

第二百零三条　承担连带责任的当事人败诉的，应当共同负担诉讼费用。

第二百零四条　实现担保物权案件，人民法院裁定拍卖、变卖担保财产的，申请费由债务人、担保人负担；人民法院裁定驳回申请的，申请费由申请人负担。

申请人另行起诉的，其已经交纳的申请费可以从案件受理费中扣除。

第二百零五条　拍卖、变卖担保财产的裁定作出后，人民法院强制执行的，按照执行金额收取执行申请费。

第二百零六条　人民法院决定减半收取案件受理费的，只能减半一次。

第二百零七条　判决生效后，胜诉方预交但不应负担的诉讼费用，人民法院应当退还，由败诉方向人民法院交纳，但胜诉方自愿承担或者同意败诉方直接向其支付的除外。

当事人拒不交纳诉讼费用的，人民法院可以强制执行。

十、第一审普通程序

第二百零八条　人民法院接到当事人提交的民事起诉状时，对符合民事诉讼法第一百一十九条的规定，且不属于第一百二十四条规定情形的，应当登记立案；对当场不能判定是否符合起诉条件的，应当接收起诉材料，并出具注明收到日期的书面凭证。

需要补充必要相关材料的，人民法院应当及时告知当事人。在补齐相关材料后，应当在七日内决定是否立案。

立案后发现不符合起诉条件或者属于民事诉讼法第一百二十四条规定情形的，裁定驳回起诉。

第二百零九条　原告提供被告的姓名或者名称、住所等信息具体明确，足以使被告与他人相区别的，可以认定为有明确的被告。

起诉状列写被告信息不足以认定明确的被告的，人民法院可以告知原告补正。原告补正后仍不能确定明确的被告的，人民法院裁定不予受理。

第二百一十条　原告在起诉状中有谩骂和人身攻击之辞的，人民法院应当告知其修改后提起诉讼。

第二百一十一条　对本院没有管辖权的案件，告知原告向有管辖权的人民法院起诉；原告坚持起诉的，裁定不予受理；立案后发现本院没有管辖权的，应当将案件移送有管辖权的人民法院。

第二百一十二条　裁定不予受理、驳回起诉的案件，原告再次起诉，符合起诉条件且不属于民事诉讼法第一百二十四条规定情形的，人民法院应予受理。

第二百一十三条　原告应当预交而未预交案件受理费，人民法院应当通知其预交，通知后仍不预交或者申请减、缓、免未获批准而仍不预交的，裁定按撤诉处理。

第二百一十四条　原告撤诉或者人民法院按撤诉处理后，原告以同一诉讼请求再次起诉的，人民法院应予受理。

原告撤诉或者按撤诉处理的离婚案件，没有新情况、新理由，六个月内又起诉的，比照民事诉讼法第一百二十四条第七项的规定不予受理。

第二百一十五条　依照民事诉讼法第一百二十四条第二项的规定，当事人在书面合同中订有仲裁条款，或者在发生纠纷后达成书面仲裁协议，一方向人民法院起诉的，人民法院应当告知原告向仲裁机构申请仲裁，其坚持起诉的，裁定不予受理，但仲裁条款或者仲裁协议不成立、无效、失效、内容不明确无法执行的除外。

第二百一十六条 在人民法院首次开庭前，被告以有书面仲裁协议为由对受理民事案件提出异议的，人民法院应当进行审查。

经审查符合下列情形之一的，人民法院应当裁定驳回起诉：

（一）仲裁机构或者人民法院已经确认仲裁协议有效的；

（二）当事人没有在仲裁庭首次开庭前对仲裁协议的效力提出异议的；

（三）仲裁协议符合仲裁法第十六条规定且不具有仲裁法第十七条规定情形的。

第二百一十七条 夫妻一方下落不明，另一方诉至人民法院，只要求离婚，不申请宣告下落不明人失踪或者死亡的案件，人民法院应当受理，对下落不明人公告送达诉讼文书。

第二百一十八条 赡养费、扶养费、抚育费案件，裁判发生法律效力后，因新情况、新理由，一方当事人再行起诉要求增加或者减少费用的，人民法院应作为新案受理。

第二百一十九条 当事人超过诉讼时效期间起诉的，人民法院应予受理。受理后对方当事人提出诉讼时效抗辩，人民法院经审理认为抗辩事由成立的，判决驳回原告的诉讼请求。

第二百二十条 民事诉讼法第六十八条、第一百三十四条、第一百五十六条规定的商业秘密，是指生产工艺、配方、贸易联系、购销渠道等当事人不愿公开的技术秘密、商业情报及信息。

第二百二十一条 基于同一事实发生的纠纷，当事人分别向同一人民法院起诉的，人民法院可以合并审理。

第二百二十二条 原告在起诉状中直接列写第三人的，视为其申请人民法院追加该第三人参加诉讼。是否通知第三人参加诉讼，由人民法院审查决定。

第二百二十三条 当事人在提交答辩状期间提出管辖异议，又针对起诉状的内容进行答辩的，人民法院应当依照民事诉讼法第一百二十七条第一款的规定，对管辖异议进行审查。

当事人未提出管辖异议，就案件实体内容进行答辩、陈述或者反诉的，可以认定为民事诉讼法第一百二十七条第二款规定的应诉答辩。

第二百二十四条 依照民事诉讼法第一百三十三条第四项规定，人民法院可以在答辩期届满后，通过组织证据交换、召集庭前会议等方式，作好审理前的准备。

第二百二十五条 根据案件具体情况，庭前会议可以包括下列内容：

（一）明确原告的诉讼请求和被告的答辩意见；

（二）审查处理当事人增加、变更诉讼请求的申请和提出的反诉，以及第三人提出的与本案有关的诉讼请求；

（三）根据当事人的申请决定调查收集证据，委托鉴定，要求当事人提供证据，进行勘验，进行证据保全；

（四）组织交换证据；

（五）归纳争议焦点；

（六）进行调解。

第二百二十六条 人民法院应当根据当事人的诉讼请求、答辩意见以及证据交换的情况，归纳争议焦点，并就归纳的争议焦点征求当事人的意见。

第二百二十七条 人民法院适用普通程序审理案件，应当在开庭三日前用传票传唤当事人。对诉讼代理人、证人、鉴定人、勘验人、翻译人员应当用通知书通知其到庭。当事人或者其他诉讼参与人在外地的，应当留有必要的在途时间。

第二百二十八条 法庭审理应当围绕当事人争议的事实、证据和法律适用等焦点问题进行。

第二百二十九条 当事人在庭审中对其在审理前的准备阶段认可的事实和证据提出不同意见的，人民法院应当责令其说明理由。必要时，可以责令其提供相应证据。人民法院应当结合当事人的诉讼能力、证据和案件的具体情况进行审查。理由成立的，可以列入争议焦点进行审理。

第二百三十条 人民法院根据案件具体情况并征得当事人同意，可以将法庭调查和法庭辩论合并进行。

第二百三十一条 当事人在法庭上提出新的证据的，人民法院应当依照民事诉讼法第六十五条第二款规定和本解释相关规定处理。

第二百三十二条 在案件受理后，法庭辩论结束前，原告增加诉讼请求，被告提出反诉，第三人提出与本案有关的诉讼请求，可以合并审理的，人民法院应当合并审理。

第二百三十三条 反诉的当事人应当限于本诉的当事人的范围。

反诉与本诉的诉讼请求基于相同法律关系、诉讼请求之间具有因果关系，或者反诉与本诉的诉讼请求基于相同事实的，人民法院应当合并审理。

反诉应由其他人民法院专属管辖，或者与本诉的诉讼标的及诉讼请求所依据的事实、理由无关联的，裁定不予受理，告知另行起诉。

第二百三十四条 无民事行为能力人的离婚诉讼，当事人的法定代理人应当到庭；法定代理人不能到庭的，人民法院应当在查清事实的基础上，依法作出判决。

第二百三十五条 无民事行为能力的当事人的法定代理人，经传票传唤无正当理由拒不到庭，属于原告方的，比照民事诉讼法第一百四十三条的规定，按撤诉处理；属于被告方的，比照民事诉讼法第一百四十四条的规定，缺席判决。必要时，人民法院可以拘传其到庭。

第二百三十六条 有独立请求权的第三人经人民法院传票传唤，无正当理由拒不到庭的，或者未经法庭许可中途退庭的，比照民事诉讼法第一百四十三条的规定，按撤诉处理。

第二百三十七条 有独立请求权的第三人参加诉讼后，原告申请撤诉，人民法院在准许原告撤诉后，有独立请求权的第三人作为另案原告，原案原告、被告作为另案被告，诉讼继续进行。

第二百三十八条 当事人申请撤诉或者依法可以按撤诉处理的案件，如果当事人有违反法律的行为需要依法处理的，人民法院可以不准许撤诉或者不按撤诉处理。

法庭辩论终结后原告申请撤诉，被告不同意的，人民法院可以不予准许。

第二百三十九条 人民法院准许本诉原告撤诉的，应当对反诉继续审理；被告申请撤回反诉的，人民法院应予准许。

第二百四十条 无独立请求权的第三人经人民法院传票传唤，无正当理由拒不到庭，或者未经法庭许可中途退庭的，不影响案件的审理。

第二百四十一条 被告经传票传唤无正当理由拒不到庭，或者未经法庭许可中途退庭的，人民法院应当按期开庭或者继续开庭审理，对到庭的当事人诉讼请求、双方的诉辩理由以及已经提交的证据及其他诉讼材料进行审理后，可以依法缺席判决。

第二百四十二条 一审宣判后，原审人民法院发现判决有错误，当事人在上诉期内提出上诉的，原审人民法院可以提出原判决有错误的意见，报送第二审人民法院，由第二审人民法院按照第二审程序进行审理；当事人不上诉的，按照审判监督程序处理。

第二百四十三条 民事诉讼法第一百四十九条规定的审限，是指从立案之日起至裁判宣告、调解书送达之日止的期间，但公告期间、鉴定期间、双方当事人和解期间、审理当事人提出的管辖异议以及处理人民法院之间的管辖争议期间不应计算在内。

第二百四十四条 可以上诉的判决书、裁定书不能同时送达双方当事人的，上诉期从各自收到判决书、裁定书之日计算。

第二百四十五条 民事诉讼法第一百五十四条第一款第七项规定的笔误是指法律文书误写、误算，诉讼费用漏写、误算和其他笔误。

第二百四十六条 裁定中止诉讼的原因消除，恢复诉讼程序时，不必撤销原裁定，从人民法院通知或者准许当事人双方继续进行诉讼时起，中止诉讼的裁定即失去效力。

第二百四十七条 当事人就已经提起诉讼的事项在诉讼过程中或者裁判生效后再次起诉，同时符合下列条件的，构成重复起诉：

（一）后诉与前诉的当事人相同；

（二）后诉与前诉的诉讼标的相同；

（三）后诉与前诉的诉讼请求相同，或者后诉的诉讼请求实质上否定前诉裁判结果。

当事人重复起诉的，裁定不予受理；已经受理的，裁定驳回起诉，但法律、司法解释另有规定的除外。

第二百四十八条 裁判发生法律效力后，发生新的事实，当事人再次提起诉讼的，人民法院应当依法受理。

第二百四十九条 在诉讼中，争议的民事权利义务转移的，不影响当事人的诉讼主体资格和诉讼地位。人民法院作出的发生法律效力的判决、裁定对受让人具有拘束力。

受让人申请以无独立请求权的第三人身份参加诉讼的，人民法院可予准许。受让人申请替代当事人承担诉讼的，人民法院可以根据案件的具体情况决定是否准许；不予准许的，可以追加其为无独立请求权的第三人。

第二百五十条 依照本解释第二百四十九条规定，人民法院准许受让人替代当事人承担诉讼的，裁定变更当事人。

变更当事人后，诉讼程序以受让人为当事人继续进行，原当事人应当退出诉讼。原当事人已经完成的诉讼行为对受让人具有拘束力。

第二百五十一条 二审裁定撤销一审判决发回重审的案件，当事人申请变更、增加诉讼请求或者提出反诉，第三人提出与本案有关的诉讼请求的，依照民事诉讼法第一百四十条规定处理。

第二百五十二条 再审裁定撤销原判决、裁定发回重审的案件，当事人申请变更、增加诉讼请求或者提出反诉，符合下列情形之一的，人民法院应当准许：

（一）原审未合法传唤缺席判决，影响当事人行使诉讼权利的；

（二）追加新的诉讼当事人的；

（三）诉讼标的物灭失或者发生变化致使原诉讼请求无法实现的；

（四）当事人申请变更、增加的诉讼请求或者提出的反诉，无法通过另诉解决的。

第二百五十三条 当庭宣判的案件，除当事人当庭要求邮寄发送裁判文书的外，人民法院应当告知当事人或者诉讼代理人领取裁判文书的时间和地点以及逾期不领取的法律后果。上述情况，应当记入笔录。

第二百五十四条 公民、法人或者其他组织申请查阅发生法律效力的判决书、裁定书的，应当向作出该生效裁判的人民法院提出。申请应当以书面形式提出，并提供具体的案号或者当事人姓名、名称。

第二百五十五条 对于查阅判决书、裁定书的申请，人民法院根据下列情形分别处理：

（一）判决书、裁定书已经通过信息网络向社会公开的，应当引导申请人自行查阅；

（二）判决书、裁定书未通过信息网络向社会公开，且申请符合要求的，应当及时提供便捷的查阅服务；

（三）判决书、裁定书尚未发生法律效力，或者已失去法律效力的，不提供查阅并告知申请人；

（四）发生法律效力的判决书、裁定书不是本院作出的，应当告知申请人向作出生效裁判的人民法院申请查阅；

（五）申请查阅的内容涉及国家秘密、商业秘密、个人隐私的，不予准许并告知申请人。

十一、简易程序

第二百五十六条 民事诉讼法第一百五十七条规定的简单民事案件中的事实清楚，是指当事人对争议的事实陈述基本一致，并能提供相应的证据，无须人民法院调查收集证据即可查明事实；权利义务关系明确是指能明确区分谁是责任的承担者，谁是权利的享有者；争议不大是指当事人对案件的是非、责任承担以及诉讼标的争执无原则分歧。

第二百五十七条 下列案件，不适用简易程序：

（一）起诉时被告下落不明的；

（二）发回重审的；

（三）当事人一方人数众多的；

（四）适用审判监督程序的；

（五）涉及国家利益、社会公共利益的；

（六）第三人起诉请求改变或者撤销生效判决、裁定、调解书的；

（七）其他不宜适用简易程序的案件。

第二百五十八条 适用简易程序审理的案件，审理期限到期后，双方当事人同意继续适用简易程序的，由本院院长批准，可以延长审理期限。延长后的审理期限累计不得超过六个月。

人民法院发现案情复杂，需要转为普通程序审理的，应当在审理期限届满前作出裁定并将合议庭组成人员及相关事项书面通知双方当事人。

案件转为普通程序审理的，审理期限自人民法院立案之日计算。

第二百五十九条 当事人双方可就开庭方式向人民法院提出申请，由人民法院决定是否准许。经当事人双方同意，可以采用视听传输技术等方式开庭。

第二百六十条 已经按照普通程序审理的案件，在开庭后不得转为简易程序审理。

第二百六十一条 适用简易程序审理案件，人民法院可以采取捎口信、电话、短信、传真、电子邮件等简便方式传唤双方当事人、通知证人和送达裁判文书以外的诉讼文书。

以简便方式送达的开庭通知，未经当事人确认或者没有其他证据证明当事人已经收到的，人民法院不得缺席判决。

适用简易程序审理案件，由审判员独任审判，书记员担任记录。

第二百六十二条 人民法庭制作的判决书、裁定书、调解书，必须加盖基层人民法院印章，不得用人民法庭的印章代替基层人民法院的印章。

第二百六十三条 适用简易程序审理案件，卷宗中应当具备以下材料：

（一）起诉状或者口头起诉笔录；

（二）答辩状或者口头答辩笔录；

（三）当事人身份证明材料；

（四）委托他人代理诉讼的授权委托书或者口头委托笔录；

（五）证据；

（六）询问当事人笔录；

（七）审理（包括调解）笔录；

（八）判决书、裁定书、调解书或者调解协议；

（九）送达和宣判笔录；

（十）执行情况；

（十一）诉讼费收据；

（十二）适用民事诉讼法第一百六十二条规定审理的，有关程序适用的书面告知。

第二百六十四条 当事人双方根据民事诉讼法第一百五十七条第二款规定约定适用简易程序的，应当在开庭前提出。口头提出的，记入笔录，由双方当事人签名或者捺印确认。

本解释第二百五十七条规定的案件，当事人约定适用简易程序的，人民法院不予准许。

第二百六十五条 原告口头起诉的，人民法院应当将当事人的姓名、性别、工作单位、住所、联系方式等基本信息，诉讼请求，事实及理由等准确记入笔录，由原告核对无误后签名或者捺印。对当事人提交的证据材料，应当出具收据。

第二百六十六条 适用简易程序案件的举证期限由人民法院确定，也可以由当事人协商一致并经人民法院准许，但不得超过十五日。被告要求书面答辩的，人民法院可在征得其同意的基础上，合理确定答辩期间。

人民法院应当将举证期限和开庭日期告知双方当事人，并向当事人说明逾期举证以及拒不到庭的法律后果，由双方当事人在笔录和开庭传票的送达回证上签名或者捺印。

当事人双方均表示不需要举证期限、答辩期间的，人民法院可以立即开庭审理或者确定开庭日期。

第二百六十七条 适用简易程序审理案件，可以简便方式进行审理前的准备。

第二百六十八条 对没有委托律师、基层法律服务工作者代理诉讼的当事人，人民法院在庭审过程中可以对回避、自认、举证证明责任等相关内容向其作必要的解释或者说明，并在庭审过程中适当提示当事人正确行使诉讼权利、履行诉讼义务。

第二百六十九条 当事人就案件适用简易程序提出异议，人民法院经审查，异议成立的，裁定转为普通程序；异议不成立的，口头告知当事人，并记入笔录。

转为普通程序的，人民法院应当将合议庭组成人员及相关事项以书面形式通知双方当事人。

转为普通程序前，双方当事人已确认的事实，可以不再进行举证、质证。

第二百七十条 适用简易程序审理的案件，有下列情形之一的，人民法院在制作判决书、裁定书、调解书时，对认定事实或者裁判理由部分可以适当简化：

（一）当事人达成调解协议并需要制作民事调解书的；

（二）一方当事人明确表示承认对方全部或者部分诉讼请求的；

（三）涉及商业秘密、个人隐私的案件，当事人一方要求简化裁判文书中的相关内容，人民法院认为理由正当的；

（四）当事人双方同意简化的。

十二、简易程序中的小额诉讼

第二百七十一条 人民法院审理小额诉讼案件，适用民事诉讼法第一百六十二条的规定，实行一审终审。

第二百七十二条 民事诉讼法第一百六十二条规定的各省、自治区、直辖市上年度就业人员年平均工资，是指已经公布的各省、自治区、直辖市上一年度就业人员年平均工资。在上一年度就业人员年平均工资公布前，以已经公布的最近年度就业人员年平均工资为准。

第二百七十三条 海事法院可以审理海事、海商小额诉讼案件。案件标的额应当以实际受理案件的海事法院或者其派出法庭所在的省、自治区、直辖市上年度就业人员年平均工资百分之三十为限。

第二百七十四条 下列金钱给付的案件，适用小额诉讼程序审理：

（一）买卖合同、借款合同、租赁合同纠纷；

（二）身份关系清楚，仅在给付的数额、时间、方式上存在争议的赡养费、抚育费、扶养费纠纷；

（三）责任明确，仅在给付的数额、时间、方式上存在争议的交通事故损害赔偿和其他人身损害赔偿纠纷；

（四）供用水、电、气、热力合同纠纷；

（五）银行卡纠纷；

（六）劳动关系清楚，仅在劳动报酬、工伤医疗费、经济补偿金或者赔偿金给付数额、时间、方式上存在争议的劳动合同纠纷；

（七）劳务关系清楚，仅在劳务报酬给付数额、时间、方式上存在争议的劳务合同纠纷；

（八）物业、电信等服务合同纠纷；

（九）其他金钱给付纠纷。

第二百七十五条 下列案件，不适用小额诉讼程序审理：

（一）人身关系、财产确权纠纷；

（二）涉外民事纠纷；

（三）知识产权纠纷；

（四）需要评估、鉴定或者对诉前评估、鉴定结果有异议的纠纷；

（五）其他不宜适用一审终审的纠纷。

第二百七十六条　人民法院受理小额诉讼案件，应当向当事人告知该类案件的审判组织、一审终审、审理期限、诉讼费用交纳标准等相关事项。

第二百七十七条　小额诉讼案件的举证期限由人民法院确定，也可以由当事人协商一致并经人民法院准许，但一般不超过七日。

被告要求书面答辩的，人民法院可以在征得其同意的基础上合理确定答辩期间，但最长不得超过十五日。

当事人到庭后表示不需要举证期限和答辩期间的，人民法院可立即开庭审理。

第二百七十八条　当事人对小额诉讼案件提出管辖异议的，人民法院应当作出裁定。裁定一经作出即生效。

第二百七十九条　人民法院受理小额诉讼案件后，发现起诉不符合民事诉讼法第一百一十九条规定的起诉条件的，裁定驳回起诉。裁定一经作出即生效。

第二百八十条　因当事人申请增加或者变更诉讼请求、提出反诉、追加当事人等，致使案件不符合小额诉讼案件条件的，应当适用简易程序的其他规定审理。

前款规定案件，应当适用普通程序审理的，裁定转为普通程序。

适用简易程序的其他规定或者普通程序审理前，双方当事人已确认的事实，可以不再进行举证、质证。

第二百八十一条　当事人对按照小额诉讼案件审理有异议的，应当在开庭前提出。人民法院经审查，异议成立的，适用简易程序的其他规定审理；异议不成立的，告知当事人，并记入笔录。

第二百八十二条　小额诉讼案件的裁判文书可以简化，主要记载当事人基本信息、诉讼请求、裁判主文等内容。

第二百八十三条　人民法院审理小额诉讼案件，本解释没有规定的，适用简易程序的其他规定。

十三、公益诉讼

第二百八十四条　环境保护法、消费者权益保护法等法律规定的机关和有关组织对污染环境、侵害众多消费者合法权益等损害社会公共利益的行为，根据民事诉讼法第五十五条规定提起公益诉讼，符合下列条件的，人民法院应当受理：

（一）有明确的被告；

（二）有具体的诉讼请求；

（三）有社会公共利益受到损害的初步证据；

（四）属于人民法院受理民事诉讼的范围和受诉人民法院管辖。

第二百八十五条　公益诉讼案件由侵权行为地或者被告住所地中级人民法院管辖，但法律、司法解释另有规定的除外。

因污染海洋环境提起的公益诉讼，由污染发生地、损害结果地或者采取预防污染措施地海事法院管辖。

对同一侵权行为分别向两个以上人民法院提起公益诉讼的，由最先立案的人民法院管辖，必要时由它们的共同上级人民法院指定管辖。

行政执法机关移送涉嫌犯罪案件的规定

中华人民共和国国务院令

第310号

《行政执法机关移送涉嫌犯罪案件的规定》已经2001年7月4日国务院第42次常务会议通过，现予公布，自公布之日起施行。

总　理　朱镕基

二〇〇一年七月九日

第一条　为了保证行政执法机关向公安机关及时移送涉嫌犯罪案件，依法惩罚破坏社会主义市场经济秩序罪、妨害社会管理秩序罪以及其他罪，保障社会主义建设事业顺利进行，制定本规定。

第二条　本规定所称行政执法机关，是指依照法律、法规或者规章的规定，对破坏社会主义市场经济秩序、妨害社会管理秩序以及其他违法行为具有行政处罚权的行政机关，以及法律、法规授权的具有管理公共事务职能、在法定授权范围内实施行政处罚的组织。

第三条　行政执法机关在依法查处违法行为过程中，发现违法事实涉及的金额、违法事实的情节、违法事实造成的后果等，根据刑法关于破坏社会主义市场经济秩序罪、妨害社会管理秩序罪等罪的规定和最高人民法院、最高人民检察院关于破坏社会主义市场经济秩序罪、妨害社会管理秩序罪等罪的司法解释以及最高人民检察院、公安部关于经济犯罪案件的追诉标准等规定，涉嫌构成犯罪，依法需要追究刑事责任的，必须依照本规定向公安机关移送。

第四条　行政执法机关在查处违法行为过程中，必须妥善保存所收集的与违法行为有关的证据。

行政执法机关对查获的涉案物品，应当如实填写涉案物品清单，并按照国家有关规定予以处理。对易腐烂、变质等不宜或者不易保管的涉案物品，应当采取必要措施，留取证据；对需要进行检验、鉴定的涉案物品，应当由法定检验、鉴定机构进行检验、鉴定，并出具检验报告或者鉴定结论。

第五条　行政执法机关对应当向公安机关移送的涉嫌犯罪案件，应当立即指定2名或者2名以上行政执法人员组成专案组专门负责，核实情况后提出移送涉嫌犯罪案件的书面报告，报经本机关正职负责人或者主持工作的负责人审批。

行政执法机关正职负责人或者主持工作的负责人应当自接到报告之日起3日内作出批准移送或者不批准移送的决定。决定批准的，应当在24小时内向同级公安机关移送；决定不批准的，应当将不予批准的理由记录在案。

第六条　行政执法机关向公安机关移送涉嫌犯罪案件，应当附有下列材料：

（一）涉嫌犯罪案件移送书；

（二）涉嫌犯罪案件情况的调查报告；

（三）涉案物品清单；

（四）有关检验报告或者鉴定结论；

（五）其他有关涉嫌犯罪的材料。

第七条　公安机关对行政执法机关移送的涉嫌犯罪案件，应当在涉嫌犯罪案件移送书的回执上签字；其中，不属于本机关管辖的，应当在24小时内转送有管辖权的机关，并书面告知移送案件的行政执法机关。

第八条　公安机关应当自接受行政执法机关移送的涉嫌犯罪案件之日起3日内，依照刑法、刑事诉讼法以及最高人民法院、最高人民检察院关于立案标准和公安部关于公安机关办理刑事案件程序的规定，对所移送的案件进行审查。认为有犯罪事实，需要追究刑事责任，依法决定立案的，应当书面通知移送案件的行政执法机关；认为没有犯罪事实，或者犯罪事实显著轻微，不需要追究刑事责任，依法不予立案的，应当说明理由，并书面通知移送案件的行政执法机关，相应退回案卷材料。

第九条　行政执法机关接到公安机关不予立案的通知书后，认为依法应当由公安机关决定立案的，可以自接到不予立案通知书之日起3日内，提请作出不予立案决定的公安机关复议，也可以建议人民检察院依法进行立案监督。

作出不予立案决定的公安机关应当自收到行政执法机关提请复议的文件之日起3日内作出立案或者不予立案的决定，并书面通知移送案件的行政执法机关。移送案件的行政执法机关对公安机关不予立案的复议决定仍有异议的，应当自收到复议决定通知书之日起3日内建议人民检察院依法进行立案监督。

公安机关应当接受人民检察院依法进行的立案监督。

第十条　行政执法机关对公安机关决定不予立案的案件，应当依法作出处理；其中，依照有关法律、法规或者规章的规定应当给予行政处罚的，应当依法实施行政处罚。

第十一条　行政执法机关对应当向公安机关移送的涉嫌犯罪案件，不得以行政处罚代替移送。

行政执法机关向公安机关移送涉嫌犯罪案件前已经作出的警告，责令停产停业，暂扣或者吊销许可证、暂扣或者吊销执照的行政处罚决定，不停止执行。

依照行政处罚法的规定，行政执法机关向公安机关移送涉嫌犯罪案件前，已经依法给予当事人罚款的，人民法院判处罚金时，依法折抵相应罚金。

第十二条　行政执法机关对公安机关决定立案的案件，应当自接到立案通知书之日起3日内将涉案物品以及与案件有关的其他材料移交公安机关，并办结交接手续；法律、行政法规另有规定的，依照其规定。

第十三条　公安机关对发现的违法行为，经审查，没有犯罪事实，或者立案侦查后认为犯罪事实显著轻微，不需要追究刑事责任，但依法应当追究行政责任的，应当及时将案件移送同级行政执法机关，有关行政执法机关应当依法作出处理。

第十四条　行政执法机关移送涉嫌犯罪案件，应当接受人民检察院和监察机关依法实施的监督。

任何单位和个人对行政执法机关违反本规定，应当向公安机关移送涉嫌犯罪案件而不移送的，有权向人民检察院、监察机关或者上级行政执法机关举报。

第十五条　行政执法机关违反本规定，隐匿、私分、销毁涉案物品的，由本级或者上级人民政府，或者实行垂直管理的上级行政执法机关，对其正职负责人根据情节轻重，给予降级以上的行政处分；构成犯罪的，依法追究刑事责任。

对前款所列行为直接负责的主管人员和其他直接责任人员，比照前款的规定给予行政处分；构成犯罪的，依法追究刑事责任。

第十六条　行政执法机关违反本规定，逾期不将案件移送公安机关的，由本级或者上级人民政府，或者实行垂直管理的上级行政执法机关，责令限期移送，并对其正职负责人或者主持工作的负责人根据情节轻重，给予记过以上的行政处分；构成犯罪的，依法追究刑事责任。

行政执法机关违反本规定，对应当向公安机关移送的案件不移送，或者以行政处罚代替移送的，由本级或者上级人民政府，或者实行垂直管理的上级行政执法机关，责令改正，给予通报；拒不改正的，对其正职负责人或者主持工作的负责人给予记过以上的行政处分；构成犯罪的，依法追究刑事责任。

对本条第一款、第二款所列行为直接负责的主管人员和其他直接责任人员，分别比照前两款的规定给予行政处分；构成犯罪的，依法追究刑事责任。

第十七条　公安机关违反本规定，不接受行政执法机关移送的涉嫌犯罪案件，或者逾期不作出立案或者不予立案的决定的，除由人民检察院依法实施立案监督外，由本级或者上级人民政府责令改正，对其正职负责人根据情节轻重，给予记过以上的行政处分；构成犯罪的，依法追究刑事责任。

对前款所列行为直接负责的主管人员和其他直接责任人员，比照前款的规定给予行政处分；构成犯罪的，依法追究刑事责任。

第十八条 行政执法机关在依法查处违法行为过程中，发现贪污贿赂、国家工作人员渎职或者国家机关工作人员利用职权侵犯公民人身权利和民主权利等违法行为，涉嫌构成犯罪的，应当比照本规定及时将案件移送人民检察院。

第十九条 本规定自公布之日起施行。

关于环境保护行政主管部门移送涉嫌环境犯罪案件的若干规定

（国家环境保护总局文件 环发〔2007〕78号）

一、为规范环境保护行政主管部门及时向公安机关和人民检察院移送涉嫌环境犯罪案件，依法惩罚污染环境的犯罪行为，防止以罚代刑，依据《中华人民共和国刑法》、《中华人民共和国刑事诉讼法》、《行政执法机关移送涉嫌犯罪案件的规定》及有关规定，特制定本规定。

二、本规定所称环境犯罪案件，主要是指涉及以下罪名的案件：

（一）走私废物罪（刑法第152条）；

（二）重大环境污染事故罪（刑法第338条）；

（三）非法处置进口的固体废物罪（刑法第339条第一款）；

（四）擅自进口固体废物罪（刑法第339条第二款）；

（五）滥用职权罪（刑法第397条）；

（六）玩忽职守罪（刑法第397条）；

（七）环境监管失职罪（刑法第408条）；

（八）其他涉及环境的犯罪。

三、县级以上环境保护行政主管部门在依法查处环境违法行为过程中，发现违法事实涉及的公私财产损失数额、人身伤亡和危害人体健康的后果、走私废物的数量、造成环境破坏的后果及其他违法情节等，涉嫌构成犯罪，依法需要追究刑事责任的，应当依法向公安机关移送。

县级以上环境保护行政主管部门在依法查处环境违法行为过程中，认为本部门工作人员触犯《刑法》第九章有关条款规定，涉嫌渎职等职务犯罪，依法需要追究刑事责任的，应当依法向人民检察院移送；发现其他国家机关工作人员涉嫌有关环境保护渎职等职务犯罪线索的，也应当将有关材料移送相应的人民检察院。

四、环境保护行政主管部门在查处环境违法行为的过程中，应当收集并妥善保存下列有关证据资料：

（一）环境违法行为调查报告；

（二）调查记录或询问笔录；

（三）环境监测报告或者鉴定结论；

（四）现场检查时的音像资料；

（五）其他可以保存的实物证据和其他证据资料。

对环境违法行为已经作出行政处罚决定的，应当同时移送行政处罚决定书和作出行政处罚决定的证据资料。

五、环境保护行政主管部门在查处环境违法行为的过程中，发现有符合移送条件的案件，应当立即指定两名或者两名以上行政执法人员组成专案组专门负责，核实情况后提出移送案件的书面报告，报经本部门正职负责人或者主持工作的负责人审批。

收到报告的负责人应当自接到报告之日起三个工作日内作出是否批准移送的决定。决定批准的，法制工作机构应当在二个工作日内办理向同级公安机关或者人民检察院移送手续；决定不批准的，应当将不予批准的理由记录在案。

对涉嫌环境犯罪的案件，依法应当给予暂扣或吊销许可证、责令停产停业等行政处罚的，环境保护行政主管部门应当依法给予行政处罚或者提请人民政府给予行政处罚。但是，不得以行政处罚代替案件移送。

六、环境保护行政主管部门向公安机关或者人民检察院移送涉嫌环境犯罪案件，应当附有下列材料：

（一）涉嫌环境犯罪案件移送书；

（二）涉嫌环境犯罪案件情况的调查报告；

（三）涉案物品清单；

（四）有关监测报告或者鉴定结论；

（五）其他有关涉嫌犯罪的材料。

七、公安机关应当在环境保护行政主管部门移送的涉嫌环境犯罪案件移送书的回执上签字。其中，对不属于本机关管辖的，应当在24小时内转送有管辖权的机关，并书面通知移送案件的环境保护行政主管部门。

公安机关应当自接受移送案件之日起三日内，依法对所移送的案件进行审查，作出立案或者不予立案决定，书面通知移送案件的环境保护行政主管部门；决定不予立案的，应当说明理由并同时退回案卷材料。

公安机关违反国家有关规定，不接受环境保护行政主管部门移送的涉嫌环境犯罪案件，或者逾期不作出立案或者不予立案决定的，环境保护行政主管部门可以报告本级或者上级人民政府依法责令改正。

八、环境保护行政主管部门应当在向公安机关移送案件后的十日内向公安机关查询立案情况。对公安机关不予立案通知书有异议的，环境保护行政主管部门应当自收到不予立案通知书之日起的三日内，提请作出不予立案决定的公安机关复议，也可以建议人民检察院依法进行立案监督。

作出不予立案决定的公安机关应当自收到环境保护行政主管部门提请复议申请之日起三日内作出复议决定并书面通知提出行政复议申请的环境保护行政主管部门；环境保护行政主管部门对公安机关不予立案的复议决定仍有异议的，应当自收到复议决定通知书之日起三日内建议人民检察院依法进行立案监督。

九、环境保护行政主管部门对公安机关决定不予立案的案件，应当依法作出处理。其中，依照有关法律、法规或者规章的规定应当给予行政处罚的，应当依法实施行政处罚；被退回的移送案件的有关责任人员属于国家行政机关任命的人员的，应当将案件移送有管辖权的监察部门处理。

十、人民检察院对环境保护行政主管部门移送的涉嫌环境监管失职等有关环境保护渎职等职务犯罪的案件或者案件线索，应当及时进行审查，决定是否立案。对决定立案的，应当及时将立案情况通知移送单位；对决定不予立案的，应当制作不予立案通知书，写明不予立案的原因和法律依据，送达移送案件的环境保护行政主管部门，并退还有关材料。

十一、环境保护行政主管部门对人民检察院不予立案的决定有异议的，可以在收到不予立案通知之日起五日内，要求作出不予立案决定的人民检察院复议，人民检察院应当自收到复议申请之日起三十日内作出复议决定。

人民检察院决定不立案，或者在立案后经侦查认为不需要追究刑事责任，作出撤销或不起诉决定的案件，认为应当追究党纪政纪责任的，应当提出检察建议连同有关材料一起移送相应单位的纪检监察部门处理，并通知移送案件的环境保护行政主管部门。

十二、环境保护行政主管部门对公安机关或者人民检察院已经立案的涉嫌环境犯罪案件，应当予以配合，支持公安机关或者人民检察院的侦查和调查工作，根据需要提供必要的监测数据和其他证据材料。

对环境保护行政主管部门正在办理的涉嫌环境犯罪的案件，必要时，环境保护行政主管部门可以邀请公安机关、人民检察院派员参加相关调查工作。

公安机关、人民检察院对环境保护行政主管部门正在办理的涉嫌环境犯罪的案件要求提前介入调查和侦查或者要求参加案件讨论的，环境保护行政主管部门应当给予支持和配合。

十三、环境保护行政主管部门违反本规定，对涉嫌环境犯罪的案件应当移送公安机关或者人民检察院而不移送，或者以行政处罚代替移送的，上级环境保护行政主管部门应当向当地人民政府通报，建议有关人民政府责令改正，通报批评，并对其正职负责人或者主持工作的负责人根据情节轻重，给予记过以上的行政处分；构成犯罪的，依法追究刑事责任。

二〇〇七年五月十七日

关于在行政执法中及时移送涉嫌犯罪案件的意见

（最高人民检察院　全国整顿和规范市场经济秩序领导小组办公室
公安部　监察部　高检会〔2006〕2号）

各省、自治区、直辖市人民检察院、整顿和规范市场经济秩序领导小组办公室、公安厅（局）、监察厅（局），新疆生产建设兵团人民检察院、整顿和规范市场经济秩序领导小组办公室、公安局、监察局：

为了完善行政执法与刑事司法相衔接工作机制，加大对破坏社会主义市场经济秩序犯罪、妨害社会管理秩序犯罪以及其他犯罪的打击力度，根据《中华人民共和国刑事诉讼法》、国务院《行政执法机关移送涉嫌犯罪案件的规定》等有关规定，现就在行政执法中及时移送涉嫌犯罪案件提出如下意见：

一、行政执法机关在查办案件过程中，对符合刑事追诉标准、涉嫌犯罪的案件，应当制作《涉嫌犯罪案件移送书》，及时将案件向同级公安机关移送，并抄送同级人民检察院。对未能及时移送并已作出行政处罚的涉嫌犯罪案件，行政执法机关应当于作出行政处罚十日以内向同级公安机关、人民检察院抄送《行政处罚决定书》副本，并书面告知相关权利人。

现场查获的涉案货值或者案件其他情节明显达到刑事追诉标准、涉嫌犯罪的，应当立即移送公安机关查处。

二、任何单位和个人发现行政执法机关不按规定向公安机关移送涉嫌犯罪案件，向公安机关、人民检察院、监察机关或者上级行政执法机关举报的，公安机关、人民检察院、监察机关或者上级行政执法机关应当根据有关规定及时处理，并向举报人反馈处理结果。

三、人民检察院接到控告、举报或者发现行政执法机关不移送涉嫌犯罪案件，经审查或者调查后认为情况基本属实的，可以向行政执法机关查询案件情况、要求行政执法机关提供有关案件材料或者派员查阅案卷材料，行政执法机关应当配合。确属应当移送公安机关而不移送的，人民检察院应当向行政执法机关提出移送的书面意见，行政执法机关应当移送。

四、行政执法机关在查办案件过程中，应当妥善保存案件的相关证据。对易腐烂、变质、灭失等不宜或者不易保管的涉案物品，应当采取必要措施固定证据；对需要进行检验、鉴定的涉案物品，应当由有关部门或者机构依法检验、鉴定，并出具检验报告或者鉴定结论。

行政执法机关向公安机关移送涉嫌犯罪的案件，应当附涉嫌犯罪案件的调查报告、涉案物品清单、有关检验报告或者鉴定结论及其他有关涉嫌犯罪的材料。

五、对行政执法机关移送的涉嫌犯罪案件，公安机关应当及时审查，自受理之日起十日以内作出立案或者不立案的决定；案情重大、复杂的，可以在受理之日起三十日以内作出立案或者不立案的决定。公安机关作出立案或者不立案决定，应当书面告知移送案件的行政执法机关、同级人民检察院及相关权利人。

公安机关对不属于本机关管辖的案件，应当在二十四小时以内转送有管辖权的机关，并书面告知移送案件的行政执法机关、同级人民检察院及相关权利人。

六、行政执法机关对公安机关决定立案的案件，应当自接到立案通知书之日起三日以内将涉案物品以及与案件有关的其他材料移送公安机关，并办理交接手续；法律、行政法规另有规定的，依照其规定办理。

七、行政执法机关对公安机关不立案决定有异议的，在接到不立案通知书后的三日以内，可以向作出不立案决定的公安机关提请复议，也可以建议人民检察院依法进行立案监督。

公安机关接到行政执法机关提请复议书后，应当在三日以内作出复议决定，并书面告知提请复议的行政执法机关。行政执法机关对公安机关不立案的复议决定仍有异议的，可以在接到复议决定书后的三日以内，建议人民检察院依法进行立案监督。

八、人民检察院接到行政执法机关提出的对涉嫌犯罪案件进行立案监督的建议后，应当要求公安机关说明不立案理由，公安机关应当在七日以内向人民检察院作出书面说明。对公安机关的说明，人民检察院应当进行审查，必要时可以进行调查，认为公安机关不立案理由成立的，应当将审查结论书面告知提出立案监督建议的行政执法机关；认为公安机关不立案理由不能成立的，应当通知公安机关立案。公安机关接到立案通知书后应当在十五日以内立案，同时将立案决定书送达人民检察院，并书面告知行政执法机关。

九、公安机关对发现的违法行为，经审查，没有犯罪事实，或者立案侦查后认为犯罪情节显著轻微，不需要追究刑事责任，但依法应当追究行政责任的，应当及时将案件移送行政执法机关，有关行政执法机关应当依法作出处理，并将处理结果书面告知公安机关和人民检察院。

十、行政执法机关对案情复杂、疑难，性质难以认定的案件，可以向公安机关、人民检察院咨询，公安机关、人民检察院应当认真研究，在七日以内回复意见。对有证据表明可能涉嫌犯罪的行为人可能逃匿或者销毁证据，需要公安机关参与、配合的，行政执法机关可以商请公安机关提前介入，公安机关可以派员介入。对涉嫌犯罪的，公安机关应当及时依法立案侦查。

十一、对重大、有影响的涉嫌犯罪案件，人民检察院可以根据公安机关的请求派员介入公安机关的侦查，参加案件讨论，审查相关案件材料，提出取证建议，并对侦查活动实施法律监督。

十二、行政执法机关在依法查处违法行为过程中，发现国家工作人员贪污贿赂或者国家机关工作人员渎职等违纪、犯罪线索的，应当根据案件的性质，及时向监察机关或者人民检察院移送。监察机关、人民检察院应当认真审查，依纪、依法处理，并将处理结果书面告知移送案件线索的行政执法机关。

十三、监察机关依法对行政执法机关查处违法案件和移送涉嫌犯罪案件工作进行监督，发现违纪、违法问题的，依照有关规定进行处理。发现涉嫌职务犯罪的，应当及时移送人民检察院。

十四、人民检察院依法对行政执法机关移送涉嫌犯罪案件情况实施监督，发现行政执法人员徇私舞弊，对依法应当移送的涉嫌犯罪案件不移送，情节严重，构成犯罪的，应当依照刑法有关的规定追究其刑事责任。

十五、国家机关工作人员以及在依照法律、法规规定行使国家行政管理职权的组织中从事公务的人员，或者在受国家机关委托代表国家机关行使职权的组织中从事公务的人员，或者虽未列入国家机关人员编制但在国家机关中从事公务的人员，利用职权干预行政执法机关和公安机关执法，阻挠案件移送和刑事追诉，构成犯罪的，人民检察院应当依照刑法关于渎职罪的规定追究其刑事责任。国家行政机关和法律、法规授权的具有管理公共事务职能的组织以及国家行政机关依法委托的组织及其工勤人员以外的工作人员，利用职权干预行政执法机关和公安机关执法，阻挠案件移送和刑事追诉，构成违纪的，监察机关应当依法追究其纪律责任。

十六、在查办违法犯罪案件工作中，公安机关、监察机关、行政执法机关和人民检察院应当建立联席会议、情况通报、信息共享等机制，加强联系，密切配合，各司其职，相互制约，保证准确有效地执行法律。

十七、本意见所称行政执法机关，是指依照法律、法规或者规章的规定，对破坏社会主义市场经济秩序、妨害社会管理秩序以及其他违法行为具有行政处罚权的行政机关，以及法律、法规授权的具有管理公共事务职能、在法定授权范围内实施行政处罚的组织，不包括公安机关、监察机关。

二〇〇六年一月二十六日